August Friedrich Christian Vilmar

Idiotikon von Kurhessen

August Friedrich Christian Vilmar

Idiotikon von Kurhessen

ISBN/EAN: 9783742896896

Hergestellt in Europa, USA, Kanada, Australien, Japan

Cover: Foto ©ninafisch / pixelio.de

Manufactured and distributed by brebook publishing software (www.brebook.com)

August Friedrich Christian Vilmar

Idiotikon von Kurhessen

Vorwort.

Die Volkssprache des Kurfürstentums Hessen, deren Wortvorrat ich hier darzulegen versuche, zeigt sehr erhebliche Verschiedenheiten. Auf der Grenze des oberdeutschen und niederdeutschen Sprachgebietes gelegen, umschließt Kurhessen eben so wol entschieden oberdeutsch, wie entschieden niederdeutsch redende Bezirke, so wie diejenigen Gegenden, welche, wesentlich der oberdeutschen Sprache durch ihren Consonantismus angehörig, im Vocalismus und im Idiotismus die Uebergänge zwischen Oberdeutsch und Niederdeutsch darstellen. Diese Verschiedenheiten prägen sich nicht nur in dem Dialekt, dessen Darstellung von dem Idiotikon ausgeschloßen bleiben muß, sondern auch in dem Wortvorrate deutlich, oft sehr entschieden aus.

Die Grenze zwischen Oberdeutsch und Niederdeutsch zieht sich in Kurhessen ziemlich genau von Osten nach Westen hin, auf der Waßerscheide zwischen den der Eder und Fulda zugehenden Flüßchen: Elbe, Ems, Bauna und Ahna einerseits, und den der Diemel zugehenden kleinen Gewäßer: Erpe, Twiste, Warme und Esse andererseits. Sie beginnt an der Fulda oberhalb Knickhagen, setzt sich auf der Höhe zwischen Immenhausen und Hohenkirchen fort, geht über den Brand und Stahlberg zwischen Weimar und Fürstenwald hindurch, wendet sich von da an südlich nach dem Dörnberg und Habichtswald, geht zwischen Ehlen und Martinhagen, sodann zwischen Istha und Balhorn, Bründerfen und Altenstädt hindurch, und endigt am Weidelsberge, wo das im Quellgebiet der Elbe liegende Dorf Ippinghausen, als einzige Ausnahme, dem niederdeutschen Sprachgebiete angehört. Der politischen Einteilung nach umfaßt dieses niederdeutsche Sprachgebiet die Kreiße Hofgeismar und Wolfhagen.

Außerdem gehört hierher die tief in Niederdeutschland als Enclave liegende Grafschaft Schaumburg, deren Idiotismen indes, weil längst vollständig durch das Bremisch-Niedersächsische Wörterbuch vertreten, ich, um nicht abschreiben zu müßen, mit geringen Ausnahmen nicht berücksichtigt habe.

Das Niederdeutsche der vorher abgegrenzten Gegend theilt sich aber merklich in den westfälischen und den sächsischen (hanoverisch-braunschweigischen) Dialect, von denen der erstere den westlichen Theil des niederdeutschen Kurhessens, den Kreiß Wolfhagen, der andere den östlichen Theil, den Kreiß Hofgeismar, im Allgemeinen genommen, umfaßt. Zu dem westfälischen Hessen gehört das Gebiet der Erpe, Twiste und Warme, so wie der obere Lauf der Diemel bis Sielen, zu dem sächsischen Hessen das Gebiet der

Weser selbst und der Esse, so wie der untere Lauf der Diemel. Zwischen diesen beiden Gebieten, dem westfälischen und dem sächsischen Dialektgebiet, finden sich jedoch mehrfache Uebergänge (Ehrsten, Meimbressen, Schachten, Deissel, Langenthal u. a.).

Entschieden oberdeutsch ist das ganze Fürstentum Hanau, das Großherzogthum Fulda, die Herrschaft Schmalkalden und der südlichen Theil von Oberhessen. Die nächste Verwandschaft untereinander haben Fulda und Schmalkalden, was mich auch bestimt hat, die Schmalkalder Idiotismen mit aufzunehmen, wiewol die meisten in Reinwalds Hennebergischem Idiotikon bereits verzeichnet sind. Von dem Fuldaischen Dialekt und Wortvorrat unterscheidet sich sehr bestimt die angrenzende s. g. Obergrafschaft Hanau, und noch mehr die s. g. Niedergrafschaft Hanau, welche, ähnlich dem südlichen Theile von Oberhessen, die nächste Verwandtschaft mit dem Dialekt der Wetterau hat. Während ich mit der vorliegenden Samlung beschäftigt war, hatte Herr Professor Dr. Weigand in Gießen die Absicht, ein Wetteranisches Idiotikon herauszugeben, weshalb ich, um nicht sehr unnötiger Weise zu collidieren, die Niedergrafschaft Hanau mit geringen Ausnahmen aus meiner Samlung ausschloß, wobei es geblieben ist, wiewol ich diesen Mangel, welcher übrigens nicht sehr erheblich ist, jetzt bedauere.

Der nördliche Theil des Kreißes Hünfeld, nicht unbedeutend verschieden von dem Rhönbezirk, nähert sich in Sprache und Wortvorrat dem Amt Landeck und dem Stift Hersfeld. Es ist derselbe unter dem Namen „Haungrund" aufgeführt. Geographisch genommen reicht freilich der Haungrund von Unterhauna bis hinauf nach Friesenhausen in der hohen Rhön, doch versteht man im gemeinen Leben den Namen gewöhnlich so, daß darunter die Ortschaften von Burghaun abwärts bis Unterhauna begriffen werden; ich habe mir gestattet, unter diesem Namen auch die Idiotismen aufzuführen, welche aus den übrigen Theilen des ehemaligen reichsritterschaftlichen Cantons Rhön-Werra (Buchenau, Mansbach, Werda, Langenschwarz) von mir aufgelesen oder mir zugetragen worden sind.

Das Stift (Fürstentum) Hersfeld bildet das Verbindungsglied zwischen der Fuldaischen Sprache (näher der Sprache des „Haungrundes") und der Sprache, welche im eigentlichen Niederhessen herscht, einerseits, so wie andererseits der Sprache der Grafschaft Ziegenhain. Niederhessen selbst aber, wenn gleich im Ganzen eines und desselben, ziemlich breiten und nicht sauber darzustellenden, consonantisch hochdeutschen, vocalisch niederdeutschen Dialektes, und hinsichtlich des Wortvorrats mit zalreichen niederdeutschen Idiotismen durchsetzt, bietet mehrere nicht ganz unerhebliche Schattierungen dar. Der östliche Theil, das Werragebiet von Heringen bis unterhalb Eschwege, hat mehrfache nahe Verwandtschaft mit der thüringischen und hennebergischen Sprache und Idiologie, unterhalb Eschwege fangen niederdeutsche Elemente an, sich einzumischen; noch weit stärker vertreten sind diese Elemente an der untern Schwalm und Eder und in der Umgegend von Kassel, merklich weniger im eigentlich innern Hessen (Homberg, Rotenburg, Melsungen, Spangenberg, Lichtenau). Die Sprache der Grafschaft Ziegenhain schließt sich im Gebirgstheil theils an das so eben bezeichnete Sprachgebiet des innern Hessens, theils an das des Stiftes Hersfeld an, wogegen das Gebiet der eigentlichen Schwalm sich der oberhessischen Sprache annähert, doch mit zalreichen Eigentümlichkeiten, an welchen der nördliche Theil der Grafschaft, das Amt Schönstein (Treysa), am reichsten ist, und mit den, jetzt oberhessischen, ehedem ziegenhainischen Bezirken (Rauschenberg, Gemünden, Haina) noch bis jetzt in der nächsten Verwandtschaft steht. Das nördliche Oberhessen (Frankenberg) zeigt manche merkliche Spuren des Niederdeutschen, die sich sporadisch bis in das Hinterland, westlich von Marburg, fortsetzen, und unterscheidet sich dadurch deutlich von dem südlichen Oberhessen (Amt Fronhausen, Treis an der Lumbde, Ebsdörfer Grund, Amt Amöneburg, Amt Kirchhain). Auch ist das von Marburg östlich gelegene Oberhessen von dem Hinterland nicht unmerklich verschieden, und wiederum haben die ehemals mainzischen Ortschaften jenes östlichen Theiles manche Besonderheiten in Dialekt und Wortvorrat.

Die Anlage zu diesem Idiotikon wurde von mir vor jetzt vierzig Jahren, 1827—1828, gemacht, und die Samlung der Einzelheiten, planmäßig vom Jahr 1835 an, mit einigen Unterbrechungen bis zum Ende des Jahres 1866 fortgesetzt. Den größten Theil habe ich selbst durch Verkehr mit dem Volke aus Niederhessen, Hersfeld, dem Haungrund, Ziegenhain und Oberhessen, theilweise auch aus Fulda und Schmalkalden, in den Jahren 1827—1832, dann 1835—1843, zusammengebracht; die Citate aus den oberhessischen Renterei- und Forstrechnungen des 16. 17. Jarhunderts sind den betreffenden in meinem Besitze befindlichen Literalien entnommen. Sehr vieles aber verdanke ich bereitwilligen und freundlichen Mitteilungen Anderer. Unter denen, welchen ich Dank für wertvolle umfangreiche Samlungen schulde, habe ich zunächst mehrerer Verstorbenen zu gedenken: des in Hamburg verstorbenen ehemaligen Pfarrers Bering von Niedermeisser, den ich als einen besonders einsichtigen Samler (für das westfälische und sächsische Hessen) rühmen muß, des Reallehres Salomon Berlit zu Hersfeld, eines sprachkundigen und sorgfältigen Beobachters der Sprache des Volksstammes, aus welchem er selbst hervorgegangen war (Schmalkalden), des Cantors Straube zu Schmalkalden, des Pfarres Deichmann zu Helsa (damals, 1829, in Grebenstein; für das sächsische und westfälische Hessen), des Archivrats Dr. Landau in Kassel, welcher theils durch Mitteilung von Urkunden, theils von Auszügen aus denselben mir eine sehr wertvolle Hülfe gewährt hat, und sonst Manches, namentlich aus dem westfälischen Hessen, für mich sammeln ließ, des Metropolitans Brunner in Gudensberg (für das östliche Hessen und für Schönstein), und des Oberconsistorialrats Dr. Wiß in Fulda (für die Reichsritterschaft). Unter den Lebenden haben höchst dankenswerte Beiträge von größerm Umfange mir zu Theil werde laßen Herr Domcapitular Dr. Malkmus zu Fulda, dem ich den gröſten Theil der Fuldaer Idiotismen verdanke, Herr Pfarrer Dr. Bömel in Eichen (früher in Steinau; von ihm ſind ſämtliche Idiotismen der Obergrafſchaft Hanau ſorgſam geſammelt und mir freundlichſt zum Gebrauche überlaßen worden), Herr Pfarrer Knoll in Wernswig, Herr Pfarrer Endemann, jetzt in Eberſchütz (für Schmalkalden), und Herr Poſtwagenmeiſter Becker in Marburg. Einzelne wertvolle Mitteilungen verdanke ich dem verſtorbenen Geheimen Regierungsrat Ungewitter, dem verſtorbenen Metropolitan Fröhlich in Neukirchen, dem verſtorbenen Pfarrer Bücking in Michelbach, ſo wie den Herrn Pfarrern Schilling in Oberrieden, Karff in Obermeiſſer, Zülch in Hombreſſen und Heldmann in Weitershauſen.

Uebrigens hat es mir die lange Dauer des Sammelns möglich gemacht, die große Mehrzal der Wörter und Ausdrücke, welche mir zu der Zeit als ſie mir mitgeteilt wurden, erſt durch dieſe Mitteilungen zur Kenntnis kamen, nachher ſelbſt zu controlieren. Dieß gilt insbeſondere auch von den Idiotismen, welche mir aus andern als den ſo eben namhaft gemachten zuverläſigen Quellen zukamen; wo die Controle derſelben nicht gelingen wollte, aber Warſcheinlichkeit für die Richtigkeit der Mitteilung vorhanden war, iſt dieß überall (meiſt durch ein „ſoll“) angegeben, zweifelhafte Idiotismen habe ich vorgezogen, gänzlich wegzulaßen — worin ich zuweilen vielleicht zu weit gegangen bin, da mir einige von den jetzt in den Nachträgen aufgeführten, namentlich fuldaiſchen und oberheſſiſchen, Wörtern verdächtig ſchienen, und nun doch durch die gütige Mitteilung der Herrn Domcapitular Dr. Malkmus und Medicinalrat Dr. Schwartz, ſo wie einiger andern freundlichen Mithelfer, nachträglich volle Beſtätigung erfaren haben.

Nahe am Schluße der Ausarbeitung, und nachdem ſogar ein großer Theil der einſchlagenden Artikel bereits ausgearbeitet war, habe ich mehrere hundert Artikel der Samlung wieder ausgeſtoßen, ſolche nämlich, welche, aus ältern Schriften und Urkunden entnommen, jetzt nicht mehr üblich, nicht auf Heſſen beſchränkt und nicht von hervorragendem Intereſſe oder auch, als dem ältern deutſchen Recht angehörig, ſonſt ſchon hinreichend bekannt und in den betreffenden Wörterbüchern vertreten ſind. Dieſelbe Maßregel der Ausſtoßung hat einige weitere Hunderte betroffen, welche Ortsnamen, Berg- und Wald-Namen enthielten, in ſo fern denſelben ein irgend bedeutendes ſprachliches oder geſchichtliches Intereſſe nicht beizuwohnen ſchien. Nur die erheblicheren aus beiden Kategorieen habe ich ſtehen gelaßen. Auch eine Reihe techniſcher Andrücke, die nicht auf Heſſen beſchränkt ſind, habe ich nachträglich wieder beſeitigt, was ich hinſichtlich einiger, die dem Ausſterben nahe ſcheinen, jetzt faſt bedauere; es gilt dieß von manchen Fiſcher-, Jäger- und ſogar Bergmannsausdrücken. Sehr bald aber gab ich es auf, die Bezeichnung der zalreichen Kinderſpiele und vollends die innerhalb derſelben vorkommenden Ausdrücke zu verzeichnen. Schon jene Bezeichnungen wechſeln nach oft ſehr engen Bezirken, ja nach einzelnen Ortschaften, und die Spielausdrücke, noch mehr örtlich wechselnd, ändern sich sogar nach der Zeit, und überdauern nicht selten kein volles Menschenalter, ja ein nicht geringe Anzal derselben wird offenbar willkürlich erfunden. Das Wenige dieser Art, welches stehen geblieben ist, hätte fast durchgängig ohne Nachtheil wegfallen können.

Manche Wörter und Ausdrücke sind nur nach ihrer eigentlichen Heimat verzeichnet worden, während dieselben sporadisch auch in andern Gegenden vorkommen; dieß gilt von einigen schmalkaldischen Idiotismen, welche auch im Fuldaischen, von einigen ziegenhainischen, ja niederhessischen, welche einzeln auch in Oberhessen erscheinen, und wol noch von einigen andern.

So zähe die Volkssprache im Ganzen die alten Wörter, ja einige der allerältesten, wie Aidchen (áithei, eidi), Gnenn (ginamno), Heite, Owwe, viele Jarhunderte lang festhält, so fehlt es doch auch nicht an Beispielen des Absterbens einiger und nicht unerheblicher Wörter und Formeln selbst im Volksmunde. Dieß gilt zunächst von den tief niederrheinischen, ja niederländischen Wörtern, welche im 15. und zum Theil im 16. Jarhundert in Niederhessen, einige auch in Oberhessen, erscheinen, mit dem Ende des 16. Jarhunderts aber gänzlich verschwinden; es gilt aber auch von alteinheimischen oberdeutschen Wörtern, welche bis zum Ende des vorigen Jarhunderts üblich waren, und in den letzten 60 bis 70 Jahren, einzelne erst seit 1830, abgestorben sind.

Die Anlage dieses hessischen Wörterbuchs ist zunächst eine sprachlichwissenschaftliche, zu welcher Schmellers bayerisches Wörterbuch das unerreichbare Vorbild gewährte, indes berührt die Samlung auch das sachliche Gebiet (den allzu ausführlichen Artikel „Waldrecht" bitte ich, einem Althessen freundlichst nachsehen zu wollen) und ist nicht bleß auf Sprachforscher berechnet, sondern eben so wol, und mehr vielleicht, auf diejenigen, welche die heimische Sprache in ihrem lexicalischen Gehalt als Ausdruck des Lebens und der Sitte des Volkes kennen lernen und lieb gewinnen wollen. Die frevelhafte Unweisheit, gegen welche der erste flüchtige Gedanke einer Veröffentlichung eines hessischen Wörterbuchs, im Jahr 1828, gerichtet war, als jene Afterweisheit eben in der höchsten Blüte stand: in den Volksschulen absichtlich alles Volksmäßige in der Sprache der Kinder durch Tadel, Hohn und Strafe zu vertilgen, ist seitdem gänzlich abgestorben, und hat erfreulicher Weise einer oft sehr sorgsamen, allezeit dankenswerten Pflege der altvolksmäßigen Sprache und Sitte Raum gegeben. Ich darf wol hoffen, daß man auch dieses Buch als einen Beitrag zu dieser Pflege aufnehmen werde. Allerdings wird noch gar Manches fehlen, welches mir entgangen ist und Aufzeichnung verdient, sogar gefordert hätte; ist es doch dem unermüdlichen verewigten Schmeller nicht anders gegangen, dessen Nachträge zu seinem Wörterbuch (jetzt glücklicher Weise in den befähigsten Händen unter allen, des Herrn Dr. Frommann in Nürnberg) an Umfang dem Wörterbuch gleich stehen.

Was die Einrichtung des Wörterbuchs betrifft, so sind die meisten abgeleiteten Wörter unter den Stammwörtern verzeichnet, versäumt aber habe ich, die sämtlichen Ableitungen, welche einen andern Anlaut oder Inlaut haben, als das Stammwort, an ihrer alphabetischen Stelle besonders, mit Verweisung auf das Stammwort, zu notieren, was im Interesse des praktischen Gebrauches wol nötig gewesen wäre; bei den meisten ist es indes geschehen. Alle mit den untrennbaren Präpositionen be- ge- ver- zer- zusammengesetzten Wörter suche man jedoch unter den Stammwörtern; ausgenommen sind solche Wörter, deren Stamm nicht mehr erfindlich ist (wie: Gestieke), oder wo die scheinbare Vorsilbe zum Stamme gehört, wie betucht. Einem mir geäußerten dringenden Wunsche habe ich nachträglich dahin nachgegeben, daß ich diejenigen mit ver- zusammengesetzten Wörter, welche angeblich nicht sofort aufzufinden seien, besonders mit Verweisung verzeichnet habe. Die Gemination **ck** folgt nicht im **c** sondern im **k** (einige durch Verschiebung der einzelnen Blätter des Manuscripts veranlaßte Irrtümer abgerechnet), wohin sie gehört, dagegen habe ich, da wir nun einmal **ch** schreiben, diese Aspiration nach **h**, in der dritten Stelle des Alphabets, belassen.

Vielleicht ist es auch jetzt noch nicht überflüssig, die Vocalbezeichnungen dahin zu erläutern, daß ä der Umlaut des (kurzen) a, ae der Umlaut des â, ö der Umlaut des (kurzen) o, oe der Umlaut des ô, ü der Umlaut des (kurzen) u, üe Umlaut des uo, jetzt û ist, daß ferner ë das breite, aus i entstandene, e das helle als Umlaut aus a hervorgegangene, ê das lange, in der Regel dem alten ai (ei) entsprechende e bezeichnet. Die Bezeichnungen a h d. (althochdeutsch), m h d. (mittelhochdeutsch), alts. (altsächsisch), a g s. (angelsächsisch) dürfen als allgemein bekannt gelten.

Die Literatur der Quellen und Belege hier besonders anzuführen, würde überflüssig sein, da dieselbe mit vielleicht allzugroßer Deutlichkeit, ja Peinlichkeit bei den einzelnen Artikeln verzeichnet ist. Nur das ist zu bemerken, daß, wo einfach Estor mit Angabe der Seitenzal citirt ist, Estors Probe eines oberhessischen Wörterbuchs in seiner Teutschen Rechtsgelahrtheil (Frankfurt 1767) 3, S. 1403—1423 gemeint ist. Das hundertjährige Jubiläum dieses ersten Versuches eines hessischen Wörterbuches wird durch das vorliegende Buch bezeichnet, aber es ist auch dieses Jubiläumsjahr das erste des Verschwindens von Kurhessen aus der Reihe der deutschen Staaten, und dieses Buch vielleicht das schmerzliche letzte Zeugnis für den sechshundertjährigen Bestand der Hessenkasselischen Lande, welche von einer langen Reihe trefflicher Fürsten mit Einsicht und Gerechtigkeit zum Segen ihres Volkes regiert worden sind.

Marburg, am 31. August 1867.

A. F. C. Vilmar.

A.

abgelten, leisten, erstatten; ist noch jetzt nicht ganz außer Gebrauch, wenigstens in Oberhessen, wo es noch hin und wieder gehört wird. „Hartmann Riedmüller zu Obersimtshausen (wird um 1½ fl. gestraft) das er dieselb muel erstmals Hans Müllern, vnd ehe er den Weinkauf abgolten, vnd den kauf wider aufgesagt, andermals Johannes Fausten verkauft hat". Wetterer Bußregister von 1591. Grimm WB. 1, 47, wo neben andern Belegen auch einer aus B. Waldis angeführt wird.

äbich (Oberhessen), **afk, üfk** (Schmalkalden), **üfk** (hohe Rhön, Elters) verkehrt. „Einen Sack ābich machen", einen Sack links machen, umkehren; „die äfte Seit eines Tuchs"; „Fritz hat sein Kamisol äft angezöhnt". Im Schmalkaldischen wird afk, üfk auch für irrig, irrtümlich, gebraucht. Goth. *ibuks*, retrogradus; ahd. *abuh*, *aboh*, agf. *awoh*, af. *awuh*, perversus. Schmeller baier. Wörterbuch 1, 11. Reinwald henneberg. Idiotikon 1, 1. Zeitschrift für hess. Gesch. u. Landeskunde 4, 51. Vgl. Graff althochd. Sprachschatz 1, 89—91.

Ableitungen hiervon sind *abschen, eppen, eppsch*, w. f.

vernässen, verkehrt machen, verunstalten, meist nur von Kleidern gebraucht, besonders im Participium: *vernäfft*, „der Rock ist vernäfft", paßt nicht, ist verkehrt zugeschnitten. In einigen nach dem Vogelsberg hin liegenden Ziegenhainischen, Mainzischen und Fuldaischen Ortschaften.

ablegen, Kosten ablegen = erstatten. vnd sollen die von Cappil dem wibe oder kinden ir bewerecht an dem gaden uff dem kirchhobe, ab sie das mit eyn gebuwet hatten ir zewyteil *obelegen* nach des landes rechte, hetten aber die landsiddel das gaden allene gebuwet so solte man es jn alles *abelegen*, vnd hetten sie schuren vnd buss daruffe gebuet des hetten sie ouch genossen, das solte man jn nicht *abe legen*. (Spruch der Schiedsmänner zwischen Abt Joh. Notzmul zu Spießkappel und den Männern des Birnegaus 10. Mai 1430).

so doch die keufer oder ire erben ir bewrecht oder mist in sulchem gute hetten, es inen nach erkentnis fromer lute zuvor *abgelackt* werde. Urt. v. 1539. Lennep Leihe zu LSR. Cod. prob. S. 51.

Landgr. Philipps Reformation, Gesetze und ordnung v. 18. Juli 1527. Marburg 1528. 4. Bl. Ba.

Ein geborgtes Capital *ablegen* ist noch heute weit üblicher als *abtragen*. Grimm WB. 1, 70.

Ablegung, Erstattung, Vergütung. „Daß dem Stadthalter und Brüdern (des d. Ordens zu Marburg) solche jhre Hoefe — — nach jhren alten Freyheiten vnd herkommen zu allen schaldtjahren frey vnd ledig, an allerley

Vilmar, Idiotikon.   1

ablegung verlebbiget vnb heymgefallen sien". Schiebspruch von 1464 bei Lennep Leihe zu LSR. C. pr. S. 240.

abnehmen muß ehedem auch den Sinn von wiedervergelten gehabt haben. Eine Anekdote bei Melander Jocoseria No. 705 (1603 S. 762. 1604 S. 713.) ruhet auf dieser Doppelbedeutung des Wortes abnehmen: ein Hund hat dem Krämer Oel gefressen, und der Krämer sagt: „cum non parvam mihi noxiam feceris, equidem hoc te fuste tantisper dedolavero, dum damnum istud mihi praestiteris; germanice: sich, laß sehen, das will ich dir redlich abnemmen"; worauf dann eine Scene folgt, in welcher dem Hunde das Oel (Saalfett) sehr unfigürlich wider Erwarten und Willen des Krämers abgenommen wird. — Da eine Anekdote auf dieser Doppelbedeutung ruhet, so muß dieselbe allgemein gebräuchlich gewesen sein; indes kommen in den schriftlichen Denkmälern jener Zeit nur äußerst wenig Belege für die Bedeutung von abnehmen als „vergelten" vor. Im Passional (v. Köpke herausg.) findet sich 288, 17: ez wird dir abegenumen, was keinen andern Sinn haben kann, als den bei Melander vorkommenden; eben so ebendf. 511, 44.

Vgl. Pfeiffer Germania V, 2, 236, wo Fedor Bech (in der Rec. von Liliencrons Ausg. der Thüringer Chronik von Rothe) auch eine Stelle wo abnemen in unserm Sinne vorkommt aus Rothe (Ausg. v. L. S. 295), außerdem jene 2 Stellen aus dem Passional und noch eine aus Pfeiffers d. Mystikern (105, 5) anführt.

abschaffen, fortgehen heißen. Jetzt kaum noch üblich, erscheint aber in ältern Schriften häufig: „er hab ihr gerathen sie (die Inquisitin, aus seinem Hause) abzuschaffen". Marburger Kindermords Processacten von 1673. Grimm Wörterbuch 1, 95. Auch in der Bedeutung: vom Amt absetzen, entlassen, sehr häufig: „Alexander Dauphens, Schullehrer zu Kirchhain, wird abgeschafft" 1585. sich abschaffen, sich wegbegeben, sich packen, jetzt gleichfalls fast ganz außer Gebrauch, in ältern Verhandlungen aber oft vorkommend: (Nachdem die Milch mit Meßern gestochen war, kommt die vermeinte Hexe und) „wolt wie sich annahm ein sack gelehnet haben des Morgens vor tag vmb 3 Uhr, sagte, was wir so frue machten, ihr die antwort gaben, wz sie dann so frue wollte, solte sich abschaffen, sie lehneten jhr nichts oder wolten dem Hausherrn ruffen". Kirchhainer Hexenprozessacten von 1654.

absehen, meiden, fliehen. Haunthal. Das Wort ist eine Ableitung von abnh, und nichts anderes als das alte apuhon, abahon, aversari.

S. äbich und eppen.

Abseite fem. Nebenbau an einem Gebäude, Anbau, zumal an einer Scheune, kommt noch jetzt hin und wieder vor, und zwar in Oberhessen, wo es schon im 16. Jarh. erscheint („ist eine abseite an das pfarrhaus gebauet worden" Register der Pfarrei Michelbach von ca. 1560), wiewol dieser Gebrauch des Wortes vorwiegend oder ausschließlich niederdeutsch ist. An sich ist abseite nichts anderes als das griechische ἁψίς, ahd. obside, und bezeichnet das Kirchengewölbe, ursprünglich wol des Chors, späterhin der Seitenschiffe und das Seitenschiff selbst; so nur erscheint das Wort in Oberdeutschland. Schmeller b. W. 3, 291. Als man es für ein deutsches Wort (aus ab und seite) zu halten anfieng, verstand man darunter jeden Seitenbau. Grimm WB. 1, 116. Kosegarten WB. der niederd. Spr. 1, 149.

Achel fem. (meist im Plural Acheln), die gröberen Ahne (Enne f. än), auch die Getreidegranne; „es ist mir eine Achel in den Hals gekommen"; „du kratzest (räusperst dich, hustest) ja, als wenn du Acheln im Halse hättest". Ziemlich allgemein üblich Grimm WB. 1, 162. Schmidt schwäb. Wörterb. S. 9. Klein Provincialwörterbuch S. 7. Hiernach muß das Wort in Schwaben, am Mittel- und Niederrhein, und, da es Voß braucht, wahrscheinlich auch tief in Niederdeutschland im Gebrauche sein.

acheln, essen, ein aus der Judensprache (dem hebräischen achal) und Gaunersprache herübergenommenes, besonders im östlichen Hessen gebräuchliches Scherzwort. Reinwald henneb. Jd. 1, 1. 2, 19. Klein Prov. WB. S. 7. Grimm WB. 1, 162.

achen seufzen, klagen. Wenig mehr üblich außer in der sehr gewöhnlichen Redensart: mit Achen und Krachen, eigentlich mit Seufzen und fast zusammenbrechend; in diesem eigentlichen Sinne wird zwar die Redensart noch heute gebraucht, wie sie in Hessen schon im 16. Jahrhundert üblich war (H. W. Kirchhof milit. Disc. 119). „Wie gehen sie aber auß der Welt? R. Wie sie in die welt kommend seynd, mit achen und krachen, mit schmertzen und wehe, schwach und unvermöglich, arm und nacket" Ludwig Schröder Diac. zu Homberg Klag- und Trauer-Predigt auf L. Moritz 3. Mai 1632. (Monum. sepulcr. 1638. S. 135). Indes ist sie weit üblicher in dem allgemeinern Sinn: mit genauer Not. Grimm WB. 1, 162. Schmidt westerw. Jd. S. 2 hat Ach und Gerach, in zwei abweichenden Bedeutungen, von denen nur die zweite hierher gehört; die erste beruhet auf einer Verwechselung des krachen mit gerach. S. rach.

Achtel neutr., ein Getreidemaß und ein Salzmaß. Letzteres ist nur auf den Salinen, nicht im Verkehrsleben, ersteres nur im Fürstentum Hanau üblich. Hier ist das Achtel gleichbedeutend mit dem hessischen Viertel oder Malter, nur kleiner (vier Hanauer Achtel sind gleich drei Kasseler Vierteln), und zerfällt in vier Simmer (Simri), so wie dann weiter in Mätzen, Sechter (Viertel eines Simmer) und Gescheid (Viertel eines Sechter).

achter, hinter. Niederdeutsches, im ganzen niederdeutschen Hessen übliches Wort, im übrigen Niederhessen und in Oberhessen völlig unverständlich.

Achtwort fem. Ein uraltes sächsisches Wort, welches in sächsischen Urkunden sehr häufig erscheint (s. Haltaus Gloss. S. 252. 253), und auch in hessischen Urkunden, selbst aus Gegenden welche nicht sächsisch sind, vorkommt. Es ist zusammengesetzt aus dem dunkeln acht, welches entweder, und zwar wahrscheinlicher, dem hochd. eht, legitimus, oder dem ahd. ahta praedium gleich ist, und word (altf. wurdh, agf. vurd), ursprünglich saxetum, dann unangebautes Land, Wald und Weide. Nach der ersteren Ableitung von acht ist demnach achtword an und für sich legitima sylva, legitimum pascuum, nach der andern sylva, pascuum, ad praedium pertinens. Gebraucht wird es aber weniger in dem Sinne von nemus oder pascuum, als in dem Sinne von jus nemoris, jus pascui: rechtmäßiger Anteil an Wald und Weide, Waldrecht und Weiderecht, Nutzungsrecht, mittellateinisch usuagium. Brem. Wörterb. 1, 290. Grimm WB. 1, 172. Kosegarten Wörterb. der niederd. Spr. 1, 53. Es erscheint in Hessen z. B. in einem Weistum von Wetter vom Jahr 1239 (Grimm Weist. 3, 343): forestum, quod dicitur achtwort; — sodann in einer Urkunde der Groppe vom 20. November 1322 (Wenck 2, Urk.B. S. 285): duos mansos cum dimidio sitos in Franckenhusen, et jus vulgo dictum Achtwarre in silva dicta Frankehusirholtz. Aus dem Munde des Volkes ist das Wort, und zwar auch in den sächsischen Bezirken Hessens verschwunden. S. jedoch Wurd.

Adebar msc. Storch; bekanntes niederdeutsches, in Hessen außer im Schaumburgischen nur an der Diemel übliches Wort. Indes scheint es, als sei dasselbe ehedem bis nach Oberhessen hinein gebräuchlich gewesen. In Holzhausen (Rauisch-H.) wird nämlich die Familie Herbener, Besitzerin eines Bauernhofes, im gemeinen Leben die Uddemarsche (Uddemarschen-Gut) genannt, und dieß daher erklärt, es habe auf diesem Hause von undenklichen Zeiten her ein Storchnest gestanden, der Storch aber habe ehedem Udebar geheißen, und daher habe der Hof und die denselben besitzende Familie jenen Namen erhalten.

Adel, neutr., Mistbrühe, Jauche. In ganz Hessen üblich, oft zusammengesetzt mit sutte: *ödelsotte*, *adelsette*, *älsutte*, welche Composition nicht anderes als das einfache Wort bedeutet, wol aber davon Zeugnis gibt, daß *adel* an sich etwas anderes als Mistbrühe bedeutet haben müße. Das Wort ist sehr alt (angelsächsisch adelseád), von *adel*, progenies, nobilitas, ursprünglich durch den Consonant unterschieden, und weit verbreitet. Nach dem Teutonista (vgl. Richey hamburg. Idioticon S. 444) ist am Niederrhein *adel* ein Sumpf, Pfuhl. Schmeller baier. Wörterb. 1, 26, wo angeführt ist, daß in der schwedischen Provinz Ostgottland koadel Kuhharn, in Dalekarlen *adla* harnen bedeutet. Grimm d. W. 1, 177. Vgl. Weigand im Frietberger Intelligenzblatt 1844 Nr. 95. Brem. WB. 1, 10. Strodtmann Idiot. Osnabrug. S. 1. Journ. v. u. f. Deutschland 1786, 2, 115 aus der Grafschaft Hohenstein.

Aduch msc., zuweilen auch neutr., ein mit Steinen und Dornen gefüllter Graben, welcher zur Ableitung der in einem Acker befindlichen Näße dient, sonst auch „Ackerfontanelle" genannt. Ohne Zweifel ist dieses Wort nichts anderes, als aquae ductus, indes findet sich das Wort bereits in oberhessischen Flurbeschreibungen aus der ersten Hälfte des 16. Jahrhunderts und ist noch jetzt in Oberhessen üblich; doch kommt Sache und Name durch das neuere Drainieren allgemach in Abgang. Hin und wieder, wo die appellativische Natur des Wortes, wie es scheint, erstorben ist, erscheint *Aduch*, *Adich*, *Adig* auch als Eigenname von Feldplätzen. Vgl. *Erdocke*.

Adventsreiter, eine sagenhafte Person in Schmalkalden, welche während der Adventszeit in den Straßen umherreitet, und ihren Kopf, den sie unter dem Arme trägt, hinter den Kindern herwirft, die sie antrifft.

Asa oder **assa** f. ist eine Vergröberung des goth. *ahva* = aqua, fließendes Waßer, welche nur gewissen Districten, namentlich aber Hessen, angehört; während das Althochdeutsche in diesem Worte wie auch sonst, die Spirans v in der Spirantenverbindung hv unterdrückt (saihvan, sehan u. dgl.), also aus ahva aha werden läßt, ist hier die Spirans h unterdrückt und v zur Aspirata f vergröbert worden. Vgl. Zeitschrift des Vereins für hess. Gesch. u. Landeskunde 1, 257—258.

Es wird eine Aufzälung der in Hessen vorkommenden Endungen von Flußnamen, welche auf *asa* ausgehen, hier nicht entbehrt werden können. Als einfaches Wort habe ich es bis jetzt noch nicht wargenommen, während das hochdeutsche Aha als Ohe in Hessen erscheint, wie es denn auch sonst häufig in Oberdeutschland, und noch häufiger als Aa in Niederdeutschland, vorkommt.

Antr-asa, Antreff, Nebenfluß der Schwalm.
Asaffa, Asphe, Nebenbach der Wetschaft.
Bentreff, Nebenbach der Wohra.
Biberassa, Berf, Nebenfluß der Schwalm.
Bernassa, Berf, Nebenflüßchen der Lahn.

Dudafa, Dautphe, Nebenbach der Lahn.
Elsaffa, Elsoff, Nebenbach der Eder.
Grintifa, Grenf, Nebenfluß der Schwalm.
Hanafa, Hanfe, Bach bei Simmershausen.
Herafa, Herf, Nebenbach der Werra.
Leinefe, Leinfe, bei Somplar.
Matzoff, Bach bei Metze, Nebenbach der Ems.
Nenfe, Bach bei Bottendorf.
Notreff, am Bilstein bei Großalmerode, nach Landaus Angabe.
Rosafa, Rosphe, Nebenbach der Wetschaft; scheint jetzt ihren Namen verloren zu haben.
Swinafa, Schweinfe, Schweife, Nebenbach der Wohra.
Ulfe, Nebenfluß der Fulda; eine zweite Ulfe ist Nebenbach der Sontra.
Urafa, Urfe, Nebenbach der Schwalm.
Walafa, Walfe, Nebenbach der Werra, von Weitenbach bis Wahlhausen fließend.
Weitiffa, Wetschaft, Nebenfluß der Lahn; das gleichnamige Flüßchen bei Wetzlar aber heißt jetzt die Wetz.
Wiehoft, Bach bei Wichdorf, im Gebiete der Ems.
Dazu kommt noch *Hurnafa*, Horlof, in der Wetterau.
Niederdeutsch lautet also: *ape*, und auch hierfür sind einige Flußnamen anzufüren: der uralte Flußname *Erpe*, Nebenfluß der Diemel, *Holzape*, gleichfalls Nebenfluß der Diemel, *Wilpe*, Nebenbach der Twiste.

Assalter msc. und neutr., meist *Affolder*, *Affoller*, *Affoller* gesprochen, jetzt nur noch Eigenname von Flurplätzen, meist Wiesen, welcher hier und da, z. B. bei Marburg, bei Seelheim („wendet an den Affaldern" 1358), und sonst vorkommt. Es ist dieß Wort das alte aphaltrahi (aphal-triu-ähi) und bedeutet Apfelbaumpflanzung. Niederdeutsch lautet das Wort *Eppeltren*, und kommt in den mehr (oder ganz) niederdeutschen Gegenden Hessens gleichfalls als Flurbezeichnung hin und wieder (Ehrsten) vor. Vgl. *Faltergarten*. Vgl. Zeitschrift für hess. Gesch. u. LK. 1, 248.

Aftergericht, alte, bis in den Anfang dieses Jarhunderts vorkommende Bezeichnung der örtlichen Untergerichte, d. h. der Rügegerichte. „Dieses Jahrs sind an den Angebotten vnd Aftergerichten keine Ruge inbracht worden" Rauschenberger Rentereirechnung von 1606.

Afterschläge, forstwirthschaftlicher Ausdruck, welcher in den hessischen Forstordnungen, die in den Landesordnungen abgedruckt sind, so wie in den älteren Forstregistern sehr häufig vorkommt, jetzt aber kaum oder gar nicht mehr gehört wird. Es bedeutet derselbe die Ueberbleibsel der zu irgend einem Gebrauche bereits im Walde zugerichteten gefällten Baumstämme; z. B. wird ein Baum zu vier Achsen zerschnitten, so macht das, was über den Bedarf der vier Achsen von dem Stamme noch übrig ist, namentlich die Baumspitzen („Bael"), und das grobe Geäste die Afterschläge aus. Jetzt meist „Oberholz" genannt.

Aftertrach neutr., 1) der Klotz mit Kerbe, auf welchem der Pflugbaum (Kringel, Ringel d. i. grendil) mit seinem Vordertheil ruht; Oberhessen, doch nicht allgemein (vgl. *Pfälf*, sodann *Boss*, *Schemel*, *Aufholz*, *Suln*). 2) derjenge Theil des Wagens, durch welchen der Hinterwagen an den Vorderwagen befestigt wird; Amt Treysa; so schon von Estor T. Rechtsgel. 3, 1403 verzeichnet. Vgl. Zeitschrift f. hess. Gesch. u. LK. 4, 51.

ähren, meist gesprochen *ehren*, *ihren*, Aehren lesen, stoppeln. Besonders in Niederhessen sehr üblich. Es bedeutet dieses Wort indes nicht bloß was ahd. ahirôn, ehirôn, mhd. eheren, Aehren lesen im buchstäblichen Verstande, sondern auch das Nachsuchen nach den auf dem Felde zurückgebliebenen Producten überhaupt, namentlich nach Kartoffeln, wofür dann ausähren gebraucht wird: „die N. hat eine ganze Köze voll Kartoffeln ausgeirt". Vgl. Grimm WB. 1, 191.

ai-ai. Dieses bekannte Kinderschmeichelwort wird in Hessen auch substantivisch gebraucht: 1) *ein ai-ai*, gewöhnlich im Diminutivum: *ein ai-aichen*, bedeutet das Wangenstreicheln; „ein Aiaichen machen"; „nun, gib mir doch ein Aiaichen". Schmidt Schwäb. Wörterb. S. 12. Stalder Schweiz. WB. 1, 82. vgl. Schmeller b. WB. 1, 1. Klein Prov. WB S. 2. 2) Liebkosungswort für Kinder, „sieh einmal das Aiai", d. h. das niedliche kleine Kind; in letzterm Sinne ist es jedoch nur hin und wieder (in einzelnen Orten an der Schwalm) üblich.

aien (sich), sich liebkosen, gern haben; am meisten von Kindern. Im Schmalkaldischen.

aich, *aïch*, *eich*, meine ich, glaube ich, etwa, dem Vernehmen nach; zwischeneingeschobener Redesatz in Schmalkalden. Reinwald henneb. Jd. 2, 20.

aichen s. äugen.

Aidchen fem., gesprochen *Aidche*, *Aedche*, *Aige*, *Aege*, im Fuldaischen *Aiche*, *Aecke*, Mutter, Mütterchen; schmeichelnd und in der Kindersprache. Oberhessen, zumal westlich und südlich von Marburg. Das Wort ist das Deminutiv von dem goth. *aithei*, mater (Ulfilas hat für mater nur das einzige aithei, kein môdar), ahd. *eidi*, mhd. eide, wiewol nicht nur eide sondern auch eidi zu den sehr seltnen Wörtern gehören, und ahd. wie mhd. fast nur muotar (muoter) üblich ist. Außer den genannten Bezirken und etwa der Herrschaft Schmalkalden, in welcher Aige und eine entstellte Form Taige für Mutter noch einzeln vorkommen soll, scheint auch bei dem Volke eide gänzlich erloschen. Die Deminution wird nicht mehr empfunden, da das Wort nur femininisch, nicht neutral gebraucht wird. Aus dem Volksmunde ist das Wort seit 1844, wo ich in der Zeitschrift für hess. Geschichte und Landeskunde 4, 51—52 die erste Notiz von demselben gab, noch einmal, wenn gleich unrichtig und mit irriger Auslegung, aufgezeichnet worden, in Heuser Entscheidungen des Criminalsenats des O. App. Gerichts zu Kassel 1, 373. 382, wo der letzte Seufzer der von ihrem Manne erschlagenen Frau zu Mengers im Fuldaischen mit den Worten: Ach du lieber Euche! verzeichnet und dieser Ausdruck S. 382 durch „ach du liebreiche (Mutter Maria)" erklärt wird. Daß die Mutter Gottes mit jenem Stoßseufzer gemeint war, ist richtig, da sie mit dem Worte Mutter (oiche) angeredet wird; dieses aiche aber durch reich erklären zu wollen, ist ein seltsames Misverständnis des der Volkssprache und des Volkslebens offenbar gänzlich unkundigen Protokollführers. Vgl. Grimm Gramm. 3, 22. Graff althochd. Sprachschatz 1, 153; 3, 379.

aisch adj., schädlich, giftig, häßlich, widrig; eine Schlange ist ein „aisch Ding"; auch *eischt*: „eischtes Wetter", „ein eischter Kerl". Vgl. *eischek*, ungezogen, Grofsch. Hohenstein im Journal v. u. f. Deutschland 1786, 2, 115. Sächsisches Hessen bis nach Fritzlar einerseits und an der Werra hinauf bis nach Allendorf hin andererseits, allgemein üblich, wie in den meisten Gegenden von Niederdeutschland (vgl. Schottel Haubtspr. S. 1309. Richey Idiot. hamburg. S. 53. Strodtmann Id. Osnabr. S. 50. Brem. WB. 1, 8), im innern Niederhessen und in Oberhessen unbekannt. Es ist das Wort wol ohne Zweifel aus *egislich* (furchtbar, abscheulich) zusammengezogen, wie schon das Brem. WB., dann Docen Misc. 2, 13 angenommen hat. Vgl. *eisen*, *eissem*.

Acker. Das Maß eines Ackers war in Oberhessen und Niederhessen verschieden. Der niederhessische, durch die allgemeine Katastrierung seit dem Jahr 1763 zu allgemeiner Geltung gekommene Acker hält 150 Quadratruten, die Rute zu 14 Schuh. Der alte oberhessische Acker aber hielt 180 Quadratruten, die Rute zu 16 Schuh; mithin war der oberhessische Acker um $\frac{1}{5}$ kasselischen Acker und 10¼ kass. Ruten größer als der niederhessische. Noch zu Estors Zeit (t. Rechtsgel. 1, §. 1689) war dieser oberhessische Acker gültiges Maß; in der allgemeinen Katastrierung aber ist er untergegangen, und jetzt (1866) nur noch die Tradition von ihm als „alter Acker", „großer Acker" übrig.

Ackergang masc., Ackerbau. Dieses mhd. übliche Wort (ackerganc), neben welchem ackerbû fast gar nicht vorkommt, ist in Hessen bis zum Ausgange des 16. Jarhunderts im Gebrauche gewesen. In den Verhörprotokollen aus den beiden letzten Decennien des 16. Jarhunderts erfolgt auf die Frage nach dem Gewerbe des Verhörten in Niederhessen meist die Antwort: „nehre sich des ackerwerks", in Oberhessen aber, wo übrigens ackerwerk auch erscheint, „ernehre sich des ackergangs". Das gemeinhochdeutsche Wort Ackerbau scheint so wenig damals im Munde des Volkes sich gefunden zu haben, wie es heute im Volksmunde lebt; üblich ist nur Ackerwerk, welches Wort bekanntlich in Luthers Bibelübersetzung und sonst im 16. Jh. oft vorkommt, in der Schriftsprache aber jetzt, wie Ackergang schon früher, erloschen ist.

Ackermännchen, der niederhessische Name der Bachstelze, welche nur im Schmalkaldischen Beinsterz und Steinberz, sonst aber weder Wagsterz noch Bachstelze heißt. Die Kinder singen im Vorfrühling bei der Ankunst der Bachstelzen: „Ackermännchen, Ackermännchen, acker mir mein Beetchen!" Die Bezeichnung Ackermännchen ist vorzugsweise niederdeutsch: quikstert, ackermenneken (*Chytraeus* nomenclator saxonicus bei Hoffmann horae belg. 7, 32. Strodtmann Idiot. Osnabrugense S. 12), jedenfalls nicht gemeinhochdeutsch, und rührt nicht, wie Grimm WB. 1, 174 meint, von der Vergleichung der rührigen Bewegung des Schwanzes dieses Vogels mit dem Pflügen, sondern davon her, daß sich derselbe, besonders im Frühling, seiner Nahrung wegen bei dem Pflügen regelmäßig einfindet. In Oberhessen ist zwar Ackermännchen gleichfalls die Bezeichnung eines Vogels, indes nicht der Bachstelze, sondern der Blaumeise, deren Lockruf als „spitz die Schar" oder etwas dem Aehnliches interpretiert wird.

Al masc. und neutr., der enge dunkle Raum zwischen zwei Häusern, auch innerhalb des Hauses z. B. der Zwischenraum zwischen Hausflur oder Küche und Stall, der Verschlag unter der Treppe u. dgl. Oberhessen, zumal westlich und südlich von Marburg, so wie auch weiterhin in der Wetterau (vgl. Weigand in dem Friedberger Intelligenzblatt 1844 No. 95 S. 378). E. Alberus Dict. Bl. Ooiijb: Aln, *angulus*. „Echard zum Kirchain, welcher sie in ihrer Scheur, als sie ins 18. Jar gangen in ein Aal geführt, vnd bei ihr geschlafen". Marburger Hexenprozeßacten v. 1654. Klein Prov. WB. S. 10, welcher das Wort aus Coblenz in der Form Ahlen hat (wie es auch im darmstädtischen Oberhessen früherhin vorgekommen ist, s. einen Beleg aus dem Jahr 1593 Zeitschr. f. hess. Gesch. u. Landesk. 6, 215); Schmidt westerw. Id. S. 3 (Ahle, masc.), Grimm WB. 1, 199, welcher das Wort für ein Ueberbleibsel des goth. *alhs*, ahd. altſ. *alah*, templum hält, was auch mir das Wahrſcheinlichſte dünkt. Man vergleiche übrigens das mittellateiniſche *alcha*, penarium, Vorratskammer, welches auch in der Limburger Chronik (1720) S. 5 „alle Gaſſen und Alhen waren voll Leut und Guths" vorkommt und wol nichts anderes als unſer âl iſt: verſchloßener, geheimer, dunkler Ort.

Noh aber verdient Beachtung, daß *al*, *ale* auch als Bezeichnung von Feldplätzen, und zwar im 16. Jh. augenſcheinlich noch als Appellativum, vorkommt: hinten in dem ale; der ale (Michelbach 1550 und noch jetzt); im Ahl (Fronhauſen); im finſtern Alen (Goßfelden) und oft in Oberheſſen.

albern, jemanden necken. Schmalkalden.

Alberer msc., ein zum Necken geneigter Menſch, der niemanden in Ruhe läßt. Schmalkalden.

alêg, matt, kraftlos. Schmalkalden.

all, in der Bedeutung von ſchon, bereits, im ſächſiſchen Heſſen üblich: „it ſy oll da geweſt".

Alleballäll fem., eins von den ſeltſamen Sprachverderbniſſen und willkürlich gebildeten Wörtern der Herrſchaft Schmalkalden; das Wort iſt ein Scheltwort und bezeichnet einen albernen, tölpelhaften Menſchen.

aller, adverb., eigentlich der Genitiv Plur. von all, vielleicht elliptiſch für aller Dinge, erſcheint im 16. und 17. Jarh. in Heſſen ſehr häufig; in Verhandlungen des 18. Jh. iſt es mir bis jetzt noch nicht begegnet. Zwei Belege aus dem J. 1580, welche in der Zeitſchr. für heſſ. Geſch. und Landeskunde 3, 314. 322. ſich finden, hat Grimm WB. 1, 220 angeführt, und zwar als einzige, wiewohl aller auch ſonſt, indes freilich ſehr ſelten vorkommt z. B. Froſchmeuſeler (1608) Bl. Hija: obs aller gar ſey oder roh. In Beiſpielen, wie folgende zwei ſind, ließe ſich fragen, ob nicht aller der Nom. Sing. Masc. von all ſein könne, worauf auch Grimm a. a. O. hindeutet: „hette Er demſelbigen gefolgt, ſo wehre dieſer ſtreytt aller verhuttet worden". Verhörprotokoll Treisbacher Gemeindemänner von 1609. „Alß die Eyla die Kröte mit dem ſtecken geſtochen, ſey der Miſt aller glimmend geworden". Marb. Hexenprozeßacten von 1633. Vgl. Schmeller 1, 42. Aus dem Munde des Volkes habe ich aller niemals vernommen.

allerâ, zu arg, zu auffallend: „das iſt aber allerâ". Schmalkalden, wo viele dialectiſche, bis zur Verhunzung herabgehende Entſtellungen ganz gewöhnlicher Wörter vorkommen, dergleichen auch dies eins ſein mag, welches indes ſo unkenntlich geworden iſt, daß es ſchwer ſein möchte, deſſen richtige Form aufzudecken.

alleweile, jetzt, eben, im Augenblick. In ganz Heſſen in dieſem Sinne üblich, während alleweile (alldieweile) anderwärts ſo viel bedeutet, als während, indeſſen, oder allezeit.

allrüſch adv., raſch, geſchwind, aus dem verſtärkenden all und risch zuſammengeſetzt. Schmalkalden.

Alp neutr., albernes Geſchöpf, Pinſel; ein in den Mittelſtänden und in den Städten übliches Scheltwort: „du biſt doch ein rechtes Alp". Wenn es geſtattet iſt, dieſes Wort auf die Elben zurückzubeziehen, ſo verdient angemerkt zu werden, daß dieſes ſonſt masculiniſche Wort, der elbe, gerade bei einem alten Heſſen, Herbort von Fritzlar, neutral gebraucht erſcheint: diu elber (alſo Nomin. Sing. daz alp) v. 756; Frommann zu Herbort S. 228.

alrêst adv., das mhd. alrêst, allerehest, in dem Sinne von erst, jetzt erst. Schmalkalden.

als, Adverbium, eigentlich allez (alles), Accusativ von all.
1) allezeit, beständig, z. B. „er ist als dabei geblieben". Diese älteste Bedeutung erscheint schon im Iwein s. Benecke Wörterbuch zum Iwein S. 4. Grimm d. Wörterb. 1, 229. Im sächsischen Hessen, wo vorzugsweise diese Bedeutung des Wortes im Gange ist, wird dasselbe richtig nicht mit weichem, sondern mit hartem s (alz, alß) gesprochen.
2) immerhin, weiter. „Des Morgens früh fuhren wir als weiter zum Landt hinein". Hans Staden Reisebeschreibung (Weltbuch 1567 fol. 2, Bl. 30b). Eben so in Isaac Gilhausen Grammatica. 1597. 8. S. 43: Filius. Wohin? wohin? da merck ich auff. Rusticus. Ey fragst du erst? als hin gen hoff. Und eben so noch heute: als zu; als fort (alsefort); als drauf! (Zuruf beim Zuschlagen, zumal bei Prügeleien); als in einem weg.
3) einstweilen. „Geh als hin, ich komme dann".
4) zuweilen. „Ich bin als da gewesen"; auch als einmal (gesprochen: alstemal). Reinwald Henneb. Id. 1, 2. 2, 20. Schmeller baier. WB. 1, 42. Schmidt schwäb. WB. S. 18. Journal v. u. f. Deutschland 1786, 2, 115: alzt, dann und wann (Graffschaft Hohenstein).
5) je, in distributiver Bedeutung: „vor 2000 cziegel als vor das hundert x alb. geben". Englischer Vogteirechnung von 1560. Eben so noch jetzt überall.

Alse fem., Wermut, artemisia absynthium. Dieser am Rhein ziemlich übliche Name des Wermuts findet sich auch in Hessen, doch selten, und ist von mir nur an der untern Schwalm (Wabern) gehört worden.

Älte fem., Alter, Lebensalter, Lebenszeit. Sehr üblich. Reinwald Henneb. Id. 1, 2.

Altmutter. Scheint ehedem hin und wieder neben Eltermutter anstatt des noch jetzt ganz unüblichen Großmutter im Gebrauche gewesen zu sein. Verhandlungen aus der Werragegend (z. B. Eschweger Hexenproceßacten von 1657) ergeben es am häufigsten. Heut zu Tage ist es außer Gebrauch.

amber, entweder; Oberhessen. Wahrscheinlich nur eine Entstellung der ursprünglichen Form, gleich ambern für antworten.

ambern, embern, in Oberhessen und im Fuldaischen die gewöhnliche Form für antworten; doch hat Estor S. 1403 eine Redensart als oberhessisch: „Das kann er nit embern" = das kann er nicht verweigern, ausschlagen, welche zu beweisen scheint, daß in der jetzigen Form dieses Wortes zwei verschiedene deutsche Wörter, nämlich außer antworten auch das alte, ganz in dem eben angegebenen Sinne gebrauchte entbern, embern, enthalten seien.

Amen msc., die Bauchseite des wilden Schweins. Dieses niederrheinische Wort (s. Teutonista [1477] bei Richey Idiot. hamburg. S. 444) ist heut zu Tage nicht mehr üblich, kommt aber in ältern Schriften häufig vor. „dry rucke, zwey heupt vnd eyn amen swinen wiltprad". „zewene rucke, eyn heupt, eyn amen swinen wildprad". Marburger Rechnungen von 1497. ammen 1553; einen Lehen Amen, 1568. Landau Geschichte der Jagd S. 230 (wo indes das Wort unrichtig erklärt wird). „Ein wildes Schwein hat am Ammen keine Dutten" Ebds. S. 239.

Ampe fem. Himbeere. Im Isenburgischen (Waldensberg). Vgl. hierzu etwa ammelbeere Grimm WB. 1, 279. Schmeller baier. WB. 1, 53.

Än fem., zusammengezogen aus *agen*, oberhessisch, wofür niederhessisch **enn, enne** gesprochen wird, der Splint des Flachsstengels, welcher als Abschäbsel beim Brechen und Schwingen abfällt, und auch beim Hecheln und Spinnen nicht ganz entfernt wird. Goth. ahana, ahd. agana. Die niederhessische Sprachform wird meist verkehrt als die Enden, Flachsenden, verstanden. Grimm WB. 1, 189. Estor d. Rechtsgel. 1, 643 schreibt die agen; aber schon Alberus Dict. Bl. Qqb: Aun (= än). „Zehen Möth Schieb Ahne jtes Möth für zwen Alb habe ich vndenbenantin zu verbawung meines Gn. fürsten vnd Herrns Schornstein alhie vfm Schlos verkauft". Quittung der Witwe Anna v. Weitershausen, Rauschenberg 30. Dec. 1609. Vgl. Schebe.

an, als Adverbium für voran, in elliptischen Redensarten in der Bedeutung von zum Voraus, an der Reihe, sehr üblich. Ein Zehntpflichtiger hatte vier, fünf Garben an, wenn auf dem eben in der Zehntabzälung stehenden Acker vier, fünf u. s. w. Garben über das Zehend überschoßen, also auf seinem demnächst in die Zehnterhebung kommenden Acker mit fünf, sechs u. s. w. anstatt mit eins zu zälen angefangen werden mußte. Wer im Kartenspielen das Ausspielen hat, ist an, wer bei dem Ausloßen das erste Looß gezogen hat, ist an oder hat das an. Schmidt westerw. Jd. S. 5. Es berührt sich dieser Gebrauch des an sehr nahe mit der Bedeutung desselben in anstimmen und anwerfen (zuerst die Stimme erheben, den ersten Wurf in Kegel= und Würfelspiel haben).

Andacht msc., die in Hessen im 16. u. 17. Jarhundert übliche Bezeichnung der, seit länger als einem Jarhundert in Hessen mit einzelnen, in Oberhessen vorkommenden Ausnahmen nicht mehr angebaueten, Getreideart oder, sonst Dinkel, Dünkel, Spelz, Kernen genannt. Oefters in den Heberegistern jener Zeit: „vier Metzen Andacht hat N. N. zu liefern". „Dieweil aber der Pfarher jetzo das Hafferfeld ausgestellet und besahmet, und noch etliche Acker mit Andacht zu besehen seindt, so sollen und wollen der Pfarher und obgedachte beide schwestern die zum Andacht bereitte Länderei zusammen und uf gemeine unkosten vollends zurichten und mit Andacht besamen und hinwidder beids Haffern und Andacht miteinander einernden". (Fürstl. Canzlei Abschied vom 8. Mai 1600 in Sachen Henrich Cramm, Pfarrherrn zu Trendelburg wider Hansen Beckers gewesenen Bürgers daselbst hinterlaßene zwei Töchter).

Warscheinlich ist diese seltsame Bezeichnung nichts anderes, als ein Synonymum für Dünkel, wie Dinkel schon in älterer Zeit gesprochen und geschrieben wurde; Dünkel und Andacht aber sind (z. B. bei Luther) gar nicht selten als Synonyma gebraucht worden. Zumal aber hat vielleicht das Mißverständnis das lat. ador, welches man als von adorare abstammend und als gleichbedeutend mit adoratio faßte, zu der Bezeichnung des odor durch Andacht beigetragen. Vgl. *Kummer*.

andelagen, verandelagen, ministrare, porrigere, überantworten, überreichen; ein aus dem uralten dunkeln andelago, welches nur in fränkischen, burgundischen und longobardischen Urkunden als Symbol der traditio vorkommt, abgeleitetes und bis zum Ende des 16. Jarhunderts in Hessen vorkommendes Wort. Außer in Hessen scheint es nur in der Wetterau und in Thüringen vorzukommen. S. Grimm Rechtsaltertümer S. 196, vgl. S. 588. Grimm WB. 1, 304, wo zalreiche Belege angeführt sind, die sich übrigens aus gedruckten und ungedruckten Urkunden noch sehr erheblich vermehren laßen; z. B. Kopp

Gerichtsverf. 1, Beil. 13, S. 34; Beil. 31, S. 64; 74, S. 140. Häfner Gesch. der Hersch. Schmalkalden 2, Beil. 5, S. 156. Zeitschr. f. hess. Gesch. u. Landesk. 2, 161; 4, 52. Oft kommt andelagen ohne den Beisatz eines weitern Verbums vor: darumbe **sol nicht deminder die vorgeschrieben almusen genzlich und triulich den armen *gehandelagt* werden**. (Deutsche Abfaßung der Urkunde des Herman von Grune von 1314, die Stiftung des Hainaer Almosens zu Fritzlar betreffend, welche in lateinischer Abfaßung mit der Angabe daß sie von 1312 sei, bei Falckenheiner Geschichte hess. Städte 2, 193 f. stehet; die Stelle lautet hier: non eo minus elemosina prescripta plene et fideliter pauperibus ministretur). **Und were ess sache, dass ich dass forwerg off gebe, so sal ich en dass huss vnd dye schuren *andelagen* in aller masse als ich dar ezv komen** (Urk. des Claus Kitich für Spießcappel von Palmarum 1423). **Und sullen eho sulche czinse alle jor *rerangelagen* zu erem gots husse** (Urk. der Elie Rode zu Homberg v. 1513) und so sehr oft in den Spießcappeler Urkunden, 1513—1514 in den Formen **angelegen, verandelogen**, verangelogen. Noch häufiger aber erscheint bezalen und andelagen, geben und andelagen: **Ich Jacob schellehorn vnd ich Else sin elich wirtin Burgere zu Marpurg bekennen offenliche — daz wir — sullen alle jar geben vnd *andelegin* gnossenliche Hetten wydewin Henr. son Rosphe — funff vnd czwenczyk schyllinge penninge geldes** (Urk. v. 18. Januar 1362). **Vnde die broche sal her von stunt — bezalen vnde den formunden *rorandelagen*** (Urk. der Fischerzunft zu Witzenhausen vom Epiphaniastage 1445). **Wullen — eynem igclichen geben vnd *rerandelogen* lossen — eyn malder sin lebetage** (Urkunde des Alts Joh. Zuttel zu Spießcappel vom S. Valentins Tage 1508).

Außerdem bedeutete andelagen auch operam praebere, Handreichung thun bei einer Arbeit, einem Handwerk. Der Steindecker Hans Noltener von Marburg quittiert 21. Mai 1554 über Bezalung der von ihm an dem Schloß zu Rauschenberg verrichteten Steindecker Arbeit „darzu meynem knaben zu lohn vij alb: so mir *geandelogt*". Eben so quittiert 17. September 1567 Hans Dreudel, Bürger zum Rauschenberge: „Zehen alb. hab ich — empfangen, hab dem Weißbinder zur handt gegangen vnd *geandelogt*". Alberus hat in gleichem Sinne (Dict. Bl. yᵇ) daßelbe, nur verkürzte Wort **andeln**, ministrare, und das Substantivum **Andeler**, opera, der dem meister handreichung thut (Bl. oa).

überandelagen, eine abundante Composition: „wollen wir den obgemelten gwardian, brudern vnd couent (der Barfüßer zu Marburg) hiermitde *ubergeandelagt* han solich gud vnd briff"(Urk. Henrich Hedkmanns v. 1474).

überandelung, Rückgabe. „Und nu vff solch gut ere waltrecht vnd andere gerechtikeit, mit *obirandelunge* den herrn zu cappel ere waltrechtsbriene, vor den amptluden czu Homberg genczlichen verczegen" (Urk. v. 1492).

Anderfarb neutr., geſpr. ånerfarr, ein im Schmalkaldischen übliches Kartenspiel, wobei die Farken durch Zeichen und Redensarten verraten werden.

andern, verandern (sich), in der besondern Bedeutung „sich verheiraten" in ganz Hessen, am meisten in Oberhessen üblich. **Zcum andern male wan sie (die Gottesleben von Cappel) ere kynder *verandern* woln das mogen se thun war sie wollen mit eynes Apts von Cappel rate** (Urteil der Schiedsmänner zwischen dem Abt Rotzmul zu Spießcappel und den Männern des Birnegaus, v. 10. Mai 1430). **ich ensal oder enwil mich auch nit *verandern* geistlichen oder werntlichen in keyne wyse an wyssen vnd willen myns bruders obgenant.** (Alimentationsurk. des Ritters Reinhart v. Schwalbach 1446).

Anferben -- anken.

biss so lange das sie manbar worden unde sich *elich veranderten*; Emmerich Frankenberger Gewonheiten bei Schminke Monim. hass. 2, 673. Demnach ich mich mit hans kürsner eelichen verandert. Crim. Pr. A. v. 1538. vnd als er daruf geantwort, Ich will mich noch nicht andern, hab sie daruf ferner gesagt, Du wilt doch bald ein weinkauf trinken (Rede eines Junggesellen, dem von ihrer Mutter die Tochter angeboten wird; Marburger Hexenprocessacten von 1579).

Die nächste Erklärung dieses Ausdruckes mag leicht die sein, seinen ursprünglichen Zustand, den der Ehelosigkeit, ändern. Weigand nahm im Friedberger Intelligenzblatt 1845. No. 95 an, der Sinn sei: sich mit einem andern ehelich verbinden, also so viel wie sich zweien, sich verdoppeln; daß dieß jedoch unrichtig sei, beweist die Stelle aus des R. v. Schwalbach Urkunde von 1446.

anferben, den zu spinnenden Flachs um den Wocken (Spinnrocken) anlegen. Oberhessischer, mir zur Zeit unverständlicher Ausdruck.

anfertigen, auf der Fart, Reise, angehen, anhalten, anfallen. Wen eyn rad ader eyn richter geleytet, den ensal nymant *anefertigen*, her en frege dy radesmeyster unde den richter, ob he von en sy geleytet. *Statuta Eschenwegensia* aus dem 15. Jarh. (von Röstell 1854 herausgegeben, S. 3). Grimm WB. 1, 329.

angen, verlangen, sich sehnen; „der Sterbende hat sehr nach seinem Bruder geangt". Fuldaer Land. Es ist dieses Wort nach dem mhd. Adjectiv ange, sehnlich, gebildet, könnte übrigens auch mit dem niederdeutschen, im übrigen Hessen gebräuchlichen *anken*, stöhnen, zusammenhängen, zumal da in den nördlichen fuldaischen Gegenden dieses angen auch anken ausgesprochen wird, und sogar die Grundlage zu dem sehr volksüblichen **angeln**, eifrig nach etwas streben, abgeben, so daß man letzteres Wort nicht als eine Metonymie vom Fischfange zu betrachten hätte. Reinwald Henneb. Id. 1, 3 hat in gleicher Bedeutung wie hier angen erscheint, das Wort **anfern**, und stellt es mit jenem angeln in warscheinlicher Weise zusammen.

Anhang masc., wird in persönlicher Beziehung meist für Concubine gebraucht, wie in der ältern Zeit allgemein üblich war, indes auch für Theilnehmer an einem Geschäft, Consorten. So schon 1542 in einem Landsiedelleihbriefe des Landgr. Philipp von 1542 (Lennep von der Leihe zu LSR., Cod. prob. S. 29) „George Becker vnd Curt Hansen Jnwonern zu Vilbel sampt jrem anhang". Vgl. Grimm WB. 1, 366—367.

Anhub masc., ist der gewöhnliche Ausdruck für Anfang, zwar in ganz Hessen, ausschließlich jedoch, so daß das Wort Anfang gar nicht verwendet wird, an der Schwalm und in Oberhessen gebräuchlich.

Anke fem., der Hinterkopf, der Nacken, das Genick. Ist durch ganz Hessen der übliche Ausdruck; Nacken ist gänzlich unbekannt, Genick wird nur in bestimten Beziehungen gebraucht. Es gehört mit *enke*, talus, zu einem Stamme, wie schon Schmidt westerw. Idiot. S. 6 angenommen und Grimm WB. 1, 378 bestätigt hat. Ahd. ancha. Reinwald henneb. Id. 1, 3. Weigand Friedb. Int. Bl. 1846 No. 61. Schmidt schwäb. WB. S. 24. Schmeller baier. WB. 1, 83.

anken, stöhnen, seufzen, welche beide Wörter dem Volke gänzlich unbekannt sind. In ganz Hessen sehr üblich, wie in dem größten Theil von

Niederdeutschland: Richey Id. Hamb. S. 6. Klein Prov. WB. S. 16. Grimm WB. 1, 379, wo auch ein Beleg aus B. Waldis angeführt ist. „Durch ihr jämmerliches weinen vnd ancken" Torquemada Hexameron übers. von dem Fütternden (Landgr. Hermann). 1652. S. 347.

anne adv., fort, weg; fast nur in der Verbindung mit gehn üblich: anne gehn; geh anne, tummel dich. In Niederhessen (doch nicht in den sächsischen Bezirken) und Hersfeld, so wie im Schmalkaldischen (hier in der Form âne, gesprochen ûne) und Schwarzenfelsischen üblich; in der Grafschaft Ziegenhain und Oberhessen unbekannt.

Außer dem Elsaß ist ließ Wort bis jetzt nicht nachzuweisen.. Fischart hat es im Gargantua, in der Form annen dreimal: 1582 Lb (1594 96a) Hui annen, hui annen, Lerma, lerma jr hoflent, sagt der Teuffel, ritt er auf der Sau. M4a (1594 106b) gleich wie dem König Antho sein erster Sohn alsbald vom gehn mußt Jon heissen — hui annen. O3b (1594 137b) Hui nun annen, lasset uns die reimen herum rammelen vnd rommelen. In Arnolds Pfingstmontag (Straßb. 1816) erscheint es einigemal, und wird im Glossar nicht unwahrscheinlich durch anhin erklärt. Grimm WB. 1, 418 hat nur die dritte Stelle aus dem Gargantua, und hält das Wort, ohne Zweifel irrig, für ein Verbum.

Den bis jetzt vorhandenen Idiotismensamlungen fehlt dieses Wort.

Anrichte fem. der, meist etwas niedrige, Küchentisch dessen Platte von drei Seiten mit Leisten eingefaßt ist, niedriger Küchenschrank, dessen Deckel zu einem solchen Tische eingerichtet ist. Ein früherhin allgemeines schriftdeutsches Wort (Grimm WB. 1, 426—427), welches jedoch Adelung als Provincialismus gekennzeichnet hat und darum als in Hessen vorfindlich hiermit constatiert werden soll.

anschneiden bezeichnete, so lange und wo immer sich der Kerbhölzer bedient wurde, den Schnitt am Kerbholz vollziehen; die Construction war die, daß der Gegenstand, welcher durch den Schnitt bezeichnet werden sollte, das directe Object des Verbums anschneiden bildete, während die Person, welche den Kerbenschnitt vollzog, in activischer Fügung das Subject, in passivischer das dativische, indirecte, Object war. Das directe Object wurde indes als selbstverständlich in der Regel nicht ausgedrückt; der Holzfuhrmann pflegte dem Thorschreiber zuzurufen: „ich will angeschnitten haben" oder „schneiden Sie mir an", weil sich die Abwerfscheiter von selbst verstanden. Ganz ähnlich verhielt es sich auch in ältern Zeiten, nur daß ehedem die Kerbhölzer und das Anschneiden eine weit umfangreichere und wichtigere Rolle spielten, als noch vor dreißig Jahren oder gar heut zu Tage. So war ehedem die Benutzung der Wälder in bei weitem ausgedehnterer Weise gestaltet, als gegenwärtig: es konnte, nach erhaltener und sehr leicht zu erlangender Erlaubnis, in das Legerholz (später, noch im 16. Jarhundert: Leseholz) mit Wagen und Karren gefaren, im Walde gereifelt (Reiser gehauen) und Vieh gehütet, auch das geweiste (jetzt: angewiesene) Holz gefällt werden, aber es mußte jede dieser Handlungen angeschnitten werden, oder es traf den das Anschneiden vernachläßigenden Waldbuße (im 16. Jarhundert von 7 bis 13 Albus). Eben so mußten die zur Mast gehenden Schweine bei schwerer Waldbuße angeschnitten werden. Die alten Forstregister, namentlich die Bußregister geben für alles dieß fast zallose Belege. Sehr oft wird in den letzteren ohne weitern Beisatz gesagt „hat nit angeschnidden", „hat nit lassen anschneiden", meistens jedoch mit den betreffenden nähern Angaben: z. B. "nz alb. Johann Roden, das er nicht, als er in leger holtz gefaren, **angeschnitten** hat" (1562); oder nur "— das er in wald gefaren vnd nit **angeschnitten**"; die alte Mangersche zu Wetter, das sie in wald faren laßen, vnd jr nit **angeschnitten** ist worden (1572); "hat im wald gehuett vnd nit **angeschnitten**" (1566); "hat ein buchen gehawen vnd nit **angeschnitten**" (1567); 1 fl. R. hat sein Schwein nit **angeschnitten**" (1565).

anspenneln, mit Stecknadeln befestigen; üblicher in der metaphorischen Bedeutung: einen an eine Arbeit setzeln, ihn (bittweise) zur Uebernahme eines Geschäftes vermögen, von dem er nachher nicht wol wieder los kommen kann. S. Spennel. Schmidt westerwäld. Id. S. 7.

anstössig, unwol, unpäßlich. Schwarzenfels. Ist noch nach dem ehemaligen Gebrauch von anstoßen, wofür jetzt ungefähr zustoßen gebraucht wird (es stößt mich ein Fieber an, es hat ihn eine Schwachheit angestoßen) gebildet. In Niederhessen gilt für dieses anstößig: aufstützig.

anthun, 1) wie gemeinhochdeutsch, einem etwas anthun = ihn bezaubern. 2) sich anthun, sich ankleiden; einen Rock anthun. Fast ausschließlich gebrauchter Ausdruck, neben welchem anziehen kaum wenn von einzelnen Kleidungsstücken die Rede ist, vorkommt, niemals wenn vom Ankleiden im Ganzen gesprochen wird. Am häufigsten hört man dieses Wort, wenn das Anlegen der Sonntagskleider bezeichnet werden soll. "Hielte doch darvor, weil sie sich (an einem Sonntage) anthun wollen, wehre sie in die andere stube gangen". Marburger Hexenprocessacten von 1658.

Anthuerin die Todtenfrau; im Schmalkaldischen.

Antonius-Schwein, Töngessau. Ursprünglich (vgl. Schmeller baier. WB. 1, 86) ein Schwein welches von den Gläubigen zum Besten eines Antoniterhauses (ursprünglich des Klosters St. Antonii bei Vienne in der Dauphine) dergleichen eins zu Grünberg bestand (s. Ayrmann in Kuchenbecker Anal. hass. 4, 390 f.) unter Aufsicht eines zu diesem Zwecke exponierten Antonitermönchs gehalten und gemästet meist auch durch eine Glocke am Halse ausgezeichnet wurde. Die Antoniter pflegten mit einem Hammerkreuz d. i. einem Kreuze, welchem der obere Arm fehlt (T) umherzugehen und zu terminiren; am Ende des Kreuzes hieng ein Glöckchen. Auch ließen sie wol bei diesem Terminiren ein Schwein mit einer Glocke am Halse hinter sich hergehen und terminirten Futter für dasselbe (Hess. Hebopfer 5, 72), woher die ehedem sehr übliche und noch jetzt nicht ganz vergessene Redensart: "mit der Sauglocke läuten" ihren Ursprung hat. Die bemerkte Art des Mästens hatte die Folge, daß die Antoniusschweine geringer als die Schweine der Fleischhauer waren. In Emmerichs Frankenberger Gewohnheiten bei Schminke Monimenta hassiaca 2, 707 heißt es: *Sant Anthonius swyne* die hauwt man durch eyn ander, unde gilt 1 punt eyns hellers mynner dan der fleischhauwer fleisch, dus sy oich durch eyn hauwen, wie das des jars gegolden hait. Häufig wurden die Antoniusschweine, Töngessauen, Gegenstände des Spottes, und dienten zu einer Menge von spöttischen parabolischen Redensarten, z. B. sagt Landgr. Philipp von einem im Jahr 1558 nach Sachsen und Meißen geschickten Lakai "wir achten er laufe umher wie eine Thongessau und bettele und sei alle Tage voll". Landau Gesch. der Jagd S. 230 (wo freilich diese Stelle mißverstanden worden ist). Burkard Waldis sagt in seiner Uebersetzung von Th. Kirchmair Regnum Papisticum (das Päpstisch Reich 1555. 4):

Bl. Cc a Antonius der sew muß hüten
  Das nit der wolff dawider wüten.
• Drumb man jm in den stedten hegt
  Ein Schwein das seine Schellen trägt.
und Bl. Qiija Groß, feißt gemeſt Anthonis Schwein
  Gar gut in jren Kuchen ſein.
  All die jn weigern ſolche ſtewr
  Bedrawens mit Sant Tonnis ſewr.

Antworter. „Der Antwörter (al. Antworter) oder appellat". L. Philipps Reformation ꝛc. v. 28. Juli 1527. Bl. Ba und ſonſt oft in den Verhandlungen aus der erſten Hälfte des 16. Jarhunderts. Im 17. Jh. iſt das deutſche Wort ſchon völlig von dem lateiniſchen verdrängt. Haltaus Gloss. p. 27. Grimm WB. 1, 510.

Anwan msc. Item geschehe ein dotschlag in diesem gericht und gescheh der anwan so nauc, dass das haupt hinus fiele etc. Salzſchlieffer Weiſtum von 1506. Grimm Weiſt. 3, 375. Iſt dieſes anwan = anwand? Grenzſtück *angewan* kommt ebendaſ. S. 377 vor: so er (der Fiſcher) wolt ein angewan abschlagen, wo es allerdings Grenzſtück zu bedeuten ſcheint.

Anwand fem., Grenze, Grenzacker, vorzugsweiſe ein ſolcher Acker, auf deſſen lange Seite mehrere andere Aecker mit der ſchmalen Seite ſtoßen. Ein ſehr altes und ſehr übliches Wort, z. B. Lennep Leihe zu LSR. Cod. prob. S. 233: „in guten Reinen, Steinen, Anwanden halten" Urk. v. Alsfeld v. 1558. Grimm WB. 1, 513. S. anwender, gewand, wenden. Vgl. Strodtmann Id. Osnabr. S. 1.

Anwandung fem., Grenze. „Es ſoll auch itzt genanter Joſt Hoſe — berürte wieſen in guten reinen, ſteinen, Malen und Anwandungen, auch in ſtetiger beßerung vnd weſen behalten". Leihebrief des A. W. v. Döringenberg für Vockerode (Gericht Katzenberg) v. 1565 bei Lennep Leihe zu LSR. C. pr. S. 229.

Anwender msc., 1) was anwand, ein Acker auf deſſen lange (breite) Seite andere Aecker mit der ſchmalen Seite (Stirnſeite) ſtoßen. Sehr üblich, neben Anwand, welches manchen Gegenden, z. B. dem Fuldaiſchen Land, zu fehlen ſcheint, ſo daß hier nur Anwender (ãwengel) gehört wird. „Anwendels ein ſchmales Ackerbeet" Graffſch. Hohenſtein (Jour. v. u. f. Deutſchl. 1786, 2, 115). 2) der Beſitzer einer Anwand (eines Anwenders). Grimm WB. 1, 514 hat Anwander. S. anwand, gewand, wenden.

Angewende neutr., 1) das Recht, den Pflug zu wenden auf eines andern Acker. Eſtor d. Rechtsgl. 1, 680 (v. 1693), 2) gleichbedeutend mit anwender 1) und anwand (Eſtor ebdſ.)

Ar (Aar), der eigentliche Name des Adlers, findet ſich zwar in der Volksſprache ſo wenig wie das zuſammengeſetzte Wort Adler, wie denn auch der Vogel ſelbſt ſchon in alter Zeit bei uns ſelten geweſen zu ſein ſcheint, aber in einigen, freilich nur ſehr wenigen, Ortsbezeichnungen hat ſich Ar (aro) gleichwol erhalten. Zunächſt kommt in Betracht die Burg *Arnstein* bei Witzenhauſen, der Stammſitz der von Bodenhauſen; ſodann ein Waldberg zwiſchen Treisbach und Engelbach: das *Arennest*; hieran ſchließt ſich der Name eines Waldes oberhalb Völkershain nach Wallenſtein zu, welcher mit ſehr alter Flexion bis in das 14. Jarhundert *Arnisnest* hieß, jetzt Armsneſt genannt wird. Indes ſetzt dieſe Annahme freilich voraus, daß ein Nominativ arn, wie das niederdeutſche arnd, statt aro, ar, anzunehmen sei. Unter dieser Voraussetzung könnte man darauf geführt werden, die ziemlich häufigen Armsberge, deren ältere Schreibung abgeht, als *Arnisberge* aufzufassen.

aren, ackern. Ein altes reduplicierendes Verbum (Prät. *ier*, Partic. *gearn*), welches im Participium bis in die neuere Zeit volksüblich war und in Oberhessen zum Theil noch üblich ist; das Präsens Indic. und der Infinitiv, die übrigens schon in sehr früher Zeit *er*, *eren* gelautet haben, sind wie es scheint schon längst ausgestorben, und das Präteritum ist bereits mhd. in die schwache Conjugation übergegangen. „jglich forwergt sal jerlichen zu yber art eren eynen tag nach landes gewonheyt". Immichenhainer Leihbrief von 1446 bei Lennep Leihe zu LSN. Cod. prob. S. 192. „Unde furte sie darnach zu felde uff eynen acker, unde spyn er V adder VI an eynen pluch in erin hemmeden, unde erte mit en eyne forch" — — unde wan die forch gearn was, so spyn er andere in". Wigand Gerstenberger bei Schminke Monim. Hass. 1, 243. „hat hinder einem Mahrstein her geahren, welcher auch außgeworfen ist worden"; — „hat ime ein Ort Ackers abgeahren" Wetterer Bußregister von 1591. „hat einn lebendigen Rhein abgeahrn" Ebds. von 1583. Schmeller b. W. 1, 97—98. Man kann versucht werden, das Wort *aeren* (iren) statt zu Aehre, hierher zu ziehen.

Arke fem., ein großer Haufe, zumal Holz, auch Stroh. In Oberhessen und Schwarzenfels üblich, in Niederhessen unbekannt. (Estor S. 1403. „It. xxxviij lb. ij schilling vor xiij arden hultzs gekaufft, des sint vi arden eyn vor dry punt vnd vij arden eyn vor iij lb. vj schill. gekaufft". Rechnungen des deutschen Ordenshauses zu Marburg von 1497. Dagegen scheint in folgendem Satze: „biss an die flud *argken* boben der Nidder molen" Emmerich Frankenberger Gewohnheiten bei Schminke Monim. hass. 2, 701, die Flutarke nichts anderes als arca, Holzgerinne, zu sein. Vgl. Schmeller 1, 103. Grimm WB. 1, 545.

Armedei fem., Armut, jedoch niemals im abstracten, stets in concretem Sinne: armselige Hauswirtschaft, armseliges Gewerbe, armselige Nahrung. Allgemein üblich, und in gleichem Sinne schon von Hans Sachs und Fischart verwendet (Bienenkorb 1580 Bl. 39a; 1588 Bl. 37b „da ist nichts dann Armakei im Baurenläger"). B. Waldis und S. Franck scheinen das Wort eben so abstract wie Armut, als ein Synonym von Armut, zu verwenden. Grimm WB. 1, 558. 562. In diesem abstracten Sinne erscheint es anderwärts öfter, z. B. in der Grafschaft Hohenstein: „Armetey, Dürftigkeit". Journal von u. für Deutschland 1786, 2, 115.

Ärmelding ntr. In Hünfeld und Umgegend die beinahe ausschließliche Bezeichnung des Kamisols, welches Fremdwort daselbst fast unbekannt ist.

Arsch. Grimm WB. 1, 564—568. Sehr üblich sind die Schimpfwörter Lappa., Bettela., Nacka. für einen armseligen, bettelhaften Menschen.

artbar adj., vom Ackerboden, angebauet, Frucht tragend; „artbares Land", dem Triesch entgegengesetzt; wie gemeinhochd. urbar. Althochd. *arton*, colere, habitare. Grimm WB. 1, 573. Vgl. Schmeller b. WB. 1, 111—112.

artlich, sonderbar; „er sprach so artlich", er sprach so seltsam, unverständlich, mit einer dem Hörer nicht faßlichen Bedeutsamkeit; „mir ist so artlich", mir ist so sonderbar (zumal: schwindlig) zu Muthe, so daß ich eine Krankheit ahne. In ganz Hessen, wie in Baiern (Schmeller b. WB. 1, 111) und anderwärts. Grimm WB. 1, 575. In der ältern Bedeutung, für das gemeinhochdeutsche artig, erscheint artlich auch nicht selten: „das ist ja gar artlich gemacht", das ist eine künstliche, sorgsame, fleißige (auch seltsame, Verwunderung erregende) Arbeit.

Arzetei fem., noch jetzt zuweilen gehörte Form für Arzenei, ehedem besonders im Gebrauche für Arzneikunde. L. Philipps Reformation vom 18. Juli 1527. Bl. Diija und sonst oft.

Ascher, Äscher, Escher, msc., der zum Behufe des Seifensiedens in Asche eingerührte ungelöschte Kalk, welche Einrührung den Aescher anstellen heißt.

Âss ntr., die ehemalige Bezeichnung des dem Vieh (Ochsen, Kühen, Kälbern, Schweinen und Hunden), gereichten, aus geschrotenem und eingeweichtem (gemilgetem) Korn, für die Hunde Hafer, bestehenden Futters. Das Wort kommt in allen hessischen Hof-, Schloß- und Rentereirechnungen des 15. und 16. Jarhunderts unzäligemal vor. Borken 1451: iij firtel korns zur molen zcu aße den swynen. Grebenstein 1462: 1 mlt. korn zcu aße davon zcu milgende den melken kuwen vnd helefswynen. Reichenbach 1425: exposita der fruchte dieses jars. den mestesmynen vnd anders den noßern jm hofe zu aße vnd zu milgesale gemalen vnd gemacht. Rauschenberg 1562: sechs mesten korn gemalen vnd zu hunde brot vfgangen vnd nuit hinwegt gefürt gen marpurg; item drittehalb malter habern zu hunde oiß gleicher gestalt geaczt vnd milde genomen. Vom 16. September 1562 bis zu Neujahr 1563 verzehrten des Landgrafen Philipp Jagdhunde in dem einzigen Rauschenberg zwölf Mött (vier Mött auf ein damaliges Marburger Malter, welches 16 Miesten faßte, gerechnet) Korn zu Hundsbrod und elf Malter elf Miesten Hafer zu Hundaß; die Zal der Hunde belief sich auf 90 im Minimum, öfter aber auf mehr als 100, und sie hielten sich in dem angegebenen Zeitraum siebenmal, jedesmal 1–3 Tage in Rauschenberg auf. Vgl. Strodtmann Idioticon Osuabrug. S. 17, nach welchem *Aat* (Aut) die Bezeichnung der Träber des abgebrauten Malzes ist.

Asc fem. (âse) soll, wie in Baiern und Tirol (Schmeller 1, 115. Frommann Mundarten 4, 64) bei Wetter der Balke oder das Holzgestell im Schornstein, an welches Speck und Würste zum Räuchern aufgehängt werden, welche Vorrichtung sonst Deise (Döse) heißt, auch das Holzgestell über dem Ofen, welches sonst gleichfalls Deise heißt, genannt werden. So Landau in seiner „Dritten Ausführung über den nationalen Hausbau" in der Beilage zu No. 12 des Correspondenzblatts ꝛc. Daselbst gibt er auch einen Reim an, welchen die Kinder in und bei Wetter um Fastnacht singen, wenn sie mit hölzernen Spießen umherziehen und Speck, Würste u. dgl. betteln:

    Liebe liebe Wasen,
    Steig se in de Asen,
    Lang se me en Stück Speck armeslang,
    Kann se's nit geschneide,
    Lang se me de ganze Seiten.

Das Wort fehlt bei Grimm.

asten, ein bisher noch unerklärtes Verbum, welches stets mit bauen verbunden (asten und bauen) auftritt, und die Cultivierung eines Ackergutes zu bezeichnen dient. Vorzugsweise tritt es in Weistümern der Wetterau und deren südlicher und östlicher Nachbarschaft auf, wie z. B. in dem Altenhaßlauer Weistum von 1354 (Grimm Weist. 3, 413, wo indes auch die nicht ganz zu verachtende

Variante *essen* vorkommt), indes ist es auch in Oberhessen bis in das 16. Jarhundert üblich geblieben: "Herman Dalheuser von Rechelshausen sagt bei gethanem Aidt: Er hab die Altenburgt vor viertzigt Jaren helffen asten vnd bawen". Marburger (Gladenbacher) Zeugenverhör von 1562.
S. Grimm WB. 1, 589.

Atzel fem. 1) die Elster, doch nur im Haungrund, im Fuldaischen und sonst einzeln im östlichen Hessen; bei Kirchhof Wendunmut erscheint das Wort Bl. 185b. Grimm WB. 1, 596. Redensart: die Atzel wollt auch gern mit traurig sein, kennt aber das Hüpfen nicht laßen. 2) schlechte Perücke, Perücke überhaupt, meist im Scherz und Spott. Reinwald henneb. Jd. 1, 5. Schmidt westerw. Jd. S. 9, vgl. Grimm WB. a. a. O. 3) Hundekrankheit, gemeinhochdeutsch die Raude genannt; im östlichen Hessen sehr üblich. 4) zänkische Person "das ist eine kleine Atzel"; "der ist eine recht böse Atzel". Sehr üblich.

atzelig, zänkisch, leicht zu beleidigen, unverträglich, bißig; allgemein üblich, indes im Haungrunde doch in milderer Bedeutung: lebhaft, flink, im Gebrauche. Die bis daher erschienenen Idiotismensammlungen kennen dieß Adjectivum nicht. ein atzlet gemüt, welches Grimm a. a. O. aus Keisersberg anführt, scheint abweichender Bedeutung zu sein.

atzeln, necken; *sich atzeln*, sich streiten, mit Worten zanken; allgemein üblich. Vgl. *itzeln*. Reinwald henneb. Idiot. 1, 6 hat das Wort in einer Bedeutung (vergebliches, läppisches Zeug vornehmen), welche hiesigen Landes nicht üblich ist. Auch in der Bedeutung bunt sein, bunt machen, welche Grimm WB. 1, 596 dem Worte zueignen möchte, ist es mir nirgends vorgekommen.

aube, aufwärts, was in entschiedenen oberdeutschen Gegenden *auffe* lautet; meist nur mit gehen verbunden: aube gehn. Schwarzenfels.

auern, au schreien, laut jammern, wehklagen; der Hund auert wenn er eingesperrt ist; der Mensch auert bei einer chirurgischen Operation; auch bezeichnet man das weinerliche Bitten kleiner Kinder mit auern. Sehr üblich, zumal in Niederhessen.

Wird in den Idiotiken nicht aufgeführt; fehlt auch Grimm WB.
Aehnlichen Sinnes ist
autschen, einen lauten Schmerzensruf (autsch) ausstoßen; dieß Wort wird von Thieren gar nicht, und vom Menschen nur gebraucht, um einen einzelnen Schmerzenslaut zu bezeichnen. So sagt man auch: "es thut autsch", d. h. wehe zum lauten Aufschreien. Gleichfalls sehr üblich.

Aufholz ntr., in denjenigen Gegenden, wo die eigentümlichen Ausdrücke für die Ackergeräthschaften, zumal für die Pflugtheile, erloschen sind, z. B. in manchen Dörfern der Umgegend von Kassel und abwärts, der Name für denjenigen Pflugtheil, welcher anderwärts *Schemel, Boss, Pfülf (Pél), Afterträch* heißt.

aufsetzen ist in Niederhessen, wo scheppeln unbekannt ist, die Bezeichnung des Schmückens der Züchtmägde (f. d.) mit Kränzen und Bändern; ein Mädchen aufsetzen; die Mädchen waren bei der Hochzeit gar schön aufgesetzt. S. scheppeln. Grimm WB. 1, 736.

aufstehen f. stehen.

aufstützig, unwol, unpäßlich. Niederhessen, auch wol Oberhessen. "indem Juncker Hans Wilhelm (v. Keudel) angefangen auffstutzig zu werden,

Au fung — Aussatz. 19

daß er eine Cur oder die ander brauchen müssen" Christoph Dietrichs Chronik v. Schwebda zum Jahr 1675. 1606 $\frac{28}{5}$ ist ein Ochse, „so ein Eßstößer gewesen" in das herrschaftliche Schlachthaus zu Marburg geliefert worden. Rauschenb. Rent. Rechn. v. 1606.
Vgl. *anstössig*.

au fung, *au fungst*, *au fonk*, ein schmalkaldisches verderbtes Wort, dessen Ursprung aufzuklären mir nicht hat gelingen wollen. Seine Bedeutung ist 1) vollends, synonym mit ausemêr und ausegrad; 2) die einer Verwunderungs-Interjection: warum nicht gar! was du sagst! nicht möglich. Vgl. *fung*.

äugen, gesprochen *eigen*, zeigen. Ist in Hessen nur in der Reflexivconstruction *sich äugen* (eigen), aber allgemein, üblich, und bedeutet dieses sich äugen die meist abergläubische Andeutung, welche ein Abwesender, zumal im Augenblick des Todes, oder auch ein Verstorbener von der Anwesenheit seiner Seele in der Heimat gibt; der Abwesende (Sterbende) äugt sich, wenn ein Hausgerät oder dergleichen, welches von ihm war gebraucht worden, sich auf scheinbar unerklärliche Weise, meist mit Geräusch, bewegt. Es ist das goth. augjan, ahd. ougen, welches gemeinhochdeutsch in ereignen entstellt worden ist. Im Fuldaer Lande ist *sich aichen* (Haungrund eigen) so viel als sich rächen, sein Mütchen kühlen; *ausaichen* „seinen Gift an jemanden ausaichen" seinen Zorn an jemanden auslaßen. Gehört dieß Wort hierher, oder zu eichen, ahd. eichôn? Graff Sprachschatz 1, 127.

Auwel, Aul fem. und masc., die Eule, nach der in der Grafschaft Ziegenhain und in Oberhessen herschenden Aussprache des û, richtige derher. schende Form des mhd. ûwila, welches in Niederhessen als *ûle* ausgesprochen wird: „Er hatte vermeint, es möchte ein Aul in den Schornstein gefallen sein". Marb. Hexenprocessacten von 1659. Vgl. das engl. owl.

aupern (sich), sich rühren, sich rippeln, d. h. sich bemerklich machen, sich auflehnen, ist nach Reinwalds Angabe (Henneb. Id. 2, 24) im Schmalkaldischen üblich; mir hat es bis jetzt nicht vorkommen wollen. Warscheinlich ist das Wort nichts anderes als das von Reinwald ebdf. S. 22 aufgeführte *uppern*, von dem ahd. *anaron*, iterare.

ausemêr, eine der mancherlei arg entstellten Sprachformen, welche in der Herschaft Schmalkalden vorkommen, auch *ausemêr* gesprochen. Ihre Bedeutung ist: auch vollends: „du hättest ausemehr bis N. gehen können"; „ich will ausemehr bis ein Uhr warten". In angrenzenden Gebietstheilen gilt in ganz gleichem Sinne des *mehrst*. Ein Synonym von ausemêr ist *ausegrad*.

Ausmann, pl. **Ausleute**, auswärts Wohnender; Statuta Eschwegensia (1834 von Röstell herausgegeben) S. 2, wofür ebenfs. auch *gast* gebraucht wird. In den Weistümern (z. B. dem von der Elbermark und von Rorbach, Grimm Weist. 3, 321. 327) bezeichnet Ausmann insbesondere auch den Grundbesitzer, welcher außerhalb der Mark seinen Wohnsitz hat, Ausmärker, forensis. Vgl. Auswartmann.

aussetzen, aussteuern, verheiraten; eine ehedem gemeinhochdeutsche, bei Luther (Richter 12, 9) häufig vorkommende, jetzt erloschene Bedeutung des Wortes, welche im Schwarzenfelsischen, im Schmalkaldischen, auch theilweise noch im Fuldaischen üblich ist. Grimm WB. 1, 970.

Aussatz m., die Mitgift, Aussteuer; überall da üblich, wo aussetzen in der eben verzeichneten Bedeutung sich im Gebrauche befindet.

2*

ausse, hinaus; südliches Fuldaer Land, Schwarzenfels; *ausse faren Vieh austreiben, zur Weide treiben* (wie fahren im ganzen westlichen Hessen vom Viehtrieb gebraucht wird).

Auswartmann, Auswartfrau, Auswartleute kommen in einem Schlüchterner Weistum aus der zweiten Hälfte des 15. Jarhunderts (Zeitschr. f. hess. Gesch. und Landesk. 4, 286—287) vor, und bedeutet augenscheinlich extraneus, forensis, Ausmärker, wie noch heute der Adj. auswärtig gebraucht wird. Vgl. *Auswohner, Ausmann*, und *Einwart*.

Auswärts m. (*Auswart, Auswert* m. *Ausfart* fem.), Frühling, Vorfrühling, zumal der bevorstehende Frühling. Jetzt nur noch im Amt Netra, in den Dörfern der Herschaft Schmalkalden, und sonst einzeln z. B. im Amt Spangenberg (hier aber in der Form Ausfart) üblich, ehedem in ganz Hessen im Gebrauche, wie noch zur Zeit in Baiern f. Schmeller B. WB. 1, 117. 4, 161. Marburger Hexenprozeßacten von 1658: „Selches wehre ihrem bedüncken nach negst abgewichenen auswarts drey jar gewesen". Andere Aussagen über denselben Zeitraum bestimmen denselben: im frühen Frühjahr, zu Ostern. Ebendas. von 1659: „Ihrer Dochter Barbe gewesener Man Henche Höden zu Cölbe Sohn hette von auswerth ahn bis 14 tage vor Christag gefohret". Andere Aussage über denselben Gegenstand: „Fr. wie lang er gefohret? A. Von gedachten Ostern bis 14 Tage vor negst darauf folgenden Christag". Dem Auswärts steht, jedoch nicht in Hessen, der Einwärts, das ablaufende Jahr, die Spätherbstzeit, gegenüber. Grimm WB. 1, 1011. Zeitschrift f. hess. Gesch. u. Landesk. 4, 52.

Auswoner msc. extraneus, forensis. Wolfhager Rechnung von 1563. Vgl. Grimm WB. 1, 1020. Vgl. Ausmann und Auswartmann.

ausziehen in der Bedeutung ausnehmen, sich vorbehalten, ist jetzt wol kaum noch volksüblich, war ehedem hier wie anderwärts sehr gewöhnlich, und erscheint so in vielen Urkunden, z. B. in einer von 1490, die Antonitergüter zu Ringshausen bei Niederaspe betreffend in Lenneps Cod. dipl. zu seiner Abhandlung von der Leihe zu Landsiedelrecht 1768. No. 16 S. 52: alß derselbe vnser herre den walt zu solichem hoffe gehoret auch Kappel strüche boume vmb den selben hoff vnde walt gelegen in solicher lehnunge *ussgezogen* vnde vor sich vnde sin nachkomen behalden hait. Grimm WB. 1, 1039.

Auszug m. 1) Ausnahme, Vorbehalt. In diesem Sinne ist Auszug die dem hessischen Bauer in den nicht sächsischen bzw. nicht leibeigenen Bezirken von Nieder- und Oberhessen allein geläufige Bezeichnung des Altentheils, wogegen die von den hessischen Juristen gebrauchte Bezeichnung Leibzucht aus dem sächsischen Sprachgebrauch entlehnt und jenen Bezirken gänzlich fremd und unverständlich ist. Auszug bedeutet hier den von der Uebergabe an den Sohn ausgenommenen Theil des Gutes, den vorbehaltenen Besitz. Der Auszug konnte selbstverständlich nur bei freien (nicht leibeigenen) Bauern vorkommen, so wie die Leibzucht nur bei leibeigenen, denen der Herr ihre Leibesnarung auch wenn sie unvermögend waren, aber mehr nicht, zu geben verbunden war. Auszugsurkunden, welche diese Wortbedeutung feststellen, sind noch manche aus älterer Zeit vorhanden, z. B. eine unter den Urkunden des Klosters Spießcappel vom Jahre 1409, worin ein Einwohner des Dorfes Wernswig die Uebergabe des Gutes an seinen Sohn, welche hier als ein förmlicher Verkauf an den Sohn dargestellt wird, bezeugt, und in der es am Schluße heißt: vnch hain ich heyncze schroder vorkouffer obgenant in disseme kouffe vad briffe *usgezcogin* vnd die helffte solichs

kodens vnd zeugehoruuge myn lebenlang zcu gebruchen behalden. S. *ausziehen.*
Lennep Leihe zu LSR. S. 684 f. Kopp Handb. 1, 382.

2) exceptio, Einwendung vor Gericht, dann auch Vorwand, Ausflucht; in älteren Schriften hier wie anderwärts häufig, im Munde des Volkes nur noch selten anzutreffen; „het aber der verclagt rechtmessig außzug widder die vnbequemlicheit des Richters formalien der appellation, formlicheit der libels, vnschicklicheit der articfel, odder der gleichen sachen fürzubringen". Landgr. Philipps Reformation ꝛc. vom 18. Juli 1527. (Marburg 1528. 4. Bl. Bb). Grimm WB. 1, 1042.

Auszüger, *Auszüger* msc. Der alte Bauer, welcher sein Gut dem Sohne übergeben und sich „auf den Auszug" gesetzt hat. Im östlichen Hessen findet sich die Sitte der Eltern, sich auf den Auszug zu setzen, also auch Auszug, Außzöger, seltner.

aut, etwas. Oberhessen und Schwalm; hostm aut gegâ? (hast du ihm etwas gegeben?) „man sagt von naut, es kommt von aut"; „wenn ich doch aut wüste, wollt ich's sagen" unzälige Mal wiederholter Ausruf einer angeblichen Zauberin aus Kirchhain auf der Tortur zu Marburg 1. 3. und 26. August 1658. *wei aut* Verwunderungsformel (= wie was!) im oberhessischen Hinterlande. Am häufigsten erscheint das Wort heut zu Tage in der Formel aut oder naut, eigentlich: etwas oder nichts, die aber jetzt fast nur in der Bedeutung entweder — oder! Ja oder Nein! um das Schwanken der Entschließung oder die Unentschiedenheit überhaupt nachdrücklich abzuweisen, im Gebrauche und sehr üblich ist, auch weit außerhalb ihrer Heimat von den gebildeten Ständen nicht ungern angewendet wird, freilich nicht selten in lateinischer Verkleidung: aut-aut.

Es ist das ahd. eowiht, iowiht, ieht, mhd. iht, altfrief. âwet, angels. âviht, avht, engl. ought, welchen letzteren Formen aut am nächsten stehet. Vgl. Grimm Gramm. 3, 52. WB. 1, 1044. Das Wort fehlt in den Idiotismensammlungen.

Vgl. *naut.*

autschen f. auern.

awäsk, albern, in welcher Bedeutung das Wort jedoch nicht so häufig vorkommt, als in der Bedeutung verkrüppelt, verwachsen. Im Fuldaer Lande. Es ist das mhd. âwitzic. Schmeller 4, 207. Brem. WB. 1, 1.

S. *awisig.*

awisig, *aweisig*, albern, sinnverrückt. In den sächsischen Bezirken, wie in ganz Norddeutschland. Strodtmann Id. Osn. S. 18. Brem. WB. 1, 1—2.

S. *awäsk.*

Awetze fem. in der Gegend von Fritzlar der Name der Artemisia abrotanum, des Gartenhains (Gartenhahns) wie diese wolriechende Pflanze im übrigen Hessen heißt.

B.

Bâde fem. (richtig: Bade), Nutzen, Vorteil, Hülfe. Ein in ganz Hessen, wie in ganz Niederdeutschland gebräuchlicher Ausdruck; verhältnismäßig am seltensten hört man ihn in den östlichen Districten Hessens. Verstärkt: *gute Bade. sich zu Bade arbeiten,* ein Stück seiner Arbeit zum Voraus thun, um sich z. B. die Aufgabe des nächsten Tages zu erleichtern. *alle Bade hilft,* sprichwörtlich:

auch eine geringe Beihülfe ist annehmbar, wenn z. B. nur ein geringer Arbeiter, ein Kind, an der Arbeit sich beteiligt. *ein Heller thut dir gute Bade, doch hüte dich vor Schuld und Schade* sprichwörtliche Scherzrede, wenn eine unverhältnißmäßig geringe Leistung, Zalung insonderheit, entrichtet wird.
Unbaden msc. Unfug, Verlegenheit; ungezogener Bube.

bâden, auch **batten** (richtig: baden), helfen, nützen, fast nur noch in feststehenden Redensarten üblich: *das bâdet (batt) mich nichts, das hilft mich nichts, kann mir nichts nützen. es batt nicht, es geht nicht, geht nicht an, fügt sich nicht, rückt nicht vorwärts. das hilft und batt nicht, das kann nun einmal nicht anders sein. bâdets nicht so schadets nicht, superflua non nocent,* eine besonders in der Diemelgegend häufige Redensart.

In der Schriftsprache ist dieses Wort während der zweiten Hälfte des 17. Jarhunderts erloschen. In dem Liede „Wacht auf ihr Christen alle" kommt die Zeile vor: „Geld, Gut kann dich nicht baten"; in einem 1677 in Kassel gedruckten Gesangbuch findet sich S. 283 dieselbe noch unverändert, wogegen das 1690 zu Marburg gedruckte Gesangbuch S. 113 schon hat: „Geld, Gut kann uns nicht rathen".

Vgl. Scherz-Oberlin S. 98. Richey Hamb. Jd. S. 10. Brem. WB. 1, 61. Schottel Haubtspr. S. 1282. Schmidt Westerw. Jd. S. 14. Schmeller 1, 215. Grimm WB. 1, 1153—1155. Gramm. 1, 494. 2, 43.

Badegeld, ein Geschenk älterer Zeit, dem Trinkgelde gleich. Rechnung des deutschen Ordens zu Marburg von 1479 über den Weinbau daselbst; Zeitschr. für hess. Gesch. u. Landeskunde 3, 175.

Bächer, *Baecher* msc. der weiße linnene Rumpfkittel der Bauern. Diese Tracht, welche ehedem seit Jarhunderten im ganzen Oberhessen, theilweise auch in Niederhessen üblich war, ist seit dem Jahre 1840 in Abnahme gekommen, und seit 1848 dem Verschwinden nahe; sie hat der blauen Blouse weichen müßen. Der Name Bacher kam jedoch nur in Oberhessen vor, ist auch von Estor in seinem oberhessischen Wörterbuch (D. Rechtsgel. 3, 1404) verzeichnet; jetzt ist er fast gänzlich erloschen.

bâfen, hart zuschlagen, hart niederwerfen. „bâf die Thür nicht so", schlag die Thür nicht so hart zu; „bâf das Holz nicht so hin"; „ich bâfte ihn in die Ecke". In ganz Althessen üblich.

Neuerdings bedeutet das Wort, zumal in Oberhessen, auch: Brantwein saufen: *„einen bâfen"*, einen Schluck Brantwein nehmen, gierig hinunter schlucken.

bafter (bi after), außer. Das Wort kommt in hessischen Schriften im 15. Jarhundert sehr häufig vor, wird aber schon in der ersten Hälfte des 16. Jarhunderts selten. Seit den beiden letzten Decennien des 16. Jh. habe ich es nicht mehr gefunden. Nach dem Vorkommen desselben in jenen Schriften kann nicht bezweifelt werden, daß es im Volksmunde lebendig gewesen ist.

bachen ist im Volksmunde nur in einer Bedeutung, und auch in dieser, meines Wißens, nur im östlichen Hessen im Gebrauche: Stöcke im heißen Backofen rösten, so daß die Rinde sich von dem Holze löst, und das letztere, nachdem es mit Oel eingerieben worden, sich braun färbt. In diesem Sinne kommt das Wort auch im Brem. WB. 1, 35 vor.

Vgl. *Baeurs*.

Bahrgericht. Ein seit dem Anfange des 13. Jarhunderts übliches Gottesurteil. Der vermutliche Mörder mußte seine rechte Hand auf den Leichnam des Ermordeten legen, und wurde für schuldig, später wenigstens für der That hochverdächtig gehalten, wenn in Folge dieser Berührung die Wunden des Ermordeten anfiengen zu bluten. Grimm D. Rechtsaltertümer S. 930—931. Beispiele dieses Gerichtsgebrauchs finden sich in Hessen bis zum Ende des 17. Jarhunderts. Zwei derselben mögen hier angeführt werden. Im Jahre 1603 wurde bei Niederwetter eine Frauensperson auf der Landstraße ermordet gefunden, und der Leichnam Tags darauf begraben. Jetzt erst erhob sich Verdacht gegen einen Fremden, welcher im Begriff stand eine Bürgerstochter von Wetter zu heiraten, und da seine Aussage bei der Besprachung schwankend waren, so wurde zum Gottesurteil geschritten: „weil kann, berichtet der Schultheiß zu Wetter „22. October 1603, seine außage deromaßen gethan das man Vrsach gehabt ein „gewissers zu probiren, So haben wir mit vorwißen vnd bewilligung auch beisein „des Pfarrherrs Eltisten vnd des Raths der entleibten Person grab wider er- „öffnen laßen, verdechtigen hertzutretten vnd sie anrühren laßen. Ob kan wohl „der korper sehr bleich vnd fast der erden gleich auch die wunden so er geschlagen „deren 8 oder Neun gewesen, gantz schwartz vnd zugerunden gewesen, So seindt „doch nicht allein die wunden wider sobald frisch Roth vnd fließendt sondern „auch die entleibte fraw vnder irem gesicht wider so Rother gestalt als ob sie „noch lebte vnd schlieffe worden, daruf kan er Heinrich (Vogt, der Ehemann „und Mörder der fraglichen Frauensperson) wider zu E. F. G. haften gebracht, „vnd bißherr verwart gehalten wirdet, das weib aber wider in ir grab gelegt „worden". Die hierauf von dem Fiskal erhobene peinliche Amtsanklage nahm ausdrücklich Bezug auf das Gottesurteil („18. Sondern es ist auch whar, als der ermordete korper dem Beclagten vorgelegt, vnd von demselben betastett worden, dz die Wunden, so sonst verblichen vnd eingefallen, frisch blutt von sich geben"), und der Defensor beantwortete diesen 18. Klagartikel dahin: „zum ersten vnd „andern mael habe er den todten korper betasten müssen, vnd seine finger in die „wunden uff der stirne leggen müssen, da habe sich die Wunde des corpers nilt „entferbet, als aber der corper gewendt vnd er zum dritten mael die wunden „betasten müssen, habe sich die wunde mit bluett entferbet"; — eine hinreichend deutliche Hinweisung auf die Art und Weise, durch welche man die Leichname der Ermordeten zum Bluten gebracht haben mag. — Im Jahr 1673 war in Wohra ein Kindsmord vorgefallen, und die des Mordes beschuldigte Weibsperson mußte in der Voruntersuchung zu dreien Malen die Hand auf den vorgelegten Leichnam des Kindes legen. — Im Volksglauben stand (und steht zum Theil noch heute) die Richtigkeit dieses Gottesurteils unerschütterlich fest; eine Aussage aus Betziesdorf vom J. 1673 über einen von der verschmäheten Geliebten angeblich Vergifteten sagt: „vnd am dritten tage nach seinem todt habe er vbergeschossen, daß „er fast im blutt geschwummen, vnd habe seine schwester die Windtsche gesagt: „Er hette noch kein blutt vbergeschossen, biß daß des Schnabels tochter kommen „vnd krentze bracht, mit ihren fünff brüdern, welche ihm alle fünff an die grossen „zehen vffm rechten fueß gegriffen daß sie sich nicht furchten solten, vnd als „Schnabels tochter ihme auch an diese zehen gegriffen, habe er Blutt vber- „geschossen".

Backofenkröffer msc., d. h. Backofenkriecher, ist an der Eder der von der Form seines Nestes hergenommene Name des Weidenzeisigs, Zaunkönigs. Im östlichen Hessen wird dieser Vogel aus gleichem Grunde geradezu *Backöfelchen* genannt. Der Name Zaunkönig ist gänzlich unbekannt.

Backsbeere sem. 1) im eigentlichen Sinne: gedörrte (gebackene) Birnen, wie getrocknete Aepfel, Zwetschen, Birnen zusammen im östlichen Hessen

„gebacken Werk" genannt werden. Sonst Hutzel. Scherzhafte Frage an eigensinnige, wählerische Kinder: „Schätzchen, willst du Hutzeln oder Backsbeeren?"

2) uneigentlich in den Mittelständen gebräuchlich für kleines Gepäck, kleine Geräthschaften. „Ich will nur erst meine Backsbeeren vom Tische räumen"; „wer trägt mir wol meine Backsbeeren nach Hause?"

Bälle, nur im Plural, das Zahnfleisch, zumal der kleinen, zahnenden Kinder. Das Wort ist jetzt ganz so geformt und wird auch so verstanden, als sei es Plural von Ball, während es doch nichts anderes ist, als *pilren*, Pillerlem. Nur hin und wieder hört man wol: *die Bällen*; noch seltner die fast richtige Form *die Böllern*. Vgl. Schmeller bair. WB. 1, 168.

bälfern bedeutet im Fuldaischen füllen, vollstopfen; die Tasche (Sack) bälfern, die Nase mit Schnupftabak bälfern.

Balhorn. Der Name eines ansehnlichen, auf einer Hochfläche, welche die Ursprünge der Flüßchen Elbe, Ems, Erpe und Warme enthält, im Gebiete des ersteren derselben gelegenen Dorfes, östlich von dem Städtchen Naumburg. Wie die Namen jener Flüßchen vom höchsten Altertum sind, so auch der Name dieses Dorfes. Es kommt als Balahorn bereits in dem Breviarium S. Lulli (Wenck hess. Landesgesch. 2, Urk. B. S. 17) und in einer Urk. des 10. Jarh. (Wenck 3, Urk. S. 30) vor, und enthält als erstes Compositionsglied das Wort balu (goth. balvs). Dieses Wort erscheint goth. alts. ahd. nur in abstracter Bedeutung: perniciosus, malus, das Substantivum in dem Sinne von pernicies. Hiernach könnte Balahorn bedeuten: die schlimme, verderbliche Höhe, oder da Horn auch in der Bedeutung Winkel vorkommt: der schlimme, verderbliche Winkel. Möglich aber wäre es, daß balu ursprünglich die concrete Bedeutung der Todtenbrandstätte gehabt hätte, und dieser Ort die von den Hauptsitzen der Katten (Maden, Metze, Wichdorf, Kirchberg) nicht weit entfernte Stätte gewesen wäre, wo das Volk seine Todten feierlich verbrannt hätte.

Bambaster, Unterfutter unter die Sättel. „iij elen lyns duchs den waissir eseln (den Waßereseln, welche das Waßer auf das Schloß zu tragen hatten) zu *Bambaster vnder die seddel*". Marburger Schloßrechnung von 1475. Ob man nötig habe, zur Erklärung von Bambaster das Wort *Bast*, Packsattel, mittellateinisch basta und bastum (Brem. WB. 1, 60) hinzuzuziehen, will ich nicht entscheiden.

S. Bomsen.

bambeln, (pampeln), was sonst *bammeln* und gemeinhochdeutsch baumeln ist: schlaff herabhängen oder herabhängen laßen und in schwankender Bewegung sein oder in dieselbe bringen. „Mit den Beinen bambeln"; „es bambelt alles an ihm" er hat eine nachläßige, schlaffe Haltung und eine nachläßige Kleidung. „Arme hände und beine (eines neugeborenen Kindes) weren „gewesen alß gantz zerschlagen, und hette alles gepampelt, daß man es auch „nicht zurecht bringen können". Aussage der Hebamme Margarete Clermund zu Frankenberg 29. Juni 1697.

Metaphorisch: langsam gehen, langsam arbeiten: „der bambelt den ganzen Tag" arbeitet langsam ohne etwas vor sich zu bringen. Ein Bambeler, ein langsamer Arbeiter, welcher die Geschäfte hängen läßt.

Schmidt westerw. Jd. S. 12—13. Reinwald henneb. Jd. 1, 117. Grimm d. W. 1, 1095 (unter bammeln).

Bann m. ist jetzt aus der Volkssprache völlig verschwunden, nachdem die letzte Erinnerung an den Bann, die Bannmühlen, ihr Bannrecht durch Ablösung verloren haben. Bis zum Jahr 1820 bezeichnete Bann (gesprochen Bon) in der Stadt Hünfeld einen Zeitraum von acht Tagen im Herbst, während dessen Tanzbelustigungen Statt fanden und gewisse Wirte ihre Bannrechte (das Recht, in dieser Zeit allein Musik und Tanz halten zu dürfen) ausübten. Von dem Erlös dieser Bannrechte der Wirte bekam in ältern Zeiten der Beamte zu Hünfeld einen Theil seiner Besoldung.

bannen ist als scherzhafter Ausdruck üblich im Sinne von bewältigen, zwingen, z. B. einen Gegner im Ringen (wrangeln), eine starke Portion Speise und dergl.

bändern, das Haar mit Bändern und Blumen durchflechten, wie die jungfräulichen Bräute, Gevatterinnen und Züchtmägde thun. Geißgrund, Umgegend von Hersfeld. S. *aufsetzen, scheppeln, schnatzen.*

Bändermägde, gebänderte Mädchen, vorzugsweise die Züchtmädchen.

Bänderwerk ist da, wo Schapel (s. d.) unbekannt ist, d. h. im ganzen innern Hessen, und wo auch die Bezeichnung „Aufsatz" nicht gäng und gäbe ist — um Fritzlar, Felsberg, Melsungen — die Bezeichnung für den bebänderten Kranz (Schapel) der Kranzjungfrauen (Scheppelmägde). Die Unbehülflichkeit des Ausdrucks beweist hinlänglich, daß entweder in den bezeichneten Bezirken das Scheppeln überhaupt nicht einheimisch, sondern nur geborgt ist, oder daß diese Bezirke geneigt sind, Traditionen der Sprache zu vergessen.

Bansen msc. (eigentlich Banse), Haufe, zumal von Getreidegarben, Strohgebunden oder Holz, besonders wenn die Garben, Holzscheite u. s. w. aufgeschichtet sind. An der Diemel üblich, auch sonst einzeln vorkommend. In der Bedeutung Scheuer, in welcher dieses sehr alte, im Gothischen (Matth. 6, 26. Luc. 3, 17 bansts) vorhandene, aber bis dahin weder im Althochdeutschen noch im Mittelhochdeutschen aufgefundene, und nur in der niederdeutschen Volkssprache gebräuchliche Wort bei Schottel Haubtspr. S. 1283, Stieler S. 54, Scherz-Oberlin S. 94, Klein Prov. W. S. 38 erscheint, ist es in Hessen meines Wißens nicht üblich. Nur Schütze holst. Id. 1, 67 hat es in einer dem hessischen Gebrauche gleichen Bedeutung.

bansen (banzen, panzen) Heu, getrockneten Klee, Getreide in Garben, Strohgebunde auf den Scheunenboden (die Bühne) zusammendrängen; vgl. Kopp Handbuch 1, 415. 312 (aufbansen) und die daselbst angeführten Stellen aus den ältern hessischen Verordnungen; — auch wol metaphorisch von andern Gegenständen: „den Ranzen ganz voll bansen". Ganz allgemein üblich. Grimm d. W. 1, 1119.

Bär, ursus. Unter den mancherlei vom Bären hergenommenen Redensarten mag hier eine stehen, welche ich nur aus einer hessischen Schrift kenne und die bei Grimm WB. 1, 1123 fehlt: „ann Bern hetzen vnd darnach dahinten bleiben" L. Philipps Dritte warhafte verantwortung wider H. Heinrich (Marburg 12. Merz 1541) 4. Bl. Da. Der Sinn derselben ist: in gefährliche Unternehmungen verstricken, zu solchen anreizen, und dann sich heraus ziehen.

Unter den zalreichen Ortsbezeichnungen in Hessen, welche vom Bären hergenommen sind, ist die älteste das schon im 8. Jarhundert vorkommende *Berinscozo*, jetzt der Flecken Allendorf mit dem Beinamen im Berschießen, in der neuesten Zeit: Allendorf am Bärenschuß. In der Gemarkung dieser Ortschaft findet sich noch jetzt eine Bärenhege und ein Bärenbach. Außerdem gibt es mehrere Bärberge und Bärenberge (Knüll, Zierenberg), eine Bärenburg (Meisner, Wolferode), mehrere Bärenhecken, eine Bernstrut, einen Bernstein (Großselheim, Schröck), ein Bärenloch, ein Bärennest (Untergeis) und mehrere Bärenwinkel (Großenritte, Hainrode, Flörsbach). Endlich findet sich in Hessen (Zwesten) der kaum noch anderwärts vorkommende Familienname Bärenfänger.

barbeinig, barfuß. Schmalkalden. Reinwald henneb. Jb. 1, 7. Vgl. busbeinig.

Bäre, *Böre* fem., alte Kuh. Im nordöstlichen Oberhessen (Rauschenberg, Wohra, Sebbeterode) vorkommend.

Bare fem. Milchtopf, in welcher die Milch zum Gerinnen geschüttet wird; eine Bare ist sehr weit und niedrig, und führt diesen Namen nur im nördlichen Theil von Niederhessen (sonst: Nöbbes); in Oberhessen werden zu diesem Zweck umgekehrt sehr schmale und hohe Töpfe verwendet. Warscheinlich ist bare Nebenform oder auch nur Entstellung von *barn*, Trog, Krippe. Uenn erbens gele hat dem westerwalt eyn *milcheborn* frebelich zu ryssen. Büdinger Bußregister von 1475—1482. folkers hennen frauwe hat peterchin geschuldiget er habe ir jno iren *milcheborne* geschißen. Ebdſ. Vgl. Richey Hamb. Jb. S. 10, wo diese Nedensart als Metonymie aufgeführt und auf barm, Hefe, an sich wol irrig, zurückgeführt wird.

Bärenhäuter m. (Bernhüter) war bis vor wenig Jahren in Schmalkalden die spottende Bezeichnung der Hosenträger von Seiten derer, welche die alten kurzen Hosen (ohne Leibſtück) trugen. Seitdem die langen Beinkleider allgemein in Gebrauch gekommen sind, ist die Bezeichnung ausgestorben, und man hört sie jetzt nur noch aus dem Munde der ältesten Leute.

Barg (richtiger *Barch*) msc., verschnittenes männliches Schwein, porcus, ahd. paruh. Nur im Schmalkaldischen ist die einfache Form (gesprochen Börk, Bûrk) üblich; in dem übrigen Hessen (zumal in Niederhessen) kommt nur das Deminutiv *Bärgel*, *Börgel* (neutr., auch masc.) vor. Schottel Haubtspr. S. 1284. Reinwald henneb. Jb. 2, 26.

Barte fem. kleine Axt, welche mit einer Hand geführt wird, bald mit breiterem, beilähnlichen, bald mit schmalerm, agtähnlichen Bart, Handaxt, Handbeil. In ganz Niederhessen ist das Instrument und der Name allgemein gebräuchlich, in Oberhessen ist das Werkzeug wenig gebräuchlich, und der Name völlig unbekannt; bei Kirchhof im Wendunmut erscheint der Name öfter, auch scheint es, als sei dieß Gerät damals als Wurfwaffe gebraucht worden, wenigſtens wirft bei Kirchhof (Wendunm. 1602 S. 329) ein Bauer mit einer Barte nach einem Hasen. Bei den Bauernschlägereien des 16. Jarhunderts in Niederhessen, Thüringen u. a. O. scheinen die Barten gleich den Bauernspießen eine nicht unerhebliche Rolle gespielt zu haben. S. Grebenordnung Art. 23. §. 1. (O. 4, 621). Brem. WB. 1, 40.
Vgl. Grimm d. W. 1, 1143—1144.

Bartel msc. Name verschiedener Kleidungsſtücke: 1) Pelzhaube der Weiber im Schmalkaldischen; Reinwald henneb. Jb. 1, 7. 2) Frackrock, zumal derjenige, welcher in seinen Schößen nicht spitz zuläuft, sondern breit abgeschnitten ist; im Fuldaischen Land.

Bâs msc., Herr. Dieses niederländische Wort findet sich noch jetzt in den westfälischen Gegenden Hessens (Obermeißer, Ober- und Nieder-Liſtingen, Oberelsungen u. a. Dörfern) im Gebrauche, doch nur so, daß das Volk sich desselben bloß unter sich bedient; vor den Hochdeutschen wird es vermieden, und kommt z. B. dem Pfarrer nur in Zuständen großer Aufregung des Gemeindegliedes zum Gehör (wie das freilich mit vielen derartigen Wörtern geht, vgl. wicken).

Bäss m., ausgemästeter Hammel; — dann auch Schimpfwort für einen dicken, trägen Menschen. Schwarzenfels, Schlüchtern, Steinau.

Bäschke, ein unverstandenes, im Fuldaischen und Schmalkaldischen sehr übliches Scheltwort. Im Fuldaischen (Hünfeld) wird es ernstlich, im Schmalkaldischen dagegen nicht böse gemeint, und vorzüglich gegen Weiber angewendet. Vgl. Bäss.

baselig, zerstreut, ohne Ueberlegung. Sehr üblich in Niederhessen.

verbäseln, irre werden, sich verkehrt anstellen; *verbaselt sein*, üblicher als verbaseln, seine volle Besinnung nicht haben, zerstreut und verkehrt sein. Niederdeutsches, in Niederhessen sehr übliches Wort. Brem. WB. 1, 59. Schmidt Westerw. Id. S. 288. Grimm WB. 1, 1148.

Bast. Redensarten: „sich das Bast von den Händen winden", sehr üblich vom heftigen Händeringen in großer Angst oder Betrübnis; — „sich die Schuhe mit Bast binden" (oder auch: „mit Widen", was noch üblicher ist), sehr übliche Formel, um große Dürftigkeit zu bezeichnen; auch anderwärts übliche und bereits altherkömmliche Phrase, vgl. S. Frank Sprichwörter 1541. Bl. Ka; Froschmeuseler Bl. Va.

Sonst ist Bast die regelmäßige Abkürzung des, übrigens ziemlich seltenen, Vornamens Sebastian.

gebaest adj., erpicht, ungeduldig erwartend; „er ist *gebaest* auf das Kartenspiel". Oberhessen, zumal an der untern Lahn gebräuchlich.

bätschen wie hochd. patschen, im Waßer mit den Händen (zumal unnötig), im Kot und schmelzenden Schnee mit den Füßen sich bewegen.

Bätschwetter, Schlackwetter, halb Schnee und halb Regen; scherzhaft auch „der Hätschbätsch" (vor 50 Jahren sehr gewöhnlich) genannt. *Batsch* msc., kotiges, naßes Wetter. Vgl. Schmidt westerw. Id. S. 15. Vgl. auch päntschen bei Schmeller b. WB. 1, 288.

batzeln, (*bätzeln*) (*sich*), sich streiten, zanken, wobei es bis nahe an Thätlichkeiten, doch noch nicht zu denselben kommt. In ganz Althessen, mit Ausschluß der sächsischen Bezirke, üblich.

batzig, trotzig, zum Zank herausfordernd in übermütiger Weise; ein auch in der Schriftsprache vorkommender Ausdruck; ehedem auch *batzet* (d. i. batzicht): „In dieser Frage macht sich der newe Fechtmeister sunderlich gar batzet vnd vnnütze". G. Nigrinus Von der rechten waren katholischen — Kirchen gründtlicher bericht. 1591. 4. S. 119.

batzen, gleichbedeutend mit *kleiben*, die Gefache der Gebäude mit Strohlehm ausfüllen und mit Lehm bewerfen und glatt streichen; auch wol für tünchen verwendet. Das Wort muß, nach Kopp Handbuch 6, 68 zu urteilen, ziemlich allgemein üblich gewesen sein, auch habe ich dasselbe bis etwa 1824 einigemale vernommen, seitdem aber nicht wieder gehört, auch nicht in Erfarung bringen können, daß dasselbe irgendwo noch jetzt in Uebung befindlich sei.

Bauch msc. In der Bedeutung venter sind die Formeln zu bemerken 1) im eigentlichen Sinn: einen bösen Bauch haben, welche in Oberhessen üblich ist, und bedeutet den Durchfall haben; 2) im tropischen Sinn: keinen guten Bauch zu jemand haben, überall nicht gut mit jemanden stehen, ihm gram sein. Beide Formeln sind auch schon von Schmidt Westerw. Jd. S. 16 verzeichnet; die letztere ist gegenwärtig in Oberhessen, wo sie übrigens allein vorkam, zwar noch vorhanden, aber dem Aussterben nahe. In schriftlichen Verhandlungen älterer Zeit aus Oberhessen findet sie sich häufig, z. B. „als sie durch das dorff bober des Erdthausers haus kommen hette Elsa an der hecke gesessen, vnd were das Kalb nieder gefallen vnd hette nicht fortgewollt, vnd were eine fraw von Hachborn, so in der zeit mit gekraute nach Marburg gehet, mit gewesen, welche gesagt, vwe des Streichs, des bin ich erschrocken, ich getrawe der Elsa (einer angeblichen Hexe) nicht wol, ich habe keinen guten bauch zu ihr". Marb. Hexenprocessacten von 1635.

In der, sich übrigens mit der Bedeutung venter unmittelbar berührenden und vermischenden Bedeutung uterus ist zu bemerken, daß noch im Anfange dieses Jarhunderts in ganz Hessen die Worte schwanger, schwängern im Verkehr der Bauern unter sich unerhört waren und nur im Verkehr mit den „Großen" (Edelleuten, Beamten, Pfarrern) von ihnen gebraucht wurden; es hieß vielmehr nur: „einen dicken Bauch haben" und „einer einen dicken Bauch machen".

Bauerschaft. Ein jetzt nicht einmal in dem sächsischen und westphälischen Althessen (an der Weser und Diemel), und kaum noch in der Grafschaft Schaumburg vorkommender Ausdruck; üblich noch jetzt in den tiefer in Niederdeutschland gelegenen Hessischen, ehemals Hessen-Kassel zustehenden Bezirken (Uchte, Freudenberg, Auburg), wo z. B. der große Flecken Wagenfeld in vier Bauerschaften geteilt war. In älterer Zeit aber fand sich Sache und Bezeichnung auch in Althessen. So war die Stadt Wolfhagen vom 14. bis zum 17. Jarhundert in vier Bauerschaften (Bûrscap 1457, Bûrschaft 1563) geteilt, doch verstand man Sache und Wort um 1626 schon so wenig mehr, daß man das Wort Bûrschaft in Bursse verderbte. Es ist dieß der noch jetzt in der holländischen Sprache vorhandene Gebrauch des Worts Bûre: Wohner, Nachbar, und Buurtschop: Gesellschaft der Zusammenwohnenden, Nachbarschaft; also dasselbe, was wir jetzt in den Städten mit dem ohnehin unpassend gewordenen Fremdwort: Quartier bezeichnen.

Baum. In ältern, zum größten Theil noch jetzt fortdauernden Flurbezeichnungen kommen sehr oft Bäume, als dem Flurstück den Namen gebend, vor, und zwar werden diese Bäume noch nach ihren alten Bestimmungen benannt. Sehr häufig sind die Namen, welche das Aufhängen der Verbrecher an Bäume, ehe man Galgen hatte, bezeichnen: Diebbaum, Hengelbaum, Galgenbaum (dieß an mehrern Orten), Todtenbaum; sodann kommen vor Pilsenbaum (d. i. Bilwizbaum), Hexenbaum; Ruhbaum, Sch..ßbaum; Zehrbaum, Zielbaum u. s. w. Eine der merkwürdigsten, weil möglicher Weise an die altheidnische Mythologie erinnernde Bezeichnung ist: der gute Gobsbaum (bei Zierenberg).

Baum wurde ehedem auch für Lichtstock, Leuchter gebraucht: „daz wir eynen boym mit eynem waslichte yn vnser pharkirchen zu Witzenhusen gemacht vnd gesasst han". Ungedr. Urk. der Fischerzunft zu Witzenhausen von Epiphanias 1445.

baumen adj. (boumin), von Baum, von Holz, verfertigt. Dieß längst untergegangene Adjectivum dauert, freilich unkenntlich geworden, noch in einem berühmten Orts- und Geschlechtsnamen in Hessen fort. In der Nähe des Dorfes Wichmannshausen liegt eine Burg, jetzt in Trümmern, welche von ihrer ursprünglichen Bauart (im 9.—10. Jarhundert) den Namen die *bomene burg*, die von Holz erbaute Burg, genannt wurde. Diesen Namen (Boneneburg, Bömelburg) hat sie so wie das von ihr benannte adliche Geschlecht lange Zeit (das Geschlecht zum Theil bis auf unsere Tage) geführt; die zusammengezogene Form aber, *Boineburg*, ist die herschende geworden, wird übrigens richtiger gesprochen: Böneburg, als geschrieben.

Baumfuchs ist in einigen Gegenden Hessens (Oberhessen, Schwarzenfels) der Name des Eichhörnchens. Metaphorisch von einem unruhigen jungen Menschen (Springinsfeld): Baumfüchschen (Bämfixel), besonders scherzweise drohend gegen unruhig und übermütig werdende junge Bursche in einer Gesellschaft: „ihr Baumfüchschen (Bämfixen)!". Vgl. Schmeller bair. W. 1, 135 wo sich das „bafixene" aus diesem hessischen Gebrauch ganz gut erklären zu laßen scheint.

bauschen hat im Schmalkaldischen den Sinn: jemanden zausen, durchprügeln. Reinwald henneb. Jd. 1, 8.

Bausch msc., Gebund Stroh, plur. *Bäusch*. Nur in Oberhessen und zwar jetzt vorzugsweise in den ehemals Mainzischen Ortschaften, üblich, vgl. Blitter. In den Rentereirechnungen des 16. und 17. Jarhunderts (Wetter, Rauschenberg, Frankenberg) kommt unzälige Male vor: „so und so viel peusch stroe (oder ströer) hat der (Rentmeister oder Landknecht) zu fürstlicher hoffhaltunge in Renthof zu Marpurgt geliefert". Sehr gewöhnlich wird heut zu Tage der Singular Bäusch, Päusch, gesprochen. In der Knüllgegend spricht man Busch, Büsch, in Niederhessen heißt das Gebund Stroh Schüttling.

Bauz, *Bäz* msc., einer von den vielfältigen Namen, mit welchen die Gefängnisse bezeichnet zu werden pflegen. Bauz ist nämlich im Amt Brotterode der Name des dortigen Amtsgefängnisses.

Vgl. *Blobach*, *Goldkammer*.

Baewes msc., ein Stück geröstetes Brod. Nur im Schmalkaldischen üblich, wo auch, jedoch selten, das von Reinwald henneb. Jd. 1, 8 angeführte *baeben*, *beben* d. h. baewen anstatt baejen, heut zu Tage bähen, gehört wird. S. baehen.

béden, still warten. Oberhessen, doch nicht häufig; Estor t. Rechtsgl. 3, 1404; anderwärts in Hessen unbekannt. Gothisch beidan, ahd. bitan, oberdeutsch beiten, biten.

Ehedem muß jedoch dieses Wort in Hessen allgemein, und namentlich auch in dem östlichen Niederhessen üblich gewesen sein. Aus letzterer Gegend stammen nämlich die Reime auf die Ankunft des Landgrafen Friedrich I., Königs von Schweden, in Hessen (Aller Redlichen Hessen-Renger Herzeliche Freude ꝛc. Eisenach 1731. 4), in welchen es heißt:

    Ach waaß honn mä se lange gebeit
    Erscht tä sitt rewer kummen
    Das Herze im Liwe hott uns gefreit ꝛc.

(Abgedruckt auch Hersfelder Intelligenzblatt 1832. No. 9, 25. Februar).

Beiderwand fem. und neutr., *Beidermann* msc. und neutr., Gewand, Zeug, aus beiden Stoffen, Gewebe halb aus Linnen halb aus Wolle; der Aufzug ist Linnen (weiß), der Einschlag Wolle (meist grünlich gefärbt). Es ist dieß die Tracht der ärmeren Gegenden in den Thälern der Geis, der Aula, der obern Efze und deren Umgebungen; noch immer wird ein großer Theil dieses Beiderwands von den Händen derjenigen, welche dasselbe tragen, nicht allein gesponnen sondern auch gewebt. Der Geisgrund trägt von dieser Tracht den Namen Beiderwands(manns)grund. Daß dieß Gewebe im 16. Jarhundert schon vorkam, zeigen Kleiderreste aus jener Zeit, gewiß aber ist es weit älter; indes hat sich der Name zur Zeit doch nicht über E. Alberus, welcher in seinem Wörterbuch Bl. Ji4b die entstellte Form beiderwen hat, hinaus verfolgen laßen.

In der Bedeutung Rasch, Serge, in welcher es Frisch 1, 77 hat, kommt es in Hessen nicht vor.
Grimm d. W. 1, 1366.

Beier msc., ist im Haungrund, um Eiterfeld, und weiter der Name der Bremse (Oestrus bovis, Beißfliege), durch welche das Beiern (s. d.) des Rindviehes bewirkt wird. Ob eine Entstellung aus Beia d. h. Biene? Daß bisen selbst in beiern übergegangen sein sollte, ist nicht wol glaublich, da in einer und derselben Gegend beiern und bisen (zischen) zusammen vorkommt.

beiern, 1) sterben; scherzhaft und verächtlich. Allgemein übliches, aus perire verderbtes Wort, nicht aus der Judensprache entlehnt, wie Schmidt westerw. Idiot. S. 18 meint.

2) Das meist rasch auf einander folgende Anschlagen des Glockenklöpfels an die Glocke, welches entweder (bei kleinen Glocken) mit der Hand oder mittels eines Seiles bewirkt wird; es wird hierdurch ein dumpfer, ernst und gleichsam melancholisch klingender Glockenton erzeugt, und demnach das Beiern zum Einläuten der hohen Feste und der Leichenbegängnisse gebraucht. In dem letzten Jarhundert war dieser Gebrauch nur in den zu den Diöcesen Mainz und Cöln gehörigen katholischen Ortschaften (Amt Amöneburg mit Neustadt, Naumburg, Volkmarsen) üblich, der Name desselben, beiern, jedoch um Amöneburg unbekannt. Um das Jahr 1838 wurde die Art des Läutens wegen des damit (theils wirklich, theils angeblich) verbundenen Unfugs durch policeiliche strenge Maßregeln in den Aemtern Amöneburg und Neustadt abgestellt. Vgl. Grimm d. W. 1, 1368, wo auch die bekannte Stelle aus Voß Idyllen 2, 22 und Anm. (übrigens als einziger Beleg) angeführt wird. Das Wort scheint niederdeutschen Ursprungs. Richey hamb. Id. S. 15.

3) Das durch die Bremsen veranlaßte Toben des Rindviehes, wobei dasselbe von der Weide wegläuft, welches anderwärts *bisen* heißt, wird im Fuldaischen beiern genannt, auch metaphorisch von unbesonnenem, wildem Laufen, dem Ausreißen, der Menschen gebraucht: „wo beiert der hin?"

beihüten (sich), in den sächsischen und westfälischen Gegenden, namentlich in den Städtchen des Eßethals, übliche Bezeichnung des Versteckspiels der Kinder: sich bei Seite, in Hut (Sicherheit) bringen.

Beinsterze fem., Bachstelze; im Schmalkaldischen. Nun ist zwar „Bachstelze" selbst eine beinahe lächerliche Verderbnis aus wagsterz (= bewege den Schwanz), indes läßt sich diese Verderbnis doch noch (durch Consonantenverwechselung) erklären, was mit dem *Bein* in Beinsterz nicht leicht gelingen möchte. Reinwald henneb. Id. 1, 9.

Eine noch ärgere, gleichfalls im Schmalkaldischen vorkommende Verderbnis, eigentlich nur eine monströse Corrumpirung von Beinsterz ist *Steinberz* (s. d.).

beissböse, grimmig böse. Eine significante, jedoch nur im Schmalkaldischen übliche, Composition.

beiweln, *beiweln und schneibeln*, unnötige Geschwätze machen. Hin und wieder in Hessen, z. B. im Amt Landeck, üblich.

Beke fem., Bach, niederdeutsche, im sächsischen und westfälischen Hessen übliche Form, appellativisch und als Eigenname (Nebelbeke bei Obermeisser, Apenbeke bei Niedermeisser, Beberbeck u. a.) verwendet.

Uebrigens ist das hochdeutsche Bach in Hessen dem weit überwiegenden Gebrauche nach gleichfalls Femininum.

Belchen msc., uralter Name der beiden höchsten Bergköpfe des Söhrewaldes (Kaufungerwaldes) in der Nähe von Eschenstrut; 1291 Belichen (Landau Geschichte der Jagd S. 190. Deſſ. Beschreibung der wüsten Ortschaften S. 57); heut zu Tage die Belcherköpfe (Belgerköpfe). Auch die höchste Spitze des Schwarzwaldes heißt der Belchen.

Einer Anlehnung an deutsche Wortursprünge entzieht sich dieser Name. Es scheint unvermeidlich, denselben für keltischen Ursprungs zu erklären, und somit ihn anzulehnen an die Namen der keltischen Gottheit *Beal*, *Beli* (Grimm Mythol. 579. 208), die als eine norische Gottheit unter dem Namen *Belenus* schon bei Tertullianus (Apologet. c. 24), bei Ausonius und sonst erscheint, eine Licht- und Feuergottheit gewesen ist, und in Hessen nicht unbekannt gewesen sein kann, da der, dem Beli gewidmete Cultus bealtine (Feuer des Beal, Beli) als Notfeuer in Hessen, wenigstens in dem Städtchen Neustadt, bis zum Jahre 1820 gedauert hat.

Was die Silbe *chen* bedeute, ist schwer zu sagen. Deminutiven Sinn scheint sie nicht zu haben, da Belchen nicht etwa neutral, sondern entschieden masculinisch ist.

Bender msc. (Benner), Böttcher, Böttner. Findet sich jetzt nur noch selten, am meisten noch im nördlichen Oberhessen; ehedem sehr üblich, und, wie es scheint, in Hessen sogar die allgemein gebräuchliche Bezeichnung dieses Handwerks. Oberhessische Schriften des 16. und 17. Jahrhunderts haben nur Bender; in Schriften aus Niederhessen kommt dagegen in jener Zeit auch Büttner vor.

Bentheim. Eine, wenigstens in den ersten Decennien dieses Jahrhunderts, äußerst übliche Verwunderungsformel, vorzugsweise scherzhafter Art, lautete: Herr Gott von Bentheim! Da Bentheim als Wallfartsort niemals gegolten hat — wodurch allein diese Formel eine genügende Erklärung finden würde — so muß irgend ein, jetzt gänzlich unbekannt gewordenes Ereigniß diesem, nunmehr unverstandenen Ausrufe zum Grunde liegen.

Bêr msc., Eber; der im nördlichen Niederhessen bis in die Gegend von Homberg (jedoch mit Ausnahme des eigentlich sächsischen Hessens, Sababurg), außerdem im Schmalkaldischen, ausschließlich gebräuchliche Name des (zahmen) männlichen Schweins. An sich declinirt das Wort stark (Genit. Bêrs) und hat mit bëro (ursus) durchaus nichts zu schaffen, es lautet vielmehr althochd. bêr, angels. bâr, engl. boar. Vgl. Grimm d. Gramm. 3, 326. Gesch. der d. Spr. S. 695. Indes ist es in Hessen schon früh in die schwache Declination übergeführt worden: Der Hofmann in dem Hasunger Klosterhof zu Böddingen mußte einen Ochsen und einen Beeren halten (Urkunde aus dem Ende des 15. Jh. bei Lennep Leihe zu LSR. 2, 505). Derjenige Bürger zu Wolfhagen, welcher die „zwien Beeren" hielt, bekam jährlich zwei Viertel Korn (Wolfhager Rechn. v. 1563), und heut zu Tage wird es meist Bähre gesprochen und geschrieben (ſ. Zeitschr. f. heſſ. Gesch. u. LK. 4, 53). Das Wort Eber ist in Hessen nirgends volksüblich; wo das deutsche Wort Ber nicht gebräuchlich ist, herscht das vielleicht nordische Wort Watz (ſ. d.). Vgl. jedoch Kämpe.

Grimm d. Wtb. 1, 1124. Schottel Haubtspr. S. 1286. Br. WB. 1, 77 f.

bêr, bêres, bêrgut, im Schmalkaldischen übliche Ausdrücke für: gut genug, längst gut. Reinwald henneb. Jd. 1, 9 hat den Ausdruck „behrgut" in der Bedeutung „untadelich=gut". Man ist versucht, es für eine Verderbniß aus *bar, nudus, clarus* zu halten. Oder gehört es zu dem dunkeln Par — bei Schmeller b. W. 1, 184?

Bere fem. 1) die Tragbahre; 2) der Theil des Schiebkarrens, der nach Wegnahme des Rades und des über denselben hingehenden gebogenen Hintertheils noch übrig bleibt. Vgl. *Radeber* und *Treiber*. 3) (meist *Bern* gesprochen) die Wagenscheere, in welcher ein einzelnes Pferd geht.

In den letzten beiden Bedeutungen nur im Schmalkaldischen üblich, in der ersteren ebendaselbst und in Oberhessen, Estor 3, 1404. Es ist dieses Wort das Substantivum zu *përan*, tragen, welches wir jetzt nur noch in gebären übrig haben.

Vgl. Reinwald henneb. Jd. 1, 10.

Berkert neutr., masc., Birkenwald, Birkengebüsch; jetzt und schon längst nur Eigenname für Feldplätze. „ein klein acker im Niederwetter feld der Berkart oder Birkenacker genant". Pfarreicompetenzen von Wetter 1568. Zwischen Oberaula und Hausen, nahe bei letzterm Dorfe, liegt ein niedriger Basalthügel, mit einigen sehr alten Eichen bestanden, welcher das (der) Berkert heißt, wenn gleich auf diesem Hügel seit Jarhunderten Birken nicht mehr gestanden haben. Eben so im Odenwald Birkenhart 1012, jetzt in der Nähe das Dörfchen Birkert. Simon Gesch. der Dyn. u. Gr. v. Erbach. 1858. S. 45.

Aehnlich ist *Birkich* (richtiger Birkicht) neutr., oder *Gebirkich*, Name eines Waldes an der Grenze der Aemter Friedewald und Schenkengsfeld. Vertrag des L. Philipp mit Abt Michael vom 26. Juli 1557 bei Ledderhose Jurium ꝛc. 1787. 4. S. 186.

bernen (birnen) ist die in ganz Althessen nebst Schmalkalden übliche niederdeutsche Metathesis für brennen, doch vorzugsweise vom Ofenfeuer gebräuchlich, während für Krankheitszustände u. dgl. nicht selten die Form brennen angewendet wird. „Ja nun merk ich, was Ecce heißt, Ecce heißt der Welt börnt" hessische Anektote bei Melander Jocoseria Lich 1602 S. 570 No. 569. Reinwald henneb. Jd. 1, 13.

Besmen msc., die alte Form unseres abgestumpften Wortes Besen, in Wolfhagen noch jetzt üblich.

Bessa, uraltes Dorf im Amt Gudensberg, im 8. Jarhundert Passaha. Das Wort entzieht sich allen deutschen Sprachstämmen, und wird keltischen Ursprungs sein, gleich *Pasahsteli* und *Pasuhbinga* Graff Sprachsch. 3, 352. Uebrigens gehörte Bessa, einer sicherlich sehr alten Tradition zufolge, zu den sechs eigentlichen Hessendörfern (Dissen, Deute, Ritte, Haldorf, Bûne, Besse, Das sind der llessen Dörfer alle sesse), und scheint bis in das 16. Jarhundert hinein eine gewisse bäuerliche Rolle gespielt zu haben, wenn auch nicht eben die nobelste. Sprichwörtlich war im 15. Jarhundert die Braut von Bessa, vermöge einer zwar lächerlichen aber unsaubern Begebenheit, welche Kirchhof Wendunmut 1, No. 361 (1602 S. 512) aus dem Volksmunde berichtet. Eben daselbst gedenkt Kirchhof auch eines Liedes von Bessa, welches „in allen Bauerngesellschaften gesungen" werde. Dieses dem 15. Jarhundert angehörige, übrigens völlig unpoetische Volkslied (Anfang: „In Felsberg hat mich Klebte") findet sich in Kornmanns Frau Veneris Berg 1614 S. 365 und daraus Wunderhorn 2, 254. Vgl. Grimm Gesch. d. d. Spr. 2, 579.

Bettel msc. das Betteln; „der Bettel ernährt auch seinen Mann", Sprichwort.

Bettelmann der ausschließliche Ausdruck für Betler. Sprichwörtlich und gleichsam hypokoristisch: *die Bettelleute schlagen sich: es rumpelt im Leibe*.

Bettelsack: „er geht mit ihm um, wie die Sau mit dem Bettelsack" sehr übliche Redensart für: er hudelt ihn auf das Aeußerste. Phil. v. Sittewald Gesichte 1, 475.

Bettelunz sprichwörtlich für etwas recht Erbärmliches, Nichtiges; im Schmalkaldischen auch für Zänkerei.

Bettelmannsumkehr; Redensart: „es sieht hier aus, wie auf der Bettelmannsumkehr" d. h. sehr unordentlich, lüderlich. Vgl. Schmeller bair. WB. 2, 324, wo diese Redensart eine etwas andere Wendung erhält.

bettrisig, bettlägerig, alter Ausdruck (bettiriso ahd.), aber noch jetzt unvergessen. „Ich armer kranker bettrissiger Mann, der ich nunmehr bald ein Jhar zu Bett krank gelegen" Marburger Bittschrift von 1594, und so durch das 16. und 17. Jarhundert in den oberhessischen und niederhessischen Schriften (Ferrarius von dem gemeinen nutz 1533 Bl. 60b), Acten und Briefen äußerst häufig.

betûcht, *betigt* 1) in der Judensprache, aber auch sonst, wenn gleich als jüdischer Ausdruck wol bekannt, nicht ungebräuchlich: sicheres Vermögens, wolstehend; ein betuchter Mann ist ein Solcher, welcher zu Wolstand gekommen ist. Dieser Gebrauch steht dem ursprünglichen Sinne des hebräischen Wortes בטח, בְּטָחָה (sicher, tuto, ohne Furcht) am nächsten. Vorzugsweise in Niederhessen und in der Grafschaft Ziegenhain bekannt und gebraucht.

2) im Schmalkaldischen und Fuldaischen, indes auch anderwärts nicht unbekannt: stille, schweigsam, bedrückt. „Er war ganz betucht, und lange nicht mehr so laut, wie sonst". „Der Hund ist wol krank, er thut ja so betucht". Das Wort ist aus der Gaunersprache (Grimm WB. 1, 1740), und von dieser aus dem Hebräischen (s. vorher) entlehnt. Frommann Mundarten 6, 221*).

beudlicht, bendlecht, leicht wund, so daß die Wunde von einer Anschwellung begleitet ist. „10 alb. (wird gestraft) Heintz Gimpell zu vndersten Roß, das er sein dienstmeitlein — blo, beudleicht vnd schwartz geschlagen hat". „1½ fl. (wird gestraft) Herman Hoffmeisters frauw zu Steinerzhausen daß sie Gerlach Bösers frauw — mit einem besenstiel vmb jhren kopf, blee schwartz vnd beudtlecht geschlagen hat". „3¼ fl. (wird gestraft) Heuser Henchen, das er Lentz Allendorfern mitt eim stein vff den kopf wundt vnd beudelicht geworfen". Wetterer Bußregister von 1591. Der Ausdruck scheint jetzt gänzlich ausgestorben zu sein; es ist ein von bauder (bei Fischart päuderling), Schlag, welcher eine leichte Wunde mit Beule hervorbringt, abgeleitetes Adjectivum. Vgl. Schmeller bair. WB. 1, 155. Schmid schwäb. Jd. S. 48. Grimm d. Wb. 1, 1169—1170.

beugeln ein im Haungrunde sehr gewöhnliches, außerdem aber mir in Hessen bis daher nicht vorgekommenes Wort mit den zwei, übrigens unter einander verwandten Bedeutungen: 1) nachhelfen (den Zurückgebliebenen, Versäumten); Vieh, welches ungesättigt von der Weide in den Stall zurückkehrt,

---

*) שב בְּטָחָה sitz ruhig, daher scheft betucht! (gaunerisch) oder *betuches* (Hebel Werke 3, 274: „ging ganz still und betuches wieder in sein Bett").

Vilmar, Idiotikon.

wird gebeugelt d. h. nachgefüttert; 2) bei gelindem Feuer langsam kochen laßen. Es ist ohne Zweifel daßelbe Wort, welches schon mhd., dann bei Albertus Dict. Bl. z 4a erscheint: „ich bechel, recreo", und bei Fischart als aufwecheln vorkommt. Schmeller 1, 145 hat aufbacheln von dem Aufziehen eines schwachen Kindes.

Benne s. *Binde*.

Beute fem. Beckertisch, auf welchem das Brod aus dem Backtrog ausgewirkt wird. „hab ein Neue Beuth — vfs schloiß Rauschenberg gemacht" 1575. (Rent. Rechn.). „Wan der Becker das brott außgewürcket, vnd vff der Beúte liegen gehabt" Aussage des Ordensförsters Nikol. Ebert zu Marburg von 1675 über die Hausordnung im Deutschen Hause dafelbst. Der Backtrog, wie Grimm WB. 1, 1750 meint, ist Beute hiernach und in Hessen überhaupt nicht. Es ist dieß Wort die eigentliche deutsche Bezeichnung desjenigen Hausgerätes, welches wir mit dem lateinischen (griechischen) Namen discus (Scheibe), Tisch, seit dem 12. Jahrhundert allgemein zu bezeichnen pflegen. Gothisch *biuds* masc. Marc. 7, 28 u. a. St., althochd. *biut* (Otfrid 2, 18, 20), altsächs. *biod*, in der lex salica 49 und angels. *beod*, altnord. *biodr*; im Mittelhochdeutschen schon nicht mehr vorhanden. Graff althochd. Sprachschatz 3, 76—77. Grimm d. Gramm. 3, 432. D. Mythol. 2. Ausg. S. 43. Das Wort bedeutet ursprünglich die (erhöhete) Stelle, von welcher aus dargeboten wird, zunächst den Göttern das Opfer, also Altar, dann den Menschen die Speise, und es hatte unzweifelhaft der biut so wenig die Form einer Scheibe (discus) wie die heutige Beute.

Das Wort ist seit den letzten dreißig Jahren in Marburg, wo es fast allein in Hessen noch üblich war, fast gänzlich ausgestorben, und wird nur noch von den ältesten Personen des Bäckergewerbes verstanden; üblicher war es wenigstens bis 1844 noch in Gießen.

Vgl. *Biede*.

Beutel msc., ein niederdeutsches Wort: Budel, Büdel, welches die Bedeutung eines angebauten Grundstückes hat, aber auch Vermögen, Güter im Allgemeinen zu bezeichnen scheint; Brem. WB. 1, 154. Bei uns kommt dieses Wort, übrigens Büdel gesprochen, nur als Eigenname von Flurstücken, und dieß wieder nur in den sächsischen Bezirken, auch, so viel ich weiß, nur in Compositionen vor: *Galgenbeutel* (Zierenberg); *Greinbeutel* (Calden); *Kornbeutel* (Knickhagen); *Leimenbeutel* (Hofgeismar); *Pfannenbeutel* (Helmarshausen); *Springebeutel* (Hermanrode). Es ist dasselbe Wort, welches in Wolfenbüttel, Ritzebüttel, Brunsbüttel u. s. w. erscheint; vgl. Frisch 1, 160.

beuten, eigentlich: austeilen, dann: tauschen, und in dieser Bedeutung kommt es in ältern hessischen Urkunden und Schriften, doch, so viel ich sehe, erst seit dem Beginn des 15. Jahrhunderts, sehr häufig vor, zumal in den Compositionen *verbeuten* und *abbeuten*. „muste war umbe war *verbutet* vnde gekütet werden, unde nymant muste umbe gelt kouffen noch verkouffen" Emmerich Frankenberger Gewohnheiten bei Schminke Monim. hass. 2, 674. „ader ist *verbuts* (verbutetes) ebds. S. 723. „das wir recht vnd redelich erblich vnd ewiglich verkauft vnd *verbeutet* haben, verkauffen vnd *verbeuten*. Urk. Heinz Scheffers zu Hermershausen von 1499. „Das wir der Ehrw. Frau Fr. Gertruden Storn, Abbatissin zu Caldern ꝛc. erplich vnd ewiglich verpent han vnser gutgen zu Melnaw gelegen" Urk. Peters v. Sassen v. 1522. „Die Eltisten hatten sie (die Wilden) gessen, Vnd was von jungen waren, den Portugalesern für wahr (merces) verbeutet, also daß diser junge Gesell auch den Portugalesern verbeutet war". Hans Staden Reisebeschr. (Weltbuch 1567 fol. II Bl. 37a). „So kamen sie bey dem Dorff — auch an — vnd beutteten den Wilden Pfeffer, Meerkatzen vnd Pappegeyen ab". Ebendas. Bl. 43b.

Butunge, Tausch, **Erbbutunge**, Erbtausch. Marburger Urk. v. 1495 bei Kuchenbecker Anal. hass. 7, 43.

Alle diese Wörter sind niederdeutschen Gebrauches. Grimm d. Wb. 1, 1753.

Bewittig, *Bébich* (Boewittig, Boebich), Name des Kibitzes in Oberhessen von seinem Ruf (biwitt), woher ja auch der gemeinhochdeutsche Name dieses Vogels stammt. Schmidt westerw. Jt. S. 144: Pöwitz, bei Westerburg (bedeutet aber dort den Maikäfer!!). Im Vogelsberg ist dieser Name des Vogels noch weiter entstellt: Peterwitzel.

Bèzel msc. (scharfes langes è), Schimpfwort für einen sich ungeschickt und unanständig betragenden Menschen. Oestliches Hessen und Schmalkalden; sehr üblich.

Betzel fem. in ganz Althessen der gewöhnliche Ausdruck für Mütze, sowol für die Kopfbedeckung der Männer wie der Weiber, nur in Oberhessen ist für die weibliche Kopfbedeckung neben Betzel auch Haube im Gebrauche. Im Fuldaischen und Schmalkaldischen spricht man *Betze* fem., und versteht darunter auch die Hauben der Vögel (Hüner, Enten, Goldhähnchen), aber es ist dieses Wort auch die Bezeichnung der Hünkinnen und lüderlicher Frauenspersonen.

Biede fem., *Mülbiede*; *Gebiet* neutr. Breterboden auf einem Zimmergerüst, bei den Zimmerleuten; das aus starken Holzsäulen bestehende Gerüst in der Mühle, auf welchem der Bodenstein ruhet. Die Mülbiede (Estor d. Rechtsgelahrtheit 1, §. 530) muß von der Herschaft, nicht von dem Müller unterhalten werden. „Sechs gulden sechzehn alb. haben wir vndenbenante vom „Rentmeister zum Rauschenbergk entpfangen, haben daß *gebieth* zusampt den „trogen vnder die kampreder vnd schwellen der mülen zu Schmaleichen gemacht". Quittung des Zimmermanns Hans Hase (auch Hasenschart) zu Langendorf von 1568. „Die Walckemollersche vor ein buchen zur *beth*" (Wetter 1559). „Paul der moller vor ij buchen zu Schufeln vnd *beden*" (Niederwetter 1560).

Es ist möglich, daß dieses Wort kein anderes ist als biuds, bint (s. Beute) wie denn auch Grimm d. Wörterb. 2, 3 die beiden Bezeichnungen als identisch faßt. Der gebrochene Vocal in biede weist jedoch auf eine Endung in a hin, von welcher biuds frei gewesen ist.

In Niederhessen ist das Wort entstellt in Bett, Mühlbett neutr., wozu die angeführte Form Beth, beden die nächste Veranlaßung gab.

Biege fem. der schräglaufende Balken (Strebebalken) in der Zimmerwand, welcher mit dem einen Ende in die Schwelle (Riegel), mit dem andern in den Stock eingezapst ist. Jede gezimmerte Wand besteht aus Stöcken (Säulen, perpendicularen Stücken), Biegen (diagonal laufenden) und Riegeln (horizontalen Stücken). Im Fuldaischen Land.

Biege msc., gewöhnlich *Biegen*, fälschlich mitunter Bügen gesprochen und geschrieben, bedeutet Krümmung (ahd. piuko, sinus), und ist, jetzt fast durchgängig unverstanden, der sehr häufig vorkommende Eigenname von Flurstücken, namentlich von Wiesen, welche an der Krümmung eines Flußes belegen sind.

3*

Bien msc., der Bienenschwarm, Bienenstock. Schwalm, Oberhessen, Fulda, wie in der Wetterau und auf dem Westerwald. „Schwärmet aber ein junger bien noch selbigen jars, so nennt man dises einen jungfernbien" Estor deutsche Rechtsgelehrs. 1, 537 (§. 1297). Vgl. Schmidt westerw. Jd. S. 25. Grimm WB. 1, 1816.

Bierzapfe msc., das Recht, Bier zu schenken. „Do als Helwig von Rugkirshusen den *bierzappen* in unserm dorffe Spexwingkel den wir ime gegeben hain, der kirchen da selbs furter uffgelassen — vnde moigen die heiligenmeister adir vormunde der kirchen soilichen *biertzappen* der kirchen zum besten virlihen". Urkunde des Grafen Johann von Ziegenhain vom Donnerstag nach Pfingsten 1443. Das Wort ist noch jetzt, doch nur hier und da, üblich.

Biestmilch, colostrum, kommt zwar hin und wieder vor, z. B. bei Kassel, in der Nähe größerer Domänenpachtungen, welche von nichthessischen Pachtern, denen dieser Ausdruck geläufig ist, bestanden werden, ist aber im Ganzen selten und in manchen Gegenden gänzlich unbekannt.

Bicke, Gebicke neutr., Häcksel. Bis gegen das Ende des 15. Jarhunderts wurde das zum Futter bestimte Heu und Stroh auf Klötzen mit einem Vicker (s. d.) gebickt, d. i. klein gehackt (woher noch jetzt das Wort Häcksel), und erst im Anfange des 16. Jarhunderts wurden die Stroh= oder Schneideladen (Futterladen), auf denen das Heu und Stroh mit dem Futter= messer geschnitten wird, erfunden. „Anno 1492 hat man dem viehe das futter auff stöcken gehacket, darumb wird es noch gehacke vnd gebicke genant, vnd seynd zu diesen zeiten die strohe= oder schneide Laden erfunden worden". Hand= schriftliche Chronik des Pfarrers Theophil Seibert in Asbach bei Allendorf von 1679. zwen bickesnydern dy *gebicke* gesnedin hon dem ryntsye. Rosen= thaler Rechnung von 1493. In einer Marburger Rechnung von 1488 kommt eine im Renthofe zu Marburg befindliche *bigkelaube* vor. Jetzt ist das Wort nur noch im Fuldaischen üblich, wo es *Geböck* gesprochen wird, auch heißt dort die Futterlade noch immer *Geböcksbank*.

2) fem. verschnittenes Mutterschwein. Oberhessen Vgl. Grimm Wörterb. 1, 1808, wo dieß Wort aus einem Theile der Wetterau als gleichbedeutend mit borg und als Masculinum angeführt wird. Brem. WB. 1, 85: Bigge, ein Ferken.

Bickel msc. ist hier zu Lande nur in der Bedeutung ligo, Spitzhacke, nicht in der Bedeutung talus, welche zwei Bedeutungen Grimm d. W. 1, 1808—1809 zwei verschiedenen Wörtern zuweist, bekannt und üblich.

Bickelstein bedeutet entweder den mit dem Bickel behauenen Stein, den Quaderstein (welche Bedeutung das von Grimm a. a. O. unter „Bickel= stein" angeführte mhd. Citat recht wol zuläßt) oder der Abfall, welcher bei dem Behauen der Quadern sich ergibt. In den folgenden Redensarten werden übrigens große, schwere Steine, also Quadern, verstanden. Bickelstein kommt nämlich jetzt nur metaphorisch von schwerem Regen und großer Kälte in folgenden, übrigens sehr geläufigen, Formeln vor: „diese Nacht aber friert's Bickelsteine d. h. ungewöhnlich hart; — „es regnet Bickelsteine"; „was wird dir das bißchen Regen schaden? es regnet ja keine Bickelsteine"; „ich muß durch, und wenn es Bickelsteine regnet".

Richey hamb. Jd. S. 15. Schmidt westerw. Jd. S. 23. Brem. WB. 1, 87.

bickelfest metaphorisch vom festen, tiefen Schlafe: „das Kind schläft schon bickelfest" d. h. wie ein schwerer, nicht zu bewegender Stein.

bickelhart bezeichnet gewisse Arten von Härte, z. B. der hartgefrorene Boden ist bickelhart gefroren; der Cement wird, wenn er trocken ist, bickelhart.

Bicker msc., beilartiges Instrument der ältern Zeit, mit welchem man das (Heu und) Stroh zu Häcksel hackte, ehe die Schneidladen (Futterladen) vorhanden waren. viij schuppen, vier hauwen, vj gabeln, eyn *bicker*, eyn kile, sess par vrlen, xx drappen neil. Deutschordensrechnung zu Marburg von 1497. S. *Bicke*.

Bile fem., im innern und nördlichen Hessen der allgemeine Name der Ente, so daß man zuweilen sogar *Biler* msc. für Entrich hört. Ganz allgemein ist Bile der Lockruf für diesen Hausvogel, auch componiert Bilentchen. Der Name ist wol ohne Zweifel dem Laute entnommen, welchen das Thier hören läßt.
Reinwald henneb. Id. 1, 12.

Bille fem., penis; sonst *Biller* msc., diminutiv *Billerchen*. Die feminische Form ist nur im Schmalkaldischen gebräuchlich.
Vgl. *Bulle* und *bullern*.

Bilstein, Name einer nicht geringen Anzal felsiger Berge in Hessen. So vor allen des unterhalb des Meisners nahe am Werrathale gelegenen Felsenberges, welcher das Schloß Bilstein, den Sitz des gleichnamigen, im 14. Jarhundert ausgestorbenen Grafengeschlechtes, trug; ferner der Bilstein oberhalb Großalmerode, einer der höchsten Berge des Landes (mit Ausnahme des Thüringer Waldes in Schmalkalden). Sodann hieß der Fels am Südabhange der Amenenburg, wo die Gerichtsstätte war, der Bilstein; eben so findet sich ein Bilstein am Langenberge bei Gudensberg; an der Söhre (Kaufungerwald) bei Helsa; am Burgwald bei Bracht; am Knüll dreimal: die beiden Bilsteinsköpfe bei Kämmershagen, und Bilstein bei Raboltshausen; dann bei Hohenborn, am Isthaberge, am Habichtswald, bei Nengershausen und wol noch anderwärts. Der Name ist uralt, und muß eine allgemein bekannte, appellativische Bedeutung haben; welche dieß jedoch sei, ist nicht leicht zu ermitteln. Verstanden ist derselbe wol ohne Zweifel schon im 14. Jarhundert als *bil*, Haue, Steinhaue, denn jene Grafen von Bilstein führten drei Hauen, Beile, im Wappen. Gleichwol sind alle jene Bilsteine nichtsweniger als behauene oder nur zum Behauen geeignete Felsen, vielmehr von Natur schroff und steil emporsteigend, so daß man unwillkürlich auf ein, mit gutem Grund zu vermutendes, starkes Verbum bilu, bal, bâlum, bolans, zurückgeführt wird, welches etwa die Bedeutung aufspringen, hervorspringen gehabt haben muß, so daß Bilstein den hervorspringenden, steil aufsteigenden Stein bedeutet haben mag. Vgl. *Müller* mhd. WB. 1, 117. *Graff* ahd. Sprachschatz 3, 90 f. Grimm Gramm. 2, 65. 32.

Binde fem., richtiger *Bünde*, dann *Bünge* und *Binge* gesprochen, im Hanauischen aber *Beune*, ist jetzt nur noch als Eigenname von Garten- und Feldstücken übrig, lautet ursprünglich *piunta*, *biunda*, oberdeutsch Peunt, und bedeutet clausura, ein Ackerstück, welches gleichwol eingefriedigt ist. *Schmeller* 1, 287—288. Außer der Niedergrafschaft Hanau und Niederhessen scheint das Wort nicht eben häufig vorzukommen: auf der *Binde* (Gudensberg, Homberg); auf der *Bünge* (Trendelburg); *Binge* (Hilgershausen bei Felsberg; Wetter, wo das Wort 1568 noch appellativisch vorkommt: „die Binge auf der Bonburg"); *Mittelbinge* (Kirchditmol; Garten beim Hause); *Oberbinge* (Wahlershausen);

Klimmenbinge (Harle); *Steinbinge* (Schwarzenberg); der *Bingeacker* (Münchhausen; Acker zwischen Gärten), die *Fuchsbinde* (Ebendas.), die *Hesselbinde* (Schemmern); *Bändestück* (Elgershausen); das (die) *Gebinge* (Solz) u. a. O. Am Rhein spricht man die Bende, und verwendet das Wort noch appellativisch. Im Hanauischen spricht man mit Benne den ursprünglichen Vocal in richtiger: eu (sogar au), aus, unterdrückt aber den im hessischen Dialect bewahrten oder doch erkennbaren Consonant t (d): auf der *Benne* (Bischofsheim, Lieblos); in der *Beune* (Niedermittlau); Grabgarten); auf der *Bäune* (Eichen, Somborn); ober der *Beune* Ellern (Oberrodbach); auf der *Banne* (Kilianstädten); in der *Ruschbäune* (Langenselbold); obig der *Steppenbeune* (Rotenbergen) u. a. Orten, wie in der ganzen Wetterau.

Grimm d. W. 1, 1747—1748 (Beunde).

Bindereitel msc., größerer Stock, meist zum Zusammenbinden der Reisigwellen u. dgl. gebraucht.

Bindestock m., kurzer glatter an einem Ende stumpf zugespitzter Stock, mit welchem die Garben gebunden (d. h. der Knoten des Strohseils [der Wiee, Leisel] geschlungen) werden.

Bindetuch neutr., eine weißleinene Schürze, welche die Mannspersonen in den Aemtern Homberg, Felsberg, Fritzlar, Gudensberg und deren nächsten Angrenzern, theils bloß beim Fruchtbinden auf dem Acker, theils aber auch als gewöhnliche Haustracht tragen.

Bire (auch Bēre) fem., Birne; die einzige in Hessen gebräuchliche Form — so, daß vor nicht allzulanger Zeit Birne unverstanden war.

„Da hast du eine Birn" oder: „willst du eine Bire?" sehr übliche niederhessische Formel zur Beschwichtigung eines Aufgeregten, die erstere Formel zuweilen mit dem Zusatz: „und halt dein Maul".

Saufbiren, *Sußbiren*, Name der Feldbirnen, welche gewöhnlich nur zum Keltern verwendet werden, im östlichen Hessen; „bei den Saufbieren", Name eines Feldplatzes bei Breitau.

bisen, 1) zischen. Im Haungrund. Vgl. pfeisen, pfeschen. 2) das durch die Bremsen veranlaßte Toben des Rindviehes auf der Weide, wobei es von der Weide wegzulaufen pflegt. Hin und wieder in Oberhessen (Anzefar) üblich; doch muß das Wort nach B. Waldis (Esopus 1, 62) zu schließen früherhin in allgemeinem Gebrauche gewesen sein. Richey S. 15. Grimm d. W. 2, 46. Vgl. beiern.

Bitek msc., ein saurer Apfel. Im sächsischen Hessen, an der Diemel üblich. Vgl. *Soetek*.

Bitze fem., Baumgarten; jetzt jedoch nicht mehr appellativisch, sondern nur als Eigenbezeichnung von Gärten und Flurstücken verwendet, aber in ganz Hessen, die niederdeutschen Bezirke abgerechnet, vorkommend. „das vierteil der houme die da heizzent *Bitze*". Urkunde vom 18. Oct. 1290, Seckbach betreffend in Böhmer Cod. francof. 1836. S. 253. Noch heute heißt diese Stelle bei Seckbach „an der Bitze". Eben so bei Praunheim: „in der Bitz"; bei Stausebach: „auf der Bitze"; eben so bei Simtshausen, bei Nesselbrunn, Wetter und anderwärts. Mitunter findet sich auch Betz, Bötz geschrieben und gesprochen: „in der Betz" (Gonsroth); „in der Bötz" (Niedermittlau); eben so, doch dazwischen auch Bitze, in Caldern, Ernsthausen bei Rauschenberg, Friedigerode, Rengershausen und sonst. Der Plural erscheint in Wielsungen: „in den Bitzen", und, wenn nicht ein Schreib- oder Druckfehler vorliegt, das Masculinum in Bebra: „auf dem Bitzen". Zusammensetzungen sind nicht selten: „der Bötzegraben" „in den Bötzegarten (Stausebach), „im Pitzenweg" (Roth), „im Bitzengrund" (Bebra). Die letzte Andeutung eines appellativischen Gebrauchs dieses Wortes finde ich 1568 in Wetter; hier gab es damals mehr als eine Bitze: die eine wird bezeichnet als „krautgarten in der aw beim steg vf der bitzen", von einer andern aber heißt es: „vj alb. viij hlr. (Erbzins) von der Bitzen, welche nun gemeyner Statt Wetter die vorsteher der stiffts von der ritterschaft verkauft haben".

Vgl. Zeitschrift für hess. Gesch. u. Landeskunde 4, 53—54, und daraus Grimm Wörterb. 2, 58. Grimm entscheidet sich für die schon von Schmeller 1, 303 angenommene Ableitung des Wortes von *pizuni, pizaun*, clausura.

bizen, verstohlener Weise (z. B. aus einem Loche heraus) nach etwas ausschauen. Oberhessen.

bizeln, jucken (in der Nase, oder bei Frost in den Fußzehen und Fingerspitzen, welche vom Frost gelitten haben). Im Schmalkaldischen, sonst unbekannt. Reinwald 2, 29. In Baiern *bitzeln*, Schmeller 1, 229. Das Wort ist ein deminutives Frequentativum von beißen.

bläen, blähen, wie hochd., doch nur von der bekannten Krankheit des Rindviehes gebraucht.

Gebläi neutr., das Geblähe; wird, während das Verbum sich metaphorisch nicht verwenden läßt, nur figürlich gebraucht: ein auffallender Fortschritt aus kleinem Anfang, auffallender Pomp u. dgl. wird ein Gebläi (dreisilbig) genannt. Südliches Oberhessen.

blaeen, vom Blöten der Schafe sehr gewöhnlich gebraucht, häufiger als blöken. Alberus Dict. Bl. Xiijb: balare, blehen.

Blaelamm, Scheltwort für eine dumme Person.

Blacken msc. (anstatt *Blacke*, wie gewöhnlich) Stück, Flecken (welches letztere Wort im hess. Dialect auch für Stück gebraucht wird), sowol 1) für ein Stück Land (ein Blacken Land, ein Wiesenblacken, äußerst übliche, in den Katastern ungemein häufig vorkommende Bezeichnung), als auch 2) für Lappen, Flicken und 3) für Fleck, verschabte Stelle an Kleidungsstücken, und für Schmutzfleck überhaupt. Die beiden letztgenannten Bedeutungen von Blacken sind weniger in Oberhessen (wo man auch zu 1) lieber Blech als Blacken sagt) als in Niederhessen üblich.

    Joch wâ ir cleit zurizsen,
    vom aldere was zuslizsen,
Placken suzte sie da für. Elisabethleben, Dieutiska 1, 449.
    der wolf den hund noch basz besach,
    sprach, was schalt dir hinden im nacken?
    da hast du ein kalen *placken*. B. Waldis Esopus 1, 56.
Vgl. Brem. WB. 3, 325. Grimm d. W. 2, 59.

Blacker msc., auch *Blackert*, Dintenfleck, Fleck überhaupt, grober Fehler im Allgemeinen. Nur im östlichen Hessen üblich.

Schmeller 1, 234 (aus Nürnberg, mit der Bedeutung Fehler). Grimm d. W. 2, 59—60, wo jedoch zwischen Blacker (Dintenkleiser) und Blackert (Klecks) unterschieden wird, was der hessische Dialect nicht thut. *Blak*, Dinte, findet sich im sächsischen Althessen nicht, sondern nur im Schaumburgischen, wo übrigens auch das Bleistift **Blok** heißt.

Blarr msc., eigentlich: die Augenverdunkelung, die Starblindheit, amaurosis. In diesem Sinn ist jedoch das Wort nicht mehr sonderlich üblich, desto gebräuchlicher aber die Redensart: „den Blarr kriegen, den Blarr haben", welche bedeutet: vor Verwunderung, Erstaunen starr und stumm stehen. Zuweilen wird das Wort auch femininisch gebraucht.

blarren, mit stillstehenden Augen, wie der Starblinde sie hat, etwas ansehen, anstarren — von Verwunderung, Schrecken u. dgl. Hin und wieder gebräuchlich.

blarren üblicher als blärren, blerren, einen unarticulierten rauhen, lauten Ton von sich geben; das Weinen des unartigen Kindes wird zum Blarren. Vorzugsweise wird es von Menschen, weit weniger von Thieren (am meisten von jungen Kälbern) gebraucht; und so mag es in Hessen schon im 16. Jarhundert gebraucht worden sein, da es H. W. Kirchhof im Wendunmut und sonst nur von menschlichem, ungefügem Geschrei anwendet, während das Wort anderwärts mehr vom thierischen Geschrei im Gebrauch ist.
Vgl. Grimm d. W. 2, 66.

Bläse fem. 1) selten von dem Ausschlag gebraucht, sonst wie hochdeutsch. 2) In Mittelhessen der große kupferne Topf, welcher hinter dem Stubenofen in den Ofenhals eingemauert ist, und mit dem zum Heizen der Stube dienenden Feuer geheizt wird. Die Blase dient zum steten Bereithalten warmen oder heißen Waßers, besonders so weit dasselbe zum Viehfutter nötig ist, auch wol zum Sieden von Kartoffeln.
Vgl. *Trombe*.

Bläsenkopf, Scheltwort für einen Hohlkopf, der sich, wie Hohlköpfe gewöhnlich thun, brüstet und groß thut.

Eben so bezeichnend nennt man in Schmalkalden einen solchen Hohlkopf *Schwellhaupt*.

blåten in Niederhessen die Außenblätter der heranwachsenden Kohlpflanzen (Weißkraut, Blaukraut, Braunkohl, Wirsing) zur Viehfütterung ablesen.

In Oberhessen, wo man *blatten*, *blettern* spricht, bezeichnet dieses Wort das Abschneiden der Spitzen der Waizenhalme, durch welche Operation der allzu geile Wuchs der Halme verhindert und der Körnerertrag befördert wird. Vgl. *dachen* und *schremen*.

Blatz msc., plur. Bletz, runder platter Salzkuchen von geringem Umfang (Hersfeld); anderwärts auch Speckkuchen (Losekuchen). Schmidt westerw. Jd. S. 143. In neuerer Zeit werden auch die beiden eben genannten Gebäckarten durch die Composita Salzblatz, Speckblatz, bezeichnet, wie es denn auch außer dem gemeinhochd. Zuckerplatz noch einen Kartoffelblatz gibt (geriebene Kartoffeln, auf der eisernen Herdplatte gebraten, zuweilen jedoch auch in gleicher Bedeutung mit Kauschel, Schepperling, Spanuckel) und einen Honigblatz gab: „welche (zwei Dirnen) Ime, dem verstorbenen Philips Guntern, seine treude, in „der Meinung, Liebe dadurch zu machen, in einem honigplatz zu essen gegeben „haben sölten". Marb. Hexenprozeßacten v. 1579.

Blatz msc., Knall, besonders Peitschenknall.
blatzen, knallen als Neutrum und Activum, in letzterm Sinn meist vom Peitschenknallen. Fast nur im Schmalkaldischen üblich, wiewol die Platzbüchsen ein überall bekanntes Frühlingsspielwerk der Knaben sind.

blatzen, *blätzen*, *pletzen*, plaudern, ausplaudern, leeres Geschwätz machen.

Geplätz neutr. Geschwätz, leeres Gerede. Marburger Hexenprozeßacten von 1655.

blatzhaftig, schwatzhaft, plauderhaft. „Producentin sey Schwatzhafftig vnd blatzhafftig gewesen". Marb. Hexenproc. A. von 1596. Die Inquisitin hieß mit ihrem Annamen die Platz Else, Pletz Else, auch Pletschin. Jetzt fast gänzlich ausgestorben.

Blaufuss msc. Falke, Beizfalke (Falco islandicus L., F. gyrfalco, F. cyanopus); jetzt in Hessen nicht mehr einheimisch, ehedem nicht selten. Der Falkner des Landgrafen Philipp befand sich 1562 in Erxdorf, um auf dem Gerwigshagen „die blofeuß zu fangen, welches ich vngewitters halben nit hab thun können", und 1563 in Gemünden, um „junge Bloefueß vfm Weczstein außzuheben".

Blech neutr. bedeutet in Oberhessen einen breiten Platz in der Ebene, ein breites Ackerstück, dann ein Landstück überhaupt. „Das war einmal ein Blech!" d. h. ein großer Raum, Platz (den z. B. das Linnen, die Wäsche, auf der Bleiche einnahm). „Item ein Mesten plech am Bickenbergk" Urkunde Heinz Scheffers von Melnau vom Jahr 1520. „Zwei Krautblecher in der Vensburg" Wetter 1568. Die Frankenberger Bürger haben ihre Pflanzenbleche am Goßberge. „Ein Garten, thun zwei Blecher"; „ein Garten zu anderthalbem Blech" Frankenberger Flurbezeichnung von 1550. Im sächsischen und westfälischen Hessen nicht üblich, wiewol das Wort weiterhin in Niederdeutschland wieder erscheint, z. B. bei Fallersleben, wo *Blék* in ganz gleicher Bedeutung vorkommt. Frommann Mundarten 5, 51.

blechen, Geld zalen, zumal in so fern dieß hart ankommt. Allgemein üblich, wie am Rhein und überhaupt durch ganz Oberdeutschland.

bleffen, verblüffen, abschrecken. In ganz Althessen und Fulda üblich; „verblüffen" ist unbekannt. Schmidt westerw. Jd. S. 24.

bleischen, zerstreuen. Wo viel Strohhalme liegen, ist Stroh gebleischt; das gemähete Gras wird gebleischt, damit es dürre werden könne (dafür gewöhnlicher: gezettet, gezettelt).

verbleischen, so zerstreuen, daß das Zerstreute sich nicht wieder zusammen bringen läßt; „verbleisch die Hüner nicht", jage sie nicht so, daß sie sich vom Hofe verlaufen oder verfliegen.

Allgemein üblich, zumal in Niederhessen. Anderwärts scheint es nicht vorzukommen.

blecken, hohnlächeln, boshaft lachen. Schmalkalden, Grafschaft Ziegenhain und anderwärts. *sich blecken* unaufhörlich und ohne Ursache lachen; Oberhessen und anderwärts.

blenden, in Verwirrung bringen; kommt in der früher sehr üblichen und noch jetzt mitunter gehörten Redensart vor: schänden und blenden. S. schänden.

Blèse fem. (meist nur pluralisch: Blèsen, gebraucht) heißt im Fuldaischen der an eine lange Stange befestigte Strohbündel, wie man sich deren zur Feier des Hutzelsonntags (s. d.) und des Johannistags bedient; neben den Blèsen wurden auch Hagelräder (s. d.) angezündet. Diese uralten Feuerbelustigungen sind etwa seit dem Jahr 1830 von der Polizeibehörde verboten worden, und deshalb von Jahr zu Jahr seltner geworden, jetzt fast gänzlich erloschen.

bleuen, eben so häufig und in manchen Gegenden von Niederhessen häufiger, ja regelmäßig **blauen**, schlagen. Nur vom Flachs und von der Wäsche, so wie von dem Garn, welches der Weber blaut, ehe er es spult, gebräuchlich. Der Flachs wird, wenn er aus der Röße gekommen, gestaucht und getrocknet und sodann einige Monate aufbewahrt worden ist, im Freien mit dem Flachsblauel geblaut; der Flachsblauel ist ein dickes mit einem gekrümmten Stiel versehenes Bret, auf dessen unterer Fläche tiefe Kerben in die Quere gezogen sind; auf das Blauen folgt das Brechen. Wäsche und Garn werden mit dem Wasch= (Garn=) Blauel geblaut; dieß ist ein länglich viereckiges, unten ganz glatt gehobeltes schweres Bret mit Griff. Der Waschblauel ist nicht überall, vorzugsweise nur in Niederhessen, gebräuchlich. Gothisch bliggvan, ahd. pliuwan, mhd. bliuwan, stark conjugirende Verba, aus deren ablautendem Präteritum (blaggv, plou) die Farbenbezeichnung blau stammt.

Das Wort geht durch das ganze obere Deutschland; die Form *blauen* kommt schon im 16. Jarhundert in Hessen und sonst in Mitteldeutschland z. B. bei Erasmus Alberus im Wörterbuch und im Barfüßer Eulenspiegel vor. Dagegen ist das Wort den Niederdeutschen fremd; im sächsischen und westfälischen Hessen tritt anstatt blauen beim Flachs das Wort *bōken* ein.
Grimm d. W. 2, 111.

Schleifenblauel msc. „Die Heiden haben auch des müßiggangs (vnd) vnnutzen lebens der nachpawern grosse vorsorge getragen, nit allein das es an sich ein schentlich leben — — sonder auch vmb der edeln zeit willen, die ein sollich schleiffenblawel sein leben lang vnnütz zubrengt". Joh. Ferrarius von den gemeinen Nutze. 1533. 4. Bl. 57b. „Ist aber einer nit minorierig, sonder zu seinen tagen komen, vnd doch so verthun, das er das sein bößlich zuzubrengen vnd zuuertilgen vnterstehet, sol jme ein Rhaet von stunden sein gutter verpietten lassen, vnd vorsteher aber Curatores setzen vnd verordnen, welche die guter vnterhanten haben, darmit jme zu gutem gesparn, ob als dan ye der schwälger vnnd schleiffenplawel in seinem vnsinne pleiben wolte, das doch die gütter zusamen gehalten wurden". Ebds. Bl. 58b.

Frisch hat 2, 195 dieses Wort in der Form Schleifen=Blawer aus Gobler Rechtspiegel Bl. 249b, wo zur Erklärung beigesetzt wird: Galgenschwengel; er bezeichnet dasselbe als ein veraltetes Schimpfwort, und erklärt es durch Blauel, Schwengel, welcher in der Schleife hängt wie der Klöppel in der Glocke, fur suspensus, pistillum in patibulo. — Das Ziehen der Crucifixe durch das Waffer, um Regen zu erzeugen, heißt in Toulouse nach Bodin: La Tiremasse, und dieß Wort übersetzt Fischart Dämonomanie 1581 S. 391 (1586 S. 377): der Schleyff den Klotzen. — Es sieht das Wort hiernach weit mehr aus wie ein Imperativ: schleif den Blauel, einer der den Blauel hinter sich her schleppt — aber wozu? zur Strafe, wie die Kugelschleifer ehedem in den Festungen? etwa der den Prügel schleppen mußte, mit dem er geprügelt wurde? oder wie? — Jedenfalls bedeutet das Wort in beiden Stellen Eisermanns einen Müßiggänger, und es wäre wol möglich, daß es die eigentliche Bezeichnung wäre, welche nachher sich in das unverstandene Wort Schliffel, Schlüffel metamorphosirt hätte.

„Aber sie haben die Freiheit, Waschblawel zu schleiffen, vnd mit „meuchlen die vergifft Honig zu machen". Luther Antwort auf die Zeddel des Officials zu Stolpen. 1520. Jen. Ausg. 1555. 1, 219b. [Hier ist Bleuel schleifen offenbar so viel wie betrügen, aus dem Klaren etwas Unklares, aus dem Richtigen Unrichtiges machen; verdrehen — etwa auch verderben überhaupt].

blind. Diese dem Hessenstamme zugewiesene Bezeichnung, welche derselbe mit weit größerer Bestimtheit trägt, als der Volksstamm der Schwaben, ist jetzt unverständlich geworden, weil man seit der Mitte des 17. Jarhunderts das Subject, welchem eigentlich die Blindheit zukommt, aus dieser Bezeichnung ausgelaßen und endlich völlig vergeßen hat. Bis zu dem angegebenen Zeitpunkt hießen die Hessen nämlich niemals schlechtweg „blinde Hessen", wie jetzt, sondern „blinde Hunde" oder „blinde Hundehessen". Ein Beleg für das erstere findet sich bei Hans Sachs, welcher sagt: „die Hessen engst (vexiert) man mit den Hunden" (IV, 3, 92a); für das zweite bei Lüntzel Hildesheimische Stiftsfehde S. 36 u. a. St., und bei v. Rommel 7, 202 aus dem Jahr 1621. Die Bezeichnung der Hessen als Hunde, blinde Hunde aber bezieht sich, wie J. Grimm in seiner deutschen Mythologie 2. Ausg. S. 346 angedeutet, in seiner Geschichte der d. Sprache S. 566 ausgeführt hat, auf eine uralte mythologische Stammsage, nach welcher der Stammesanherr der Hessen und Schwaben entweder, der Sage von den Merovingern und von dem Schwanritter analog, wirklich von einem Hunde erzeugt, oder, wie die spätere gemilderte, sehr bekannte, Sage von den Welfen d. h. jungen Hunden überliefert, als Neugeborener für einen blinden Hund ist ausgegeben worden; oder daß er endlich, was allerdings auch möglich, aber weniger warscheinlich ist, blind geboren, daher huelf (Welf, catulus, nicht zu verwechseln mit wolf) genannt, nachher aber sehend und ein desto gewaltigerer Held geworden wäre. Auf keinen Fall ist die gedachte Bezeichnung direct schmähend im jetzigen Sinn: Blindheit im Sinne von Einfältigkeit, Dummheit genommen, freilich auch noch weit weniger lobend: Blindheit im Sinne von blinder Tapferkeit verstanden. Es ist eben die Bezeichnung einer mythologischen Anschauung, welche allerdings zur Schmähung gewendet werden konnte und gewendet worden ist, an sich aber nichts als ein vermeintliches Factum bezeichnen sollte. Deutlicher als bei den Hessen tritt dieß bei den Schwaben heraus, von welchen man sagt, daß sie erst am zehnten Tage sehend würden — eine Hinweisung auf die Geburt als Hunde, die mir den Hessen gegenüber noch nicht begegnet ist. In älterer Zeit scheint übrigens der Name der blinden Hessen, blinden Hundehessen, blinden Hunde vorzugsweise nur bei den nächsten nördlichen Nachbarn der Hessen, den Sachsen und Westfalen, gäng und gebe gewesen zu sein; auffallend bleibt es, daß weder Sebastian Frank (in seinem Weltbuch) noch Johann Fischart im Gargantua und in der Praktik, welche Beide die schmähenden Bezeichnungen der verschiedenen deutschen Stämme einzeln, zum Theil wiederholt, aufführen, der Eigenschaft der Hessen als Blinder auch nur mit einem Worte gedenken, während sie doch der Armut des Hessenlandes, der „mageren Hessen", des „Geißenlandes", des „hessischen Schneiderspecks" reichliche Erwähnung thun.

Im 17. Jarhundert findet sich denn auch die Redensart, welche noch heute umlauft: „Senes bis pueri. Die Alten werden zweimal blind, wie die Hessen einmal"; Filidors vermeinter Prinz (1665) S. 93, womit denn der Sinn, welchen man heut zu Tage mit der durch ganz Deutschland gehenden Bezeichnung „ein blinder Hesse" verbindet, hinreichend eingeleitet ist: einer, der etwas nicht sieht, was doch augenfällig genug ist.

blinzening, auch wol, doch selten, *blinzeling*, mit zugekniffenen Augen, blindlings, ohne etwas zu sehen. Allgemein gebräuchlich.

Blitter msc., auch *Bletter*, *Pletter* (Estor d. Rechtsgel. 3, 1416) ein Gebund Stroh. In Oberhessen, jedoch mit Ausschluß der katholischen Ortschaften des Amts Amöneburg (f. Bänsch). An der Schwalm: *Blett* msc. Die niederhessische Bezeichnung ist Schüttling. Der Hofmann im Renthof zu Marburg quittirt 11. Nov. 1603 über 53 Rückenstro, 55 hafferstro, 51 gerstenstro, 4 Weißenstro, 3 Erbesstro, fünff plett stro, 2 maller Heldt vnd sprewe. Hiernach muß damals Plett = Krummstroh oder dgl. gewesen sein. Das Verbum *blittern, plittern,* welches Schlottel Haubtspr. S. 1287 als petulanter currere et strepere hat, kommt einzeln auch vor, doch nur in der Bedeutung auseinander streuen, verzetteln.

Blobah, Blaubach msc., Name des in der Stadt Eschwege befindlichen Gefängnisses. Der Stadtknecht daselbst, welcher die Zauberin Rudloff im Jahr 1657 aus dem Gewarsam und von der Kette hatte entspringen lassen, wurde wegen seiner „Warlosigkeit" an Händen und Füßen geschloßen und in den Blobach geführt. Eschweger Hexenprocessacten v. 1657. Dietrich Dietrich aus Schwebda wird 14. August 1679 „nach eschwe geführet, auf den blaubach gesetzt". Christoph Dietrichs Schwebdaer Chronik. — Vermutlich, wie es anderwärts öfters vorkommt, eine Bezeichnung, welche von dem Namen des ersten oder eines besonders merkwürdigen Insaßen dieses Gefängnisses entlehnt war.

Blockgewicht wird metaphorisch für „ein unteilbares Ganzes" gesetzt in einer von dem Rentmeister Peter von Sachsen (Sassen) zu Wetter dem Kloster zu Caldern im J. 1527 ausgestellten Erblehn=Reversurkunde: „Auch wollen wir angezeigten Hoff nit von einander teilen oder zureissen vnd in viel Hende vereussern, Sondern für ein Plockgewicht seczen".

Hiernach werden auch die aus dem Französischen en bloc herübergenommene Ausdrücke „Blocksumme" u. dgl. (welche Grimm d. W. 2, 138 fehlen), gleich dem bloc selbst als ursprünglich deutsch, dann in das Französische übergegangen und aus demselben zurückgenommen angesehen werden müssen.

bluddern bezeichnet den Laut, welcher durch die stoßweise erfolgende Erschütterung der Luft, des Waßers, des Sandes mittels einer größern Anzal kleiner Bewegungswerkzeuge hervorgebracht wird: der Wind bluddert, wenn er in einzelnen Stößen, zumal durch das Baumlaub fährt; das Huhn bluddert (auch bluddert sich) im Sande; die Kindsmörderin Enchen (Anna) Runkel zu Marburg sagt am 29. Juni 1680 auf der Tortur aus: das Kind habe im Eimer gebluddert.

bluddericht auseinandergestreut, wie wenn der Wind Halme auseinanderwirft; durch einander und über einander geworfen, unordentlich.

Allgemein üblich.

bluffen, bellen, besonders von dem dumpferen, halb unterdrückten, Bellen der Hunde. An der Diemel üblich, sonst unbekannt.

Blümchen blau. „Da gehts blümchen blau" sehr übliche hessische Redensart, um zu bezeichnen, daß es irgendwo herrlich und in Freuden, in Unbesorgtheit um den eigentlich zu großen Aufwand, unbekümmert um eine vielleicht bedenkliche Zukunft, gleichsam drunter und drüber, gangen sei. Es hängt diese Redensart ohne Zweifel mit der „blauen Blume" der Märchen zusammen, vermittels deren die unterirdischen Schätze der Berggeister erschloßen werden konnten. Auch ist Blümchenblau ein Name des Teufels. Grimm d. Mythol. 2. Ausg. S. 1015.

Blunze fem., doch fast nur im Plural: **Blunzen** gebräuchlich, bedeutet in Hessen nicht wie anderwärts (Schmidt westerw. Jd. S. 143. Schmeller b. W. 1, 336. Grimm d. W. 2, 169) Blutwurst, auch nicht metaphorisch einen dicken, plumpen Menschen, sondern Geld, und zwar mit dem

Nebenbegriff des reichlichen; „der hat Blunzen", ist ein vermögender, namentlich an Capitalien reicher Mann. Hauptsächlich im östlichen Hessen in Uebung, aber ziemlich überall bekannt. (Warscheinlich ist die hessische Bedeutung dieses Wortes eine übertragene: vollgestopfter Geldsack, der Blutwurst ähnlich. Dagegen mag der in Hessen vorkommende Familienname Pluns aus der ursprünglichen Wortbedeutung herstammen).

blustern, Blasen treiben; Brod oder Kuchen blustert, wenn der Teig in einen zu heißen Backofen kommt und deshalb alsbald in großen Blasen auffährt.

Blût fem., mhd. *bluot* fem., die Blüte, d. h. das Blühen im Allgemeinen; von der einzelnen Blüte (Blume) wird es nie gebraucht: „die Baumblut ist dies Jahr schön". In ganz Hessen, am üblichsten im östlichen Hessen (Schmalkalden, Werra, Ziegenhain).

Blut neutr., sanguis, ist in Hessen volksüblich in den Formeln „unser Blut" (Verwandtschaft), „das Blut regt sich" (das natürliche Verwandtschaftsgefühl macht sich geltend) (dazu auch: *Blutströpfchen*, kleines Kind, auch überhaupt ein Einzelner, aus der Verwandtschaft; „ich habe doch noch kein Blutströpfchen zu sehen gekriegt", Klage einer jungen, in weiter Ferne von der Heimat verheirateten Frau); *böses Blut haben* (*machen*); *Blut lassen müssen*, bis zum Aeußersten gedrängt, zur gerichtlichen Verurteilung, zur Auspfändung u. dgl. gebracht werden; *Milch und Blut* u. dgl.

Gottes Blut war eine im 16—17. Jarhundert auch in Hessen häufige Verwunderungs (Fluch=) Formel. Der Corporal Johannes Mebus aus Lehnhausen hatte an einem im Jahr 1636 dicht vor Marburgs Thoren unter Anführung des Rittmeisters Bischoff und des Lieutenants Schorlemmer begangenen Straßenraub Theil genommen; zwei der Angegriffenen waren erschossen, der dritte durch einen Schuß verwundet worden. Als Mebus von diesem vernahm, daß die Angefallenen „keiserisch und darmstädtisch" wären, rief er voll Schrecken aus: „Gotts Blut, was haben wir gethan!"

Blutkraut, Tormentilla erecta. Das Kraut wird überall in Hessen eifrig gesucht und als Mittel gegen Verblutungen (zumal des Uterus) sehr häufig in Anwendung gebracht. Es bildet das Blutkraut nebst der Mannskraft (f. d.) einen Hauptbestandteil der Kräutereinsamlung, welche am Morgen des Himmelfartstages angestellt zu werden pflegt (des Geträtigs).

blutt, *blott*, auch *blutch*, *blotch* (Estor S. 1416), federlos, haarlos, implumis, impubes. „er gebe mir meine Federn wieder, so würde er gar plutte" Zeitschr. f. hess. Gesch. u. LW. 3, 317. „NB. Die Genß scheint noch bloth gewesen" (4 junge Zinsgänse). Rauschenb. Rent. Reck n. 1580. blutte Mädchen, blutte Jungen (letzteres weit häufiger als das erstere) puellae, pueri impuberes; wird auch wol gebraucht ohne daß der Begriff der Unmannbarkeit ausdrücklich mitgedacht würde, gleichsam wie: unbedeutend, einer Berücksichtigung nicht wert. blutte Vögel, blutte Mäuse. Bei Großenritte liegen neben einander zwei Hügel: der eine, bewaldete, heißt der Holzbürgel, der andere, unbewaldete, der blotte Bürgel. Ein blutter Vogel heißt in Hünfeld substantivisch ein Blunder.

Das Wort ist ganz allgemein üblich, und in der ältern, zumal oberrheinischen Literatur (S. Brant, Fischart) stark vertreten, also nicht etwa eine niederdeutsche Form von bloß.

Grimm d. W. 2, 194—195

blutzen, auch wol, doch seltner, *blotzen*, niemals plutzen, plotzen, 1) hart und schwer auffallen, zu Boden fallen: „er blutzte dahin, wie ein

Sack"; „das sind geblutzte (vom Baume gefallene oder geschüttelte, nicht gebrochene) Aepfel, die halten sich nicht". Ueberall gebräuchlich.

2) Tabak rauchen, zumal wenn dabei viel Dampf erzeugt wird; auch: viel rauchen.

Blutz msc., Fall, besonders starker Fall; „der N. hat einen bösen Blutz auf die Tenne gethan".

Blutzer msc., 1) ein kurz und dick gewachsener Mensch. 2) ein starker Raucher, auch ein Raucher überhaupt.

bober, aus be-ober verschleift, gesprochen *bower* (sächsisches Hessen), *bůwer, bůwwer, bewwer, derbůwwer*, oberhalb, darüber. Ueberall üblich, und in der hessischen Schriftsprache in der regelmäßigen Form *bober* bis in den Anfang des 18. Jarhunderts gebräuchlich.

entboben „hie entboben" = hierüber, hac in causa, findet sich in Acten des 16. Jh. öfter, z. B. L. Philipps Reformation v. 18. Juli 1527 Marburg 1528. 4. Bl. A4b.

Vgl. *bunter, buten; bafter.*

Bocht msc. und neutr., unreinliche Näße; das Kind, das Schwein liegt im Bocht. In ganz Hessen bekannt, am üblichsten jedoch in Oberhessen. Mhd. *baht*, Pfütze, Mieraft. Vrid. 146, 10; in eben dem Sinn und mit demselben Vocal auch noch jetzt (Bacht, Baacht) in der Schweiz üblich. Stalder 1, 123. Bei Königshofen aber erscheint es geradezu in der Bedeutung von Kot, Dreck (mit welchem geworfen wird). Der hessische Gebrauch dagegen findet sich bei Hans von Schweinichen 1, 59. Bei Schmidt westerw. Jd. S. 29 erscheint das Wort („Bogt") bloß als „Schweinsbette". Warscheinlich gehört hierher auch das von Richey Hamb. Jd. S. 370 und Brem. WB. 3, 370 aufgeführte „Punt, Poot, schlechtes Bette". Estor t. Rechtsg. 3, 1416 hat das Wort auch (Poocht) aber in der Bedeutung „Dampf", was auf einem Misverständnis beruhet, denn in diesem Sinne kommt es nie und nirgends vor. Vgl. Zeitschr. f. hess. Gesch. 4, 54. Grimm d. W. 2, 201.

Böhme msc., Benennung einer, im 15. und 16. Jarhundert allgemein in Deutschland verbreiteten, und auch in Hessen äußerst gangbaren Münze: ein böhmischer Groschen, zwanzig zu einem Gulden gerechnet. Der Böhme war von gutem Silber, und hatte vor dem meißnischen Groschen den Vorzug. Daher mag es kommen, daß in alten hessischen Stiftungen so oft der „Böhme" erscheint, welcher zu Zeiten den mit den ältern Münzverhältnissen unbekannten hessischen Rechnern der Neuzeit nicht wenig Kopfbrechens gemacht hat. „Wir han ouch vorwillet, wass wir von lessin (Lachsen) fangen, dar von iglichem lasse sal eyn *behemen* gefallen zu dem lichte (welches die Zunft eben stiftete), vnde die *Behemen* sollen ussgegeben werden von den jennet, die sie fengit". Ungedr. Urk. der Fischerzunft zu Witzenhausen vom Epiphanias 1445. Und in ähnlicher Weise sehr oft.

böken, niederdeutsche Form für pochen; Schottel Haubtspr. S. 1290. In fast ganz Niederhessen ziemlich üblich für darauf schlagen, heftig schlagen, Flachs boken kommt jedoch nur in den sächsischen und westfälischen Bezirken vor.

boeken, laut rufen, ungestüm, ungeziemend rufen. In Niederhessen von dem Brüllen des Rindviehes, aber auch von menschlichem Rufen äußerst üblich.

bocken ist in demselben Sinne, in welchem es gemeinhochdeutsch gebräuchlich ist, auch in Hessen üblich; außerdem aber bedeutet es im Haungrunde und Umgegend: schmollen, aus Mislaune nicht reden wollen.

bölken in Niederhessen sehr gewöhnliches niederdeutsches Wort für laut und grob rufen, ungeschlacht schreien; auch von dem Brüllen des Rindviehes, gleich boeken, gebraucht. Brem. WB. S. 113 (wo bolken steht). Schottel Haubtspr. S. 1291. Richey hamb. Jd. S. 20. Laurenberg Scherzgedichte S. 136. Die hochdeutsche Form, blöken, ist als *bléken* vom Rindvieh in Niederhessen nicht, nur von Schafen üblich, im Fuldaischen jedoch auch von Kuh und Kalb.

Bolle fem., Mulde. Im Schwarzenfelsischen. Daher *Krebsbolle*, Flußmuschel. (Vgl. Krebsschachte). E. Alberus Dict. Bl. ddiijb: alueus, ein gefees oben weit, ein narten, boll, mulen, kar. Vgl. Narde.

bollern, niederdeutsche Aussprache des hochdeutschen poltern, sehr gewöhnlich in Niederhessen für ira flagrare, tumultuari, wild auffaren u. dgl. J. B. Schupp hat in der erbaren Hure (Sämtl. Schr. 1719 1, 475) beide Formen, die niederdeutsche und die hochdeutsche, neben einander: „da wirstu einen rechten trostreichen Prediger hören, der nicht also poltert und bollert wie dieser unsinnige Pfaff".

Bollrian, Polterer, ein Mensch, welcher bei jeder Kleinigkeit mit lautem scheltendem Tadel auffährt, Hitzkopf. An der Eder und anderwärts. Richey hamb. Jd. S. 28.

Bolze. Die Redensart „einem alles zu Bolzen drehen", fast die einzige, in welcher der alte Bolze (Pfeil) noch in seiner eigentlichen Gestalt fortlebt, findet sich auch in Hessen als volksübliche Redensart, in dem Sinne: „einem alles übel auslegen, alles Geringfügige, Unbedeutende, zu etwas Bedeutendem, zu einem Vergehen machen". In früheren Zeiten hatte diese Metapher nicht oder doch nicht bloß diese schlimme Bedeutung, sondern nur die: „alles gerade machen, zurecht richten", z. B. S. Frank Sprichwörter 1, B4a; 2, Dd4b. Fischart Ehezuchtb. L6b. Daß die Phrase diesen Sinn hatte, sieht man am deutlichsten aus dem unechten Gesicht „Kaufhaus" des Philander v. Sittewald S. 337: „alle krummen Hölzer zu geraden Bolzen zu drehen". Der üble Sinn kann in die Redensart nur dadurch gekommen sein, daß man den Pfeil, als eine Waffe, für etwas Schlimmes angesehen hat: aus jedem unschuldigen krummen Holz eine gefärliche Waffe machen. Vgl. Grimm d. W. 2, 234.

bolzenstrack, steif aufrecht; sehr üblich. Schmidt westerw. Jd. S. 31.

Bolzer msc., der Kater. In der Diemelgegend. Brem. WB. 1, 114: Bolze, ein Kater.

Bombai fem., Ort des Untergangs. Nur in der Redensart üblich: es geht mit dem Menschen über die Bombai, es ist mit ihm bald vorbei, er geht unrettbar zu Grunde. Haungrund.

verbombeisen, eine Sache verkehrt anfangen, verkehrt behandeln, so daß sie schlechterdings mislingen oder verderben muß. Haungrund. Vgl. verfumfeien und verpopeizen.

Der Ausdruck ist dunkel, eben wie der in der Grafschaft Ziegenhain seit dem Anfange des 16. Jarhunderts vorkommende, anscheinend mit diesem Bombai verwandte Familienname *Bambey*. Das Warscheinlichste ist, daß die gedachten

Wörter Nebenformen von fumfeien sind, und daß, wie Richey S. 67 und hiernach das Brem. WB. 1, 466—467 angibt, fumfeien eigentlich geigen bedeutet, verfumfeien also: bei Geigenspiel durchbringen.

Bomsen, abgekürzte Form für bombasin (bombycinum), baumwollenes Zeug welches zu Satteldecken und zu Unterfutter unter die Sättel gebraucht zu werden pflegte; vgl. Fischart Gargantua 1582. Bl. N2b: „Sindal — zu underfuter oben am hals, wie Bombasin: gar subtil als man under die Sätel fütert". Daher wurden denn auch die Satteldecken selbst *Bomsen* genannt: „vij ele linen tuchs zu *Bomsen* den eseln" (welche das Waßer auf das Schloß zu tragen hatten) Spangenberger Schloßrechnung von 1464; wenn gleich in diesem Falle die Decken aus Linnen verfertigt wurden, und nicht Pferden, sondern nur Eseln zu gute kamen. Noch 1674 erscheint in einer Urkunde des Kasseler Magistrats ein Kasseler Einwohner: „Albert Herbert, Bomseinmacher".

Vgl. bambaster, welches Wort wol nur die vollständigere Form von Bomsen, bombycinum, sein wird.

Bonêwen msc., das Nebenpferd im Geschirre; ein an der Efze und Eder gebräuchlicher Ausdruck, welcher zweifelsohne eigentlich ein Adverbium ist: *beneben* = bei neben. Im übrigen Hessen, namentlich im südlichen und östlichen Niederhessen, wird das Nebenpferd ganz ähnlich, nämlich *der Neben* genannt.

bonsen (bunsen), das in ganz Hessen, besonders im innern Hessen (Ziegenhain, Homberg) übliche Spiel der Kinder mit Bohnen (gespr. Bunn). Es wird ein Loch gegraben, in dasselbe ein Einsatz, aus einigen Bohnen bestehend, von jedem Mitspieler gemacht, und nun von jedem Mitspieler aus einer gewissen (hin und wieder nach Bundschuhen [s. d.] bemeßenen) Entfernung eine Bohne nach dem Loche hingeschnellt; wer in das Loch trifft, hat den gesammten Einsatz gewonnen.

Bonum neutr., Mund. Judendeutsch, warscheinlich von פה (פי), möglicherweise auch von סום gebildet, aber da, wo viele Juden wohnen, z. B. im östlichen Niederhessen, im Amt Oberaula, auch volksübliches gewordenes Wort, Scherzwort.

Born. 1) Quelle. Diese niederdeutsche Form ist in Hessen die bei weitem vorwiegende; die Form Brunne wird fast nur in dem Sinne von Quellenbehälter (Brunnenkammer, Ziehbrunnen, einen Brunnen graben u. dgl.) gebraucht. 2) Quellwaßer; an vielen Orten (z. B. in Hersfeld) in scharfem Gegensatz gegen Waßer, worunter man nur das fließende und stehende Waßer versteht; Trinkwaßer ist nur Born.

Bosz msc. ist in der Grafschaft Ziegenhain und weiter in Niederhessen der Klotz, auf welchem der Pflugbaum (Pflugwit, Grendel) ruhet, und an welchem die Achsen der Pflugräder angebracht sind. In Oberhessen, wenigstens in den Gegenden, wo dieser Pflugtheil Aftertrach und Schemel heißt, ist Boß der correspondirende Theil des Wagens, nämlich der Balken, welcher je die beiden Achsen mit einander verbindet.

Vgl. *Pfälf*.

Bôsze oder *Bôszen* msc. (sehr selten *Bôsze* fem.), großer Bündel Flachs, wie er, eben ausgerauft, zum Nachhausefaren und alsbaldigen Reffen zusammen gebunden wird. *bôsa*, fasciculus, Glossen des 12. Jarh. Haupt u. Hoffmann altdeutsche Blätter 1, 31. Klein Provincial=Wörterbuch hat Bosen für Bündel überhaupt: ein Bosen Stroh. Das Brem. WB. hat 1, 124 Boot (Bote)

Flaſſ (als masc. und neutr.), von zubereiteten Flachs: ein Bündel von 60 Rieſſen, ehe er auf die Hechel kommt, wofür hier zu Land nicht leicht Boße ſondern Gebund geſagt wird. Das Wort ist hauptſächlich in Niederheſſen gebräuchlich, wo der Flachsbau mehr als anderwärts noch jetzt betrieben wird und ehedem in großer Blüte ſtand; indes iſt es doch auch in Oberheſſen, und zwar von alter Zeit her, in Uebung: „5 Perſon haben v. G. F. vnd H. Flachs Zehent boßen vō dem Felde gen Aes (Niederasphe) getragen, — den Flachs gereiſſelt, ins waßer vnd brauß bracht". Wetterer Rentereirechnung von 1600.

In den niederdeutſchen Bezirken Heſſens *Böte*, auch wol *Baute*, wie im Lippiſchen (Frommann Mundarten 6, 51), wird aber gleichfalls bloß von dem eben ausgerauften Flachs gebraucht.

boſſeln, auch *buſſeln* (Kaſſel), *böſſeln*, *büſſeln* (Schmalkalden), kleine, geringfügige aber verhältnismäßig mühſame Arbeit thun, namentlich aber klopfen, hämmern, und beſonders ſchnitzen. Im Haungrunde bedeutet es bloß Feiertagsarbeit thun, Nebendinge treiben. Ein durch ganz Oberdeutſchland in dieſer Bedeutung gebräuchliches Wort; eine andere aber hat es in Heſſen nicht. Eſtor S. 1416. Grimm d. W. 2, 265.

Böſſler, *Büſſeler*, Schnitzer, Kleinarbeiter. Schmalkalden.

Böſſelei, geringfügige, wertloſe Arbeit. Schmalkalden.

Buſſel m., in Heſſen (zumal in Kaſſel) in demſelben Sinne üblich, wie ſonſt in Oberdeutſchland Boſſel. Schmeller 1, 298. „Es war der N. ein gutes Thier, aber er wurde eben darum im Hauſe nur für einen Buſſel geachtet" d. h. für einen zu den niedrigen Arbeiten beſtimmten Menſchen, für einen Aſchenbrödel.

Grimm d. WB. 2, 264.

Gebōt neutr., die Verſamlung einer Zunft. Alter, bis in die allerneueſte Zeit und zum Theil noch jetzt üblicher Ausdruck. „Zu Gebote gehn", in die Zunftverſamlung gehen, dieſelbe beſuchen; früher auch: auf Anheißen der Zunftmeiſter in Gemeinſchaft mit den übrigen Zunftgenoßen ein gemeinſames Geſchäft verrichten, eine gemeinſame Pflicht ausüben, z. B. giengen die Färber zu Gebote, wenn das bisherige Färbehaus der Zunft durch die Zunftgenoßen abgebrochen wurde; die Leinweber giengen zu Gebote, wenn ein Galgen errichtet werden mußte u. ſ. w. „Weilen N. N. nicht zu gebode gegangen, da man das alte zunfthauß abgebrochen wird er (von der Wollweberzunft in Wetter) um 7 alb geſtrafft"; 1583. „Beim gebott habe er nicht geſeßen wie ein ander"; „beim gebott ſäße er ſo vor ſich weg". Marburger Ausſagen von 1638. Und ſo ſehr oft. Den Namen Gebot führt die Zunftverſamlung daher, weil dieſelbe eigens angekündigt, geboten, wurde.

Vgl. *Ungebot*.

boeten (im Schaumburgiſchen beuten), beſprechen, eine Krankheit durch eine Segensformel heilen. Grimm d. Myth. 2. Ausg. S. 988. Dieſe niederdeutſche Form des ahd. puozan (büzen) iſt ſelbſtverſtändlich nur in den ſächſiſchen und weſtfäliſchen Diſtricten Heſſens vorhanden. In dieſen Gegenden bedeutet es die Anwendung einer (abergläubiſchen) Segensformel ganz im Allgemeinen; im Schaumburgiſchen jedoch verſteht man unter boeten eine beſondere Art der Anwendung der betreffenden Segensformeln, welche geeignet iſt, die Identität des böten, boeten = Feuer anzünden, mit unſerm Worte darzuthun (falls nicht etwa der umgekehrte Fall einträte, daß die Art der Anwendung des Segens aus dem Worte gefolgt wäre, was keinesweges außerhalb der Möglichkeit liegt): Die

Vilmar, Idiotikon.

beutendo (das Beuten geschieht doch fast nur durch Frauen) schlägt mit einem eigentümlich geformten Feuerstahl an den Feuerstein so, daß dem Patienten die blauen Funken auf den leidenden Theil fallen, wobei dann die Segensformel leise hergesagt wird.

böten, auch *boeten*, *einboeten*, Feuer anzünden, einheizen. Im sächsischen Hessen ganz allgemein.

Schon Richey Hamb. Jd. S. 23 behauptete, es sei dieß Verbum ein von boeten = puozan, büßen „ganz unterschiedenes" Verbum, und wirklich ist die Aussprache des hier besprochenen Wortes von boeten = puozan in vielen Gegenden, aber freilich keinesweges in allen, merklich verschieden. Dem Sinne nach scheinen indes beide Verba identisch zu sein, denn auch dieses Verbum scheint offenbar nur beßern, und Richey hebt seine eigene Behauptung damit auf, daß er diesem unsern Worte das Segnen des Aberglaubens zuweist, welches ganz ohne allen Zweifel dem boeten = puozan zugehört. Sollte aber wirklich unser böten ein eigenes Wort sein, so bliebe kein anderes altes Stammwort dafür übrig, als pōzan, ags. beátan (bétan), mhd. boßen, bußen, butzen d. h. anstoßen, und in diesem Sinne kommt freilich bétan fyr im Angelsächsischen vor, was dem mhd. fur anstoßen nicht übel entspräche.

Auch Grimm d. W. 2, 572—573 hat diese Frage nicht zur schließlichen Beantwortung bringen wollen.

Bözemann, msc., das was sonst in Deutschland Butz, Butzemann heißt: Gespenst, Schreckbild. In Niederhessen, wo das ö niemals verkürzt wird. Kinderreim beim Tanzen: Es tanzt ein Bözemann
auf unserm Boden rum,
er rüttelt sich,
er schüttelt sich,
er wirft das Säckchen hinter sich.
Vgl. das oberhessische Mombotz, wo o in botz wie sonst in Deutschland kurz ist.

Botz (Potz) msc., starker Schall, Krach. Haungrund. Vgl. büzen.

boezen, in Schrecken setzen, Furcht einjagen. Die Kinder werden mit einem Bözemann (f. d.), Niklas u. dgl. geboezt; „er hat mich nur recht boezen wollen, Ernst wars nicht". („Herman Schaller in Schwebda) nimbt die flinden von der wandt, unwissent, daß sie geladen und gespant, helt sie in Schimpf nach dem metgen, es also zu bößen, So aber losgehet rc." Christoph Dietrichs in Schwebda Chronik v. J. 1664, ⅔. Reinwald henneb. Jd. 1, 14. Ganz allgemein üblich. butzen, bützen findet sich in Hessen in diesem Sinne nirgends.

Bräke msc., gewöhnlich pluralisch Bräken, die Dornreiser, welche zum Ausbeßern (Binden) der Zäune (Hecken) gebraucht werden. Westfälisches Hessen.

brallen, *brellen*, laut und heftig mit abgestoßenem Laute rufen. *Brall*, lauter, heftiger Ruf, nach dem die Ohren gellen. Sehr üblich.
 daz mere mohte iezu erbiben
  von des rufes bralle
 si schruen io heilalle. (Elisabethleben, Diutiska 1, 410.

Brâm fem., ein im Schmalkaldischen vorkommendes Schimpfwort für Weiber: „alte Bram". Vgl. etwa das (freilich niederdeutsche) Brame, Hummel.

Brame fem., Hummel. **Scheissbrame**, Roßkäfer. Im westfälischen Hessen: Wolfhagen, Volkmarsen, Liebenau.

Bramme fem., kleine Pflaume, Pflaume überhaupt. In Oberhessen sehr üblich, auch von Estor d. Rechtsg. 3, 1405 schon aufgeführt. Hin und

wieder im westlichen Oberhessen heißt übrigens auch die Brombeere Bramme. Von andern Gewächsen z. B. spartium scoparium, vom Hopfen u. dgl., wovon in der Schweiz brame gebraucht wird, kommt in Hessen dieser Name nicht vor. Zu bemerken ist, daß das ä dieses Wortes in unserm Dialect (wie auch in Brombeere und dem hessischen Familiennamen Brambeer) Verkürzung erfaren hat. Althochd. präma, mhd. bräme, holl. braam.
Grimm d. W. 2, 293.

brammen v. neutr., zum Gebet, Ave Maria, läuten; „es brammt". Fritzlar. Bei diesem Läuten wird die Glocke nicht voll geschwungen, sondern nur zu einzelnen Schlägen angezogen; anderwärts in Hessen nennt man dieß „stimmen".

Brangel msc., mitunter auch, der Ableitung näher stehend, Prangel gesprochen, ein Prügel, besonders ein schwerer, derber, zu ernstlicher Vertheidigung oder etwa auch zum Angriff dienender Prügel. In Niederhessen allgemein üblich, auch in den andern Landestheilen nicht unbekannt. Das Wort gehört zu dem gothischen praggan, paipragg, mhd. pfrengen, premere, nicht aber, wie man in den niederdeutschen Gegenden Hessens gemeint hat, zu wringen, weil von wringen das Verbum wrangen, wrangeln (gewöhnlich brangeln gesprochen), gebildet ist, welches Wort sich balgen bedeutet.

Brast msc. 1) große Verlegenheit, Beschwerde, schwere Sorge, Druck, Kummer; Substantiv zu bresten. Ganz allgemein üblich. dardurch werd gringer sein nohl vnd *brast*; Isaac Gilhausen Grammatica. Marburg 1597. 8. S. 16. „daß sie von des Lahn hartmans frau gehort, daß ihrem bruder vergeben werden, daturch sie in so einen' grossen Brast gerathen, daß sie sonst in der meinung gestanden, daß unser herr Gott ihm eine solche schwachheit zugeschickt helte". Marburger Hexenprocessacten von 1673. Grimm WB. 2, 308.

2) für Brass: Haufe, Masse; „da liegt der ganze Brast". Sehr üblich. Reinwald hennen. Id. 1, 15. Grimm WB. 2, 305. Brem. WB. 1, 135. Kirchhof (im Wendunmut) schreibt noch Brass.

Bräune fem. Unter diesem Wort versteht das Volk, so weit es sich desselben aus der Tradition und nicht an die technische Sprache der Aerzte sich anschließend bedient, zunächst nicht den Croup, die heutige Halsbräune der Kinder, sondern die Halsentzündung, angina, wie dieselbe als Seuche, zumal in den Feldlagern, im 15. und 16. Jh., sodann auch im dreißigjährigen Kriege wütete, und noch jetzt häufig ist. Kirchhof milit. disc. S. 202. In Eschweger Hexenprocessacten von 1657 kommt vor: „das kind hat die Braune gehabt, die ihm auch gelassen worden", in dem Sinne von „Ader lasen". Es erscheint dies auf eine mit der Bräune vorgenommene chirurgische Operation hinzuweisen, wie eine solche erst in der neuesten Zeit gegen den Croup in Anwendung gekommen ist.

Braunschnitzer msc., vaccinium vitis idaea, die Preisselbeere, Mostjocke. Im Schmalkaldischen.

Brause f., gesprochen Brüse, in den niederdeutschen Bezirken der übliche Name der Gießkanne.

Brausel, Bruwesal neutr., diejenige Quantität Braustoff, welche auf einmal zum Brauen verbraucht wird, ein Brausel, wofür man jetzt Gebräue sagt. Das Wort ist mit -sal gebildet wie Hecksel, Schicksal, Labsal, Kochsal, Mitgesal u. dgl. „vi zcober treber vnd ein *brucesal* hoppen den swinen" Kasseler Rechnung von 1479, und öfter in den Rechnungen jener Zeit.

4 *

Braut.

Brauthafer, Abgabe, welche ehedem die Leibeigenen bei der Verheiratung entrichten mußten. Estor kleine Schriften 1, 72; t. Rechtsgl. 1, 391.

Brauthuhn, Abgabe, welche ehedem die Leibeigenen bei der Verheiratung entrichten mußten. Estor a. a. O.

Um das Jahr 1820 war die Erinnerung an den Brauthafer und die Brauthühner im s. g. Schentischen Eigen in Oberhessen noch vollkommen lebendig.

Brautrocken msc., heißt im Schmalkaldischen das Geschenk, welches man einer Braut bei ihrer Verheiratung macht, und welches ursprünglich in einem angelegten (mit Flachs voll umwickelten) Spinnrocken bestand, noch jetzt aber stets aus einem Stück Hausrat, niemals in Geld oder Eßwaaren besteht. Kopp Handbuch 2, 182.

Bräutelgabe, eine auch in Hessen seit alter Zeit, in Urkunden seit Anfang des 15. Jarhunderts oft zu findender und dem Volke nicht ungeläufige Bezeichnung der Mitgift, namentlich wenn dieselbe in einem Stück Land bestand oder besteht.

verbräutelgaben ein Gut oder einen Gutstheil dem Eidam bei der Verheiratung der Tochter mitgeben. Estor t. Rechtsgl. 1, 784 (§. 69, 31).

Bratze fem., große, starke Hand; großer, starker Fuß. Im Fuldaer Land, sonst fast unbekannt. Grimm WB. 2, 313.

Bratzematz msc., lästig weitläufige, unnötige Erzälung, breites albernes Geschwätz. Im Amt Landeck, auch zuweilen anderwärts.

brätzen, in weichlicher Weise, durch Verwöhnung, kränklich sein: „er brätzt immer", ist immer leicht unwol, weil er ein Weichling ist. Im Fuldaer Land; anderwärts nicht üblich.

Deminutivformeln sind *brotzeln*, kränkeln, welche Form im Haungrunde, und *brützeln*, was im Schwarzenfelsischen gebräuchlich ist.

brêbeln, *brépeln*, *prépeln*, in Oberhessen, Fulda, Ziegenhain sehr üblich für: halblaute, kleinliche Vorwürfe machen, verdrießlich mäkeln.

Gebrêbel neutr., halblaute verdrießliche Mäkelei.

In demselben Sinne hört man auch zuweilen *brékeln*, *Gebrékel*.

brechen und büssen. Alliterierende alte Formel, von liegenden Gütern gebraucht, welche zerteilt (vereinzelt) oder wieder zusammen gebracht werden durften. Eppensteiner Urkunde von 1339: also das die vorgeschriben Muntburen (Vormünder) mit allen den lehen — *brechen vnd bussin* sollen vnd mugent als dicke es noit geschieht (Wenck hess. Gesch. 2, No. 350. S. 347). Ungedr. Urkunde des Ritters Volprecht Luzzilkolbe vom Johannes- und Paulus-Tag 1355 über den Verkauf seines Gutes zu Butlinhorn an den deutschen Orden zu Marburg: die deutschen Herren sollen mit diesem Gute *brechin vnd büssen* alz mit irme eygene güde.

breffen, stopfen, vom Verschlingen der Speisen, z. B. vom geringen Eßen der Kinder, sodann vom Stopfen der Gänse: „die Gänse breffen" d. h. mit Nudeln oder Pletschbohnen (vicia faba) zum Fettmachen stopfen. In Ober und Niederhessen üblich. Mittelniederländisch *braeuwen*. Grimm Reinh. Fuchs S. 284. Zur „proffung einer Gans" werden „dem Juden" 1 Meste Hafer, ½ Meste Gerste und ½ Meste Erbes und Bon gegeben. Welterer Rentereirechnung von 1603.

Breimehl neutr., Grütze, geschrotenes Getreide, zumal Korn (Roggen zu Roggenbrei), kann aber auch Weizen, Gerste, Hafer. xxvj den. vor bier vnd ij den. vor hryemel (für die Erntearbeiten). Hessisches Ernteregister von 1391. Das Wort war im Anfange dieses Jarhunderts noch hier und da im Gange, jetzt ist es wol nirgends mehr weder üblich noch auch nur bekannt, da der „Brei", diese regelmäßige Speise alter Zeit, seit der Herschaft der Kartoffel sehr stark abgenommen hat, und in vielen Gegenden gar nicht mehr vorkommt. Vgl. Grimm WB. 2, 355.

bremschen (d. i. bremsen), wüten, toben, von zornigen Menschen. In der Diemelgegend sehr üblich, z. B. auch von sich bäumenden und ausschlagenden Pferden, anderwärts nicht bekannt. Es ist ein Frequentativum des alten prëman, rugire, erscheint aber in der Schriftsprache nicht häufig. Grimm WB. 2, 364, wo nur zwei Belege angefürt sind, einer aus Luther, der andere aus Paul Melissus.

Brenne fem., Feuerstätte mit dem darauf brennenden, lohenden Feuer, auch Haufe glühender Kolen. Grimm WB. 2, 304. 364. Im eigentlichen Sinn wenig üblich, desto häufiger metaphorisch in der äußerst geläufigen Redensart: um die Brenne herumgehn, in der Nähe eines Ortes, eines Menschen herumgehen, ohne daß man sich getrauete, näher zu kommen; auch in noch weiterer tropischer Anwendung: bei der Mitteilung einer bedenklichen Sache erst mit Andeutungen, Umschweifen vorgehen, um so dem Gegenstand der Mitteilung sich unvermerkt zu nähern. Schmidt westerw. Jd. S. 34, wo nur die Annahme eines Plural „die Brände" (von Brand) unrichtig ist.

Brenz fem., die Pein, Qual, zumal in Krankheiten. Haungrund.

breschen, breischen, 1) auseinander breiten, verstreuen (vgl. bleischen), in welcher Bedeutung es jedoch wenig üblich ist; 2) laut und viel reden, großthun, prahlen.

Brescher (Breischer) msc., ein laut und viel Redender, ein Großthuer, Praler; tadelnde Bezeichnung der Bewohner der Stadt Hersfeld in übler Nachrede: „ein Hersfelder Brescher". In Niederhessen, Fulda, bis in die Wetterau, auch im Schmalkaldischen (als Prascher), verhältnismäßig am wenigsten in Oberhessen üblich.

Reinwald henneb. Jd. 1, 15, wo die Form Brascher aufgeführt wird, Vgl. praschen.

Gebröschel, Gebresche, lautes Reden. „Vnnd ist sich aus dem geschray vnnd gebröschel: das etlich hyrten vnd bawrn dabey im holz gehort vnd gesagt haben zuuermuten: das der hertzog nit allein gewest sey, sunder etlich im holz versteckt die jn zuuolbringung solchs mords gehollfen haben". Ausschreiben derer von Hutten v. 10. Nov. 1515 (den im Mai 1515 bei Böblingen von H. Ulrich an Joh. v. Hutten vollbrachten Mord betr.)

bresten (sich), sich bekümmern, sich grämen. es brest (bräst) mich, es grämt mich. Im Haungrund und weiter im Fuldaischen sehr üblich, auch anderwärts mitunter im Gebrauch.

An sich bedeutet dieses Wort zerbrochen werden, und in dieser Bedeutung ist es mit der niederdeutschen Umkleidung in bersten in der Schriftsprache noch vorhanden; aus dieser Bedeutung hat sich die Bedeutung mangeln, fehlen, und aus dieser endlich die hier verzeichnete entwickelt.

Vgl. Brast.

brideln, zäumen, zähmen, bändigen. mit grosser erbeyd kume den lewen gebrydeln. Chronik bei Schminke Monim hass. 2, 302. du kunde man mit stangen unde W. Gerstenberger Frankenb. Henn girhart hatt in der ruge wider molnhennen gesprochen er wulle jme vor sin augen dreden und wolle en *brydeln*, der amptmann konde en uit *gebrydeln*. Büdinger Bußregister v. 1475—1482. Grimm WB. 2, 392 [wo dieselbe Stelle aus derselben Quelle, Dr. Crecelius].

Das diesem Worte zum Grunde liegende Substantivum ist das ahd. *pritil*, Zaum, woraus franz. bridel, jetzt bride. Das hier erscheinende Verbum lautet bei **Stieler** und anderwärts *breideln*. Grimm WB. 2, 355.

Brief. Zu Anfang dieses Jarhunderts war es ganz üblich, alles Geschriebene Brief zu nennen, und Urkunden werden noch jetzt Briefe genannt.

Briefe tragen hat den Sinn von anzetteln, verhetzen, complottieren. Eine Stelle, durch welche diese figürliche Redensart erläutert wird, und in der dieselbe in eigentlicher Bedeutung, doch so, daß die metaphorische bereits durchblickt, erscheint, findet sich in einem Verhörprotokoll Treisbacher Gemeindsmänner von 1609: „Möllerhanß, Hanß Naumann vnd Hanß Schusseler hetten die Brieff getragen, die mochten auch darvor stehen, Er (der Comparent, Jakob Thiel) hette nichts ferners darmit zu thun haben wollen". Die hier genannten Gemeindsmänner von Treisbach hatten nämlich alte vom Stift St. Stephan zu Mainz im 14. und 15. Jarhundert ausgestellte Urkunden im Kirchenkasten entdeckt, nach welchen der Gemeinde zu Tr. die Einsetzung ihres Pfarrers zustehen sollte, und benutzten dieselben, um sich des vom Landgraf Moritz ihnen gesetzten jungen Pfarrers Alexander Vitriarius, welcher den Verbeßerungspunkten anhieng, zu entledigen: sie ließen sich auf diese „Briefe" hin eine Vorstellung an den Superintendenten Schönfeld, dann an den Landgrafen selbst machen, die „Briefe" in Amöneburg abschreiben, giengen mit den „Briefen" nach Battenberg, um sich Rats zu erholen, der „Möllerhans" auch selbst nach Kassel, und nun wurde eine weitläufige Untersuchung gegen diese „Briefträger" angestellt.

Brieftabak, geschnittener Tabak in viereckigen Viertelpfundpaketen; eine jetzt schon fast völlig veraltete Bezeichnung. Reinwald henneb. Jd. 2,31. Kopp Handbuch 2, 196.

Brig msc., ursprünglich wol: unruhige Geschäftigkeit, dann: Geschäft, Erwerb, auch: Zank. Dieselben (Vorsprecher d. h. Anwälte) suln dem gerichte sweren unde loben recht ze thunde, unde dem unrechten abstaen, so vern sie sich des vorstan, ader underwiset werden, sunder *brygg*, hass, gobe, genyss eym itzlichen thun als dem andern tzu sinem rechten. Emmerich Frankenberger Gewonheiten bei Schminke Monim. hass. 2, 718. Des wurden sie geforchtet unde kregin sulchin *gebrig* das sie ussermassen riche wurden. W. Gerstenberger Frankenberger Chronik bei Schminke Mon. hass. 1, 284.

gebriglich, thätig, nützlich, förderlich. wilcher auch den gewaldigin unde amptluden mit erin frunden nicht *gebriglich* was in erme vornemen, derselbe muste orloip haben. W. Gerstenberger a. a. O.

Das Wort ist allem Anschein nach keltisch, und findet sich als *briga* in allen romanischen Sprachen; im Italienischen bedeutet es Geschäft, im Altfranzösischen, Spanischen, Portugiesischen u. a. Zank, im heutigen Französisch (brigue) Bewerbung, und ist das Stammwort zu brigand, brigantine u. s. w. Vgl. Diez etymol. Wörterbuch der romanischen Sprachen 1853. S. 69—70.

In der deutschen Sprache ist es außer den angeführten Stellen aus den Frankenberger Schriften bis daher nicht aufgefunden worden. Möglich, daß hiermit auch das ags. brëgo, breogo, Herr, König, zusammenhängt. Nach Frankenberg mag sich das Wort in Folge der großen Handelsverbindungen, in denen diese Stadt während des 14—15. Jarhunderts mit den westlichen und südlichen Nachbarn Deutschlands stand, verirrt haben.

Brinkel, *Brenkel*, msc. Estor t. Rechtsgl. 3, 1405 hat dieses Wort als Bezeichnung eines kleinen hölzernen Gefäßes mit spannbreitem Rande, welches dazu diene, das zu kochende Kraut darin zu schneiden (scharben). Das Wort ist unzweifelhaft richtig (Schmid schwäb. Wörterb. S. 96; Fischart Gargantua 1852. Bl. Mm 2a), es scheint aber seit Estors Zeit die Sache, und mit ihr der Name aus Oberhessen verschwunden zu sein.

brizeln, *britzeln*, *bretzeln*, Bezeichnung des Tones, welchen bratendes Fett von sich gibt. Am üblichsten im östlichen Hessen und im Schmalkaldischen.

Brod. Sehr gewöhnlich ist in Hessen die Prädication „das liebe Brod", als Bezeichnung des Wertes, den man auf die Gabe der täglichen Nahrung, deren eigentliche Substanz das Brod ist, legt; der Culturwelt ist dieser Ausdruck der Liebe und des Dankes abhanden gekommen. Selten, und nur im Gegensatz gegen das, früher sehr ungewöhnliche, gemischte Brod wird das Kornbrod als „Rückenbrod" (s. *Roggen*) bezeichnet. Ueblich war es warscheinlich seit Jarhunderten, aus der Metze Korn vier, aus der Meste sechs Laibe Brod zu backen, und die sofort anzuführenden älteren Angaben von Broden setzen voraus, daß diese verschiedenen Arten sich unverändert durch eine Reihe von Generationen, in derselben Qualität und Quantität, erhalten haben müßen, während wir genötigt sind, das Gewicht und vor allem die Qualität des Brodes eigens in jedem Falle zu bestimmen. Vgl. auch *Ecke*.

Frauenbrod. In dem Kloster Spießcappel wurden durch Urkunde vom 25. November 1488 dem Probener Kunz Gebersdorf und dessen Frau täglich zwei Frauwenbrod gewährt; 1508 dem Kraft Letze als „Homeinster" alle tage ein frauwen broid.

Herrenbrod. Dem zum Homeinster und Scheuermmeier des Klosters Cappel am Spieß angenommenen Ewald Lodemann und seiner Schwägerin und Gehülfin Katharina Vick wurde in seiner Bestallung 19. November 1514 versprochen: „und sollen ehn (ihnen) alle tage verangelogen (d. i. verandelagen) ehre prebente mit namen brey herrn brode, ehme zwey, vnd ehr eyn". Was das Grauherrnbrod Kopp Handbuch 5, 352 sein mag, kann ich nicht sagen. Der Ausdruck ist von 1791.

Praebendebrod. „zwelff probende brode als wir die vngeferlich in vnße closter plegen backen zu lassen, sollen vnd wollen wir vnd vnser nachkummen den obgenanten koiffern aber heltern dißes brifes — kuntlich yr lebetage — alle wochen geben vnd in vnserm cloister alle Sonnabende virhandeln lassen". Urk. des Convents zum Anenberge auf St. Barbaren Tag 1479, Lennep Leihe zu LSR. Cod. pr. S. 737.

Frauenbrod, Herrenbrod und Präbendebrod werden wesentlich identisch gewesen sein, da ja beide ersteren Präbende genannt werden; jedenfalls verstand sich unter jeder dieser Bezeichnungen von selbst ein unverändert sich gleich bleibendes Gebäck. Ein nicht zu verachtender Beleg für die in älteren Zeiten unangreifbare Stätigkeit aller Lebensverhältnisse.

Schoen Brod, d. h. helles Brod, weißes Brod, kommt wie anderwärts auch in Hessen äußerst häufig als eine Abgabe von verliehenen Gütern und als Wolthat für die Armen, welche regelmäßig, wenn auch nicht ganz ausnahmslos, zu Weihnachten oder Neujahr geleistet oder gewährt werden mußte, in den älteren Urkunden vor, und es dauert diese Gabe als Geschenk, von den Paten an ihre

Patenkinder zu Neujahr gegeben (Neujahrsweck, Schorn f. Schorn), noch heute fort. Auch dieses schöne Brod muß von bestimter sich von selbst verstehender Qualität und Quantität gewesen sein; in ältester Zeit wurde der *albus panis*, *in nativitate Domini datus*, als *denariata* (je ein Brod für einen Denar) bezeichnet (Urk. von Röllshausen v. 11. November 1261 bei Kuchenbecker Anal. hass. 11, 148); von demselben Werte erscheint ein solches Brod 250 Jahre später: „jr gutgen zu Hermershausen gelegen, daraus sie dann jerlichs fallendt gehapt haben sechtzehen schilling pfennig Marpurger wehr, vier genß, vier hanen vnd zwei hüner, vnd darzu ein weiß brodt zum newen Jahr, von eim schilling pfennig". Ungedr. Urkunde Heinz Scheffers von 1499. Walter Schwarzenberg und Gela dessen Ehefrau geben dem Kloster Caldern vier Schillinge von einem Hause zu Marburg, welche vier Schillinge von der Küsterin zu Caldern jährlich aufgehoben werden sollen, damit dieselbe den Nonnen dafür schone broidt kaufen soll, Ungdr. Urk. v. 19. Nov. 1395. „Des morgins wan dy Selmesse gesungin ist, sal man kauffen dryßig schone Brod vnde sal dy armin Lutin geben vmme Godis willin". Biedenkepfer Urk. v. 1397, Hess. Hebopfer 4, 899. Wenn die Gotteslehen von Cappel am Spieß ihre Kinder verändern (f. d.) wollten, so mußten sie „dem Abte sich beweisen mit eyme Stobichen wynis elseßers des besten aber mit eyme schonen brode das des besten wynis eynis Stobechen wert sey". Schiedspruch vom 10. Mai 1430. „Ouch so soln vnd woln eyn Meystern vnd eyne kostern (zu Hachborn) uff den karfreytag laissen kouffen schonebroid vor eynen schilling penge zu Ebistorff vnd das andelagen den heilgenmeistern da selbis, das die selben heilgenmeister geben soln armen luten vmb gots willen"; Urk. des Andreas Menger vom 1. Febr. 1434. „Zu dem ist etwan ein schwanger frawe, frembdt aber kranck mensch, der gern eins frischen aber sunst schön brots genießen wolt". J. Ferrarius von dem gemeinen nutz. 1533. Bl. 55a.

Der Ausdruck kommt bis in die zweite Hälfte des 17. Jarhunderts vor, dann verschwindet er, wie es scheint, mit einem Male.

Bremer WB. 4, 672.

Hasenbrod f. Hase.
Nachtbrod f. Nacht.

Brodtuch, Tischtuch, Serviette der modernen Welt nach der Bezeichnung des 16. Jarhunderts. Ein Leinweber aus Niederasphe sagt 1576: „— daß ich meines Handwerks ein Leinweber bin vnd darauff eine gute Zeit gewandert, also daß ich Zwilch vnd gebildte Brodtücher vnd Handthwelen machen kan Got hab lob".

Brök msc., auch wol neutr., sumpfige Wiese. Das Wort ist in voller Uebung nur im westfälischen und sächsischen Hessen, in der hier verzeichneten Form. Das gemeinhochdeutsche Bruch, pl. Brücher wird zwar verstanden, aber vom Volke wenig oder gar nicht verwendet. Vgl. die unsaubere Anekdote Melander Jocoseria (Lich 1603. 8) No. 652, welche ein allgemeines Verständnis, wol auch allgemeinen damaligen Gebrauch des Wortes in Oberhessen vorauszusetzen scheint.

brommeln, *brömmeln, bremmeln*, Frequentative von brummen, welche besonders im untern Niederhessen sehr üblich sind, um das mislaunige, kleinliche und bei jeder Gelegenheit kund gegebene, indes doch nicht laut ausgesprochene Tadeln krittlicher Personen zu bezeichnen.

Grimm d. W. 2, 397.

Brose fem., Krume, Brodkrume; deminutiv **Brösel** msc., Krümchen. **bröseln**, verbröseln, Brod zerkrümeln. Im Schmalkaldischen und Fuldaischen. Reinwald henneb. Id. 1, 16.

brösen, pullulare, Knospen, Schößlinge treiben. Ein im Haungrunde gewöhnliches, im übrigen Hessen meines Wißens nicht vorkommendes Wort. Es ist das mhd. brozzen, doch mit der zwiefachen Aenderung, daß der Vocal verlängert und das (weiche) z in s noch weiter erweicht worden ist. Aus der Schriftsprache scheint dieses Wort seit dem 16. Jarhundert verschwunden zu sein. Schmeller b. W. 1, 265. Grimm WB. 1, 399.

Brotze fem. 1) Knospe. Im Haungrund üblich, kommt aber auch sonst vor. Es ist das ahd. mhd. broz, in der Schweiz und in Baiern Broß (Stalder schweiz. Id. 1, 231. Schmeller baier. WB. 1, 265), welches hier den Auslaut des weichen z in das harte z umgestaltet hat. Es bleibt dieß um so verwunderlicher, als in eben der genannten Gegend das mhd. brozzen nicht etwa brotzen, sondern brösen lautet.

2) vorstehende Lippe, Hängmaul; auch *Brotz* msc., was jedoch mehr die Handlung des brotzens bedeutet. Auch doppelt ausgedrückt: Brotzmaul; Brotzgesicht. Allgemein üblich. Vgl. *Prutsche*.

brotzen, ursprünglich wol: die Lippen vorstrecken vgl. Haupt Zeitschr. 7, 337: Weib und Geiß müßen brozzen nach ihrer rechten Speise; nur muß allerdings hierbei gleichfalls der Uebergang aus z in z vorausgesetzt werden. Es ist dieses, auch sonst übliche Wort (Grimm d. W. 2, 407) in Hessen neben mutzen (s. d.) das gebräuchliche Wort für maulen, schmellen, welches letztere Wort übrigens ursprünglich gleichfalls die Bedeutung des Aufwerfens der Lippen hat.

Ob unser Brotz, brotzen in der Bedeutung des Vorstreckens der Lippe auf Fratz zurückzuführen sei, wie Grimm d. W. 2, 407 meint, ist mir mehr als zweifelhaft.

brotzeln und *brözeln*, im Kochen langsam aufwallen: der Brei, das Mus brotzelt (brözelt).

verbrotzeln, verbrözeln, verkochen, von einer Flüßigkeit, welche durch das Kochen allmälich verdampft und zu dick (steif) wird; kocht eine Suppe, Brühe u. dgl. zu lange und folglich zu stark ein, so verbrotzelt sie, ist sie verbrotzelt.

Warscheinlich nur ein Deminutiv zu braten, denn mit brosen (pullulare) und brotze (Knospe), so wie *brätzen*, *brötzeln*, *brützeln* (aegrotare) scheint eine Verwandtschaft anzubahnen nicht möglich.

Das Wort ist in Althessen allgemein üblich, und kommt selbst in den sächsischen Districten vor.

brüd, stolz, hochmütig, hochfarend, namentlich mit dem Nebenbegriff der mit unverständigem Uebermut oft gepaarten Unstätigkeit und Unruhe; auch in dem Sinne von grob, ungezogen gebräuchlich. Kommt fast nur in Oberhessen vor („laß mich ungebrüd"), von wo es auch Estor d. Rechtsgl. 3, 1405 in der Form „verbruidt", welche mir nicht vorgekommen ist, verzeichnet hat. Man ist versucht, an das ahd. broede zu denken, indes weicht die Bedeutung allzuweit ab. Dasselbe aber, was das hessische brüd, wird sein das anderwärts erscheinende prüts, prütsch, superbus, „sich prütsch halten". Schottel Hauptspr. S. 1379. Schmidt westerw. Id. S. 37. Richey hamb. Id. S. 25. Stalder 1, 236. Grimm d. W. 2, 456. Brem. WB. 1, 146: brüen, anziehen, vexieren; 147: verbrüet, etwas trotzig, stolz. Dieses Verbum, welches Estor a. a. O. gleichfalls verzeichnet, scheint jetzt nicht mehr vorzukommen.

Brudel msc., Dampf, Brodem. Im Schmalkaldischen üblich, auch sonst einzeln und selten vorkommend. Reinwald henneb. Id. 1, 16.

Brüel, *Brühl* masc., jetzt nicht mehr in appellativischer Bedeutung: Wiese, die mit Buschwerk bewachsen und sumpfig ist, vorhanden, sondern nur noch Ortsbezeichnung, welche hin und wieder vorkommt. So in Eschwege, wo 1657 die als Zauberin processirte Katharina Hochapfel „im Bruell" wohnt; in Kassel (Beschreibung von Kassel 1767 S. 94; Landesordnungen 1, 456), Goßfelden („eine Wisse vor der Hardt, genandt der Brüel" 1568), Erksdorf, Ernsthausen A. Rauschenberg, Rauschenberg, Wetterode und anderwärts, meist Wiesen. Grimm d. Wörterb. 2, 426.

Brunkel msc. und neutr., ursprünglich Appellativum, warscheinlich Anger, feuchte Wiese bedeutend, wie das Wort ehedem oft und einzeln noch jetzt vorkommt. „¼ fl. wird gestraft Donges scheffer zu Sarnauw, das Elßbett seine Baße mit seinem Schafvieh Born Micheln sein Wießen *brunckel* hat vßgehuett", Wetterer Bußregister von 1591. „Der Brunkel im Hach", Rollshausen 1834. Jetzt ist das Wort eine, durch ganz Althessen verbreitete, Eigenbenennung von Wiesen und Flurstücken, zuweilen Brünkel, Brinkel, Bringel gesprochen und geschrieben. So in Hundelshausen, Lohra bei Felsberg, Caldern, Haina A. Frankenberg, Momberg, Sterzhausen, Dagobertshausen und sonst. Auch Compositionen kommen vor: der Brunkenacker (Harle). Es wird nichts übrig bleiben, als das Wort an Brink anzulehnen.
Vgl. Zeitschrift f. hess. Gesch. u. LK. 4, 54. Grimm WB. 2, 431.

brunzen, mingere, wie überall in Deutschland, von brunne abgeleitetes Verbum. In Hessen fast nur von dem weiblichen Geschlecht und von kleinen Knaben üblich, sonst seichen.
brunzeln, brünzeln, Deminutiv von brunzen. „Daß Strohhenrichs fraw die gewaschene schüsseln, darauß man essen müssen von dem banck genommen, darein h. m. gebrintzelt". Marburger Hexenprocessacten von 1658.
Grimm WB. 2, 441—442.

Brustfleck msc., Weste. In den östlichen Dörfern des Kreißes Hünfeld.

Brütschniller msc., Benennung des Hirschkäfers, Lucanus cervus, in Oberhessen an der untern Lahn. Da dieß Wort eigentlich ein obscoenum ist, wird es, wenn Anstoß befürchtet wird, in *Brütschnider* travestiert.

Bubenschenkel, ein Weizengebäck, dessen größere Form in Niederhessen Schorn heißt (s. *Schorn*). Sache und Name sind in Marburg und weiter südlich, nicht im übrigen Hessen, üblich, auch durch Clemens Brentanos Gockel Hinkel Gakeleia seit 1840 weit und breit bekannt geworden.

Büchse fem. Hose. Ziemlich überall verständlich, auch von Estor S. 1405 aufgeführt, eigentlich üblich jedoch nur im sächsischen Hessen; wo sonst das Wort vorkommt, wird es mehr im Scherze verwendet. Im Schaumburgischen heißt der Werwolf *Böxenwulv*. Die Aussprache ist im sächsischen Hessen lieber *Büsse*, und als eigentliches Scherzwort gebraucht, *Buxe*.

büchen, *büchten* (meist bichen, bichten gesprochen), die zu reinigende Wäsche in heißer Lauge einweichen. Die hier angegebene Form, in den niederdeutschen Bezirken *båken*, ist die einzige hiesigen Landes gebräuchliche; weder beuchen noch, und viel weniger, wird bauchen gesagt.

Büche, Büchte s. das Einweichen der Wäsche in heißer Lauge.

Das Wort gehört der deutschen Sprache nicht ausschließlich zu; nicht allein daß es in den übrigen Sprachen germanischen Stammes in Europa erscheint, so haben es auch sämtliche romanische Sprachen.

Buffe msc., gewöhnlich *Buffen*, Brocken Brod, so viel man auf einmal in den Mund steckt.

buffeln, *büffeln*, das, zumal in eine Flüßigkeit (Kaffee, Milch) eingetunkte, Brod brocken und so brockenweise verzehren.

Beide Ausdrücke kommen als üblich nur im Schmalkaldischen, einzeln auch im östlichen Hessen, vor.

büh, in der Redensart: *büh voll*, ganz voll, insbesondere von einem Betrunkenen in Oberhessen sehr üblich. Schon bei Estor 3, 1406.

Bühl msc., ahd. *buhil*, kleiner, sanft anschwellender Hügel. Dieses gemeinhochdeutsch, der niederdeutschen Sprache völlig fremde Wort ist in Hessen ehedem üblich gewesen, jetzt aber als Appellativum so gut wie ausgestorben. Die hessischen Schriften des 16. Jarhunderts (z. B. Kirchhof in Wendunmut) gebrauchen es noch appellativisch, im 17. Jarhundert ist es mir als Appellativum nicht mehr begegnet. Als Eigenname erscheint es häufig: einfach in Oberaula; zusammengesetzt in Fleckenbühl (Hof zwischen Schönstädt und Bürgel, von welchem die am 12. Juni 1796 ausgestorbene adlige Familie der Fleckenbühl genannt Bürgel den Namen führte), sodann in Hombehl (am hohen bühl) bei Niederurf, bei Sebbeterode u. a. O.; in Stembel, eine Höhe der Lahnberge unsern des Frauenbergs, oberhalb der Höhe Capelle und Hahnenheide, welche 1269 Steinbole, 1341 Steymbol genannt wird — übrigens eine auch anderwärts vorkommende Bergbezeichnung; in Sambel (Sandbühl) bei Oberaula und anderwärts; in Spembel (Spanbühl, vielleicht aber auch aus Steinbühl verderbt) bei Solz, und in anderen Compositionen: Dambühl, rote Bühl (Wohra 1535) u. dgl.

bühlen (sich), Kopf und Hals, auch den Oberleib weit rückwärts biegen, wie es ungezogene Kinder machen, denen man den Willen nicht thut. Im Schmalkaldischen, im Haungrund. Ohne Zweifel ein von bühl, Hügel, gebildetes Verbum.

Bulenstrut fem., jetzt gewöhnlich Bunstrut, Bonstrut gesprochen, ist der Name eines Landstriches in Oberhessen, welcher die Dörfer Selen, Grüsen, Lehnhausen, Ober- und Niederholzhausen, Bockendorf und Römershausen begreift; Marburger Beiträge 3, 252. Engelhard Erdbeschreibung von Hessen S. 551. Kopp Handbuch 2, 230. Im weiteren Sinne rechnet man wol auch Herbelhausen, Elnrode und Halgehausen zur „Bonstrut", welche sich schon verlängst durch ihre Pferdezucht, auch durch ihre Wolhabenheit auszeichnete. Was der Name bedeute, ist nicht leicht zu sagen. Es fragt sich zunächst, ob das Stammwort *bule* oder *buole* sei? Die Verkürzung in Bunstrut, Bonstrut, scheint für bule (kurzes u) zu sprechen, und es wäre dann dasselbe Wort, welches in dem Namen der Hanauischen Waldstrecke Bulau, Bülau, vorkommt. Aber was bedeutet bule? Im Mittelhochdeutschen ist es bis jetzt nur einmal gefunden worden (Minnesänger bei Hagen 3, 16b) und bedeutet Rücken, was nicht passt und wodurch nichts erklärt wird. Dagegen ist bei Kopp Gerichtsverfaßung 2, Beilagen S. 119, No. 56 eine Urkunde abgedruckt, welche einem Copialbuch entnommen ist, dessen Abfassung angeblich in den Anfang des 13. Jarhunderts fällt, und in dieser Urkunde erscheint, freilich wieder neben bulenstrud, die Form *buolenstruth*. Buole bedeutet nun ursprünglich Oheim, Vetter, und wenn dieses Wort der Bestandteil der ersten Hälfte unserer Bulenstrut wäre, so müßte Buolenstrut einen ungebauten Landstrich bedeuten, welcher einer Verwandtschaft, Familie, zugehörig gewesen wäre. Daß in Oberhessen der Name Buole, Buoler, der Name alter Güterbesitzer gewesen sei, sieht man daraus, daß in Bracht 1548 eine Hofstatt war, welche von Alters her Bulers Hof hieß, Kopp a. a. O. S. 250, No. 122. Ueber buole vgl. Dietr. v. Stade luth. Wörterbuch S. 149. Grimm d. W. 2, 500. Merkwürdig ist übrigens, daß das Wort Buole, gleich Buohe, im Althochdeutschen unersindlich ist und erst im 13. Jarhundert unvermittelt erscheint, und es wird durch diesen Umstand die Ableitung des sicherlich sehr alten Namens Bulenstrut von Buole keineswegs begünstigt.

Bulge fem. Welle, zumal größere Welle, Waßerschwall, Woge. Niederdeutsches und nordisches Wort (altn. bylgia); in Nieder- und Oberhessen, wo weder „Welle" noch „Woge" (das letztere wenigstens jetzt nicht mehr) bekannt ist, gilt Bulge für Welle und Woge ausschließlich. Hans Staden aus Homberg Reisebeschreibung (Weltbuch, Frankf. 1567 II, 27b und öfter): „da die Bulgen vornen ins Schiff schlugen". „für den hohen bülgen vnd wellen, die vmb es (das Schiff) her sich erhuben, von stercke der winde". G. Witzel Postill. 1539. fol. Bl. 126a.

Grimm d. W. 2, 511.

Der steile Felsabhang des Berges, an welchem die Stadt Marburg liegt, hieß an seiner östlichen Seite, an welcher die Lahn unmittelbar herfließt, der Bulgenstein, Bülgenstein („Bylgenstein" 1536 in der Rede des Reinhard Lorich in laudem Academiae Marpurgensis [Panegyrici Acad. Marp. 1590. 8. Bl. A 3b], Billichenstein 1496 f. [v. Canngießer] Rechtsbegründete Nachricht von dem Ursprung des deutschen Hauses 1751. fol. Urk. S. 45), d. h. Stein an den die Wellen anschlagen; aus diesem Namen wurde im 18. Jarh. der Name Pilgrimstein (wie die unter jenem Felsabhang sich herziehende Straße jetzt heißt) durch Misverständnis gebildet. Das Volk spricht noch jetzt, wie Lorich im Jahr 1536: Bilgestein.

bulgen, bülgen, Wellen schlagen. „die starcken winde giengen so gewaltig in den See, vnd trieben jhn so mechtiglich, das er in die höhe bülget, vnd solche wellen kriegt vmb das Schiff her, das man es von auffen auff dem waffer nicht hat sehen mögen". G. Witzel Postill 1539. fol. Bl. 126a. Wenn seine waffer braufen vnd bülgen. Ebdf. Bl. 130b. Das Wort wird auch noch heut zu Tage nicht selten gehört: „das Waßer bulgt immer höher, bis es am Ende noch über die Brücke schlägt". Ueberschwemmung vom 17. Jan. 1841.

Bulle sem., vulva. Nur im Schmalkaldischen üblich. Vgl. Bille.

bullern, in den niederdeutschen Bezirken *pullern*, sonst auch *büllern*, *billern* gesprochen, mingere; hauptsächlich von Kindern, namentlich kleinen Knaben gebraucht.

Bullarsch, ein Knabe, welcher häufigen Drang zum Urinlaßen hat; auch Benennung von Feld- und Waldplätzen (Günsterode, Niederbeisheim, Ziebachsmühle, Ostheim).

Vgl. *Bille* und *Bulle*.

Bullerborn, Name von Quellen und Brunnen, theils solchen, welche nur langsam, tropfenweise aus der Brunnenröhre fließen, theils solchen, welche mit einem gewissen Geräusche aus dem Boden hervorkommen. Der Name erscheint ziemlich häufig, mitunter auch als *Billerborn*.

Bundschuh. Diese alte Fußbekleidung der Dorfbewohner, die in Deutschland nur noch in Oberöstreich vorkommt, ist in Hessen zwar seit Jarhunderten nicht mehr vorhanden, ja nicht mehr gekannt, aber der Name derselben hat sich, unverstanden allerdings und zum Theil bis zur völligen Unverständlichkeit entstellt, bis jetzt erhalten. In dem Frühlingsspiel der Knaben im östlichen Hessen mit Thon- und Marmorkugeln (Wacken, Ullern, Schoßern, Wirbeln, Hüppern, s. diese Wörter), in welchem sich mehrere, aus dem Leben längst verschwundene Ausdrücke erhalten haben (s. Leich), findet sich auch der Ausdruck Bundschuh. Es bezeichnet derselbe eine Schuhlänge (auch Schuhbreite), um welche man, wenn man sich dieses Wortes zeitig bedient, die Stelle seines zum Abschnellen gebrauchten Schoßers verrücken darf, um sich in eine zum Abschnellen bequemere Lage zu bringen. Außerdem ist die im 15. und 16. Jarhundert sehr übliche Redensart, mit welcher man halb scherzhaft halb unwillig eine längere Reihe von Aufzälungen abzuschließen, vielmehr abzuschneiden pflegt: „*et cetera* Bundschuh" (bei Fischart, in v. d. Hagens Narrenbuche S. 531, Haupt Zeitschrift 1, 433 vgl. Schmeller 3, 340) noch jetzt üblich, nur lautet dieselbe: „*et cetera* Bonenstro". Auch die zum Abschluß einer Erzälung von Abgeschmacktheiten gebrauchte Phrase: „Reim dich Bundschuh" mag in Hessen in Uebung gewesen sein, wenigstens kommt dieselbe bei Kirchhof vor, Wendunmut 1602. S. 595.

S. Zeitschrift für hess. Gesch. u. LK. 4, 55.

Büne fem., ein Waßerbau von Weidengeflecht, um den Stoß des Stromlaufs vom Ufer abzuhalten; diese Zäune pflegten eine Strecke vom Ufer des Flußes in das Utergelände hinein zu reichen, so daß sich bei Anschwellungen des Flußes vor den Zäunen Lachen bildeten, in welchen sich nicht selten Fische in großer Anzal fanden, welche dann von den Besitzern der betreffenden Landstücke für ihr Eigentum pflegten gehalten zu werden. Estor d. Rechtsgel. 1, 894—895. Brem. N.S. Wörterb. 1, 663. Pratje Bremen und Verden 2, 26. Auch nannte man (und nennt wol noch) die Lachen selbst, welche der ausgetretene Fluß bildet, Bunen.

Grimm hat WB. 2, 510 dieses *Büne* mit *Bühne* identificirt, und namentlich gemeint, Goethe habe 41, 320 „Buhnen" bloß dem Reim „Neptunen" zu gefallen geschrieben. Der hessische Dialect aber macht zwischen Bühne und Büne (Bünne, Bönne) wo überhaupt das letztere Wort vorkommt, den allerbestimmtesten Unterschied.

Büne fem., gesprochen Bünne, Bönne, im sächsischen Hessen der obere Theil des Hauses, das obere Stockwerk, die Stube oder Kammer über der Hausflur oder dem Wohnzimmer, welche sehr gewöhnlich zur Aufbewarung von Obst, Hülsenfrüchten u. s. w. dient; derjenige obere Theil des (sächsischen) Hauses, welcher zur Aufbewarung des Viehfutters dient, heißt *Futterbüne*. Im übrigen Hessen ist diese Bezeichnung unbekannt, wie umgekehrt das Wort Laube, welches sonst in Hessen diese Hausteile zu bezeichnen dient, im sächsischen Hessen (mit Ausnahme von Vorleube) fast gänzlich unbekannt ist. In Kassel versteht man unter Büne die Zimmerdecke.

bunter, gesprochen *bunger*, aus be-unter verschleift. unterhalb, darunter. In ganz Hessen üblich. Grimm Gramm. 3, 263—264. Vgl. *boben* und *buten*.

Bunze, *Bunz*, fem., vulva. Vorzugsweise im östlichen Hessen gebräuchlich, aber auch außerhalb Hessens üblich. Grimm WB. 2, 531. Rechtsalterth. S. 384.

Bürde fem., wie gemeinhochdeutsch: Tracht (Heu, Klee, Haselstöcke zum Korbflechten); ist aber nur im Schmalkaldischen gebräuchlich, im übrigen Hessen unbekannt und unverstanden.

büren, heben, aufrichten. Im westfälischen und sächsischen Hessen, sonst unbekannt. *ein Haus büren*, das *Hausbüren*, das Zimmerwerk eines Hauses aufrichten, welches hier wie überall in Deutschland eine Festlichkeit der Zimmerleute ist. Es ist das alte *purjan* efferre, erigere (Graff ahd. Sprachschatz 3, 163).

Bürgermeister, nicht anders als: *Burgemeister* gesprochen, war bis zum Jahr 1834 die ausschließliche Bezeichnung der Ortsvorstände in den Städten und den sogenannten Flecken, während die Dorfvorstände Greben oder Schultzen genannt wurden. Die Gemeindeordnung vom 23. October 1834 verlieh dagegen, in bedauerlicher Nachahmung fremdländischer Beispiele, diese Benennung allen Ortsvorständen ohne Unterschied.

Gemeindsbürgermeister war in manchen Städten (Rotenburg u. a.) eine untergeordnete Function in der städtischen Verwaltung. Dem Gemeindsbürgermeister lag insbesondere die Besorgung und Beaufsichtigung der öffentlichen Arbeiten ob, so hatte er z. B. zum Dienste anzuheißen u. dgl.

Kuhbürgermeister war in vielen Dörfern die halb spöttische aber doch regelmäßig angewendete Benennung desjenigen Gemeindegliedes, an welchem die Reihe war, den Faselochs zu halten; auch wurde dasselbe wol einfach Bürgermeister genannt. Diese Bezeichnung hat, seitdem die Dorfvorstände den Titel Bürgermeister führen, begreiflicher Weise aufgehöret; es kommt dieselbe aber schon im 17. Jarhundert vor und ist warscheinlich weit älter. „Die inquisita were einmal burgermeister gewesen, nun were der brauch zu Cappel, daß der hirt den Kühen die hörner abbrennete, vnd muste des burgermeisters fraw, inquisita, mit dem fewer mitgehen". Marburger Hexenprozessacten von 1655.

burgwerken ist noch jetzt in Gudensberg der Ausdruck für: Frondienste leisten.

Bursch m., sehr oft *Burst* gesprochen (wie auch bei Fischart), plur. die Bursch und die Burschen, ein seit dem Anfange des 17. Jarhunderts allmälig in Gang gekommene, aber erst im 18. Jarhundert, nach dem Untergang des Wortes Knecht in dessen eigentlicher Bedeutung, herschend gewordene Bezeichnung der jungen Mannspersonen überhaupt. Die alte Bedeutung war bis auf die neueste Zeit (1830—1840) am lebendigsten auf dem Gymnasium zu Hersfeld, dessen Schüler in der Stadt nicht nur, sondern auch Seitens des Oekonomen und der ältern Lehrer vorzugsweise und eigens die Bursche (bursarii) hießen, da sie wirklich bis zum Jahre 1825, wenigstens theilweise, in einem bursarium (dem „Kloster") wohnten.

Platzbursch, aber an vielen Orten noch jetzt auch *Platzknecht* genannt, ist der von den übrigen Burschen gewählte Festordner bei der Kirmes (f. d.); meistens wurden zwei, zuweilen auch mehrere, Platzbursche (Platzknechte) gewählt.

Burzel msc., kleiner unansehnlicher Mensch, Scherzwort; einzeln im östlichen Hessen und im Schmalkaldischen gebräuchlich.

bussbeinig, oft entstellt gesprochen *faussbénig*, mit bloßen Beinen. Oberhessen, von wo es schon Estor t. Rechtsgl. 3, 1404 und zwar in der

Redensart beibringt, in welcher es noch jetzt gehört wird: „barbes un busbeinig, ohne schuhe und in blosen beinen", d. h. ohne Schuh und Strümpfe.

Busseling, *Boteling* msc., der ein- bis zweijährige Stier, zumal der eben verschnittene. *boteling* und *boseling* erscheint in dieser Bedeutung in Kasseler Rechnungen von 1451. „Zum ersten sol niemants von unsern lantsessen und vnderthanen, sie sein edel oder vnedel, Ritter oder knecht, burger oder bawer, kein kuhe, kalb, ochssen, stier, büsseling, kalben, schaff, hämel, lam oder geyß, jung oder alt, keinem fremden vßlendigerm menschen — verkeuffen". Landgraf Philipps Reformation vom 18. Juli 1527. 4. Bl. (iija. O. 1, 55. *jehrige busselinge* Ludwigsteiner Rechnung von 1576. vier stier oder grobe *busslinge* Kloster Hainaer Rechnung von 1621. Bei Chytraeus Nomenclator saxonicus ist *bötling* 352 gleich hamel, vervex und 357 equus castratus. Hoffmann horae belg. 7, 24. Frisch 1, 123. Weder vom Pferd noch vom Hammel kommt busseling in Hessen vor, ist auch jetzt, außer in den sächsischen Bezirken des Landes (wo Boeteling gesprochen wird), wenig oder gar nicht mehr im Gebrauch. Grimm WB. 2, 277.

Busmen msc., der Busen; unorganisch gebildete Form des ursprünglichen (ahd.) puosum, des noch im Holländischen vorhandenen boezem, die jedoch im Gegensatz gegen das gemeinhochdeutsche Busen das **n** noch bewahrt. (Vgl. Besmen). Diese Form, so wie das Wort selbst ist nur im westfälischen Hessen (Wolfhagen und Umgegend) noch üblich, in einfacher Form der Volkssprache im übrigen Hessen völlig fremd.

Busmenlatz (Bosm.), Brustlatz, Weste; ebendaselbst üblich, sonst unbekannt.

Buselapp, Brustlatz, Weste. Schmalkalden, sonst unbekannt. Reinwald 2, 32.

büsern, ein alter, jetzt ausgestorbener, aber bis zur Mitte des 18. Jarhunderts auch in Hessen üblicher Rechtsausdruck: den Busen geltend machen; die leibeigenen Frauen büserten (activ), und die Kinder der leibeigenen Frauen büserten, d. h. die Leibeigenschaft der leibeigenen Frauen pflanzte sich auf deren Kinder fort. Estor kleine Schriften 1, 118, t. Rechtsgel. 1, §. 388. Das Wort fehlt in Grimms Wörterbuch.

büten, aus *be-üten* verschleift, draußen, außerhalb. Nur im sächsischen und westfälischen Hessen gebräuchlich. Vgl. *bober* und *bunter*. In ältern Schriften, vorab in niederhessischen, indes hin und wieder auch in oberhessischen, findet sich auch die hochdeutsche Form: *baussen* („N. N. hat baußen den holztagen gefaren" 1566), die mir im Leben nicht mehr vorgekommen ist.

Butte fem. Traggefäß für Flüssigkeiten, zumal für das vom Brunnen zu holende Waßer, von der Gestalt eines abgekürzten Kegels, dessen (offene) Basis nach oben, die abgekürzte Spitze nach unten gerichtet ist und den Boden bildet; es wird mit zwei Tragbändern (Buttenbänder, aus Werg geflochten) auf dem Rücken getragen. Im innern und östlichen Hessen ist die Butte ausschließlich gebräuchlich, in Oberhessen, wo man das Waßer in Zubern auf dem Kopfe trägt, gänzlich unbekannt. Der Gebrauch des Wortes für Kübel, Zuber, Butte (Badebütte) u. dgl. ist in Hessen unbekannt; man braucht für diese Gerätschaften die Bezeichnungen Gelte, Zuber, Wanne u. dgl. Wo die Butte unbekannt ist, heißt auch der Faßbinder nicht Böttner, sondern Bender.

Vgl. Grimm d. WB. 2, 519–580.

Buttermachersche, Buttermacherin, das ehedem in Hessen wie anderwärts übliche Wort, welches zu gelinderer Bezeichnung einer Hexe (Hexin,

Zaubersche) gebraucht wurde; z. B. „ich weiß doch wol, daß mich der Schultheiß jeder zeit vor ein **Buttermachersche** gehalten" Kirchhainer Hexenprocessacten von 1654. Es war nämlich eine geläufige Beschuldigung gegen vermeintliche Hexen, daß sie eine ungewöhnliche Menge Butter und Käse bereiteten. Zu diesem Entzweck hielten sie, hieß es, im Keller in einem Kästchen Butterkröten, welche von ihnen sorgfältig gefuttert und bisweilen an die Sonne getragen würden.

Noch jetzt ist diese Bezeichnung als ein nunmehr unverstandenes Schimpfwort hier und da im Gange (Oberaula).

Buttervogel ist im östlichen Hessen, zwischen Fulda und Werra, der ausschließliche Name des Schmetterlings, vorab des gemeinsten, des Kohlweißlings. Vgl. Papiller, Zwitzvogel, Markstafel.

Buxtehude. Sprichwörtliche Redensart der Mittelstände in Niederhessen, um neugierige Fragen nach dem Ziele einer unternommenen Reise, nach dem Zwecke eines begonnenen Unternehmens abzuweisen: (ich will) nach Buxtehude in die Pelzmühle. Vor funfzig Jahren (1810—1820) noch war diese Redensart ungemein häufig, jetzt stirbt diese Erwähnung des Lüneburgischen Abdera, Buxtehude, dessen Papiermühlen übrigens im 17. Jarhundert den Zunftgerichtshof für die Papiermüller im nördlichen Deutschland bildeten, allgemach aus.

bûzen, auch *butzen*, sich stoßen, anstoßen, zumal mit dem Kopfe. Am üblichsten im Haungrund, aber auch sonst gebräuchlich.

butzen, *butzeln, verbutzeln*, verdecken, verhüllen, namentlich das Gesicht verhüllen. Estor S. 1406.

Butzen msc. Haufe, Klumpen; ein Butzen Werg, Gras u. dgl. Allgemein üblich. Im Schmalkaldischen ist das Deminutiv *Büezel* in gleicher Bedeutung, jedoch vorzugsweise von einer Hautgeschwulst, Beule, gebräuchlich; eben so im Fuldaischen, wo *Bützel* gesprochen wird. Reinwald henneb. Id. 2, 33.

D.

dabberig, *dawwerig*, weich, z. B. von weich gewordenen reifen Geschwüren, faulendem Obst u. dgl. Ziemlich allgemein üblich.

dachen (reflexives Verbum), beschwichtigt, gestillt werden, nachlaßen; vom Schmerz, den Krankheitsparoxysmen, auch von Ungewitter und Sturm gebräuchlich: „der Schmerz dacht sich nach und nach"; „der Krampf war arg, aber er dachte sich doch bald"; „die Krankheit hat sich nun gedacht". Im Fuldaischen und Schmalkaldischen, sonst unbekannt. Im Haungrund spricht man jedoch *tägen*: „die Wehthat tägt sich, hat sich getägt".

Reinwald 1, 18, welcher dieses allerdings auffallende Wort (dessen Anlehnung an tag, so daß er = vertagen wäre, nicht warscheinlich ist) an das goth. thahan, as. dagen, anschließt, was freilich auch keine allzugroße Warscheinlichkeit für sich hat.

Nicht unwarscheinlich gehört hierher auch

gedaeg, *gedaek*, im Fuldaischen, *gedé* im Schmalkaldischen, welches bedeutet: nachgiebig, durch Unglück gedemütigt, gedrückt, und in jenen Gegenden sehr üblich ist; „der ist ganz gedaeg (gedé) geworden" = er wagt nicht mehr laut zu werden, muckst nicht mehr.

dachen soll außerdem hin und wieder das Abschneiden der Spitzen der allzugeil aufschießenden Weizenhalme bedeuten, was im Fuldaischen durch schrenen, in Oberhessen durch blatten bezeichnet wird.

Dachsel fem., auch Dochsel gesprochen, eine groß gewachsene aber unbeholfene Frauensperson. Im Haun= und Eitragrunde üblich.

Dacht neutr., ellychnium, Dochl. Nur im östlichen und nördlichen Hessen gebräuchlich, im westlichen unverstanden; hier braucht man *Wieke*.

Dacket msc., langwierige Krankheit, auch heftiger Krankheitsanfall. Oberhessen. Estor S. 1406. Vgl. Tucks.

dahlen, schwatzen, plaudern. Nur im sächsischen Hessen gebräuchlich, und doch nicht allzu häufig verwendet.

dalgen, manibus contrectare, meist in tadelndem Sinne gebraucht: „die Kinder haben die Blumen so lange gedalgt, bis sie verwelkt sind"; ein Mädchen herumdalgen. Schmidt westerw. Jd. S. 249 hat das Wort auch, aber in dem Sinne von prügeln, in welchem es bei uns nicht vorkommt. Vgl. *dalmen, delpen, dulchen*.

Dalkepapier, Löschpapier. Im Fuldaischen; hier die ausschließlich gebräuchliche Bezeichnung.

dalkig, seltner *talkig* gesprochen, schmierig, vorzugsweise von unausgebackenem Brode gebraucht. Schmidt Westerw. Jd. S. 249. Reinwald Henneb. Jd. 1, 61.

Dalk msc., das unausgebackene Mehl, die schmierige Masse, welche in einem „sitzen gebliebenen" Brodlaibe oder Kuchen sich findet. Schmeller 1, 368.

Dalles msc., Verderben, Untergang. „Der hat den Dalles", der hat genug, mit dem ist es vorbei. „Das wär nun gar der Dalles". Das Wort ist sehr allgemein üblich, übrigens der Judensprache entlehnt. Die Juden nennen ihr Todtenkleid, mit dem sie sich am großen Versöhnungstage bekleiden, den *Tallis, Dalles*, hebr.=chaldäisch טלית, und die eigentliche Formel, die man auch, ehedem wenigstens, im östlichen Hessen am häufigsten hörte, deren sich auch die Juden, wenn nicht ausschließlich, doch vorwiegend, bedienten, lautet: „er hat den Dalles an", „hat den Dalles schon an" d. h. ist schon mit dem Todtengewand bekleidet.

Schmidt Westerw. Jd. S. 250 hat das Wort auch, aber eine sinnlose Ableitung desselben.

dalmen, manibus contrectare, meist, gleich *dalgen* im tadelnden Sinne gebraucht, und üblicher als dalgen; letzteres bezeichnet eine derbere Manipulation als *dalmen*. „Dalm den jungen Hund nicht so, dann gedeiht er nicht"; „in einem fremden Hause muß man nicht an allem dalmen" (an allem herumdalmen, alles bedalmen). Vgl. *delpen* und *dulchen*.

Dam, Dammer, Dammel, erste Compositionshälfte des Namens mehrerer, meist bewaldeter Berge in Hessen: *Damberg* (bei Goßmannsrode und anderwärts); *Dammskopf* bei Ludwigseck, *Dammshecke* (Sarnau), *Dammersberg* („Dammersche Berg", bei Solz), *damsche Berg* (Sarnau 1574), *Dummelsberg* (1525 Damsberg, bei Marburg), wozu der Name des Dorfes *Dammersbach* und das *Dammersfeld*, einer der größten Rhönberge, an der Grenze von Hessen, kommt. Soll das *Dam* auf ein deutsches Stammwort bezogen werden, so ist *Damberg* der Berg der *Tâmen*, Damhirsche, und alsdann würden die übrigen Wörter montes damulae (tamuli) bedeuten. Daß die Damhirsche ihren Namen nicht von

Vilmar, Idiotikon.

Dänemark führen (von wo sie 1570 nach Hessen gebracht worden sind) wie Landau Gesch. der Jagd S. 264 gemeint, ist kaum nötig zu erinnern, da der Name Täme etwa 500 Jahre vor dieser Einführung bestanden hat.

Dampf msc. (gesprochen dämp), Asthma, Engbrüstigkeit. Oberhessen, Ziegenhain. In Niederhessen ist *Dumpf* (domp, dump) msc. üblicher. Vgl. Grimm WB. 2, 715. 1522—1523.

dampfig (dämpig), *dumpfig* (dompig) asthmatisch, engbrüstig. Vgl. *dumpig* in der Gr. Hohenstein. Journ. v. u. f. Deutschl. 1786, 2, 115.

dämpsch, *daempsch*, asthmatisch; weit üblicher als dampfig (dämpig). Estor t. R. 3, 1406.

bedumpe, *bedompe*, dumpfig, von der Lage der Häuser und der Zimmer, von der rheumatischen Eingenommenheit des Kopfes, von beginnender Engbrüstigkeit. Schmidt Westerw. Id. S. 17.

bedappeln, begreifen, einsehen, verstehen. Allgemein üblich, meist zwar im Scherze, aber doch auch nicht selten ganz ernstlich gebraucht.

däppen, beschwichtigen, zur Ruhe bringen, dämpfen; „wir wollen die Schmerzen schon däppen"; „der schlimmste Schmerz war bald gedäppt". Im Fuldaischen, fast ganz in dem Sinn, welchen dispen (s. b) im übrigen Hessen, dipsen im untern Haunthal hat.

Däpper msc., auch **Dopphacker**, die größere aus Marmor gedrechselte Kugel, mit welcher die kleinen Mädchen zu spielen pflegen. Fulda. Vgl. Knipshüpper, Schoßer, Merbel, Pocker (Bicker).

doppen, mit dem Däpper spielen. Fulda.

dar, dahin, hin. Alte und richtige, in Oberhessen noch jetzt übliche Form, in der Schriftsprache zu deren Nachteil seit der Mitte des 17. Jarhunderts ausgestorben.

darren, in Niederhessen die üblichste Form des gemeinhochdeutschen dörren, gebräuchlich vom Obste, vom Malze und ehedem vom Flachse. Anderwärts ist *därren* und *derren* mehr im Gebrauche.

Darre fem. 1) Anstalt zum Dörren des Obstes, des Malzes. Für Hürde, crates, auf welcher das zu trocknende Obst ausgebreitet wird, kommt Darre in Hessen nicht vor.

2) Schwindsucht, mehr von Thieren als von Menschen gebräuchlich; namentlich heißt die Lungenschwindsucht der Menschen wol niemals Darre; eher kommt das Wort von andern Krankheitserscheinungen z. B. der sogenannten Bauchschwindsucht vor.

Däst msc., Moos, Flechte, besonders das in Klumpen und lang herabhängenden Zipfeln an den Bäumen wachsende, und das in Mooren wachsende Moos. Obere Werra, Schmalkalden; hier auch wol figürlich für Verwirrung, Unordnung, Wirrwarr, und gern Täst gesprochen.

Daster msc., auch, doch selten, Taster gesprochen, der klebrige, fettige Ueberzug welcher sich bei der Beschäftigung mit fettigen, klebrigen Gegenständen oder durch Unreinlichkeit, auch bloß durch den langen Gebrauch, auf den Kleidungsstücken bildet.

dasterig mit einem solchen Ueberzug versehen; „meine Schürze ist bei dem Obstkeltern und Saftkochen ganz dasterig geworden".

Datsche fem., der aus Lumpen oder aus Salbenden zusammengenähete oder zusammengeflochtene Schuh (Ueberschuh) der ärmeren Leute, zumal der

Frauensperfonen, sonst auch Lâtschen, Lâtsche genannt. Es ist dieß Wort nichts anderes als das gemeinhochdeutsche Tatze; Landgraf Wilhelm IV. schreibt 1584 an irgend einen Fürsten: er schicke ihm hier von zwei Bären von jedem zwei Datschen; Landau Geschichte der Jagd S. 211. Auch wird das Wort, immerhin aber in etwas verachtendem Sinne, von der Hand gebraucht; am üblichsten ist in dieser Beziehung **Linkdatsch**, Bezeichnung eines Linkshändigen.

datscheln, mit der Datsche etwas behandeln: plump angreifen, plump und oft mit den Händen betasten, anfassen, zumal etwas Weiches z. B. Teig; dem dalgen verwandt. Besonders üblich ist *bedatscheln* als tadelnde Bezeichnung der alles betastenden, ungezogenen Kinder und der *impudica contrectatio puellarum*. Schmidt Westerw. Id. S. 253.

datschig, *datschickt*, *dätschig* (-chl), unangenehm weich, weichlich, naß weichlich anzufühlen. Estor S. 1406.

datteln (daddeln, gewöhnlich dotteln, doddeln gesprochen), 1) unsicher, schwankend, sich bewegen, — taumeln, wie ein Trunkener gehen. In der letztern Bedeutung und in der Form dottele ist das Wort besonders im sächsischen und westfälischen Hessen üblich. 2) tändeln, schäkern. Haungrund, Umgegend von Hersfeld.

dattelicht, unbeholfen, kindisch, unsicher in seinen Bewegungen und Verrichtungen. Ueberall in Niederhessen sehr üblich. „Catter Thöle wehre heut vff dem wertgen aller dattellecht gangen" (hätte ihr Bleichtuch bald hierhin bald dorthin legen wollen) Eschweger Hexenproceßacten von 1657. Estor S. 1406 hat: „datterlicht, weichlich".
Vgl. Grimm d. W. 2, 827.

dattern, *daddern*, oft auch *dädern*; in Hessen das gewöhnliche Wort für schnattern, besonders vom unnützen Vielsprechen gebraucht. „Verwohr es eß kein Getater" Aller Redtlichen Hessen-Kenger Herzeliche Freude. Eisenach 1731. 4 (auch abgedr. Hersf. Intell. Bl. 1832. No. 9). [Reime auf Landgr. Friedrich I]. Schottel Hauptsprache S. 1299: datteren anserum est.
Vgl. Grimm d. W. 2, 671 (dadern) und 2, 828 (dattern).

dê (hin und wieder fast wie dae gesprochen) ist die durch ganz Niederhessen mit Einschluß von Ziegenhain und Hersfeld übliche Form für den Nominativ der zweiten Person des ungeschlechtlichen Personalpronomens im Plural. Die gemeinhochdeutsche Form *ihr* wird in Niederhessen zwar verstanden, aber niemals gebraucht. „De lieben Lüthchen", O. Melandri Jocoseria. Schmalk. 1611. 2. S. 739 (No. 554). „dê wissts besser wie mê (als wir)". Dagegen ist in Oberhessen nur *ihr* gebräuchlich, dê unverstanden. Steht dê hinter dem Verbum, so wird es mit Schwächung des Tons, die oft zur Tonlosigkeit herabsinkt, und mit Verkürzung des Vocals angeschleift, und nur der Imperativ macht hiervon theilweise eine Ausnahme. „wisstde dôs net?" „das heisst de (nennt ihr) dê? das heiss ich noch nit einmal du" Aeußerung eines Bauersmannes, welchem in einem Beamtenhause Thee gereicht wird, der ihm nicht schmeckt.

Es ist die Vermutung erlaubt, daß dieses, in Deutschland sonst nicht erscheinende dê der uralte regelmäßige Plural von du sei, ähnlich wie im Altnordischen der Plural von thu, freilich in späterer Zeit, ther lautete. In dem Mangel des auslautenden r (statt des ursprünglichen s) stimmt dê mit dem altsächsischen gi und dem angelsächsischen gê überein. Bestätigung würde dieser Ansicht zu Theil werden, wenn die allerdings warscheinliche Annahme Bopps

(Vgl. Gramm. S. 475) außer Zweifel gesetzt werden könnte, daß das sanskritische ju eine Erweichung von tu sei.

J. Grimm hat dagegen in seiner Geschichte der deutschen Sprache 2, 974. 977 dieses niederhessische dê (oder dä, wie er nicht zutreffend schreibt) für einen alten Dualis erklärt, gleich dem österreichischen dôs, döz, bair. liss; altnord. thit.

gedê s. *dachen.*

Dêbes, *Dêwes*, Entstellung des Namens Tobias. Dieser ehedem häufig vorkommende Name ist jetzt in Hessen selten geworden. Marburger Hexenprocess-acten von 1658: „Frage. Ob sie einen gekennet, der Tobias Pistor geheißen? Antwort. Ja, Sie hab ihn wohl gekennet, hab Debes geheißen". In denselben Acten kommt auch vor: „daß auff der Neustadt alhier vor vngefehr 20 jahren ein becker gewohnet, mit nahmen Tobias oder Debus Pistor"; an andern Stellen derselben Acten: „Tobias oder Döwus P.", „Tobiae oder Töves Pistor". Einzeln kommt noch der Familienname Debus in Hessen vor.

Jetzt wird dieser Name gleich mehreren andern sehr gewöhnlich zur Bezeichnung eines Einfaltspinsels gebraucht: „Du bist doch ein rechter Debes". Eben so werden die Namen Stoffel, Dönjes, Peter, Trine benutzt; vgl. die alte Uebersetzung von Boccaz (Ausg. v. 1561. Bl. 90 u. 91): Fraw Metze; Fraw Gietel; Fraw Nese.

dêdeln, undeutlich sprechen, wie Kinder thun; auch: die Sprache verstellen. Oberhessen.

deftig, trefflich; tüchtig, kräftig; derb („deftige Schläge"). Niederdeutsches, im östlichen Hessen hin und wieder vorkommendes Wort. Richey hamb. Jd. S. 34

Deiker msc., ein Schwätzer, Klatscher; *Deikerei*, Klatscherei. Schmalkalden. S. übrigens auch *Teufel.*

Deiphenker wird sehr gewöhnlich als eine Art von Hypokoristikon für Teufel verstanden und gebraucht: „den Deiphenker auch!" „dich soll der Deiphenker holen!" Indes hat das Wort an sich nichts mit dem Teufel zu thun, und ist, vielleicht eben dem „Deibel" zu Liebe, entstellt worden aus *Diebhenker*, Henker der Diebe. Estor l. Rechtsgl. 3, 1406. Schmidt westerw. Jd. S. 253.

Deise, gewöhnlich gesprochen *Dêse*, oberhessisch *Dés*, fem. Rauchfang, Holzgestell im Rauchfang, an welches Speck und Würste zum Räuchern gehängt werden. Alter niederhessischer, noch jetzt, wenigstens in der Umgegend von Spangenberg, üblicher Reim der Knaben, mit welchem sie die im Küchengesims, am Rauchfang, nistenden Schwalben anzusingen pflegen:

> Hänschen of der Dêse,
> Bisst dich dann der Koch?
> Hä hisst dich net alläne,
> Hä bisst die angern (alios) öch.

„Die Würste hängen noch in der Dees" in Oberhessen übliche scherzhafte Entschuldigung, wenn beim Essen kein Fleischwerk (dürr Fleisch, Wurst) aufgetragen wird. „Die Dees tröpfelt", Zeichen der Wetterveränderung (Eintritt von Thauwetter, Regen). Auf Martini pflegt in Oberhessen ein reichliches Essen, wobei Sauerkraut nicht fehlen darf, gegeben, und dabei den Kindern scherzhafter Weise gesagt zu werden, sie müßten sich mehr als satt essen, sonst käme der Märten („mit den sieben Gerten" pflegt wol zugesetzt zu werden) und würfe sie über den Deesebalken (Querbalken im Rauchfang) hin; und zur großen Ergetzlichkeit der Erwachsenen eßen nun die Kinder aus Leibeskräften.

In der Gegend von Wabern heißt auch das über dem Stubenofen angebrachte Holzgestell, auf welchem Wäsche u. dgl. getrocknet zu werden pflegt, die Deise, und an manchen Orten im östlichen Hessen ist Deis die Hühnerstiege.

Die ursprüngliche Bedeutung des Wortes ist wol ohne Zweifel die eines, besonders zum Trocknen gewisser Gegenstände, hergerichteten Holzgestelles, wie denn nach Frisch 2, 365b die „Tehse" in den alten Salzwerken der Trockenboden für das Holz war. Adelung kennt (unter „Döse") das Wort nur aus Frisch, und es scheint außer Hessen (das großherzogliche Oberhessen mit einbegriffen) nirgends üblich zu sein, wie es denn auch weder ahd. noch mhd. erscheint. Vermutlich ist es ein niederdeutsches Sprachelement; die Wurzel aber ist völlig dunkel.

Vgl. Grimm d. W. 2, 914, wo deise, siccinum, aus einem Vocabularius ex quo von 1469 angeführt, übrigens aber nur aus Vogelsberger Idiotismen belegt wird.

Deisem msc., der Decem, Zehnte, doch vorzugsweise der in eine Fruchtabgabe umgewandelte Zehnte. Das Wort war früherhin allgemein, auch in Hessen, üblich, indes bis in die neueste Zeit herein nur im Schmalkaldischen gebräuchlich; jetzt auch dort im Erlöschen begriffen.

Deitscher (auch Dëtscher) msc. 1) eine Art Kuchen, und zwar im Schmalkaldischen (wo auch Ditscher, Titscher gesprochen wird) vorzugsweise ein Kartoffelkuchen, in Oberhessen sowol der aus Aftermehl gebackene Afterkuchen, als der in den Haushaltungen zu Weihnachten aus gutem Weizenmehl gebackene und zu Pathengeschenken verwendete Kuchen von länglicher Form, ⅔ Fuß lang, 4 Zoll hoch und eben so breit. Auch die Becker in den Städten backen wol solche Kuchen, diese heißen aber in Fronhausen und Umgegend nicht Detscher, sondern „Gießer Hannsjörge". 2) im Fuldaischen die von Insekten angestochene Zwetsche, welche aufschwillt, bleichgelb und platt wird, und ohne einen Kern anzusetzen und reif zu werden, abfällt; — anderwärts Tasche genannt.

Vgl. Dotsch, Dötsch. Grimm d. W. 2, 1313.

dëleisen, in der Speise rühren, ohne zu eßen; langsam und wider Willen eßen. Dëleiser msc., einer, der solches thut; meist Kindern gegenüber gebraucht. Hersfeld und Umgegend von Hersfeld.

Delle fem., Vertiefung jeder Art, doch allezeit flache Vertiefung: „in den Zinnteller ist eine Delle gestoßen"; „er hat von dem Schlag eine tiefe Delle im Kopf"; „Delle im Backen", Wangengrübchen; „Delle im Felde", flache Bodenvertiefung; in diesem Sinne sogar neben dem appellativischen Gebrauche auch sehr häufig Eigenname von Feldplätzen. Allgemein üblich. Estor t. Rechtsgehrs. 3, 1406.

delpen, palpare, manibus contrectare; oberhessischer Ausdruck für das, was in Niederhessen delmen, in Niederhessen und Fulda dalgen (dalken), in Fulda dulchen ist. An jungen Katzen, Hunden u. dgl. delpen die Kinder.

demmeln, zuweilen auch, doch selten, temmeln gesprochen, hart und oft mit den Füßen aufstampfen; „einen demmeln", mit Füßen treten.

verdemmeln, durch häufiges und starkes Auftreten beschädigen; den Rasen verdemmeln, ein Gartenbeet verdemmeln; auch wol: ein Bett verdemmeln, durch Wälzen auf einem gemachten Bett dasselbe in Unordnung bringen.

Estor t. Rechtsgl. 3, 1406. Schmidt westerw. Jd. S. 43 hat dammern.

Demut msc., schmalkaldische Entstellung von thymus; es wird dort mit Demut, der Quendel, thymus vulgaris, bezeichnet. Im übrigen Hessen: Thymian.

dengeln, die Sense, auch die Sichel, schärfen; die Sense wird auf den Dengelstock (Klotz in welchen ein eiserner Pflock gefügt ist) oder auf eine Kanonenkugel gelegt und die Schneide mit einem Hammer geschlagen. Ueblich ist dieses alte und bekannte Wort nur im östlichen Hessen; in Oberhessen bis nach Wabern hin ist es unbekannt. Vgl. haren.
Grimm d. W. 2, 925—926.

Denje, ein weiblicher Vorname, welcher, indes nicht häufig, im östlichen Hessen vorkommt, und dem slavischen Zdena auffallend ähnlich ist. Warscheinlich jedoch ist er nicht von Zdena geborgt, sondern Denje und Zdena sind beide gleicher Weise Verkürzungen von Sidonia (in welcher Form auch der Name Denje in die Kirchenbücher eingetragen zu werden pflegt). Dieser letztere Name erscheint im 16. Jarhundert in den höheren Ständen häufig, ist aber damals durch Patenschaften, welche adliche Damen übernahmen, auch in die niedern Stände, in denen er sonst unerhört war, übergeführt worden.
S. Zeitschr. f. heff. Gesch. u. LK. 4, 56.

denken. denk, anstatt denk ich, dem englischen I thank ganz ähnlich, ein zu einem Adverbium eingeschrumpfter Satz, welcher so viel wie „freilich", „ungefähr", „wol" bedeutet, z. B. „es wär denk wahr", es könnte freilich wahr sein. Wabern.

entdenken mit dem Dativ der Person: „es ist mir entdacht", ich habe es vergeßen, besinne mich nicht darauf. „Es wehre Mollerhanß vnd noch ezliche, deren Nahm ihme aber izo entdacht, nach Wetter geschickt worden". Treisbacher Verhörprotokoll von 1609, und in derselben Zeit öfter in den Vernehmungsprotokollen.

denner msc., **dè** fem., **dès** neutr., jener. Schmalkalden; vgl. Reinwald henneb. Jb. 1, 19. 2, 34. Das Masculinum wird im Nominativ nur substantivisch (absolut) gebraucht, ganz wie das französische celui-là.

déntac, vorgestern. Schmalkalden.

derlich, ungewohnt und deshalb unangenehm; wunderlich, auffallend. Der neue Dienst thut dem Dienstboten derlich; es war für die junge Frau ein gar derliches Ding, daß sie in eine so große Hauswirtschaft kam; „es dinkt mech recht dörrlich sein, es wundert mich". Estor t. Rechtsgel. 3, 1406. In ganz Althessen sehr üblich. Das Wort scheint niederdeutschen Gebrauches zu sein, wiewol sich das Wort in den niederdeutschen Idiotiken nicht, sondern nur in den altniederdeutschen Glossen Diutiska 2, 219a gefunden hat: *nit derleke*, innocue, wo auch das Verbum *derjen*, laedere, erscheint. Mit dem von Schambach Gött. Jb. S. 45 verzeichneten *dörlik* (welches übrigens sichtlich zwei verschiedene Wörter in sich begreift) hat das Wort in der Bedeutung thörlich nicht das minteste zu schaffen, wol aber könnte die zweite Bedeutung dieses dörlik: schlimm, hierher gehören, nur daß dann die Anlehnung an tore (fatuus) aufzugeben sein würde. Ob das Wort *derren*, *dirren*, welches in Hexenproceßacten des 16. und 17. Jarhunderts sehr gewöhnlich von dem Schädigen durch Zauber gebraucht wird, hierher zu ziehen sei, wie ich einst Zeitschrift f. heff. Gesch. u. LK. 4, 57—58 annahm, mag zweifelhaft sein; für warscheinlich halte ich es noch jetzt.

dess anstatt dass, kommt in Niederhessen sehr häufig, beinahe regelmäßig, vor; ausnahmslos aber in den Verwunderungs- und Verwünschungsformeln: „dess dich das Mäuschen beiß" (d. h. der Teufel hole), abgekürzt: „dess dich!"

In schriftlichen Aufzeichnungen findet sich dieses deß zwar nicht, aber in den, die thüringische Volksmundart oft wiedergebenden, Trauer- und Mischspielen Filidors (Schwiegers) von 1665 kommt das „deß dich", und zwar eben in den angeführten Formeln (S. 60 und 65 der Ernelinde) vor.

Deuschper msc., schmalkaldische Bezeichnung für den gekräuselten Saum eines Frauenkleides, auch für Faltenwurf und Gekräusel an Kleidern überhaupt. Reinwald 1, 19.

deutschen, *ausdeutschen, bedeutschen*, in Niederhessen, Ziegenhain, allgemein üblich für erklären, auslegen, zurechtweisen, bedeuten. Dem Volke bei uns wie anderwärts ist **deutsch**, volksthümlich, so viel wie klar, deutlich, bestimmt. Schmeller 1, 406. Grimm d. WB. 1, 844. 2, 1051. Die üblichste Form bei uns ist *bedeutschen*.

dichten bedeutet im Schmalkaldischen: etwas aussinnen, auf etwas denken, studieren. Grimm d. WB. 2, 1059—1060. *Briefe dichten*, d. h. dictieren, z. B. Schminke Monim. hass. 2, 708. Grimm d. WB. 2, 1058.

dick adj. adv., häufig; oft; *dickmal*, oftmals. In Oberhessen, Ziegenhain und bis in den Geisgrund sehr gebräuchlich, weiter östlich nicht üblich. Estor d. Rechtsgel. 3, 1406.

Dicke Tonne fem., eine jetzt gänzlich erloschene, ehedem in Niederhessen (besonders dem nördlichen), in der Grafschaft Ziegenhain und in Oberhessen äußerst geläufige Bezeichnung der französischen Six livres-Stücke, Laubthaler, Ducatons, von welchem letztern Worte die „dicke Tonne" nur eine Entstellung ist. Mit dem Verschwinden dieser Münze im Anfang der dreißiger Jahre dieses Jarhunderts ist auch deren Bezeichnung verschwunden und ist dieselbe jetzt gänzlich unverständlich. Richey Hamb. Jd. S. 35. Schmidt Westerw. Jd. S. 46.

Diebstock, Stock, an welchem die Diebe, mittels des an demselben hängenden Halseisens, ausgestellt wurden. Seit dem Verschwinden dieser Strafart ist auch diese Benennung verschwunden; in älterer Zeit kommt sie begreiflicher Weise oft vor; in Hessen ist sie mir zuerst begegnet in dem Oberaulaer Weistum von 1419. Grimm Weist. 3, 333.

Diechter msc., Enkel, *nepos*, abgeleitet von *diech*, *femur*, wie Enkel von *enke*, *talus*. Das Wort erscheint in älteren hessischen Schriften mitunter. So 1336 in einer Urkunde der Gräfin Heilwig, Witwe Engelbrechts von Ziegenhain: „suudirlinge liebe, gunst vnd gnade, die wir han zu Gotfrid vnserm *Dychteren*", auch (in derselben Urkunde) *Dychtener*. „Gerlach von Nassauw, der was eyn *dichtern* Konnigs Adolffs". W. Gerstenberger in Schminke Monim. hass. 2, 476. Es soll das Wort in hessischen Acten (Verhörprotokollen?) noch im vorigen Jarhundert vorgekommen sein; ich habe dergleichen nicht gesehen, glaublich aber ist es immerhin, da noch Dilich sogar das Femininum *Diechterin* braucht, s. Grimm Wörterb. 2, 1099, und der Pfarrer Philipp Gilhausen in Kirchhain im Jahr 1626 die dort gebräuchlichen, ihm jedoch wie es scheint auffälligen Benennungen Diechter und Diechtermann (Ehemann der Enkelin) im Kirchenbuch verzeichnet.

Diele fem. (gespr. Dêle) hat außer der gemeinhochdeutschen Bedeutung eines langen aus dem ganzen Baum geschnittenen Bretes im sächsischen und westfälischen Hessen die Bedeutung Hausflur, Dreschplatz, wie im übrigen Niederdeutschland, eine Bedeutung, welche durch niederdeutsche Schriftsteller auch in das neuere Schriftdeutsch ist eingefürt worden, aber im übrigen Hessen gänzlich unbekannt ist, wo man nur **Häusern** kennt. Auch in der Bedeutung von oberem Stockwerk, Boden, ist Diele in Hessen nicht gebräuchlich.

Diepchen ist an der untern Werra Bezeichnung der Mehlklöße, welche anderwärts in Niederhessen Hebes heißen. „Diepchen und gebacken Wert" Mehlklöße und getrocknetes Obst (Schnitzen und dürre Zwetschen), eine sehr übliche Speise. „Tibichen, Mehlklümpe" Idiotikon der Grafschaft Hohnstein im Journal von und für Deutschland 1786, 2, 117.

Diesack msc., die Tasche, welche die Weiber an der rechten Seite ihres Rockes haben. Schmallalden. Nach Reinwald 1, 19 bezeichnet Diesack jede Tasche. Schwerlich aber kommt das Wort von Diebssack als dessen Verkürzung her, wie Reinwald meint (seine Berufung auf Scherz-Oberlin 1, 233 trifft nicht ganz zu), sondern von diech, die, femur: eine Tasche, welche auf dem Schenkel liegt. Doch ist immerhin Reinwalds Vermutung unter der Voraussetzung annehmbar, daß mit dieser Bezeichnung die Weibertasche in so fern gemeint sei, als diese eine verborgene Tasche (von dem Oberkleid bedeckt) ist.

Mit dem Disack, Dusack (dem breiten kurzen Schwert ohne Griff, statt dessen mit einem Oehr zum Eingreifen versehen, welches die Kopffechter führten) hat dieses Wort nichts zu thun.

disseln, auch *tisseln* gesprochen, im Geheimen etwas thun, sich insgeheim verabreden; „die zwei disseln mit einander". Haungrund. Vgl. düsteln.

Dilltop, *Dilldop* msc. 1) ein kleiner, meist aus einer Knopfform mit durchgestecktem Hölzchen, welches den Fuß bildet, verfertigter Kreißel; ein sehr übliches Winterspiel der Kinder in den Stuben und auf den Tischen. 2) ein läppischer, linkischer, überall anrennender Mensch. In Hessen ist die erste Bedeutung des Wortes die ursprüngliche, als abgeleitet erscheint die zweite, welche ohnehin nicht häufig ist, indem man weit gewöhnlicher sich der Vergleichung bediente: „er tormelte herum wie ein Dilldop", „er drehte sich wie ein Dilldop".

In der ältern Sprache bedeutete *topf* den Kreißel, und so war es auch noch im 16. Jarh. in Hessen: „Dann der teuffel kan nit ruhe haben, er muß alzeit sein topff tryben, biß so lang dem schimpff der boden außgehet". Joh. Ferrarius von dem gemeinen nutz. 1533. 4. S. iga.

Anderwärts scheint die zweite Bedeutung die ursprüngliche zu sein; alsdann aber ist das Wort schwer zu erklären.

Vgl. Grimm d. W. 2, 1151.

Ding neutr. 1) Gerichtstag, Gericht, in gebotenes und ungebotenes Ding unterschieden; letzterer wurden meistens drei während eines Jahres in jedem Gerichtsbezirk gehalten. S. die betreffenden näheren Angaben Zeitschrift für hess. Gesch. u. LK. 4, 97 f. In diesem Sinne findet sich das Wort schon im 16. Jarhundert nur noch selten; das ungebotene Ding heißt, mit Verschweigung, bald mit Vergeßen, des Wortes Ding: Ungebot, und die drei Ungebot kommen bis in das vorige Jarhundert hinein vor. Das gebotene Ding heißt in gleicher Weise das Gebot; in diesem Sinne hat das Wort für die Zunftgerichte, auch für die Versamlungen der Zunftgenoßen bis in die neueste Zeit fortgedauert.

Holzding, Gericht über Holzfrevel, später Forst-Rüge-Gericht, mit nicht sonderlicher Verbeßerung des Ausdrucks, genannt. Weistum über die Elbermark von 1440. Grimm Weisthümer 3, 321. 323.

2) Sache, unbestimmbares oder nicht näher zu bezeichnendes Wesen;

ziemlich im Sinne der Schriftsprache; z. B. ist Ding für Mädchen, auch für Kind, ganz üblich. Sonst aber heißt Ding insbesondere das Gespenst (ein dem Volke gänzlich fremdes Wort), auch Wanderding (wånerding). Der Plural ist Dinger. Das böse Ding ist der Name des schmerzhaften und gefährlichen Nagelgeschwüres, mitunter auch des s. g. Umlaufs, einer milderen Form des Nagelgeschwüres.

Mitunter werden auch die pudenda durch Ding bezeichnet, namentlich ist für penis in anständiger Sprache dieser Ausdruck üblich.

Früherhin wurde auch das Gefängnis das Ding genannt, wie Estor S. 1406 richtig angibt: „ins Ding stecken, ins Baurengefängnis".

dingen, schwach conjugierend, ist in ganz Hessen der ausschließlich gebrauchte Ausdruck für das Mieten der Dienstboten; im Anfange dieses Jarhunderts wurde in manchen Gegenden „mieten" gar nicht verstanden; das Mietegeld (Angeld, durch welches der Dienstbote sich rechtlich verpflichtet, den Dienst anzutreten) hieß Dinggeld, während jetzt nur noch „Mietegeld" gesagt wird.

Dinggnacken s. *Gnacke*.

dinsen, ziehen mit Kraftanstrengung, daher in ganz Althessen das von dem Zugvieh (mit Ausnahme derjenigen Gegenden, wo die Stiere, unter einem Joche gehend, schergen) ausschließlich gebräuchliche Wort. Estor d. Rechtsgel. 3, 1406. Eben so ist dinsen ausschließlich im Gebrauche für jedes Kraft erfordernde oder gewaltsame Ziehen in der Landwirthschaft, z. B. wird das Getreide mittels des Scheurenseils aufgedunsen; das Viehstück wird, in so fern es nicht freiwillig geht, aus dem Stall oder in den Stall gedunsen; soll ein Wagen ohne Zugvieh bewegt werden, so dinsen die, welche an der Deichsel stehen, und die Andern schergen an den Radspeichen, u. s. w. Daher heißt weiter das gegenseitige Herumzerren, namentlich bei den Haaren, dinsen, sich mit jemanden dinsen: „Moller Johans fraw zu Niederwetter vnd Ludwig Gonthard fraw daselbst haben sich einander gedonßen" Wetterer Bußregister von 1583. Endlich wird das Wort auch für ein ungehöriges Verhältnis zwischen den Geschlechtern als tadelnde Bezeichnung gebraucht: „der N. hat sich mit der N. nun schon ein Jahr gedunsen und dinst sich noch immer mit ihr, und kann doch keine Heirat daraus werden". Stärker wird dieß noch durch das neutrale Collectivum ausgedrückt: *Gedinse*: „was hast du für ein Gedinse mit dem schlechten Weibsmensch?" „etwan ein Viertel jar hero hat sie mit eczlichen Personen ein gedenße gehabt, vnd ist ein geschrey entstanden". Marburger Verhörprotokoll von 1596.

Vgl. Grimm WB. 2, 1179.

dinster, dunkel, finster. Das Wort war ehedem in Hessen sehr üblich, zumal in der Gegend zwischen Fulda und Werra, so wie im Schmalkaldischen, wurde jedoch schon im Anfang dieses Jarhunderts nur noch von alten Leuten gebraucht und galt bei dem Volke selbst für veraltet. „1 phunt (wirt gestraft) Hans Junge, daz her nach der wechtergleden dynstern ane lucht vff der gaßßen gungt". Eschweger Bußregister von 1496 (Zeitschrift für heß. Gesch. u. LK. 2, 377). Im Schmalkaldischen ist es gegenwärtig ausgestorben, und existiert nur noch in der Aussprache des gothaischen Fleckens Finsterberge, welcher Name im Schmalkalder Munde *Dinsterberge* lautet, so wie in dem Namen einer Bergwand oberhalb Kleinschmalkalden, welche *Dinsterlith* heißt.

Dirne fem., in hochdeutscher Form nur im Schwarzenfelsischen und sonst in der Obergrafschaft Hanau gebräuchlich, in niederdeutscher Form, *Dären*, nur im sächsischen und westfälischen Hessen üblich; anderwärts völlig unbekannt.

dispen, dämpfen, unterdrücken. Das ausbrechende Feuer wird z. B. durch darauf geworfenen Mist gedispet; die Schmerzen werden durch Linderungsmittel gedispet; der Zank wird gedispet; man dispet (demütigt) einen Uebermütigen u. dgl. In ganz Althessen, am meisten in Niederhessen üblich.

Im Haungrund sagt man im gleichen Sinne *dipsen*, *düpsen*, während dort *düspeln* (s. d.) eine andere Bedeutung hat. Vgl. *däppen*.

Distel fem., dialektische Form für Deichsel, im Schmalkaldischen.

Dit neutr., deminutiv *Ditti*, mamilla. Dieses Wort, welches fast nur als Kinderwort behandelt wird, als solches aber in ganz Hessen bekannt und in den sächsischen und westfälischen Bezirken anstatt *Dutzen* und *Dits*, so wie *Huts*, ausschließlich üblich ist, muß als hessische, das u und ü und dann in i verwandelnde Aussprache des Wortes *Dutte*, *Dütte* angesehen werden. In dieser letztern Form erscheint das Wort in ältern hessischen Schriften: „vnd inwendig dem schlitz hats (das Beutelthier) die bütten". Hans Staden Reisebeschr. Weltbuch 1567. fol. 2, 57b. Ein wildes Schwein hatte „am Ammen keine Dutten" (1581). Landau Geschichte der Jagd. S. 239.

Vgl. Grimm Gramm. 2, 45. Grimm Wörterbuch 2, 1768 ff. Von den daselbst angeführten Bedeutungen des Wortes Dute, welche dasselbe im Volksmunde da oder dort hat, ist in Hessen keine üblich, als die gegenwärtige.

S. auch *Dutzen*, *Huts* und *Memm*.

ditz, Neutrum des Pronomens dieser, diese, dieses. Diese alte Flexion und Aussprache ist im Gebirgsteil der Grafschaft Ziegenhain und in Oberhessen noch jetzt die ausschließlich herrschende. Auch wird eben daselbst, ganz wie im Mittelhochdeutschen, assimiliert gesprochen *dirre* = dieser.

dob, zart, weich, fein. Haungrund.

dobra, *dobber*, russisches Wort, gut bedeutend; seit dem Durchmarsch der Russen 1813—1814 gehörte dieses Wort zu den gebräuchlichsten Wörtern der Volkssprache im östlichen Hessen, fristete aber seine Dauer nicht über das Leben der damaligen Generation hinaus; im Jahr 1840 habe ich es zum letzten Male gehört, und seitdem ist es gänzlich erloschen.

Docke fem. 1) Mutterschwein, Sau, in ganz Althessen und im Fuldaischen so wie in der Obergrafschaft Hanau die fast ausschließliche Bezeichnung; nur in Marburg und in dessen südlicher Umgegend hört man auch wol Muck (s. d.), im westfälischen Hessen tritt neben Docke auch Sügge (Sau). wan ein *dogke* ir ersten frucht brengit, so sin die ferkelin des zehenden fri, aber als digke die *dogke* darnach frucht brengit, so gevellit davon der zehende. Umbacher Weistum von 1415. Grimm Weist. 3, 397. Deminutiv: Döckchen; daher das Knabenspiel Döckchen hüten im östlichen Hessen und Kassel, welches dem baierischen Schmerbickeln analog ist; es spaltet sich hier zu Lande das „Schmerbickeln" in die Spiele „Hätel die Geiß" und „Döckchen hüten". Dockenblätter, rumex aquatica, im Schmalkaldischen; ähnlich Alberus Dict. Bl. EEija.

2) Zapfen des Rades, in welchem die Spindel lauft; technisch, übrigens auch im Fuldaischen volksüblich.

Die Bedeutungen von Docke: Puppe, Mädchen, Bündel sind in Hessen gänzlich unbekannt.

Bei Grimm Wb. 2, 1208—1212 fehlt die hessische Bedeutung von Docke.

Doede masc. und fem. (auch noch in der ältern Form Dode, Dote) Pate, Patin. Dieses in ganz Oberdeutschland übliche, schon ahd. als *toto* und *tota*, mhd. als *tote* vorkommende Wort findet sich in Hessen nur in den Hanauischen und Fuldaischen Bezirken bis nach Hersfeld (Amt Holzheim) hin, und in Schmalkalden; in Ober- und Niederhessen gilt nur Petter und Pate, seltner Gott u. s. — *Doedemann* wird im Schmalkaldischen von dem Mädchen der Ehemann ihrer Taufpatin genannt; *Dôdefraile, Doedefraile* die Großmutter, welche zugleich Patin ist. Schmalkalder Dialektscherz: *Du, di* (dein) *Dott düll*, Zuruf eines Knaben an einem andern, dessen Pate Hirte ist und eben auf dem Horne bläst.

Dôdebütel 1) Patenbeutel, Pathengeschenk; im Schmalkaldischen, wie in Franken überhaupt. Schmeller 1, 465. 2) Name der Pflanze Geum rivale, ebendaselbst.

Grimm d. W. 2, 1312—1313.

Dôkes msc., der Hintere, podex, nates; meist halb scherzhaft. Schmidt Westerw. Jb. S. 255 hat das Wort als Dockes, Daukes, in derselben Bedeutung; gleichwol habe ich dasselbe in Oberhessen, der nahen Nachbarschaft des Westerwaldes, weder gehört noch aufzufinden vermocht; sehr üblich ist es dagegen im östlichen Hessen, wo es indes, und zwar unbezweifelt richtig, als aus der Judensprache entlehnt angesehen wird.

Dolde, gesprochen *Dolle*, fuldaisch *Düle*, fem. bedeutet in Hessen nur den Baumwipfel, oder auch (fuldaisch) das gesamte Geäste des Baumes. „Der wagt sich weit heraus in die Dolle", Redensart, um ein vorwitziges und gewagtes, wenigstens keckes Unternehmen zu bezeichnen.

Grimm d. W. 2, 1227 trennt **Dolle**, indem er Henisch und Stieler folgt, von **Dolde** mit Unrecht, um beide Wörter dennoch wieder auf einem mehr als bedenklichen etymologischen Wege wieder zu vereinigen.

bedolben. Estor t. Rechtsgel. 3, 1404 führt auf: „bebolben, der mage vertragt es. ech kan es bebolbe". Das Wort soll allerdings hier und da in Oberhessen gehört werden oder wenigstens gehört worden sein, im allgemeinen Gebrauche aber findet es sich nicht. Es kann wohl nichts anderes sein, als bedelben, begraben, unterbringen.

Dolle fem., auch, und öfter *Dollnagel*, starker hölzerner Nagel, welcher halb in den Durchzug und halb in den Balken befestigt wird, damit sich die Balken nicht verschieben. Ein technischer Ausdruck der Zimmerleute, der mir indes nur im Fuldaischen vorgekommen ist, wo dieß Wort von Düle d. i. Dolde sehr bestimt unterschieden wird. Warscheinlich auch anderwärts gebräuchlich.

Dömmes msc., Dummkopf, als gelindes Scheltwort. Schmalkalden.

Dône fem., der Hauptträger, Tragbalken, in den Gebäuden; die Querbalken heißen *Dônbalken*. Oberhessen und Fulda; allgemein daselbst üblich und die ausschließliche Bezeichnung dieser Baustücke. Estor t. Rechtsgel. 1, 708. 711. 3, 1406. Zeitschr. f. hess. Gesch. u. Landesk. 4, 59. Grimm d. W. 2, 1220. Hin und wieder in Oberhessen wird Dône auch für Bühne, Zimmerdecke, oberes Stockwerk, gesagt (vgl. Büne, Leibe).

Dönjes (Tönjes, Dönges), Abkürzung von Antonius, Anton; der Name ist in Hessen nicht häufig, aber als Familienname kommt er fast überall daselbst vor. Doch führte auch eine Familie französischer Refugiés in Kassel (jetzt nach Amerika ausgewandert) diesen Namen als Umdeutschung ihres ursprünglichen Namens Dongé (= donné). Dippendönges, dummer, ungeschickter Knabe, Pinsel, vgl. dicken Tonjes Brem. WB. 2, 82.

Döngessau s. Antonius.

Donnerkittel msc., scherzhafte Bezeichnung des ehedem in Oberhessen, im Amt Renterhausen und einigen andern Bezirken üblichen weißen linnenen Rumpfkittels der Bauern; jetzt mit dem Kleidungsstück, welches fast nur noch in einigen (katholischen) Dörfern des Amts Amöneburg üblich ist, verschwunden. Vgl. *Bächer*.

Dönse fem., ein im sächsischen und westfälischen Hessen noch immer zwar bekanntes, aber je mehr und mehr außer Gebrauch kommendes Wort, welches heizbare Stube, Stube, im Gegensatz der nicht heizbaren Kammer bedeutet. Es wird in den bezeichneten Gegenden jetzt eben so, wie im übrigen Niederdeutschland, ohne r, gesprochen, während es eigentlich *Dörnse* gesprochen werden sollte, und ehedem in Hessen wirklich so gesprochen worden ist: „ihr Mann hab das geld in der Dorntzen von einem Balken gelangt" Aussage aus Vake 1536. Hochdeutsch lautet es Dürnitz, Schmeller 1, 398—399; auch bei Chytraeus Nomenclator saxonicus Dorntze. Da Alberus das Wort als Dirnsen in seinem Wörterbuch (Bl. Ji 4b) aufführt, mag dasselbe auch im übrigen Hessen, wie sonst in Deutschland, im Gebrauche gewesen sein, wiewol sich bis jetzt kein Beleg dafür hat auffinden laßen wollen. Vgl. Frisch 1, 203b. Brem. WB. 1, 229. 185.

Die Ableitung von dörren wird schwerlich haltbar sein; vielleicht ist Schmellers Vermutung annehmbarer, daß das Wort ein slavischer Eindringling und eine Entstellung des russischen gornitza (Stube, von gorjt, brennen) sein möge. Vgl. Grimm WB. 2, 1734 f.

Dörbeling (Derbeling) msc., ein junges, nicht recht gedeihendes Schwein. Diemelgegend.

Dorffriede s. **Friede.**

Dorfspiess. So hieß 1) die Hellebarte, welche bis in die dreißiger Jahre dieses Jahrhunderts der Dorfbote (gewöhnlich Tagewächter genannt, welchem auch das Geschäft des Bettelvogts zu versehen oblag) führte, wie schon in alten Zeiten die Boten an der Führung des Spießes erkannt wurden; 2) den Knebelspieß (Schaft mit einem Kolben an einem Ende, aus welchem das Speereisen hervorragte), welchen die Nachtwache auf den Dörfern führen mußte. Jeder Nachbar war zur Nachtwache, wie ihn die Reihe traf, verpflichtet, und zum Zeichen stand Tags vorher der Dorfspieß vor der Hausthür desjenigen, welcher an der Reihe war. Daher die, meist im Spott gebrauchte Redensart: es geht herum wie der Dorfspieß.

dorst, *gedorst*, beherzt, dreist. Schon von Estor t. Rechtsgel. 3, 1406 (der das Wort freilich als „getrost" versteht, indes doch alsbald hinzusetzt: „gedorst gehen, kühne sein" als oberhessisch verzeichnet, und bis jetzt im südlichen und westlichen Oberhessen üblich. Es ist eine der wenigen noch übrigen Formationen des goth. *gadaursan*, ahd. *turran, durran*, mhd. *türren, dürren*, andere, wovon im 16. Jarh., namentlich in Luthers Bibelübersetzung z. B. noch „thürstiglich" übrig war. (Vgl. Grimm Wörterbuch 2, 1743).

Dort masc. und neutr., Trespe, auch Lolch; meist aber die auf der Dreschtenne nach dem Worfeln zuvorderst liegen bleibende mit Trespe und Lolch

vermischte leichteste und geringste Frucht. Oberhessen und Fulda (im Fuldaischen wird durt gesprochen). Estor t. Rechtsgel. 3, 1407 (wo auch duurt geschrieben ist). Zeitschr. f. hess. Gesch. u. Landesk. 4, 60. Das Wort ist sehr alt: *durth* Heliand 77, 23, und niemals außer Gebrauch gekommen: „was das korn gantz entsessen vnd voll *dord*", Pachtregister des deutschen Ordens v. 1468. (Zeitschrift 3, 202). In den oberhessischen Rentereirechnungen des 16. und 17. Jarhunderts fehlt das Dort niemals, z. B. „50 seil korn geben 13 mesten korn, 4 mesten dort" Rauschenberg 1596. Im Jahr 1606 wurde in Oberhessen der Dort des Roggens in gleichem Preise mit dem Hafer verkauft.
Vgl. Henisch S. 737. Stieler S. 237. Grimm d. WB. 2, 1304. (Das ebdf. aus Alberus angesetzte Femininum *Dort* für Körnerhülse, Spreu, ist unzweifelhaft ein Irrtum, denn Bl. GGija hat Alberus vollkommen deutlich und richtig: „zizonia, allerlei vnkraut, bort rc.", und eben so an allen übrigen Stellen, wo er bort aufführt).

dortechtig, voll Dort, leichtes, schlechtes Getreide. „1 malder *dortechtigen* korns" Pachtregister von 1497. „200 Malter Haffern, an reiner truckener, vnd keiner *dortechtigen* Frucht". Marburg 1599, und oft.

Gedöster neutr., Zank; Unruhe, welche mit hastigem Hin- und Herreden, Wortwechsel, Schimpfen, verbunden ist; Zanklärm. In Oberhessen sehr üblich. Estor S. 1409.

bedöwert, besinnungslos, taumelig, gedankenlos; verkehrt im Reden und Handeln. Im östlichen Hessen sehr üblich.

drä adv., leicht, gern, gut; ein im westfälischen und sächsischen Hessen in gewissen Verbindungen übliches Adverbium, z. B. „ich will von Hofgeismar eben so *drä* nach Kassel gehen, wie nach Carlshafen"; „machs wie du willst, es geht das eine so *drä* wie das andere". Warscheinlich nichts anderes, als das mundartlich abgekürzte *drato*, schnell, welches in Niederhessen trede lautet und seine Bedeutung verändert hat, während *drä* die Bedeutung beinahe unverändert bewahrt.

Dralch msc., halb scherzhaftes, hin und wieder übliches Scheltwort für einen dicken, unbehülflichen Menschen: „ein dicker Dralch". Estor S. 1407: „trollch, dick, dick-fusigt" [?].

drall adj., niederdeutsches, auch im sächsischen und westfälischen Hessen (Weser- und Diemelgegend) in dem Sinne übliches Wort, in welchem dasselbe durch Voß, Campe u. A. in die gemeinhochdeutsche Sprache ist übergeführt worden: knapp, fest, eng anschließend; — auch im Allgemeinen in der Bedeutung wolanstehend, von Kleidern, und hübsch, von wolgewachsenen Personen.

dramchen, zaudern; Estor S. 1407. In Oberhessen zwar hin und wieder vorkommend, doch nicht allgemein gebräuchlich.

Drassel fem., die Trobbel, zumal der an den Leinwandstücken stehen bleibende Aufzug; die denselben bildenden Faden heißen *Drasselfaden*. Ziemlich überall üblich, am meisten in Niederhessen. (Wochenblatt für die Prov. Niederhessen 1838 No. 54, Polizeinachrichten S. 122).

Drassel fem., meist pluralisch gebraucht: Drassela, Schläge mit der Hand als Strafe für ein Kind; doch sind damit immer gelindere Schläge gemeint. Oberhessen.

drauen, Waßer welches über die in der Seihe befindlichen Gegenstände (z. B. Gemüse) geschüttet worden, in den unter der Seihe befindlichen Seihkorb ablaufen laßen. Haungrund. Merkwürdig ist es, daß dieß in Hessen sonst nicht erfindliche Wort in Ditmarsen erscheint als „droven, dörchdroven, durchseigen, periolare", wie denn auch dort eine Seihe Drove genannt wird. S. Zieglers Idioticon Ditmarsicum in Richeys Id. Hamb. S. 409.

Draewes msc. (Draebes), Verdrehung, Verwirrung; „einen Dräwes an etwas machen" eine Sache in Verwirrung bringen. Schmalkalden.

drensen, mit verhaltenen lang ausgezogenen Tönen ächzen, tief aufseufzen, stöhnen (ächzen, seufzen, stöhnen sind dem Volke völlig fremde Wörter). „Als er aber gesehen, daß es sich gegen den getroheten schoß nicht gewaigert oder gereget, sondern alda hangend zum zweiten mahl gebrenset vnd darnach getrauchet". Marburger Hexenprocessacten von 1659. Estor t. Rechtsgl. 3, 1407. *Drens* msc., lang hingezogener Klagton, stöhnender Seufzer: „er thut so dicke Drens, ich glaub es ist ihm nicht recht".

Im südlichen Oberhessen, wo man auch fleissen statt flenzen spricht, spricht man anstatt drensen und Drens: dreisen (auch treisen), Dreis.

Vgl. dresen Grimm WB. 2, 1406.

Dresen msc. (eigentlich Tresen von tresor), verschloßener Kasten, in welchem Geld und Geldeswert aufbewahrt wird. Ehedem und bis in den Anfang dieses Jarhunderts ein in allen wolhabenden Bauernhäusern anzutreffendes Hausgerät, seitdem schnell in Abgang gekommen und jetzt nirgends mehr anzutreffen, so daß schon in den zwanziger Jahren dieses Jarhunderts der Name desselben nur den ältern Personen noch erinnerlich war. Hin und wieder, am meisten in den niederdeutschen Städtchen Hessens und im Schaumburgischen, wird jedoch Dresen auch für den Krämertisch (Donbank) oder dessen Geldschublade gebraucht.

Vgl. Brem. WB. 5, 107.

driwisch s. **träbisch.**

Dröm msc., das gemeinhochdeutsche Trum, Ende eines Fadens, Faden so viel jedesmal in die Nadel eingefädelt wird. Im Schmalkaldischen üblich, im übrigen Hessen unbekannt.

drudeln, ein zwar sehr übliches, besonders den Mittelständen geläufiges Wort, welches jedoch fast nur in Verbindung mit Adverbien: aufdrudeln, herbei drudeln, zusammen drudeln gebraucht wird: auftreiben, herbeischaffen, zusammenbringen, mit dem Nebenbegriff kleinlicher Sorge, Bemühung.

drücken kommt hin und wieder, am häufigsten in Oberhessen, in der Verbindung mit fort, in dem Sinne vor: eine Sache nachdrücklich verfolgen; „es gilt nur, fort zu drücken". „Vnd hette Hanß Moller gesagt, sie solten mit der sachen frey fort trucken, Er wolte ihnen vor allen schaden gut sein". Treisbacher Verhörprotokoll von 1609.

Drückdrauf msc., Nachdruck, Entscheidung; „den rechten Drückdrauf geben", entscheidend eintreten, das bereits Begonnene zu einem Resultate bringen. Sehr üblich.

drucksen, Iterativform von brücken, mit der Sprache nicht heraus wollen, auch zögern, zandern ohne ersichtlichen Grund; auch: mit dem Gelde, der Zalung nicht heraus wollen, filzig sein. Am üblichsten in Niederhessen.

Druckser msc., ein hinterlistig schweigsamer, auch: ein aus Unbehülflichkeit und Blödigkeit der Rede nicht fähiger Mensch; auch wol ein Zauberer und ein im Zalen zäher Mensch. Vgl. Grimm WB. 2, 1451.

Druschel fem., dichtes Laubwerk, dichter runder Busch, dicht belaubter Baumzweig: „der Junge hat eine ganze Druschel mit Kirschen abgebrochen"; auch das Kraut der Rüben und dergleichen Wurzelpflanzen wird wol Druschel genannt. Mittelhessen, Schwalm, Haungrund. Hin und wieder ist auch Druschel („Trutschel" in der Sprache der „Gebildeten") Kosewort für ein kleines, rundes, volles Mädchen.

druschelig, dicht belaubt; allgemein in Uebung.

Drusel fem., ist in Althessen, besonders in Niederhessen, die Benennung der in den Straßen der Städte befindlichen Rinnsteine, Goßen. Der Name rührt von dem Flüßchen Druse (Drusel) her, welches am Habichtswalde bei Kassel entspringt und durch die Rinnsteine in Kassel geführt wird, um dieselben zu reinigen. Daher wurden die Rinnsteine in Kassel, durch welche eben die Drusel floß, Druseln genannt, und dieser Name ist denn auch, wenn gleich in unpassender Weise, auf die Rinnsteine auch der übrigen Städte übertragen worden. Der Name Druse scheint deutsch und sehr alt zu sein, und unter dieser Voraussetzung das fließende, mit starkem Fall versehene Waßer zu bezeichnen.

Druselpflanze, Spottbenennung der nicht in Kassel Wohnenden für einen „Kasselaner", welcher niemals aus Kassel herausgekommen, und für den Kassel die Welt ist.

du ist an der Werra noch jetzt, doch im Absterben begriffen und nur noch im Munde alter Leute, von do (ibi) so verschieden, wie mhd. do von dâ verschieden war, und bedeutet: hierauf. In Hessen wurde schon in älterer Zeit, wenigstens im 14. Jarhundert, du statt do gesprochen. Schminke Monim. hass. 2, 299. 754 u. v. a. St.

düben wird in der Grafschaft Ziegenhain, doch mehr in den Städten als auf dem Lande, anstatt des sonst üblichen drüben (dar üben) gesagt; eben so wird auch *doben* statt *droben* (dar oben) dort verwendet.

dubeneckisch, im Fuldaischen von Blick, Miene und Betragen: finster, maulig; *dubenecksch einen ansehen,* jemanden überzwerch (übereck) ansehen. Auch wol drübeneckisch gesprochen, namentlich wenn das Substantivum *Drübeneck* msc., ein finsterer, mauliger, unfreundlicher Mensch, gebildet wird. Im Schmalkaldischen spricht man *doberneckisch,* und versteht darunter zwar auch das finstere Insichgekehrt-Sein, vor allem aber die an Tobsucht grenzende Verrücktheit, die Unsinnigkeit. Vgl. Reinwald 1, 20.

düfteln, *disteln,* kleine, kleinliche Arbeit machen. Allgemein üblich in Althessen. Estor S. 1406. Reinwald Henneb. Jd. 1, 20.

duideln, zögern, zaudern; „duidel doch nicht so lang!"
Geduidel neutr., die Unentschloßenheit, das Zögern, Zaudern. Im Fuldaischen.

dulchen, *dulgen,* im Fuldaischen und Schmalkaldischen: palpare, ein Kind, ein junges Thier (Hund) stets in den Händen haben und, meist unsanft und täppisch, betasten; in Niederhessen dalken, dalgen (welcher Ausdruck übrigens im Fuldaischen nicht unbekannt ist), dalmen, in Oberhessen delpen. Reinwald 2, 35.

Dumpf, bedumpe s. *Dampf.*

dûne adv., im sächsischen Hessen *donne,* dicht, gedrängt, fest, straff. Der Eine drängt sich dune an den Andern; ein Sack wird dune gestopft; ein Seil wird dune angezogen; ein Pflock wird dune eingeschlagen. Das Wort hängt mit donen, dehnen, zusammen. Allgemein üblich.

Vgl. *done* Grimm d. W. 2, 1220; *dun* 2, 1529. O. Melander Jocoseria. Smalc. 1611, 2, no. 419 S. 529 „ick bin alle *dun*" aus Hanover = ich bin voll getrunken und deshalb sehr stark. *donne* im Lippischen Frommann Mundarten 6, 57.

Dung fem., *Butterdung*. Das Wort ist mir nur einmal, in einem Verhörprotokoll von 1655 vorgekommen, wo ein achtjähriger Knabe aus Cappel bei Marburg sich dieses Wortes mehrere Male bedient, und der Protokollführer für nötig gefunden hat, demselben die Erläuterung „Butterbrod" beizugeben; bei der ersten Aussage lautet es einfach Dung, bei den Wiederholungen kommt neben Dung auch Butterdung vor.

duppern, wankend und stolpernd gehen, gleichsam mit Besorgnis vor dem Fallen. Allgemein üblich.

Durchwachs, Bupleurum rotundifolium. Die Pflanze ist in Hessen nicht allzuhäufig, und führt ihren, auch in die Botanik aufgenommenen Namen nur im Munde des Fuldaischen Volkes; anderwärts, z. B. bei Kassel, wollte man von einem Namen, den diese Pflanze führe, nichts wißen, wiewohl sie ehedem eine Stelle unter den Arzneikräutern eingenommen hatte.

dürr adj., dürre adv. (*dörr*, *dörre*) 1) was ohne Feuchtigkeit ist, dieselbe an sich entbehrt, oder ohne Feuchtigkeit sein soll, und unterscheidet sich von *hei* (s. d.) sehr bestimmt: *hei* bedeutet der Feuchtigkeit ermangelnd, die Feuchtigkeit bedürfend aber dieselbe entbehrend. Man wird mithin sagen: ein heies Jahr, aber nicht heies Heu, Obst, Fleisch. Luther, dem hei unbekannt oder ungeläufig war, hat in der Bibelübersetzung sehr oft dürr gebraucht, wo nach unserer Sprache hei, heige hätte stehen müßen, und damit diesem unentbehrlichen Worte hei den Untergang in der Schriftsprache bereitet. 2) *dürr* bedeutet aber nicht bloß ohne Feuchtigkeit, sondern auch ohne Fettigkeit, mager.

Im ersteren Sinne werden zalreiche Feld- und Waldplätze als *dürr* bezeichnet: der dürre Rück, die dürre Lith, der dürre Rain, die dürre Heide u. s. w., sogar Bäche, welche in heißen Sommern austrocknen: die dürre Mülmisch, die dürre Riest, und sagt man: dürres Obst (Dürrobst, Dörrobst), sagte auch ehedem: ein dürrer Bruder, ein dürrer Dieb, d. h. ein Gehängter am Galgen.

Dürres Fleisch dagegen hat doppelte Bedeutung, sowol im ersten als im zweiten Sinne von dürr: 1) geräuchertes Fleisch, wie diese Bezeichnung noch jetzt fast allgemein, am meisten in Oberhessen, üblich ist, sehr oft als Composition: *Dürrfleisch* gesprochen. „1 sol. vor *dorre fleisches* daz smelczede man in den koil" Ernteregister von 1391. „ob er nicht gesagt, als ihm die fraw Dürrfleisch aufgetragen, das fleisch kähme aus west Indien" Marburger Hexenproceßacten v. 1658. 2) mageres Fleisch, ohne Fettanhang, nur im bestimmten Gegensatz gegen Fett, Speck u. dgl. gebräuchlich, jetzt aber von „mager" fast verdrängt; in L. Philipps Reformation v. 18. Juli 1527 komt „dor rindtfleisch" im Gegensatz gegen „weiß fleysch" (d. i. fettes Fleisch) so wie gegen „gelbes oder schwarzes fleysch" (fettes Fleisch mit gelber oder schwarzer Brühe) vor; dürre Gänse, ungemästete.

In dem Sinne von mager hat dürr eine Anzal von Compositionen: rappeldürr (die häufigste), rackerdürr, zaunrackerdürr, stockdürr, und eine Reihe von Vergleichungen: dürr wie eine Ziege; dürre Beine, wie der beste Hammel im Stall; dürr wie ein alter Zaunspfahl; dürr wie ein Eselsrücken u. dgl. m.

dürrlitzig, von magerer, schmächtiger Statur; selten von Thieren und Gewächsen gebraucht.

Dürrlitz msc., ein mageres, schmächtiges Persönchen, namentlich von schmächtig gewachsenen halbwüchsigen Mädchen gebraucht.

Durste fem., meist *Dúrschte*, *Dörsche* gesprochen, Strunk der Kohlarten, auch Kraut der Rübengewächse. Schmalkalden (Reinwald 1, 21) und Oberhessen. Grimm WB. 2, 1304.

dorscheln, das Kraut von den Kohlrabi, weißen Rüben, gelben Rüben abschneiden. Oberhessen.

dûse, das französische doux, gelinde, sanft, allmälich. Das Fremdwort ist seit den „Franzosenzeiten" äußerst üblich geworden, und trotzdem, daß es ziemlich weite Verbreitung hat (Schmidt Westerw. Jb. S. 50. Schmeller 1, 402) bin ich in der, ohnehin von allen denen die das Wort gebrauchen, getheilten, Ueberzeugung je länger je mehr bestärkt worden, daß wir es mit einem Fremdworte und nicht mit einem Worte deutschen Stammes zu thun haben. Das duss, dûs, welches trübe, dunkel bedeutet, ist zuverläßig nichts anderes als Stamm entweder, oder Abkürzung von duster, düster. Auch Grimm WB. 2, 1756 hat sich durch letzteres Wort auf den Irrweg leiten laßen.

Dûsel msc., auch *Dussel*, Taumel, Schwindel, halbe Besinnungslosigkeit, halbe Trunkenheit. Allgemein üblich, niemals und nirgends aber in der Bedeutung Dämmerung, Dunkelheit, wie z. B. bei Götz v. Berlichingen (1731) S. 33, und sonst.

dúselig, *dusselig*, taumelnd, schwindlig, halb besinnungslos. Estor t. Rechtsgl. 3, 1407.

dúseln, auch *dusseln*, taumeln, besinnungs- oder wenigstens gedankenloses sein und handeln.

Schmidt Westerw. Jb. S. 48 und 50 macht einen Unterschied zwischen dosseln und duseln, welcher hier zu Lande nicht Statt findet. Reinwald Henneb. Jd. 1, 22. Grimm d. WB. 2, 1756—1759.

düspeln, leise und langsam umhergehen, herumschleichen. Haungrund.

dûten, auf dem Horn blasen, wie der Hirte thut, und wie ehedem der Nachtwächter that, der jetzt nur noch auf den Dörfern die Erlaubnis hat, zu *dûten*, während es in den Städten durch widriges Pfeifen auf einer s. g. Diebspfeife oder durch das nicht minder widerwärtige Schnarren der Wächterschnarre verdrängt, mitunter auch, ohne diese mistönenden Ersatzweisen, nackt abgeschafft worden ist — alles „auf obrigkeitlichen Befehl". Vorzugsweise wird das Blasen des Nachtwächters mit *dûten* bezeichnet, während das Blasen des Hirten zum Austreiben des Viehes eben so oft durch *hörnen* (s. d.) ausgedrückt wird, was vom Blasen des Nachtwächters nicht leicht gesagt wird. Uebrigens wird die 3. Sing. und das Participium meist mit ü gebildet: „der Hirte bütt"; „es hat schon zehn gebütt"; „Du, di Dott bütt" (s. Dode). Grimm d. WB. 2, 1767.

dutscheln, meistens *verdutscheln*, heimlich etwas thun; etwas verbergen; zumal ist verdutscheln von dem heimlichen Vernaschen gebräuchlich. Haungrund.

Dutte fem., Waschfaß von elliptischer (seltener Kreiß-) Form. Im sächsischen Hessen. Im übrigen Hessen heißt ein solches elliptisch geformtes Waschfaß von dieser feiner Gestalt ein scheib (schiefes) Faß.

Dutzen msc., Zitze, Brüste, Euter. In dieser Form und mit diesem

Vilmar, Idiotikon.

Genus ist das Wort nur im Fuldaischen (Haungrund) und im Herßfeldischen üblich. Im übrigen Hessen, so weit es nicht sächsisch oder westfälisch ist, gilt

Dütz fem. (aber auch msc.), gewöhnlich *Dits* gesprochen, und am üblichsten in der Deminutivform *Ditzchen*. Vgl. übrigens *Dit*, *Hutz* und *Memm*.

dutzen, saugen, von dem Saugen der Kinder und jungen Vierfüßler an der Mutterbrust. Nur im Haungrund üblich. Vgl. dützeln Schmeller 1, 407.

E.

eben adj. und adv. 1) als Adverbium wie gemeinhochdeutsch: zu derselben Zeit, vor ganz kurzer Zeit.

2) genau, accurat, passend. Obergraffchaft Hanau. Vgl. Grimm WB. 3, 9 (2).

ebenen, angemessen sein, sich fügen, schicken. Wird jetzt kaum noch gehört, ehedem häufig. „mit deme digken hamen mag eyn iglicher zwene tage in der wochen faren vnde nit mer, wilch tzyt ime das *ebynt*". Ungedr. Urk. der Fischerzunft zu Witzenhausen vom Epiphaniastag 1445, und öfter.

Ebenet fem., *Ebenette*, auch *Ebenöt*, und mit ärgster Verstümmelung in neuester Zeit *Ebenhütte* gesprochen und geschrieben, ist jetzt nur noch Eigenname von Flurstücken: bei Sontra, bei Rockensüß, 1565 bei Schwarzenborn A. Rauschenberg, und bei Gemünden, aber ein sehr merkwürdiges, schon von J. Grimm Zeitschr. f. hess. Gesch. u. LK. 2, 152 verzeichnetes Beispiel der Beibehaltung althochdeutscher Formen: *ebanôti*, planities, f. Graff Sprachsch. 1, 98.

echtig, 1) eigentlich, als Ableitung von echt, legitimus, aber auch germanus, in welchem Sinne es in hessischen Schriften oft erscheint: „meines echtigen Brudern Son", „meiner vnechtigen schwester dochter" Protokolle des 16. Jh. aus Nieder- und Oberhessen. Soll in Oberhessen noch jetzt mitunter vorkommen.

2) der Acht würdig, schuldig, die Acht verdienend; eine echtige Wunde mußte nach den Statuta Eschenwegensia so tief und so lang wie das erste Glied des Zeigefingers sein. S. Röstell Univ. Progr. v. 1854 S. 2. Jetzt längst erloschen.

echtigen in die Acht erklären. Statuta Eschenwegensia S. 4 und öfter. Vorlängst erloschen.

—echtig, eine zumal im innern Hessen (Homberg, Melsungen) sehr gewöhnlich vorkommende Adjectivendung, dem lat. sub— entsprechend; schwarzechtig, subniger, regenechtig (gesprochen rênechtig), holzechtig, knatschechtig u. dgl.

Eddersche fem., Eidechse, im Schmalkaldischen. Neben dieser Form kommt auch die, vielleicht ursprüngliche und dem Anscheine nach vollständigere Form *Aderesche* vor, welche an *Alter*, vipera erinnert. Vgl. Grimm WB. 3, 83. 1, 595.

Eder fem., *Edder*, bei Tacitus (Ann. 1, 56) Adrana; derjenige Fluß in Hessen, welcher am frühesten genannt wird, während Werra nur zweifelhaft in höheres Alter hinaufgerückt werden kann, Fulda aber erst im achten Jahrhundert erscheint. Die Deutung dieses Flußnamens ist eben durch sein hohes Alter im hohen Grade schwierig gemacht; allerdings liegt, wie es scheint, demselben das Wort *adara*, vena, etymologisch sehr nahe, indes könnte selbst diese

Verwandtschaft, wäre sie auch sicher, nicht mit etymologischer Zuverläßigkeit die eigentliche Bedeutung von Adrano, Eder, aufschließen.

Eder msc., Haufe Heu, Stroh, auch Getreidehaufe, in so fern dasselbe in der Scheune aufgeschichtet ist. Oberhessen, wo der Ausdruck sehr üblich ist, wie denselben auch Estor t. Rechtsgel. 3, 1407: „Edder, ein haufen heues in der Scheune" verzeichnet hat; auch an der Schwalm nicht ungebräuchlich. Der Sache nach steht Eder der Arke sehr nahe, nur daß letzteres Wort niemals von dem aufgebansten Getreide gebraucht wird.

edern (etern), *aufetern*, das Getreide in der Scheune in die Höhe ziehen und auf den Schemenböden oder dem Gerüste aufschichten, bansen. „sie solten die einem licht vffgeetert haben"; „sei in sein schuer gangen vnd wolt vffetern". Schwarzenborner Verhörprotokoll vom Jahr 1551. Noch jetzt üblich, in den bezeichneten Gegenden neben *bansen* (s. d.).

Das Wort findet sich sonst nicht; etar, etter bedeutet sonst Zaun (Stalder 1, 115; Schmeller 1, 128), was sich hierher nicht fügt.

Egerd fem., ehemaliges Bauland, welches wüste gelassen und demnächst mit Gras und Buschwerk überwachsen ist. Dieses in Oberdeutschland sehr gewöhnliche Wort reicht in Hessen nur bis in das Fuldaische hinein, wo es als Appellativum noch hin und wieder gebraucht werden soll, jedenfalls findet es sich einigemal als Eigenname einer Waldstrecke, z. B. bei Giesel.

Vgl. Schmeller 2, 69—71. Grimm WB. 3, 34—35.

ei, Ausruf, wie gemeinhochdeutsch, doch in dieser Form in vollester Uebung nur in Oberhessen, wo jede Anrede an einen Dritten, besonders von Seiten des weiblichen Geschlechts, durch dieses ei eingeleitet wird: „habe seine Schwester gesagt: „ei Heinrich, was machst du da"? Marb. Verhörprotokoll von 1631. „habe inquisitin angefangen Ei Kaht (Katharina), vnser Henrich sagt, hette ich doch euer butterfaß nicht gehabt". Marb. Hexenprozeßacten von 1655, und so oft in den Aussagen des 16. und 17. Jarhunderts.

ei ja wól, verstärkte Verneinung: o nein! gewis nicht! Obergrafschaft Hanau und Schmalkalden; indes legt der Schmalkalder in diese Formel durch verschiedene Betonung und Aussprache des ja einen verschiedenen, vielmehr den entgegen gesetzten Sinn: eiewól ist: gewis nicht, ei já wol aber: gewis, allerdings.

eichen, probare, mensurare, das Maß richtig stellen, durch Zeichen als richtig beglaubigen. Diese gemeinhochdeutsche Form, eichen, ist jetzt auch überwiegend die im Volksmunde gebräuchliche, indes kommt neben derselben auch *eichten* vor, und soll sogar: *ichten* gehört worden sein. Daß diese beiden Formen in Hessen vorhanden gewesen sind, ergeben ältere Schriften zur Genüge. „Auch sal man zu allen ungeboten gerichten alle moss, die syn trogken adir nasz, die sal man brengen hir an dit gerichte vnde sal sio daran *ichten* vnde sehin ab sie gerecht sin". Weistum von Breitenbach unter dem Herzberg in Endemanns Universitätsprogramm, Marburg 1840. 4. S. 46 und Grimm Weisth. 3, 356. Eben so im Salzschlirfer Weistum Ebdf. 3, 367. „1 fl 1 alb von den Mösern zu Eichten geben". Singliser Vogteirechnung von 1569. „9 alb. von drei metzenrömpff zu eichten geben". Ebdf. von 1619.

Vgl. Adelung 1, 1663, welcher abgesehen von seinen sonstigen unzuläßigen Etymologieen doch an die Ableitung von echt erinnert. Schmeller 1, 18 (fast ohne Beleg). Grimm WB. 3, 80.

Eidam wird in Hessen durchgängig Eidem, Edem gesprochen, in Oberhessen aber wirft das Wort das m ab, so daß es *Ede* lautet (meist éde gesprochen); dazu kommt, daß d zwischen zwei Vocalen, zumal vor e, wie ein leises r (wenigstens in mehreren oberhessischen Bezirken) gesprochen wird, so daß unser Wort wie Ere (ēre)lautet, und somit für einen Nicht-Oberhessen gänzlich unverständlich bleibt; wer wird die oberhessische Bezeichnung eines Knaben verstehen: des Elses Kottes Eres Jung? Es bedeutet dieses scheinbare Kauderwelsch aber: der Junge (Sohn) des Eidams der Katharina (Kott), welche eine Tochter der Else (Elisabeth) ist.

Eide fem., hessische Form für egida, Egge; fuldaisch *Ede*. *eiden, ēden*, eggen, mit der Egge befaren.

eifern, zürnen, zanken, schelten, tadeln. Das Wort ist jetzt selten, und wol nur in Oberhessen noch einzeln zu hören. „½ fl werden gestraft Jost Solch vnd Henrich Metzler zu Wetter, daß sie sich einander geeiffert vnd gescholten". Wetterer Bußregister von 1591. „da habe birck hanß von Cappel ein glaß zerbrochen, vnd habe Henrich daruff geeiffert, und ihn birck hanßen dahin notigen wollen, dz er ein ander glaß hette hohlen sollen". Marburger Hexenprocessacten von 1655, und in jener Zeit in diesem Sinne des scharfen Tadelns sehr häufig in den Protokollen.

Eigen. Die Dörfer Roth, Argenstein und Wenkbach an der untern Lahn hießen das Schenkische Eigen, weil die Bewohner derselben, ursprünglich Hörige des Klosters Essen in Westfalen, von demselben den Schenken zu Schweinsberg zu Lehn gegeben waren. Sonst waren im strengen Sinne des Wortes nur einzelne eigene Leute in Hessen.

Eigenbede, Abgabe, welche der eigene Mann von seiner Person zu zalen hatte, Kopfgeld. Zur Erhebung derselben waren *Eigenbedeerheber* angestellt, mitunter in jedem Amt einer, aber auch zu Zeiten für größere Distriete, z. B. für das ganze Oberfürstentum am Ende des 16. Jarhunderts nur einer. Der Ertrag der Eigenbede war auch nur gering; z. B. betrug dieselbe aus dem Amt Rauschenberg, wohin noch manche in andern Aemtern wohnende eigene Leute gehörten, im Jahr 1596 nur 7 Gulden 23 Albus. Estor t. Rechtsgl. 1, 428.

ereigen, zueignen, zu eigen, zum Eigentum geben. „Wir Herman von Gotes gnaden Apt des stifftes zu Fulde — han — um merunge gotisdinst vnd vnser sele heyl solich lube [zu Musebach] deme obgenanten Gotis huse [zu Cruspans, Crušpiš] vereygelt, ereygen die in crafft vnd macht disses briffs". Ungedr. Urk. vom Allerheiligentag 1443.

Eila, *Eilicka* (so 1105 Wenck Hess. Gesch. 2, Urk. S. 53), *Eilchen*, ein bis in das 17. Jarhundert in Hessen, besonders in Oberhessen, häufig vorkommender Vorname des weiblichen Geschlechtes. Seit dem Ende des 16. Jarhunderts deutete die alberne Büchergelehrsamkeit diesen Namen in Eulalia um, und so erscheint derselbe in den Kirchenbüchern durch das ganze 18. Jarhundert, soll auch noch jetzt bisweilen in dieser Form darin vorkommen. Die am 5. December 1633 in Gießen als Zauberin enthauptete Eila Rohleder aus Willersdorf erscheint in den Untersuchungsprotokollen, wo Aussagen aus dem Munde des Volkes aufgezeichnet werden, nur als Eila, Eilcha, Eilchen, während die fiskalische Anklage, die Verleidigung so wie das Todesurteil nur die Entstellung Eulalia haben.

Vgl. Denje, Gēla, Meckel.

einbördeln, mit einem Saume, einer Einfaßung versehen. Schmalkalden.

Einbördel msc., Einfaßung, Saum, z. B. an den Ermeln der Mannshemben.

eine gehn, abwärts, bergabwärts, nach dem Thale zu, gehen. Obergrafschaft Hanau.

Einfart. 1) Der von dem Käufer eines Landsiedelgutes an den Gutsherrn zu entrichtende Weinkauf, wogegen der von dem Verkäufer zu entrichtende Betrag die Ausfart hieß; Lennep Leihe zu LSN. S. 251. 274. In Hessen kenne ich diese Bezeichnung nur aus Fritzlarischen Urkunden: „cum omni jure quod *buzeincart* et *vzsfart* dicitur"; 1301. „*buzeincart* et *vzfart*"; 1303; — wo das *buz*- noch zu erklären bleibt.

2) neutr. und fem., eine augenscheinliche Entstellung des Wortes *Einwart* von Seiten solcher Protokollführer, welchen das oberhessische Wort Einwart unverständlich war. Es kommt diese Entstellung vor in Bußregistern von Wetter aus den Jahren 1583 und 1591, sodann im Jahr 1607 in Rauschenberger Bußregistern und 1609, namentlich in einem, von einem niederhessischen Secretarius geführten Verhörprotokoll, betreffend die Vernehmung von funfzig Gemeindsmännern zu Treisbach, in welchem Protokoll nur „Einfort", und zwar an funfzigmal vorkommt. S. *Einwart*.

einhalb, *einthalb* adv., von einer Seite. Aeltere, noch jetzt nicht gänzlich ungebräuchliche Bezeichnung der einseitigen Blutsverwandtschaft: „mein einhalb Bruder", mein Halbbruder. In älteren Schriften kommt diese Bezeichnung oft vor, z. B. wird in einem Criminalproceß gegen den Corporal Johannes Mebus von 1636—1637 derselbe sehr oft als der „einhalb Bruder" des Konrad Mebus zu Lehnhausen bezeichnet, und letzterer nennt ihn in Vernehmungsprotokollen und Eingaben stets „mein cinthalb Bruder".

einläuftig wurde und wird zum Theil noch in Oberhessen, wie auch Estor t. Rechtsgl. 3, 1407 angibt, der Dorfbewohner genannt, welcher ohne Geschirr ist. „Anno 1606 seindt an Einlaufftigen Personen oder kötenern im Ampt Rauschenberg, darunter die wüsten und verfallene Hoffstätte gerechnet, gewesen Einhundert zwanzig". „Weil er ein Einleuftiger vnd keine Pferde habe, seie er am Einfart nicht gewesen" Treisbacher Verhörprotokoll von 1609. Die Bezeichnung kommt in den älteren hessischen, zumal oberhessischen, Schriften ungemein häufig vor, sehr oft im Gegensatz gegen die Reichen: „ob nicht der Reiche mher zur erlegung der straff beitragen solte, als der Arme vnd Einleuftige"; Bericht der vier Landsetzer des Amts Wetter von 1583. Auch wird nicht ganz selten einleuftig geradezu für arm gebraucht. In der Greben-Ordnung vom 6. November 1739 §. 17, 8 (LO. 4, 618) heißen diese Personen „Einläuflinge oder solche Personen die gar keine Feldgüter haben".

Einwart neutr. und masc. (dieß bei Estor), ein in Oberhessen vielleicht aus sehr alter Zeit, nachweislich seit dem Anfange des 16. Jahrhunderts, bis heute allgemein gebräuchlicher Ausdruck, stets *ewert* ausgesprochen (Estor t. Rechtsgl. 1, 186 §. 453: ähbert; 3, 1407: Ebert), und entstellt *Einfart* geschrieben (s. Einfart), von Estor 1, 186 sogar Einart; gegenwärtig ist die richtige Schreibart die allein herrschende. Das Wort bedeutet

1) die gesamte Berechtigung einer Dorfgemeinde, das Gemeinderecht, allen denen zuständig, welche den Auswärtigen (*uzwartluten* Schlüchterner Weistum aus dem 15. Jh. Zeitschr. f. hess. Gesch. u. LK. 4, 286; Grimm Weist. 5, 316) als Einwärtige gegenüber stehen. „sie (die Witwe Rau von Holzhausen) sollte — dann letzlich mit der Stoppelhude sich des gemeinen einwarts zu halten schuldig sein" (Burggemünden 1570); „4 fl. werden gestraft die vier Vorsteher zu Wohra, daß sie in Einfartssachen zu Wohra keine ordnung

gehalten" (Rauschenberger Bußregister von 1607); „Göntzeldorf vnd Schönbach, ihrer Einwarten halben vnd darauff pretendirten Hunten" (Deutsch Ordens Acten 1639). „falsche Einfart" Beeinträchtigung der Gemeinderechte (Amenau 1591).

Der Anteil des Einzelnen an dem Einwart heißt Einwartsgebrauch und (zumal gegenwärtig) Einwartsgerechtigkeit, z. B. „vnd wie woll gedachter meinen Hausfrawen Uhr- vnd eltern den eynwartsgebrauch viel vndencklihe jar hero gehabt vnd erhalten helffen" (Einhausen 1582).

2) den Bezirk dieser Gerechtigkeit, die Grenzen der Dorfflur: „es habe die Gemein zu Fronhausen jhnen in ihrem einwart in die 500 Wellen abgehawen" (Utenhausen und Salzböden 1576); „denen von Baurbach vnd andern (soll der neu gezogene Graben für) jre fhardt, Einwardt, sichtrib, weiteganck vnd ander jrem geprauch, gerechtigkeit vnd altes herkomen vnschedlich sein" (Urkunde des Landcomturs Wolfgang Schutzbers genant Milchling von 1533); indes scheint diese Stelle noch spezieller die Benutzung der, zu der Gemarkung führenden Wege zu bedeuten.

3) die Gesamtheit der Berechtigten: „denn sie anzeigen, dem einwart zu Niederwetter stehe der ort landes zu" (Wetter 1572); „Hans Gnaw zu Ohmenaw wird gestraft dz er das Einfarth daselbst mit vngebürlichen worten angegriffen" (Wetterer Bußregister von 1583); „Hans Schmidt von Oberndorf zu obersten Rosphe wird gestraft, das er zu Sewfrid Naumann gesagt hat, er hindergehe vnd bescheiß das einfarth" (ebdf. 1591); „er hette niemandt auß dem Einwart ihm solches verbotten (Goßfelden 1615). „seiner Frauwen seie vom Einfart 5 alb. abgefordert worden" (Treisbach 1609); „ob das Einfahrt darumb gewust, könne er nicht sagen" (ebdf.).

4) die Versamlung der Berechtigten, versammelte Dorfgemeinde. „ij gulden viij alb. Kunkel Lessekam zu Joßbach, das er die gemeine zu Joßbach an der Einwartsstatt der Lügen bezichtiget" — — „das er vorgeben, er habe einn ruge offentlich angezeigt vff der einwartsstatt" Rauschenberger Bußregister von 1591. „Friedrich Außrißer zu Steinerzhausen wird gestraft, das er Johan Müllern am einfarth gelugen gestraft hat" (Wetterer Bußregister von 1591). „Friedrich Außrißer wird gestraft, dz er unter der kinderlhr ein gerüff am einwart gemacht vnd die kinderlhr verhindert" (Ebdf. von 1596). „Dan er als ein Scheffer welcher tag vnd nacht im Felde sein müsse, an die Einfarts Statt nicht komme (Treisbach 1609). „Kleinhans Lichtenfels berichtet, sie hetten sich an der Einfahrts Statt mit einander verglichen" (Ebdf.) und so sehr oft in diesem Treisbacher Verhörprotokoll.

5) den Versamlungsort der Gemeindeberechtigten; abgekürzter Ausdruck für die vollständige Form Einfartsstatt: „Hanß Moller hab am wege oder Einfahrt gesagt, sie solten nicht fahren" (Treisbach 1609), und so kommt in verschiedenen Aussagen desselben Protokolls von 1609 mehrere Male vor „am wege oder Einfahrt". Eben so erscheint in diesem Protokoll sehr häufig „ans Einfart gehen", welcher Ausdruck bald gleichbedeutend ist mit „zur Gemeindeversamlung gehen", bald an den Ort derselben sich begeben; desgleichen „ans Einfart kommen", „die Gemein ans Einfart zusammen läuten laßen", welche Formeln den einen wie den andern Sinn einschließen.

Vgl. Zeitschrift f. heff. Gesch. u. LK. 4, 61—62.

Einwartsmann, einzelner Gemeindeberechtigter, Gemeindsmann. „Zudem auch ist euch, die stecken nicht zu sticken, durch einen Einwartsmann verbotten worden". (Goßfelden 1615).

Einwartsstab. Der Grebe oder Heimbürger führte am Einwart den

Einwartsstab, an welchem die abwesenden Gemeindeglieder, durch Kerben wie es scheint, bezeichnet wurden, und an welchen die Einwartsmänner griffen, um etwas zu geloben. „Ludwig Bittelshausen sagt, es hette der Grebe einen stecken gehapt, daran man diejenige so nicht zur stette, pflegte zu schneiden, daran hetten sie den Greben gelobt, daß sie den Brieff vor v. gn. F. vnd herrn tragen wolten (Treisbach 1609). „Hans Oligschmitt als Heimburger hette den Stab gehapt, hetten angelopt, daß sie die sachen mit dem Brieff bey v. gn. F. vnd H. suchen wolten. Er Zeuge hab aber — an stecken nicht greiffen wollen" (Ebdf.). „Sie hetten auch Michael Spülern an stecken gegriffen vnd zugesagt, daß sie den Vertrag mit thun wolten (Ebdf.). „Sie hetten auch Michell Spuelern als damaligem Heimburger an den Einfartsstab angelobt, dz sie wolten zusamen halten" (Ebdf.).

Vgl. über den Stab der alten Könige und Richter, dessen letztes Nachbild dieser Einwartstab ist, Grimm RAlterth. 133. 899. 902. Emmerich Frankenb. Gewonh. Schminke Mon. hass. 2, 721.

Einwartsstrafe, Strafe wegen Verletzung der Gemeinderechte; „sondern denselben Graben mit der Gemeinde wiederum zugeworffen vnd die Wittib in die einwartsstraff erkhant" (Ernsthausen A. Rauschenberg 1620).

einwartläuten (gesprochen ëwertläuten), zum Einwart, d. h. zur Versammlung der Gemeinde läuten. In den Aemtern Wetter und Frankenberg allgemein üblich. Anderwärts gemeindeläuten (mëneläuten, menneläuten), lindeläuten.

eisen, sich fürchten; „mi eiset", es grauet mir, besonders von der Gespensterfurcht. Im sächsischen und westfälischen Hessen. Es ist dieß das von dem Worte *agis* horror, timor abgeleitete alte Verbum *egisôn*, horrere. Strodtmann Jd. Osnab. S. 50. Brem. WB. 1, 8. Grimm WB. 3, 364.

eisem, *eissem*, widerwärtig, ekelhaft, vornämlich im Geschmack: „es ist mir so eisem im Munde", „es schmeckt mir alles so eissem". Im Fuldaer Land. Es kann dieß Wort unbedenklich als *egis-sam* aufgefaßt und auf *agis* als sein Stammwort bezogen werden, wenn man gleich, neben *aisch* (s. d.), zumal nach Fuldaischem Dialect, eher *aissem* als eissem erwartet hätte.

Eisen. Die euphemistischen Redensarten: „ein Eisen verlieren", „ein Hufeisen verloren haben", stuprari, defloratam esse, auch „einer ein Eisen abwerfen, stuprare, sind wie anderwärts, auch in Hessen sehr üblich, besonders jedoch in der halb cultivierten und mehr als halb verdorbenen Welt. Diese aus dem 15. Jarhundert stammenden Formeln sind von dem wilden Reiterleben jener Zeit hergenommen, in welchem durch das unaufhörliche Hin- und Herrennen die Hufeisen leicht verloren giengen; wenn also auch die Redensart euphemistisch ist, so ist sie es doch ursprünglich nur für Dinge schlimmster Art gewesen, für puellas exercitatas et passas multos.

eitel, meist gesprochen *itel*, *idel*, auch *itel*, unvermischt, ohne Zuthaten, bloß. „itel Korn", reiner, unvermischter Roggen. „itel Brod", trockenes Brod, ohne Zuthaten (Butter, Mus, Wurst u. dgl.). In ganz Hessen üblich, wogegen die anderen Bedeutungen von eitel wenig, die moderne (mit äußern Vorzügen sich etwas wißend) gar nicht gebräuchlich sind; ehedem aber habe ich wol gehört: „er hat mit eitel Laubthalern, mit eitel Karlinen bezahlt". In den hessischen Adelsgeschlechtern führten besonders die Diede zum Fürstenstein den dem Adel eigens zugehörenden Vornamen *Eitel*, doch kommen auch in anderen Familien (Löwenstein, Buttlar) Personen dieses Vornamens vor.

Grimm WB. 3, 383 f.

Ecke. Eine Ecke Brod bedeutet seit alter Zeit und noch jetzt den vierten Theil eines Laibes Brod, deren vier aus einer Kasseler wie aus einer Homberger Metze gebacken werden. Jedem Dienstmann gehörte für den Tag Handdienste eine Ecke Brod. „75 Person, Jeder im Hawmachen 5 tagk, vnd im grummet machen jeder 6 tagk, vnd auff Jede Person Jeden tagk ¼ Eines lebs Brodts gerechnet, thut 825 Ecken brott, macht 206¼ leib Brodt", berechnet der Schultheiß Alhard Luncker zu Moischeid 11. October 1604, und der Rentmeister berechnet dafür drei Mött zehn Metzen. „Eine Eck brodt für jden, deren 4 ein leub, vnd derselbigen 48 vff ein mott gerechnet", Rauschenberg 1610. Dieser Fronbrode (Dienstbrode) wurden mithin sechs aus der Meste gebacken, und so kamen dieselben ganz nahe mit denjenigen niederhessischen Brodlaiben, deren vier aus der Kasseler Metze gebacken wurden, überein. (Das Mött hat 6056 Kubikzoll, das Kasseler Viertel 8096 Kubikzoll, mithin war der oberhessische Brodlaib aus 126¼, dieser niederhessische Brodlaib aus 126¼ Kubikzoll Korn gebacken. Die erstere Berechnung (1604) ist etwas geringer, und bringt nur 113 Kubikzoll Korn auf den Brodlaib).

ecken (sich), sich eilen, schnell gehen um das Ziel zu erreichen, sich bei der Arbeit anhalten, emsig arbeiten um die Arbeit bei Zeiten zu vollenden. In Niederhessen sehr üblich, anderwärts kaum bekannt, nicht gebräuchlich.

Ecker fem., plur. Eckern, die Frucht des Buchbaums. In Hessen sehr gewöhnlich, doch nicht überwiegend: *Buchecker* (-n), so daß in dieser Composition noch die ursprüngliche Bedeutung von ecker, goth. akrans, Frucht, deutlich zu erkennen ist. Werden irgend einmal (und es kommt das wirklich vor: B. Waldis Esopus 2, 66) auch die Früchte des Eichbaums Eckern genannt, so geschieht dieß eben in dem angegebenen Sinne, als Baumfrucht, wie denn in der Sprache der Forstwirtschaft, zumal der ältern, Buchen und Eichen als die „Fruchtbäume" des Waldes, den unfruchtbaren (Wald=) Bäumen entgegen gesetzt werden; daß das Wort ecker nicht etwa von dem Worte Eiche abzuleiten sei, versteht sich von selbst. Die Ecker ist die Frucht, scil. die eßbare Frucht. In den ältern Forstregistern kommen Eicheln und Eckern, Bucheckern und Eicheln neben einander zu ungezälten Malen vor.

„Etlich schreiben, das der mensch zuvor — ein so gar vngeschickt vihisch leben gehört hab, das er auch in welten, bergen, klusten gewohnet, Eicheln, Buchäcker, wurtzeln vnd kreuter gessen habe". J. Ferrarius vom Gemeinen nutze. 1533. 4. Bl. 1a. Vgl. Kopp Handb. 2, 210 f. 3, 157. Ein auffallender Irrtum F. Bechs ist es, in Pfeiffers Germania 5, 239, Ecker und Eicheln neben einander gestellt für eine Tautologie erklären zu wollen.

Vgl. Grimm WB. 1, 173. 3, 24 (wo nur B. Waldis mit obiger Stelle 2, 66 unrichtig citiert ist: es ist daselbst nicht *das* eckern, sondern *die* eckern, Plural von ecker, von Waldis gemeint).

Eckerig neutr., wol richtiger Eckerich, die Eckern in ihrer Gesamtheit. Estor t. Rechtsgel. 1, 722 (§. 1716). Kopp Handb. 5, 45. Wird jetzt nur noch selten gehört.

Eks, Ecks, erscheint einigemal, vielleicht öfter, in hessischen Ortsnamen: das einemal in dem Namen eines auffallend gestalteten Felsens am Kellerwald: der Eckselmer (Eckshelmer) Stein; das anderemal in dem Namen eines Waldes bei Wolfhagen Ecksloh (Ekesló) (s. Kopp Gerichtsvf. 1, No. 79, vom Jahr 1359); ein drittes Mal in *Eksberg*, einem bewaldeten Berge bei Völkershain. Es führen diese Namen entweder auf ein sonst unersindliches Eck (zu unterscheiden von dem schwach flectierten Ecke, Egge, dem bekannten Riesennamen) zurück, oder, worauf der Name Eckshelmer Stein sogar unmittelbar zu weisen scheint, auf Agis, welchem ein Helm eigens zugeschrieben wird. Grimm Myth. S. 217. Letzteres finde ich noch heute warscheinlich, wie ich schon vor langen Jahren in der Zeitschrift f. hess. Gesch. u. LK. 1, 245 angedeutet habe.

Elbe msc., **Elbin** fem., die untergeordneten Naturgottheiten des alt‑heidnischen deutschen Mythus. Grimm d. Myth. 2, 411 f. Der Name der‑selben, jetzt völlig ausgestorben (nur vgl. *Hilpentritsch*), ist mir nur einmal in hessischen Hexenproceßacten begegnet. In dem im Jahr 1657 in Eschwege gegen die Frau Hochapfel und deren Mutter geführten Hexenprocesse machte eine gewisse Eva Mulienfeld folgende Aussage:
„Sie hette Sixti Schnaußen Frau das haupt gemessen vor die bösen dinger. Quaestio. Was das were, die böse Dinger? Rp. Das wiße sie nicht, die gutten Heiligen, wie man sie nent, wan es einem so im Kopff reist vnd bricht". Näher nach dem Wie? jenes Meßens gefragt, sagt sie, es geschehe dieß mit einem Hosenbande, und der dazu gehörige Segen sei folgender:
„Weicht aus Elben und Elbin, hie kombt der liebe herr Jesus Christus vnd wil zu vns herin, Im Namen des Vaters, des Sohnes vnd des heiligen Geistes".
Dazu werden „Schaben gelangt, welche in dem kirschentciche an der Brunnen‑tresse kriechen" (d. h. also Gammarus), und dem Kranken an das Herz gelegt, und zwar in ungerader Zal, meist 19, „davon freßen die Elben". Woher die Elben kommen, beantwortet sie dahin, daß die Elben an die‑jenigen kommen, welcher zuerst über „einen bösen Goß" geht. Die Befragte weiß selbst nicht anzugeben, was ein „böser Goß" sei, doch ist derselbe dem Zusammenhange nach offenbar nichts Anderes, als etwas Ausgeschüttetes (ähnlich dem ausgestreuten Hexensamen); es trifft aber die Schade der Elben auch Solche, welchen der böse Goß eigentlich nicht gegolten hat. Diese Aussage kommt im Ganzen überein mit den bösen Dingern, den zehrenden Elben i. e. Alpen" bei Stieler Sprachsch. S. 318.

Vgl. Grimm WB. 3, 400, wozu indes zu bemerken ist, daß das f in Elbe (Elfe) doch älter ist als die 2. Hälfte des 18. Jh.; Schottel Haubtspr. (1667) hat nämlich S. 1278: Alfen, die weisen Frauen, Nymphae Diabolicae".

Elbe f., Nebenfluß der Eder, bei Ippinghausen am Weidelsberg ent‑springend, und nahe oberhalb Fritzlar in die Eder mündend, nachdem sie nächst dem Städtchen Naumburg das von ihr den Namen führende Dorf Elben, so wie die alte Cultusstätte der Katten, das Dorf Geismar (s. Geismar) mit seiner Mineralquelle, berührt hat. Der Name dieses kleinen Flußes gehört zu den ältesten Denkmälern der deutschen Sprache, wenn auch derselbe für dieses Flüßchen nicht aus der ältesten Zeit nachweisbar ist, denn es ist derselbe, welchen der Elbstrom führt, und welcher in der nordischen Sprache appellativisch Fluß be‑deutet. Diese Bedeutung: fließendes, strömendes Waßer werden wir auch für das deutsche Wort Albi, Elbe (in lateinischer Sprachform Albis), festzuhalten haben, wenn wir gleich in Ermangelung einer sichern Ablautsreihe nicht anzu‑geben vermögen, welche Besonderheit des strömenden Waßers durch das Wort Albi ausgedrückt worden sei; nächstverwandt mit ihm ist der älteste deutsche Name des edelsten Waßervogels, des Schwans: albiz.

Elend neutr., eigentlich elilenti, das Wohnen im andern, fremden Land, die Verbannung, Heimatlosigkeit. In diesem Sinne wird das Wort von dem volle noch hier und da gebraucht; ja es ist bis auf diesen Tag die alte Formel: das Elend bauen, in der Fremde wohnen, heimatlos sein, nicht völlig ausgestorben; hat doch das niederhessische Gesangbuch von 1770, welches mit großer, oft peinlicher, öfter alberner Sorgfalt alle „unverständlichen" alten Formeln ausmerzte, in Sacers Lied „Der Herr fährt auf gen Himmel" (Niederheß. GB. No. 174) in Str. 4 diese Formel „Wir Pilgrime auf Erden, die hier das Elend bau'n" beibehalten. „Ein Richter, der einem wissentlich unrecht thut, hat im Rechte gar eine harte Strafe; — inn peinlichen sachen werden jm alle seine gütter genomen, und wird er in das ewige elend gewiesen". J. Ferrarius von dem gemeinen Nutz. 1533. 4. Bl. 27a.

2) die fallende Sucht; sehr üblich; doch finde ich diese Bezeichnung in hessischen Schriften des 16. Jarhunderts noch nicht.

elendig, das allein gebräuchliche Adjectivum von Elend; das schriftdeutsche Adjectivum, elend, kommt im Volksmunde nicht vor.

Else fem., Wermut. Es tor t. Rechtsgl. 3, 1407. Dieser Name kommt in Oberhessen vor, indes nur einzeln; ich habe die Pflanze auch in Oberhessen eben so, wie im übrigen Hessen nennen hören: Wermede, mitunter mit dem Zusatze, daß man sie auch Else nenne. Vgl. Alse.

Eltervater, Eltermutter (Ellerhêd, Ellergnenn, Elleraige), die in Hessen ausschließlich geltenden Bezeichnungen für Großvater, Großmutter. Nur wird in Oberhessen so wie in der Grafschaft Ziegenhain und in der Obergrafschaft Hanau niemals Eltermutter, sondern nur abgekürzt *Eller* gesagt. In Ziegenhain und Oberhessen ist *Eller* auch die regelmäßige Benennung der Hebamme.

Ellerherr, der Vater welcher auf dem Auszuge sitzt. Schwalm.

emen (mit deutlich kurzem e) wird im Fuldaischen ganz ähnlich dem in den übrigen Landestheilen üblichen *eppen* gebraucht: „die Wunde emt" d. h. die Wunde ist empfindlich gegen die Berührung, schmerzt. Indes ist das Wort auch transitiv im Gebrauche: „das Biertrinken emt den Schwären, die Wunde", reizt, macht empfindlich, verschlimmert das Uebel, vermehrt den Schmerz.

Vgl. Grimm WB. 3, 419, wo emen und êmen als identisch behandelt werden.

êmen, im Fuldaischen in der z. B. bei E. Alberus Ehebüchlein 1565 Ob vorkommenden Bedeutung füttern, doch nur von Vögeln gebraucht, dann aber auch — und in dieser Bedeutung wird es am häufigsten gehört — schnäbeln, von den Tauben: „die Tauben êmen sich". Wiewol das ê in diesem Worte sichtlich unorganisch ist und kurz sein sollte, unterscheidet doch der Fuldaische Dialect mittels dieser Länge *êmen* und *emen*, welches letztere Wort sich in der Bedeutung ohnehin zu êmen nicht wol fügt, mit Bestimtheit von einander. Anders Grimm WB. 3, 419; indes hat doch schon Alberus das ê: „die Vögel paren sich vnd zeugen jungen vnd ehmen dieselben" a. a. O.

Emes msc., das gewundene, meist ringförmige Stück Leder in der Mitte des Doppeljoches (Ganzjoches), durch welches dieses an die Wagendeichsel befestigt wird. Auch figürlich: „den rechten Emes haben", „den Emes verstehen", den rechten Griff haben, savoir faire. Fulda. Vgl. das an sich identische, jedoch im Genus und wenig in der Bedeutung abweichende oberhessische Immes. Das anlautende e ist, wie auch die Form Immes beweist, kurz. Vgl. Grimm WB. 3, 419.

Emeste fem., eine von den vielfältigen Formen des Wortes Ameiße. Die gegenwärtige ist in der Obergrafschaft Hanau herschend.

empfengen, gesprochen *empengen*, auch *anpängen*, sogar entstellt *inpinken*, anzünden, sei es Feuer oder Licht; *sich empfengen*, sich entzünden, angehen, vom Feuer. Dieses schon im Mittelhochdeutschen nicht häufig vorkommende Wort scheint sich einzig in Hessen, und zwar nur in Oberhessen und im westfälischen Hessen (an der Diemel, wo man fast nur inpinken, ja sogar pinken hört) erhalten zu haben; in dem übrigen Niederhessen, in Ziegenhain, Hersfeld, Fulda ist es unbekannt. Estor hat es S. 1407: „empänge das licht oder feuer gehet an". „unde *entphengede* en in der hicze der godlichen liebe" Wig. Gerstenberger bei Schminke Monim hass. 2, 369. „Bey seinem grabe stunden Kertzen, wenn man die auslöschel, so empfengten sie sich selbst wider". E. Alberus Der Barfüßer Mönche Eulenspiegel und Alcoran 1542. 4. Bl. Liija (No. 289). „vnd wie sich oft ein fewr empfengt von einem funcken" E. Alberus das Buch von der Tugend und Weisheit 1550. 4. Bl. 110b. „Wenn sie die Wurzeln pflanzen, schneiden sie die in kleine stücklein, stecken die stück in die Erden, das empfengt sich denn vnd breytet sich ober die Erden her, wie Hoppenbäume" H. Staden Reisebeschr. (Weltbuch 1567 fol. 2, Bl. 58b). In der Bedeutung in welcher es H. Staden braucht: Wurzel fassen (wofür jetzt, gleich wie von Licht und Feuer, das Wort angehen gebraucht wird) scheint empfengen jetzt nicht mehr vorzukommen.

Vgl. Zeitschr. f. hess. Gesch. u. LK. 4, 62. Grimm WB. 3, 422—423.

Ems f. Ein Flüßchen, welches am Habichtswald, unter der Schaumburg, auf einem Oekonomiehofe (von dieser, einen ansehnlichen Tümpel bildenden Quelle ursprünglich die Pfütze, seit 1816—1820 von den damaligen Besitzern, den von Stockhausen, Emserhof genannt) seine Hauptquelle hat, und bei Kloster Merxhausen und den Dörfern Kirchberg, Werkel, Vorschütz und Böddiger vorbei, bzw. durch dieselben, fließt, unterhalb Böddiger aber in die Eder fällt. Der Name ist ohne Zweifel uralt (wie denn in dieser Gegend des Sitzes der Katten es auch eine Elbe und einen Rhein gibt), und identisch mit dem Namen des in den Dollart mündenden Flußes, welcher bei Tacitus (Ann. 1, 60. 63) u. A. *Amisia* heißt. Er hat mit Amana (Ohm) gleiche Wurzel, aber auch mit Amara (Ammer) und besonders mit Amisala (Amsel). Möglich, daß diese Wurzel in dem sanskrit. *am* (gehen und tönen) zu suchen ist, so daß Amisa, Amisia, das rauschend fallende Wasser bedeutete. (Doch hat die Ems, die nur mäßigen Fall hat, diese Eigenschaft des rauschenden Falles nur sehr theilweise).

Der Name kommt aber auch von einem Berge vor, welcher seinem südlichen Abhange nach hessisch ist, dem sogenannten Inselberg (noch unrichtiger: Inselsberg) auf der Grenze zwischen der Herschaft Schmalkalden und dem Herzogtum Sachsen-Gotha. Dieser Berg heißt 1330 *Emsenberg* (Frankensteinischer Kaufbrief von 1330, Tenzel Curieuse Bibliothek 1704 S. 122); an diesem Berg entspringt die Ems, Emisa 1103 (Tenzel a. a. O. 121—122), welche durch Winterstein und Schwarzhausen lauft und bei Sättelstädt in die Hörsel fällt. Noch 1588 hieß er dem Dichter Wendelin Hellbach: „Der Enselberg prope Walters-husium" (Saur Stättebuch 1593 S. 516), und ähnlich in einer alten Amtsbeschreibung (Tenzel a. a. O. S. 118): „Datum vnter dem Enzelperg, do der Wind kalt war". Auch gab es in jener Gegend (Wenigenlupnitz, Lengsfeld u. a.) eine adliche Familie von Enzenberg (Schannat Fuld. Lehnhof S. 79). Das Volk spricht auch Enselberg, und Inselberg, Inselsberg, ist eine Entstellung der lateinischen Gelehrtheit. Dieselbe ist jedoch schon alt, denn Veit L. v. Seckendorf sagt in einem 1648 von ihm verfertigten Gedicht (Tenzel a. a. O. S. 116):

Ich kan es nicht gestehn dem ungelehrten Hauffen
Der dich nennt Inselberg: Von Inseln weiß man nicht
In unserm festen Land;
und will ihn lieber Heunselberg (von den Hunnen) oder allenfalls Einzelberg genannt wißen. — Allgemein üblich wurde die Entstellung Inselsberg erst 1699, als Herzog Friedrich von Gotha auf dem Gipfel dieses Berges ein Lusthaus erbauete, und in der Inschrift deſselben ihn Mons insulanus nannte.

Ende wird in Hessen am häufigsten in seiner alten, räumlichen Bedeutung für Ort, Stelle, Platz gebraucht; z. B. wird das in den Stall zurückkehrende Rindvieh nicht anders angeredet als: „willste (witte) an din Eng!"

endelich, gesprochen engelich, fleißig, arbeitsam, eilig (dem Ende zustrebend); „ein engeliches Mädchen"; „ihr seid ja so engelich"; „es gull (galt) em engelich" er hatte es eilig. In Niederhessen mit Einschluß der niederdeutschen Bezirke sehr üblich.
Grimm WB. 3, 458.

enden, ahnden, ein altes andjan statt andôn (Graff 1, 268), also in angelsächsischer Weise, voraussetzend. Das Wort findet sich in dieser Form in hessischen Gerichtschriften (Verhörprotokollen, Klagschriften, fiskalischen Anklagen, Verteidigungsschriften) im 17. Jarhundert öfter, während ich es im 16. Jarh. bisher vergeblich gesucht habe. „Wahr, daß P. Beklagtin bei solchen Beschuldigungen acquiescieret, vnd ob es gleich die möllerin anderen leuten gesagt, vnd dieselbe es ihr referieret, sie es doch nicht geendet". „Catharina hab es weiter nicht geendet, sondern die Beschuldigung auf sich sitzen lassen". Marburger Hexenproceſsacten von 1671.

enk, etwa, irgend. Schmalkalden. Möglicher Weise eine Schmalkaldische, mit geringem Erbarmen gegen die Sprache vorgenommene Entstellung eben des Wortes irgend, da man dort neben enk auch ernk, erng, ja erngst hört, erngst aber, ohne allen Zweifel Entstellung von irgends, auch im östlichen Hessen vorkommt.

enke, *enken*, auch, zumal in dem niederdeutschen Hessen, *enked*, genau; „ich weiß es enken", „ich habe es enken gesehen", „ich will enken aufpassen", „der alte Mann hört nicht enke mehr". Auch wird es, wofür schon die beiden zuerst aufgeführten Formeln gebraucht werden, als Beteuerungsformel verwendet „verwör en *enken*" fürwar und gewiß, es ist warhaftig wahr (dieß an der untern Eder und Schwalm), wie diese Formeln (nur stets enket) im Reineke Vos v. 521, 1101, 5383 u. a. St. vorkommen. Auch findet sich der Comparativ: „ich hab es enkener (enkeder) gesehen, als du"; „hie von findet man *enkeder* geschreben in dem regester" Oberaula 1471. Das Wort ist in ganz Althessen sehr üblich. Estor S. 1407.
Vgl. Grimm WB. 3, 484 (enke), 485 (enkede), 487 (enket). Richey Id. Hamb. S. 54. Brem. WB. 1, 308. Seine früher (Gramm. 3, 770) gegebene Erklärung von enke, aus goth. áinakls, holl. enkel, sigillatim, einzeln, hat Grimm WB. 3, 487 zwar zurückgezogen, indes scheint dieselbe doch fernerer Beachtung wert zu sein.

Enke msc., Knecht, Kleinknecht, welcher beim Ackern die Pferde zu treiben hatte (wie in Niederdeutschland der Swêpe Strodtmann Idiot. Osnabr. S. 238); ein früher und wenigstens bis in die Mitte des 16. Jarhunderts auch in Hessen gebräuchliches Wort, da es noch bei Burghart Waldis vorkommt (2, 74 S. 297). Die angegebene Function des Enken geht aus den Statuta

Eschenwegensia (Röstell S. 5) hervor, wo gesagt wird, es seien, wenn eine Frauensperson genotzüchtigt werde, auf ihren Hülferuf Alle zur Folge verpflichtet: „dy ackerman met der ruthen, dy *enke* met der geisselen vnd sollen plug vnd phert lossen sten".

S. Grimm WB. 3, 483 f.

Enkel msc., Knöchel, talus. Ueberall im innern Niederhessen und in der Diemel= und Wesergegend; weniger üblich an der Werra und in Oberhessen.

ennedenn, immerfort, darauf zu, drauf und drein. Sehr üblicher Schmalkalder Ausdruck, ohne Zweifel eine der mitleidlosen Entstellungen, an welchen dieser Dialect reich ist, und deren Enträtselung, wie eben in diesem Falle, nicht leicht fällt.

entsitzen, eigentlich fern sitzen, entfernt sein, nicht vorhanden sein, daher: ausbleiben, und vom Getreide: misraten. In dieser Bedeutung erscheint entsitzen öfter in dem Zeitschr. für hess. Gesch. u. Landesk. 3, 201—204 abgedruckten Pachtregister des deutschen Ordens zu Marburg: was die somerfrüchte *entsessen*; was das korne *entsessen*; was die haber *entsessen*. Jetzt längst ausgestorben.

Vgl. Grimm WB. 3, 625—626, wo diese Bedeutung fehlt.

eppen, äppen, etwas schmerzlich empfinden, von einer Sache unangenehm berührt werden; „die Wunde eppt" auch die leiseste Berührung; „er hat das Ding geeppt" er hat sich von der Sache widrig berührt, beleidigt, gefühlt, und meidet dieselbe von nun an; „man eppt das weiter nicht an ihm" man beachtet den Uebelstand an ihm nicht.

eppsch, äbsch, reizbar, im eigentlichen, leiblichen, und psychischen Sinn. „eine äbsche Haut", wie schon Estor t. Rechtsgel. 3, 1406 richtig hat, eine Haut, welche leicht schwärt; „ein eppscher Kerl" ein leicht zu beleidigender Mensch.

Beide Wörter gehören zu abuh; s. *äbich* und *abschen*. Sie sind in ganz Althessen üblich. Vgl. Zeitschr. f. hess. Gesch. u. LK. 4, 51. Grimm WB. 3, 680. S. auch *scherkeln* und *emen*.

Er, Abkürzung von Herr, wie Ver von Frau (noch in Jungfer f. d.), finde ich in Hessen seit der Mitte des 16. Jarhunderts allein dem Vornamen oder dem Titel der Pfarrer vorgesetzt: „Er Leonhard (Crispinus, Kraushaar) Pfarherr zu Homberg" 1552; „Er Ludwig Bösbier Pfarherr zu Schonstadt" 1579 u. s. w., während die neben den Pfarrern aufgeführten weltlichen Beamten entweder das volle Herr oder überhaupt keine Titulatur, jedenfalls nicht Er, erhalten. Seit dem 17. Jarhundert findet sich das, anderwärts (z. B. bei Fischart) schon im 16. Jarhundert erscheinende gedehnte Ehr z. B. „Ehr Conrad Wißler Pfarrer zu Cappel" 1655. Der Dativ, welcher selbstverständlich in den Adressen der Schreiben und Briefe erschien, lautete Ern „Ern Martin (Bischof) Pfarherren zu Felsberg" 1560; im 17. Jarhundert Ehrn. Mit letzterer Titulatur wurden die Pfarrer bis zum Jahr 1806 regelmäßig in officiellen (Consistorial=) Schreiben, und fast eben so lange im gemeinen Leben versehen. Aus derselben bildete sich aber das lächerliche, vielmehr alberne, Misverständnis, als ob dieses Ehrn von Ehre abgeleitet sei, und es stand allgemein fest, es sei dieses Ehrn gleichbedeutend dem quem honoris causa nomino; auch wurde im 18. Jarhundert fast nur Ehren geschrieben. „Dem Würdigen und Wohlgelahrten, unserm guten Freund Ehren Sander, Metropolitan zu Gudensberg" 1791. Daraus erklärt sich, daß dieses Ehren gegen das Ende des vorigen Jarhunderts von den

Thümmel, Bürger, Nicolai und andern verneinenden Geistern regelmäßig als Spottbezeichnung der Pfarrer konnte gebraucht werden.

Vgl. Grimm WB. 3, 52. 692.

Erde fem. 1) wie gemeinhochdeutsch. Doch verdient der Umstand bemerkt zu werden, daß in älterer Zeit das Wort Erde da verwendet zu werden pflegte, wo jetzt Erdboden, Boden, Land (guter Erdboden, Boden, gutes Land) gebraucht wird. Am bestimtesten tritt dieß in den älteren und großenteils noch jetzt üblichen Flurbezeichnungen hervor, in welchen die Farbe des Bodens bezeichnet wird. Dieß geschieht mittels der drei Bezeichnungen rote Erde, schwarze Erde, weiße Erde, die sich durch ganz Hessen noch jetzt finden, nur daß hin und wieder in der neuesten Zeit für „Erde" das Wort „Land", auch wol „Acker", substituirt worden ist. „Rote Erde" findet sich z. B. bei Fürstenhagen, bei Dreihausen, bei Bottendorf, wo sogar noch die uralte Formel aufm Rothleim, (entstellt in Rothleinen) erscheint; schwarze Erde z. B. bei Erksdorf, Mölln, Leidenhofen u. v. a. O.; weiße Erde z. B. bei Kirchhain, Niederklein, Schwabendorf.

2) Fußboden; etwas auf die Erde fallen lassen oder werfen, von der Erde aufheben u. dgl. wird ganz gewöhnlich da gesagt, wo man den gedielten Fußboden der Stube meint.

Erdocke fem., oder *Erddocke*, der verdeckte auf naßen Aeckern zur Trockenlegung derselben angebrachte Waßerlauf: ein mit Steinen und Dornen angefüllter und wieder zugedeckter Graben. Das Wort findet sich bei Estor t. N. 3, 1407 „Erdocke, ein verdeckter Wasserlauf", und ist in Oberhessen neben dem gleichbedeutenden Aduch (s. d.), mehr aber als dieses Wort, üblich. Man könnte zur Erklärung von Erddocke das niederdeutsche Wort docken, schöpfen. Brem. WB. 1, 222 herbeiziehen, indes bleibt die Möglichkeit nicht ausgeschloßen, Erddocke für eine Entstellung von Aduch (Erdabuch) halten zu dürfen. Ubrigens waren Abuche und Erdocken in Oberhessen längst vorher angewendet, ehe diese Vorrichtung (um 1820) als eine funkelneue Erfindung unter dem seltsamen und langweiligen Namen „Ackerfontanelle" angepriesen wurde. Jetzt sind, wie die „Ackerfontanellen", so auch die Abuche und Erdocken der Drainierung gewichen, und beide Ausdrücke dürften in aller Kürze völlig erloschen sein.

Ern, *Eren*, *Hausern*, *Hauséren* msc., die meist mit Backsteinen (Fließen) gepflasterte Hausflur. In ganz Hessen üblich, nur daß in den niederdeutschen Gegenden die Hausflur meist (doch nicht überall) Diele genannt wird; da, wo Diele (Déle) die Dreschtenne ist, findet sich auch Ern im Gebrauch. „ij alb. den kotenern vor brodt, bier vnd keyß, haben den scheürn ehrn vmbgehackt vnd von newem widderümb geschlagen". Singlifer Vogteirechnung von 1560. „Aehrn" in Marb. Hexenprocessacten von 1682 öfter. Im Fuldaischen heißt die Hausthür die *Ernsthür*.

Schmidt westerw. Jb. S. 7, wo Aern geschrieben ist.

Das Wort ist uralt; es kommt als *erine*, pavimentum, in den Monseer Glossen vor.

Vgl. Grimm WB. 1, 198. 3, 786.

Ern msc., die Ernte, wie in älterer Zeit häufig; auffallend ist nur das sonst wol nicht vorkommende Masculinum. „vor sent Peterstage der in dem haber *erne* gefellet". W. Gerstenberger b. Schminke Monim. hass. 2, 321. 489. 531. *die eren* ebdf. S. 334 scheint Plural. Der Gebrauch dieses Wortes ist erloschen, doch hört man noch zuweilen: „in der Ernzeit".

Ernte war ehedem in Hessen, wie auch anderwärts, Masculinum. „vnd hab disses meines gebrechens halben mich gantz fleissiglichen vor *dem Erndte* beclagt. — — solches nach gescheenem *Erndte* widerumb — gutlich zu entrichten". Bittschrift des Pfarrers Johannes Daubner zu Speckswinkel vom J. 1562. Noch jetzt ist dieser Genusgebrauch nicht ganz ausgestorben.

Erntehahn msc., ursprünglich der Hahn, welcher, zum Hahnenschlagen dienend, den Mittelpunct der den Dienstboten und Tagelöhnern nach vollendeter Ernte Seitens der Gutsherrschaft oder des Gutspachters gegebenen Festlichkeit bildete, dann diese Festlichkeit selbst. In Hessen war der Erntehahn nur im östlichen Hessen einheimisch, und wurde vorzugsweise den s. g. Zehntschnittern und Zehntdreschern gegeben d. h. denjenigen ständigen Tagelöhnern, welche um die zehnte (elfte, vierzehnte) Garbe oder Metze schnitten und draschen. Der Zeitpunkt des Erntehahns war die Mitte des Novembers. Eben so gab es in Baiern in alter Zeit einen Saathahn. Schmeller 3, 288.

Erwes, Erbes, die in Hessen gewöhnliche und richtigere Form des gemeinhochdeutschen Erbse; althochd. ariuuiz.

Erweszähler, Spottbezeichnung eines Mannes, welcher in kleinlicher Weise sich um alle Einzelheiten des Haushalts, zumal der Küche, bekümmert, welcher der Frau die Erbsen in den Topf zählt.

Erweskern, Spottbezeichnung eines kleinen, unansehnlich gewachsenen Menschen, im Anfang dieses Jarhunderts allgemeine Scherzbezeichnung der Einwohner des Dorfes Bebra Seitens der Umwohner.

Esch msc., eine in der Niedergrafschaft Hanau ziemlich häufig vorkommende, auch noch in ihrer ursprünglichen Bedeutung verstandene Benennung von Flurstrecken: zusammenliegendes, gleichartiges Gelände, welches auf gleiche Weise und zu gleicher Zeit bestellt und zu gleicher Zeit abgeerntet wird, ahd. *ezzisk*, seges. In Althessen ist das Wort, auch als unverstandener Eigenname eines Flurstückes, äußerst selten. In Niederhessen habe ich dasselbe mit nur einiger Bestimtheit nicht auffinden können; aus Oberhessen kann ich es nur einmal mit voller Sicherheit beibringen: „in dem Esch" bei Momberg; auch scheint die Eschhute bei Warzebach hierher gebracht werden zu können. Eschenberg, Eschelsberg, Eschenstrut, Eschstein, Eschenstein u. dgl. gehören begreiflicher Weise nicht hierher. Vgl. Schmeller 1, 123—124.

Espe fem., populus tremula, wie gemeinhochdeutsch; im östlichen Hessen überwogen von der Form *Aspe*.

Espich neutr., Äspengebüsch; noch ziemlich gebräuchlich, doch gilt das Wort da, wo das Espich nicht mehr aus Aspen besteht, schon als Eigenname. Der Name findet sich fast überall einzeln, mitunter mit paragogischem t: Espicht, z. B. bei Heslar, bei Schlezenhausen, bei Neuenhaslau u. s. f.

Ette msc., Vater. In Hessen, gleich Memme (s. b.) nur von den Juden und für Juden, in letzterer Beziehung mithin nur spöttisch, gebräuchlich. Reinwald 1, 2 hat das Wort für Henneberg als kindliche Bezeichnung überhaupt, wie es in Süddeutschland allerdings erscheint, für Schmalkalden jedoch mir in Abrede gestellt worden ist.
Vgl. Grimm WB. 1, 595; 3, 1180.

ëtsch, *aetsch*, höhnender Zuruf der Schadenfreude, in Hessen sehr üblich, wie in Franken und Schwaben. Schmeller 1, 130. Grimm WB. 1, 595; 3, 1178.

ausaetschen, verhöhnen, weil dem Andern etwas fehlgeschlagen, er angeführt worden ist. Grimm WB. 1, 826.

etzen, eßen laßen, freßen laßen, weiden. Das Wort ist im Schriftdeutschen zu dessen großem Nachteil in seiner eigentlichen Bedeutung gänzlich in Abgang gekommen, seitdem es in der Technik als ätzen für die Behandlung des Metalls mit freßenden Säuren verwendet worden ist. Bis ziemlich tief in das 17. Jahrhundert erscheint es in den hessischen Schriften, und zwar sowol einfach als zusammengesetzt, in seiner ursprünglichen Bedeutung zu ungezälten Malen. „20 alb. werden gestraft Gnickhen vnd Meckeln hans, das sie zeisen herman 5 hocheln frucht geetzt haben". „⅓ fl. Weygand Zeis zu Aßphe, das er Weiners Herman seine Pferde des Nachts die Haffer heuchel etzen laßen" u. s. w. Wetterer und Rauschenberger Bußregister von 1576—1620.

abetzen, das Grummet mit dem Vieh abetzen; „hat die Setz Mörn im Garten mit den Schweinen abgeatzt"; ebdf. 1583, 1591, 1596.

ausetzen. „hat die Wiese gentzlichen ausgeatzt"; „sind, nachdem sie die Hute ausgeetzt, in die Wiesen, Felder und Gärten gefallen". Ebdf. 1600, 1615.

veretzen, regelmäßiger Ausdruck in den alten Futterzetteln: Förster, Hünersänger, Windhetzer, Falkner, aber auch sonstige Beamte, sogar die höchsten Staatsbeamten, bescheinigen, daß sie bei ihrem Aufenthalt so und so viel Vierling, Mesten u. s. w. Hafer „veretzt und verfuttert" haben, welche dann der Rentmeister auf Grund dieses Futterzettels in seiner Fruchtrechnung in Ausgabe zu schreiben hatte. Mit etwa 1615 nimmt der, seit 1540 ausnahmslos vorkommende Ausdruck veretzen in den Futterzetteln ab, und es erscheint nicht ganz selten bloß „verfuttert".

Euler msc. (oft Üller, Iller gesprochen), *Eulner*, Töpfer. Diese Bezeichnung gilt in Oberhessen, in der Grafschaft Ziegenhain und in der Obergrafschaft Hanau, in welcher letztern Gegend noch jetzt die meisten Töpfer den Familiennamen Euler führen. In Niederhessen ist zwar das Wort nicht unbekannt, da die Marburger „Eulerwaare" unter diesem Namen dorthin verführt wird, die Bezeichnung Illosen bis in die Gegend von Homberg reicht, und am Meisner (Schemmergrund u. w.) die thönernen Spielkugeln der Kinder Iller genannt werden, aber es wird nie Euler, nur Töpfer gesagt. Im Fuldaischen aber ist auch die Bezeichnung unbekannt, auch wird dieselbe in Kassel kaum, nördlich von Kassel nicht mehr verstanden.

Das Stammwort dieser Bezeichnung: aul, ûl (olla, Topf) dagegen ist nicht mehr in Uebung, und dauert in Marburg nur noch in dem Namen des am Töpfenmarkt (Schuhmarkt, ehemals Salzmarkt) herlaufenden **Aulengäßchens** (Üleng.) fort.

eulern, thönern. „9 alb. 10 hlr. vor Eulen doppen" Rauschenberger Quittung von 1563. „ein alter eulern Topf" Marburger Verhörprotokoll von 1658. Das Wort ist noch jetzt üblich.

ewig wird in Oberhessen als verstärkendes Adverbium gebraucht, wie Estor S. 1407 richtig angibt: „ewige voll, gantz voll; die bütte ist gantz voll". Vorzugsweise kommt das Wort in Verbindung mit voll vor; so sagt man auch „ewige voll" für: gänzlich betrunken.

ewwer eddersch, eine an der untern Eder und Schwalm sehr übliche Entstellung von entweder — oder; dieselbe wird ganz so gebraucht, wie im Ziegenhainischen und in Oberhessen aut oder naut (s. aut) gebraucht wird.

extern, necken, zumal anhaltend necken, in plagender, beschwerlicher Weise necken, sowol im Scherz als im Ernst. Allgemein sehr üblich, wie auch auf dem Westerwald (Schmidt S. 54—55), im Hennebergischen (Reinwald

1, 2), wiewol trotz dieser weiten Verbreitung das aus älterer Zeit durchaus nicht nachzuweisende Wort erst aus dem vorigen Jarhundert zu stammen scheint, wie auch Grimm WB. 3, 399. 1208 annimmt.

Auch kommt vor: sich mit jemand extern, sich mit jemand necken, mit spöttischen Reden herumzerren.

ezet, adv., vor einiger Zeit. Haungrund. Vielleicht nichts anderes, das im übrigen Hessen *itzet* ausgesprochene gemeinhochdeutsche jetzt (ie zuo, iezunt); — möglich aber auch, daß es aus ê zit entstanden ist.

F.

fahren. In ganz Hessen, am ausschließlichsten im westlichen, sagt man ganz in alter Weise: an den Acker fahren (niemals: ziehen); mit dem Vieh (Kühen, Schweinen, auch Schafen) hinaus, auf die Weide, fahren. Eben so in Baiern. Schmeller 1, 547.

einfahren, stets ohne Object, bedeutet: das Getreide in die Scheune bringen.

erfahren hörte man bei uns noch im Anfange dieses Jarhunderts ganz im alten Sinne verwenden (doch nur von den ältesten Leuten): durchziehen, durchwandern; „ich habe ganz Schwaben, die Pfalz und Lothringen erfaren, die Länder kenne ich gar wol".

faimen, abschäumen; nur noch im Schmalkaldischen üblich, wo das Wort indes nicht bloß abschäumen, sondern auch: eine Flüßigkeit umrühren, in einer Flüßigkeit mit einem Löffel oder auch mit der Hand herumfahren, bedeutet.

Fainsel fem., auch *Funsel* und *Fonsel* gesprochen, Oellampe. Metaphorisch die Benennung einer unordentlichen, unsaubern Frauensperson. Nur im Schmalkaldischen.

Reinwald 1, 112, wo nur die Composition Oelfonse, Oelfonsel, angegeben ist.

fackeln, hin und her fahren, sich unsicher bewegen. Das Wort ist fast nur in der Negative üblich: *nicht fackeln*. „Der fackelt nicht", er verfährt nicht unsicher, nicht schwächlich mild, er geht bestimt und ernst auf die Sache los, duldet keine Unordnung, straft nachdrücklich. Allgemein gebräuchlich. Schmidt westerw. Jd. S. 56 hat in gleicher Bedeutung *faukeln*. Reinwald henneb. Jd. 1, 29 hat fackeln in unserer Bedeutung.

Färe fem. (Faere gesprochen), das alte *varih*, nur noch im Kreiße Hünfeld vorhanden. Hier bedeutet das Wort aber zweierlei,
 1) die säugende Muttersau; in Hünfeld selbst und in den nächstgelegenen Dörfern;
 2) das Ferkel (gemeinhochdeutsche Form von varih in der Deminution), in den übrigen, namentlich den entlegeneren Dorfschaften, wie Schwarzbach, Obernüst, Elters u. s. w.

Faere fem., die quer oder schräg durch den Acker gezogene zur Ableitung des Wassers dienende Furche. Oberhessen.

faeren, ein nur in Oberhessen gebräuchliches Wort, welches auch nur eine specielle Handlung bezeichnet: das Getreide, so lange dasselbe noch weich,

Vilmar, Idiotikon.

nicht geschoßt, ist, in den Furchen und an den Ackerrändern abschneiden, um es zum Viehfutter zu benutzen. Am meisten wird dieß Verfahren bei dem Hafer angewendet: „Haber fähren".

Vgl. *Faere*, Querfurche.

erfaeren, ohne allen Zweifel von *vâre*, Nachstellung (Gefahr) abzuleiten, bedeutet, wie im Mittelhochdeutschen schon sehr gewöhnlich: erschrecken, in Furcht setzen, außer Fassung bringen. Im 15—16. Jarhundert muß das Wort ganz allgemein üblich gewesen sein; so erscheint es in der Policeiordnung vom 14. April 1455 §. 23, wo verboten wird, Abends „die Lüde zu *erféren*"; bei W. Gerstenberger (Schmincke Monim. hass. 1, 58): „vnd *herféreten* sie mit deme geschrey". Heut zu Tage ist das Wort allerdings noch sehr üblich, aber nur in gewissen Bezirken. Im eigentlichen Niederhessen, mit Ausnahme eines Theiles des Werrathales, ist es unüblich, ja theilweise unbekannt und unverstanden; dagegen ist es, wie theilweise an der Werra, üblich im Fuldaischen, in dem nördlichen Theil der Graffschaft Ziegenhain und im nördlichen Oberhessen, endlich in den niederdeutschen Bezirken von Niederhessen. In den letztgenannten Gegenden wird das Wort übrigens fast nur passiv gebraucht (erfaert sein), meist mit ver componirt und *verfüert* gesprochen — indeß nicht ausnahmslos: in den eigens westfälischen Gegenden, an der obern Diemel, spricht man erfért und verfért; — *erfüert* spricht man auch in Oberhessen, wo das Wort gebraucht wird. „Die Kinder sind gar so *erfért* (*verfért, verfüert*) gewesen, darum haben sie nichts gewußt", gewöhnliche Entschuldigung der Eltern in den betreffenden Gegenden, wenn ihre Kinder im Schul- oder Pfarrexamen sich unwißend zeigen. „Ich hab mich gar so sehr *erfért*"; „bin gar so erfaert", ich bin so sehr erschrocken, bestürzt, verlegen.

Schmeller 1, 549. Brem. WB. 1, 348—349. Richey hamb. Jb. S. 321. Strodtmann Id. Osn. S. 258.

gefaer, ein Adjectivum, welches sich die Schriftsprache seit der Mitte des 17. Jarhunderts sehr zu ihrem Nachteil hat entgehen laßen: einem Gegenstande nachstellend; auf etwas erpicht; einer Sache, Person gefährlich (doch in weit engerem, bestimmterem Sinn, als das Wort „gefährlich" in der Schriftsprache gebraucht wird). „Der Ratz (Marder) ist den Hünern sehr gefär"; „das Kind ist dem Zucker sehr gefär"; „der N. N. ist allen hübschen jungen Mädchen gefär", d. h. stellt ihnen nach und ist für sie gefährlich. Allerorts sehr üblich. Schmidt westerw. Jb. S. 65.

Fallum msc., ein recht grober Mensch, Grobian, Erzgrobian. An der Schwalm üblich. Das Wort ist ohne Zweifel ein Imperativ: fall um, und bezeichnet eine Person, welche plump, wie einer der zu Boden stürzt, hinein und zu fährt.

Falnbil, *Falsel, Falbel* neutr., zusammengezogen aus *fallend übel*, wie das Agricola in den Sprichwörtern ausdrücklich sagt, daß die „Sachsen und Türinger" so redeten, sonst aber heiße es das fallend Uebel. Vgl. Fischart Garg. 1582 Kva u. v. a. St.

In Hessen muß das Wort, eben nach Agricolas Angabe, sehr üblich gewesen sein. wan du bobe, daz dich mehir dan daz *falnbil* angehe; — solt dir got daz *falsil* geben; — das lugest du als eyn koczen kynt vnd solt dir got daz *falsil* geben. Zeugenverhör über einen Zank auf Schloß Berlepsch im Jahr 1492. Erasmus Alberus hat das Wort öfter: „Da wendet sich Xanthus vmb, vnd sprach, Lecker was hastu mich zu leren? Lern deine Kinder, vnd hab dir das Falbel vmb dein angesicht" (freie Uebersetzung von τοῖς ἐν ἄδῃ συμβούλευς). Buch von der Tugend und Weisheit 1550. 4. D4b. „Das dich das Falbel an". Ebds. S. 54. In seinem Wörterbuch hat er das Wort auch Bl. C4b: „Elimo, Extermino, ich treib für tausend Falbel", während er Bl. hhijb hat: „tibi magnum malum paratum, das fallend übel werd dich bescheissen". Mehrmals erscheint das Wort auch in des Marburger Hofpräceptors M. Isaak Gilhausen Grammatica. Frankfurt 1597. 8.

    Wolt jhr in Höffen die Kunst suchen?
    Da wird man euch das Falbel fluchen. S. 21.
    Es ist ein Falbel, schlechter Tropff. S. 70.
    So gibs Gelt rauß, du boser Tropff:
    Und hab dirs Falbel auff den Kopff. S. 148.

Wie hier Gilhausen S. 70 das Wort geradezu als ein (masculinisches) Scheltwort braucht, so erscheint es auch bei Melander Iocoseria Sacrale. 1611, 2, Nr. 355. S. 449, wo Justus Vultejus einen Praler anredet: „O du armer Fallbell, O te misellum asellum". Das Verständnis des Wortes war demnach damals bereits erloschen.

Auch in Luthers Tischreden und sonst kommt das Wort vor. [Die Erklärung welche J. Grimm WB. 3, 1268 von der Stelle aus Luthers Tischreden und einigen andern Stellen gibt, ist auffallend unrichtig; in diesen Stellen, namentlich in der bei Luther ist das Wort gerade so zu nehmen, wie es Gilhausen S. 70 nimmt. Das Wort Falbel als Kleiderbesatz ist ganz jung und erst in der Mitte des 18. Jahrhunderts aufgekommen!]

Faltergarten msc., Obstgarten. Man hört dieses Wort noch hin und wieder an der obern Schwalm und der Antreff. Es ist der erste Theil dieser Composition das Wort aphalter, aphaltriu, Apfelbaum, mit Apharese des a. Vgl. *Affoller*.

fameln, 1) irre reden, wie im Delirium des Nervenfiebers, im Traume, im Wahnsinn. An der Diemel. Vgl. fanzen und fünern.

    2) unsicher, zumal im Dunkeln, nach etwas herumtasten. Im Haungrunde, wo man neben *fameln* auch *fappeln* sagt. Vgl. tummeln.

fanzen, 1) irre reden, wie im Traume, in Fieberdelirien, im Wahnsinn. Im Fuldaischen. Vgl. fameln und fünern.

    2) Possen treiben; in ganz Hessen, doch nicht häufig angewendet.

Fanzpossen, nicht leicht Fatzpossen, alberne Possen. Sehr gewöhnlich. Firlefanz ist wenig, Alfanz gar nicht üblich.

fappeln, an etwas unsicher, im Dunkeln oder doch wie im Dunkeln, herumtasten. Im Schmalkaldischen und im Kreiße Hünfeld, namentlich im Haungrunb. Vgl. *fameln*.

Fastenfutter (gesprochen Fastenför, aus vuora) nennen die Bauern im westfälischen Hessen (an der Diemel) das für die Pferde im Herbste schon geschnittene und zum Verfuttern in der Säezeit des Hafers und der Gerste im Frühjahr aufbewahrte beste Futter: Häcksel, stark mit Hafer, Erbsen, Gerste vermischt.

Fatze fem., Grimasse, Posse; auch als Compositum *Fatzposse*. Neben Fanzposse, und zwar wenig üblich, aber überall verstanden. Fatzvogel u. dgl. ist nicht gebräuchlich. Vgl. *fanzen* und *Faxe*.

Fatzenkerl, großer starker Mensch. Im Schwarzenfelsischen.

Faul neutr., der Flachs, nachdem er gerefft und in kleine Bündel gebunden (faul gebunden) worden, damit er in die Röße zum rößen (faulen) gelegt werden kann, heißt das Faul. Niederhessen.

Fautsche fem., Fehler, Nachbildung des französischen faute. In den Mittelständen als halbes Scherzwort gebräuchlich, am üblichsten in den Strickschulen.

Faxen plur. (nur selten im Singular, alsdann Femininum) Posse, leere, alberne Ausflucht, ungegründeter und leicht zu durchschauender Vorwand. Sehr üblich. Schmidt westerw. Jb. S. 56.

fechten, 1) im Sinne des gemeinhochdeutschen anfechten; „es habe sie niemand gefochten" d. h. darum angegriffen, darauf angeredet, zur Rede gestellt. Eschweger Hexenprocessacten von 1657. „es thut oder fichtet uns niemand". Ebds. Wird auch noch jetzt zuweilen gehört.

2) betteln, besonders von dem Betteln der Handwerksburschen gebraucht. Allgemein üblich.

Fede fem., ehedem sehr übliche, jetzt völlig erloschene Bezeichnung für Treubrief, Geleitsbrief, Paß; von fides. - LO. 3, 154 (Instruction für die Thorwärter vom 5. December 1681). Kopp Handb. 3, 449.

feig, gesprochen fēg, moribundus, dem Tode nahe. Das Wort ist in dieser alten Bedeutung, die auch Estor t. Rechtsg. 3, 1407 verzeichnet („fäg, der bald stirbt"), in Oberhessen noch jetzt üblich, wenn gleich die Leute dasselbe mehr nur unter sich, als „Gebildeten" gegenüber, gebrauchen. „Das Kind liegt da und ist ganz *fēg*", was der betreffende Arzt als „und ist ganz weg", d. h. besinnungslos, ohne Bewußtsein, verstand. „Das Kiwittchen hat so am Fenster gekrischen, das gilt mir, ich bin *fēg*", oder „es macht mich das Kiwittchen *fēg*" u. dgl. Redensarten mehr.

In der gemeinhochdeutschen Bedeutung: zaghaft, furchtsam, ist das Wort nirgends in Hessen üblich.

Vgl. Strodtmann Id. Osn. S. 53. Brem. WB. 1, 364.

felig, sicher, außer Gefahr, ohne Verletzung. Niederdeutsches, ehedem auch in Hessen übliches Wort, welches jetzt außer Gebrauch gekommen zu sein scheint, selbst in den eigens niederdeutschen Gegenden. „Ich schwere vnd gelobe dir, das ich dich gesont unde *phelig* wil hir widder in dyn slos brengen". W. Gerstenberger bei Schminke Monim. hass. 1, 47. 48.

Brem. WB. 1, 370: *relig*, sicher, außer Gefahr; als Substantiv öffentliche Sicherheit; *religen*, sichern Aufenthalt geben, beschützen. Eben so *sik reilen*, sich auf etwas verlassen, aus einer niederdeutschen Bibelübersetzung bei Kinderling Gesch. d. plattd. Spr. S. 349.

feligkeit, Sicherheit; feligkeit des keyserthumbs. W. Gerstenberger bei Schminke Monim. hass. 1, 54. 57. Brem. WB. 1, 371.

Vech in Pfeiffers Germania 5, 238; wo die Ueblichkeit dieses niederd. Wortes nicht erkannt ist.

felschen (eigentlich *felschen*, doch wird das e fast ausnahmslos kurz gesprochen), feilschen, feil machen, Nachfrage nach irgend einem verkäuflichen Gegenstande halten; mitunter auch in allgemeinerem Sinne für nachfragen, ja für fragen überhaupt gebraucht; „geh einmal auf das Markt, und felsch die Butter", „wir wollen einmal nach guten Aepfeln felschen" u. dgl. Oberhessen.

Fent msc., junger unerfarener Mensch, wie gemeinhochdeutsch Fant, welches sich in unserm Dialekt nicht findet, während Fent sehr üblich ist. In

Isaak Gilhausen (Hofpräceptor in Marburg) Grammatica 1597. 8. kommt das Wort oft in der Bedeutung junger Mensch, Knabe, Sohn, vor, z. B.

    S. 45.   Ich wolte eben zu euch gahn,
                   Meins Venten halben euch sprechen an.
    S. 47.   Zu schlecht? Besetzt doch erst den Bentn,
                   Ich weiß ihr hülfft jm wann jhrn kenntn.
    S. 48.   Führ keinen Venten, loser Baur,
                   Am Pflug hinaus, den laß jhn treiben.
    S. 50.   Dein Vent gehört hinter die Schwein.
    S. 93.   Es sollen seyn derselben Ventn
                   Sie heissen, ist mir recht, Staudenten.
    S. 94.   Daß ich seh, wer der Vente sey.

Eben so auch anderwärts: „Die Fenten sind noch unerzogene". Filidor Wittekinden B. 4b. Ob das Wort deutsch, und nichts anderes sei als das ahd. fendo, pedes, miles (auch der Bauer im Schachspiel) oder aus dem italienischen fante, puer, stamme, welches aus infans entstanden ist, kann zweifelhaft erscheinen. Das deutsche Wort gehört zu finden s. Schmeller Glossarium sax. 1840. 4. S. 33. J. Grimm Andreas und Elene 1840. 8. S. 111—112. Der Vocal unseres Dialectes spricht mehr für die deutsche Ableitung, während das gemeinhochdeutsche Fant dem ital. fante näher steht (welches sich dann in infanteria mit dem deutschen Worte mischte). Schmeller hat B. Wb. 1, 545 Fant auf das italienische Wort bezogen.

In Hessen ist Fent, Vent, Fend ein nicht ganz selten vorkommender Familienname.

fert adv., im vorigen Jahr. Ist nur in den entlegensten Ortschaften des Kreißes Hünfeld (Schwarzbach, Gotthards u. a.) üblich, hier aber so ausschließlich, daß die Formel „im vorigen Jahr" gar nicht gehört wird. Das Wort wird übrigens so ausgesprochen, daß man das r gar nicht, oder nur als leisen Kehllaut vernimmt (fe᾿t). Schmeller 1, 567. [Nach Reinwald 1, 30 könnte doch fertig, vorjährig, auch wol im Schmalkaldischen vorkommen!]

Vgl. firn.

Fett heißt in Hessen, besonders in Niederhessen, nicht bloß das στέαρ, Talg und Schmeer (beide Ausdrücke sind unüblich, Talg nur im technischen Gebrauche der Seifensieder und Lichterzieher), sondern auch das Oel. Man sagt neben Rinderfett, Hammelsfett, Nierenfett, Schweinefett (Schmalz), Gänsefett u. dgl. auch Salfett (s. d.), Samenfett (Rüböl), Leinfett, Eckernfett. Das Rüböl jedoch nennt man in Oberhessen gleich dem Baumöl lieber Olei.

Fettlicht, die Oellampe.

Fie, ältere, in Hessen, besonders in Niederhessen, äußerst übliche und sogar regelmäßige Abkürzung des Namens Sophie, welche überall in den Urkunden des 14—16. Jarhunderts, auch in oberhessischen, wenn gleich hier seltner, vorkommt. „Ich Arnold Beseleyth vnd fye sin eliche husfroue". Urk. des deutschen Ordens zu Marburg von 1341. „Vyhe von heybilde [Heibel] vnd ir husswirt" (Christian von Weitershausen) erscheinen von 1542—1548 in den Rechnungen der Universitätsvogtei Homberg.

Dennoch ist das aus dieser Abkürzung entstandene Deminutiv Fiekchen in Hessen gänzlich unbekannt. Auch wird die Abkürzung Fie jetzt nicht mehr gebraucht.

ficken, 1) mit Ruten hauen. Ziemlich allgemein üblich. Schmidt Westerw. Jd. S. 57. 2) futuere.

Fickfacker msc., ein Schwänkemacher, Aufschneider, Betrüger. Niederdeutsches sehr übliches, und in Niederhessen allgemein gebräuchliches Wort. Auch in Oberhessen ist es nicht unüblich, weniger im Fuldaischen und in den weiter südlich gelegenen Gegenden, doch nirgends unverstanden.
Schottel Haubtspr. S. 1315. Chytraeus bei Hoffmann horae belg. 7, 36: *vickvacker*, ardelio. Brem. WB. 1, 335. Adelung 2, 145.

fillen, schinden; metaphorisch: peinigen, quälen.
Filler msc., Schinder, Abdecker, Wasenmeister.
Beides nur im sächsischen und westfälischen Hessen, wo schinden, Schinder, kaum verstanden, niemals gebraucht wird.

Fingerlein neutr., meist *Fingerlei* gesprochen, der Fingerring, Ring. Alte, im südlichen Oberhessen, wo Ring nicht gehört wird, ausschließlich übliche Bezeichnung.

Finsel fem., Perücke; Spottbezeichnung. Allgemein gebräuchlich.

Finzel msc., ein ganz kleines Stückchen; wird es deminuiert: *Finzelchen*, so bedeutet es: so gut wie gar nichts. Schmalkalden.
Reinwald 2, 43.

Firmanei fem., Krankenhaus, aus firmaria, Firmarie, Firmarei, und dieß aus Infirmaria entstellt; Bezeichnung zwar der Krankenhäuser überhaupt (Alberus Dict. Bl. niiij: Valetudinarium, siechhauß, der siechen spital, Infirmarium vulgo dicitur), doch insbesondere derjenigen, welche von den geistlichen Orden für ihre Ordenspersonen eingerichtet wurden. In Hessen kam dieser Name nur einmal vor, in Marburg, wo der deutsche Orden eine doppelte Firmaria errichtet hatte; die eine, schon 1349 „antiqua firmaria" genannt, in dem Nürnberger Hofe auf der Ketzerbach unter dem Weinberg, für die Schwestern des Ordens, die andere auf der Nordwestseite der Elisabethkirche, schräg gegen dieselbe gestellt, für die männlichen Ordenspersonen. An letztere war die, im Frühjahr 1786 abgebrochene Kapelle, in welcher zuerst die h. Elisabeth beigesetzt worden war, angebaut. Das Gebäude selbst war am Ende des 15. oder im Anfang des 16. Jarhunderts äußerst solid (mit stufenförmigen Giebeln, denen des Marburger Rathauses ganz ähnlich) erbaut, hatte übrigens schon seit langer Zeit nicht mehr als Krankenhaus gedient, denn schon im 17. Jarhundert (1655) befand sich in der Firmanei, wie schon damals das Wort geschrieben wurde, eine dem deutschen Orden gehörige von den Bürgern Marburgs stark besuchte Weinschenke. Später wurde dasselbe als Fruchtspeicher für die Revenüen des deutschen Ordens benutzt, und das Holzwerk im siebenjährigen Kriege von den Franzosen eingeäschert, doch sehr bald wieder hergestellt. Zuletzt stand das Gebäude gänzlich leer, und weil man nichts damit anzufangen wußte, wurde es im Sommer des Jahres 1839 gänzlich abgebrochen; die noch brauchbaren Baumaterialien verwendete man zum Umbau des Dörnberger Hofes. Seitdem ist die Bezeichnung Firmanei völlig erloschen.
Vgl. Justi Vorzeit 1825 S. 243—250.

firn, gewöhnlich *fern* gesprochen, wird gegenwärtig nur noch in der Obergrafschaft Hanau, in Gelnhausen und weiter südlich im Hanauischen, und zwar nur noch vom Wein gebraucht: vom vorigen Jahre. Ehedem aber war das Wort im allgemeinen Gebrauche und nicht bloß Bezeichnung des vorjährigen Weines, sondern auch des Getreides, namentlich des Hafers, des Korns (Roggens) und der Gerste. So kommt *firn* in den Renterei-Rechnungen des 16. Jarhunderts häufig vor; z. B. iiij alb. hab ich zu Friczlar verczert auff zweymal habe firne hafer laſſen ſtürzen" Univerſit. Vogteirechnung Singlis v. 1560 u. oft. Jetzt iſt dieſer Gebrauch zwar erloſchen, aber die in Heſſen vorkommenden Familiennamen **Firnhaber, Verngerſte, Fernkorn** und **Viernkorn** geben von deſſen ehemaligem Vorhandenſein noch jetzt redendes Zeugniß.

Vgl. *fert.*

First fem. erſcheint außer dem gemeinhochdeutſchen Gebrauche in Heſſen noch einzeln als Bezeichnung von Waldhöhen und Bergrücken, welche nachgerade freilich ihren appellativiſchen Charakter in den eines Eigennamens umzukleiden angefangen hat, oder bereits umgekleidet hat. Mehrfach findet ſich noch *First* als Bezeichnung der auf der Höhe, dem Kamme einer Hügelverbindung liegenden Ackerſtücke: „ſie liegen auf der Firſt" und ſolche Kämme führen dann auch den Eigennamen Firſt (Braach); außerdem heißt eine anſehnliche Waldhöhe bei Salzberg die Eheſirſt (meiſt Eheförſte geſprochen), eine andere bei Kloſter Haina die Einfirſt. Auch die uralte *Bramirſt* iſt noch vorhanden, hat ſich aber im officiellen Gebrauche in Bramforſt umgeſtaltet; indes ſoll das Volk (im Amt Großenlüder) noch Bramfirſt ſprechen. Dagegen iſt der gleichfalls uralte Name *Eherinerirſt*, ein Waldbezirk, welcher ſowol einen großen Theil des Knüllgebirges wie des Seulingswaldes umfaßte, vorlängſt erloſchen.

Fiſchtag. Diejenigen Tage, an welchen das Recht der Fiſcherei, wenn es überhaupt beſchränkt war, geübt werden durfte, waren der Mittwoch und der Freitag jeder Woche, die Faſttage, welche eben deßhalb auch, und hin und wieder bis auf die neueſte Zeit, die Fiſchtage hießen. „Wer aber mit Hamen fiſchen will, mag ſolches uff die Zugelaßenen fiſchtage, als Mittwochen und freytag, vnd ſonſt nicht, es erfordere dann die hohe noth", verrichten". Stadtordnung von Hofgeismar 1634, bei Falkenheiner Städte und Stifter 2, 447. Vgl. das Weiſtum von Salzſchlirf 1506, Grimm Weiſt. 3, 377, und anderwärts. Vgl. *Fleiſchtag.*

S. Zeitſchrift für heſſ. Geſchichte und Landeskunde 4, 64.

fiſſeln, fein regnen. In ganz Altheſſen. Im Fuldaiſchen ſpricht man *fiseln,* wie in Baiern *feiseln*. Schmeller 1, 571.

Fiſt msc., 1) wie anderwärts: crepitus ventris.

2) kleiner, ſchwächlicher, hinfälliger, armſeliger Menſch; Schimpfwort. Sehr üblich.

fitzen, Kunſtwort der Weber und der Tüncher; es bedeutet das Einflechten des Einſchlags oder deſſen, was den Einſchlag vertritt, in den Aufzug; alſo bei den Tünchern das Einflechten der Gerten in die Schalhölzer (Spilſtecken, Weißſtecken). Darauf folgt dann das Kleiben mit Strohlehm.

Fitzfaden msc., einzelner in das Gewebe eingeſchlagener Faden; mitunter von hervorſtechender Farbe, um eine Stelle im Gewebe (Ellenlänge, Anfang eines anders gewebten Linnenſtücks u. dgl.) bemerklich zu machen.

Fitzgerte fem., die aus Buchen, Haſeln oder Hainbuchen entnommene meiſt geſpaltene Gerte, welche zu dem Einflechten in die Schalhölzer dient. Eſtor t. Rechtsgelahrtheit 1, 712.

Friſch 1, 270 wo fitzen, aber nicht vom Tünchen, aufgeführt wird. Niederdeutſch: *Fisse*. Richey hamb. Jd. S. 56—57. Brem. WB. 1, 398. In dieſer Form erſcheinen obige drei Wörter auch im weſtfäliſchen Heſſen: fiſſen, Fiſſefaden, **Fiſſegerte**.

flach iſt der in ganz Heſſen übliche Ausdruck für ſeicht, welcher letztere gänzlich unbekannt und unverſtanden iſt.

Fladen msc. ist in der Bedeutung Kuchen in Hessen völlig unbekannt, und wird in einigen Gegenden nur von dem weichen Ueberzug, welcher dem Gebäck gegeben wird, gebraucht. So heißt im Geisgrunde die aus gekochten und zerriebenen Kartoffeln und Milch oder Schmand bestehende Masse, mit welchem die Kuchen belegt werden, und die sonst Guß genannt wird, Fladen. Und im Schmalkaldischen heißt das mit Butter, Rahm (Schmand), Mus bestrichene Brod Butterfladen, Raumfladen, Mußfladen.

Flaeme fem., Weiche, Seite; ursprünglich von der Seite eines Thieres (Ochsen), aber auch von der menschlichen Seite, und dann in erniedrigender Weise gebraucht, namentlich in der Redensart: einen in die Fläme hauen, einem einen nachdrücklichen Hieb, ein rechten Treff geben. Ueberall in dieser Weise üblich, am meisten in Niederhessen.
Schmidt Westerw. Jb. S. 58 hat Flaeme nur als vom Thier gebräuchlich.

Flanz, Flånz msc., in den niederdeutschen Bezirken wol richtiger *Flans* gesprochen, 1) den Atem benehmender, zumal stinkender Dunst, z. B. von Fett, welches auf die heiße Ofenplatte geschüttet wird. In ganz Niederhessen, auch in Oberhessen nicht unüblich.
Anderwärts Flast (Schmidt Westerw. Jb. S. 59).
2) auch Flainz gesprochen, Ohrfeige, Maulschelle; metaphorisch auch für empfindlichen Nachtheil, Schaden, gebraucht. Im Haungrund, und sonst im Kreiße Hünfeld. Dieses Wort, wenn auch mit demjenigen, welches Dunst bedeutet, der Form nach ganz gleich, gehört doch dem Ursprunge nach nicht zu demselben, sondern zu vlans, Mund.
flanzen, den Atem benehmenden Dunst verbreiten; „das Fettlicht flanzt".

geflappt sein, ist. im Fuldaischen ein sehr üblicher Ausdruck für unklug sein, verrückt sein.

Flarre fem., Hieb, besonders ein Hieb durch das Gesicht, als Verwundung: „dem ist eine garstige Flarre über die Nase gehauen worden". Hier wie anderwärts, und zwar ziemlich allgemein üblich. Richey S. 63. Schmeller 1, 590. Vgl. *flerren*.

Flät msc., ein unanständiger, schmutziger, niedriger Mensch. Im Schmalkaldischen. Reinwald 1, 35. Sonst in Hessen unbekannt, und nur im Schaumburgischen wieder erscheinend, wo Flät (Brem. WB. 1, 406) und das Compositum Flätangel vorkommen.
Sehr ähnlicher Bedeutung, vielleicht ursprünglich dasselbe Wort, nur mit hochdeutschem Auslaut ist

Flacz msc. (Schmalkalden), *Fléz* (im übrigen Hessen), ein ungefüger, ungesitteter Mensch, was man sonst auch Rekel, Bengel nennt.
Reinwald 1, 36.

Flatsche fem., 1) Lappen, besonders aber von den Hautstücken gebräuchlich, welche bei schwereren Verwundungen losgetrennt werden; dann auch von einer ansehnlicheren Hiebwunde überhaupt. Allgemein üblich.
2) großer, durch Uebergießen einer Flüßigkeit entstandener und zugleich entstellender (meist auch Ekel erregender) Fleck. Schmalkalden.
Vgl. Grimm WB. 3, 1729.

Fleck msc., Ort, Stelle, angewiesener Platz; auch *Flecken*. Hin und wieder wird das Wort auch von einem einzelnen Landstück gebraucht. Die Bewohner derjenigen Ortschaften, welche die Bezeichnung „Flecken" führen, pflegen auf dieselbe sehr stolz zu sein und sich beleidigt zu fühlen, wenn man ihren Wohnort „Dorf" nennt.

fleckerweise, stellenweise, hin und wieder, da und dort. Werragegend.

Fledermaus, *Fledermäuse* war die in der Grafschaft Ziegenhain und in Oberhessen allgemein übliche und regelmäßige Benennung der bis zum Jahr 1840 in diesen Gegenden in unzälbaren Scharen cursirenden Frankfurter Pfennige (Heller), wegen des bekanntlich eine besonders steife Form tragenden Frankfurter heraldischen Adlers; eben so, wie man in Baiern die preußischen Groschen sonst Guckezergroschen nannte; Schmeller 2, 27. Seitdem das Cursieren jener Pfennige sich gemindert hat, ist jene Bezeichnung obsolet geworden (etwa seit 1850).

flehen (floehen), *flehnen*, fliehen machen, in Sicherheit bringen. Anderwärts häufiger als in Hessen, wo das Wort indes noch immer gehört wird, wenn gleich nicht häufig. „1491 du was eyn grois wynt uff sent Jacobs tag, der warff die welde umbe, unde furte in Langendorff enweg die Kirche husse unde schuren, alle buwe, ussgescheydin eyn bosse huss, worin die kyndere in *geflent*". W. Gerstenberger bei Schminke Mon. hass. 2, 555.

Fleischtag, Bezeichnung derjenigen Wochentage, an welchen nach alter, und noch jetzt in einem sehr großen Theil der ländlichen Haushaltungen bestehenden, Hausordnung Fleisch gekocht zu werden pflegte: des Dienstags und des Donnerstags; Mittwoche und Freitag waren Fasttage, und hießen in der Hausordnung Fischtage. Die Bezeichnung Fleischtage besteht noch jetzt, und es werden Gastmäler, zumal Hochzeiten, in vielen Gegenden nur an einem Fleischtag angestellt; eben darum gelten auch die Fleischtage noch jetzt hier und da, im Anfange dieses Jarhunderts allgemein, als Glückstage — weil an diesen Tagen reichliches Essen vorhanden war. Montags und zumal Sonnabends wurden Mehlspeisen gegeben, daher für diese Tage der im Fuldaischen noch jetzt übliche Name: Klößtage. Vgl. *Fischtag*.

S. Zeitschrift für hess. Gesch. u. LK. 4, 64.

flennen (Prät. *flänte*, Partic. *geflänt*, im Stift Hersfeld und in der Gr. Ziegenhain), ursprünglich: den Mund verziehen (Alberus Dict. Bl. la: porrigo vel exsero linguam, ich flenne); daher

Intransitiv: 1) weinen, zumal laut und schmerzlich weinen: „die hat einmal geflänt"! und ungezogen weinen, wie eigensinnige und unbändige Kinder thun. In diesem Sinne wird das Wort gebraucht im Hersfeldischen, Fuldaischen, im Schmalkaldischen, in der Obergrafschaft Hanau, in der Grafschaft Ziegenhain, auch an der untern Eder und an der Else (Homberg und Umgegend). Reinwald Henneb. Jb. 1, 36. *Flenn-Else*, ein zum Weinen geneigtes, thränenreiches Mädchen.

2) lachen, zumal eine lächelnde Miene machen, den Mund zum Lachen verziehen. So im östlichen Hessen, an der Fulda und Werra. Die Pferde, zumal die Hengste, flennen, wenn sie den Kopf in die Höhe werfen und die Zähne blicken laßen.

Flennbart, ein zum Lachen geneigtes Kind.

„flennen, lächerliche Miene machen". Grafschaft Hohenstein, Journal v. u. f. Deutschland 1786, 2, 115.

Activ: 3) uneigentlich: Pflaumenobst (Zwetschen, Kriechen, Schlehen) durch Hitze im Trockenofen oder im heißen Waßer zum Aufspringen der Schale bringen; in dieser Weise „geflennte" Schlehen sind zur Not eßbar. Das Auf=

springen der Schale ist dem Oeffnen des Mundes, namentlich zum Lachen zu vergleichen. Im östlichen Hessen, in Fulda und Schmalkalden.

In Oberhessen existiert das Wort überhaupt nicht. Grimm WB. 3, 1768—1769 verzeichnet nur die erste Bedeutung.

flenzen (sich): 1) mit Widerwillen, gleichsam mit Gesichtsverziehen, an eine Arbeit gehen. Im nördlichen Oberhessen.

2) (fleissen gesprochen, wie auch Leisel st. Lensel u. dgl.) Miene zum Lachen machen; „was fleißt du dich noch?" d. h. du willst wol gar noch deine Ungezogenheit u. dgl. belachen? Südliches Oberhessen; südlich von Marburg.

Vgl. Zeitschrift f. hess. Gesch. u. LK. 4, 65.

flerren, die Zähne blecken; höhnisch lachen; „du garstige Flerrschnute, was flerrst du noch?" Anrede einer Mutter an einen Knaben, welcher über das Hinfallen eines kleineren Kindes schadenfroh lachte. Ziemlich allgemein üblich. Zuweilen wird jedoch auch flerren für das ungezogene Weinen der Kinder verwendet.

Flarrgesicht, Flerrgesicht, starres, entstelltes Gesicht, Gesichtszüge, welche dummes Erstaunen oder heftigen Schrecken ausdrücken; Fratzengesicht.

Flerraugen, verkehrt blickende Augen, starr stehende oder verdrehte Augäpfel. Alserus hat im Dict. Bl. Tijb flerraugen für oculos distortos.

Flerjes msc., hin und wieder in Niederhessen übliches Scheltwort, gleichbedeutend mit Schlingel, Bengel.

Vgl. *Flarre*.

Flète fem., gesprochen fast wie Floete, fließendes Waßer, Bach, Fluß. Im sächsischen und besonders im westfälischen Hessen; in letzterem so, daß die Eigennamen der Flüße neben der allgemeinen Bezeichnung Flète verschwinden; z. B. heißt in Niedermeißer die durchfließende Warme nicht Warme, sondern Flète; ja die Diemel wird meist schlechtweg die Flète (= der Fluß) genannt.

Der neutrale Gebrauch des Wortes, in der Form *Flét*, wie sonst in Niederdeutschland, ist hier nicht vorhanden. Vgl. Richey S. 60. Brem. WB. 1, 413. fließen aber lautet auch hier, wie dort, flèten.

In älterer Zeit muß dieses Wort, in der Form *Fleute*, eine weit größere Verbreitung in Hessen gehabt haben, als heut zu Tage. Im 16. Jarhundert erscheint es öfter in oberhessischen Urkunden, z. B. „so vnd als vns vnd gemeltem huse (der Commende des deutschen Ordens zu Marburg) an vnsern deichen vnd fischerien in der Aczbach geleigen eczwan mirklicher schade von *fleuden* vnd gewesser des orts bescheen" Urkunde des Landcommenturs Wolfgang Schuczber genant Milchling von 1533.

fleuten gehen, 1) darauf gehen, verloren gehen; „das Geld ist fleuten gegangen". 2) sich aus dem Staube machen; „er ist fleuten gegangen", ist durchgegangen, durchgebrannt.

Niederdeutsche Redensart, Richey S. 63; besonders im östlichen Hessen üblich, nirgends aber gänzlich unverstanden.

flitschen und **flitzen** wurde im östlichen Hessen von ältern Personen noch im Anfange dieses Jarhunderts für: mit Pfeilen schießen gesagt (wie das Schießen mit Rohrpfeilen in jener Gegend zu den Frühlingsvergnügungen der damaligen Knabenwelt gehörte). „haben kleine schießlöchlein darinn, da sie herauß flitschen". Hans Staden Reisebeschr., Weltbuch 1562. fol. 2, 51b.

Flitschbogen, Flitzbogen, ersteres die für gröber, gemeiner, letzteres die für feiner und edler geltende Benennung: Armbrust; jetzt nur noch ein Knaben-

flittern, kichern, in halb unterdrückter Weise lachen. Im Haungrund.

flick, gesprochen *flick*, wird nicht nur im gewöhnlichen schriftdeutschen Sinne von Vögeln, sondern metaphorisch auch von dem Flachse gebraucht, welcher zum Herausnehmen aus der Röße geeignet ist. Estor d. Rechtsgl. 1, 641 (§. 1594).

flugger adj., schnell, hurtig, eilig. An der untern Eder (Fritzlar und Umgegend). Außerdem nicht in Hessen üblich, aber auch sonst kaum vorkommend, selbst nicht in Niederdeutschland; nur die Br. WB. 1, 411 aufgeführte zweite Bedeutung von flugge gewährt eine haltbare Anlehnung. *fluger* hat Stalder 1, 386 in der Bedeutung locker.

Flusz kommt in der Volkssprache niemals in der Bedeutung von fluvius vor, vielmehr bedeutet das Wort, wie in der älteren Sprache
  1) fluxus, Strömung;
  2) alle rheumatische und katarrhalische Krankheiten (in welchem Sinne im Schriftdeutschen noch Schlagfluß gebraucht wird), Gliederreißen wie Lungenentzündung (welche ehedem Herzgespan oder Herzgesperr hieß), Gehirnerweichung wie Kindbettergeschwulst, und namentlich wird die, nicht als Todeserscheinung, sondern als Todesursache aufgefaßte Lungenlähmung als Fluß bezeichnet; die Ursache des Todes wird, namentlich wenn von Kindern die Rede ist, regelmäßig dahin angegeben: „es ist ihm ein Flüßchen gefallen". Bekanntlich pflegten alle derartigen Krankheiten in älteren Zeiten auf die humores, bösen humores, welche sich da oder dorthin gezogen, dahin oder dorthin gefallen seien, zurückgeführt zu werden, und noch im Anfange dieses Jahrhunderts wurde diese Auffaßung von Dorfärzten und Chirurgen ernstlich vertreten. Von diesem humor, diesen humores ist Fluß, Flüße die buchstäbliche Uebersetzung.

flutschen, schluchzend weinen, stärker als flennen, schwächer als heulen. Schmalkalden.

fochen, laut und schwer atmen, von den Menschen und vom Vieh in Oberhessen gebräuchlich, anderwärts unbekannt. „Du fochst ja", Anrede an einen, der sich außer Atem gelaufen hat. Es ist das gemeinhochd. pfuchen, pfuchzen. In Niederhessen sagt man *hechzen*.

Föhr fem. und neutr., Furt, Durchfartsstätte für Wagen und Viehheerden, nicht nur durch einen Fluß, sondern auch durch einen in einem engen Thale fließenden, wenn gleich noch so kleinen Bach, welcher der Natur seines Laufes gemäß, nur hier und da geeignete Punkte gewährt, auf welchen über ihn hin von der einen Bergwand, dem einen Abhang, zur andern mit Wagen und Vieh gelangt werden kann. Das Wort findet sich nur im sächsischen und westfälischen Hessen, sehr häufig zumal am Reinhardswald, und die Föhre geben überall den Flur= oder Waldstrichen, in denen sie sich befinden, ihre Namen, so daß sie, von Außen angesehen, sich wie Eigennamen ausnehmen. So ist z. B. bei Grebenstein eine Föhr durch die Esse, bei Volkmarsen das (die) Allerföhr durch die Twiste; bei Hombressen dagegen führen die Dreckföhr, die Osterwaldsföhr, die Düwelsföhr, und viele andere, bei Ubenhausen die Beckenhager Föhr, die Meyerhöfer Föhr, bei Gottsbüren die Thonkäuter Föhr, bei Ippinghausen das hohe Föhr u. s. w. über geringe Rinnsale in meist sehr engen Thalgründen. Fußpfade aber, welche mittels Stegen über diese Bächlein führen, heißen niemals Föhr.

Folen neutr. puledrus; die ausschließliche Bezeichnung des jungen Pferdes in ganz Hessen. *Füllen*, das Deminutiv von Folen, ist nirgends üblich, es sei denn in abermaliger Deminution, *Füllchen*, welches Wort wol Kindern gegenüber gebraucht wird.

Forke fem. Dieses lateinische, ehedem auch in Oberdeutschland gebräuchliche und in ganz Niederdeutschland noch jetzt übliche Wort ist auch in den sächsischen und westfälischen Gegenden Hessens, doch nur in diesen, gebräuchlich, bedeutet aber nicht, wie sonst in Niederdeutschland (Schottel Haubtspr. 1321. Richey S. 66. Brem. WB. 1, 441) Gabel überhaupt, sondern nur die zweizinkige Heugabel. Die dreizinkige Mistgabel heißt Greipe (s. d.).

Frasen msc., cespes, Rasen. Diese Form herscht in den niederdeutschen Bezirken Hessens, sodann weiter südlich in Niederhessen bis nach Melsungen und Homberg herauf, in Oberhessen in der Gegend von Frankenberg. Das südliche Niederhessen, Hersfeld, Ziegenhain, Fulda und das südliche Oberhessen bedienen sich der hochdeutschen Form Wasen. Das gemeinhochdeutsche Wort Rasen ist nirgends volksüblich. „Zu den getzydin fur uss der erden in Doringen eyn gross *frassen* lenger dan L fusse lang". W. Gerstenbergers Chronik bei Schmincke Monim. hass. 1, 36. „Noiltzoiger frawen oder meyde den sal man an vyr phele uff eyne(n) *frassen* bynden". Emmerich Frankenberger Gewohnheiten bei Schmincke Mon. hass. 2, 755. „den untersten Kleefraßen" Hainaer Leihebrief von 1752 bei Lennep Leihe zu LEN. Cod. prob. S. 209. Anekdote: Eine Schildwache verwehrte einer bekannten sentimentalen Dame in Kassel im Jahr 1822 den Uebergang über das Bowlinggreen in Wilhelmshöhe, worauf sie ihn anredet: „Rauher Krieger, laß mich wandeln auf dem Teppich der Natur!" und der Soldat antwortet: „Dumme Gans, es is ja **Frasen**!"

Es ist dies Wort neben Frist (s. b.) das einzige Beispiel, daß das niederdeutsche wr auch in nicht eigens niederdeutschen Gegenden, vergröbert allerdings in fr, beibehalten worden ist. Die volle niederdeutsche Form *wrasen* s. bei Frisch 2, 87. Die gemeinhochdeutsche (schriftdeutsche) Form Rasen ruht auf dieser niederdeutschen, mit üblicher Wegwerfung des w; wie sich aber das ahd. waso, mhd. wase, welches jetzt nur noch in den Dialecten vorhanden ist, zu wraso verhält, bleibt noch zu ermitteln.

Das von Grimm WB. 4, 64 als unerklärt bezeichnete Wort *frase, fräse* ist wol zweifellos unser frasen; Spreu bedeutet jenes frase, fräse auf keinen Fall.

Frau. In ganz Hessen wird von Seiten des Gesindes das Wort Frau noch in dem alten Sinne von Herrin, Gebieterin, gebraucht: „meine Frau", „unsere Frau" sagen selbst in Städten ganz allgemein männliche und weibliche Dienstboten von der Dienstherrin.

Fräule (gesprochen Fraile) neutr. 1) die Großmutter; Reinwald 1, 37. 2) kleines altes Mütterchen. Schmalkalden. Vgl. Herrle.

Unser Frauen Bettstroh (Schmalkalden), abgekürzt *Frauenbettstroh, Frauenstroh* (im übrigen Hessen), Galium cruciata.

Frauenmantel, Alchemilla vulgaris; überall so genannt.

Die übrigen, anderwärts nach der Jungfrau Maria mit Frau bezeichneten Kräuter führen diese Bezeichnung in Hessen nicht, selbst nicht Adiantum nigrum (Frauenhaar), in Hessen ohnehin selten, und Cypripedium, welche schöne Blume, wenn sie ja genannt wird, nur Schuhblume, nicht Frauenschuh heißt; nur im Spessart wird sie Frauschuckelblume genannt, und, wol unberechtigt, mit den „wilden Frauen" in Verbindung gebracht. S. Lynker deutsche Sagen und Sitten in hessischen Gauen. 1854. S. 62.

Jungefrau, gewöhnlicher Anruf der Bäuerinnen, alt oder jung, welche mit Verkaufsartikeln in die Stadt zum Markte kommen, oder auf dem Krammarkt an den Buden vorübergehen. S. Jungfer.

wilde Frau, eine bis jetzt noch nicht völlig erloschene, mythisch gewordene Reminiscenz an ein Menschengeschlecht, welches vor dem jetzt unsere Gegenden bewohnenden Volksstamme in denselben gehaust hat. Am lebendigsten sind die einschlagenden Sagen noch jetzt im Spessart und im Büdinger Wald, so wie am Vogelsberg, f. Lynker S. 58—62; mehr verdunkelt am Knüll. Bei Wüstwüllenrot heißt eine Basaltkuppe „das Wildfrauenhaus"; im Büdinger Walde eine gleiche Basaltklippe „das wilde Weibsbild"; am Knüll über Friedigerode nahe am Bilstein eine ähnliche Klippe, unter welcher sich eine Höhle befindet „das Frauenhaus". Letztere Bezeichnung wurde noch vor fünfzig Jahren ganz bestimmt auf die „wilden Frauen", welche dort vor alten Zeiten gewohnt hätten, bezogen; seitdem ist der Mythus verblaßt, f. Lynker S. 62. Vgl. Grimm d. Myth. (2) 403 f.

frei adv., ein Ausdruck des Bekräftigens und Hervorhebens, wie in der Volkssprache wol überall in Deutschland, welchen die Schriftsprache wiederzugeben (zu übersetzen) nicht vermag. Schmeller 1, 606. Bald entspricht dem „frei", doch immer nur zum Theil, die Formel „ganz und gar", bald „recht", bald „nur", bald „schon", bald „wirklich" u. dgl. m. „Waitgen war dich, an dem orth da du schlaffest, sitzt alle nacht ein lodderichter Hundt, der schutt frey sewr vmb sich". Eschweger Hexenprocessacten von 1657. „Wir sind frei lustig gewesen" bedeutet wir sind recht lustig gewesen, aber auch nur lustig, d. h. es ist weiter nichts (Schlimmes) vorgegangen. „Er hat ihm frei abgesagt", hat die Zumutung, Bitte, ganz und gar abgeschlagen.

freien, im westfälischen Hessen *friggen* gesprochen, ein augenscheinlich niederdeutsches Sprachelement, in Oberdeutschland wenig üblich (Schmeller 1, 610), ist in ganz Hessen der ausschließlich gebrauchte Ausdruck für

1) werben um eine Heirat, bei dem Mädchen wie bei dessen Eltern; meist mit um construiert: „um die N. N. freien".

2) heiraten. „Es muß wol einer freyen, wo er zukommen kann". Marburger Acten von 1596. So sind auch die Redensarten „jung gefreit, hat niemand gereut", „freien ist kein Pferdekauf" u. dgl. volksüblich.

Freierei, Brautwerbung. Schon bei W. Gerstenberger (Schmincke Monim hass. 1, 271): frygerie. „Auf die Freierei gehen", nach einer passenden Braut sich umsehen, Heirathsanträge machen.

Auch die Ausdrücke Freiersmann (Brautwerber) auf Freiersfüßen gehen, weniger indes Freier und Freierin, sind volksüblich.

Freisch msc., convulsivischer Zufall, namentlich das in Folge eines plötzlichen Schreckens eintretende convulsivische Zittern. Schmalkalden, anderwärts unbekannt.

Schmeller 1, 617; abweichend von dem ältern und in Baiern noch vorhandenen Gebrauche ist unser Wort Masculinum, nicht Femininum.

Fresse fem., *Fress* neutr., der Mund, in verachtender Beziehung. Das Neutrum findet sich in Oberhessen, doch nicht ausschließlich, neben dem gleichfalls sehr gebräuchlichen Femininum herschend. „Ich will dirs ins Freß schmeißen" Oberhessische Criminalacten von 1593; eine Redensart, in welcher als einer sehr gewöhnlichen, Freß und Fresse noch jetzt gleichmäßig vorkommen;

„einen in die Freße schmeißen", gleichfalls sehr üblich, hat vorwiegend das Femininum. Schmeller 1, 618.

Gefraesz neutr., in gleicher Bedeutung wie Fresse und noch üblicher als dieses Wort.

Freund bezeichnet auch in Hessen, wie in Baiern (Schmeller 1, 614) und sonst wol in dem größten Theile von Deutschland, auf dem platten Lande zunächst nur den Verwandten. Die Bedeutung von amicus ist zwar nicht unbekannt, ja in einigen Beziehungen üblich, z. B. „wir wollen ja gute Freunde bleiben", aber doch eine gegen jene Bedeutung sehr untergeordnete, ja fast verschwindende. Noch in der Zeit des siebenjährigen Krieges scheint unter dem Landvolk bei uns die Benennung „Freund" für ein nicht verwandtschaftliches Verhältnis nicht nur nicht üblich gewesen, sondern sogar abgelehnt worden zu sein; in der Abwicklung einer weitläufigen, die Jahre 1758—1764 ausfüllenden bäuerlichen Erbschaftssache wurde von einem Beamten ein den Haupterben mit seinem Rate unterstützender Bauer als „Freund" des Haupterben bezeichnet; der Letztere protestierte aber förmlich, und zwar zweimal, gegen diese Bezeichnung: „der N. N. sei sein Freund nicht, und habe sonach mit der Erbschaft nichts zu schaffen". Ganz Aehnliches aber habe ich noch im Jahr 1810 (oder 1811) vernommen.

Freundschaft bedeutet in ganz Hessen nur den Verwandtenkreiß; niemals wird das Wort in dem Sinne von amicitia gebraucht. Komt es je in abstracter Bedeutung vor, so bezeichnet es die Verwandtschaft.

Friede. In älterer Zeit wurden die Bauernhöfe und ganze Dörfer mit Verzäunungen (Schlägen) umgeben, und diese Sicherung gegen Einbruch und Frevel nannte man Friede, Dorffriede (wovon gemeinhochdeutsch „einfriedigen"), weil innerhalb dieser Verzäunungen man sich sicher und heimisch fühlte; möglich, daß das Wort fridu, welches in den urverwandten Sprachen keine Namensverwandtschaft hat (fehlt übrigens auch im Gothischen), zuerst die Einhegung, das Sicherheitsmittel, und dann erst den Sicherheitszustand und das Sicherheitsgefühl bezeichnet hat. Es wurde streng darauf gesehen, daß dieser Friede (diese Verzäunungen) bei Nacht verschloßen gehalten werden mußte, und daß nicht etwa der Eine dem Andern seinen Dorffrieden aufbrach; die Ortsvorstände waren dafür verantwortlich, daß insbesondere die das ganze Dorf umfaßenden Einhegungen unverletzt erhalten und die Eingänge Nachts verschloßen wurden. „1 fl. werden gestraft die Elbergerheuser [ehemalige Bewohner des Dorfes Elbringhausen bei Goßfelden, welche sich nach Goßfelden gezogen hatten, hier aber immer, und bis auf die neuere Zeit, eine besondere Gemeinde bildeten] das sie Michel in Irlen zu Gußfelden sein **dorf friden uf gebrochen vnd jm ein vnnodigen saher weg vber sein acker gemacht haben**". Wetterer Bußregister von 1591. 1½ fl. wird gestraft die gemein Sterzhausen, dz sie dz gebot veracht vnd jren **dorff friden** nicht zue machen wollen" Ebdf. von 1596. „10 alb. wird gestraft Reinhart Müller zu Omenaw dz er den **dorfffriden** nicht gehalten". Ebdf. v. 1596. Und so öfter, auch werden mehr als einmal „der Heimberger vnd vier" (zu Sterzhausen und anderwärts) gerügt „das sie nachts vber eingelegt gebott ihre schlege nicht beschliessen lassen, dahero etzlichen mit hüeten grosser schade im felt entstanden". Schmeller 1, 603—604.

Hierher gehören auch wol ohne Zweifel die Ortsbezeichnungen *Fridaha*, jetzt Frieda, an der Werra — wol ein eingehegtes, nicht dem gemeinen Gebrauch (Fischfang u. dgl.) überlaßenes Waßer.

Frideslar, jetzt Fritzlar, eine eingehegte Wohnung, wie etwa das spätere Burgstall.

Friduwall, jetzt Friedewald, dem Sinne nach im Allgemeinen dasselbe, was wir jetzt Hegewald, Hege, nennen; möglicher Weise aber insbesondere ein Wald, welcher für den Cultus bestimt und zu diesem Zwecke eingefriedigt war; der jetzige Flecken mag aus einem solchen Walde entstanden sein oder an einen solchen angebaut worden sein. Als Appellativum komt Friedewald noch spät, im 17. Jh. in einem Weistum von Crove an der Mosel (Grimm Weist. 2, 373) vor.

Frischbier neutr. (gesprochen *Früschper*), im Schmalkaldischen die Bezeichnung des Nachbiers, Dünnbiers, Covents. (Vgl. *Trinken*, *Languel*). Reinwald 1, 38.

Frist fem., der obere Theil des Fußes, sonst auch Reihen genannt; auch heißt so, doch meist schon mit Weglaßung des F im Anlaut, also Rist, der unterste Theil des Armes dicht über dem Handgelenk, meist auch mit Inbegriff des letztern. Es gehört dieses Wort zu denen, welche das wr das Anlauts in fr verwandelt haben (vgl. Frasen): eigentlich *wrist*.

Richey Hamb. Jd. S. 347. Strodtmann Id. Osnabr. S. 388. Brem. WB. 5, 300. Schmeller 3, 144.

fromm wird in Hessen, wie in dem größten Theile Deutschlands, nur in einer Beziehung noch in seinem ursprünglichen Sinne (förderlich, dann: gesetzlich [wie Luther das Wort ausnahmslos und nach seiner ausdrücklichen Erklärung gebrauchte], in seinem Lebenskreiße ohne Ausschreiten verharrend und denselben ganz ausfüllend) gebraucht: von Pferden welche nicht schlagen oder beißen, und von Ochsen welche nicht stößig sind.

befruchtigen, den Acker besäen; ein in den Leihe-, Pacht- und dergleichen Briefen im 14., 15. und zum Theil noch im 16. Jahrhundert sehr oft vorkommender Ausdruck: „das sie land schere (aberntе) vmb jren verschienen poicht, als sie das zu der zeit *befruchtiget* hette" Ungedr. Urkunde von Caldern v. 1383. Emmerich Frankenberger Gewonheiten bei Schmincke Monim. hass. 2, 747.

Fuchtel fem. 1) wie gemeinhochdeutsch: im Plural Schläge, im Singular Degen. 2) Schimpfwort für eine lüderliche Frauensperson, Hure. Im Fuldaischen.

fuckeln, betrügen, namentlich im Kartenspiel durch untergeschobene, verleugnete u. s. w. Karten betrügen. *Fuckelei*, Betrügerei. Schmalkalden. Reinwald 1, 38.

Doch ist neben fuckeln im Schmalkaldischen auch das im übrigen Hessen für diese Art von Betrügerei gangbare Wort *muscheln* (fuscheln) nicht ungebräuchlich.

Füllfasz neutr., gewöhnlich *Föllwes* gesprochen, der aus Holzschienen verfertigte, die Gestalt eines halben Eies tragende, gewöhnlich zu Erdarbeiten benutzte, in Thüringen und im Hennebergischen gebräuchliche, in Hessen fast gänzlich unbekannte Korb. Mit der Verfertigung dieser Körbe beschäftigen sich viele Bewohner der Schmalkaldischen Dörfer, und es werden deshalb die dort zalreichen Korbflechter überhaupt *Föllwesmächer* genannt. Spricht man das Wort sorgfältig, vor „Gebildeten" aus, so lautet es *Füllfäs*.

verfumfeien, eine Sache durch ungeschickte Behandlung gänzlich verderben. Niederdeutscher, in Niederhessen häufig, in der Diemelgegend in der

Form *verpumfeien*, vorkommender Ausdruck, dessen verhochdeutschte Formen *verbombeisen* (s. d.) und *verpopeizen* (s. d.), zugleich ohne Zweifel Verderbnisse der Form *versumfeien*, sind. Das Wort *sumfeien* bedeutet nach Richey Id. Hamb. S. 67 „lustig fiedeln und tanzen" und *versumfeien* „wollüstig verthun" (aus Richey das Brem. WB. 1, 466—467), und so bedeutet *versumfeien* eigentlich: sein Vermögen durch ein lustiges Leben, bei Spiel und Tanz, zerrütten, woraus sich die jetzige Bedeutung von *versumfeien*, *verbombeisen*, *verpopeizen* auf sehr begreifliche Weise entwickelt hat.

fummeln, unsicher an etwas herum tasten (herum fummeln), ungenaue Arbeit machen (ungenau nähen, stricken, kleben u. dgl., wozu Genauigkeit im Einzelnen erforderlich ist). Allgemein üblich. Vgl. *sameln*.

Richey Id. Hamb. S. 67 hat für *fummeln* die Bedeutung: mäßig herum schwänzen.

funern, im Schlafe umhergehen, wie die Mondsüchtigen thun; im Schlafe reden. Schmalkalden. Vgl. *sameln* und *sanzen*.

fung, *fungst*, vollends. Schmalkalden. Vgl. *aufung*.

Fürbes = Fürfuß, der Füßling von Strümpfen, die Socke. Oberhessen.

Fürschilling, Geschoß, städtische Abgabe von Häusern, Aeckern, und dem Eigentum an beweglichen Sachen (Vieh und Hausgeräte). Das Wort erscheint häufig und als feststehende Bezeichnung in Emmerichs Frankenberger Gewonheiten bei Schmincke Monim. hass. 2, 696: „der gibt *furschilinge* unde verstehet syn gut"; 697: »Myt dem *furschilinge* verstehet man al syn hussgerede", und sonst. Auch wechselt es einige Male, z. B. S. 695, mit dem Worte Geschoß. Das Wort soll noch im vorigen Jahrhundert als eine officielle, in städtischen Rechnungsverhältnissen gebräuchliche Bezeichnung in mehreren Städten vorgekommen sein.

fútscheln, plätschern, im Waßer mit den Händen oder mit dem ganzen Körper (auch der Fisch lutschelt) herumfahren. Schmalkalden.

Neben *lutscheln* findet sich auch *pfütscheln*, *pfätscheln*, auch *fitscheln* (*fitschern*), welches besonders von dem Hantieren der Wäscherinnen mit der Wäsche im Waßer gebraucht wird. Gleichfalls in Schmalkalden, sonst nirgends, üblich.

futtern wird ziemlich in ganz Hessen, am meisten in Niederhessen gebraucht in dem Sinne von grollend schelten, fluchend schelten. Im östlichen Hessen findet sich sogar neuerdings *sich futtern* d. h. sich gegenseitig schelten, sich mit Worten zanken.

Das Wort ist erst 1806—1814 völlig üblich geworden, obgleich es von den „Brabäntern" d. h. den Soldaten, welche 1793 mit im Revolutionskrieg in den Niederlanden gewesen waren, ja schon von den aus dem siebenjährigen Kriege Herstammenden, einzeln gebraucht wurde. Es ist das französische foudre, in ein deutsches Verbum umgestaltet: foudre aussprechen, mit foudre um sich werfen.

G.

gä, die abgestumpfteste, aber gewöhnlichste Form, **gae, gäbet, gaebet**, die volleren, minder häufig gebrauchten Formen des bekannten ältern *geb Gott, geb* (Grimm Gramm. 4, 260): meinetwegen, mir liegt nichts daran, ich bins zufrieden; und wenn auch. Nur im Schmalkaldischen noch üblich. Schmeller 2, 83.

gabeln (sich), sich ordnen laßen, sich in eine bestimmte Form fügen; meistens von Sachen, indes auch von Personen üblich. „Es will sich gar nicht gabeln", die Sachen wollen sich nicht machen, nicht fügen, nicht zusammen paßen. „Wie wird sich denn der N. N. gabeln", wie wird er sich anstellen, sich in seine Verhältnisse zu finden wißen. Sehr üblich. Ohne Zweifel von Gabel entlehnt: sich auf die Gabel faßen, aufgabeln laßen. Das schwer verständliche nürnbergische gaulen Schmeller 2, 31 erhält durch unser Wort seine zutreffende und ausreichende Erklärung.
Estor t. R. 3, 1408.

Gaden msc., ein jetzt nur noch in der Obergrafschaft Hanau (Schlüchtern, Schwarzenfels, Steinau) und zwar in der ursprünglichen Bedeutung üblicher Ausdruck: kleiner, einstöckiger, und meist nur aus einem einzigen Raum bestehender Nebenbau. In früherer Zeit muß das Wort, auch in dem angegebenen uralten Sinn, ziemlich überall in Heßen verbreitet gewesen sein; so ist in Dörfern der Umgegend von Kaßel (Heckershausen u. a.) von Erdgaden die Rede, welche übrigens zum Theil zu Wohnungen gedient zu haben scheinen. In dem Sinne von Vorratsraum, Vorratshaus aber kommt Gaden in den herschaftlichen Rechnungen bis in das 17 Jarh. oft vor, am öftersten allerdings in oberheßischen Rechnungen; z. B. wurde (1583 u. ö.) in Wetter ein Theil des herschaftlichen Getreides auf dem Gaden, ein anderer auf dem Herrenhause aufbewahrt. Unkundige Schreiber, Rentmeister u. dgl. vermischen oft den hochdeutschen *Gaden* mit der niederdeutschen *Kate, Kode*, wiewol freilich ursprünglich *Gaden* und *Kode* identisch sind, wie dieß schon die Verfaßer des Bremischen Wörterbuchs 2, 474 behauptet haben. S. Koden.

vergaden, das von der Weide in die Ställe zurückgekehrte Vieh Abends abfüttern. Noch jetzt in und um Frankenberg, um Kaßel (im Baunagrund) üblich; „als eben die Leutt das Viehe vergadett" Dillich 1623. Es ist das niederdeutsche vergaden, vergadern, versammeln; „das Vieh vergaden" bedeutet: das Vieh wieder in die Ställe zusammen bringen, und folglich mit dem Abendfutter versehen.
Vgl. Brem. WB. 2, 474. Schmeller 2, 80.

Vergaderung, Vereinigung, Versamlung; „als nun der hauff sich etwas meret, durch vergaderung des volcks, traff er (Romulus) ein ordnung". J. Ferrarius von dem gemeinen Nutz. Marburg 1533. 4. Bl. 40a. Jetzt nicht mehr üblich.

Gaischpel fem., schmalkaldische Entstellung der Formel *Gäufelchen voll* (s. Gäufel), vielleicht auch die, freilich alsdann besonders grobe, Entstellung von *Gäufel* selbst. Es bedeutet: beide Hände voll, die Fülle beider Hände; „er hat das Geld gaischpelweis"; dann auch allgemein: Menge.
Reinwald 1, 45. Das Wort hat in den verschiedenen deutschen Dialecten arge Entstellungen erfaren; einige derselben zält Reinwald a. a. O. auf; eine der schlimmsten hat Schmidt westerw. Jd. S. 64 „Ganversch".

Vilmar, Idiotikon.

Gâke fem., **Gâk** msc., Rabe, Kolkrabe. Der gemeine Name dieses Vogels im östlichen Hessen, wo *Gâke* fem., und in Schmalkalden wo *Gâk* msc. herrscht. Ein vom Geschrei des Vogels hergenommener Name, wie jetzt die Thiere nur von noch nicht sprachfähigen Kindern benannt werden, aber Gâke, Gâk hat sich in den betreffenden Gegenden so eingebürgert, daß daselbst das Wort Rabe so gut wie gar nicht gehört wird.

gackelig, unsicher in Bewegungen und Verrichtungen, einfältig, unanstellig. Allgemein üblich, beinahe gleichbedeutend mit dattelig, nur daß gackelig mehr das Unruhige, an das Narrenhafte Grenzende, dattelig mehr das Alberne bezeichnet.

gâken, überlaut schreien; auch von dem Geschrei der Raben, Dohlen, Krähen gebraucht, s. *Gâke*. „kaaten, schreien". Grafschaft Hohenstein, Journal von und für Deutschl. 1786, 2, 116. Allgemein üblich.

gâksen, Verstärkungsausdruck für gâken.

gacken, cacare; nicht sonderlich volksüblich, aber alt; schon im Jahr 1384 heißt auf der Burg Reichenbach der Abtritt *gagack* (Mitteilung des Archivar Landau). Schottel Haubtspr. 1342 hat kakken.

gacksen, Verstärkungs- und Iterativformel für gacken.

Im Haungrunde wird *gacken* niemals für cacare gebraucht, sondern es ist gacken dort der Ausdruck für das Geschrei der Henne nach dem Eierlegen (s. *gätzen*), welcher dort neben *gätzeln* im Gebrauche ist.

Galge msc. 1) Die Galgen als Hinrichtungswerkzeuge wurden in der westfälischen Zeit beseitigt, wenigstens in so weit, als die Querbalken abgebrochen wurden; die steinernen Säulen blieben entweder ganz (bei Hersfeld) oder theilweise (bei Marburg) stehen, bis denn auch diese um das Jahr 1820 weggeräumt wurden. Die letzte Hinrichtung am Galgen soll 1806 in Kassel vorgekommen sein; der Letzte, welcher unter dem Galgen stehend begnabigt worden war, war ein gewisser Laz aus Treysa, welcher 1846 noch lebte und sich mit Botengehen ernährte.

„Ich will dir den Galgen thun" ältere Abweisungsformel, gleichbedeutend mit der noch vorhandenen: „ich will dir den Teufel thun". Oberheff. Criminalacten von 1593, und öfter.

2) Galge heißt auch die, die ältere Gestalt der Galgen 7 darstellende Vorrichtung am Spinnrad, welche zur Einfügung und Handhabung des Wockens dient.

Schnappgalge, Galge älterer Form, an welchem die Verbrecher (kleine Diebe, Huren u. dgl.), meistens in einem Korbe, aufgezogen, und entweder plötzlich in das Waßer getaucht, oder wenigstens schnell herabgelaßen, wieder hinaufgezogen und wieder herabgelaßen wurden. Solcher Schnappgalgen fanden sich in mehreren Städten; in Marburg stand derselbe auf dem Markte; er hieß auch Schneppe, Hurenschneppe, in Kassel Wippe.

Woluisgalge, 1333 bei Marburg, ein Galge an welchem man die gefangenen Wölfe aufknüpfte. Landau Geschichte der Jagd S. 224.

Galgenbaum, jetzt nur noch Name von Feldplätzen z. B. bei Oberaula, welcher auf die älteste Form des Galgens zurückweist, als man noch keine gezimmerten oder gar gemauerten Galgen kannte, sondern die Aufknüpfung an einem Baume vollzogen wurde. Auch *Galgenberg* ist ein Name von Flurgegenden, welcher jetzt nur noch von dem ehemaligen Vorhandensein der Galgen Zeugnis gibt; ehedem stand der Galgen an diesen Stätten, regelmäßig auf Bergen.

Galgenhünkel, Galgenhinkel msc., einer der am Galgen hängt oder zu hängen verdient, gleicher Bedeutung mit dem gemeinhochdeutschen Galgenschwengel. „Nemlich die galgenhünkeln, so jr handwerck lassen fallen, aber wo sie keins gelernt haben, wollen sunst nit arbeiten, ligen tag vnd nacht in den wein vnd spielheussern". J. Ferrarius von dem gemeinen nutz 1533. 4. Bl. 56b.
„Du loser Bawr, Galgenhinckl,
Daß du meiner Kuh den lincken Schenkl
So hast zerschlagen". Js. Gilhausen Grammatica 1597. 8. S. 97. Die Galgen mußten, wie anderwärts, auch in Hessen, von der Leinweberzunft aufgerichtet werden. Im Jahr 1585 wurden die Leinweber der Stadt und des Amtes Rauschenberg bei Strafe angehalten, den Galgen vor der Stadt Rauschenberg aufrichten zu helfen, bequemten sich aber in Folge dieser Drohung dazu, und halfen denselben „am Elpes Berge vor der Stadt Rauschenberg neben der Strassen nach Rosenthal", nachdem derselbe gezimmert worden war, „sampttlichen offheben vnd in die höhe bringen", wofür sie laut Quittung vom 29. October 1585 einen Gulden empfiengen.

gallern, laut schreien, besonders vom Hunde, und zwar vorzugsweise von dem Geschrei des Hundes, welches er hören läßt, wenn er geschlagen oder von andern Hunden gebißen wird. Estor 3, 1408. In ganz Hessen üblich.

Vgl. *gillern*.

galpen, im Haungrund *galfen*, bellen, sowol im eigentlichen als metaphorischem Sinne, vom bellenden Reden zankender Menschen. Allgemein gebräuchlich.

galpchen, Frequentativ von galpen; auch diese Form ist, besonders in Niederhessen, allgemein gebräuchlich.

ganfen, stehlen, mausen; das hebräische גנב, aus der Judensprache herüber genommen, und meist genau in dem Sinne des gemeinhocht. mausen gebraucht. Im östlichen Hessen bis in die Grafschaft Ziegenhain sehr gebräuchlich, in Oberhessen, wo bis auf die neuere Zeit weit weniger Verkehr mit den Juden statt fand als in Niederhessen, weniger üblich.

Gans fem., sehr oft Gäns gesprochen; in dem größten Theil von Hessen das epicoenum und die Bezeichnung der weiblichen Gans. Die männliche Gans heißt *Ganser* (Gänser), seltner Gänserich, im Schmalkaldischen aber *der* Güns (hier Güns gesprochen, wie denn der Schmalkalder das ä fast regelmäßig in ü verkehrt). In den niederdeutschen Bezirken lautet das Wort für das epicoenum und das Femininum *Gaus*, für die männliche Gans *Gante* msc. Redensarten: „die Gänse haben ihm die Waden weggebißen" sagt man von einem dünnbeinigen Menschen. „Eine fette Gans schmiert man nicht", Sprichwort, einem Reichen gibt man nicht, macht ihn durch Geschenke 2c. nicht noch reicher — er ist reich genug.

Gänselöffel ist im Fuldaischen die Bezeichnung der Flußmuschel. (Vgl. Ickermüllerchen).

Garge fem., Tasche, jedoch nur die angebundene Tasche, wie sie die Frauensleute auf den Dörfern zu tragen pflegen, nicht die angenähete, gleichsam einen Theil des Kleidungsstückes bildende Tasche. Oberhessen, ganz allgemein üblich. Das Wort findet sich schon bei Albertus Dict. Bl. 1a. „Garg, Mantica. Manticulari, die gargen betasten".

Gargesack, Zwerchsack, wie derselbe ehedem von den Bauern und Juden getragen wurde, jetzt nur noch selten vorkommt. Estor d. Rechtsgl. 3, 1408.

Gargegarten, Bezeichnung einer Flur- und Gartengegend in der Gemarkung von Ruhlkirchen (Oberheß. Prov. Wochenbl. 1844 S. 137) und sonst.

Vgl. Zeitschr. f. heff. Gesch. u. Landesk. 4, 66. Weigand im Friedberger Intelligenzblatt 1845 No. 9 S. 34, welcher als im Darmstädtischen Oberhessen vorhanden nur *Gärgelsack* verzeichnet; er leitet das Wort nicht unwarscheinlich von dem mittellateinischen Worte carica (französ. charge) ab. Dieses Wort selbst aber soll nach Leos Meinung (Malb. Gloss. 2, 60) nur latinisiert und ursprünglich keltisch sein: *carg*, die Ladung, Last; *cargu*, beladen. Vgl. Diez etym. Wörterb. der roman. Spr. 1853 S. 90. Die Vermutung von Leo ist sehr warscheinlich, da *carrus* ein altlateinisches Wort zuverlässig nicht ist, und wol erst während der Feldzüge Cäsars in Gallien erborgt wurde.

Gärkammer fem., die Abteilung der Sakristei, wo die Cultusgewänder der Geistlichen, zumal die Meßgewänder, aufbewahrt werden; diese Gewänder hießen bis in die neuere Zeit hinein vorzugsweise die Garwen (ahd. *garawi* fem., Graff 4, 242—243, mhd. *garwe*, *gerwe* f., Müller nhd. WB. 1, 481). Letzterer Ausdruck ist zwar erloschen, Gärkammer aber wird in den katholischen Bezirken (Oberhessen, woraus ihn auch Estor 3, 1408 anführt, und Fulda, wo die Sakristei selbst Gärkammer heißt) noch immer gehört. Ehedem war derselbe hier, wie sonst in Deutschland, ganz allgemein gebräuchlich. So hieß die an der St. Martinskirche in Kassel vor 1517 vorhandene Sakristei das Gerbehaus (s. die Beschreibung von Kassel v. Landau in dem Malerischen Deutschland). „A. 1488 ist gestiftet zu Franckenberg St. Annen Altar in der Gerbekammer, welchen erstlich dotirt eines Bürgers Sohn, Henricus Weidenheimb genant, welcher sich darauf ordiniren ließ, und ist in dieser dotation beschrieben worden, daß ein jeder Priester, wann er im Chor oder in der Kirchen Meß halten wollen, so hat er sich mögen an diesem Altar aus- und anziehen, es wäre denn Sache, daß man über demselben Altar Meß halten wolte". Weete Heß. Zeitrechnung im Kalender für 1721 S. 5, aus W. Gerstenberger (die Stelle [bei Frisch citiert] fehlt bei Kuchenbecker und Ayrmann). *gherwecamere*, vestibulum. Gloss. trevir des 14. Jh. in Hoffmann horae belg. 7, 9. *gérkamer*, vestibulum, porticus in qua vestimenta. Mone Quellen und F. 1, 1309. Scherz-Oberlin S. 528 (gerbhaus, gerbekammer). Frisch 1, 342. Richey S. 70—71. Strodtmann Id. Osn. S. 72. Schambach Gött. Jd. S. 63.

Gaermatz msc., Scheltwort für eine Person, welche viel Unbedeutendes und Verworrenes spricht. Schmalkalden.

Garst msc., ein übel aussehender, häßlicher, auch ein unanständiger Mensch. Schmalkalden.

Garstvogel msc., dasselbe; allgemein üblich. Estor 3, 1408.

Dagegen ist das Wort *garstig* gar nicht im Gebrauch, oder es wird wenigstens vermieden und nur verwandt, um die äußerste Ekelhaftigkeit auszudrücken. Garst bedeutet nämlich ursprünglich den Aasgestank, garstig, stinkend wie Aas. Alberus Dict. Bl. n4a „Rancor, die feule deß fleischs, garstigkeyt", und in diesem überall sehr deutlich erkennbaren Sinne wird das Wort bis gegen das Ende des 17. Jarhunderts verwendet.

Gart msc. (*Gert*, *Gerthe*; *Garthine*, *Gerthine* fem.), ein Ackermaß, der vierte Theil eines Ackers, also Gart = Quart. Nur noch in den Städten des westfälischen Hessens, namentlich in Wolfhagen üblich, während in Zierenberg und Volkmarsen das Wort zwar noch vorhanden ist, aber nur als eine, kaum mehr verstandene, Bezeichnung von Feldplätzen. In Wolfhagen aber ist ein Dreggert = $\frac{3}{4}$ Acker, ein Fisert = $\frac{1}{4}$ Acker, ein Sewengart $1\frac{3}{4}$ Acker.

„dimidietatem eynes *drygerden*" Wolfhager Urkunde von 1350 bei Kopp Gerichtsverf. 1, no. 23. „eyn *drygerde* in deme nyslinghe; eyn *drygerde* an deme Helfenberge; eyn *drygerde* vf dem auenberge; eyn *risgerde* an dem ekeslo". Wolfhager Urkunde vom 8. Mai 1359 bei Kopp ebbf. No. 79. „In der Gärthine"; „in der obersten Gärthine"; „in der Breitengarthine"; „in denen Gärthinen" — Zierenberger Flurtheile und deren Bezeichnungen.

Adelung 2, 424 meinte irrig, es bezeichne Gartine ein Gartenfeld; da er das Wort als in Könnern vorhanden kennen gelernt hatte, so beweist dieß, daß dasselbe eine ziemlich weite Verbreitung gehabt haben muß, wiewol es in den niederdeutschen Idiotiken fehlt (wie denn freilich Strodtmann von seinem Id. Osnabr. alles absichtlich ausschloß, „was in ein Reallexicon gehört").

Wer sich bei der obigen, einen Zweifel wol kaum zulaßenden, Ableitung gleichwol nicht beruhigen wollte, der könnte, wenn auch irrig, darauf verfallen, *Gart*, *Gerte* als Gartenmaß, Rutenmaß zu faßen (s. Journ. v. u. f. Deutschl. 1786 S. 531), ein Gert wäre dann ein Quadrat irgend eines Längenmaßes, Gerte genannt, weil die Meßung mittels Gerten bewerkstelligt wurde. Nur auf *gerthe*, Herbort troj. kr. 1979 wolle man sich nicht berufen; dieß Wort bedeutet (ähnlich wie busche, buschee, gesindelehe u. a. bei Herbort) offenbar gertache = gartähi, Gartenfeld.

Garten ist in den niederdeutschen Gegenden Hessens wenig oder gar nicht üblich; es wird das Wort Garten, hortus, hier durch Hof ersetzt, und es hat diese Bezeichnung im Anfange dieses Jarhunderts noch bis nach Wolfsanger und Wickenrode, vielleicht noch weiter, herauf gereicht. S. Hof.

Hasengarten, ein Hof im Amt Sontra; warscheinlich einst eine Anlage, um Hasen zu fangen (oder gar etwa — zu hegen?). Hasengarten machen sich noch jetzt hin und wieder die Kinder vor Ostern, indem sie kleine Stäbchen im Kreise in die Erde stecken und den Innenraum mit Moos ausfüllen, damit der Osterhase sein Osterei hineinlege.

Bienengarten, jetzt entstellt in Bingartes, eine Domäne bei Hersfeld, ursprünglich der zur Bienenzucht von den Aebten angelegte geschloßene Raum.

Wolfsgarten, in ältern Zeiten *Wolfstall*, die aus den Jagdbüchern des 16. u. 17. Jarhunderts bekannten Anlagen, welche zum Lebendigfangen der Wölfe dienten; dergleichen fanden sich in Hessen bei Hersa im Süllingswald, bei Holzhausen im Reinhardswald, bei Bracht im Burgwald; Landau Geschichte der Jagd S. 223.

Kirschgarten, Hof im ehemaligen Amt Haina, der Obstgarten der Cistercienser zu Kloster Haina.

Schafgarten, Hof bei Schweinsberg; eingehegte Schäferei der Schenke zu Schweinsberg.

Faltergarten s. d.

Gartenhån, Gartenhain msc., eine in allen niederheffischen Bauergärten anzutreffende gewürzhafte und wolriechende Culturpflanze: Artemisia abrotanum, welche daselbst und in den Sonntags früh zum Kirchgang, zumal von den Mädchen, gepflückten Sträußen (Sträuchern) so wenig zu fehlen pflegt, wie Pfefferblätter (Tanacetum balsamita L.), Veiel (Hesperis matronalis L., gewöhnlich Viola matronalis, weiß und gefüllt), und Nelken (Cheiranthus cheiri). Zuweilen kommen auch Grasblumen (Dianthus), Federröschen (Dianthus plumarius) und Rosen dazu. In Oberhessen werden die Blumen von den Bauern weniger, und am wenigsten die traditionellen Genera der Niederhessen gepflegt. Vgl. *Awetze*.

Gast, jetzt ganz wie in der Schriftsprache verwendet; an sich aber ist Gast ein Fremder (hostis), und so wird Gast als synonym mit Ussmann (forensis, Ausmann s. d.) in den Statuta Eschenwegensia des 15. Jarh. verwendet.

gatlich, gätlich, angemeßen, paſſend, ſchicklich. Jetzt faſt nur noch im Schmalkaldiſchen üblich. 1577 ſchreibt Simon Bing an L. Ludwig wegen der in Ziegenhain aufbewahrten gatlichen und ungatlichen eiſernen Kanonenkugeln d. h. derer, welche in die vorhandenen Kanonenläufe paßten oder nicht paßten. In Schmalkalden verwendet man das Wort auch, um das eben Zureichende eines Gegenſtandes zu bezeichnen, z. B. iſt ein *gätliches* (auch wol gaethches geſprochen) Schwein ein halbwüchſiges, welches kaum eben geeignet iſt, zum Fettmachen verwendet zu werden; ein gätlicher Schoppen iſt ein knapp gemeſſener Schoppen.

ergattern, weniger in dem in der Schriftsprache üblich gewordenen Sinne des Erspähens gebräuchlich, als in der Bedeutung: Jemandes habhaft werden, Jemanden erwiſchen, ertappen, in welcher es in älterer Zeit übrigens am häufigſten vorkam. Schmalkalden, anderwärts unbekannt.

Grimm d. W. 3, 815.

gätzen, im größten Theile von Heſſen die Bezeichnung des Schreies der Haushenne nach gelegtem Ei. Es iſt das Wort eine Zuſammenziehung aus dem alten, in Oeſterreich und Baiern noch vorhandenen galatzen, gagezen, ga ga ſchreien (wie ächzen = ach ſchreien, jauchzen = ju ſchreien u. dgl.

gätzeln, eine erweiterte Form des Wortes gätzen, im Haungrunde und wol überhaupt im Fuldaiſchen heimiſch. S. auch *gacken*.

gaezeln, eine weitere Verderbnis von gätzen, im Fuldaiſchen und Schmalkaldiſchen üblich.

gauben, *gauwen*, laut murren, murrend jammern, namentlich von Hunden gebraucht, wenn ſie eingeſperrt ſind, auch von unartigen (begehrlich zudringlichen) Kindern. Allgemein üblich. Mhd. *gouwen*, latrare, altnord. geyja. S. J. Grimm über Diphthonge S. 30.

Gaubloch neutr., Dachluke, kleiner Dacherker mit einer durch einen Laden (eine Schalter) verſchließbaren Oeffnung. Oberheſſen.

Adelung hat 2, 439 „Gaupe" fem. als in Franken für das niederdeutſche Luke üblich; bei Schmeller fehlt es jedoch. Schmidt weſterw. Id. S. 65.

Das Wort wird wol ohne Zweifel zu ahd. *geuuon* (Schmeller 2, 8) gehören, welches als güepen, geipen in Oberheſſen üblich iſt (ſ. d.).

Gäufel fem., umgelautete und deminuirle Form von *gaufe*, vola, die hohle Hand, oder, wofür *Gäuſel* noch gewöhnlicher iſt, die Höhlung der zuſammengeſtellten beiden Hände. In Oberheſſen und in der Graffchaft Ziegenhain (hier, wo freilich nach einem allgemeinen Dialectfehler äu in ai und dieß in ê verwandelt wird, meiſtens *Gêfel* geſprochen) allgemein üblich; im übrigen Heſſen unbekannt. „Er wirft das Geld mit Gäufeln weg" = ein arger Verſchwender; „trink mit der Gäufel (dem Gäuſelchen), es ſchmeckt auch ſo gut, wenn man Durſt hat". „Mach einmal ein Gäufelchen", gewöhnliche Anrede an ein Kind, welchem man Kirſchen u. dgl. in die hohlen Hände geben will.

gäufelsch, händevollweiſe, mit vollen Händen. „Das Geld gäufelſch wegwerfen" Eſtor t. Rechtsgl. 3, 1408 hat nur das Deminutiv „Gaifelgen, händgen eines Kindes", wie es freilich am meiſten vorkommt, und das Adverbium, eben in der Form „gäfelſchen, beide Hände voll". — Vgl. *Gaischpel*. Schmeller 2, 17.

Gaul msc., geſprochen Gâl, gewöhnlich Gûll, in manchen niederheſſiſchen Gegenden Güll, ja Gill [Rotenburg], iſt neben Pferd die einzige Bezeichnung des Rosses in Hessen; Roß ist gänzlich unbekannt, und es kann schon aus diesem Grunde die Pferdezucht nicht alteinheimisch in Hessen gewesen sein. Im Anfange dieses Jarhunderts überwog der Gebrauch des Wortes Gaul in Niederhessen die Verwendung des Wortes Pferd bei weitem, und zwar so, daß „Pferd" nur im Verkehr mit den „Vornehmen" von dem Bauersmann gebraucht wurde. Jetzt soll der Gebrauch beider Wörter einander wol beinahe die Wage halten.

Gaulsweg, der gewöhnliche Fahrweg, dem Fußpfad entgegengesetzt; auch metaphorisch für Anwendung beschwerlicher, kaum oder nur langsam wirkender Mittel, für Anwendung plumper Mittel gebraucht: „den Gaulsweg gehen".

Der Gaul gibt zu einer Reihe von Vergleichungen Anlaß: arbeiten wie ein Gaul — Gaulsarbeit, schwerste Arbeit; auftreten wie ein Gaul, blasen wie ein Gaul, lachen wie ein Gaul.

„Das kann ein Gaul merken", im östlichen Hessen eine sehr übliche Redensart für: das ist leicht, auch für den Dümmsten, begreiflich.

„Hurra die Gäul!" ein 1849—1851 sehr üblicher und noch jetzt nicht ganz vergeßener Spottanruf an Revolutionäre. Derselbe rührte von einem Vorgang vor Hirschhorn her, welches Städtchen das 3. kurhessische Infanterieregiment den badischen (hanauischen) Turnern abnahm, und bei welcher Gelegenheit angeschoßene Pferde eine große Bestürzung und Verwirrung unter den Revolutionären anrichtete, so daß das Regiment die angegebenen Worte den Feinden mit lautem Jubel zurief. Wollten später die Soldaten eine revolutionäre Persönlichkeit kennzeichnen, so riefen sie ihr jene Worte nach, z. B. 1850 in Kassel einem als Revolutionär bekannten reichen Particulier; ritt dieser bei den Kasernen vorbei, so erscholl das „Hurra die Gäul" einstimmig von ganzen Bataillonen.

Gaulicht, auch Gäulicht, und (Hersfeld, Fulda, Schmalkalden) Gölicht, Talglicht. Eine durch das ganze mittlere Deutschland, vom Rhein durch die Oberpfalz und Franken (Reinwald 1, 52; Schmeller 2, 32) bis nach Schlesien (Frommann Mundarten 4, 169 in der Form Göklicht) sich hinziehende Benennung, deren eigentliche Bedeutung bis jetzt noch nicht entdeckt worden ist. Daß in Hessen Gaillicht gesprochen werde, wie Reinwald a. a. O. sagt, und worauf dann Schmeller a. a. O. eine Vermutung für die Etymologie des Wortes gründet, ist ein Misverständnis Estors (t. Rechtsgl. 3, 1408), welcher allerdings Gail-licht hat, und auf deßen Auctorität Reinwalds Angabe beruht. Ein ursprüngliches *gail* (fett) lautet in Ober- und Niederhessen gêl (S. geil).

gauzen, bellen; besonders bedeutet es das Anbellen, das abgestoßene, die Wachsamkeit bezeichnende Bellen, aber auch das klagende Bellen eines (eingesperrten oder ausgesperrten) Hundes; mitunter wird es auch auf menschliche analoge Töne und Aeußerungen übertragen. „Zum Hunerloch gaukst (gauzest du Fuchs) wol herauß". G. Nigrinus Vexamen 1582. 4. H3a. „Und heutiges Tages haben die wilden Tatter und Marterhansen ihren besondern Reymen wieder den Bann und Kirchengerichte gemacht, den sie ihren christlichen eyferigen Prädicanten mit gauzen und jauchtzen auß stolzem frechem Muht — vorsingen dörffen". M. Hartmann Braun (Pf. zu Grünberg, aus Melsungen gebürtig) Justa Dei judicia 1613. 4. Bl. Cija.

Gäuzer msc., Benennung derjenigen Art von Dreschflegeln, welche keinen Hut von Leder haben, sondern bei welchen die Verbindung zwischen Stock und Flegel dadurch bewerkstelligt wird, daß in den Stock ein Loch gebohrt, durch daßelbe ein Lederstreif gesteckt wird, und die beiden Enden des letztern an den Flegel befestigt werden. Es ist dieß die alte Form der Dreschflegel, die am meisten noch in Oberhessen vorkommt, wo auch, so viel ich weiß, allein, diese Benennung sich findet.

ge- eine in Hessen den Infinitiven nach den Formwörtern können, mögen, wollen, sehr häufig vorgesetzte untrennbare Präposition; in manchen Gegenden bildet deren Beigebung nach „können" die ausnahmslose Regel: „ich kanns nicht gesagen"; „ich kanns nicht geleiden".

gebschneppisch, mit Geben bei der Hand, voreilig freigebig: „ich bin so gebschneppsch nicht, daß ich mir selbst sollte Schaden thun". Fulda und Schmalkalden, auch hin und wieder in Niederhessen. Reinwald 1, 41.

In Oberhessen wird in gleichem Sinne *gebisch*, *gebsch* gebraucht. Estor 3, 1409.

Gegenteil msc., die sehr übliche Bezeichnung der zukünftigen Ehehälfte, des Bräutigams oder der Braut; auch

Gegenstand, obgleich dieß mehr nur im Sinne einer Geliebten, eines Geliebten (ohne eigentliche Verlobung) verwendet wird.

Gehlich msc., die Socke, der Fußstrumpf. Schmalkalden. Vgl. *Fürbes*.

Geierich msc., ein Kinderhüpfen, wobei sich die kleinen Kinder niederkauern, mit gleichen Füßen forthüpfen, abwechselnd die Hände in die Seite stemmen und zusammenklatschen, und dabei singen: „Ich sollt me'r Mutter de Geierich hüpp" u. s. w. Lange Zeit war dieses Kindervergnügen namentlich im Stift Hersfeld (im Geißgrund) sehr üblich, und galt sogar für eine kindische Nachahmung des bis in die Mitte des 17. Jahrhunderts vorkommenden hessischen Schwerttanzes (Winkelmann Chronik 1, 374); in den letzten 30—40 Jahren scheint es ausgestorben zu sein. Uebrigens findet sich dasselbe nicht etwa ausschließlich in Hessen, sondern als Wackelhüpfen auch in Baiern. Schmeller 4, 20.

geil (gespr. gél, höherer und schärferer Ton als è in gèl, gelb, flavus) adj., wird zwar wie im Gemeinhochdeutschen, jedoch nur von dem starken Triebe und üppigen, auf kräftiger Düngung beruhenden, Wachstum der Culturpflanzen, vor allem des Getreides und des Wiesengrases, gebraucht.

Geil neutr., die Düngung. Niederhessen.

Geilung (Géling) fem., Düngung, besonders Düngkraft. Ein reicher und habsüchtiger Bürger einer Landstadt, welcher nebst seinem Knecht mit den Händen Mist auf die Wiese gestreut hatte, schalt denselben, als dieser sich in dem die Wiese durchfließenden Bächlein unterhalb der Wiese die Hände wusch, weil er auf diese Weise ihm die Géling von der Wiese abfließen lasse. Ueberall üblich. Reinwald 2, 49. Vgl. Schmeller 2, 30.

Geisz fem., in ganz Hessen üblich, indes in Niederhessen nicht ganz so gebräuchlich, wie Ziege (gespr. Zège).

Geiszenheu (Ziegenheu), getrocknete Schößlinge der Heckenbüsche, welche von der ärmeren Klasse für den Winter als Ziegenfutter aufbewahrt werden.

Berge, welche mit Geiss- zusammengesetzt sind, finden sich in Niederhessen so gut wie gar nicht; nur im Stift Hersfeld findet sich ein *Geiskopf* (Geisküppel). Die Geiß werfen ist im östlichen Hessen mit Einschluß von Hersfeld und eines Theils der Grafschaft Ziegenhain ein beliebtes Frühlingsspiel der Knaben; die Geiß ist ein in eine dreifache Verzweigung auslaufender Baumast, welcher auf diese drei Beine aufgestellt und nach welchem mit Stöcken geworfen wird. Das Spiel ist in ganz Oberdeutschland üblich, Schmeller 2, 73, kömt bei Fischart vor und wird sonst öfters erwähnt. Das Kinderspiel Häkel die Geiß s. unter Häkel. „Ich thäte das für keine güllen (gülden) Geiß" d. h. um keinen Preis; hin und wieder, namentlich an der untern Schwalm vorkommende Redensart.

Geiss f., der bei Salzberg entspringende und bei Hersfeld in die Fulda mündende kleine Nebenfluß der Fulda gehört schwerlich hierher; die älteste Form ist *Geazaha* (Wenck 3, 14 No. XIII, gegen welche Form sich Geysaha Wenck 2, 12 No. IX, vgl. 3, 15, Note, schwerlich halten wird, da auch in dem ersten Abdruck der Urkunde 3, 14 No. XIII Geysaha stand, also willkürliche Abschrift anzunehmen ist), was auf das Verbum geazan (giozan) zurück führt. Wenn aber Geysaha richtig ist, so geht dieser Name auf geisan (jetzt gähren) zurück, und stellt sich zu Gaesmere (Geismar) s. d.

Geiselhofmann, ehemalige Bezeichnung der Function, welche man jetzt mit „Verwalter" bezeichnet. Altenhaßlauer Weistum von 1461 bei Grimm Weistümer 3, 413. 417. „Ein schafner auf einem maierhofe, villicus, welcher nämlich die auffsicht über das gesinde und den ackerbau habe, und in Hessen geissel-hofmann heißen". Estor d. Rechtsgel. 1, 775 (§. 1906). Die Bezeichnung scheint in Niederhessen niemals üblich gewesen zu sein, und ist in Oberhessen im Anfange dieses Jahrhunderts erloschen.

Geismar, der Name von drei Ortschaften in Hessen: Geismar (Dorfgeismar) bei Fritzlar, ein Dorf, in dessen Nähe die von Bonifacius gefällte Cultuseiche stand; Geismar (Hofgeismar), Städtchen an der Esse, und Geismar bei Frankenberg. Hierzu kommt noch an den Grenzen von Hessen, im Grabfelde, Geismar im Großherzogtum Sachsen-Weimar. Die älteste Schreibung (in dem Reichenauer Codex der Vita S. Bonifacii Pertz Mon. 1) ist *Gaesmerae* für den Ort bei Fritzlar, nachher *Gésmeri*, und in einer späten Handschrift *Gicesmere*. Nun haben die beiden erstgenannten Ortschaften Mineralquellen, und waren, die erstere gewis, die andere höchstwarscheinlich, Cultusstätten; Cultusstätte aber war auch Geismar bei Frankenberg. Es liegt nun nahe, das gaes = gäis auf ein Verbum geisen, gäis, welches instigare oder des etwas bedeutet haben mag, zurückzuführen, in demselben die Wurzel für das Gas (spiritus sylvestris bei v. Helmont), wie für den Geist und für das gähren (gesan, jesan) zu suchen und Geismar zu erklären: eine Gasquelle. Hiernach würde denn auch die richtige Schreibung des zweiten Theiles des Namens Geismar nicht mar sein, sondern, wie eben die alten Urkunden haben, *meri*, Meer, welches bekanntlich keinesweges in unserm jetzigen Sinne Meer, sondern Waßerbehälter, Tümpel u. dgl. bedeutet. Vgl. Zeitschr. f. heß. Gesch. ꝛc. 1, 281 (die dortige Erklärung von mar ist wenigstens für Geismar zurückzuziehen).

Ist die Schreibung **Geysaha** (782) für das Flüßchen Geiß oder Geis richtig (s. Geiß), so gehört dieser Name gleichfalls hierher; an der Quelle dieses Flüßchens, oberhalb Salzberg (welcher Ort schon an sich auf eine Stätte des Salzkochens hinweist) war unzweifelhaft eine Cultusstätte, nicht fern von der Donnerskaute.

gël, die ausschließliche Form für *gelb* in Hessen; *gële* Rüben, woher Hanau im übrigen Hessen das *Gëlerübenland* heißt, daucus carota. „Du siehst ja *gël* und grün aus", Bezeichnung eines elend aussehenden Menschen. Die *gële* Krankheit, die Gelbsucht; die *gëlen* Gickerlinge im Märchen bei Grimm u. s. w.

ginselgël, stark gelb gefärbt (hochgelb), auch ganz gelb, wie ein Ginfel. Hier wie anderwärts (Graffsch. Hohenstein Journ. v. u. f. Deutschland 1786, 2, 115) allgemein üblich.

Das ë in diesem Worte wird fast wie ae gesprochen; dagegen hat geil, welches gleichfalls gël gesprochen wird, ein wirkliches langes e, mit höherm und schärferm Ton.

Gêla, ein in Hessen, vorzüglich jedoch in Niederhessen, sehr üblicher Frauenname, meistens mit Anna verbunden: *Annegêle*. Aus dieser Verbindung ist schon seit dem Anfange des 18. Jarhunderts in den Kirchenbüchern durch die Pfarrer in schwerem Misverständnis der Name Angelika gemacht worden, während Geila, Gêla seit dem 8. Jarhundert ein sehr gewöhnlicher deutscher Frauenname gewesen und geblieben ist. Die von Zeuß herausgegebenen Traditiones Wizanburgenses haben aus dem 7.—8. Jarhundert den Beweis geliefert, daß Gaila, Geila, Geilana, Gêla Abkürzungen von Gertrud sind, neben welcher vollen Form sich die Abkürzung als besonderer Name erhalten hat. Vgl. Denje, Eila, Meckel.

Mit diesem Namen ist der Name der alten Ortschaft (seit dem 14. Jarhundert Stadt) *Geilenhusen*, Gelnhausen zusammengesetzt. Auch das ehemals hessenkasselische Dorf *Gelnhaar* wird diesen Namen in sich schließen.

Gêle-gêl-kommer fem., die Goldammer; eine, freilich vorzugsweise nur in der Sprache der Kinder vorkommende Namengebung oder vielmehr Namenentstellung; das Wort will besagen: Gelbe Gelbammer d. h. schön gelbe, ganz gelbe Ammer, und findet sich in mehreren Dörfern in der Nähe von Felsberg und Gudensberg z. B. Maden.

gêlern (*gêlen*, *geilen*), Mutwillen treiben, sich im Scherze balgen. Oberhessen, sehr üblich. „vnd weil es (das Mädchen) bey dem brunnen mit den Kindern gelacht vnd gegelert, daher er nicht anders sagen könte, alß daß es ein Kind wehre". Marb. Hexenprocessacten von 1658. „worüber sie sich zusammen gegeilet, gerungen, vnd er ganz naß worden". Untersuchungsprotokoll gegen den Pfarrer Breem in Rauischholzhausen v. 1734.

gelstern, *vergelstern*, vor Furcht, Angst, außer sich sein. In diesem Sinne allein wird dieses, nur im Ziegenhainischen und in Oberhessen vorkommende Wort gebraucht, wie schon Estor t. Rechtsgl. 3, 1408. 1421 richtig angegeben hat. „Das Mädchen will ja vergelstern", will ja ganz von Sinnen kommen; Aeußerung bei einer Feuersbrunst. „gelster doch nicht so", stell dich doch nicht so ängstlich an, jammere doch nicht so — Aeußerung bei einem Todesfalle, am Sterbebette. „gelster gucken" starr blicken, wie schwer Geängstigte und Sterbende.

Möglich ist es immerhin, daß dieses Wort zu *gelster* bei Herbort troj. Kr. 3019 gehört, welches Adverbium dort gellend, mit heller Stimme, bedeutet, wie auch in Baiern gelstern heulen, schreien bedeutet. Schmeller 2, 40. In diesem Falle wäre die Bedeutung „vor Angst außer sich sein" eine nicht so sehr fern liegende Erweiterung des ursprünglichen Begriffes. Sonst aber liegt das Wort *galster*, Zauber, am nächsten.

Gelte fem., situla, alveolus, hölzernes Gefäß, am Boden von $1\frac{1}{2}-2$ Fuß, oben $2-2\frac{1}{2}$ Fuß Durchmeßer, mit zwei Handgriffen versehen, die größere Form des Stunzes, Stünzchens, Stützchens. Das Wort ist hochdeutsch und alt (*gellita*, galeola), gleichwol aber nur in Niederhessen, in den östlichen Theilen des Fuldaischen Landes und in Schmalkalden üblich. In Oberhessen, wo Gelte und Stunz durch Zuber ersetzt werden, ist das Wort Gelte, eben so wie Stunz, gänzlich unverständlich, so daß z. B. Luthers Uebersetzung von Hebr. 9, 4 eigens erklärt werden muß.

Schottel Haubtspr. S. 1324. Schmeller 2, 44. Adelung 2, 539; von den daselbst aufgeführten Compositionen sind bei uns die üblichsten: Waschgelte und Melkgelte; auch wird wol Waßergelte und Biergelte unterschieden. Selten wird der an langem Stiel befindliche in den Brauereien u. s. w. übliche Schöpfer Schöpfgelte genannt. Reinwald 1, 45.

gelte, gewöhnlich *gell*, *gelle* gesprochen, nicht trächtig, vom Vieh; eine gelle Kuh (Geiß, Schafmutter); ahd. galta, sterilis, warscheinlich des Sinnes: aufgeschoben, unterbrochen, nämlich in der Fruchtbarkeit.

Dieses in ganz Oberdeutschland gebräuchliche Wort herscht ausschließlich in Niederhessen, so weit dasselbe nicht eigens niederdeutsch ist, im Ziegenhainischen, Hersfeldischen, Fuldaischen und Hanauischen, ist aber in Oberhessen unbekannt und meist völlig unverstanden. Nur in älteren Aufzeichnungen, und zwar, wie es scheint, solchen, welche von Personen niederhessischen Ursprungs herrühren, findet sich auch in Oberhessen gelte: „vf zeit, da sich das Gell Vieh im feldt erhalten kan". Anweisung des Küchenmeisters Daniel Heidwolf zu Marburg vom 17. Merz 1575.

Vgl. *güste*, und Zeitschr. f. hess. Gesch. ꝛc. 4, 70—71. Schmeller 2, 40.

gelt, *gelte* (dann auch *gelle* gesprochen), in Städten auch *gellen Sie*, an Personen welche mit Sie angeredet werden; nicht wahr? In ganz Hessen, nur theilweise mit Ausschluß der niederdeutschen Bezirke, sehr üblich, wie weiterhin in Oberdeutschland. Schmeller 2, 44.

Gelzenleichter (Gelzenleuchter), Schweineschneider, Verschneider der jungen weiblichen Schweine (Gelsen, Gelzen, welcher Ausdruck nur im Schmalkaldischen noch vorhanden ist). Die Bezeichnung Gelzenleichter ist jetzt in ganz Hessen verschwunden, während dieselbe ehedem in Oberhessen üblich war und in der Wetterau, um Echzell und nach dem Vogelsberge hin noch jetzt üblich ist (Weigand im Friedberger Intelligenzblatt 1845 No. 9. S. 45), wie in Baiern (Schmeller 2, 46). Vgl. Adelung s. v. gelzen 2, 542 und leuchten 2, 2037. Frisch 2, 338 (unter gelt). In Niederhessen mag das Wort auch vorhanden gewesen sein, doch fehlt es von dort an Belegen.

In Hessen bildeten bis zum Jahr 1564 die Keßler und die Gelzenleichter eine und dieselbe Zunft; in diesem Jahre wurden sie in zwei Zünfte getrennt, und diese Trennung unter dem 9. Juni 1571 erneuert und bestätigt (Aufzeichnung in den Hersfelder Abtei-Acten). Uebrigens waren die Gelzenleichter in jener Zeit angestellt und empfiengen Besoldung.

„Ein malter korns habe ich Johannes Gelzeleuchter zum Rauschenberg von dem Rentmeister Balzer Weitershausen meyner bestallunge halben empfangen". Quittung vom J. 1559, auf deren Rückseite der Rentmeister hat schreiben laßen: „1 Malter korns hait Johannes Keßeller der gelczeleuchter entpfangen". Auf der Rückseite einer gleichen Quittung von 1562 ebdf. heißt es: „Johannes schmack der keßeler vnd gelczeleuchter zu Rauschenbergt". Und 1563: „Ich Johan Schmack burger zum Rauschenberg hab ein malter korn Inhalt meiner bestellunge — empfangen"; und in dorso: „Hanß Keßeler der gielczeleuchter zum Rauschenberge". „4 fl. hat zu buß geben der Gelzenleuchter zu Albshausen, darumb daß er Hans den schmitt vff den kopff geschlagen". Rauschenberger Buß-register v. 1578. „Ein Malter korns lauts meiner bestallung de anno Achtzig habe ich — empfangen" Hen Seiben Gelzenleuchter zu Albshausen". Rauschenberger Rent. Rechn. 1580. „3 fl. (wird gestraft) Heintz Reümschüffel zu Albshausen daß er Hen Seiben den Gelzenleuchter daselbsten mit vnleidlichen worten angetastet". Rauschenb. Bußregister 1585. „15 fl. des Gelzenleuchters Sohn zu Albshausen zu Buß erlegt". Ebdf. ebdf.

gengen, das Causativum (Factitivum) von gehen: gehen machen, in Bewegung bringen, vertreiben, verjagen. Oberhessen, äußerst üblich besonders in der bei Estor 3, 1408 verzeichneten Formel „ech will dech genge!" d. h. ich will dir Beine machen!

Gerbellamm wird hin und wieder das weibliche Schaflamm genannt. Schmidt Westerw. Id. S. 68 hat Görmlamm, Gärmlamm, welches freilich eine Entstellung des anscheinend ursprünglicheren hessischen Gerbellamm sein könnte, aber beide Formen widerstehen zur Zeit jeglicher Erklärung.

Gern msc., Schooß des Weiberkleides, zusammengefaßte Schürze; das alte *gére*, lacinia, Zwickel, daher denn Rock (d. h. derjenige Theil des Kleides, welcher unterhalb des Gürtels oder der Hüften ist), weil derselbe aus solchen Zwickeln zusammengesetzt war. Hier, wie sonst in Deutschland, von Alters her und ganz allgemein üblich. „Gold vnde silber in jren handen, budeln vnd gernen getragen". W. Gerstenberger bei Schminke Monim. hass. 2, 448. Ein gefundenes Kind wird 1554 von der Finderin „in den schoß oder geren" gelegt. (Deutsch Ordens Archiv). „Agnes von Baumbach hat das Gold und Silber bracht im Gern". Kindergesang, durch welche der Ton einer Kirchenglocke in Reutershausen nachgeahmt wird, weil der Neubau der dortigen Kirche nebst der Hauptglocke von dieser Agnes v. B. besorgt worden sein soll. „Wir haben von dem jungen Baum einen ganzen Gern voll Birnen gekriegt". „Das Kind faßte mich am Geren"; „sie hat das Kind auf dem Geren". Estor 3, 1409.

Auch die symbolische traditio per fimbriam findet sich in Hessen reichlich belegt. 1323 bezeugen „Consules et Proconsules der neuwen Stad Lichtenaw", daß Ludwig von Hoenrode vnd Gertrud dessen Hausfraw ihre Güter der Aebtissin und dem Convente S. Crucis zu Kaufungen verkauft vnd darauf die Käufer „per simbriam ires kleids" in Besitz gesetzt haben. Konrad, Knecht von dem Wapen, und dessen Ehefrau verkaufen 1335 ein Gut zu Maroldeshusen (Mornzhausen) an den Vicarius des Altars auf dem Rathaus (Kernber) zu Marburg, und bekennen, „das wir eme das selbe gut vf gegebin han mit vnsis cleydis gerin also gewonlich ist in syne hant vnd in syne gewalt". In der Gerichtsordnung für die Stadt Kassel vom 21. Februar 1384 (L.O. 1, 6; Kopp Handb. 4, 404) wird vorgeschrieben, zalungsunfähige Schuldner solle man „den cleigern antworten by dem *geren*". Das Belehnen mit haude munde vnd *geren* erscheint bei Kopp Gerichtsverfaßung 1, in den Beilagen 65, 66, 68. Und so öfter. Schmidt westerw. Id. S. 64.

gerren ist der in Oberhessen ausschließlich übliche Ausdruck für weinen. „No was gerrschte?" Es ist dieses Wort kein anderes, als das gemeinhochdeutsche girren, was schon damit bewiesen wird, daß unser gerren, wenn schon seit 40—50 Jahren immer stärker in die schwache Conjugation überschwankend, im Ganzen noch die starke Conjugation von girren: girre gar gurren gorren beibehalten hat; „sie gö̆re (d. h. gurren) alle miteinander"; „sie haben gar sehr gegö̆re (gegorren). Die in andern Gegenden Hessens für weinen üblichen Wörter flennen und greinen sind in Oberhessen unbekannt. Dagegen findet sich neben gerren auch das schwache Verbum gurren, w. f.

Einen Beleg für girre gar gurren gorren, freilich in der Bedeutung des Vogelgesangs, findet sich in dem aus Hessen oder dessen nächster Umgebung stammenden Gedicht des 13. Jarhunderts, welches Bartsch 1858 unter dem Titel „die Erloesung" herausgegeben hat, v. 144: sie gurren vnde sungen. Vgl. ebdf. S. 334.

Gertrud, ein im östlichen Hessen sehr häufig vorkommender, in andern Gegenden etwas seltnerer Frauenname. In Oberhessen erscheint er für sich bestehend, und wird wie auch Estor S. 1409 angibt, Geddert gesprochen; im östlichen Hessen tritt er fast ausnahmslos in Verbindung mit Anna: Anna Gertrud, gesprochen Annegetter, Annegitter. Eine sehr alte Zusammenziehung von Gertrud ist *Gèla* (s. d.).

Die Bedeutung des Gertrud=Tages (17. Merz) für die Haus= und Feldarbeit war bis über den Anfang dieses Jarhunderts hinaus (bis 1820 –1830) im östlichen und nördlichen Hessen noch völlig lebendig; regelmäßig wurde im Merz erwähnt, daß am Gertrudentag die Maus am Wocken hinauflaufe und den Faden abbeiße (daß das Spinnen aufhöre und die Feldarbeit beginne), daß auf Gertrudentag die Störche kommen (auch der alte, im Froschmeuseler Aaiijb vorkommende Reim: „Sanct Gertrud heißet uns willkomm, Mit Sanct Jakob ziehen wir davon" wurde noch vernommen), und das gute Wetter anfange, St. Gertrud der armen Leute Trost sei u. dgl. Seitdem scheinen diese Erwähnungen des Gertrudentags und das Bewußtsein, daß es einen solchen Tag gebe, gänzlich erloschen zu sein. Auch hat die Bedeutung des Gertrudentages nur im Julianischen Kalender Warheit, indem nach diesem der Gertrudentag vier Tage nach dem Aequinoctium (13. Merz) fiel.

Gèst msc. 1) gesprochen Gäst, *Jäst*, Schaum, Gischt. Im Schmalkaldischen. 2) gesprochen *Gescht*, *Gèscht*, auch Jest, Jèst, Hefe. Im sächsischen, besonders im westfälischen Hessen, und weiter südlich bis nach Gudensberg und Fritzlar.

Zu gesan, jesan, jetzt gähren gesprochen, gehörig.

Vgl. *Geismar*, *Jüsch* und *Jirsch*.

Gestieke neutr., schmähende Bezeichnung einer Frauensperson. „das lange Gestieke"; „steh auf, du faules Gestieke!" Vgl. „Wasserstanbersche un freche Gestecker" in (Sauerweins) Der achtzehnte Octowwer. Frankfurt 1840. 8. [Wohin gehört dieses Wort? stieken existiert weder im Volksdialect noch in der Schriftsprache!]

Getzmann, Eigenname eines Waldes im Amt Schenklengsfeld. „Auch die Jacht des Holtz oder Stupichs, gnent der Getzmann", Vertrag zwischen L. Philipp und Abt Michael von Hersfeld vom 26. Juli 1557 bei Ledderhose Jurium Hassiae principum in Abbatiam Hersfeldensem. 1787. 4. S. 186. Im Jahre 1709 wurde hier eine französische Colonie angelegt, und die Colonisten änderten den ursprünglichen Namen in Gethsemane um, welches seitdem die officielle Form geworden und geblieben ist. Das Volk spricht Götzemich. Da der Name dieses Stubichs (s. Stubbe) schwerlich von einem Menschennamen entlehnt sein wird, so bleibt kaum etwas anderes zur Erklärung desselben übrig, als daß in diesem Gehölze sich entweder eine alte Cultusstätte befunden haben möge, oder daß hier ein für einen Heiden gehaltener oder auch wirklich Heide gebliebener Mann in den ältern Zeiten seine Wohnung aufgeschlagen gehabt habe.

geudig, verschwenderisch. Dieses alte und bekannte, der Schriftsprache entgangene Wort gehört jetzt selbst in der Volkssprache von Oberhessen, wo es noch in der vorletzten Generation in vollem Gebrauche sich befand, zu den absterbenden Ausdrücken. In den ältern hessischen Schriften erscheint es häufig.

gewandsweis adverb., gerade als wenn es so wäre, zum Schein, als Vorwand; „gewandsweis sprechen", bildlich, beispielsweise, hypothetisch sprechen; auch: nur so obenhin sprechen, ohne es ernstlich zu meinen. Fast nur in Oberhessen üblich, aber auch im Schmalkaldischen gebräuchlich. Estor t. Rechtsgl. 3, 1417: „quansweise, gewandsweise, gerade als wenn es so wäre".

Das Wort ist niederdeutschen Ursprungs. Brem. WB. 3, 395. Strodtmann S. 174. Richey S. 198. Reinwald 1, 47—48. Grimm Reinhart Fuchs S. 281—282, wo der Ausdruck befriedigend erklärt wird: in gewandes wis = in modo formae, in Weise eines Gewandes, einer Gestalt, welche der Sache gegeben wird.

Gibich. Eine Hinweisung auf den alten mythischen Nationalhelden Gibich (= der Milde, an Gaben wie an Geben Reiche; in der Sage, nicht mehr im Nibelungenlied, der Vater der Burgundenkönige) findet sich in Hessen wenigstens in den Namen zweier Oertlichkeiten:

1) *Gebicheborse* bei Wetter; Grimm Weisthümer 3, 340; der Name existiert jedoch jetzt nicht mehr;

2) *Gibges* d. i. Gibiches, Hof bei Breitenbach am Herzberge, über demselben die *Gibgeskoppe*, *Gibichskoppe*. Grimm Weisthümer 3, 344.

Ueber den Namen vgl. J. Grimm in Haupt Zeitschrift f. d. A. 1, 572—575.

Gickel msc., *Gickelhahn*, Haushahn. Ohne den Beisatz Gickel wird der Haushahn in Hessen wol kaum genannt; das einfache Gickel ist oberhessisch, fuldaisch (und zwar hier so, daß das Wort Hahn ganz unbekannt, jedenfalls völlig ungebräuchlich ist) und schmalkaldisch (hier spricht man Gückel).

giepen (gipen), **geipen** f. **güepen.**

giersch 1) Adjectiv: hungrig, ausgemergelt, mager. „ein gierscher Mann"; „giersches Land". Wabern und Umgegend. 2) Subst. Masc.: das wuchernde, unvertilgbare Gartenunkraut Aegopodium podagraria.

gifferig, begehrlich, eifrig etwas zu erlangen. Niederhessen und Grafschaft Ziegenhain. Das Wort könnte für ge-ifferig d. h. eifrig, im Dialekt ifferig, mit vorgesetztem ge gehalten werden, indes verdient das alte angels. Wort gifre, altnord. gifr, dem grādac, graedig, synonym, in weit höherem Grade Beachtung. Vgl. Grimm zu Andreas 372, S. 104.

giken 1) laut und hell, in hohem Tone, aufschreien; hessische Form für das gemeinhochdeutsche quiken. Allgemein üblich, jedoch im Schmalkaldischen und im Haungrund *gicken* gesprochen.

2) stechen, zumal jedoch, oder fast ausschließlich, mit langen aber stumpfen Instrumenten; man *gikt* mit dem Finger, mit einem Stocke, mit einem Strohhalm; sehr oft wird dieses giken nur als Scherz vor- und aufgenommen. Auch in dieser Bedeutung ist das Wort ziemlich allgemein, am meisten jedoch im östlichen Hessen und im Schmalkaldischen üblich; im Haungrund aber spricht man es auch in dieser Bedeutung *gicken* aus, wogegen der schmalkaldische Dialekt in dieser Bedeutung das i lang hat, also gicken und giken unterscheidet.

giksen, auch *géksen*, im östlichen Hessen als Intensivum von giken sehr üblich; im Stickhusten *giksen* und *géksen* die Kinder, eben so bei der häutigen Bräune. Es kann dieses giksen füglich mit dem oberdeutschen kickezen (gi oder gī schreien) zusammengestellt werden. Schmeller 2, 281.

gilfen, *gelfen*, *gilfern*, *gelfern*, laut, schreiend, und schnell reden. Schmalkalden. Altes, gutes Wort.
Reinwald 1, 42.

gillern. scharfer, hoher Ton des Schmerzenslautes der Hunde, wenn sie geschlagen werden, geklemmt worden sind u. dgl., eben so auch der Menschen, insbesondere der kleinen Kinder. Das Wort ist eine Verstärkung von *gallern* (f. d.). Allgemein üblich. Vgl. gilten.

Gilpe fem., Kanne von Holz in Gestalt eines abgekürzten Kegels, mit Reifen gebunden; das gewöhnliche Trinkgeräte der Landbewohner, besonders bei den Feldarbeiten, in welchem sie Trinken (Dünnbier, Covent) und Waßer mit hinaus nehmen oder sich nachtragen laßen. Das Geräte ist in ganz Hessen üblich, führt aber in verschiedenen Gegenden verschiedene Namen: Schleifkanne, Raezekanne (f. d.), Löpp (f. d.) und Gilpe; letzterer Name ist jetzt nur noch an der Schwalm üblich.

„8 alb. habe ich verdienet an den Rötzgelpenn auff dem schloß, hab dieselbigen gebunden 2c." Quittung des Benders Joh. Schwarzenborn zu Rauschenberg v. 13. Decemb. 1603.

Von der Schleifkanne und Raezekanne unterscheidet sich die Gilpe und Löpp indes doch darin, daß letztere kleiner sind, etwa nur 1—1½ Maß faßen, die Schleifkanne und Raezekanne aber mehrere Maß faßt.

gilpen, wird in Oberhessen vom Geschrei der jungen Vögel, zumal der jungen Gänse (Ginsel), Enten und Hüner gebraucht, auch wol von dem Winseln der jungen Hunde. Aehnliche, von Menschen hervorgebrachte Töne aber bezeichnet man durch *pinken*. Vgl. *gilfen*.

Estor 3, 1409.

Ginsel neutr., statt *Gänsel*, die junge Gans; ausschließliche Form (jedoch in Schmalkalden Günsel gesprochen) in ganz Hessen. Metaphorisch auch Scheltwort für ein dummes, unanstelliges Mädchen: „die ist ein rechtes Ginsel"; „du dummes Ginsel".

ginselgelb f. gel.

Ginseldorf, irrtümlicher, erst in diesem Jarhundert in Gang gekommener Name des unweit Marburg liegenden Dorfes Günzelndorf, in welchem Worte der Eigenname Günzele, Deminutiv von Günther, enthalten ist.

Gippel neutr., meist jedoch nur im Deminutiv: *Gippelchen*, Hühnchen, Küchlein. Dieses Wort ist das in Niederhessen ausschließend herschende Schmeichel- und Lockwort für die Hüner: „komm Gippelchen komm!" wie dasselbe beim Füttern u. dgl. angewendet wird, auch redupliciert: Gippelgippel.

Im Haungrunde wird, wie Gippelchen in Niederhessen, das Wort *Gaupelchen* gebraucht, und mitunter wird in Hersfeld auch *Gäupelchen*, *Geipelchen* gesagt.

Geischel fem. (Schmalkalden), *Geschel* (Hersfeld, Gebirgsteil der Grafschaft Ziegenhain, Oberhessen), *Gischel* (Niederhessen) 1) die Geisel, Peitsche; letzteres Wort war im Anfang dieses Jarhunderts in den meisten niederhessischen Gegenden kaum bekannt, in allen gänzlich unüblich, üblich aber damals bereits an der Schwalm, wo dieser slavische Eindringling seitdem das deutsche Wort völlig verdrängt hat; auch in Oberhessen hat dieser Slavismus große Fortschritte gemacht. Man unterschied bis in die neueste Zeit und unterscheidet zum Theil noch jetzt die Fahrgischel von der Ackergischel; die erstere ist die slavische, aus Leder geflochtene Peitsche, die letztere die deutsche Geisel: ein Stab mit einer an denselben befestigten langen Schnur.

2) Wagendeichsel; das Wort Deichsel ist in Hessen durchgängig ungebräuchlich, ja unverständlich, mit Ausnahme jedoch von Schmalkalden, wo die Deichsel des Wagens Distel heißt (f. d.), die Deichsel eines (dort sehr gebräuchlichen) Handschlittens aber Gischel genannt wird, so daß der Schmalkaldische Dialect die beiden niederhessischen Bedeutungen von Gischel formell auseinander hält. Schon Alberus hat Dict. Bbija: Geissel, Temo.

Vgl. Zeitschr. f. hess. Gesch. u. LK. 4, 68—69.

gitzen, einen leise pfeifenden Laut von sich geben; von dem Pfeifen der Mäuse wird gitzen ganz eigentlich gebraucht. Oestliches Hessen, insonderheit Schmalkalden.

gitzlich, gierig, hastig, auch: plötzlich. Schmalkalden. Das Wort ist eine Bildung von geizig, und dieß Wort in seiner ursprünglichen Bedeutung beibehalten; wie man ehedem sagte: „geizig trinken", d. h. gierig trinken, so jetzt „gitzlich trinken".

glänern, auf dem Eise gleiten, wie die Kinder thun. Im westlichen Hessen, während im östlichen Hessen schüben, schaweiten (s. d.) üblich ist; doch ist das im Fuldaischen gebräuchliche *reideln* auch in Oberhessen nicht unbekannt. Estor t. Rechtsgl. 3, 1409.

Glåner fem., Glitschbahn (Graffschaft Ziegenhain, besonders in den Städten).

Glaniere f., dasselbe; in Homberg gebräuchlicher Ausdruck.

glängeln, dasselbe was glänern, in Wolfhagen und Umgegend, warscheinlich auch weiterhin im sächsischen, vorab aber im westfälischen Hessen gebräuchlich.

Glängerbahn, Glitschbahn; in denselben Gegenden.

glanzern, eine abermalige Variation von *glänern*, an der untern Schwalm und Eder (Wabern, Felsberg) üblich.

Glecke hat Estor 3, 1409 mit der Erklärung: „was am getraide die schnitter auf einen haufen legen". Ich habe das Wort weder selbst gehört, noch auf öfteres Nachfragen eine Bestätigung des Vorhandenseins desselben erhalten können.

glim, ein oberhessisches, äußerst übliches Adjectivum, welches, von sehr verschiedenen Gegenständen prädiciert, im Allgemeinen den Gegensatz gegen hart und trocken, spröde (ungefüge, unbiegsam), tropfbar dünn, darstellt:

glim Wetter, gelindes Wetter, im Gegensatz gegen Frost; doch ist dabei stets auch einige Feuchte des Wetters mit gemeint.

glime Frucht, naturfeuchtes Getreide, welches um dieser Eigenschaft willen zum Einfahren noch nicht tauglich, nicht trockenhart genug ist. Diese Verwendung des glim herscht übrigens nur im westlichen Oberhessen; wenig weiter östlich (in Schweinsberg) spricht man schon glemme Frucht, oder gar glamme (klamme) Frucht, wie in Niederhessen.

glimes Leder, dehnbares, namentlich durch Anfeuchten dehnbar gemachtes Leder; glim wie Leder, zäh wie Leder.

glime Salbe, lindernde Salbe, welche glim (leise, mild schmierend) auf die Brandwunde gestrichen wird.

glimig, dasselbe was in den aus Berlin stammenden Kochbüchern „sämig" (richtig: seimig) genannt wird: schleimig, dicklich, dem Tropfbardünnen bei den Suppen, der Farbenbereitung u. s. w. entgegen gesetzt.

Schmidt Westerw. Id. S. 67 hat g'lähm (klaem, klüem) in ganz gleicher Bedeutung wie unser glim.

glimesen hat Estor t. Rechtsgl. 3, 1409 als oberhessisch in der Bedeutung: sehr wenig essen. Es ist mir bis daher trotz aller Mühe nicht gelungen, dieses Wort in Oberhessen aufzufinden.

Glind neutr., der Mühlkasten, Radkasten, Waßerkasten, das Gerinne; daher auch: der Mühlgang. Ein niederdeutsches, jetzt nur noch einzeln im westfälischen Hessen gebräuchliches Wort, während bis tief in das 17. Jh. z. B. in Ehringen, Wolfhagen eine andere Bezeichnung gar nicht vorhanden war. Vgl. auch Hoffmann Findlinge S. 160: mit einem *glinde* umme betogen werden, pluteis cingi. Es scheint demnach Glind wesentlich die Breter, aus welchen der Verschlag (Radkasten ꝛc.) besteht, bedeutet zu haben.

Dasselbe aber muß den vorkommenden Umständen nach auch das in folgender Quittung vorkommende Gründwerk sein: „Zwelff gülden müncz, de $\overline{\mathrm{ao}}$ Achtzig (1580), von einem newen gründtwerck vnd Sohlwerk, So an die Moehle Schmaleichen zur ernewerung vnd verbesserung gelegt ꝛc. Hentz Münch, Zimmermann zue Rauschenberg".

Ist dieses gründtwerck etwa = grindwerk (ags. grindan, molere?) und grind = glind? Identisch müssen *Glind* und *Gründwerk* aus dem Grunde sein, weil das Gerinne (Glind) und die Mühlbiede (s. Biede) von der Herschaft, nicht von dem Müller, unterhalten werden mußten — diese beiden Stücke außer dem Hausbau die einzigen Zimmermannsarbeiten waren, welche der Herschaft zur Last fielen — obige Quittung aber eine für die herrschaftliche Renterei ausgestellte Quittung ist. Estor t. Rechtsgl. 1, §. 530.

Glocke. Von den Zusammensetzungen, welche das Wort Glocke in Hessen zeigt, mögen folgende erwähnt werden.

Betglocke, das Zeichen zum Gebet. Dasselbe wird in Niederhessen auf den Dörfern und in den kleinen Städten Morgens mit Tagesanbruch, oder um 6—7 Uhr, Mittags um 11 Uhr, und Abends mit Sonnenuntergang gegeben. Schon im Anfange dieses Jarhunderts aber wurde von den ersten und zweiten dieser Zeichen die Benennung Betglocke nicht mehr allgemein gebraucht; „zu Tage läuten" und „Mittag läuten" war an die Stelle der zutreffenden Bezeichnung getreten, aber der Ruf der Glocke zum Gebet wurde noch verstanden und fast ausnahmslos befolgt. Am festesten haftete die Bezeichnung Betglocke für das Abendzeichen, welches außerdem, und zwar noch jetzt, das „Heilig-Abendläuten" genannt wurde. In manchen Gegenden galten diese Rufe zum Gebet in solcher Allgemeinheit und Strenge, daß, so weit das Morgens-, Mittags- und Abendgeläut vernommen wurde, alle Arbeit auf dem Felde und im Hause augenblicklich eingestellt und während der Dauer des Läutens das Vaterunser gebetet wurde. Selbst in Hersfeld, wo bis 1840 noch zu sämtlichen Siebenzeitengebeten (Horae canonicae) geläutet wurde, und zum Theil noch jetzt geläutet wird, wurde in den ersten zehn bis zwanzig Jahren dieses Jarhunderts von ältern Personen dieses Läuten noch als Betglocke bezeichnet, und an mehrere dieser Zeichen, zumal an die None und Complet, das Gebet gebunden.

In Oberhessen heißt Betglocke noch jetzt ziemlich allgemein 1) das Zeichen zum Gebet, welches in Folge einer Anordnung des Landgrafen Georg II. zu Darmstadt, unter Aufhebung der altherkömmlichen und in der ganzen übrigen Christenheit geltenden Gebetszeiten, um 10 Uhr Vormittags und 5 Uhr Nachmittags Statt findet. Vgl. Hess. Hebopfer 2, 337 f. 2) das Glockenzeichen, welches verkündigt, daß eben das Vaterunser in der Kirche nach der Predigt gebetet wird; ein Gebrauch, welcher in der evangelischen Kirche nicht überall vorkommt. Vgl. Hess. Hebopfer 2, 335.

Bürgerglocke. In den meisten größeren Städten findet sich eine Glocke, welche, zum kirchlichen Gebrauche nicht oder nur selten verwendet, zur Zusammenberufung der Bürger in Gemeindeangelegenheiten dient, die Bürgerglocke.

Grabglocke. In manchen Ortschaften der Grafschaft Ziegenhain und sonst einzeln ist es Sitte, daß, während ein Grab gegraben wird, geläutet wird, theils mit einer besondern (kleinern) Glocke, welche dann eigens die Grabglocke heißt, theils mit mehreren oder allen drei Glocken.

Weinglocke. Dieser, jetzt wol überall erloschene, Ausdruck kam noch im Anfange dieses Jarhunderts in Hersfeld vor, und soll um diese Zeit auch noch anderwärts gebräuchlich gewesen sein. Es wird nämlich in mehreren Städten Abends um 9 Uhr ein Zeichen, gewöhnlich mit der sogenannten Bürgerglocke, gegeben, in Folge dessen die Weinhäuser geschlossen werden mußten. Diese keinesweges etwa auf Hessen beschränkte Anordnung datiert noch aus dem 15. Jarhundert, und das Geläute dauert noch bis auf diesen Tag fort, wiewol dasselbe seine Bedeutung längst verloren hat. Irrig wird diese Weinglocke in der neueren Zeit für eine Betglocke gehalten.

glorren, starr blicken; *anglorren*, anstarren. Im östlichen Hessen sehr üblich, oder vielmehr der eigentliche Ausdruck für starr vor sich hin blicken, anstarren. Im übrigen Hessen zwar weniger üblich, doch nicht ungebräuchlich. Vgl. Schmeller 2, 94.

Glosz neutr., nicht selten auch noch nach richtiger Vocalisation *Gläs-* gesprochen, Glied einer Kette, Kettenring. Allgemein üblich. Eine geschloßen gewesene aber entflohene, als Zauberin angeklagte alte Frau in Eschwege sagte, nachdem sie wieder eingefangen worden war und über den Hergang ihrer Flucht befragt wurde, aus: sie habe „das vorderst gloß an ihrer Kette an der Mauer losgeschrappet". Eschw. Hexenproc. A. v. 1657.

Das Wort komt als *galaza*, conjunctura, schon in dem St. Galler Glossar 913 (Greith Spicil. Vat. S. 39, Wackernagel altd. Leseb. 2. Ausg. 28, 25. CCXXV. Hattemer Denkm. 1, 12b) vor, und soll sich als Gläs in der Schweiz finden (Greith a. a. O.), wiewol weder Toblers Appenz. Sprachschatz noch Stalders Schweizerisches Idiotikon desselben Erwähnung thun. Es erscheint nur bei Schottel Haubtspr. S. 1327: „Gloß an einer Kette, Rink, fibula. chainons d'une chaine"; und Stieler Sp. 673: „Gloß, die, plur. Glozen, ita dicuntur: fibulae et annuli catenae". Dagegen fehlt es in sämtlichen Idiotiken: Richey, Strodtmann, Brem. WB., Schmidt Westerw. Id., Schmidt Schwäb. Id., Schmeller, aber auch bei Henisch, Frisch und Adelung.

glotzen, 1) aus starren Augen, aus vorliegenden Augen, schauen; besonders üblich in der Composition

anglotzen, eine Person oder Sache mit dummem Erstaunen anstarren.

2) in Oberhessen nennt man auch das Glucksen (Gätzen s. d.) der Hennen glotzen.

Glotzauge, vorliegendes Auge. Allgemein üblich.

Glotzblume, Glotzblümchen, das gefüllte rote Maßliebchen, Gänseblümchen (bellis perennis), welches in Gärten gezogen wird, und mit zu den Lieblingsblumen der niederhessischen Landbewohner gehört; auch wird gefüllter Hahnenfuß (ranunculus) Glotzblume genannt. Nur in Niederhessen, besonders in dessen östlichen Theilen.

Glucke f., in ganz Hessen die ausschließliche Bezeichnung der Bruthenne.

glucken, *glucksen*, Bezeichnung des Lautes, welchen die Bruthenne hören läßt, dann auch für ähnliche Laute, und in Niederhessen auch allgemein für singultire.

glupen, scharf auf etwas hinsehen und dabei die Augen möglichst schließen, um glauben zu machen, man sähe nichts; daher auch: tückisch blicken.

Im sächsischen und westfälischen Hessen ziemlich gebräuchlich, wie auch weiterhin in Niederdeutschland. Richey S. 76. Strodtmann S. 337. Vgl. Schambach S. 65.

glüewen, hessische Form von glühen.
   glüewening, glühend, feurig.

Gnacke msc., eine kleine Münze, welche ehedem in ganz Hessen üblich war (Kopp Handbuch 6, 76), jetzt aber, und doch nur dem Namen nach, allein noch im Fuldaischen so wie in der Composition Dinggnacken im Schmalkaldischen vorhanden ist. Der Wert eines Gnacken betrug sechs Heller, und so bezeichnet man den Gnacken im Fuldaischen noch zur Stunde: man sagt nicht 1½ Kreuzer, sondern ein Gnacke. Im Schmalkaldischen ist Dinggnacke eigentlich nur mehr figürliche Redensart, es bedeutet dieß Wort nämlich das dem Dienstboten bei dem Mieten (Dingen) desselben gegebene Mietegeld. Indes ist doch auch dort eine Erinnerung an die ursprüngliche Bedeutung des Wortes und an den Wert der Münze Gnacke vorhanden: man meint, freilich irrig, es betrage der Schmalkaldische Gnacke acht Heller.
   Reinwald 1, 51. 2, 53. Vgl. auch *Walpertsmännchen*.

Gnatz msc. 1) Krätze, scabies, wofür Gnatz in ganz Hessen die ausschließlich geltende Bezeichnung ist;
   2) Grind, besonders Kopfgrind, Estor t. Rechtsgl. 3, 1409;
   3) schmutziger Geiz.
   Für die erste Bedeutung, als eine schon ältere, spricht Schottel Haubtspr. S. 1328: „Gnatz, scabies, prurigo". Die dritte wird als eine aus älterer Zeit stammende belegt durch das Elisabethleben Dieut. 1, 456:

      vnde ouch sunder allen *gnatz*,
      wolde mit irs herren schatz
      verbergen in der erden.

gnatzig, 1) voll Krätze oder Grind;
   2) krittlich, eigensinnig, unverträglich. Aeußerst üblich.
   3) schmutzig geizig.

Gnatzkopf, seltner in der eigentlichen Bedeutung: Grindkopf; äußerst häufig und allgemein verwendet als Tadel- und Scheltwort, um einen eckigen, launigen, eigensinnigen und unverträglichen Charakter zu bezeichnen.
   Der hessische Dialect spricht übrigens mit geringen Ausnahmen nicht Gnatz sondern Knatz. Als Familiennamen sind beide Schreibungen (Gn. und Kn.) in Hessen vorhanden.

gneipen, ein jetzt, wie es scheint, nicht allein untergegangenes, sondern auch völlig unverständlich gewordenes Wort, welches sich in keinem Wörterbuch oder Idiotikon findet, muß, wenn die Erzälung Hans Wilhelm Kirchhofs Wendunmut 1602 No. 151 S. 229—231 einen Sinn haben soll, folgende zwei Bedeutungen gehabt haben:
   1) schinden. Das Stättchen Niedenstein, erzält Kirchhof, sei mit einer Spötterei beladen, „nemlich, daß vor zeiten ein Bürgermeister daselbst seinem gestorbenen Pferdt selber hab den Rock außgezogen, darvon auch der Nam, daß diese Bürger die von Gneip genennet werden, entsprungen sein soll". Und nachdem er eine noch spöttischere Geschichte von dem Bürgermeister von Niedenstein erzält hat (f. u.) schließt er (S. 231): „Hierumb, vnd nit daß ein Bürgermeister ein Gaul geschunden habe, soll herfließen, daß man denen von Niedenstein von Gneipe sagt, vnd sie damit vexiert".

2) einen Angriff mit gewehrter Hand machen. Kirchhof erzält weiter, der Bürgermeister von Riebenstein habe ihn verständigt „wie der Name Gneip Ehren vnd nit Schanden halben herkomme". Der Bürgermeister habe sich nämlich in der Zwietracht der Landgrafen gerüstet, die bei Werkel stehenden Feinde zu überfallen, und nachdem nun die Rüstung in der lächerlichsten Weise beschrieben worden, solle der Bürgermeister, erzält K. ferner, den Seinen Mut eingeredet haben, „vnd vnder anderm also. Ihr lieben Männer vnd Nachbawern, es wird jetzund gneipens gelten, derhalben sehet, daß ihr euch tapffer haltet, vnd gute Feuste habet, denn es wird gneipens gelten, das wiederholet er etlich mal". Hiervon sollen denn (s. o.) die Riebensteiner den Namen Gneip, von Gneipe, Ehren halben erhalten haben.

Mit dieser zweiten Bedeutung stimmt eine Stelle bei Wig. Gersten=berger (Schminke Mon. hass. 2, 491) überein, wenn auch die Form des Wortes etwas abweicht: „so das etzliche knechte angeschubben worden, die gnüptin vnde tasten uff die straße vnd in dem lande".

Gnenn msc., Vater; *Ellergnenn*, Großvater; *Urgnenn* (gespr. örknenn), Urgroßvater, Urvater, auch wol, wie auf dem Vogelsberg: *Ellergnennchesgnenn*. Bis zum Anfange dieses Jarhunderts in ganz Oberhessen gebräuchlich, in den südlichen Theilen ausschließlich gebräuchlich, im übrigen Hessen unbekannt. Gegenwärtig ist das Wort im Ebsdorfer Grunde, im Breidenbacher Grunde und sonst einzeln noch üblich, indes im Aussterben begriffen; schon um das Jahr 1804 fragten die Kinder in abgelegenen Dörfern (Allna), wenn sie dieses Wort von ältern Personen hörten, nach der Bedeutung desselben.

Isaac Gilhausen Grammatica 1597. 8. S. 42: Filius (zu seinem Vater):
    Wie do, wie do, mein lieb genann,
    Soll ich bald werden ein Edelmann?
Weitere Oberhessische Belege (aus Betziesdorf 1673. 1682 s. Zeitschr. für hess. Geschichte und Landeskunde 4, 67 f., wo auch der Ursprung dieses Wortes (ahd. ginamno, der mit mir gleichen Namen führt) nachgewiesen ist. Estor b. Rechtsgel. 3, 1409.

Ueberall wo das Wort in Hessen geschrieben erscheint, wird es, seinem Ursprunge gemäß mit G geschrieben, gesprochen aber, wie es im Simplicissimus 1669 S. 5. 6. 7 f. gedruckt ist: knenn, knän.

Im Vogelsberg bedeutet gnenn Großvater; daher scheinen auch die Brüder Grimm, welche von dem Worte Hiltebrandsl. 1812. S. 11 handeln (die Etymologie dieser Stelle wurde von J. Grimm Zeitschr. f. hess. Gesch. 2, 140 zurückgenommen) ihre Annahme, daß knän = Großvater sei, entnommen zu haben.

In ältern Zeiten muß übrigens diese Bezeichnung des Vaters viel weiter verbreitet gewesen sein, als noch zum Anfang dieses Jarhunderts, namentlich wie noch heute auf dem Vogelsberg, so auch im Spessart (Simpl.), im Fuldaischen (Vacha) und Hersfeldischen üblich gewesen und überall verstanden worden sein: „Derhalb auch, da er [d. h. Georg Witzel] von der letzten Pfaffenweyhe von Erffurt heim kame, vnd von seinem vater, Seib mir wilkom lieber herr son, empfangen ward, hat er seinem vater gantz hönisch geantwort, Ja Gnenne, da hastu nu ein gesalbeten, geschmirten vnd wol geöleten Pfaffen, was wiltu mehr haben". Justus Jonas Wilch die rechte Kirche — Widder das Phariseisch gewesch Georgii Witzels. Wittenberg 1534. 4. Bl. Niijb. (Auch bei Strobel Beitr. 2, 214).

göl, bitterschmeckend. In Oberhessen üblich, von wo es bereits Estor 3, 1409 verzeichnet hat, eben so an der Schwalm und im Haungrund.

Möglich, daß das Wort mit *Galle* zusammenhängt, wodurch wir denn auf eine Wurzel gillu, gall, gullumês, gullans, und weiter zurück auf eine Wurzel gila, gal, gêlum, gulans zurückgeführt werden würden.

Das Wort fehlte bisher in allen Idiotifen. Jetzt von Kehrein verzeichnet: Volkssprache und Volkssitte im Herzogt. Nassau 1860. S. 168, welcher gleichfalls auf Galle zurück weist.

Doch muß das bei Stalder 1, 430 vorkommende *gaulig*, sonderbar, widerlich schmeckend, wol hierher gezogen werden. Alsdann könnte man freilich auf Galle nicht zurück gehen, cf. Stalder 1, 415.

Goldkammer. Die ehemals äußerst übliche spöttische Bezeichnung für das seit 1822 eingegangene bürgerliche Gefängnis, den „bürgerlichen Gehorsam", wie dessen officieller Name in Kassel und anderwärts war. Indes kommt dieses Spottwort doch auch im amtlichen Gebrauche vor: Landesordn. 7, 169. Kopp Handbuch 4, 506.

Gonne fem., das was einem Dritten zu gönnen ist, die von ihm mit Recht erwartete Ehrenweisung, Gefälligkeit. Kommt fast nur in der, übrigens äußerst häufigen Redensart vor: „einem die Gonne anthun", ihn durch erwiesene Ehrbezeigung, Gefälligkeit, befriedigen.

Schmidt Westerw. Id. S. 68.

görgeln (statt gürgeln, gurgeln), bei der Gurgel fassen, die Gurgel zudrücken; metaphorisch: plagen, quälen. „1 gulten wird gestraft Henn Möller zu Langendorff, daß er Weygandt Roeßern daselbsten gegurgelt haben sollte". Rauschenberger Bußregister v. 1607. sich görgeln, sich abgörgeln, sich abarbeiten, mit übermäßiger schwerer Arbeit zu thun haben.

ergörgeln, erwürgen. Als ein Selbstmörder sich in eine offene Schleife aufgehängt hatte, sagten die bei dem Leichnam Wache haltenden Bauern: „er müßte sich mit aller Gewalt ergörgelt haben".

Allgemein üblich.

Gôte, Gott fem., Taufpatin, admater.

Gotel, *Gottel* fem., filiola, weibliches Patenkind.

Beide Bezeichnungen sind in ganz Hessen da üblich, wo nicht Döde (s. d.) gebräuchlich ist. In manchen Gegenden, besonders im östlichen Hessen, ist zwar Pate üblicher als Gôte, aber ganz unbekannt und ungebräuchlich soll Gôte auch wol in jenen Gegenden nicht sein — verstanden wird das Wort dort überall.

Dagegen ist das, in manchen oberdeutschen Gegenden übliche Masculinum *Gött*, der männliche Taufpathe, adpater, durchaus ungebräuchlich. Vgl. *Petter*.

Schmeller 2, 84.

Gottwaelschen, Deminutio von Gott walt es! Oberhessische Begrüßungsanrede an kleine Kinder. „No, du Gottwaelschen, da seh ich dich doch auch einmal!"

Walts Gott ist noch in einigen Gegenden als Begrüßung üblich; z. B. „Walts Gott, ist die Ruh gut?"

Gradel fem., regelmäßig *Grall, Krall* gesprochen, ehedem auch *Gredel* und *Grell*, die Gabelform; insbesondere die Gabel, welche die Beine am Rumpfe bilden. „Mach einmal eine weite Krall" stell einmal die Beine weit auseinander. „sie solten zusehen, daß sie nicht zurück fielen, so sehe man ihnen in die Grebel" Untersuchungsprotokoll gegen den Pfarrer Breem in Rauischholzhausen 13. August 1734. Rechengrall, Rechengabel. „Die Aeste machten so eine kleine (enge) Krall (Grell), da bin ich mit dem Fuß stecken geblieben". Erzälung des Hergangs einer schweren, beim Klettern erlittenen Verletzung 1849.

graddeling, gralling, rittweise, mit gespreizten Schenkeln. „Hat doch das Weibsmensch gralling auf dem Pferd gesessen"; oberhessische Relation von dem Benehmen einer in der Zeit der losgebundenen Romantik (1811) sehr bekannten Dame. Estor t. Rechtsgel. 3, 1409.

Krallarsch, Krallärsch, schiefbeiniger Mensch, dem die Beine zu weit auseinander stehen.

Alle diese Ausdrücke gehören ausschließlich Oberhessen an.

Schmidt westerw. Jb. S. 88. Schmeller 2, 124 (Graitel), 125 (Gribl).

Vgl. *gruetschen.*

Grafämen fem., meist plur. tant., Ausflucht, Intrigue; Grimasse; in dieser letztern Bedeutung besonders in der Obergrafschaft Hanau üblich. Eine misverständliche Verwendung des Wortes *gravamen* (Beschwerde), welcher man indes, in dem einen oder andern Sinne, überall im Lande begegnet

Graft fem., bedeutet an sich einen Graben, und kommt in Niederdeutschland häufig für Wallgraben vor — so z. B. in Rinteln. Anderwärts aber, und zwar in Wolfhagen, bedeutet *Graft* den Todtenhof, Gottesacker.

gramausen, sich mucken, mucksig machen, sich Unbefugtes herausnehmen; tadeln, unzufrieden sein; schimpfen, Streit anfangen. Am gebräuchlichsten im Kreise Hünfeld, bei Hersfeld, doch auch anderwärts einzeln vorkommend.

Gramauser msc., Zänker, Haderstifter.

Grambeeren, Brombeeren. Wol sicherlich eine Entstellung des richtigen Wortes, welche in der Gegend des Kellerwaldes vorkommt.

Gramenzel fem., Ameise; ein hin und wieder im sächsischen und westfälischen Hessen vorkommende Benennung, die, da man auch *Grameisse* hört, nichts anderes als eine arge Verderbnis des Wortes Ameiße sein wird. Vgl. Seichammel, Nijammer.

Grammel msc., Heiserkeit, besonders diejenige, in welcher die Stimme tiefrauh tönt.

grammelig adj., mit rauhem Halse behaftet, heiser.

In ganz Althessen üblich, gebräuchlicher als *Hésch* neutr., Heiserkeit, und *hésch*, heiser.

granzen, weinen, verdrießlich sein. Kommt hin und wieder in Niederhessen, bis nach Hersfeld, vor. In den Reimen auf die Ankunft des Landgrafen Friedrich I., Königs von Schweden, in Hessen (Aller Reddelichen Hessen-Kenger Herzeliche Freude ff. Eisenach 1731. 4; auch abgedruckt: Hersfelder Intelligenzblatt 1832. No. 9, 25. Febr.) heißt es:

Unse Wiwes-Thire, die sillen er (der Königin Ulrike Eleonore) au
En hebschen Regen taintzen,
Ach! helten mä ockertsch die gillen Frau,
Se sill bi uns nit grainzen.

Frisch 1, 366. 371 (granfen).

grappen, *ergrappen*, zugreifen, ergreifen und festhalten, erhaschen. In Nieder- und Oberhessen allgemein üblich. Vgl. ergruppen.

grappig, habsüchtig, eigennützig. Allgemein gebräuchlich, besonders im westlichen Hessen; ursprünglich rapax, zugreifend. Auch *grapschig.* Vgl. Kroppe.

gräsig, oberhessischer Ausdruck, möglicher Weise dasselbe, was in Niederhessen grüsig ist (s. Grüse), und eine Verderbnis des Wortes grüsig. Freilich würde dann die Hauptbedeutung, welche das Wort jetzt hat, zur abgeleiteten Bedeutung, und umgekehrt, sich gestalten. Es bedeutet nämlich
 1) unwillig, ärgerlich, bösartig: ein *gräsiger* Mensch. In dieser Bedeutung sehr üblich in Oberhessen, besonders in dessen südlichen Theilen.
 2) herbe, unangenehm, widerlich schmeckend: „das Essen schmeckt gräsig". Estor hat 3, 1408 „gräßig fleisch", wohlschmeckend; warscheinlich misverständlich.
 grasig, deutlich von Gras abgeleitet, bezeichnet in nicht wenig Flurbeschreibungen, vom Wege gebraucht, den Weg als ungangbar, ungebaut. Am öftersten findet sich „am grasigen Weg" im Hanauischen".

Grad, Grat, in Oberhessen msc., in Niederhessen sem., geplatteter und um einige Stufen (gradus) erhöheter Seitengang in den Straßen einer Stadt längs der Häuser; jetzt zum niedrigen „Trottoir" herabgesunken. Solche Grade (Greten, Greten im Plural) sind jetzt sehr selten geworden, und finden sich jetzt meines Wißens nur noch in Wolfhagen und Kirchhain. Der Grad in der Barfüßergaße in Marburg wurde schon im Jahr 1583 abgebrochen. Estor hat 3, 1410: Grod, das pflaster vor der thüre.

graetschen, die Beine spreizen. Ueberall in Hessen, wie auch in Baiern und anderwärts, gebräuchlich; die Uetsche graetschelt; ein Kind, welches noch nicht recht laufen kann, geraetschelt, geht graetschelig. Man spricht übrigens im Anlaut weniger g als k.
 Wol sicher zu *Gradel* (s. d.) gehörig.

gräulich, meist nur in abgeschwächter Bedeutung üblich, als ein verstärktes Verwunderungswort, für: sehr, zum Erstaunen u. dgl. „Du bist ja gräulich groß geworden"; „das ist ja ein gar gräulich schön Mädchen". Gräulich thun, eine sehr übliche Redensart, bedeutet wie in Baiern (Schmeller 2, 98), großes Leidwesen an den Tag legen, sich sehr traurig, oder auch sehr entrüstet, sehr überrascht u. dgl. anstellen. Die Aussprache ist fast durchgängig: *greilich*. In ganz Hessen.
 Estor S. 1409.

grausam, nur in abgeschwächter Bedeutung, gleich gräulich, im Gebrauche (der schriftdeutsche Sinn des Wortes ist dem Volke schlechthin fremd); es wird grausam mit etwas stärkerem Nachdrucke, als gräulich, gebraucht, z. B. bedeutet *greilich schön* sehr schön, *grausam schön* aber außerordentlich, ungewöhnlich, auffallend schön; „es hat mir gar grausam leid gethan" ich habe (sehr ernstliches) Mitleid empfunden, es hat mir recht eigentlich wehe gethan; wogegen „es hat mir greilich leid gethan" nicht viel mehr als eine Condolenzformel sein würde. Estor t. Rechtsgl. 3, 1409.

grauweln, grauen vor etwas, ein Grauen haben; in Niederhessen grûweln gesprochen.
 Grauwel (Grûwel, Gruwwel) msc., das Grauen. Auch hört man mitunter noch das alte *Grau* msc. Die ursprüngliche Bedeutung des Ekels, des Reizes zum Erbrechen, welche in Grau, Grauel, grauen liegt, ist jedoch auch im Volke völlig erloschen.
 grûwelich, gruwelich, Grausen erregend.
 Allgemein üblich.

Graewel msc., Verschlag im Stalle zur Aufbewahrung des Futters. Im Fuldaischen.

Grebe msc. Die Bezeichnung des Dorfvorstandes in einem großen Theile von Hessen aus alter Zeit her bis zum Erscheinen der Gemeindeordnung vom 23. October 1834. Es scheint dieselbe eine specifisch hessische Benennung gewesen zu sein, denn Kirchhof merkt im "Wendunmut (geschrieben 1562) in No. 147 (Ausg. v. 1602. S. 222) an: "ein Schultheiß, die man auff den Dörfern im Land zu Hessen Greben nennt". Diese Bezeichnung herrschte im sächsischen und westfälischen Hessen (den Kreißen Hofgeismar und Wolfhagen), in den Kreißen Kassel, Fritzlar, Homberg, in der Grafschaft Ziegenhain und zum Theil in den Kreisen Melsungen und Kirchhain. Im Kreiße Melsungen waren Greben im Gericht Landefeld, sodann in Bergheim, Bischofferode, Elbersdorf, Pfiefe, Schnellerode, Bockerode, Weidelbach, Günsterode; im Kreiße Kirchhain in den östlichen und nordöstlichen Theilen, nämlich in denjenigen, welche ehedem zur Grafschaft Ziegenhain gehört hatten. Im Amt Wetter wechselte die Benennung Grebe mit der dem Volke wie es scheint geläufigeren: Heimbürger durch das ganze 16. und einen Theil des 17. Jarhunderts ab; später findet sich fast nur Grebe.

Vgl. Schulze und Zeitschr. f. hess. Gesch. u. LK. 4, 69—70.

greibe, auch (im Haungrund) *gräuwe*, *gräu* gesprochen, herb, säuerlich-bitter, scharfsauer. "Der Spinat schmeckt greibe", wenn er unangenehm scharf nach Gruse schmeckt. Niederhessen; sehr üblich in Kassel.

greinen, den Mund verziehen, weinen. Sehr üblich in der Diemelgegend und im Schmalkaldischen, sonst nicht sonderlich gebräuchlich. Mitunter *grinen* gesprochen; so meist in Kassel.

angreinen c. Acc., mit zornigen Mienen jemanden anfahren. "da redt ich sie hart an, sagt sie zu mir wie greinstu mich an?" Wetterer Crim. Proceß v. 1577.

Greinhase msc., Kaninchen; der oberhessische Name des Thiers, hergenommen von dem Knurren desselben, wiewol sonst das Wort greinen in Oberhessen fast gar nicht mehr üblich ist. Estor t. Rechtsgl. 1, 513 (§. 1235).

Greipe fem., die dreizinkige Mistgabel. Im sächsischen und westfälischen Hessen, wo zwischen Greipe (die meines Wißens kaum jemals Messforke genannt wird) und der zweizinkigen Forke (s. d., Heugabel) durchgängig ein fester Unterschied besteht.

Grempel msc., Kleinwaaren, Kleinverkauf, Tröbel. Dieß in Oberdeutschland, im Elsaß und anderwärts noch übliche Wort ist in Hessen jetzt unbekannt, muß jedoch in früheren Zeiten ganz üblich gewesen sein, denn in Homberg gab es im 16. Jarhundert (Homberger Univ.-Vogteirechnung von 1544) eine Grempelgaße.

gremsig, wie Estor t. Rechtsgl. 3, 1409 hat, oder **gremsch, grimsch, grimschig**, wie gewöhnlich gesprochen wird, ist der oberhessische Ausdruck für das gemeinhochdeutsche ranzig; verdorbener Speck, verdorbene Wurst, Butter schmeckt gremsch, gremschig. Tropisch wird dann das Wort auch von widerlichen, Aerger und Zorn ausdrückenden Gesichtszügen gebraucht.

Möglich, daß das Wort ein entstelltes Adjectivum von Gram (oder gar von grimm gebildet?) wäre.

Grendel msc., Pflugbaum; dieses uralte und in der Schriftsprache beibehaltene Wort ist auch in dem größten Theile von Hessen volksüblich, gesprochen Grennel, Greugel, Gringel.

Kaum zweifelhaft ist es, daß hierher zu rechnen sein wird
Grindel, *Grendel* neutr., ein öfter einfach und zusammengesetzt vorkommender Name von Feld= und Waldplätzen. So kommt schon 1361 im Reinhardswalde vor *daz groze grindel*, *daz wenge grindel*, und dieser Name ist an der Stelle haften geblieben bis jetzt: das große Kringel, das kleine Kringel, bei Hombressen. Eben so kommt Kringel bei Laudenbach, bei Weißenborn A. Wanfried und sonst noch (Wartkringel, Niederurf), vor; Zusammensetzungen sind z. B. die Grengelskuppe (Mengshausen), die Gringelwiese (Fürstenwald).

Griebe fem., das Residuum des zerschnittenen und ausgebratenen Speckes, Schmalzes: Speckgrieben, Schmalzgrieben; auch nennt man wol Grieben in Butter oder Schmalz geröstete Brod= oder Weckwürfelchen; ahd. *grimpo*, *cremium*. In Hessen wie anderwärts, fast durch ganz Deutschland, allgemein verbreitet. In Oberhessen wurde das Wort metaphorisch für: eine Kleinigkeit, eine wertlose Sache, verwendet; z. B. schelten sich nach Ausweis des Weiterer Bußregisters vom Jahr 1591 zwei Einwohner von Amenau, welche beide Flurschützen gewesen waren, damit, daß sie einander vorwerfen, jeder von ihnen habe „einen Baum für eine Speckgriebe" gegeben. Und so noch öfter.

griebetrocken, *griebedürr*, sehr übliches vergleichendes Abjectivum, um die völlige Trockenheit, Dürre, zu bezeichnen.

S. Zeitschrift für hess. Gesch. und Landesk. 4, 70.

grief adj., hager, mager; vorzugsweise von Menschen gebräuchlich. Westfälisches Hessen. Ob hierher das grislachen des Brem. WB. 2, 541, oder grieflachen wie Voß schrieb, zu ziehen sei, läßt sich vorerst nicht bestimmen, ist aber warscheinlich.

Griesz masc., mitunter auch neutr., Grütze: Weizengrieß, Gerstengrieß, Habergrieß, Buchweizengrieß (Heidengrieß), Kummergrieß. Das Wort Grütze ist durchaus nicht üblich, und wird da und dort gar nicht einmal verstanden; Graupen freilich noch weit weniger, mit Ausnahme jedoch von Schmalkalden.

grießeln, grißeln wird von dem Fallen der kleinsten Hagelkörner oder Schneekörner, wie sie bei eintretendem Froste sich bilden, gesagt: es grießelt, griffelt, wie man auch in der Schriftsprache diese Schneekörner Graupen nennt.

Gris neutr., ist im östlichen Hessen (war wenigstens bis 1830) die regelmäßige Bezeichnung der Stengel der Kartoffelpflanze, während die Stengel und Blätter der übrigen Wurzelpflanzen Kraut genannt werden. *Gris* ist kleines Reisig, s. Tobler Appenzellischer Sprachschatz S. 119, sonst aber in Hessen unerhört, und es scheint, daß das Wort Gris mit der fremden Pflanze von fremdher bei uns eingeführt worden ist.

Grind neutr. oder masc., ist der Name einer Stadtgegend bei Marburg, jetzt einer Straße (längs der Lahn, von der Brücke die nach Weidenhausen führt, abwärts), welche in Aufzeichnungen des ausgehenden 16. und des 17. Jarhunderts *Grien*, später, wol erst in der neuesten Zeit, *Grün* genannt wurde. *eyn garte an deme grinde gelegen*; *das hus an deme grinde*, Zinsbuch der Pfarrkirche St. Mariä zu Marburg. Mspt.Pg. von 1410. Bl. 6b.7a. „*vß einer hobestad am griende*", Urkundenverzeichnis derselben Pfarrkirche v. 1525.

Es kann dieses *grind* mit *grint*, *impetigo*, nicht zusammenhängen, vielmehr muß dasselbe auf das in den Zwiefalter Glossen (11. Jh.) enthaltene *in grente*, in *argillosa(terra)* und auf den *mons qui dicitur grind* (Graff Sprachschatz 4, 330) zurückgeführt werden. Sehr möglich ist es, daß die Zwiefalter

Schreibung eben das ausdrücken sollte, was die Schreibung von 1525 gibt: grient, griend. Aus dieser Form (griend) allein kann sich die spätere Form *Grien* und hieraus die moderne Corruption *Grün* entwickelt haben. Ist aber die Form *Griend* die ursprüngliche, dann liegt es nicht allzu fern, unser *Griend* an das mhd. und schweizerische *grien* anzulehnen (Müller Mhd. WB. 1, 569. Stalder 1, 569); dann könnte das t (d) in Grient eine Ableitungsform sein.

Die Bedeutung ist jedenfalls: rauhes, thoniges, mit Grand angeschwemmtes Erdreich, was zu der Bodenbeschaffenheit des Grien genau paßt: westlich vom Grien ist tiefer Thon- und Lehmboden, und von Osten her spült die Lahn Grand an.

Gritiſſa fem., Flußname, jetzt Grenf (entspringt am Nimberg und erreicht bei Loßhausen die Schwalm). Auch dieser Name gehört wol dieser Wurzel grint, argillosa terra, und nicht dem Worte grint, impetigo an (s. Zeitschr. f. heſſ. Geſch. u. LK. 1, 257).

gripſen, kripsen, kripschen, im Fuldaischen *krippen*, ziemlich überall gebräuchliche Bezeichnung des Stehlens, dessen Objecte verhältnismäßig Kleinigkeiten sind; der Ausdruck ist halb beschimpfend, halb scherzhaft, dem *ganſen* nicht unähnlich.

gripſch, kripsch, eigentlich rapax, zugreifend; daher die bei uns allein, und zwar in ganz Hessen, sehr übliche Bedeutung: auffahrend, heftig, derb zufahrend; finster, mürrisch — in Worten, Mienen und Geberden. „Ein gripſches Geſicht machen". „Er gab mir auf meine Bitte eine gar so gripſche Antwort"; „er ist (wird) gleich so gripſch, daß man gar nicht mit ihm sprechen kann". Vorzugsweise niederdeutsch: Richey Id. Hamb. S. 80: *greepsk*, rapax.

grittig, eifrig, gierig. In der Diemelgegend. Das Wort kann kaum etwas anderes sein, als das altſ. *grâdag*, agſ. *graedig*, vorax.

Gritz msc., Verstand, Einsicht, Scharfsinn. Allgemein üblich, aber niemals, wie die moderne Schriftsprache will, femininiſch verwendet.

gritzgrau (grau wird ausnahmslos grö gesprochen), ganz und gar grau. „Der N. N. hat ja einen *gritzgröen* Kopf gekriegt". „Die Hember sind ja *gritzgrö* aus der Wäsche gekommen" (schlecht gewaschen). Weigand im Intell.Bl. für Oberhessen 1846. No. 61. S. 248 verzeichnet *grützegrau*. Bei uns ist jedoch das Wort Grütze völlig unbekannt, und hin und wieder wird bei uns auch *griszgrau, griesgrau*, besonders vom Kopfhaar, gebraucht. In Baiern *liszgrauw*. Schmeller 2, 98. 347.

groelen, laut und derb sprechen; schimpfen. Westfälisches und sächsisches Hessen. Richey Id. Hamb. S. 81.

Groppe msc. eiserner Topf mit Beinen, die hessische Aussprache von Grapen Brem. Wb. S. 535. Im sächsischen und westfälischen Hessen, in Oberhessen und im Schwarzenfelsischen (sowie in der Wetterau vgl. Weigand im Friedberger Intell.Bl. 1844. Nr. 95. S. 378) üblich, in Niederhessen unbekannt. „Hernacher hatten sie Ihme einen Kroppen abgepfendet, und seinen Eidam getrungen, daß Er die 5 albs erlegen müssen". Treisbacher Verhörprotokoll von 1609. Bis 1398 existierte im sächsischen Hessen eine adlige Familie Gropp, welche ein redendes Wappen führte: einen Topf mit einem Henkel und drei Beinen; s. Landau Ritterb. 4, 242. Luther unterscheidet sehr bestimmt den Gropen von dem Töpfen (Topf); jener ist von Erz und gegoßen, dieser von Thon. S. Vorrede zu Joh. Sutel, Pfarrer zu Göttingen, Auslegung von Lucas 19. (Jen. Ausg. 7, 296 b).

Warscheinlich gehört hierher auch die in Kassel sehr übliche Bezeichnung *Groeper*; jetzt meist für Töpfer, jedoch nur für diejenigen verwendet, welche sich mit dem Aufsetzen und Reinigen der Stubenöfen beschäftigen. Vgl. Kopp Handbuch 6, 134.

grössen, stöhnen, ächzen. Im Fuldaischen und Schmalkaldischen; im übrigen Hessen, zumal in Niederhessen, *krästen*. Es ist dasselbe Wort, welches sonst auch kreisten gesprochen und geschrieben wird, und woraus die Weisheit der Büchermenschen kreisen, kreiszen (d. h. parturire) gemacht hat.

Grummet neutr., aus Grünmad entstellt, Nachheu; in dem grösten Theil von Hessen die üblichste Bezeichnung, im 16. Jahrhundert regelmäßig, und noch um 1640 öfter, Gromat, Gromath in den Rechnungen geschrieben. Indes gilt neben Grummet an der untern Efze, an der untern Eder und untern Fulda auch das alte Wort Omad, Omed. „gab herrlich Omaden oder Krummetwetter" Aufzeichnung des Beckermeisters Hans Heinrich Arnold zu Kassel vom Jahr 1677.

Grün masc. u. neutr. Stadtgegend in Marburg s. *Grind*.

Grünewig nennt man in der Gegend von Gudensberg (Niedenstein u. s. w.) alle Pflanzen, welche im Winter grün bleiben: Hedera (Epheu), Vinca (Wintergrün) und pyrola. Es wird dies Wort nichts anderes sein, als grün Eppich.

Grund, ist in der Bedeutung Vertiefung, Thal, Schlucht. im nördlichen, ganz besonders im westfälischen Hessen, Femininum: *die Niendahlsgrund* Grimm Weist. 3, 303; „in der Riesengrund" Niederelsungen — und so äußerst häufig.

Das Dörfchen Wipperode am Meisner führt im Volksmunde nicht diesen Namen, sondern heißt nur der Grund. Die dortigen Pfarrer (es ist das Oertchen wegen seiner geringen Pfarrbesoldung stets Vicariat gewesen) verzeichnen noch in der Mitte des 18. Jahrh. in den Kirchenbüchern „und bin ich als Pfarrer in den Grund gesetzt worden". Als der berüchtigte, dreimal abgesetzte Pfarrer Emanuel Streibelein nach seiner zweiten Absetzung im Jahre 1819 Pfarrer in Oetmannshausen und zugleich in Wipperode wurde, ließ er am letztern Orte bei seiner Antrittspredigt das Lied Rothes „Ich habe nun den Grund gefunden" (Nr. 92 des niederhess. Gesangbuchs) frevelhafter Weise singen.

Gruppen, das hochdeutsche Graupen 1) als geschältes Getreide 2) als Hagel. Im Schmalkaldischen gebräuchlich, anderwärts unverständlich.

ergruppen, erhaschen, etwas nach vorausgegangener Anstrengung ergreifen und festhalten. Im Schmalkaldischen sehr üblich, indessen kommt das Wort auch im östlichen Hessen nicht ganz selten vor, doch ist hier die Form ergrappen üblicher.

Grüse fem., der Saft aus grünen Gewächsen, z. B. aus Gurken; mhd. gruose. Vorzüglich nur in Niederhessen üblich.

grüsig, mit grünem Safte versehen; *grusig* schmecken, nach herbem grünem Saft, unangenehm herbe schmecken, wie z. B. Kohl, der vor dem Kochen nicht gehörig ausgewässert worden ist.

Vgl. *gräsig*, sodann *greibe* und *gremsig*.

Gugelhuppe msc., ein rundes, fast kugelförmiges Weizengebäck. Nur in Marburg; in Frankfurt und sonst Gugelhupf. Vgl. Weigand im Intelligenzblatt für die Provinz Oberhessen 1845. Nr. 9. S. 34.

gülden, aureus, war schon in alten Zeiten und ist noch jetzt ein sehr übliches Liebes= und Schmeichelwort von besonderm Nachdruck. „ach du güldeu Kind", Anrede, welche besonders zur Einleitung einer Berichtigung, einer milden Abweisung u. dgl. dient. So macht täs au, tä gillen Reindt (Reime auf die Ankunft des Ldgr. Friedrich I., Königs von Schweden, in Hessen, 1731). Ach hetten mä ockertsch de gillen Frau (die Königin Ulrike Eleonore; ebdf.) Der Spruch, welcher in Grimms Kinder= und Hausmärchen (in dem Märchen vom Rumpelstilzchen 1, 336) referiert wird, lautet in Hessen: „Wenn die gülle Frogge wüßt, daß ich Berlewitchen hieß, so behielt sie ihre Kindchen". „Du gulden Maria, hetten wir das doch nicht gethan". Eschweger Hexenprocessacten v. 1657. Eine unglückliche Frau aus Cappel bei Marburg rief, als Zauberin am 20. September 1655 auf die Tortur gebracht, unter den Martern derselben „Ach mein herzens gille Oberschultz!" zu unzäligen Malen aus.

  Gülden Schnitten sind in Hessen genau das, was sie in Baiern sind (Schmeller 2, 34): Weckschnitten in Ei getränkt und in Schmalz gebacken, welche sonst hauptsächlich am Gülden=Schnitten=Sonntag gebacken zu werden pflegten. Ursprünglich soll der Gülden=Schnitten=Sonntag mit dem fetten Sonntag, Quinquagesimä, identisch gewesen sein; an der Werra und noch weiter westlich bis über das Fuldathal bei Rotenburg hinaus war jedoch schon im Anfange dieses Jarhunderts der erste Sonntag in den Fasten, der Sonntag Invocavit, der Gülden=Schnitten=Sonntag.

  gunkeln, sich schwebend hin und her bewegen: „das Scheuernseil gunkelt noch, die bösen Jungen müßen eben bran gewesen sein"; die schwere reife Birne „gunkelt" am Aste; — aber auch: „ich will dir einmal den Stock auf dem Buckel gunkeln laßen". Ziemlich allgemein üblich, am meisten im Haunthal, am wenigsten in Oberhessen.

  Nicht unwarscheinlich ist es, daß hierher die Stelle aus dem für hessisch ausgegebenen (und allerdings eine ganze Reihe hessischer Idiotismen enthaltende) Gedicht: „die Erlösung" (wie es der Herausgeber Bartsch 1858 genannt hat) v. 4713 gehört: hie mit wart des fronen
         houbt dâ mit (der Dornenkrone) gezieret,
         drûf sie *gekunkelieret*
         mit freissamen stecken,
         langen unde quecken.

An Kunkel (Spinngerät, wie Bartsch will), ist wol sicherlich nicht zu denken; indes bleibt es höchst auffallend, daß ein deutsches Wort im 13. Jarh. ein Verbum auf *ieren* erzeugen soll, so daß dieses kunkelieren am Ende weder zu kunkel noch zu gunkeln, vollends aber nicht zu dem sächsischen kungeln (trafiquer) w. s. gehören wird.

  Günter msc., Magen, Bauch. So im Fuldaischen, namentlich im Kreiße Hünfeld. In der Bedeutung: Mastdarm des Schweins in ganz Hessen gebräuchlich; daher Günterwurst, die in den Mastdarm gefüllte Leberwurst; Schwartengünter, auch wol bloß Günter, die in den Magen des Schweins gefüllte großentheils aus Schwarten bestehende Roth=(Blut=) oder Leberwurst. Auf dem Westerwald: Göntert, Schmidt S. 68, wie denn das Wort sich vom Rhein bis nach Thüringen im Gebrauche befindet. Es erscheint schon bei Erasmus Alberus Dict. Bl. Eeiija: faliscus, der ghünter, gefülter mag, sewsack. Günter, faliscus. S. Weigand im Friedberger Intelligenzblatt 1845. No. 17.

  Das Wort sieht fast aus, als müße es slavischen Ursprungs sein.

güepen, auch *geipen* gesprochen, den Mund aufsperren („Maulaffen feil halten" nach gemeinhochdeutscher Redensart); gähnen (in diesem Sinne meist *gipen* ausgesprochen). Oberhessen.

Estor t. RG. 3, 1410 hat güpen und geipen als zwei Wörter; dem ersteren schreibt er die Bedeutung „das maul aufsperren", dem andern die Bedeutung „gehnen" zu. Der Unterschied ist bloß mundartlich, nach einzelnen kleinen Landstrichen, ja nach einzelnen Dörfern.

Das Wort ist nichts anderes als das ahd. *gewôn*, Schmeller 2, 8. Auch wird hin und wieder wirklich *güewen* und besonders *geiwen* gesprochen.

Im übrigen Hessen völlig unbekannt.

Vgl. *Gaubloch*.

Gurre fem., altes, schlechtes, abgetriebenes Pferd, ohne Rücksicht auf das Geschlecht. Ursprünglich mag das Wort Stute oder alte Stute bedeutet haben, wie es bei Schottel Haubtspr. S. 1332 aufgeführt wird: „Gurre, equa, stute, equus annosus ita solet vocari", und wie es, wenigstens vorzugsweise, in Baiern noch verstanden wird, Schmeller 2, 63; aber schon in älterer Zeit wird es so, wie jetzt in Hessen, gebraucht, z. B. Seb. Frank Chronica Bl. 236 u. a. St., ist es doch bei Br. Berthold sogar Masculinum.

gurren, ein dumpfes Knurren oder Knarren; es gurrt im Bauche, oder wie S. Franck Sprichw. Viija: „Alt karren gurren gern"; neues Lederzeug, wenn es gedrückt, gerieben wird, gurrt.

Gusche fem., auch *Gosche* gesprochen, der Mund; fast nur in verachtendem Sinne gebräuchlich: „halt deine Gosche"; „willst du eine auf deine Gusch haben?" Das Wort ist, mit Ausnahme der niederdeutschen Bezirke, durch ganz Mittelhessen, in Schmalkalden und an der Werra wie in Oberhessen gebräuchlich. Estor S. 1410.

Reinwald 1, 53. Schmeller 2, 77.

güste, trocken, nicht melkbar, nicht milchgebend, daher auch: unfruchtbar, von Kühen, Schafen und Ziegen. Die Kuh wird vier Wochen vor dem Kalben güste; in einer Rechnung von Borken vom Jahr 1489 wird die melke kuwe der *geste* kuwe entgegen gesetzt; der güste Haufe (Güstehaufen) ist der Haufe Schafe, welcher mit Lämmern geht, und zu der Zeit nicht gemolken werden kann.

Das Wort ist eigens niederdeutsch; Richey Id. Hamb. S. 82. 411. Brem. WB. 2, 558. So ist es denn auch im westfälischen und sächsischen Hessen (auch in der Bedeutung nicht trächtig, zur Zeit unfruchtbar) das allein gebräuchliche Wort, aber auch eben so ausschließlich gebräuchlich in Oberhessen, wo man *gelte* nicht versteht. Umgekehrt ist jetzt in Niederhessen, so weit es nicht niederdeutsch ist, im Ziegenhainischen, Hersfeldischen, Fuldaischen und weiter südlich *güste* unverständlich. „So hatte auch Treina butter verkauft, da sie doch nur eine güste kuhe gehabt". Marburger Hexenprocessacten von 1673. Aber es muß früherhin güste auch in Niederhessen einen weitern Umfang gehabt haben, als später und jetzt; außer jenem Beleg von 1489 aus Borken findet sich auch in den Rechnungen von Waldau aus dem 15. Jh. güste ständig; schon 1436 heißt es dort „eyn güste kue" und so nachher sehr oft.

Möglich, daß man früher gelte und güste, die man beide heut zu Tage unterschiedslos (mit Ausnahme des westfälischen Hessens) für nicht trächtig braucht, ganz richtig unterschieden, und mit diesem Unterschied beide Wörter in Niederheſſen wie in Oberheſſen neben einander gebraucht hat. Auf dieſen Unterſchied hat ſchon Friſch 1, 385 (zu güſte) hingewieſen.

Vgl. *gelte*, und Zeitſchr. f. heſſ. Geſch. ꝛc. 4, 70—71.

gutzen (ſich), ſich bücken, ſich niederlegen. Schmalkalden. Iſt identiſch mit dem heſſiſchen, zumal niederheſſiſchen *Käuschen sitzen* (Kützchen, Kitzchen machen), niederkauern, und dem oberheſſiſchen *kauchen*.

H.

hä, kurz und ſcharf geſprochen, iſt in ganz Altheſſen, am wenigſten jedoch in Oberheſſen, fragende Anrede, anſtatt wie? oder was? Letzteres braucht der Oberheſſe, zumal der weſtlich von Marburg wohnende, lieber als hä. Auch als Anruf wird hä verwendet: *hä du!* Eben ſo wie hier gebraucht erſcheint das hä in Filidors Ernelinde S. 16. Der lautere Ruf hé darf mit dieſem hä nicht verwechſelt werden.

Haar msc., crinis, capillus.

Die Redensarten: ein Haar darin finden, Haare laſſen müſſen, der Gebrauch des Wortes zu Verkleinerungen (dieß am häufigſten im Schmalkaldiſchen in der Form *ein Haerle*, Hérle) u. a. finden ſich hier wie anderwärts. Weniger bekannt iſt eine andere, in Oberheſſen hin und wieder gehörte Formel: Haare zwiſchen Jemanden blaſen, durch Zuträgereien und Klatſch Uneinigkeit ſtiften. „Als er zeuge auch an itzige ſeine hausfraw ſich beſtattet, hab die Beklagtin allerley darin gereth vnd haar zwiſchen ihnen geblaſen, das ſie ein zeitlang in vneinigkeit gelebt". Marburger Hexenproceſſacten v. 1579.

Habe fem. 1) Granne; 2) Fiſchgräte. Im Haungrund. Es iſt daſſelbe Wort, welches im übrigen Heſſen Hebe (Hewwe), Hiebe, Hiepe lautet und Granne, Dorn, bedeutet.

haben iſt an der Schwalm, in Oberheſſen (wenigſtens theilweiſe) und im Schwarzenfelſiſchen noch im alten Sinne von halten (an der Schwalm in der Form hobben) üblich, z. B. Kinder hobben, d. h. Kinder halten, tragen. Eſtor t. Rechtsgl. 3, 1410.

Haber, avena, iſt im öſtlichen Heſſen Masculinum, im weſtlichen Femininum, und es wird hier nicht ſelten *die Habern* geſprochen.

häbern, avenaceus (*haberin*), eins der wenigen Adjectiva auf in, Stoffe bezeichnend, welche ſich in unſerer Volksſprache erhalten haben. Vorzugsweiſe erſcheint dieß Wort an der Schwalm und theilweiſe in Oberheſſen; das ganz allgemeine Frühſtück des Schwalmbauers und der meiſten oberheſſiſchen Bauern war eine aus geſchältem Hafer gekochte dicke Suppe, die *häbern* Sopp, über welche bis zum Jahre 1840 der Kaffe noch keinen irgend nennenswerten Sieg errungen hatte. In den folgenden 20-25 Jahren ſoll jedoch dieſer Sieg ſich bedeutend vervollſtändigt haben.

Hache msc., lieber *Hach*, ein habſüchtiger und dabei grober, die Habſucht in plumper Weiſe blicken laſſender Menſch. Allgemein üblich. Schmidt Weſterw. Jb. S. 71. Schmeller 2, 143.

hachig, habgierig, zumal in grober Weiſe habgierig. Ueberall gebräuchlich. Schmidt Weſterw. Jb. S. 71.

hachen, gierig nach auch dem geringsten Vorteil streben, sich habsüchtig in grober Weise zeigen auch bei geringfügigen und widerrechtlichen Gelegenheiten. Niederhessen und Grafschaft Ziegenhain.

Hachelberg. Dieser Name des wilden Jägers (eigentlich hachelberend, niederd. hakelberend d. h. Mantelträger = Wuotan s. Grimm d. Myth. S. 875) muß in dieser oberdeutschen Form auch in Hessen bekannt gewesen sein, da sich 1582 ein Wilddieb, Kurt Schlich aus Benafort, diesen Namen gab oder ihn von dem Jägermeister des Herzogs Julius von Braunschweig erhalten haben wollte. Landau Gesch. der Jagd 1849. 8. S. 190. Gegenwärtig scheint das Wort völlig ausgestorben zu sein.

hadern ist an der Schwalm das ausschließlich übliche Wort für sich streiten, besonders aber für: einen Rechtsstreit, Proceß, führen, processieren.

hagebüchene Gulden nannte man bis zum Jahr 1840, und nennt man vielleicht noch jetzt, im oberhessischen Hinterland (schon in Michelbach, Dilschhausen, Weitershausen) schlechte Gulden, d. h. solche Gulden, welche geringeren Wertes waren, als der wirkliche Gulden, bezeichnete aber diese Benennung ausdrücklich als eine aus alter Zeit überkommene, welche jetzt nur sprichwörtlich gelte, da es keine solche hagebüchene Gulden mehr gebe. Ob hiermit die „kleinen Gulden" gemeint seien, welche im 14. Jahrhundert öfter (Wend 2, Urk. S. 441) und namentlich in den ungedruckten Urkunden des Klosters Caldern vorkommen, oder was sonst, vermag ich nicht zu sagen.

Hagelrad, gewöhnlich *Haelrad*, *Haclrad*, auch *Hälrad* gesprochen, ein mit Stroh umwickeltes Wagenrad, dergleichen im Fuldaischen für den Hutzelsonntagabend und für Johannisabend verfertigt, auf die steilsten Abhänge der Berge getragen, nach Einbruch der Dunkelheit angezündet und dann herabgerollt werden. Es ist das eine große Dorffestlichkeit, und das Rollen der Hagelräder gibt namentlich aus der Ferne einen sehr schönen Anblick.

Hahle fem., auch *Hael* und *Hoel* gesprochen (dieß meist nur in Oberhessen), ein jetzt nur noch in den Bauerhäusern und auch hier immer seltner vorkommendes Küchengerät: ein langer eiserner, an einer eisernen mit Zähnen und einer Zwinge versehenen Doppelstange befindlicher Haken, welcher in die Deis (s. d.), den Rauchfang, befestigt ist, und über der Mitte des Herdes, der Herdfeuerstätte hängt, um den Keßel daran hängen zu können: Keßelhaken. Jene Zähne mit Zwinge dienen dazu, um die Hahle länger oder kürzer stellen zu können. Das Wort ist alt, und komt als *hahala*, cremacula, in fast allen althochdeutschen und mittelhochd. Glossen vor; es ist von hahan, hängen, abgeleitet. eyn lange hoil boben daz für, Waltauer Rechnung von 1489. Schmeller 2, 166. Schmidt westerw. Id. S. 73. Kehrein Volksspr. in Naßau S. 181. „zinnine Holen" Phil. v. Sittewald Gesichte 1, 130.

Zuweilen ist das Wort auch neutral, namentlich in der in und um Wolfhagen gebräuchlichen pleonastischen Composition **Hangehohl**; ähnlich ist *lengehäl*, longale in einem Vocabularius rerum bei Hoffmann horae belg. 7, 30. Neutral scheint das Wort im Niederdeutschen zu sein: „das Haal oder keßelhacken". Aug. Lercheimer (Hermann Wittekindt, ein Westphale) Bedencken von Zauberey (1597) S. 125.

Dieß Geräte diente ehedem in Oberhessen zu einem der Symbole der Tradition, ist aber bei Grimm Rechtsalterth. S. 109—207 nicht aufgeführt. Urkunde des Deutsch-Ordens-Archivs zu Marburg von 1492: So han wir — demselben hr heinriche soliche husunge mit jren zugehorungen gerichtlich ingethan, jne darin gesast vnd geweret eiginwyse mit stule vnd kossen, hantreichunge der *helen* vnd Ringe ader czogil an der thore. Urkunde ebdf. v. 1525: „So haben wir denselbigen hern Johan zu seiner gerechtigkeit in das obgenant Huß eigenweise eingesetzt vnd gewert mit stul vnd küssen, hantreichung des rings an der thür vnd der Helen vber der fürstede". In beiden Urkunden wird dieß alles als altes Herkommen bezeichnet.

Hain msc., meistens *Hān*, nicht ganz selten auch noch *Hagen* gesprochen, ist eine, in Hessen nur noch vereinzelt als Appellativum vorhandene, äußerst häufig als zu einem Nomen proprium gewordene Bezeichnung kleinerer Waldstücke, namentlich solcher, welche lichten oder doch nur mit wenig Unterholz besetzten Untergrund und einzeln stehende Hochbäume haben. Als Appellativum ist *Hain, Hagen*, mitunter pluralisch: *die Haine*, gebräuchlich in mehreren Städten (Neukirchen, Hünfeld, Hofgeismar, Wolfhagen) von den die Stadtmauer zunächst umgebenden Gärten, und die an die Gärten stoßende Stadtmauer heißt dann auch (Hünfeld) die Hainmauer.

In den Namen der bewohnten Ortschaften, in welchen sich einerseits die Schreibung —hagen, andererseits die Schreibung —hain fixiert hat, halten sich beide Schreibungen gegenwärtig die Wage, jedoch wiegt - hagen noch um ein Geringes vor: Wolfhagen, Sachsenhagen, Dörnh., Eiterh., Elmsh., Freienh., Friedrichsh., Fürstenh., Grebenh., Guxh., Kämmersh., Knickh., Krankenh., Kreyenh., Lichtenh., Martinh., Poggenh., Rolfsh., Sübh., Veckerh., Ziegenhagen; — Kirchhain, Ziegenhain, Appenh., Brünchenh., Erdmannsh., Finkenh., Florsh., Frankenh., Görzh., Giesenh., Immichenh., Itzenh., Neuenhain, Rittersh., Nörsh., Roppersh., Udenh., Völkershain. Indes folgt die Aussprache im Volksmunde nicht durchaus der officiellen Schreibung: das Volk spricht lieber Grebenhain und Kämmershain, fast niemals aber Immichenhain, sondern Hainchen (neutr.), so wie ehedem Merbenhain (Martinhagen) u. a. Namen bald mit hagen bald mit hain geschrieben wurden. Die Form *hān* hat sich nur in zwei Ortsnamen im Fuldaischen fixiert: Dietershan und Rudolfshan (= Rolfshagen im Schaumburgischen). Ob Hünhahn hierher gehört, ist wegen der alten Schreibung Hunioham (815) zweifelhaft. Die Namen der Waldorte tragen ähnlichen Charakter: man spricht Gerwigshagen und Gerwigshain (-han), Gleimenhagen und Gleimenhain, eben so Dudenhagen, Giesenhagen. Im Ganzen wird jedoch, je mehr die Sprache zum Niederdeutschen sich neigt, desto bestimter —hagen gesprochen.

Einfach ist Hain als Name bewohnter Ortschaften dreimal vorhanden, jetzt jedesmal mit der Ableitungssilbe -a: Haina. Die officielle Schreibung unterscheidet mit großer Sorgfalt Haina, Haine und Heina, damit nicht etwa diese Ortschaften eines schönen Tages untereinander laufen und dann nicht wieder auseinander gesucht werden können. Das letztgenannte Dörfchen, im Amt Spangenberg, wird übrigens auch meist, wie Immichenhain, Hainchen genannt.

Hainrecht. In Speckswinkel hieß das mortuarium das Hainrecht. „Anno 1606 ist an Hanrecht zu Spezwinckell gefallen Ein Hun". Bescheinigung vom 31. Dec. 1606. Anno 1606 Ist an Hanrecht zu Spezwinckell gefallen Sechß Hlr." Desgl. vom 13. Dec. 1606. S. LD. 4, 575. Kopp Handb. 5, 106. Im Erbachischen hieß das Gericht der Grundherrn über die Unfreien das Haingericht (Simon Gesch. v. Erbach S. 20).

Hainwisch nennt man an der Diemel den Hegewisch; wol nur Entstellung. Vgl. jedoch Schmeller 2, 128.

Häkel-die-Geisz, ein besonders im östlichen Hessen, wo alle Kinderspiele in lebhafterem und mannigfaltigerem Betriebe sind, als in den übrigen Landestheilen, übliches Knabenspiel im frühen Frühjahr, so lange der Boden der Weiden, Wiesen, Grasplätze noch weich ist. Sämtliche Spieler sind mit zugespitzten Stöcken (den Bindstöcken ähnlich) versehen, und werfen diese, einer nach dem andern, in den Boden; der Nächstfolgende sucht seinen Stock immer so in den Boden einzuwerfen, daß derselbe einen oder mehrere Stöcke seiner Mitspieler heraus treibt oder zu Boden wirft, dabei aber selbst im Boden stecken bleibt. Dieses Spiel ist auch in Baiern üblich (Schmeller 3, 473), wo es Schmerbickeln heißt, von einer Zuthat zu den Spielregeln, welche hier wol auch vorkommt, aber unwesentlich ist.

Hake msc., selten in der gemeinhochdeutschen verderbten Nominativform Haken; in Oberhessen *Hoch* (s. d.) und an der Schwalm *Hock*.

Haken einschlagen oder *anschlagen*, eine metaphorische Redensart: einen Versuch machen, sich fortzuhelfen, sich aus einer bedenklichen Lage emporzuhelfen. Noch jetzt üblich und in alter Zeit häufig, z. B. Joh. Ferrarius von dem gemeinen Nutz 1533. 4. Bl. 62a: „Es sein auch ettwann in der Gemeyn arme haußleute, die gern alle haken anschlügen, sich des bettels zu erweren, vnd kunnen sich doch mit jren weib vnd kinden nit erhalten".

Hacker msc., die größere Spielkugel (Schoßer, Merbel, Klicker), mit welcher die Kinder spielen. Obergrafschaft Hanau, auch sonst im Hanauischen üblich. Vgl. *Heucker*, *Däpper*.

hâl adj., trocken, mager, dürr; abgemagert; auch austrocknend. „Eine hâle Heide" — auch als Eigenname: die Halheide, das Halheidchen; — hâle Stoppeln; — ein hâler Wind, ein austrocknender Wind; hâl aussehen, abgezehrt aussehen; hâl weg, schlecht weg. Das Wort findet sich im südlichen Niederhessen, im Stift Hersfeld, im Haungrund, im größten Theil der Grafschaft Ziegenhain, im Schwarzenfelsischen in vollster Uebung.

Hâlrauch, auch *Hôlrauch* gesprochen, der trockene, kalte Rauch, den man sonst auch Höherauch, misverständlich Haarrauch u. s. w. nennt. Stift Hersfeld, Haunthal.

Hâlgans, dürre Gans, die noch nicht gemästet ist; entstellt in Hagelgans. Im Schmalkaldischen ist dieses Wort ein noch jetzt allgemein übliches Scheltwort für ein unerwachsenes aber vorlautes und vorwitziges Mädchen, während dieses am Main und Rhein sehr übliche Scheltwort im eigentlichen Hessen nur noch vereinzelt gehört wird; auch braucht man das Scheltwort wo es noch vorkomt wol ganz allgemein von einer besonders dummen Frauensperson. In der Form Hagelgans ist es ein ziemlich häufig in Hessen vorkommender Familienname, in der Form „Hählgans" der Name eines einsamen Hofes bei Hersfeld.

hael, Nebenform von hal, findet sich ganz eigens in der verbreiteten Bezeichnung halbwüchsiger, noch nicht zur Mästung tauglicher Schweine: *haele* Schweine oder lieber in Composition: Haelschweine: „1 malter korn zu asse dauon zu milgende den melken kuwen vnd *helswynen*". Grebensteiner Rechnung von 1462. „czwo metzen den *helswynen*" Felsberger Rechnung von 1462 und sonst öfter. So an der Schwalm, im Stift Hersfeld, in der Obergrafschaft Hanau u. a. O.

held, weitere, oberhessische aber unorganische Nebenform von hâl; „*heldes* Land"; er sieht *held* aus; Heldschweine. In den Rechnungen, schon des 16.

Jarhunderts, erscheint diese Mißform *Hehltschweine, Heltschweine* sehr häufig, in manchen sogar regelmäßig.

Vgl. Brem. WB. 2, 567. 568: Halung und Haalwind, Zugwind; dörhalen, kalt machen, ausmergeln. — Zeitschrift für hess. Gesch. u. Landesk. 4, 71—72. S. auch *hellig*.

hâlang, *hâlane, hallane* adv., ein von mir nur im Haungrunde vernommenes Wort. Die Bedeutung ist: unterdessen, einstweilen; "das Feuer ist unter dem Kessel, wir können halane (bis es siedet) die Schweine stechen"; "die Leute kommen gleich, ich will halane den Tisch decken". Ob das Wort mit heillang, welches gleichfalls eine Dauer ausdrückt, verbunden werden dürfe, und etwa gleichsam ein Correlativ zu heillang bilde, ist nicht mit Bestimtheit zu bejahen, höchstens möglich. S. *heillang*.

Vgl. Zeitschrift für hess. Gesch. u. Landesk. 4, 73.

Halbe fem., das halbe Maß Wormser Eiche. Besonders dient das Wort zur Bezeichnung der cylindrischen Gläser, welche lange Zeit, wol viele Menschenalter hindurch, in den Wirtshäusern üblich waren, und ein halbes Maß faßten, jetzt aber durch die Schoppengläser verdrängt werden. "Dy stad sal eygen masse, *halbe* unde nosseln han". Emmerich Frankenberger Gewonheiten. Schmincke Monim. hass. 2, 708.

Ueblich war es, mit Vollen und Halben einander zuzutrinken und Bescheid zu thun. S. *Volle*.

Halbscheid fem., auch *Halbschied*, in ganz Hessen die ausschließliche Bezeichnung der Hälfte einer Sache.

halbwëges, *halbwëg*, zur Hälfte, zum Theil, nur zum Theil, ziemlich, mittelmäßig, nothdürftig. Im allgemeinsten Gebrauche.

Häler msc., das an einer Stange befestigte runde Bret, mit welchem die flachen runden Kuchen in den Backofen geschoßen und aus demselben geholt werden. Knüllgegend und sonst. "sei sie von ihrem manne mit einem *haller* geschlagen". Marburger Hexenprocessacten v. 1654.

halsen, umarmen, ist wie im Mittelhochdeutschen noch jetzt in Hessen, doch fast nur in Oberhessen, gebräuchlich.

Behalt msc., kommt fast nur in der Redensart vor: meines Behalts, d. h. so viel ich behalten habe, mich erinnern kann; meines Bedünkens, Erachtens. Zuweilen wird es jedoch auch für Faßungskraft, Lernfähigkeit, gebraucht: "es ist an dem Jungen nicht viel Behalt". Jene Redensart aber kommt schon in älterer Zeit häufig vor; z. B. "die Supplication sei seines Behalts vor niemands verlesen worden". Treisbacher Verhörprotokoll von 1609, und daselbst öfter. "seines Behalts sei peinlich Angeklagtin — — mit unrecht solches bezichtiget". Marburger Hexenprocessacten v. 1633; eben so 1634, 1658 und sonst. In den Acten von 1658 und später ändern Fiskal und Verteidiger das "Behalt" der Verhörprotokolle fast regelmäßig in "meins Erachtens" um.

behaltisch, sehr gewöhnliches Adjectiv für Kopf: "der Junge hat einen behaltschen Kopf", viel Faßungskraft, Lernfähigkeit; weit üblicher als "hat guten (viel) Behalt". "Die Eller hat sonst einen gar behaltschen Kopf gehabt, nun aber hat sie auch gar keinen Behalt mehr", von einer Urgroßmutter, welche, kindisch geworden, ihre Enkel, geschweige ihre Urenkel, nicht mehr erkannte.

Halte fem., Ort wo das Weidevieh in der Mittagszeit ruhet; häufig in der Composition *Kuhhalte*, hin und wieder, namentlich im Katzenberg, auch

Schweinehalte. Ueberall in Hessen üblich, wo nicht für Halte, Kuhhalte die Benennung Undernstatt (f. d.) eintritt. Offenbar enthält das Wort noch einen Anklang an die uralte und ursprüngliche Bedeutung von haldan: pascere. Schmeller 2, 187, der sich jedoch nur auf die Auctorität von Zschokke beruft.

ham. Zuruf an kleine Kinder: *ham!* meist verdoppelt: *ham! ham!* durch welchen sie vom Betasten von Gegenständen, die sie nicht berühren dürfen, abgehalten werden sollen. Das Wort bedeutet zurück, und ist in dem oberdeutschen hammen (einem Thiere den Fuß aufbinden) und dem gemeinhochdeutschen hemmen enthalten. Vgl. Stalder 2, 16. Schmeller 2, 191.

Hâmen msc. 1) wie gemeinhochdeutsch: Fischernetz an einer Stange. „vnde mit deme *digken kamen* mag eyn iglicher zwene tage in der wochen faren vnd nit mer, wilch tzyt ime daz ebynt; her mag ouch mit deme *digken hamen* vnde schragen in allen iserten faren vnde gebruchen". Ungedruckte Urkunde der Fischerzunft zu Witzenhausen vom Epiphaniastage 1445. Was der „dicke" Hamen sein mag, weiß ich nicht.

2) Nachgeburt des Viehes. An der Diemel.

Hamme fem., das Querholz am Sensenwurf („Hasergestell" in Niederhessen), in welches die zum Fassen der Getreidehalme dienenden Stäbe eingefügt sind; auch das Eisen an der Sense selbst, mittels dessen der Sensenwurf an die Sense befestigt wird. Fulda.

Hammelschnitt, das Auszälen der von den Schafhaltern für die Erlaubnis, auf der herrschaftlichen Hute zu weiden, an die Landesherrschaft zu entrichtenden Hammel. Der Hammelschnitt wird von dem Rentmeister vollzogen, und hat seinen Namen daher, weil jedesmal der zehnte Hammel auf das Kerbholz geschnitten wurde. Estor r. Rechtsgelahrtheit 1, §. 486. Im Amt Rauschenberg gab im Jahr 1578 nach des Landsknechts Curt Fettmilch „Registerlein" der Schafhalter in der Stadt von einem halben Hundert Schafen, auf den Dörfern von einem Viertel Schafen, das sind 25, einen ziemlichen Weidehamel, nicht den besten und nicht den bösesten. Von den überzäligen oder unterzäligen Schafen, die das halbe Hundert nicht erreichten, wurden zwei junge Heller, die das Viertel (auf den Dörfern) nicht erreichten, vier junge Heller gegeben.

Hammelswürste. Eine sprichwörtliche, mehr in den Städten als auf den Dörfern und überhaupt meist nur in den Mittelständen, hier aber sehr übliche Redensart ist: „Du träumst von Hammelswürsterchen" d. h. du denkst an Unmögliches, Ungereimtes.

Hampel 1) fem., nur in der Obergraffschaft Hanau neutr., Handvoll, Abkürzung aus Handvoll wie Muffel aus Mundvoll. Allgemein üblich.

2) msc., Einfaltspinsel, ungeschickter Mensch. Vgl. Schmeller 2, 197. Ziemlich allgemein üblich. Vgl. Hänebambel und Hambambes.

Zu 1) *hämpfelig*, von Kindern „die eine Handvoll geben"; „ein hämpfeliger Junge", ein voller, dicker, starker Junge. Schmalkalden.

Zu 2) *hampelig*, unanstellig, ungeschickt, albern im Benehmen.

Hand. Redensart: an der Hand und Wand sein, einheimisch sein, nachbarlich wohnen; daher auch: juristisch erreichbar sein. Diese noch jetzt zuweilen vernommene Redensart beweist schon durch ihre Reimform ihr Alter, welches über das 16. Jahrhundert hinaus reichen muß. „So glaubt Comparent doch, daß die Herrn Clager langst majores et presentes, im landt, vnd wie man spricht, an der handt vnd wandt gewesen" (nicht in Ungarn, wie vorgegeben worden war). Aussage des Superintendenten Helfrich Herdenius in Marburg gegen die Gebrüder von Viermin 1583.

Handgef fem., das Handgeld; so nennt in Schmalkalden der Krämer das erste Geld, welches er am Markttage einnimmt.

handlängisch, gemach bergan; sowol von dem Berge wird gesagt: er gehe handlängisch, als auch von dem an dem Berge hinansteigenden Menschen. Schmalkalden. Vgl. *lehne*.

Hanebalken, die obersten Querbalken unter der Dachfirst, wo der Haushahn seinen nächtlichen Sitz zu nehmen pflegte. Hier, wie im übrigen Deutschland volksüblich. Richey S. 87. Schmeller 2, 198.

Hänebambel msc., ein in Gang, Bewegungen und Handlungen lässiger, ein ungeschickter, täppischer, alberner Mensch. Eine sehr übliche Benennung, die am häufigsten in Niederhessen, im Hersfeldischen und Schmalkaldischen vernommen wird.

Hambambes, gleicher Bedeutung: Tölpel. Im Fuldaischen. Vgl. *Hampel*.

Hänemann. In der Erzälung von dem Hasen, welchen die sieben Schwaben bekriegen, die in Hessen mit einigen Modificationen auf Schwarzenborn übergetragen ist, wird dem einen der rüstigen Vorkämpfer von seinen Heldengenoßen zugerufen:

    Hahnemann,
    Geh du voran,
    Du hast große Stiefeln an,
    Daß dichs Thier nicht beißen kann.

So der hessische Reim. Schwerlich ist dieses Hänemann ein rein ersonnener Name; *hâneman* wird nämlich in einem handschriftlichen Vocabularius rerum des 15. Jh. durch *militaris* erklärt; Hoffmann Horae belg. 7, 27.

Gehänge neutr., Lunge, Leber und Zwerchfell geschlachteter Thiere. Wol allgemein in Hessen, wie anderwärts (Journ. v. u. f. Deutschland 1786, 2, 531) gebräuchlich.

Hängeschwind msc., ein altes, jetzt längst ausgestorbenes Schimpfwort: einer der nach dem Gehängtwerden zueilt, welcher geschwind wird gehängt werden; warscheinlich ein Imperativ: häng geschwind = du mußt, wirst bald genug hängen! Es kommt das Wort in einem Bußregister von Eschwege aus dem J. 1479 vor: Zeitschr. f. hess. Gesch. u. Landesk. 2, 376. Die dort versuchte Erklärung „fertiger Henker" ist irrig. Parallel steht dem Hängeschwind der spätere Galgenstrick.

hanker, munter, flink, anstellig; „ein hankeres Mädchen". An der Schwalm. Wol ohne Zweifel eine Bildung von Hand, wie das gemeinhochdeutsche behende, das alte handig; etwa ursprünglich haut-garo?

Hans ist die Abkürzung von Johannes, welche in Hessen nur zur Benennung der Pferde und Ochsen, niemals der Menschen, gebraucht wird. Für Menschen gilt im östlichen Hessen Hännes, Häns (das Deminutiv Hänschen kommt so gut wie gar nicht vor), im westlichen Hessen Hannes; wird der Name, was im westlichen Hessen oft vorkommt, vollständig ausgesprochen, so lautet das J wie G: Gehannes.

Hänschen und Gretchen, der Name von veronica chamaedrys, welcher hin und wieder in Hessen vorkomt (Hersfeld und Umgegend). Hans und Grete waren bekanntlich in älterer Zeit die allgemeinen Bezeichnungen für ein Paar (Liebespaar, Brautpaar); nun hat diese Art von Veronica (Ehrenpreis) allezeit zwei Blüten neben einander entwickelt, so daß die Bezeichnung sehr passend erscheint.

Hansegrebe bezeichnete in Hessenkassel seltsamer Weise nicht etwa den Vorstand (Graf, Grebe) der Hanse (Kaufmannszunft), wie an andern Orten z. B. Regensburg der Hanse ein Hansgraf vorstand (s. Schmeller 2, 216), sondern jeden Theilnehmer an der Kaufmannsgilde, indem diese Gilde den wunderlichen Namen Hansegrebengilde führte. Dieser absonderliche Sprachgebrauch findet sich wenigstens schon 1583, in der am 1. Mai d. J. der Hansegrebengilde und den Gewandschneidern zu Kassel von L. Wilhelm IV. ertheilten Bestätigung ihres Weinschanks-Privilegiums (abgedr. Schminke Beschr. v. Kassel 1767. Beil. S. 17—18), während in der die Errichtung der Kaufmanns- und Gewandschneider-Innung gewährenden Verordnung des Landgrafen Hermann vom 2. November 1402 (Schminke ebdf. S. 22—27) überhaupt die Bezeichnung Hanse und Hansegrebe nicht vorkommt; ihre Vorsteher heißen in dieser Urkunde Gildemeister, und diesen Namen führten dieselben, bis der Name Hansegrebengilde während der französischen Occupation untergieng. Vgl. Schminke a. a. O. S. 241. 316. Kopp Handbuch 5, 71—74, wo es jedoch den trüglichen Anschein hat, als habe nur in Kassel eine solche Hansegrebengilde bestanden; in Eschwege fand dieselbe Bezeichnung statt, z. B. „Johan Summermann hansengräber, seines alters 57 Jahr" tritt als Zeuge auf. Eschw. Hexenprocessacten v. 1657. (Man sieht aus dieser letzteren Aufzeichnung, daß das Wort schon damals völlig unverständlich geworden war, wenn es überhaupt jemals in Hessenkassel mit Verständnis ist gebraucht worden). Vgl. Adelung 2, 970 s. v. Hansgraf.

hänseln, anbinden, mit welchem Worte das Wort hänseln bei dem Volke durchaus als synonym betrachtet und vertauscht wird. Das Hänseln findet statt Seitens der Theilhaber an irgend einer Gemeinschaft bei Jedem, welcher neu zu dieser Gemeinschaft hinzutritt, und bestand ursprünglich (und besteht noch jetzt bei wichtigeren Veranlaßungen) darin, daß ein Band, welches zuweilen um einen Blumenstrauß gewickelt ist, an den Arm des zu Hänselnden geheftet wird, so daß die Enden desselben lang herabhängen, und von den Hänselnden angefaßt werden. Von diesem Hänseln oder Anbinden muß der Gehänselte sich dann durch ein Geschenk an den oder die Hänselnden lösen. So wird ein neuangekommener Verwalter eines Gutes fast bei jeder Feldarbeit, zu welcher er zuerst hinzutritt, eine Magd niederhessischer Herkunft in Oberhessen, wenn sie zuerst auf den Kopfe trägt, der Bauherr, wenn er zum ersten Male zu der im Werke begriffenen Aufführung der Grundmauer oder der Zimmerarbeit hinzutritt u. s. w., gehänselt oder angebunden. In St. Goar befand sich am Zollhause ein Hand- oder Burschband, an dem alle Personen, die noch niemals den Rhein auf- oder abgefaren, sich verhansen mußten; es war ein eiserner Ring, welcher den Betreffenden angelegt wurde, und von dem sie sich durch Pathen-Erbitten und durch eine Gabe an die Armen lösen mußten. Friedrich V. von der Pfalz ließ als er seine Gemalin einholte, anstatt des eisernen ein messingenes Hansband daselbst machen. An einem Becher, aus welchem bei dieser Gelegenheit getrunken wurde, standen die Worte:

> Zu Ehren St. Goar am Rhein
> Ist gar wol und fein
> Der landgräflichen Verhanse-Stadt
> Dieß Trinkgeschirr gemacht.

Vgl. Winkelmann Beschr. v. Hessen 1697. 1, 55. J. L. K. (Knoch) Historische Abhandlung vom Herkommen des alten Hand-, Bursch- oder Halsband-Ordens zu St. Goar am Rhein und dessen annoch üblicher Ceremonie. 1758. (N. Ausg. 1767. 1805). v. Stramberg Rhein. Antiq. II, 7, 263—272. Die bei Stramberg abgedruckten, von Ldgr. Georg II. dem Burschband 1627 neu gegebenen Statuten beweisen, daß das Burschband, welches unter Hansemeistern stand, eine für die Abhaltung der Märkte eingerichtete Krämergesellschaft war, in welche man sich durch Umlegung des Bandes verhansen mußte. Das Band am Zollhause existiert nicht mehr, einige der Hansebecher aber und die Matrikelbücher der Hanse sind in St. Goar noch vorhanden. In Sontra existierte 1572 auch ein „Boßband", und das „Hanselbuch" von 1572—1596, welches für dieses Boßband gekauft worden, existiert noch. — In der Bedeutung: zum Besten haben, verspotten, verhöhnen, ist das Wort bei dem Volke fast gänzlich unüblich.

Es wird durch diese Nachweisungen vollständig erwiesen, daß das Wort von dem goth. hansa, Schar, abzuleiten ist, wornach es, dem üblichen Gebrauche entsprechend, bedeutet: in eine Schar, Gesellschaft, Burse, in die Hanse aufnehmen. Schmeller hat zwar 2, 216 auf das engl. handsel, hansel (Handkauf), aber mit sehr geringer Warscheinlichkeit hingewiesen; auch das bei Geiler v. Keisersberg vorkommende hanzeln hat eine der Ableitung von Hand nicht ungünstige Bedeutung, fügt sich aber hieher durchaus nicht. Am verfehltesten und kaum begreiflich ist es, daß es W. Wackernagel (Germania 5, 320) hat einfallen können, unser hänseln von Johannes, Hans, ableiten zu wollen.

Was es mit dem unter dem Namen Hanse im Oberfürstentum angeblich vorhandenen Misbrauch, welcher durch Extract Gen. Direct. Prot. v. 22. December 1775 verboten wurde (Kopp Hand. 5, 71) für eine Bewandnis habe, ist mir unbekannt.

Vgl. Adelung 2, 970 s. v. Hänselbecher, Hänseln.

hâpern, impediri, nicht fort können, nicht vorwärts kommen; meist impersonal gebraucht: „es hapert mit ihm"; „wo haperts denn?" Zwar allgemein gebräuchlich, doch mehr in den Mittelständen als im Volke. Schottel Haubtspr. S. 1333.

happen, begierig sein, nach etwas schnappen; der Hund happt nach dem Brote.

happig, avidus, gierig; „hungrig und happig". Ziemlich überall, am meisten jedoch in Niederhessen üblich.

Richey Idiot. Hamburg. S. 88.

happeln, übereilt handeln; „wenn du so happelst, bringst du nichts ordentliches fertig". Sehr üblich. Schmeller 2, 221.

happelig, übereilt handelnd.

Happel 1) sem. eine übereilt handelnde, oberflächlich und ungenau arbeitende Person, zumal von Mädchen üblich.

2) msc. das unverständige Eilen und Sich-übereilen, die Einfalt.

hâr, das in ganz Hessen übliche Zurufswort an das Zugvieh, sich links zu halten. In der Grafschaft Ziegenhain, zum Theil schon im Stift Hersfeld, lautet das Wort *haur*, *aur*, meist mit um verbunden: *aurüm*. Im östlichen Hessen gilt *hâr* bloß den Pferden, nicht den Ochsen, für welche vielmehr *west* ausschließlich gebraucht wird; im westlichen Hessen findet sich dieser Unterschied nicht, in Oberhessen hört man sogar *hârwist*, also har und west verbunden.

J. Grimm lehnte einst Gramm. 3, 310 die Etymologie dieses sicherlich uralten Ausdruckes ab; sollte sie dennoch versucht werden, so würde nichts übrig bleiben — da es an deutschen Wortstämmen, welche hier einschlagen, gänzlich fehlt — als mit Pott (Ersch-Gruber Encyl. Sect. II Thl. 18 S. 89) auf das keltische *jar* (retro, Westen, woher Eire, Irland) zurück zu gehen.

hären, in Oberhessen und einem Theil von Niederhessen (Wabern und Umgegend) das, was im übrigen Hessen dengeln ist: die Sense durch Klopfen mit dem Hammer scharf machen. Auch metaphorisch: durchprügeln: „ich hab ihn ordentlich gehärt". Das Wort ist sonst nur in Niederdeutschland gebräuchlich Brem. WB. 2, 597. Eben dahin gehört auch wol das fuldaische *harpen* w. s.

Här fem., die Schneide der Sense. Oberhessen.

Ohne Zweifel gehören diese Wörter, wie auch schon Schmeller 2, 235 erinnert hat, zu dem goth. *hairus*, altsächs. *heru*, Schwert.

Härsel neutr., Seil, vorzugsweise ein dünnes, kleines (kurzes) Seil, Bindfaden. Stadt Hersfeld und deren nächste Umgegend. Höchst warscheinlich eine Ableitung von *haro*, Flachs, und zwar ursprünglich eine adjectivische, aus *harwin*, lininus, gebildete.

Harke fem., Rechen; ist nur im sächsischen und westfälischen Hessen üblich, wo Rechen unbekannt ist, wie Harke im übrigen Hessen.

harken, mit dem Rechen arbeiten; nur in den genannten Gegenden gebräuchlich.

harpen, im Fuldaischen ziemlich üblich für schelten, herunter machen: „den hab ich geharpt, daß er dran denkt". Das Wort gehört wol ohne Zweifel zu *hairus*, und ist eine vergröberte Form von *harwen*, wie *hären* eine durch Auswerfung des w verdünnte Form desselben Wortes ist. S. *hären*.

Harst msc., auch *Harsch* gesprochen, Haufe, Schwarm, von Menschen und Thieren. Nur noch im Haungrund üblich. Vgl. Frisch 1, 418. Adelung 2, 1291

hart adv., nahe an einem Gegenstande, so daß derselbe fast berührt, gestreift wird. Allgemein üblich, aber der Schriftsprache zu deren Nachtheil jetzt beinahe völlig entgangen, wie schon Adelung bemerkte, daß das Wort in dieser Bedeutung anfange seltner zu werden. „Hart an der Mauer her, hart am Walde weg" Die Schriftsprache hat sich dafür dem durchaus nicht vorzüglicheren niederdeutschen Gebrauche des Wortes dicht zugewendet.

Hart fem., Wald. Als Appellativum ist dieses uralte Wort (Graff 4, 1026. 5, 753), welches jedoch das Genus geändert hat, einzig und allein noch in den einsamen Dörfern der Rhön (z. B. Schwarzbach und Umgegend) üblich, während es als Eigenname sowol einfach als zusammengesetzt überall und sehr häufig in Hessen vorkommt.

Einfach erscheint es am rechten Ufer der Aula (gesprochen Härt), und anderwärts sehr oft. Unter den Zusammensetzungen mögen genannt werden:

Eibenhart in Oberhessen an der Mündung der Ohm in die Lahn; die Eiben, von denen die Eibenhart den Namen trägt, sind längst verschwunden.

Eichenhart, ein Gewälde am Burgwald.

Gemeindehart, Gemeindewald; bei Altenstädt und öfter; ist eigentlich noch Appellativum, wird aber doch nur als Eigenname verstanden.

Meinhart im Amt Altenstein; ist masculinisch geblieben.

Sengelhart, bei Kammerbach.

Spekteshart, Speſſart, im Amt Bieber, gleichfalls noch masculiniſch.
Wolfeshart, jetzt Wolferts am Stellberge in der hohen Rhön.
Zunderhart im Amt Großenlüder.

Hartmonat msc., Hartmond, iſt in Oberheſſen der übliche Name des Monats Januar. „du wart in dem hartmonde eyn kint geborn zu Lympurg uff der Loyne". Wig. Gerſtenberger heſſ. Chronik b. Schminke Monim. hass. 2, 498. Vgl. Grimm Geſch. der deutſchen Sprache 1, 87; Gr. hat hiernach in Niederheſſen die Bezeichnung „Bruder Hartmann" für Januar gehört, und gibt an, der Name reiche von Heſſen durch den Weſterwald an den Niederrhein bis Cöln, und nördlich bis Bremen, wo er jedoch (Brem. WB. 2, 60) Februar bedeute.

Kehrein Volksſpr. in Naſſau S. 187.

Harwand fem. Dieſes in ganz Heſſen übliche, bei Friſch, Adelung, Schmeller, im Brem. WB. und ſonſt fehlende Wort bezeichnet diejenige ſehr häufig angewendete Einfriedigung der Bauerhöfe, welche aus einer ganz wie eine Hauswand gezimmerten Wand beſteht, nur daß die Gefache meiſtens nicht geſetzt (geſtickt), ſondern nur mit Lehmſteinen oder kleinen Bruchſteinen ausgefüllt, ſodann aber auch, gleich den Hausgefachen, gekleibt und getüncht, zuweilen auch geweißt werden. Sie ruhet auf einer Unterlage von Steinen, wie jede Haus=wand, hat jedoch kein Fundament, aber eine Unterſchwelle und eine das Ganze deckende Oberſchwelle, welche letztere um deren vorzeitiges Faulen zu verhindern, zuweilen noch mit einem aus zwei Dielen beſtehenden Dache verſehen wird. Rechnung der Univerſitäts-Vogtei Singlis vom Jahr 1578: „8 alb. geben Bartt heintzen, hatt ij tag vnder der har wandt vnnd ſonſten hin vnd widder gemauret". Ebdſ.: 4 fl 6 alb geben Meinſter Hanſen Reiman zue Hombergk vnd Paull von Holzhauſen, haben 11 tage vff der kymnode vnnd ſonſten vff 2 har wenden getacht".

Hase, meiſt *Hás* geſprochen.
Der Haas lauft im Korn, übliche Bezeichnung der wellenförmigen Bewegung der eben geſproßten Kornähren im leiſen Windzuge.

Haſen küren Kopp Handb. 5, 78. ſ. *koeren*.

Haſen lauſſen LO. 1, 660. 3, 108. 893. Kopp Handbuch 5, 399. ſ. *lausen*.

Dackhaas übliche ſcherzhafte Bezeichnung der Katze.

Greinhaas ſ. d.

Osterhaas; die bunten — roten oder gelben, zuweilen auch mit geſchälten Binſen, buntem Papier u. dgl. belegten — Eier, welche nach uralter chriſtlicher Sitte zu Oſtern geſchenkt wurden, jetzt den Kindern zum Aufſuchen in den Gärten verſteckt und in die von ihnen ſelbſt angelegten Haſengärten (ſ. Garten) gelegt werden, legt ihnen der Oſterhas, weshalb dieſelben auch oft nur Haſen=eier genannt werden.

Sandhaas ſ. d.

Hasenkühchen, Name des Kaninchens im Schmalkaldiſchen. Vgl. *Greinhase*.

Hasenbrod. Das über Feld gebrachte Brod, welches man zur Wegzehrung mitgenommen hat, wird bei der Zuhauſekunft den Kindern als „Haſenbrod" gegeben, und von ihnen als etwas Beſonderes mit Appetit verzehrt.

Häschen an der Wand, bekannte Spielerei mit kleinen Kindern: man ſchlingt die beiden kleinen Finger und die beiden Zeigefinger in einander, legt den Daumen der linken Hand auf die verſchlungenen Zeigefinger, und zieht den

Daumen der rechten Hand ein; dieß gibt im Schatten an der Wand ein ziemlich ähnliches Bild des Vordertheiles eines Hasen: die beiden Mittelfinger der linken Hand bilden die Löffel, die der rechten die Vorderläufe.

Hu Haes! Ruf der Treiber bei einer Treibjagd im Walde.

Hasehart. Dieses nach Grimms Ausführung in Haupts Zeitschrift f. d. Alterthum 1, 575—577 erst mit dem letzten Viertel des 13. Jarh. auftretende und aus dem Französischen erborgte Wort (mit der Bedeutung Würfelwurf, Würfelspiel, unglückliches Spiel, unglücklicher Zufall) erscheint in Hessen bereits in der ersten Hälfte des 14. Jh. als Familienname eines wohlhabenden Bürgergeschlechtes zu Marburg. In dem Archive des deutschen Ordens zu Marburg finden sich zwei Urkunden, von denen die eine, vom Tage nach Corporis Christi 1340, beginnt: „Ich eckehart godere zu wydenhusen und ich gelut sin elich wirtin bekennen — daz wir — hon sirkoust — *heynmanne hasetharthe* eine burgere zů marthpurg abin siner elichen wirtin vnde erin erbin syne mark geldis; die andere, vom Sonnabend nach Epiphania 1344, [beginnt]: Ich conrat stuncke und ich luce sin eliche wirtin bekennen — das wir — sirkoust han — *heynemanne hascharte* abin siner elichen wirten burgern zů marthpurg vnd erin rechtin erbin dyne mark penninge geldis". Der Name war in Marburg noch im 15. Jarhundert vorhanden; in dem Zinsbuch der Marienkirche (Stadtkirche) zu Marburg vom J. 1410 wird *heppil hasehartes hus* in der Untergaße erwähnt.

Das Wort Hazard ist zwar in fast ganz Hessen volksüblich, aber in einem seltsamen Sinn: es wird für Haß, namentlich in so fern der Haß aus Neid hervorgegangen ist, gebraucht: „er hat das bloß aus Hazard gethan" d. h. bloß um seinen gehäßigen Neid an mir auszulaßen, hat er mir diesen Schaden zugefügt. Eben so in Franken Schmeller 2, 245.

haselieren, jetzt sehr üblich in der Bedeutung: laut und hastig reden. Ursprünglich aber bedeutet es: sich wie ein Hase geberden. So hat auch Adelung s. v. richtig. Vgl. Richey S. 89. Das Wort ist warscheinlich spätern Ursprungs; in ältern Schriften findet sich *haseln, hasseln, nachhasseln* im Sinne von alberner Nachahmung und Accomodation. So hat der aus Vacha gebürtige Georg Wizel das letztere Wort: „Die Rottenkirchlein, welche sich für die rechte Kirchen ausgeben, wöllen auch thun als die rechte Kirche, mit predigen, Teuffen, Singen rc. hasseln jr immer nach, stellen sich so gleichförmig vnd fein sie mögen, auff das sie das alber volck betriegen, vnd zu sich reißen, aber es ist eitel Affenwerck". Postill 1539. fol. I, Bl. 130a. „(Christus) hett in seiner rede wol verharren, vnd dieselbigen widerholen, erklären vnd beweren können, vnd dargegen jr vngereimte obiectiones zenichtigen, aber er wolt jn lieber nachhasseln, vnd sie immer vberwinden, sie brechten für was sie wolten". Ebds. I, Bl. 221a. Vgl. *haesern.*

haesen, einhaesen. So wird mit irrtümlicher Außsprache von den Jägern das Durchschneiden der Hinterläufe der geschoßenen Hasen und Füchse genannt, welches hinter der Fußflechse (Fersenflechse) vorgenommen wird, um durch den Schnitt den andern Hinterlauf durchzustecken und so das Wild auf die Stange hängen zu können. Es ist dieß das Wort ahd. *hahsinon*, und wird anderwärts (z. B. in Baiern) richtig *hächsen* gesprochen.

Die Fersenflechse und die umliegenden Theile des Beins heißen *hahsa*, jetzt meist pluralisch die Heßen, und wird dieß Wort bei den Pferden allgemein angewendet, hin und wieder auch in der Küche bei dem Braten; auch wird wol bei letzterer Veranlaßung noch die ältere Form **Hasse** gebraucht, zuweilen sogar **Hächse**. Reinwald Henneb. Jb. 1, 57. Journal von u. f. Deutschland 1786 S. 531.

haesern, scherzen, leichten Mutwillen treiben, nach der Hasen Art. Schmalkalden.

Hätschel msc., Krüppel, zumal ein an den Beinen verkrüppelter Mensch. Im Haungrund und Stift Hersfeld.

hätscheln, hinken, zumal von demjenigen Hinken gebraucht, bei welchem ein Bein, oder gar beide Beine, gleichsam geschleist werden. Stift Hersfeld, Haungrund. Anderwärts krätscheln, kraetschela.

hätselig, zum Haße geneigt, haßend. An der Diemel sehr üblich.

Hatz fem., Eile, große Eile, Uebereilung. Sehr üblich.

Haube f., gesprochen Häbe, auch *Habbe* (so hat Estor S. 1410 das Wort verzeichnet), ist nur in Oberhessen von der Weibermütze gebräuchlich, schon in der Grafschaft Ziegenhain fast, in Niederhessen völlig unverständlich.

Haubscheid neutr., bezeichnet an dem in der Grafschaft Ziegenhain und in Oberhessen üblichen Pfluge mit nur einem Sterz an der Schwalm die dort in den Sterz eingefügte zweite Handhabe. Anderwärts anders; im Gebirgsteil der Grafschaft Ziegenhain (Alberode) heißt diese zweite Handhabe Beihorn, in Oberhessen, wo man meist keine eingefügten zweiten Handhaben hat, sondern der Sterz aus einer naturgewachsenen Zwiesel besteht, heißt diese Zwiesel die Pflugrehe (in Baiern Pfluggeiß).

Vgl. Zeitschr. f. hess. Gesch. u. Landesk. 4, 72—73.

hauen, 1) wie hochdeutsch, im größten Theile von Hessen hauwen, aber in den westlicheren und südlichen Gegenden haugen gesprochen; doch findet sich letztere Aussprache auch in den niederdeutschen Bezirken (wie Frogge st. Frauwe und dgl.).

So spricht man denn z. B. *Hauwe* (Haue, Steinhaue, in Schmalkalden Hacke), *Steinhauwer* u. s. w.

2) in Niederhessen, namentlich in den östlichen Gegenden, wird das Wort von der Docke (Muttersau) gebraucht: nach dem Eber verlangen; selten hört man hier rollen, was in Oberhessen gilt, wogegen h a u e n in diesem Sinne in Oberhessen völlig unverständlich ist.

Häufede fem., das Uebermaß bei dem Meßen des Getraides; eine an sich ganz richtige femininische Ableitung mit —ida. Schmalkalden.

Haupt. Dieses Wort wird einfach in Hessen nur in einer einzigen Beziehung gebraucht: vom Krauthaupt (Kohlkopf); vom menschlichen Haupte wird es niemals gebraucht, sondern nur Kopf. Die Aussprache ist Häubt, Häud, Heid.

hausen, 1) wie gemeinhochdeutsch; gut hausen, schlecht hausen.

2) wohnen.

3) in sein Haus aufnehmen, in der Formel *hausen und heimen:* „wer en (den Geächteten) dor noch (nach der ausgesprochenen Acht) huset oder heymet, dy ist eyn der selbin achte". Statuta Eschenwegensia S. 4 (Ausg. v. Röstell im Prorectoratsprogramm 1854).

Hauste msc., wo mehr niederdeutsche Vocalismen eintreten *Hüste* gesprochen, nur in Oberhessen gebräuchliche, aber ganz allgemein übliche Bezeichnung eines Haufens von geernteten Gegenständen, regelmäßig vom Heu gebraucht, aber auch vom Getreide, wenn Garben zusammen gestellt oder gelegt werden, um auf den Wagen geladen zu werden. Estor t. Rechtsgl. 1, 580 (§. 1423). 3, 1410.

„Als wir jerlichen eynen *Husten* haws in der Frylings wesen tzu tzehinde fallinde han, denselben tzenit-*husten* u. s. w. Frankenberger Urkunde von 1491. „ein wiesse Lepchen zu eynem *Husten* Hauws". Desgl. von 1517. Und so häufig in den Güterbeschreibungen bis auf diesen Tag (Prov. Wochenblatt v. Oberhessen 1834 S. 626 u. v. a. O.).

Vgl. *Hüchel*.

Haut. Redensart: „nicht in seiner eigenen Haut stecken"; dieselbe bedeutet

1) zaubern (blau pfeifen); „der steckt nicht in seiner eigenen Haut", der vermag und versteht mehr, als ein natürlicher Mensch versteht und vermag; es ist in ihm eine fremde Macht wirksam.

2) außer sich sein, namentlich vor Zorn: „laß mich jetzt gehen, ich stecke nicht in meiner eigenen Haut"; mithin ähnlich dem in der Schriftsprache vorkommenden: aus der Haut fahren.

In letzterer Bedeutung wird, dem ursprünglichen Sinne entsprechend, auch gesagt „ich bin nicht allein" d. h. es ist ein Anderer, es ist ein fremder Geist in mir.

hê, fast wie hae gesprochen, die in ganz Althessen ausschließlich übliche niederdeutsche Form für er. He und Se (sè, sie) werden einander gegenübergestellt, noch heute wie von Luther (Vom ehelichen Leben; Werke Jenaer Ausg. 1555 2, 150. 1558 2, 163a): „Aus dem Spruch sind wir gewis, daß Gott die Menschen in die zwei Teil geteilet hat, das es Man vnd Weib, oder ein He vnd Sie sein sol". Im Schmalkaldischen wird *der Hé* vom Männchen der Vögel gesagt; *hé* bezeichnet meist kurzweg den Hausherrn, namentlich von Seiten der Frau; letztere sagt nicht leicht: „mein Mann ist nicht daheim", sondern „he ist nicht daheim". Steht he dem Verbum nach, so wird es kurz und tonlos gesprochen, gleichsam enklitisch behandelt: sprochhe = sprach er.

Dieses *hé* wurde, nachdem im Hochdeutschen das Er als Anrede verwendet worden war (Anfang des 18. Jarhunderts), etwa seit 1760 von dem Volke zu gleichem Gebrauche angewendet. Höhergestellte (Amtmann, Pfarrer, Schullehrer, Dienstherr), welche bisher mit Ihr angeredet worden waren, wurden nun mit hé angeredet, selbst Knaben höherer Stände bekamen hé. Ja es beeinträchtigte das hé sogar seit dem Anfang des 19. Jarhunderts die Anrede unter Gleichgestellten im Volke selbst; statt Ihr (dê) wurde auch hier he verwendet.

Seit dem Jahre 1840 etwa hat diese Anrede in sehr schneller Progression abgenommen, und wird ohne Zweifel in zehn Jahren bis auf die letzte Spur verschwunden sein.

gehebe, behebe, behebt, ein ziemlich in ganz Hessen verbreitetes Adjectivum; *gehebe*, gesprochen *gehé*, auch wol gehei, ist die Schmalkaldische Form, *behebe* die niederhessische, *behebt* die in der Obergrafschaft Hanau übliche. Es bedeutet das Wort fest, genau anschließend, z. B. die Fenster sind gehebe (behebe, behebt) oder nicht gehebe, sie schließen gut oder nicht gut. Auch wird es in der Obergrafschaft Hanau gern von gequollenem Holzwerk, welches in den Fugen zu fest anschließet, wie dergleichen Türen und Fenster ungänge sind, ganz in diesem Sinne von ungänge, und dann auch wol metaphorisch für schwerfällig, nicht gut zu handhaben, gebraucht.

Im Schmalkaldischen, dessen Dialect mit so vielen Wörtern unbarmherzig verfährt, vermischt sich dann dieses Wort auch mit dem Worte geheuer: „in dem Wald ist es nicht gehē", ist es nicht geheuer, spukt es.

hebendig, adj. und besonders adv., in der Eigenschaft eines Inhabers sich befindend, mit Besitzrecht versehen. Ein in den Urkunden älterer Zeit häufig vorkommender Ausdruck. „Wanne vnsir Vrouwen Grebin Heilwige — die zweihundert Marg — bewiset vnd bestalt sint mit kundschaft, das sie *hebendig* dar ane ist". Urk. des Gr. Johann v. Ziegenhain v. 1311 Wenck 2, 269. „daz wir dar nit *hebendig* sin gewest ane" Urk. des Wepeners Gottschalk v. Sarnau v. 1357. „daz die egenante vnser husfrouw *hebendig* sitzet an irn fullen wydemen" Urk. des Gr. Gottfrid von Ziegenhain v. J. 1363, Wenck 2, 418. Emmerich Frankenb. Gewonheiten bei Schminke Monim. hass. 2, 723; u. a. St.

Hebes msc., auch *Hiebes*, Mehlkloß. Nur im östlichen Hessen und im Fuldaischen gebräuchlich.

Die Benennung hat, namentlich in der Form Hibes, einige Aehnlichkeit mit den von Reinwald Henneb. Id. 1, 69—70 und 2, 62—63 aufgeführten *Hütes*, welches Wort gleichfalls Mehlkloß bedeutet, und daher entstanden sein soll, daß ein hungriger Fuhrmann an einem Mehlkloß beinahe erstickt wäre, wozu der Wirt: „der Herr behüt' es" (uns) gerufen habe, in Salzungen sollen die Klöße noch zu Reinwalds Zeiten (1793—1801) Herrbehütes geheißen haben, und in einem Wasunger Rathsprotokoll aus dem 17. Jarhundert als Herrgottbehütes aufgeführt sein.

Vgl. *Diepchen*, welches Wort gleichfalls im östlichen Hessen, und zwar an der Werra, herschend ist, während Hebes mehr im Amt Rentershausen, Sontra, Friedewald, Schenklengsfeld üblich ist.

hechzen, keuchen; „er ist gelaufen daß er hechzt"; „der Hund hechzt, daß ihm die Zunge aus dem Halse hängt". Ueberall verstanden, üblich in Niederhessen. Vgl. *sochen*. Schmeller 2, 143.

Hède fem., Werg; im nördlichen Niederhessen, wie überhaupt in Niederdeutschland sehr üblich; wo plattdeutsch gesprochen wird, ist nur hède im Gebrauch, Werg unbekannt. Brem. WB. 2, 611. Es ist kaum ein Zweifel, daß dieses Wort durch eine in Niederdeutschland gewöhnliche Verschluckung des r (wie Fackel, Fickel, st. Ferkel u. dgl.) aus *herda* entstanden ist, welches Wort als *herdun*, *stuppa*, in den Fuldaer Glossen (Dronkes Programm von 1842 S. 15) erscheint, und daß dieses wieder eine Ableitung von *haru*, linum ist. Vgl. Here, Härsel, und was die die Sache betrifft, Hotten, Uswick und Wodch.

Hege, Gehege, sehr oft bloß *Hé* gesprochen und neutral, wodurch sich dieses Wort an *Hai*, *Gehai* Schmeller 2, 128—129 anlehnt; eingefriedigter Bezirk, zumal Waldbezirk.

Hèreis, Hegereis, in Hersfeld ehedem das den Bürgern zukommende Reisigholz, welches an einem bestimten Tage an Ort und Stelle verteilt wurde. Diese Verteilung war eine bürgerliche Festlichkeit, bei welcher im Freien gegessen wurde; nicht nur die Forstbeamten, sondern auch der Magistrat und die meisten Honoratioren giengen zum Hegereis hinaus, gleich den Bürgern.

Heger msc., Blattläuse und ähnliches Ungeziefer (Käserlarven), nebst dem sogenannten Mehlthau, welches sich am Kraute (brassica oleracea) findet, wodurch das Zusammenziehen der Krautblätter bewirkt und das Kraut unbrauchbar gemacht wird. Graffschaft Ziegenhain.

hēr adj. 1) in der gemeinhochdeutschen Bedeutung: hehr halten, hoch halten, ehren, auch von Kleidungsstücken: schonen.

2) fein, zart, sorgfältig gearbeitet: „ganz hehr gesponnen", „hehres Garn", „hehr geriebenes Brod", „hehr geriebener Ziegelstein". Im Sinne von 1 und 2 wird hehr überall in Hessen gebraucht.

3) als superlativisches Adverbium: „hehr froh", sehr froh; so im Schmalkaldischen; anderwärts heil froh.

hei, heie, heige, hege, der Feuchtigkeit, des Waßers ermangelnd, mithin dem Sinne unseres „trocken" ziemlich, weniger dem Begriffe „dürr" entsprechend. Sehr üblich, am meisten in Oberhessen. „1464 was eyn gautz heye vnd dorre jere" Pachtregister des deutschen Ordens in der Zeitschrift für hess. Gesch. u. Landesk. 3, 202. „es ist so hai, daß die Müller nicht malen können"; „er sieht aus wie die heige Zeit" (elend wie man sonst sagt: er sieht aus, wie die theure Zeit); „häge Zeit". Wig. Gerstenberger Frankenb. Chron. „1476 war gar ein trocken jar, heye Zeit"; „es kunte niemand dem feuer steuren, denn die zeit war trocken vnd heige". (Ayrmann Sylloge S. 659). Estor d. Rechtsgl. 1, §. 2403. „Häges Waßer" Ebdf. 1, §. 2395 (= seichtes Waßer). Hägepfahl = Aichpfahl, Wehrpfahl, Sicherpfahl, zur Bestimmung der Höhe der Wehre und des Mühlwaßers: er muß so weit hei (hege, häge) sein, daß eine Biene darauf sitzen und trinken kann Estor d. Rechtsgel. 1, §. 2394. 2395.

Das Wort ist sehr alt und durch kein anderes vollständig zu ersetzen, gehörte aber zu denjenigen Wörtern, deren Gebrauch von unverständigen Lehrern und Schulaufsehern den Kindern in den Schulen ausdrücklich verboten zu werden pflegte. ahd. *hei*, uridum (in den Glossen des Rhabanus Maurus); Graff 4, 709. Vgl. Schmeller 2, 127. Schmidt schwäb. WB. 254. Müller mittelhochd. WB. 1, 647.

Heiung fem., Dürre, Waßermangel, Regenmangel. „Daran sint wir nun noch schüldig vier malter korns welche wir durch misswachs der frucht in der dürren hewung vnd schwinden zeit one vnsern grossen schaden nit libbern konnen". Bittschrift dreier Bürger zu Kirchhain: Pul Peter, Wentz vnd Schuhans, vom December 1556.

heidi, in der Redensart *heidi* gehn, verloren gehen, „er ist *heidi*", es ist aus mit ihm, er ist dem Tode verfallen, auch in Hessen wie in Ober- und Niederdeutschland (Richey S. 93, vgl. Schmeller 2, 152) allgemein üblich.

Heidrüse fem., das althochdeutsche *hegadruosi*, inguen, Weiche, Leiste, Schamseite, auch pudenda, ist in Oberhessen noch gebräuchlich, auch von Estor S. 1410 verzeichnet, gewöhnlich *Heidrüssen* (nom. sing.) ausgesprochen. Nicht selten hört man, gleich als liege in dem *hei* etwas Unanständiges, bloß Drüse, wenn inguen bezeichnet werden soll, und nur wenn die Leute unter sich sind, wird *Heidrüse* gebraucht.

heien, geheien, geheigen, plagen, vexieren, ärgern. Dieß in ganz Oberdeutschland (Schmeller 2, 132) übliche, dem Niederdeutschen völlig unverständliche Wort (ein lächerliches Beispiel davon s. Kohl Reisen in Ungarn 2. Abth. S. 467), welches ursprünglich schlagen bedeutet, ist auch in Oberhessen noch jetzt üblich, wenn gleich nicht überall, und, wie es scheint, im Absterben begriffen. Estor d. Rechtsgl. 3, 1409. „10 alb. (wird gestraft) Johan Ernstheuser, das er zu Hans Kochen gesagt hatt, was er ihn viel gehey". Hiernach muß damals in geheien eine schwere Beschimpfung, vielleicht noch die Bedeutung des Schlagens gelegen haben, da der Vorwurf des Geheiens strafbar gefunden wurde.

heilal. Dieses dem Hessenlande so ganz eigens zugehörige Mordgeschrei darf in einem hessischen Wörterbuch nicht fehlen, wenn auch das Wort heilal seit dreihundert Jahren verschwunden ist. Die volle Form ist ohne Zweifel *heil alle* (Diut. 1, 410) und der allgemeine Sinn dieses Anrufs ist (wie bei dem spätern mordio, diebio, feurjo) der, daß alle, welche den Ruf hören, herbeikommen sollen, um zu helfen, d. h. den Todschläger zu ergreifen oder ihm nachzusetzen. Warscheinlich liegt in dem Worte heil nichts weiter, als was das Wort gewöhnlich bedeutet: zum Heil d. h. zur Rettung, Hilfe, sollen Alle herbeikommen. Die meisten Belege für heilal, welche bei Haltaus S. 904—905 (der freilich aus dem Heilal ein „Heulergeschrei" macht) und bei Grimm Rechtsalterth. S. 877 vorkommen, sind aus hessischen Schriften entnommen. Dreimal erscheint dasselbe ferner in den Auszügen aus hessischen Bußregistern des 15. Jarhunderts, welche Landau in der Zeitschr. f. hess. Gesch. u. LK. 2, 373—379 veröffentlicht hat; man sieht daraus, daß dieser Anruf ein allgemein verbreiteter und sehr gewöhnlicher Ruf gewesen ist, aber auch, daß er damals schon stark misbraucht worden sein mag, da zweimal diejenigen, welche diesen Ruf — offenbar ohne Grund — erhoben hatten, mit Bußen belegt wurden. Dieser Misbrauch mag zu dem Untergang des Heilal=Mordgeschreies mit beigetragen haben. Ich habe das Wort in den mir zugänglich gewesenen Criminalacten des 16. Jarhunderts nicht mehr angetroffen, aber gemeint ist dasselbe, wenn es wiederholt heißt, daß der Thäter „mit dem gewohnlichen Mordgeschreye" sei verfolgt worden. Die letzte Spur dieser Art ist mir in zwei Fällen aus den achtziger Jahren des 16. Jarhunderts vorgekommen.

heilig wird in der althessischen Volkssprache wenig verwendet. Nicht einmal Ortsbezeichnungen finden sich in Hessen in irgend nennenswerter Anzal vor, welche mit heilig compromiert sind; *Heiligenrode*, *Heiligenstock* und der Berg *Heiligenberg* bei Felsberg sollen wol so ziemlich alles Vorhandene umfaßen. Außer *Heltag* (s. d.) findet sich heilig nur regelmäßig verwendet in der Zusammensetzung (denn so erscheint das Adjectivum im Verhältnis zum Substantivum):

Heilig Abend. Hiermit wird zunächst der Sonnabend Abend nach dem Einläuten des Sonntags gemeint, da von diesem Zeitpunkte an bekanntlich nach Sitte und Gesetz der Rest des Sonnabends zum Sonntag gerechnet wurde. Aber es wurde auch das Abendläuten zum Gebet Heilig=Abend=Läuten genannt, gleichviel ob es am Sonnabend oder einem andern Tage der Woche Statt fand, und zwar deshalb, weil bis in den Anfang dieses Jarhunderts überall und regelmäßig, an manchen Orten (in der Grafschaft Ziegenhain fast durchaus) bis auf diesen Tag bei dem Abendläuten das Gebet in den Häusern und auf dem Felde, unter alsbaldiger Einstellung der Arbeit, verrichtet wurde. S. Glocke.

Heiligenmeister, die alte, und, wie es scheint, vor der Reformation in ganz Hessen übliche Bezeichnung der Verwalter und Rechner des Kirchenvermögens, sonst auch Baumeister, Juraten, Kirchenvormünder u. dgl., jetzt im protestantischen Hessen Kastenmeister genannt. Nur in Schmalkalden dauert die alte Benennung, wenn gleich in sehr beschränkter Weise, noch jetzt fort: Heiligenmeister sind dort namentlich diejenigen Kirchendiener, welche den Klingelbeutel herumtragen. Die Rechnung des Kirchenvermögens wird übrigens dort noch jetzt im gemeinen Leben nicht Kirchenrechnung, sondern Heiligenrechnung genannt. „Vnde moigen die *heiligenmeister* adir vormunde der kirchen soilichen biertzoppen der kirchen zum besten virlihen — doch mit soilichem vnderscheide, daz die *heiligenmeister* vnd vormunde adir wer des zu schigken hait, alle jor eyme vnserm Amptman — rechenschaft thun sollen". Ungedruckte Urkunde des (letzten) Grafen Johann von Ziegenhain vom Donnerstag nach Pfingsten 1443. Und so sehr oft.

heillang adj., fast nur in der sehr gebräuchlichen Formel vorkommend: „den ganzen heillangen Tag hindurch", um die lange Dauer des Wartens, einer für kurz gehaltenen aber lange Zeit in Anspruch nehmenden Arbeit u. dgl. zu bezeichnen. Das Wort will wol ohne Frage den Tag ursprünglich in frommer Weise: „ein Tag welcher lang zum Heile ist", bezeichnen; indes besagt die Formel jetzt fast das Gegenteil. Anderwärts, mitunter in Oberhessen schon, braucht man zwar dieselbe Formel, aber allein mit dem Worte heil oder hal („den heilen Tag durch"), welches man als heil, ganz, völlig, unabgebrochen, versteht; Schmidt Westerw. Id. S. 71. Vgl. Brem. WB. 2, 615. Richey S. 91.

Möglich, daß sich an dieses heillang auch das fast seltsame hâlone, hollane anschlöße (s. d.).

Vgl. Zeitschr. f. hess. Gesch. u. Landesk. 4, 73.

Heim gespr. *Hém* neutr., die Heimat. In ganz Hessen die üblichste Bezeichnung; *nách hême gên, hémen gên, nå hême gôn*, nach Hause gehen.

Heimed, Hémed neutr., Heimat, neben Hêm gebräuchlich. „Er hette noch eine weil nach Cassel, nehmlich von seinem heimath" Marburger Crim. Proc. Acten von 1658.

heim läuten, bezeichnet die hin und wieder z. B. in Jesberg übliche Sitte, die Glocke anzuziehen, so wie jemand im Orte gestorben ist, und der Pfarrer die deshalbige Anzeige erhalten hat.

heim leuchten, sehr übliche Formel für: abführen, ablaufen laßen, sehr nachdrücklich zurückweisen; „dem habe ich heim geleuchtet, der kommt mir nicht wieder". Ihren Ursprung hat diese Redensart in der alten Sitte belagerter Orte, bei dem unverrichteter Sache erfolgenden Abzuge der Belagerer Strohwische und Fackeln auf den Mauern anzuzünden, damit man doch auch die Abziehenden sehen möge und diese den Weg finden könnten; — also eine der gewöhnlichen bezeichnenden Verhöhnungen, in denen das deutsche Volk von jeher stark gewesen ist. S. Lauze zum Jahr 1232, den Abzug des Landgrafen Hermann von Thüringen von Fritzlar betreffend, und daher Falckenheiner Städte und Stifter 1, 69.

heimen in der Redensart: hausen und heimen, in das Haus aufnehmen und Heimat, sichere Stätte gewähren. „wer en (den Geächteten) dor noch (nach ausgesprochener Acht) huset oder heymet, dy ist eyn der selbin achte". Statuta Eschenwegensia S. 4 (Ausg. v. Röstell 1854 im Prorectorats-Programm).

Heimteufel, Kobold, ein etwas zahmerer Teufel, Hausgeist, der sich auch als Diener verwenden ließ: „ein Heimteuffel oder Kobolt" (L. Hermann) Des Füternden Uebersetzung von Torquemadas Hexameron 1652 S. 322.

Heimtreiber msc., scherzhafte allgemein übliche Bezeichnung eines dicken schweren Stockes, Prügels, mit dem man jemanden „heim treibt", d. h. ihn durchprügelt, so daß er fliehen muß. Schmeller 2, 193.

Heimbürger msc., Vorstand eines Dorfes, Dorfrichter, ein auch in Hessen ehedem vorkommende Amtsbezeichnung, welche neben der Benennung Grebe hergieng, und sich sprichwörtlich, gleichsam spottweise — für eine Person, die sich der Angelegenheiten Anderer annimmt und dafür eine gewisse Auctorität in Anspruch nimmt — bis auf die neueste Zeit erhalten hat. In den hessischen Weistümern erscheint der Heimbürger zu Großen-Bursla und Völkershausen

(**Grimm** Weist. 3, 324—325), so wie zu Rorbach (ebdf. S. 328); in letzterem Gericht war der Heimbürger berechtigt, im Gerichte über Schaden und Schuld bis zu dem Betrage von fünf Schillingen zu richten (höhere Strafen giengen an die v. Benhausen und v. Lilienberg). Im Amt Landeck finden sich Heimbürger bis zum Ende des 16. Jarhunderts, im Amt Wetter bis in das 17. Jarhundert. Es scheint, als ob in dem letztgenannten Amte Heimbürger die ursprüngliche, Grebe die moderne, weniger geläufige Bezeichnung des Ortsvorstandes gewesen sei, denn in einem Verhörprotokoll der Gemeindsmänner zu Treisbach aus dem Jahr 1609 kommt Heimbürger in zwanzig Aussagen acht und zwanzig mal, Grebe in nur vier Aussagen fünfmal vor.

Vgl. Estor teutsche Rechtsgelahrtheit 1, §. 441. Zeitschr. f. hess. Gesch. u. Landesk. 4, 70.

heint, aus hinaht, diese Nacht. Dieses Wort ist noch üblich in der Obergraffschaft Hanau, im Schmalkaldischen, an der Schwalm, wo man jedoch *hengt* spricht, und in Oberhessen, wo gewöhnlich das n (nie auch in andern Wörtern) halb unterdrückt und *heīt* gesprochen, unter heint (heīt) aber nur die vergangene Nacht, nicht die kommende verstanden wird; letztere wird durch *scheier* (s. d.) bezeichnet.

heint (hengt) *Abend, heint* (hengt) *Nacht.*
es hat heīt weiss geschneit,
hätt ich vor eim Jahr gefreit,
wär ich jetzt ein junges Weib. Oberhessischer Mädchenreim.

Der Artikel *hengt* Zeitschr. f. hess. Gesch. u. LK. 4, 75 ist hiernach zu berichtigen.

Heinz, bekannte Abkürzung des Namens Heinrich, wird im Volksmunde als Bezeichnung des Männchens mehrerer Thiere gebraucht. Im Schmalkaldischen heißt *Heinz* der Kater; im Haungrund, und auch anderwärts, wird mit Heinz nicht bloß das Männchen der Katzen, sondern auch der Hasen, Kaninchen, Wiesel und anderer kleiner Säugethiere bezeichnet. Wol ohne Zweifel ist aus dieser Volksbezeichnung der Name Heinze für den Kater in den Reineke Vos und in den Froschmeuseler aufgenommen worden. Auch ist Heinz ein Spottname der Köze (s. d.). Vgl. *Henkel*.

Heinzelmännchen, 1) die hin und wieder sich findende Benennung des zwerghaften Erdelben, gewöhnlich Wichtelmännchen genannt (s. b.); im Fuldaischen und einzeln in Oberhessen.

2) die Benennung der Mehlbeere, der Frucht des Crataegus oxyacantha, im Fuldaischen.

Heipföden plur., soll an der obern Werra (Frieda) die Benennung der Hagebutten, Hambutten sein; allerdings ist in der ersten Hälfte des Wortes das alte *hiuf*, rubus, noch zu erkennen, aber was ist föden (oder foeden)? Vgl. *Hiefe*.

heisch adj., auch *hêsch* gesprochen, heiser. In Niederhessen am üblichsten, wiewol hier neben heisch auch grammelig (s. d.) gebräuchlich ist, welcher Ausdruck sogar das Uebergewicht über heisch hat. raucus, heesch Diutiska 2, 228.

Heisch neutr., auch *Hêsch* gesprochen, die Heiserkeit.

heischen, bettelnd anfordern, betteln. Oberhessen und Fulda (besonders im Amt Neuhof üblich, wo häschen gesprochen wird). „Als das Mägdchen ihr (Comparentin) ein newjahr geheischen" Marburger Hexenprocessacten v. 1658.

heissen, 1) wie gemeinhochdeutsch: befehlen; letzteres Wort war völlig unüblich. „zum Dienst heißen; anheißen" waren Ausdrücke, welche das Bestellen der zu persönlichen (namentlich Hand=) Diensten Verpflichteten zur

Leistung der betreffenden Dienste bezeichneten. Dieses Anheißen wurde auf den Domänen und Edelhöfen von den Hofmännern (s. Hofmann) bewirkt.

2) wie gemeinhochdeutsch: genannt werden, sich nennen; meist in unpersönlicher Construction: „wie heißt dich? es heißt mich Johannes". Nur in der neuesten Zeit findet sich hin und wieder auch die gemeinhochdeutsche Construction: wie heißest du? ich heiße N. Dieses Heißen aber bezieht sich noch heute allein auf den Taufnamen; der Zuname wird ausschließlich durch sich schreiben eingeführt: „es heißt mich Johannes, aber ich schreibe mich Schmitt". Der eigentliche, wesentliche Name ist dem Volke der Taufname, während der Zuname nur gleichsam eine zufällige Zugabe war, welcher Vielen bis in den Anfang des 17. Jarhunderts, wie zalreiche Protokolle aus jener Zeit ausweisen, auch in der That für entbehrlich galt.

heisst das, eine bei dem Volke, wenn es zusammenhängend zu reden genötigt ist, besonders in unwilliger, polternder Rede häufig (oft in lächerlicher Weise gehäuft) vorkommende Formel. Sie ist nicht ganz so sinnlos, wie die Stubenmenschen zu höhnen pflegen, vielmehr bedeutet sie dem Volke: wol gemerkt, nämlich.

Heister msc., junger Waldbaum, vorzüglich jedoch nur Buche; auch wol Waldbaum überhaupt. Zuweilen in abundanter Composition: Buchenheister. In ganz Hessen ist dieß ausschließlich niederdeutsche, der oberdeutschen Sprache völlig fremde Wort sehr üblich. In den hessischen Forstregistern des 16. u. 17. Jh. komt Heister stets für Buche, nie für Eiche, sehr häufig vor, theils einfach, theils als Buchenheister. „vj alb Sommer Röser [in Rauschenberg] vor 1 geringen dürren Buchen Heistern". Rauschenberger Forstregister v. 1585. „ij buchen, dürre heister" ebds. „Wo sie zwischen zwey enge beisammen stehende Bäume oder heister kommen mögen". Des Fütternden (Landgraf Hermanns) Uebersetzung von Torquemadas Hexameron. S. 588. Berühmt sind in Hessen die neun Heister auf dem Kellerwald, nicht weit unterhalb des wüsten Gartens auf dem Nortwestabhang im Todenhäuser Forst des Klosters Haina; neun Buchen vom stärksten Wuchse sind mit den Wurzeln zusammengewachsen und trennen sich erst in der Höhe von etwa 6 Fuß. Nachdem schon seit 1820 successive drei derselben vom Sturme gebrochen worden waren, warf der Orkan des 18. Juli 1841 die vierte nieder, so daß jetzt nur noch fünf Heister stehen, von den vier übrigen die Rümpfe.

Frisch bringt 1, 439 und 2, 66 das Wort aus der Jülichischen Policeiordnung bei; Strodtmann Id. Osn. hat S. 86: Hester, ein junger Baum, sonderlich Büche; doch beweisen die folgenden Composita Radehester, Suphester, Käsehester, daß das Wort in Westfalen auch einen Baum (Buchbaum) überhaupt bezeichnet. In Zieglers Idiot. Ditmarsicum (bei Richey Id. Hamb. S. 412) findet sich: „Hester, ein junger Baum. Wird sonderlich von Eich-Bäumen gebraucht". Schottel Haubtspr. S. 1335: Heister, junger Baum. Brem. WB. 2, 626 (Eichbaum und Buchbaum). Schambach Gött. Grub. Jt. 1858 S. 77.

Wenn, wie warscheinlich ist, *heis* Wald bedeutet, so ist heister = heistriu, Waldbaum. Wie dieses heis (hais) zu goth. háis ($λαμπάς$) oder zu háists sich verhalte, bleibt noch zu ermitteln.

Heistingenheim, der Name eines Dorfes in Oberhessen, welcher in dieser Form in den Traditiones Fuldenses des Mönchs Eberhard c. 1 no. 57 (Schannat Corp. trad. Fuld. S. 283. Dronke Traditiones et Antiquitates Fuldenses 1844. 4. S. 41 No. 149. Vgl. Wenck 2, 435) vorkommt, 1199

Heistencheim, 1377 Heistinkeym, 1506 Heistehain, 1613 Heissigheim, 1683 Hessigkem, jetzt Heskem geschrieben und gesprochen wird. Diesem Namen liegt ein sehr alter und äußerst selten vorkommender Mannsname: Haisting, Heistine, zum Grunde*), welcher vielleicht in der bei dem Mönch Eberhard vorkommenden Form schwach ist (Heistingo statt Heistiug) und im Plural steht. Haisting bedeutet vir violentus, von *haist*, welches in den Legg. Alam. in der Formel haistera handi, alahaistera handi (manu violenta), im Gothischen als ushaists (ὕστερηθείς, arm), sodann aber im Angelsächsischen als haest (ardens) Caedmon 84, 11, 146, 2. Beov. 2669, und ahd. einmal in einer adverbialen Form heistigo Otfrid 3, 13, 6 vorkommt. Vgl. Grimm Gramm. 1³, 103. 359.

Heite msc., *Héte* (meist gesprochen Heide, Héde), Vater. Es ist dieß die alte, neben Gnenn und vor diesem Worte üblich gewesene, Benennung des Vaters in ganz Hessen. Jetzt ist das Wort noch üblich in den nordwestlichen Theilen von Oberhessen (Wolmar), an der Schwalm, an der untern Eder (Fritzlar, Gudensberg), und an der Werra (Eschwege, Jestädt), so wie (neben Teite) im Schaumburgischen. Außer Hessen ist es jedoch nirgends aufzufinden als im Friesischen (Haita, Ajito). „Est autem Hatto seu Haetto idem quod Vater. Unde adhuc in Hassia appellant patres suos *Hatto*, A italico seu E crasso et diphthongato; et credo, Chattos quos nunc Hessos vocamus, prisco vocabulo Hattos id est patres, et Hattiam patriam appellatam esse" (M. Luther) Aliquot Nomina propria Germanorum ad priscam Etymologiam restituta. 1537. 4. Aiija. (S. den Abdruck dieser Schrift (Luthers?) in den Beiträgen zur critischen Historie der deutschen Sprache 19, 451—479, wo diese Stelle sich S. 452—453 findet. „Huschchen, Huschchen, hie ist dein Heide" lautet in der ursprünglichen Form der Zuruf des einen Kürbis für ein Pferde-Ei auf dem Knüllköpschen ausbrütenden Bürgermeisters von Schwarzenborn an den Hasen, welcher durch den entrollenden Kürbis aufgeschreckt, davonlauft und von dem Bürgermeister für das von ihm ausgebrütete Pferdchen gehalten wird.

   „So wan mä hi bi verzehlen sill
   Aehres (der Hessen Fürsten-Kinder) Heytes grosse Thoten
   So schwägeme sin Läwe nit still".

S. Aller Redtelichen Hessen-Kenger Herzeliche Freude. Eisenach 1731. 4. (Reime auf die Ankunft des Landgr. Friedrich K. v. Schweden in Hessen; auch abgedruckt Hersfelter Intell. Bl. 1832. No. 9. 25. Febr.).

Ellerhéde, Ellerheite, Großvater. „Ob sie nicht zu dem madtgen gesagt, Es wehre ihr Eller hete, es solte schweigen". Betziesdorfer Protokoll von 1673. „Es were ihr Ellerheite" ebdf. In demselben Protokoll kommt aber auch Genenn und Ellergenenn vor.

Allerhätenberg, Großvaterberg, nach J. Grimms Ausführung in der Zeitschr. f. hess. Gesch. und Landeskunde 2, 139—142; bei Iba.

Ellerheitenhof, Garten bei Wickenrode.

Kirchenheite, Kirchenältester; Werragegend.

Vgl. Zeitschrift f. hess. Geschichte u. Landesk. 4, 73—74.

Héld neutr., Spreu; der in Oberhessen ausschließlich geltende, schon von Estor 3, 1410 angeführte Name für palea, während Spreu und Kab fast gänzlich unbekannt sind. In den oberhessischen Renterei rechnungen aus der Mitte

---

*) Hans Haistung hieß der Bürgermeister von Oeni, welcher 1561 den Naumburger Abschied unterzeichnet hat. S. den Würtemberger Gründlichen Bericht gegen das Staffortische Buch 1601 4. S. 4

des 16. bis zur Mitte des 17. Jarhunderts erscheint regelmäßig „Innahme Heltt (auch hoelt) vnd gepeúl", nach Säcken, mitunter auch nach Maltern gemessen. Nur einmal habe ich die irrtümliche Bezeichnung „heelt vnd kaab" getroffen. (Wetter 1600). Das Wort ist eine durch d vermittelte Neutralbildung des ahd. helawa, mhd. helwe, **palea**, und scheint außer Oberhessen nirgends in Deutschland vorzukommen.

S. Zeitschrift f. hess. Gesch. und Landesk. 4, 74—75.

Helfegelder nannte man eine Sportel der Beamten, welche ihnen zukam, wenn sie zur Eintreibung liquider Schulden Hilfe leisten mußten; dieselben betrugen vom Gulden einen Albus. S. Kopp Gerichtsverfassung, 2r oder prakt. Theil S. 94 f. und die daselbst angeführten hessischen Verordnungen.

gehell. Es soll in Hessen (wo?) das Wort hell, d. i. *haele*, glatt, vorhanden sein. Wiewol die Richtigstellung dieser Angabe mir nicht hat gelingen wollen, so finde ich sie doch nicht gerade unwarscheinlich, weil *gehell*, glatt, bei Hans Stade vorkommt (Weltbuch 1567 fol. 2 Bl. 53b): „denn die mittelste Platte hatten sie mit dem Schieber eines gehellen Steins, welche sie viel brauchen zum Scheren, gemacht".

Helle, *Hell* neutr. und fem., ziemlich häufig vorkommender Name hessischer Berge. „das Helle" (schon 1443) bei Fritzlar; die Ohelle auf der breiten Strut; sodann am Burgwald: „das (die) Sternhell", „Sturmhell", „Burghell", „Nickshell", jetzt Nixel (bei Goßfelden), „die Gerichtshelle" (auch Geiershelle), Namen, welche schon 1550 vorhanden waren, und großenteils noch jetzt vorhanden sind. Sodann gibt es einen über den ganzen Rücken des Kellerwaldes hinlaufenden Hellweg, desgleichen einen Hellweg auf der Höhe zwischen Oberlistingen und Wettesingen, nach Ersen hin, einen andern Hellweg bei Rommerode am Meißner, auch einen über jenes Helle bei Fritzlar führenden Hellweg (zwischen Geismar und Hadamar). Warscheinlich bedeuten jene Namen nichts anderes, als in alter Zeit ganz oder zum Theil entwaldete Höhen (die übrigens später, wie die Sternhelle, wieder mit Wald bewuchsen), der Hellweg aber sichtlich einen durch den dichten Urwald gehauenen lichten, hellen Weg.

hellig, gesprochen *helch* (Amt Schönstein und weiter) und *helk* (Hanngrund u. w.), erlecht, welf, dürr, schlecht genährt, unvollkommen ausgebildet. „er war ganz hell", ganz abgemattet vor Hitze und Durst; „das Korn hat einen helchen Kern", einen unausgebildeten, magern, mehllosen Kern; „die Gans ist noch helch" d. i. nicht gemästet, dürr. Vgl. „höllig sein, Durst haben", in der Grafschaft Hohenstein, Journ. v. u. f. Deutschl. 1786, 2, 116.

Es ist, wie auch schon in der Zeitschr. f. hess. Gesch. u. LK. 4, 72 von mir erinnert wurde, dieses schon mhd. und in den meisten deutschen Dialecten, gemeinhochdeutsch wenigstens in dem Verbum behelligen vorhandene Wort hellig (Frisch 1, 441. Müller mhd. WB. 1, 660. Brem. WB. 2, 619. Schmeller 2, 172. Adelung 1, 813) wol ohne Zweifel an das Wort hâl (ursprünglich gewis hal), dürre, trocken, anzulehnen. S. hâl.

hélich, hëlig, im Haungrunde, mit der Bedeutung kläglich, jämmerlich, ist wol ohne Zweifel dasselbe Wort.

hellig adv., eine verstärkende adverbiale Wortbildung, welche im Fuldaischen neben *fillig* (f. d.) sehr gebräuchlich ist: *hellig schoen*, ganz besonders, ausgezeichnet schön. Vielleicht ist das Wort eine Entstellung von heilig. Im übrigen Hessen sagt man auch *heil froh*, gar sehr froh.

Wiederum aber eine Entstellung von hellig scheint zu sein

hellendig, *hälländig*, welches Wort im Schmalkaldischen genau so gebraucht wird, wie hellig im Fuldaischen. Die gebildeten Schmalkalder meinen jedoch, es solle dieses hellendig ein Hypokoristikon von *höllisch* sein, welches bekanntlich sehr allgemein als adverbiale Verstärkung gebraucht wird. Ganz unwarscheinlich ist diese Meinung nicht, und ließe sich möglicher Weise wol auch das fuldaische hellig in diesem Sinne deuten.

hellwahls soll in der Gegend von Frankenberg üblich sein und den Sinn haben: ausdrücklich, expreß.

Héltag msc., auch *Hellag, Hellae,* Festtag; zusammengezogen aus Héligtag, heiliger Tag. Allgemein üblich in Mittelhessen westlich von der Fulda, im Fuldaischen und Schmalkaldischen, wo man „Festtag" nicht gebraucht, auch meist nicht kennt.

hengern, fränkeln. Uebliche Bezeichnung in Oberhessen; auch wird dieses Wort, wenn von oder zu Kindern geredet wird, deminuiert in *hengerchen*: „du hengerchest ja, mußt du denn so hengerchen?"

Hênkel, die in hessischen Familiennamen äußerst häufige deminutive Verkürzung des Namens Heinrich, wird in Oberhessen, zumal im nördlichen (um den Christenberg, in Roda u. a. O.) völlig appellativisch für Kater gebraucht, wie anderwärts die parallele Verkürzung Heinze (s. d.).

Hennike gleichfalls eine Deminution von Heinrich, war in den an Westfalen angrenzenden hessischen Landestheilen einer der Euphemismen für den Wolf, welchen die Schäfer bei seinem rechten Namen zu nennen sich scheueten. S. Kirchhof Wendunmut 1602 S. 375.

Vgl. Zeitschr. f. hess. Gesch. u. LK. 4, 75.

Henn msc., ein alberner Mensch, schmähende, sehr übliche oberhessische Bezeichnung. Estor t. Rechtsg. 3, 1411.

Heppe fem., in den westfälischen Bezirken *Hépe*, mitunter (um Kassel) auch *Hewwe* gesprochen, Sichel, Hippe. Das Wort ist in Niederhessen nur in den nördlichen Gegenden gebräuchlich, findet sich aber einzeln bis in das Herssfeldische (Rohrbach) und Ziegenhainische herauf; in Oberhessen ist es unbekannt. „Geben ihnen Messer vnd Hepen für Mandiokenmehl". Hans Staden Reisebeschreibung (Weltbuch 1567 fol. 2 Bl. 42a).

Heppe, Hippe fem., Name der Ziege, meist als Lock- und Schmeichelwort. Im Amt Schönstein, bei Haina, in und um Frankenau bis weiter in das Sauerland hinein fast ausschließlich gebräuchlich. Das Deminutiv *Heppel* und *Hebbel* fem. ist neben Hieze und Hetz im Schmalkaldischen und Fuldaischen üblich (s. Hitz).

Hippen fem. heißt an der Diemel das Ziegenlamm.

Herbstknecht msc., Hagestolz. Im Fuldaischen und in Oberhessen (Estor t. Rechtsg. 3, 1411) wiewol in letztgenannter Gegend jetzt nur noch äußerst selten vorkommend.

Herd neutr., Flachsstengel. Im Haungrund und Umgegend. S. Here.

Here fem. (gesprochen herre), Flachsstengel, vorzugsweise der schon geröstete (die Faser desselben), doch auch von den noch im Acker stehenden Flachsstengeln sehr üblich; sehr oft in abundanter Composition: Flachshere. In ganz Hessen sehr üblich, besonders in Niederhessen. Eben so in Baiern.

Schmeller 2, 228. Das Wort ist, gleich *herdun*, stuppa (Dronke Fuldaer Glossen 1842 S. 15) aus dem alten Namen des Flachses, haru, Har, gebildet, und zwar entweder direct, so daß es ursprünglich harja (harvja) gelautet hat, oder so, daß aus einem ursprünglichen Adjectivum (harveins) harin, lininus, ein Substantivum harin, nachher hari gebildet worden ist (wie manageins, manakin, manaki, menege). Dieser alte Name des Flachses, in Baiern und sonst in Oberdeutschland volksüblich, ist in Hessen völlig unbekannt, dagegen ist die gegenwärtige Ableitung, in beschränkteren Kreißen auch die Ableitungen Hert, Härsel (m. f.) und Hede (herda), in Hessen in Uebung.

Vielleicht, ja warscheinlich, ist sogar unser here identisch mit dem alten herda; im Hauptgrund nämlich ist *herd* (härt) neutr. der Flachsstengel, vorzugsweise jedoch der Bast desselben (s. vorher). Eben so in Schlesien: *herde* fem. die Flachsstaude. Frommann Mundarten 4, 172.

Im Lippischen ist *hêrl*, härl, der Flachsstengel. Frommann Mundarten 6, 211.

Hermen msc. (Herme), Ziegenbock, als Lockwort und Schmeichelwort. Sehr üblich. Es ist diese Benennung des Ziegenbockes alt, bekantlich im Reincke Vos und darauf im Froschmäuseler angewendet. Hermen Stutzbock, scherzhaftes Aneinanderstoßen der Stirnen, bekannter Scherz, der mit den kleinsten Kindern und von ihnen gemacht wird. Steifer Hermen, scheltende Bezeichnung eines sich unbehülflich anstellenden Knaben. Vgl. Weigand Int. Bl. f. d. Prov. Oberhessen 1846 No. 61.

Hermelchen, alberne, sich kindisch, läppisch anstellende Person; halb scherzhafte Benennung. Warscheinlich gehört dieses Wort hierher, wenn gleich ein völlig gleichlautendes niederdeutsches Wort vorhanden ist, welches in eine ganz andere Begriffs- und Sprachregion gehört: *harmelken*, grillus.

Herr ist an der Schwalm die ausschließliche Bezeichnung des Hausherrn, nicht allein von Seiten des Gesindes, sondern auch der eigenen Gattin, in so fern dieselbe von ihm redet, welches niemals anders, als durch die Formel „ins (unser) Herr" geschieht. Im Fuldaischen, namentlich im Kreiße Hünfeld, ist *Herr*, wie im ganzen katholischen Süddeutschland, die eben so ausschließliche Bezeichnung des Pfarrers.

Herrche (Schwarzenfels), *Hêrle* (Schmalkalden), der Großvater (vgl. Fraile).

herrlich wird in Oberhessen oft in dem Sinne von vergnügt, fröhlich gebraucht: „mer sein da ganz herrlich gewese".

Herschekläs msc., an der Werra (Waldkappel) und im Schmalkaldischen die Benennung des Niklasbischofs, dann auch eines Popanzes überhaupt. Das „Hersche" wird verstanden als gebieterisch, herrisch, streng.

Herzbendel msc. (Herzbennel), Brust, Brustbein. „Ich will dich schlagen, daß dir der Herzbennel kracht". Ueberall in Hessen, am üblichsten in Oberhessen und an der Schwalm. Estor d. Rechtsgl. 3, 1411.

Hesling neutr., Benennung des jungen Schweins, Ferkels, welches etwa vom zweiten bis zum sechsten Monate seines Lebens so bezeichnet zu werden pflegt. In der Diemelgegend, anderwärts unbekannt.

Hespe fem., Thürangel, Klammer. In Niederhessen die üblichste Bezeichnung. Häufig wird indes dieses Wort auch allgemein, von festen Verbindungsstücken (festen Nähten u. dgl.) gebraucht: „er riß mich, daß der Rock mir aus allen Hespen gieng"; „Junge, deine Hosen sind ja aus allen Hespen". Auch figürlich: „es geht aus allen Hespen", alle Ordnung, alle feste Verbindung unter bisher Zusammengehörigen, löst sich auf, es tritt Anarchie ein. Altsächs. *cosp*, nl. *gaspa*, fibula.

S. Frisch und Adelung unter Häspe.

Hessen. Daß das Volk der Hessen von den Katten abstamme, wird seine Richtigkeit haben, daß der Name Hessen aber von Catti, Chatti abzuleiten sei, muß ich bestimt verneinen. Der Name erscheint zuerst unter Bonifacius, und zwar meistens in der Form *Hessi* (Anal. Lauriss. z. J. 746 bei Pertz, geschrieben erst 818), seltner *Hassi* (ebds. z. J. 774); sodann *Hessii* (Anal. Fuld. z. J. 719, geschrieben 838) und *Hessiones* (ebds., Variante des Cod. 3. des 11. Jarh.). Das ss in dem Namen steht urkundlich unzweifelhaft fest, und zwar zu einer Zeit, in welcher eine Abschwächung des zz in ss durch kein einziges sicheres Beispiel nachzuweisen ist. Im Gegenteil haben die Ann. Berlin. zum Jahr 839 noch den Namen Chattuarii, welcher in seinem Hauptteil nach allgemeinem Einverständnis mit dem Namen Chatti identisch ist, in der Form Hatoarii, die Anal. Fuld. zum J. 715 als Hazzoarii, beide Male dicht neben dem Namen Hessi, Hessii, Hessiones. Hiernach ist, wenn wir nicht das ganze, urkundlich feststehende Verhältnis zwischen t, zz und ss gewaltsam umstürzen wollen, die Annahme der Identität von Chatti und Hessi eine völlige sprachliche Unmöglichkeit. Ja man darf weiter fragen, ob das E in Hessi e oder ë sei? Hessi komt zu einer Zeit vor, in welcher der Umlaut kaum begonnen hatte aufzutauchen, und das Wort wird bekanntlich mit tiefem e (fast wie Hässen) gesprochen, Hassi dagegen ist die seltnere Form. Wir würden hiermit auf den Mannsnamen Hësso (ursprünglich Hisso) gelangen, und der Vermutung Raum geben müßen, es seien die Hessen nur ein Zweig der Katten gewesen, welcher als solcher einen patronymischen Namen (wie Welfe) geführt haben möge.

Bei den Zigeunern heißt Hessen Dschowajonidikkotemm, Hexenland, von dschowajani, Hexe und temm, Land; diesen Misverstand wollte 1839 ein obscurer Winkelschriftsteller als den wahren Sinn des Namens Hessen geltend machen, und kürzlich (1865) hat der an etymologischer Verrücktheit leidende Professor Victor Jacobi ein, des Irrenhauses vollkommen würdiges Schriftchen veröffentlicht: „Die blinden Hessen", worin er den Namen von *hahsa*, poples, ableitet, weil — Werra und Fulda eine hahsa bilden!!!

Die schwache Declinationsform theilt das Wort Hesse mit dem Namen Franke, Schwabe, Sachse; ist es von Hësso abzuleiten, so wird es von Anfang an der schwachen Form zugehörig gewesen sein.

Der Familienname Hesse ist auch im Lande nicht selten; das älteste Vorkommen desselben wird sich in dem alten adlichen Geschlecht der Hesse zu Wichdorf finden — übrigens einem Dorfe, welches in dem ältesten Katten- und Hessensitz belegen ist; — es ist dasselbe zwischen 1594—1631 ausgestorben.

Blinde Hessen s. *blind*. Wie? wenn Hessi ursprünglich Hunde bedeutet hätte? Was ist eigentlich *Hesshunde*, die nie als Hetzhunde erscheinen?

Heucher msc. ist im Hanauischen die Benennung der (kleineren) marmornen Spielkugeln der Kinder, anderwärts Schoßer, Marbel, Klicker (s. diese Wörter) genannt. Vgl. *Hacker*.

heuer (entstanden aus den im Instrumentalcasus stehenden Wörtern hiu jaru), in diesem Jahre, ist nur in der Obergraffschaft Hanau, und hier fast nur im Amte Schwarzenfels, volksüblich, anderwärts völlig unverständlich.

Heuer fem., war im sächsischen und westfälischen Hessen die Benennung der Fruchtzinsen, so lange dieselben bestanden, aber auch nur für diese Abgabe, nicht für Pachtgeld oder Pachtzins, wäre derselbe auch zum Theil in Getreide bedungen gewesen. Im übrigen Hessen ungebräuchlich und unverstanden.

Heulochse m., in der Schmalkalder Knabenwelt der gebräuchliche Name des Brunnenkreiſels.

Heuochs, sehr übliches Scheltwort, um einen recht dummen Menschen, oder einen Solchen, welcher sich eine recht grobe Ungeschicktheit, Unwißenheit, hat zu Schulden kommen laßen, zu bezeichnen.

Vgl. *Stoppelkalb*.

heuzen, dumpfig, nach Schimmel und Moder riechen und schmecken, von dem Getreide gebraucht. Oberhessen; Estor t. Rechtsgel. 3, 1411. Der Kammermeister Philipp Chelius zu Marburg verlangte im Jahr 1599 „200 Malter Haffer an reiner truckener, vnd keiner dorrechtigen angangenen oder heuzenden, sondern zur Hoiffhaltung dienlichen Frucht".

Hexenmilch fem., Euphorbia cyparissias. Die nur auf Kalkboden, zumal Rauhkalk, erscheinende Pflanze kommt in Heſſen nur in den östlichen Bezirken, wo die Kalkformation stärker entwickelt ist, häufig vor. Der Name Hexenmilch für dieselbe ist am gangbarsten im Schmalkaldischen; anderwärts findet sich auch der gewöhnliche Name Wolfsmilch.

Hibbe fem., auch Hiwwe, Hebbe, Hewwe gesprochen, Granne der Getreideähren. Ein vorzugsweise nur in Niederhessen, aber hier auch ausschließlich gebrauchtes Wort. Im Fuldaischen (Haungrund) gilt *Habe* (s. d.), welches wol nur eine Variation von Hibbe ist. Da hin und wieder statt Hibbe auch Hibe, Hipe gesprochen wird, so liegt es nahe, dieses Wort als ursprünglich identisch mit Hiefe (s. d.) in der Bedeutung Dorn, Stachel, zu faſſen, wenn gleich hier zunächst den Dornstrauch, nicht den Dorn, bezeichnet.

Man unterscheidet in Niederhessen den Hibbenweiz von dem kahlen Waiß (Weizen), Gerste mit langen Hiwwen von Gerste mit kurzen Hiwwen.

Vgl. Zeitschr. f. hess. Gesch. u. Landesk. 4, 75.

hicheln, hell auflachen, wiehernd lachen; auch von dem Wiehern der Pferde gebraucht. Ziemlich überall üblich.

Schmidt Westerw. Jd. S. 72.

Hiefe, *Hähiefe* (d. i. Haghiefe) fem, Frucht des wilden Rosenstrauchs, Hanbutte. Letzterer Ausdruck ist nirgends in Hessen im wirklichen Gebrauche des Volkes, hin und wieder demselben völlig unverständlich. Dagegen hat die aus dem ahd. *hiufa*, altſ. *hiop*, rubus, entstandene Bezeichnung *Hiefe* die mannigfaltigsten, zum Theil ärgsten Entstellungen erfahren. Der Ausdruck Hiefe, Hähiefe findet sich im nördlichen Niederhessen, namentlich in der Umgegend von Kassel; in der Grafschaft Ziegenhain und in Oberhessen heißt die Hiefe *Häneife*, *Häneiſel* und *Hänüſſel*; im Fuldaischen *Hänäpp*; an der obern Werra *Heipsöde*; im Schmalkaldischen *Hicke* und *Hähicke*.

Vgl. Zeitschrift f. hess. Gesch. u. LK. 4, 75.

Hicke f., *Haghicke* (gesprochen Hähicke), Benennung der Frucht des wilden Rosenstrauches, der Hagbutte (Hanbutte) im Schmalkaldischen. Wol nur eine der erbarmungslosen Entstellungen der Sprache im schmalkaldischen Munde, statt Haghiefe.

S. *Hiefe*.

hickeln, etwas hinken; man bezeichnet damit theils das leichte, nur wenig merkliche Hinken, theils auch das Ungestalte des Hinkens, und in diesem Falle ist hickeln ein Spottwort, während hippeln (s. d.) mehr ein Scherzwort ist. In ganz Hessen sehr üblich; in den niederdeutschen Gegenden spricht man hückeln.

Hilch, auch *Ilch* msc., die Eheberedung, ahd. hileich. Estor t. Rechtsg. 3, 1411—1412 hat dieses in Oberhessen noch jetzt vorhandene Wort, indes scheint es schon zu seiner Zeit, wiewol er noch das charakteristische, jetzt nicht mehr vorhandene Wort Ilchthum beifügt, im Absterben d. h. in dem Uebergang in ein Misverständnis begriffen gewesen zu sein, welchem es gegenwärtig fast ganz zu verfallen scheint. Ja es ist möglich, daß dieses Misverständnis schon am Anfange des 16. Jarhunderts sich einzuschleichen angefangen hat. Man verstand die Silbe Ili, richtiger Ili (noch in Heirat vorhanden) nicht mehr, noch weniger das Substantivum leich. Die erstere Silbe kleidete man in das verständlichere, nachgerade ungefähr gleichbedeutend gewordene Ee (Ehe), die zweite in die Adjectivendung *lich* um [freilich ursprünglich jenem leich zugehörig] und so entstand das masculinische Substantivum Ehelich in obiger Bedeutung: Eheberedung, Ehecontract. Dieses Wort *Eelich* findet sich, falls es nicht einem modernisierenden Abschreiber seinen Ursprung verdankt, schon bei Wigand Gerstenberger (Schminke Monim. hass. 2, 534): du ist *der eelich gereyde gemacht gewest*. Und Estor selbst hat eben in jenem angeführten Werke mehrmals das Wort Ehelich 1, 333 und sonst. So wird auch jetzt officiell geschrieben und gesprochen, während der Bauer, zumal aus den entlegenern Dörfern und wenn er unter seines Gleichen ist, noch Hilich, Hilch, Hilch, Ilich, Ileh spricht. In der Wormser Reformation 1561 fol. Bl. 138b findet sich noch die vollständige Form hinlichsberedung.

Schmeller 2, 130.

Hiller msc., penis. In ganz Hessen sehr übliche, ja die üblichste und allgemeinste Bezeichnung. An Scherzen mit diesem Worte, wie mit Zumpe (Zumpt), Zers (Zerssen), welche sämtlich gleicher Bedeutung und sämtlich zugleich bekannte Familiennamen sind, fehlt es auch in Hessen nicht.

Hilpentritsche fem. Bis zum Jahre 1820 oder wenig später, und wenigstens seit dem Jahr 1750, vielleicht und warscheinlich früher, spielte dieses Wort eine Rolle in einem gewissen Pennalismus der Schüler des Hersfelder Gymnasiums. Die im Herbste neu angekommenen Schüler wurden von den ältern Schülern überredet, es gebe an der hinter dem „Kloster" herführenden Stadtmauer und im Stadtgraben Thiere, den Mardern, Rätzen u. dgl. ähnlich, welche Hilpentritschen hießen; diese wolle man sobald es dunkel geworden, jagen, die Felle der Erlegten verkaufen und von dem Erlös sich gütlich thun. Diejenigen, welche sich anführen ließen und mit auf die Hilpentritschen-Jagd zogen, wurden an einem bitter kalten Winterabend mit einem Prügel oder Stein in der Hand in schlagfertiger, meist sehr unbequemer Stellung hier und da in den öben Räumen und Winkeln zwischen der Stadtmauer und dem „Kloster", als den Pässen der Hilpentritschen, um dieselben sofort bei ihrem Erscheinen zu erschlagen, aufgestellt, die Uebrigen liefen eine Zeitlang unter lautem Rufen und Schreien jenseit der Stadtmauer als angebliche Treiber hin und her, schlüpften dann weg, und ließen die Leichtgläubigen stehen und frieren, bis dann später allgemeines Zusammenlaufen und lautes Gelächter sie enttäuschte. Diese Hilpentritschenjagd wurde dadurch unmöglich gemacht, daß die zalreichen unbenutzten Durchgänge und Winkel hinter dem Gymnasium seit dem Jahr 1822 verzäunt und verbaut wurden.

Daß dieses Jagen der Hilpentritschen auf irgend einer mythologischen Grundlage beruhe, zeigten schon die Mittheilungen Gräters in Iduna und Hermode 1813 S. 88, wo er unter den in der Reichsstadt Hall in Schwaben vorhandenen Ueberresten des Heidenthums „Die Sage von dem Jagen des Elpen=Drötschs, d. i. Elfendrosts oder Elfenkönigs" aufführt, eine Andeutung, die er, nur kürzer ebdf. 1814 S. 102 wiederholte. Schmidt Schwäb. WB. S. 162, welcher „elpendrötsch, tölpentrötsch, W. ein ungeschickter Kerl", eben so wie Schmeller 1, 48 „Alberdrütsch (Almedrütsch, Älpedrütsch, Ölpetrütsch, Drelpetrütsch) Benennung einer albernen ungeschickten Person" hat, führt auch die Redensart an: „den Elpentrötsch jagen, einen zum Besten haben", als eine in Würtemberg, nicht bloß in Schwäbisch Hall, vorhandene Redensart. Grimm d. Myth. (2) 412 führt den ersten Theil unseres Wortes in unwidersprechlicher Weise auf die Elben zurück, den zweiten Theil, und das Jagen des Elpendrötschs läßt er S. 883 unerklärt; daß die Hilpentritschen in Hersfeld vorkommen, hat er aus meiner Mittheilung.

Nun paßt die Würtembergische Redensart bei Schmidt allerdings auf den Hersfelder Act; aber die Angeführten pflegten niemals etwa selbst Hilpentritschen genannt zu werden, was doch nach Schmidt und Schmeller eigentlich hätte Statt finden müßen, und ohnehin ist aus Gräters Andeutung nicht einmal ganz klar, ob der Elpendrötsch selbst jagt oder gejagt wird. Es wird jedenfalls dabei bleiben, daß die Hilpentritschenjagd ursprünglich eine mythische Jagd gewesen ist, die Hilpentritsche ein mythisches Wesen.

Nun aber ist *ilmetritsch* noch jetzt auf dem Vogelsberge (Herbstein, Herchenhain, Schotten, Gedern) der Name der wilden Ente. Sollte nicht Elbentrötsch, Ilibentritsche ursprünglich der Name eines Wassergeistes, parallel den Schwanjungfrauen, gewesen sein, und sich dann auf flüchtige Waßerthiere, die Ente, vielleicht auch die Flußotter (lutra), zurückgezogen haben?

Unter dieser Voraussetzung würde das Jagen des Elbendrötsch oder der Hilpentritsche eine Verfolgung der Waßergeister sein, wie sie in den Nibelungen von Hagen gegenüber den Meerminni, Hadburg und Sigelint, erscheint (1475 f.), und wie eine solche Verfolgung auch sonst öfter vorkommt, Grimm Myth. (2) S. 399—400, nämlich, um ihnen Ring und Gewand zu entwenden und sie dann sich weißagen zu laßen. Als der Mythus erblichen war, erschien diese Verfolgung als etwas Albernes, und so konnte denn dieser Mythus in der wirklichen Welt nur als „zum Besten haben", endlich auch in der Hersfelder Gymnasiumsgestalt erscheinen. Wo aber der Name auf Thiere übertragen wurde, da fand begreiflicher Weise auch noch eine wirkliche Jagd Statt, und es scheint fast, als ob in der Hersfelder Hilpentritschenjagd Beides, das Feppen (Jagen nach einem eingebildeten Wesen) und die wirkliche Jagd (auf Flußottern) sich verschmolzen hätte.

Himmerich msc., Name von Walddistricten, welcher ziemlich häufig, zumal in Oberhessen, vorkommt, und hier sogar noch als Appellativum erscheint: „26 Ruthen, der Hemmerich, der Haub genannt" bei Lohra (Marburger Bezirksblatt 1849. No. 9. 1. Beil. Sp. 1); der Himmerich bei Schröck, von welchem der Himbeerweg nach Schröck führt. Ohne Zweifel ist Himmerich = ahd. hindberahi, mhd. hindberhe, hindberech, Himbeergebüsch, und müßte eigentlich neutral sein, wie Dickicht, Röhricht. Vgl. Grimm Gramm. 2, 312—313.

hin, wird vor Adverbien proklitisch und folglich stumm, mit Aphäresis, behandelt, wie in dem grösten Theil von Deutschland; es kommt diese Proklisis in den Wörtern nauf, nauß, nein, nüber und nunter vor; nab findet sich in Niederhessen gar nicht.

Hindlüft fem., die Wurzel von Cichoria intybus, auch die Pflanze selbst; im Schmalkaldischen.

hinern, lang gezogene Schmerzenslaute ausstoßen; von Menschen (bei Zahnweh, bei Schwären u. dgl.) und Thieren gebräuchlich. Im östlichen Hessen und in Schmalkalden.

Vgl. Schmeller 2, 202, wo offenbar eben dieses Wort aus dem 15. Jh. als hüenen, aus dem 17. als hienen aufgeführt ist.

Hingabede, *Hingaebede* fem., im Schmalkaldischen, *Hingabel* f., im Fuldaischen, die Verlobung, zumal der Verlobungsschmaus (Weinkauf im übrigen Hessen). Hingabet halten, die Verlobung feiern, wie: Weinkauf halten.

Hinkel neutr., statt *Hänkel*, d. i. huoniclin, im ganzen westlichen und südlichen Hessen die Benennung nicht allein des Küchleins, sondern auch des Huhns. Metaphorisch ist das Wort sehr gebräuchlich zu schmähender Bezeichnung einer albernen Frauensperson: Hinkel, dummes Hinkel. Die am 9. September 1861 bei Marburg von ihrem Schwängerer, dem am 14. October 1864 enthaupteten Ludwig Hilberg aus Oderöhausen scheußlich ermordete Dorothea Wiegand führte den Spottnamen „das Hinkel" ganz eigens.

Hinkelhopch msc., Hünerhabicht, Habicht. Stift Hersfeld.

hinne, auch wol abgekürzt *hin*, anstatt hier inne; eine in ganz Hessen äußerst übliche Verschleifung. „Bleib hinne!" „Er hats hinne in der Stube gesagt". „Ich bin hin geblieben".

Hintersiedler msc., Bezeichnung einer Klasse von Bauern in den östlichen Bezirken Hessens, und zwar vorzugsweise in den adligen Dörfern, welche kein volles Bauerngut besitzen, nicht alle Pflichten und Rechte der eigentlichen Bauern haben, und durchaus nur Ochsen, niemals Pferde, zur Bestellung ihres Gutes verwendeten, während die Bauern nur Pferdebespannung hatten. (Estor t. Rechtsgel. 1, 792 (§. 1948) sagt: „Die hintersiedler waren diejenige, welche ein geringes adeliches gut zum afterlehn trugen". Dieß ist in so fern unrichtig, als die Hintersiedler keine Afterlehnsträger waren, wie denn auch Estor selbst sagt, ein Hintersiedler könne für einen Afterlandsiedel nicht gehalten werden. Nur der geringe Umfang des Lehngutes (Gutes) machte den Hintersiedler zu dem was er war.

hinterstellig, zurück bleibend, nicht mehr fort können; das Wort wird in Oberhessen und in der Grafschaft Ziegenhain, auch weiter nach Niederhessen hinein, für hinfällig, kränklich, sehr gewöhnlich gebraucht: „ich sein ganz hinterstellig, ich sein gor naut me notz", oft gehörte Klage der senes decrepiti.

Hinwurf msc., ein sehr gebräuchliches Wort in der allgemein geläufigen Redensart: „es ist kein Hinwurf", es ist keine Kleinigkeit, nicht ohne Belang oder Bedeutung, z. B. „ich habe zehn Thaler verloren, das ist doch kein Hinwurf".

hinzeln, spotten, höhnen. Obergrafschaft Hanau, Oberhessen.

hinzelig, spöttisch; ebendaselbst, in Oberhessen häufiger als das Verbum. Estor t. Rechtsgl. 3, 1411.

Hippel msc. hat Estor t. Rechtsgel. 3, 1411 als oberhessisch für penis. Das Wort soll vereinzelt in diesem Sinne vorkommen.

hippeln, hinken, auch zappelnd, gleichsam hinkend, laufen. Ziemlich allgemein üblich, aber von *hickeln*, welches weit eigentlicher das Hinken bezeichnet, bestimt unterschieden; mit hippeln wird das Hinken stets halb oder ganz scherzhaft bezeichnet. „Sieh, wo hippelts hin, das lose Säckgen". Filidors vermeinter Prinz S. 8.

Hippenbube msc., ein bekanntes oberdeutsches Scheltwort, einen untergeordneten, zu den allergeringsten Diensten gebrauchten und als caput vile, Hudel, behandelten Knaben bezeichnend. Fischart Garg. 1582 Jsb und sonst bei S. Brant, Th. Murner u. A. häufig. In Hessen findet sich dieses Wort nur in Marburg, und hier wieder doch nur in den beiden Vorstädten Ketzerbach und Weidenhausen üblich, auch ganz in der alten Redensart am gebräuchlichsten: „einen herunter machen, wie einen Hippenbub". Oft wird, namentlich an der Ketzerbach, freilich auch gesprochen: Hipperbub.

aushiepen, verspotten, verhöhnen, zumal öffentlich; dasselbe was sonst holhippen, holhiepen ist (bei Brandt, Luther, Fischart und überhaupt in der ganzen Literatur des 15—16. Jarhunderts häufig), welche Form ich bis jetzt in hessischen Schriften nicht gefunden habe. „das der arm nit allein den schaden hait, sondern auch den spot, kan er wurd allenthalb veracht vnd außgehiept". J. Ferrarius Von dem gemeinen Nutze. 1533. 4. Bl. 20b.

Hirmese fem., Entstellung des Worts Horniße in der Obergrafschaft Hanau. Schmeller 2, 238.

Hirz msc., oft Herz gesprochen, im Schmalkaldischen *Hirz*, ist in Hessen überall, kaum mit Ausnahme weniger Städte, der übliche alte Name des Hirsches, hiruz. Selbst in den niederdeutschen Bezirken wird herz, nicht hert, gesprochen. Soll der männliche Hirsch bezeichnet werden, so heißt er Hirzbock (Herzbock, plattd. Herzebock). Dahin gehören die Ortsnamen Herzberg (1298 Hirzberc), Schloß im Amt Oberaula, den Freiherren von Dörnberg zugehörig, welcher Berg neben dem Döhnberg (Dammhirschberg) und dem Rehberg (812 rechberc d. i. Rehberg) eine der bedeutendsten Höhen des Knüllgebirges bildet, und Hirzbach (Hof im Amt Windecken). Außerdem gibt es einen Hirzberg am Habichtswald und eben daselbst auch einen Hirzstein, einen Hirzwald bei Wachenbuchen, einen Herzberg bei Lieblos. Dagegen hat der durch seine reichen Braunkohlenlager bekannte Berg bei Großalmerode die moderne Form: Hirschberg; ein zweiter Hirschberg findet sich bei Flörsbach im Spessart.

Klammhirz (msc.), im Schmalkaldischen der Name des Feuerschröters, Hirschkäfers; im übrigen Hessen hin und wieder auch *Knippkerz* genannt. Im Kreise Hünfeld heißt dieses Insekt bloß *Hirz*. S. Niggemoere, Petzganl.

Redensart: „ich möchte grade ein Hirz (Hirsch) werden" = ich möchte davon laufen, außer mir kommen, wie in älterer Zeit „ich möchte ein Wolf werden und zu Walde laufen" gebraucht wurde. Haunthal, Schwarzenfels, auch sonst hin und wieder gebräuchlich.

Hitz. Hetz. Hieze. Hisse fem., die in Hessen üblichen Lock- und Schmeichelnamen der Ziege (Geiß). In Niederhessen, im Ziegenhainischen und in dem größern Theil von Oberhessen spricht man Hitz („Hitz dä"), im Fuldaischen, wie auch in einem Theile von Oberhessen (und in der Wetterau s. Weigand im Intell. Bl. f. Oberhessen 1846. No. 61. S. 248) Hetz (so Estor S. 1411: Hözze eine ziege), in Schmalkalden Hieze, wo auch das Geißspiel der Knaben (s. Häkel) der Hieze spielen genannt und eine magere Frauensperson Hieze, dürre Hieze geschimpft wird (s. Ziege), in den niederdeutschen

Bezirken *Hisse*. Bemerkenswert ist in diesem zur Zeit noch unaufgeklärten Worte der Wechsel zwischen t (baierisch wird die Ziege Hett, Hettel gelockt Schmeller 2, 256), z und s.

Vgl. *Heppe*.

Höch msc. und neutr., zweizinkiger Haken, welcher zum Herausziehen des Mistes aus den Ställen, zum Herbeiziehen der Garben, Strohgebunde u. dgl. gebraucht wird; oft auch Haken (einzinkiger) überhaupt. Oberhessen (Amt Wetter, Frankenberg). „1 fl. wird gestraft Herman Hofmeister zu Steinerzhausen, dz er sein Knecht mit einem kornhoch geschlagen". Wetterer Bußregister von 1576. „2½ fl. wird gestraft Johannes Heisen Sohn zu Niederwetter, das er Sigfrid Naumann zu Rosphe ein hoch veruntreut". Ebdſ. v. 1596, und öfter.

Die Form Höch statt Hök (wiewol zuweilen auch Hök gesprochen wird) muß auf der ahd. und mhd. Nebenform häge, hagge beruhen. Graff Sprachſch. 4, 763.

Hochzeiter msc., Bräutigam. Wird nur in den südlichsten Gegenden von Oberhessen gebraucht, in Niederhessen und weiter völlig unbekannt.

Hof msc., in dem größten Theil von Niederhessen, in der Grafschaft Ziegenhain, in Oberhessen, Fulda, Hanau, wie gemeinhochdeutsch, doch faſt nur von einem gutsherrlichen (landesfürstlichen, adligen) Besitztum oder von einem einzelnen Gehöfte, nicht von der Hofstätte gebräuchlich. Dagegen bedeutet Hof in den sächsischen und westfälischen Bezirken, so wie an der ganzen Werra, von Wanfried bis Witzenhausen, sodann an der Eder und den Zuflüßen der Schwalm bis herauf nach Sebbeterode: Garten, was sonst Hof genannt wird, heißt hier (wie auch sonst in Hessen) Hofreibe (ſ. d.).

Pflanzenhof, Krautgarten.

Grashof, Grasgarten.

In den bezeichneten Gegenden ist Garten fast ganz unüblich.

Das alte, einen ziemlich ansehnlichen Raum im Walde bei Dreihausen einschließende Gemäuer, der Hof genannt, ist weder ein Römerlager noch der Rest einer ehemaligen Burg oder gar Stadt, sondern der Bergungsort für das Vieh in Zeiten kriegerischer Ueberfälle, wie deren am linken Rheinufer und im südlichen Deutschland in großer Zal, auch mit der sichersten Erinnerung an ihre ehemalige Bestimmung, vorhanden sind.

Hofmann 1) ein zum Hofe gehöriger Leibeigener.

2) der Leihebeständer eines Ackergutes, der Landsiedel. In dieser Bedeutung erscheint das Wort einzeln schon in Urkunden des 15. Jarhunderts, sehr häufig im 16. und im 17. Jarhundert. „Wie einem treuen landsiedeln vnd Hoffmann gebürt". Ebstorfer Leihebrief von 1597 bei Lennep Leihe zu LM. Cod. prob. S. 74. Und so in gedruckten und ungedruckten Urkunden äußerſt häufig.

3) der Aufseher über die Dienstleute des Hofes (Domäne oder Edelhof); er hatte die Dienstleute anzuheißen, die Anwesenden zu verzeichnen, die Abwesenden zu bemerken und anzuzeigen und die Aufsicht über die Arbeiten der Dienstleute zu führen. Auch war er wol zugleich Obmann über das niedere Gesinde (Hutejungen u. dgl.). In der spätesten Zeit der Existenz der Dienste sprach man jedoch gar nicht mehr Hofmann, sondern Hohmann, eine Form, welche sogar Familienname geworden ist, und sich einzeln allerdings schon im 17. Jarhundert findet.

Hofreide fem., in Hessen allgemein üblich für die unbebauten und zu ökonomischen Zwecken benutzten Raum an dem Bauerngute und dem Hause überhaupt; es wird dieses Wort auch in denjenigen Gegenden gebraucht, wo Hof nicht in der Bedeutung von Garten verwendet wird (s. Hof). Die Hofstätte wird nicht leicht mit dem einfachen Hof bezeichnet, stets Hofreide.

Das zweite Wort der Composition ist noch nicht hinreichend ermittelt, was Adelung unter Hofreite und Reite darüber sagt, ist nichtig. Ueberall, wo Hofreide seit dem Anfange des 16. Jarhunderts in Hessen erscheint (aus dem 15. Jarh. fehlen mir Belege) wird es mit d, niemals mit t geschrieben.

Das Wort findet sich, wie hier, in Thüringen und Meißen; bei Schmeller aber fehlt es.

Seltsamer Weise spricht man in und um Wolfhagen: Hofereife.

Höckel msc., Bündel. Im Fuldaischen, besonders an den Abhängen der hohen Rhön (Schwarzbach) gebräuchlich.

Gehocke, *Gehöcke* neutr., 1) unbequemes Liegen, Stehen, besonders im Gedränge von zusammen liegenden, sitzenden, stehenden Menschen; Gedränge; 2) Haufe unordentlich aufeinander gehäufter Gerätschaften, z. B. bei dem Einpacken. Behufs Verhausung gibt es ein Gehocke von Kisten, Koffern u. dgl.
3) altes baufälliges Haus.
4) Schimpfwort für einen höckrigen, oder auch sonst unansehnlichen Menschen. Dieß nur im Schmalkaldischen.

hökern, klettern, besondern von Kindern, welche auf Bänken und Stühlen herum hokern; auch von Ziegen, weshalb man ein zu solchem Hokern geneigtes Kind auch eine *Hökergeisz* nennt.

Holle fem., 1) *Frau Holle*, die hessische Aussprache von *Hulda*, *Frau Hulda*. S. J. Grimm d. Mythol. S. 244 f.

Was in der Volkssprache von der Frau Holle wirklich vorkommt (denn viele der neueren Erzälungen von der Frau Holle sind wie vaticinia post eventum, nach dem Bekanntwerden der Wichtigkeit der mythologischen Sagen anderswoher entlehnt, theilweise componiert, einige erfunden; wenige sind echt, und diese stets nur Wenigen bekannt gewesen) besteht in Folgendem:

1) ein Tümpel unterhalb der Kalbe am Meisner führt den Namen Frau Hollen Teich;

2) wenn bei Thauwetter ungewöhnlich große Schneeflocken fallen, heißt es: die Frau Holle macht das Bett; dieß fast nur in Niederhessen;

3) in Oberhessen wird das Nachtwandeln genannt: mit der Holle faren, oder abgekürzt: hollefaren. So auch auf dem Westerwald. Schmitt S. 73.

4) Hollenzopf ist in Oberhessen und auf dem Westerwald die Bezeichnung eines verworrenen Haarzopfes der Weiber, so wie der in langen Zöpfen herabhängenden Baumflechte an Bäumen im hohen Gebirg (Adelung 2, 1266: Höllenzopf; Schmidt S. 341); auch wird ein wirres Haar schon Hollehaar, Hollekopf genannt, auch wol von dem Träger (mehr von der Trägerin) eines solchen Haares gesagt: „Du bist ja mit der Holle gefaren". Unter letzterem Ausdruck aber meint man alsdann eine eigentliche Hexenfart, wie dieß auch Estor S. 1411 angibt.

2) Haube auf dem Kopfe der Vögel: Hollenhüner; ein Kanarienvogel mit einer Holle. Allgemein üblich.

Hölperle fem., eine der mitleidlosen Verstümmelungen, welche der Schmalkaldische Dialect mit den Wörtern unserer Sprache vornimmt. Dieses Wort ist die Entstellung von Heidelbeere, vaccinium myrtillus. Schmeller 2, 173 will *Hol-*ber verstehen, und zieht sogar Schwedisches zur Rechtfertigung von Hölperle herbei, indes kaum mit einigem Erfolg.

Holsche fem., meist nur im Plural: *Holschen* gebräuchlich, ist an der Diemel die übliche Bezeichnung der dicksten Sorte Kartoffeln (ehedem: englische Kartoffeln), welche vorzugsweise zum Viehfutter gebraucht wurden. Ohne Zweifel ist das Wort nichts anderes als *Holzschuh*, welches Wort auch in jenen Gegenden, wie weiter südlich, *Holsche* gesprochen wird, und nur das Genus ist geändert worden. Jene Kartoffelspecies trug in der That ziemlich die Form und Größe eines Holzschuhes.

Hôme msc., Kummet. Oberhessen, auch *Hâme* gesprochen, wie am Niederrhein, während in Hessen in der gewöhnlichen Aussprache das â überall in ô übergeht. Die slavische Form dieses der ganzen indogermanischen Sprachfamilie gemeinsamen Wortes, die Form Kummet, reicht nur bis in die Grafschaft Ziegenhain, wo Kummet und *Hâme* neben einander (z. B. in Treysa) vorkommen. In Oberhessen ist die deutsche Form Hâme, Hôme ausschließlich üblich, wie auch am Niederrhein (s. Klein Provincialwörterbuch S. 283, nur daß, wenn wirklich irgendwo Hamme gesprochen wird, dieß selbst am Niederrhein nur in beschränktem Umfang Statt haben kann). Griech. $\varkappa\eta\mu\acute{o}\varsigma$, lat. camus, russ. chomút, böh. chomaut, poln. chomato; deutsch (Gloss. Mons. zu 2 Reg. 19, 28) *chamo*.

Homen, Kummete werden nur für die Hinterpferde am Wagen gebraucht, die Vorderpferde und die vor Pflug und Egge gespannten bekommen statt des Homen den Silen.

Homme fem., Ohrfeige. Im Fuldaischen, anderwärts nicht üblich, dafür Husche (Stift Hersfeld und sonst).

hommen, *kummen*, vom Brüllen des Rindviehes, namentlich von dem tieftonigen Brüllen desselben (dem Brüllen nach Futter) der eigentümliche und überall gebräuchliche Ausdruck, dessen, wie so vieler ähnlicher, die Schriftsprache zu ihrem Nachtheil entbehrt.

verhônen; „es *verhônt* mir", ich empfinde die tiefste Schmach, ich bin auf das Empfindlichste beleidigt. Schmalkalden. Vgl. verschmähen.

Honig bezeichnet in Oberhessen sowol den eigentlichen Honig, als das aus Baumfrüchten gekochte Mus (Compott); es gibt demnach in Oberhessen Bienhonig, Birnhonig, Quetschenhonig (Zwetschenmus), Aepfelhonig und Wachholderhonig (letzterer im Hinterlande).

Honkel neutr., ein an der Schwalm übliches Deminutiv von Hand, meist in der Anrede an Kinder: ein Honkel geben.

Honnet fem., Schabernack, nach Estor 3, 1411 in Oberhessen üblich; seitdem scheint das Wort erloschen, falls es nicht, wie einige andere Wörter Estors, auf einem Misverständnis beruhet hat. Vielleicht hat es, wenn es wirklich existiert hat, eine specielle Bedeutung gehabt, denn Estors Artikel lautet vollständig: „Honnet, der Schabernack, der braut die Honnet thun".

hopp sein, eine in ganz Hessen wie auch anderwärts übliche, nicht bloß scherzweise verwendete, Formel für: verloren sein, bankerott sein, todt sein. Estor S. 1411.

Höpper msc., d. i. Hüpfer, Name des Frosches an der Diemel, wo man Frosch gar nicht, Pogge nur sehr selten hört.

Hüpper msc., im westlichen Hessen die Bezeichnung der zum Kinderspiel dienenden Schnellkügelchen (Wacken, Schoßer, Vierbel); auch *Knipshüpper* genannt. Das Spiel ist übrigens, namentlich als ein an alte strenge Regeln gebundenes, wie es im östlichen Hessen auftritt, im westlichen Hessen weniger üblich.

Hormel msc., Rausch, Betäubtheit, Koller, „Rappel" im Kopfe. Sehr allgemein üblich. In neuester Zeit ist neben Hormel, namentlich für einen heftigen Rausch, auch der Ausdruck „Sturm" in Uebung gekommen.

hormeln hat Estor t. Rechtsgel. 3, 1411 mit der Bedeutung: leise singen; auch wird das Wort, jedoch nicht ausschließlich in Oberhessen, in einem ähnlichen Sinne wirklich gebraucht: unarticulirt, summend oder brummend, singen, in singendem Tone murmeln.

Hornaffe msc., ein halbmondförmiges Weizengebäck, in Schmalkalden, Kassel, Fulda und anderwärts üblich, in Oberhessen unbekannt; indes führt dasselbe in Fulda nicht den Namen Hornaffe, sondern Krummeschen. Daher rührt der in Schmalkalden und anderwärts vorkommende Familien-Name Hornäffer, Hornef, ein Hornaffenbecker. Vgl. Schmeller 2, 239.

hörnen, *hürnen*, ins Horn blasen, ein neben *düten, düeten* (tüten, tüeten) im Gebrauche befindlicher Ausdruck. Die Dienstleute mußten früh Morgens, „wenn der Hirte hörnt" zusammenkommen und angehen (die Arbeit anfangen). Diese Ordnung wurde, wo und so lange Dienste bestanden, fest beobachtet, auch kommt sie öfter urkundlich bezeugt vor, z. B. in einem Abschied der Regierung zu Kassel von 1539 in einem Streite der von Löwenstein mit den Dienstleuten zu Zwesten Lenney Leihe zu LSR. C. pr. S. 497. Auf Gertrudentag hörnte der Hirt zum erstenmal (zum Viehaustrieb).

Hornickel msc., lange Stange, an welcher ein eiserner Haken befestigt ist; ein Geräte, welches vorzugsweise zur Hebung und Heranziehung der Baustücke (Schwellen, Riegel, Träger) bei der Aufrichtung des Zimmerwerkes eines Gebäudes benutzt wird. Landes O. 6, 834. Kopp Handbuch 5, 309. Die Benennung ist am üblichsten in der Grafschaft Ziegenhain, dann in Oberhessen, indes auch in Niederhessen nicht unbekannt; auch ist sie ein in Hessen schon alter Familienname, z. B. ist der Hof Hälgans bei Hersfeld schon seit drei Jahrhunderten im Besitz der Familie Hornickel (Harnickel). Estor S. 1411.

Hoselümper msc., der Lumpensamler, welcher bis auf die neuere Zeit die Dörfer, früher auch die Städte, zu durchziehen und die Einwohner durch das Pfeifen auf einer eigentümlichen Pfeife, der Hoselümperpfeife, auf seine Gegenwart aufmerksam zu machen pflegte. Da er dieß auf den Dörfern besonders bei Regenwetter that, weil er zu dieser Zeit die Einwohner am gewissesten zu Hause traf, so hieß es: „der Hoselümper pfeift, es gibt Regen". Auch sprichwörtlich: „Junge, was bist du für ein Hoselümper" d. h. wie hast du deine Kleider zerrißen. Estor S. 1410. Hoselümperwaare, kleine geringe Kurzwaaren, dergleichen der Lumpensamler für die Lumpen zu geben pflegte, denn dieser Lumpenkauf war niemals eigentlicher Kauf, sondern durchweg Tauschhandel.

hosselich, hoselich s. *huscheln.*

Host msc., niederdeutsche Aussprache von Horst, Staude, Stengel (Krauthoft). Nur in den westfälischen Districten üblich (wo das r überhaupt leicht übergangen wird; man spricht auch Fikkel st. Ferkel u. dgl.).

Hötsche 1) fem. das gemeinhochdeutsche Hütsche, ist nur im Schmalkaldischen in der allgemeinen Bedeutung Bank gebräuchlich.

2) neutr. (Hötsch) das halberwachsene, von der Kuh entwöhnte Kalb, während das Milchkalb Motschel (s. d.) heißt. Schwarzenfels.

hott, der in Hessen wie in ganz Deutschland übliche Zuruf an das Zugvieh, sich rechts zu halten. Während har und west verschieden angewendet werden (s. hår) gilt hott für Pferde und Ochsen überall ohne Unterschied.

Ist hår wirklich keltisch, und bedeutet es links und westwärts, so wird hott wol auch keltisch sein und rechts, ostwärts, vorwärts bedeuten müßen.

hotteln, auch wol, doch selten, hotten, bezeichnet den Scheidungsproceß der Milch, wenn sie „zusammenläuft", d. h. Käswaßer und Käsestoff sich scheiden (wie das bei einem Gewitter zu geschehen pflegt). „Die Milch hottelt", „die Milch ist gehottelt". In ganz Hessen üblich; anderwärts, wie es scheint, bald gar nicht, bald nur selten vorkommend.

Hotten plur. tant., Schwinghotten, die wolligen Flachsabfälle, welche sich bei dem Schwingen des Flachses bilden. Niederhessen, zumal in der Knüllgegend. Schmidt westerw. Id. S. 73 hat Hotg, mit gleicher Bedeutung, namentlich der richtigen Bemerkung, daß der bei dem Hecheln sich bildende Abfall Werg heiße. Kehrein Volkssprache und Volkssitte im H. Naßau S. 199 hat Hodch, aber sicherlich unrichtig für die Abfälle, welche sich beim Hecheln bilden. In Oberhessen werden die Hotten (ein daselbst ungebräuchliches Wort) unterschieden in Wödch, welches dem naßauischen Hodch nahe kommt, und Uswick.

Hotz fem., Wiege. Zwischen der Fulda und Werra, so wie weiter an der Werra und in Thüringen fast einzige Bezeichnung dieses Gerätes. Vgl. Joh. Rothe bei Menken S. 1701. Adelung u. d. W.

Hotzel fem., auch Hutzel, getrocknete Birne, hier allgemein, wie auch sonst in Deutschland, üblich. Vgl. *Backsbeere*.

verhotzeln, verhutzeln, einschrumpfen; „der Kuchen ist ganz verhotzelt (im Backen misraten durch zu starke Ofenheizung); „eine alte, ganz verhutzelte Frau"; „ein verhutzelt alt Männchen". Allgemein üblich.

behuben, nötig haben. „Cathar du lessest es dihr sauer werden, du behuebetest es nit" (du brauchtest es gerade nicht, hättest es nicht eben nötig). Eschweger Hexen Pr. Acten v. 1657.

Hüchel msc., *Heuchel* (so wird das Wort stets geschrieben, gesprochen dagegen wird es *Hichel*), Haufe von Getreidegarben, welche alsbald nach dem Schnitt gebunden und zum Dürrwerden und Nachreifen im freien Felde zusammengestellt werden. Oberhessen und Graffchaft Ziegenhain. In älterer Zeit wurde das Wort auch wol von jedem Haufen, namentlich auch von den Heuhaufen, gebraucht, wofür jetzt lieber Hauste (s. d.) gesagt wird. „½ fl (wird gestraft) der Hirt zu Sarnaw das er den Gossfeldern in ihr feld durch ihr korn heuchel gehuetet hat. Wetterer Bußregister von 1591. „¼ fl (wird gestraft) Weygandt Zeis zu Asphe, das er Weiners Herman seine pferde des nachts die haffer heuchel etzen laßen". Ebdf., und so in den Bußregistern, Ernteregistern u. dgl. „ein witzgen zu eym heuchel hawes"; „ein witzen läppgen zu iij heuckel hawes" Güterverzeichnis vom Burgwald von 1558.

Estor deutsche Rechtsgel. 1, 580 (§. 1423) behandelt Heuchel als synonym mit Hauste.

Hichel fem. wird in Niederhessen für Stirnrunzel gebraucht.
Vgl. das baierische *Hifel* Schmeller 2, 155.

huchen, *zusammenhuchen*, zusammensinken, vor Schwäche und Alter; von Menschen vorzüglich, aber auch von kranken und alten Thieren (Pferden) gebraucht, und ziemlich allgemein üblich.

Hudel msc., Stück Tuch oder Leinwand, Lappe, Lumpen. Das Wort ist im Fuldaischen, im Hersfeldischen, in der Obergrafschaft Hanau und in Oberhessen üblich, in Niederhessen nicht einmal bekannt und verstanden, geschweige denn gebräuchlich. Im Fuldaischen, wo man *Huidel* spricht, bezeichnet das Wort meistens ein zu einem besondern Gebrauche bestimtes Stück Tuch, weniger ein zerrißenes Kleidungsstück: *Tröckelhuidel*, Handtuch; *Waschhuidel*, Waschtuch, Abputztuch; *Knephuidel*, Knüpftuch, welches von den Frauenspersonen um den Kopf gewunden wird. In Oberhessen ist am gebräuchlichsten die Composition *Handerhodel* (*Handerhaddel*), Handtuch. In Schmalkalden ist *Hudel* nur zerrißenes Kleidungsstück, Lumpen. Eben so ist im Hersfeldischen *Hoddel* der mit Lumpen umwickelte Backofenfeger, und eben so auch im Schwarzenfelsischen, nur daß hier der Name dieses Gerätes *Hull* ausgesprochen wird. Ester hat S. 1410: „Hadeln, lumpichte Kleider".

Hierher gehört auch *Knophaddel* (s. d.), welches Wort zweifelsohne kein anderes ist, als das vorher erwähnte Fuldaische Knephuidel: Tuch welches (in Ermangelung eines Hutes) um den Kopf gewunden wird, also metaphorisch den „Posel" bezeichnet, welcher nur Lumpen um den Kopf zu wickeln hat.

Durch die Formel Haddel und Hoddel schließt sich dieses Wort an das gemeinhochdeutsch gewordene *Hader*, Lumpen, an.

Das Wort ist entschieden oberdeutsch; häufig kommt es bei Geiler von Keysersberg vor; auch Alberus verzeichnet es.

Frisch 1, 470. Adelung 2, 1300. Zeitschr. f. hess. Geschichte und LK. 4, 75.

Hudler msc., bekanntes älteres, noch jetzt in Oberhessen in der Form *Huller* übliches Schimpfwort = Lump. „1 gulden (wird gestraft) Hans Schrett Bürger zu Rauschenberg das ehr Curtt münchen daselbsten ein Hudler gescholten". Rauschenberger Bußregister von 1604. Auch *hudeln* wird in der Form *hullen* in Oberhessen gebraucht; es bedeutet schlecht behandeln, namentlich Dienstboten und Kinder.

Vgl. Hutch, Hudich.

hudern, auch *huidern*, *huddern*, *huttern* gesprochen, bezeichnet im Fuldaischen das wiehernde Atmen der Pferde, auch wol das Wiehern selbst.

Hudergeisz, *Huidergeiss* fem., die Heerschnepfe, Beccassine, von ihrem dem wiehernden Hervorstoßen des Atems der Pferde, welches doch wieder mit dem Meckern der Geißen Verwantschaft hat, so genannt. Fulda.

hûf, wie auch sonst und wol allgemein in Deutschland der Zuruf an das Zugvieh, um dasselbe zum Zurückgehen, zum Einhalten und Zurückschieben des Fuhrwerks zu bringen. Auch abundant: *hûf zurück!*

hûfen, *einhûfen*, *zurück hûfen*, das Fuhrwerk zurück schieben, und machen, daß dasselbe zurück geschoben wird. Auch figürlich: von dem Angefangenen abstehen, die gethanen Schritte zurück thun oder zurück nehmen, von etwas ablaßen. Vgl. Journ. von u. für Deutschl. 1786, 2, 116 aus der Grafschaft Hohenstein.

Huck msc., hervorragender Hügel, Berg. „Den 28. Januarii kriegen wir einen Huck landes inß gesicht, der Cape de S. Augustin genannt". Hans Staden Reisebeschreibung (Weltbuch 1567 fol. 2, Bl. 28a). Dieses, im Leben gegenwärtig, so viel ich weiß, nur noch selten vorkommende Wort ist dasselbe, was in Eigennamen vieler Berge in der Rhön und im Thüringerwalde erscheint: Eierhauk, Donnershauk, Geringshauk u. s. w., und dieß ist nichts anderes, als das mhd. houc, collis, aus welchem unser gemeinhochdeutsches Hügel als Deminutiv entstanden ist. Hierher gehört auch der Name der, nicht weit nördlich von der Stadt Wetter gelegenen Burg *Elnhouc*, Elnhoch, welcher jetzt durch Vorsetzung des Flexionsrestes m und durch Abwerfung des c Melnau lautet. Noch 1521, als man bereits Melnau sprach, wurde das alte Genus beibehalten: „zu dem Melnau".

huckeln, hockeln, *aufhuckeln*, auf den Rücken setzen und auf demselben tragen; vorzugsweise gebräuchlich von dieser Art des Tragens, welcher für Kinder in Anwendung kommt. — Eine der grauslichsten Gespenstergeschichten ist für Kinder eine solche, in welcher das Wanderding sich dem, welchem es erscheint, aufhuckelt. Estor S. 1411.

huckern, einhüllen und wärmen; Oberhessen, ganz wie in Niederhessen *huttern* (s. d.) gebraucht wird: „die Glucke huckert ihre Hinkel", „hucker dich recht ins Bett" u. dgl. Estor hat S. 1411 hutchen als oberhessisch.

Huller msc., dicker Pack, Ballen, besonders ein rund gepackter Ballen; dann auch halb scherzhafte Bezeichnung eines unverhältnißmäßig dicken Kindes. Schmalkalden.

hullern (huillern, hüllern), rollen, kollern, von kugelförmigen und walzenförmigen Dingen. Fuldaisches Land und Schmalkalden.

Hundsschippel msc., Bezeichnung des Schwärens (doch nicht eines jeden, sondern nur einer gewissen Art Schwären; welcher? habe ich nicht feststellen können) im Fuldaischen.

Hüne. Zeugen von dieser uralten Volksbezeichnung sind folgende Ortsnamen:

Der Fluß Hauna, *Hûnaha*, von welchem die jüngeren Dörfer Oberhauna und Unterhauna den Namen führen.

Die Stadt Hünfeld, Unofelt 782, *Huniorelt* 815.

Das Dorf Hünhahn, *Hunioham* 815.

Die Hunburg bei Dreihausen in Oberhessen.

Die Hünenburg bei Empfershausen. Landau Wüstungen S. 87. Eine zweite Hünenburg findet sich bei Volkmarsen.

Die Hüneburg im Amt Spangenberg; nach einem Saalbuch des 16. Jarhunderts: „*Hüeneburg* beim Assenborn". Landau Wüstungen S. 83.

Die hünische Burg am linken Ufer der Diemel, zwischen Lamerden und Liebenau, welche noch jetzt Spuren von Befestigungen trägt. Landau Wüstungen S. 28.

Die hünische Burg zwischen Hofgeismar und Kelse, ein noch jetzt erhaltenes Befestigungswerk, welches gegen die Hochfläche hin doppelte Gräben und Wälle hat; 1385: an der *hüneschen* borg; 1504: by der *hunschen* Borg. Landau Wüstungen S. 35.

Möglich, daß hierher auch die Heune (Häune) am Knüll und der Huntborn bei Ruhlkirchen, welcher Hünborn gesprochen wird, gehören. Auch den Namen der an der Ohm bei Betziesdorf liegenden Mühle spricht das Volk nicht Hainmühle, sondern Hünmühle.

Vgl. *Hünhüppel* (unter Hüppel) und *Hünsche*.

hunern, *hünern*, ein bis zum Untergange der alten Dienstbarkeiten und Zinspflichtigkeiten üblich gebliebenes Wort, jetzt gänzlich erloschen. Es bedeutet dasselbe: mit einer Abgabe von Hünern, neben der Bede, belegen, und in impersonaler Form: mit einer solchen Abgabe belegt sein. „Waz vnser lude in dysem vorgenanten gerichte sitzen, sessen adir noch dryn quemen, dy sal die vorgenant Alheit (von Schrecksbach) ader er erbin beden vnd *hunern*, vnd wir — se dar an trangen in keyne wys". Urkunde der Metza von Liebisberg [Lisberg] von 1369 bei Wend 2, S. 439 (No. 414). „es hünert fort" d. h. die Abgabe der Hüner muß, wie von der Mutter, so auch von den gleichfalls leibeigenen Kindern fort entrichtet werden. Estor t. Rechtsgel. 1, §. 429. Hüner und Bede werden stets zusammen genannt, z. B. „eyn eygen man, der eyn gotslehin ist, adder der nachfolgende Hern hat, den he hüner ader bede gibt". Emmerich Frankenb. Gewonheiten bei Schmincke Monim. hass. 3, 676.

Hüensche fem., Euterkrankheit der Kühe. Das Wort ist eigentlich Adjectivum: die hiunische scil. Krankheit; es ist (Grimm Mythol. 2. Ausg. S. 1115) eine elbische Krankheit gemeint: die Hexe hat einen hiunen, der hier als ein fremdes, ungeheures, böses Wesen im Allgemeinen erscheint, in das Euter gezaubert. Bei Adelung 2, 1200 erscheint das Wort als Hintsch msc. und bedeutet ihm Brustbeklemmung und Keichen; bei Th. Murner luth. Narr 1522 Bl. lija erscheint es als Hinschen neben Feisel; Stalder 2, 61 hat das richtige Hünsche, aber bei ihm ist es Milzbrand. In Niederhessen wird gegen die Euterkrankheit folgender Segen angewendet:

  Die Hüensche und der Drache
  die giengen über die Bache,
  die Hüensche die verschwank,
  der Drache der versank.

(Von mir 1842 in Brünchenhain aus dem Munde einer damals siebenzigjährigen Magd vernommen und an J. Grimm mitgetheilt, welcher ihn a. a. O. abdruckte).

Ein anderer Segen, in welchem die Hüntsche vorkommt, findet sich Mone Anzeiger 1837 S. 465; hier gilt die Hünsche für eine Krankheit der Pferde, wie bei Murner.

Hünschkraut, als Name von Solanum dulcamara, Bittersüß, welchen Alberus Dict. Bl. EEa und Adelung 2, 1200 haben, soll in Niederhessen (wo?) vorkommen.

Hüppel, *Hoppel* msc., Hügel; kleine Erhöhung, Unebenheit überhaupt. Es ist das alte huobil, und ganz allgemein üblich. Im Fuldaischen wird es noch *Hüebel* gesprochen, doch meist nur, wenn es von dem Aufwerfen der Lippen gebraucht wird: „einen Hüebel machen". Sonst kommt dort auch die abundante Composition Hüebelkoppe (bei Kirchhasel) vor.

Schmeller 2, 211.

Hünhüppel, Hünengrab. Oberhessen, zumal in Münchhausen, Roda und sonst in der Nähe des Christenberges, wo sich eine Menge dieser alten Gräber findet. S. Hüne.

Hurenast heißt in Oberhessen der Waßerast, das Waßerreis an Fruchtbäumen, welches sich besonders an Kirschbäumen zu erzeugen pflegt; sonst auch „Räuber" genannt.

hurren, wild vorwärts rennen, blind hineinstürmen; auch metaphorisch: sich in das Verderben stürzen. Im fuldaischen Land, im Haunthal, sehr üblich.

Husche fem., derbe Ohrfeige; eigentlich der Griff des Scharfrichters in die Haare des Deliquenten vor dem Kopfabschlagen. Stift Hersfeld und Haungrund bis in das Fuldaische.

kuschen, nachdrücklich beohrfeigen; ebendaselbst.

Vgl. *Schmeller* 2, 253.

huscheln, eilfertig, ungenau arbeiten; „drüber hin huscheln", oberflächlich ungenau und in unbrauchbarer Weise ein Geschäft vollziehen.

Huschel fem., eine unordentliche Frauensperson, welche ungenau in ihren Arbeiten und in ihrem Anzuge, auch unwirtlich ist. In Oberhessen spricht man *Hossel, Hosel*, und versteht darunter zwar auch das, was man in Niederhessen darunter versteht, indes zugleich auch eine Frauensperson, die es in geschlechtlicher Beziehung nicht genau nimmt, mitunter geradezu eine lüderliche Dirne. In diesem Sinne ist *Hosel* bei Estor S. 1411 verzeichnet: „Hosel, arme hosel, ein schlechtes weibesmensch". Arme Hosel habe ich jedoch niemals selbst gehört.

kuschelig, hosselig, unordentlich, vorzüglich nur vom weiblichen Geschlecht gebraucht.

Hut. Redensart: „ich kann nicht immer da sitzen und ein Hütchen auf haben" d. h. nicht immer zu jedem Dienste, welcher verlangt werden könnte, bereit stehen.

„Die Sache wird zum Filzhut" ältere, wie es scheint sehr gebräuchlich gewesene, jetzt völlig erloschene Formel für: die Sache mislingt. Melander Jocos. (Lich 1604. No. 511 S. 455) „Wies der Herr Jesus so weit versahe, daß er in den Oeligarten kam, da ward seine Sache zum Filzhut" (angebliche Predigt eines Pfarrers Hotzel in der Aue bei Eschwege; Melander übersetzt die Redensart durch: tum quidem funditus perierat").

Hut bei Schleier und Schleier bei Hut. Hessische Rechtsformel für das gegenseitige Erbrecht der Ehegatten. Kopp Handbuch 5, 352.

Huttich, *Hottich, Hutch* msc., ein armseliger, lumpiger, bettelhafter Mensch; Schimpfwort. „It XVI schill. (Strafe) vom Curt Fingken der hiß die Mentzen eyn bose hubichen". Bußregister aus dem Amt Borken von 1456 in der Zeitschrift für hess. Gesch. u. Landesk. 2, 373. Sehr häufig ist heut zu Tage besonders das verschärfende Compositum *Lausehottich, Lausehutch*. Wird vorzugsweise in Niederhessen gehört.

hutelos, ohne Hut, ohne Beaufsichtigung, in ungeziemender Freiheit sich befindend; so sagt man „huteloses Vieh", „die Kinder gehen hutelos". Allgemein und sehr üblich. LO. 4, 638 in der Grebenordnung. Kopp Handbuch 5, 357.

huttern, einhüllen und wärmen; das Huhn huttert die Küchlein unter den Flügeln; sich ins Bett huttern oder einhuttern. Niederhessen; in Oberhessen gilt dafür *huckern*, w. s. Estor hat S. 1411 als oberhessisch das in Niederhessen nicht ungebräuchliche Frequentativum *hutchen*.

Hutz fem., die menschliche Mutterbrust. Oberhessen, wo Dit, Ditti zwar bekannt, aber weniger üblich, Dutzen, Ditz unbekant ist.

hutzen, saugen, von dem Kinde und dem jungen Vierfüßler. Oberhessen.

Vgl. *Dit, Dutzen* und *Memm*.

J.

Jäne fem., die Reihe, Linie, der Strich Arbeit, z. B. im Kornschnitt, im Heumähen, gerade vor sich hin, den man vornimmt. „Jeder muß seine Jahne mähen", „bei seiner Jahne bleiben"; „in einer Jahn stehen", in gerader Linie stehen, z. B. von Bäumen, aber auch von Menschen gebräuchlich.

Ursprünglich ist das Wort masculinisch: mhd. jân, und so auch in den meisten Gegenden Deutschlands üblich; vgl. Adelung 2, 1418. Schmeller 2, 268. Stalber 2, 72. Müller mhd. WB. 1, 769. Schambach Gött. Id. S. 94. P. Cassel Joh. Stigel S. 19. Haupt Zeitschr. 8, 277 (v. 67). Ob es ursprünglich „Gewinn" bedeutet, wie Schmeller und Müller annehmen, ist mehr als zweifelhaft, und namentlich durch die von Müller angeführte Stelle aus der Hätzlerin (1, 20, 47) nichts weniger als bewiesen.

In Hessen ist das Wort allgemein üblich, durchgängig femininisch und wird oft jöne, im Schmalkaldischen jûn, gesprochen. Daher die übliche Redensart: zi jöne hin, gerade vor sich hin, rücksichtslos „er hat all die schönen Blumen zijohne hin abgebrochen", im Schmalkaldischen zer jün weg. Diese Formel wird Frommann Mundarten 2, 287 und 4, 461 mit auffallender Unkunde, ohne daß der Herausgeber ein Wort der Berichtigung hinzusetzt, als „ein hinsichtlich seiner Abstammung sehr dunkles Wort" besprochen.

jahnig, der Reihe nach; „die Bäume werden jahnig abgehauen" d. h. ohne Unterschied, ohne einen stehen zu laßen. Hanngrund.

Jahr: *der Jahrt*, auch *der Jahr*, im vorigen Jahre; eine im Fuldaischen, Hersfeldischen, Ziegenhainischen allgemein übliche Formel für: im vergangenen Jahre. Namentlich wird dieselbe gebraucht, wenn angegeben werden soll, daß eine Begebenheit sich im vorigen Jahre in demselben Zeitabschnitte zugetragen habe, in welchem man sich jetzt befindet: „der Jahrt um diese Zeit".

jahren, in der allgemein gebräuchlichen Redensart: es jahrt sich, es ist eben ein Jahr vorbei, es wird jetzt ein Jahr her sein, daß dieß geschehen ist. Schmeller 2, 271.

jackern, schnell reiten, schnell fahren. In ganz Hessen üblich; Estor t. Rechtsgl. 3, 1411. Ohne Zweifel Frequentativum von jagen, nicht von gähen, wenn auch das baierische Wort jaugken, das schweizerische jaucken, gleicher Bedeutung, zu gähen zu ziehen sein sollten.

Janker msc., auch *Jankes*, im östlichen Hessen die zuweilen gebrauchte Bezeichnung einer kurzen Jacke; besonders von der Knabenkleidung üblich.

Jest f. Gëst.

Jäsch msc., das gemeinhochdeutsche Gischt im Fuldaischen Dialekt. Doch wird dieses Wort nur von dem Schaum des Schweißes, zumal bei Pferden, gebraucht: „die Pferde waren so gelaufen, daß der Jäsch auf ihnen stand", dann hyperbolisch auch von schweißtriefenden Menschen.

Vgl. *Gëst* und *Jirsch*.

Iba, Name eines Baches, welcher vom Trottenwald, von der Iburg herabkommt, das Dorf Iba durchfließt, und unterhalb der Friedrichshüte der Ulsa zugeht, oft auch **Ibach** genannt. Es hat dieser Fluß-, Berg- und Dorfname in Hessen mehrere Verwandte; so findet sich ein Ibach bei Helsa, vermutlich auch noch anderwärts, und der Name **Iberg** kommt sehr oft in Hessen vor: bei Volkmarsen, bei Trubenhausen, bei Markershausen und anderwärts. Es muß zwar für möglich gehalten werden, diese Namen, welche ein sehr altertümliches Ansehen haben, auf eine deutsche Wurzel zurück zu führen (nur nicht direct auf *ebah*, *hedera*, wozu Graff Sprachschatz 1, 91 Lust zeigte), indes bleibt einstweilen jeder Versuch, diese dunkeln Wörter aufzuhellen, billig künftigen Ermittelungen vorbehalten.

ibes (*iwes*, *iwest*), in Niederhessen, *eibes*, *eiwes* in Oberhessen, *ibens* im Fuldaischen, ein durch ganz Hessen verbreitetes Wort, mit der Bedeutung einigermaßen, nur etwa. „Ich will kommen, wenn ich ibes kann"; „wenns morgen ibest Wetter ist, wollen wir säen"; „wenn ich iwest etwas höre, will ich dirs sagen"; „es wird iwest ein paar Thaler kosten"; — „wenn die Pferde jbes von Leib oder Gang sind" Schreiben des Landgr. Wilhelm IV. von 1585. Schmidt Westerw. Id. S. 127 (wo übes und äwes).

ibesthands, *ibesthand* (Niederhessen), *eihands* (Oberhessen; schon bei Estor t. R. 3, 1407), *ibezand* (oder gar nach Reinwald henneb. Id. 1, 24: *ebezeun*, *ebezeuntemal*, Schmalkalden) zuweilen, jeweilen, mitunter.

Die Erklärungen, welche Reinwald und Schmidt a. a. O. geben, können in keiner Weise genügen; sie führen das Wort, getäuscht durch die arge Schmalkaldische Entstellung ebezeun, direct auf *eben* zurück, und identificieren ganz irrig mit *eben* das Wort *est*. Auf letzteres Wort führt auch Grimm Gramm. 3, 60 die hennebergischen Formen, und zwar, weil er anscheinend ibes, eiwes gar nicht kannte, und die deutliche Composition mit *hand*, welche der Hennebergischen Corruption zum Grunde liegt, ihm verborgen blieb, auf ein einmal erscheinendes niederdeutsches itleswanne zurück. Da das i, ei ganz unwidertreiblich hervortritt, muß die Anlehnung an *eben* und *est*, wenigstens die directe, bestimt zurückgewiesen werden; wir werden auf ein mit i (ei) anlautendes Wort zurück zu gehen haben, und so bleibt uns einstweilen, bis wir Beßeres finden, nichts übrig, als ibes, eibes, für ein genitivisches Adverbium des alten Substantivs *iba* (dubium) zu halten, welchem, ähnlich wie es in *nahtes*, *sartes* geschehen ist, ein unorganischer Genitiv masculinischer Form gegeben worden ist (Grimm Gr. 3, 133. 285).

jeder wird in Oberhessen und Ziegenhain noch nach alter Weise, wie *ider*, nicht wie gemeinhochdeutsch j—eder, gesprochen, und declinieret mit Beibehaltung des r: einem idern, einen idern. „Gunne einem iedern, was ihme das recht gunnet" Verhörprotokoll von 1579; eine damals und noch hundert Jahre später sehr oft, fast regelmäßig in den Verhörprotokollen vorkommende Formel, welche auf die Frage des Inquirenten erfolgt, ob Zeuge ein Interesse bei der Verurteilung oder Freisprechung des Angeklagten habe. Die Declination mit beibehaltenem r findet sich auch sonst oft, z. B. im Froschmeuseler.

jener pron., jetzt nur noch selten vom Volke gebraucht, meistens **derjenige**. Wird letzteres Wort gebraucht, so hat es einen gewissen üblen Nebensinn: der, den ich bereits bezeichnet habe, und der mir übel will, Feind ist. Am gebräuchlichsten war jener und ist jetzt derjenige, um den Teufel zu bezeichnen, ohne dessen Namen zu nennen. „Ich laß jhn in jens Namen springen" Js. Gilhausen Grammatica S. 86. „in ienes Namen" Marburger Hexenprocessacten von 1631, und öfter. So auch noch jetzt mit Hinzunahme von dieser: „in dieses und jenes Namen", „ich wollte, daß ihn dieser und jener holen müßte"; „hol dich dieser und jener" Formel der eine unangenehme Ueberraschung ausdrückenden Verwunderung.

jentag (jenntak), vorgestern (an jenem Tage). Nur im Fuldaischen üblich.

jensten, vor einiger Zeit, vor mehreren Tagen, Wochen. Eiterfeld, Haungrund.

jënt, jaent adverb., ein im Fuldaischen, namentlich im nördlichen Theile des Landes ungemein geläufiges Wort, welches etwa, irgend, bedeutet. „Warst dus jënt?" „ists jënt nicht wahr?" „warst du jënt auch dabei?" „meinst du jënt?" „jënt net?" d. h. nicht wahr, es ist doch so? Von den „Gebildeten" jener Gegend wird es für eine Entstellung von irgend gehalten, was freilich möglich, aber doch nicht unzweifelhaft ist.

Jerz msc., Scheltwort für einen linkischen, unbehülflichen Menschen, für einen Grobian. Kreiß Hünfeld.

Jesmes msc., ein großer dicker Stab, Prügel; halb scherzhafter Ausdruck. Amt Eiterfeld, Haungrund.

ihr (2. Pron. pers., Plural, Nominativ), wie gemeinhochdeutsch in Oberhessen, Hanau, Fulda, nur nicht in Niederhessen, wo ihr zwar verstanden, aber niemals gebraucht wird; es gilt dafür dë (s. d.).

Eltern werden von den Kindern, bis vor zwanzig Jahren (1840) durchgängig auch die Hausherschaft vom Gesinde, mit ihr (dë) angeredet, und geben du zurück. Sehr selten kommt es noch vor, daß Ehemänner den sie mit ihr (dë) anredenden Ehefrauen du zurückgeben; in dem ehelichen Verhältnis ist das gegenseitige du schon seit dem Anfange dieses Jahrhunderts die überwiegende Anrede geworden. Erwachsene reden sich gegenseitig mit ihr (dë) an. In Oberhessen weicht auch das du der mit einander aufgewachsenen Mädchen (der Schul- und Pfarr-Kameraten) augenblicklich dem ihr, so wie eins derselben sich verheiratet; daß unverheiratete Pfarrkameradinnen das du gegen die verheiratete Kameradin beibehalten, gilt für eine grobe Unsitte. Auch reden sich Verschwägerte niemals mit du, sondern stets mit ihr (dë) an; nur in der nächsten Blutsverwandtschaft ist du erlaubt, doch weniger unter dem weiblichen als unter dem männlichen Geschlecht.

ji, Zuruf der oberhessischen Bauern an das Zugvieh, zumal die Pferde, durch welchen das Einhalten mit dem Ziehen, das Stillstehen, Stillhalten anbefohlen, Halt geboten wird. Im übrigen Hessen war es bisher nicht üblich, dafür ohá; indes scheint es auch in Ziegenhain und Niederhessen sich einbürgern zu wollen.

jü, Zuruf an das Zugvieh, um dasselbe zum Fortgehen anzutreiben. Diese Interjection, früher in ganz Hessen üblich, ist seit dreißig Jahren wenigstens bei dem Pferdefuhrwerk im Gebrauche sehr beschränkt worden; schon vor 1820 schämten sich die Kutscher des jü, und sagten vornehm: fort! Jetzt hört man dieses „fort" wenigstens bei den reichen Pferdebauern ganz allgemein; ja hin und wieder verlangen auch die Ochsen vornehm zu sein und mit „fort" angeredet zu werden.

jichtig. Nach Estor t. Rechtsgel. 3, 1412 ist in Oberhessen ein *Jichtiger* derjenige, welcher, wenn mehrere Personen zusammen eine Pacht übernommen haben, für die Zalung des Pachtgeldes einsteht. Das Wort ist unbezweifelt richtig, von jehen, bekennen, gebildet; indes ist es mir nicht gelungen, dasselbe im Munde des Volkes aufzufinden. Das Verhältnis, wie es von Estor bezeichnet wird, in welchem *Jichtiger* vorkommt, ist freilich an sich nicht häufig, jetzt aber von äußerster Seltenheit geworden.

jimmern, 1) kläglich, mit feinem hohem Tone jammern, winseln. In ganz Althessen, nur nicht in den westfälischen Gegenden.

2) jucken; im westfälischen Hessen (Niedermeißen, Zwergen, Ostheim).

Jippe fem., Knabenschlitten.

jippen, Schlitten fahren, wie die Kinder thun. Oestliches Hessen (Waldkappel).

Jippen, girren, hell pfeifen, von Rädern und sonstigen Maschinen gesagt, deren Theile sich aneinander mit girrendem, schrillendem Tone reiben. Haungrund, Hersfeld.

Jirsch msc., Schaum, welcher bei dem Gähren sich bildet: der Jirsch vom Bier; Substantivum, der ältern Form jësan, jëran, analog. Niederhessen und Fulda. Im Fuldaischen spricht man neben Jirsch auch Irsch.

Vgl. *Jäsch* und *Gëst*.

Icke fem., Kröte; auch wol sonstige Reptilien mit Ausnahme des Frosches, z. B. Molch, sogar Blindschleiche.

Icker msc. und neutr., Muschelthier.

Ickermulle f., *Ickermüllchen*, plur. *Ickermüllerchen*, Schale der Flußmuschel (d. i. Mulde, in welcher der Icker sich befindet).

Diese Ausdrücke sind heimisch an der mittlern Schwalm (Treysa, Ziegenhain), aber auch weiter auf- und abwärts an diesem Flusse, so wie an der Ohm und Lahn nicht unbekannt.

Es liegt nahe, das *i* in diesen Wörtern für die hessische Aussprache des *ü* zu nehmen; so spricht man in Hessen *Itsche* (= Icke, Kröte), welches ursprünglich *Utsche* lautete und geschrieben wurde. Unter dieser Voraussetzung berührte sich *Ücke, Ücker* mit dem baierischen Auck, Aucke (Schmeller 2, 612), welches Kröte, namentlich Feuerkröte, bedeutet. Möglich also, daß es Bildung oder Entstellung von Unke wäre, wie das baierische Wort (welches Schmeller 1. fehlt) zu sein scheint (vgl. bair. Ack für Anke, Nacken Schmeller 1, 24).

Ickler ist in der Schwalmgegend, meist jedoch im Gebirgstheil der Grafschaft Ziegenhain, ein Familienname. Gehört derselbe, was warscheinlich ist, hierher, so bedeutet er Muschelsucher, Krötensucher, und ist vielleicht eine Bezeichnung für einen Zauberer, der sich Kröten zu halten pflegte.

ickern, necken, sowol durch die That (die Jungen ickern mit einem Stock den Hund, das Pferd, den Ochsen) als durch Worte. Allgemein üblich.

Imme fem., Biene. Nur im sächsischen und westfälischen Hessen gebräuchlich, in den übrigen Landestheilen unverstanden.

Immes neutr. heißt in Oberhessen, zumal im südlichen Theile, die Kerbe im Ganzjoch, in welche die Deichsel eingefügt wird. Dasselbe Wort, mit wenig abweichender Bedeutung, ist das fuldaische *Emes, Emmes* (s. d.).

Immes msc. (= Imbiß) ist noch jetzt für Schmaus in Oberhessen, Ziegenhain und vielleicht noch anderwärts gebräuchlich; in Niederhessen habe ich das Wort jedoch nicht vernommen. Die regelmäßigen Gastmähler der Zünfte bei ihren Ungeboten aber hießen überall Immes. Nach 1814 sind indes weder die Ungebot noch die Immes wiederhergestellt worden.

in- eine in Niederhessen und Hersfeld sehr übliche (wenigstens bis 1830 sehr üblich gewesene) Verstärkungspartikel, welche Adjectiven vorgesetzt zu werden pflegt.

indüerlich, mitleiderregend, eindringlich. Schmalkalden. Ohne Zweifel dasselbe Wort ist *indellig*, welches dieselbe Bedeutung hat ("er sieht mich so indellig an"), nur eine Entstellung von **indüerlich** (intheuerlich, sehr theuerlich) sein wird, und im Haungrunde bis nach Hünfeld und Eiterfeld hin sehr üblich ist.

ingescheid, sehr gescheid, pfiffig, durchtrieben; äußerst üblich.

ingrün, ganz grün. Als Substantivum bedeutet *Ingrün* neutr. in Hessen sowol vinca pervinca, vinca minor, und ist der Sache wie dem Sinne nach identisch mit dem gemeinhochdeutschen Singrün (= ganz grün, immer grün), wie Epheu (eine in Hessen durchaus nicht, auch nicht in der richtigen alten Form Hebeheu vorkommende Benennung). Landgraf Wilhelm IV., welcher das oberdeutsche Singrün nicht verstand, erkundigte sich 1590, ob wol Singrün mit dem hessischen Ingrün einerlei sei; Landau Gesch. der Jagd S. 207. Die Identität zeigt schon Alberus Dict. DDija: „pervinca, ingrün, singrün, winden".

inkrank, recht ernstlich krank.

inschlècht, durch und durch schlecht, völlig nichtswürdig; — äußerst üblich.

Auch hört man wol **ingut**, gutmütig, wolwollend, treuherzig, herzensgut: „eine ingute Frau", desgl. *infromm*, *instolz*.

Insal msc., Thätlichkeit, Usurpation. „also daz wir alle ansprache, zweiunge vnde *insal* die von vns oder vnsen erben hierumme biss vff dissin heutigen tag gewest vnd irgangin ist — ezu male abe gethan haben". Urkunde von 1373 bei Lennep Leihe zu LSR. Cod. prob. S. 703. Eben so in einer Urkunde von 1360 ebdf. S. 791; desgl. von 1419 ebdf. S. 745. Demnach ist *Insal* von dem anderwärts vorkommenden *Ingefälle* (Gefälle, Einkommen) weit unterschieden.

ins, eine mir unverständliche Wortform, warscheinlich Partikel, welche im Haungrund in der Bedeutung „etwa" oder dergleichen üblich ist, übrigens nur in der Redensart *mag ins*, welche den Sinn hat: „es mag sein wie es will" vorzukommen scheint, wenigstens nur so von mir vernommen worden ist.

Insage fem., Einsprache; bekanntes juristisches Wort des 15. Jarhunderts, auch in hessischen Urkunden (z. B. bei Lennep Leihe zu LSR. Cod. prob.) äußerst häufig, aber auch bis in die neuere Zeit (etwa 1820 - 1830) nicht ganz selten, in Oberhessen, Ziegenhain, Hersfeld vom Volke gebraucht.

Insel fem., irdenes Waßergefäß. Obergrafschaft Hanau (Schwarzenfels), anderwärts unbekannt.

Inselsberg s. Ems.

jö kommt als einfacher Ausruf weder im Volksmunde, noch auch in älteren hessischen Schriften vor, auch habe ich jodute bis daher in der alten hessischen Literatur nicht aufzufinden vermocht; das *Jogerüste*, welches Kopp Handbuch 5, 470 hat, ist kein hessischer Ausdruck, wie es scheinen könnte, sondern ein von Haltaus (S. 1036) gebildetes Wort. Selbst aber das an andere Wörter angehängte *jö* (Grimm RA. 876. Lennep Leihe zu LSR. 1, 103. Anm. 39) scheint schriftlich nur einmal vorzukommen, so häufig es auch im Gebrauche gewesen ist und zum Theil noch jetzt ist. Haltaus a. a. O. und Lennep a. a. O. wißen dafür keinen andern Beleg beizubringen, als die in der Hessischen Reimchronik des Pfarrers Ratz (in Kuchenbeckers Analecta hassiaca 6, 287) vorkommende Stelle:

> Aber ufthet sein Fensterlein
> Der Pförtner, und da war gewahr
> Des Hauffens der vorhanden war,
> Rieffe, Feindt Jo, verrathen Jo;

mit welchem Ruf der Pförtner am Oberthor zu Rotenburg den Ueberfall des

Eberhard von Buchenau signalisiert hat. Welche -jö in Hessen üblich gewesen seien und mitunter noch seien, verzeichnet Lennep a. a. O., nämlich außer den beiden in der Reimchronik vorkommenden Formen: **Feuerjo, Diebejo, Richtjo, Helfjo, Mordjo**. Richtjo habe ich, so wenig wie Feindjo oder gar verratenjo, nicht mehr gehört, die übrigen vier Formen aber kamen im Anfange dieses Jahrhunderts noch ganz ernstlich zur Anwendung; Diebejo habe ich zuletzt im Jahr 1829, Feuerjo noch in den vierziger Jahren gehört, jetzt aber scheint auch dieses letztere auszusterben, wenigstens hört man in den Städten jetzt (1865) nur noch das mistönende feuer bei entstandenem Brande, und soll *feurijo* auch auf den Dörfern nicht mehr ganz allgemein sein. Helfjo und Mordjo werden auch vom Volke jetzt nur im halben Scherze gebraucht; gemeinhochdeutsch ist Mordio nur Scherzwort und Spottwort.

Vgl. *joeleken* und *krajoelen*.

Johanniken, ein Mittelbier, zwischen rechtem Bier und Nachbier (Covent) stehend, welches ehedem in Hersfeld auf Lullustag gebraut wurde. Matth. Weete im Kalender auf 1730 Bl. F2b in der 55. Fortsetzung der hessischen Zeitrechnung. Im Jahr 1816 war die Tradition vom Johanniken, welches längst nicht mehr gebraut wurde, noch nicht gänzlich erloschen; man erklärte den Namen daher, daß dasselbe im Johannisspital gebraut worden sei.

Jôle fem., eiserner Haken. Soll hin und wieder (wo?) in Niederhessen vorkommen. Ich kann mich nicht entsinnen, das Wort gehört zu haben.

joeleken, rufen, schreien. Nur im westfälischen und sächsischen Hessen übliche Deminutivform von *jölen*, Jo schreien, einem Worte, welches im Volksmunde nicht vorzukommen scheint; vgl. *krajoelen*. Vgl. Jó.

Joppe, *Juppe* fem., *Joppel*, *Juppel* msc., Jacke mit Ermeln, besonders des weiblichen Geschlechts. Vorzüglich in Oberhessen gebräuchlich, wie in ganz Oberdeutschland, und etwa seit 1840 in ganz allgemeine Uebung gekommen.

Jossa fem., Name kleiner Flüsse, welcher viermal in Hessen vorkommt: im Amt Oberaula (das Flüßchen geht bei Niederaula in die Fulda), im Amt Großenlüder, im Spessart und im Amt Neustadt (Kirchhain). Der Name ist uralt und lautet ursprünglich Jazoha, Jozzoha, widerstrebt aber jeder Anlehnung an eine deutsche Wurzel, und scheint demnach einer Sprachperiode zugewiesen werden zu müssen, welche älter ist als die deutsche. Bemerkenswert aber ist die Verwendung, welche der Name Joßa in dem vierten der so eben angeführten Fälle findet. Ein Nebenbach des Flüßchens Klein (Glen) nämlich heißt die Joßklein (Joßglen), und es erscheint hier offenbar das Wort Joßa als Bestimmungswort, also gewissermaßen noch jetzt als Appellativum. Sichtlich enthält das Wort Joßa irgend eine nähere Bezeichnung des Wasserlaufes; welche? wird künftigen Forschungen zur Ausmittelung überlaßen werden müssen.

irmasse, *ermasse*, einigermaßen; soll noch jetzt zuweilen im nördlichen Oberhessen vorkommen, wiewol ich selbst es nicht habe zu hören bekommen können; vielleicht nur eine verkürzte Aussprache, etwa von irgend (ieren, ierne). „auch schribet esz *irmasse* Johan Ryteszel in siner cronickeu". W. Gerstenberger in Schmincke Mon. hass. 2, 412. „Lantgrav Hinrich, der dan nauw von der kranckeyd uffgestanden was, unde noch *ermosze* schwach was" ebdf. S. 437. Der Opfermann zu Frankenberg sollte mit den Glocken „nicht ylende, sunder *ermosze* lange luden nach alder gewonhaid". Emmerich Frankenberger Gewonheiten bei Schmincke Monim. hass. 2, 688.

Irren (sich), mit jemanden, sich mit jemanden zanken. Noch jetzt hin und wieder üblich, besonders da und dort im östlichen Hessen; meistens ist damit ein sehr ernstlicher, in Thätlichkeiten ausartender Zank gemeint, nicht etwa bloße Misverständnisse, wie jetzt gemeinhochdeutsch das Substantivum Irrung genommen zu werden pflegt. „Wo eyn burger sich *erte* med der borger knechte, daz her en wundete met echtigen wonden" etc. „Wo eyn borger get an eyns andern feylen koul uud *erret* sich met syner mayt oder met syme knechte". Statuta Eschenwegensia S. 10 (Röstells Ausgabe 1854. 4). Vgl. Schmeller 1, 97, wo jedoch der hier bezeichnete Gebrauch nicht genau wiedergegeben wird. Dieser Gebrauch von irre, irren scheint vorzugsweise niederdeutsch zu sein, vgl. Frisch 1, 491, wie denn auch im Hildebrandslied und im Heliand irri zornig bedeutet.

Itsche fem., Kröte, rana bufo; die in Althessen fast allein übliche Benennung. In Baiern kommt zwar eine sehr ähnlich lautende Bezeichnung vor: Hetschen, Hitsch, Schmeller 2, 259; gleichwol ist es warscheinlich, daß das i nur der Neigung des hessischen Dialects, die ü in i zu verwandeln, seine Entstehung verdankt; es wird richtiger *Ütsche* lauten. „Die fraw Eyla hab ein stecken genommen, vnd in ein vtsche oder kröte gestochen, die ütsche were weiß gewesen". Marburger Hexenproceßacten von 1633.

Vgl. *Icke*.

Itzeln, necken; dem *ickern* ähnlich; nur wird unter *itzeln* ein mehr kleinliches, auch wol ein empfindlicheres Necken verstanden. Vgl. *atzeln*.

Jubelches Tag, calendae graecae; „auf Jubelches Tag", nimmermehr. Im Fuldaischen. Selten wird der Ursprung dieser Formel noch verstanden: auf das Jubiläum — nach hundert (funfzig, fünfundzwanzig) Jahren.

Vgl. *Nimmerstag*.

Jucks msc., Scherz; ein in ganz Hessen seit zwei Jarhunderten eingebürgertes Fremdwort.

verjucksen, sein Geld verjucksen, sein Geld durchbringen. Ueberall gebräuchlich. Schottel Haubtspr. S. 1341. Schmeller 2, 264.

Junge msc. ist in ganz Althessen, wo man weder Bube noch Knabe kennt, die ausschließliche Bezeichnung des Knaben; eben so im Fuldaischen und Schmalkaldischen. Die Bezeichnung Bube fängt erst mit dem Kinziggebiete an. Nur in wenigen Bezirken tritt zuweilen die Bezeichnung Knechtchen ein. S. *Knecht*. Sodann wird in ganz Althessen, Hersfeld und Fulda der Sohn niemals anders bezeichnet, als durch *Junge*; „mein Junge"; „deine drei Jungen"; „Schulhannesen Jung"; des Wortes Sohn bedient sich das Volk niemals anders als in steifer, gezierter Rede vor den „Großen".

Gejüng neutr., war in Oberhessen und in der Grafschaft Ziegenhain die Bezeichnung des Blutzehntens, aber auch überhaupt des an die Renterien und sonstigen Bezugsberechtigten zu liefernden Federviehes, z. B. der Rauchhühner und Leibhühner. Seit der Ablösung dieser Abgaben ist dieser Ausdruck in Vergessenheit gekommen. Estor t. Rechtsgelahrtheit 1, §. 480: gejüngst, der Blutzehnte.

Jungfer. Die ursprüngliche Form von Jungfer: *Jungefrau*, ist in Hessen, wenn auch die Abkürzung ver für Frau nicht mehr üblich, ja nicht mehr verstanden ist, noch in vollem Gebrauche. Wenn eine unbekannte Bäuerin (z. B. auf dem Markte) angerufen wird, sei dieselbe Frau oder Mädchen, so geschieht dieß durch Jungefrau, niemals durch Jungfer, auch nicht durch das gemeinhochdeutsche Jungfrau, auch nicht durch Frau schlechthin; in dem Jungefrau liegt eine ehrende Bezeichnung. S. *Frau.*

Im Volke hat die Anrede an Mädchen höherer Stände: Jungfer sich niemals gänzlich verloren, nirgends hat die Vertauschung derselben mit dem widerwärtigen Mamsell vollständig, und in manchen Gegenden so gut wie gar nicht, Platz gegriffen. Gegenwärtig ist jedoch Jungfer fast ganz obsolet geworden; in den Städten nennen sich die Dienstmägde unter einander Fräulein.

Jungfern werfen nennt man in Hessen, zumal im östlichen, das Werfen mit platten Steinen auf eine ruhige Waßerfläche, so daß die Steine von derselben abprallen und weiter springen, um abermals abzuspringen; ein bekanntes Knabenvergnügen; anderwärts schlimms werfen (schräg), wie z. B. bei Fischart Gargantua 1582 X6a.

Jünkern. „Das Korn jünkert" sagt man in Oberhessen von den leichten, in der Blüte oder im Fruchtansatz misratenen Kornähren, welche sich gerade aufrichten, während die schweren, mit reichlichem Fruchtansatz versehenen Aehren sich neigen: es prunkt in leerer Hoffart, trägt den Kopf hoch, wie ein Junker. Auch an der Schwalm, um Homberg und wol sonst noch heißt dieses leere, sich emporrichtende Korn Junkerkorn.

just, gerade, eben, genau, richtig. Dieses Fremdwort hat sich überall eingebürgert: „just an dem Tage"; „es muß just so gemacht werden, wie ich es bestellt habe"; „es ist mit der Sache nicht just"; „es ist mir nicht just", ich befinde mich nicht wol.

justement, eine Verstärkung von just: „justement, wie Sie sagen", ganz genau, wörtlich, thatsächlich so, und nicht anders.

K.

kabbeln, auch zuweilen *kebbeln, käbbeln*, Frequentativum von kauen, besonders vom resultatlosen und beschwerlichen (zahnlosen) Kauen gebräuchlich; der Hund kabbelt (kawwelt) an einem großen Knochen; alte Leute kabbeln an einer Brodrinde. Estor S. 1412. An der Diemel bedeutet das Wort: plappern, plaudern, auch sprechen überhaupt in wegwerfendem Sinne.

Vgl. *kauweln* im Lippischen Idiotikon Frommann Mundarten 6, 214.

Kabe fem., Spreu. In dieser Form ist das niederdeutsche Wort *kaf* (Graff Diut. 2, 226. Schottel Hauptspr. S. 1342; engl. und holl. caf) von Fritzlar an abwärts in Niederhessen, so wie im Amt Frankenberg üblich; an der Schwalm lautet es *Kaup* oder *Köp*. Südlich von Fritzlar und Wabern, in Niederhessen, so wie an der Werra und obern Fulda, desgleichen in Oberhessen (außer Frankenberg), ist das Wort gänzlich unbekannt. Vgl. Hehld, Gepeul. Im untern Niederhessen aber ist das Wort von Alters her gebräuchlich z. B. in einem Ernteregister von 1391 aus der Umgegend von Kassel: tzweno secke *kabin*. Scheuerordnung vom 1. Merz 1568 (Landesordn. 1, 348) und 1. Merz 1682 (LO. 3, 199): „Stro Kaben vnd Sprew", wo Sprew dem Gepeul, wie Kaben dem Hehld, entspricht. Nach Frommann Mundarten 6, 214 scheint im Lippischen *kaff* das Gepeul, das Hehld und der Dort zu umfaßen. Indes komt doch Kabe auch in einer oberhessischen Verordnung von Landgraf Ludwig IV. zu Marburg vom 20. April 1574 (LO. 1, 431) vor: „Strew vnd Kabe", wo Strew warscheinlich ein Druckfehler ist; in den oberhessischen Scheuer-, Dresch- und Zehntregistern des 16. Jahrhunderts, welche sich durchgängig an die landüblichen Ausdrücke halten, erscheint Kabe niemals.

In den Materialhandlungen versteht man unter Kaff, neutr., die Hülsen der Kaffeebohnen, welche mit dem allerschlechtesten Auslese der Bohnen vermischt und an die Aermsten verkauft werden; die Ladendiener pflegen Kaff lächerlicher Weise als eine Abkürzung von Kaffee zu verstehen „wie das Kaff schlechter Kaffee sei, so sei auch Kaff ein schlechtes Wort statt Kaffee".

Kachel fem., hat in Hessen nirgends die Bedeutung eines irdenen Gefäßes oder Geschirres, wie anderwärts, sondern es bedeutet

1) ganz allgemein das, was man anderwärts „Ofenröhre" nennt: den leeren Raum, welchen man in den (thönernen oder eisernen) Oberöfen zunächst über der das Feuer deckenden obern Ofenplatte, und, hat der Oberofen mehr als einen Umgang (Stockwerk), auch in jedem folgenden Umgang (Stockwerk) läßt, um den Ofenzug möglich zu machen. Dieser leere Raum dient dann zum Wärmen der Speisen, zum Braten der Aepfel, Rösten des Brodes, der Kauscheln u. dgl., auch zum Kochen.

2) das ehedem meist gebogene, später platte, thönerne, gebrannte und glasierte Viereck, aus welchem die ehemaligen thönernen Oefen (Kachelöfen) zusammengesetzt wurden und die thönernen Oberöfen noch jetzt zusammengesetzt werden. „Eilff Alb. vor 42 Erden kacheln, So zum Offen im Backhaus vfim Schloß Rauschenberg sind vermacht worden, hat mir Tönges Zieglern — der Rentmeister — — heut dato entrichtet". Quittung vom 8. Oct. 1591.

Doch ist in dieser Bedeutung das Wort nicht überall üblich. Im östlichen Hessen sagt man lieber: Backsteine, Ofenbacksteine, glasierte Backsteine.

einkacheln, stark einheizen, ist hier wie anderwärts ein gebräuchlicher Ausdruck.

Käferling, *Käwwerling* msc. Name des Maikäfers im östlichen Hessen. Vgl. *Maikleber*, *Klette*.

Kaff subst., 1) s. Kabe. 2) Eine Feldgegend bei Marburg, wo ehedem Galgen und Rabenstein standen, jetzt nur noch der letztere steht. „Ist sie peinlich Beklagtin (Elisabeth Georgi aus Kirchhain, auf die Tortur zu Tode gemartert) vff den Koff geführt, vnd der Corper vnter die Justitz begraben worden". Marb. Hexenpr. A. v. 1654. Möglich, daß dieser Name ursprünglich Schindanger bedeutet; in Oberdeutschland ist *kofeln* verreckdes Vieh abhäuten, Kofler der Abdecker. Schmeller 2, 286.

kaff adject., auch *keff* gesprochen, ein an der Diemel übliches Wort, welches vom Holze gebraucht wird, wenn dasselbe anfängt faul zu werden; anbrüchig.

Kacher msc., im Schmalkaldischen, *Kére* an der Werra, der Häher (Heher), corvus glandarius.

kahl wird nicht selten in dem Sinne von ganz, völlig, so daß nichts übrig bleibt, metonymisch gebraucht; „als er im trunck abgezogen, hett sie gesagt, Johannesge, trinck du es kahl auß, es schadt dir nichts". Marburger Verhörprotokoll von 1682; so auch „er hat das ganze Geld kahl mitgenommen", Beschreibung einer Entweichung 1847.

Estor hat t. Rechtsgl. 3, 1412: Kahl schütten, ein Fluch. Ich kenne den Ausdruck zwar nicht, aber richtig wird derselbe sein, da es einen Familiennamen Kahlschütter, Kohlschütter gibt.

Hierher gehört auch

Kalbe f., als Bezeichnung eines großen Steingerölles am Meisner; es bedeutet das Wort, welches eigentlich *Kalwe* geschrieben werden müßte, eine kahle, unbewachsene, namentlich baumlose Stelle, was eben dieses Steingerölle am Meisner ist.

kolbig statt *kalwig*, ahd. chalawic, etwas kahl, kurz geschoren, von dem Haupthaar; jetzt nicht mehr gebräuchlich, aber in den protokollarischen Aussagen des 16. und noch des 17. Jahrhunderts öfter vorkommend; so werden 1581 zwei Straßenräuber von einem Zeugen des Raubes dahin signalisiert: „sie hetten geschoren kolbicht (kolwicht, wie der Protokollführer bei dem wiederholten Vorkommen des Wortes richtiger schreibt) Haar gehabt". Schmeller 2, 292.

Kaeje fem., im Kreiße Hürfeld, bei Vacha, Heringen und weiter; *Käke, Kaeke* in den niederdeutschen Bezirken, Elster. Die Aussprache Kaeje ist eine Erweichung des H in dem hochdeutschen Namen des Vogels: *caha, cornicula*. S. Zeitschr. f. heff. Gesch. u. LD. 4, 76.

Kaiserstrasze; der alte, noch jetzt nicht ganz vergeßene, bis 1840 durchaus übliche Name der alten Hauptstraße Deutschlands, welche von Frankfurt am Main über Frankenberg nach Bremen führte. In Hessen führte sie den gedachten Namen zwischen Wetter und Frankenberg, und am längsten und bestimtesten in der Gegend des Hofes Schlagpfütze und des Dorfes Münchhausen. Marburg wurde von dieser Straße in ältester Zeit nicht berührt; von Goßfelden aus wendete sie sich auf den Bergrücken, welcher westlich von Marburg (zwischen der Stadt und Wehrshausen) bis nach Nieder-Weimar lauft, und hieß hier die Weinstraße.

Käk msc., in Hessen fehlerhaft stets *Gaak*, ja *Gack* geschrieben, ein niederdeutsches Wort, welches im Allgemeinen Pranger, Schandpfahl bedeutet, hier aber insbesondere diejenige Art von Pranger bedeutet haben muß, vermöge deren der Bestrafte in einen Korb gesetzt, dieser in die Höhe gezogen und in der Schwebe, vermutlich am Schnappgalgen befestigt, erhalten, auch in das Waßer getaucht wurde. Es diente der Käk zur Bestrafung „fremdes ungeratenes Gesindes" (Polizei- und Land-Ordnung vom J. 1622, LO. 1, 656), besonders aber der Feld- und Gartendiebe (LD. 3, 481. 916. 1032). Das Wort war in Niederhessen noch im Anfange dieses Jahrhunderts unvergeßen, man verstand aber darunter den Galgen insgemein, Schneppe (Wippe) wie eigentlichen Galgen. Jetzt ist es, und wol schon seit funfzig Jahren, völlig ausgestorben. Kopp Handb. 4, 261.

Vgl. Richey S. 105. Brem. WB. 2, 716—717. Grimm WB. 4, 47—48.

Kalb. Das männliche Kalb heißt *Ochsenkalb*, das weibliche *Mäusenkalb*, f. *Mäus.*

Kalbin fem., eine zum erstenmal tragbare Kuh. Obergraffschaft Hanau.

Kalbskopf, Dummkopf; sehr gebräuchliches Scheltwort.

Kälberdoctor, Thierarzt; eine wegwerfende Bezeichnung; auch von einem ungeschickten Arzt gebräuchlich.

Kälberschwanz, die Pflanze Phyteuma spicatum, Umgegend des Meisners.

Kalb Mosis, Dummkopf; ein sehr übliches Scheltwort.

S. Strodtmann Idiot. Osnabrug. 1755. S. 98: *Kalv-Moses*, ein junger unbeständiger Mensch.

Stoppelkalb, sehr übliches Scheltwort für einen unbehülflichen, dummen Menschen, besonders gegen halbwüchsige Knaben und Mädchen angewendet.

kalben, ein Kalb werfen; hier zu Lande niemals *kälbern*.

Kälbern, 1) vomere; sehr üblich, wiewol die eigentliche Bedeutung von kälbern, woraus der Tropus entstanden ist (ein Kalb werfen = eine große Masse plötzlich von sich geben) hier unbekannt ist.

2) Possen treiben, alberne, plumpe Scherze machen. Ziemlich üblich. Estor t. R. 3, 1412: spielend springen und lermen.

Kalbe n. pr., am Meißner, s. *kahl*.

Kalfacter msc., längst nicht mehr in den Schulen als Benennung des Einheizers üblich, dagegen im allgemeinsten Gebrauche für einen Menschen, welcher überall herumstreicht, alle Winkel der Gesellschaft durchkriecht, horcht, zuträgt und ausplaudert; — wie denn die alten Calefactoren zu Ausläufer- und Horcher-Diensten von Lehrern und Schülern ehedem gebraucht und gemißbraucht wurden. Jetzt gilt das Wort ohne Weiteres für ein Schimpfwort; wird auch in der That für Spion gebraucht. Auch ein Hund, welcher sich nicht an das Haus gewöhnen will, sondern umherstreicht, wird Kalfakter genannt.

kalfactern, aller Orten herumlaufen, horchen, zutragen und ausplaudern; oft scherzhaft gebraucht (wie auch wol Kalfacter), zuweilen aber auch in dem bestimten Sinne des Spionierens.

Kalte neutr., Ellipse für: das kalte Weh, das kalte Fieber, eine in den ältern hessischen Schriften, Protokollen u. dgl. sehr häufig vorkommende Bezeichnung. „Hans Kleß berichtet, er habe der Zeit am Kalten kranck gelegen" Treisbacher Verhörprotokoll von 1609. Diese Krankheit muß damals bei uns häufig gewesen sein; seit einem Jarhundert war sie äußerst selten, und erst in der neuesten Zeit (1858) ist sie, indes doch nur hier und da, wieder häufiger aufgetreten.

kältschig, etwas kalt. Sehr üblich. Estor t. Rechtsgl. 3, 1412.

Kamenze fem., plur. Kamenzen, eine nur an der Diemel hin und wieder übliche, sichtlich auf Entstellung beruhende Benennung der Ameise.

Kammerwagen pflegt an der Schwalm der Brautwagen genannt zu werden; übrigens heißt derselbe halb scherzweise auch Rumpelwagen. Eine Beschreibung des oberhessischen Braut-(Kammer-)Wagens, wie derselbe genau noch in der allerneuesten Zeit (1847) beschaffen war, findet sich in Estors deutscher Rechtsgelahrtheit 1, §. 710. (Vgl. Schnatz).

Kamp msc., pl. *Kämpe*, ein schon seit langer Zeit in das Niederdeutsche, neben so vielen andern, eingeführtes lateinisches Wort; es bedeutet den eingefriedigten Triftplatz, Weideplatz, in welchen das Vieh getrieben wird, um sich den Tag über darin aufzuhalten und zu grasen. Außer dem Schaumburgischen finden sich Kämpe in Hessen nur an der untern Diemel.

Kämpe msc., männliches Zuchtschwein. Ist in Hessen nur an der Weser (Amt Sababurg), wie auch weiter östlich in Hannover und Braunschweig, üblich. Vgl. Brem. WB. 2, 732: „Kämpe, Kempe, ein Eber, Beerschwein. Im Churbraunschw." Vgl. Bēr, Walz.

kampen, zanken, meist reflexiv: *sich kampen*, sich zanken. In Oberhessen sehr üblich, auch anderwärts nicht unbekannt, wenn auch nicht eben gebräuchlich.

kampeln (sich), Frequentativum und zugleich Deminutivum von kampen.

Kanel, *Kenel* fem., jetzt gewöhnlich *Kandel* gesprochen, ein allgemein gebräuchliches Wort für Röhre, doch eigens für Dachrinne, Dachröhre (Dachkandel) verwendet, von Adelung als oberdeutsch bei Seite gelassen; daß das

Wort aus dem lateinischen canalis entlehnt ist, bedarf keiner Bemerkung. „ij geringe eichen stemme zu kaneln" Wetter 1555. „zu kaneln" ebdf. 1567. „ij buchen reidel zu schafskaneln" Wetter 1555; „zu schofskeneln" ebdf. 1570. Und so öfter. Schmeller 2, 303.

Kanf s. Kunst.

Kannbank masc. (nicht fem.), im östlichen Hessen übliche Bezeichnung eines an die Stubenwand in Manneshöhe und höher horizontal angebrachten Bretes, unterhalb dessen eine Leiste mit Haken herlauft. Auf dem Kannbank (gespr. Kambank) liegen die wenigen Bücher des Dorfbewohners, steht der Bierkrug und sonstiges, meist zerbrechlicheres Geräte (Gläser, Tassen), an den Haken der Hakenleiste hängt das gesponnene Garn, auch die täglich gebrauchten, in der Stube aber entbehrlichen Kleidungsstücke finden hier ihren Platz. Kannen, wovon das Geräte den Namen hat, sind in der Regel weder im Gebrauche, noch auch nur im Besitze selbst der reicheren Bauern, ja das Wort Kanne selbst gehört zu den weniger üblichen; es gibt Dörfer, in denen man nur von den Abendmalskannen als Kannen etwas weiß. Der Name muß also aus älterer Zeit stammen oder aus andern Gegenden eingeführt sein. In Oberhessen ist derselbe unbekannt, das Geräte heißt dort Reck, wie in Thüringen, Meißen u. s. w. Kannrick.

Kannbanksläufer, ist dem Ausdrucke nach identisch mit dem baierischen Simßenläufer (Schmeller 3, 248), dem Sinne nach völlig davon verschieden. Das schwäbisch-baierische Wort, zu dessen Bedeutung, Schmeichler, sich auch anderwärts Parallelen finden (Froschmeuseler 27b; Filidors Ernelinde S. 33: „du bist gar ein schlechter Zeitungsträger, wenn du nur mit solchen Judasbriefgen auf den Simßgen laufen willst") scheint eine Person zu bezeichnen, welche sich scheu und kriechend an den Wänden her drückt, unser kannbanksläufer bezeichnet einen kleinen, noch unverständigen und zu Geschäften unbrauchbaren Knaben. Wie jedoch diese Bezeichnung zu Stande gekommen sein mag, kann ich nicht angeben. Auf dem Kannbank kann ein Kind nicht laufen, eben so wenig, etwa sich an denselben haltend, auf der Stubenbank neben dem Kannbank her; zu Beidem ist der Kannbank viel zu hoch angebracht. Das Wort ist selbstverständlich nur im östlichen und innern Hessen im Gebrauche.

Kanthake. Es ist eine in ganz Hessen sehr geläufige Redensart: „einen beim Kanthaken kriegen" d. h. anpacken, greifen, festhalten, z. B. einen Dieb. Den eigentlichen Sinn des Wortes Kanthake aber verstehen wir hier zu Lande nicht; es ist ein eiserner Haken, welchen man an schwere Fäßer anschlägt, um sie zu kanten d. h. auf die Seite zu legen, und gehört Sache und Ausdruck dem norddeutschen See- und Schiffer-Leben an. Richey Idiot. Hamb. S. 109, und darnach Brem. WB. 2, 734. Estor t. Rechtsgl. 3, 1412.

Kantôr neutr., Schreibschrank; die gewöhnliche Bezeichnung. Eine schon sehr alte niederdeutsche Entstellung aus comptoir: *kuntor est breveschryn*, pinotheca, Gemma Gemmarum 1503, und daraus Hoffmann horae belg. 7, 29.

Kappelsberg. Eine in Niederhessen, zumal im nördlichen, sehr übliche Redensart lautet: im Kappelsberg sein, und bedeutet: zerstreut, abwesenden Geistes sein, sich verwirrt, verkehrt anstellen.

kappen, den Weidenbäumen, Pappeln u. dgl. die Aeste nehmen, köpfen.

abkappen, jemanden kurz und derb abfertigen, schnöde und imperatorisch in die Schranken weisen. Mehr in den Mittelständen üblich, als im Volke. Doch hat es schon Estor t. Rechtsgl. 3, 1412.

Kappus msc., *Kappes*, *Kappeskraut*, der weiße Kopfkohl, das Weißkraut; das Wort ist in Hessen nicht sonderlich üblich, und wird, wenn und wo es gebraucht wird, fast nur vom eingesalzenen Weißkraut, dem s. g. Sauerkraut, gebraucht. In älteren Zeiten scheint es üblicher gewesen zu sein, als heut zu Tage: „gar arme koste, als erbeysz, bonen, *kappuszkrut*" W. Gersterberger b. Schmincke Monim. hass. 2, 361; und es findet sich nicht selten in den Küchenrechnungen des 16. und 17. Jarhunderts. Zu uns ist es, wie die Form Kappus zeigt, aus dem Holländischen gekommen, wo es Kabuyskool lautet, bei Strodtmann Id. Osn. S. 97 noch Kabuhs, und dieses holländische Wort ist aus *caput* entstanden.

Vgl. Kompes.

Kapuster, *dicker kapuster*, scherzweise von einem dicken kurzen Menschen, der einer Kopfkohlpflanze zu vergleichen ist, vor allem von einem dicken Kinde gesagt. Das Wort ist überall verbreitet, aber schwerlich alt: warscheinlich erst durch das 1813 gar oft vernommene russische Kapustra (Kappus, Weißkraut) hervorgerufen.

Kar neutr., Gefäß. Altes, jetzt nur noch in den süddeutschen Dialecten vorhandenes Wort (Schmeller 2, 320—321), welches in das kasselische Oberhessen nur bis in die Gegend von Oberwalgern hineinreicht, jedoch auch nur in den Compositionen *Leichkar* (gesprochen Leichtkar, wie in Frankfurt, wo jedoch ein Leichtkorb daraus geworden ist), Sarg, und *Meisekar* (gespr. Mēskor), Meisekasten (Falle für diese Vögel). Ehedem war es in Oberhessen in allgemeinem Gebrauche; so verzeichnet der Altarist zu Wehrshausen, Johannes Strack aus Hatzfeld, 1520 unter den Kirchengeräten der Kapelle zu Wehrshausen „zwene Kilch, ist einer gantz silbern vnd der ander das khar allein silbern vnd beyt vbergult". Gothisch kas, ahd. char, mhd. kar. Graff 4, 463. Grimm Gr. 2, 52. 3, 456.

Karbātsche fem. Dieses ohne allen Zweifel slavische, aber in alle europäischen Sprachen übergegangene Wort (Schmeller 2, 326) ist zwar dem Volke bekannt, aber im Ganzen nur wenig geläufig. Am meisten wird es noch im östlichen Hessen gebraucht; in den westlichen Gegenden habe ich es niemals vernommen.

Kāre s. kēren.

Kāres msc., der und die Geliebte; nicht allein: „sie hat einen Kares", sondern auch: „er hat einen Kares". Im Fuldaischen, besonders in der Umgegend von Hünfeld sehr üblich.

Allerdings ist dort, so wie in Hessen überhaupt, das widerwärtige Wort karessieren für: in einem Liebesverhältnis (auch dem gröbsten) stehen, in das Volk gedrungen (vgl. Schmeller 2, 322), doch wird Kāres wol kaum aus diesem französischen Worte seinen Ursprung ableiten können; es scheint eher eine Germanisierung von *carus*, und ist wol auf dem Wege der Beichte — vielleicht um derbere, anstößig scheinende, deutsche Ausdrücke zu beseitigen — absichtlich und mit Erfolg in Gang gebracht worden.

karmen, seufzen, wehklagen. Ein altes niederdeutsches Wort (*carmen*, gemere; niederd. Glossen Diut. 2, 216. Hoffmann horae belg. 7, 6. Teutonista bei Richey Hamb. Id. S. 444), welches in Hessen ehedem volksüblich war, z. B. „vnd mit grosser mühe vnd arbeit, auch der armen Leutt höchstem karmen vnd Wehklagen dieselbe steur einbracht wirtt" Beschwerdeschrift der Stadt Kassel

Vilmar, Idiotikon.

an Landgraf Moritz von 1610. Substantivisch ist es noch jetzt im Amt Schönstein übrig: „sich Karmen machen" sich Gedanken, Sorgen machen. Strodtmann Idiot. Osnabr. 1755. S. 99.

Karnette fem., gewöhnlich deminutiv: *Karnettchen*, war in Kassel ehedem und ist in der näheren Umgegend von Kassel noch jetzt der Name der Weibermützen (sonst in Nieder- und Oberhessen: Betzeln), dergleichen bis gegen das Jahr 1830 die älteren Bürgerinnen von Kassel trugen, das Landvolk mit geringer Abweichung in der Form noch jetzt trägt. Das Wort hat einen entschieden fremdländischen, romanischen Charakter, aber woher es stamme, bleibt noch zu ermitteln; schwerlich, aber immerhin möglicher Weise, von carne, Ecke, Kante. Vgl. Kommode.

karnuffeln, auch *karnüffeln*, *karniffeln*, 1) stoßen, prügeln; besonders pflegt das „Stumpen" mit der Faust und den Ellenbogen karnuffeln genannt zu werden; allgemein üblich, wie anderwärts s. Stieler, Adelung s. v. u. A.

2) in einigen Dörfern der obern Werra (Philippsthal-Kreuzberg u. a.) nennen die Kinder das Fahren auf den Kinderschlitten *karniffeln*.

Karnuffel, *Karnöffel*, *Karniffel* msc. bedeutete ursprünglich ein Blatt im Kartenspiel (f. die Schrift: Vom gantzen heiligen Orden der Kartenspiler, vom Karnöffel gestalt 1537. 4 und das berüchtigt gewordene Buch des Cyr Spangenberg: Von den bösen Sieben ins Teufels Karnöffelspiel 1562. 4. Vorrede, wo Bl. iijb der Karnöffel „nach viel Hochverständiger Leute deutunge ein schlechter Landsknecht" genannt wird), ist indes in dieser Bedeutung längst nicht mehr, und überhaupt meines Wißens einzig und allein in der Benennung des Kinderschlittens, und zwar dieß wieder nur in dem angegebenen sehr engen Kreiße, vorhanden.

Daß Karnuffel = hernia, ramex sei, wie Pictorius hat [auch Stieler 932] f. Frisch 1, 165c. 510c) wird schwerlich aus der Literatur des 15—16. Jarh. zu erweisen sein, wenn aber ja irgendwo diese Bedeutung im Leben wirklich vorhanden gewesen sein sollte, so wird sie von dem Kartenspiel entlehnt sein. Nicht unwarscheinlich ist übrigens die Erklärung des Wortes Karnöffel, welche in der Schrift: Pasquillus. Newe Zeytung Vom Teüffel. (Dann 16 Verszeilen auf dem Titel) 1546. 4. Bl. Aiija gegeben wird: „Hör es ist ain spil auff der karten das wirt vil in Teütschland gespilet, das haißt man carnöffeln, vnn ist gewißlich durch ain scharffsinnigen kopff (gleich als ain Propfecey) erdichtet wordnn. bapst. aus was vrsachen haißt man es carnöffeln? teüffel. Der vnderman ist erstlich Cardinal genennet worden, die einfeltigen aber haben jn nit anderst dann carnöffel nennen kůnden, wie dann yetz [man] deine carbinál im Teütschland nennet. — — — in dem genanten spil nent man den sechßten ain bapst, vnd den siebenden ain teüffel".

Karst msc., ursprünglich die zweizahnige Hacke (vgl. Hoch), und in dieser Bedeutung auch hier und da, doch nur einzeln, im Gebrauche; im sächsischen Hessen aber wird das Wort auch für Rechen gebraucht, neben Harke.

Kassel, die Haupt- und Residenzstadt des Landes, 913 Chassalla, ein Name, welcher, da er sich weder an eine deutsche Wurzel, namentlich nicht an den Namen Katten oder Hessen mit einiger Sicherheit anlehnen läßt (f. Grimm Gesch. der d. Spr. 2, 579), noch auch auf das lateinische castellum zurückgeführt werden kann, eine befriedigende Erklärung vermissen läßt. Als Idiotismus bemerkenswert ist es, daß die Bewohner von Kassel mit der lateinisch-griechischen

Endung Kasselaner ganz allgemein genannt werden und sich selbst nennen, eine monströse Abnormität, welche jedoch in der Benennung Hanoveraner ihre Parallele hat.

Kasten war in früherer Zeit und an der Werra jedenfalls bis in die dreißiger Jahre dieses Jarhunderts eine sehr übliche Bezeichnung des Gefängnisses: „einen in den Kasten setzen" bedeutete, Jemanden in strenge Haft nehmen. Es mag dieser Gebrauch des Wortes von der ehemaligen Gewonheit herrühren, gefährliche Verbrecher im Gefängnis noch in einen besondern Kasten zu sperren. Ein solcher Kasten befand sich noch um 1820 in Eschwege im Thurm, und wurde von einem seiner ehemaligen Bewohner (oder einer Bewohnerin), Ilke, der Ilkenkasten genannt.

Thorenkasten, ursprünglich wol gleichbedeutend mit Narrenhaus, Drillhaus, in welches bis gegen das Ende des vorigen Jarhunderts Feld- und Gartendiebe und ähnliche Frevler gesperrt und hiermit der öffentlichen Verspottung preis gegeben wurden (s. Narrenhaus). Sehr zeitig aber muß Thorenkasten auch die allgemeine Bedeutung: Gefängnis angenommen haben. „2 fl. (wird gestraft) Schun Curt zum Rauschenberg, von deswegen, daz er einer Dirnenn, aus dem Tornkasten, mit veröffnung der Stattmauern verhelffen wollen", Rauschenberger Bußregister von 1585. In einem Vergleich zwischen denen v. Boyneburg und denen v. Stein vom 24. Juli 1613 wird die Erbauung eines „Thorenkastens zur Bestrafung gemeiner Frevel" festgesetzt; Häfner Geschichte von Schmalkalden 3, 348. Eher kann Thorenkasten in folgender Stelle das Drillhaus oder den Käk bedeuten: „¼ Gulzen (wird gestraft) Helwig am Rein zu Ernsthaussen, ein kleiner Jung, das er Johan Wambacher daselbst etzliche handtkesse genohmen haben solte, hatt auch im Thorn kasten gesessen"; Rauschenberger Bußregister von 1604.

kätscheln, die Schuhe schief treten. Amt Schönstein, Jeßberg.

kauchen, gewöhnlich *käcken* gesprochen, wie auch Estor t. Rechtsgel. 3, 1412 *taache* schreibt, niederkauern, niederhocken. Oberhessen.

Vgl. das Schmalkaldische gutzen, das niederhessische Käutzchen (Kützchen) machen, gleicher Bedeutung. Adelung 2, 1518.

Kauschel fem., auch *Kautschel*, eine Art Kartoffelgebäck, wie dasselbe in den ärmern Walddörfern unter mancherlei Namen verfertigt wird, den Namen Kauschel oder Kautschel jedoch nur in den Dörfern am Keller und hohen Lohr (Dodenhausen, Battenhausen) führt. Die Kartoffeln werden gerieben, mit Milch, Mehl und Salz vermischt, sodann nach Art der Kartoffelplätz (s. d., welche jedoch nicht gerieben sondern nur geschnitten werden) an die heiße Ofenplatte geworfen, wo sie kleben bleiben und rösten; nach einiger Zeit pflegen sie von selbst abzufallen. Neuerdings legt man sie lieber in die Rachel. Diese Speise ist besonders beim Dreschen üblich, zu welcher Zeit eine Person im Hause bleiben muß, und vollauf damit zu thun hat, für die hungrigen Drescher die gehörige Masse von Kauscheln anzufertigen.

S. *Spanuckel*, *Schepperling*.

Kaute, *Kutte*, *Kutt* fem. 1) eine jede Vertiefung, Grube: Sandkaute, Lehmkaute (Leimenkaute), Flachskaute; ein Auszehrender hat tiefe Kauten in den Backen; nur für vulva, wofür es anderwärts im Gebrauche ist, kommt es, außer theilweise im Fuldaischen, nicht vor. *Mordkuten vnde roupslosse* Wigand Gerstenberger Frankenb. Chr. bei Schminke Monim. hass. 2, 433. Schottel

Hauptspr. S. 1343: Kaut, fossa, grube. Im Schmalkaldischen macht man einen Unterschied zwischen *Käte* und *Kutte;* ersteres ist eine tiefere Grube (leimenküte), letzteres eine flache, höchstens etwa kesselförmige Vertiefung. Dieses Wort kommt in dieser Bedeutung in der ältern Sprache nicht vor, ist auch im sächsischen und westfälischen Hessen nicht üblich, fast unbekannt; es wird dafür das im südlichen Hessen unverständliche Wort küle gebraucht. Vgl. Zeitschr. für hess. Gesch. 4, 79.

2) der in einen runden mit einer Spitze (Griff) versehenen Knäuel zusammengedrehte gehechelte Flachs, wie derselbe zum Umlegen um den Spinnrocken (Wocken) und Abspinnen geschickt ist. In dieser Bedeutung ist das Wort hier, wie durch ganz Nieder- und Mitteldeutschland üblich: Frisch 1, 505. Müller mittelh. Wörterb. 1, 920; warscheinlich ist es jedoch eine eigens niederdeutsche Form, da die Flachskauten in Oberdeutschland Katz und Kauze genannt werden, vgl. Schmeller 2, 345, wo indes diese eben genannten Wörter wol mit Unrecht zu Katze, felis, gestellt sind. Vgl. Kutz.

Beide Bedeutungen hat Estor S. 1412.

kauten, gesprochen *küten*, tauschen; gegenwärtig nur noch im Schmalkaldischen üblich, ehedem aber in ganz Hessen gebräuchlich. „War umbe war muste verbutet unde *gekütet* werden, unde nymant muste umbe gelt kouffen noch verkouffen". Emmerich Frankenberger Gewonheiten bei Schminke Monim. hass. 2, 674. „doch sollen die genanten Belehnten — sulches guth nymants anders dan yren genossen — verkauthen noch verkaufen". Lehnbriefe des Stifts zu Schmalkalden von 1518—1845, und sonst in zalreichen Lehnbriefen aus fast allen Theilen von Althessen. Das Wort ist niederdeutsch: *cuyden,* wechseln, tauschen, im Teutonista (Richey S. 445), komt aber auch am Rhein bis nach Worms hin vor „im Kauden oder Wechseln" Wormser Ref. 1561. fol. Bl. 27b.

Kavát msc., zuletzt, so lange das Wort im Gebrauche war, *Karsát* gesprochen. Die mit diesem Namen bezeichnete Sache und den Namen selbst habe ich in Hessen nur einmal, in Marburg, gefunden. Von dem Ausgange der untern Marktgasse führte nämlich ehedem (bis etwa 1830) ein Grad (stark erhöhetes Trottoir, wie ein solches bis zum Ende des 16. Jarhunderts durch die ganze Barfüßer Straße lief und in Kirchhain noch jetzt vorhanden ist) nach dem Marktbrunnen, quer vor der Gasse her, welche vom Markt nach dem lutherischen Kirchhof führt. Dieser Rest des alten Grads trug den Namen *Kavat*, und behielt denselben auch, als die den Kavat bildenden Quadersteine (um 1830) abgebrochen und dieser Rest des Grades in einen doppelten niedrigen Stufenabsatz verwandelt wurde. Früher und später saßen auf dem Kavat die Obsthändlerinnen. Der Ort mit seinem Namen (Cavath) erscheint in einer, den Statthalter Burchard von Cramm (im 16. Jarhundert) betreffenden Anekdote bei J. Balth. Schuppius Schriften (1719, 1, S. 353 in „Sieben böse Geister"), welche, möglicher Weise selbständig, indes doch wol nur nach Schuppius, auch in Zinkgrefs Apophthegmen 3, 26 vorkommt. Die in dieser Anekdote erwähnten Quadersteine, an welchen die Marburger Müßiggänger ihre Meßer wetzten, waren in dieser ausgewetzten Gestalt bis zum Abbruch des Grades noch vorhanden. — Im Jahr 1861 wurde auch der doppelte Stufenabsatz abgebrochen, und in den nächsten Jahren schon wird mit dem Wegfallen des letzten Restes des Kavat auch der Name für immer erloschen und vergessen sein. — Ursprünglich muß indes diese Stelle überwölbt oder wenigstens überbaut gewesen sein, denn cavata bedeutet

Gewölbe, Halle, und solche Cavaten (indes femininisch, nicht wie in Marburg, auch bei Schuppius und Zinkgref, misbräuchlicher Weise masculinisch) fanden sich in mehreren Städten, z. B. in Erfurt (s. z. B. Fischarts Gargantua in den späteren Ausgaben 1600 Bl. 135a, 1608 Nijb, Dan. Gresers Beschreibung des Unfugs der Studenten in Erfurt 1821 (in der Historia vnd Beschreibung seines Lebens 1587. 4. Bija) „die Studenten — — stürmten die Pfaffenhäuser vmb die Cavala vnd vnser lieben Frauen vnd Severikirche herum"). Im 16. Jarh. kann der Marburger Kavat schon eine Halle nicht mehr gewesen sein.

Estor t. Rechtsgel. 3, 1413 hat: „Kavat, lack, pranger", was irrig ist; der Kak stand in Marburg zwar in der Nähe des Kavats, war aber keineswegs identisch mit demselben.

Kehle fem., *Kehlboden*, der oberste Raum in der Scheuer. s. Kehlbalken bei Adelung 2, 1532.

Kehlwanze fem., ein Stück verhärteten Brustschleims. Schmalkalden.

Keiben war als stark conjugierendes Verbum ehedem üblich (kibe, keib, kiben), ist aber nicht mehr volksüblich; gemeinhochdeutsch ist daraus das schwache Verbum keifen geworden. Es bedeutet sich, namentlich mit Worten, zanken. „Wir enkummen nicht, das wir widder unsern Herrn kyven adder stryden wullin" W. Gerstenberger b. Schminke Anal. hass. 1, 211. „Fiengen da an vnd kieben sich vmb mich" Hans Staden Reisebeschr. (Weltbuch 1567 2, 34a). „Sagt Zeug, es sey woll beschehen, das sie sich mit den weibern wie es pflege zuzugehen, gekiben" Marb. Hexenpr. A. v. 1579. „deswegen sie sich mit ihme (dem Teufel, welcher verlangte, daß die Hexe Aepfel und Birnen bezaubern sollte, was sie nicht thun wollte) gekieben". Marb. Hexen Pr. A. von 1633.

Ueblich sind nur noch die Ableitungen

kippeln (kibbeln), im Schmalkaldischen und sonst, und **kippern**, im Haungrund; beide mit der Bedeutung: sich zanken, streiten; es ist hiermit meist nur ein Wortwechsel gemeint.

keilen, 1) transitiv: treiben, antreiben, drängen; auch mit Gewalt oder durch unverschämte Lockungen herbeiziehen. 2) intransitiv: kilen, wie ein Keil durchgehen, wie mit dem Keil gespaltenes Holz ausreißen, sich schleunigst aus dem Staube machen. In dieser intransitiven Bedeutung ist das Wort nur im sächsischen und westfälischen Hessen, wie im Schaumburgischen und Osnabrückischen (Strodtmann Idiot. Osnabr. S. 102), meist in der Redensart gebräuchlich: hei gung averst kilen, heste nich sein. Im übrigen Hessen ist eine ähnliche Redensart sehr üblich: der gieng aber los wie Keilholz.

erkeisen, auch *verkeisen*, und in der neueren Zeit öfter verderbt in *verkeistern*, vor Kälte starren, vorzüglich vom Frieren und Erfrieren der Menschen und Thiere. „Ich hab so lange da gestanden, ich bin ganz erkeist"; „die Folen sind gar niedlich (s. d.); wenn sie im dicken Winter fallen, so erkeisen sie gar leicht"; „sie kam ganz verkeist aus der Kirche und hat sich gleich darauf gelegt". Estor t. Rechtsg. 3, 1407.

Das Wort, in Oberhessen allein, aber sehr üblich, scheint sich nirgends sonst zu finden. Gleichwol ist es vom höchsten Altertum, und muß an die Schmeller 2, 336 aufgeführten Wörter angeschloßen werden: *ches*, gelu Gloss. Mons., das *Kes*, der Gletscher (romanisch, glacies); Keswaßer, Gletscherwaßer. *verkesen*, sich mit Gletschereis erfüllen, vergletschern.

Kelber fem., das weibliche Lamm, Mutterlamm. Dieses uralte Wort (ahd. chilpura, kilbra), in dieser Form nur noch in der Schweiz gebräuchlich (Stalder 2, 99), findet sich in Hessen meines Wißens nur im Haungrunde. Vgl. Schmeller 2, 291.

Kelch, *Kelk*, *Kölk* m. (zuweilen auch fem.), Unterkinn, Doppelkinn, im Haungrunde Kropf. Ist durch ganz Hessen, wie auch in der Wetterau, am Vogelsberge, in Oberkatzenelnbogen üblich, in Baiern nur von den Auswüchsen an Pflanzen gebräuchlich (Schmeller 2, 292). Bei Estor t. Rechtsgel. 3, 1409: „gölck, unterm kinn". Bei Alberus (Dict. Bl. Qija): „die Haut vnder dem fonn, das kelcklin". Ahd. *chelich*, *kelch*, struma. Das Wort ist eine Ableitung von Kehle, und hat mit Kelch calix nicht das mindeste zu schaffen, wie dieß schon Weigand im Intelligenzblatt für die Prov. Oberhessen 1846 No. 61 erinnert hat.

Daher
kölken, ausbrechen, sich erbrechen; zugleich onomatopoetisch.

Kemnate fem., vielleicht ursprünglich heizbares, jedenfalls aus Steinen erbautes Gemach, erscheint in den hessischen Urkunden stets als abgesondertes Gebäude von Stein; das Wort kommt ziemlich häufig, aber nur bis in das 15. Jarhundert vor. Heut zu Tage ist es nur noch in dem Namen eines Hofes im Amt Neuhof: der Kemnetenhof, und in dem Namen eines Berges bei Kloster Haina: der Kemnatenkopf, übrig.

kennen. In der Conjugation dieses Wortes findet im Dialekt der Rückumlaut nicht statt: das Präteritum lautet meist: ich kennte, das Participium des Präteriti fast ausnahmslos *gekennt*, *bekennt*.

bekannt (bekennt) bedeutet in Mittelhessen: verwandt durch Heirat, angeheiratet. Seltsamer Weise braucht Hans Staden in seiner Reisebeschreibung (Weltbuch 1567. fol. Bl. 58b) einmal das Wort *bekant* für ungefähr, indem er unter ganz gleichen Verhältnissen (Bl. 34b) „ungefährlich" anwendet.

keppen, *keppern*, mit der Axt oder Barte (Handbeil) in etwas einhauen, namentlich in die Bäume; das Wort hat in der Regel den Nebenbegriff des unstäten, an verschiedenen Stellen wiederholten, dann aber auch des zwecklosen Einhauens, des Baumfrevels. Oberhessen, Schmalkalden.

Gleichwol muß hierher der Name der von der Lohe abgeschälten oberen Eichenrinde gezogen werden: *Kipp* s. d.

Kerbe fem., wie gemeinhochdeutsch, nur ist die Kerbe in Niederhessen lediglich der natürliche Einschnitt, während der künstliche, durch Mezerschnitt hervorgebrachte, dort Kimme heißt (s. Kimme). *Arschkerbe*, allgemein übliche Bezeichnung dieses Körpertheils, welche auch öfter als Benennung von Feldplätzen dient. Am gebräuchlichsten war der Ausdruck von der Berechnung, welche an den Kerbhölzern durch Einschnitte, Kerben, gemacht wurde, und bis in das 17. Jarhundert die ausschließliche Berechnungsweise für Viehzal, Garbenzal (Zehnten zumal) u. dgl. bildete, theilweise sogar bis auf den heutigen Tag fortdauert; die Bauern zeichneten ihren Vermerk mit Kerben in die Kerbhölzer, die Herren den ihrigen in ihre Bücher ein, und am Jahresschluß wurde Controle (Kerbzälung) gehalten. „der alten schuldt, wass der ist, die sie (die Landsidel) an ihren *kerben* vnd die Herren auch in ihren büchern beschrieben haben" Schiedspruch von 1464 bei Lennep Leihe zu LSR. Cod. prob. S. 241. Der Hirte des Dorfes bezeichnete jedes Stück seiner Heerde mit einer Kerbe, kannte auch an der Kerbe, sobald er nur seinen Kerbstock ansah, das Stück Vieh, welches durch jede Kerbe bezeichnet war. Diese Weise, anderwärts untergegangen, herrscht noch heute an der Diemel und untern Werra. Die Zehntgarben wurden noch 1816 in Schwarzenborn von den Zehntmännern gekerbt. Eben so wurden bis zum Jahre 1861 die „Abwerfescheiter" (Holzschiete, welche beim Einfahren in die Stadt von den bäuerlichen Holzverkäufern als Abgabe an die Stadt oder die Herrschaft vor dem Thorzollhaus abgeworfen werden mußten) in Marburg von dem Thorschließer durch Kerben am Kerbholz angemerkt. Von jenem Zälen der Viehstücke durch den Hirten rührt es denn auch her, daß in Oberhessen der Viehbestand, und durch diesen der Umfang der Güter nach Kerben bestimt werden. Eine Kerbe ist gleich einem Stück Rindvieh oder zwei Schweinen; „der Schullehrer hat eine Kerbe frei" bedeutet: er hat das Recht, ein Stück Rindvieh oder zwei Schweine unentgeltlich mit zur Weide zu treiben. „Ein Gut von vier Kerben" ist ein mit vier Ochsen oder zwei Pflügen bestellbares Gut. Vgl. *Kimme* und *anschneiden*.

S. Zeitschrift für hess. Gesch. u. Landesk. 4, 76—77.

kêren, wie gemeinhochdeutsch, oft aber auch da gebraucht, wo gemeinhochdeutsch umwenden gebraucht wird, z. B. den Wagen kehren. Ehedem bedeutete es auch figürlich, namentlich in den Compositionen bekêren, widerkêren, vergüten z. B. Gerichtskosten, auch Widerruf leisten. So z. B. Gerichtsordnung von 1497 §. 8 (LandesO. 1, 18).

Kêrung, Ersatz, Vergütung. „mit kerunge mogeliches kostens und schadens" 1479. Lennep Leihe zu Landsiedel-Recht Cod. prob. S. 739.

Käre auch Köre gesprochen, fem., Wendung, namentlich mit dem Wagen bei einer Krümmung des Weges, auch wol die Krümmung des Weges selbst; der Fuhrmann verfährt die *Käre*, wenn er bei einer Krümmung das Geleise nicht einhält. Vorzugsweise im östlichen Hessen, an der Werra, in Schmalkalden gebräuchlich. Tropisch wurde *käre* auch für Widerruf gebraucht Emmerich Frankenb. Gewonh. bei Schminke Monim. hass. 2, 733: *kore*, das ist, das he spreche he habe as uff yn gedichtet, unde mit worheit geseyt, unde enwiss solchs nit von ym in keiner warheit.

Umbekor, Umkehr, Rückweg; W. Gerstenberger bei Schminke Monim. hass. 2, 350; „off der umbkar (umbkor) nach Cassel" Futterzettel von 1557 und oft; jetzt (Ummekur gesprochen) in der Bedeutung Umkreis an der Eder (Wabern und Umgegend) üblich.

Althochd. *chêran*, vertere, *chêra*, inversio, mhd. *kêren*, *kêre*. Vgl. Schmeller 2, 322—324.

Kerne fem., in Hessen, wo es nur an der Diemel vorkommt, nicht anders als in der Zusammensetzung: *Butterkerne*, Butterfaß. Ein durch die ganze niederdeutsche Sprache (angels., engl., holl.) verbreitetes Wort. Brem. WB. 2, 742. Richey S. 111, Wachter u. s. w.

Kerner msc., Beinhaus; desgl. die Kapelle, welche über dem Beinhause pflegte erbaut zu werden. In Hessen scheint diese Bezeichnung nur einmal, in Marburg, vorzukommen; vgl. (Creuzer) Beitrag zu einer Geschichte und Beschreibung der luth. Pfarrkirche 1827. 8. S. 24. 25. Ein, zu Marburg am Marienkirchhof (luth. Kirchhof) gelegenes, ehedem, vor dem Jahr 1512, als Rathaus der Stadt, jetzt zur Wohnung des an der gedachten Pfarrkirche angestellten zweiten Pfarrers (Ekklesiasten) dienendes Gebäude hat ehedem, und zwar in seinem untern Theile (während der obere als Rathaus diente), die Bestimmung eines Beinhauses mit Kapelle (zu den drei Königen) gehabt und den Namen der Kerner geführt. Anderwärts finden sich solche Kapellen mit Bein-

häusern, oder umgekehrt, nicht ganz selten; so hatte z. B. die ehemalige Reichs=
stadt Windsheim an der Aisch eine solche Kapelle, der Kärnder genannt
(Pastorius Franconia rediviva 1702 S. 323). Das Wort ist aus dem latei=
nischen carnarium, Leichenhof, gebildet; ahd. *charnare, sepulcra vulgi ignobilis*;
mhd. *gerner, gärner,* ossorium. Scherz=Oberlin s. v. Gaerner. Schmeller
2, 66. Vgl. S. Brant Narrenschiff (Strobel S. 134, 14): Als ist dem sack
der boden uss, biss er fert in das gernerhuss. „Gerner oder Beinhauß"
Wickram Rollwagenbüchlein 1555 Eiija.

Kersche, *Kerse* fem. 1) die Kirsche, in Oberhessen und in der Graf=
schaft Ziegenhain, während im übrigen Althessen dafür Kesper (s. d.) gebraucht
wird; 2) die Kresse, Brunnenkresse; niederdeutsche Metathesis wie in bernen
statt brennen u. dgl.; in ganz Althessen. „Schaben, welche im Kirschenteich
an der Brunnenkresse kriechen" Eschweger Hexen Pr. A. v. 1657. Vgl. Graff
Diutiska 2, 224a. Schottel Haubtspr. S. 1344. Zeitschr. f. hess. Gesch. u.
LR. 4, 77.

Kesper fem., die Kirsche, und zwar jeder Art, wilde und cultivirte,
süße und saure ohne Unterschied. Niederdeutsche, in ganz Niederhessen so aus=
schließlich herschende Form, daß man hier unter Kirsche nur Brunnenkresse ver=
steht (s. *Kersche*), wogegen in der Graffschaft Ziegenhain und in Oberhessen so
wie im Fuldaischen nur Kirsche gebraucht und Kesper nicht verstanden wird. *Kesper* ist,
wie Kirsche aus cerasus, entstanden aus kersebeere (cerasusbeere) Reineke Vos
4380, *Kersper* (Homberger Acten und Rechnungen von 1415) und hieraus, wie
kassebeere (Brem. WB. 2, 749), *Kesper*.

Kebsen plur. taut., eine weitere, dem Schmalkaldischen Dialect ganz an=
gemeßene Verderbnis von Kesper, ist im Schmalkaldischen der Name der kleinsten
und geringsten (wilden) Kirsche.

Vgl. Zeitschr. f. hess. Gesch. u. LR. 4, 77.

Keszler msc., Keßelflicker, ein jetzt fast gänzlich in Abgang gekommenes
Handwerk oder Gewerbe. Im Anfange dieses Jarhunderts noch (bis gegen das
Jahr 1820) zogen die Keßelflicker, sehr gewöhnlich auch Kaltschmiede genannt,
als herumwandernde Arbeiter mit ihrem Geräte, auch mit kleinen zum Verkauf
angebotenen Metallwaaren von Dorf zu Dorf, sehr oft Landstreichern nicht un=
ähnlich, und nach einem alten Zeugnis (gereimte Bearbeitung des 1. und 2.
Buches Mosis aus dem 11—12. Jarhundert; Diut. 3, 65. Hoffmann Fundgr.
2, 31) muß es so schon in ältester Zeit gewesen sein; nicht selten trieben auch
Zigeuner das Keßelflickergewerbe. Keßler kommen mit Mengen (Händlern,
Krämern) zusammen vor Kopp Haudb. 6, 22 f. und öfter, auch mit Gelzen=
leichtern (Schweineschneidern); s. dieses Wort.

Keule fem., ein jetzt im Volke ganz unübliches, ja kaum verstandenes
Wort. Und doch muß es ehedem zu den üblichsten Wörtern gehört haben. Die
Hirten führten nämlich in älteren Zeiten neben ihrem krummen Stabe auch eine
Keule, wie ihnen dieselbe von den Statuta Eschenwegensia (von Röstell 1854
herausgegeben S. 6) zugeschrieben wird. Wenn eine Frauensperson genotzüchtigt
wird, so sind auf ihren Hülferuf alle, welche denselben hören, zur Folge ver=
pflichtet: der Ackermann mit seiner Rute, der Enke mit der Geisel, und sollen
Pflug und Pferd laßen stehen, dy herte sal ouch folgen met syner *kulen* und
met syme krummen stabe, und sal daz sye losse sten.

Vgl. *Kolbe*.

Kibes msc., ein unansehnlicher und zugleich widerlich („unappetitlich") aussehender Mensch. Schmalkalden.

Kimmchen, Kimmerchen, Kimmerken, Kummerchen, kleines Schwein, Ferkel. Nur in dieser Demination üblich; das Wort gilt aber auch als Lockwort, zunächst allerdings für Ferkel, aber auch für die Schweine überhaupt. Sächsisches und westfälisches Hessen, Kassel (wo Gimmerchen gesprochen wird), Gudensberg, Felsberg, Fritzlar, Wabern. Anderwärts unverständlich; dafür Rutz, Ritz; Wutz.

Kimme fem., Kerbe, jedoch nur die künstlich, z. B. durch einen Messerschnitt erzeugte Kerbe. Niederhessen; in Oberhessen unbekannt. In Metzebach im Amt Spangenberg wurden, und zwar noch im Jahr 1836, die Bauerngüter nach Kimmen und Stichen berechnet, welche Ausdrucksweise offenbar von dem Gebrauche der Kerbhölzer herrührt. Die Kimme betrug $\frac{1}{16}$ Hufe, der Stich, ein Theilmaß der Kimme, den vierten Theil derselben, oder $\frac{1}{64}$ Hufe. Die Frage, welche ich nach Ursprung, Bedeutung und Verbreitung dieser Berechnung einst in der Zeitschrift für hessische Geschichte und Landeskunde 4, 77 aufwarf, ist, wie mehrere spezielle Privatanfragen nach demselben Gegenstande, zwar fast durchgängig unbeantwortet geblieben, die wenigen freundlichen Notizen jedoch, welche mir zugekommen sind, beweisen, daß die in Rede stehende Berechnung ehedem eine weit, und vielleicht durch ganz Allhessen mit Ziegenhain, verbreitete gewesen sein müsse. So weiß man an 3–4 verschiedenen Orten noch so viel, daß die Abgaben nach Kimmen (die Grüne-Tisch-Weisheit schreibt „Kämmen") berechnet worden sind und noch gegenwärtig der Grundlage nach berechnet werden; in Zella aber bei Ziegenhain kennt man noch jetzt auch den Betrag einer Kimme: drei bis vier Kassel-Acker, und den Abgabenbetrag für eine solche: zehn Heller. Vgl. Kerbe.

Kind. „Zum Kind krank sein", Geburtswehen haben; alte, noch jetzt gebräuchliche Formen.

Kinderfrau, die in den Gegenden, wo Eller (s. d.) unbekannt ist, übliche Benennung der Hebamme, welches Wort sich nirgends im Gebrauche befindet.

Kinken plur., die würfelförmigen Stücke Schmeer und Speck, welche außer dem gehackten Fleisch in die Würste (Garwürste, Rothwürste, Blutwürste, Weißwürste) gefüllt werden. Nur an der Diemel üblich. Vgl. Strodtmann Idiot. Osnabr. S. 103: Kintel, ein hangend Stück Fett am Fleisch.

Kipp msc. heißt in Marburg die äußere, rauhe Rinde der Eiche, welche mit dem Schnitzmesser von der Lohe abgenommen und als brauchbares Brennmaterial benutzt wird. Das Brem. WB. hat 2, 766 Kiff für gemalene Gerberlohe. Vgl. keppen.

Kippe fem., in Niederhessen bis nach Hünfeld hinauf, mit Ausnahme der sächsisch-westfälischen Distrikte, wo das Wort Kiepe lautet, Keipe in Oberhessen: Tasche, und zwar ist Kippe (Kiepe, Keipe) das für Tasche ausschließlich gebrauchte Wort, wo man nicht, wie im südlichen Oberhessen, Garge wenigstens von den Frauentaschen braucht. Tasche wird in vielen Dörfern Hessens gar nicht verstanden. „Du hast den Teufel in der Keipe" mit diesem Anruf schalten sich im J. 1688 Mutter und Tochter in Rosenthal gegenseitig, und es bezog sich derselbe auf ein sogenanntes „Teufelsmännchen" (Alräunchen), welches in einer Büchse oder Schachtel lag und beim Eröffnen derselben den Hineinschauenden freundlich anlacht, aber bei diesem eben durch dieses Lächeln das größte Entsetzen erregt. — „Sie tragen ihre Kinder auf dem rücken, in keipen von Baumwollen garn gemacht" Hans Staden Reisebeschreibung (Weltbuch 1567 fol.) Bl. 54a. In dieser Bedeutung wird Kippe indes in Hessen jetzt nicht mehr gefunden, anderwärts aber ist dieselbe gerade die üblichste.

Kiepe machen, Gemeinschaft machen, namentlich wenn es sich darum handelt, einen Profit zu machen; — im westfälischen Hessen.

Kippenschatz, (Geliebter oder) Geliebte, welche man sich nur zu dem Zweck „anschafft", um durch deren Vermittlung die Kippe voll zu bekommen, sich, zumal mit Speisen, Leckerbissen, beschenken zu laßen, wie das in den untersten Ständen, zumal bei den gemeinen Soldaten, sehr gewöhnlich vorkommt.

Das Wort ist ein mittel- und niederdeutsches Sprachelement, ahd., mhd. und in den jetzigen oberdeutschen Dialecten nicht vorhanden.

kippeln s. keiben.

kippen, 1) neutr. und act. wie gemeinhochdeutsch, auch in den Compositen *umkippen* und *abkippen*.

2) sich geschlechtlich vermischen. (Schmalkalden, nach des † Straube Mitteilung).

Kirb, *Kirbe* fem., Abkürzung von Kirchweihe. Dieser Name des Kirchweihfestes ist in ganz Althessen jetzt unüblich; man sagt nur Kirmes (s. d.). Doch muß ehedem das Wort auch in Althessen, wenigstens in Frankenberg, gebräuchlich gewesen sein, da es sich, freilich in abundantem Gebrauche: *die kirchen kerbe* in Emmerichs Frankenberger Gewonheiten bei Schmincke Monim. hass. 2, 702 findet. Estor verzeichnet es, aber, heut zu Tage wenigstens, kommt es erst in der Gegend von Gießen vor. Dagegen ist es üblich im Fuldaischen, im Schwarzenfelsischen und im Hanauischen überhaupt, wie auch sonst in Oberdeutschland. „die kyrbe" im Salzschlirfer Weistum von 1506 (Grimm Weisthümer 3, 377) möchte wol im Osten die äußerste Grenze des Vorkommens dieser Bezeichnung nach Norden hin angeben.

Kirchenvater ist die in den Schmalkaldischen Dörfern und hin und wieder auch an der Werra, wo sogar noch *Kirchenheite* (s. Heite) gehört wird, übliche Bezeichnung der ehemaligen Heiligenmeister, jetzigen Kirchenältesten, Kirchensenioren.

Kirmes fem., meist *Kermes* gesprochen, die in ganz Althessen ausschließlich übliche Benennung der Kirchmesse, des Kirchweihfestes, des nun schon seit mehr als zwei Jarhunderten als lediglich weltlich gewordenes Fest bestehenden järlichen Tanzfestes der Bauern, bei welchem, und zwar schon seit dem Anfange des 17. Jarhunderts, hier zu Lande jede Erinnerung an die ursprüngliche Bedeutung dieses Festes gänzlich erloschen ist. Seit jener Zeit scheinen auch die Kirmessen in den Dörfern der einzelnen Landestheile in eine und dieselbe Zeit verlegt worden zu sein, während noch im 16. Jarhundert sich deutliche Spuren finden, daß jedes Kirchspiel seine besondere Kirchweihzeit gehabt haben mag. Im östlichen Hessen fällt die Kirmeszeit schon am Ende des 17. Jarhunderts die letzte Woche des October und die beiden ersten Wochen des November (acht bis vierzehn Tage nach der Woche, in welche der „große Bettag" fiel, welcher bis zum Jahr 1814 auf den dritten Mittwoch im October gesetzt war), im westlichen Hessen fiel die Kirmes früher, in die zweite, ja in die erste Hälfte des September, und einzelne Ortschaften hielten dieselbe sogar in der Pfingstwoche, weshalb diese Kirmes „Salatkirmes" genannt wurde. Die Kirmes wurde zuerst „angespielt", d. h. es wurde an einem Sonntage im Sommer ein Tanz gehalten, um bei dieser Gelegenheit die Musikanten zu „dingen". Dann wurde am Mittwoch

Abend der Kirmeswoche von den jungen Burschen unter Anführung der „Platzbursche" ein Umzug mit Musik durch das Dorf gehalten, Donnerstag und Freitag Vormittag aber gleichfalls mit Musik von Haus zu Haus gezogen, um „die Kuchen aufzuheben", Donnerstag den in der Regel schon unter der Linde getanzt. Freitag und Sonnabend waren jedoch die eigentlichen Tanztage unter der Linde, und Sonntags wurde die Kirmes beschloßen. Montags folgte noch eine Nachkirmes, d. h. ein Umzug der jungen Bursche unter allerlei Vermummungen. Im westlichen Hessen hatte die Kirmes nicht überall diesen Umfang, fieng etwa erst Donnerstags mit dem Umzug an u. dgl. -- In neuerer Zeit ist die Dauer der Kirmessen, aber auch die Abhaltung derselben selbst, sehr beschränkt worden, und von der alten, im Ganzen sehr unbefangenen, Frölichkeit dieser Volksfeste ist in manchen Gegenden nur noch sehr wenig übrig. — Die Städte pflegten, mit ganz geringen Ausnahmen der kleinsten unter ihnen, schon am Anfange des 18. Jarhunderts Kirmessen nicht zu halten.

Seikirchmesse. „Auch haben se zwo *seikirchmesse* zu Nüwenkirchen" (an der Hauna) Weistum von 1483 bei Grimm Weisthümer 3, 379. Wenn das Wort nicht verschrieben oder verlesen ist, so läßt es sich mit den jetzt zu Gebote stehenden Sprachmitteln nicht erklären.

Kirmes wird in Oberhessen auch in uneigentlicher Bedeutung sehr gewöhnlich gebraucht für Kinderspielzeug, Kinderkram; „nun, was hast du da für Kirmes?" Der Gebrauch ist schon alt, findet sich nämlich bereits bei W. Gerstenberger (Schminke Monim. hass. 2, 333): liehte kinderwerk ist hier völlig gleichbedeutend mit dem alsbald folgenden liehtin kirmesse. Hier scheint es vorzugsweise Gebäck zu bedeuten.

Kindkirmes, Kindtaufschmaus, Kindtauffestlichkeit, Kindtaufe. Im westlichen Hessen sehr üblich, selten im östlichen. Vgl. Schmeller 2, 330.

Kiss masc. und neutr., Stange mit einem halbkreisförmigen Brett am einen Ende, welche dazu gebraucht wird, um auf der Dreschtenne oder auf dem Fruchtboden das ausgedroschene Getreide zusammenzuscharren (Estor t. Rechtsg. 3, 1412), so wie um die glühenden Kohlen aus dem Backofen zu ziehen. Vielfältig wird jedoch dieses Instrument Krücke (Fruchtkrücke, Backkrücke, Ofenkrücke) genannt, und dann bleibt der Name Kiss für das Instrument vorbehalten, welches gleichfalls aus einer Stange besteht, an deren Ende sich meistens ein kleines viereckiges Bret befindet, das mit naßem Stroh oder naßen Lumpen umwickelt wird, und dazu dient, den Backofen, nach dem Herausscharren der Kohlen mittels der Krücke, zu reinigen, damit das Brod eingeschoßen werden kann. Auf dem Westerwald spricht man Kies; Schmidt westerw. Id. S. 78. Das Wort ist alt, und vermutlich niederdeutsch: *chissa*, tractula in den Trierer Glossen bei Hoffmann althochdeutsche Glossen 17, 35.

Kitsche fem., d. i. Kitze, die weibliche Katze; nur im Schmalkaldischen üblich, wenn auch Kitze, Kitz, von dem Weibchen der Katze hin und wieder im Gebrauch ist. Gewöhnlich werden die Geschlechter nur durch Kater (Heinz) und Katze unterschieden.

Kittel msc. 1) wie gemeinhochdeutsch. Vgl *Bäcker, Donnerkittel*.

2) öfter, aber wol richtiger *Kiddel* geschrieben, als Bestandteil von Wald- und Triftstücken; z. B. die *Kiddelsheide* bei Elben (Weistum der Elbermark von 1440, Grimm Weist. 3, 322), die *Kiddelbach* zwischen Hedersdorf und Kirchheim, und sonst. Soll das Wort auf einen deutschen Namen zurückgeführt werden, so ist derselbe sicherlich nicht das Kleidungsstück Kittel, sondern etwa der

nur im Gothischen noch erfindliche Mannsname Quidila (zu dessen Ableitungen u. a. Quidilingaburg, Quedlinburg gehört), welcher hochdeutsch sich in Kidila, Kidil, umgestaltet haben kann.

kittern, hessische Aussprache von *köddern*,

1) lachen mit unterdrückter Stimme, besonders wenn Mehrere zusammen sind, und halbverstohlen mit einander lachen, wie besonders junge Mädchen thun. Niederhessischer Gebrauch. Schmeller 2, 343.

2) mit einander plaudern; im sächsischen und westfälischen Hessen und im Kreiße Hünfeld. Hier wird *köttern*, *köddern* gesprochen. Schottel Haubtspr. 1349. Richey Hamb. Id. S. 133. Strodtmann Id. Osnabr. S. 109. Brem. WB. 2, 835.

klabastern, auch *klambastern*, neutr., sich unruhig bewegen, transit. Jemanden in unruhige Bewegung versetzen, hin und her treiben; im sächsischen und westfälischen Hessen geradezu: abquälen, z. B. Pferde.

klamm, 1) arctus, angustus in eigentlicher und metaphorischer Bedeutung. „Die Thür geht klamm zu", ist schwer zuzumachen; „die Fensterflügel schließen klamm"; „das Schubfenster ist klamm geworden", d. h. ist von der Feuchtigkeit gequollen und geht nicht auf"; — „es geht mir gar klamm" d. h. bedrängt, dürftig; auch: „das Brod, das Geld ist klamm", womit sich die Bedeutung von klamm an die des Wortes *spenge* (s. d.) anschließt. In ganz Althessen, am üblichsten in Niederhessen.

2) feucht, von der nicht vollständig getrockneten Feldfrucht, Wäsche und dgl. im Ziegenhainischen, und wol ziemlich überall in Niederhessen. Schottel Haubtspr. S. 1345. Brem. WB. 2, 784. Schmeller hat dieselben Formeln, welcher unter 1) angeführt sind 2, 92 unter gleim, 2, 356 unter biklemm, welches letztere Wort auch auf dem Westerwald (Schmid S. 19) vorkommt, und auch im westlichen Oberhessen vorhanden sein soll; ich habe es selbst nie gehört.

klappen, im sächsischen und westfälischen Hessen der ausschließlich gebrauchte Ausdruck für das gemeinhochdeutsche klatschen mit der Geisel (Peitsche). Im übrigen Hessen herscht größtenteils das gemeinhochdeutsche Wort, oder schnappen.

kläterig, in den niederdeutschen Distrieten *klatterig*, schmutzig und naß: klateriges Wetter, ein klateriger Weg; aber auch sehr häufig im Tropus: eine klaterige Sache, Geschichte. In Niederhessen üblich, in Oberhessen unbekannt. Strodtmann Idiot. Osnabr. S. 104 (kladderiche Sacke, en kladderigen weg). Lippisches Idiotikon in Frommann Mundarten 6, 215.

Klauer. Estor hat in seiner Probe eines oberhessischen Wörterbuchs, T. Rechtsgelahrtheit 3, 1412 folgenden Artikel: „Klauer, der reitochs. Der namen der ausgestorbenen adelichen klauer, zu Gemünden und Ockershaussen". Die Benennung des Zuchtochsen, Klauer, will sich in Oberhessen ungeachtet der sorgsamsten Nachfragen, welche schließlich doch manches von Estor Angeführte, was früher von sonst einsichtigen Personen aus dem Volke war abgeleugnet worden, als richtig bestätigt haben, auch jetzt nicht finden. Möglich, daß Estor mit seinem Artikel nur die Erklärung des Familiennamens Klauer hat geben wollen, und diese Erklärung anderswoher entnahm, denn Klauer bedeutet nach dem Brem. WB. 2, 797 „ein hurtiges, auch ein großes Thier". Eben so vorher schon Richey Id. Hamb. S. 120.

Klaus, auch wol *Kläs*, am gewöhnlichsten *Klöwes*, Abkürzung von Nikolaus, doch nicht, wenn dieser Name als Rufname verwendet wird, indem in diesem Falle die Silbe Ni— nicht unterdrückt zu werden pflegt. Aber selbst wenn der Heilige des 6. Decembers gemeint ist, wird in Oberhessen diese Silbe nur selten weggelaßen. Dagegen wird z. B. in Hersfeld niemals gesagt: das Nikolausthor, sondern ausnahmslos: das Klausthor. Der Umzug des Klaus, Kläs, Klöwes, Niklöwes am 6. December Abends ist noch jetzt in manchen Gegenden, namentlich in und um Hersfeld, Marburg, Kassel regelmäßig üblich; bis um 1840 wurde derselbe noch häufig von Erwachsenen, auch noch mit dem alten Schläge-Austeilen und Nüße-Werfen, vollzogen; seitdem ist der Umzug zu einer Kindermummerei und einem Gaben-Erbitten Seitens der vermummten Knaben herabgesunken.

Klauwe, *Klohe, Klo, Kla* (masc.), großes Holzscheit, was anderwärts *Kloben* gesprochen und geschrieben wird. Das Wort scheint jetzt nicht mehr vorzukommen. Sehr häufig erscheint es in den Baurechnungen der Universitätsvogtei Singlis aus dem 16. und dem Anfang des 17. Jarhunderts, und zwar nur in der Verbindung mit Treppe, so daß es diejenigen Klötze bedeuten muß, welche zu den Treppenstufen (Treppentritten) der damals sehr massiv angelegten Treppen verwendet wurden. „1 fl dem furster zu freilendorff vor 1 bucherbaum geben, sol zu treppen klohn gebraucht werden uff der herrn frucht bodden". 1574. „32 eisern nagel damit die treppen klohen uffgenagelt". 1575. „9 alb vor 3 trappen klauwen". 1586. „2 fl 4 alb vor 16 trapssen klau vor dem Schieberboden". 1588. „21 alb vor 6 neuwe trapssen klauwen vor dem Langenbauw". 1589. „3 fl forstgelt vor zwo Schwein vnd ein Baum zu Trapssen Klön." 1597. „Vor 1 Eichenbaum so zu Trappen klawen vorm langen baw gepraucht werden sol geben 1 fl 10 alb." 1605. „1 buche zu trappen klon". Wetter 1569. „zu trappen kloin" ebdf. 1571.

Das Wort wird noch jetzt repräsentiert durch den waldeckischen und hessischen Familiennamen *Klaholz*.

Ich finde dasselbe nur bei Frisch 1, 520ᵇ: *Klaue*, Holzscheit; im Brem. WB. fehlt es.

Klauwen neutr., auch, in den gebildeten Ständen eigens, *Klauen* gesprochen, die niederhessische Form; *Klauwel*, die in der Graffschaft Ziegenhain und in Oberhessen, *Kluggen* die im sächsischen und westfälischen Hessen gebräuchliche Form: Knäuel Garn, sowol Zwirn wie wollenes Garn u. dgl. Die niederhessische Form findet sich schon bei Herbort von Fritzlar: daz klüwen v. 1040; die Aussprache Klauen bei Schottel Hauptspr. S. 1346: kluen; die oberhessisch-ziegenhainische Form in Baiern Schmeller 2, 348. Die westfälisch-sächsische Gestalt des Wortes ist aus der Neigung dieses Dialektes hervorgegangen, die W, zumal nach au, ou, in gg, g umzusetzen. trogge statt frouwe, haugen st. hauen, friggen st. freien zu sprechen; das Brem. WB. verzeichnet 2, 811 klouwen. An sich sind alle diese Formen Ableitungen von chliua, dem ahd. Namen für globus, jetzt Kugel. Vgl. *Kulle*. Der niederrheinische Provincialismus *Klüngel* (welchen auch Alberus Dict. Bl. Pa hat: Globus, ein klüngel) ist in Hessen völlig unverstanden, auch verdient derselbe die Aufnahme in die Schriftsprache nicht einmal in gleichem Grade, wie unser Klauen, Klauel.

klavieren, in Compositionen üblich, mehr in den Mittelständen, als im eigentlichen Volke, doch mitunter auch dahin in ziemlicher Verbreitung gedrungen:

abklarieren (sich etwas), sich etwas zurecht legen, durch Vermutungen und Schlüße, gleichsam durch Tasten, erraten.

herausklarieren, durch Combinationen etwas Verborgenes zu Tage bringen.

upklarēren, im sächsischen Hessen und im Schaumburgischen: aufputzen, schmücken, herausputzen.

Klawit (kláwit), meist nur deminutiv: *Klawitchen*, das Käuzchen, der Todtenvogel; eine dem Geschrei des Vogels entnommene Benennung, welche im westfälischen Hessen (Wolfhagen) vorkommt. Im östlichen Hessen und in der Grafschaft Ziegenhain heißt dieser Vogel *Kriddewisschen*, gleichfalls onomatopoetisch (s. d.).

Klecker msc., Tüncher; im Schmalkaldischen. Hier ist es die eigentliche Bezeichnung dieses Geschäftes, ohne alle üble Nebenbedeutung; im übrigen Hessen werden die Weißbinder und Tüncher nur spottweise *Kleckser* genannt.

klēnen, *kloenen*, bedeutet eigentlich schmieren (ahd. *chlenan*, *obliuare*), und ist in dieser Bedeutung noch jetzt in Niederdeutschland (z. B. im Schaumburgischen, wo man jedoch kleien, klēen, spricht) und auf dem Westerwald (Schmidt westerw. Id. S. 19) üblich, in Hessen wenig oder gar nicht gebräuchlich. Dagegen bedeutet es, meist jedoch nur im sächsischen Hessen mit Einschluß von Kassel in uneigentlichem Sinn: an einer Sache widerlich langsam ziehen, z. B. im oder am Eßen klenen d. h. langsam und widerwillig eßen, was eben nicht mundet; langweilig und gedehnt von etwas sprechen, wie kloenen auch in Hamburg gebraucht wird (Fulda Wurzelwörter S. 98). Frommann Mundarten 5, 151 (Fallersleben).

klengen, Causativum von klingen: klingen machen. Im eigentlichen Sinne wird das Wort nur von den Samenkapseln (Knoten) des Spätflachses gebraucht: Knoten klengen d. h. die Knoten in der Sonne auf einem Tuche (oder, wie im nördlichen Hessen auch wol üblich ist: in einer Klengkaule) ausbreiten, damit sie klingend aufspringen und den Samen fallen laßen. Dieser Spätflachs, kurze Flachs, Klengeflachs, Klengelein, ist der in Hessen alteinheimische Flachs; der lange Flachs (Lein), Tonnenlein, stamt aus Liefland, hieß auch sonst Rigaer Lein, der Mittelflachs, Dionysiuslein, ist aus Frankreich eingeführt, und hieß deshalb auch ehedem Franzosenlein. S. Estor d. Rechtsgelahrtheit 1, 641 (§. 1594). Seitdem der Klengelein den beiden oben genannten Flachsarten je mehr und mehr gewichen ist, wird das Wort klengen in seiner Bedeutung nicht mehr gehörig verstanden, und mißbräuchlich auch z. B. vom Weizen gebraucht: „der Weizen ist übrig reif, er ist geklengt" d. h. die Körner fallen aus. Vgl. *klimpern*.

Metaphorisch heißt jemanden klengen ihn plagen, ängstigen, quälen; z. B. im Examen klengen.

Klette fem., Benennung des Maikäfers im südlichen Theil von Oberhessen, an der untern Lahn. S. Käferlinz, Maikleber.

kleudern, kleinlich und ungeschickt arbeiten, z. B. eine Arbeit anfertigen, die man zu verfertigen nicht gelernt hat, wie, wenn ein Bauer, welcher die Schreinerei nicht gelernt hat, sich wol oder übel einen Tisch selbst verfertigt. Er hat dann an dem Tisch gekleudert, sich den Tisch zurecht gekleudert. Südliches Oberhessen, an der untern Lahn. Klein Prov. Wörterbuch S. 237 hat dasselbe Wort, nur in der Form klötern, genau in derselben Bedeutung, angeblich „vom Harzgebirge".

klibbern, zerschlagen, in Stücke, zumal in Splitter schlagen oder zerbrechen laßen. „Das Glas ist geklibbert" (zerbrochen; meist im Unwillen so gesprochen). „Sie hawen einen dicken Palmenbaum vmb vnd kliebern den in kleine sprießlin" Hans Staden Reisebeschreibung (Weltbuch, Frankf. 1567 fol. 2, 52b). In Niederheßen allgemein gebräuchlich, aber auch anderwärts nicht unüblich. Das Wort ist Frequentativum von klieben (ahd. chlioban), welches in hochdeutscher Form in Heßen nicht vorkommt, sondern nur in niederdeutscher klöwen (s. d.).

Klibber (*Kliwwer*) fem., Splitter Holz zum Küchengebrauche. Nur in Niederheßen üblich, während in Oberheßen *Schibber* (Schiwwer) gilt. Landesordn. 6, 833. Kopp Handbuch 6, 75. Schmidt Westerw. Id. S. 80.

Klicker msc., hin und wieder gebräuchliche Bezeichnung der aus gebranntem Thon oder Marmor verfertigten Spielkugeln der Kinder. Vgl. *Merbel*, *Heucher*, *Üller*, *Wacken*.

klimperklein, äußerst klein, winzig. Allgemein üblich; in andern Gegenden Deutschlands klinterklein, klintzerliklein (ließ z. B. Philand. v. Sittewald Gesichte (1650) 1, 63.

ein klimpergrützchen, ein ganz klein wenig.

klimpern, an der Werra (Niederhone u. a. O.) in neuerer Zeit üblich gewordenes Wort für klengen, Knoten klengen, w. s.

Klippe fem., im gemeinhochdeutschen Sinne: „steil abfallender Feldtheil" dem Volke nicht nur unbekannt, sondern gänzlich unverständlich. Aber auch in dem Sinne, in welchem das Wort ehedem sehr üblich war, ist es mit der von ihm bezeichneten Sache jetzt verschwunden. Klippe bedeutete die, meist viereckig geschlagene, Blechmünze geringsten Gehaltes und Wertes, und es erhielten sich diese Münzen (welche selbstverständlich nur auf einer Seite geprägt waren, und in Beuteln vom stärksten Leder aufbewahrt wurden) bis zum Anfange des vorigen Jarhunderts; seitdem wurden sie nicht mehr geprägt, verschwanden aus dem Verkehr und werden jetzt nur noch bei Münzfunden (oft in Haufen zu Hunderten an den Wurzeln der Waldbäume), sonst nur in Münzsamlungen, gesehen. Daher kam es, daß Klippe für Scheidemünze, „klein Geld" überhaupt verwendet wurde. So gebraucht es z. B., doch mit sichtlicher Beziehung auf die damals noch vorhandenen Klippen, der Pfarrer Barthelomäus Thomas zu Balhorn, welcher im Jahr 1666 klagte, daß er, als er 1653 in Balhorn eingetreten, 200 Thaler zum Bau des Pfarrhauses vorgeschoßen, „welche hernach klippen weis vnd mit bösen früchten bezalt wurden". Daher denn, nach dem Untergange des einfachen Wortes, die noch jetzt sehr allgemein üblichen Composita:

Klepperheller, Scheidemünze, „kleines Geld", meist im Gegensatz gegen hartes Geld und größere Summen; „ich nehme nur immer ein paar Klepperheller in der Tasche beim Ausgehen mit"; „meine Frau hat das Geld ganz allein an sich gezogen, mir gibt sie nur Klepperheller" Klage eines Siemanns.

Klipperschulden, Klepperschulden, kleine Beträge an Zalungsverbindlichkeiten, wie sie im Laufe des gewöhnlichen Lebens vorkommen; „viel Klipperschulden machen auch große Schulden". Bei der Ordnung eines bisher unordentlich geführten Haushalts werden zuerst die Klepperschulden beseitigt. Misverständlich und corrumpirt sagt man jetzt auch Klapperschulten.

Klipperwerk, Klepperwerk, kleine, geringfügige Waare, geringfügige Gegenstände. So schon bei Schlottel Haubtspr. S. 1346: Klipperwerk, crepundia.

Klöppen bedeutet im Amt Frankenberg: mit nur einer Glocke läuten, ähnlich wie in Westfalen, wo klöppen bedeutet: mit langsamen Schlägen an die Glocke das Zeichen zu einer Versamlung geben (wie das Glockenzeichen des Feuerlärms beschaffen ist), und die Betglocke ziehen, zum Vaterunser läuten: *es klöppt (kleppt)*, es wird in der Kirche das V.U. gebetet und wie in Oberhessen üblich, mit einer Glocke dazu geläutet. Strodtmann Id. Osnabr. S. 106.

Klotze fem., Klaue. „Es ist ein thier, genant Catinara — — ist schwartzgraw von Hare, hat drey klotzen an jedem fuß, schmecket wie Schweinenfleisch" Hans Staden Reisebeschreibung (Weltbuch 1567. fol. Bl. 58a). Soll noch jetzt hin und wieder (wo?) in Niederhessen vorkommen.

klotzen, schlagen, klopfen in einzelnen Stößen oder Schlägen: vom Pulsschlag, von dem fieberartigen Klopfen in Geschwüren, zumal Fingergeschwüren.

aufklotzen, aufstoßen, aufrülpsen. Metaphorisch: „es soll dir übel aufklotzen" es soll dir übel bekommen.

Nur in Oberhessen gebräuchlich.

Klötz plur., nates. Hersfeld. Gewöhnliche hersfeldische Drohung an ein Kind: „wort, bei well ech de Kletz treff".

klöwen (auch *kloewen* gesprochen), spalten, zumal Holz spalten. Sächsisches und westfälisches Hessen, wo das Wort spalten gänzlich unüblich, fast unbekannt ist. Im übrigen Hessen ist klieben (*chlioban*) unbekannt, und nur in Niederhessen sind die abgeleiteten Wörter *Klibber* und *klibbern* üblich (s. d.).

Klüftchen, dünner, auch schlechter, abgenutzter Rock; besonders wird der Frack so bezeichnet. „Wie hältst du nur die Kälte in deinem Klüftchen aus?" Sehr üblich, besonders in den Städten.

Kluggen s. *Klauwen*.

Klunder fem., dasselbe, was Abelung 2, 1647 als „Klunker" hat:

1) kothiger Ansatz an dem untern Rande der Weiberröcke, auch wol Kotklumpen überhaupt. Allgemein, außer in Oberhessen, üblich. Es scheint dieß Wort dasselbe zu sein, welches in Gedichten thüringischen Ursprungs aus dem 14. Jarhundert als *klûter* erscheint:

    ir cleit
  heilec unde lûter
  wären âne *clûter*, Elisabethleben, Diutiska 1, 465.
    lûter
  von alles lasters *klûter*, Heinrich und Kunigunde v. 1428.

vgl. *Klûte* und *Lammel*.

2) metaphorisch: eine unreinliche, niedrige Weibsperson, prostibulum. In diesem Sinn ist Klunder in Marburg und weiter südlich in Oberhessen sehr üblich. Dieses „Klunder" meint auch ohne Zweifel Estor t. Rechtsgel. 3, 1409 mit seinem „Glond, hure", welches zwar an sich nicht fehlerhaft ist, denn *klont* bedeutet im Holländischen eine feile Dirne, vielleicht aber auf unser Klunder bezogen werden könnte. Vgl. Frommann Mundarten 6, 279.

sich beklundern, von Frauenspersonen, kothige Ränder an die Röcke bekommen; von Kindern auch in dem Sinne, wie H. W. Laurenberg Scherzged. S. 31:

  Dat he nich holden kond van vören noch van hinden,
  He muste syne Broeck ahn underlat beklündern.

Das Wort ist als Klûte wie als Klunder entschieden niederdeutsch.

Klunker masc. oder neutr., ein Krug mit engem Halse, wie die Krüge, in welchen das Selterser Waßer u. dgl. versendet wird. Das Wort kommt in Marburger Acten aus der zweiten Hälfte des 17. Jarhunderts öfter (häufig z. B. in dem Criminalproceß der Anna Runkel zu Marburg 1680) vor; es wird „aus einem Klunker etwas in ein Glas, oder auch in einen Tiegel, geschüttet". Auch findet sich Klunkerkrüschen (f. Krus) und Klunkerglas ebendaselbst.

In Oberhessen, namentlich in Marburg, ist Klunker, Klunkerkrug noch jetzt üblich. Unter „Klunker" versteht man diejenigen Krüge, welche aus dem s. g. Kannenbäcker Lande, als „steinerne Krüge" oder „Coblenzer Waare" kommen, und zwar weiß man recht wol, daß diese Krüge wegen des Tones, welchen die in ihnen enthaltene Flüßigkeit bei dem Ausschütten hören läßt, wegen des Klunkerns, so wie sie genannt zu werden pflegen, genannt werden. Vgl. Mathesius Sarepta Bl. 189b: „guttroff, — ein geschirr, das vnten weit vnd oben eng ist, wie man solche ehrne vnn glesrne gefeß noch hat, die da luttern, klundern oder wie ein storch schnattern wenn man drauß trincket". Ganz ähnlich Alberus (Dict. Bl. ddiijb) Bauculum, ein ghubdorf, flesch ꝛc., quod effundendo sonitum facit, daß glünkelt. Siehe auch Sutterkrug Schmeller 3, 293, welches in gleicher Weise auf suttern zurück zu beziehen ist.

klünzeln. „das er vns vil mal hofieren, vnd als eynen affen an die ketten klunzeln müssen, damit er vns von vnserm bösen fürnemen abhalten möchte". L. Philipps Dritte warhafftige verantwortung ꝛc. (wider Herzog Heinrich) (Marburg 1/2 1541) 4. Bl. P4b. Die Redensart ist aus der Schrift des Herzogs Heinrich entlehnt, indes wird sie auch in dieser Schrift theils vollständig theils abgekürzt öfter wiederholt z. B. 2b: „Könte er hie dem affen an der ketten recht klünzeln, das were jme von nöten".

Es ist ohne Zweifel das Deminutiv von klingen: klingseln, klinseln Schmeller 2, 360.

Kluppe fem. ist in Hessen, abgesehen von dem Gebrauche des Wortes in speciell technischem Sinne (in welchem es doch weniger als anderwärts verwandt wird), fast nur in metaphorischem Sinn in der dem Volke sehr geläufigen Redensart gebräuchlich: *einen in die Kluppe kriegen*, einen in seine Gewalt bekommen um ihn zu bedrängen, seine Uebermacht ihn fühlen zu laßen; einen in die Klemme, Mache bekommen. Diese Redensart hat schon Schottel Haubtspr. S. 1328. Adelung 2, 1647.

Klupp, *Klopp* msc., *Kluppert* (Fulda), *Kloppert* (Schmalkalden) msc., ein Haufe zusammengebundener Stücke. Vorzüglich und eigentlich wird dieses Wort von den Krammetsvögeln gebraucht, deren früherhin und in Althessen vier einen Klupp, Klopp, bildeten (LandesOrdn. 4, 214. Kopp Handb. 6, 75), jetzt im Fuldaischen fünf zu einem Kluppert gehören. Dieser Ausdruck ist, da seit länger als dreißig Jahren die Krammetsvögel in Hessen in größerer Anzal nur im Fuldaischen und in Schmalkalden vorkommen, jetzt fast ausschließlich in diesen Gegenden üblich. Adelung 2, 1647.

Klophengst, ein männliches Pferd, welches nur halb verschnitten (gekluppt — wiewol diese Bezeichnung des Castrierens sich in Hessen nur selten findet) ist, noch einen Hoden behalten hat. Allgemein üblich.

Klúte msc., auch *Klaute* gesprochen, desgl. *Klúten*, Klauten, Klumpen, zumal Erdscholle, wie denn die Oekonomen im Schaumburgischen den Spitznamen *Klútentramper* tragen. Zuweilen wird *Klúten* auch für einen halbgefüllten Sack gebraucht. Nur im sächsischen und westfälischen Hessen. Vgl. Strodtmann Id. Osnabr. S. 107. Richey Hamb. Jb. S. 126. Brem. WB. 2, 810.

Knallhütte, Name eines, jetzt ansehnlichen, Wirtshausgehöftes zwischen Niederzweren und Kirchbaune, auf der Landstraße von Kassel nach Frankfurt; bekannt durch die Niederlage, welche am 22. April 1809 die Insurgenten unter dem Obrist von Dörnberg durch das westfälische Militär erlitten. Der Name, bei uns nicht mehr Appellativum, bedeutet eine breterne Tanzhütte, s. Frommann Mundarten 6, 334. Knallen bedeutet derb auftretend tanzen, und in solchen Breterhütten gibt das stampfende Tanzen doppelt den Laut des „Knallens".

knarbeln, Frequentativ von knarren, wie es scheint.
1) dentibus fremere, was gemeinhochdeutsch knirschen. Im Fuldaischen; dort auch *knirbeln* gesprochen.
2) an etwas Hartem hörbar nagen: der Hund knarbelt am Knochen. So schon bei Schottel Haubtsprache S. 1347: „knarblen, croquer, crepare, wie ein Hund wan er Knochen beißet oder ein Schwein, das Nüsse frisset. Allgemein üblich.
3) unaufhörlich, in widerlichem, verdrießlichen Eigensinn ausdrückendem Tone tadeln; „er knarbelt den ganzen Tag, um diese und jene Kleinigkeit, so daß es nicht auszustehen ist". Allgemein üblich; auch *knerbeln* (knerweln) gesprochen.

knarren bedeutet außer stridere, wie gemeinhochdeutsch (wofür jedoch auch andere Ausdrücke eintreten, wie girren, gurren u. dgl.) das unartige unzufriedene Weinen oder Halbweinen der Kinder, petulanter plorare, wie schon Schottel Haubtspr. S. 1328 hat. Schmeller 2, 375.

Knarrbüchse, Bezeichnung eines unzufriedenen, stets im Halbweinen stehenden Kindes.

knerren (sich), sich zanken. Im Fuldaischen.

knatschen, knetschen, knitschen, knutschen, vier Wörter desselben Stammes und verwandter Bedeutung, indes durch den Vocal bestimt genug von einander geschieden; — vorzugsweise, wenn auch nicht ausschließlich, in Niederhessen gebräuchlich, hier aber auch wiederum ausschließlich d. h. so gebräuchlich, daß neben denselben andere, sogenannte synonyme Ausdrücke nicht vorhanden sind.

knatschen, 1) weiche Gegenstände zerdrücken, in weichen Gegenständen mit den Händen sich (knetend) bewegen; der Kleiber knatscht mit den Füßen den Lehm oder im Lehm; der Teig muß recht geknatscht werden; — 2) hörbar kauen, schmatzen: „knatsch nicht so" Warnung an Kinder.

Knatsch msc., weicher Kot, wie er namentlich bei Thauwetter sich erzeugt; *Knatschwetter*, starkes Thauwetter mit Regen.

knetschen, eine Verstärkung von knatschen, und nicht bloß von weichen Gegenständen gebraucht: quetschen, zerquetschen (welche Ausdrücke ganz unüblich sind), „die garstigen Kinder haben an dem kleinen Hündchen so lange geknetscht bis sie es todt geknetscht haben"; die Aepfel werden mit dem Stößer und dann in der Kelter geknetscht, zerknetscht.

knitschen, abermalige Verstärkung von knetschen: gänzlich zerdrücken; ein Kleid wird geknitscht, wenn es so stark in Falten gedrückt wird, daß es, unbrauchbar geworden, wenigstens wieder gewaschen und gebügelt werden muß (gemeinhochd. zerknittern); Flöhe und Läuse werden geknitscht, wie für diesen Act schon Fischart im Flohhatz dieses Wort gebraucht hat, *zerknitschen*, zerstörend knitschen. Schmeller 2, 377. Schottel Haubtspr. S. 1348.

knutschen, auch deminutiv *knutscheln*, eine Milderung des knetschen: geringe Falten drücken, auch: derb liebkosen. Schmid Westerw. Jd. S. 82. Schottel Haubtspr. S. 1348. Auch *verknutschen*, *zerknutschen*.

Knatz s. *Gnatz*.

Knauf msc., der Knopf am Kleide. Schmalkalden. Das Wort ist in etwas veränderter Bedeutung durch Luthers Bibelübersetzung (es kommt in derselben bei vierzigmal vor) in die Schriftsprache übergegangen.

Knebel msc., Spergula arvensis. Dieser, auch in die Botanik aufgenommene, Name des bezeichneten Krautes findet sich nur im Schmalkaldischen.

Knecht bedeutet bekanntlich an sich nicht den Diener auf einem landwirtschaftlichen Gehöfte, oder eines Metzgers, Beckers, Schinders — durch welchen Gebrauch das Wort im Laufe des vorigen Jahrhunderts zu einer ganz ungehörigen nicht allein, sondern seinem ursprünglichen Sinne widerstrebenden üblen Bedeutung in der „gebildeten" Welt ist herabgedrückt worden — sondern den Jüngling, den heranwachsenden Knaben, den „Burschen" wie man jetzt sagt. Noch bis an das Ende des 17. Jahrhunderts wurden die jungen Mannspersonen der Dörfer nur als Knechte bezeichnet. Im Laufe des vorigen Jahrhunderts ist dieser Gebrauch, doch nur allmälich, in Abgang gekommen, denn in Oberhessen war derselbe in neunten Jahrzehend des 18. Jahrhunderts noch vorhanden. Heut zu Tage dürfte es nur noch eine einzige Gegend in Hessen, und zwar von nur geringem Umfange, geben, in welcher diese Verwendung des Wortes Knecht noch die allgemein herrschende ist: der Gebirgstheil des Amtes Schönstein (Treysa). Hier wird Knecht für Knabe, Junge überhaupt gebraucht: „ein klein Knechtchen". Nur die Bezeichnung Platzknechte hörte man noch 1830—1840 in manchen Gegenden eben so häufig, ja öfter, als Platzbursche.

Kneif msc., Messer, in den verschiedensten, übrigens die Dialekteigentümlichkeiten bestimmt genug zeichnenden Formen: *Kneif* im Fuldaischen, *Knif* im Schmalkaldischen, wo nur die „Gebildeteren" Kneif sprechen; *Kniff* im östlichen Hessen; *Knipp* in Hersfeld und weiter westlich; *Knip* an der Diemel; *Knif* wieder an der Weser bis in das Schaumburgische. Uebrigens wird unter diesem Worte keinesweges überall dieselbe Messerart verstanden; im Schmalkaldischen das Schustermesser, und dieß scheint die Grundbedeutung des Wortes zu sein; im östlichen Hessen ist aber *Kniff* und an der Diemel *Knip* ein Zulegemesser, Taschenmesser (wie es auch Alberus verstanden hat Dict. Bl. aa4b: enchiridium, ein kneip, messer das man stets bei sich tregt), zumal ein solches ohne Feder, dann ein schlechtes Messer überhaupt; das Schustermesser wird hier durch Schusterkniff besonders bezeichnet. Das Wort scheint uralt, und zwar keltisch zu sein. Schmeller 2, 372.

Knengerei s. **Gekneng** neutr., das Weinerlich-thun, Knarren, der Kinder. Schmalkalden.

Knist msc. auch *Kneist*, *Gneist*, *Gneis*, der anklebende Schmutz, sowol am Körper (an den Händen, am Halse, auf dem Kopfe) als an lange getragenen

Kleidungsstücken und an unreinlich gehaltenen Geräten (z. B. auf lange Zeit gebrauchten und ungewaschen gelaßenen Tischen).

kneistig, mit Klebeschmutz behaftet.

Ueberall üblich. Vgl. *Daster, dasterig*, von verwandter Bedeutung.

Knick msc., 1) eine kleine steile Anhöhe; „wenn wir mit dem Wagen erst den Knick hinauf sind, dann hats nichts mehr zu sagen". In Nieder- und Oberhessen sehr üblich.

2) Als Einhegung der Kämpe werden in Hessen Zäune durch niedergelegte Eichenstämmlinge u. dgl. nicht angelegt, es ist mithin in diesem Sinne nicht, wie sonst in Norddeutschland, Knick üblich. Dagegen war das Wort als technische Bezeichnung eines Wildhegezauns, Wildzauns, im Gebrauche. LO. 3, 893 vgl. Kopp 6, 241.

knipsch, flink, nett; geschickt, gewandt, von Mädchen gebraucht. Amt Großenlüder.

knischen, niesen. Im Fuldaischen der allein übliche Ausdruck, eine Verderbnis des Wortes pfnischen, fnischen.

knöchen, eigentlich: mit den Knochen (Fäusten, Ellbogen) stoßen, doch mehr allgemein gebraucht für peinigen, quälen. Schmeller 2, 369. Allgemein üblich.

Knöcheisen, Peiniger, Quäler. Besonders üblich im Schmalkaldischen.

Knopfe, Knoppe fem., 1) Knospe, 2) Finne im Gesicht. Allgemein gebräuchlich.

Knophaddel. „Dann wo sich der popffel vnd die knophaddeln auffwerffen, jhren mutwillen zu treiben, vnd wollen regieren, des sie doch kein ansehens haben noch geschicklicheit, hait nie kein gut end genomen". Joh. Ferrarius Von dem Gemeinen nutze. Marburg 1533. 4. Bl. 14b. S. *Hudel*.

knoppen, durch hartes Anstoßen beschädigen. Haungrund.

Knopper, eine scherzhafte und wol willkürlich erfundene Redensart: *Knopper haben* (auf etwas, zu etwas), Lust nach etwas haben. An der Schwalm.

knoufen, bellen. Schmalkalden.

knôzen, 1) derb und unordentlich zusammendrücken, namentlich zusammenbinden; „die Sachen sind ja nicht richtig gepackt, sie sind geknozt".

verknôzen, eine Schleife, einen Knoten unordentlich knüpfen, so daß es nicht möglich ist, das Verknozte wieder aufzulösen.

2) *an etwas knôzen*, sich mit einer Sache abmühen, mit derselben nicht fertig werden können.

In beiden Bedeutungen sehr üblich.

Knôz msc., ein kleiner, unansehnlicher Mensch, sonst auch Knups genannt. Ueberall üblich, selbst im sächsischen und westfälischen Hessen.

Knüebel msc. nennt man im Schmalkaldischen einen unabsichtlich gemachten Knoten, eine Verschlingung (ein absichtlich gemachter Knoten heißt Knoten, wie hochdeutsch).

knuffen, stoßen in gehäßigem Sinne; allgemein üblich. Schmeller 2, 373.

Knüll msc., 1) ein Knoten am Leibe. Im westfälischen Hessen. Brem. WB. 2, 830: Knulle.

2) Name eines der höchsten Berge in Althessen, nördlich von dem Städtchen Schwarzenborn. Warscheinlich hat der Bergkopf, welcher eigens diesen Namen

führt, und in neuerer Zeit gewönlich das Knüllköpfchen heißt, erst später den
Namen Knüll von seiner Gestalt erhalten. Im 9. Jarhundert erscheint nämlich
eben da, wo der jetzige Knüll liegt, ein Berg mit dem Namen Rechberc d. i.
Rehberg, und der unmittelbar nördlich unter dem Knüllköpfchen liegende Hof
heißt noch jetzt der Richberg. Möglich übrigens auch, daß, wie ich vor
dreißig Jahren annahm (Zeitschr. f. hess. Gesch. u. LK. 1, 246), der Knüll das
ahd. hnol (später nol, nollo), also der Hügel an sich, der hervorragende Hügel
ist, was durch den Namen Nûll, welchen ein in der Nähe, bei Oberaula,
liegender Berg führt, und der auch sonst vorkomt, Bestätigung zu erhalten scheint.
Auch erscheint Knüll als Bergname in Hessen noch einige Male: bei Herles-
hausen, bei Hundelshausen und bei Ehrsten, wo ein Ilkesknüll vorkommt.

verknulgen, verknülgen, hin und wieder wie das niederdeutsche
Stammwort knüllen, verknüllen, gebraucht: zusammendrücken und dadurch ver-
derben; z. B. Kleider durch unvorsichtiges Einpacken in eine Kiste u. dgl. Brem.
WB. 2, 831.

knüppeln, das Getreide in noch unaufgebundenen oder doch noch nicht
auseinander gebreiteten Garben mit dem Dreschflegel schlagen, damit die besten
Körner vorweg herausfallen. Niederhessen. S. körnen und pusceln.

knuppern, an etwas Hartem mit kleinen Bißen nagen: die Maus
knuppert in der Wand; auch an etwas Hartem mit den Fingern sich versuchen,
um etwas davon abzulösen, wie im Märchen: „Knupper knupper Kneischen, wer
knuppert an meinem Häuschen" Grimm Kinder= und Hausmärchen 1, No. 15.
Endlich bedeutet knuppern aber auch den Laut, welchen jenes Nagen hervorbringt:
der Zucker knuppert unter den Zähnen. Davon

knupperig, was unter dem Zerbeißen jenen Laut hervorbringt; scharf
gebackene Brod= oder Kuchenrinde ist knupperig.

Knups msc., 1) ein auffallend kleiner Mensch, spottweise; „du Knups,
was willst du wol?" Identisch mit dem „Knirps" der Schriftsprache. Zuweilen
auch Knupch, Knopch.

2) Schlag, Stoß, oft ein scherzhafter, mitunter trägt aber einer auch
einen „Knups" davon, welcher ihm und seiner Zeit dem, welcher den „Knups"
ausgeteilt hat, das Leben kostet.

knupsen, schlagen, stoßen; das Verbum wird in der Regel in ge-
linderem Sinn, und überwiegend scherzhaft gebraucht. Schmeller 2, 375.
Vgl. knuffen.

knüeren und knüren (Prät. knurte, Ptic. geknurt) 1) zerknittern. Im
Schmalkaldischen dasselbe, was im übrigen Hessen krumpeln, verkrumpeln ist.
Schwerlich verschieden hiervon ist das mir aus dem Schmalkaldischen zugetragene
Wort knoeren, welches drängen bedeuten soll.

2) pressen, drücken, drängen. Fulda (wo knieren gesprochen wird, zu-
sammenknieren) und Obergrafschaft Hanau.

verknüsen, ein, wie es scheint, in der neueren Zeit erst aufgekom-
menes, aber sehr gewöhnlich gewordenes Wort, welches ganz wie das metaphorisch
verwendete Wort verdauen gebraucht wird: „ich kann das nicht verknüsen",
nicht ausstehen, nicht vertragen, nicht dulden. Das niederdeutsche knusen bedeutet,
wie das althochd. chnussan, quassare, paßt also so gut wie gar nicht hierher;
Brem. WB. 2, 832.

Knust, Knâst msc., Knôst (Diemel), auch femininisch: Knuste, sehr
oft beminutiv, Knüstchen, Knöstchen, Knüstchen, Kniestchen, Rand des Brod=

laibs, Randstück vom Brodlaib. „Ich nahm mir einen ordentlichen Knuft (Brod) mit, da konnte ich es schon aushalten". Meist in Niederhessen, hier aber ganz allgemein üblich; in Oberhessen weniger gebräuchlich, aber nicht unbekannt.
Schottel Haubtspr. S. 1348. Schmeller 2, 376.

knustern, plattdeutsch *knüstern*, 1) kleine und kleinliche Handarbeit vornehmen, etwas mit kleinlicher Mühe zurichten; allgemein gebräuchlich; Schmidt Westerwäld. Jd. S. 81.

2) aufräumen; diese Bedeutung hat das Wort nur an der Diemel.

knuttern, murren, murrend tadeln, kleinlich tadeln. Allgemein üblich. In der Form *knottern* wird das Wort in manchen Gegenden (Stift Hersfeld, Haungrund, und wol noch anderwärts) von dem Rollen des Donners gebraucht, und kann knuttern von knottern deutlich unterschieden.

kobern, *erkobern* (sich), *bekobern* (sich). Das Wort bedeutet, nicht reflexiv gebraucht, erlangen, reflexiv gebraucht aber: sich erholen, und „sich einer sache an jemand erkobern", sich in irgend einer Sache an jemand erholen, sein Recht, seine Vergeltung, Rache, an jemanden nehmen. So war dieses Wort ehedem hier wie anderwärts in Deutschland im allgemeinen Gebrauche; z. B. Eunuchte odir enwolde vns danne vnsir Juncker von den tzu dem wir also tzu redene vnd vorfolgit hetten keins rechtin hellin, So muchten wir selbir vns eins rechtin an en *erkobern* ob wir muchten; Urkunde Helmerichs und Simons Gebrüder von Baumbach vom 24. Juni 1376. Zeitschrift f. heff. Gesch. 2, 219. Heintz Schwind soll sich daran (an einem Gute zu Hermershausen) an vns selbs vnd anders dem vnsern *bekobern* vnd erholen wes jne des also schadens oder intrags geschehe. Ungedr. Urk. Heinz Scheffers zu Hermershausen vom J. 1499.

In einfacher Form, aber in der Entstellung *keufeln* ist das Wort noch jetzt im Fuldaischen, zumal in den Bezirken von Hünfeld und Eiterfeld, vorhanden; sich *erkobern* ist in Oberhessen sehr gebräuchlich, beide Wörter, keufeln und sich erkobern bedeuten aber nur: von einer Krankheit sich erholen, genesen; „die Kuh teufelt wieder"; „das Vieh wird sich ja wol wieder erkobern"; „das kranke Kind hat sich wieder recht erkobert".

Im übrigen Hessen jetzt unbekannt.

Kochend neutr., die Portion Kochstoff, zumal Gemüse, welche auf einmal zum Kochen verwendet wird: „ein Kochend Sauerkraut", „ein Kochend Kartoffeln". In Baiern Kochet. Schmeller 2, 278.

Kochsal neutr., von derselben Bedeutung wie Kochend, indes jetzt weit weniger in Gebrauch, als das allgemein übliche Kochend. „So habe sie von ihnen noch ein Kochsal Erbsen begehrt". Kirchhainer Hexenprocessacten von 1654.

Kode, *koden*, in allen Hessischen Urkunden Masculinum (und auch wol Neutrum, wie Adelung hat), sonst Femininum, auch in der Form Käte, welche gleichfalls in Hessen nicht vorkommt, ein ausschließlich niederdeutsches, weder ahd. noch mhd. irgend erhörtes Wort. Es bedeutet dasselbe ein einzelnes Haus, ohne Feldgüter, folglich auch ohne Anspannvieh und ohne die zur Bestellung der Feldgüter gehörigen Gebäulichkeiten, Scheunen und Ställe. Es gehört diese Bezeichnung somit dem sächsischen und westfälischen Hessen an, reicht aber bis an die Eize und Schwalm, ja in einem Falle bis nach Oberhessen hinein. Später hat man freilich diese Bezeichnung Seitens der stubengelehrten Juristen auch da eingeführt, wo sie ursprünglich nicht heimisch war. Auch wurden schon ziemlich zeitig Koden auch diejenigen bäuerlichen Besitzungen genannt, welche wenn schon etwas an Bauland und Anspann, doch keine volle Hufe umfaßten; so waren (und sind noch im Schaumburgischen) große Koben diejenigen, welche den vierten Theil einer Hufe betrugen (im Osnabrückischen Erb-Koben, kleine Koben die, deren Umfang noch geringer war (im Osnabrückischen Mark-Koben). Daher erklärt es sich, daß auch von Kobengütern die Rede sein kann; freilich betrug z. B. in dem ehemal. hessischen Amt Neuengleichen ein ganzes Ködergut nur drei Acker Land und das Wohnhaus und doch aus halbe „Kötergüter" mit der Hälfte dieses Besitzes (Kopp Hdb. 6, 81). — Wo Kode, Köder, Kodner, nicht üblich war, da sagte man Hintersiedler, Hintersaß, auch wol Beisitzer, Brinksitzer. S. Grimm Rechtsaltert. S. 318.

Es kann hier nur darauf ankommen, das von den übrigen niederdeutschen Dialekten abweichende Genus im hessischen Gebrauch nachzuweisen. 1542: aus einem garten und koden (zu Lohne); vß einem kodden (zu Niedervorschütz); 1546: iiij Hanen gibt Relicta Jordan Winthers vom koden (Rhünda; 1544 anstatt vom koden: de domo). 1546—1571: ij Hanen Henen Winolt vom koden forn im Dorffe (Milnhausen, jetzt Mühlhausen). 1570: die Kosterin vom kogen (Wernswig); den Rechnern (z. B. den Universitätsvögten) welche oberdeutschen Ursprungs waren, war das Wort koden unbekannt, und so substituirten sie denn zuweilen für koden das oberdeutsche, übrigens in Hessen bis in die sächsischen Bezirke hinein gleichfalls übliche, Wort Gaden, welches freilich höchstwarscheinlich mit Kode an und für sich identisch ist. Kode ist derjenige Gaden, welcher und in so weit er als Grundbesitz aufgefaßt wird. S. Gaden.

Koder, Köder, Kodener, Bewohner eines Koden. ij alb. den kodenern vor brodt bier vnd keyß, haben den scheurn ehrn vmbgehackt vnd von newem widderumb geschlagen". Rechnung von 1560 (Singlis). „Anno 1606 seindt an Einläufftigen Personen oder kodenern im Ampt Rauschenberg gewesen Einhundert zwanzig, jeder vff sunff alb. gerechnet". Rauschenberger Rentereirechnung 1606. Vgl. Einläufig.

Köter heißt noch jetzt an der Diemel ein jeder Dorfbewohner, welcher nicht Ackermann ist.

Vgl. Estor teutsche Rechtsgelahrtheit 3, 850—851 (§. 1941).

Kogel fem., cuculla; eine Kopfbedeckung welche dicht anschließend den ganzen Kopf nebst dem Nacken bedeckte und nur eben das Gesicht frei ließ; zu Zeiten war auch an die Kogel noch ein den ganzen Oberleib einhüllendes Gewand angeheftet. Zuweilen lief auch die Kogel oben in eine Spitze aus. Diese Tracht des 13—16. Jarhunderts hat sich auch in spätern Zeiten unter mancherlei Namen (z. B. Kapuze) wiederholt, und namentlich waren die in den Jahren 1848—1851 zur Mode gewordenen Winter-Ueberwürfe der Männer und Knaben wahrhaften Kogeln. Abt Johann von Hersfeld erteilte im Jahr 1363 den Gewandschneidern zu Hersfeld ein Privilegium (Wenck hess. Gesch. 2, 417), zu verschneiden „newe gewand zcu Rogken, *Kogeln*, Hasen adder andern kleydungen". „Ile sal synen hud ader *kogeln* in das gerichte werffin" war das die Anzeige der Appellation gegen ein gerichtliches Erkenntnis begleitende Zeichen. Emmerich Frankenb. Gewonheiten bei Schminke Monim. hass. 2, 747. Vor Gericht aber mußte Hut und Kogel abgenommen werden: ob sich eyn vergesze, daz her sinen hud ader sine *kogeln* uffe behilde, dy vlorne sesz phenige keyn dem richtere. Statuta Eschenwegensia (herausgeg. von Röstell 1854) S. 3.

Von dieser Tracht hatten bekanntlich die „Brüder des gemeinsamen Lebens" im gemeinen Leben die Benennung Kogelherren, und ihre Wohnungen hießen daher Kogelhäuser (entstellt in späterer Zeit in Kugelherren, Kugelhäuser). Von den in Hessen seit dem 15. Jarhundert vorhandenen Kogelhäusern haben die zu Butzbach und Kassel längst ihre Namen eingebüßt; nur der Kogelhof (Kugelhof) in Marburg bewahrt mit dem Namen noch das letzte Andenken an die alte Tracht der Kogel und an die verdienstvollen Kogelherren. Ihr Haus in Marburg, gestiftet 1477 durch den Magister Heinrich im Hofe, auch Rode genannt, wurde 1527 der Universität überwiesen und diente zur Wohnung von Professoren, namentlich auch eines Professors der Theologie, später auch zum Sitze des Oekonomats der Stipendiaten-Anstalt. Als diese letztere in der Form einer Communität endlich 1849 völlig einging, den Professoren auch die Wohnung nicht gut genug war, stand das Gebäude längere Zeit unbenutzt, und da die Universität dasselbe entweder nicht benutzen konnte oder nicht zu benutzen verstand, wurde dasselbe von der Staatsregierung (für die der Universität bereits früher theilweise überwiesenen und seitdem völlig eingeräumten Localitäten der ehemaligen Landcommenturei des deutschen Ordens) dem Justizministerium überwiesen, und dieses verlegte die Locale der Untergerichte (Justizämter) nebst den Detentionsgefängnissen in den Kogelhof. Die Kirche der Kogelherren diente seit dem Anfang des 18. Jarhunderts der Gemeinde der französischen Refugiés als Gotteshaus; nach dem Eingehen dieser Gemeinde ist sie 1826 der katholischen Gemeinde zu Marburg überwiesen worden.

Anderwärts (vgl. Schmeller 2, 22) wird Gogel, Gugel gesprochen und geschrieben; in Hessen hat der Anlaut K und der Vocal o von jeher, der letztere bis in das 18. Jarhundert, in dem Worte festgestanden.

köken, *koeken*, 1) aufstoßen (von Speisen), Genoßenes wieder von sich geben; auch wol erbrechen (vomere) überhaupt. Nieder- und Oberhessen. In Schmalkalden und im Haungrund spricht man *göcken*.

2) krähen; nur in der Obergrafschaft Hanau.

kükeln, *koekeln*, Frequentativform von köken.

Kolbe msc. (u. fem.), in älterer Zeit eine von den Bauern in Oberhessen getragene Waffe. Der Kolbe bestand in einem ziemlich langen, pfahlartigen Stocke, dessen unteres Ende dicker, oft mit Eisen beschlagen und zuweilen mit einer Stachel versehen war. „Gerhart Kretter sei des Vogts Knecht Caspar Ainrosser, der den theter gefurt, nachgelaufen mit aim kolben vnd hat gemeldt, er solt gedachten theter jme geben vnd verlassen". Zeugenverhör in KleinSeelheim v. 1533. „13 alb. wird gestraft Heintz Dick zu Erxdorf daß er gedachten Jochemen mit einem Kolben geschlagen haben solte". Rauschenberger Bußregister v. 1607. Und so sehr oft.

Kolbenstecken, warscheinlich eben nichts anderes als Kolbe. Kommt gleichfalls sehr oft in oberhessischen Protokollen und Bußregistern des 16. Jh. vor. „1¼ fl. wird gestraft Lutz Bruel zu Steinerzhausen, das er Fridrich Außrießern da, doch Notwehr wegen, mit einem vnbeschlagenen Kolbenstecken bloe vnd blutig geschlagen hat". „2¼ fl. Wolf Altmüller das er mit eim beschlagenen Kolbenstecken bey nacht vf Johannes Heimbachen vor desselben haus gewartet vnd den kolben vf Jme zerschlagen hat". Wetterer Bußregister von 1591. So sehr oft, auch komt einmal vor, daß der Eine mit dem Kolbenstecken nach dem Andern gestochen hat. — Die Bauern zu Amenau waren besonders stark darin, sich mit den Junkern von Rehen daselbst mittels Kolben und Kolbenstecken zu prügeln.

Dieser Kolbenstecken erinnert an den Stab (die Keule) ältester Zeit: W. Grimm altdeutsche Gespräche, Nachtrag 1851. S. 13.

Tretkolben. „2 fl. wird gestraft Heinz Reumschüssel von Albshausen, daß er seinen knecht mit einem Tretkolben geschlagen". Rauschenb. Bußreg. v. 1585. Welches Instrument dieß gewesen sein mag, ist mir unbekannt; warscheinlich das, welches bei Alberus Bl. kijb vorkomt: „Sparus, ein bawern kolb. Rusticum telum in modum pedis recurvum".

Kole. Der technische, in der Schriftsprache zur alleinigen Geltung gekommene Ausdruck Meiler, als Bezeichnung des zum Verkolen (Anfertigung von Schmiedekolen) bestimten Haufens Holz, ist in Hessen nicht üblich; es wurde dafür früherhin, und wol bis gegen den Anfang dieses Jarhunderts gesagt *das Kole*, auch wol collectivisch *die Kole*, außerdem aber: Kolenhaufen, welche Bezeichnung jetzt wol die allein übliche ist. „Ich (Potzhans, Bürger zu Wetter) hab zwey Colenn vffm Burgwalt gebrennet — vnd hab die zwey Kole inwendig 40 tagen reid gebrannt". Wetterer Rentereirechnung von 1566. Einige Male kommt auch vor „7 fl. 18 alb. haben ich entpfangen, diewcil ich zwo kolen gebrannt hab". Ebds.

verkollen Adj., vor Kälte erstarrt, vom menschlichen Leibe und dessen Gliedern. In Niederhessen sehr üblich, auch kommt das Wort schon in Hans Staden aus Homberg Reisebeschreibung vor (Weltbuch, Frankf. 1567. 2, 32b): „vnd es wehete vnd regnete so sehr, das wir gar verkollen waren".

Es ist das Wort ein Ueberbleibsel von einem längst verlorenen Verbum, welches als *kalan*, frigere, nur noch im Altnordischen übrig geblieben ist, und ahd. kalan, kuol abgelautet haben muß (woher das Wort kühl). Dieses Verbum kalan weist indes weiter zurück auf ein älteres Verbum killa, kall, kullum, kullans, wovon kollen das richtig gebildete Participium ist. Aber auch selbst diesem Worte liegt noch eine ältere Formel zum Grunde: kila, kal, kelum, kulans, wohin z. B. das Wort Kohle (Holz, in dem das Feuer erloschen, erkaltet ist) gehört.

Köller masc. u. neutr., collare. Dieses im Mittelalter bis in die Mitte des 17. Jarhunderts gebräuchliche lateinische Wort findet sich noch mit zwiefacher Bedeutung in Hessen im Gebrauche 1) als masc.: Jacke; nur noch in den östlichsten Ortschaften des Kreißes Hünfeld (Schwarzbach); 2) als neutr. Hemdkragen; in Oberhessen, wo den Kindern oft genug die Lehre gegeben wird: „mach doch das Köller heraus".

Kommode fem., 1) Weiberschuhe, sogenannt umgenähete, leichtere, im Gegensatz gegen den eigentlichen Schuh, welcher den ganzen Fuß bedeckt; sie gehört zum Sonntagsstaat. Hin und wieder nennt man Kommode auch den Pantoffel, in sofern derselbe gleichfalls zum Putz verwendet wird. Nur im östlichen Hessen üblich.

2) meist nur deminutiv: Komodchen gesprochen, Weibermütze, wie dieselbe in der Stadt Fulda üblich ist: vorn nach oben spitz zulaufend, mit breitem Band umwunden, dessen Enden lang über den Nacken herabhängen. Die Bauerfrauen der Umgegend tragen dagegen die Deckelbetz, welche im Uebrigen dem Kommodchen ähnlich ist, nur aber oben rund ist, nicht spitzig zulauft.

Vgl. *Karnette*.

In der gemeinhochdeutschen Bedeutung des hölzernen Gerätes ist das Wort dem Volke bis vor wenigen Jahrzehnten völlig unbekannt gewesen, so daß sich neu in Dienst tretende Bauermägde lange Zeit nicht in die Kommoden ihrer den höheren Ständen angehörigen Dienstherrschaft zu finden wußten, und im östlichen Hessen gar nicht selten, wenn sie aus oder von einer Kommode etwas holen sollten, ihre Schuhe herbeibrachten.

Kompe msc., Genoße, Gefärte, Freund, besonders lustiger Geselle, lustiger Bruder. In älterer Zeit sehr üblich, jetzt untergegangen, oder durch die vollständige Form Kumpan ersetzt.

„Mit Büchern ists nicht ausgericht,
Ich doller Comp acht deren nicht"

läßt Is. Gilhausen in seiner Grammatica (1597. 8.) S. 58 den Actäon sagen. Noch Estor hat in seinem Idiotikon t. Rechtsgel. 3, 1414: „Komp, ein Freund" als oberhessisch aufgeführt. Nur als Familienname dauert diese Form des companius (deutsch gahleibo, der gleiches Brod mit mir ißt), bei uns fort.

Kompes neutr. *(Kumpes, Kaumpes)*, eingesalzener weißer Kopfkohl, Sauerkraut. In Hessen, außer in den östlichsten Bezirken, gar nicht gebräuchlich, dagegen im Schmalkaldischen das übliche Wort (aus compositum gebildet, deshalb auch anderwärts Kombst, Komst genannt) für die gedachte Speise.

Vgl. Kappus.

König. Dieses Wort ist in der Volkssprache sehr wenig vertreten, und eine dem Volke im Ganzen fremdartige Bezeichnung; so leicht sich das Volk 1803 an die Veränderung des Titels seines Landesherrn: anstatt Landgraf nun Kurfürst, gewöhnte, so fremdartig und zum Theil widrig war und blieb ihm die Bezeichnung König (von Westfalen) seit 1808. Auch in den alten Ortsbezeichnungen kommt König nur sehr selten vor; einmal in dem Namen des Dorfes *Königswald* im Amt Sontra, das anderemal in der Flurbezeichnung *Königsstuhl* am Stellberg bei Homberg und bei Haueda, welche letztere Benennung bekanntlich die Bezeichnung einer Gerichtsstätte ist (vgl. J. Grimm in der Zeitschr. f. hess. Gesch. u. Lit. 2, 148).

Kopf msc., 1) in der neueren Bedeutung, caput, das für das Haupt im Volksmunde ausschließlich gebräuchliche Wort; Haupt kommt gar nicht vor.

2) in der älteren Bedeutung: Becher, (rundes) Gefäß (wie die Hirnschalen der Erschlagenen, welche als Trinkgefäße dienten, woher die Bedeutung Becher auf das menschliche Haupt, occiput, übertragen ist) hat das Wort bei uns zwei Deminutive aufzuweisen:

1) *Köpfchen*, ein Getreidemaß im östlichen Hessen, ein halbes Viermäßchen oder den achten Theil einer Metze begreifend (ganz eben so gebraucht, wie das gemeinhochdeutsche Tassenköpfchen).

2) *Köppel* msc., gewöhnlich *Kaesköppel*, Form zur Bereitung der Käse in Oberhessen. Estor t. Rechtsgl. 3, 1413: „Köppelkäß, ein vierekender käß, den man im köppel machet". Der am 30. Juli 1631 in Marburg als Zauberer enthauptete Heinrich Sang, ein fünfzehnjähriger Knabe, versicherte, er verstehe eine Kunst „mit dem Kesköppel, das ihn die weibsleut lieb hetten"; „man solle in jenes namen einen Kesköppel kaufen, darin einen Laubfrosch thun" u. s. w.

S. auch *Küppel*.

Koppe fem., ein finsteres mürrisches Gesicht mit stark hervortretender Unterlippe. Schmalkalden.

Kör fem., der Raum in der Scheune über der Dreschtenne, welcher bis unter die Firstbalken offen (nicht durch Gebälk oder Böden versperrt) ist. Allgemein üblich; „das Geströhe soll in die Kohre bis zur Abfuhr gelegt werden" Zehnt-Ordnung vom 9. Januar 1714 (LO. 3, 744).

Korb. Dieses aus dem Lateinischen entlehnte Wort hat in Hessen die vorhanden gewesenen ursprünglichen Bezeichnungen fast sämtlich verdrängt, und

ist deshalb in zalreichen Compositionen vorhanden: Spreukorb, Handkorb, Trag=
korb, Henkelkorb u. dgl. Nur das frankfurtisch=hanauische Mahne und das ober=
hessische Zinn (s. d.) haben sich in dieser Ueberschwemmung selbständig erhalten.
Weiter fortgeschritten ist diese Zerstörung allerdings im östlichen Deutschland, wo
man auch diejenigen Geflechte, welche in Hessen Wanne oder Kretz heißen, Körbe
zu nennen pflegt.

Nach Estors Zeugnis (D. Rechtsgelahrtheit 1, 752 §. 1862) war noch
im Jahr 1757 die Bringung eines Korbes mit Kuchen, Käsen u. dgl. in Ober=
hessen das Zeichen der empfangenen Uebergabe bei Verleihung der Bauerngüter.

Geratterkorb, Korb in welchem die Patengeschenke bei der Taufe des
Paten gebracht werden; auch uneigentlich scherzhaft von einer reichlichen, aus vielen
einzelnen Stücken bestehenden Gabe gebraucht.

Körein, einer von den Heiligen, welche vorzugsweise ihre Namen zu Flüchen
und Schwüren mußten mißbrauchen laßen: Sanct Quirinus. Die Legende weiß
von ihm, daß er im Jahr 275 (nach Andern 314) vermittels Anhängung eines
Mühlsteins, da andere Todeswerkzeuge an ihm keine Macht hatten, sei ersäuft
worden, und setzt seinen Todestag auf den 30. (wol auch auf den 26.) Merz.
Vorzugsweise mag er ein Heiliger der fluchberühmten Landsknechte gewesen sein,
denn Murner führt ihn in seiner Schrift „Vom großen lutherischen Narren"
(1522) Bl. Miija unter den Heiligen auf, die sich die Landsknechte von Luther
nicht nehmen laßen wollten, weil sie sonst nicht wüßten, bei wem sie schwören
sollten. Aehnlich Fischart im Gargantua. Die Anwendung des Namens dieses
Heiligen ist seit dem Ende des 16. Jarhunderts hier in Hessen erloschen, war
aber bis dahin hier wie sonst überall äußerst gebräuchlich. „Botz koren, wir
kommen jetzt zu glück" läßt Isaak Gilhausen in seiner Grammatica (1597. 8.
S. 45) den Rusticus sagen. „Ey Gotts Körein, wie ist der Wein so warm?
wie schmeckt er so läppisch? Möcht einer doch lieber Compost solen, oder ich
weiß nicht was, sauffen". Melander Jocoseria (Ausg. Lich 1604. 8. No. 533
S. 489).

koeren im sächsischen und westfälischen Hessen, ohne Unterschied der
Aussprache (ö und oe) nur mit oe gesprochen, in zwei Bedeutungen üblich:

1) von kiusan: wählen; mitunter in dieser Bedeutung auch im südlichen
Niederhessen. Brem. WB. 2, 849. Noch soll an der mittlern Werra (Hone)
küren in der alten Bedeutung lauern üblich sein, die sich sonst in Hessen nicht
findet; selbst das Hasen küren komt in älterer Zeit bei uns kaum vor, dafür
Hasen lussen.

2) von chôsôn: mit einander plaudern; auch bloß sprechen, denn platt=
deutsch reden heißt *plad koeren*. Das koeren in diesem Sinne ist dem übrigen
Hessen völlig fremd; es gilt dafür im östlichen Hessen und im Schmalkaldischen
kosen (s. d.). Brem. WB. 2, 848.

Koer fem., Koere, auch mitunter noch *Küer* gesprochen, Wahl, Auswahl.
Das Wort war bis gegen das Jahr 1820 im östlichen Hessen noch sehr üblich,
freilich fast nur in der Formel „ich will dir die Kör laßen", bei Verkäufen;
seitdem ist es, wie mir gesagt wird, auch dort ausgestorben. Nur **Kurfürst** und
Kurhessen führen dieses Wort noch fort. Brem. WB. 2, 850. Schmeller 2, 325.

In den Reimen zur Feier der Ankunft des Landgrafen Friedrich I., Königs
von Schweden, in Hessen (Aller Reddelichen Hessen=Renger Herzeliche Freude ꝛc.
Eisenach 1731. 4, auch abgedruckt im Hersfelder Intelligenzblatt 1832 No. 9)
kommt vor:

Was honn mä wohl sehr en besseren Frindt
Der uns stinge zer kehre,
Als der sich an dem ärgsten Findt
Fer uns saaste zer wehre.

koerisch (koersch), wählerisch, namentlich im Eßen und Trinken. In ganz Niederhessen sehr üblich, in den niederdeutschen Bezirken auch für: unentschloßen in der Wahl. Brem. WB. 2, 851. Journal v. u. f. Deutschland 1786, 2, 116 aus der Grafschaft Hohenstein.

Küren plur. tant. soll an der mittlern Werra Narrenspossen bedeuten. Es würde, falls das Vorkommen dieses Wortes sich bestätigte, von koeren, küren = chöson abzuleiten sein. [Aber kosen herscht doch auch an der Werra!].

Koerrecht, das Recht, bei dem Erbe der väterlichen Güter unter denselben das dem Betreffenden zusagende Stück dieses Erbes zu wählen. Dieses Recht steht in dem Dorfe Hermanrode (so wie in dem ehemals hessischen Amt Neuengleichen und zum Theil in der Herschaft Plesse) dem jüngsten Sohne zu. Kopp Handbuch 6, 79.

korjoesch, ein seltsames aber im mittlern Hessen äußerst übliches Wort Es bedeutet krittlich, wählerisch, besonders aber aus Hochmut wählerisch, übermütig. Es scheint eine Misbildung, aus koerisch und aus kurios zugleich entstanden, zu sein. Uebrigens ist es weder ganz modern noch auf Hessen allein beschränkt; es findet sich schon im Brem. WB. 2, 884 verzeichnet.

Körlesbeere fem., Frucht von cornus mascula, Kornellkirsche, eine in Hessen nicht eben häufig vorkommende Frucht; im Schmalkaldischen, in und um Kassel erscheint sie mit dem angegebenen, etwas entstellten, Namen am häufigsten.

körnen; 1) gleichbedeutend mit knüppeln und puscheln (f. d.), das Getreide in noch unaufgebundenen oder nur eben aufgelösten (nicht auseinander gelegten) Garben mit dem Dreschflegel schlagen, damit die besten Körner vorweg herausfallen; Oberhessen.

2) die ausgedroschenen Gerstenkörner noch einmal dreschen, damit die Grannen der Fruchthülse, die „Schwänze", entfernt werden. Amt Schönstein.

kösen, reden, zumal vertraulich mit einander reden, sich aussprechen. Im östlichen Hessen und im Schmalkaldischen (wo küsen gesprochen wird) äußerst üblich. Es muß dieses Wort früherhin aber in weiterem Umkreiße, namentlich auch in Oberhessen, wo man es jetzt nicht mehr hört, gebräuchlich gewesen sein: „so endorste die heylige Elyzabeth den selben (ihren Mägden Isentrut und Jutta) nicht essen geben, noch sunder loube mit en nichts kossen" Wig. Gerstenberger b. Schminke Monim. hass. 2, 366. „ist disser zeug — sehr verdechtig, daß er so kühn nach seinem gutdüncken die unschuldige Beclagtin auff die toltur zuspannen begert, so werde sie wol Kosen werden". Marb. Hexen Pr. Acten v. 1579.

Das Wort ist das alte chôson, in den niederdeutschen Bezirken zu koeren geworden, w. f. Schmeller 2, 337.

Kostmeier msc., ein Mann, welcher in der Eigenschaft eines gemieteten Dieners von einem Gutsbesitzer oder einem Pachter größerer Güter auf ein abgesondertes Gehöfte zur Bewirtschaftung desselben gesetzt wird. Kommt vorzugsweise im östlichen Hessen vor.

Kot msc. ist nirgends in Hessen volksüblich, in den bei weitem meisten Gegenden des Landes völlig unverständlich; desto üblicher ist, nur mit Ausnahme des Fuldaischen und Schmalkaldischen Gebietes, das Deminutivum

Kötel (*Köttel, Küttel, Kittel*, zuweilen aber auch, dem Ursprung des Wortes gemäß, *Koetel* gesprochen) msc., thierische compacte Excremente, zumal solche von runder Form: Pferde-, Esels-, Schaf-, Ziegen-, Schweins (Schweine)-, Hunds- und Mause-Kötel. Schottel Hauptspr. S. 1349.
Vgl. *Norbel*.

Köter, statt *Köder* 1) Bewohner der Kode s. d.; bei uns allezeit lieber *Kobener*, mit Ausnahme der westfälischen Bezirke.
2) Hofhund, Bewacher der Kode. Jetzt gar nicht mehr üblich. Indes wurde in älterer Zeit bei uns *Köter* auch von kleinen, zur Jagd verwendeten, Hunden gebraucht, z. B. „das wir angegeben worden, als solten wir Irer fürstlichen Gn. einen kotter oder kleinen Hund zu thot gehezt haben". Urfede der Hundsjungen des L. Philipp vom 24. Juli 1566.

Kotze fem., 1) ursprünglich ein grobes, aus Ziegen- und Pferdehaaren gewebtes, zu Ueberwürfen und für ganz Arme bestimtes, meist langhaariges Zeug; es war dasselbe hier wie anderwärts im Gebrauche, ist aber jetzt und mit ihm der Name längst untergegangen.
2) Hure; einst sehr üblich, jetzt gleichfalls erloschen. „Die Reuterschen sey eine lose Kotz vnd Hure, sie redde kein wahr wort". Marb. Hexenproceß Acten von 1596 (in einer Confrontation).
    Diana o du Zäuber kotz
    Das thustu nur der Kunst zu trotz.
Is. Gilhausen Grammatica. 1597. 8. S. 64. „Sie belöge sie wie eine leichtfertige Kotze" Marb. Hexen Pr. A. v. 1658 (gleichfalls in einer Confrontation).

kotzen, 1) vomere, sich übergeben, auch in Hessen durchgängig, selbst in den niederdeutschen Bezirken, der übliche Ausdruck für diesen Krankheitszustand.
2) die Kehle durch Auswurf reinigen (sich räuspern). „Hyena, welch thier wie ein Mensch kotzen vnd schnupffen kan, vnd also die hunde zu sich locket, würget vnd frisset" Ludwig Schröter, Diaconus zu Hombera, Klag- und Trauerpredigt für L. Moritz 3. Mai 1632 (Monum. sepulcr. 1638 S. 127). Noch jetzt sehr üblich. 3) husten, zumal heftig husten; sehr üblich. *Kotzer* msc. einer der mit einem starken, besonders chronischen, Husten behaftet ist.

Koeze fem. Der Rückenkorb mit Tragbändern, welcher in Niederhessen und zum Theil auch in der Graffschaft Ziegenhain üblich, in Oberhessen fast gänzlich (nämlich mit Ausnahme derjenigen Koezen, in welchen, oder vielmehr auf welchen, von Manchen das Leseholz getragen wird) unbekannt ist. Die Koeze hat verschiedene Formen: entweder haben sie die Gestalt einer vierseitigen abgekürzten Pyramide, deren (offene) Basis nach oben gekehrt, deren abgekürzte Spitze aber nach unten gewendet ist und den Boden bildet; oder sie sind weniger lang, als die oben beschriebenen, dagegen oben so weit wie unten oder auch etwas ausgebaucht und haben einen abgerundeten Boden; letztere heißen an den Orten wo jene Art Koezen üblich ist, spottweise Heinz; — oder endlich sind sie in Form einer abgekürzten aber ausgebauchten Pyramide geflochten, sehr kurz, dagegen mit einem weit über den Körper der Köze hinausgehenden und bis über den Nacken der Trägerin reichenden, den Rücken derselben deckenden Geflecht versehen. In Baiern nennt man diese Art von Tragkörben *Körbe* fem. Schmeller 2, 327; anderwärts *Kieze, Kütze* (Schmeller 2, 347), *Kober* u. dgl., Bezeichnungen welche in Hessen sämtlich unbekannt sind.

Koezengucker, ein Visitator, Mauthbeamter, Accisbeamter. Das Wort ist, so viel dem Verf. bekannt, seit der westfälischen Zeit (1808—1813) aufgekommen, in welcher die commis aux exercices zuerst diesen Namen erhielten, eben wie die Gensdarmen damals zuerst Strickreiter genannt wurden.

Krä fem., im Plural *Kräwe* (Kräwen), wird im Kreiße Hünfeld nicht bloß die Krähe, sondern eigens auch der Rabe genannt. Vgl. Kroke.

Krabbe fem., aber mitunter auch masc., ja neutr., kleines Kind. Sehr übliche Benennung im sächsischen und westfälischen Hessen; auch hört man dieselbe weiter nach dem Süden in Niederhessen hinein zuweilen.

Krabate msc. gleichfalls: kleines Kind; doch wird, während Krabbe eigentlich nur von kriechenden Kindern, die noch nicht laufen können, gebraucht wird, Krabate von größern, unruhig herumlaufenden Kindern gesagt. Brem. WB. 2, 859.

Krach msc., Gebrechen, Krankheitsanfall. Fulda. Vgl. *Achen* und *Krachen*.

Kracke fem., hiesigen Landes nur von Pferden, nicht von andern Thieren, geschweige von Sachen, gebräuchlich: ein ganz schlechtes, unbrauchbares Pferd. Niederdeutsch, aber allgemein üblich. Richey S. 147. Strodtmann S. 114.

krackelich, auch wol *krockelich*, adj., krumm, verbogen; von unregelmäßig gewachsenen jungen Bäumen, von unregelmäßigen, verzogenen Schriftzügen gebraucht, und in ganz Hessen, besonders in Niederhessen, sehr üblich.

ruga, runce vel *croke* in den niederdeutschen Glossen Diutiska 2, 228b scheint das, in Hessen nicht übliche Substantivum zu sein.

krajoelen, *krijoelen*, laut schreien. Ein dem sächsischen und westfälischen Hessen angehöriges, doch auch sonst nicht ganz ungebräuchliches Wort. Als ein Beispiel des komischen Zuges, welchen für einen Hochdeutschen die s. g. plattdeutsche Mundart an sich trägt, pflegt die plattdeutsche Uebersetzung von De profundis clamavi ad te (Psalm 130) angeführt zu werden: „Ut düsser deipen kaulen krajoele ek tou dek".

Kräke msc., Rabe. Es ist dieß der Name des Raben (Kolkraben) im sächsisch-westfälischen Hessen, und sonst einzeln z. B. in der Umgegend von Hersfeld, namentlich im Geißgrund, in Brotterode (sonst nirgends im Schmalkaldischen) und anderwärts; je weiter nach Süden, desto mehr wird das ä verkürzt; z. B. wird das Wort bei Salmünster *Kracke* gesprochen. Im Brem. WB. fehlt das Wort.

Krakêl msc., ein seit dem 17. Jarhundert bei uns sehr üblich gewordenes holländisches Wort, mutwillig erregte Händel, aus Zanksucht angefangenen Streit bedeutend.

krakélen, Händel suchen. Schottel Haubtspr. 1350. Richey Id. Hamb. S. 137. (Strodtmann Id. Osn. S. 364. Brem. WB. 2, 862). Vgl. Schmeller 2, 382.

Krammhacke, das entstellte Krumme Not, Fluch- und Verwunderungswort, in Ober- und Niederhessen gebräuchlich.

Kränk fem., Krankheit. „Der verstorben hab kaum ein tag in ihrem Hauß gearbeit, kenne ihn nicht recht, wisse auch von seiner krencke nichts zu berichten. Sie hab aber gehort, dz der verstorben ein trenck gehabt, vnd oft plötzlich tranck worden sey". Marb. Hexenproceß Acten v. 1579. Späterhin und bis jetzt die Bezeichnung der fallenden Sucht, als der Krankheit κατ' ἐξοχήν. Sehr übliger Fluch: „daß du die Kränk kriegen müßtest"; „was die Kränk!" u. dgl. Vgl. Schmeller 2, 390 wo das Wort als in Nordfranken gebräuchlich aufgeführt wird. — In ganz Hessen üblich.

Krange fem., der aus Birkenzweigen geflochtene Ring, welcher die Hürden des Schafpferches zusammen hält. Schwalm.

Krappe, msc. schwacher Declination, uncus, Haken; Kleiderkrappe(n), Töpfenkrappe, Orlekrappe (Thürangel s. Urle) u. dgl. Vorzugsweise an der Schwalm und in Oberhessen gebräuchlich, wenn auch anderwärts in Hessen nicht unbekannt. „Vier starke eiserne Krappen gemacht" Rauschenberger Schloßrechnung 1606. Die Form des Wortes ist niederdeutsch Schottel Haubtspr. S. 1350. Die hochdeutsche Form chrapho, Krapf, ist für den Hessen unaussprechbar, wenn gleich der Familienname Krapf in Hessen zu den sehr üblichen gehört. Metonymisch wird das Wort häufig verwendet: „etwas an den Krappen hängen" sich mit einer Sache nicht weiter beschäftigen, sie aufgeben, aussetzen; mit dieser Redensart fängt das Schwälmerlied (verfaßt von dem Letzten des uralten Adelsgeschlechtes der Lüder zu Loshausen [† 1762]) seine zweite Strophe an: „Hengt de Hushalt o de Krappe".

Kreppel, *Kröppel* msc. und fem., das Deminutiv von Krappe, ein in Hessen wie schon vorlängst (Alberus Dict. Bl. Aa iija: Kreppel, scriblita) und anderwärts (Schmeller 2, 393, Schmidt Westerw. Id. S. 91) sehr beliebtes Backwerk, welches ursprünglich und theilweise noch jetzt die Form eines Hakens hat. Die Kreppel („Kreppeln") werden in Schweineschmalz, Samenöl (Samenfett, Olei) oder Buchenöl (Eckernfett), seltner in Butter gebraten (gebacken). Die Zeit, wann die Kreppel gebacken werden, ist hier wie anderwärts die Fastnacht (Fastnachtskreppeln), außerdem aber backt man sie in der Fulda- und Werragegend bei dem Ende des jährlichen Ausdreschens, welches meist in die zweite Hälfte des November oder in den Anfang des December fällt, für die Drescher als „Schüttekreppeln" oder als „Staubkreppeln", mit denen sie sich den Dreschstaub hinunter essen sollen. Die besten Kreppel sind die „Schwimmkreppeln", welche in siedendem Oel schwimmend gebraten (gebacken) werden.

Im Schmalkaldischen heißt das Backwerk in einer andern Deminutivform von Krapfe: *Kröpfchen*.

Im östlichen Deutschland, wo es an eigentümlichen Sachbezeichnungen überhaupt fehlt, nennt man dieß Backwerk Pfannkuchen, was in Hessen nur omelette bedeutet.

krappeln, fast wie das gemeinhochdeutsche krabbeln, doch mehr in der Bedeutung des Forttriebens mit eilfertiger, käserartiger Bewegung der Beine und Arme, z. B. „den steilen Berg hinaufkrappeln". Sehr üblich.

krapschen, gierig, habsüchtig, und darum hastig, eilfertig, einen Gegenstand an sich reißen. Allgemein üblich.

Krätz fem., der elliptische flache Korb, sonst Wanne genannt; sehr oft deminutiv: das Kretzchen. Fuldaisches Land und Hersfeld ganz allgemein, anderwärts nicht bekannt. Ahd. cresso, calathus. Schmeller 2, 399—400 (Kretzen) und 397 (Kratten).

Kratzbeere fem., die Brombeere. Im Schmalkaldischen und an der Werra in Niederhessen. Alberus Dict. Ggiija. Adelung 2, 1755. Weiter nach Westen hin scheint diese Benennung nicht vorzukommen. Das Wort erscheint übrigens schon in einem (ungedruckten, in meinem Besitz befindlichen) Weihnachtsspiel aus der zweiten Hälfte des 15. Jahrhunderts v. 488—489

erber bromber heidelber
craczber vnd mülber vnd dartzu die melbern,
wo es jedoch nicht, wie heut zu Tage, mit Brombeere identisch sein kann, sondern irgend eine andere Beere, oder doch eine andere Art der Brombeere, bezeichnen zu sollen scheint.

Kratzmutter fem., der Magenkrampf. Umgegend von Fulda.

krauchen, krächzen. In Oberhessen üblich, auch in den ältern Verhörprotokollen u. dgl. aus Oberhessen öfters erscheinend. Einen Beleg s. unter **drensen.**

krauen, gesprochen kräen, ist in Oberhessen mehr als in Niederhessen volksüblich, und zwar nicht nur im eigentlichen, sondern auch, und fast mehr im figürlichen Sinn für schmeicheln.

Kräumpel neutr., *Kräumpele*, Krümchen. Im Schmalkaldischen. *Kräumpelsuppe*, dasselbe, was im östlichen und innern Hessen Ribbelsuppe ist (s. Ribbel).

kraus wird im Hanauischen für klein in gewissen Beziehungen gebraucht: „er ist kraus" d. h. er ist doch gar zu klein; „Holz kraus machen". Sonst ist der Gebrauch von kraus für reizbar, jähzornig („krauskopfsch"), wie anderwärts, auch hier sehr üblich.

Kraut neutr., 1) wie auch gemeinhochdeutsch üblich: die verschiedenen Arten von brassica oleracea, vorzugsweise das Weißkraut, der Kopfkohl; im Ganzen gebraucht, versteht man jedoch immer auch Wirsing und Krauskohl (Braunkohl) mit unter der Bezeichnung Kraut, desgleichen die Kohlrabi u. dgl.; „das Kraut setzen"; „Krautpflanzen"; „das Kraut austhun". Doch ist dieß üblicher in Niederhessen, als in Oberhessen, wo man lieber Kohl, zumal in der Form Köhl, gebraucht.

2) die Blätter und Stengel der Wurzelpflanzen, namentlich der Rüben, im Gegensatze gegen die Wurzel. In Niederhessen machte bis um das Jahr 1830 nur die Kartoffel eine Ausnahme: die Kartoffelstengel hießen mit einer, in Hessen sonst nicht erhörten Bezeichnung: Kartoffelgris, nicht Kartoffelkraut, s. Gris.

Gekrüedig neutr., medicinische wildwachsende Pflanzen, welche von dem Landvolke am Himmelfahrtsmorgen oder auf Pfingsten früh vor Aufgang der Sonne gesammelt, getrocknet und zum Gebrauche aufbewahrt werden. In manchen Waldgegenden geht an diesen Tagen aus jedem Hause wenigstens eine Person ins Gekrüedig. Die für das Gekrüedig am meisten in Ansehen stehenden Pflanzen sind Sanikel, Aron, Blutkraut, Waldmeister, Dosten, Mannskraft, Mantelkraut, Maikräntchen.

krauten, Gras mit der Sichel oder Hepe abschneiden, grasen. Reinhardswald.

Krawall msc., ein im Jahr 1830 vorzüglich von Hanau aus in Kurs gesetztes, jetzt längst der Gemeinsprache angehöriges Wort: Empörung, Auflauf, meist ohne Grund wie ohne Ziel, mithin auch ohne Erfolg. Es ist nichts anderes als das in Baiern längst übliche *Grewell*, Ge=rebelle, Rebellieren, nur dumpf ausgesprochen, von den des Dialects nicht Kundigen mit a ausgesprochen, und so zu einem scheinbar ganz neuen Worte umgeschaffen, was es an sich keineswegs ist. Schmeller 3, 6.

Krebsschachte fem., *Krebsschüssel*, eine der mancherlei Bezeichnungen der Schale der Flußmuschel. Die gegenwärtige kommt in Oberhessen häufig vor. Vgl. Icker, Tüppenkrotze.

krègel, auch zusammen gezogen *krél*, beweglich, munter, rührig, besonders von Kindern und Reconvalescenten gesagt. Sehr üblich in ganz Hessen. Wol sicher ein niederdeutsches Sprachelement: die von Schmeller 2, 382—383 angeführten Wörter unterscheiden sich von dem unsrigen wesentlich durch Accent und Quantität; dagegen findet sich das Wort in dem Idiotikon von Fallersleben bei Frommann Mundarten 5, 153.

Kreder. In der Aussage des „Meisters" (Abdeckers), welche in Marburger Hexenprocessacten von 1579 sich findet, und auf gefallenes, nach der Aussage des Meisters bezaubertes Vieh sich bezieht, kommt vor: „daß vihe, wan es uffgeschnitten worden, hab im Hertzen vnd vmbs gelüng kreder geriegelt vnd andern böse materi (daruf er keinen verstand hab) gehabt". Dieses Kreder berührt sich nahe mit Kredelfleisch, Krèzelfleisch (s. d.), doch nur dem Laute nach, und der Sache nach nur so weit, als das eine und das andere Wort Fleischtheile bezeichnet, an welcher irgend etwas — etwa eben das kredeln — vorgenommen worden ist. Noch unverständlicher ist geriegelt.

Kreisser msc., Bezeichnung des Forstaufsehers, „Forstlaufers", im Fuldaischen und Hanauischen.

kreischen 1) starker Conjugation wie gemeinhochdeutsch. Uebrigens ist in Niederhessen kreischen der gewöhnliche und herschende Ausdruck für weinen.
2) schwacher Conjugation: Oel zum Sieden bringen, um die herben oder widrig schmeckenden Bestandtheile auszuscheiden. Es wird dieß Wort in Hessen nur activ, niemals intransitiv gebraucht: „ich kreische das Fett", „habe das Oel gekreischt", „das Fett ist gekreischt, ist abgekreischt", aber nicht: das Fett hat gekreischt. „daß man sie in einem gemächlichen Fewr mit gekreuschtem Schmaltz in Stieffeln gegossen, quelen solte". Kirchhof Wendunmut (1602) 2, No. 27, S. 621. Adelung gibt 2, 1769 an, daß kreischen in einigen Mundarten activ gebraucht werde. Schmeller hat 2, 395 kröschen, aber neutral: „prasseln, wie Schmalz, das auf Glut gestellt ist". Vgl. das Schlesische Wörterbuch Frommann Mundarten 4, 175.

krellen, eine plötzliche, wenn auch vorübergehende, Erstarrung und das mit derselben verbundene unangenehme Gefühl hervorbringen. Der Frost krellt die Hände oder die Füße, d. h. es sind Hände oder Füße in die ersten Stadien des Erfrierens getreten, ohne doch wirklich erfroren zu sein; man darf die Stubengewächse nicht mit kaltem Waßer begießen, weil man sie damit krellen würde; sich krellen wird besonders von einem heftigen Stoße auf einen empfindlichen Knochentheil, z. B. den Ellbogen, und der widrigen Erstarrungsempfindung, welche mit demselben verbunden ist, gebraucht; so überall in Hessen, wie im nördlichen Franken Schmeller 2, 384.

Krellen plur. tant., auch *Grellen* gesprochen, Entstellung von Korallen, Bezeichnung des, jetzt besonders noch im östlichen Hessen üblichen Halsschmuckes des weiblichen Geschlechts auf den Dörfern. Der Altarist Johannes Strack aus Hatzfeld, Altarist zu Wehrshausen bei Marburg, verzeichnet im Jahr 1520 unter den Kirchengütern der Kapelle zu Wehrshausen: „Etliche karellen pater noster". Vgl Nuster.

krèpen, *krèpeln*, in etwas Hohlem herumstören, z. B. in der Ofenröhre, in der Nase. Sehr üblich.

Krèper, Kroeper msc. heißen in Kassel diejenigen Töpfer, welche mit dem Reinigen der Oberöfen und Ofenröhren sich beschäftigen, und die gemeine Meinung ist, daß sie von dem krèpen, krèpeln ihre Benennung haben. Ob diese

Meinung richtig ist, steht noch zu bezweifeln; sie können auch von den Grâpen, Gröpen, Groppen (eisernen Töpfen) ihren Namen führen. S. Groppe.

krêten, zanken; s. Krot.

Krêzelfleisch, im Fuldaischen, *Krêdelfleisch* (Krêtelfleisch) im Schmalkaldischen, wie im Wirzburgischen (Schmeller 2, 382), dasjenige Schweine= fleisch, welches gekocht und dann zur sogenannten Leberwurst (Weißwurst, Rot= wurst) verwendet wird. Im übrigen Hessen Quellfleisch. Dieses Krezel= fleisch, Krebelfleisch, Quellfleisch ist ein landüblichen Frühstück am Schlachttage.
Vgl. auch *Kreder*.

kribbeln, *kriwweln*, 1) wie das gemeinhochdeutsche **kriebeln**.
2) meist in Verbindung mit wibbeln: „es kriwwelt und wiwwelt" (von Läusen u. dgl.), dem gemeinhochdeutschen wimmeln ähnlich, nur in verstärkter Bedeutung.
Vgl. *wibbeln* und *krimmeln*.

Kribbes, auch *Griwwes*, *Grewes*, gesprochen (Abelung: Griebs).
1) die Kernhülle der Obstarten pyrus, in Niederhessen; anderwärts, übrigens auch in Niederhessen nicht unbekannt: Krotzen (s. d.). „allein die Grebes fraß er nit" G. Nigrinus Von Bruder Joh. Nasen Esel. 4. Bl. 64b.
2) larynx, der obere und hervorragende Theil der Luftröhre. So schon Schottel Haubtsprache S. 1351 in der Form Kröbs, Gröbs.

Kridewiszchen (Kriddewiszchen), der als Todverkünder gefürchtete Raubvogel Strix noctua (Strix passerina Bechst.), das Käuzchen, Leichenhuhn. Diese in dem größten Theile von Althessen gebräuchliche Benennung des Vogels ist wol ohne Zweifel onomatopoetisch, inzwischen wird dieselbe meist vom Volke so verstanden, daß sie den Erfolg des Schreckens bezeichne, welchen der schaurige Ruf des an das Fenster fliegenden Vogels einjage, „so daß man kreideweiß werde". Hin und wieder, z. B. in der Umgebung von Fritzlar heißt dagegen der Vogel *die wisse Kritt*, was deutlich zu beweisen scheint, daß der Schrei des Vogels durch den Namen nachgeahmt werden solle. Vgl. *Klawit*.

Kriecche fem., plattdeutsch *Kreike*, die kleine blaue (wilde) Pflaume. S. Abelung s. v. Allgemein üblich.

kriegen, das wie auch sonst in Deutschland im gemeinen Leben aus= schließlich für **erhalten**, **bekommen** gebräuchliche Wort. Daß es ursprünglich kein anderes Wort ist als bellare, Krieg führen, beweist der Gebrauch welchen Gersten= berger in seiner Chronik (Schminke Monim. hass. 1, 274. 278 u. a. St.) von dem= selben macht. Es conjugiert, wie auch anderwärts, nicht schwach, wie hauptsächlich durch Campes Vermittlung aus dem niederdeutschen Dialect in die Schriftsprache eingedrungen ist, sondern stark: *kreg* (kreig, in Oberhessen wol auch kråg), *krigen* (krêgen, krêgen, gekrigen, gekrêgen). „die kreig unverdeckliche liebe" Wig. Gerstenberger bei Schminke Mon. hass. 1, 77. 99.

„Nach diesem schad kam sie (die Kunst) wol auff,
Und kreg hoffnung mit grossem hauff". Js. Gilhausen Grammatica 1597. 8. S. 21.

„Den 28. Januarii kriegen wir einen huck landes inß gesicht". Hans Staden Reisebeschr. (Weltbuch 1567. fol. 2, Bl. 28a).

„Ey Herr Clauß, das muß leyden guter Saft seyn, wenn ich den nicht kriegen hette, were ich in meinen kopff gestorben". O. Melander Jocoseria Lich 1604. S. 579.

krimmeln, meist nur in Verbindung mit *wimmeln*, zur Verstärkung dieses Ausdrucks, und zwar vorzugsweise im östlichen Hessen, gebräuchlich. Christoph Dietrich verzeichnet in seiner Chronik von Schwebda zum Jahr 1673, es seien Heuschreckenschwärme von Osten gen Westen über Schwebda hin geflogen, und „so weitt man sehen konde, krimmelt vnd wimmelt es von solchem geschmeiß" Vgl. *kribbeln* und *wibbeln*.

krimpen, behacken, namentlich die Kartoffeln. An der Diemel üblich, sonst unbekannt. Es ist wol das alte *krimmen*, mit den Krallen zerkratzen, zerdrücken, nicht *krimpfen*, welches bloß premere bedeutet.

Kring msc., 1) Kreiß, Bezirk; jetzt nicht mehr üblich. „Burglehen vnd anderes mit alle dem das in vnseres Stifftes Cirkh vnd *Krenge* gelegen ist". Urkunde des Abts Volpert Riedesel zu Hersfeld vom J. 1500, Lennep Leihe zu LSR. Cod. prob. S. 279. 2) Kreiß, von Menschen gebildet; Schmalkalden, wo jedoch ein Menschenkreiß auch wol Kringel genannt wird.

krings (gesprochen kreins), ringsherum. Schmalkalden.

Kringel msc. 1) jede ringförmige Gestalt „die Schlange lag in einem (machte einen) Kringel"; der Tabaksraucher bläst mit dem Rauch Kringel (Kringeln) u. s. w.

2) ein in Ober- und Niederhessen sehr übliches Gebäck, aus zwei Ringen in Form einer S bestehend, anderwärts Bretzel genannt. S. Adelung 2, 1790.

Die Flur- und Waldbezeichnungen, welche jetzt gleichfalls Kringel gesprochen und geschrieben werden, gehören vielleicht sämtlich, jedenfalls nicht in ihrer Mehrzahl hierher, sondern zu *Grendel* (s. d.).

Kritsche fem. (Althessen [Nieder- und Oberhessen] und Schwarzenfels), *Klitsche* (Fulda) fem., *Kritschel* (Schwalm) fem., das Bret am Pfluge, von welchem das Pflughaupt gehalten wird; es ist senkrecht in den Grendel eingestemmt, und daran die Schar (Fulda: das Schar) in der Mitte, das Streichbret am vordern Ende befestigt.

Bei der geringen Aufmerksamkeit, welche die vorhandenen Idiotika den Bezeichnungen der landwirtschaftlichen Geräte widmen, begreift es sich, daß auch dieses Wort, gleich so vielen andern, sich anderwärts nicht finden laßen will.

Krolle, Krulle fem., aber zuweilen auch *Kroll* msc., Haarlocke; die einzige bei dem Volke vorhandene Bezeichnung; Locke ist ungebräuchlich und durchaus unverständlich.

Krollkopf, Lockenkopf, Krauskopf. Sehr üblich.

krollig, lockig, kraus; selbst das Wort kraus ist dem Volke nicht sonderlich geläufig.

Kroepel, *Krêpel* msc., hessische, ganz allgemein übliche Form für Krüppel. Niederdeutsch, Brem. WB. 2, 878. Indes wird Kroepel bei uns auch von einer kleinen, unansehnlichen Person, ohne daß dieselbe ein eigentlicher Krüppel wäre, gebraucht, während der tropische Gebrauch (Brem. WB. 2, 879) bei uns nicht statt findet.

kröpfen: *es kröpft mich*, es ärgert mich; Schmalkalden. Im übrigen Hessen wird mit nicht so erkennbarer Etymologie gesprochen: *es kruppt* (gruppt) *mich* (mir); der Sinn ist aber, wie in der deutlichen Schmalkalder Form: es liegt mir im Halse, es drückt mich auf die Kehle, macht mir einen Kropf.

Krot, gesprochen Krôt, msc. Belästigung, Beschwerde, Verdruß, Aerger: „das ist mir ein Krôt". Altes in Mitteldeutschland (nur hier, nicht in

Ober- und Niederdeutschland) sehr übliches, in Hessen allein noch in Oberhessen gebräuchliches Wort. „Er, Zeuge, aber hette gedacht, halt der Herrn Gepott, so bistu behüttet vor Kroht" Treisbacher Untersuchungsprotokoll von 1609. „wehren sie (die Briefe) aber nicht krefftig, so wolten sie solche abschaffen, damit nicht irgends ihre Nachkommen derohalben in Kroht kehmen" Ebendas. „darmit es ihnen keinen Kroht gebe" Ebds. Ein vierter Zeuge sagt: „darmit nicht irgents ihre Nachkommen derohalb in Beschwerung kommen möchten". Das Wort komt häufig vor in dem Elisabethleben Graff Diutiska 1, 343—489: lide ich innerliche krot 345. mit rehter liebe sunder crot (: got) 429. si wart der losen herren spot, si leit von in viel manec crot 439. Vgl. Frisch 1, 547—548 wo Belege aus andern Schriften angeführt sind. W. Müller mittelhochd. WB. 1, 888.

krödlich, unzufrieden. „Wie kompts, daß jhr mich so anfahrt? Ihr seyt kröblich, vbel zufrieden". Isaac Gilhausen Grammatica. Marburg 1597. 8. S. 49. Dieses Adjectivum ist in der Form krittlich gemeinhochdeutsch geworden. Vgl. Frisch a. a. O.

kroten, kröten (krüden, krütten, gritten), nur reflexiv, sich um etwas bekümmern, sich eine Sache zur Beschwerung, zur Sorge sein laßen. In Oberhessen üblich, sonst wenig bekannt. „vnd krotte mich jrer dieselbige Nacht nichts" Wetterer Criminalproceß v. 1577. „Sie where den Dingen (der Unzucht) nie holt gewesen, auch sich deren weder mit jhm noch andern gekrüdt" Nidbacer Criminalproceß von 1593. Eine Inquisitin, Dietzen Else aus Bottendorf, am 27. Sept. 1648 nach der Herbeischaffung des Eisens befragt, aus welchem sie, wie sie angegeben, durch des Teufels Kunst, Milch gemolken, antwortet: „sie hab sich des Eisens nicht gekrott, sondern der Teufel hett es hingesteckt, wo er gewolt". „Der Knecht habe sie gefragt, ob jemand in der mühl gewesen wehre, habe sie geantwortet, Sie kritte sich der mühl nicht, Sie wüste es nicht". Marburger Hexenproceß von 1658. Estor der Teutschen Rechtsgelahrtheit 3, 1410: „gritten sich, wann man sich an einen nicht kehret". Am Rhein bis in die Eifel ist (oder war) dieser Ausdruck gleichfalls volksüblich, s. die rheinischen Weistümer bei Grimm Weist. 2, 486. 553. 665. 716. „Wiewol nun der König in Frankreich ein Christ war, jedoch froht er sich der Dinge und auch anderer Sachen nicht viel. W. Gerstenberger Frankenb. Chr. bei Ayrmann Sylloge Anecd. 1746. 8. S. 105. „Der König genant Clodovens wohnete nicht in diesen Landen, und krotte sich auch der Dinge wenig". Ebds. S. 121. Vgl. Scherz-Oberlin S. 833. Schmeller 2, 124 (wo nur das schwäbische gräten unrichtig auf grädag bezogen wird), 102. Hartmanns Gregor v. 851. 1434. Mone Anzeiger 1835. S. 317 v. 41. Gött. Anz. 1838. S. 137.

Wol ohne Zweifel gehört hierher auch

kreten (sik) sich zanken, meist mit Worten zanken, im sächsischen Hessen; „die Eheleute kreten sich". Vgl. Brem. WB. 2, 868—869. kreiteln, zanken. Estor a. a. O. S. 1413. **Krêtflecken**, sogenannter Zankfleck an den Händen (galliges Extravasat) von dem die Meinung ist, wer Morgens einen solchen Flecken an seinen Händen habe, gerate an diesem Tage in Zänkerei.

Die Wurzel dieser Wörter wird in dem gothischen *gruds* (vairthan usgrudja, ἐκκακεῖν, durch Mühe, Sorge, laß werden) zu suchen sein.

Krötenbalsche fem., d. i. Krötenbalsam; so werden alle übelriechenden Arten von Mentha (Minze) und Stachys, namentlich Stachys sylvatica, auch Teucrium, genannt. Fast durch ganz Hessen verbreitet.

Krotzen msc. 1) das Kernhaus der Obstarten pyrus, sonst auch Kribbes, Griwwes, vorzüglich im westlichen Hessen; „Aepfelkrotzen", der Rest eines abgegeßenen Apfels.

2) larynx, der Kehlkopf, das obere und hervorragende Obertheil der Luftröhre.

3) verschrumpfte und verwachsene Aepfel oder Birnen, an denen eben nichts ist, als der Krotzen.

So auch auf dem Westerwald, Schmidt S. 92.

S. *Kribbes*.

Krufen (krausen, kroffen, kröffen), *krupen*, kriechen. Im sächsischen und westfälischen Hessen ist krupen ausschließlich üblich, so daß man das Wort kriechen gar nicht versteht. In den andern Formen reicht das Wort, zum Theil übrigens neben dem Worte kriechen gebräuchlich, an der Fulda herauf bis in die Gegend von Spangenberg, an der Schwalm bis nach Wabern, und an der Werra bis nach Eschwege, beziehungsweise Waldkappel.

auskrupen, auskrufen in sämtlichen so eben bezeichneten Landestheilen das fast ausschließlich gebräuchliche Wort für das Auskriechen der Vögel aus den Eiern.

unterkrupen, unterkriechen, sterben. „Krup vanner du alt Wunner, die Welt ist dir gram" sehr bekannter Reim. Richey S. 141.

Kruphühnchen, Krusshüenchen, Spottwort für kleinlich gewachsene Frauenspersonen; in Kassel sehr üblich. Richey a. a. O.

Kruke fem., Krug, besonders jede Art Krug mit engerem Halse, indes mitunter auch diejenige Form der Krüge, welche sonst Krûs heißen, d. h. Krüge mit zinnenem Klappdeckel. Im sächsischen Hessen, weniger im westfälischen, wo Slute (f. d.) vorherscht. Diutiska 2, 200a. Schottel Haubtspr. S. 1351. Brem. WB. 2, 884.

krumm, wie gemeinhochdeutsch; *Krummbuckel*, hündischer Schmeichler; *ein krummes Maul machen*; *krumm liegen* u. dgl. hier wie anderwärts.

krumme Not, eine besonders in Niederhessen sehr übliche, aber auch anderwärts in Hessen, wie auf dem Westerwald (Schmidt S. 93), bekannte Bezeichnung der Epilepsie. Vgl. Kramhacke, Kränk, Mangel, schwere Not. Es ist auch dieses Wort, wie seine Synonymen, zum Fluchwort geworden, und wird als solches sehr häufig verwendet.

Krummes, meist nur deminutiv: *Krummeschen*; fuldaische Bezeichnung eines in der Form eines Mondsviertels verfertigten Weizengebäckes, welches in Schmalkalden, Kassel u. a. O., in etwas größerer Form und aus geringerem Stoffe gebacken, den Namen Hornasse (f. d.) führt.

Krumpel fem., unregelmäßige, aus Versehen oder Unordentlichkeit entstandene Falte in einem mit ebener und glatter Oberfläche versehenen und nur in dieser Gestalt brauchbaren oder anständig zu producierenden Gegenstand, als Tuch, gebügeltes Weißzeug, Kattun, Papier und dergleichen. In ganz Hessen, jedoch mit Ausnahme der niederdeutschen Bezirke (wo Krünkel gesagt wird) und von Schmalkalden (wo knüeren üblicher ist) gebräuchlich. Eben so auf dem Westerwald Schmidt S. 94.

krumpeln in unregelmäßige und ungehörige Falten drücken. Vgl. knüeren. Gewöhnlich ist die Verstärkung *verkrumpeln*, durch Krumpeln verderben.

krumpelicht, voll Krumpeln.

Krünkel fem., an der Diemel das, was im übrigen Hessen Krumpel (f. d.) ist: Runzel, Biegung, Zerknitterung.
Vgl. auch *knüren*.

Kruppig, armselig, von Wuchs und Aussehen. Schmidt westerw. St. S. 92.

Krūs msc., auch (in Oberhessen mitunter) *Kraus, Krause*, Krug, doch vorzugsweise der zum Bier, ehedem auch zum Wein, gebräuchliche, in der Mitte ausgebauchte und mit einem zinnenen Deckel versehene, meistens braun glasierte Krug. In Mittelhessen und Oberhessen gebräuchlich, wenig im sächsischen und gar nicht im westfälischen Hessen. „Vnd brecht Philipsen einen Krausen spanischen Weins". Marb. Hexenproceßacten v. 1579. „Liebchen trink, es geht nicht all ins Krüschen". Marb. HPA. v. 1658.

Das Wort, schon im Altnordischen vorhanden, findet sich im Schwedischen, Dänischen, Holländischen, im Niederdeutschen (Sächsischen) Richey S. 140. Brem. WB. 2, 880. Vgl. Schottel Haubtspr. S. 1350; aber auch in Oberdeutschland Schmeller 2, 394.

Das *Krūsenwerfen*, *Krausenwerfen*, *Krugwerfen* des 16. Jarhunderts findet sich, zumal in den oberhessischen Bußregistern reichlich vertreten; z. B. „Raben Hans sohn zu Vnderstrosphe, dz er Heintz Gompeln mit einem Kruß geworfen". Wetterer Bußregister v. 1583. „5 fl. wird gestraft Schmithen Steerger zum Rauschenberg, von deswegen, daß er Johan Mangolten Pfarhern zu Halsdorff, in seiner eigenen Stubben zum Rauschenberg mit einem krug darnidder geschlagen". Rauschenberger Bußreg. v. 1585. „Schefferhen zu Obernas hat den Mehrnschmidt zu Niddernas im bierhaus da mit einem holtzern becher in irer Zech vnders gesicht geworfen vnbt blutig gemacht". Wetterer Bußr. v. 1591. Und so öfter.

Da das Wort Krūs bei uns das Wort Kande, Kanne großenteils noch jetzt vertritt, früher völlig vertreten hat, so ist bei uns von einem Kandelwerfen, wovon ein hersfeldisch-thüringisches Dorf den Namen Kannewurf führt, niemals so viel ich weiß, die Rede, so oft diese Bezeichnung des angedeuteten Wirtshausunfugs auch sonst in Deutschland vorkommt.

Kruspel fem., eine Verknorpelung, ein verhärteter Auswuchs, zumal an Bäumen. Wenig üblich. Schmidt Schwäb. WB. S. 328.

Kruspeln, *verkruspeln*, sehr übliche Verba: sich verhärten, z. B. zu hart gebackener Kuchen ist verkruspelt; verknorpeln z. B. gichtische Hände sind ganz verkruspelt; erstarren: „meine Hände sind in der Kälte ganz verkruspelt".

Was aber hart gebacken werden muß, wird durch die Bezeichnung kruspeln gelobt: die Wecke müssen recht scharf sein, daß sie kruspeln; u. dgl. Schmeller 2, 395.

Kuh. Redensart: „ein Mantel und ein Kuh deckt viel Armut zu" d. h. wer einen Mantel hat, deckt damit seine zerrißenen Unterkleider (zumal sind hiermit Frauen gemeint, da in den meisten Gegenden der Mantel zu deren unerlaßlicher Sonntags- [Kirchen-] Tracht gehört), und wer eine Kuh besitzt, kann noch immer, trotz aller Schulden und sonstiger Not, sich durchhelfen, für verhältnismäßig wolhabend gelten. Sehr üblich. Eine ähnliche Redensart bei Seb. Frank Sprichwörter 1541 Bl. Eija: „Ein mantel vnd ein hauß deckt vil schand". Redensart: „schlafen, bis die Kuh ein Batzen gilt" d. h. schlafen so fest und so lange, als wolle man nie wieder erwachen. Gleichfalls sehr üblich.

Kuhgeld, eine Abgabe. LandesO. 6, 370. Kopp Handbuch 6, 137.

Kuhstein, durchlöcherter Stein, meist ein alter Wurfstein, s. g. Donnerstein, auch wol von der Natur durchlöchert, wie dergleichen Steine an der Eder häufig vorkommen. Er führt seinen Namen daher, weil, wenn eine Kuh blutige Milch gab, die Zitzen des Euters durch einen solchen Stein hindurchgesteckt wurden, um den vermeintlichen Zauber damit zu vertreiben. Auch pflegten solche Kuhsteine den Kindern in die Wiege gelegt zu werden, um sie gegen Blitzstral und sonstige Unfälle zu sichern. S. Wolfart Hist. natur. Hassiae infer. 1719. fol. S. 48. 51. nebst Abbildung. Diese Kuhsteine sind auch in der Schweiz und in Schwaben üblich, Vonbun Beiträge z. d. Mythol. 1862. S. 75.

Kuhweide; „aus der Kuhweide gehen", meistens negativ „er wagt sich nicht aus der Kuhweide u. dgl."; häufige, noch an die ältesten bäuerlichen Verhältnisse des Vaterlandes erinnernde Redensart für: die engsten Grenzen. Die Redensart erscheint öfters bei Fischart.

Küle, auch *Kaule* gesprochen, fem. Grube, niederdeutsches, im ganzen sächsischen und westfälischen Hessen fast ausschließlich gebräuchliches, indes auch einzeln an der Fulda aufwärts bis in die Gegend von Rotenburg vorkommendes Wort. *Mistküle* (-kaule), *Schinderküle* u. s. w. grosse graber und kulen W. Gerstenberger Frankenb. Chr. bei Schminke Monim. hass. 2, 449. In Rechnungen der Stadt Wolfhagen 1457: *lemekule* (aber 1663: leimbkoute), 1563 *steinkule*; Wulffs-Kulen bei Zierenberg (Landau Geschichte der Jagd S. 208). Schottel Haubtspr. 1343: *Kaule*, aber 1352 *Küle*. Vgl. Froschmäuseler Eitjb. Frisch 1, 554. Von Babern südlich ist das Wort in Hessen unverständlich. Vgl. *Kaute*.

Vgl. Zeitschr. f. hess. Gesch. u. Landesk. 4, 78—79.

Kukummer fem., Gurke; letzteres Wort ist kaum bekannt, geschweige denn üblich. Vgl. Schmeller 2, 27.

Kulle fem., Kugel. In ganz Hessen üblich, wogegen das aus Kulle entstandene schriftdeutsche Wort Kugel gar nicht, selbst nicht beim Kegelspiel, volksüblich ist, und sich erst in der neuesten Zeit hier und da allgemach einbürgert.

Kullmutz m., Hünerart ohne Schwanz;

Kullarsch, dasselbe; beide Wörter, wo nicht *Kupper* (s. d.) gebräuchlich ist, wie an der untern Eder, in dem größten Theil von Althessen gebräuchlich. Hiernach wird Schmellers *keilarsch* (2, 289) als eine Corruption zu betrachten und die Etymologie dieses Wortes zu modificieren sein.

Kullkopf (Kullskopf) msc., 1) die Froschlarve, 2) der Fisch cottus gobio, welcher in Baiern (Schmeller 2, 317) *kopp* heißt, was sich mit jenem kupper berührt.

Kullduppen, bauchiger Topf ohne Beine. Kassel.

Vgl. Zeitschrift für hess. Gesch. u. LK. 4, 78.

kullern, rollen, von allen kugelähnlichen Gegenständen. Allgemein üblich. Vgl. *kuppeln* und *welgern*.

küeme adj., an der Diemel nur vom Wetter in der Bedeutung rauh, unfreundlich, gebräuchlich. Anderwärts, an der Werra, Grenze des Eichsfeldes (Brem. WB. 2, 893; Journ. v. u. f. Deutschl. 1786, 2, 116. Frommann Mundarten 6, 217) schwach vor Alter, schlecht aussehend (vor Krankheit), stöhnend, bedrückt, betrübt.

Kummer msc., 1) in seiner gemeinhochdeutschen Bedeutung ist das Wort bei dem Volke durchaus nicht üblich, ihm nicht einmal verständlich; es herscht dafür in dem größten Theile des Landes das Wort Brast. Nur die

Redensart „Hunger vnd Kummer leiden" wird vermittelst des Zusatzes „Hunger" verstanden, aber das Wort Kummer selbst wenig oder gar nicht selbständig verwendet, und das Adjectivum *kümmerlich* hört man wol zuweilen in der gemeinhochdeutschen Bedeutung. Eben so wenig waren bisher die Verba kümmern und bekümmern üblich oder auch nur in ihrer hochdeutschen Bedeutung verständlich.

2) Schutt, namentlich Bauschutt, auch überhaupt unfruchtbares Erdreich. Allgemein und so ausschließlich üblich, daß „Schutt" gar nicht gebraucht, kaum verstanden wird. Schmidt Westerw. Jd. S. 96. Diese Bedeutung des Wortes ist hauptsächlich im westlichen Mitteldeutschland (nicht in Oberdeutschland, wie Adelung 2, 1823 irrig sagt, vgl. Schmeller 2, 299—300) gebräuchlich, das Wort selbst aber ohne Zweifel nicht ursprünglich deutsch, sondern aus dem mittellateinischen combrus, Erdhause, welches sich auch in den sämtlichen romanischen Sprachen findet (Diez Etym. Wörterb. S. 106) entstanden, falls nicht etwa combrus selbst deutscher Herkunft wäre.

3) Beschlagnahme, Arrestanlage. In der ältern Sprache nebst dem Verbum bekümmern, in Beschlag nehmen, auf Arrestanlage klagen, sehr üblich, aber das Substantivum hört man noch jetzt hin und wieder in diesem Sinne gebrauchen. In einem Bescheid des Schultheißen Ludwig Stoppelnberger zu Marburg vom Jahr 1405 heißt es: „daz Henne Mogkis vnd Peter Moller beide burger zu Marpurgk vor mich an gericht daselbst kommen sein vnd gekommert vnd geclagt (auf Arrestanlage angetragen) hain", während die Aebtissin zu Kaldern das Haus, welches Gegenstand des „kommerns" war, „verantwort vnd vßm kommer gethan" hatte. Vgl. auch Landgr. Philipps Reformation, gesetze vnd ordnung v. 18. Juli 1527. (Marburg 1528. 4. Bl. Cij) und zalreiche andere Verordnungen. Das Wort ist nichts anderes, als das eben erwähnte combrus; vgl. das französische encombre, Hindernis.

4) Triticum dicoccum Schrk., ein in einigen Bezirken Oberhessens angebautes Getreide; weißer Dinkel, Sommerdinkel. Warscheinlich ist die Bezeichnung Kummer, welche dieser Getreideart, da wo sie gebaut wird (Niederwalgern u. a. O.), gegeben zu werden pflegt, nur eine Entstellung des sonst für dieselbe gebräuchlichen Namens Amer, Emmer (Schmeller 1, 53), wie man denn auch zuweilen Ammer neben Kummer gebrauchen hört.

Kunst fem., in Oberhessen, die eiserne Klammer, in welcher ein Riegel lauft (hin und her geschoben wird), in die man die Flachsreffe steckt u. dgl. Ehedem lautete dieses Wort Kanf. „2 alb. vor zwo eisserne Kanffen an das mittelste thor, da der Rigel in geht vnd das schloß anhenckt". „5 alb. vor zwo newe Kanffen auff den Thorn da die Roll henckt". Rechnung eines Schmieds in der Rauschenberger Renntereirechnung von 1606. „5 alb. vor ein große kanff vnd etliche Regel so in das mittelste thor kommen". „3 alb. verdienet an einer Ochsenketten vnd vor ein kanff an daß scheuren thor im Renthoff". Ebdf. derf. v. 1610. „1 fl. Hartmann Münch Burger zue Rauschenberg daß er Dauit Stippen burgern daselbsten eine kanffe an einer gartttenthur [so rechthengig] eigens willens Rum geschlagen". Rauschenberger Bußregister von 1606. Noch jetzt soll hin und wieder in Oberhessen die Form Konf, Kanst, neben Kunst gebräuchlich sein.

kungeln, handeln, verkaufen. Westfälisches Hessen.

Kunkelfuse fem., meist nur pluralisch: *Kunkelfusen* (Gunkelfusen), betrügliche Reden, Spiegelfechtereien, leere Ausreden. Sehr üblich, gleich dem in verwandter Bedeutung gebräuchlichen Worte Kuschemucken (s. d.).

Schon Schottel Haubtspr. S. 1352 hat dieses Wort, ohne jedoch dessen Bedeutung anzugeben.

Kunz msc., *Schlafkunz*, der durch einen Insektenstich und das vermittelst desselben in die Rinde des wilden Rosenstrauches gelegte Ei sich an diesem Strauche entwickelnde haarige, rot und grün gefärbte Auswuchs. Schlafkunz heißt er deswegen, weil man meint, er heile die Schlaflosigkeit, wenn man ihn unter das Kopfkissen lege.

So hier, wie in dem größten Theile von Deutschland. Schmeller 2, 314. Frommann Mundarten 4, 182.

Küppel msc., gewöhnlich *Kippel* gesprochen, ursprünglich *Kuppel* und *Kopfel*, eigentlich: der kleine Kopf. Das Wort wird gewöhnlich von kleinen Feldhügeln gebraucht, welche mit Buschwerk und einzelnen Bäumen bewachsen sind; in der Composition wird es auch als Eigenname solcher Hügel verwendet: Geißküppel, Steinküppel u. v. a. „Nemelichen als derselbe unser Herre den walt (so) zu solichem Hoffe gehoret, auch *Kuppel*, strüche, boume vmb denselben Hoff vnd walt gelegen in solcher lehnunge uszgezogen vnde vor sich vnde sin nachkomen behalden hait"; Ringshäuser Lehnbrief von 1490 bei Lennep Leihe zu LSR. Cod. prob. S. 52. „Den Wollenberg, Hauwalt, Ellenberg, Hollerberg vnd die vmbliegende **koppffel**". Quittung eines oberhessischen Försters vom 18. December 1569.

S. *Kopf*.

kuppeln, rollen, sich wälzen; wird von größern sich abwärts, und zwar gleichsam kopfüber, wälzenden, rollenden Massen gebraucht: Kinder kuppeln den Berg herab, ein großer Stein, ein Baumstamm kuppelt den Abhang hinunter; eine Kugel dagegen kullert herunter. S. *Kulle*.

Im schriftdeutschen Sinn wird kuppeln nicht gebraucht.

Kupper msc., Hünerart ohne Schwanz; Umgegend von Fritzlar. Dasselbe, was an der Fulda und Werra Kullmutz, Kullarsch ist (s. Kulle).

Küres msc., 1) als Bezeichnung eines Kleidungsstückes nur noch im Schmalkaldischen gebräuchlich, wo es Weste, Kamisol bedeutet; ursprünglich das lederne Wams, welches bis in das 17. Jarhundert, hin und wieder weit länger, getragen wurde, und auch als Kriegsgewand diente (von coratium, und dieß von corium, wenn nicht wegen des sehr alten deutschen Wortes chursina, Kürse, eine ursprüngliche Verwandtschaft anzunehmen ist). Vgl. Schmeller 2, 326. 332. 2) metonymisch im südlichen Fuldaischen und im Schwarzenfelsischen: dicker Bauch.

Kuschemucke fem., meist pluralisch gebraucht: *Kuschemucken*, betrügliches Spiel, auch betrügliches Verfaren, Ränke, Intriguen überhaupt. Sehr allgemein üblich.

Kutz msc., Menge, Haufen, zumal willkürlich zusammengetragener und unordentlich durcheinander liegender Dinge. Besonders bedeutet es in Niederhessen das zu einem Knauel zusammengewickelte Haupthaar der Weiber. Komt zwar überall vor, ist indes in der Werragegend am üblichsten, der ältern Sprache fremd.

Kützel (meist Kitzel gesprochen) msc., Deminutiv von Kutz: 1) ein Häufchen zusammengewirrter Haare oder Faden; 2) in Gegenden, wo die Frauensleute die Lasten (Zuber, Körbe u. dgl.) auf dem Kopfe tragen (Oberhessen, zum Theil auch in der Grafschaft Ziegenhain), bezeichnet dieses Wort auch den gepolsterten, mit Tuch überzogenen und mit farbigen Rosetten und Läppchen oft äußerst bunt verzierten Ring, welcher auf den Kopf gelegt wird und die Lasten empfängt. (Im eigentlichen Oberhessen trägt das weibliche Geschlecht die Lasten nur auf dem Kopfe; Koezen und Resse sind in Oberhessen völlig unbekannte Geräte). Daher das Kinderrätsel: „Es liegt aufm Dach wie'n Kitzel, wenns runter fällt hats vier Stitzel" (die Katze). Die Form dieses Kützels hat auch die Flachskaute, nur daß bei dieser die Enden in eine Spitze (Griff) zusammengedrehet sind, weswegen es erlaubt scheint, die Kaute Flachs als die niederdeutsche, freilich femininische, Form des Kutz zu betrachten. Anderwärts in Deutschland heißt das, was hier Kützel heißt: Kranz, Nidel, Baust u. dgl. Vgl. Schmidt weiterw. Jb. S. 95.

kutzelig, verworren, vom Haar, vom Zwirnsfaden und dergleichen.

verkutzeln, Zwirnsfaden u. dgl. unentwirrbar verwirren; das Wort verwirren ist, wenigstens in dieser Beziehung, völlig unüblich.

Kutzelkopf m., ein Kopf mit ungekämmten Haaren, was in Süddeutschland Strobelkopf (hessisch Struwwelkopf) ist; metonymisch ein eigensinniger Mensch, Starrkopf. Bruchstück aus einem in Oberhessen und in der Grafschaft Ziegenhain sehr üblichen Volksliede: „Hätt ich das erst gewust, daß du mich kränken sollt, hätt ich dich Kutzelkopf laßen gehn".

Kützchen neutr., die Gestalt eines zusammengekauerten Menschen: „er saß da auf einem Kützchen"; auch mit dem Zusatz: „wie ein Häufchen Unglück". *Kützchen machen*, Kützchen sitzen, niederkauern, sich zusammenkauern. „Setz dich Kützchen in die Ecke"; am Ende des Ringeltanzes pflegen die kleinen Mädchen Kützchen zu machen. Niederhessen. Vgl. das oberhessische kauchen.

L.

laddern, die Zeit unnütz hinbringen, vertändeln.

Ladderhans, ein träger Mensch, Müßiggänger. Beide Wörter sind nur in der Diemelgegend gebräuchlich. Vgl. *lotter*.

Lade fem., die Kleiderkiste der Landbewohner in Althessen (im Fuldaischen Sidel w. f.). In Niederhessen unterscheidet sich die Lade von dem Kasten dadurch, daß letzterer größer, meist auch schwerer gearbeitet (mit Eisenbeschlägen versehen u. f. w.) ist; umgekehrt verhält es sich an der Schwalm: hier ist die Lade der größere Behälter, und es wird mit Lade das bezeichnet, was in Niederhessen in Lade und Kasten unterschieden wird; Kasten ist an der Schwalm das was man gemeinhochdeutsch durch Kiste bezeichnet. Uebrigens sind sowol in dem eigentlichen Niederhessen die Laden als an der Schwalm die Kleiderladen meist bunt bemalt oder sonst verziert.

Todtenlade, die gewöhnliche Benennung des Sarges, welches Wort dem Volke unbekannt, jedenfalls nicht geläufig ist und von ihm nie, als nur im Verkehr mit den Gebildeten, gebraucht wird.

Gelaich, *Gelaech* neutr., Laich, namentlich Frosch- und Krötenlaich; das collective Neutrum ist weit üblicher als das singularische Masculinum. „Er were kranck gewesen, bis er ein jahr hernach ein graw gelb ding bald einer hand groß von sich gegeben, Er gebe es aber dem schuld, daß er auß einem brunnen in seinem hoff, darin der gattung thier, getruncken, vnd etwa das geläch mitt in bekommen". Marburger Hexenprocessacten von 1658.

Läke fem., Salzwaßer. Nur im sächsischen und westfälischen Hessen üblich, anderwärts im Lande völlig unbekannt.

Gelacke, niederdeutsche, **Geloch**, hochdeutsche Form, neutr., Zeche, ungefähr dasselbe, was jetzt durch „Pikenik" bezeichnet zu werden pflegt. „Wan sie ire *gloge* unde orten betzalen sulden" W. Gerstenberger bei Schmincke Mon. hass. 2, 493. Die „Reformation" ꝛc. L. Philipps v. 1527 schreibt vor (Bl. Diija, LO. 1, 52), es solle niemand in seinem Hause „kein gelacke von gebrantem Weyn halten". „Es were vmb ein zech oder geloch zu thun gewesen" Treisbacher Verhörprotokoll von 1609, und so öfter in oberhessischen und niederhessischen Schriften durch das ganze 17. Jarhundert. Aus diesem Worte, welches vermutlich von dem Worte läch, Zeichen, herkommt, auf keinen Fall aber mit dem Worte liegen auch nur im Entferntesten etwas zu thun hat, ist durch Misverständnis in der Mitte des vorigen Jarhunderts das Wort Gelage entstanden. Strodtmann S. 69 (er schreibt Gelach); Adelung 2, 520. Schmeller 2, 427.

Läken msc., größeres Tuch, Bettuch u. dgl. Nur an der Diemel üblich, im übrigen Hessen ungebräuchlich; vgl. jedoch Leilaken.

Lacks masc., fauler Mensch. „Der Lacks drückt ihn", er ist faul, arbeitsunlustig; auch wol = müde.

Lammel fem., in Oberhessen das, was in Niederhessen *Klunder* ist: der beschmutzte untere Rand des Weiberrockes. Estor S. 1413.

belammeln, den Rock am untern Rande beschmutzen, auch reflexiv: sich belammeln (auch behammeln).

lampen, nachlaßen, nachläßig sein. Landgraf Ludwig IV. schreibt 1575 an seinen Bruder Landgraf Wilhelm IV., ihn an die gemeinschaftliche Abtragung einer Ehrenschuld mahnend: „Wir bitten Ew. L. freundlich, dieselbe wollen hierin nit lampen". Jetzt ist das Wort nur noch wenig üblich. Vgl. Schmeller 2, 467.

Land im Gegensatz von Stadt war dem Volke bis in die neueste Zeit eine völlig fremde, und ist ihm größtenteils noch jetzt eine ungeläufige Bezeichnung; man kannte nur den Gegensatz zwischen Stadt und Dorf, und wenn man auch Stadtleute sagte, so sagte man doch niemals Landleute, stets Dorfleute. S. *Landmann*.

In älterer und ältester Zeit wurde Land auch fast gar nicht gebraucht, um die Beschaffenheit des Bodens, namentlich die Farbe desselben zu bezeichnen; man gebrauchte dafür lieber Erde (s. d.). Dagegen wurde und wird Land in den meisten Fällen verwendet, wo die Schriftsprache sich des Wortes Acker bedient; „dieser Acker ist beßer als der andere" ist noch jetzt eine dem Sinne des Volkes durchaus widerstrebende Formel.

Einige der ältern und in der einen oder andern Hinsicht bemerkenswerteren Zusammensetzungen mit Land mögen hier folgen.

Landfeste fem., Landesverteidigung = Landwehr. „Und ab sich gemeyne herfurte, *lantfeste* vnd lantfulgunge geburten, so sulte der lantsidel der alsdan vff dem hobe sesze, von dem selben Hobe zu solicher Herforte, lantweren vnd folgunge thun als eyn ander, ane geuerde". Crumbacher Leihebrief von 1415 bei Lennep Leihe zu LN. C. pr. S. 613.

Landfolge. Die Landfolge bezw. deren Dauer wird in Hessischen Weistümern so bestimmt, daß einer der Herren folgen soll, so lange ein Laib

Brod und ein Käse für einen Mann ausreicht. Oberaulaer Weistum v. J. 1419. Grimm Weist. 3, 332. Norbacher Weistum von 1481, ebdf. S. 330 (fehlt ganz in dem ältern Norbacher Weistum des 14. Jh. ebdf.). Neukircher Weist. 1480, ebdf. S. 380.

Landknecht, in älterer Zeit die Benennung desjenigen Dieners, welcher die Geschäfte des jetzigen Gerichtsdieners, Rentereidieners, Kreisbereiters, Landbereiters, und Gensdarmen versah. Seine Obliegenheiten bestanden darin, daß er die Hand= und Spanndienste des Amtes anzuheißen, zu beaufsichtigen und zu verzeichnen, Pfändungen vorzunehmen, Verhaftungen zu vollziehen und dergleichen sonstige Verrichtungen auszuführen hatte. Der Name und im Ganzen auch der Geschäftskreiß der Landknechte dauerte in Hessen bis in die Mitte des 18. Jarhunderts; in dem auf thüringischem Boden gelegenen Theil von Kleinschmalkalden (dem gothaischen Theil des Fleckens) hieß jedoch der Gerichtsdiener bis in die vierziger Jahre dieses Jarhunderts Landknecht. (Den Stadtknechten lagen in den Städten gleiche Verpflichtungen, wie den Landknechten auf den Dörfern, ob). Die Landknechte galten bei dem Volke für unehrlich, und erst spät konnte durch wiederholte Verordnungen der Geltendmachung dieser Anschauung ein leidlich haltbares Hindernis in den Weg geworfen werden, vgl. LO. 5, 75. 7, 515. Kopp Handb. 6, 176. Alles Ernstes betrachtete das Volk die westfälischen Gensdarmen, mit welchen der Gensdarmendienst erst aufkam, und welche Strickreiter genannt wurden, als anrüchig und unehrlich. Ueberhaupt galt bis in die neueste Zeit im Volke und in den dem Volke zunächst stehenden Ständen jede Berührung mit der Polizei, und in noch höherem Grade mit der Strafjustiz als anstößig und als anrüchig machend; mit den Criminalbeamten hatte niemand gerne Umgang.

Landmann, eine bis in die neuere Zeit dem Volke gänzlich fremde Bezeichnung für Bauer, Dorfmann. Erst als um das Jahr 1830 die Bauern sich in eben so thörichter Weise des Namens Bauer zu schämen begannen, wie ihre Schulmeister sich des Namens Schulmeister zu schämen anfiengen, gebrauchten sie (doch nicht überall!) von sich die vermeintlich mehr ehrende Bezeichnung Landmann, verlangten auch so bezeichnet zu werden, und fanden die Titel ihrer Dorfvorsteher, Grebe und Schultheiß, erniedrigend, wie sie denn auch für dieselben die Erlangung des Titels Bürgermeister im Jahr 1834 durchsetzten.

Landsal neutr. oder Pfingstlandding, ein Gericht zu Hofbieber, ungeboten jährlich am Dienstag nach Trinitatis gehalten. Grimm Weisthümer 3, 390.

Landsetzer, ein zur niedern Administration gehöriges, ehedem in Hessen und Fulda vorhandenes Amt; etwa den Taxator und den Steuercommissar u. dgl. der modernen Administration vertretend. Schmeller 3, 296. Im Amt Wetter waren „vier verordnete Landsetzer", welche unter dem 26. October 1583 supplicierten, der Landgraf möge die Strafe, welche derselbe für das Durchreißenlaßen der Sau im Treiben bestimmt hatte, den armen Leuten zu Wetter und im Amt daselbst mildern, auch die Art der Verteilung derselben bestimmen, ob der Reiche eben so viel wie der Arme oder mehr zahlen solle.

Landsidel, bekannte und in Hessen sehr verbreitet gewesene Bezeichnung eines Landbebauers, welchem von dem Eigentümer des Landes ein größeres oder kleineres (in Hessen meist nur ein kleines) Gut zum Bewohnen und Bebauen unter Bedingungen überlaßen wurde, die an sich nichts anderes darstellten, als ein Pachtverhältnis. Man sehe das in diesem Idiotikon so oft angezogene

Werk von Lennep Von der Leihe zu Landsiedelrecht. Cassel 1766. 1768. 4. Zwei Bände.

Lange fem., kommt nur in der hier und da üblichen Redensart vor: „auf der Lange herumgehn", sich unbeschäftigt umhertreiben, flanieren.

langen, holen, reichen, darreichen. Die eben verzeichneten gemeinhochdeutschen Ausdrücke waren bis um das Jahr 1820 im östlichen und innern Hessen so gut wie gar nicht bekannt, und dem Volke meist schlechthin unverständlich.

In der alten Sprache kommt langen in der angegebenen hessischen Bedeutung zwar auch vor, doch nur selten: Herbort 7405; Athis B 23. Dietrichs drachenkämpfe Cod. pal. Bl. 160a.

Vgl. Schmeller 2, 482. Frommann Mundarten 6, 351 (aus Lippe).

Langweil, *Langweel*, *Langwell*, Name des Nachbiers, welcher ehedem wenigstens eine Zeitlang sehr üblich gewesen sein muß, heut zu Tage völlig unbekannt geworden ist. LO. 1, 673. 3, 6 (v. J. 1671; hier wird angegeben, daß das Maß Bier 6—8 Heller, Langwell aber 3 Heller kosten solle; auch verboten, am Sonntag Bier oder Langwell zu fassen). Lennep Leihe zu LSR. S. 603. Anm. 13. Kopp Handbuch 6, 72. 246.

Langwid fem., *Lancwid*, auch *Langwéd* gesprochen, die Hinterdeichsel. In ganz Hessen ist dieses aus lang und witu (Holz) zusammengesetzte Wort im Gebrauche, hin und wieder in entstellter Form, z. B. hört man im westfälischen Hessen wol auch *Langwagen*, wie auch sonst in Westfalen. Strodtmann Id. Osnabr. S. 121, im Amt Schönstein *Lämber* — falls nicht dieses Wort aus lanctriu, nicht aus lancwid entstellt ist. Estor S. 144: „Langwied, am wagen". „Hans Combachers knecht hat einen buchen reitell gehauwen zu einer Langt wiedt" Wetterer Forstregister von 1602.

Lappen msc., 1) wie gemeinhochdeutsch; 2) das Halstuch oder Kopftuch der Weiber; in diesem Sinne zwar ziemlich allgemein, vorzugsweise jedoch im östlichen Hessen und im Schmalkaldischen gebräuchlich.

lappen, flicken, ausbeßern. Jetzt fast nur noch von Kleidungsstücken gebraucht, ehedem aber von der Ausbeßerung jedes Gerätes und sogar der Bauwerke. „4 alb. von den Brücken zu lappen"; „Engelhart Brückmann zwei tage gelappet an der Hopfenbudden" Wolfhagener Stadtrechnung von 1563. W. Gerstenberger bei Schminke Monim. hass. 2, 362 und sonst oft.

laschen, durchprügeln. Im Schmalkaldischen, auch sonst nicht unbekannt.

Laszhof, wie es scheint, identisch mit *Leibhof* (w. f.), eine ehedem im Stift Hersfeld vorkommende Bezeichnung derjenigen Bauerngüter, welche auf die Lebenszeit gewisser benannter Beständer ausgethan wurden. Solche Güter, welche eine wesentlich modificierte Landsiedelleihe des Solmsischen Landrechts repräsentieren, gab es in Gersdorf, Hattenbach, Mengshausen. Lennep Leihe zu Landsiedelrecht Cod. prob. S. 363. 368 (von 1694).

Last fem. Unter Last schlechthin versteht man auf dem Lande in Niederhessen, namentlich in den sächsischen und westfälischen Landestheilen eine Tracht Futter für das Rindvieh (Gras, Klee, Kohlblätter). Vgl. *Bürde*.

late, spät; dieß durch ganz Niederdeutschland verbreitete Wort bedeutet im sächsischen und westfälischen Hessen (wo es in Hessen allein vorkommt) vorzugsweise: spät am Tage, zur Abendzeit.

laten, laßen, wird im sächsischen und westfälischen Hessen, wie auch in neuerer Zeit in der Schriftsprache, für: sich geziemen, scheinen, das Ansehen haben, gebraucht; dat lāt (laet, lätt) nig, das steht nicht wohl an. Redensart we ni ett, de ni lätt, d. h. wer nicht ißt, sieht nicht wol aus.

Lätsch, gesprochen *loitsch*, link. Die im Fuldaischen, zumal in Hünfeld, übliche Form von letz (Schmeller 2, 530): „die loitsch Seit", die linke Seite. „Der ist loitsch", er arbeitet alles mit der linken Hand, ist links. Sonst nirgends in Hessen üblich.

Lätsche fem. und **Lätschen** mascul. aus Lappen zusammengenäheter oder aus zerschnittenen Salbenden geflochtener Schuh. Sehr üblich durch ganz Hessen. *lätschen* wie anderwärts, wackelnd und schleppend gehen. Schmeller 2, 426. Schottel Haubtspr. 1353. Schuhe verlatschen, Schuhe durch nachläßiges Gehen breit treten und dadurch unbrauchbar machen.

Latz msc. soll wol als einfaches Wort in der ältern Bedeutung Brustbekleidung in Hessen nicht mehr vorkommen; an der Schwalm heißt jedoch das bei der weiblichen Kleidung noch jetzt übliche Bruststück: Brustlatz.

Läube (gesprochen: Leibe, Lei, Lē) fem., der obere Theil des Hauses, oberes Stock und Bodenraum. So durch ganz Hessen, nicht einmal mit unbedingter Ausnahme der westfälischen Bezirke, wo jedoch *Bünne* für Läube einzutreten pflegt, wie in Baiern (Schmeller 2, 410) und im größten Theil der übrigen deutschen Lande. In der ältern Zeit scheint das Wort wo nicht ausschließlich doch vorzugsweise von den zur Aufbewahrung des Getreides bestimmten oberen Räumen der Gebäude gebraucht worden zu sein; was nicht in den Kornkasten, Kornrümpfen, Schüttrümpfen aufbewahrt werden konnte, wurde auf die Leube geschüttet, und die Kornkasten selbst scheinen oft auf der Leube gestanden zu haben. „So sollen die genante Landsideln — — ihnen dieselben Früchte alßbald gein Marpurg füren vnd an allen jhren schaden vnd zuthun vf jhre Loiben vnd Kasten bringen". Schiedspruch von 1464 bei Lennep Leibe zu LSR. Cod. prob. S. 241. „ij virtel korn Herman vormittag (zu Fritzlar, scil. gegeben) von der leüben die frücht zu beherbergen". Universitäts-Vogteirechnung v. Singlis und Fritzlar v. 1554; — und so in den älteren Rechnungen und Rentereiurkunden sehr oft. In diesem Sinne hat Alberus (Dict. Bl. 554b) das Wort: horreum, granarium, kornbōn, speycher, leyben, schewer, scheun, und sogar noch Estor S. 1413: „Läbe, laibe, der boden, zu aufbewahrung des getraides". — Nicht selten meint man jetzt mit Leube (z. B. in Hersfeld, Gudensberg u. s. w.), ähnlich wie mit Bünne im sächsischen und westfälischen Hessen, nur einen einzelnen bestimmten Raum im obern Theil des Hauses.

Börläube f., Emporkirche (von ahd. *pora*, super), wie man die in den meisten protestantischen Kirchen angebrachten Gallerien schriftdeutsch, aber gewis nicht gut deutsch, zu nennen pflegt. Das Wort ist, wie im ganzen südlichen Deutschland, so auch in Hessen durchweg volksüblich und sprachrichtig, so daß das fehlerhafte „Emporkirche" durch Borleube ersetzt werden sollte.

Im gemeinhochdeutschen Sinn ist Laube durchaus nicht volksüblich, auch waren bisher Lauben in den Gärten der Bauern nirgends anzutreffen; — die Bezeichnung war Gartenhütte oder Sommerhütte.

Da *louba* in Glossen des 8—10. Jarhunderts durch umbraculum, scena, orchestra erklärt wird, so scheint es nicht zuläßig, an dem Ursprung unseres Wortes aus Laub, folium, zu zweifeln. Es bleibt aber immer noch die Frage zu beantworten übrig, wie es gekommen sei, daß dieses Wort als eigenste Bezeichnung eines Gebäudetheils habe verwendet werden können. Die in der Schweiz, in Tyrol und im baierischen Oberlande üblichen Galleriebauten, welche den Namen Laube und zwar so führen, daß die Angemeßenheit deßelben sofort einleuchtet, könnten zwar zur Bezeichnung des ganzen obern Stockes als „Laube" allenfalls Veranlaßung gegeben haben, vgl. Richey S. 155, sind jedoch zuverläßig in unsern Gegenden niemals üblich gewesen; die Bezeichnung aber davon ableiten zu wollen, daß in der ältesten Bauzeit die Zöpfe der zum Bau verwendeten Bäume das Dach und folglich unter dem Dach eine Laube gebildet hätten, ist nicht mehr als unsichere Hypothese.

Läufel fem., Ruine. Im Haungrund; anderwärts habe ich es nicht vernommen.

Läufer msc., ein Schwein von einem Jahr. Bei Estor d. Rechtsgelahrtheit 1, S. 509 (§. 1221) Läufling. Ganz allgemein üblich.

läuferisch (gesprochen lifferſch), was gut, schnell von Statten geht; lifferſche arbet. In Niederhessen äußerst üblich.

Laupe fem. In Kasseler Rechnungen von 1451 kommt vor: vij loupen saltes; 1 loupe salcz. Es ist dieß, wie der Augenschein lehrt, ein gewißes Maß, vielleicht eigens für das Salz bestimt, aber dem Wortlaute nach nichts anderes, als das niederdeutsche *Löpen, Leupen*, welches bei Strodtmann Idiot. Osnabr. S. 127 vorkommt und dort den „hölzernen Brotkorb der Bauern, oder vielmehr die hölzerne Schüßel zum Brod" bedeutet. S. *Löpp*.

laupern, lauern; ein tief niederländisches Wort, welches ehedem in Frankenberg üblich gewesen sein muß. „der ander im fenster Laupert auff gelegenheit, auch seine Suppen zu verdienen". Gefängnuß M. Johannis Hesselbeinii Francobergensis u. s. w. 1607. 4. S. 8. (S. Zeitschr. f. hess. Gesch. u. Landeskunde 3, 210—211).

Lauperer msc., Auflaurer, Aufpaßer. „oder nach außsage der falschen Laupperer" Gefängnuß ꝛc. S. 7 u. a. St. — Die Wörter kommen im Teutonista vor (Richey hamb. Id. S. 446): lupen, lauren; Luyper, ein Laurer.

Laus f. wie gemeinhochdeutsch. „es ist, um lange Läuse zu kriegen", üblicher Ausdruck der berechtigten Ungeduld bei langem Warten. Kassel und Umgegend, auch anderwärts nicht ungebräuchlich.

Läuse, auch *Zitterläuse*, übliche Benennung der Grasart Briza (media, tremula).

Bettelläuse, im Schmalkaldischen die Bezeichnung der Pflanze caucalis latifolia und grandiflora.

Filzläuse, im Fuldaischen die treffende Bezeichnung eben derselben so eben genannten Pflanze. Filzlaus ist auch der noch jetzt übliche Name einer Straße in Kassel, welcher durch den Namen „Hohenthorstraße" seit 90 Jahren nicht hat verdrängt werden können, und bei dessen Verwendung man sich des eigentlichen Sinnes dieser Bezeichnung gar nicht mehr erinnert.

Knackläuse, in Oberhessen die Benennung der wildwachsenden Stachelbeere (Ribes grossularia). S. Zeitschr. f. hess. Gesch. u. LK. 4, 77.

Wandlaus, Wanze; sehr übliche Bezeichnung, aus welcher das Wort Wanze sich erst gebildet hat. Wanze ist wenig, Wendel gar nicht im Gebrauche.

Lausehottich, s. *Hottich*.

Lausjunge (Lûsejunge), übliches Scheltwort für einen unnützen Buben. Der verstorbene Generallieutenant B. rief mit diesem überlaut geschrieenen Worte seinen Sohn, den damaligen Premierlieutenant Karl B., seinen Adjutanten bei

einem von ihm commandierten Manöver, an, als dieser weder auf das „Premier=
lieutenant B." noch auf das „Karle! Karle!" hören wollte — zum Entsetzen
der aus Stabsofficieren und Damen bestehenden Umgebung.

Auch zu Benennungen von Feldplätzen hat die Laus reichlich beigesteuert;
wir finden bei uns z. B. ein Lausahl (Hundshausen, s. Ahl), einen Läuse=
biegel (d. i. —bühl), einen Lauseberg, Laushüppel, Lausküppel, eine
Läusekammer u. dgl. m. Meistens sind es Flurtheile geringsten Ertrags,
welche diesen Namen führen.

lausen, meist *lûsen* und *lussen* (Schmall.) gesprochen, lauschen,
horchen. Obergraffchaft Hanau und Schmalkalden, sonst unbekannt; ein Beispiel
für die reinlichere Consonantierung der Dialecte, welche hier den groben Zischlaut
vermieden haben, und bei dem einfachen sibilirenden Spiranten geblieben sind.
Am längsten hat sich der richtige Consonant außer dem Dialect in der Jäger=
sprache erhalten, in welcher das Hasenlausen noch im vorigen Jahrhundert
gäng und gäbe war. Der Pfarrer zu Geismar bei Fritzlar, der zu Binsfört
u. A. hatten in der Gemarkung des Pfarrortes das Hasenlausen als ein
Pfarr=Recht hergebracht. Unter der Regierung des Landgrafen Karl wurde dieses
Recht theils abgelöst (wie in Binsfört), theils (wie in Geismar) willkürlich und
ohne Entgelt entzogen (1698). In der hessischen Geschichte sind die Franken=
berger *Hasenlusser* berühmt, welche durch ihr Geschäft veranlaßt die Stadt
Frankenberg im Jahr 1380 vor einem Ueberfall des Falknerbundes und der von
Padberg warnten; W. Gerstenberger bei Schminke Monim. hass. 2, 499.
wegelussen, wegelagern; ein Mord mit weygelussen (Wegelagerung) sollte mit
dem Rade bestraft werden. Schminke Monim. hass. 2, 755.

lechen, gewöhnlich *auslechen*, auch *verlechen*, der Zustand hölzerner
Gefäße von Böttnerarbeit, deren Dauben eingetrocknet sind und welche deshalb
die Flüßigkeit durchtröpfeln oder durchlaufen lassen. Dieses durchtröpfeln ist die
eigentliche Bedeutung des Wortes lechen. Schmeller 2, 422.

lech, ausgetrocknet im obigen Sinn; nicht *leck*, was übrigens an sich
denselben Sinn hat.

Lêd neutr., die hessische Aussprache von hlid, operculum: Augenled,
Bodenled (letzteres der in Angeln gehende hölzerne Fensterladen vor den Boden=
löchern (Luken, Gaublöchern).

Legel neutr. kommt zwar in älterer Zeit in der Bedeutung Fäßchen
auch in Hessen, wie sonst in Oberdeutschland, indes nur selten, vor. Dagegen
findet sich in Homberger Rechnungen von 1415 und 1450: esels *legeln* (Dativ).
Es könnte dieß zwar auch die von Eseln getragenen Fäßchen bedeuten; da diese
legel aber unter andern Stall=Utensilien aufgeführt werden, so scheint es, daß
legel hier die sattelartige Vorrichtung bedeute, welche auf dem Rücken des Esels
angebracht wird, um die Lasten auf demselben fest zu legen, etwa dem Bombaster,
Bomsen (s. d.) ähnlich.

Lehn neutr., **Lehnausrufen.** Das Lehnausrufen war eine
Sitte in den hessischen, zumal oberhessischen Dörfern, in gleicher Weise wie in
der Wetterau und weiter, welche folgende Gestalt hatte. Zu Walburgen Tag,
1. Mai, zogen sämtliche Knechte (seit der 2. Hälfte des 18. Jahrhunderts: Bursche)
des Dorfes gegen Abend mit lautem Jauchzen und Peitschenknallen, auch wol
mit Gesang, mitunter sogar mit Musik, im Dorfe umher, hielten vor jedem
Hause, in welchem sich ein Mädchen befand, an, und theilten dasselbe, mithin
successiv alle Mädchen des Dorfes, je einem Knechte als Lehen zu. Dieß

wollte zunächst nichts weiter besagen, als daß das Mädchen dem betreffenden Knecht für das Jahr als ausschließliche oder doch zunächst berechtigte Tänzerin zugewiesen sein sollte, indes verstand sich damit, wie auch der bei dem Lehnausrufen gebräuchliche Spruch besagte, die Aussicht auf eine künftige Heirat und jedenfalls auf ein während des Jahres dauerndes vertraulicheres Verhältnis zwischen dem zu Lehn ausgerufenen Mädchen und dem Lehner (Lehnknecht), leicht von selbst.

Ueber dieses Lehnausrufen vgl. Lersner Frankfurter Chronik I, 7 §. 56. Estor Deutsche Rechtsgelahrtheit 1, §. 809. Ledderhose kleine Schriften 5, 252. Der bei dem Lehnausrufen gebräuchliche Spruch lautete nach Lersner a. a. O. (und daraus Ledderhose a. a. O.) folgendermaßen:

   Hört zu ihr Herren überall,
   Was gebeut der Kaiser und der Marschall;
   Was er gebeut, und das muß sein:
   Hier ruf ich aus N. N. mit N. N.
   Heut zum Lehen,
   Morgen zur Ehen,
   Ueber ein Jahr
   Zu einem Paar.

Dieser bis zum Aussterben der Sitte des Lehnausrufens beibehaltene, wenn auch zuletzt nur in ziemlich starker Verstümmelung ausgesprochene Lehnausruf bezieht sich eigentlich auf das alte Recht, welches die Kaiser und selbst die geringeren Landherren in Deutschland oft ausübten, die reichen Töchter ihrer Unterthanen nach ihrem Gutdünken zu verheiraten; durch einen den obigen Lehnausruf ähnlichen Ausruf ließen sie vor dem Hause des Mädchens dessen Verlobung verkünden. Gegen diesen Zwang ertheilte Heinrich, Friedrichs II. Sohn, während er sich das deutsche Königtum anmaßte (als Heinrich VII.) im Jahr 1232 den Städten Frankfurt, Wetzlar, Friedberg und Gelnhausen ein Privilegium; eben so Graf Johann von Ziegenhain der Stadt Nidda 1435, bestätigt von Landgraf Ludwig 1450; desgleichen Landgraf Wilhelm I. der Stadt Immenhausen 1489, den Städten Wolfhagen und Zierenberg 1490 (letztere drei Urkunden sind bei Ledderhose a. a. O. S. 246—252 abgedruckt).

Wie ernsthaft das Lehnausrufen genommen worden und welche Folgen es mitunter gehabt, möge folgender Vorfall beweisen, welcher in den Jahren 1672—1673 in Betziesdorf sich zugetragen hat, und den wir zum Theil mit den Worten einer am 7. Juni 1673 gemachten gerichtlichen Aussage wieder geben: „Ferner deponirt Anna Catharina Winten: Vorm jahr uff Walpurgis „sey von den andern Knechten des Schnabels Tochter ihrem Bruder (Joh. Jac. „Nies) zum Lehn gegeben, worufß ihr Bruder auch Affection zu ihr getragen, „sich auch vernehmen lassen, wann die Catharina, Dietrich Lipsens Frau justi„ficirt würde und auf ihre Enkelin nicht bekennete" (die Kath. Lips, Großmutter der hier in Rede stehenden Anna Schnabel, war der Hexerei angeklagt und saß damals schon in Marburg im Gefängnis, wurde auch bald darauf verbrannt), „wolte er sie heiraten. Hiernach und als er etwa den halben Sommer wegen „des Geschreies der Lipsin sich ihrer geäußert, habe ihr Bruder vernommen, daß „sie, des Seiberts Tochter, ihn gescholten; darnach habe Seibert Schnabels „Tochter sich wieder eingeschmiert, sei in die Spinnstuben zu ihm kommen, habe „ihm Aepfel mitgebracht und sich entschuldigt, daß sie ihn ausgescholten". Dieses „Wieder-Einschmieren" hatte die Folge, daß Nies sich dazu verstand, mit der Anna Schnabel auf einen Weinkauftanz zu gehen, bei welcher Gelegenheit ihm

Vilmar, Idiotikon.   16

die Anna ein Philtrum beibrachte; an den Folgen desselben starb er kurz nachher, und die Anna Schnabel wurde als Zauberin und Vergisterin enthauptet.

Das Lehnausrufen wird in der Kirchenordnung vom 12. Juli 1657 Cap. 19 neben den Pfingst=, Johannis= und andern Festfeuern, den unzüchtigen Tänzen u. s. w. genannt und als Verbotenes behandelt. Es bestand indes diese Sitte fort, und zwar ziemlich allgemein bis in die Mitte des vorigen Jarhunderts, wiewol die Pfarrer, in Oberhessen zumal, wo diese Sitte am festesten haftete, sich oft und nachdrücklich über dieselbe wegen des mit derselben verbundenen Unfugs beschwerten. In den mainzischen Ortschaften des Amts Amöneburg bestand kein derartiges Verbot, und hier herschte das Lehnausrufen in vollester Ausdehnung noch im Anfange dieses Jarhunderts, war jedoch wegen des dabei vorkommenden Unfugs unter den Bauern selbst bereits sehr verrufen. Einzelne Fälle des Lehnausrufens sind übrigens in oberhessischen Dörfern, evangelischen wie katholischen, noch bis in die zwanziger Jahre dieses Jarhunderts vorgekommen; seit 1830 aber ist es gänzlich ausgestorben.

Gewöhnlich wurde von dem zu Lehen ausgerufenen Mädchen seinem Lehn (Lehner, Lehnknecht) ein Strauß (aus künstlichen Blumen verfertigt) gegeben. Diese Sitte herscht noch auf den Kirmessen, wo die jungen Bursche sich eine Tanzmagd wählen, diese an den Kirmestagen abholen, mit ihr vorzüglich, jedenfalls aber an jedem Kirmestag den ersten Tanz tanzen, und dafür von der Tänzerin mit einem Strauß (Zwick, Strauch, Lustrauch, Vorreigen) begabt werden.

Lehne fem., die weibliche wilde Sau, Bache; jetzt nicht mehr üblich. „eine große Lene" 1475 Landau Gesch. der Jagd S. 229. 1562 quittiert Johann Hasenohr zu Wetter über 1 fl. 20 alb. 2 hlr. für einen Karren mit zwei Pferden, welcher „eine lehne vnd zwene frischlinge fraw Margarethen gen Spangenberg zubracht".

In Würtemberg Liene Grimm Weistümer 1, 386—388.
Vgl. Frisch 1, 599b.

Lehne fem., der Abhang, *Berglehne*, Bergabhang.

lehne adv., mäßig abhängig, gelinde abschüßig: „es geht lehne hinauf", mit nur mäßiger Steigung. Beide Wörter, besonders das Adverbium, sind im allgemeinsten Gebrauche. Mit der baierischen Län (Lauine) Schmeller 2, 406 haben unsere Wörter, trotz mancher Aehnlichkeiten im Gebrauch, keinen Zusammenhang.

lehnen, nicht nur für mutuum accipere, sondern auch für mutuum dare allgemein üblich; leihen ist gänzlich unbekannt. In Marburg, Hanau u. s. w. wird lehnen auch für mieten, pachten (Haus, Garten) gebraucht.

Leibchen neutr., Bekleidung des Oberkörpers bei dem weiblichen Geschlecht, der Weste der männlichen Bekleidung ähnlich, ohne Ermel und vorn zugesteckt oder zugehakt, auch zugeschnürt. Vgl. Leibstück. Der Name dieses Kleidungsstückes findet sich fast nur in Niederhessen; in Oberhessen heißt dasselbe, wo es vorkommt, *Mutz*, w. f.

leiben (gespr. loeben, lêben), ist in Oberhessen und Fulda so wie in der Obergrafschaft Hanau noch in seiner alten Bedeutung: übrig laßen gebräuchlich, während die Schriftsprache längst nur noch das Compositum beleiben, bleiben kennt. Vorzüglich wird es von dem Uebriglaßen der Speisen gebraucht. Estor d. Rechtsgl. 3, 1413. „Das Kalb hat die Milch noch gelaebt" d. h. noch nicht ausgesoffen. Besonders aber ist *Gelébts* (Geleibts, Geleits), übrigens mitunter auch mit dem Zusatz Eßen von der übrig gebliebenen Speise in den angegebenen Gegenden üblich: „habt ihr nicht ein Bißchen geleit Eßen?" gewöhnliche Frage der Fuldaischen Bettler; „diesen Abend haben wir Gelebtes" Oberhessen und Oberhanau. In Niederhessen völlig unbekannt. Vgl. *ólibig*.

Leibhof, eine im Stift Hersfeld ehedem übliche Bezeichnung derjenigen Bauerngüter, welche auf die Lebenszeit gewisser benannter Beständer, entweder des Mannes, oder zugleich seiner Frau, oder auch wol seiner Kinder, verliehen wurden. Estor deutsche Rechtsgelehrsamkeit 1757. I. §. 1962. S. 798, auch *Leibgut* genannt 1683 Lennep Leihe zu Landsiedelrecht Cod. prob. S. 360. 368. Dergleichen Leibhöfe oder Leibgüter gab es in Friedlos, Oerstorf, Mengshausen, Niederaula (wo diese Bezeichnung noch jetzt fortgeführt wird: „Senger Leibhof").
Vgl. *Lasshof*.

Leibhuhn neutr., Huhn, welches der Gutsherrschaft als eine, die Leibeigenschaft bezeichnende Abgabe überliefert wird. Kopp Handbuch 6, 311. 437. Jetzt längst außer Gebrauch.

Leibstück neutr., Weste der männlichen Kleidung, im nordwestlichen Hessen (libsteck gesprochen). Im Schmalkaldischen tragen auch die Weiber ein solches ermelloses vorn zugeknöpftes Kleidungsstück, genau der Weste entsprechend, und auch dieß führt den Namen Leibstück. Im übrigen Hessen heißt dieses weibliche Kleidungsstück, welches nur nicht zugeknöpft zu werden pflegt, mit Abkürzung: Leibchen (s. d.).

Leibzucht fem., Unterhalt an Narung und Kleidung, Lebensunterhalt. In diesem Sinne kommt das Wort in älterer Zeit überall, auch in oberhessischen Urkunden, vor, z. B. in einem Kaufbriefe, welchen der Bürger Sipe Rode zu Marburg dem Hermann Schope aus Frankenberg über ein von diesem gekauftes Haus in Marburg auf Montag nach Valentini 1454 ausstellt; in diesem Kaufbrief willigen Henne Marturff und dessen Ehefrau Else in gedachtem Kauf, „weil sie ihrer Leibzucht, die sie an genanntem Haus gehabt, vergnügt sind". Eben so in den Frankenberger Gewonheiten bei Schmidke Monim. hass. 2, 699 vgl. Lennep Leihe zu Landsiedelrecht S. 613. Am üblichsten ist das Wort da gewesen, wo Leibeigenschaft herrschte: der Herr mußte dem alten arbeitsunfähigen Eigenmann Leibzucht, d. h. vollständigen Lebensunterhalt gewähren, beziehungsweise durch den an seine Stelle getretenen Beständer des Eigenguts gewähren laßen; Estor d. Rechtsgel. 1, §. 421. Dieß kam in Hessen vorzugsweise nur im Schaumburgischen vor, wo denn auch das Wort Leibzucht seine eigentliche Heimat hat: Kopp Handbuch 6, 315 ff. Durch Misbrauch ist das Wort Leibzucht dann auch von den um die Materie des Rechts sich wenig kümmernden Juristen fälschlich für den Altenteil, den Auszug, gebraucht worden. In diesem fälschlichen Sinne ist das Wort dem Volke außerhalb der Grafschaft Schaumburg gänzlich unbekannt, und muß ihm unbekannt sein, denn der nicht leibeigene Bauer in Ober- und Niederhessen war auf keine Leibzucht angewiesen, sondern behielt sich einen Theil seines Gutes oder der Einkünfte desselben vor, zog sie aus, nach freiem Ermeßen. S. Auszug. Monströser Weise findet man das Wort auch Leibsucht, Lebsucht geschrieben, und auch Alberus, welchem als einem Süddeutschen, es fremd sein mußte, hat es misverstanden: „Victus, lebzucht i. nicht viel vbrigs" (Bl. ee4a), gleich als käme es von leiben, übrig laßen, her.

Leich neutr., im Frühlingsspiel der Knaben mit Thonkugeln (Üllern, Schoßern) die auf die Spielbahn ausgesetzte einzelne Thonkugel, nach welcher geschoßen (geknipst) wird. Nur im östlichen Hessen, wo auch das gedachte Spiel fast ausschließlich zu Hause ist, wenigstens in seiner vollen strengen Regelmäßigkeit geübt wird, gebräuchlich. Es bedeutet Spiel, Spielgegenstand, vgl. Schmeller 2, 421 „das Laich setzen", das Kegelspiel aufsetzen.

Leichdorn msc., die in Hessen ausschließlich geltende Bezeichnung des s. g. Hühnerauges, und zwar ohne Zweifel die ursprüngliche: ein Dorn im Leich d. h. im Fleisch, im Leibe.

Leid neutr. 1) die Epilepsie, das Leid κατ' ἐξοχήν. An der Diemel. Im übrigen Hessen heißt die Epilepsie die **Kränk** (Krankheit κατ' ἐξοχήν), sonst aber allgemein schwere Not und krumme Not, auch schwere Kranket und am häufigsten arme Kranket. Vgl. Mangel.

2) Leid geben, die Trauermalzeit für die Leichenbegleiter nach dem Begräbnis geben; zu Leid gehen, der Trauermalzeit beiwohnen; Leidgäste, Gäste für die Trauermalzeit. Oberhessen.

Leide fem. In einem Ziegenhainischen Güterregister von ungefähr 1367 kommt vor: viij leydin houwis; j leyde houwis. Es scheint das Wort einen Haufen oder eine Fuhre (Heu) zu bedeuten, wie in Baiern Schmeller 2, 512. Heut zu Tage ist dieses Wort, welches in der hessischen Urkunde mit niederdeutschem Consonant, Leide, statt mit hochdeutschem, Leite, geschrieben ist, aus dem Gebrauche verschwunden.

Leidenschaft = Leiden; „ich habe gar zu viele Leidenschaften" = ich werde von gar zu vielen Unfällen heimgesucht, es geht mir gar zu übel. Ziemlich überall in Hessen, wie auch anderwärts in Deutschland. — Als die Halbgebildeten vor etwa 40 Jahren (um 1820) sich dieses Gebrauches des Wortes Leidenschaft (der übrigens nicht so ganz unsinnig ist, wie die Büchermenschen sich einbilden) zu schämen anfiengen, ersannen die Schullehrer dafür ein bis zum wirklichen Unsinn lächerliches Wort: „Erlittenheit", welches sogar officielle Geltung bekam und bis auf die allerneueste Zeit in den Schullehrer-Acten der Behörden seine Rolle gespielt hat.

Leie fem., gewöhnlich Lee, auch Lede gesprochen (in dieser Form von Estor verzeichnet D. Rechtsgl. 3, 1414), Dachschiefer, Fels aus Dachschiefer, auch wol überhaupt Fels. Nur in Oberhessen bekannt, selbst hier nicht allgemein üblich. Leidecker, Lédecker, auch Leiendecker, Schieferdecker, in Oberhessen ziemlich üblich, vorzugsweise im westlichen Theile dieses Landstriches, wo der Dachschiefer häufig vorkommt. Vgl. Schmeller 2, 407. Ueblich am ganzen Rhein (wo der Familienname von der Leien), und es hat sogar durch Brentano, dann durch Heine die Lur-lei zu einer poetischen Person werden müssen, wiewol es nur ein Fels ist.

leiern bedeutet 1) in manchen Gegenden von Oberhessen die Kurbel im Butterfaß umdrehen, daher buttern: Butter leiern. Vgl. Schmeller 2, 488—489.

2) in Oberhessen als Reflexivum das Trübewerden des Waßers: „das Waßer leiert sich", das zum Waschen gebrauchte Waßer wird durch den von dem gewaschenen Gegenstande (Wäsche, Fußboden) aufgenommenen Schmutz trübe und dicklich, mithin zum weitern Gebrauche untauglich. Möglich, daß dieses Wort eigentlich nicht leiern, sondern ursprünglich leuern, länern, lautet, und ihm ein Wort Leur (Liur), welches Unrat, Schmutz, bedeutet hätte, zum Grunde läge. Vgl. die schweizerische Lüre: Stalber 2, 186. 1, 108.

Leilaken neutr. und masc., *Lilaken*, *Lilage*, Betttuch. In Oberhessen, in der Grafschaft Ziegenhain und bis an die untere Schwalm und Eder gebräuchlich, im östlichen Hessen, an der Werra und obern Fulda unbekannt. „daß sie ihnen ein Leilacken vnd Mannsheimbt gestohlen habe" Marburger Crim. Proc. Acten von 1658. Vgl. Lüken. Das Wort ist aus lih (corpus, Leich) und laken zusammengesetzt.

leilich, schwächlich, kränklich; von Menschen und Thieren in Oberhessen gebräuchlich; Estor S. 1414. Von Sachen wird es in jetziger Zeit seltner gebraucht, ältere Zeugnisse aber sprechen auch für diesen Gebrauch: *liliche* haber, dürftiger, schlechter Hafer (Pachtregister des deutschen Ordens zu Marburg, Zeitschr. f. hess. Gesch. u. Landesk. 3, 203). Er kledere worin auch vast snode unde *lylichen* W. Gerstenberger bei Schminke Mon. hass. 2, 362. — Im Haungrunde ist das Wort (*lilicht*) auch vorhanden, aber in abgeschwächter Bedeutung: klein, niedlich.

Warscheinlich hierher gehört auch das niederdeutsche, in den sächsischen und westfälischen Distrieten Hessens eben so wie in der Grafschaft Schaumburg und in Niederdeutschland überhaupt vorkommende Wort *leich*, *lêch*, mager, schwach, elend: en *leich* kind, ein kleinliches, schwächliches, kränkliches Kind; o *léchet* wif, eine kränkliche, schwächliche Frau. Vgl. das Hohensteinische „*léeig*, matt, ermattet" Journ. v. u. f. D. 1786, 2, 116.

Möglich, wenn auch kaum warscheinlich ist es, daß dieses Wort eine Entstellung des, übrigens mhd. auch nur in sehr beschränkten Kreißen erscheinenden, Wortes lidelich, leidend, arm, krank, sein könnte; das Br. WB. weist darauf hin.

leinen, Form für lehnen, adniti. In Oberhessen. Schottel Haubtspr. S 1359. Schmeller 2, 470.

Leinwat, gesprochen *Liwet* (Schmalkalden), Limmet (westfälisches Hessen) ist, wo das Wort überhaupt gebräuchlich ist — denn in dem größten Theil von Hessen ist dasselbe unüblich, und dafür Leintuch, meist nur Tuch gebräuchlich — Neutrum, nicht Femininum. Auch im Schmalkaldischen wird Leintuch, Linnen u. dgl. für die gewöhnliche Leinwand gebraucht, Liwet dagegen nur für die feinste Sorte Leinwand und den Batist, aber auch für den Musselin.

Leiste: in dem den Gewandschneidern zu Hersfeld von dem Abt Johann unter dem 9. Januar 1363 ertheilten Privilegium (Wenck 2, 417 No. 399) kommt das Verbot vor: Ouch sal nymant keynerley gewant, daz nicht *Lysten* hait, an dykeinem tage yn den Jarmerthen adder da usse czu Hersfelde verkeuffen. Daß hier das gemeinhochdeutsche Leiste (ahd. lista) gemeint sei, leidet in Gemäßheit der Schreibung keinen Zweifel und es sind die Leisten etwa das was man jetzt Salbenden (richtiger: Selbenden d. h. natürliche Enden, mit welchen das Tuch von selbst ein Ende nimmt, ihm eigene, nicht durch Schneiten hervorgebrachte Enden; gänzlich falsch Salbänder) nennt. Frisch 1, 604b. Vgl. Selbende.

Leistung: Leister: *Leisterpferd*, *Leisterstall*, *Leisterknecht*. Diese das ehemalige Schuld- und Bürgen-Recht, das s. g. jus obstagii bezeichnenden Ausdrücke finden sich im 15. Jarh. oft auch in hessischen Urkunden. Vgl. über das Recht selbst Haltaus s. v., Frisch 1, 604c, Schmeller 2, 508. Es bedeutet Leistung (von goth. *laists*, vestigium, also *leisten*, vestigia premere) wörtlich Folge, Folgegebung, und dieß ist auch der Sinn des Rechtsgebrauchs: der Schuldner oder Bürge folgte der Manung des Gläubigers, in eine ehrbare ihm bestimte Herberge einzukehren, und dieselbe, in welcher er auf eigene Kosten zehren mußte, bis zur Zalung oder doch bis zu einem bestimten Termin nicht zu verlaßen. Meistens mußte ein Vermögender, namentlich ein dem Adel angehöriger Schuldner mit Pferden und Knechten in jene Herberge einreiten. Ein solcher in der Leistung befindlicher Schuldner oder Bürge hieß Leister; die zur Leistung gehörigen Pferde Leisterpferde, der in der Herberge für sie bestimte, meist von den übrigen Ställen abgesonderte Stall der Leisterstall.

Nachgerade wurde Leistung auch geradezu wie Pfändung behandelt und verstanden, so daß der Leisterstall nichts anderes war als der heutige Pfandstall. So behandelt schon das Stadtbuch von Neukirchen vom J. 1472 die Leistung: in dye leistunge sol he ess (er, dem ein Pfand wird, das Pfand) thun, vnde obe hye zue Nuwenkirchen keyne ufsrichtige leistunge were, so sulde man daz phant jnn eyn schenckhus thun. In gleicher Weise soll dieß geschehen, gleichviel ob das Pfand ein liegendes oder ein ehendes Pfand ist. Zugleich wird vorgeschrieben, daß das Pfand nur 14 Tage in der Leistung stehen, alsdann aber zum Versetzen oder Verkaufen, zunächst in Neukirchen, eventuell in Treysa, ausgeboten werden solle. Hier ist Leistung offenbar nichts anderes, als Pfandgewahrsam.

Zusammen finden sich Leister, Leisterpferd, Leisterstall und Leisterknecht in Marburger Rechnungen aus dem Ende des 15. Jarhunderts, z. B. von 1483 und öfter.

leck adj. und adv. wird im Fuldaischen zur Bezeichnung des lockern, schwammigen, zumal porösen Brodes gebraucht. Vgl. das niederdeutsche *lack*, „schlecht, los, nicht feste" Strodtmann Idiot. Osnabr. S. 120.

Leckebret neutr. Niederhessischer, schmähender Ausdruck für Zunge, zumal kleinen Kindern gegenüber: „streck doch dein Leckebret nicht heraus", „laß doch dein Leckebret drinn". Ursprünglich mag das Wort eine eigentliche Bedeutung gehabt haben, etwa hölzerner Teller, auf welchem wolschmeckende Speisen, besonders Fett, aufgetragen und der dann abgeleckt wurde. In einer wie es scheint obscönen Bedeutung kommt das Wort vor in einem ungedruckten Weihnachtsspiel aus dem Ende des 15. Jarhunderts, welches ohne Zweifel hessischen Ursprungs ist; hier sagt (v. 778—779) Lucifer zu Beelzebub: och gebe ich der eyn selegereth, der monche *leckebreth*.

lecken, besprengen, begießen; „das Tuch lecken" die zum Bleichen ausgespannte Leinwand begießen; „die Wäsche einlecken" die getrocknete Wäsche leicht besprengen und hiermit zum Bügeln vorbereiten. Allgemein üblich.

Eine Art Deminutiv von lecken ist *leppen*: nur ganz wenig besprengen, vorsichtig bespritzen.

Lecker msc., ein in Hessen mehr üblich gewesenes, als jetzt noch vorhandenes Schimpfwort, doch ist es bis jetzt in Oberhessen nicht gänzlich erloschen, und kommt, wie auch Estor S. 1414 bemerkt, unter Kindern und gegen Kinder noch immer da und dort vor. „1 fl wird gestraft gedachte Pfarherschen [Ehefrau des Pfarrers Johannes Rau] das sie gemelten Mesomylium einen schelmen, dieb, einen Hundsfoth und verlaufenen lecker gescholten hat" Wetterer Bußregister von 1591. Wird das Scheltwort gegen Mädchen angewendet, so erleidet es nicht leicht Motion (Leckerin), sondern man sagt lieber Leckerchen, wie dieß schon in einem oberhessischen Protokoll von 1593 vorkommt. Ob die bei Marburg vorkommenden Ortsbezeichnungen Leckerberg (nördlicher Abhang des Schloßbergs, schon sehr alt, s. Zeitschr. f. hess. Gesch. u. LK. 9, 374) und Leckergäßchen (ebendaselbst) hierher gehören, mag dahin gestellt bleiben.

Leckfetz fem., buchstäblich vulva canina quae lambitur; diese obscöne Bedeutung ist zwar nicht mehr mit voller Bestimtheit vorhanden, doch ist das Wort noch als niedriges Schimpfwort stärkster Art in ganz Niederhessen vorhanden; am üblichsten ist es bei einer höhnischen Abweisung: „ja, eine L." Im Schmalkaldischen ist der ursprüngliche Sinn noch mehr erblichen; das Wort soll dort „einen Menschen, welcher Kinderpossen treibt" bedeuten, indes doch auch als Schimpfwort gelten, und ein Adjectivum „leckerfetz" wurde mir von dort in der Bedeutung „leckerhaft" angegeben.

Lengde fem., Länge; alte Form wie geschikida, honida u. dgl., in Hessen sehr üblich. „Dan als Er Lodwig Bösbier pfarher zu Schönstatt der lengde nach erzelt gehapt" Marb. Hexenprocessacten von 1579.

Lensel neutr., Strohseil zum Binden der Feldfrucht in Garben. Schwalm und Oberhessen; im südlichen Oberhessen, wo man auch fleissen st. flenzen u. dgl. spricht, spricht man jedoch *Leisel*, und bildet den Plural Leisela (wie Fenstern, Kindern).

Lenz msc. 1) Frühling; in diesem Sinne jetzt nirgends mehr üblich, war es aber in früheren Zeiten, im 15. und noch im 16. Jarhundert, und ist dann, zwar nicht in den oberhessischen Schriftstücken, welche ich kenne, wol aber in den niederhessischen, die mir bekannt geworden sind, ausnahmslos Femininum, z. B. „Nymant sal ouch synen phol slan vor sente Peters tage Cathedra den man nennet in der *lentze*. Urk. v. 1445.

2) Abkürzung von Lorenz, wie anderwärts. Zugleich ist aber *Lenz, langer Lenz* die in Hessen sehr gewöhnliche Bezeichnung eines lang gewachsenen Menschen. Estor S. 1414: „Lens, ein langer Mensch". Möglich, daß auf diesen Gebrauch noch eine dunkle Erinnerung von der ursprünglichen Bedeutung von *lens* (leugizin, [Tages-]Verlängerung) eingewirkt hat; die Erklärung wenigstens welche Richey S. 151—152 von der Formel „langer Lenz" gibt, ist verfehlt. Vgl. Schmeller 2, 483. 485.

lenzen, ackern, um das Land zur Sommerfrucht zu bestellen. Der Hofmann soll „die Länderey zu rechter Zeit mit fleiß lentzen, brachen, ruhren, düngen, räumen, gantz versorgen, befriedigen und in esse erhalten". Leihebrief für Stedebach von 1661 bei Lennep Leihe zu LSN. Cod. prob. S. 129. Das Wort scheint aus dem Gebrauche verschwunden zu sein.

Lepper msc., Wallach, verschnittenes männliches Pferd. Allgemein üblich.

verleppern, verschneiden, meist nur von den Pferden, indes zuweilen auch von Ochsen, ja von den Ebern gebraucht.

Da Lappe einen Castraten bezeichnet, so läge es nicht allzu fern, dieses Lepper und leppern als eine Bildung von Lappe anzusehen. Indes sind die Worte niederdeutschen Gebrauches und eine Entstellung oder Nebenform von lübben s. Strodtmann Idiot. Osnabr. S. 128: „lübben, utlübben: verschneiden, castriren". Dieses lübben aber scheint wieder nichts anderes zu sein, als das alte luppôn, (durch Salbe) vergiften, bezaubern, jedoch mit verallgemeinerter Bedeutung: schädigen, unbrauchbar machen (wie denn jeder Zauber sein Wesen darin hat, den Gegenstand des Zaubers in seiner natürlichen Wirksamkeit zu hemmen, ihn für den Zweck seines Daseins unbrauchbar zu machen).

leppern, in einzelnen kleinen Schlücken trinken, langsam und mit Absätzen trinken. Allgemein üblich, wie auch anderwärts. Schmeller 2, 486.

ausleppern, ein neugeborenes Geschöpf (Kind, Lamm) durch Einflößen von Milch ohne Mutterbrust großziehen; überhaupt dann auch: mit Mühe großziehen. Allgemein üblich.

Lerse fem., Abkürzung von Lederhose, welche auch in Hessen im 14—15. Jahrhundert gebräuchlich und volksüblich war. Gerstenberger bei Schminke Mon. hass. 1, 208 u. v. a. St. Landgraf Heinrich III. verspricht seinem Barbier Bröseke Scharf in dem demselben ausgestellten Bestallungsbrief Lersen und Schuhe neben der Hofkleidung.

lesen, wie gemeinhochdeutsch: Eckern lesen, Holz lesen, Linsen lesen, Kartoffeln lesen u. dgl., nur Aehren lesen ist nicht sonderlich volksüblich, dafür lieber aehren (iren).

Lesetag, Holzlesetag, derjenige Tag in der Woche — es sind deren je zwei — an welchen es den Armen gestattet ist, im Walde dürres Holz zu sammeln, Holz zu lesen.

verlesen, halb scherzhafter Ausdruck für: verloren. „Der ist verlesen" ist unrettbar der Verurteilung, auch: dem Tode, verfallen. Brem. WB. 3, 55. Schmidt Westerw. Jd. S. 303. Es ist nicht unmöglich, daß, wie auch das Brem. WB. andeutet, dieses „verlesen" nicht mit lesen, legere, zusammenhängt, sondern ein Rest von verliusan, verlieren, sein könnte.

Letten, *Lettenwurzeln*, die Wurzeln verschiedener Arten von rumex. Sehr üblich. *letacka*, lapathum, Gloss. trevir.

letterbênig, eigensinnig, übel zu lenken, störrig, ungehorsam. An der Schwalm, zumal von heranwachsenden Knaben gebräuchlich, welche in die sogenannten Flegeljahre getreten sind. Die zweite Hälfte des Wortes ist deutlich Bein; die Composition aber ist mir, trotz mehrfacher von jener Gegend aus mir zugekommener Erklärungsversuche, dunkel geblieben.

geletzelt (gelätzelt) auf etwas, lüstern nach wolschmeckenden Speisen, leckerhaft. Im Fuldaischen.

Lid neutr., auch *Led* gesprochen, ist noch in Kassel und anderwärts hin und wieder für das gemeinhochdeutsche Compositum *Glied* in einzelnen Formeln gebräuchlich: „es soll auch kein Ledchen [nicht das Geringste] übrig bleiben". Vgl. Schottel Haubtspr. S. 1356.

entliden, zergliedern, zerteilen. Ein jetzt längst untergegangenes Wort, dessen Verlust bedauert werden kann. „Ouch ynsollin die vorgenauten Brun. unde sine erbin dazselbe gud unde daz dazu gehoril mit nichte *intliddin* (nicht, wie irrig gedruckt ist, incliddin), noch vndir sich teylen in keine wis". Immichenhainer Leihbrief von 1355 in Lennep Leihe zu LSR. C. prob. S. 257. Vgl. Müller mhd. WB. 1, 978.

lidig, ganz, völlig; meist mit „ganz" verbunden: „der hat den Braten lidig und ganz aufgezehrt und alles rupz und rein gegessen". Im Fuldaischen, sonst unbekannt. Sicherlich von lid (Glied): mit allen Gliedern, in allen Theilen; vgl. Frommann Mundarten 6, 515 (das Wort findet sich auch im Hennebergischen).

lidsüchtig, gliederkrank, gichtisch. W. Gerstenberger b. Schminke Mon. hass. 2, 364. Wurde noch im Anfange dieses Jahrhunderts und zwar nicht selten gehört, seitdem, wie es scheint gänzlich, ausgestorben.

lieb adj. u. adv., wird in charakteristischer Weise von dem Volke verwendet in den Formeln: „der liebe Tag", „die liebe Zeit", und vor allem „das liebe Brod". Es bezeichnen diese Formeln das Genügen an der Gegenwart, die Freude an der täglichen Nahrung — den Dank für das Leben und für das tägliche Brod, mithin den Gegensatz gegen alles was man „Langeweile", „Blasiertheit", Unzufriedenheit, nennen kann, in der zutreffendsten und einfachsten Weise. — Die Alliterationsformel: *lieb und leid* kommt noch vor, aber selten.

Das Verbum lieben ist auch in seiner eigentlichen Bedeutung: Wolgefallen an etwas haben, der Volkssprache fremd, geschweige denn in der neueren: amare, diligere. Dagegen findet sich

liebeln in der Bedeutung lieblosen bei W. Gerstenberger bei Schmincke Mon. hass. 2, 302 von dem Löwen, welcher den Landgrafen Ludwig anfiel: „unde *libelte* eme mit syme tzagel. S. Adelung 2, 2058.

Liebesberg, jetzt *Liesburg* (wie Lisberg in der Wetterau aus Liebesberg), jetzt längst nicht bloß zerfallene sondern bis auf den Namen des Berges auf dem sie stand, verschwundene Burg der Herren von Willolfesbach oberhalb des Hofes, der noch jetzt, aber nur noch selten, Willbach (gewöhnlich: Beiersgraben) genannt wird, in der Nähe des Dörfchens Rotterterode im Stift Hersfeld. Die Burg ist, wie Lisberg, warscheinlich zu Ehren der Gemalin des Erbauers derselben genannt worden (Ende des 11. Jarhunderts).

Liedekirsche (gesprochen Li-ede, wie aus liud, liod entstanden), die kleine rote Vogelkirsche. Auf der Rhön (Schwarzbach).

Liere fem. (oder Lire?) Jagdranzen, wie derselbe ehedem allgemein gebräuchlich war, jetzt aber bei den Jägern gänzlich in Abgang gekommen ist. Amt Landeck, Rotenburg, Homberg. Im östlichen Hessen und in Oberhessen eine gänzlich unbekannte Bezeichnung. Warscheinlich das in der ältern Sprache hin und wieder vorkommende lüre, lore, Schlauch.

Lierloch neutr., ist gegenwärtig nur noch Eigenname von Oertlichkeiten. So heißen in Hersfeld zwei von dem Marktplatze nach der Stadtmauer hinlaufende Gaßen das vorderste und das hinterste Lierloch; der Paß der Schwalm zwischen der Hundsburg und der Altenburg wird nach Pfister Kleines Handbuch der Landeskunde von Kurhessen 1840 S. 48 das Lierloch genannt. Bei Martinhagen heißt ein Feldplatz „über dem Lierloch", und bei Lohra in Oberhessen führt ein Walddistrict den Namen Leierloch (Prov. Wochenblatt für Oberhessen 1842. No. 25. S. 419).

Durch die Form Leierloch wird es sehr zweifelhaft gemacht, ob die Schreibung *Lierloch* richtig, und die ursprüngliche Form nicht etwa *Lirloch* sei. Die eine wie die andere Form widerstrebt jedoch einer genügenden Erklärung. An *hlear* (hlier) Hel. 149, 2. 156, 6 (maxilla) wird nicht gedacht werden dürfen (es könnte dann ja freilich allenfalls Mund bedeuten), und das angels. *hleoran*, transire (J. Grimm Andreas und El. S. 99—100) liegt, wenn auch der Sache nach scheinbar notdürftig verwandt, der Sprache nach allzuweit ab. *Lire* aber (lyra) gehört offenbar nicht hierher, wenn gleich leiern in der uneigentlichen Bedeutung „drehen" in Oberhessen wie in Baiern volksüblich ist (s. leiern 1), und muß gänzlich außer aller Erwägung bleiben.

Die ursprüngliche Form wird Lûrloch sein. So findet sich das Wort in des Nikolaus Manuel Reimwerk: „Das Barbeli. Ein gespräch von einer Muoter mit jhr tochter, sie in ein Closter zebringen. 1526. (Ausg. v. 1585, Straßburg bei Christian Müllers Erben. 8. Bl. Cb):

    Wir wurden zur letst mit rossz vnd karren
    Dem Teuffel zhinderst ins lûrloch fahren.

Dieses Lûr ist, dem Dialecte Manuels gemäß, gleich liur-, leur- (vgl. sein lûcht = liuhtit, leuchtet, auf derselben Seite), und hiermit schließt sich unser

Lůr an das schweizerische Lůre, Unreinigkeit, welche abgesondert wird (Stalder 2, 186. 1, 108), an. Nach dem niederhessischen Dialekt würde nun dieses lůr, wie in zalreichen andern Fällen, zu lir werden, im oberhessischen Dialekt aber in leur, gesprochen leir, übergehen oder vielmehr zurück gehen. Wird doch in Baiern sogar der Laur (lora, Nachwein) „Leyern" gesprochen. Schmeller 2, 488. Hieran schließt sich denn auch das oberhessische *leiern* (s. o.) in seiner zweiten Bedeutung: unrein, schmutzig werden. Lürloch, Lierloch, Leierloch, bedeutet demnach Schmutzloch, Kotloch, was noch vor 60 Jahren für die Hersfelder Lierlöcher eine völlig zutreffende Bezeichnung war.

Lieser plur. tant., meist nur deminutiv: *Lieserchen*, kleine Pusteln auf der Haut, geringer Ausschlag. Niederhessen. Es ist dieses Wort ohne Zweifel der alte Name der Krätze, oder vielmehr der Krätzmilbe (deren Existenz keinesweges eine Entdeckung der neuen Zeit ist), welche im 16. Jarhundert als Lies (Alberus Dict. Bl. ff4b: „Lies, linea rotunda") und Lisse vorkommt; mit dem Aufkommen des Worts Krätze verschwand die genaue Bedeutung von Lies. Dagegen ist mir der im 16. Jarhundert häufig vorkommende Name der s. g. laufenden Krätze (wenn sich die Milbe Gänge unter der Oberhaut bildet): Reitelisse, in Hessen nicht aufgestoßen; Alberus hat aber a. a. O. auch: „ein reitlies".

Lisse fem. ist noch jetzt hier und da, z. B. in Marburg, üblich, bedeutet aber denjenigen Leichdorn, welcher sich auf der Fußsohle gebildet hat, wogegen der, welcher sich auf oder an den Zehen bildet, eigens Leichdorn genannt wird.

lieszläszig, sehr nachläßig, saumselig. Hünfeld.

Ist vielleicht nur eine luxurierende Bildung von läßig, nach Art der Reduplication gestaltet.

like, die einfache und niederdeutsche Form des hochdeutschen Compositums gleich; im sächsischen und westfälischen Hessen, wo es zwar auch wie das hochdeutsche gleich verwendet wird, meist aber eben und vor allem gerade bedeutet.

Limesz neutr., richtiger wol nach der ältesten bis daher aufgefundenen Schreibung (Hessisches Zinsbuch aus dem 7. Jarzehnd des 14. Jarh. bei Gudenus 3, 833) *linmetz*, ein Getreidemaß von vier Metzen, dem vierten Theil des Malters (Viertels), der Hälfte des Scheffels. Ehedem war es in ganz Niederhessen üblich, seit dem Ende des vorigen Jarhunderts ist Sache und Name in Abgang gekommen, und jetzt fast überall gänzlich vergessen, nur mit alleiniger Ausnahme der Gegend an der obern Werra und der Diemelgegend, wo das Wort wenigstens noch das Nominalmaß von vier Metzen bedeutet, und in diesem Sinn allgemein gebräuchlich ist. In den lateinischen Urkunden entspricht dem Limesz auch *quartale*. Das Limeß war der allgemeine Abgabesatz von einem jeden einzelnen Acker: so in fast sämtlichen Zinsurkunden der Klöster Anenberg und Weißenstein, welche in Lenneps Leihe zu Landsiedelrecht im 2. Bande abgedruckt sind. Aber auch von jedem Rauch im Gericht Oberaula wurde ein lymesz habern abgegeben (Weistum von 1419 bei Grimm Weist. 3, 333; Lehenbrief des Abts Albrecht von Hersfeld von 1434 bei Wenck 2, 480); jeder Bauernhof in Neukirchen an der Haun und in Meisenbach gab eine lymas habern (Weistum von 1486. Grimm Weist. 3, 378); von der großen Teichmühle bei Wolfhagen gefiel jährlich ein limetz vogtweizen 1563 (1663 i *leimes* weitzen). Diese Abgabe hieß ganz allgemein die Limesgülte, und die betreffenden Aecker die Limesäcker, Leimesäcker, das Leimesland, unter welchem Namen sie in den Katastern theilweise bis auf den heutigen Tag fortgeführt werden. Ja es gibt auch Leimesberge (einer bei Breitau) und einen Leimesteich (Weißenborn A.

Wanfried). Hin und wieder ist auch der Leimesacker, das Leimessohl u. dgl., zum Eigennamen (Bezeichnung der Feldplätze) geworden. Früherhin und wenigstens bis an das Ende des 17. Jarhunderts gab es auch ein Gemäß, Limesz genannt, welches vier Metzen faßte; so ließ die Universitätsvogtei Singlis im Jahr 1569 ein neues Liemeß für 16 Albus anfertigen, und es erscheinen in den spätern Inventarien gedachter Vogtei fortwährend: „Zwen beschlagen Scheffel; zwey beschlagen Liemmes, ein beschlagen metz" u. s. w.

In Oberhessen scheint weder Sache noch Namen vorzukommen; indes findet sich doch bei Erxdorf ein Leimesgarten.

Vgl. Lennep Leihe zu Landsiedelrecht 1, 407. 409. J. Grimm in der Zeitschrift für hess. Geschichte u. Landesk. 2, 148—150. Offenbar ist die erste Hälfte des Wortes *lin*, Lein, also das Maß ursprünglich ein Leinmaß, welches dann auch auf andere Getreitearten angewendet wurde. Ob dieses Maß den Umfang eines Ackers bestimt habe, wie Grimm a. a. O. meint, ist wol möglich, doch nicht mit Bestimtheit zu ermitteln; diejenigen Leimesäcker, welche jetzt noch zu bestimmen waren, sind gewöhnliche s. g. Kasseler Acker von 150 Ruten.

belimplich adj. u. adv. (gesprochen beleumplich [Schmalkalden], auch beleimplich), glimpflich, fein säuberlich, schonend, bescheiden. Im östlichen Hessen und im Schmalkaldischen.

Lite fem., *Leite, Lith, Leid*, Bergseite, Bergabhang. Als Appellativum ist dieses Wort jetzt kaum noch vorhanden, war es aber im Anfang dieses Jarhunderts wenigstens noch hier und da; „die (wilde) Sau lief als an der Liten weg" habe ich noch 1820 gehört. Dagegen ist das Wort einfach und zusammengesetzt in Hessen, nicht einmal mit Ausnahme der niederdeutschen Gegenden, in welchen es nur etwas seltner vorkommt, als Eigenname von Flur- und Waldgegenden äußerst häufig; einfach z. B. bei Sontra, bei Guntershausen, bei Treysa u. a. O.; Zusammensetzungen sind Sommerlith (Sommerleite), welcher die Winterseite gegenüber liegt (Asmushausen), Winterlith und Sommerlith am „Stockig" (richtig und ursprünglich Stubich) bei Gethsemane, die Heringer Winterlith, die Hessenlieden (Wald bei Bieberstein), Birkenlith, Hirschlith, Soislieden (Dörfchen am Soisberg) u. s. w.

Vgl. Zeitschr. f. hess. Gesch. u. Landesk. 1, 249.

-litzig hört man in Hessen hauptsächlich in den zwei Compositionen **einlitzig** (ahd. einhluzzi), einfach, einzeln, wenn es gilt, die Einfachheit der Mehrfachheit recht deutlich gegenüber zu stellen: „ein einlitziger Schuh", dem Paar entgegengesetzt; „ein einlitziges Hemd", im Gegensatz gegen das Bedürfnis mehrerer Hemden; — und **dürrlitzig**, von auffallend magerer Statur, woraus sich auch ein Substantivum **Dürrlitz** msc., kleines mageres Persönchen, meist: Mädchen, gebildet hat. Der Ton liegt nicht, wie in den baierischen Compositionen mit leizig auf der zweiten, sondern auf der ersten Hälfte der Zusammensetzung, und es fallen für den hessischen Dialect die beiden von Schmeller 2, 530—531 auseinander gehaltenen Formen -leizig und -lezig zusammen.

Lochstein, Grenzstein. LO. 1, 550. Kopp Handbuch 6, 369. Das Wort scheint jetzt gänzlich außer Uebung gekommen zu sein; im Anfange dieses Jarhunderts wurde es noch gehört, freilich nicht mehr verstanden, denn man meinte, der Grenzstein heiße Lochstein deshalb, weil er in ein Loch gesetzt werde. Das Wort kommt aber bekanntlich nicht von Loch, foramen, sondern von lah (richtiger hluh), Einschnitt, her, indem in die Grenzsteine und Grenzbäume ein Zeichen (Kreuz, Wappen, jetzt Buchstaben) geschnitten oder gehauen wurde. Grimm RA. 544. Graff althochd. Sprachschatz 2, 100. Neben Lochstein galt lange Zeit das jetzt auch erloschene Wandstein (s. wenden).

Lochstätte, Stätte wo der hlâh, das Grenzzeichen, angebracht ist. „uff der Lochsteden gelegen". Flurbezeichnung bei Rengerdehausen (Rengershausen bei Frankenberg) 1550.

Lachgang, Grenzbegehung; jetzt nur noch als Eigenname eines Flurstriches bei Wabern („im Lachgange") vorhanden.

Loh neutr., *Löcher* plur., Hain, kleines Gehölz, Buschwerk, welches einzeln mitten im angebauten Felde liegt. Als Appellativum jetzt nur noch selten; bei Imshausen führen das lange Loh und andere gleichnamige kleine Waldparcellen zusammen den Namen der Imshäuser Löcher. Dagegen ist das Wort als Eigenname von Walddistricten äußerst häufig, nur erscheint es sehr oft verderbt in den Formen *Lohn* und *Löhn* (Lehn). Wo es in den niederdeutschen Bezirken von Hessen vorkommt, wird es *Lau* gesprochen, wie im Lippischen Frommann Mundarten 6, 352. Es ist das regelrecht verschobene lucus, und in der älteren Sprache eben so als Appellativum und einfach, wie auch in Compositionen und Eigennamen sehr häufig; Schmeller 2, 460. Vgl. Zeitschrift für hess. Gesch. u. LK. 4, 79.

Lohne fem., die im sächsischen und westfälischen Hessen, aber auch sonst in Niederhessen übliche Form von Lohe, Flamme; auch *Löhn* gesprochen, und daher das allgemein übliche Deminutiv *Loenchen* (Lênchen): „ein Loenchen in den Ofen machen", einheizen — ein Ausdruck der Behaglichkeit, welche bei rauhem Herbstwetter, wo noch keine Zeit zum regelmäßigen Einheizen ist, durch eine gelinde Feuerung hervorgerufen wird.

lönern, *lonnern* (im Schmalkaldischen lünern gesprochen), lodern.

Lüner msc., im Schmalkaldischen, Flamme, kleine Flamme, gelindes Einheizen, dem Loenchen parallel. Reinwald henneb. Id. 1, 99.

Lock msc. u. neutr., im Plural *Löck*, Haufen, Menge; zumal ein Arm voll Getreide oder Heu. Aus mehreren Löcken besteht eine Garbe. Vgl. Zehnt-ordnung vom 9. Januar 1714 (SO. 3, 742) und Zehnt-O. v. 16. Juli 1737 §. 5 (SO. 4, 465); Kopp Hand. 1, 329. Im Amt Wolfhagen war es (oder ist es noch) Sitte, daß die Schnitter am Abend sich ein Schneidelöckchen mit nach Hause nahmen. „Ein Löckchen Heu" bedeutet meistens ein kleines Fuder Heu. In allgemeinerer Bedeutung: „ein ganzer Lock Geld", „ein Lock Menschen". Sehr üblich in ganz Hessen, wie in der Schweiz (Tobler Appenzell. Sprachschatz S. 302), in der Grafschaft Hohenstein (Journal von u. für Deutschland 1786, 2, 116) und anderwärts.

Lolles msc., scheltende Bezeichnung eines fahrlässigen, trägen Menschen. Oberhessen. Estor t. R. 3, 1414 hat das Wort als Adjectivum.

Lallepatsch, Tölpel. Uebliches Scheltwort in den Mittelständen.

Lommel fem., Messer dem der Stiel fehlt; auch wol Messerklinge überhaupt. Es liegt nahe, diesen übrigens seltenen und fast nur im Amt Schönstein völlig üblichen Ausdruck auf das lat. lamella zurückzuführen. Das Wort, als aus dem Lateinischen geborgt, gehört der niederdeutschen Sprache an, und kommt in Westfalen (Lippe u. sonst) in der Form *Lämmel*, *Lemm* u. dgl. vor. Brem. WB. 3, 9. Frommann Mundarten 6, 351.

Löpp fem., *Lippe*, *Bornlöpp*, Wasserkanne von Holz, in Gestalt eines abgekürzten Kegels und mit einem Zuklappdeckel versehen. Dieß in Nordfranken übliche Wort (Schmeller 2, 486) findet sich in Hessen im östlichen Theile des Kreises Hünfeld (Schwarzbach u. a. O.) und im Schmalkaldischen. Reinwald 1, 97—98. Das Gefäß selbst aber ist in ganz Hessen, jedoch theilweise mit Ausnahme von Oberhessen, gebräuchlich; an der Schwalm führt es den Namen Gilpe m. f. Vgl. *Laupe.*

Lorch, Lork (letztere Form üblicher) neutr., der niederdeutsche Name der Kröte (rana bufo), welche sonst in Hessen gewöhnlicher Utsche, Itsche, genannt wird. In eigentlicher Bedeutung fast nur an der Diemel üblich, dagegen ist Lorch, Lork ein sehr gebräuchliches Schimpfwort für einen widrigen, zumal aber faulen Menschen, insbesondere gegen Frauenspersonen verwendet: „du Lork", „du garstiges Lork", „du faules Lork".

Lorch, Trunk, f. unter lurchen.

lös adj., Comparativ *loeser*, schlimm, übel; „es geht uns jetzt gar lös, es ist uns noch nicht loeser gegangen, seit wir hier wohnen". Obergrafschaft Hanau; im übrigen Hessen unbekannt. Vgl. Schmeller 2, 503, wo diese Bedeutung von lös aus der Oberpfalz verzeichnet wird.

Losekanne soll auch in Niederhessen, wie anderwärts (Frisch 1, 622; Frommann Mundarten 4, 175) üblich gewesen sein und die zinnene Kanne bedeutet haben. Ich habe den Ausdruck weder selbst gehört, noch in ältern hessischen Schriften bis jetzt gefunden, es braucht aber darum jene Angabe, für welche ich übrigens weitere Bestätigung vergeblich gesucht habe, nicht unrichtig zu sein, denn ein in Hessen alteinheimischer Familienname ist *Loszkand, Loszkann (Losekam)*, welcher die Üblichkeit des Ausdrucks *Losekande* (Losekanne) voraussetzt.

Losekuchen msc., eine dem östlichen Hessen ausschließlich eigene Bezeichnung des aus Brodteig gebackenen mit Speck reichlich belegten Kuchens, welcher sonst Speckkuchen genannt wird. Möglich, daß das lose nichts anderes bedeutet, als locker, wie los von lockerm Gebäck gewöhnlich gebraucht wird; Losbäcker ist nach Adelung ein Becker, welcher zartes, weißes Brod backt, und bei Ortolph steht dem „därben prot" das „losprot" gegenüber. Schmeller 2, 501.

Lötstrümpfe, Strümpfe ohne Füßlinge, welche bei trockener Witterung, wenn das Barfußgehen möglich ist, angezogen werden. An der untern Werra.

Lotter, *Latter*, fem., hessische Nebenform für das schriftdeutsche Latte, in ältern niederhessischen und oberhessischen Bau- und Forstrechnungen ungemein häufig, mitunter dicht neben Latte vorkommend; auch jetzt wird diese Form noch hier und da gehört. In den Vogteirechnungen von Singlis erscheint von 1550—1620 fast ausnahmslos Lotter „vor lottern zum Sewstall" 1550. „180 lottern". 1578; u. s. w.; gleichfalls kommt Lotter fast ausnahmslos in den Forstrechnungen von Rauschenberg 1580—1604 vor: „j eichen vnd buchen stam zu Lotteren vnd stickstecken gehauwen" „zu Lottern vnd Sparen vff seine behausung"; „zue lotteren vff ihr kirche" 1585. Die Baurechnungen und Forstregister von Wetter dagegen aus den Jahren 1555—1610 wechseln mit Lottern, Lattern und Latten ab: „ij buchen zu latten" und „ein buche zu lottern" folgen 1558 unmittelbar aufeinander, eben so lattern und latten 1570, lattern und lottern 1574; u. s. w.

Lotterstange „lottern stangen gehauwen", unmittelbar neben „latten stangen", Wetter 1572. „Lotterstangen gehauwen" Rauschenberg 1585.

Lotternagel, Lattennagel. „500 Lotternegel, jtes hundert vor 8 alb." Singlis 1578.

lottern, lattern, mit Latten beschlagen, gleich dem schriftdeutschen latten. „Meister Melchior der Decker hat den stall gelottert vnd gedacht". Singlis 1563. „Außrechnung, waß Meister Curt Boß vor gebew von newen gelatt vnd mit zigeln bedeckt. Das Hofflhauß ist langk 50 schu, vnd der sparn hoch 26 schu, doruff sind nach dem hoff zu gelattert 51 Lottern, vnd vf ide latter gelegt 80 Zigeln; vff die ander seiten sint gelattert 45 Lottern, vf ider lottern gleichsfals 80 Zigeln. Doruf sint zu beiden seiten gelattert 61 Lattern, vf ide latter gelegt 63 Zigeln. Item so ist noch eine ecke von newem gelatt vnd gedeckt, hat 18 Lattern, vff der obersten latter 28 Zigeln". Baurechnung des Klosters Georgenberg bei Frankenberg von 1599.

lotter, locker, wackelig, schlaff; nur im Fuldaischen. Schmeller 2, 524—525. Vgl. *laddern*.

lotterig, *lodderig, lodderichi*, zottig, zerlumpt, auch nachläßig in der Kleidung. Allgemein in Althessen üblich. Schottel Haubtspr. S. 1358. „Maitgen war dich, an dem ort da du schlaffest, sitzt alle nacht ein lobberichter Hundt, der schutt frey sewr vmb sich"; Eschweger Hexenprocessacten von 1657.

Löwer msc., Lohgerber; die Bezeichnung ist noch jetzt in mehreren Städten, in Treysa, Frankenberg u. a. die übliche. Sie beruhet auf dem Uebergange des h im Inlaute in w, den wir in wëwo st. Wehe (Schneewehe) und sonst bemerken: Löwer st. Löher (Loher, Lohr); auch geht dieses w dann weiter in b, Loeber, über, wie in älteren Schriften sich das Wort neben Löwer nicht selten geschrieben findet. Vgl. Schmeller 2, 462.

Lubermilch, geronnene, saure (dicke) Milch. Hin und wieder, z. B. auf dem Habichtswalde, gebräuchlich. Vielleicht ist Lummermilch (s. d.) nur eine Entstellung von Lubermilch, denn dieses Wort ist eine richtige Bildung von Lub, Lupp st. Lab, coagulum, Stoff welcher gerinnen macht, dann auch Gerinnendes, gerinnende oder geronnene Flüßigkeit. Vgl. Schmeller 2, 486.

lucht, link; „de *luchte* Hand". Im westfälischen, auch im sächsischen Hessen, wie in ganz Nordteutschland. Im übrigen Hessen unverständlich.

Lüft msc., Schmalkaldische Benennung des Dompfaffen, Gimpels; dieser Vogel ist neben dem Finken der Lieblingsvogel der Schmalkalder.

Lüken msc., die Dachöffnung auf dem Hausboden, Bodenloch. So im westfälischen Hessen; an der Weser und im Schaumburgischen Femininum: *Lüke*, in welcher Gestalt das Wort gemeinhochdeutsch geworden ist. Im übrigen Niederhessen ist Lüke nur auf den Oekonomiehöfen gebräuchlich, gewöhnlich sagt man nur Bodenloch; in Oberhessen Gauloch w. s.

Lüling msc., im sächsischen und westfälischen Hessen die Benennung des Sperlings (passer domesticus); in andern Gegenden Niederdeutschlands Lüning. Im übrigen Hessen unbekannt.

Lumbe fem., Lende, aber auch Weiche; „einen in die Lumben hauen", gehörig abprügeln; ganz allgemein üblich. Vgl. Weigand Intell. Bl. f. d. Prov. Oberhessen 1846. No. 61. S. 52, wo aus einem Brevier des 14. Jarhunderts als Uebersetzung von Pf. 38, 8 angeführt wird: „wan mine *lumpen* sint mit bekorunge erfult".

lumm, auch *lummer* (Schwarzenfels) und *lummerig*, schlaff, locker, lose. „Bind das Band nur ganz lumm um den Hals"; „lumme Waden", schlaffe Waden, wie denn lumm ganz besonders von den Fleischtheilen gebraucht wird, z. B. in Oberhessen ganz besonders von weich gewordenen Geschwulsten; — „lummes Leder an der Zunge haben" nichts verschweigen können, im Schmalkaldischen, Schmidt westerw. Id. S. 104. Schmeller 2, 467.

Lummermilch, saure (dicke) Milch; an der Diemel. (Doch wol etwa Entstellung von Lubbermilch? s. d.).

Lummer fem., am gebräuchlichsten in der Zusammensetzung Lummerbraten, das lockere (lumme) Fleisch auf der innern Seite der kurzen Rippen des Rindviehes, welches als ein feiner Braten von jeher galt, und, seitdem um das Jahr 1820 die Beefsteaks bei uns aufkamen, zu diesen Bratstücken verwendet wird. Vgl. Schmeller 2, 479, wo jedoch die Anlehnung an Lende sicherlich irrig ist; eher würde an Lumbe gedacht werden müssen.

Lunn, Lünn, Lüns fem. (gesprochen luoh), der Nagel am Wagen, welcher das Rad an der Axe (die Axe in der Nabe) hält, Achsnagel; besonders in Oberhessen und in der Grafschaft Ziegenhain üblich, Estor S. 1414: „lun, vor das rad", aber auch anderwärts bekannt, wenn gleich nicht in regelmäßigem Gebrauch. Vgl. Schmeller 2, 474, wonach in Baiern statt lun die Ausdrücke lonnagel und lower gebräuchlich sind; Adelung verzeichnet Lünse als schriftdeutsch. In den Glossen ist lun obex; auch kommt luna in derselben Bedeutung vor. In Oberhessen ist übrigens die lunn (luoh) von der lüns (gesprochen lins) wol zu unterscheiden; lüns ist hier das, was an der Schwalm Lünsewid ist (s. d.).

Lünsewid fem., d. i. Holz für die Lun oder Lünse: Stock mit Ring, von welchem letztern das Vordertheil der Nabe umgeben und das hervorragende Ende der Axe des Wagens umschloßen, er selbst aber von der Lun, dem Axnagel, gehalten wird; der Stock an dessen unteres Ende der Ring befestigt ist, ist am obern Ende durch ein eisernes Band mit Ring mit der Wagenrunge verbunden und dient dieser zur Stütze. Der Name ist übrigens nur an der Schwalm üblich; in Oberhessen heißt die ganze Vorrichtung Lüns, Lins und wird in Lünsenstütz und Lünsenzapfen (Lünn, luoh) unterschieden; in Niederhessen, wo Lüns fast gar nicht in Anwendung kommt, heißt die Lünsewid schlechtweg Stütze oder Stitzel. Doch hat Estor S. 1414: „Linsewied, der träger der wagenleiter".

Anderwärts hat diese Vorrichtung den Namen Leuchse, mit dem Leuchsenring und der Leuchsenstütze (Schmeller 2, 428). Diese letztere Bezeichnung scheint in starker Entstellung an der Werra vorzukommen, wo die Lünsewid der Schwalm zwar auch meist schlechthin Stätzel, aber auch Lichtstätzel genannt wird.

lunzen, leicht schlummern, halbschlummernd sich im Bette halten, sich behaglich zum Schlummer niederlegen. Hier wie anderwärts sehr üblich: im Fuldaischen spricht man loinzen. Schottel Haubtspr. S. 1359 lunschen, suaviter aduiti. Schmeller 2, 470. 485.

Lupp fem., Schmalkaldisches Scheltwort für eine lüderliche Weibsperson, eine gemeine Hure; gleichbedeutend mit Lusch. Reinwald 1, 99.

Lüpper (Lüppert) muß das niederdeutsche lübbe, Riese (Grimm altdeutsche Wll. 1, 370. Mythol. (2) S. 492) sein in der Benennung eines großen Grabhügels aus ältester Zeit, welcher bei Warzebach sich findet und das Lüppersgrab (Lüppertsgrab, Lippertsgr.) genannt wird. Den Einwohnern von Warzebach dient dieses Grab als Versamlungsplatz bei ihren Auszügen am Maitag (Himmelfarts- und Pfingsttag).

Vgl. Zeitschr. f. hess. Gesch. u. LK. 4, 79.

lurchen, schlürfen; im Haunthal und überhaupt im Fuldaischen Land sehr üblich. Das Wort fehlt bei Schmeller, findet sich aber in der Schweiz, Stalder 2, 187: lurggen, nippen, schlürfen.

Daher

Lurch, *Lorch* msc. und neutr., ein Trunk („Suff"), im Fuldaischen sehr üblich, anderwärts jetzt nicht mehr bekannt. Doch muß dieses Wort ehedem ein in ganz Hessen gebräuchliches Wort gewesen sein, denn in Kasseler Schulrechnungen aus dem 16. Jahrhundert findet sich: „iiij Pfennig für ein lorch".

Gelürre neutr., Gerümpel, unbrauchbares, bei Seite gestelltes Hausgeräte; auch ein baufälliges, den Einsturz drohendes Gebäude nennt man ein Gelürre.

Lusch fem. 1) unzüchtige Dirne, feile Hure. Schmalkalden. Reinwald 1, 99. Schmeller 2, 506. Gleicher Bedeutung ist Lupp, w. f.

2) in Oberhessen, besonders in dessen westlichen Theilen: Mund, in verachtendem Sinne, wie sonst Gusche gebraucht wird, und hin und wieder neben Gusche gebräuchlich.

lüstern, auch *lüspern*, lauschen, horchen. Im westfälischen und sächsischen Hessen. Strodtmann Id. Osnabr. S. 130—131. Richey Id. Hamb. S. 157. Brem. WB. 3, 105.

Luststiel msc., *Luststrauch* msc., und abgekürzt *Lust* fem., in Oberhessen, wenigstens in den nordöstlichen Gegenden, und im nördlichen Theile der Grafschaft Ziegenhain Benennung der aus künstlichen Blumen verfertigten Sträuße, welche die jungen Pursche (Knechte) und Mädchen bei Kirmessen und Hochzeiten tragen. „Sie habe die Kindern off den boden gefuhrt, ihren Casten vffgeschlossen, — auch eine schachtel mit Luststiehlen vnd cräntzen gezeigt" Marburger Hexenprocessacten von 1682. „Brusttücher, luststräuche und anderes" Ebds., aus Betziesdorf. Die Abkürzung Lust ist im Amt Schönstein gewöhnlich. S. Zeitschrift f. hess. Gesch. u. LK. 4, 80.

Vgl. *Vorreigen, Zwick*.

lüttig (lüttich), klein; niederdeutsche Form des hochdeutschen luzil, lützel. Die Form des Wortes ist in ganz Niederhessen üblich, die Bedeutung klein beschränkt sich jedoch auf die Diemelgegend, wo klein selten, sondern regelmäßig nur *lütk* (en lütken plag, ein kleines Kind) gebraucht wird. Gewöhnlich bedeutet lüttig, lütich, leichtfertig, eilfertig, oberflächlich, sowol von Menschen wie von deren Verrichtungen gebraucht. „Ein lüttcher (auch „lettcher" gesprochen) Kerl" ein leichtsinniger Mensch (so an der untern Schwalm und Eder); „der Tisch ist gar lüttig gemacht"; „nähe das nur so ganz lüttig an". Eben so in der Grafschaft Hohenstein, Journ. v. u. f. Deutschland 1786, 2, 116.

lützel, klein, gering; jetzt in Hessen nicht mehr üblich, dafür lüttig (w. f.); ehedem muß jedoch das Wort auch hier, wie sonst in Oberdeutschland, sehr üblich gewesen sein. So hieß eine befestigte Anhöhe dicht nordwestlich von Marburg die Lützelburg vgl. Entdeckter Ungrund ꝛc. 1753. S. 44. Kopp Handb. 6, 394. (Später führte die Lützelburg den Namen Weinberg, seit 1814 Augustenruhe, jetzt wird sie gewöhnlich Minne genannt). Eben so findet sich neben dem Christenberg, zunächst vielleicht im Gegensatz gegen die Lüneburg, eine Lützelburg. Auch die niedrigere südliche Vorburg der Amöneburg, gewöhnlich Wenigenburg genannt, kommt zuweilen als Lützelburg vor. Unweit des Dorfes Wernswig liegt das Dorf Lützelwig, bei Breitenborn

Amts Bieber das Dorf Lützel (d. h. eigentlich: Lützelborn), und bei Alten=
haslau Lützelhausen neben Großenhausen. (Bei Gießen liegt auch, neben
Großenlinden, das Dorf Lützellinden). Sonst findet sich noch ein Lützels=
berg (Gerterode), ein Lützelstrauch (Oberellenbach), Lützelfeld (Großseelheim)
u. dgl m.

M.

machen wird in ganz Hessen für reisen gebraucht, falls das Ziel der
Reise dabei angegeben wird: „nach (auf) Kassel machen", „auf Frankfurt, Gotha
u. s. w. machen"; „wieder zurück (nach Hause, oberhessisch: auf Haus) machen".
Estor t. Rechtsgel. 3, 1414. Die Formel scheint niederdeutsch, da man in
Niederdeutschland (Hamburg, Holstein) machen für gehen, reisen, auch ohne zu=
gefügtes Ziel, gebrauchen hört: „nun kann ich wieder machen" d. h. bin hinreichend zum Weitergehen gekräftigt.

Machetöre msc., Hanswurst. Dusser Keyser liss uss sime hoffe
vertriben alle gockeler, spillude, ludderbuben, herolden, *machedorin*, huren vnd
derglichen. W. Gerstenberger Chron. bei Schminke Monim. hass. 1, 104.
Das Wort ist ein Imperativ: stell einen Thoren vor; ähnlich dem *Machmann*
Frisch 1, 613 (wiewol Oberlin s. v. meint, es könne auch Machtmann
heißen), und gleichfalls ähnlich dem Worte *Machwüst*, welches der Name eines
berüchtigten Wilddiebes war, der um das Jahr 1550 im Reinhardswalde erschossen wurde (s. Kirchhof Wend=Unmut 1602 S. 559), so wie dem noch jetzt
in Vacha vorkommenden Familiennamen *Machetanz*.

Diese Composition mit mache- scheint sonst nicht vorzukommen.

mächtig ist in der Bedeutung gültig, rechtlich wirksam, noch jetzt hin
und wieder, namentlich in Oberhessen, üblich; ehedem sehr allgemein im Gebrauche,
z. B. genau in dem noch jetzt mit dem Worte verbundenen Sinn in einem
Verhörprotokoll Treisbacher Gemeindeglieder von 1609, welche aus alten Urkunden zu beweisen suchten, daß die Collatur der Pfarrei Treisbach der Gemeinde
zustehe; hier handelte es sich darum, ob diese Urkunden für das angesprochene
Recht mächtig oder ohnmächtig, beweiskräftig oder nicht, seien, und so kommen
denn die eben angeführten Ausdrücke in jenem Protokoll äußerst häufig vor:
„sie hetten dem Greben an den Stecken gelobt, daß sie den Brieff vor vnsern
gn. F. und Herrn tragen wolten, daß S. F. Gn. erkennete, ob er mechtig
were oder nicht"; „ob J. F. Gn. die Brieff in macht oder ohnmacht erkennen
wolte" u. v. a. St.

Mädchen. Die Mägde pflegen jetzt die Bezeichnung Magd als er=
niedrigend, wo nicht gar als ehrenrührig zu betrachten, und verlangen, nur mit
dem Deminutiv Mädchen bezeichnet zu werden.

Redensarten, Lebensregeln: Ein Mädchen darf nicht so lange müßig gehen,
als ein Huhn einen Kern aufhebt. Ein Mädchen muß einer fliegenden Bettfeder
über drei Zäune nachspringen.

Schwarzbraun Mädchen ist in manchen Gegenden der Name des Adonis=
blümchens.

Måde msc., der abgemähete Strich Gras (Heu oder Grummet).

Gemåde neutr., das Abgemähete, gleichbedeutend mit Måde. Gemåde ist

Vilmar, Idiotikon. 17

ziemlich allgemein üblich, Mäde vorzüglich im Amt Schönstein. Seltner und in manchen Gegenden gar nicht im Gebrauch aber findet sich in Hessen der gemeinhochdeutsche Ausdruck Schwade.

müddeln, schmutzig machen. Niederhessen, besonders nördlich von Kassel.

Maden, Name eines Dorfes bei Gudensberg, darf als einer der bemerkenswertesten hessischen Ortsnamen in diesem hessischen Idiotikon nicht fehlen. Die älteren Formen des Wortes sind *Mathanon* (Brev. S. Lulli), *Madanun* 1045 (Kopp Gerichtsverf. 1, Urk. No. 47), *Mathenun* 1074. Augenscheinlich ist Mathanon, Mathanun ein Dativ des Plurals eines Nominativs mathan (in späterer Schreibung madan), und dieses madan ist warscheinlich ein Neutrum, gleich magan (τὸ δύνασθαι, vis), und eben so warscheinlich ein ähnliches Abstractum von einem Verbum madan, wie magan (vis) ein Abstractum von magan (posse) ist. Von eben diesem Verbum mathan ist abgeleitet das gothische mathls (concio), ahd. madal, und es scheint, als ob das Verbum mathan (madan) das eigentlichste und älteste Wort für ἀγορεύειν gewesen sei. Schwerlich hat mathan in der Bedeutung von mathls differiert, vielleicht daß mathan, madan (gleich lêhan, pouhhan, parn (Grimm Gr. 2, 160) mehr präteritisch zu faßen ist: abgehaltene Volksversamlung, dann die Stätte derselben; wie mathls ἀγορὰ bedeutet Marc. 7, 5, so *ze madanon* die Stätte der abgehaltenen Versamlungen. Maden war von ältester Zeit bis in das 17. Jarhundert die bedeutendste Versamlungs- und Gerichtsstätte des niederhessischen Volkes; noch Landgraf Moritz hat hier Landtage abgehalten.

Maikleber msc., Benennung des Maikäfers im Ebsdorfer Grunde. Vgl. *Klette*.

Maikräutchen. Diesen Namen führt in Hessen, zumal in Niederhessen, ganz eigens die Kryptogame Osmunda lunaria, welche als ein Bestandtheil des „Gekrütigs" sehr gesucht, und im Ganzen nur selten anzutreffen ist.

Maifart fem., die Grenzbegehung, der Grenzumgang seitens der Gemeinden, welcher früherhin im Mai gehalten wurde. Der Ausdruck ist an der Diemel noch jetzt im Gange, wiewol die eigentlichen Maifarten, die Bittumgänge in der Kreuzwoche (Bittwoche, Rogatewoche) längst vergeßen sind und die Grenzbegehungen, wenn und wo dieselben noch gehalten werden, wenigstens im Mai nicht mehr stattfinden.

Majüse fem., Erdbeere. Nur an den südöstlichen Abhängen des Vogelsbergs in einigen Ortschaften des Isenburgischen und sonst nirgends vorkommende seltsame Bezeichnung. (Vgl. Ampe, Murr).

mackelicht, gewöhnlich mackelig, dick, fleischig, rundlich, vom menschlichen Körper und dessen Gliedern, am meisten der kleinen Kinder gebräuchlich. In ganz Hessen, besonders in Niederhessen mit Einschluß der niederdeutschen Bezirke, gebräuchlich, als ein lobendes und gleichsam zärtliches Beiwort für ein gesundes, wolgenährtes Kind. Estor S. 1414.

Vgl. Schmeller 2, 549, wo dieses Wort in der Form mockelicht zu Mocke, Brocke, gezogen ist. Vergleichung verdient übrigens auch das niederdeutsche maklik (gemächlich, bequem) Richey S. 73 und anderwärts.

Mackel, Mackelchen, Kosewort für ein kleines wolgenährtes Kind.

Mäcker msc., Lust, Neigung; „großen Mäcker haben"; meist in negativer Verbindung gebräuchlich: „er hat keinen Mäcker". Haungrund.

Mackes plur. tant., Schläge. Judendeutsch (hebr. מכות) aber in manchen Gegenden, wo die Juden häufig sind, auch volksüblich geworden, doch meist nur im Scherze oder halbem Scherze angewendet. Schmidt westerw. Jd. S. 109.

Mäks neutr., Kalb. Im Haungrund, sonst nirgends üblich, wenn auch weiter südlich im Fuldaischen bekannt; doch soll es auch an der Ulster gebräuchlich sein. Vgl. *Mokel*, Kuh und *Mökele*, Kalb, welches nach dem Journal von und für Deutschland 1786 S. 532 und Reinwald Henneb. Jdiot. 1, 102 im Hennebergischen vorkommen soll. [Für das Schmalkaldische ist es mir als dort vorhanden abgeleugnet worden; ob mit Recht?]. Man halte hierzu *Möschle*, welches, so wie Motsche, Mösche u. s. w. Variationen eines und desselben Stammwortes zu sein scheinen. (s. Motschel).

Mâl neutr., wie gemeinhochdeutsch.

Mâlstein, die einzige volksmäßige Bezeichnung des Marksteins, Grenzsteins, welche noch übrig ist, nachdem *Lochstein* (s. d.) und *Wandstein* (s. d.) untergegangen sind. Es scheint sich das Wort Mâlstein übrigens, und schon in älterer Zeit, mit *Markstein* zu vermischen, indem nicht nur jetzt in vielen Gegenden *Mârstein* gesprochen wird, sondern dieses unorganische Wort sogar in Schriften und Drucken des angehenden 17. Jahrhunderts vorkommt.

Hochmâl, jetzt meist Femininum, ziemlich oft vorkommende Flurstücksbezeichnung, z. B. bei Rotenburg, bei Rüdigheim; hier meist *Hommel* gesprochen, so daß die öfter vorkommenden Ortsbezeichnungen „auf der Hommel" hierher gezogen werden müssen. Vgl. J. Grimm in der Zeitschrift f. hess. Gesch. u. LK. 2, 147—148.

Steinmâl, neutr., sehr häufig vorkommende Benennung von Bergen und, meist an Bergen belegenen, Flurstücken, sehr oft *Steimel* gesprochen und geschrieben. Es erscheint das Wort z. B. bei Obergrenzebach, bei Salzberg (Berg zwischen Salzberg und Raboldshausen), bei Gertenbach, bei Werda (A. Burghaun), bei Erkshausen, bei Empfershausen, bei Friedlos, bei Erksdorf (hier in der Entstellung Steinmühl u. v. a. O. Es sind Hochmal und Steinmal ursprünglich Steine, welche zur Bezeichnung von Versammlungsstätten, namentlich von Gerichtsstätten aufgerichtet worden waren, Felsen, felsige Berge, welche zu solchen Bezeichnungen dienten. Vgl. J. Grimm a. a. O.

maelig adv. und adj., sehr, stark, groß; maeliger Dreck; maelig gross, maelig schoen u. dgl. Im Fuldaischen, und hier sehr gewöhnlich, anderwärts nicht erhört.

malkes adj., dick, unbehülflich; Estor S. 1414. Auch substantivisch: ein dicker *Malkes*, ein dicker, plumper, unbehülflicher Mensch. Nur in Oberhessen gebräuchlich.

Malter neutr. 1) ein Getreidemaß, dessen Name ursprünglich sichtlich die Quantität bezeichnet, welche auf einmal zum Malen gebracht wird. In Niederhessen ist diese Bezeichnung nur in wenig Gegenden üblich: bei Rotenburg und Allendorf nebst Umgegend (Rentershausen, Sontra), wo man das, was man im übrigen Niederhessen Viertel nennt, mit Malter bezeichnet. Ueblich dagegen ist Malter in Oberhessen, wo man jedoch mit dieser Bezeichnung eine weit größere (mehr als doppelte) Quantität Getreide bezeichnet, als man in Niederhessen unter Viertel oder Malter begreift; sodann in Fulda, in Schmalkalden und in der Obergrafschaft Hanau, wo das Malter auch, wenn gleich nicht in dem Verhältnis wie das oberhessische Malter, größer ist als das niederhessische Malter oder Viertel. Vgl. Schmeller 2, 571.

2) ein Holzmaß, welches nur in einem sehr beschränkten Kreise, nämlich in den Gesamtwaldungen der Trotte zu Solz und der Freiherren Verschür, bei Solz (Bauhaus, Bellers) vorkommt, 4 Fuß hoch, 4 Fuß weit und 5 Schuh lang ist, so daß ein solches Malter 80 Kubikschuh enthält, und 1½ Malter einer hessischen Holzklafter gleich ist. Vergl. Kopp Handbuch 5, 288.

mampfelicht, feucht, von dem auf dem Felde stehenden Getreide gebraucht; so lange es noch mampfelicht ist, kann es nicht eingefaren werden. Hin und wieder in Oberhessen, z. B. in einigen Familien des Dorfes Michelbach, in andern nicht, üblich. Das gewöhnlichere Wort ist glim, klemm oder klamm (s. d.).

man, nur (d. h. seulement; seltner für ne-que verwendet) ist allein im sächsischen und westfälischen Hessen üblich, anderwärts unbekannt und unverstanden.

Mandel, Zal von funfzehn Stück, der vierte Theil eines Schockes, ist ein nur im Schmalkaldischen vorkommendes aber hier sehr übliches Zählmaß.

Mäne sem., richtiger *Mande*, Tragkorb größerer Art. Das Wort ist nur im Hanauischen (wie in Frankfurt u. s. w.) üblich. Alberus im Dictionarium hat beide Formen: Maun (d. i. Män) und Manne.

mang, niederdeutsch *mank*, darunter gemischt, zwischen eingebracht, dazwischen eintretend oder befindlich; oft *dermang* (dermank). mank den Hafer sind Erbsen gesäet. er kam mir dermank (damank), er kam mir dazwischen, vereitelte meinen Plan. In der Diemelgegend und an der Schwalm, anderwärts ungebräuchlich und in den meisten Gegenden auch unverstanden.

Mangel m., *boeser Mangel*, die Epilepsie, fallende Sucht. Noch jetzt hin und wieder üblich, ehedem eine stehende Bezeichnung dieser Krankheit. „Sie habe diese Nacht drei mal den mangel gehabt"; „eins der kinder sei auch am bösen mangel gestorben". Marb. Hexenprocessacten von 1648 (aus Bottendorf). Sonst *Leid* (s. d.) und *Kränk* (s. d.).

Mannskèr sem., die Wendung welche ein Mensch mit dem Körper macht; fast nur in der Redensart gebräuchlich: *einer mannskèr*, unerwartet, unversehens — ehe man sich umwendet; „man sah und hörte nichts von den Kosaken, einer Mannskehr aber waren sie schon aus dem Wald und im Hofe"; Erzälung 1813. Oestliches Hessen; Umgegend von Sontra.

Mannskraft, in der Knüllgegend der Name von Geum urbanum und Geum rivale, welche Kräuter beide vor ihrer Blüte und um der Wurzel willen eifrig gesucht werden, noch mehr das erstere, häufig vorkommende, als das zweite, seltnere. „Mannskraft und Mantelkraut" wurden vor 40—50 Jahren stets alliterierend zusammen genannt, als die unentbehrlichen Hausarzneien, wie anderwärts Dosten und Dorant gegen die Zaubereien alliterierend zusammengestellt wurden. Vgl. übrigens *Dodebüdel*.
S. Zeitschrift für hess. Gesch. u. LK. 4, 81.

manschen, *mantschen*, in Althessen in ganz demselben Gebrauche, wie *matschen* (s. d.), besonders vom Zerwühlen der Speisen, bei Kindern, welchen die Speise nicht mundet, und von schlecht, zu flüßigem Brei, gekochter Speise gebraucht. Warscheinlich nur eine Sprachvariation von matschen. Eben so in Baiern Schmeller 2, 600.

Mantelkraut, der Name von Alchemilla vulgaris, deren Blätter einem runden Frauenmantel, wie ihn die Bäuerinnen seit Jarhunderten getragen haben und großenteils noch jetzt tragen, sehr ähnlich sind; — sonst auch Frauenmantel, Unser lieben Frauen Mantel (Rhön) u. dgl. genannt. Die Pflanze wird noch immer fleißig gesucht, weil man ihr auflösende und schmerzlindernde Kräfte zuschreibt.

Mar- ist erster Compositionsteil des Namens einer Reihe von bewohnten Ortschaften in Hessen: Marbach (zweimal), Marborn, Marburg, Mardorf (zweimal), Marjoss und Marköbel, und es gehört die Ermittelung der Bedeutung dieses Wortes zu den keineswegs leichten Problemen der deutschen Etymologie. Am leichtesten zu erklären und aus der Reihe der übrigen Mar- auszuscheiden sind die beiden Namen Marborn (im Huttischen Grunde) und Marjoss (an der fränkischen Jossa); ihr Mar- ist eine Abkürzung von Maria: eigentlich Marienborn, Marienjossa. Alte Schreibung im strengen Sinn gewährt nur der Name Mardorf: *Markdorf* im 8.—10. Jarhundert. Bei diesem Namen kommt jedoch sofort die auch sonst zu eingehenden Untersuchungen auffordernde Frage zum Vorschein: ob dieses marh für das deutsche marhha, Grenze, oder für das keltische mark (Pferd), welches Wort von den Deutschen als marh beibehalten worden ist, zu halten sei? Gegen die erstere Annahme scheint sehr deutlich der Umstand zu sprechen, daß die beiden hessischen Mardorf nicht an irgend einer, nur als möglich zu ermittelnden Grenze gelegen haben. Marburg und Marbach entbehren alter Schreibung: diese Namen kommen erst im 13. Jarhundert vor; eine Grenzburg war übrigens Marburg auch nicht, wenn man auch die einmal vorkommende Schreibung *Marhpurc* in ersten Anschlag bringen wollte. Marhpurc ist entschieden irrig, auch neben der schon in den ersten Decennien des 13. Jarhunderts überwiegenden Schreibung Marpurc nicht zu beachten; die daran im 16. und 17. Jarhundert geknüpften etymologischen Possen einer arx Mortis liegen weit hinter uns. Indes widerstrebt die Lage von Marburg mit seinem Bächlein Marbach auch der Zurückführung auf das keltische mark, marh, Ros. Ohnehin ist vielleicht der Name des kleinen Baches älter als der Name der Burg, und hat wol eher diese ihren Namen vom dem Bach, als der Bach den seinigen von der Burg, erhalten. Man kann deshalb wol darauf verfallen, den Namen Marbach und Marburg von mari, See, abzuleiten: Marburg lag an einem von Kölbe bis nach Fronhausen und Bellnhausen (Friedelnhausen) sich erstreckenden See (später Sumpf), welcher noch bis heute von seinem Vorhandensein Zeugnisse ablegt. — Schwerlich wird das Steierische Marburg etymologisch mit dem hessischen Marburg zu identificieren sein.

Maere fem., zwar auch, wie gemeinhochdeutsch, von schlechten, abgetriebenen Pferden (nicht mehr von Stuten insonderheit) gebräuchlich, indes nicht unter die üblichsten Wörter zu rechnen. Im nördlichen Oberhessen (Frankenau) so wie im kölnischen Sauerland ist dagegen das Wort (gesprochen Mer) eine übliche, keineswegs schimpfende Bezeichnung für „kleines Mätchen", und in Schmalkalden, sogar in der Composition Schindmaer, ein nicht böse gemeintes Scheltwort für Weiber überhaupt. „Hett Beklagtin der Vapelin mitt diesen worten geantwortet, du junge Meer, darffes du einen alten Mann dero gestalt bescheiden vnd laden?" Marburger Hexenprocessacten [aus Cappel] von 1655. „Also spricht die Mutter auch zu jrem Töchterlin, du Hürlin, du Sack, du Mehre, das ist eitel köstlicher zucker vnd süsser honig". Luther Eisl. Suppl. 2, 468a.

S. Zeitschrift f. hess. Gesch. u. Landesk. 4, 80.

maeren 1) in nassen, kotigen, klebrichten Sachen herumwühlen. Fast nur in Niederhessen gebräuchlich. Dieselbe Bedeutung hat das baierische merren

Schmeller 2, 611, nur daß dieses merren noch einen weitern Umfang der Bedeutung hat.

2) langsam, ziehend, unzusammenhängend und mit lästiger Breite reden und erzälen. Gleichfalls vorzüglich in Niederhessen üblich.

Gemaere neutr., langsam vorgebrachte, unordentliche und unnütze Rede oder Erzälung. Sehr üblich.

Wenn maeren und jenes merren, wie warscheinlich, wirklich identisch sind, so ist es nach Schmeller a. a. O. vollkommen zuläßig, dieselben auf goth. marzjan, ahd. merran, allerdings mit nicht unerheblich veränderter Bedeutung, zurück zu beziehen. Das niederhessische Wort hat dann eine unorganische Verlängerung des Vocals angenommen, und dafür die Gemination des Consonanten unterdrückt.

maerisch f. *mördsch*.

Mark fem., ursprünglich limes, signum, terminus (signum limitum), dann Wald, als die natürliche und älteste Grenze der Ansiedelung; vgl. Grimm RA. 496—497. Da der Wald Gesamteigentum war, so bedeutet Mark auch Weide, die nebst dem Walde das Gesamteigentum bildete. de silva apud Selem sita, quae vulgariter *marcha* vocatur. 1261. Wenck hess. LGesch. 2, 160.

Heut zu Tage ist das Wort, bevorab in der alten Bedeutung, nur noch sehr spärlich im Gebrauche; gemeine Weiden heißen noch in einzelnen Gegenden appellativisch Mark z. B. bei Altenbrunslar, und mehrere Walddistricte führen den Eigennamen Mark, so bei Willingshausen und Neustadt, bei Lenderscheid, bei Erbenhausen (die rote Mark), zuweilen nur noch als Compositum, z. B. der Markwald bei Beuern und bei Hanau in der Bulau, das Markhölzchen zwischen Asmushausen und Lispenhausen; sodann die Kuhmark zwischen Fortbach und Sichertshausen, die Gänsemark (Kirchvers), die halbe Mark bei Allendorf (auch Bezeichnung einer einzeln gelegenen Försterwohnung daselbst: Halbemark), die Viermark bei Kirchvers u. s. w.

Markstafel msc., Schmetterling, Papilio im Allgemeinen, indes werden doch vorzugsweise die bunten Tagschmetterlinge im Gegensatz gegen den Milchdieb (s. d.) so genannt. Schmalkalden. Daß das Wort ein Compositum sein müße, ist klar; unklar der Sinn der Composition, obgleich stafel, stapel auch bei Heustapel, Sprincstapel (Strodtmann S. 226), Heuschrecke, vorkommt.

marktgebe (richtig: -gaebe) eine im 17. Jarhundert und vorzüglich nur in den Aemtern Homberg und Borken sehr oft, ja gewöhnlich vorkommende Bezeichnung des von den Zinsleuten zu liefernden Getreides: es muß marktgebe Frucht geliefert werden, d. h. solche Frucht, wie sie auf den Markt gegeben werden kann. In den Leihebriefen des 17. Jarhunderts aus dem angegebenen Bezirk ist das Wort fast ausnahmslos anzutreffen. Belege bei Lennep Leihe zu Landsiedelrecht Cod prob. S. 487 u. a. St.

marktschoen ist die, der Bezeichnung marktgaebe gleichbedeutende Bezeichnung des von den Censiten zu liefernden Getreides. Dieses Wort findet sich schon im 16. Jarhundert und dauert in den Leihebriefen fort bis in das 18. Jarhundert, ist auch in weit allgemeinerem Gebrauche als marktgaebe: „der Zinsmann muß trockene marktschöne Frucht liefern" — so in niederhessischen wie in oberhessischen Leihebriefen. Belege finden sich zalreich bei Lennep a. a. O. S. 58 u. v. a. St.

Heut zu Tage sind mit der Lieferung von Naturalgefällen beide Ausdrücke völlig außer Uebung gekommen, aber auch die Bezeichnung, durch welche dieselben seit der zweiten Hälfte des 18. Jarhunderts ersetzt wurden: marktrein wird aus gleichem Grunde jetzt kaum noch vernommen.

marren bezeichnet das gutgemeinte Knurren der Hunde, namentlich wenn sie als junge Thiere knurrend mit einander spielen. Das Wort findet sich in Nieder= und Oberhessen. Estor S. 1414.

Märt neutr., das Gebiß, die Zähne in ihrer Gesamtheit, vorzugsweise die Gesamtheit der zermalmenden Zähne, die Backenzähne im Ganzen. „Er hat gar kein Märt mehr", er hat sämtliche Zähne verloren. „Ich habe das Märt verloren", ich habe nicht mehr meine vollständigen Zähne, namentlich keine Backenzähne mehr. Im Amt Schönstein, Haina, und sonst in der Umgegend. Anderwärts ist mir dieß, seiner Etymologie nach dunkle Wort nicht aufgestoßen.

Uebersehen darf man hierbei nicht das uralte *marchzand*, dens maxillaris, der Legg. Baiuv. 4, 16 und Legg. Alam. 64, 5, wenn gleich auch dieses Wort sich nicht genügend will deuten laßen, und der regelrechte Uebergang aus marchzand in märt nicht nachweisbar ist. Vgl. Schmeller 2, 615.

Masch neutr., die wenn auch unrichtige, doch in ganz Niederdeutschland übliche Aussprache von Marsch, bedeutet das Tiefland, den lehmigen Ackerboden, gegenüber dem Bergland mit mehr steinigem, trockenem und weniger fruchtbarem Boden. Es ist das Wort bei uns noch appellativisch vorhanden in Hofgeismar, Trendelburg u. a. O., auch in dem westfälischen Dorfe Ostheim an der Diemel; Maschland ist gutes Tiefland.

S. Brem. WB. 3, 133.

Masz 1) ein Gemäß flüßiger Gegenstände, vier Scheppen haltend, ist in Niederhessen neutral, wie gemeinhochdeutsch, in Oberhessen femininisch, während das Wort so wie es allgemeine, abstracte Bedeutung hat, auch hier neutral ist. „daß sie eine maas melten können" Marburger Verhörprotokoll von 1658.

2) in ähnlicher Weise gilt im Hanauischen das Simmer für das Maß xατ' ἐξοχὴν des Getreides: zu einem Maasz Land ist so viel, wie mit einem Simmer besäet werden kann, ein halber Morgen.

3) wiederum in derselben Weise ist in Althessen die für eine Wiesenportion bestimte Ackerzal das Maß schlechthin. Lennep Leihe zu Landf. R. S. 329. Kopp Handbuch 6, 409.

Masze fem. ist zwar jetzt, wie es scheint, Eigenname von Flurstrecken und Flurstücken, welcher in Königswald, Dankerode und wenigen andern in jener Gegend gelegenen Dörfern vorkommt, muß aber vor nicht langer Zeit Appellativum gewesen sein, wie dieß der Gebrauch (z. B. „in der Dietrichs Maaße") deutlich ausweist. Welche Bedeutung aber das Appellativum dort gehabt oder noch haben möge, habe ich nicht in Erfahrung bringen können.

matschen wird in zwei weit von einander abweichenden Bedeutungen gebraucht:

1) in Althessen bedeutet matschen, wie auf dem Westerwald (Schmidt westerw. Id. S. 110), unreinlicher Weise in etwas flüßigem, Weichem, herumwühlen. Vgl. *munschen*.

2) im Fuldaischen aber bedeutet matschen: im Kartenspiel alle Stiche machen.

Eben so verhält es sich auch mit **Matsch** msc. Es bedeutet

1) in Althessen eine schmierige, unreinliche Halbflüßigkeit, z. B. halbflüßigen Straßenkot, schmelzenden Schnee, durch fehlerhaftes Kochen zu Brei und ungenießbar gewordene Speisen u. dgl. Metaphorisch: ein unselbständiger Mensch.

2) im Fuldaischen dagegen ist Matsch der Trumpf im Kartenspiel.
3) nach Estor t. Rechtsgel. 3, 1414: „Matsch am tische, wenn man nichts bekömmt". Ich habe das Wort in diesem Sinne in der Volkssprache nicht auffinden können.

Maulaffe ist, außer seiner gemeinhochdeutschen Bedeutung, die auch dem Volke geläufig ist, in Marburg und sonst der Name eines mürben Weizengebäckes, in elliptischer oder auch viereckiger Form gebacken. Im Jahr 1839 wurde diese Bezeichnung durch eine andere („Apostel und Propheten", von Kassel her eingeführt) zeitweise zwar verdrängt, kam indes nach einigen Jahren wieder zum Vorschein.

Maultasche f., Ohrfeige, kommt in den ersten Jahren des 17. Jarhunderts in den Bußregistern vor, und behauptet sich in denselben und ähnlichen Literalien durch das ganze 17. Jarhundert. Früher ist es mir nicht aufgestoßen. Maulschelle habe ich niemals gesehen; Ohrfeige ist noch jetzt dem Volke nicht geläufig.

Maus fem., der dem Volke allein geläufige Ausdruck für das lateinische Muskel.

Redensarten: „daß dich das Mäuschen beiß!" gewöhnliche, besonders im östlichen Hessen vorkommende Redensart, um einen leichten Aerger scherzhaft auszudrücken; eine schon ältere Formel, z. B. in Filidors Ernelinde (1665) S. 60.

„er macht ein Gesicht, wie ein Töpfen voll Mäuse", ein finsteres, verdrießliches Gesicht. In ganz Hessen, wie besonders in Niederdeutschland üblich. Strodtmann Id. Osn. S. 360.

„er guckt heraus, wie eine Maus aus einer Wickel Werg", in Niederhessen sehr gebräuchlich, um die Kleinheit einer Person im Gegensatz gegen die großen und weiten Kleidungsstücke, die sie angelegt hat, scherzhaft oder spöttisch zu bezeichnen. Das Werg wird in Wickeln aufbewahrt, und in diesen Wergwickeln nisten die Mäuse häufig; werden nun die Wickeln aufgenommen um gebraucht zu werden, so schaut gewöhnlich eine der jungen Mäuse aus dem Stirntheil der Wickel mit großen Augen heraus. Strodtmann Id. Osnabr. S. 368 (Muus in der Heede).

Mäus fem., auch wol Maus gesprochen, bos femina, die Kuh, eine in ganz Niederhessen und in der Herschaft Schmalkalden übliche Bezeichnung; zumal ist Mäus der gewöhnliche Lockruf und das Schmeichelwort für die Kuh.

Mäuskalb, Mäusenkalb, ein Kuhkalb, dem Ochsenkalb entgegen gesetzt. Ueblichste Bezeichnung. Estor S. 1414. Das Blindekuhspiel heißt deshalb im östlichen Hessen und im Schmalkaldischen Blinzelmäus.

Warscheinlich ist das Wort verwandt mit Mösche, Mötsche, welches Abelung 3, 292 u. 294 aus der Lausitz und aus Meißen in gleicher Bedeutung (Mösche, Kuh, Möschenkalb, ein Kalb weiblichen Geschlechts, zum Unterschiede von dem Ochsenkalb) verzeichnet, und wovon Möschle im Schmalkaldischen, Motschel im Schwarzenfelsischen noch üblich ist, wenn gleich ohne Unterschied des Geschlechtes (s. d.). Möglich, daß alle diese Wörter slavischen Ursprungs sind, worauf Abelung Mösche zurückführt.

Mausgedarm neutr., im Schmalkaldischen der Name für Alsine media, Hünerdarm.

mäuzeln (sich), sich plagen. Im Haungrund.

medern verb. impers., meist nur in der Verbindung „es *medert* mich nichts" d. h. ich habe, aus Krankheit oder Kummer, an nichts Freude, an nichts und zu nichts Luſt, mag mich um nichts bekümmern, bemühen — oder im ſchriftdeutſchen Jargon: ich habe für nichts Intereſſe.

Im Fuldaiſchen, beſonders in den Ortſchaften an der vorderen und an der hohen Rhön.

Mèdum, Mèdom msc.. Das Wort bedeutet Gabe, Abgabe, namentlich Abgabe welche auf Grundſtücken haftet, und es werden deshalb Grundſtücke, auf welchen eine ſolche Abgabe ruhet, Medumsland genannt. Von welcher Art dieſe Abgabe iſt, ſcheint ſich nicht mit völliger Beſtimmtheit nachweiſen zu laßen; jedenfalls ſteht Medum neben dem Zehnten oder ihm gegenüber, alſo zunächſt als eine höhere Naturalabgabe als der Zehnte iſt (der Siebente, Fünfte oder noch mehr, ſ. u.), oder auch möglicher Weiſe als Getreideabgabe (ſackfallende Frucht) oder gar als Geldabgabe, worauf der Urſprung des Wortes hinzuweiſen ſcheint. Höchſtwahrſcheinlich iſt nämlich unſer Mèdum, Mèdom das gothiſche máithms (Marc. 7, 11), welches der Gothe hier offenbar (vgl. Matth. 27, 6) als Geldgabe verſtanden hat, wie auch das angelſ. mádhm im Beowulf und das altſächſ. méthom im Heliand res pretiosa, meiſt Gold, bezeichnet. Anders faßt J. Grimm unſer Medum (Zeitſchrift f. heſſ. Geſch. u. Landesk. 2, 150—152), indem er, geſtützt auf die in einem Trierer Rechtsbuche des 13. Jarhunderts vorkommende Form medimo, nicht ohne eine gewiſſe Warſcheinlichkeit den Ausdruck als Hälfte (Mitte) des Ertrags, welche von dem Grundſtück als Abgabe in älteſter Zeit entrichtet werden mußte, erklärt. Das goth. máithms findet er dagegen in dem mhd. meidem, meiden wieder, ſ. *Meiden*.

Die Bezeichnung Medum, Medumsland, findet ſich bei uns nur in Oberheſſen, ſo wie, wenigſtens ehedem, weiterhin nach dem Mittel- und Niederrhein zu. Meiſtens ſind die Medumsäcker dem Walde nahe liegende Flurſtücke, mithin auch von geringerer Qualität. Eſtor bürgel. Rechtsgel. der T. §. 425. 796. 1957. 4450; 3, 1414, wo er Möddum ſchreibt (vgl. deſſen Kleine Schr. 1, 75. Kopp Lehnproben 1, 284. Cramer Wetzl. Nebenſtunden 1, 65), erklärt die Medemsäcker für ſolche, welche nur zwei Jahre (Korn oder Hafer) zehnten, im dritten Jahre brach liegen und abgabenfrei ſind. Dieß würde jedoch keinen Unterſchied von den bei weitem meiſten Zehntländern in Heſſen begründen, indem vom Brachlande nirgends Getreidezehnte entrichtet worden iſt, und ſelbſt der Brachzehnte (Treſeneizehnte) nicht überall Rechtens war.

Daß Medum Abgabe bedeute, ergibt ſich aus den von Grimm in der Zeitſchrift a. a. O. angeführten Stellen, ſodann aus dem bei Wenck 2, 440 abgedruckten Urkundenextract von 1370, Caldern betreffend, wo der Hof Bruningshuſen (Brungershauſen bei Caldern) mit ſeinem Grund und Zubehör an Holz, Zehnten und Medomen erwähnt wird; ferner aus einem Leihebrief von Ockershauſen aus dem Jahr 1573 bei Lennep Leihe zu Landſiedelrecht Cod. prob. S. 79, wo es heißt: „Erſtlich Sechs Morgen Medumbs Landt, welche Uns in Unſern Medumb, wenn ſie tragen, das Siebende ſeil — geben". Dieſe Abgabe der ſiebenten Garbe ſcheint dem Medum eigentümlich geweſen zu ſein, denn in jenem Trierer Rechtsbuch (bei Lacomblet Archiv zur Geſch. des Niederrheins 1832 S. 338, und daraus bei Grimm Zeitſchr. a. a. O.) kommt gleichfalls die septima gelima vor.

Die Bezeichnung Medum, Medumsland, Medumsäcker, Medumswieſe, Erbmedumsland iſt in Oberheſſen äußerſt häufig. Mitunter wird das Wort von Unkundigen misverſtanden und in Widem (Widmungsland, wie z. B. Kirchwidem) verkehrt oder mit dieſem Worte verwechſelt.

Mehlbeere fem., die Frucht des Weißdorns (Crataegus oxyacantha) In einem in meinem Besitz befindlichen ungedruckten Weihnachtsspiel aus dem Ende des 15. Jarhunderts kommt die Mehlbeere als eßbare Frucht vor v. 488—489:

> erber, bromber, heidelber, craczber vnd mülbern
> vnd dartzu die *melbern*.

Es kann deshalb kaum ein Zweifel obwalten, daß mit den melbern des Weihnachtsspiels nicht die völlig ungenießbare Frucht des Weißdorns, sondern die Frucht des, jetzt in Hessen äußerst selten gewordenen Mehlbaums, Pyrus Aria, gemeint sei.

meien (sich), impersonales Verbum: *es meiet mich*, ich scheue das, es gereuet mich. Estor t. Rechtsgel. 3, 1415. Schottel Haubtspr. S. 1363. Ist wol sicher nichts anderes, als das corrumpierte es mühet mich s. mühen. Oberhessen.

Meiden msc., Pferd, warscheinlich Wallach, verschnittenes Pferd. Dieses im Mittelhochdeutschen ziemlich häufig erscheinende Wort kommt in hessischen Urkunden höchst selten vor; es ist bis jetzt nur einmal, in einer Ziegenhainer Urkunde von 1369, gefunden worden, wo es heißt: eyn *meyden* vnd eyn pert. Es scheint dieß derselbe Gegensatz zu sein, welcher sich anderwärts zwischen Meiden und Ros findet. Vgl. Schmeller 2, 551. Grimm Gramm. 3, 325 wollte es warscheinlich finden, daß dieses mhd. meidem, meiden dasselbe Wort wie goth. máithms sei, und dessen ursprüngliche Bedeutung enthalte; unbedingt folgt ihm Schulze im gothischen Glossar. Weit warscheinlicher ist Schmellers Erklärung a. a. O.

Dieses in der Schweiz noch jetzt gebräuchliche Wort ist bei uns gänzlich ausgestorben.

Meilenrecht, ein Recht der Stadt Marburg, vermöge dessen in einer Meile im Umkreiße keine Dorfschaft Bier brauen durfte. S. Verordnung vom 4. Februar 1706. Estor t. Rechtsgelahrtheit 1, S. 609 (§. 1508), vgl. S. 102 (§. 253).

mein, Ausruf der Verwunderung; in Hessen nur im Fuldaischen, Hersfeldischen und Ziegenhainischen (an der Schwalm, wo meng gesprochen wird) üblich, in Ober- und besonders in Niederhessen ungebräuchlich. „meng bas soll me sae?" (mein, was soll man sagen?) oft vorkommende Schwälmer Formel. Daß hier die Ellipse lieber (mein Lieber) vorliege, ist bekannt, aber im Bewußtsein des Volkes längst gänzlich erloschen. Schmeller 2, 591—592.

meinst, Superlativ statt meist. Grafschaft Ziegenhain und Oberhessen. „Aufs meinste zwölf oder dreizehen mott". Marburger Hexenprocessacten v. 1658. Schmeller 2, 602.

Meinster st. Meister kommt in oberhessischen Zunftacten des 16. und 17. Jarhunderts äußerst häufig vor, namentlich in Wetter.

meisch, wol richtiger *maisch*, wie im Fuldaischen gesprochen wird, geil, rossig; von der Pferde- (auch Esels-)Stute im Fuldaischen und im Haungrund, so wie im Schmalkaldischen gebräuchlich, im Schmalkaldischen auch verächtlich von Weibern. Im übrigen Hessen gilt dafür roisch (reisch, reusch). Scheint nirgends anderswo in Deutschland vorzukommen.

Meisner msc., bekannter Berg, der höchste in Althessen. Das Volk spricht *Wissner*, und zwar richtig, denn die ältesten Urkunden, welche ihn nennen, und die bis in die erste Hälfte des 13. Jarhunderts zurückgehen, schreiben *Wisener*, und so bleibt die Schreibung bis in das 16. Jarhundert (wo zuerst

Meisner, s Meißner, ja Meichsner erscheint, s. z. B. Landau Gesch. der Jagd S. 234), nur daß bis dahin und noch in dieser Zeit öfter auch *Wissener, Wiszner* geschrieben wird. Diese Schreibung und die mit derselben übereinstimmende Aussprache des Volkes beweist entschieden die Kürze des i, so daß an *wise* (sapiens) nicht zu denken ist, geschweige denn an *wize* (poena), wiewol hiervon ein unserm Worte scheinbar ähnliches, dem Namen nach aber grundverschiedenes Wort: wizanari, wizener (tortor, lictor) gebildet ist, oder gar an *wis* (albus), woran die Unkenntnis der Sprache wol gedacht hat, was jedoch durch die Verschiedenheit des Auslautes entschieden abgewiesen wird. Es muß vielmehr, wenn anders, was warscheinlich ist, der Name Wisener deutscher, und nicht etwa keltischer Wurzel ist, auf das Stammwort *visan*, vas zurückgegangen werden, welches ursprünglich manere, habitare, dann esse bedeutet, und wovon *visa*, pratum, eigentlich: Aufenthalt für das Weidevieh, abgeleitet ist. Dieses Wort wisa, jetzt Wiese, aber von dem Volk Wisse gesprochen, wird als nächstes Stammwort für Wisener anzusehen sein, von welchem Wisener durch die masculinische Ableitung ari (die ohne Zweifel ältere, nicht die jüngere âri Grimm Gramm. 2, 125—126. 130.) abgeleitet ist, so daß das Wort in althochdeutscher Form wisanari gelautet haben würde. Es müßte den Berg bezeichnet haben, welcher Aufenthaltsorte, Wiesen, für das Weidevieh gewährt hat, wie dieß bis in die neueste Zeit wirklich der Fall gewesen ist. Da nun aber -ari entschieden persönliche Bedeutung hat, so müßte wol der Berg als Person aufgefaßt worden sein, oder den Namen von einer Person (Wiesner, Wiesenbewohner, Viehhalter), die ihn in Besitz gehabt, erhalten haben. An wisunt (bubalus), welches derselben Wurzel zugehört, wird nicht zu denken sein, da uns doch alsdann wol einmal die Schreibung wisenter begegnen würde. — An dem Berge lag übrigens im 13. Jarhundert auch eine bewohnte Ortschaft: *zuo dem Wisener*, welche ihren Namen doch wol von dem Berg, nicht der Berg von der Ortschaft, den Namen erhalten haben wird, wenn es gleich nicht gerade unmöglich ist, daß diese Ortschaft die Wohnstätte eines solchen Wiesners gewesen sein könnte, und somit Berg und Hof oder Dorf in gleicher Weise ihren Namen von der Person erhalten hätten.

meizern (fast dreisilbig gesprochen, wie meïzern), bei einem abzuschließenden Handel von unten auf, ganz niedrig, bieten, und dann nach und nach das Gebot steigern, „zusetzen"; auf jüdische Art handeln, schachern. Im südlichen Oberhessen. Ob das von Estor 3, 1414 aufgeführte „messern, sich zanken", hierher gehört, kann ich nicht sagen, nur vermuten, da es mir nicht gelungen ist, „messern" im wirklichen Leben aufzufinden.

Meckel, Frauenname älterer Zeit, in den hessischen Literalien bis in das 18. Jarhundert vorkommend; warscheinlich ursprünglich Megila, darnach in verkehrter Weise travestiert in Margareta (Schmeller 2, 616); doch tritt die Travestie bei diesem Namen erst ziemlich tief im 17. Jarhundert (1640) ein, während die älteren, auch officiellen Actenstücke, die sonst sehr frühzeitig zu dergleichen Travestieen geneigt sind, nur Meckel haben. „Meckell, weyland Jur Peters nachgelaßene witwe" Wetter 1576. Der Accusativ lautet Meckeln, desgleichen der Dativ.
Vgl. Zeitschrift f. hess. Gesch. u. LK. 4, 81.

Melak msc., tadelnde und zugleich schmähende (nicht aber übel gemeinte und schimpfende) Bezeichnung eines ungeschickten, tölpischen Menschen. Schmalkalden.

meldericht adject., trübe, unrein, vom Waßer, welches faulicht ist und moussiert, in welchem sich Waßerfäden und Insekten finden, so daß man Anstand nimmt, es zu trinken. Oberhessen. Warscheinlich gehört das Wort als eine entstellte Ableitung zu molta, Erde, Staub, denn Estor hat t. Rechtsgl. 3, 1415 das augenscheinlich richtige Wort „mültern, der born wird trübe".

melzen, Malz bereiten, Gerste zu Malz machen. „Zu dem andern gebruwe worden *gemelczet* vnd verbruwet x sirtel". Schloß Reichenbacher Rechnung von 1420. Noch jetzt wird diese Form neben der nicht umgelauteten malzen hin und wieder in Niederhessen gehört.

Memm, 1) msc. Euter, auch wol von der weiblichen Brust gebraucht. Allgemein üblich in Oberhessen, anderwärts in Hessen völlig unbekannt.

„Ich will gehn bey den Weidenpfadt,
Vnd will mein bäuchlein essen sat,
Das ich dir bring den Memm voll milch,
Das ich das thu, ist recht vnd bilch". Erasm. Alberus Tugend u. Weisheit 1550. S. 44.

„Den Memm voll Milch hab ich dir bracht". Ebds. S. 45.
Vgl. *Dit*, *Dutzen* und *Hutz*.

2) *Memme* fem., Mutter, ist in Hessen einzig und allein von Judenkindern, bezw. den Juden gegenüber, im Gebrauche, während anderwärts (in Oberdeutschland, im Elsaß) das Wort im allgemeinen Gebrauche sich befindet. Vgl. meine Schrift: Zur Literatur Johann Fischarts 1863. S. 33. Nur das westfälische *Moeme* lehnt sich einigermaßen an Memme, ursprünglich Mami, an. Auch in der Bedeutung Feigling, welche schon im 16. Jarhundert, z. B. bei Luther, vorkommt, ist Memme durchaus nicht volksüblich; kaum daß das Wort verstanden wird.

Menge msc., Krämer, Kleinkrämer, Händler. Ein in der alten Sprache sehr übliches, jetzt ausgestorbenes Wort. In hessischen Urkunden und Verordnungen kommen Keßler und Mengen öfter zusammen vor. Vgl. Kopp Handbuch 6, 22 ff.

Eine Nebenform ist **Mengel**, desgleichen **Manger**, welche beide Wörter in Hessen nur noch als Familiennamen erscheinen. (Lächerlicher Weise wird der zweite derselben da wo er zu Hause ist [Wetter] Manjer gesprochen).

menneläuten, zur Gemeindeversamlung unter der Dorflinde läuten. In der Diemelgegend üblich, ohne Zweifel als Verkürzung von mëneläuten, gemeinläuten, vgl. Mënweide. In Niederhessen wurde und wird zum Theil noch dieses Läuten „unter die Linde läuten", verkürzt „lindeläuten", in Oberhessen ëwertläuten genannt (s. Einwart).

Mensch neutr., sehr häufig componiert: *Wibesmensch*, *Weismensch*, ist im Volke überall noch ohne allen erniedrigenden oder gar gehäßigen Nebenbegriff die geläufigste Bezeichnung der Frauenspersonen.

Im 16. und 17. Jarhundert erscheint in hessischen Literalien ungemein häufig neben dem Neutrum das Femininum: die Mensche, auch: die Menschin, Menschen. „die sachen zwischen meinem sohn und der menschen"; „daß er der menschen einen antheil gelts geben solte" Wetterer Rentereirechnung von 1583, Belege. „Diemar Schneider und seine mensche (menschin)"; Rauschenberger Rentereirechnung von 1596, Belege, und so oft. „Die Mensche wäre gar bleich gewesen" Marburger Criminalprocessacten von 1680 u. s. w.

Mênweide fem. „Super pascuis que *menweide* vulgariter appellantur in Lintdorf sitis". Ungebr. Urkunde des Kl. Spießcappel von 1269. Ist, wie meenmark Richey Ditmarf. Id. S. 418 die gemeine Weide, gemeine Mark (Allmende). Schmeller 2, 588. Wird zuweilen noch jetzt gehört. Vgl. menneläuten.

Merbel msc., d. h. Marmor, ist im Schmalkaldischen die Bezeichnung der Marmorkugeln des Knabenspiels, welche im übrigen Hessen Wacken, Neller, Schoßer heißen.

Mergelrecht, Recht des Landsidels, analog dem Mistrecht, s. dieses. Urkunde von Rimundeshausen (Rimedehusen) bei Lennep Leihe zu LSR. Cod. prob. 657. 705 u. a. St.

Metze fem., ist in Niederhessen ein Getreidemaß, welches den 16. Theil eines Malters (Viertels) beträgt. Je nach den verschiedenen Gegenden (Aemtern) ist die Metze von verschiedener Größe, mithin auch das Viertel (Malter) bald größer, bald kleiner; so hält die Kasseler Metze 505⅔ Kubikzoll, die Homberger Metze 632 Kubikzoll u. s. w.

In Oberhessen und in der Grafschaft Ziegenhain kennt man nur Mött und Mesten, keine Metzen, oder es wird Metze für die Hälfte einer Meste gebraucht: 474 Kubikzoll, wo die Meste 948 Kubikzoll [Ziegenhain], oder 632 Kubikzoll, wo die Meste 1264 Kubikzoll hält [Oberhessen].

In dem Sinne von Molter (s. d.) wird Metze, so viel ich weiß, nirgends in Hessen verwendet.

Metze als Deminutiv von Mechthild (Machthild, Mathilde) kommt in hessischen Urkunden bis in das 16. Jarhundert vor; später ist mir diese Form nicht begegnet, und im Volksmunde gar nicht vorhanden, viel weniger in der erniedrigenden Bedeutung, welche dieses Deminutiv in der Schriftsprache angenommen hat.

Metzkopf, buchstäblich: einer der einen Kopf, dick wie eine Metze, hat; es kommt in dieser eigentlichen Bedeutung vor, am häufigsten aber, gleich dem synonymen Dickkopf, um einen eigensinnigen, störrigen Menschen zu bezeichnen. Am häufigsten hört man dieß Wort in der Obergrafschaft Hanau.

Metzelsuppe, Gastmal, beim Schweineschlachten gegeben. Obergrafschaft Hanau, in Niederhessen Schlachtekohl, im Fuldaischen Stichbraten.

mijen, mingere, harnen, pissen. Nur im westfälischen und etwa theilweise auch im sächsischen Hessen gebräuchlich, wie auch weiterhin in Norddeutschland. Strodtmann S. 137. Richey S. 163. Brem. WB. 3, 159 u. A. Wo die niederdeutsche Sprache nicht herscht, wird im Allgemeinen seichen gesagt, vom weiblichen Geschlecht insbesondere brunzen, von Kindern hin und wieder wiesen oder wissen; harnen ist gänzlich, pissen fast gänzlich unverständlich.

mickeln, fast nur in der Redensart: „es mickelt ein bischen" d. h. es hat mit der Sache nicht ganz seine Richtigkeit. Im Fuldaischen.

Milchdieb msc. ist im Schmalkaldischen der Name des Kohlweißlings, Pieris brassicae und P. rapae.
Vgl. Markstafel.

milgen (wol richtiger mülgen, mülşen) das Getreide (Roggen, hess. Korn) einweichen, d. h. mit heißem Waßer übergießen, und es auf solche Weise dem Vieh als ein besonders narhaftes Futter (Aß) zubereiten. Das Wort ist jetzt nicht mehr üblich, kommt aber in Oekonomierechnungen aus dem 15. Jarhundert öfter vor z. B. „1 malter korn zu asse dauon zu *milgende* den melken kuwen vnd beleswynen" Grebensteiner Rechnung von 1462.

Es kann kein Zweifel sein: dieses Wort ist das zu dem Substantivum mölie, molie, müllje gehörigen, bis daher unbekannte Verbum. *mölge* erscheint als ossa in dem Wörterbuch Vocabula etc., 1500 (Hoffmanns Findlinge 1, 155); *mölie* bei Chytraeus Nomeuclator saxonicus Bl. 438 als „eine Fleische-Molye edder Soppe, jusculum e carne": *molye* ebdf. Bl. 439 „eine Mölie-Soppe, ossa". Aus Chyträus: Frisch 1, 668b, aus Beiden Hoffmann horae belgicae 7,30. Richey hat S. 168 das Wort *müllje*: „Gemüse von Brod in Scheiben geschnitten, und eingeweichet durch übergegossene Früchte, die so mürbe gekocht, daß man alles mit Löffeln essen kann. Also gibt es Beeren-Bickbeeren-Katzbeeren-Müllje. Man nennt hierauf auch Müllen, wann Brod in Suppe geweichet, und mit einer etwas fetten und gewürzten Brühe übergossen wird". Aus Richey als ganz kurze Notiz Br. WB. 3, 200: „Mülje, ein Gemüse von eingeweichtem Brod".

Ob nun mülje und unser milgen, beßer müljen, vom lateinischen mollis, und insbesondere das hessische Verbum vom französischen mouiller erborgt ist, worauf schon Richey a. a. O. hingewiesen hat, oder ob mul einer der gemeinsamen indogermanischen Wortstämme ist, mag zweifelhaft bleiben. Vgl. jedoch **moll**. Das Substantivum, und ohne Zweifel auch das dazu gehörige Verbum, ist entschieden niederdeutschen Gebrauches; diese aber hat sich sehr viel Fremdes und dieß in sehr früher Zeit angeeignet (man denke an semea, abel [habilis], forke u. dgl.). Der hessische Dialekt aber neigt zu der Verderbnis des ü in i (kissen osculari und pulvinar, kiwe [vaccae], gillen [aureus] u. s. w.), und so hat die Depravation von müljen in milgen nichts besonders Auffallendes. Indes bleibt auch noch die Möglichkeit nicht ganz ausgeschlossen, an eine Ableitung von mel zu denken.

Milgesal neutr., Bildung mit -sal aus dem Verbum milgen (wie Schicksal, Hecksel, Kochsal, Bruwesal u. dgl.): so viel Getreide (Korn, Gerste), wie auf einmal gemilgt wurde. Das Wort kommt in den niederhessischen Oeconomie-Rechnungen des 15. Jarhunderts oft vor: ij sirtel korns zcu *Milgesale* den swynen; j sirtel korns zcu *milgesale* den nossern Rechnung von Borken 1451. Korn den noszern vnd swinen zcu *milgesale* ebdf. 1460. eyn virtl zu *milgesal* Felsberger Rechnung von 1462. j scheffel gersten hain ich malen laissen den kelbern zcu *Melgesale* in dem winter; Waldauer Rechnung von 1489. exposita der fruchte dieses jars den messteswynen vnd anders den noszern jm hofe zu asze und zu *mylgesal* gemalen und gemacht ist; Rechnung von Schloß Reichenbach vom Jahr 1425.

Das Aß bestand zwar auch aus geschrotenem und eingeweichtem Getreide, indes scheint die zuletzt angeführte Stelle zu beweisen, daß asz und milgesal nicht völlig identisch gewesen sein mögen.

Heut zu Tage wird zwar dasselbe Futter noch bereitet, aber schon im 16. Jarhundert finde ich in den von mir durchgesehenen Rechnungen weder milgen noch milgesal für dasselbe, und scheint mithin der Gebrauch dieser Wörter schon damals erloschen zu sein.

Minni, s. *Siegwinden, Viermünden*.

mirzen, moderig riechen und schmecken. „Der Kuchen mirzt" er schmeckt nach angegangenem Mehl. Im Fuldaischen.

mirzening adv., moderig.

Vgl. *muffen, Muttig, mutzen*.

Mistrecht, das Recht des von dem Landsiedelgute abziehenden Landsidels, den Wert des zuletzt in den Acker gewendeten Mistes, falls er von dem Acker keine Ernte gewonnen, ersetzt zu erhalten. Sehr häufig in den älteren Landsidelleihebriefen z. B. von Gensungen vom Jahr 1377 Lennep Leihe zu Landsidelrecht Cod. prob. S. 503.

Nachher „Oberbeßerung" genannt, wiewol dieser Ausdruck auch noch weitere Bedeutung hat. Im Schaumburgischen „Brackelzeit" Kopp Handb. 2, 137.

Vgl. Mergelrecht, Pflugrecht.

moll Adj., auch sehr oft *mull* gesprochen, weich, mild, feucht. „Die Wäsche ist *moll*" d. h. noch etwas feucht, nicht vollständig getrocknet; das Obst wird durch das Liegen moll; auch reifes Obst am Baume wird wol in Gegensatz gegen unreifes, noch hartes Obst als moll bezeichnet; nach einem Regen ist das Erdreich moll. Eben so Schmidt Westerw. Id. S. 113. Lippisches Idiot. Frommann Mundarten 6, 357. Id. v. Fallersleben, wo *molich* aufgeführt ist Frommann 5, 357. Allgemein üblich, aus älterer Zeit aber bis daher nicht zu belegen, möglich also, daß das Wort ohne Weiteres aus mollis aufgenommen worden ist, wenn gleich nicht warscheinlich.

Mollung fem., (gespr. Molling) Feuchtigkeit des Erdbodens, besonders in der Zusammensetzung *Wintermollung*, die vom Winter herrührende Feuchtigkeit. Estor S. 1414.

Molme fem., Dammerde, humus. Im Schmalkaldischen, auch an der oberen Werra und sonst im östlichen Hessen. Was in der Schriftsprache *Mulm* ist, nennt man in Hessen *Melm*, msc.

Mülmische, Flüßchen, welches vom Rietforste herabkommt und bei Körle der Fulda zugeht: das Erdwaßer, dem Sinne nach identisch mit Fulda.

Molter msc., der Mahllohn des Müllers, welchen derselbe in Natur von dem zu malenden Getreide abnimmt. Estor S. 1414. Alberus Dict. Bl. bbiija: Molter, merces molendinaria.

moltern, den Mahllohn abnehmen.

In ganz Hessen gebräuchlich; andere Bezeichnungen kennt man hier zu Lande meines Wißens durchaus nicht. Schmidt Westerwäld. Id. S. 113.

Mombotz, s. **mummeln.**

Moeme fem., Mutter; die im westfälischen Hessen ausschließlich gebräuchliche Benennung, die sich auch weiterhin in Westfalen, z. B. im Ravensbergischen, findet. Frommann Mundarten 6, 355. Eigentlich ist dieses Wort identisch mit dem hochdeutschen muoma (Muhme), und weist auf die Verwandtschaft zwischen memme (ursprünglich wol mami), muoma und muoter hin.

mördsch adj., meist *mertsch* gesprochen, ein in Mittelhessen sehr übliches Wort, mit welchem der Superlativ der Verwunderung ausgedrückt wird; fast synonym mit den in ähnlichem Sinne verwendeten Wörtern gräulich und grausam. „Jung, du bist in dem Jahr mertsch groß geworden"; „der R., so klein wie er ist, kann doch mertsch laufen". Eben so wird im Lippischen *mortsk* verwendet. Frommann Mundarten 6, 356. Es ist deshalb kein Zweifel, daß dieses Wort ein Adjectivum von Mord: **mordisch, mördisch** ist. Eine noch stärkere Bezeichnung der größten Verwunderung ist *mordalisch*.

In Oberhessen ist diese Form, vielleicht das Wort selbst, nicht gebräuchlich; es gilt dafür *maerisch*; ob von maere? oder nur Entstellung von mördsch? „Das Vieh ist maerisch gefuttert"; „er kann maerisch laufen". Vgl. auch das fuldaische *maelig*.

môr morgen (östliches Hessen), *more morgen* (inneres Hessen: Homberg, Wabern) morgen früh. Es ist eine Verkürzung aus morn zů morgen z. B. Heldenbuch von 1509 Bl. 164, wie man in Oberhessen auch noch jetzt spricht. morn Fritagk morgen Kopp Gerichtsverf. Beil. 101.
S. Zeitschrift für hess. Geschichte u. Landeskunde 4, 81.

Mosbaum. In den Forst- und Rentereirechnungen alter Zeit kommt oft vor (viermal in dem einzigen Frondienstverzeichnis des Amts Wetter vom Jahr 1600): „(10 Man) haben Mosbeume vors wiltpret vergangenen Wintter in der hardt gehauen".

Mosenberg, ein mehrere Male in Hessen vorkommender Bergname (bei Homberg, zwischen Königswald und Dankerode, bei Waltersbrück und sonst), ist wol sicherlich nicht auf *mos*, *muscus*, Moos, zurück zu beziehen, da dem die Bildungssilbe *en* widerstrebt. Allem Vermuten nach ist dieser Name keltisch, und desselben dunkeln Stammes, welchem die Flußnamen Mosa (jetzt Maas) und Mosella, Mosel, angehören. Uebrigens kommen Mosenberge auch außerhalb Hessens vor.

Mött neutr., modius, ein in der Grafschaft Ziegenhain und in Oberhessen gebräuchliches, im übrigen Hessen unbekanntes Getreidemaß. Das Mött der Grafschaft Ziegenhain ist größer (7584½ Kubikzoll) als das Marburger (5056¼ Kubikzoll); das Ziegenhainer wird in acht, das Marburger in vier Mesten geteilt. Ehedem *Mutt*, wie mitunter auch noch jetzt gesprochen wird: „funf mutte korn" Urkunde von Calbern 1377.
Vgl. Schmeller 2, 653 und Adelung unter „Muth".

Motschel neutr., meist noch einmal verkleinert: *Motschelchen* (auch *Mötschelchen*), junges, noch saugendes Kalb, Milchkalb, ohne Unterschied des Geschlechtes. Im Schwarzenfelsischen. **Möschle** neutr., ein junges Rind, gleichfalls ohne hervortretenden Unterschied des Geschlechtes, doch weil meist Kuhkälber aufgezogen werden, besonders von diesen gebräuchlich, im Schmalkaldischen. Diese Bezeichnungen sind im übrigen Hessen unbekannt, indem dafür das übrigens warscheinlich verwandte *Mäus* (s. d.) gebraucht wird. Adelung 3, 292 u. 294 verzeichnet Mösche und Mötsche aus Meißen und der Lausitz als eine Kuh bedeutend, und führt das Wort nicht unwarscheinlich auf das wendische Modzo, Mlodza, ein Junges, zurück. Vgl. auch *Mäks*.

motzeln, heimlich bei Seite bringen. Oberhessen. Estor S. 1414: „mozzeln, zusammenpacken, daß es niemand sehen soll".

Motzen msc., Jacke; im Schwarzenfelsischen. In Oberhessen *Mutz* msc., Weiberjacke ohne Ermel, bloß mit Armlöchern, wie eine Weste; eine vollständige mit Ermeln versehene Jacke heißt hier *Ermelmutz*. Estor t. Rechtsgel. 3, 1414 hat Mozze.

Als Femininum erscheint **Motze** im Fuldaischen, und hat hier die Bedeutung Oberrock, eben so wie in Franken und Schwaben. Schmeller 2, 664.

Mötzchen, ein Gebäck älterer Zeit. Bei der Untersuchung der Beckerladen in Wetter im Sommer 1576 fand sich, daß ein Becker an einem Sechs-Heller-Mötzgen vier Loth hatte fehlen laßen, und wurde derselbe deshalb zur Strafe gezogen. Jetzt ist diese Benennung außer Gebrauch gekommen, ja es ist nicht einmal mit Bestimtheit zu ermitteln, von welcher Form und welchem Gehalt das Mötzchen möge gewesen sein. Mitsche ist bei Philander von Sittewald (Gesichte 1643. 2, 165) ein Gebäck für die Hunde, 80 aus einem Sester zu backen, Mütschelein dagegen noch heut zu Tage in Baiern (Schmeller 2, 658) eine Art feineren Bäckerbrodes. Vgl. Zeitschrift f. hess. Gesch. u. LK. 4, 82.

Moezkorb, auch *Mötzkorb* gesprochen, auch *Möttenkorb*; Spreukorb. Oberhessen. Zur Erklärung der letzterwähnten Form pflegt gesagt zu werden: es giengen in einen solchen Korb zwei Mött oder ein halber Centner Heu. Vgl. Zeitschrift f. hess. Gesch. u. Landesk. 4, 84.

S. auch Treugekorb.

mucheln, heimlich mit einander sprechen; unterhandeln.

Gemuchel neutr., heimliches Treiben, Intrigue. Östliches Hessen.

müchen, modern, faulen; einen modrigen Geruch von sich geben. Schmalkalden und östliches Hessen (Werragegend). Auch wol: *müchern*.

müchzen, *michzen*, Frequentativ von müchen, in der Werragegend üblicher als müchen.

müchzening, moderig, einen Modergeruch von sich gebend. Im östlichen Hessen üblich. „grüne Wicken, daß (sie) nicht michzenig würden, auseinander stellen". Eschweger Hexenprocessacten von 1657.

Vgl. *Muff* und *Muttich*.

Müder neutr., gesprochen Mieder, Midder, ein Theil der weiblichen Kleidung des Landvolkes, doch ist der Name eigentlich nur in Niederhessen und Schmalkalden zu Hause, wogegen in Oberhessen die Bezeichnung Mutz (s. d.) gilt. Das Müder hat entweder Ermel, und dieß ist das eigentliche Müder, Midder, oder es entbehrt derselben, und kann führt es zwar hin und wieder auch noch den Namen Mieder, wird aber auch, und zwar in den meisten Gegenden, Leibchen genannt. Nur im Schmalkaldischen herscht noch die alte Aussprache: *Muder*, ahd. muadar, muoder; hier ist auch das Müder ausnahmslos mit Ermeln versehen.

Schottel Hauptsprache S. 1366. Schmeller 2, 553—554. Estor t. Rechtsgel. 3, 1414 hat: „Muder, ein gefärbter leinener Überzug der bauerweiber"; hiernach wäre damals das Müder über den Mutz (die Motze) gezogen worden, oder Mutz und Müder hätten sich, was nicht unwarscheinlich ist, bloß dadurch unterschieden, daß Mutz aus ungefärbter, Müder aus gefärbter Leinwand verfertigt war. „iij gulden (wird gestraft) Greina, Hen Schweitzers hausfraw zu Erxdorf, daß sie Catharina Ludwig Schmitts Tochter daselbst ein Leinen Ober Mudergen abgenommen". Rauschenberg 1603. Die Müder aus Kattun heißen jetzt in Oberhessen wie in Niederhessen Jacken.

mühen (sik), impersonales Verbum: *et müet mik*, es gereuet mich, ganz in dem alten Gebrauch. Sächsisches und westfälisches Hessen. Brem. WB. 3, 181. In Oberhessen ist *es* **meiet** *mich* üblich, genau desselben Sinnes, und warscheinlich nichts anderes, als eine Corruption von mühen. S. meien. Hin und wieder hört man auch wol es mühet mich in dem Sinne von: es ist mir verdrießlich, lästig.

mühen, betrüben; „der Tod seines Bruders hat ihn sehr gemühet". Im Haungrund am gebräuchlichsten, aber auch sonst nicht unüblich. Vgl. sik mühen.

Muff msc., Schimmel, Moder; auch Modergeruch. Schottel Hauptspr. 1366. Brem. WB. 3, 195 (wo Muff übrigens bloß als holländisch angegeben wird). Sehr üblich.

muffen, *müffen*, *miffen*, modrig, faulig riechen oder schmecken; das Wildpret müfft. Sehr üblich.

Vilmar, Idiotikon.   18

müßzen, Frequentativ von mussen, müssen; meist mißzen gesprochen. Sehr gebräuchliches Wort.

müffern, Deminutiv von mussen, müssen; etwas nach Moder duften. Im Schmalkaldischen gebräuchlich, wiewol dort daneben auch müchen und müchern vorkommt (s. d.).

müßzening, mißzening, einen Modergeruch oder Modergeschmack an sich tragend. Sehr üblich. Vgl. müchzening.
Vgl. Schmidt westerw. Jd. S. 116. Schmeller 2, 554.
S. auch Muttlich.

Muffel fem., Mundvoll, aus diesem Worte in gleicher Weise wie Handvoll abgekürzt; „eine Muffel Brod", „ein Muffelchen Kuchen". Estor S. 1415. Schottel Haubtspr. S. 1366 hat Mummel in gleicher Bedeutung, Schmeller aber 2, 576 Mumpfel als eine nürnbergische Bezeichnung des Mundes.

muffeln 1) eine Speise, zumal eine trockene (Brod, Kartoffeln, Kuchen) kauen, besonders: eilfertig und etwas gierig kauen. Estor S. 1415. Im Fuldaischen wird mauseln oder mäuseln (Haungrund) gesprochen.
2) im Haungrunde ist muffeln so viel als sein regnen.

Muck fem., 1) Visier, Korn der Flinte, doch meist im figürlichen Sinne: „jemanden auf der Muck haben", Jemanden aufpassen, auf Jemanden lauern, ihn scharf beobachten. — Ziemlich allgemein üblich, am meisten in Oberhessen.
2) Mutterschwein. In Oberhessen wie weiterhin bis nach Frankfurt die fast ausschließlich gebrauchte Benennung; Estor deutsche Rechtsgelahrtheit 1, 509 (§. 1221): mocken (saumütter). Außer Oberhessen findet sich das Wort nur noch im Haungrund bis nach Hersfeld hin als stehende Bezeichnung. In Niederhessen ist es unbekannt.

Gemück neutr., Geschlecht, Art, Sorte; meist in verachtendem Sinne gebraucht. Haungrund.

Mülbeere fem. In einem ungedruckten Weihnachtsspiel meines Besitzes aus dem Ende des 15. Jarhunderts erscheinen v. 488: erber, bromber, heidelber, craczber vnd mülbern. Welche Beeren hiermit gemeint sein mögen, läßt sich nicht erkennen (vgl. Mehlbeere); vielleicht sind die s. g. Elsebeeren (Frucht des Pyrus torminalis) gemeint, welche erst weich, moll, mull, geworden, in Gährung übergegangen sein müßen, bevor sie eßbar werden. Oder gar Mulbeere, das slavische malina, Himbeere? Auffallend ist es, daß in dieser Aufzälung die Himbeere nicht erwähnt wird. Schmeller 2, 568. An Mülbeere wird sicherlich nicht zu denken sein.

Müllermaler msc., auch bloß Müller, ist die (wenigstens in Niederhessen) allein übliche Benennung des Phalangium opilio L. (Halbspinne, Weberknecht, Langbein). In Baiern bezeichnet Milemalo nach Schmeller 2, 567 den Schmetterling.

Mülter msc., Maulwurfshaufen; eine richtige und gefüge Form anstatt der unrichtigen und widrig schwerfälligen schriftdeutschen Form. In der ganzen Diemelgegend. Im übrigen Hessen werden die Maulwurfshaufen meist Mollhüppel, Maulhüppel genannt.

multum ist auch in Hessen wie in Baiern, und ganz in derselben Bedeutung, in die Volkssprache eingedrungen: viel, ziemlich viel, sehr viel, reichlich. „Da gabs aber Schläge multum", „dieß Jahr gibts Kartoffeln multum". Selten wird multum dem Substantivum vorgesetzt. Schmeller 2, 573; ohne allen Zweifel ist unser Wort das lateinische multum und sind alle Versuche aufzugeben, dasselbe an irgend eine deutsche Wurzel anzulehnen. In Schriftstücken habe ich es übrigens niemals gefunden.

mummeln, auch wol (Oberhessen) *mommeln*, Deminutiv= und Iterativform von mummen, welche in Hessen allein üblich, übrigens gleich dem schriftdeutschen mummen meist nur in Compositionen gebräuchlich ist; einmummeln, vermummeln, zumummeln, sich in dichte, gegen die Kälte schützende Kleider hüllen, vermummeln auch wie das gemeinhochdeutsche vermummen, sich durch fremdartige Kleidung unkenntlich machen. Estor S. 1415.

Mombotz msc., das Gespenst, auch: eine vermummte und durch ihre Vermummung Furcht erzeugende Person, Schreckgestalt. Oberhessen (Mōbotz gesprochen, mit kurzem o in botz).

Hierher gehört auch

vermumpeln (vermümpeln, verminpeln) **und vermampeln**, eine Sache bemänteln, so darstellen, daß die, warscheinlich zum Nachteil gereichende, Warheit nicht entdeckt werden kann. Eben so Schmidt Westerw. Id. S. 304. *vermampeln* ist eine sichtliche Entstellung von vermanteln, welches Wort z. B. J. Ferrarius von dem gemeinen Nutz (1533. 4) Bl. 52a vorkommt: „Gottes worte lassen sich nicht vermanteln" („Gott lesst sich keinen mantel vmbhencken" ebds. 51a).

mummeln, undeutlich sprechen; hier wie anderwärts in Deutschland in diesem Sinne gebräuchlich, am üblichsten aber in der Form *es mummelt sich* = es geht ein dumpfes Gerücht. Schmeller 2, 576. Schmidt Westerw. Id. S. 118.

Mummelung f., dumpfes Gerücht, unsichere Sage, heimliche aber halb verlorene Besprechung. Sehr üblich. „Sonsten sey nicht ohn, das von Johannes dem Meyer iederzeit die mummelung in Willerstorf gewesen, das er zauberey treiben könnte". Marburger Hexenprocessacten von 1633. „Es were wol die Mommelung vnter den Nachbaurn gangen, wan der Pfarher sich nicht mit ihnen ihrer alten Gerechtigkeit abfinden wolte, so wollten sie ihn auch nicht haben". Treisbacher Verhörprotokoll von 1609. Und so sehr oft.

Mundhaus, Bezeichnung eines kleinen Bauerngutes in dem Altenhaßlauer Weistum von 1354 Grimm Weist. 3, 413. Ein solches Mundhaus durfte nur ein Schwein in die Eckern treiben, während ein halber Hof sechs Schweine zu treiben hatte.

Munds, msc., Kuss.

mundsen, küssen.

Im Geisgrunde üblich, sonst kaum erhört. Kuss, küssen ist freilich kaum irgendwo in Deutschland volksüblich, sondern nur Maul (Mäul, niederhessisch Mûl, Mull, Mûll, Mill); Munds und mundsen aber sollen wol sonst nirgends als Idiotismen vorkommen.

Münkel msc., Kuss. Oberhessen. Estor t. Rechtsgel. 3, 1415.

munkes. „Stille munkes!" oder auch: „Stille munkes, der Pfaff hält Meß!" eine noch jetzt, in ganz Althessen übliche Ermahnung zum Stillschweigen scherzhafter Art, wenn das Reden eine — übrigens unbedeutende, meist selbst nur scherzhafte Gefahr bringen könnte; Ermanung, etwas nicht auszuplaudern, was der Andere eben herauszusagen im Begriffe steht u. dgl. Der Ausdruck ist schon ältern Gebrauches: „Nachdem etzliche Metzler vorletzt vf der Firmanei gewesen, vnd ziemlich berauscht vorüber gangen, vnd einer vnter ihnen Stille munckes gesagt, hette die Truckelsche zum Fenster heraus gesagt, das ist vf mich gemeint". Marburger Verhörprotokoll von 1655. Hier scheint der Ausdruck noch ernstlich gemeint zu sein.

Wie dieser Ausdruck zu erklären sei, bleibt auch nach dem, was Schmeller 3, 374 darüber sagt, dunkel. Es scheint allerdings, als sei derselbe aus dem englischen Gebote des Stillschweigens mum-chance, wornach auch ein englisches Kartenspiel (oder der Ausdruck nach dem Spiel?) benannt ist, entstanden, indes bleibt es doch schwer erklärlich, auf welche Weise der Ausdruck oder das Spiel, oder das eine und das andere, nach Deutschland und zwar in den Lebenskreiß der niedern Stände bereits im Jahr 1655 gelangt sein soll. Daß der Ausdruck ein fremdländischer sei, scheint die Schrift des Protokollführers von 1655 andeuten zu sollen.

Münster. In Hessen ein fast unbekanntes Wort; selbst von der Kirche der h. Elisabeth in Marburg, welche allein unter den Kirchen in Althessen diese Bezeichnung zuweilen erhalten hat z. B. in dem bekannten Protokoll über die Herausnahme der Gebeine der h. Elisabeth aus dem Schmucksarg 18. Mai 1539 (Historisch-Diplomatischer Unterricht u. s. w. 1751 fol. Beil. No. 126 Bl. (nn)a „Hochgedachter Fürst sich in das Münster sanct Elizabeth begeben"), und von dem Dom zu Fulda nicht gebräuchlich. „Gott helf Münster" ist eine in Wetter vorkommende Redensart, um das gänzliche Verlorengeben einer Sache zu bezeichnen; man will dieselbe auf den Wiedertäuferkrieg 1534 zurück beziehen.

Münstermann, Kirchendiener. In einer Urkunde des Abts von Fulda Heinrich von Kranlucken vom Agathentag 1361 (Schannat Hist. Fuld., Cod. prob. S. 271 - 272) wird vorgeschrieben, es solle dem Domküster (Custor, damals Otto von Hetzstett) ein Munstirmann, niederer Küster, Kirchendiener, gehalten werden. Jetzt ist die Amtsbezeichnung, auch in Fulda, erloschen, dauert aber in Hessen als Familienname noch heute fort.

Murr fem., Brombeere. Seltsames, nur an den südöstlichen Abhängen des Vogelsbergs (Waldensberg im Isenburgischen) vorkommendes Wort, wie denn diese Gegend für die Waldbeeren noch andere, sonst nicht erhörte Namen hat. (Vgl. *Ampe, Majuse*).

murzeln, kurz und ungeschickt, mit stumpfem Instrument abschneiden. Ein Knabe, welcher Bestrafung wegen eines Diebstahls fürchtete, hatte sich „mit einem ganz schlechten Kniff (s. d.) langsam den Hals abgemurzelt" (Rentershausen 1815).

Vgl. Schmeller 2, 576, wo jedoch das Verbum fehlt. Schottel Haubtspr. hat murkeln.

Mûs neutr. 1) das Gemüse d. h. vorzugsweise die zur Speise gebrauchten Kohlarten. So nur in Oberhessen, wo die verschiedenen Kohlgemüse folgender Gestalt bezeichnet werden: *Koelmûs* (meist gesprochen Kilmûs), Weißkraut, auch *Lumpenmûs* genannt (Estor S. 1414); *grên Mûs*, s. g. brauner Kohl, Krauskohl; *sûr Mûs*, Sauerkraut. In Niederhessen kennt man diesen ältern Gebrauch des Wortes muos nicht mehr, nur, wie gemeinhochdeutsch, das Collectivum Gemüse; ehedem fand derselbe aber auch dort statt: in einer Kasseler Rechnung von 1479 wird die Sulze dem Mus gegenüber gestellt: V^c [d. h. 500] krudes zu soltzen, 850 krutz gekauft zcu *musen*.

2) und masc., der aus Zwetschen oder Birnen auch wol Aepfeln gekochte

Brei (Compott): Zwetschenmus, Birnmus, Aepfelmus, welcher sich über den Winter aufbewahren läßt und ein beliebtes Zugebröde (Musenbrod) für Kinder und Gesinde bildet. Die Sache ist in ganz Hessen bekannt, der Name für dieselbe aber, Mus, nur in Niederhessen, Ziegenhain, Hersfeld, Fulda gebräuchlich. In Oberhessen heißt dieser Compott Honig (s. d.), und nur seit 1840 etwa fängt die Bezeichnung Mus auch dort an, Eingang zu finden.

Müeser msc., neben *Duckmüeser* sehr gebräuchlich: ein finsterer, heimtückischer Mensch. Diemelgegend.

muscheln, heimlich, besonders aber: betrügerisch, verfahren; „er hat gemuschelt" er ist nicht offen, nicht ehrlich, verfahren, hat betrügerisch gehandelt. Sehr häufig im Spiel, zumal im Kartenspiel, gebraucht. Mitunter wird auch *fuscheln, muscheln und fuscheln* gesagt. Niederhessen. Vgl. fuckeln.

musseln, *bemusseln*, einer Sache, namentlich einem rein gewaschenen Kleide, die Sauberkeit benehmen, ein wenig verunreinigen.

musselig, ein wenig unsauber. Estor S. 1415.

Muster msc. wird in neuerer Zeit häufig als Scheltwort gebraucht: „Du Muster!" d. h. du Inbegriff aller Nichtswürdigkeiten. (Vgl. Spiegel).

muten c. Genit., Mut d. h. Lust nach etwas haben, etwas verlangen, begehren. man sol auch das gelt von jnen nemea zur stund, wan sie des *mudende* sein; Wallensteinische Urkunde vom J. 1405 in Lennep Leihe zu LSR. Cod. prob. S. 276. Wilicher do unschuldig werden wel, den dy richter gebyte vor gerichte ob he ez *muttet*, da mag he es werden unschuldig. Statuta Eschenwegensia S. 3. wo eyn ussmann erschlagen worde von eyme borger und nymandes habe, der gerichtes *mute*. Ebds. S. 10. Noch jetzt hört man zuweilen: „das mutt mich nicht" d. h. ich habe dazu keine Lust; ähnlich wie in der Schriftsprache anmuten gebraucht wird. Vgl. Schmeller 2, 656.

abmuten, die Lust abwenden, abwendig machen. „1 f. (wird gestraft) Hans Walther zu Dreißbach, das er Hans Baslen sein Knecht, als er Ime im halben Jar ohne verwilligung auß dem Dienst gangen, ohne vorwißen hatt abgemuett". Wetterer Bußregister von 1583; und öfter. Scheint jetzt ausgestorben.

Mutkür fem., freie Wahl, freies Belieben nach Lust und Neigung. Ein in Mittelhessen sehr gebräuchlicher Ausdruck, Mödköer gesprochen. „Das ist euer Mutkür", das könnt ihr machen, wie ihr wollt. s. koer.

Mutsche, *Mützsche, Mosche*, im 15. Jarhundert eine gangbare Verkehrsmünze in Hessen; nach Falckenheiner Stätte und Stifter 2, 122 sechs Pfennige betragend; ein anderes Mal wird sie (Zeitschrift f. hess. Gesch. u. LK. 3, 174) für den sechsten Theil eines Schillings erklärt. „Zehn Mützschin" sollte nach §. 11 der Gerichtsordnung vom 14. April 1455 derjenige als Strafe bezalen, welcher eine Ladung vor Gericht unbefolgt ließe.
S. Zeitschrift für hess. Gesch. u. LK. 4, 82.

Muttich, *Mutch* msc. wird zwar gewöhnlich als Verwahrsam verstanden: „Aepfel in den Mutch legen" (damit sie nachreifen, mürbe werden; dieser Mutch besteht meist aus dem Bettstroh); „er hat noch Geld im Mutch" d. h. heimlich verwahrt, verborgen; „sich einen Mutch anlegen", Obst, Geld u. dgl. nach und nach ansammeln als einen Vorrat für spätere Zeiten des Mangels. Schmidt westerw. Jd. S. 111. Schmeller 2, 647—648, wo Mauten fem. in gleicher Bedeutung aufgeführt wird

Aber es ist diese Bedeutung eine abgeleitete. *Mutich* bedeutet, wie das alsbald folgende, von Mutich abgeleitete Adjectivum schon hinreichend ausweist, und außerdem Alberus ausdrücklich angibt (Dict. Bl. Zzija: Limus, *mutich* i. schleimicht erden im see. Maltha, der mutch in eym see [womit Torf und Erdpech gemeint sind]): Morast, Moder, Schlamm.

mutchig, moderig, Moderduft von sich gebend; *mutchig* riechen ist eine gelindere Bedeutung als *mutzig* riechen; letzteres bedeutet faulig riechen, nach Verwesung riechen; beide Ausdrücke sind überall, am meisten und den Unterschied am bestimmtesten betonend in der Grafschaft Ziegenhain üblich.

Es ist Mutich eine Variation oder eine Ableitung von *Mot*, Torf, Moder, Morast, welches Wort in der angegebenen Bedeutung in Schmalkalden, wie weiterhin im östlichen Deutschland (Adelung 3, 294) gebräuchlich ist. Aepfel, Geld in den Mulich legen bedeutet mithin, das Obst in dunkelm Verwarsam weich, das Geld zu „Schimmelpfennigen" werden laßen.

motig wird noch hin und wieder in der Bedeutung schlammig, unsauber, gehört, ganz wie es der Pfarrer M. Hartmann Braun zu Grünberg in einer Predigt im Jahr 1612 gebrauchte: „wird der Schnee abgehen, wird es kotig und motig werden". (Speculum senectutis. 1612. Bl. H4b).

Mutz. 1) masc. etwas Abgestumpftes, ein abgebrochenes Stück; „du hast ja nur einen Mutz stehen laßen". In manchen Gegenden z. B. im Gebirgstheil der Grafschaft Ziegenhain ist Mutz ein sehr gewöhnlicher Name von Schäferhunden, weil denselben dort der Schwanz gewöhnlich abgestutzt wird, und sie in folgenden Generationen vermöge dieser Operation sogar kurzschwänzig geboren werden. Auch das schwanzlose Huhn (Kullarsch) heißt hier und da Mutz.

2) fem. vulva. Sehr üblich, ehedem auch in niederdeutscher, im sächsischen und westfälischen Hessen noch jetzt üblicher, Form selbst außerhalb dieser Bezirke gebräuchlich: *Mutt*. Ein wildes Schwein hat 1581 keine Mutth, keine Mutter, auch keine Dutten am Amen. Landau Geschichte der Jagd S. 239. Ursprünglich muß Mutz auch Mund bedeutet haben s. mutzen und die üblichste Benennung der vulva, F., bedeutet an sich, wie noch jetzt in Franken, gleichfalls Mund.

In Eisenhausen im Breidenbacher Grund wurde bis in die Mitte des vorigen Jarhunderts alle sieben Jahre ein Gericht über die Eigenleute dortiger Gegend gehalten, um zu untersuchen, ob die landgräflichen Eigenen Weiber hätten, welche landgräfisch oder adelich eigen waren. Daher hieß dieses Gericht das Mutzengericht, wenigstens im Munde des Volkes, und Estor verlateinischt das deutsche Wort durch judicium cunnagii. S. Kuchenbecker Analecta hass. 3, 89—91. Estor d. Rechtsgelahrtheit 1, §. 385; 3, 1414 schreibt er aber Mauze und Mauzegericht. Vgl. Adelung s. v.

Wer im Fuldaischen beim Ausdreschen der Letzte ist („den letzten Schlag thut"), von dem sagt man „er hat die Mutz" (gespr. Muiß). Dieß ist eine Figur, welche, aus Stroh geflochten und mit Weiberkleidern angethan, demjenigen welcher zuletzt im Dorfe austrischt, an das Scheunenthor gehenkt wird. Auch sonst wird im Fuldaischen Mutz als Schimpfwort verwendet.

mutzen. 1) maulen, den Mund aufwerfen, eben so üblich und in manchen Gegenden noch üblicher als brotzen. Schmidt westerw. Id. S. 114. 2) faulen, in Verwesung übergehen.

mutzig, *motzig*. 1) maulend, trüben, verdrießlichen Angesichts; metaphorisch auch vom Himmel, von der Witterung gebraucht.

2) faulig, besonders fauligen Geruch, Verwesungsgeruch von sich geben. Sehr üblich: „mutzig riechen".

N.

nachdannig adverb., nachher, darnach, hierauf, später. Obergrafschaft Hanau, namentlich in Steinau üblich. Zuweilen wird dieses Wort auch adjectivisch verwendet, wie das gemeinhochdeutsche nachherig.

Nacht. Zeugnisse für die alte Zeitberechnung nach Nächten statt nach Tagen aus Hessen: Eine Urkunde der Adelheid von Heimbach und ihres Sohnes Ludwig über Gülten an der Mühle zu Steinerzhausen, die sie an das Kloster Kaldern verkauft hatten, ist datiert 1329 „of den Sonabent vierzehin nacht nach Ostern". Gerichtstermin von dry verczen nocht (dreimal vierzehn Nächten): Statuta Eschenwegensia, herausgegeben von Röstell 1854. Und so anderwärts öfter.

Noch jetzt wird das Rossen des Flachses nach Nächten, nicht nach Tagen gerechnet (der Flachs muß so und so viel Nächte in dem Roße liegen um zu rossen, flück zu werden), eben so das Liegen der meisten Getreidearten und Sämereien in der Erde, bevor dieselben keimen (z. B. vor allem der Gurkenkerne); auch die Menstruation wird in ihrer Dauer fast ausnahmslos nach Nächten bemessen.

Tag und Nacht, melampyrum nemorosum s. *Tag*.

Nachtbrod, Nachtessen, Abendbrod. Wird nur zuweilen noch gehört. „Darumb thut man hie genug, so man jnen (den „frembden vnd auslendischen") ein zeher pfennig aber nachtbröd gibt, vnd lest sie furters passiren". Joh. Ferrarius von dem gemeinen nutz. 1533. 4. Bl. 62b.

naecht, auch *naechten*, adv. (richtiger nächt, nüchten), gestern (über Nacht, so daß eine Nacht dazwischen liegt); hier wie in ganz Deutschland volksüblich, nur nicht schriftdeutsch.

naechtzabend (naecht ze abend), gestern Abend.

énignächte, vorgestern (Fulda), *óndignaecht* (Ziegenhain und Oberhessen), dasselbe.

vornaecht (Zaungrund), wiederum dasselbe.

„Gestern" ist wenig, „vorgestern" fast gar nicht volksüblich in Hessen.

Nadelochr. Diesen Namen führt ein ehedem in ganz Hessen sehr bekannter, ja gewissermaßen berühmter, jetzt (seit etwa 1830) so gut wie völlig vergessener Stein, welcher im Süllingswalde an der Straße von Friedewald nach Berka (Eisenach) steht. Es ist derselbe eine Pforte im kleinsten Maßstabe, so daß ein Mensch nur kriechend und doch nur mit Mühe durch dieselbe hindurchschlüpfen kann; diejenigen Personen, welche zum erstenmal bei diesem „Nadelöhr" vorüberkamen, pflegten zum Scherz durch dasselbe hindurchgedrängt zu werden, und es wurde dieser Scherz noch im Anfange dieses Jahrhunderts regelmäßig ausgeführt. Der gegenwärtig das „Nadelöhr" darstellende Stein ist von Landgraf Moritz in den ersten Jahren seiner Regierung, zwischen den Jahren 1593 bis 1598, an dieser Stelle errichtet worden, und vertritt einen hier gestandenen hohlen Baum, welcher bis daher zu jenem Durchkriechen war verwendet worden. S. Pauli Hentzneri itinerarium (v. 1598—1599) Vratislaviae 1617 p. 5. Dieses Durchkriechen durch den hohlen Baum war jedoch in älterer, zumal ältester, heidnischer Zeit, keineswegs ein Scherz, sondern wurde als Heilmittel für Menschen und Thiere angewendet, und später, vielleicht willkürlich, in Scherz verkehrt. Denn das Durchkriechen durch hohle oder absichtlich gespaltene Bäume wird bis auf den heutigen Tag in Hessen als Heilverfahren gegen Brüche (hernia) angewendet. Vgl. Grimm Mythol. (2) S. 1118—1121.

Uebrigens gibt es ein zweites Nadelöhr bei Hatzbach am Gerwigshagen, wo freilich jetzt weder ein Baum zum Durchkriechen mehr steht, noch ein Stein als dessen Stellvertreter, ohne Zweifel aber ehedem ein Baum, dem im Süllingswalde ähnlich, gestanden haben wird; ein drittes am Alheimer.

Näh, *Nähe* neutr., eigentlich fem., Fähre, Nachen (anderwärts Nau, Nauen Schmeller 2, 667), navis. Wenig gebräuchlich, indes nicht unbekannt. Die über die Lahn oberhalb des Dorfes Argenstein führende Fähre trug den Namen Nähe ganz eigens, wie ein Nomen proprium vgl. Estor deutsche Rechtsgel. 1, 710 §. 1761: „Zum nähe- oder der färe zwo stunden hirvon ward eine eiche von etlichen 60 schuhen erfordert". „Fähre oder Flöße, insgemein das Näh genannt". Engelhard Erdbeschr. 2, 501. Daher heißt die an dieser Stelle gelegene Mühle noch jetzt, wiewol das Nähe seit fast einhundert Jahren verschwunden ist, die Nähmühle und sogar die an eben der Stelle angelegte, das Nähe verdrängende Brücke über die Lahn die Nähbrücke, ein Name, welchen neuerdings auch die in der Umgebung der Brücke angelegten Gehöfte führen.

Name, im Sinne des modernen „Person", wird noch heut zu Tage in den Zusammensetzungen: Mannsname und Weibsname hin und wieder vernommen. „Lyt eyn man by eyme *wibesnamen* ane eren willen — — — worden se des oberzuget met drien eren nachkeburn, ez si *manssnamen* ader *wibesnamen* etc. Statuta Eschwegensia herausgeg. v. Röstell 1854. S. 5. Am häufigsten hört man es in Formeln wie diese: „alles was Mannsnamen hat, ist draußen im Heu" = alle Mannspersonen, u. dgl. m.

Narde fem., Mulde. Nur im Hanauischen üblich, und zwar mehr in der Niedergrafschaft als in der Obergrafschaft. E. Alberus Dict. Bl. ddiiib: alueus, ein gefees oben weit, ein **narten**, boll, mulen, tar.

Vgl. *Bolle.*

naerlich, dürftig, sparsam, kaum; in ganz Hessen, wie auch sonst in Deutschland volksüblich, nur nicht schriftdeutsch. „Hette sie zwar gekennet, es gedencke ihn aber gar nährlich". Marb. Hexenprocessacten v. 1658. Alts. *naru, angustus;* angels. *nearo.* Im Froschmeuseler erscheint das Wort noch überall; zu allerletzt soll es wol Bürger gebraucht haben (in Lenardo und Blandine). Schmeller 2, 701. vgl. F. Bech in Pfeiffers Germania 5, 242—243.

nellig wird im Amt Großenlüder genau in demselben Sinne wie naerlich gebraucht, und ist wol nur eine entstellte Aussprache von naerlich.

Narren plur., die durch einen Insektenstich misgebildeten Zwetschen, welche anderwärts Taschen, Schlotten, Schläuche heißen. Im Hanauischen, vorzugsweise im Unterlande.

Narrenhaus. Diese Bezeichnung führte in ganz Hessen, vorzugsweise in Niederhessen, das Gefängnis, und zwar bis zum Jahre 1806 beinahe ausschließlich, zumal auf den Dörfern, in welchen sich Patrimonialgerichte mit Gefängnissen befanden. Seitdem ist dieselbe ausgestorben, und wurde schon um 1816, als die Gefängnisse mit dem Aufhören der Patrimonialgerichtsbarkeit aus den Dörfern gänzlich verschwunden waren, kaum noch gehört. In Kassel verschwand der Name mit dem Brande des Residenzschloßes am 24. November 1811;

das an das Schloß angebaute und in jenem Brande mit zerstörte Hofgefängnis hieß „das Narrenhäuschen", und die an diesem Gefängnis vorbei, von dem Schloße nach der Aue führende Brücke, deren Trümmer noch im Jahr 1830 vorhanden waren, hieß die Narrenbrücke.

Ursprünglich führte diesen Namen nur das Drehhaus, Trillhaus, in welches Verbrecher geringeren Grades gesetzt und der öffentlichen Verspottung preis gegeben wurden (s. *Kasten*, Thorenkasten), deren es in den meisten größeren Städten, z. B. in Marburg auf dem Markt unterhalb des Kavats, gegeben hat, und welche bis weit in das 17. Jarhundert vorhanden blieben. Diese eigentlichen Narrenhäuser, welche bis in die neueste Zeit noch für Wahnsinnige in Anwendung kamen, meint Fischart im Flohaz:
> Oder wie man lehrt in vil Stedten
> Böß Leut in Narrenheußlein betten.

S. Zeitschr. f. heß. Gesch. u. Landeskunde 4, 82.

Nast msc., sehr gewöhnliche hessische Form für Ast, wie auch in Baiern Schmeller 2, 712. Doch ist dieß auch das einzige oder fast einzige Beispiel (vgl. Nobis) eines dem anlautenden A oder E vorgeschlagenen N; ich wenigstens habe z. B. Natem für Atem niemals gehört.

nau, genau, kaum, mit Not. Oberhessen, doch nicht sehr häufig, wiewol in dieser Gegend die Familiennamen *Nau* und *Gnau* zu den verbreitetsten gehören. „der dan *nauw* von der kranckeyd uffgestanden was" W. Gerstenberger bei Schmincke Mon. hass. 2, 437. Salzschlirfer Weistum von 1506 Grimm Weisth. 3, 375. J. Ferrarius von dem gemeinen nutz Marburg 1533. 4. braucht *nau* sehr oft in der Bedeutung von nahe (vgl. ne).

nau ist übrigens in fast ganz Althessen die übliche Aussprache von neu, novus. Dahin gehört der Ortsname Nausis, welcher dreimal von noch vorhandenen Ortschaften (bei Neukirchen, bei Spangenberg, bei Rengshausen), einmal von einem uralten, jetzt aber ausgegangenen Dorfe (im Süllingswalde), einmal in moderner Form (Neuses bei Somborn im Freigericht) vorkommt, und eigentlich der niuwe sez, neuer Sitz, lautet. Die Bewohner des Gehöftes, welches im 16. Jarhundert neben der neu erbauten Brücke über die Lahn bei Brungershausen angelegt wurde, hießen 1560—1570 nur: „Großhans vnd Kleinhans vf der nawen brucken", und nachher lange Jahre „die Nawbrucker" (Neubrücker). Jetzt führt das Gehöfte den Namen „Brückerhof".

näufeln (meist *neifeln* gesprochen), Hülsenfrüchte aus der Schale nehmen: Erbsen ausnäufeln, Nüße näufeln. Im Schmalkaldischen auch gebräuchlich für abstücken (Beeren, Nüße). Allgemein üblich, wie auch in Franken; Schmeller 2, 683. In der Wetterau sagt man laufeln (Weigand oberheff. Intell. Bl. 1846 No. 61 und 55).

naut, nichts. Jetzt nur noch in Oberhessen und an der Schwalm, ehedem aber auch in Niederhessen üblich, wie dieß zalreiche Beispiele bei Burcard Waldis, bei Melander Jocoseria (Lich 1604 No. 578: Lötzche, Lötzche, du darffst mir wol ein Geselchen sein, du nimbst den Scheffel Wayß von mir, vnd läst mir naut de winger mein Saw sterben"; — aus Germerode) u. a. beweisen. „Sagt, sie wiße naut darum" Marburger Hexenproceßacten von 1579 und sonst sehr oft. Ist das ahd. nëowiht, mhd. nieht, nicht, altfries. nâwet, naut, angels. nâviht, navht, engl. nought; den letztern Formen schließt sich unser naut an und steht von den hochdeutschen Formen merklich ab. Grimm Gramm. 3, 721. Mit nicht wird es niemals verwechselt; dieses lautet nit, net.

S. *aut*.

nê, nahe, besonders: beinahe, fast; im südlichen Oberhessen die geläufigste Form. Vgl. nau.

Nessen plur. tant., Blattläuse. Sehr üblich, am meisten in Niederhessen.

Neid msc. ist in der gemeinhochdeutschen Bedeutung weniger volksmäßig, wenngleich das Wort verstanden und nach Umständen auch gebraucht wird; das Volk bedient sich lieber der Umschreibung: „er gonnt (gonn) ihm nichts", oder des Wortes rachgierig (s. d.). Im 16. Jarhundert muß indes die alte und eigentliche Bedeutung des Wortes: Kampfgier, Feindeshaß, noch lebendig und eben auch in Hessen im Gange gewesen sein; denn Hans Staden sagt in seiner Reisebeschreibung (Weltbuch 1567. fol. 2, 51a): sie schneiden jhnen offtmals arm vnd bein lebendig ab, von gressem neid. Strodtmann Id. Osnabr. S. 146 bezeichnet diese Bedeutung als im Adjectivum nydsk damals (1755) im Osnabrückischen noch lebendig.

Geneige. In einem Bußregister von Felsberg aus dem Jahr 1462 komt vor: „VI pund gab Henne Hildebrandt, als er bij nebil vnd nacht zeu der statporte dorch das geneyge gingt" Zeitschrift f. hess. Gesch. u. LK. 2, 376, wo das Wort von Landau durch „Wallgraben" erklärt wird. Allerdings war in älterer Zeit das Gehen auf der Stadtmauer und auf dem Wall an vielen Orten bei schwerer Strafe verboten, doch folgt daraus noch nicht, daß Geneige ein appellativischer Ausdruck für Wallgraben sei; es kann recht wol ein Eigenname eines Theiles des Stadtwalles gewesen sein.

nein, nên, niederdeutsche, im sächsischen und westfälischen Hessen gebräuchliche Form für kein.

Nelke fem. ist in ganz Althessen seltsamer Weise der Name von cheiranthus cheiri (Oelveielein, Lack), während die Nelken Grasblumen (die Federnelke Federröschen) heißen.

Nesperig msc. ist in Schmalkalden und (war wenigstens im Anfang dieses Jarhunderts) auf dem Michelsdorfer Gebirge der Name des dort häufig zu Tage geförderten Schwerspaths.

Daß dieses Wort aus einer bedeutenden Entstellung hervorgegangen sei, kann kaum einem Zweifel unterliegen; wie indes der Kern desselben aus der unkenntlich machenden Hülle herauszuschälen sei, darüber können zur Zeit kaum Vermutungen gestattet sein. Möglich wäre es, daß Nesperig (oder Nespericht, wie auch gesprochen wird) eine adjectivische Ableitung von Asbest wäre, welchem der eben gebrochene Schwerspath ähnlich sieht.

nesset adj. (von nöseln, nösseln), wählerisch im Eßen; wenn jemand an eine ihm vorgesetzte Speise nicht recht anbeißt, mit der Gabel darin herumstört ohne zu eßen, oder sie ganz verschmähet, so sagt man von ihm „er ist gewaltig nesset im Eßen". Fulda.

Vgl. nöseln.

Nestkützchen neutr., der jüngste, kleinste Vogel im Neste, unter einer Brut (von Hünern, Enten, Gänsen); — das letzte Kind einer Ehe. Allein üblicher Ausdruck durch ganz Ober- und Niederhessen.

Nestrüssel, daßelbe, im Haungrund.

Vgl. Frommann Mundarten 5, 416, wo eine ansehnliche Reihe von Ausdrücken dieses Sinnes zusammengestellt ist, unsere beiden jedoch fehlen, während daselbst *Nestrücker* als hessisch angegeben wird, welches ich niemals gehört habe.

Netze fem. 1) oberhessische Form für das gemeinhochdeutsche Näße, ganz wie in Baiern Schmeller 2, 721; es muß für Netze ein altes nazi statt nazi vorausgesetzt werden. „Es ist ein schlimm Jahr, wenn wir viel Netz haben". „Die netz vom Wasser" Heinr. Engel Cyn ganz grawsamlich geschicht ꝛc. einer grossen Wasserflut — in Marburg. 1552. 4. Bl. A3b.

2) nasse Stelle im Felde, Pfuhl. Dem Hans von Döringenberg (Dörnberg) wurde vom Landgraf Heinrich ein Pfuhl zwischen Langenstein und Allendorf im Beerschießen zu Lehen gegeben, um daselbst einen Fischteich anzulegen (Lennep Leihe zu L2R. Cod. prob. S. 838); dieser Pfuhl, allmälig ziemlich ausgetrocknet, jetzt ein Gehöfte, führt den Namen die Netze.

3) Urin, in Oberhessen sehr gewöhnlich. Im Jahr 1381 mußten die auf der Melnau Belagerten „ire eigin netz unde seyche trinken". Wig. Gerstenberger bei Schmincke Monim. hass. 2, 501.

Vgl. Zeitschrift f. hess. Gesch. u. LK. 4, 82—83.

netzen wird zwar auch wie gemeinhochteutsch gebraucht (anfeuchten), indes in Oberhessen auch von dem Bestreuen des Brodes mit Salz: „netz dir doch Salz zum Brod". Außerdem ist es in der neueren Zeit für Brantwein trinken sehr üblich geworden, netzen zu sagen.

neufängisch (neufängsch), neugierig; an der Diemel *niggefünksch*; **Niggefunk** msc. ein neugieriger Mensch. Sehr üblich.

neuschierig, neugierig, im östlichen Hessen die üblichste Form. Das Wort gierig ist außer „rachgierig" (s. d.) weder einfach noch zusammengesetzt dem Volke geläufig. Vgl. *nyschyrig* in dem Idiotikon von Fallersleben, Hoffmann in Frommann Mundarten 5, 157.

Neuntödter. Dieser Name des Vogels wird hier wie anderwärts metaphorisch von einem versteckten, kleinlichen, auch wol hämischen und tückischen Menschen sehr gewöhnlich gebraucht. „Neuntötter, tückischer Kerl" aus der Grafschaft Hohenstein im Journal von und für Deutschland 1786, 2, 116.

Hin und wieder wird in Oberhessen von den Kindern alberner Weise der Hirschkäfer Neuntödter genannt.

niederrucken, wiederkäuen. Das Wort ist nur in der Grafschaft Ziegenhain üblich, weniger gebräuchlich, aber nicht unbekannt in Niederhessen, es ist eine Entstellung des richtigen *itrucken*, abermals aufstoßen. In Oberhessen *racken* (s. d.).

niederträchtig, in Hessen wie auch sonst in der Volkssprache der deutschen Stämme in seiner ältern und ursprünglichen Bedeutung gebräuchlich: herablaßend, demütig. Einen Beleg aus älterer Zeit s. v. Rommel Geschichte von Hessen 4, Anm. 297.

niedlich bedeutet in Oberhessen, besonders in dessen südlichem Theile, wo das Wort äußerst üblich ist: leicht verletzlich, reizbar. „Die Gutedel (Weinstöcke) sind gar niedlich" d. h. sie wollen gut gewartet, vor dem Frost geschützt sein, sie erfrieren und verderben leicht, nehmen eine nachläßige Behandlung gleichsam übel. „Das Kind ist gar niedlich" = wunderlich, krittlich, reizbar. „Die alte Frau ist nun gar niedlich worden" = grämlich, eigensinnig, wunderlich. Was dagegen gemeinhochteutsch niedlich ist, bezeichnet der Oberhesse durch nützlich (s. d.).

Der einzige Beleg aus älterer Zeit, welcher für das Wort niedlich aufzubringen steht, ist ein in den Bereich dieses Idiotikons gehöriger: Schannat dioec. Fuld. 319: dass nymandes als *niedlichen*, nutzlichen und bass schuren vnd verantworten moge, als ein erhbischof zu Mentz, den schon Scherz-Oberlin 2, 1126 angeführt hat. Hier hat niedlich dieselbe Bedeutung, welche das altsächsische niudlico im Heliand (6, 21 u. oft) hat: sorgsam, ernstlich, nachdrücklich, eifrig. Aus dieser Bedeutung, welche dem mhd. sich nieten sehr nahe entspricht, kann sich leicht die Bedeutung: es mit einer Sache genau nehmend, und daraus weiter die Bedeutung reizbar, leicht verletzlich, entwickelt haben. Aus dieser letztern Bedeutung aber folgt erst die gemeinhochdeutsche Bedeutung von niedlich = fein, klein und zierlich [wiewol niedlich im jetzigen Sinne sich auch direct aus der Bedeutung nieten, sich anstrengen, genau arbeiten, sorgfältig ausarbeiten (Schmeller 2, 715—716 unter 3) ableiten läßt].

Niet msc., Lust, Eifer, Bestreben, wie das ahd. niut, nur im Schmalkaldischen üblich, meist nur noch in der Redensart: *es hat mich ein Niet nach etwas*, ich habe Lust, bin eifrig darauf aus, bin erpicht.

es nietert mich nach etwas, ich habe nach etwas Verlangen, es gelüstet mich nach etwas. Schmalkalden.

Reinwald henneb. Id. 1, 109. 2, 91. 92.

Niggemoere fem., der Name des Hirschkäfers, Feuerschröters in der Diemelgegend (Westuffeln). S. Hirz, Petzgaul, Brutschniller.

Nickus msc., Name zweier ansehnlichen Berge zwischen Heubach und Oberzell: der große und der kleine Nickus. Das Wort ist ganz deutlich der noch fast ganz in seiner alten Form bewahrte Name des Wassergeistes, Nihhus, jetzt Nix, welcher hier nur, wie auch anderwärts, als Dämon überhaupt, und, nach der Oertlichkeit modificiert, als Berg- und Waldgeist erscheint. Auch haftet an diesen Bergen eine Sage von einem Waldgeist, welche von Lynker Deutsche Sagen und Sitten in hessischen Gauen S. 72 referiert wird. Es dürfen dahin wol auch noch andere ähnliche Ortsbezeichnungen gerechnet werden, z. B. die Nickenhell, eine Höhe bei Rosenthal, die Nixbitten (Nixbetten), eine Wiesenstrecke bei Betziesdorf.

Vgl. Grimm d. Myth. (2) S. 456.

Nimmerstag, calendae graecae. Sehr üblich; besonders gebräuchlich ist die Formel: „auf Nimmerstag, wenn die Böcke lammen". Vgl. *Jubelches* Tag.

Niszkopf msc., buchstäblich ein Kopf, welcher voll Niße (lendes) ist; ein sehr übliches Schimpfwort für einen eigensinnigen, stöckischen Menschen. Eben so auf dem Westerwald, Schmidt S. 124.

Nobiskrug msc., Hölle. Niederdeutsche, jetzt ausgestorbene Bezeichnung, die jedoch auch in Oberdeutschland nicht ungeläufig war z. B. kommt dieselbe bei Fischart öfter vor. Erläutert ist dieselbe von J. Grimm deutsche Mythol. 1. Ausg. S. 561 (2. S. 954) und in Haupt u. Hoffmann Altdeutsche Blätter 1, 294—295. Zu den dort aus Burgh. Waldis gegebenen hessischen Belegen mögen noch folgende kommen:

G. Nigrinus Fegfeuers Ungrund. 8. 1582. Vorrede 63a: „jener Jüde, da er sterben solte, sprach sein Rabi zu jm: Abraham hat dich lieb: sprach der sterbende: wider lieb. Aber Christus sprach er, ist dir gram: wider gram: antwort der Jude, vnd fuhr also dahin inn Nobistrug, nicht inn Abrahams Schoß".

Isaak Gilhausen Grammatica. Marburg 1597. 8. S. 97:
    Zih erst hin, seh mit aller trew,
    Ob sie (die Eller) auch in dem Himmel sey,
    Dann wann sie wer in Obis Krug
    Da ist jhr ohn das warm genug.

O. Melander Jocoseria (Lichae 1602 No. 546. S. 348. 1604. No. 546 S. 507. Smalc. 1611 2, No. 146 S. 189): „O Judaee, eccubi te in extremo judicio reperturus sum? nunquam orci in culo, ac regno Plutonis? O Jud, wo werd ich dich wol heut oder morgen finden? In Nobis Krucken?" Vgl. Hessisches Historienbüchlein 1842 S. 88. 1843 S. 96.

Die Stelle aus Gilhausen ist zugleich ein Beleg für das von Grimm (1. Ausg. 561) noch vermißte Obis für Nobis (= Abyssus).

Es existiert in Hessen (Frankenau, Amt Haina) auch der Familienname Nobis.

Nolle fem., niederhessische Form für Nadel, aus nadala zusammen gezogen.

Nône fem. An der Diemel, wie auch weiterhin in Westfalen, und zwar in nicht katholischen Gegenden, ist diese Bezeichnung der fünften hora canonica, Hora nona (drei Uhr Nachmittags), als Zeitbestimmung noch jetzt in voller Uebung. Man bezeichnet damit die frühe Nachmittagszeit (11—1 oder 12—2 Uhr), und verbindet damit in der Regel den Begriff der Mittagsruhe. In älterer Zeit findet sich die Nöne als Zeitbestimmung für bürgerliche Geschäfte auch in hessischen Urkunden oft; so ist z. B. eine Urkunde des Burgmanns zu Marburg, Paulus in dem Hofe, von 1372, datiert: „vff Sant Thomas Abend in mein Paulus hobe vnd in meiner stube zur Nune zeit oder in der maße" (Copialbuch von Caldern). Das Verbum nönen (Mittagsruhe halten) ist mir jedoch in Hessen nicht begegnet.

Strodtmann Id. Osn. S. 147. 334.

Norbel fem. und masc., ein Kügelchen Ziegen= oder Schafmist. Fulda und Schmalkalden; in Fulda masculinisch, in Schmalkalden femininisch.

nörgeln (*nergeln, nirgeln*). Dieser in der neueren Zeit in die Schriftsprache aufgenommene Ausdruck, welcher sich bisher aus der ältern Zeit nicht hat belegen laßen, ist in Hessen sehr üblich, und bedeutet an sich undeutlich sprechen, namentlich in der Kehle sprechen — einer, dem das Zäpfchen zu tief sitzt, nörgelt — dann auch mit verdrießlichem, nasalem Tone tadeln, kritteln.

Nörgelhans, ein Krittler.

sich abnörgeln (wol statt: sich abnergeln), sich fruchtlos abmühen.

Nosz neutr., im Plural *Nösszer*, Stück Vieh, zumal Stück Rindvieh. Dieses in Franken (Schmeller 2, 710), in Meißen (Adelung 3, 522) und jedenfalls durch ganz Mitteldeutschland verbreitete gewesene Wort war ehedem auch in ganz Hessen üblich, findet sich aber jetzt nur noch, dem Absterben nahe, in Oberhessen und im Fuldaischen, wo es noch in voller Uebung steht, aber indeclinabel ist.

Ryntnoiszer, Emmerich Frankenberger Gewonheiten bei Schmincke Monim. hass. 2, 698. „sintemal ihm zeugen selbert inwentig sechs Jahren an die sechs Rindnösser vnd 25 pferde geschedbigtet worden vnd abgangen". Marburger Hexenprocessacten von 1579. „Segen vor das fewr, wenn dz vihe daßelb hat:

    Gott vnd vnser liebe frawe
    giengen vber ein grüne Awe,
    do begegneten jhn fewr vnd flam.
    Fewr vnd flam wo woltet hin?
    do wil ich in den stal,
    das Roß dz sol ich stechen,
    sein blut dz wil ich lecken.

> Fewr vnd flam dz soltu nicht thun,
> du solt dich schlagen zwischen alle zeyn,
> du solt dich niedersengen,
> dz dich nimmermehr kein man thu empfengen". Hexenprocess-

acten von 1633, aus Willersdorf.

Noesel neutr., ein Wort vielleicht slavischen Ursprungs, da es nur in Meissen, Thüringen und Hessen vorkommt, und der oberdeutschen wie niederdeutschen Sprache in gleicher Weise fremd ist. Es bedeutet ein Gemäß für Flüßigkeiten und ist dem Schoppen (vierten Theil eines Maßes) gleich. In Hessen ist es heut zu Tage nur in den östlichen Bezirken, bis zur Fulda hin, gebräuchlich, im Westen, namentlich in Oberhessen, gänzlich unbekannt und unverstanden. Ehedem muß dasselbe jedoch in ganz Hessen üblich gewesen sein, denn in Emmerichs Frankenberger Gewohnheiten (Schminke Monim. hass. 2, 708) heißt es: Dy stadt sol eygen masze, halbe, unde *noszeln* han; und in Marburger Acten von 1596, 1604, 1633 u. a. erscheint das Wort, meist in der Form *Nesel*, öfter.

nöseln, auch *nösseln, nusseln, nüsseln, nisseln* gesprochen, bedeutet
1) herumkrämern, in etwas herumstöbern; eben wie Schmidt Westerw. Id. S. 125 angibt; namentlich aber
2) in den Speisen herumstören (mit der Gabel), ohne ernstlich zu eßen; wenig und ohne Appetit eßen. So findet es, genau wie noch heute gebräuchlich, bei Melander Jocoseria (Lich 1604. No. 731. Schmalk. 1611. 2, No. 332) „Ich sahe wider an zu nüsseln, ich habe heut ein Hünersüplein vnd ein Hünlein gessen", was Melander durch rodere übersetzt.
3) undeutlich, namentlich durch die Nase sprechen, halblaut, wie Unzufriedene und Hinterhaltige thun, und krittlich sprechen. Sehr üblich; zumal „in den Bart nusseln".

Im Haungrunde und weiter im Fuldaischen ist die erste dieser drei Bedeutungen nicht vorhanden, die andern beiden Bedeutungen aber werden durch zwei verschiedene Wörter vertreten:
näuseln, ohne Appetit eßen.
nüsseln, durch die Nase, undeutlich sprechen, kritteln, tadeln.
Im Br. WB. 3, 252 findet sich von jenen drei Bedeutungen nur die erste, doch mit Anlehnung an die zweite (1. etwas durchstänkern, 2. zauberhaft arbeiten). Hoffmann dagegen in seinem Idiotikon von Fallersleben hat (Frommann Mundarten 5, 157) nur die dritte.
Vgl. *nessel*.

noete adverb., mit Not, schwer, ungern, wider Willen. „Es kommt ihm noete an, dahin zu gehen"; „er thut das noete, aber nicht gern". Oberhessen. „Ich ließ mich aber nicht anders merken, denn das ich nöde mit zöge, auf das sie, wenn ich gutwillig mit gezogen wäre, nicht gedacht hätten" rc. Hans Staden Reisebeschreibung (Weltbuch, Frankf. 1567. fol. 2, 44a).

genötig, *genottig*, eilig, zumal schnell hinter einander her; „er lauft ihm genötig nach"; „die Frau kriegt die Kinder genottig". Schmalkalden.

Nück msc., meist *Nick* gesprochen, heimlicher Groll, Tücke; mehr pluralisch als singularisch im Gebrauche. Ueberall vorkommend, am üblichsten in Oberhessen. „Er hat Nicke und Schnicke an sich", er ist heimtückisch, lügnerisch und verschlagen; zuweilen auch im Scherze gebraucht. Schottel Hauptsprache S. 1370. Vgl. *Nückel* 2.

Das Wort scheint vorzugsweise niederdeutschen Gebrauches zu sein: Richey S. 175. Brem. WB. 3, 251, kommt aber auch südlich von Hessen, bis nach Mainz hin, sehr häufig vor.

Nückel msc., 1) Abhang, steiler Abhang. Vielleicht (wie auch oft gesprochen wird): Nickel, von neigen. Haungrund.

2) der im Zorne hervortretende Muskeltheil der Stirn über den Augbrauen. Diemelgegend. Vgl. *Nück.*

nuckeln, an der Brust, dem Euter stoßweise saugen. Daß indes *Nückel* in Hessen die Weiberbrust heißen solle, wie Schmidt Westerw. Jd. S. 123 angibt, ist wol irrig; ich habe es, so häufig auch nuckeln vorkommt, niemals gehört. Vgl. nutscheln.

Nülle fem., Nase. Nur in der Diemelgegend gebräuchlich, muß aber in älterer Zeit auch im östlichen an Thüringen grenzenden Hessen üblich gewesen sein:

> hûben unde huollen
> an stirnen vnde an *nuollen*. Elisabethleben Graff Diut. 1, 365.
> so nom sie von ir *nullen*
> ir wimpeln vnde ir hullen. Ebds. 1, 390.

Vgl. *ein gnüll machen*, frontem contrahere; *nüelen, nülen* Pictor., wühlen, von Schweinen und Schormäusen. Frisch 2, 23c. Stalder 2, 245. Schmeller 2, 689.

nümpeln, im Schmalkaldischen ein Ausdruck im Kinderspiel mit Merbeln (f. *zwieren*): durch Merbel, welche man auf dem Erdboden hinrollen läßt, bestimmen, wer der erste im Spiel sein soll.

Nuppe fem., fast nur im Plural, *Nuppen*, gebräuchlich.

1) Schwierigkeit; „das hat seine Nuppen!" Diese Bedeutung ist wol die ursprüngliche, da Nuppe, Noppe einen Knoten in der Wolle, besonders im gewebten Wollenzeug bedeutet, vgl. Brem. WB. 3, 242. Sehr üblich.

2) Eigensinn, Störrigkeit, auch Tücke. „Der hat seine Nuppen", der hat seine unüberwindlichen Eigenheiten. „Sie hette seine Schalksknoppen wol gewust". Oberhessisches Verhörprotokoll von 1596. „Wer solte unter solchen güldenen Wörtlein solche falsche Noppen gesucht haben?" Gefängnuß M. Joh. Hesselbeinii 1607. 4. S. 12. Anterwärts Naupen, Schmeller 2, 700. Schmidt Westerw. Jd. S. 121. Vgl. Fischarts Naupengeheuerliche Geschichtklitterung, naupentückische Nasen u. dgl.

Nüppchen, im Schmalkaldischen; ein kleiner Merbel (f. d.), was zu Noppe, Knoten, sich wol fügt.

nur. Dieses aus mhd. nuwer, niur, ahd. ni wâri = nisi, es sei denn, entstandene Wort kommt in Hessen nie in seiner einfachen Gestalt, sondern in den Formen *nurt, nurter, nurst* (gespr. nurscht), *nurent* vor, und wird sehr gewöhnlich mit allein verbunden: *nurt allein.* „Sie wüste eben in specie nichts zu sagen, nurt allein daß" ic. Marburger Hexenprocessacten v. 1658. (In dieser Form erscheint das Wort durchgängig im Froschmeuseler). „Das er vorgedachte attestationes nit, dan nuhrent an widterigen örtern bestritten haben wolte". Marb. Hexenprocessa. v. 1579. Die Formen *nurter* und *nurst* sind offenbar Comparationen: Comparativ und Superlativ; auch ist wol schon *nurt* eine superlativische Verstärkung.

Nürn fem., auch *Norn* fem., Felsen, Felsblock. Oberhessen, besonders im westlichen Theile. Bei der geringen Tiefe der Ackerkrume, welche sich auf dem Uebergangsgebirge westlich von Marburg (in den Gemarkungen von Elnhausen, Dilschhausen, Neßelbrunn, Weitershausen, Diedenshausen u. s. w.) findet, stößt man beim Ackern öfter auf eine Nürn oder ein Nürnchen, d. h. einen aus dem Humus hervorragenden größern oder kleinern Felsblock. Die Nürn (auf der Nürn) ist ein Feldplatz bei Amöneburg. Die Nürnwand (Nornwand), Felsenwand am Wollenberge; der Nürnberg (Weiterode). — Unerklärtes, sonst nicht vorkommendes Wort; sicher vom höchsten Altertum.

Kehrein Volkssprache in Naßau. 1861. S. 295 hat das Wort als Nörr, Norr, und versteht es als eine unfruchtbare, besonders naße Stelle im Acker — gewiß unrichtig; das Richtige (aus dem Amt Marienberg) schiebt er gerade bei Seite!

Nusz. „In die Nüße gehen", verloren gehen; eine hier wie anderwärts sehr übliche Redensart.

vernuszbäumen, seltsam, altfränkisch, der Mode zuwider, geschmacklos und albern ankleiden; meistens nur reflexiv: *sich vernuszbäumen*. Das Wort findet sich auch anderwärts s. Schmidt Westerw. Jd. S. 305, wenn gleich in etwas abweichender Bedeutung.

Nuster, *Nüster* neutr., Abkürzung von Paternoster, wie der Rosenkranz im Kreiße Hünfeld genannt wird. Aber auch in dem protestantischen östlichen Hessen ist dieses Wort landüblich; es bezeichnet zwar nicht mehr die seit drei Jahrhunderten verschwundenen Rosenkränze, wol aber die nach den Rosenkränzen geformten Korallenschnuren, Perlenschnuren, Bernsteinschnuren, welche, meist auf ein Stück Band aufgereihet, zum Halsschmuck des weiblichen Geschlechts dienen. Vgl. Schmeller 2, 714.

nutscheln, saugen; an Aepfeln, Birnen, wird genutschelt. Allgemein üblich.

nützlich bedeutet im südlichen Oberhessen: fein, klein, zierlich, geschickt gearbeitet, und ist im gemeinhochdeutschen Sinn unbekannt und völlig unverständlich. Im Ganzen vertritt in diesem District nützlich das gemeinhochdeutsche niedlich, ein Wort, welches hier auch, doch in ganz anderm Sinne als in der Schriftsprache vorkommt (s. niedlich). „Nützliche Arbeit" wird z. B. die Stickerei, die künstliche Flechtarbeit aus Silberdraht, wie sie in den Frauenklöstern verfertigt wird, das Verfertigen künstlicher Blumen u. dgl. genannt. Auch heißt wol ein kleines zierliches Kind „ein nützliches Kind". Schmidt Westerw. Jd. S. 126. — Auch anderwärts findet sich der Gebrauch dieses, sicherlich nicht von Nutzen abzuleitenden, Wortes in demselben Sinn: im Journal von und für Deutschland 1786 S. 532 wird derselbe als im Hennebergischen Statt findend angegeben und als Beispiel angeführt „ein nützlich Näschen", und eben so referirt auch Reinwald 1, 113, welcher die Form nieselich neben nützlich hat und das englische nicely zur Vergleichung zieht. (Das engl. Wort vereinigt die Bedeutungen der oberheff. Wörter niedlich und nützlich in sich).

O.

Ober-Noete, 1) Nöte, Bedrängnisse, welche ohne Schuld des Bedrängten von Obenher, von den Herren und von Gott, kommen; daher

2) Steuern, welche dem Oberherrn (Landesherrn), außer dem Zins an den Landeigentümer, entrichtet werden mußten. In diesem Sinne kommt das

Wort öfter vor, noch 1625 in einem Landsiedelbrief von Unter-Rosphe (Lennep Leihe zu Landsidelrecht Cod. prob. S. 169): „darbeneben auch vnserem G. F. vnd Herrn f. F. G. daruf herbrachte dienste vnd erbgülde, auch Steuer vnd Schatzungen neben antern Ober Nöthen vnd Neuerungen, so of diesem Hof der gebüer möchten gesucht werden, zu gewönlichen gebürenden Zeiten entrichten".

Oberste neutr., die Sahne, der Schmand. Schmalkalden, wo sonst auch Raum d. i. Rahm gebräuchlich ist. Reinwald Henneb. Id. 2, 93.

obig, über, oberhalb, dem *undig* correspondierend; sehr üblich. „obig der Landstraße", „obig dem letzten Haus im Ort". Im Schwarzenfelsischen wird *oewig* gesprochen.

Oblei fem. hießen in älterer Zeit die Naturalgefälle; in Hessen hat sich bis auf die neuere Zeit (c. 1830) diese Bezeichnung nur in Schmalkalden erhalten.

Obleiamt, in Schmalkalden noch jetzt die Verwaltung eines besondern Corporationsvermögens, welche den Mitgliedern des dortigen Stadtrats als solchen zustehet.

obsternât, obstinatus, hartnäckig; wird gebraucht, um einen hohen Grad dieser Eigenschaft auszudrücken.

och, die auch noch jetzt gewöhnliche Form von ach, wie sie häufig bei Fischart u. A. erscheint. „och nun werden sie unsere mutter auch greiffen und hinsetzen" Marburger Verhörprotokoll von 1680.

Ochse. In den meisten Gegenden Hessens (Oberhessen, Ziegenhain) heißt der Pflugochse, Anspannochse Stier, und nur der Zuchtochse Ochse; in andern Gegenden (Werra) heißt nur der junge Ochse Stier, und bekommt den Namen Ochse so wie er zur Arbeit verwendet wird.

Brüllochse, die üblichste Bezeichnung des Zuchtochsen. Uneigentlich: ein excessiv unzüchtiger Mensch. Weniger üblich sind: Brummochs, Bremmochs, Bremmelochs.

ochsen, von der Kuh, hitzig sein, nach dem Faselochsen begehren.

umochsen, nach der Begattung, welche fehlgeschlagen, abermals hitzig werden.

Ochtme, Ochtum msc., der Schmalzehend, minuta decima, Blutzehnte, Zehend vom Vieh. Ein jetzt längst untergegangenes, ehedem aber, wie anderwärts, auch in Hessen üblich gewesenes Wort. Lennep Leihe zu Landsidelrecht Cod. prob. 709. 710. 716 (vor vchten, vor czenden 1366). Zeitschr. des Vereins für hess. Gesch. u. LK. 2, 365 aus einem Güterverzeichnisse der Frilinge zu Frankenberg von 1343. Vgl. Haltaus s. v., Brem. WB. 3, 254—255. Vgl. *Gejüng* S. 187.

oder. Eine Eigentümlichkeit des hessischen Dialektes, und keine sehr vorteilhafte, ist es, *oder* mit *aber* zu vertauschen, oder zu gebrauchen für aber und aber für oder; vorzüglich kommt dieselbe dem niederhessischen Dialekte zu. „Er sagte mir, ich sollte das thun; ich sprach oder, ich thäts nicht". „Es ist einerlei, wer da kommt, dein Vater aber deine Mutter"; u. dgl.

Außerdem erleidet *oder* bei der ungefähren Angabe von Zalen Apharesis und Inclination, so daß es als tonloses *er* an das betreffende Substantivum angeschleift wird. Der Hesse spricht: „ein Jahrer drei" anstatt: ein Jahr oder drei; „ein Wochener vier" anstatt: eine Woche oder vier; „ein Tager acht" anstatt: ein Tag oder acht; „ein Stücker drei" anstatt: ein Stück oder drei; — während in geringer Entfernung, nach dem Rhein und nach Westfalen hin, die ursprüngliche Redeform noch deutlich und unmißverständlich gesprochen wird.

Vilmar, Idiotikon.

„vnd ver ter Hütten stund ein kopff oder fünffzehen auff reydeln" Hans Staden Reisebeschreibung (Weltbuch) 1567 fol. 2, 87b). „Wie wir nun vngeserlich ein tag oder fünff zu Schiff waren gewesen" Ebds. 37b. „möchte ein Jahr oder drey sein" Marburger Hexenprocessacten v. 1658. „vor ein wochen oder drey" ebds. „ein tag oder acht hernach ebs., und so sehr oft.

Schmeller 3, 613 hätte nicht nötig gehabt, sich so schwankend, wie er thut (damals that, denn später gelangte er zu fester Einsicht) über diese Formen auszusprechen.

ōhá, Zuruf an das Zugvieh, durch welchen demselben Halt geboten wird. In Niederhessen durchgängig, bis auf die neuere Zeit, üblich, nicht in Oberhessen, wo dafür *ji* im Gebrauche ist. S. ji und jū.

Ohe fem., häufig vorkommende hessische Aussprache von Aue; so bei Amenau u. v. a. O.), aber auch Aussprache von oha, fließendes Waßer, Bach, Fluß; so heißt ein Flüßchen, welches von Ropperhausen am Knüll herabkommt und bei Casderf der Efze zugeht, die Ohe; dahin wird sicher auch die Oh= schreufe bei Frankenberg, eben so die Zwesterahn (Zwesterohn) gehören.

Ohrdachtel fem., Ohrfeige, gebräuchlicher als das einfache Dachtel, welches Adelung dem „niedrigen Scherze" zuweist; auch hört man eben so häufig *ohrdachteln*, beohrfeigen, wie dachteln, welches Wort tief unter Adelungs Niveau gelegen haben mag. Vgl. Husche, Watsche.

Ohrlitze fem., auch *Ohrschlitz* msc., der unter dem Namen Ohrwurm bekannte Halbkäfer, Forficula auricularia.

ockers (*ockerst*, auch *ackerst*), zuweilen auch *ockert*, adv., nur, in der Bedeutung von seulement, indem ne=que durch nur (nurt, nurst) ausgedrückt wird. In ganz Althessen mit Ausnahme der sächsischen und westfälischen Bezirke, doch mehr in Niederhessen als in Oberhessen üblich, wie auch sonst im nord= westlichen Mittel=Deutschland. „wers ockers nicht der Herro Crist" sagen die Teufel in dem Gedichte, welches Bartsch unter dem Titel „die Erloesung" herausgegeben und seinem Ursprunge nach für Hessen vindiciert hat. „dann sie ockert eyn halb jar gedienet hat", Acten aus dem Gericht Oberaula vom Jahr 1471. „Gib mir ockert ein klein Stück Brod, ich brauch nicht mehr". „Gib me ockerst einen halben Gillen", Anforderung einer Frau in Rotenburg 1799 an ihren Mann, einen Emigranten, welcher in Verzweiflung darüber geriet, daß er ockerst in seinem Dictionare de poche, das er stets bei sich führte, nicht finden konnte. In den Reimen auf die Ankunft des Landgrafen Friedrich I. Königs von Schweden, in Hessen (Aller Reddelichen Hessen=Kenger Herzeliche Freude rc. Eisenach 1731. 4., auch abgedr. Hersfelder Intelligenzblatt 1832. No. 9) erscheint ockerst dreimal:

Säht ockerst waas fer Herrlichkeit
Der Hessen Fersten=Kenger
Erworben hann dorch Tapperkeit rc.
Jo waas mä au im Huse honn
Das kunnt tä ockerst heischen rc.
Ach! hetten mä ockertsch die gillen Frau rc.

Das Wort ist Adverbium eines untergegangenen Adjectivs, *eccherodi, ekorodi*, welches exilis, tenuis, tener bedeutet (Graff althochd. Sprachschatz 1, 134—135. Grimm Gr. 3, 113—114), und lautet demnach ursprünglich (8. 9. Jarhundert) ekkorodo, aber schon im 10—11. Jarhundert (bei Williram) ockeret, wie heut zu Tage und hat dieselbe Bedeutung, wie in Hessen: tantum.

Anderwärts scheint indes die ursprüngliche Bedeutung des Adjectivs in dem Adverbium ockers fester gehaftet zu haben, indem es in der Grafschaft Hohenstein nach der Angabe im Journal v. u. f. Deutschland 1786, 2, 116 die Bedeutung kürzlich, vor Kurzem, hat.

Olei neutr., Oel, aus oleum in derselben Weise entstanden, wie Orlei aus horologium, Osterluzei aus aristolochia u. dgl. Die Bezeichnung ist nur in Oberhessen und in den sächsischen und westfälischen Gegenden Hessens üblich; in Niederhessen so wie in dem größten Theile der Grafschaft Ziegenhain wird auch das Oel, mit Ausnahme jedoch des Baumöls, Fett genannt. Vgl. *Fett*.

ôlibig, *oleibig, ölebig*, klein, schmächtig, schwächlich; „ein olibiges Kind". Sehr üblich in Niederhessen. Von ǎleipa, reliquiae. Das Substantivum *ôleibe* ist mir in Hessen nicht vorgekommen, wiewol es z. B. bei Schottel Haubtspr. S. 1371 noch erscheint, und früher sehr allgemein üblich gewesen sein muß: Soltau hist. Volkslieder S. 303: „ein oleúb pauren"; „Ohleyb, Reliquiae" bei Alberus Dict. Bl. Cija. S. *leiben*.

Omaden, *Oemde* neutr., Nachheu, Grummet. An der Efze, untern Schwalm und Eder, so wie an der untern Fulda üblich; im übrigen Niederhessen so wie in Oberhessen ungebräuchlich und unverständlich. „gab herrlich Oemden oder Krummetwetter" verzeichnet der Beckermeister Hans Henrich Arnold in Kassel für das Jahr 1677. „nach dem Regen gab es noch etwas Omaden" ebendas. zu 1684.

Oemel msc., ein alberner, träger Mensch. In der Diemelgegend.

ômen, alte Form des heutigen ahmen in dem Wort nachahmen, allgemein üblich. Das Wort muß, wie manche Stellen bei Mathesius, besonders aber bei Luther, deutlich zeigen, ursprünglich die Bedeutung gehabt haben: (sich) ein ungefähres Bild von etwas machen, hinter der Sache her, nachdem man sie gesehen hat, sie in allgemeinen Umrißen darzustellen versuchen. Unter dieser Voraussetzung ist eine hin und wieder in Oberhessen vorkommende, jetzt dem Absterben sich nähernde Formel befriedigend zu erklären: *jemanden ômen*, einer Person ähnlich sehen; „der Jung ômt seinen Vater, ômt seine Mutter". Auch wird auf diesem Wege begreiflich, daß imitari nicht durch das einfache omen, sondern nur durch *nachomen* ausgedrückt werden konnte.

Omitze fem., Ameiße, die in ganz Niederhessen, mit Ausschluß jedoch der sächsischen und westfälischen Districte, gebräuchliche Form; das tz ist eine Verstärkung des ursprünglichen z, wie das in das gemeinhochdeutsche Ameise eingeführte s eine, aber tadelhafte, Schwächung des z ist. — Nach den Namen von oberhessischen Feldplätzen zu urteilen (Omeisser, Omêser), muß Omeisze doch auch in Oberhessen üblich gewesen sein oder hier und da noch jetzt üblich sein. Schmidt Westerwäld. Jd. S. 128.
Vgl. Ummelsche, Seichhammel.

Öpfel msc., schmalkaldische Form von Gipfel und Wipfel.

ordinieren, ein dem Volke sehr geläufiger Ausdruck für befehlen, anordnen, und weit üblicher als anordnen. Es findet sich derselbe schon im 16. Jarhundert sehr häufig verwendet, z. B. bei Mathesius, Fischart u. A.

Ort neutr. 1) in Gemäßheit der alten Bedeutung: scharfe Spitze einer Waffe (swertes ort mhd., Schwertspitze) bezeichnet Ort in vielen Gegenden Hessens die Schusterpfrieme, welche sonst auch Saul und Ahle heißt; in Schmalkalden ist Ort neben Ahle für dasselbe Instrument gebräuchlich.

2) Ecke überhaupt, Endstück eines Dinges (wie die vier örter des altars im Schatzbehalter 1491 und sonst vorkommen): (eine Stadt, ein Dorf) „an allen vier örten in Brand stecken" Kasseler Protokolle aus dem 16. u. 17. Jarhundert, öfter. In diesem Sinne nennt auch Landgraf Heinrich in einer Urkunde vom 30. Januar 1480 (Kopp Gerichtsverf. I, No. 2) die Stadt Witzenhausen „ein *Ortslos* unsers Fürstenthums, daran den gedachten unsern lieben Vettern etwas mergliches gelegen ist".

3) Theilstück (Ecke, Endstück) eines Ganzen, zumal der vierte Theil eines Guldens, eines Thalers. „ein Ort eines Gulden" sehr oft in ältern hessischen und nichthessischen Schriften, z. B. in Landgraf Philipps Reformation vom 18. Juli 1527. Marburg 1528. 4. Bl. Ca, in Köbels Rechenbuch 1532. 8. u. s. w. Es muß deshalb die Annahme, es habe sich dieses Ort aus Quart durch Entstellung gebildet, abgelehnt werden; vielmehr verhält es sich mit Ort in dieser Bedeutung wie mit dem niederdeutschen Timpe, welches auch in acumen, desinens extremitas (Schottel Haubtspr. S. 1431) bedeutet und eben darum auch eine Münze, welche Theilstück einer größern ist, bezeichnet. Aus dem „Ort eines Gulden" hat sich dann die Abkürzung: Ortsgulden (Ort-s-gulden), Ortsthaler gebildet. Pflanzenort, Theilstück eines Gemeindegrundstückes, wie ein solches jeder Ortseinwohner in Benutzung bekommt, um die Kohlpflanzen darauf, bis zum Aussetzen in das Ackerland, zu erziehen. Niederhessen.

Vgl. **Blech.**

4) wie gemeinhochdeutsch: Stelle, bestimter Platz, bewohnte Stelle (Dorf). Bemerkenswert ist nur der metaphorische, indes doch merklich an 2 sich anlehnende Gebrauch dieser Bedeutung: mit einer Sache über Ort sein = fertig sein, sie vollendet haben; mit einer Person auf ein Ort sein (kommen) = mit ihr einig werden, zum Abschluß gelangen „Herr Bernhart hette ihnen den einrath gegeben, sie solten damit warten, bis sie mit Caspar Mülozern auf ein ort weren". Marb. Hexenprocessacten von 1658.

S. Zeitschrift für hess. Gesch. u. Landesk. 4, 83—84.

Orte fem., statt Urte, Ürte, Zeche. In Hessen sicherlich sehr selten gewesenes Wort; doch komt es vor W. Gerstenberger hess. Chronik Schminke Monim. hass. 2, 493: „unde worffin sie in die koln in ir eigin buseren, wan sie ire gloge und *orthen* betzalen sulden".

Vgl. Schmeller 1, 114.

orzen, Oerzchen f. **urcs.**

Oese fem., die jetzt gemeinhochdeutsch gewordene Entstellung des niederdeutschen Degesken, Oesken, d. h. Augelchen: der runde Griff, in welchen der Haken eingreift. Haken und Oesen, bekannter Apparat zum Zuheften von Kleidungsstücken, besonders von weiblichen.

oese adj. Das einfache Wort ist mir noch niemals begegnet, und ich vermag auch heute so wenig wie 1837, als mir das folgende Wort zuerst aufstieß, zu sagen, was es bedeutet.

unoese, widerwärtig, nichtsnutzig, lüderlich. Niederhessen (Spangenberg). „Er habe eine vnöse zankische hure gehabt, die ihnen allerseits in der Nachbarschaft vnwillen vervrsacht". Marb. Verhörprotokoll v. 1658. Richey Id. Hamb. S. 327 hat *unnoesel* in gleichem Sinn, substantivisch. Außerdem kann ich unoese nirgends finden.

osse (als so) mit gelindester Aussprache des ss, im sächsischen und westfälischen Hessen in der Bedeutung wie, eben so wie.

Oster, schwaches Femininum: *Ostern* plur., Eigenname von Wiesen. „Wiesen in der Ostern" Frankenberg 1550; Oberaula. Heut zu Tage an beiden Orten pluralisch: in den Ostern, wiewol in Oberaula der Singular bis jetzt noch nicht völlig vertilgt ist. An beiden Orten liegen die gedachten Wiesen östlich von der Ortschaft; aber ob dieß der Grund der Benennung ist?

Osterbad. Nach Schmalkalder Aberglauben muß man am Oster‑morgen in das Osterbad bei Sonnenaufgang gehen (sollte das Bad auch nur darin bestehen, daß man die Füße einmal in das Waßer tauchte) und dabei dreimal in einem Atem sagen: „Wurm, Wurm, geh in dein Nest, ich bin im Osterbad gewest"; dann wird man das ganze Jahr hindurch von keiner Otter gebißen.

otmütig adj. und adv., ein jetzt unbekannt gewordener uralter Aus‑druck, zuletzt, im 16. und 17. Jarhundert bis in den Anfang des 18. Jarhun‑derts ein Kanzleiausdruck in Bittschriften an den Landesherrn oder auch die höchsten Landesbehörden, am häufigsten in der Formel ot‑ und demütig bitten. „Als gelangt mein oht vndt demutige pitt" 1596. „G. F. Gn. gebe ich arme betrübte Wittibe hiermit oht‑ und demütig zu vernehmen" 1658. Eine zum Säcken verurteilte Kindesmörderin bittet 1680 „ot‑ und demütig um Be‑gnadigung mit dem Schwert".

In ältester Zeit ist dieses Wort, deßen Stamm odi, facilis ist, sehr häufig: otmuati bei Otfrid, odmôdi im Heliand u. s. w. Graff Sprachschatz 2, 690 f. vgl. 1, 149 f. Brem. WB. 3, 255.

öwelzig adj. und adv., übermäßig, ungemeßen. Oberheßen (Rosenthal, Gemünden und Umgegend).

öwèsch, d. i. o‑weh‑isch, ein aus der Interjection o weh gebildetes oberheßisches Adjectivum. „Einem öwèsch machen", jemanden zum Nachthun einer von mir vorgenommenen Handlung, namentlich aber zum Appetit, reizen. „Der hat schon sein Frühstück gegeßen, und mir damit öwèsch gemacht, daß ich es nun auch eßen muß"; „die Aepfel auf dem Baume machen dem Jungen öwèsch".

Owwe msc., Vater. Die übliche, ja vorzugsweise gebräuchliche Bezeich‑nung Seitens der kleineren Kinder in einigen Dörfern des oberheßischen Hinterlandes (Hatzmshausen, Weitershausen).

Es ist dieses Wort eins der seltensten und merkwürdigsten des idiologi‑schen deutschen Sprachschatzes, zwar auch in Holstein (Norddithmarschen) gebräuch‑lich, sonst aber bisher nicht verzeichnet worden. Unrichtig hat es Müllenhoff in seinem Wörterbuch zu Klaus Groths Quickborn 3. Ausg. S. 309 vgl. S. 273 für eine Verkürzung aus Oldpapa, Großvater (was Obbe dort be‑deutet) ausgegeben. Papa ist weder in Holstein noch im heßischen Hinterlande ein auch nur verstandenes, geschweige denn jemals gebräuchlich gewesenes Wort, und eine solche Verkürzung ist für den hierländischen Dialekt eine Ungeheuerlich‑keit, ja geradezu eine Unmöglichkeit. Es gehört vielmehr Owwe zu den wenigen Resten der alleraltesten deutschen Sprache, gleich aithei (Aidche, Aige, f. d.), welches eben da üblich ist, wo auch Owwe sich findet. Gothisch *aba*, maritus, Ehemann, altnordisch *afi*, jetzt avus, ursprünglich aber pater bedeutend (vgl. Gnenn). Grimm RA. 418. Gramm. 2, 43. Althochdeutsch nur noch als Eigenname vorhanden: Apo, Abbo, Apo **Graff** Sprachschatz 1, 74.

P.

Pännchen fett. Sehr übliche Redensart: „es geht Pännchen fett", „da gehts immer Pännchen fett", d. h. es wird allezeit sehr gut und reichlich gegeßen, geschmaust, so daß der gute Tisch die Einkünfte des Gutschmeckers übersteigt. Verstanden wird die Formel, und ohne Zweifel richtig, als „Pfännchen fett" = fettes Pfännchen", Fett in der Pfanne, in welcher stets fett gebacken und gebraten wird. Richey Idiot. Hamb. S. 355 hat „Bankefett spelen, schmausen", und eben so Brem. WB. 1, 48 „schmausen, lustig darauf los zechen". Strodtmann Idiot. Osnabr. S. 29 hat „Böncksfett spelen, darauf gehen laßen", und bezieht es richtig auf Pfanne und fett.

Panse, *Banse* msc. 1) wie gemeinhochdeutsch: erster Magen des Rindviehes.

2) in verachtendem Sinn: Magen, „ein voller Banse"; Leib, dicker Leib, wofür auch Wanst gesagt wird; Schimpfwort gegen Kinder, parallel dem gleichgeltenden „Wanst", doch milder gemeint als letzteres Wort. Gewöhnlich, doch nicht immer, ist Panse, wenn es von einem Kinde gebraucht wird, neutral. Schambach Gött. Id. S. 151.

Papiller msc., die oberhessische, *Papoller* die niederhessische, an der Eder und nordwärts übliche Form, der Name des Schmetterlings, papilio. Näher an das hochdeutsche Feifalter schließt sich die niederdeutsche, im westfälischen und sächsischen Hessen gebräuchliche Bezeichnung an: *Pipoldern* fem., auch Pipoltern gesprochen. Schmetterling ist nirgends in Hessen üblich. Im östlichen Hessen, zwischen Fulda und Werra, heißt er Buttervogel, in Rotenburg Zwitzvogel, in Schmalkalden Marktafel und Milchdieb.

Papp msc., gesprochen *Bapp*, Brei, Kleister. Das Wort ist nur im Fuldaischen eigentlich volksüblich, wenn es auch ziemlich überall leidlich verstanden wird. Gebräuchlicher ist im Ganzen die Form *Bapps*, auch *Praps* (Braps), dicker Brei.

partieren, handeln, Handelschaft treiben, kaufen und verkaufen. „Steiner keile darmit sie hawen, wie die andern Nationen auch hatten, ehe sie mit den Schiffen haben gepartieret". Hans Staden Reisebeschreibung (Weltbuch 1567 fol. Bl. 51a); und öfter. Die Bauern in Bauerbach beschwerten sich im Jahr 1581 über ihren Pfarrer Johannes Strack: „wider alles Herkommen partiere er und gehe mit Vieh und Ackerwerk um".

Partierung, Handel. „Es ist keine Parthierung unter ihnen, wissen auch von keinem Gelt zu sagen". H. Staden Reisebeschr. (Weltbuch Bl. 55a).

verpartieren, verhandeln, besonders in üblem Sinne: heimlich und unrechtmäßiger Weise verhandeln; „schlechte Weiber verpartieren die Sachen". In Oberhessen äußerst üblich; vgl. *putscheln* (puckeln). Schmeller 1, 296. S. auch Frisch und Adelung unter partieren.

Partunnikraut, Name der stachys alpina in der vorderen Rhön (Malges am Wißelsberg u. a. O.). Vgl. Zeitschrift für hess. Gesch. u. LK. 4, 84, wo auf den slavischen Donnergott, Perun, Perkun als den etwa möglichen Quell dieses sonst schwer zu erklärenden Pflanzennamens hingedeutet worden ist.

Pasch f. pfeschen.

Pass msc. 1) Gesundheit, Wolbefinden; nur in der Negative: „es ist mir nicht recht zu Passe", „ich bin nicht zu Passe".

unpass, unpäßlich, welche schriftdeutsche Form nicht volksüblich ist. Wol durch ganz Deutschland verbreitet s. Adelung, und Schmeller 1, 297. Vorzugsweise mögen jedoch diese Formeln niederdeutschen Ursprungs sein; so *passe maken*, gesund machen, bei Kinderling Gesch. der plattd. Spr. S. 348.

2) Achtsamkeit, Achtung, gleichfalls nur in der Negative: „keinen Paß auf etwas schlagen", auf etwas nicht achten, nicht merken. „Sie habe einen ungesunden leib, derhalben die leuthe solches glaubende keinen paß darauf geschlagen". Proceß gegen eine angebliche Kindsmörderin aus Rauschenberg [Aussage aus Wohra] 1673. *aufpassen* und *verpassen* sind beide volksüblich.

pecken, picken, besonders aber an etwas Festem kratzen, wie wenn ein Kind an dem juckenden Rob einer Wunde kratzt. Vgl. puken Richey Id. Hamb. S. 194.

peckern, Frequentativ von pecken. Oberhessen.

Pecker msc., ein großer Merbel (s. d.), mit welchem man beim Zwieren (s. d.) die kleinen Merbel aus der Vertiefung (Kutte) zu werfen sucht. Schmalkalden. Die großen Schoßer oder Merbel heißen auch anderwärts Bicker. Vgl. *Hacker*.

Pelzkappe. „Mit der Pelzkappe geschoßen sein", scherzhafte Formel für: in lächerlicher Weise mutwillig sein, sich närrisch anstellen. Sehr üblich. Schmidt Westerwäld. Id. S. 134.

Pêpel msc. 1) der Rest der vertrockneten Blütennarbe oben am Apfel oder auch an der Birne. Oberhessen.

2) verhärteter Nasenschleim. Allgemein üblich.

pépeln, mit dem Finger in der Nase wühlen.

Perlebitz, Berlewitz, Berlewitchen. Der Name des Elben, welcher im Märchen der Königin seinen Namen zu raten aufgibt, ist nach der Recension des Märchens, welche ich in meinen Kinderjahren (1805—1807) aus der Gegend von Homberg, Fritzlar und Felsberg gehört habe, nicht Rumpelstilzchen (s. d., vgl. der Brüder Grimm Kinder- und Hausmärchen No. 55; 1, 333—336), sondern Berlewitchen, und zwar findet sich derselbe in folgendem, von dem Spruche bei den Brr. Grimm gleichfalls abweichenden Spruche:

Wenn die gülle Frogge (güldne Frau) wüßt,
Daß ich Berlewitchen hieß,
So behielt sie ihre Kindchen.

Mehr hochdeutsch nach einer, vermutlich aus Obergeis herstammenden Version:

Wenn die gülle Frau doch wüßt,
Daß ich Berlewitzchen hieß.

Der im Jahr 1631 zu Marburg wegen Zauberei und Blasphemie hingerichtete fünfzehnjährige Knabe Heinrich Seng (Sang) sagte in der gegen ihn geführten Untersuchung aus, er sei von dem Teufel bei Odershausen (oder: bei Laspe unter dem Galgen) getauft worden, und habe von demselben den Namen Perlebitz erhalten.

Offenbar sind diese Namen nur Entstellungen des alten pilwiz (Grimm d. Myth. (1) 265—270; (2) 440 f.), welches schon früh pilewis, im 15. Jarhundert pelewyse, im Teutonista belewitte lautete. Mochte man bélewitte oder bellewitte sprechen, so lag in beiden Fällen die Einschiebung des R in den längst nicht mehr verstandenen Namen nahe.

„Am Pilsenbaum" Flurgegend in der Wüstung Rindshausen bei

Amenau, 1550. Auch diese Benennung ist ohne Zweifel = Pilwizbaum, Baum, an welchem die Pilsen (Pilwize) ihre Stätte haben. Eben so wird es sich verhalten mit Bilzenwiese (Friedigerode), Bilzenländer (Asmushausen).

Obiger Märchenname kommt (aus der Gegend von Kassel und von der Werra her) auch in der weiteren, sinnlos und unverständlich gewordenen Entstellung vor: Berlepifschen.

Perrner msc., Pfarrer. In Mittelhessen (nicht an der Fulda und Werra) und Oberhessen die ausschließliche Bezeichnung, so weit das Volk unter sich ist, mit seines Gleichen redet; niemals aber bedient man sich dieses Wortes in der Anrede an den Pfarrer selbst, indem man dasselbe für unedel, also den Gebrauch desselben in der Anrede für unhöflich hält.

Vgl. Weigand in dem Intelligenzblatt ꝛc. für den Kreiß Friedberg 1845, No. 61.

Pēs fem., Schweiß; „das Kind lag in einer Pēs" das Kind lag anhaltend im Schweiß. Oberhessen, und hier sehr üblich, anderwärts unerhört. Es ist die Vermutung gestattet, daß dieses Wort aus dem uralten *Phiesal* (woraus das französische *poêle*), geheizte Stube, entstanden, oder vielmehr dieses Wort selbst mit wenig veränderter Bedeutung, den effectus pro causa bezeichnend, sein möge.

pēsen, *péschen*, *pischen*, zart thun mit jemanden, ihn besänftigen, ihm schmeicheln. Estor t. Rechtsgel. 3, 1416: „peesen, zart thun". In Oberhessen sehr üblich, wie auch in der Wetterau pēsen, péschen allgemein gebräuchlich ist; Weigand im Intelligenzblatt für den Kreiß Friedberg 1845 No. 76 S. 304. Die Form pischen, in dem diesseitigen Oberhessen für vollkommen identisch mit pēsen geltend, wird gleichwol als Onomatopoesie, den Laut psch, pisch vertretend, verstanden, und bezeichnet das Einlullen der Kinder, welches mittels dieses Lautes bewirkt wird: „das Kind hat alsofort gekrischen, und ich hab doch an ihm gepischt, was ich gekonnt hab". Georg Nigrinus braucht, an einer Stelle wenigstens, das Wort *péschen* ganz in dem hier angegebenen Sinne: „Da man im pescht und quinseln thut". Affenspiel F. Johan Nasen 1571. 4. Bl. F4b. Vgl. Zeitschrift für hessische Geschichte und Landeskunde 4, 84.

S. übrigens *pféschen*; indes vergleiche man auch *pfeisen*, welches dem pischen offenbar nahe steht.

pēsen, *paesen*, *pösen*, versuchen, probieren, schätzen. Man pēst (pōst) die Güte eines Handwerkszeuges, die Dauerhaftigkeit des Ackergeschirres, das ungefähre Gewicht einer Sache; am gebräuchlichsten ist das Wort unter den jungen Burschen, welche mit einander ringen („sich ranzen") um sich zu pēsen, ihre Stärke zu probieren. Südliches Oberhessen, bis nach Marburg, doch wird es in der Stadt jetzt nur noch äußerst selten gehört, während es vor 30—40 Jahren daselbst gewöhnlich war. Eben so gebräuchlich ist das Wort an der untern Lahn bis nach Wetzlar hin, und in der Wetterau. S. Weigand im Intelligenzblatt für den Kreiß Friedberg 1845 Nr. 61, welcher nachweist, daß das Wort schon bei Alberus vorkomme: „ich peyß, penso, tento manibus", und dasselbe für ein Fremdwort, eben dieses pensare, französisch pèser, erklärt, was ohne allen Zweifel seine Richtigkeit hat.

Petter, *Pedder* msc., patrinus, männlicher Pate. Ueblich in dem nördlichen und westlichen Niederhessen, in der Grafschaft Ziegenhain und in Oberhessen, nicht aber an der obern Fulda und in der Gegend zwischen Fulda und Werra, wo Gevatter die ausschließliche Bezeichnung ist, oder Pate (Patt) oder

Dode gebraucht wird. In den Marburger Acten aus dem Ende des 16. bis zum Ausgange des 17. Jarhunderts erscheint Petter (auch Peter geschrieben) sehr häufig.

Aber es wird das Wort, zumal im nördlichen Niederhessen auch für den filiolus gebraucht; ein Beleg dafür findet sich bereits bei Melander Jocoseria Lich 1604. S. 654 No. 623 aus Breitenau: „Ja das ist recht, mein Petter sol Chud heißen, Chud sol er heißen".

Die Form ist niederdeutsch: petern, patrinus, in den niederdeutschen Glossen Diutiska 2, 226b. Die hochdeutsche Form pfetter findet sich im Heldenbuch 1509 fol. Bl. rb; die niederdeutsche aber im Simplicissimus.

Schmidt Westerw. Jd. S. 133. In Baiern ist der Ausdruck nicht üblich. Vgl. *Dode* und *Gote*.

Petzgaul msc., Hirschkäfer — von petzen, pfetzen, kneipen, und Gaul, welches ursprünglich jedes große Thier in seiner Art bezeichnete. Steinau und Umgegend. Vgl. Niggemoere. In Niederhessen *Knipphers* (Kneiphirsch), in Schmalkalden *Klammhirz*; s. *Hirz*.

Pfälf msc., das Balkenstück, welches auf der Achse der Pflugräder aufliegt (oder auch: aus welchem die Achse hervorgeht), unter welchem die Arme des Pflugs durchgehen, um nach vorn das Widerscheit (s. d.) zu bilden, und auf welchem das Vorderende des Pfluggrendels (meistens in einer Kerbe) ruhet. In der obern Grafschaft Hanau und einzeln in Oberhessen, wo das Wort jedoch *Pél* gesprochen wird. Anderwärts wird dieser Pflugtheil Aftertrach, Schemel, Voß (s. d.) genannt.

Auch im Fuldaischen ist dieses Wort, dort *Pilf* gesprochen, bekannt, es bedeutet aber vorzugsweise das Achsenbret (Balkenstück) am Wagen, in welches die Rungen eingestemmt werden.

Das Wort fehlt in allen Idiotiken, welche freilich größentheils den Ackergerätschaften keine oder die allergeringste Aufmerksamkeit zuwenden. Es sieht undeutsch aus und ist vielleicht noch keltisch, wie das dem Laute nach verwandte Palfen (Schmeller 1, 172), überhangendes Felsenstück.

Pfalz. Eine sehr übliche Redensart im mittlern Hessen lautet: Er sieht aus, als wenn er die Pfalz vergiftet hätte, und wird dieselbe von einem hämisch und ingrimmig schauenden Menschen gebraucht. Wol ohne Zweifel rührt diese Formel aus dem französischen Verwüstungskrieg her, welcher am Ende des 17. Jarhunderts gegen die Pfalz geführt wurde, und soll die Bosheit der Franzosen bezeichnen. Eine gleichfalls, nur noch sichtlicher, auf jene Zustände bezügliche Redensart hat Strodtmann Idiot. Osnabr. S. 153: he sät ut, als een Verdrebener ut der Palz.

Pfandschein msc. (gesprochen Pädschei), pflegt in Oberhessen, ganz im alten Sinne des Wortes Schein (augenfälliger Beweis) das Unterpfand genannt zu werden, welches der Forstläufer den Forstfrevlern abnimmt (Beil, Hacke, Hepe); auch wird wohl das Pfändegeld so benannt.

pfätten, auf die Hand schlagen; nur im Schmalkaldischen gebräuchlich. Vermutlich = pföten, d. h. Pfötchen halten und darauf geschlagen werden; eine ehemals sehr übliche Schulstrafe.

pfeisen, zischen, zischend blasen. Dieses Wort ist, wie im übrigen obern Deutschland, ehedem auch in Hessen üblich gewesen, und in der Form pêsen, peschen (s. d.) mit etwas veränderter Bedeutung noch jetzt üblich. „Gleichwie die Basilisten mit ihrem gifftigen athem, pfeisen vnd augen alles verderben vnd tödten". Ludwig Schröters, Diaconi zu Homberg, Klag= und Trauerrede auf Landgraf Moritz 1632. (Monum. sepulcr. 1638 fol. S. 130).

Pfennwert. Dieses an sich masculinische, in hessischem Gebrauch jedoch neutrale Wort ist gegenwärtig in Hessen völlig außer Uebung gekommen, war jedoch bis in das 17. Jarhundert auch hier üblich, wiewol schon seit dem 16. Jarhundert in einer starken Entstellung: Pfennwerck. An sich bedeutet es das, was einen Pfennig wert ist, sodann das, was überhaupt Geld wert ist, also Waare, zumal einzelnes Stück einer Waare, wie deuré (aus denariata). „Hantwergke die ir gereitschaft, da sie mit arbeiten by dem goilde koiffen müssen, die müssen widder das *phennigwert* da na setzen, da sie zu kommen mit kost arbeit unde lon". Emmerich Frankenberger Gewonheiten bei Schminke Monim. hass. 2, 705. „es soll der Gebacke gewirkiget, vnd nach gelegenen iaren vnd zeiten zimlichs kauffs gesetzt, geordent, vnn darobe mit ernst gehalten werden, also daß dem armen das pfendwerck nicht verteurt werde". Landgr. Philipps Reformation vom 18. Juli 1527. 4. LO. 1, 55 (hier jedoch Pfennigwerck gedruckt). „vnd ob der frembde sein war das pfenwerck wol ein heller oder zwen wölfeler gebe dan der inheimysch vnd zunfftiger, so darff er doch nicht verkauffen, vnd muß die gemein das pfenwerck eines hellers oder zwen vmb den zunfftigen tewerer kauffen". Ferrarius von dem gemeinen Nutz. 1533. 4. Bl. 54b. Vgl. Schmeller 1, 316.

Pferch. Noch jetzt hört man zuweilen die Redensart: „der Hund ist bei den Pferch gebunden", in dem Sinne: es ist Hut, es ist ein Wächter vorhanden, es wird aufgepaßt, es wird bemerkt, was man thun will. Wenn irgend ein Schabernack ausgeführt, irgend ein Schaden verübt werden soll, oder wenn nur geäußert wird: das können wir ja thun, wer wird uns anzeigen? so erfolgt die Warnung: „ja, wenn der Hund nicht an den Pferch gebunden wäre!" Die Redensart bezieht sich auf den Schutz vor den Wölfen, welchen die an den Pferch gebundenen Hunde leisten sollen: „Der scheffer mag wol ein hund by den perch binden, dem wolff zu weren, wo er aber den wolff wölt dar bey thun, wurd er nit lang ein scheffer bleiben". Joh. Ferrarius von dem gemeinen Nutz 1533. 4. Bl. 39a. Indes schon in jener Zeit wurde die Formel in uneigentlichem Sinne verwendet, wie eben Ferrarius in derselben Schrift Bl. 14a die Erwälung der tribuni plebis in Rom dadurch erläutert, daß er sagt: „Jedoch ward der hunt bey den perch gebunden, denn es verdroß den hauffen, das der Rath solch verwaltung allein haben solt, — darum worden — zween erwelt, genant Tribuni plebis".

pfeschen, *päschen*, das Wild, die Fische u. dgl. durch Lockspeise herbeiziehen, anlocken; Jägerausdruck. „Item, daß Tollmachen vnd Pfeschen der Fische mit Oley, Lein, Rüben vnd Mohnkuchen vnd dergleichen Fischtöder ist — durchauß verbotten". Landesordnungen 2, 443 (Fischordnung von 1657). „Tollmachen vnd Pfäschen der Fische" Fischordnung von 1711, LO. 3, 677. Desgl. von 1730 LO. 4, 15. Vgl. Kopp Handbuch 7, 217. Offenbar in diesem jägermäßigen Sinne braucht G. Nigrinus das Wort *pfeschen*:

Allein die Grebes fras er nit,
Da pfeschte er den Fliegen mit". Von Bruder Johan
        Nasen Esel. 4. Bl. C4b.

Stieler Sp. 1416: „Päschen — significat propr. insidias parare, laqueos aptare: sed usurpatur pro escam ponere, allicere, inescare. Unde Päschung — — sagina, esca, illicium". Frisch hat das Wort nur aus den angeführten hessischen Fischordnungen 2, 53a; Adelung hat es gar nicht.

Pfeisch msc., Lockspeise für das Raubwild, namentlich für den Wolf. „1 fl vj alb iij hlr wird gestraft Loitz braun zu Oberndorff, dz er seinen Hundt vf den Pfeisch im Dittrichsgrundt lauffen laßen". Waldbußregister von Wetter 1574. Sonst auch *Pfösch* Landau Gesch. der Jagd S. 211. Frisch 2, 57a. Adelung 3, 751.

Diese Wörter sind noch jetzt in folgenden Formen, doch fast nur im Fuldaischen, wo sie allgemein üblich sind, gebräuchlich.

Pasch msc., die Lockspeise für Tauben, aus gebranntem Lehm, Anis, Urin und Heringslake bestehend.

anpäschen, jemanden für sich gewinnen.

Hierzu vergleiche man päsen, päschen, welches Wort vielleicht nur ein metaphorischer oder gemilderter Gebrauch unseres pfäschen und mit letzterem identisch ist, möglicher Weise aber auch die Grundform und Grundbedeutung von pfäschen enthalten könnte.

Pfetten, *Fetten* fem., nur im Plural üblich, die Dachbalken, zumal die Dachdohnen. Schmeller 1, 326. In Oberhessen ziemlich üblich, doch eigentlich nur unter den Zimmerleuten im vollen Gange. In Niederhessen habe ich das Wort niemals vernommen.

Pfingstmännchen war an der Schwalm die Benennung des in Laub, Gras und Moos gekleideten (vermummten) Burschen, welcher bei Darstellung des Sieges des Sommers über den Winter, dieser uralten symbolischen Volkslustbarkeit (dem Winteraustreiben, Todaustreiben) den Sommer vorstellte. Dieser Todaustreiber war bis in die neuere Zeit in allen Schwalmdörfern üblich, bis seit 1830 theils die neue Aufklärung, theils ein übel verstandener Rigorismus, welche beide in diesem Todaustreiben einen Aberglauben erblickten, dasselbe successiv aus allen Dörfern vertrieb. Noch 1847 war es in Schrecksbach, als dem letzten Dorfe, welches diese Sitte pflegte, in Uebung, seit 1848 aber ist es auch dort, und somit gänzlich verschwunden.

An der Werra herrschte die Sitte gleichfalls, und zwar bis in die neuere Zeit auch in den Städten. Man nannte hier den Darsteller des Frühlings das **Brunnenmännchen**, weil er sich an oder auf dem Hauptbrunnen des Ortes aufzustellen pflegte; jetzt ist dort (Allendorf) wenigstens noch die am Pfingsttag vorgenommene Ausschmückung der Stadtbrunnen mit Kränzen und Blumensträußen üblich.

pfirren, schwirren. Im Schmalkaldischen; „der Pfeil pfirrt".

Pflanze, meist *Plänze* gesprochen. Dieses Fremdwort wird, ganz eben so wie in Baiern (Schmeller 1, 329), nur von den aus der Fremde eingeführten Küchengewächsen, vorzugsweise von den verschiedenen Arten Brassica gebraucht, und zwar nur so lange, als dieselben erzogen, d. h. im Samenbeet gepflegt und dann in das Land, wo sie stehen bleiben sollen, versetzt werden; die zu versetzenden Arten Brassica heißen, so lange sie dieß sind, eigens und fast ausschließlich Pflanzen. Zu dem Ende haben viele Dörfer und manche kleinere Städte ihre Gemeindeländer in Pflanzenbeete, Pflanzenbleche, Pflanzenörter, Pflanzenstücke getheilt, von denen jedes Gemeindeglied eins oder mehrere besitzt oder jährlich zugeteilt bekommt, und auf welchem die jungen Kohlpflanzen bis zum „Krautsetzen" stehen.

Pflugrecht; das Recht des Landsiedls oder des Pfandinhabers (auf Wiederkauf eingetretenen Besitzers) eines Grundstücks, falls der Landsiedel abzieht oder der Wiederkauf Seitens des ursprünglichen Eigentümers eintritt, den Wert der in das Grundstück gewendeten Cultur, falls er von derselben noch keinen oder nicht den vollen Nutzen gezogen, von dem Eigentümer ersetzt zu erhalten. Jetzt Melioration, Oberbeßerung, genannt. Auch wanne die uorgnanten vnser Herre vnd frouwe oder ire erbin die Losunge des egenanten ires Hoffis vnd gerichtes tun, alz uorgeschrieben stet, han dan wir oder myn Curdes Rechten erbin denselben iren Hoff selbis befahren oder befruchtiget oder sust verlandsidelt, so wullen vnd sullen sie oder ire erbin vns oder vnserme Landsidele von vnser wegin vnser *pflugrecht* dauone geruwenlichen fulgen lassen ane alle geuerde; Urkunde Kurts von Treisbach über ein Gut zu Halsdorf von 1390; Lennep Leihe zu LSR. Cod. prob. S. 221. In einer (ungedruckten) Urkunde Henne Knoblauchs über ein dem Kloster Caldern gehöriges Gut von 1428 sagt er, wenn das Gut darum, daß er demselben nicht rach vnd gerecht gethan, anderweit verliehen werde, so solle er das nicht hindern dürfen, jedoch „were ess, das mir dan nach des landes recht vnd gewonheit etzwas gepurte, von bawe oder *pflugrecht*, das solle mir volgen an alle geuerde". Dieselbe Formel, wie in dieser Calderer Urkunde findet sich in einer Biedenkopfer Urkunde von 1431 bei Lennep Leihe zu LSR. Cod. prob. S. 55. Anders bei Haltaus Sp. 1489.

Vgl. *Mergelrecht, Mistrecht.*

pfnischen, *pfnüschen*, niesen. Im Schmalkaldischen. Reinwald 2, 96. Schmeller 1, 331. Im Fuldaischen knischen (s. b.).

pfnittern, verstolen lachen, kichern. Im Schmalkaldischen. Vgl. das baierische pfnotten Schmeller 1, 331. Im übrigen Hessen kittern.

pfuchen (puchen). 1) hauchen mit einem hörbaren Laute, z. B. in die Hände pfuchen, um sie zu erwärmen; 2) schnauben, besonders von der Katze gebräuchlich.

Ziemlich überall üblich, am üblichsten in beiden Bedeutungen im östlichen Hessen, zumal im Schmalkaldischen. Vgl. Schmeller 1, 307. Vgl. *fochen.*

Pfui ist im Sinne der hessischen Bauern (Fürstentum Hersfeld, Amt Landeck u. a.) ein schweres Schimpfwort, indem sie noch die ursprüngliche Bedeutung des pfi mit Sicherheit durchfühlen, freilich ohne sich Rechenschaft von derselben geben zu können. Pfi ist nämlich nichts anderes, als der Laut des Spuckens, und vertritt das Anspeien, das Speien ins Angesicht, wie das die Formel „pfui dich an" noch heute deutlich genug kund gibt, und wie im Nibelungenlied bekanntlich auf das pfi heftige Erbitterung und Kampf folgt. Ein Bauer aus dem Amt Landeck kam im Jahr 1829 zu dem Advokaten Vietor in Hersfeld, um seinen Nachbar wegen Injurien verklagen zu laßen; nach einer längeren Aufzälung von Haderscenen verschiedener Art äußerte er endlich: „da hoß (hieß, nannte) he (er) mich en Poi, und daruf well ich en verklagt han". Dem Advocaten, welcher die Bedeutung des Pfui nicht kannte, kam dieser Klaggrund über alle Maßen lächerlich vor, so daß er die Annahme der Klagsache zurückwies. Seinerseits war der Bauer höchlichst verwundert, daß der Advocat diese überschwere Beleidigung so gar für nichts achtete, und verließ den Advocaten in großem Unwillen.

Gepfül, Gepeul neutr. Dieses ehedem in ganz Oberhessen, warscheinlich aber auch, wenigstens theilweise, in Niederhessen übliche Wort ist gegenwärtig in dem südlichen Theile des kasselischen Anteils von Oberhessen fast ganz, in Niederhessen völlig in Vergeßenheit gekommen, und ist in voller Uebung nur noch im Amt Rauschenberg und in dem nördlichen Theile der Grafschaft Ziegenhain. Es bedeutet dasselbe die halb oder ganz ausgedroschenen Aehren und die

Strohstümpfe, welche sich unter die ausgedroschene Frucht verloren haben (also das Rupf- oder Ristel [Rissel]-Stroh); nachdem die Frucht gedroschen und das Stroh entfernt worden ist, werden die Körner auseinander geworfen, damit jene Aehren und Strohstümpfe sich oben auf lagern und mit dem Rechen abgenommen werden können. Dieses Gepeul wird hierauf durch ein Sieb gereinigt, von allen Fruchtgattungen zusammen auf einen Haufen geschüttet und im Winter entweder trocken oder in der Sudde mit dem Rindvieh verfuttert, in kargen Wintern auch wol mit den Pferden. In den die Oekonomie betreffenden Schriftstücken älterer Zeit erscheint das Wort nicht selten: „zwanzig seck gepfül hat der Ehrbar vnd Ehrenhaft Heinrich Ebel Rentmeister zu Wetter in Renthof geliefert" Wetterer Rentereirechnung v. 1583. Die Drescher sollen keine Früchte in den Gepfülen und Spreu laßen; Zehntordnung v. 9. Januar 1714, Landesordn. 3, 744. In den Rauschenberger Rentereirechnungen, namentlich in den „Drasch-Registerlin" von 1580—1604 heißt es regelmäßig: „Innahme Heldt vnd Gepeul", und dann z. B. 1596: „16 Malter Heldt vnd gepeull ist von der frucht abgenohmen worden". Hiernach mag das Held mit dem Gepeul vermischt worden sein, was heut zu Tag wenigstens nicht überall geschieht. Ein anderes Mal scheint Gepeul auch als Gattungsname zu gelten, und die Sprengattungen unter sich zu begreifen: „1 Wagen hat das gepeull als Hoelt vnd Raab gen Marpurgl gefuert", Wetterer Rentereirechnung von 1600.

Hierher gehört auch der Familienname **Pulsack** (Falkenheiners Hofgeismar S. LX; falsch **Pultsack** Brem. WB. 1, 161) vom Jahr 1470, welcher dem gleichzeitig sehr häufig vorkommenden Familiennamen Strosack ganz analog ist. — Am nächsten scheint sich das Wort an das niederdeutsche „pulen, klauben, kneipen, zupfen, rupfen, zerren" Brem. WB. 3, 372 anzuschließen.

S. Zeitschrift für heff. Gesch. u. Landeskunde 4, 85—86.

Pfungen fem., Veronica beccabunga, Bachbungen, eine in Hessen sehr häufig vorkommende, aber durchgängig, mit einziger Ausnahme von Schmalkalden, wo der angeführte Name vorkommt, namenlose Pflanze.

Pfusche fem., Kohlkopf, dessen Blätter sich nicht gehörig geschloßen haben und anstatt eines Kopfes nur einen Busch bilden. Schmalkalden. Im übrigen Hessen Schlauch.

Pfütsche, vielmehr **Pütsche** (im niederhessischen Dialekt auch Pitsche) gesprochen, fem., die landübliche Aussprache des lat. puteus, puzzi, Pfütze. Die einen tiefen und weiten Tümpel bildende Quelle der Ems oberhalb des Dorfes Breitenbach am Habichtswald heißt schlechthin die Pütsche, und der früher den v. Gaugreben, später den v. Stockhausen gehörige, neben dieser Quelle liegende Hof hieß gleichfalls die Pfütze, bis um das Jahr 1816 die Besitzer diesen, ihnen anstößig erscheinenden Namen in Emserhof veränderten. Waldsümpfe heißen die blaue Pfütze (Aßbacher Forst bei Hersfeld) und die grüne Pfütze (Trottenwald).

putschnasz, pütschnasz, durch und durch naß, völlig durchnäßt, als wenn man in einer Pfütze (Pütsche) gelegen hätte. Auch *bätschnasz*. Sehr üblich. Schmidt Westerw. Id. S. 150. Vgl. *trätschen*.

Pike fem., in der Redensart: eine *Pike* auf jemanden haben, ihm grollen, das Begehren haben, sich an ihm zu rächen, welche sehr gewöhnlich ist. Ebenso Schmidt Westerwäld. Id. S. 136. Schmeller hat 1, 277: einen Pick auf jemanden haben, in demselben Sinn.

Pickel msc., 1) Knoten, besonders ein großer, aus einem stärkeren Seil geschlungener oder geflochtener Knoten.

2) ein halbgefüllter — einem Knoten ähnlicher — Sack. Amt Schönstein; sonst ist mir das Wort nirgends vorgekommen.

Pille fem., ein aus Weizenmehl (gröberem, was das Gewöhnlichere ist, oder feinerem) gebackener Kuchen in der runden Gestalt eines Brodlaibes, mitunter auch in länglichrunder (elliptischer) Form. Diese Art kunstloser Kuchen sind in Oberhessen und im nördlichen Theil der Grafschaft Ziegenhain die ausschließlich oder doch fast ausschließlich gebräuchlichen Festkuchen für die Kirmes und für Weihnachten; der Name Pille jedoch, welcher mit pillula wol kaum Verwandtschaft haben wird, findet sich nur in jenem nördlichen Theil der Grafschaft Ziegenhain.

Pinne fem., *Schuhpinne*, eiserner Schuhnagel mit kurzer Spitze und breitem rundem Kopfe. Dieß ist die gewöhnliche Bedeutung des Wortes; in manchen Gegenden bedeutet Pinne jedoch auch den hölzernen Schuhnagel, der sonst Zweck, Zwecke heißt. Letztere Bedeutung findet sich als die regelmäßige auf dem Westerwald (Schmidt westerw. Jd. S. 137) und in Niederdeutschland ("Pinn, ein kleiner Pflock" Brem. WB. 3, 319). "Pfin", Marb Hexenproceſſacten v. 1633.

Pinnholz, der Ahorn, das Ahornholz, woraus die hölzernen Schuhnägel verfertigt zu werden pflegen. Wabern.

pinnen, die Schuhe mit Pinnen beschlagen.

pinken, 1) zechen, stark trinken. Sächsisches Hessen.

2) seufzen, jammern, ohne eigentlich laut zu weinen (zu gerren, greinen, schreien), von Kindern gebraucht, dem gilpen der Thiere ähnlich. Südliches Oberhessen.

pinkern, im Schmerz unaufhörlich klagen. Im Schmalkaldischen.

pinkern, an einer Sache sich abmühen, laborieren. Haungrund.

Pintnagel gibt Estor t. Rechtsgelahrtheit 3, 644 (S. 1601) für eine auf den penis, welches *pint* bedeutet, bezügliche Strafe des Ehebruchs aus, welche in Oberhessen bekannt sei. Ob diese Strafe dieselbe sei, welche er als in Lübeck vorhanden aus Haltaus S. 1490 anführt, ist nicht zu ersehen. Jetzt, nach fast einhundert Jahren, will niemand mehr etwas vom Pintnagel wissen oder gehört haben.

Pipe fem., 1) wie hochteutsch Pfeife; 2) Auslaufröhre des Röhrbrunnens, welche im übrigen Hessen *Zaite*, *Zeite* (f. d.), im Fuldaischen *Zott* heißt. Im sächsischen Hessen.

Pipenstock, der Stock, in welchem das Röhrwasser zum Auslaufen aufsteigt, der Zaitenstock. Ebendaselbst.

Hierher gehören auch Eigennamen wie *Pipenbrink*, Brink, d. h. grüner Rasen bei dem Röhrbrunnen, und daher Geschlechtsname; *Pipmeier*, Kleinbauer, welcher am Röhrbrunnen wohnt, u. dgl. m.

pipen, *pipsen* (letzteres üblicher als die einfache Form), kränkeln aus Weichlichkeit, zärtlich thun bei einem geringen Uebelbefinden, auch wol kränkeln ohne diese Nebenbegriffe.

piperlich, weichlich, empfindlich. Schmidt westerw. Jd. S. 11.

Pipenpapen fem., die braune Samenfackel des Teichschilfes, arundo phragmites. Westfälisches Hessen, an der Erpe.

Pirpel msc., Excrement der Schweine und Hasen. Im Fuldaischen Land, allgemein üblich. Vgl. *Norbel*.

pispeln, oft und wol meistens *pischpeln* gesprochen, flistern (flüstern), welches gemeinhochdeutsche Wort dem Volke gänzlich fremd ist.

Die Einwohner des Dorfes Florshain bei Treysa führten (bis etwa 1825) bei ihren Nachbarn den Spottnamen Florshainer Pischpeler in ironischem (antichretischem) Sinne, wegen ihres angeblich überlauten Sprechens.

pissen, urinare, ist nur im sächsischen und zum Theil im westfälischen Hessen volksüblich, wie weiterhin in Niederdeutschland, im übrigen Hessen fast gänzlich unbekannt, geschweige denn gebräuchlich.

Pisse fem., urina. Ebendaselbst.

pitschen, auch wol pütschen, eine Onomatopoesie, einen zischenden gelinden Knall ausdrückend: Schießpulver pitscht, der auf das Waßer platt geworfene Stein (beim Jungfernwersen) pitscht. „Die Jungen pitschen mit Schießpulver".

abpitschen nannte man das Abbrennen des Schießpulvers von der Pfanne der ehemaligen Flintenschlößer, ohne daß dasselbe den Schuß im Laufe entzündet hätte. Daher wurde dieß Wort auch, und wird noch jetzt gern metaphorisch gebraucht von begonnenen aber meist lächerlich mislungenen Unternehmungen, von vergeblichen Bitten u. dgl.

Schmidt Westerwäld. Jd. S. 147.

pitteln, sich begatten, vom Federvieh, zumal von den Gänsen und Enten. Oberhessen und Grafschaft Ziegenhain, besonders in deren westlichem Theil. Vgl. *reihern*.

Plage neutr., Kind, zumal kleines Kind. Eine im sächsischen, auch wol im westfälischen Hessen sehr übliche, keineswegs übel gemeinte Bezeichnung.

plämberig adj. u. adv., ein üblicher Ausdruck, um die unbehagliche Empfindung des beginnenden Hungers zu bezeichnen: „es wird mir ganz plämberig".

Planke fem., wie gemeinhochdeutsch.

Geplänke neutr., Plankenzaun, die gesamte Umfaßung eines Hofes, Gartens u. s. w. durch Planken. Das Wort kommt in fast allen Schloßrechnungen aus der Mitte des 16. Jh. bis in das 18. Jh. vor („das Geblencke vor dem Schloß"), und wurde noch in der neueren Zeit anstatt Plankenzaun oft gebraucht, stirbt aber, da die Plankenzäune überall beseitigt werden, sichtlich aus, oder ist vielmehr schon ausgestorben.

Plärje msc., naßer und schmutziger Fleck: „ein Plärje von Speichel"; „das Kind hat einen Plärje gemacht"; auch einen Kuhfladen nennt man Plärje. Südliches Oberhessen.

Plätt neutr., das zur weiblichen Kleidung gehörige Halstuch. Sächsisches und westfälisches Hessen. Aehnlich Richey Id. Hamb. S. 187: Plate, Schürze, Vorschürze.

Platzbursche (im Fuldaischen noch: Platzknechte) sind diejenigen, meist zwei, Bursche (Knechte) des Dorfes, welche von den andern vor der Kirmes, im Fuldaischen auch vor Fastnacht, gewählt werden, um beim Tanz die Ordnung zu handhaben, die ersten Tänze zu tanzen, die Rechnung zu führen u. s. w. Diese Platzbursche trugen ist östlichen Hessen nicht nur einen bebänderten Strauß von „gebackenen" (künstlichen) Blumen am Hute, sondern auch am Arm, und führten sogar noch die alte Pritsche der Spruchsprecher und Pritschmeister.

Vgl. Schmeller 1, 339—340, aus der Oberpfalz und Franken.

platzen s. **Blatz** und **blatzen** S. 40. Die Bedeutung laut klatschen, hell knallen, ist in Oberhessen üblich, die Bedeutung: Heimlichkeiten ausplaudern, so viel ich weiß nur noch in dem nördlichen Theil der Grafschaft Ziegenhain (Amt Schönstein) und in den angrenzenden Theilen von Ober- und Niederhessen (Haina und Jeßberg).

Geplätze neutr. gibt Estor t. Rechtsgelahrtheit 1, 644 (§. 1601) als ein in Oberhessen übliches Garnmaß, und zwar folgender Gestalt an: ein Geplätze hat 60 Haspelfaden; in der Stadt sind 5 Geplätze (300 Faden) ein Strang, vier Stränge (1200 Faden) machen eine Zal; auf dem Lande aber sind zwei Geplätze ein Gebind (120 Faden), und zehn Gebinde machen eine Zal, gleichfalls 1200 Faden. Der Ursprung dieser Benennung ist folgender: Die Haspel (Weifen) sind so eingerichtet, daß die Umdrehungen durch eine gezahnte runde Scheibe signalisiert werden, und bei der sechzigsten Umdrehung ein an der Scheibe angebrachter kleiner Pflock ein kleines am Haspelstock befestigtes elastisches Bretchen mit einem lauten Klatsch („Platz") wegschnellt; so wie ein solcher „Platz" gehört wird, ist ein „Geplätze" abgehaspelt. Uebrigens gibt es auch Haspel mit halben Geplätzen d. h. solche, welche schon die dreißigste Umdrehung durch ein solches Platzen signalisieren.

Plempe sem., Degenklinge, Säbelklinge in verachtendem Sinne. Sehr üblich. Schottel Haubtspr. S. 1372 hat ein einigermaßen ähnliches Wort: Pampe, genus gladii apud Germanos.

plestern, stark regnen. An der Diemel sehr üblich, anderwärts unbekannt, dafür plätschen und trätschen.

pletschen, *plätschen*, 1) wie gemeinhochdeutsch, vom starken Regen, wie er auf den Erdboden niederfällt, vom Geräusch des Waßers, in welchem hantiert wird, wenn gleich hierfür da und dort auch andere Ausdrücke mehr in Uebung sind.

2) breit drücken; ein von einer einstürzenden Mauer erschlagenes Kind war „ganz gepletscht"; „nimm dein Hütchen (Mützchen) in Acht, daß es nicht g e p l e t s ch t wird.

3) metaphorisch: abführen, die Absicht eines Dritten unerwartet und für ihn schmählich vereiteln; „der war einmal gepletscht!" „wenn wir das nachgeben, dann sind wir gepletscht". Allgemein üblich.

Pletschnase, breite, platte Nase; Person mit platter breiter Nase.

Pletschbohne, vicia faba. Niederhessen; noch üblicher als Saubohne.

Pletscher, *Plätscher* msc., ausgedehntes Stück Land, Breite. Haungrund.

Plocke, *Blocke* sem., hessische Form für Flocke; Schneeplocken, Federblocken. „drauschlagen, daß die Blocken stieben", sehr übliche Redensart.

Frey dapffer her, gantz vnerschrocken,
Drauff gschlagen, daß stüben die Plocken. Js. Gilhausen Grammatica etc. 1597. 8. S. 105.

Plötzer msc., Mießer. „¼ fl. (wird gestraft) Philips Fett, das er vber Hans Dreißen seinen ploetzer entploßet hat" Wetterer Bußregister von 1591. Plotz als Meßer, Weidplotz, Plotze findet sich anderwärts häufig s. Adelung unter Plaute. Alle diese Wörter sind wol ohne Zweifel auf das goth. *blôtan* zurückzuführen, und haben demnach ursprünglich die Bedeutung Opfermeßer gehabt. S. Zeitschrift f. hess. Gesch. u. Landesk. 4, 86.

Plusch msc., Schaum.

pluschen, schäumen. Hersfeld, Haungrund, auch weiter hinaus im Fuldaischen Land.

Pogge msc., Frosch. Im westfälischen Hessen, wie weiterhin in Westfalen und in Niederdeutschland üblich. Indes ist es nicht die ausschließlich herschende Benennung des Frosches, am wenigsten im sächsischen Hessen; neben *Pogge* gilt, und zwar in manchen Ortschaften weit überwiegend, *Höpper* (Hüpfer).

Pök neutr. bedeutet jetzt ein stumpfes Meßer, auch wol ein sonstiges stumpfes zum Schneiden oder Stechen kaum noch dienendes Instrument. Werragegend. Eben so Richey Id. Hamb. S. 190. Es muß das Wort aber eigentlich eine brauchbare Waffe bedeutet haben: „Wer ein Messer, pock oder ander Gewehr zeucht" Reformat. Ordnung Landgraf Wilhelms II. §. 25.

Auch das von pök abgeleitete poeken bei Richey weist darauf hin, daß der Gebrauch des pök ein ernstlicher Waffengebrauch gewesen ist.

verpopeizen, verpfuschen. Schmalkalden. Ohne Zweifel nur eine Variation von *verbombeisen*, *versumseien*, s. Bombei.

Vgl. verpopitzen, Frisch 2, 66.

verpöpeln (sich), sich vermummen; in Schmalkalden das eigens für das Vermummen gebräuchliche Wort. Es bedeutet: sich zu einem Popel (Popanz) machen, wiewol das Substantiv Popel angeblich dort nicht vorkommen soll.

poppern, klopfen, vom Herzen allgemein und fast ausschließlich gebraucht; sodann auch von dem Abfallen des Obstes, zumal beim Obstschütteln.

es poppert mir, es ist mir bange, angst.

popperig, ängstlich, furchtsam.

Porz msc., auch wol Borz, sehr oft aber Pörz, Perz, gesprochen, im westlichen Oberhessen der Raum in der Scheune, welcher neben und über der Dreschtenne sich befindet. Vgl. *Kör*. Es kann dieß Wort kein anderes sein als porta (woher Pforz fem. bei Frisch 2, 57a) oder porticus (woher das alte phorzich Schmeller 1, 635). Wie aber porta oder porticus zu der hier angegebenen Bedeutung komme, ist schwer zu sagen.

Pose fem., Pause, doch nicht in diesem Sinne, sondern in der Bedeutung von Periode gebraucht, wie bei Richey Id. Hamb. S. 191. Das Wort kommt einzeln in und um Frankenberg, im Amt Schönstein und wol sonst in Gegenden welche an das Niederdeutsche grenzen, vor; aus dem eigentlich niederdeutschen Hessen ist es mir nicht als üblich bezeichnet worden. Dagegen hört man in den vorher bezeichneten Gegenden sehr häufig das Adverbium **posenweise**, periodisch.

Pot msc., Topf; die ausschließliche Benennung im sächsischen und westfälischen Hessen.

Pötter, Töpfer; gleichfalls die einzige Benennung dieses Handwerks in den eben genannten Gegenden, anderwärts gänzlich unverständlich.

potten, im westfälischen Hessen die eigentliche Benennung des Pfropfens und Oculierens der Bäume; auch wird das Wort wol für pflanzen gebraucht, namentlich vom Pflanzen der Bäume, auch wol der Kohlgewächse, und vom Legen der Bohnen. Strodtmann Idiot. Osnabr. S. 166.

prachern, dürftig sein, oder sich dürftig, bettelhaft anstellen, um nichts geben zu müßen, so daß prachern sehr oft für geizig sein gebraucht wird.

Pracher msc., *Pracherer*, ein Dürftiger; häufiger fast: ein knickriger Mensch. „Du alter Erz-Pracher, ich habe mehr Geld als du" in Filidors „Vermeinter Prinz", eine Redensart, welche beide Bedeutungen in sich schließt.

Vilmar, Idiotikon.

pracherig, armselig, dürftig, bettelhaft: „es geht mir gar pracherig". Dieses Adjectivum wird selten in dem Sinne von geizig, knickerig, verwendet.

Bei Schottel Hauptspr. S. 1379. Richey Id. Homb. S. 192 und sonst ist prachern betteln, niederträchtig um etwas bitten.

Niederdeutschen Ursprungs und Gebrauches ist das Wort in ganz Niederhessen in vollester Uebung; übrigens auch in Oberhessen keinesweges unbekannt.

praschen, *pratschen*, pralen, großthun.
Prasch msc., Pralerei. Schmalkalden.
Vgl. *breschen* (breischen).

präzeln, ein den Laut nachahmendes Wort, welches vom geschüttelten Obste gebraucht wird: vom Baume mit Geräusch zu Boden fallen. Schmalkalden.

Prégel msc., ein starkes Stück Holz; meist ein solches, welches zu einem bestimmten Gebrauche zugerichtet ist.

prégeln, mit einem starken durch die Spannkette gesteckten Knittel das auf dem Wagen befindliche Holz zusammenhalten und befestigen. Im westfälischen Hessen.

Prem msc., meist nur deminutiv: **Premchen** neutr., ein Stück Kautabak. Im Fuldaischen allgemein, wie auch in Niederdeutschland die Portion Kautabak Prömmel genannt wird. Im übrigen Hessen heißt sie Schärchen.

Prépel msc., wo mehr hochdeutsch gesprochen wird: Brépel, Brébel, dünner Kot, z. B. auf den Torfwegen. Im nördlichen Niederhessen.

prékeln (brékeln, wo mehr hochdeutsch gesprochen wird), unaufhörliche, meist kleinliche Vorwürfe machen, kleinlich tadeln. In ganz Niederhessen üblich; nicht selten kommt auch die Variante prépeln (brébeln) vor (s. d.).

Presser msc., Steuerexecutant. Nur in Schmalkalden üblich. Schmeller 1, 344.

Prête fem., Mütze. In der Diemelgegend.

Priede fem., das Eisen am Wagen, welches um den Pilf (s. Pfälf) und die Wagenachse, um diese Stücke zusammen zu halten, herumgebogen und am untern Theil der Achse mit Schrauben befestigt wird. Fulda (Neuenberg).

Pries msc., der Besatz unten am Weiberrocke, aus Band bestehend. Fulda. Ohne Zweifel Substantiv zu *preisen*, schnüren. Im übrigen Hessen wird das Band nur Schnur, niemals Band genannt, was sich zu dem Fuldaischen *Pries* wol fügt.

Priezling msc., eine Varietät der Walderdbeere, fragaria vesca. Schmalkalden.

prickeln, stechen; ein in das Gemeinhochdeutsche übergegangenes, im sächsischen und westfälischen Hessen volksübliches niederdeutsches Wort.

Prim fem., heißt in Oberhessen die dem Hirten zukommende, von den einzelnen Viehhaltern erhobene, Gabe an Frucht; Hirtenlohn. Das Wort ist nichts als eine Entstellung des Wortes Pfründe (phruonta), wird auch noch jetzt so verstanden. Eben so Weigand im Friedberger Intelligenzblatt 1845, No. 17.

pruppeln, schelten, schmählen.
pruppelig, ungehalten.
Eine Pruppelsuppe kriegen, ausgescholten werden. Oberhessen.
In Niederhessen mit einer Veränderung des Lautes und einiger Modification des Sinnes: prépeln, brébeln, nahe verwandt mit prékeln, brékeln), w. s.

Prutsche fem., dickes, aufgeworfenes Maul; trotziges Maul oder Gesicht. Nebenform von Brotze (s. d.). „Der macht eine Prutsche, daß ein Schock Hüner darauf sitzen könnte". Oberhessen und Schwarzenfels.

prutscheln, um sich spritzen. Allgemein üblich.

Pudel msc., Fehlwurf im Kegelspiel, hier wie anderwärts üblich.

verpudeln, eine Sache verderben, durch albern gewählte Mittel den Zweck gänzlich verfehlen, die Absicht vereiteln. Sehr gebräuchlich.

Pulle fem., Flasche, Bouteille. Im sächsischen Hessen. Im übrigen Hessen spricht man *Bulle*, und versteht darunter nicht, wie dort, eigens eine Bouteille (die eher Botelje, Bŏtĕll genannt wird), vielmehr ein ungewöhnlich großes Glasgefäß, z. B. nennt man ein großes Glas voll Arznei Medicinbulle.

puscheln, die noch unaufgebundenen Getreidegarben vorläufig abdreschen, um die ausfallenden Körner nicht verloren gehen zu laßen. Grafschaft Ziegenhain, besonders Amt Schönstein. Anderwärts *knüppeln (knüppeln), körnen*.

Pusse fem., Schmeichelwort für die Katze. An der Diemel, wie überhaupt in Niederdeutschland, nur daß außerhalb Hessens auch häufig Püse gesprochen wird. Im übrigen Hessen unbekannt.

pùsten, blasen. Das Wort blasen ist im westfälischen und sächsischen Hessen wenig oder gar nicht gebräuchlich, das niederdeutsche pùsten dagegen in dem ganzen übrigen Hessen, neben blasen, und hin und wieder mehr als blasen, üblich. „Das Korn pustet", fängt an zu blühen. Am Habichtswalde braucht man jedoch die Redensart „das Korn pustet" auch, um das Hervortreiben mehrerer Nebenhalme neben dem Haupthalm, welches im Mai bei fruchtbarer Witterung Statt zu finden pflegt, zu bezeichnen.

Pùstebacken, dicke, fleischige, frische Wangen. Sehr üblich. Strodtmann S. 371.

putchen, kränkeln, sich unwohl befinden, ohne eigentlich krank zu sein. Allgemein üblich.

putchern, Frequentativum von putchen, öfter kränkeln, sich wiederholt unwol befinden; besonders von Schwangeren gebraucht. Oberhessen.

verputchen, durch Kränklichkeit oder schlechte Pflege in Wuchs und Entwicklung zurückbleiben; von Kindern, zumal den rhachitischen, aber auch von jungen Thieren (Lämmern, Hünern) gebräuchlich.

Das Wort *verbutten* ist in Hessen nicht volksüblich; nur in Schmaltalben findet sich

verbolt, verkrüppelt.

putscheln, sich heimlich mit einander besprechen, heimliche Wege gehen, namentlich heimlich etwas verkaufen; in letzterem Sinne sagt man von einer Frau, welche heimlich allerlei aus dem Hause trägt (Eier, Butter, Obst u. s. w.), um sich dafür in Kaffe gütlich zu thun oder sich einen Mutch anzulegen: „das ist ein rechtes Putschelweib".

Putschelball ist dasjenige Ballspiel der Knaben, wobei die Spielenden des einen Theils sich heimlich verabreden, wer von ihnen den Ball haben soll. Amt Jesberg und Amt Schönstein.

Eben daselbst kommt neben *putscheln* auch die Form *puckeln* in derselben Bedeutung vor; anstatt Putschelweib hört man eben so oft, beinahe öfter: Puckelweib.

Aehnlich sagt man in Oberhessen mit gleicher Bedeutung wie puckeln. *verpackeln.* Vgl. *partieren.*

putt adj., weich, zart, jung. Im westfälischen Hessen.

Pûzigel msc., ein im Verhältnis zu seinem Alter kleiner Mensch; Spottwort. Schmalkalden.

Q.

quackelig, als Eigenschaft von Kindern: lebendig, beweglich, auch: unruhig; als Eigenschaft Erwachsener: unstät, unselbständig, faselig. Sehr üblich. Vgl. *gackelig.*
Schambach Gött. Jb. S. 163.

quanzen, handeln, schachern, zumal im Kleinen und Kleinsten, namentlich werden die Händel, welche Kinder unter einander abschließen, mit diesem Worte bezeichnet.
verquanzen, unrechtmäßig oder mit Schaden etwas Kleines verschachern. Allgemein üblich.

quarren, *quärren*, halbschreiend weinen, wie die kleinen Kinder thun; unmutige Bezeichnung des Weinens der Kleinen.
Quarrsack, Scheltwort für ein stets weinendes Kind.

Quast msc., auch **Quaste** fem., wie gemeinhochdeutsch: Schleife, Troddel. Ehedem aber wurde das Wort von jedem Büschel gebraucht, z. B. vom fruchttragenden Aste: Dem Schulmeister zu Frankenberg gab „eyn ickelich burgers kynt zu unszer frauwen tag Assumptionis von ickelichem *quaste* den groisten appel". Emmerich Frankenberger Gewonheiten bei Schmincke Monim. hass. 2, 686. Es war das Wort auch der Eigenname eines Walddistricts im Amt Landeck (Schenklengsfeld): „Auch der Questenn, Buchholtz vnd dem Obersberge". Vertrag zwischen L. Philipp u. Abt Kraft v. Hersfeld v. 26. Juli 1557 bei Lebberhose Jurium Hassiae principum in Abbatiam Hersfeldensem etc. 1787. 4. S. 180.

Quat msc. (und Quät), Schlamm, Kot. Im Haungrund, Eitragrund u. w.

quatschen, ein Schallwort, den Laut bezeichnend, welchen mit Feuchtigkeit durchdrungene Gegenstände hören laßen, wenn sie mit härteren, trockenen in Berührung kommen; Schuhe z. B., in welche Waßer eingedrungen ist, quatschen beim Gehen; es quatscht, wenn man im Sumpfe, tiefen Kote, watet.

Quatsch msc., das zu quatschen gehörende Substantivum: wenn man naße Wäsche hinwirft, thut es einen Quatsch; wenn das Richtschwert durch den Hals des Hingerichteten fährt, thut es einen hellen Quatsch. Allgemein üblich.
Schmidt Westerw. Jb. S. 153. Schambach Gött. Jb. S. 164.

quatteln, ein Schallwort von dem Geräusch kochender Sachen, namentlich des Breies, der Suppe u. dgl. Ziemlich allgemein üblich (Hersfeld, Haungrund u. w.).

quattern, strudeln. Im Schmalkaldischen.

Quatter msc., ein kleiner, unruhiger, quecksilberiger Mensch. Schmalkalden.

Queiselei fem., meist nur pluralisch: *Queiseleien*, Ausflüchte, Lügen, Ränke. Sächsisches und westfälisches Hessen.
Vgl. Schambach Gött. Jd. S. 164.

quellen (causat., schwach conj.) wird in der obern Grafschaft Hanau in Beziehung auf die „Grumpern" (Grundbirnen, Kartoffeln) für sieden gebraucht: Grumpern quellen, gequellte Grumpern.

Quellkartoffeln, Quellgrumpern, Kartoffeln welche zum Sieben besonders geeignet sind; indes auch gesottene Kartoffeln (Pellkartoffeln, Kartoffeln in der Schale).

Quellfleisch s. Krezelfleisch.

Quenzel msc., dicker Bauch; ein halb scherzhaft gebrauchter, indes doch das Misfallen an dieser Körpergestalt kund gebender, hin und wieder in Niederhessen gebräuchlicher Ausdruck.

Querdel msc., die ursprünglichere Form des Wortes Köder, esca. Die alte Form war noch im Anfange dieses Jarhunderts (gesprochen Quirdel, Kirdel, Kerdel) bei den Fischern in Hessen üblich (wie auch Adelung 2, 1681 angibt), und soll noch jetzt vorkommen „Acht alb. hat — der erbar Jost Hendel — Herman Bolanden dauor er Lorbern vnd Anis querdeln zum vorellenfangen zu machen gepraucheu kaufft, — bezald". Wetterer Rentereirechnung v. 1559.
Ahd. *querdar*. Graff 4, 680. Grimm Gramm. 2, 121. 150.

Querch msc., Zwerg, Krüppel. Eben so Schottel Haubtspruche S. 1380. Die Form mit Zw soll wol, wenigstens in Althessen, niemals und nirgends vorkommen.

querch adj., quer, zumal wenn das Wort den Begriff verkehrt ausdrücken soll; querches Zeug; ein querches Kerl. Das **ch** ist nach dem Ursprunge (tvairhs) richtig beibehalten. Ueberall üblich.

Querche fem., Quere; „wenn das Holz sich nicht werfen soll, muß es in die Querche geschnitten werden". Vgl. Waerscht.

Querenberg, Name eines bewaldeten Berges zwischen Uengsterode und Großalmerode, eines andern im Spessart, bei Bieber. (Ob von quirn, also = Mühlenberg?). Vgl. Quirnberg Graff Althochd. Sprachschatz 4, 680.

querzen, ächzen, stöhnen. Im Schmalkaldischen, sonst nicht gebräuchlich. Reinwald henneb. Jd. 1, 123. Journal von u. für Deutschl. 1786. S. 532. Es darf dieses Wort immerhin für ein Frequentativum des alten querau (Graff Sprachsch. 4, 679) gehalten werden.

questen bedeutet, wie es scheint: plagen, quälen — strafen. Ich kenne das Wort nur aus Isaac Gilhausen Grammatica etc. Frankf. 1597. S. S. 72:
    Solt mir derwegen trawen fest,
    Daß er soll redlich werden gequest,
    So baldt er kompt in Waldt hinein,
    Soll er ein Hirsch, kein Mensch mehr sein.
Vielleicht identisch mit dem gemeinhochdeutschen quetschen. Oder wäre es gar noch das uralte quistjan (goth. usqvistjan, ahd. arquistjan, forquistjan)??

Quetsche fem., die ausschließlich gebräuchliche Form für Zwetsche in ganz Hessen. Des Anlauts wegen vgl. Querch st. Zwerg. „Das quetschen muß kuhlete ihn". Marb. Criminalacten v. 1682. Schon bei Alberus Dict. Bl. Ggijb: „Pruna damasci sind die besten quetschten".

quiden, *quiten*, frei machen, loszälen; jetzt zum Theil dem modernen quittieren entsprechend. „Vnd ist es, das etwas aus dem vorgenanten halben gute versatzt oder verkeufft ist, — das sollen Eila vnd ire kinder vnuerzuglich inn das gut widder *queiten* vnd lassen, on des obgenanten Closters (Caldern) zuthun vnd schaden". Landsiedelbrief über ein Gut zu Lohra vom Jahr 1431. „Montag trinitatis als myn gnediger Herre tzouch keyn Cassel myt synen Rutern vnd die Fehede gescheiden waz, du *qvidete* ich myns gnedigen Herrn ruter vsz der Herberge mit habern, alsz man in tzwen tagen nicht hatte gefutert". Felsberger Rechnung von 1469. Zeitschr. f. hess. Gesch. u. LK. 2, 168. „han vns — wol bezalt achtzig gult gulden — vnd *quitten* sie der in macht dises briefs". Urk. v. J. 1539. Lenney Leihe zu LSR. Cod. prob. S. 50.

Es soll dieses *quitten* st. quittieren noch im Anfange dieses Jarhunderts gehört worden sein.

Quiele fem., Quelle in weichem, morastigem Boden, welche ihr Waßer nicht über die Oberfläche des Bodens heraustreibt, sondern unter derselben sich verlaufen läßt, Sickerquelle. Niederhessen. Das Wort Quelle ist gar nicht im Gebrauche, sondern es tritt statt dessen das Wort Born ein. „Diese Wiese ist voller Quielen, aber einen Born hat sie nicht, unten drunter ist ein kleines Börnchen". Es erinnert dieser Unterschied an den, welchen Schottel Haubtspr. S. 1380 zwischen quellen, scaturire, und quielen, stillare pituitam ex ore, geifern, macht.

Quieler msc., derselben Bedeutung wie Quiele, vorzüglich im Schmalkaldischen gebräuchlich, aber auch im östlichen Hessen vorkommend.

Quiller msc., Name einer ansehnlichen hochrückigen Waldstrecke nördlich vom Heiligenberge, in dem Winkel, welchen die Eder mit der Fulda vor ihrer Vereinigung mit letzterer bildet. Der Name findet sich schon in den Forstregistern des 16. Jarhunderts, und scheint nicht aus einer Entstellung hervorgegangen zu sein; wie aber derselbe mit quellen zusammenhänge, und ob der Quillerwald, Quiller, seinen Namen von dem in seinem Umfange (oberhalb Büchenwerra) befindlichen Quillerborn, oder letzterer den seinigen vom Quiller empfangen habe, muß für jetzt unausgemacht bleiben.

quinseln, schmeicheln, gute Worte geben; Kindern und Hunden quinselt man. Oberhessen. „Gut Leckerbislein, vnd gut wort,
Wie er sie findt an manchem Ort,
Da man jm pescht vnd quinseln thut,
Machen jm ein lüstigen muth". (G. Nigrinus) Affenspiel. 1571. Bl. F4a—b.
Estor t. Rechtsgel. 3, 1417. Zeitschr. f. hess. Gesch. u. LK. 4, 86.

Quintipse fem., vulva, scherzhaft. Schmidt Westerw. Jd. S. 154. Schwerlich willkürlich erfunden, da das Wort im östlichen Hessen wie auf dem Westerwalde vorhanden ist, sondern an irgend welche alte Wörter (quiti, quoden Graff Sprachsch. 4, 630—651, auch wol an quena) angelehnt.

quittern, glänzen, leuchten. Im sächsischen, auch wol im westfälischen Hessen (Niedermeisen, Zwergen). Schambach Gött. Jd. S. 164.

quösen, auch *quésen* gesprochen, sprechen, meist aber von der klagenden Rede gebraucht und verstanden: klagend etwas vorbringen. Westfälisches Hessen. Strodtmann Id. Osn. S. 175: quaasken, läppisch Zeug reden. Schambach Gött. Jd. S. 163.

quullern, *quollern*, 1) stark hervorquellen, mit Geräusch hervorsprudeln; 2) im Leibe (in den Gedärmen) rumpeln.

In beiden Bedeutungen überall üblich. Vgl. quunkeln.

Schambach Gött. Jd. S. 165.

quunkeln, poltern in den Gedärmen. Im Houngrund. Vgl. quullern.

R.

Rabbas msc., Scherzbenennung einer, zumal bejahrteren, unruhigen, arbeitseligen Frauensperson. In den mittlern Ständen, besonders jedoch in Niederhessen, sehr üblich. Schmeller hat 3, 4 „Rabatschen".

rach und gerech. Eine in hessischen Urkunden des 15. Jahrhunderts häufig vorkommende Formel im Sinne von: vollkommen zur Genüge, zu hinlänglichem Vorteil, zu der erforderlichen Befriedigung; „einem Gute rach und gerech thun" bedeutet das Gut so bewirtschaften, daß es im vollständig guten Stande erhalten wird. So kommt diese Formel zu dreien Malen vor in einer ungedruckten Urkunde des landesherrlichen Schultheißen zu Wetter, Henne Knoblauch, vom Sonntag nach Gallus 1428. Hier bekennt er, von der Aebtissin Katharina zu Kaldern ein Gut, zu ObernAmenau gelegen, zu Landsiedelrecht geliehen bekommen zu haben, und sagt weiter: „das ich geredden in crafft diesz prieffes, demselben gute mit aller seiner zugehorunge, es sey an ackern, wiesen, vnd wie das anders funden oder benant wurdet, nichts auszgescheiden, *rach vnd gerech* zu thunde, nach recht vnd gewonheit diesses landes". Weiter: in den ersten drei Jahren soll der Pachter der Verpachterin kein Pacht, Gefälle oder Gülte geben, „vmb deswillen, das ich dem obgenanten gute mit aller seiner zugehorunge fleissig *rach vnd gerech* thun soll". Endlich: „Vnd were esz, das ich dem ehegenanten gute mit seinen zugehorungen nicht *rach vnd gerecht* thete als vorgeschrieben stehet, so sollen — — sie das selbe gut einem andern Landsiddeln leihen". — Desgleichen in einer Urkunde vom J. 1431 über eine Landsiedelleihe zu Lohra: „Were esz auch das Eila vnd jre Kinder dem vorgnanten halben gute mit seinen zugehorungen nicht *rach oder gerech* theten als Landsiddeln recht ist — — so sollen sie sich gantz von dem gute vertrieben han". „vnn sollen sy daz hus halden mit buwe vnn mit *gerach* alze buwes recht ist". Zinsbuch der Pfarrkirche St. Mariä zu Marburg v. 1410. Und so öfter.

Lennep in der Leihe zu Landsiedelrecht Cod. prob. S. 54 (v. J. 1431 aus Biedenkopf) und S. 163 (v. J. 1428 von ObernAmenau) liest *raid und gerech*, indes fehlerhaft, wie aus Folgendem hervorgeht.

Gerach neutr., in der Formel *zu Gerach kommen* ist ein in Oberhessen noch jetzt sehr übliches Wort in der Bedeutung: Vorteil, und wird am gewöhnlichsten bei dem Aufziehen junger Thiere gebraucht. „Ich denk, daß mir die Muck mit den Ferkeln zu Gerach kommt, dann lös ich Geld und kann bezalen"; „die Kuh mit dem Kalbe kommt mir zu Gerach"; „das Kühchen kommt zu Gerach", d. h. bekommt ein Kalb. „Das Getreide kommt zu Gerach", d. h. gerät. Indes bedeutet zu Gerach kommen ganz eigentlich: zu rechter Zeit kommen: „ich bin so gelaufen, ich dachte, ich käme nicht mehr zu Gerach" = zu rechter Zeit, um mitzufahren (Aeußerung, auf dem Posthofe 1842 vernommen).

gerech ist ein altes und bekanntes Wort: recte, plene, Schmeller 3, 15. Grimm Gramm. 3, 148; bis dahin noch nicht nachgewiesen ist das Wort *rach*. Schwerlich wird dasselbe eine von gerech wesentlich abweichende Bedeutung gehabt haben, wie denn das heutige gerach die Bedeutung von rach und gerech, mit wenig veränderter Schattierung zusammen zu fassen scheint. *rach* sieht aus wie eine Ableitung von dem Präteritum eines Verbi rëchan, rach, râchen, rechen, *gerech* wie eine Ableitung aus dem Präsens desselben. (Etwa rikan goth. Röm. 12, 20?)

Gerachen, treffen, zu rechter Zeit kommen hat Schmidt westerw. Id. S. 65; rachen (nicht mehr üblich nach S. 65) S. 155.

Rachenputzer, anderwärts ein Schluck sauren Weins, welcher die obern Kehlgegenden vom Schleim reinigt, Schmeller 3, 10; in Hessen, wo man keinen Wein zieht, auch nicht einmal sauren, bedeutet das Wort einen Schluck Brantewein.

rachgierig wird in Hessen allgemein, wie anderwärts, für habgierig, habsüchtig gebraucht. Vgl. rachig.

rachig, habsüchtig. In der Obergrafschaft Hanau neben rachgierig gebräuchlich, so daß man sieht, das Volk will in diesem Worte den Namen Rachen, faux, nicht Rache (vindicta) verstanden wißen.

Radeber fem., dasselbe, was im übrigen, besonders im östlichen Hessen, ein „Treiber" (richtig Tri-baer) ist: ein mit einem Rade versehener zum Fortschaffen von Erde, Mist, Schlamm u. dgl. dienender Kasten, Schubkarren. Nur im Fuldaischen und Schmalkaldischen üblich. Reinwald 2, 103. Schmeller 3, 48. Mone Anzeiger 1838. S. 156. Vgl. Bere.

raden, räden, reden, sieben. Es unterscheidet sich das raden von dem reitern, rittern (w. f.) dadurch, daß durch das raden nur das Gröbste von dem mit der Frucht vermischten Unrat (Stroh, Aehrenstümpfe), durch das reitern auch die feineren ungehörigen Zuthaten zu der Frucht (Trespen u. dgl.) ausgeschieden werden. Das Radensieb (oder der Raden) hat ein breites, das Reitersieb ein sehr schmales Geflecht, folglich auch verhältnismäßig engere Sieböffnungen. Eben so Schmidt Westerw. Id. S. 162.

Das Wort ist sehr alt; es erscheint z. B. als *redan* bereits bei Otfrid IV, 13, 31. Vgl. Schmeller 3, 48. 53—54.

Raeden msc. gilt als Eigenname des ausgedehnten sumpfigen Seees zwischen Wildeck und Obersuhl, welcher ehedem (noch 1820—1825) der Aufenthaltsort vieler, jetzt aus Hessen gänzlich oder doch fast ganz verschwundenen Waßer- und Sumpfvögel war, auch solcher, welche überhaupt im mittleren, westlichen und südlichen Deutschland nur äußerst selten anzutreffen waren, der aber nunmehr völlig ausgetrocknet und in Wiesen, theilweise schon in Ackerland verwandelt worden ist. Schwerlich ist jedoch das Wort Eigenname, vielmehr wol nur eine Entstellung von *Riet*. Viel weniger warscheinlich, wenn auch nicht geradezu unmöglich, ist es, das Wort für niederdeutsch halten, und es als *Roeten*, Ort des Faulens (Roßens, in hochdeutscher Form) verstehen zu wollen; vgl. Strodtmann Id. Osn. S. 185. Brem. WB. 3, 439.

Raffianer msc. Diese Entstellung des jetzt überall gänzlich verschollenen Fremdworts Ruffian hatte sich wenigstens bis zum Jahre 1830 an der Werra (Allendorf, Sooden u. w.) erhalten und ist vielleicht noch jetzt daselbst üblich. Man bezeichnete damit Landstreicher, namentlich aber die Zigeuner, welche sonst auch im östlichen Hessen Tateln (Dattern) heißen (s. d.). An sich bedeutet das ital. ruffiano, russo, span. rufian, französ. ruffien einen Hurenwirt, aber der Begriff Landstreicher steht dem, was man sich unter Ruffianer dachte, immer zur Seite. Nach der Landesordnung der Grafschaft Henneberg vom Jahre 1534 (Buch 6. Tit. 4. Cap. 2) sind „Spitzbuben, Ruffianer, Landfarer und Zygeuner nit zu leyden". Sonst scheint die Bezeichnung Ruffianer in Hessen nicht sonderlich üblich gewesen zu sein; ich bin derselben bis dahin weder in hessischen Verordnungen noch in ältern Acten begegnet.

Vgl. Schmeller 3, 62—63. Brem. WB. 3, 540—542 (wo übrigens die Wörter ruffeln, Ruffelij u. s. w. nicht als ursprünglich niederdeutsch, wofür sie ausgegeben werden, sondern als von dem ital. Worte Ruffian abgeleitet, hätten bezeichnet werden sollen; die niederdeutsche Sprache war und ist noch ganz besonders geneigt, Fremdwörter sich anzueignen und weiter zu bilden).

Ragel msc., der Ofenkratzer, die Ofenkrücke, auch wol: der Hahler. Ein nur in der Obergrafschaft Hanau (Steinau, Schwarzenfels) vorkommender Ausdruck.

rahen, munter sein, beweglich sein, sich in Bewegung, zumal lebhafter Bewegung, befinden. Haungrund.

racken, niederracken, die oberhessische verderbtere Form des ziegenhainischen und niederhessischen niederrucken, d. i. *trucken, ruminare, wiederkäuen.

Racker msc., bißiger Hund; böser, verlorener Mensch; als Schimpfwort nicht selten angewendet. Estor S. 1417: „Ratter, ein groser hund, wenn man ihn schimpfet".

Schindracker, ursprünglich ein Hund, wie ihn ehedem die Schinder bei sich führten; übliches Schimpfwort, gleichbedeutend mit dem jetzt wenig mehr üblichen Schimpfworte Schindhund.

rackern (sich), *sich abrackern*, mühselig schwere Arbeit thun, zumal mit dem Nebenbegriff, daß das Ergebnis der Arbeit zu der aufgewendeten Mühe in keinem Verhältnis stehe. „Ein Ackermann ein Rackermann" Redensart an der Diemel.

Das von Estor 3, 1417 angeführte Ratkerknecht = Schinderknecht, Abtrittsfeger, findet sich in Hessen, wenigstens heut zu Tage und seit 30—40 Jahren, so wenig, wie die im Brem. WB. 3, 424—426 aufgeführten Wörter, die sich zum Theil auch schon bei Richey S. 204, dann bei Strodtmann S. 178. 372. als specifisch niederdeutsche Wörter finden, aber selbst in den westfälischen Gegenden Hessens nicht üblich sind. Wie in Hessen, verhält es sich mit den oben angeführten und diesen eigens niederdeutschen Ausdrücken auf dem Westerwald, Schmidt S. 155—156, und in Baiern, Schmeller 3, 38.—39; desgleichen im Hennebergischen, Reinwald 1, 125. 2, 101, nur daß Reinwald aus Estor „Ratkerknecht" als hessisch aufgenommen hat.

Ob das niederdeutsche rakken, schmutzen, ein ursprüngliches Wort ist, von welchem alle diese Wörter abgeleitet sind, oder ob das gleichfalls niederdeutsche racken = recken (auf der Tortur) als Ursprung derselben gelten kann, mag dahin gestellt bleiben.

racker- erscheint in einigen Compositionen: *rackerdürr*, *zaunrackerdürr*, äußerst mager, abgemagert, ausgetrocknet, von Menschen und Thieren; — *rackertodt*, *mausrackertodt*, wirklich gestorben, wirklich todt, im Gegensatz von Scheintod und Ohnmacht. Schmidt westerw. Jd. S. 155. Schmeller 3, 38. Wenn in Baiern nicht rackendürr (statt, wie bei uns, rackerd.) gesagt würde, so könnte man versucht sein, diese Wörter an Racker, Hund, anzulehnen. Indes ist es geratener, sich an das Frisch 2, 82 aus Ryff Spiegel der Gesundheit angeführte *ragtodt* anzuschließen, was dann wieder weiter auf das bei Geiler v. Keisersberg und sonst vorkommende *ragen*, sich im Tode strecken, starr werden, zurückführt; also: dürr wie ein Todter, todt wie einer, der sich im Tode schon gestreckt hat, starr geworden ist.

rämen, zielen, fest bestimmen; ein bekanntes, aber gemeinhochdeutsch in raumen (auberaumen) entstelltes altes, schon bei Otfrid vorkommendes Wort. Das Volk spricht, so weit dasselbe von diesem Worte noch Gebrauch macht, rûmen. „vnde sal nymand houwen (Weiden an der Werra) danne vff eyne *corramede* vnde geslagkede czyt"; Ungedruckte Urkunde der Fischerzunft zu Witzenhausen von Epiphanias 1445. „Ich Conrad von Michilnbach vnd ich gerburg sine eliche wirtin — — dûn kunt, das wir mit vorgehaltem guodim rade vnd wolbedachtem *ferremtem* willin" etc. Ungedr. Urkunde des deutschen Ordenshauses in Marburg von 1358.
Schmeller 3, 82.

ramenten, *romenten*, *romentieren*, unnötigen Lärm machen, rumoren. Niederdeutsches, übrigens in ganz Hessen übliches, aus dem Lateinischen geborgtes und verderbtes Fremdwort. Richey S. 205. Brem. WB. 3, 430. Vgl. Schmeller 3, 83.

ramen (sich), sich schwarz machen, beschmutzen, besudeln; wird namentlich vom Schornsteinfeger gesagt. Im Haungrund; sonst ist dieß alte Wort in Hessen nicht bekannt; ob räm, Schmutz, im Haungrund noch üblich ist, wie warscheinlich, kann ich jetzt nicht mehr sagen. Schmeller 3, 81.

Rampen plur. tant., das Gekröse und der Pansen des Rindviehes: Ochsenrampen, Kälberrampen (Kalbsr.); dasselbe, was anderwärts Kaltaunen genannt wird, welcher Ausdruck hier zu Lande völlig unverständlich ist. Eben so wenig wird man freilich außerhalb Hessens das hessische Rampen verstehen, da es, mit bis jetzt einziger Ausnahme des Idiotikons von Lippe in Frommanns Mundarten 6, 366, nicht nur in seinem Idiotikon, sondern auch bei Frisch und Adelung nicht erscheint. Erbsen mit Rampen — eine sehr beliebte derbe Speise.

Ramsch msc., congeries, ungeordneter Hause. Wird meist nur, aber ganz allgemein, in der adverbialen Formel gebraucht: *im Ramsch kaufen* oder *ramschweise kaufen* (verkaufen), im Ganzen, in Bausch und Bogen, ohne Auswahl des Beßern, kaufen oder verkaufen.

ramschen, mitunter gebräuchlich in dem eben angegebenen Sinne: ohne Auswahl kaufen oder verkaufen.

Das Wort scheint ursprünglich *Ramp* zu lauten und vorzugsweise niederdeutschen Ursprungs und Gebrauchs zu sein: Schottel Hauptsprache S. 1382: Ramp, congeries, im rampe verkauffen. Brem. WB. 3, 431. Eben so kommt *rampsweise* in den Hess. LandesOrdn. 1, 650 vom Jahr 1622 vor; vgl. Kopp Handb. 5, 289.

Ramsnase, gebogene Nase, von Menschen und Thieren, zumal von Pferden, gesagt; überall gebräuchlich. Es ist dieß Wort der einzige in Hessen vorhandene Ueberrest des Wortes *ram*, Bock.

rän, gesprochen *rön*, *röm* (in letzterer Form bei Estor 3, 1417), mager, schmächtig, besonders von Personen, zuweilen auch von Thieren gebräuchlich.

Oberhessen, sonst unbekannt. Schottel Hauptspr. S. 1381: rahn, macer, gracilis. Schmeller 3, 92. Zeitschr. f. hess. Gesch. u. LK. 4, 87.

Ranft msc., Rand; sehr gebräuchliche Form, am gebräuchlichsten aber, zumal in Oberhessen, deminutiv vom Brote: „ein Ränftchen Brod", der erste Anschnitt oder der letzte Rest eines Brodlaibes. Schmeller 3, 91. E. Alberus Dict. Bl. Xb: „Crustum panis, ein ranfft".
Vgl. Knust.

Ranze msc. 1) wie hochdeutsch Ranzen; 2) Bezeichnung eines wilten, unartigen Kindes.
ranzen (sich), sich wie die Buben herumbalgen. Vgl. *ratzen*.

Ränzel msc., d. i. *Rändsel*, Rändchen, heißt mit einer sonst weder im fuldaischen noch sonst im hessischen Dialect vorkommenden Wortbildung im Fuldaischen der obere Rand, Kranz, Ranst, am Strickstrumpfe.

Gerüppel neutr., eine Menge kleiner und geringfügiger Sachen, kleines Geschirr u. dgl., auch pflegt man eine Anzal kleiner Kinder so zu nennen.
Vgl. Schmidt Westerw. Jb. S. 161.

rär, rarus, ist in der Bedeutung trefflich, vorzüglich, ausgezeichnet, auch in die hessische Volkssprache, wie in die baierische (Schmeller 3, 120) übergegangen. Auch findet sich hier, wie dort, das in gleichem Sinne verwendete *Raretét*, und das misgebildete Adjectivum *raretétsch*.

Raer msc., Pflugsraer, heißt im Schwarzenfelsischen neben Pflugskrennel der Grendel, Pflugbaum.

Rasser msc., ein misgünstiger, neidischer Mensch; Schmalkalden. Der Zusammenhang mit rassern, welcher wol nicht in Abrede gestellt werden kann, läßt eine andere, ursprünglichere Bedeutung vermuten: ein mühseliger Arbeiter, welcher in seiner Mühsal neidisch auf diejenigen hinschaut, welche es beßer haben.

rassern, wird im Schmalkaltischen so gebraucht, wie im übrigen Hessen sich abrockern, sich obratzen, gebraucht wird: sich mit großer Mühe an einer Sache abarbeiten ohne entsprechenden Erfolg.

raesen, auch *raezen* gesprochen, eigentlich raisen, raizen, Hoffnung machen, dann: Anleitung zu einer Unternehmung geben, endlich, und zwar am gewöhnlichsten: hinhalten. Nur in Oberhessen, hier aber sehr üblich. „Der Maurer hat mich lang geraest, daß er bis Michaelis fertig werden würde, ich bin aber endlich das Raesen müd geworden und zu einem Andern gegangen". „Die Leute klagen, daß sie mit der Verwilligung des Bauholzes so geraest werden" stellte ein Bürgermeister 1839 dem Oberforstmeister vor, und dieser antwortete: „drum eben, wo Brandanleger im Orte vermutet werden müßen, da reizen wir die Leute mit dem Holz so lang als möglich, da wird das Brennen schon aufhören, und es hat durch das Reizen, was ich mit allem Fleiß thue, schon abgenommen". Bei W. Gerstenberger (Schminke Monim. hass. 2, 371 und öfter) lautet das Wort reißen, und bedeutet Anleitung zu einer Unternehmung geben, dem Sinne des heutigen reizen sehr ähnlich.

Anreissung, Anleitung zu einer Unternehmung, Antrieb. „durch Anreißung etzlicher seiner rethe" W. Gerstenberger b. Schminke Monim. hass. 1, 68.

Angeraes neutr., Anleitung zu einer Unternehmung, besonders einer bedenklichen, Antrieb. „Warum sind denn die Kinder alle weggegangen? Ei das Kathrinlies hat das Angeräs gegeben, und da giengen sie alle fort". Sehr üblich.

Estor 3, 1417 hat das Wort: „räsen ist so viel, als reitzen, heisset aber hofnung machen"; eben so Schmeller 3, 125 aus einem Tegernseeer Vocabular von 1455: räßen, incitare. Es wird kaum gezweifelt werden können, daß diese Formen mit dem gemeinhochdeutschen reizen ursprünglich identisch sind; nur hat die oberhessische Sprache das in dem Worte reizzen (bei Notker) ohne Frage ursprüngliche (weiche) z beibehalten, während die gemeinhochdeutsche Sprache das (härtere) z in das Wort eingeführt hat.

Rat; raten, wie gemeinhochdeutsch.

Verraeter, im 16. Jarhundert ein schweres Schimpfwort, weil es dem Andern die wesentliche Eigenschaft eines dem deutschen Volke Angehörigen, die Treue, absprach. In den Bußregistern des 16. Jarhunderts wird dieses Scheltwort niemals geringer als mit einem Gulden gestraft, mitunter neben sehr nachdrücklichen Bezeichnungen: iij fl Heintz Richard zu Langendorf, das er Johan Scheffern daselbst einen Verreter gescholden". Rauschenberg 1591. 1 fl Hans Hueter zu Wetter, das er Hans Schuemachern sein Nachparn mit gotslesterlichen Worten vbergeben, einen verrehter gescholden"; 1596.

beraetlich, vorsichtig, sorgsam, aufmerksam, damit nichts verloren gehe, sparsam. Sehr üblich, und schon im 16. Jarhundert vorkommend. (Fehlt bei Grimm, Schmeller u. A.).

geraete (*geräte*, *gerätte*) voll (Niederhessen), **gritte** voll (Oberhessen) ganz voll, zumal voll von einzelnen Stücken. „Der Baum hängt doch geraete voll Birnen, eine an der andern". „Das Kind ist so **gritte voll Läuse**". Warscheinlich gehört das Wort zu riten, schütteln, sieben. Vgl. gerattert voll, ganz voll, in der Grafschaft Hohenstein Journ. v. u. f. Deutschl. 1786, 2, 115. Schmidt Westerw. Jd. S. 65. 157, wo derselbe Ausdruck wie der hessische und in demselben Sinne verzeichnet ist, auch dieselbe, sehr nahe liegende Etymologie aufgestellt wird.

rätschen, auch wol *raetschen*, Karten spielen, im verächtlichen Sinn, in welchem allein das Wort in Hessen gebraucht wird, nicht, wie in Baiern und anderwärts: plaudern u. dgl. Schmidt Westerw. Jd. S. 160.

Ratsmeister, eigentlich Vorstand des Stadtrates; in den Statuta Eschenwegensio aus dem 15. Jh. (Ausg. v. Röstell 1854 S. 7) wird jedoch das Wort für Mitglied des Stadtrates, parallel mit dem zugleich vorkommenden *Ratmann* gebraucht.

Das Wort **Ratmann** bezeichnete in Hessen bis in das 17. Jarhundert den Scharfrichter; eine erbliche Scharfrichterfamilie führte auch diesen Namen als Familiennamen.

rattekahl, ganz und gar, mit Stumpf und Stiel (ausleeren, wegschaffen). Das Wort wird meist ganz ehrlich verstanden: kahl wie ein Rattenschwanz, ist aber wol ohne Zweifel an sich nichts anderes als radical. Das Wort ist allgemein, auch anderwärts (Schmidt Westerw. Jd. S. 160) üblich.

Ratz msc. ist der hessische Name des Iltisses, Mustela putorius, und wird zur Bezeichnung keines andern Thieres (namentlich nicht der Ratte, wie das anderwärts der Fall ist) gebraucht; Iltis ist völlig unbekannt.

Der lockere Theil des Felles der Hunde im Nacken, bei welchem man sie zu fassen und aufzuheben pflegt, heißt *das Ratzfell*, und so wird denn auch „einen beim Ratzfell kriegen" gebraucht, um das Festpacken eines störrigen Menschen, der zu entfliehen sucht, überhaupt auch das schnelle Ergreifen eines Menschen, zu bezeichnen; mitunter sogar in scherzhaften Sinne üblich.

ratzen (sich), sich balgen; üblicher Ausdruck. Vgl. ranzen.

abratzen (sich), sich mühselig abarbeiten, eben so wie rackern, abrackern gebraucht wird. Vgl. auch rassern.

Geraub neutr., das Eingeweide der Thiere, zumal in so fern sie geschlachtet sind. Im Fuldaischen (Kreiß Hünfeld). Stimmt im Ganzen mit Gereb Schmeller 3, 5 überein, doch weicht der Vocal in auffallender Weise von den a. a. O. angegebenen Ableitungen und Zusammenstellungen ab.

Rauchhafer, Abgabe eines gewissen Quantums (meist vier Metzen) Hafer, **Rauchhun**, Abgabe eines Huns, beides jährlich, von jeder einzelnen bewohnten Hausstätte (welche mit Heerd und Rauch, „eigenem Rauch" versehen war), meistens jedoch nur von einer solchen, welche nicht zu einem Bauerngute gehörte, sondern die Wohnung eines Einläuftigen (Koteners) war. War das Haus nicht bewohnt, so cessirte für das Jahr die Abgabe. Diese Bezeichnung gilt, da der Rauchhafer und die Rauchhühner zur Ausstattung von Pfründen verwendet wurden, und als solche, weil sie als Kirchspielsabgaben angesehen werden, also nicht abgelöst werden konnten, noch jetzt hin und wieder; als Abgabe an die Landesherrschaft sind sie abgelöst. Die Bedeutung der Bezeichnung wird noch sehr wol verstanden. Einen Beleg für den Ursprung dieser Bezeichnung gibt die Stelle in Abt Albrechts von Hersfeld Lehenbrief für Landgraf Ludwig vom Jahr 1434 (Wenck 2, Urk. S. 480): Zinss vnd Gülte die er in dem Gericht zu Aula hat, nemlich *Rauchhabern* vnd *Rauchhüner*, von jeglichem rauch ein Lymess habern vnd ein fastnachthun, als daz von alter herkommen ist.

In Oberhessen ist anstatt *Rauchhafer* die Bezeichnung **Aschhafer** üblich.

Der Rauchhafer (Aschhafer) wurde zu Fastnacht, gleich den Hünern, geliefert. Es fragte sich nun, ob derselbe als Pfründenteil zur Besoldung des vor der Fastnacht vorhergegangenen Jahres, oder des Jahres, in welches die Fastnacht fiel, gehöre. In Oberhessen wurde im Jahr 1639 bei einem Wechsel der Pfründeninhaber zu Kölbe von dem Superintendenten entschieden, daß der Aschhafer zur Besoldung des vergangenen Jahres gehöre, also dem Pfründeninhaber des vergangenen Jahres gebüre, auch dann, wenn er zum Lieferungstermin, Fastnacht, nicht mehr Inhaber der betreffenden Pfründe sei. Eine unzweifelhaft richtige Entscheidung, da die Abgabe erst gefordert werden konnte, wenn die Bewohnung des Hauses während eines Jahres bereits Statt gehabt hatte (was durch das Vorhandensein der Asche bewiesen wurde), und es ist sich seitdem nach dieser Entscheidung gerichtet worden.

raufen, jetzt in dieser Form gänzlich außer Uebung (s. räufen). In älterer Zeit wurde raufen wie anderwärts auch hier von dem Entblößen, Blankziehen der Wehr (des Schwertes) gebraucht. „(Alexander von Pherä) ließ einen knecht mit einem gerausften vnd blossen schwert vorhin gehen" Joh. Ferrarius von dem gemeinen Nutz. 1533. Bl. 15b. „Jacob Biedenstein hat lucas schmitten zwischen wetter und omenaw uf freier strassen mit gerausfter wehr feintlich angangen". Wetterer Bußregister von 1591.

räufen ist in der Grafschaft Ziegenhain und in Oberhessen die Form des sonst völlig ungebräuchlichen Wortes raufen, welche bedeutet: den Flachs mit den Wurzeln aus dem Erdboden ziehen. Das Wort wird, namentlich im Ziegenhainischen, gerade so gesprochen, wie Alberus (Dict. Bl. Y 4a) sich erlaubt, es zu schreiben: „ich reiff flachs, carpo linum". „Flachs raufen und raffen" Lennep Leihe zu LSR Cod. prob. S. 499, vom Jahr 1539. Im übrigen Hessen wird nur rupfen (gespr. ruppen) von dieser Beschäftigung gebraucht.

raulich, mager, namentlich krankhaft mager, abgezehrt; kränklich; ohnmächtig; elend, kläglich überhaupt. In Oberhessen, wo es in der Bedeutung mager vorzugsweise vom Vieh gebraucht wird; sehr üblich ist es dagegen auch von Menschen in der Bedeutung von ohnmächtig, kläglich: „es wird mir ganz raulich". „Dan sie vnd andere mehr haben es von jhme gesehen, daß er seine Hende elendiglich vnd rawlich gerungen" Marb. Hexenpr. Acten von 1579. „Sie hette raulich außgesehen, ob Sie aber wie eine kindtbetterin außgesehen, wüste sie nicht". Marb. Crim. Pr. v. 1680. Estor 3, 1417. Außerhalb Oberhessens unbekannt. Zeitschr. f. hess. Gesch. u. LK. 4, 86.

Das Wort gehört wol ohne Zweifel zu riuwan, bair. rauen Schmeller 3, 1 und hat mit gräulich nichts zu thun; wol aber wird das bair. gräulich Schmeller 2, 98 hierher und nicht zu grauen zu ziehen sein.

Raum msc., Schmalkaldische Aussprache von Rahm (im übrigen Hessen: Schmand). Im Schmalkaldischen ist diese Benennung die üblichste; vgl. *Oberste*.

raumen (mit dem Dativ der Person), von Statten gehen; „die Arbeit raumt mir"; „es will ihm mit der Arbeit nicht raumen", d. h. er arbeitet langsam und unbehülflich. Allgemein üblich.

Raezekanne fem., große hölzerne Kanne, in welcher Trinken (Dünnbier) und Waßer den Arbeitern in das Feld nachgetragen wird; anderwärts Gilpe, Schleifkanne. Amt Schönstein, Rosenthal. Schmeller 3, 1714 hat aus Nordfranken die Rätzen, so daß unser Wort eine abundante Composition zu sein scheint.

Der Bendermeister Johannes Schwarzenborn quittiert 1604: „5 alb verdienet an den Rätzkannen zu binden" und 1607: „fünff alb. — daß ich ahn die hölzernen Räitzkanden vffm Schloß etzlich reiff ahngelegt, vnd im gebände erhalten". Rauschenberger Rentereirechnungen von 1604 und 1607. 1603 aber quittiert er, daß er die Rötzgelpen gebunden, s. Gilpe. „8 alb verdienet an den Retzkanden zu binden, so vor die Dienstleutt zu trinken gebraucht werden". Ebdſ. 1606. „Sechs groiſſe Reutzkanden vffs schloß gemacht". Ebdſ. 1559.

rê, starr, erstarrt, in Folge des eingetretenen Todes.
rêhart, hart, starr wie eine Leiche.
Ré fem., die Todtenstarre.

In dem angegebenen Sinne sind diese Ausdrücke nur im Schmalkaldischen gebräuchlich. Es kann kein Zweifel sein, daß ré das zu einem Adjectivum umgestaltete goth. hráivs, ahd. hreo, mhd. rê, Leichnam, ist, aber es kann auch nicht im Zweifel stehen, daß unser Wort identisch sei mit dem gemeinhochdeutschen Adjectivum reh, roeh, steif, die *Rehe*, krankhafte Steifigkeit, welche Ausdrücke von Pferden gebraucht werden, und somit eigentlich leichensteif, leichenartig, bedeuten. Vgl. Schmeller 3, 1. Brem. WB. 3, 413. Frisch 2, 82. Adelung 2, 82 (nur daß Frischs und Adelungs Etymologieen völlig irrig sind).

Rebbes neutr. (auch *Röbbes*, niederhessisch), *Riebes*, *Riewes* (fuldaisch und schmalkaldisch), bauchiges thönernes Milchgefäß von größerer Breite als Tiefe, worin die Milch gerinnen (sauer werden) soll. Die angegebene Form dieses Milchtopfes findet sich in ganz Niederhessen, so wie im Hersfeldischen und Fuldaischen, wenn auch hier nicht durchgängig, und im Schmalkaldischen, der Name dafür aber nicht in ganz Niederhessen, indem in den niederdeutschen Bezirken dafür das Wort Bare (s. d.) gebraucht wird. In Oberhessen und Ziegenhain haben die zu dem angegebenen Gebrauch dienenden Töpfe eine andere Form (mehr hoch als weit) und führen keinen besondern Namen. Ein bewaldeter Vorsprung am Meisner über der Kitzkammer heißt das Rebbes.

Schon Stieler Sprachschatz S. 1580, welcher „Riebes und Riefes msc., Thuringis meis Rebß" aufführt, erklärt das Wort durch „sinus, vas ventricosum, darinnen man Kreuter und Samen klein reibet", und Schmeller 3, 8 folgt ihm darin, indem er eine Entstellung aus Reib=asch annimmt. Dieser Ursprung wird durch die Form Riefes, die bereits Schottel Haubtspr. S. 1386 hat (er erklärt das Wort gleichfalls durch sinus, vas ventricosum), sehr zweifelhaft gemacht. — Reinwald 1, 128.

rechnen, gewöhnliche Form für rächen, ulcisci, der auch sonst übergreifenden Neigung, ableitendes N einzuschieben gemäß, gebildet. „Meine Tochter, deren erbärmlichen Tod ich gerne gerechnet sehe" Hexerei=Anklage in Marburg vom Februar 1658. Im Froschmeuseler ist diese Form die herschende.

Reff neutr., im Fuldaischen Raest, Gestell aus Stäben oder Bretchen, mit Tragbändern versehen, und zum Tragen von Lasten auf dem Rücken bestimt, hauptsächlich zum Klee= und Grastragen von Seiten der Mägde; für diesen Gebrauch ist das Reff mit einem Reffstock versehen, durch welchen die Lasten zusammengehalten werden. Im ökonomischen Gebrauche ist das Reff, wie in der Oberpfalz und in Franken, nur im östlichen Hessen, an der Werra bis zur Fulda, und im Fuldaischen; in Oberhessen völlig unbekannt. Dagegen haben die Federviehhändler, Butterträger u. dgl. das Reff überall im Gebrauche, und heißen davon auch geradezu Reffträger.

Uneigentlich wird Reff als Schimpfwort gegen Frauenspersonen gebraucht: „du altes Reff!" Schmeller 3, 61.

reffen, den ausgejäteten (geräuften) Flachs, nachdem die Bößen (s. d.) in die Scheune gefahren und aufgebunden worden sind, durch eiserne Kämme hindurchziehen, um die Knoten abzustreifen. Jene Kämme stehen entweder auf den Felgen eines großen Rades (Reffrad), oder auf den schmalen Seiten eines langen Bretes (Reffbret). Im sächsischen Hessen lautet das Wort répen. Vgl. Schmeller 3, 62 (wo riffeln als in Baiern üblich aufgestellt ist); Schmidt westerw. Jd. S. 156—157. In älterer Zeit lautete es bei uns ruffen Lennep Leihe zu LßR. Cod. prob. S. 499 v. Jahr 1539; auch reffeln: — „haben den Flachs gereffelt, ins waßer vnd draus bracht" Wetterer Renntereirechnung v. 1600.

In den meisten Gegenden ist das Flachsreffen eine besondere Erntefestlichkeit, bei welcher, wenn auch sonst kaum im Jahre, die Volksgesänge laut und in reicher Zal erschallen.

Der der Knoten entledigte Flachs heißt Faul w. s.

Rehe fem. (gesprochen Ri), die Pflughandhabe, in Oberhessen; anderwärts unbekannt. Es wird, da mit diesem Worte der einarmige, in eine Gabel auslaufende Pflugsterz bezeichnet wird, dasselbe auf ganz ähnlicher Anschauung beruhen, wie die Benennung derselben Sache in Baiern mit dem Worte Geiß. „1½ fl wird gestraft Seifrid Staffel von Simptshausen, das er der girschen da mit einem pflugrehen die nasen wund geschlagen hat". Wetterer Bußregister von 1591. Estor 3, 1417.

reich bedeutet im Volksmunde der Obergraffschaft Hanau (Schlüchtern, Steinau, Schwarzenfels) noch immer, was es in der Vorzeit bedeutete: hochgestellt, mächtig, vornehm — höheren Standes überhaupt.

Reid neutr, Rohr. Niederdeutsche, aber in Oberhessen gewöhnliche Aussprache des hochdeutschen Ried. Estor S. 1417 schränkt die Bedeutung des Wortes auf „ein spanisches Rohr" ein, sie besaßt aber das Rohr im Allgemeinen, und wird z. B. ganz ausschließlich von demjenigen Rohr gebraucht, welches die Küfer (Bender) zur Ausfütterung der Dauben gebrauchen. Brem. WB. 3, 467. Frommann Muudarten 5, 290.

Schilf ist nicht volksmäßig; man sagt entweder Rohr, Ried (dieß ist besonders alles „dreikantige Schilf", Typha u. dgl.) Reid, oder Schiemen [s. d.].

reide, *réde* adverb. 1) fertig mit einer Arbeit; expeditus, paratus; ahd. reiti. In ganz Hessen üblich. „sie enkunden mit den bussen, armbrusten unde mit dem geschütze nicht *reyde* werden". Wig. Gerstenberger bei Schminke Monim. hass. 1, 171. „Alß sie mit der Mauß (Valentin Maus aus Battenberg, ein Botengänger) seins Lohns vnd stillagers halber gehandelt, sehe Ihrer ohnversehens Möllerhanß Ihnen nach, vnd als sie schon reibe gewesen, zuhr stube hinein kommen". Untersuchungsprotokoll gegen Hans Möller in Treisbach A. Wetter v. 1609.

2) bereits, schon; mehr in älterer Zeit üblich, als heut zu Tage, indes keinesweges ungebräuchlich. „Otte Hund hat Fredderich von Hertingishusen egenant ouch *reyde* vernuget". Urk. v. 3. Dec. 1454 bei Kopp Gerichtsverf. 2, Beil. No. 106 S. 197.

gereite, *gereide* adv. 1) in demselben Sinne wie das einfache Adverbium: bereits, schon. „Wie grosse tzeichen *gereyde* durch sie (die heil. Elisabeth) gescheen weren". Wig. Gerstenberger bei Schminke Monim. hass. 2, 381. „Wir haben den rechten Mann, sie senden gereyt Schiffe nach jhm" Hans Staden Reisebeschreibung (Weltbuch 1567 fol. 2, 39b). Gewöhnlich wird diese Composition, wie bereits Stieler (Sprachschatz S. 1502) angemerkt hat, *kreit, krét* gesprochen; „der ist *krét* sechzig jor alt"; „der ist *krét* lang todt". Nicht alle Gegenden haben dieses gereite, kreit krét in gleicher Uebung; am üblichsten ist es zur Zeit noch an der Werra, im westfälischen Niederhessen und im nördlichen Oberhessen.

2) geschwind, rasch; an der untern Eder und Schwalm (Wabern); „er ist *kréte* gekommen"; „ich bin *kréte* fertig geworden".

reits, *gereits* adv., bereits, schon; erstere Form, sehr oft mit all verbunden, im sächsischen und westfälischen Hessen. „Den sechsten Monat so ich gereybts gefangen war". Hans Staden Reisebeschr. a. a. O. Bl. 43a und oft.

alreite, *alréde* adv., allbereits, schon. „In massen ör burger vnd gilden *alreyde* in weren vnd besittinge haben". Witzenhauser Urk. von 1482 in Kopp Gerichtsverf. 1, Beil. No. 3 S. 10. „Dermassen de helffte alles sines Erbgudes vnd farender Habe mit sinen Kindern (wes se des nicht *alreide* empfangen) gutlichen nach gebur deilen". Hofgeismarer Urkunde von 1548 bei Fallenheiner Städte und Stifter 2, 401.

Reitschaft, Bereitschaft, Gerätschaft, Stoff. „backen sonderliche Gefeß, darinn thun sie die reidtschafft (d. h. den zuberereteten Farbestoff) darmit sie zu vermalen". Hans Staden Reisebeschreibung a. a. O. Bl. 56b. Wird jetzt nur sehr selten noch gehört. Vgl. Brem. WB. 3, 456. Schmeller 3, 157, welcher der Meinung ist, daß das moderne Wort Gerätschaft aus diesem Reitschaft, Gereitschaft, Bereitschaft entstanden sei; die Anführungen im Brem. WB. zeigen jedoch, daß Ratschop schon im 15. Jh. gebräuchlich gewesen ist.

Das Wort mit seinen Compositionen und Bildungen scheint vorzugsweise

Niederdeutschland zur Heimat zu haben. Strodtmann Id. Osn. S. 182. Richey Id. Hamb. S. 201—208; indes fehlt es (mit Ausnahme von Reitschaft) im Brem. WB. Vgl. Zeitschr. f. hess. Gesch. u. LK. 4, 87.

Reidel msc., kurze und verhältnismäßig dicke Stange (Knüppel), besonders gebräuchlich von dem ausgeforsteten Stangenholz (Reidelholz), und im ökonomischen Gebrauche von den starken Stangen, welche in der Scheuer von Balken zu Balken gelegt werden, um auf dieselben die Getreidegarben und Strohschüttlinge (Bäusche) zu banfen. „sibben grune reidel" Weistum der Elbermark von 1440, Grimm Weist. 3, 322. „Wir in der beläğerung hatten nur einen Zaun von Reydeln vmb vns her" Hans Staden Reisebeschr. (Weltbuch 1567 fol. 2, 28a) und öfter. In den Forstregistern und Forstordnungen erscheinen die Reidel (Reddel) ungemein häufig. Schmeller 3, 49—50. In dem Sinne von „Knebel" (Schmidt westerw. Id. S. 136), welches die eigentliche Bedeutung von Reidel ist (wredel von wridan, drehen f. Schottel Hauptspr. S. 1445), ist Reidel hier nicht specifisch üblich, auch fehlt das Zeitwort reideln, mit Ausnahme der Herschaft Schmalkalden, so wie des äußersten Westens von Oberhessen, welches anderwärts, auch in der Form von rattela (f. Schmeller und Schmidt a. a. O.) für knebeln üblich ist, in Hessen fast gänzlich. Dagegen ist üblich

Reidel fem. für Schaukel, und reideln für schaukeln (sich reideln) im Fuldaischen; wiederum aber bedeutet in Oberhessen reideln das Gleiten (glancen, schuben) auf dem Eise, und Reidelbahn ist die Gleitebahn. Vgl. Harreitel, Schaukel, welches nach dem Journ. v. u. f. Teutschl. 1786 S. 531 im Hennebergischen üblich sein soll, bei Reinwald jedoch fehlt.

reideln, fest zusammendrehen, z. B. Weiden zum Behufe des Korbflechtens; auch einen Strick mittels eines Reidels fest zusammendrehen, knebeln. Fast nur im Schmalkaldischen üblich. S. Reidel, dessen frequentativ gemachtes Stammwort reideln ist. Vgl. prēgelo.

reien, wenden, drehen; sich reien, sich schnell umdrehen, sich schnell bewegen, sich eilen. „Rei den Wagen so herum"; „rei dich!" „mer musse sich reie" wir müßen uns eilen. Nur in Oberhessen, hier aber ganz allgemein üblich. Estor 3, 1417: „reihen, reien, sich tummeln". Das Wort ist das alte wridan, ridan Schmeller 3, 54, aus welchem der Dialect das d hat ausfallen laßen. Hierher gehört Reischeit w. f.

Reien msc., Tour im Tanzen. Allgemein volksüblich, hier wie anderwärts. Schmeller 3, 79. Vorzugsweise wurden in älterer Zeit, und noch am Ende des vorigen Jarhunderts unter Reien die langsam sich bewegenden Tänze verstanden, welche bis dahin noch nicht ganz ausgestorben waren, wenigstens in der Erinnerung der älteren Personen noch fest standen. An und für sich aber bedeutete Reien (Reigen) seit dem Ende des 12. Jarhunderts denjenigen Tanz, bei welchem nicht bloß von den Zuschauenden, sondern von den Tanzenden selbst, gesungen wurde, wodurch eine langsame, wenigstens mäßige Körperbewegung bedingt war. Einer der letzten dieser übrig gebliebenen und noch in das gegenwärtige Jarhundert hineinreichenden Singetänze war der sogenannte Schwälmer (Schwälmer Reien, Schwälmer Tanz). Die jetzige Welt, und nicht bloß die „gebildete", hat sich des Vorzugs beraubt, die volle Harmonie der Jugendfreude, die Zusammengehörigkeit von Gesang und Tanz, darzustellen. „Chorus, der rey, die tantzen oder zuschen, conuentus canentium et saltantium, fingendantz" Alberus Dict. Bl. k 4b.

Vilmar, Idiotikon.

Reihe wird in dem Sinne von Ordnung, Regelmäßigkeit, ganz allgemein in der Redensart gebraucht: „etwas in die Reih bringen" d. h. Ordnung schaffen, etwas wieder zurecht bringen. „Ich bin wieder in der Reihe" d. h. wieder gesund. Aehnlich wird Richte gebraucht, doch sind die Redensarten mit „Reihe" die üblicheren.

reiheln, schaukeln, hin und her schwingen.

Reihelplatz, *Reichelplatz*, ein sumpfiger Ort, dessen Boden schwankt, sich schaukelt, wenn man ihn betritt, Torfstelle.

Im Haungrund; diese Wörter werden wol nichts anderes sein, als die so eben aufgeführten *reideln* und *reien*.

Reihen msc., der Oberteil des Fußes, der Fußrücken. In Oberhessen und im Hanauischen das weitaus üblichere Wort, während in Niederhessen dafür *frist* gilt, was in Oberhessen ꝛc. eben nur verstanden, nicht gebraucht wird.

Es kann mit Bestimtheit behauptet werden, daß dieses Wort nicht identisch sei mit dem Femininum *Reihe*, linea, welches zu einem Verbum *rigen* gehören muß (Schmeller 3, 78), und man wird, um unser Reihen auf ein altes Wort zurückzuführen, wol keine andere Wahl haben, als es identisch mit ahd. *riho* (Graff Sprachsch. 2, 430) zu faßen. So schon Weigand im Oberhess. Intelligenzblatt 1846 No. 61; indes bedeutet riho (? rîho) Wade und Schienbein, nicht Fußrücken. Eine genauere Erwägung dieses Wortes, welches mhd. nicht vorzukommen scheint, bleibt wünschenswert. Schmeller 3, 77.

reihern, in Niederhessen, zumal im östlichen, die ausschließliche Bezeichnung der Begattung des männlichen Waßervogels (Gans, Ente) mit dem weiblichen. In der Grafschaft Ziegenhain und in Oberhessen ist dieses Wort völlig unbekannt, und gilt dafür *pitteln* (s. d.). Schmeller 3, 78 hat unser Wort aus der Umgegend von Aschaffenburg, wo es für die Begattung des Geflügels überhaupt gebraucht wird; hier zu Lande gilt es vom Hünergeflügel entschieden nicht.

reinen, *zureinen*, mit Rainen, Grenzrainen versehen und hierdurch das betreffende Grundstück Jemanden als Eigentum zuweisen. „ir teyl des holzes an deme Langinberge daz enkegen vnsern lieben getruwin den burgmannen vnd burgeren gemeinlich zcu Gudensberg zcu gewisit vnd *zugereynt* ist". Ungedr. Urkunde des Landgrafen Heinrich vom Sonnabend vor Invocavit 1366 für die Leute zu Ober- und Nieder-Besse über das Holzrecht derselben im Langenberge. *reinen und steinen*, mit Rain und Grenzstein versehen; alte und bis jetzt noch übliche Formel für das Vermeßen und Eingrenzen von Grundstücken.

reisch, meist gesprochen *reusch* und *roisch*, oberhessisch *rétsch* (Estor 3, 1417), hitzig, nach der Begattung verlangend, von Stuten und Sauen, auch wol von Kühen gebräuchlich. Warscheinlich ist die oberhessische Form die verhältnismäßig richtigere, die niederhessische eine entstellende Zusammenziehung, wenn gleich schon 1680 in einem oberhessischen Criminalproceße sich *roisch* (von einer Sau gebraucht) vorfindet. Im Holländischen existiert nämlich das Wort *ritisch* (Marnix Biencorf 1572 Bl. 251b. 1597 Bl. 240a) jetzt ritzig (ritsig) in gleicher Bedeutung, bei Marnix von der teve, Hündin, gebraucht.

Die Jäger in Hessen haben jedoch auch das Wort *rauschen* von der Begattung des Schwarzwildes.

Reischeit neutr., auch *Reibret* (bei Estor 3, 1417 irrig: Reich-scheit), ist in Oberhessen das Querholz, mittels dessen die Gabelenden des

Vorderwagens verbunden sind, auf welchem mithin die Lanewid ruhet und sich reiet d. h. hin und her drehet (f. reien), weswegen das Reischeid in der Mitte meistens ganz ausgerieben ist. Misverständlich wird deswegen (um dieses Ausgeriebenseins willen) in der Obergrafschaft Hanau das analoge Holz am Pfluge *Reibscheit* genannt; das oberhessische Reischeit heißt, vielleicht mit nur weiter gehendem Misverständnis, Richtscheit.

reisig, jetzt im gemeinen Leben, wie natürlich, völlig ausgestorben; im 17. Jarhundert war das Wort dem Volksmunde noch ganz geläufig. Marburger Bürgerinnen bezeichneten in einer Protokollvernehmung vom 29. Juni 1658 die Kühe, von denen die Rede war, als frisch, gesund, und wie reisige Pferde".

Reisner, Reisiger, Gewaffneter (auf der Kriegsfart Begriffener). Komt häufig vor in Wigand Gerstenbergers Chronik bei Schminke Monim. hass. I. II. z. B. 1, 69.

reiten, wie gemeinhochdeutsch. Nebensarten: „der Teufel reitet ihn", „welcher Satan hat ihn geritten"; „mich reitet das Unglück Jahr aus Jahr ein"; „einen ins Unglück hinein reiten". Vgl. Schmeller 3, 162.

Ausreiter, ehemalige Bezeichnung derjenigen Function, welche in der neueren Zeit durch Landbereiter bezeichnet wurde; doch war der Ausreiter ein Diener, welcher nur zu bestimten Verrichtungen ausgesendet wurde, und daneben auch die Geschäfte eines Postboten besorgte. Schon seit dem Anfange des 17. Jarhunderts finde ich in hessischen Schriften den Ausreiter nicht mehr.

Strickreiter, Bezeichnung der westfälischen Gensdarmen von 1808—1813, welche nicht als Strichreiter (Schmeller 3, 160) verstanden wurden und verstanden werden kounten, weil bei ihnen der bis dahin in Hessen unerhörte Gebrauch vorkam, Arrestanten mit Stricken an das Pferd zu binden.

reitern, *rettern*, *rittern*, sieben; althochd. hridaron. Das reitera ist ein auf größere Reinheit des durch das Sieben zu reinigenden Stoffes abzielendes Sieben als das raden (w. s.). Das Reitersieb, Rettersieb, im Fuldaischen die Retter, hat deshalb auch sehr schmales Geflecht und enge Sieböffnungen.

Uebrigens mischt sich rettern mit raden mehrfach; so heißt das grobe Sieb, durch welches die Flachsknoten geschüttelt werden, um sie von den Stümpfen der Flachsstengel u. dgl. zu säubern, Knottenredder, was der Aussprache nach hierher, der Sache nach aber zu *raden* gehören möchte. Auch im Fuldaischen sind mir als *Rettern* grobe Siebe gezeigt worden, eben so wol wie feinere, so daß es schien, als ob Retter ein Sieb überhaupt, ohne Beachtung des, wenigstens im östlichen Niederhessen, sehr bestimt festgehaltenen Unterschiedes zwischen raden und reitern bedeuten sollte. Ja noch mehr: es kommt auch die Redensart, figürlichen Sinnes, vor: „grob durchreitern" d. h. nur die schlimmsten Anstände, Fehler, beseitigen; jemanden wegen recht grober Fehler derb zurechtweisen. Dieß würde auf die, unserer Aufstellung gerade entgegengesetzte Bedeutung von raden und reitera weisen, die übrigens auch Schmeller 3, 162 andeutet.

Reitschmid msc., ehemalige Bezeichnung derjenigen Schmide, welche das Reitzeug, namentlich die Hufbeschläge, verfertigten. „Ihr man were reittschmid im teutschen haus gewesen" Marburger Protokolle von 1655. 1658. Die Bezeichnung erhielt sich hier und da, wenn gleich zuletzt unverstanden, für einzelne Schmiedewerkstätten (Hufschmieden) die schon in früheren Jarhunderten existiert hatten, bis in die neuere Zeit.

Reck neutr., richtiger *Rick*, wie auch zuweilen gesprochen wird:

1) die Hakenleiſte, auch wol das, was im übrigen Heſſen Kannbank, in Sachſen Kannrick iſt. Oberheſſen.

2) geſprochen *Rik* und msc., die Stange oder das Seil, worauf man Wäſche trocknet. Schmalkalden. Rick, pertica; E. Alberus Dict. Bl. tija.

3) *Rik* msc. und *Reck* msc., der grüne (lebendige) Gartenzaun, Hecke. Fulda und Obergraffſchaft Hanau.

mîn mantel ist unverre;
nu sich viel lieber herre,
er hanget anme *ricke*. Eliſabethleben, Diut. 1, 382.

Herbort von Fritzlar 9247. Vgl. Friſch 2, 418.

Die Grundbedeutung von *Rick* iſt ohne Zweifel: gerade Richtung, bezw. ein Ding (Geräte), welches gerade Richtung hat; vgl. Schmeller 3, 42—43. Aus der im Schmalkaldiſchen üblichen Bedeutung iſt der Name des Turngerätes Reck entnommen. Vgl. *Gerick*, deſſen Bedeutung ſich aus der Grundbedeutung von Rick ſehr leicht ergibt.

rengnieren, regieren, lenken, bewältigen, z. B. ein Geſpann Zugvieh u. dgl.; ſehr gebräuchlich, aber niemals im politiſchen Sinne verwendet; ſoll dieſer ausgedrückt werden, ſo ſpricht man *reigieren*. Jenes rengnieren iſt ohne Zweifel das in der ältern Sprache (z. B. im Schatzbehalter, 1491, überall) vorkommende regnieren, aus regnare gebildet, während regieren wol aus regere entſtanden ſein mag. Vgl. Schmeller 3, 66.

repp im Fuldaiſchen, **röpf** im Schmalkaldiſchen, in gutem Zuſtande, in guten Umſtänden — zumal: wiederum in guten, beſſeren Umſtänden (ſchmalkaldiſch) — befindlich. Von Menſchen, welche längere Zeit nicht krank waren, von Schülern, welche das ganze Schuljahr hindurch fleißig und geſittet geweſen ſind, ſagt man: „ſie haben ſich repp gehalten". In den genannten Gegenden äußerſt üblich, anderwärts völlig unbekannt.

In keinem Idiotikon erſindlich; vgl. jedoch *ripp* Schmidt weſterw. Jb. S. 163; nur bedeutet meines Wißens ripp bei uns nicht geil.

Rêr fem., Fall, doch nur von den Dingen gebräuchlich, welche ſich von einem größern Ganzen ablöſen und hernieder fallen (tropfen, riſen), auch wol von denjenigen, die man, z. B. aus Unachtſamkeit, fallen läßt: *Schneerêr, Aepfelrêr*; eine *Rêr machen*, aus einem Sacke, Korbe u. dgl., der mit Getreide oder Obſt gefüllt, Getreide oder Obſt u. ſ. w. beim Tragen verſtreuen. Im nördlichen Oberheſſen (Roſenthal, Bonſtrut).

Gerêr neutr., gewöhnlich irrig *Geroehr* geſchrieben und geſprochen, der Abfall an Getreidekörnern, welcher aus überreifen Aehren auf dem Felde oder in der Scheune ſich findet. Graffſchaft Ziegenhain und nördliches Oberheſſen. In den Rentereirechnungen des 16. Jarhunderts (z. B. Wetterer Rent. Rechn. vom J. 1596) findet ſich nicht ſelten die Rubrik *Dengeroehr*, *Denne geröhr* (Tenn=Geröhr). Es erſcheint dieß Wort auch in einer Verordnung vom 20. April 1574 (LO. 1, 431): „Wann alsdann — ſie ſich berichten laiſſen, was vnd wie viel benne geröhre gefallen". Schmidt weſterw. Jb. S. 66.

Dieſe Wörter gehören zu dem Verbum *rêren*, fallen laßen (z. B. Thränen reren), welches, in der alten Sprache häufig, und auch noch heute in Deutſchland ſehr allgemein verbreitet (vgl. Schmeller 3, 121. Schmidt weſterw. Jb. S. 164. 307), mir in Heſſen nicht hat vorkommen wollen. Es iſt aber dieſes rêren das regelmäßige Tranſitivum von riſen, w. ſ.

resch. Dieſes alte Wort iſt jetzt im eigentlichen Heſſen ausgeſtorben während dasselbe noch bei W. Gerstenberger (Schminke Mon. hass. 2, 299. 300) als *rysch* (d. i. risch) in der Bedeutung schnell, schleunig, öfter vorkommt. Im Schmalkaldischen allein ist es noch üblich, und zwar nach seinen zwei Bedeutungen in zwei Formen geschieden:

1) *risch*, schnell, hurtig. Reinwald 2, 103. Im übrigen Hessen findet sich risch, wie R. 1, 129 angibt, nicht.

2) *roesch*, rauh. Reinw. 1, 129. Vgl. Schmeller 3, 140.

resten, (sik) sich ruhen. Nur im sächsischen und westfälischen Hessen, wo die Wörter ruhen und Ruhe wenn auch bekannt doch durchaus nicht üblich sind. Das Substantivum ist *Rast* oder *Rest*. Daher denn auch die in jenen Gegenden häufige Bezeichnung von Bäumen u. dgl. im Felde: Restebaum, Restebusch.

Reuse fem., verlängerter Rückenkorb, wie derselbe zum Holztragen auch in Oberhessen üblich (s. Koeze), in der Obergrafschaft Hanau aber, wo er diesen Namen, Reuse, führt, ganz allgemein im Gebrauch ist.

Rêz neutr., gewöhnlich in der Composition *Brodrêz*, hölzernes Gestelle mit Sprossen, welches an die Decke gehängt, und auf welches die Brodlaibe, besonders zum Schutz gegen die Mäuse, aufgestellt werden. Im südlichen und westlichen Oberhessen üblich; nördlich und östlich von Marburg findet sich der Ausdruck schon nicht mehr.

ribbeln, Frequentativ von reiben; sehr üblich. „frico, confrico, tergo, ich reib, ribel" Alberus Dict. Cija ya. Ribbelsuppe, eine besonders in Niederhessen sehr übliche Mehlsuppe mit Bröckchen aus Ei und Mehl, welche zwischen den flachen Händen zu Ribbeln (einer Art Nudeln) gerieben werden. Estor hat 3, 1418 „Röbbel, wenn in bier man brod einbrockt zum essen", was wol dasselbe, nur in der Aussprache stärker entstellt, sein wird.

Richte fem., gerade Richtung; „in der Richte gehen", den kürzesten Weg einschlagen. *Richtweg*, der kürzeste Weg. „in die Richte bringen", in Ordnung bringen, vgl. Reihe. „in die Richte stellen", senkrecht stellen. U. dgl. m. (vgl. *Reihe*).

In älterer Zeit auch adverbial, wie es scheint: *hin gerichte, in gerichte*; z. B. „von deme wege von der karskirchin vuder deme hoygersbornen *hine gerichte* den weg hin" etc. „*in gerichte* den weg uff" etc. Urkunde des Landgrafen Heinrich (des Eisernen) vom Sonnabend vor Jnvocavit 1366 für die Leute zu Ober- und Nieder-Besse über das Holzrecht im Langenberge.

Rid neutr. (oder Ried? nach Adelung 3, 1115), das „Blatt" der Weber. „Wolewebern unde lynen webern suld man tzu irn kemmen *ryden* unde andern getzuge sehen, das sie das mechten als vor aldirs sich gehoret. Emmerich Frankenberger Gewonheiten bei Schminke Monim. hass. 2, 705.

Riede fem. im Fuldaischen, *Reite* fem. in der Obergrafschaft Hanau, der Stock mit angesetztem breitem Eisen, vermittels dessen der Erdboden von der Pflugschar und dem Streichbrett beim Ackern weggeschoben, Schar und Streichbret gereinigt wird. Sonst Riesterstock, auch bloß Pflugstock.

Ries neutr. Dieses Wort lautet, wenn von einem Ries Papier die Rede ist, in den hessischen Rechnungen des 16. Jarhunderts, wo es äußerst häufig vorkommt, *Reiss*. Aber es wird auch von Schiefersteinen (Dachschiefer) gebraucht: „Es hat mein gn. F. vnd Herr Landtgraff Ludwig gnediglich beuolhen, nechst freitags von Blanckenstein vier vnd zwentzig Reiß schiffferstein gen Speckswinckel zu schicken". Rauschenberg 1567. Diese 24 Reiß Schiefersteine wurden auf einem Wagen mit zwei Pferden geführt.

Riester neutr., auch wol masc. (gesprochen Rêster), lederner Flicken auf das Oberleder der Schuhe und Stiefeln.

riestern (rêstern), Schuhe und Stiefeln in dieser Art flicken; dann auch in allgemeinerem Sinne: in grober, unkunstmäßiger Weise ausbeßern.

Eben so in der Schweiz Stalber 2, 276. Möglich übrigens, daß dieses Wort eigentlich *rister* lauten müßte, somit von Riester am Pfluge sich wesentlich unterschiede, wie dieß Schmeller 3, 144 warscheinlich zu machen sucht. Der schweizerische und noch weniger der hessische Dialect begünstigen freilich diese Annahme nicht. Eben so wenig aber auch die niederdeutsche Sprache, Richey S. 209 („Reyster oder Reester") Brem. WB. 3, 467, und der Dialect auf dem Westerwald, Schmidt S. 162 („Re=ister").

Riester msc., *Riesterbret*, das Streichbret am Pfluge, welches zum Umwerfen der durch die Pflugschar losgeackerten Scholle, mithin zur Bildung der Furche dient. Nieder= und Oberhessen (in Oberhessen spricht man fälschlich Rister). Eben so, wie in Hessen, in der Schweiz, Stalber 2, 276. Auffallend ist es dagegen, daß in der ältern Sprache durchgängig und eben so auch in Baiern Riester den Pflugsterz bedeutet, Schmeller 3, 145.

Geriffel neutr., üblicher Ausdruck für Gerippe, Skelet. „Dann er sahe ein sehr groß Menschen=Geriffel daran nur eitel Knochen und gantz keine Haut oder Fleisch war". Der Fütternde (Landgraf Hermann) Hexameron oder Sechs=Tage=Zeiten des Torquemada. 1652. 8. S. 275. „Hier lieget das Gerüffel eines armen Sünders" Anfang der Grabschrift des Pfarrers Johann Hartmann Crajus zu Kassel (geb. 1609 † 1664), welche dieser sich selbst gesetzt; Strieder 2, 328.

Das Gänsegeriffel, Ueberbleibsel der gebratenen Gans nach Abschälung der besten Stücke des Bratfleisches.

Gerifke, *Gerischtel*, Gerippe, Skelet. Im Haungrund.
Vgl. Rif und Rift, Gerippe. Brem. WB. 3, 489.
S. Zeitschrift f. hess. Gesch. 4, 87.

riffeln, 1) ausfäbeln, auffädeln. Ein gestrickter Strumpf wird, wenn er fehlerhaft ist, aufgeriffelt; locker gewebtes Zeug, Band, riffelt sich. Niederdeutsch, aber in ganz Hessen gebräuchlich. Brem. WB. 3, 464 (reffeln).

2) nachdrücklich tadeln, strenge Verweise geben. Ahd. refsan.
Riffel msc., nachdrücklicher Verweis.

Gerick neutr., in Ordnung, in Reihe und Regelmäßigkeit sich bewegendes Thun, Ordnung in der Arbeit, bestimte Arbeit; Oberhessen. „Ich hab so mein Abendgerick" (z. B. das Vieh zu futtern) d. h. meine regelmäßig am Abend wiederkehrende Arbeit. Allgemein üblich dagegen ist die Redensart: *Gerick und Geschick* (häufiger negativ: kein Gerick und G.) zu *etwas haben*, anstellig (bzw. nicht anstellig), geschickt, behend in der Ausführung einer Arbeit sein — sie weder in der gehörigen Ordnung, noch in der gehörigen Form behandeln können. Vgl. *Rick*. Schmidt Westerw. Jb. S. 69.

Rile, Ril fem., Reihe, z. B. von gepflanzten Bäumen, aufgestellten Geräten. Im Schmalkaldischen, anderwärts unbekannt, wenigstens hat sich das Wort, welches niederdeutsch scheint (fehlt Richey, Strobtmann, Brem. WB., findet sich aber bei Schambach Gött. Jb. S. 172), auf wiederholte Nachfrage in den niederdeutschen Bezirken nicht wollen auffinden laßen.

Rille fem., kleiner Waßerablauf, flache und schmale Vertiefung, in welcher Flüßigkeiten herablaufen. In Niederhessen fast allgemein üblich. Brem. WB. 3, 494.

rinden. In dem Protokoll eines im Jahr 1603 zu Wetter gehaltenen Bahrgerichtes (gegen Heinrich Vogt, s. Bahrgericht) kommt vor: „Ob dan wohl der Corper sehr bleich vnd fast der erden gleich, auch die wunden so er geschlagen, deren 8 oder Neune gewesen, gantz schwartz vnd zugerunden gewesen, so seind doch noch allein die wunden wieder sobald frisch Roth vnd fliesend worden" ꝛc. Das Wort ist seiner Bedeutung nach klar: verharschen. Es hat den in das Auge springenden Anschein, als hätten wir hier das Participium eines längst verlorenen Verbums: rinthan, ranth, runthum, runthans vor uns, zu dessen Ablautsableitungen die Wörter *rinta*, cortex, und *rant*, clypeus, gehören, und welches die Bedeutung bedecken, zudecken, gehabt haben muß; „zugerunden" bedeutet: mit Rinde bedeckt. Dazu kommt, daß hin und wieder eine verharschte Schrunde (Schrunge, s. d.), Runge, d. i. Runde, genannt wird. An eine Verwechselung des Schreibers mit zurinnen, zugerunnen, wird schwerlich zu denken sein.

Rindsfusz war im 16. Jarhundert der Name eines, wenigstens in Wetter, üblichen Gebäckes. Bei der im zweiten Halbjahr 1576 daselbst vorgenommenen Visitation der Beckerladen fanden die Zunftmeister, daß bei einem Becker an einem Sechs-Heller-Rindsfuß zwei Loth mangelten. Ohne Zweifel ein Weizengebäck, wenn auch vielleicht ein gröberes, nicht unwarscheinlich von derselben Gestalt, welche bis jetzt die s. g. Franzbrode behalten haben: diese tragen in der Länge ihrer elliptischen Form eine Spalte, früher eine tief eingeschnittene, jetzt sehr flache, wodurch sie der gespaltenen Rindsklaue ähnlich werden. S. Zeitschrift f. hess. Gesch. u. LK. 4, 87.

Rinken msc., die fast ausschließliche Form für Ring. Fingerrinken, für Ring und für Fingerhut. Schuhrinken, Schuhschnalle (Schnalle war noch bis etwa 1830 gar nicht volksüblich). Schmidt westerw. Jb. S. 163. Vgl. Fingerlein.

rippeln (sich), 1) sich regen, leise Bewegungen machen; besonders: sich gegen einen Stärkern gelinde auflehnen: „der A. hatte den B. am Boden liegen, so daß sich dieser nicht rippeln konnte"; „es ist strenge Aufsicht, so daß sich keiner rippeln darf". Allgemein üblich. Schmeller 3, 8; wobei jedoch zu bemerken ist, daß bei uns ribbeln (riwweln) und rippeln auf das Bestimteste auseinander gehalten werden.

2) in den mehr niederdeutschen Gegenden (nördlich von der untern Eder) bedeutet *sich rippeln* auch: sich eilen, sich zusammennehmen, um mit einer Arbeit zeitig fertig zu werden. So auch sonst in Niederdeutschland, s. z. B. das Lippische Idiotikon in Frommanns Mundarten 6, 367.

Rischweg, eine in hessischen Feldmarken sehr häufig und in mancherlei Formen vorkommende Bezeichnung. „bei dem Rischwege" (Volkmarsen); „bei den Rischen" (Breuna); „auf dem obersten Röschenwege" (Obersuhl); „im mittelsten Röschen" (ebds.); „am Röstweg" (Sontra); „am Rußweg" (Kirchhain); „an dem Rutschenwege" (Weimar); „über dem Reißeweg" (Feldberg und Niedermöllrich) u. a. m.; warscheinlich gehören hierher auch Formen wie „am Reißenweg", „auf dem Rießer" (Niederelsungen), „am Raseweg" (Hermanrode, Eschwege) u. dgl. Es wird das Wort zu *resch*, rösch, risch (s. d.) in dieses Wortes — freilich jetzt in Hessen nicht mehr vorhandenen — Be-

beutungen rauh und steil (Schmeller 3, 140—141) gehören, und einen ungebahnten, einen Abhang hernieder gehenden, Weg bedeuten. Mhd. scheint *rosche* einen rauhen, steilen Abhang zu bedeuten: durch mengo *roschen* wilde Diutiska 2, 148; und es könnte das Zeitwort roschen, röschen nicht bloß steil und rauh machen, sondern auch steil und rauh sein bedeuten, ja es wäre gar nichts Unmögliches, daß aus diesem roschen, röschen sich das gemeinhochdeutsche Wort rutschen gebildet hätte. Diese Verbindung zwischen roschen und rutschen scheint sogar die obige Form Rutschenweg und die Bedeutung von *Rutsche* (s. d.) anzudeuten, ja zu bestätigen. Daneben könnte auch das Diut. 2, 205. 207 vorkommende Wort *resch*, gleba, cespes in Betracht kommen, und Röschenweg einen rauhen, steilen, mit Gras überwachsenen Weg bedeuten; in Hanauischen Feldmarken kommt sehr oft ein grasiger Weg, als ungebauter, wilder Feldweg vor, und Seb. Frank (Paradoxa Bl. iiib) gebraucht diese Bezeichnung geradezu als Bezeichnung eines ungebahnten Weges: „ein ungebahnten, engen, grasigen weg anhin gehen". Ob die Wörter ressen und Rösche, welche Adelung 3, 1090. 1156 als Kunstwörter aufführt, hierher gehören, mag unentschieden bleiben, sie sehen eher deutsch, als slavisch aus, an welchen letzten Stamm sie Adelung anzulehnen scheint.

Risebett, neutr. Krankenbett, d. h. Bett, auf welches Jemand riset, niederfällt. Alter, aus dem gewöhnlichen Gebrauche verschwundenes, aber um 1820 in Oberhessen noch in der Erinnerung feststehendes und verstandenes Wort. „Wo kranckheit infallen, müsse geschickte vnd gebrauchte Artze sein — sunst wurde offt einer im resebett gehalten, kundte also seinem hauße nit vorstehen". J. Ferrarius von dem gemeinen nutz. 1533. 4. Bl. 48a. Vgl. *bettrisig*.

risen, ferri deorsum, sinken, fallen. Das reife Obst rist, die Blätter im Spätherbst risen. Allgemein üblich. Das Verbum conjugiert indes nicht mehr stark, sondern schwach: riste, gerist; in Oberhessen wird jedoch auch mitunter reisen, reiste, gereist gesprochen, und zuweilen sogar das Participium noch stark flectiert: gerisen (gerisene Aepfel).

Wol ohne Zweifel gehört hierher

Beris msc., meist gesprochen **Berêst** neutr., welches Wort, im nördlichen Oberhessen und im Amt Schönstein, gleichbedeutend mit Genist und Gerer (s. Rêr), neben diesen Wörtern gebräuchlich, den Abfall vom Getreide beim Einfaren, die auf dem Acker nach dem Aufladen der Garben liegen gebliebenen und nachher zusammen gerechten Getreidehalme bedeutet. Es würde somit Beris, Bereist das Beigereiste, nebenbei Abgefallene, bedeuten, und Bereist die Aussprache reisen anstatt des ursprünglicheren risen voraussetzen. Vgl. Rêr, und die Zehntordnungen v. 9. Januar 1714 (LO. 3, 744) u. von 1737 (LO. 4, 467). In der ersten dieser Stellen ist Beris = Röhrig d. h. *Rêrich*, und rührt also dieses Wort auch urkundlich an Gerêr, Tenogerêr, s. d. Kopp Handbuch 2, 9. Vgl. Schmeller 3, 129.

Risken, plur. Binsen. Im sächsischen und westfälischen Hessen. Der Vocal richtet sich nach der sächsischen, die Consonantenverbindung sk nach der westfälischen Mundart. Eigentlich lautet das Wort Rusk, Rüsk, Rusch, in Hanoverischen aber Risch. Adelung 3, 1217. Ziegler Dithmars. Id. bei Richey S. 421. Strodtmann S. 192. Brem. WB. 3, 562—563. Wol eins von den Wörtern, welche die deutsche Sprache mit der lateinischen (ruscus) gemein hat, denn an Entlehnung ist hier nicht wol zu denken, trotz der sonst zalreichen lateinischen Borgwörter, an denen die niederdeutschen Sprache schon in alter Zeit reich vor.

Rispe, fem. 1) im südlichen Niederhessen wie gemeinhochdeutsch, in Oberhessen unbekannt (hier Schnäde); 2) im sächsischen Hessen: flacher Korb, anderwärts Wanne, Kretze, Schanze (s. d.) genannt.

Rispel fem., in Schmalkalden wie Rispe 1, aber auch die Trauben der Johannisbeere und die in Traubenform zusammengeschnürten Zwiebeln u. dgl. Vgl. Reinwald 1, 129.

Risse plur. tant., Schläge, zumal derbe Schläge, als Züchtigung. Allgemein üblich. Schmidt Westerw. Id. S. 163.

Riste fem., 1) der Handrücken, vielmehr der Theil des Unterarms, welcher sich unmittelbar über und zwischen den Knöcheln befindet, mit Einschluß der Handwurzel. Zuweilen wird jedoch dieser Körpertheil auch wie der Fußrücken, Frist (Handfrist) genannt (s. Frist). Ist eigentlich *wrist*, von welchem Wort der Anlaut w abgefallen ist.

2) ein Büschel Flachs, so viel man mit der Hand fassen kann. Es wird dieses Wort sowol von ungebrechten Flachs, sogar von dem, welcher als flück (s. d.) aus der Roße kommt, um aufgestellt oder gebreitet zu werden, wie von gebrechtem und für das Hecheln zurechtgelegtem und von gehecheltem Flachse gebraucht. Fünf Risten gehechelten Flachses machen in der Regel eine Raute (einen Rauten, im Fuldaischen, fünf und siebenzig Risten oder fünfzehn Routen machen daselbst einen Kloben oder Büschel). „gar kleine *risten* flosses"; „flosses eine *risten*" Elisabethleben Diutiska 1, 384. In den sächsischen und westfälischen Bezirken spricht man meist *Risse*, wie sonst in Niederdeutschland. Strodtmann S. 187. Brem. WB. 3, 305. In Oberhessen scheint Riste in älterer Zeit nicht üblich gewesen zu sein; die Rentereirechnungen von Wetter und Rauschenberg von 1552 — 1617 enthalten das Wort nicht ein einziges Mal, sondern stets Handvoll, z. B. „Zwey Kloben flachs jedern Kloben an 60 handtvoln" 1603. Das hier und sonst sehr häufig in den Belegen vorkommende Wort „Klobe Flachs" ist jetzt, außer im Fuldaischen, nicht mehr üblich.

Dieses Wort, welches im hessischen Dialekt in seinen zwei Bedeutungen, und zwar gerade wegen derselben, mit größter Bestimmtheit als ein Wort behandelt wird, schließt zwei Wörter verschiedenen Stammes in sich. Das Wort, welches Handrücken bedeutet, eigentlich *wrist*, ist anderwärts Masculinum, meist sogar Neutrum Schmeller 3, 144. Das Wort hingegen, welches Handvoll Flachs bedeutet, lautet anderwärts Reiste (Schmeller a. a. O.), welche Form einzeln auch in Hessen vorkommt z. B. in einem Leihebrief bei Lennep Leihe LSR. Cod. pr. S. 370, und selbst, tiefer in Westfalen hinein, Rise (s. Strodtmann).

Ritt (gesprochen Rëd), in den Redensarten allen Ritt, jedesmal, und auf einen Ritt, auf einmal, auf einen Hieb, Schlag; in Hessen die gewöhnlichste, ja bis vor Kurzem völlig ausschließliche Bezeichnung des in der ältern Sprache auch durch sind, stund, werbe, in der neueren, gemeinhochdeutschen Sprache nur durch Mal bezeichneten Begriffes. Grimm Gram. 3, 230—233. Schmeller 3, 164. (Die in Baiern üblichen Ausdrücke gleichen Sinnes: alle Bod, alle Streich, fehlen in Hessen). S. Werbe.

Ritz, im südlichen und innern Niederhessen das Lock- und Schmeichelwort für Schweine: „Ritz dä!" „komm Ritz!" Oft deminutiv: **Ritzchen**, plur. *Ritzerchen*, Ferkel. Dafür gilt in Oberhessen und an der Schwalm, wo Ritz unbekannt ist, Wutz, in Oberhessen auch Buß, an der Eder und weiter nördlich Kimmchen.

ritzerot, grell rot, blutrot. Sehr üblich. „*ritzrot* ardentissimi coloris

E. Alberus Dict. Bl. Eiija. Schmidt westerw. Jd. S. 164. Schmeller 3, 715 (nur bei Aschaffenburg).

Roggen msc., kommt einfach im Volksmunde gar nicht vor, sondern es wird für secale cereale der allgemeine Ausdruck Korn gebraucht, wie in Baiern (Schmeller 3, 71) und anderwärts. Dagegen wird alles, was aus dieser Getreideart bereitet wird, nicht durch die Composition mit Korn, sondern mit Roggen, in der Aussprache: *Rücken*, bezeichnet: Rückenmehl, Rückenstroh, Rückenbrod, Rückenkleie, Rückenbrei. Dem Schulmeister in Frankenberg gaben die Kinder, die nicht nach Brode giengen, ire *rocken* brode; Emmerich Frankenb. Gewohnheiten b. Schminke Monim. hass. 2, 686. „Ein thausendt Peusche oder gebondt Ruckenstroh" soll 1562 der Rentmeister zu Wetter einkaufen und in den Renthof nach Marburg liefern. Er notiert: „d. 5. Decemb. anno 62 habe ich dem Rentschreiber vf disen fürstlichen Beuelch 1000 Streckling — liefern lassen". S. Streckling.

Roeling msc. Der Wasserfrosch; allgemein üblich. O. Melander Jocoseria (Lich 1604 No. 547 S. 548—549) gibt aus einem zu Eschwege gehaltenen Gespräche Röling durch ranunculus. Schmeller 3, 78.

„Rölinge" heißen spottweise die Bewohner des Dorfes Wabern, weil Wabern tief und sumpfig liegt. S. Rutsche.

Im östlichen Hessen wird übrigens mit Roeling auch die Wasereidechse bezeichnet.

Im sächsischen und westfälischen Hessen ist das Wort Roeling zwar auch bekannt, aber nicht besonders geläufig, so wenig wie Frosch und theilweise sogar Pogge; der Frosch wird dort durch Höpper (Hüpfer) unterschiedlos, ob Grasfrosch oder Wasserfrosch, bezeichnet.

Rolle, Frau Rolle, ist die im Schmalkaldischen übliche Entstellung der auch dort wolbekannten Frau Holle.

rollen, 1) läufisch sein, von der Sau; in Oberhessen von jeher üblich (Crim. Processacten von 1680), weniger in Niederhessen, wo das in Oberhessen unverstandene Wort hauen gebräuchlich ist. Schmidt Westerw. Jd. S. 165. Schmeller 3, 80.

2) daher: unstät und neugierig überall herumlaufen; herumrollen.

Rölps msc., 1) ructus, Aufstoßen, wie gemeinhochdeutsch Rülps; 2) Schimpfname zur Bezeichnung eines ungeschliffenen und unflätigen Menschen.

Rop msc., auch neutr., Schorf auf einer zugeheilten Wunde; sehr oft deminutiv: *Röppchen*. Schottel Hauptspr. S. 1388 hat *Rosse* msc.; Brem. WB. 3, 440 *Rare, Robe*; holl. Rappe, Roof, Roofken. Ahd. riob. Vgl. Schmeller 3, S. 118.

Ueberall üblich, doch mehr in Niederhessen als im Fuldaischen und in Oberhessen.

Rösze fem., hessische Aussprache des althochdeutschen râza, Honigwabe; in Süddeutschland *Râsz* msc. mit beibehaltenem Vocal aber verändertem Genus (Adelung hat für Rooß gar das Neutrum). Alberus hat (Dict. Bl. Xxa) noch Raß, auch noch das Femininum. Schmeller 3, 125. Roßenhonig, unausgelassener, noch in den Roßen, Waben, befindlicher Honig. Zur Zeit der undurchforsteten Wälder hatten Waldbienen in hohlen Bäumen mitunter vier Schuh lange Roßen. Wabe ist unbekannt und unverständlich.

Rösze fem., *Flachsrösze* (auch *Roesse*, *Flachsroesse*, doch selten), die mit Waßer gefüllte Grube, in welche der gereffte Flachs (das Faul, s. d.) gelegt

wird, um zu rözen, d. h. zu faulen. In der Roße bleibt der Flachs so und so viel Nächte (nicht: Tage) bis der Splint so weit gefault ist, daß die Heren (f. d.) sich von dem in Fäulnis geratenen Stengel (Splint) lösen. Die Halb= gebildeten und vollends die „Gebildeten" sprechen fälschlich Röste, rösten, während das letztere Wort nichts anderes ist, als das alte rozen, faulen. Hin= sichtlich dieses Wortes ist die Sprachverderbnis der „Gebildeten" in den letzten vierzig Jahren auch in das Volk gedrungen, welches seitdem allmälich angefangen hat, *roesten* statt des richtigen und bis gegen das Jahr 1820 allein üblichen *rözen* zu sprechen; *Roeste* aber spricht das Volk noch heute nicht. Vgl. Zeitschr. f. heff. Gesch. u. LK. 4, 94.
Schmeller 3, 138.

rotzfaul, Verstärkung des neueren Sprachelements, faul, durch das ältere, roz, durch und durch faul, gänzlich in Verwesung übergegangen; „die Kartoffeln werden im Lande schon rotzfaul" hörte man während der Dauer der Kartoffelkrankheit, 1845—1855, sehr oft sagen. Allgemein üblich; in den nieder= deutschen Bezirken *rottefül*. [Das Wort hat mit Rotz, ahd. hroz, mucus, nichts zu schaffen].

rosseln, mit Getöne (durch vorliegenden Schleim hin) atmen; röcheln. Sehr üblich, wogegen röcheln ungebräuchlich ist oder höchstens in der Form rocheln vorkomt. Schmeller 3, 138 (rößeln).

rossig, hitzig, nach der Begattung verlangend, von der Sau. In einem Marburger Criminalproceße von 1680 kommt roisch und rossig neben einander vor. Das Wort ist in ganz Hessen bekannt und ziemlich überall üblich.

roesten. Das Brod zu rösten wird von den oberhessischen Bauern für einen großen Frevel gehalten; noch jetzt ist in dem Munde aller Oberhessen die Priamel:
  Wer saed (sagt, ausplaudert, deuten läßt) ken troum,
  Un schelt ken boum,
  Un rëst ken bröd,
  Dem hilft der liebe Gott aus aller nöt.
Es ist dieß übrigens der Reim der Holzweibchen in der Pflege Reichenfels im Vogtland, welche damit das Eintreten der unruhigen, habsüchtigen, geizigen, mit dem Gegebenen nicht zufriedenen Zeit bezeichnen; nur heißt es dort nicht „röstt kein Brod" sondern „pip kein Brod" (mache keine zauberabwendenden Zeichen hinein, oder vielmehr: zeichne es nicht als dein ausschließliches, niemanden mit= zuteilendes Eigentum mit dem natürlichen Siegel der fünf Finger). Grimm Mythologie 2. Ausg. S. 452.

  Das Rösten des Brodes gilt auch in der That darum für einen Frevel, weil dasselbe zeigt, daß man mit dem lieben Brod so wie es Gott gibt und mit dessen Geschmack noch nicht zufrieden ist, sondern demselben einen erhöheten Wert geben zu dürfen meint — „über das Brod wie es Gott gibt, geht nichts".

  Uebrigens spricht das Volk in Niederhessen nicht *roesten*, sondern *roestern* (Frequentativ).

Rotkelchen, lieber *Rotbrüstchen*, der bekannte Vogel.

  „Du hast ein Rotkelchen (Rotbrüstchen) gefangen" begierende Redensart, wenn Jemand von der Kälte eine rote Nase bekommen hat. Die Redensart ist alt und keineswegs ausschließlich hessisch. „auch mancher junger Wanderer den schwarzen Bart in kurzem graw heimbringet, vnd die Rotbrüstlein hin vnd wider auff die Nasen fligen" Fischart Praktik 1573 Ciiijb 1598 Bija (Scheible

S. 571). „Aber Bruder Jan thut das Rotbrüstlein von der Nasen, seh wie es Claretrot dran hencket" Fischart Geschichtklitterung 1582 Gg2a (1594 Bl. 247a, 1600 Bl. 247a, 1608 Gga).

Rotzköber msc., der Fisch cottus gobio, welcher mit Schleim überzogen ist. Er findet sich in den meisten Bächen, heißt aber gewöhnlich Kaulkopf (b. i. Kugelkopf) ganz wie die Froschlarve; nur in Schmalkalden, wo er (in der Schmalkalde) sich sehr häufig findet und eine beliebte Speise bildet, führt er den Namen Rotzköber. Reinwald 2, 105. Vgl. Kulle.

Rotzmaul, übliches Schimpfwort, besonders für ungezogene vordringliche Kinder. Im 14. 15. Jarhundert war diese Bezeichnung Familienname einer sehr angesehenen Patricierfamilie in Treysa bei Ziegenhain, aus welcher u. a. einer, Johann Rotzmaul, um 1430 Abt des Prämonstratenserklosters Cappel (am Spieß) war. Nach der Hand hat diese, wol schon ihrer früheren Stellung nach dem Adelstande nahe stehende, dann in den Adelstand gelangte Familie ihren Namen Rotzmaul in Rotzmann verändert. Es ist dieser Name eines der zalreichen, auch durch andere hessische Namen zu erhärtenden Beispiele, daß scheltende Bezeichnungen unbefangen als Familiennamen gebraucht und beibehalten wurden.

Rotzlöffel, gleichfalls ein sehr übliches Schimpfwort, welches noch bestimter, als Rotzmaul, auf Kinder sich zu beschränken pflegt.

Den Sinn dieser Schimpworte erläutert sehr anschaulich Salomo und Morolf (v. d. Hagen Heldenbuch 1, 45):
    in allsolicher masse so lag
    ir nase, droff ir in den munt.

Rotznase, ein ausschließlich Kindern geltendes, oft aber auch nur (wie von Goethe) scherzweise gebrauchtes Scheltwort, besonders ganz kleine, eben zum Laufen gelangte Kinder bezeichnend.

Rücheln msc. und neutr., Kamisol der männlichen Kleidung im sächsischen und westfälischen Hessen. rochelen, suppellicium in einem Vocabularius rerum, Hf. des 15. Jh. Hoffmann horae belg. 7, 32. Frisch 2, 124. Brem. WB. 3, 509, wo dieses Wort als Deminutiv von Rock (rockelin), wie es auch bei Kilian erscheint, erklärt wird; von dem Volke wird jedoch diese Deminution, jetzt wenigstens, durchaus nicht mehr verstanden. Hoffmann Theophilus S. 74.

Rucht fem., Gerücht, zumal übles Gerücht, Ruf, übler Ruf. „Die Alten (Eltern und Großeltern der Inquisitin) hetten die Rucht gehabt, daß sie zetten zaubern können". Eschweger Hexenprocessacten von 1657. Auch jetzt noch heimlich üblich, zumal im östlichen Hessen.

Gerücht neutr., Lärm. „rüffen vnd blasen mit Posaunen, machen ein schröcklich gerücht, wenn sie truncken werden". Hans Staden Reisebeschreibung (Weltbuch, Frankfurt 1567 fol. 2, 53b). „fuhren zu Lande, wolten Beute halten; da war ein Gerüchte und Glockenschlag von Bauren, daß der Räuber Edel und Unedel etwa 10 gegriffen wurden" Theophil Seibert, Pfr. zu Asbach, in seiner Chronik v. 1679 (z. J. 1531, Thomas von Rosenberg betr.). Schmeller 3, 18. (Ob aber nicht trotz Schmellers, allerdings sehr nahe liegender, Vermutung, daß dieses Wort zu geruohan gehöre, dennoch vielleicht eine niederdeutsche Form von geruofti, clamor (Diut. 1, 280) anzunehmen ist, wie sacht st. sanft, Nichte st. Nifte, Lachter st. Klafter, beschwichtigen st. beschwistigen?) In der heutigen hessischen Volkssprache ist mir das Wort nicht vorgekommen.

Ruddel msc., gemeines Gerücht, lautbar gewordene Unthat, gemeines Geschrei; „als es nun also im Ruddel vnd in der Sage gangen" Oberhessische Criminalacten von 1593, und öfter. Das Wort soll noch jetzt in Oberhessen hin und wieder im Gange sein.

ruhen. Der niederhessische Dialect hat in diesem Zeitworte das alte w beibehalten: rûwen, rauwen; nicht constant aber in dem Substantivum, welches *Rau*, nur hin und wieder *Rauwe*. lautet. Im sächsischen und westfälischen Hessen ungebräuchlich s. resten.

Der übliche Gruß eines im Felde Vorübergehenden an einen Sitzenden oder Liegenden besteht in der Frage: Ist die Rau gut?

Ruckert msc., die männliche Taube, der Tauber; von seinem Laute so genannt. Mittelhessen, neben Tubhorn üblich.

Rumpelstilz, Rumpelstilzchen. In dem Märchen No. 55 der Kinder= und Hausmärchen der Brüder Grimm (1, 133) wird der Name des Erdmännchens, um welchen das Märchen sich drehet, als Rumpelstilz, und dieser als aus Hessen stammend angegeben. Daß dieser Name ein wirklich gebräuchlicher gewesen, ist aus Fischarts Gargantua, wo unter den Spielen „Rumpele stilt oder der Poppart" aufgeführt wird, bekannt, und die Grimm berufen sich auch im 3. Theil der Märchen zu No. 55 auf Fischart. Vgl. Grimm d. Myth. S. 473. Aus welcher Gegend Hessens jedoch sie diesen Namen erhalten haben, sagen sie nicht; mir ist es bis auf diesen Tag so wenig wie andern, auf meine Anregung eifrig nachforschenden Personen gelungen, den Gebrauch dieses Namens in Hessen zu entdecken, obgleich bis jetzt das betreffende Märchen lebendig ist. Vgl. *Perlebitz*.

Rumpf msc., hölzernes Gemäß für Getreide; auch wol große hölzerne Schüßel (Rumpfschüßel). Velten Schloßer zu Wetter quittiert 4. Juni 1575 über 2 fl 23 alb „von deswegen dz ich in m. gn. F. u. H. Fruchthaus Wetter vier stück an mesten Rumpff bei meinem eisen beschlagen habe, nemlich 2 mesten kost jeder beschlagk ein gulden, Item ein halbe mesten beschlagen kost ein halben gulden, vnd ein viertel kost der beschlagk zehen alb." „Der Teufel sesse im grossen Rump" sagt Enichen Schnabel aus Betziesdorf vom Hexentanz 1673 aus. Gebräuchlich ist das Wort noch am meisten in der Composition Salz= rumpf, die Estor S. 1418 ohne Erklärung aufführt: das in der Küche zur Auf= bewahrung des Salzes gebräuchliche Gefäß; auch die auf den Tisch gesetzten kleinen Salzgefäße (Salzfäßchen) heißen in Oberhessen Salzrümpfchen. Hessische Familiennamen sind: *Kornrumpf* (Retterode); *Schütrumpf* (Rumpf für die Korn= schütte; Haungrund, Zmehausen und anderwärts). Das Wort ist im Aussterben begriffen.

Runke fem., auch *Runken* msc., großes Stück Brod. Allgemein üblich, anderwärts (Schmidt westerw. Jd. S. 158) Ranke.
Reinwald 1, 130.

Runkunkel fem. (gesprochen mit dem Hochtone auf der zweiten Silbe) ein durch ganz Deutschland gehendes auch in Hessen sehr übliches Schmach= wort für alte, häßlich gewordene, zusammengeschrumpfte Weiber, meist jedoch in halbem Scherze gebraucht. „Manche alte Runckguckel kommt in das Wirths= hauß, siehet etwan den Mann bey einer halb Wein sitzen, da bleckt sie die Zähn wie ein bissiger Ketten Hund" Abraham a Sancta Clara Gehab dich wol. Nürnberg 1729 S. 363. Richey S. 219. Strodtmann S. 373. Brem. WB. 3, 559. Schmeller 3, 559. Schambach Gött. Jd. S. 177. Die

Schreibung bei Abraham a S. Cl. scheint auf die Ableitung von *runken*, corrugare, einschrumpfen und Kunkel hinzuweisen. Meist wird dem Worte das Adjectivum alt beigegeben.

Rüepel msc., ein grober, ungeschlachter Mensch. Vorzugsweise in Niederhessen gebräuchlich. Ursprünglich ist dieses Wort die deminutive Abkürzung von Ruodperaht, Ruprecht, welche sonst in Hessen als Familienname Ruppel, Rüppel, lautet, und bleibt die Vermutung gerechtfertigt, es habe dieses Wort Rüepel seine üble Bedeutung von dem „Knecht Ruprecht" bekommen, welcher auch außer der Nikolai- und Weihnachtszeit, in den Scherzspielen (Komödien) älterer Zeit eine Rolle spielte. Daß Vornamen zur Bezeichnung übler Eigenschaften dienen, ist bekannt: „langsame Trine, faule Grete"; Stoffel, Herme u. dgl. Schmeller 3, 118. Schottel Hauptspr. S. 1390.
So auch W. Wackernagel in Pfeiffers Germania 5, 353.

rupfen, gesprochen *roppen*, wird sehr gewöhnlich reflexiv: *sich roppen*, für sich thätlich zanken, gebraucht; raufen ist in diesem Sinne ungebräuchlich. In Niederhessen wird rupfen auch vom Ausraufen des Flachses gebraucht, während dafür in Ziegenhain und Oberhessen raufen (räufen) üblich ist.

verrupft, zerzaust, unordentlich gekleidet, lumpig; „was sieht der so verrupft (verropt) aus!"

ruppig, in gleicher Bedeutung wie verrupft, indes auch von Thieren gebraucht: „ein ruppiges Kalb", „ein ruppiger Gaul" d. h. mager, übel aussehend, schlecht gehalten.

rûren, den Acker zum zweitenmal pflügen. Der Hofmann in Stedebach soll die Länderei zu rechter Zeit mit Fleiß „lentzen, brachen, ruhren, düngen" Leihbrief vom Jahr 1661 in Lennep Leihe zu LSR. Cod. prob. S. 129. — Allgemein gebräuchlich.

Es ist dieß Wort kein anderes, als ahd. hruorian, movere, nur ohne Umlaut; in der gewöhnlichen Bedeutung wird rüeren bei uns *rêren* gesprochen, wogegen in Baiern nur die eine Form rûeren vorhanden ist. Schmeller 3, 123.

Rûre fem., das zweite Umackern.

Außerdem aber muß *Rûre* ein Fechterausdruck gewesen sein. Georg Wizel sagt in seiner Postill (1539. fol. Bl. 133a): „Ein loser Fechter ist es, der nur die lufft schlegt, Nein, treffen sol er, vnd dem widerfechter ein rure vber die andern geben". Ist wol = Anrührung, Treff, Schlag. Diese Bedeutung von Rure finde ich nirgends.

In der Bedeutung dysenteria war Rûr bis über den Anfang dieses Jarhunderts im Volke bei uns nicht üblich; die Krankheit hieß das Rote (scil. das rote Scheißen). Noch jetzt hört man diese Bezeichnung, wie sie schon bei Alberus vorkommt: „Dysenteria, das blut, das rot" Dict. Bl. Eeija.

ruspern. „es ruspert ein wenig"; „es hat die Nacht ein bischen geruspert" d. h. es ist ein leichter, den weichen Erdboden, den Kot, Schnee, nur auf der Oberfläche ein wenig anhärtender Frost eingefallen. Im Lippischen *rispeln* Frommann Mundarten 6, 367.

rusperig, vom Erdboden, von der Oberfläche des Schnees, wenn derselbe durch einen leichten Frost rauh und scharf geworden ist.

Nur in Niederhessen üblich, in Oberhessen und sonst unverständlich; für dieselbe Erscheinung gilt in Oberhessen schröbchen, im Fuldaischen schrähen, beide von schro gebildet (s. d.).

Das Wort ist sehr alt; in Glossen des 9. Jarhunderts zu Virgils Aeneide (10, 711) wird *inhorruit aper setas* durch *giruspit* übersetzt. Schmeller 3, 142.

Rute fem., ehedem specifisches Attribut des den Pflug führenden Ackermanns, im Gegensatz gegen den die Pferde mit der Geisel treibenden Enke. So, ganz ähnlich wie in Westfalen, in den Statuta Eschenwegensia aus dem 15. Jarhundert (herausgeg. von Röstell Univ. Progr. v. 1854 S. 5): wenn eine genotzüchtigte Frauensperson um Hülfe schreit, so sind alle, welche den Hülferuf vernehmen, zur Folge verpflichtet: dy ackerman met der *ruthen*, dy enke met der geisselen und sollen plug und phert lossen steu, desgleichen der Hirt mit seiner Keule und seinem krummen Stabe, und soll das Vieh laßen stehn. Vgl. Enke.

Ist sonst gegenwärtig nicht volksüblich; statt Rute fast durchgängig *Gerte*.

Rutsche, *Rotsche*, *Rötsche* fem. 1) steiniger und steiler Abhang, an welchem man hinabrutscht. Sehr häufig als Appellativum und auch als Eigenname von Feld- und Wald- (vielmehr Busch-) Plätzen; nicht selten auch in der Zusammensetzung *Steinrutsche*. „ein *rotsche* ein swinde gehe" (d. i. gaehe); „die *rotschen* ube vf einen stein"; Elisabethleben, Diuti¨ka 1, 390.

2) Gleitebahn (Glanerbahn, Schube) auf dem Eis. Obergrafschaft Hanau. Vgl. *Rischweg*.

„Steinrutscher" werden spottweise die Bewohner des Dorfes Niedermöllrich, besonders von den Einwohnern von Wabern, genannt, weil Niedermöllrich am Fuße eines steinigen steilen Abhangs liegt. Dafür geben sie denen von Wabern die Bezeichnung „Rölinge" zurück. S. Roeling.

#

sabbern, den Speichel aus dem Munde laufen laßen, wie zahnlose Kinder und Greise thun. Vorzüglich in Oberhessen gebräuchlich, während in Niederhessen lieber mit dem Umlaut *säbbern* oder noch lieber *seibern* (s. d.) gesagt wird. Estor S. 1418.

Sabber, *Säbber* msc., der auslaufende Speichel. Estor S. 1418. Als *Sapper* gesprochen bedeutet das Wort in Schmalkalden die sich in den Abguß der Tabackspfeife sammelnde Feuchtigkeit, sonst *Sutter* genannt.

besabbern, besabbeln (sich), meist reflexiv, sich durch Geifer oder auch sonst verunreinigen. Estor S. 1418.

Sack, ein im 16. und 17. Jarhundert übliches Schimpfwort gegen Frauenspersonen, in gleichem Range mit Kotze (s. d.), Maere (s. d.) und Hure. Daß die Bezeichnung Sack als Schimpfwort galt, ergibt sich aus dem, allerdings sparsamen, Vorkommen desselben in den Bußregistern aus der zweiten Hälfte des 16. Jarhunderts; daß es aber nur für ein gelindes Schimpfwort galt, ergibt sich aus den geringen Strafen (3 Albus), mit welchen, wenn die Sache anhängig wurde, diese Schimpfrede belegt zu werden pflegte; nicht selten scheint unter den in den Bußregistern sehr oft vorkommenden „unleidlichen Worten", mit denen eine Frauensperson angegriffen worden zu sein behauptete, eben diese Schimpfrede gemeint gewesen zu sein. Daß dieselbe auch scherzhaft angewendet werden konnte, gleich dem Wort Maere, beweist der unter Maere angeführte Beleg aus Luther, außerdem aber auch die bei Melander Jocoseria

(Lich 1604 S. 764 No. 707) erzälte Anekdote: der bekannte derbe Professor Caspar Rodolphi in Marburg sieht der Auffürung einer Komödie zu, und einige Mädchen lehnen sich im Gedränge der Zuschauer derb auf ihn; da sagt er: „wann ich wolte Säcke tragen, wolte ich mich in eine Müle verdingen". Vgl. Richey S. 222. Heut zu Tage ist die Anwendung dieses Scheltwortes fast gänzlich erloschen.

ansacken, hart anfahren, barsch und ungestüm anreden, ein in Schmalkaldischen üblicher Ausdruck, ist wol aus diesem schmähenden Gebrauche des Wortes Sack noch übrig geblieben.

sacken, *aufsacken*, das ausgedroschene Getreide auf der Dreschtenne einmeßen, in Säcke füllen und so zum Aufschütten auf dem Getreideboden fertig machen. Auch sagt man wol *einsacken*. Uebrigens wird *aufsacken* auch metaphorisch gebraucht: „Läuse aufsacken" ist die gewöhnliche Bezeichnung des Empfangens dieses Ungeziefers von Andern: „Junge, wo magst du denn die Läuse aufgesackt haben?"

Die Formel „gesackt sein" in der Bedeutung „epicht", welche Estor t. Rechtsgl. 3, 1418 hat, will sich nirgends finden laßen, auch verstehe ich dieselbe nicht, und möchte vermuten, daß dieselbe auf irgend einem Misverständnis beruhen müße.

Sal, Salch. Dieses Wort (ahd. salha) ist noch vorhanden in der auch gemeinhochdeutsch gewordenen Composition Salweide, aber auch in ziemlich zalreich vorhandenen Flurbenennungen: vor dem Sälchen (Laudenbach), im Salchen, Sahlen (Dens), auf dem Sälchen, Sählen, im Sähl (Rockensüs) u. v. a. Vielleicht liegt diesen Namen *salchach* (Salweidengebüsch) zum Grunde. Dem Buchstaben nach gehört hierher auch *Salchenmunster* 1320 (jetzt Salmünster, Stadt an der Kinzig), wenn nicht dieser Name auf Salz, welches in nächster Nähe (Soden) bereitet wurde, zu beziehen ist.

Sälfett, die in Hessen, besonders in Niederhessen, allgemein und einzig übliche Bezeichnung des Wallfischthrans. Die Bezeichnung ist in Hessen schon alt, s. Melander Jocoseria (Lich 1604 S. 763 No. 705): „wolte dem Hund das geschlungene Saalfett mit gewalt wiederumb abnemen", aber außerhalb Hessens bis daher kaum zu entdecken gewesen. Die erste Hälfte des Wortes ist das uralte Wort *Sal*, See, Meer, wovon in Niederdeutschland der Seehund *Salhund* und der Seehunds= (und Wallfisch=) Speck und Thran *Salsmér* heißt, welches letztere Wort sich mit unserm *Sälfett* direct berührt. S. Brem. WB. 4, 583.

Vgl. auch den Artikel: Fett.

Salvête fem., hier wie anderwärts die Entstellung von Serviette; allgemein üblich. Diese Form war schon im 17. Jarhundert vorhanden; so verzeichnet sie z. B. Schottel Haubtspr. S. 1391.

Sammelsurium neutr., Sammlung von allerhand geringfügigen, schlechten, widerwärtigen Dingen. Ein in dem Stande der s. g. Gelehrten und Halbgelehrten ehedem sehr üblicher, jetzt im Absterben begriffener Ausdruck. Das Wort komt schon bei Lauremberg Scherzgedichte S. 55 (Van Allemodischer Sprake) von dem Gemengsel der deutschen und französischen Wörter vor.

sammer, sommer, eigentlich sam mir, eine im Mittelalter überall, so auch in Hessen volksübliche Beteurungsformel. „*Sommer* unsse frauwe sent Elisabeth, das sol en das lant zu Hessen schaden" läßt W. Gerstenberger den Landgrafen Heinrich II. von Hessen sagen, als er sich mit seinen Enkeln von Braunschweig veruneinigt hatte; Schmincke Monim. hass. 2, 486.

Samwitzigkeit, Gesamtbewußtsein, Gesamteinsicht, Gesamtbeschluß. Ein sehr passendes, wiewol sonst kaum vorkommendes Wort für das ehedem und ursprünglich in derselben Bedeutung allgemein gebräuchliche Wort Gewißen. „die mogen daz dar mede nach irem guldunken vnde ab vnde zu gange des wassirs geborlich halden ane geuerde alse sy daz uor Gode dem almechtigen vorantworten wullen vnde vff ore conscientie vnde *samwitzekeit* daz beuelen". Urkunde der Fischerzunft von Epiphanias 1445.

Sandhaas msc., ein Fehler beim Kegelspiel, wenn die Kugel, ohne das Laufbret der Bahn zu berühren, auf dem Sande derselben lauft. In Nürnberg ist Sandhaas nach Schmeller 3, 264 ein Scheltwort, welches sich vielleicht aus unserm, der Natur der Sache entsprechenden Gebrauch des Wortes erklären ließe.

Sanikel msc., die Gebirgspflanze Sanicula europaea L., welche sich auf den höheren Gebirgen in Hessen nicht selten findet; ein beliebtes Arzneimittel des Landmanns für das Vieh, zuweilen auch für Menschen, welches im Frühling vor der Blüte gesucht wird und einen wesentlichen Bestandtheil des zu Himmelfart gesuchten „Gekrüdigs" bildet.

In Baiern (Schmeller 3, 251) soll Sanikel der Name von drei sehr verschiedenen Pflanzen sein: Dentaria enneaphyllos L., Lathraea squamaria L. und Saxifraga rotundifolia. Ob misverständlich?

Sapperment, eine der üblichsten Entstellungen des zu einem Fluchworte mißbrauchten Wortes sacramentum; ohne Entstellung, als „Sackerment", wird es freilich auch als Fluchwort benutzt. Andere Verhüllungen des heiligen Wortes zu gleichem Zwecke sind *Sackerlot, Schlapperment, Schlapperbenk* (so schon in Filidors Wittekinden 1665 Bl. K2b: „ich greiff beym Schlapperbenk zum Degen"), *Schlapperleberwurst* u. dgl.; die letzten drei Ausdrücke werden meist nur im Scherze gebraucht. Seit den französischen Kriegen, besonders während und seit der westfälischen Zwischenregierung wurde sehr üblich der Fluchanruf *Sackernuntje* (sacre nom de Dieu), welcher schon um das Jahr 1830 nur noch selten gehört wurde, und jetzt, dreißig Jahre später, gänzlich außer Uebung gekommen ist.

Sarock bei Emmerich Frankenberger Gewonheiten (Schmincke Monim. hass. 2, 698): „Allen kouffmanschatz, da eyner mit hanttiret, woln gewant, lynen tuch, *sarogk*. Es ist das entweder das componierte sar-rock, wie sonst sarwat, sartuch vorkommt (Frisch 2, 150a), oder das zerdehnte sork, sorg, särge, heut zu Tage Sersche; nach der Stellung bei Emmerich nach Wollengewand und Linnen scheint es auch hier gemischtes, aus Wolle und Leinen verfertigtes Gewand zu bedeuten. Ursprünglich bedeuteten alle diese Wörter Kriegsgewand, was in sarwat noch deutlich erkennbar ist.

Besat fem. In der Schaumburger Policeiordnung, Rinteln 1717 S. 194 kommt folgende Stelle vor: „So viel aber die Junckern Leute, woran Wir nichts als die Landsfolge, Burgfest, Bauerwerck, Landschatz oder dergleichen, sie aber die Besath haben, welche die Leibeigenschaft, Schatz, Dienste oder Mahlschweine sampt oder besonders in sich begreifft, belangen thut" ꝛc. Es muß dieß Wort dasselbe, mit wenig veränderter Form und Bedeutung das sein, welches Brem. WB. 4, 763—765 als *Sate* aufgeführt wird. Während jedoch im Brem. WB. unter 4, „die Prästation solcher Leistungen, welche die Ritterschaft zu gewähren hatte" als Bedeutung von Sate angegeben wird, bezeichnet Besat nach Angabe jener Stelle der Schaumburger Policeiordnung vielmehr diejenigen Prästationen, welche die Ritterschaft zu empfangen hatte. Möglicher Weise kann Besat sämtliche Ritterschaftsrechte und Pflichten, wovon hier nur die Rechte erwähnt werden, bezeichnen.

Sattel fem., längliches Ackerbeet, durch zwei zu beiden Seiten aufgeworfene Furchen von den übrigen Satteln (Ackerbeeten) des Ackers abgetheilt. Dieser Ausdruck ist in Hessen und Thüringen der völlig ausschließlich herrschende, auch von alter Zeit her daselbst einheimisch (vgl. Hoefer Auswahl von Urkunden, wo dieß Wort öfter begegnet). Bei Adelung, Schmeller u. A. fehlt das Wort. Dagegen hat es Reinwald 1, 131, scheint es aber nicht zu verstehen, da er es bloß vom „Krautsacker" gebraucht meint. Den niederdeutschen Idiotiken (Brem. WB., Richey, Strodtmann) fehlt es wieder, gleich als ob es im Niederdeutschen nicht gebräuchlich wäre; in den niederdeutschen Gegenden Hessens aber ist es eben so, wie in den andern Gegenden des Landes, üblich.

Sau fem., im Plural in manchen Gegenden (Hersfeld) *Säuwe*; im westfälischen Hessen im Singular und Plural: *Sügge*. Das Wort ist zwar auch im Munde des Volks zum epicoenum geworden, indes wiegt der Gebrauch von Sau für das weibliche Schwein noch immer vor, und das niederdeutsche Sügge wird fast nur von dem weiblichen Schweine gebraucht. Vgl. Sög.

Sauglocke s. Antoniusschwein.

Sauhaut. „Der Jud muß auf die Sauhaut" d. h. er muß schwören; eine ehedem übliche, jetzt wol erloschene Redensart. Nach altem, im Schwabenspiegel vollständig beschriebenen Gerichtsgebrauch wurde der schwörende Jude bei der Eidesableistung auf eine Sauhaut gestellt, und als dieser Gebrauch allgemach obsolet wurde, pflegte derselbe von der bäuerlichen Gegenpartei sehr ernsthaft in Anspruch genommen zu werden: „Herr Amtmann, der Jude muß auf die Sauhaut, sonst gilt der Eid nichts" hörte man noch in den dreißiger Jahren dieses Jarhunderts in manchen Gerichtsstuben.

Sauschwanz, der Wirbelwind, welcher mit diesem Worte ganz eigens als Schwanz des Teufels bezeichnet werden soll. In ganz Hessen in diesem Sinne gebräuchlich; wo für Schwanz Zael üblich ist, sagt man *Sauzael*. Hinter dem Teufel liegt indes ohne Zweifel irgend ein alter Heidengott, vielleicht Phol. Vgl. Grimm d. Myth. (2) S. 599.

Töngessau s. Antoniusschwein.

Saufen neutr. und fem., die hochdeutsche Form des niederdeutschen und in die gemeinhochdeutsche (Schrift=) Sprache übergegangenen Wortes Suppe. „Sagt, sie zeugin hab einmahl ein sauffen mit helffen essen". „Sagt, daßmals als sie die sauffen mit hab helffen essen, da hab Philips nichts tödtliches ihres wissens bekommen". Marb. Hexenprocessacten von 1579. Bis gegen das Jahr 1830 hieß in Kassel und Umgegend der Morgentrunk (der noch jetzt in vielen Gegenden die Morgensuppe genannt wird) das Suffen, und

Supen neutr. heißt in der Diemelgegend noch jetzt die Buttermilchsuppe, als die Suppe κατ' ἐξοχήν.

Vgl. Seffe.

Bekanntlich galt das Wort *supon* ursprünglich nicht, wie jetzt, von dem Schlucken der Flüßigkeit Seitens des Viehes, sondern vorzugsweise von dem menschlichen Trinken, dem allmäligen, absetzenden, Einschlürfen. *suffli sorbitiuncula* in den Monseer Glossen. Vgl. Schmeller 3, 204.

Das Wort Suppe kommt indes schon zeitig vor; in L. Philipps Reformation v. 18. Juli 1527 (Mbg. 1528. 4. Bl. Dija) heißt es, daß auf Hochzeiten Morgens vor dem Kirchgang (welcher gegen acht Uhr zu Ende war) „kein suppen gegoſſen oder vor eſſen gehalten werden ſolle". Das „gießen" iſt vermutlich ein alt feſtſtehender Ausdruck für das Auftragen und Vorlegen der flüßigen Speiſen.

Saugmutter, wie Säugamme (da Amme an ſich Mutter bedeutet ſ. Fiſchart Anmanung v. 65; Schmeller 1, 54), ehedem die gewöhnlichen Bezeichnungen der Ammen, bis wo dieſes Wort ſeine urſprüngliche Bedeutung verloren hatte. Ein Beleg „soghmoder" aus einer Heſſiſchen Urkunde von 1444 iſt citiert Landau Ritterburgen 2, 256. Auch iſt Saugmutter (Seimutter) verſchiedentlich der Name von Flurſtücken.

Saul fem., *Sauwel*, *Saubel* (Hersfeld, Eschwege), auch *Seul* (ſo hat Eſtor t. Rechtsgel. 3, 1421, und es iſt in Oberheſſen ehedem zuverläſſig dieſe Form eben ſo vorhanden geweſen, wie in Oberdeutſchland Schmeller 3, 181, wenn ſie auch gegenwärtig der Form Saul gänzlich gewichen zu ſein ſcheint), in den niederdeutſchen Gegenden Heſſens Süle, die Schuſterpfrieme, Ahle, welches letztere Wort in den meiſten Gegenden neben Saul, in Schmalkalden aber ausſchließlich im Gebrauche iſt. Das Wort, ahd. *siula*, bedeutet Nähwerkzeug, von *siuuan*, nähen, wovon auch Schuochsuter, Schuhnäher, heut zu Tage Schuſter, abgeleitet iſt.

Sause fem., Korb, welcher an Stricken aufgehängt wird und für die Kinder zur Wiege dient; desgleichen das auf ähnliche Weiſe conſtruirte Behältniß, welches die Fuhrleute unter den Frachtwagen anbringen. Fulda.

sausen, *süsen*, durch Wiegen die Kinder einſchläfern. „Sie ſchlafen fein ſüß ohne ſauſen". Iſ. Gilhauſen Grammatica 1597. S. 81.

einsusen, einſchläfern; allgemein üblich.

suse, der ſingende Ton, welchen man beim Einſchläfern der Kinder hören läßt, gewöhnlich in der Form „süse kindchen süse", und mit weitern meiſt willkürlichen Reimen begleitet. Das Wort iſt aus Luthers Lied „Vom Himmel hoch" Str. 14, 3 als „Suſaninne" bekannt, kommt aber ſchon früher und nicht ſelten anderwärts vor, z. B. in einem heſſiſchen ungedruckten Weihnachtsſpiel aus dem Ende des 15. Jahrhunderts: „ich wel es legen in die wiege und wel im ſingen Susse liebe ninne". Dieſes süse ninne süse (ſ. Adelung 4, 506) iſt identiſch mit süse kindchen süse, denn ninna bedeutet (im Spaniſchen) Kind, kleines Kind.

Vgl. Frommann deutſche Mundarten 5, 70. 6, 429. Vilmar Paſtoraltheologiſche Blätter 10, 46—48.

Sawáu msc., oft auch vollſtändig *Sawáukol*, üblicher Name des Wirſingkohles in Hersfeld, wo „Wirſing" nicht nur ungebräuchlich, ſondern faſt unverſtändlich iſt; Savoyerkohl, brassica oleracea sabellica.

scha, wird mir aus Schmalkalden als ein Provincialismus in der Bedeutung von *aber* angegeben, nur daß *scha* ſtets der Anfang der Sätze bilde. Ich ſelbſt habe das Wort nicht gehört.

schabbelieren, *fortschabbelieren*, geſchäftig hin und her laufen, ſich eilig fortmachen; von jungen Mädchen und kleinen Kindern gebraucht.

Schabel, *Schawel*, msc. Schatten. Im Fuldaiſchen und Hersfeldiſchen, an der obern Werra (Heringen), im Speſſart. Vorzüglich wird es von dem Schatten, welchen die Wolken und die Bäume werfen, gebraucht, weniger von dem lichtloſen Bilde einer von der Sonne beſchienenen Perſon.

schabelich (-licht) ſchattig.

Die verhältnismäßig richtigere Ausſprache dieſes Wortes iſt die fuldaiſche: *Schawel*, und dieß iſt eine Weiterbildung der auf dem Vogelsberg üblichen Form *Schauwe*, Schatten, *es schaubt*, es gibt (macht) Schatten. Dieſes *schauwe* aber ist nur eine vergröberte Aussprache des ahd. scuwo bei Tatian (4, 18; 21, 12) und in den Keronischen Glossen, (Graff 6, 305), angels. scuva, welches sich schon mhd. nicht mehr zu finden scheint.

Vgl. *Schwade.*

Schafkopf, eine in manchen Gegenden Hessens, z. B. um den Knüll, wie am Böhmer Wald (Schmeller 3, 328) übliches Kartenspiel, auch sonst schwarzer Peter genannt, in welchem der Kreuzbube immer weiter von einem Mitspieler zum andern geschoben wird; wer ihn zuletzt behält, nachdem alle vorhandenen gleichen Paare von Karten abgeworfen sind, ist Schafkopf.

Schack msc., die zumal in Niederhessen ausschließlich gebräuchliche Form des gemeinhochdeutschen Femininums Schecke (buntes Pferd, weißbraun oder weißschwarz). In Baiern (Schmeller 3, 318) spricht man zwar Scheck, indessen ist dieses Wort, wie in Hessen, Masculinum.

Schacker msc., ein böser, bissiger Hund, und in ähnlichem Sinne, zuweilen halb scherzhaft, auch von Menschen, zumal hinterhaltigen, tückischen Charakteren gebraucht, wie weiterhin im ganzen östlichen und nordöstlichen Deutschland; indes mehr in Niederhessen als in Oberhessen und im Fuldaischen üblich. Das Wort ist die niederdeutsche Form des althochdeutschen *scahhari*, *latro*, Schächer: Diut. 2, 221a *schecre*, *latro*. Schottel Haubtspr. 1393 hat noch das Verbum *schaeken* in der engern Bedeutung *rapere virginem*.

Das gemeinhochdeutsche Wort schäkern (dem Volke völlig unbekannt) mag etwa aus einer noch mehr verblichenen Bedeutung des Wortes Schaeker entsprungen sein.

schael 1) wie das gemeinhochdeutsche schal: besonders von der Milch, welche (im Sommer zumal) zuweilen nicht gerinnt und keinen Rahm ansetzt, zugleich aber den Geschmack verloren hat. Schmeller 3, 342, wo diese Form aus Aschaffenburg angemerkt wird.

2) für schelch, schielend, auch einäugig; in letzterer Bedeutung ist das Wort noch häufiger, als in der ersteren: „ein schaeles Auge" ist die übliche Bezeichnung für ein blindes, erloschenes Auge. Bekanntlich ist diese hessisch-thüringische Form von schelch, mit der Schreibung scheel, durch Luthers Bibelübersetzung in der Formel „scheel sehen" — und weiter dann „Scheelsucht" u. dgl. — gemeinhochdeutsch geworden. Vgl. *schich*.

Schäle fem., noch jetzt hin und wieder (in Schwarzenfels in der Form *Schalle*) gebräuchlich für das gemeinhochdeutsche Schalter, Fensterladen. „iij gulden xx alb. meyster Salomon dem schreyner zu Homburg vor 4 schalen vor die glasfenster in der vordersten stuben". „18 schaeln nägell womit diese schaeln angeschlagen werden. Singlifer Vogteirechnung von 1563. Vgl. Weigand im Friedberger Intelligenzblatt 1845 No. 43 S. 172, welcher auch dieses Wort *schale* auf *schulte* zurückführt, was bei *scholle* freilich ganz nahe liegt.

Schallerei, ein Ei mit weicher, den Kalkstoff der Schale noch nicht ausgebildet habender Schale. Obergrafschaft Hanau.

Schalmüszer (masc.? neutr.?), Scharmützel. „unde der krig lange zyt tag unde jare gewert hatte, unde manch gerenne, gerousse unde *schalmüszer* gehaltin hattin. W. Gersterberger bei Schmincke Monim. hass. 2, 481.

Schalter fem., Fensterladen, zumal diejenige Art, welche inwendig vor die Fenster, zur Nachtzeit, gesetzt zu werden pflegt, jetzt aber fast durchgängig außer Gebrauch gekommen ist. Ohne Zweifel ist *Scheller* (s. d.) eine Verderbnis des Wortes Schalter, hat jedoch auch das Genus geändert.

Vgl. *Schäle.*

erschamen (sich), sich tief schämen, sich in sein Herz schämen, sich zu Tode schämen. Schmalkalden. Eins der wenigen guten Ueberbleibsel von Zeitwörtern welche mit er- zusammengesetzt sind.

Scan - (etwa auch Scam, in Verbindung mit Labialen), eine zur Zeit noch völlig dunkle Wurzel, welche in Hessen in zwei, warscheinlich in drei, jetzt nur noch als Eigennamen vorhandenen, Bezeichnungen von Wassergerinnen existiert.

Scanfulda ist der alte Name des obern Laufes der Fulda, bis derselbe die hessische Grenze erreicht, oder auch bis Löschenrod, wo sie die Fliede aufnimmt, jetzt nicht mehr mit diesem Namen, sondern meist kleine Fulda genannt, wiewol auch der alte Name in der Entstellung Schönfulda fortgedauert haben soll bis in die neuere Zeit.

Scanburne oder *Scanenburnen*, jetzt der Name eines Dorfes in der Nähe von Waldkappel, Schemmern; auch dieser Name ist auf Schönborn zurückgeführt worden, mit einer Willkür, welcher die ersten Elemente der Sprachkenntnis abgehen. Förstemann deutsche Ortsnamen S. 127 meint, es müsse dieses scan, scam, klein bedeutet haben; noch zur Zeit entbehrt jedoch diese, allerdings warscheinliche, Mutmaßung der wünschenswerten etymologischen Grundlage; *scamm* bedeutet allerdings brevis, aber es fragt sich sehr, ob scamm und unser scan identisch ist.

Hierher darf denn wol unbedenklich gerechnet werden die an verschiedenen Orten vorkommende Bezeichnung kleiner Bäche (und ihrer Umgebung, als Flurname): Schambach; es wird dieß auch Scanpah gewesen sein.

schänden, noch jetzt üblich in der Bedeutung: jemanden eine Schande nachsagen, beschimpfen, schimpfen. In der ältern Zeit in den Bußregistern äußerst häufig anzutreffen. Eigentümlich aber ist die Reimformel *schenden und blenden*: „hette aus gemeinem geschrey, von wem aber konte sich nicht erinnern; als nuhrendt von jungsthin justificierten Eülgen Röledderin, so alhie zu Gießen verbrent worden, welche iederman vast geschendet vnd geblendet hatte, aber mit ohn Wahrheit". Marburger Hexenprocessacten von 1634. blenden muß hier noch in der älteren Bedeutung: in Verwirrung bringen, genomen sein. Die Formel soll noch in der neueren Zeit gehört worden sein.

Schank, Schänk msc., die in Hessen ausschließlich herschende niederdeutsche Formel des Wortes Schrank.

Schottel Haubtspr. S. 1394. Schmeller 3, 372. Die Form Schank ist alt, ob sie aber ein eigenes, von Schrank verschiedenes Wort ist, wie Schmeller annimmt, und die Ausschenkstätte bezeichnet (Aufbewahrungsort für die zum Ausschenken nötigen Geräte) muß dahin gestellt bleiben.

Schanze fem., flacher Korb, in Niederhessen Wanne, im Hersfeldischen Kretz, in den niederdeutschen Bezirken Rispe genannt. Schwarzenfels, anderwärts unbekannt. Reinwald 1, 134. 2, 108.

Schär fem., scheint Nomen proprium, ist jedoch an sich Appellativum. *Schär, Schärland* heißt das Grabeland, welches in den verlaßenen und jetzt völlig abgetragenen Festungsgräben von Ziegenhain und Gießen angelegt worden war; ja der um die Wälle und die Wallgräben angelegte Weg hieß Schär (Schör) wie das Estor 3, 1419 angibt: „Schoor, der weg zu Giesen um dem äußern wasser herum", und der Wallgraben hieß *Schärgraben* (wol gewis nicht identisch mit dem baierischen Schargraben, Schmeller 3, 384). Auch anderwärts finden sich Feldplätze, welche *auf der Schar* benannt werden.

Es kann kaum ein Zweifel sein, daß dieses Wort das Umgegrabene bezeichnet, denn schoren bedeutet: das Land umgraben mit dem Spaten, zu

Franken, Schmeller 3, 395, vgl. Schorgärtlein Frisch 2, 220: hortus parvus, qui fodiendo colitur; Schorfeld Schmeller ebdſ. Es berührt sich mithin unser Wort sowol mit *schären* (ſ. d.) als mit *Schorn* (ſ. d.).

scharben. Dieses Wort ist, trotz Adelung (3, 1360), in der Schriftsprache nicht durchgedrungen, auch in Hessen meines Wißens nur in den westlichen Bezirken von Oberhessen in voller Uebung vom Kraut scharben d. h. Krautköpfe zerschneiden zu Krautsalat oder zum Einmachen als Sauerkraut (sûr Mûs). Estor 3, 1418.
Brem. WB. 4, 611. Schmeller 3, 397.

schären, *schören*, bloß vom Tabak üblich: kauen; Tabak scharen, Tabak kauen.

Schàrtabak (Schört.), der in Rollen verkäufliche Kautabak.

Schaerchen, nur in dieser Deminutivform üblich, eine Portion Kautabak, so viel auf einmal in den Mund genommen wird; in Niederdeutschland Prümmel, im Fuldaischen Prem genannt. Niederhessen.
S. Zeitschrift für hess. Gesch. u. Landesk. 4, 88.
Warscheinlich ist dieses Wort kein anderes als das niederdeutsche *schoren*, lacerare, Schmeller 3, 395. J. Grimm Reinhart Fuchs S. 270, und würde sich demnach einerseits ganz nahe mit *Schär* (ſ. d.), anderer Seits auch mit *Schorn* (ſ. d.) berühren.

Scharweide fem. oder **Schaweide, Schawei** fem., die Gleitebahn auf dem Eise. Die erste und zweite Form sind die Dialektsformen in Schmalkalden (Stadt und Land), die dritte die Fuldaische. Der Hochton liegt in diesen Wörtern, wie in den abgeleiteten Verbis, ausnahmslos auf dem *ei*.

scharweiden, *schabeiten*, *schaweien*, auf der Eisbahn gleiten — bekanntes großes Vergnügen der halbwüchsigen Kinder.

Das Wort ist, was Fulda betrifft, fast auf die Stadt Fulda beschränkt; außerhalb, auf dem Fuldaischen Lande, heißt dieses Gleiten *riten* oder *riden*, und die Gleitebahn *Ritschocke* (Ridsch.), Ausdrücke, welche übrigens auch in der Stadt Fulda vorkommen. Vgl. *Reidel*.
Reinwald 1, 133. 2, 108.

scharwerken, Handdienste leisten (je nachdem einer in der Schar ist, d. h. ihn die Reihe trifft), ein in älterer Zeit sehr üblicher und bekannter Ausdruck, vgl. Schmeller 3, 381—383. Auch in hessischen Schriften älterer Zeit kommt derselbe, wie überall, vor, war jedoch im Anfange dieses Jarhunderts bereits völlig erloschen, mit Ausnahme der Diemelgegend, wo bis zu der Zeit als die Handdienste überhaupt aufhörten (1832) derselbe gäng und gäbe blieb und auch jetzt noch verstanden wird.

schastern, eilfertig, unbesonnen in etwas hineingehen, hineintappen; „du schasterst so hinein, als wenn du keine Augen hättest"; „du bist ein rechter Schasterer". Oberhessen. Hier wird auch mitunter Schasterbartel gesagt, was in Niederhessen Schoßbartel lautet.

schusterig, eilfertig, unruhig mit Unbesonnenheit; von Kindern, jungen Thieren ꝛc. sehr gewöhnlich gebraucht. Oberhessen.

Schatter msc., die weiche Masse, in welche das vermodernde Holz sich bei völliger Vermoderung auflöst. Im Haungrund.
Vgl. Schotter msc. bei Schmeller 3, 417.

Schatz msc., der in Althessen allein und ausschließlich herschende Ausdruck für Geliebter, Geliebte. *Schatzleute*, ein Liebespaar. Das Wort lieben ist mit seinen Ableitungen bei dem Volke nur in obscönem Sinne üblich, eben wie es im 13.–14. Jarhundert dem Worte minnen widerfaren ist.

Vgl. *Schäumpfer.*

Schaub msc., im Plural *Scheube*, ist 1) das zusammengebundene Stroh, der Strohbündel, welcher zum Decken der Dächer verwendet wurde und hin und wieder noch jetzt verwendet wird. „Einhundert vnd zehen gebundt Decke scheube gemacht". Rauschenberger Rentereirechnung v. 21. Jan. 1555. „Einhundert vnd dreyzehen gebundt Scheube so vff die Maelmoele zu Langendorff verdeckt vnd gepraucht worden sein". Ebds. 16. Oct. 1556. Schmeller 3, 305.

Die kleinen Strohbündel, welche man bis 1822 in Niederhessen unter die Hohlziegeln zu legen pflegte, hießen dort nicht Schaub, Schäube, sondern Fieder. Dagegen ist Schaub in den niederdeutschen Gegenden Hessens noch für diejenigen Strohbündel im Gebrauch, welche aus den Strohseilen (Widden, Lenseln) bestehen, die man zum Binden der Garben verwendet.

2) In Oberhessen, besonders in dessen westlichem Theil, und nicht in allen Dörfern, ist *Schaub* (auch Schöb gesprochen, im Plural oft Schëwe) im Gegensatz von Garbe oder Sichling, aber auch im Gegensatz gegen Pausch, ein Gebund Rauhfrucht, d. h. Erbsen, Linsen, Wicken u. dgl. Hin und wieder wird auch das Gebund Krummstroh (Blitterstroh) mit Schaub bezeichnet.

Schaube, *Schauce* fem., 1) Bündel Reiser, wie sie zu einer Rute, dem Züchtigungsinstrument kleiner Kinder, zusammen gebunden werden.

2) Notbrücke, was anderwärts Schwicke und Specke genannt wird; man meint mit dieser Bezeichnung besonders das auszudrücken, daß dieser Steg sich unter den Fußtritten der denselben Beschreitenden bewege.

In beiden Bedeutungen nur im Haungrunde üblich; ursprünglich gewis nicht von dem vorhergehenden *Schaub* msc. verschieden.

Schäumpfer msc., *Schäumpfere* fem., Geliebter, Geliebte; Verlobter, Verlobte; Bräutigam, Braut. Im Schmalkaldischen die ausschließlich übliche Bezeichnung — „Schatz" ist unbekannt, „Bräutigam" und „Braut" werden nur im Verkehr mit den geistlichen und weltlichen Behörden gebraucht.

Das Wort ist ohne allen Zweifel eine verderbte Aussprache von Schimpfer, d. h. Scherzer, wie denn auch Reinwald 1, 148 die Aussprache Schömpfer anmerkt, welche übrigens in Schmalkalden nicht Statt findet.

schäumpfen, schön thun, verliebt thun (den Hof machen), obwol im Schmalkaldischen nicht häufig, indes doch nicht ganz ungebräuchlich, beweist hinlänglich die Richtigkeit der Annahme, es sei schäumpfer = schimpfen. Reinwald 1, 147.

Schawelle fem., eigentlich scabellum, kleiner Schemel, Fußschemel, Fußbänkchen, in welchem Sinne es jedoch in Hessen nicht gebräuchlich ist. Dagegen wird — oder wol eher: wurde — das Wort in den Mittelständen sehr häufig zur scherzhaften Bezeichnung eines unruhigen, stets hin und herlaufenden kleinen Mädchens gebraucht: „du kleine Schawelle"; „das Linchen ist aber ein recht arges Schawellchen". Vgl. *schubbelieren.*

Schawwesdeckel msc., schlechter Hut, verachtend; ein ursprünglich von Juden und Juden gegenüber gebrauchtes, auch anderwärts, wie hier, sehr übliches Wort. Schmidt Westerw. Jd. S. 178.

Scheffel msc., ein in Hessen nicht besonders übliches, wenn auch dem Namen nach bekanntes Getreidemaß, wenn es ja im Handel und Wandel einmal vorkam, die Hälfte eines Malters (Viertels, s. Malter) bedeutete. In alter

Zeit und in manchen Gegenden Hessens war das Wort ohne Zweifel weit üblicher als heut zu Tage; z. B. duo modii ordei, quos vulgo *scipelones* appellare solemus in der Lippoldsberger Chronik vom Jahre 1151 bei Ledderhose Kleine Schriften 1, 212. In metaphorischem Sinne kommt das Wort öfter bei Joh. Ferrarius vor: „es soll gleicher Scheffel sein", d. h. es soll Gleichheit vor dem Gesetz, Unparteilichkeit, Statt finden; z. B. „Es sal alhie der gleiche Scheffel gehen, und das verschafft werden, das zu der gantzen gemeinen wolfart reichen mag". Von dem gemeinen Nutz. 1533. 4. Bl. 31b, und sonst.

scheib (Niederhessen), *schepp* (Oberhessen), die ausschließliche Form für schief. „Die Betzel steht ihm (ihr) scheib" er (sie) ist übel gelaunt. „Er hat scheib geladen", ist betrunken, so daß er nicht gerade aus zu gehen vermag. „Scheiber (schepper) Kerl", allgemeiner Verachtungsausdruck, ohne daß Verwachsenheit oder sonstige körperliche Mißbildung vorhanden oder gemeint zu sein brauchte. Den in Frankfurt im Uebermaß gebräuchlichen Ausdruck „schepp Dos" hört man im südlichen Oberhessen bis nach Marburg auch, doch ist er hier nicht eigentlich zu Hause. Scheibes (schepp) Faß, Waschbütte, von der elliptischen Form, vorzüglich im westlichen Hessen, so genannt.
Vgl. Schmeller 3, 376.

Bescheid msc., was einem beschieden, zugetheilt ist; *meines Bescheids*, für meinen Anteil, für meinen Theil, so viel mich angeht, so viel ich weiß; eine wenigstens bis in die zwanziger Jahre dieses Jarhunderts in Niederhessen sehr übliche Redensart. In den ältern Verträgen, Rechnungen u. dgl. sehr häufig z. B. „Pgifft gelt den Vogten vor yr besoldungen. v gulden Job Schrendeysen seins beschaits; v gulden Johan gerhartten seins beschaits (Homberger Rechnungen 1544—1564).

Scheier, Scheuer fem. Becher. Ein jetzt untergegangenes Wort. Als im Jahr 1574 der Kurfürst von Mainz, Daniel Brendel von Homburg, die Stadt Fritzlar besuchte, verehrte ihm diese Stadt „eine schöne silberne obergulte Scheurenn oder ein kopff genant". Falckenheimer Städte und Stifter 1, 279. Das lange Zeit in der Vorstadt von Hanau bestandene Gasthaus „zur goldenen Scheuer" ist jetzt eingegangen, und damit auch dort die letzte Reminiscenz an diesen Ausdruck erloschen, wiewol freilich in den letzten zwanzig Jahren des Bestehens dieses Gasthauses dessen Name schon ganz getrost als „horreum aureum" verstanden wurde. Schmeller 3, 392. BremWB. 4, 614. (Luther hat übrigens Sir. 50, 10 nicht Schauer, wie später gedruckt wurde, sondern Schewer geschrieben).

scheier, in der nächstkommenden Nacht, wogegen heint nur die nächstvergangene Nacht bedeutet. Oberhessen.

 Jn den wiesen wäsen (wachsen) blumen,
  scheier wird mein schätzchen kommen,
  kommt es aber scheier nit,
  ist es auch mein schätzchen nit. Oberhessischer Mädchenreim.

Warscheinlich nichts anders, als schier, scioro, wol zu unterscheiden von schier, glänzend, lauter, unvermischt, w. s.

scheiszen, wie überall in Deutschland crepitum ventris edere und cacare.
sch...en wie ein Reiher, treffende, von der bekannten Natürlichkeit dieses Vogels hergenommene und bisher sehr übliche Redensart; da der Vogel aber, ehedem in Hessen ungemein häufig, seit etwa 1830 von Jahr zu Jahr seltner geworden ist und folglich fast ganz unbekannt wird, dürfte diese Phrase sehr bald erlöschen. Es wurde dieselbe keineswegs für besonders anstößig gehalten:

am Ende des vorigen Jarhunderts bediente sich der im Jahr 1818 verstorbene Rector Nüchtern in Hersfeld derselben in der Leichenparentation für ein Kind, um die bisherige Gesundheit des Kindes zu charakterisiren. Sechzig Jahre früher bildete eine ähnliche Redensart; sch. wie die Jagdhunde, welche der Pfarrer Knabenschuh in Harmutsachsen seinen Zuhörern als Beschuldigung, indem sie dadurch ihn hinderten, weiter zu predigen, von der Kanzel entgegenwarf, zwar einen Anklagepunkt gegen diesen schließlich abgesetzten Pfarrer, aber einen unerheblichen.

Sch…kerl, übliches Compliment, welches auch in Hessen wie in Frankfurt, dem Großherzog Karl August von Weimar Gelegenheit gegeben haben würde, Goethe darauf aufmerksam zu machen, daß seine Gedichte (Götz) erfreulicher Weise im Volke Anerkennung und Geltung fänden. Uebrigens längst durch Luthers „ernste zernige Schrift" berüchtigt gewordenes Scheltwort.

Klaysch…er, überkluger Kleinigkeitskrämer; sehr üblich und noch jetzt nicht unbedingt anstößig. *Brunnensch…er*, (Bornsch.), Schmachwort für die Bürger der Stadt Rotenburg.

In den Schiss treten bei Jemanden; es mit Jemanden schwer verderben; gleichfalls nicht unbedingt anstößig, wenn man sich gleich oft, scheinbar delicater, ausdrückt: in den Dreck treten.

Ia, ein Schiss! alte (ja scheiß! Sigfr. Helbling 4, 308) und übliche derbe Abweisung, eben so: *ich will dir etwas sch…en!*

Der sprachrichtige Unterschied, welcher anderwärts zwischen *Scheiss* (crepitus ventris) und *Schiss* (merda) gemacht wird, findet in Althessen nicht Statt.

besch…en, im Sinne von betrügen, galt noch vor funfzig Jahre (um 1810) keineswegs für anstößig, kaum für unanständig, eben so wenig wie die studentischen Ausdrücke *Verschiß* (Verruf) und *Anschiß* (zollange Verwundung im Duell) für anstößig gelten. (Grimm d. W. 1, 1559—1561.

Manche hierher gehörige unsaubere und niedrigkomische, aber wirklich komische Ausdrücke und Formeln sind in den letzten vierzig bis funfzig Jahren abgestorben, wie z. B. das freilich höchst unsaubere aber auch höchst komische Monodrama: *das Sch..ßwürzelchen*, in welchem durch Vermittlung dieses Würzelchens ein Liebender die Geliebte zur Gattin gewinnt.

Vgl. Schmeller 3, 406—407.

Schelfe fem., Schale, Rinde. Ist nur im Schmalkaldischen üblich, wenn auch an der obern Werra hin und wieder gebräuchlich.
Reinwald 1, 135.

Schelle fem., sehr üblicher Ausdruck, um die Hautblasen zu bezeichnen, von welchen das Wort Blase dem Volke durchaus nicht geläufig ist. „Das Kind hatte sich so verbrannt, daß der ganze Arm nur eine Schelle war". Bei den sogenannten wilden Blattern wird der Körper voll Schellen.

Scheller msc. (wol nur eine verderbte Aussprache des Wortes Schalter, indes zugleich mit verändertem Genus), Riegel. An der Schwalm heißt jeder Riegel Scheller, und das Wort Riegel ist, wenn auch nicht unbekannt, doch ungebräuchlich (vgl. das Schwälmerlied Nr. 3: hingerm Schloss o hingerm Scheller), in der Obergrafschaft Hanau aber ist die Bezeichnung Scheller nur einem Theile des Pfluges verblieben, nämlich dem Nagel (durchgesteckten Riegel) welcher das Gezög der Zitter (Pflugdeichsel) an das Widerscheit, durch welches derselbe durchgesteckt wird, befestigt.

beschelten, schimpflich beschuldigen. Gemeinhochdeutsch nur noch im Particip des Compositums: unbescholten vorhanden, auch im Volke schwerlich noch üblich, ehedem aber sehr gewöhnlich; in den Bußregistern, Injurienprocessen u. dergl. aus dem 16. Jarhundert bis zum Ende des 17. Jarhunderts erscheint das Wort äußerst häufig, z. B. „1 fl wird gestraft Volpert Mengell zu Omenaw, das er Nohts Jacoben bescholten, er habe einen baum vor eine grieben gegeben. 1 fl wird gestraft Niclauß Wagners fraw von Stertzhausen, daß sie Happelhens fraw da bescholten, ihr man habe ihr" u. s. w. Wetterer Bußregister von 1591.

Schemel msc., 1) Stuhl mit hölzernen Sitzbret und (in älterer Zeit drei, in neuerer Zeit vier) divergierend, gespreizt, gestellten Beinen; seltner für Fußbank gebraucht; so in ganz Hessen. Gewöhnlich wird Schemmel, Schimmel gesprochen, und schymmel schreibt sogar Joh. Ferrarius von dem gemeinen Nutz 1533. 4. regelmäßig.

2) in einem Theile von Oberhessen (Amt Treis an der Lumbde) der Pflugteil, welcher sonst auch Aftertrach und Botz genannt wird: der Klotz, auf welchem der Pflugbaum ruhet.

3) „Meister Hanßen dem becker von 4 Schemel vf der Scheurn zu Decken geben 10 alb". Singliser Vogteirechnung von 1599. Was ist dieß?

Schenkäsche fem., Schenkung, zumal wenn das Widerrechtliche, oder wenigstens das Auffallende der Schenkung bezeichnet werden soll. Diese französische Endung (age) ist nicht bloß in den Mittelständen üblich, sondern auch dem Volke ziemlich geläufig; ich finde Schenkäsche zuerst 1665 in Filidors vermeintem Printz S. 51.

scheppeln, *aufscheppeln*, kränzen. Romanisches Wort, aus chapeau, chapel, entstanden, und in Hessen vorzugsweise in dem Gebirgstheile der Grafschaft Ziegenhain üblich, doch auch sonst in dieser Gegend bekannt, und in Oberhessen nicht ganz fremd, wenn auch unüblich. Außerhalb Hessens findet es sich am Main und Rhein, in der Schweiz und in Westfalen. Völlig unbekannt ist es in Niederhessen. Es bezeichnet dieses Wort das Durchflechten des Haares mit rotem Band und künstlichen Blumen, wobei die Mütze (Betzel) abgelegt wird, was der Ehrenschmuck der jungfräulichen Bräute bei der Trauung und am Hochzeittage, so wie der jungfräulichen Gevatterinnen bei Kindtaufen, desgleichen ihrer jungfräulichen Begleiterinnen (Scheppelmägde, Züchtmägde s. d.) ist. Auf das Recht, sich aufscheppeln zu dürfen, und somit auf die Ehre unbefleckter Jungfräulichkeit, wird jetzt noch ein sehr hoher Wert gelegt.

Schapel, Scheppel, msc., Name des so eben bezeichneten Kopfaufsatzes; doch ist derselbe weniger üblich, als das Verbum.

Formel der Bezeugung ehrlicher Geburt: „Alß bezeugen wir bey den Eyden vnd pflichten, daß gedachte Catharina von Redilichen, Ehrlichen vnd frommen Eltern, benanttlichen Reneken polman vnd deffen Haußfraw Enneke geboren, welche beyde Eheleute lediges Stands zusahmen geheuratet, vnd in Jungfrawlicher Zierdt mit schapell vnd banden, Christlicher Ordnung nach öffentlichen zu Kirchen vnd Straßen gegangen" (Zeugnis des von Oeynhausischen Gerichts zu Grevenburg im Paderbörnischen vom 13. November 1677 für die Ehefrau des Schullehrers Wolf zu Betziesdorf, Katharina geb. Polmann aus Sommersiel).

Vgl. Schnatz, Bänderwerk, aufsetzen.

Schepperling msc. ist der neben Kauschel (s. d.) übliche Name des unter Kauschel beschriebenen Kartoffelgebäckes; mehr gebräuchlich in denjenigen Dörfern, welche nicht im Hochgebirge des hohen Lohrs und Kellers, sondern im südlichen Hügellande liegen (Schönau, Gilserberg).

Scherbe(?), *Schirm*(?) fem., *Schirn*(?) fem. Dieser oberhessische Ausdruck, über dessen Vorhandensein und Bedeutung kein Zweifel besteht, wird von den „Gebildeten" gesprochen Scherbe, auch im Sinne von testa verstanden; die Aussprache des Volkes selbst aber ist *Schirm* oder *Schirn*, so daß die Etymologie jedenfalls, zumal wenn man die Bedeutung mit in Anschlag bringt, rätselhaft bleibt. Es bedeutet dieses Wort Gesichtszüge, Gesichtsbildung, und wird am häufigsten in Beziehung auf die Familienähnlichkeit gebraucht: „der hat gerade eine Schirm wie sein Vetter"; „du gehörst gewiß dem N. N., ich kann' dich gleich an der Schirm"; — aber mitunter auch in allgemeinerem Sinn, zumal bei den „Gebildeten": „der hat eine teuflische Scherbe"; „den Vogel kennt man an der Scherbe".

scheren. *Land scheren* in Urkunden des 14.—15. Jarhunderts bedeutet: die Aecker die man besäet hat, auch abernten. In einem Pachtbriefe über ein Gütchen von Wetter vom Jahr 1383, welches auf sechs Jahre an Kunz Keßler und dessen Ehefrau vom Kloster Caldern ausgethan wird, ist die Bestimmung getroffen, daß wenn der Ehemann innerhalb der sechs Jahre stürbe, und die Witwe das Gut nicht besorgen könne, das Gut Seitens des Klosters anderweit verliehen werden solle, „also bescheidenlich, das sie (die Witwe) *Landt schere* vmb jren verschienen poicht als sie das zu der zeit befruchtiget hette". Und so öfter, nur kürzer, in andern Urkunden. In Ditmarsen ist *scheren* das Vieh die Weide abfressen laßen, Richey 422 und daraus Brem. WB. 4, 640.

Scherf msc. Diese kleinste unter allen Münzen findet sich in Hessen öfter erwähnt im 15. Jarhundert, namentlich erscheint sie in den Statuta Echenwegensia (herausgeg. von Röstell 1854. 4.) S. 2 u. a. O., wo die Buße für mehrere Rechtsverjarungen auf dry *scherf* vnd eyn phunt bestimt wird. Welchen Wert sie in Hessen gehabt habe, ist aus den mir zugänglichen Stellen nicht mit Bestimmtheit zu ersehen, doch scheint dieselbe nur einen kleinen Bruchteil eines heutigen Kreuzers (etwa einen halben Heller) betragen zu haben. Mathesius bezeichnet den Scherf als „Egerischen Heller". Schon im 16. Jarhundert ist mir Scherf nicht mehr begegnet, doch mag er auch damals noch im gemeinen Leben üblich gewesen sein.

S. Adelung 3, 1424.

schergen, schieben, fortschieben, fortstoßen, mit dem Nebenbegriff einer bedeutenderen Anstrengung; das alte *scurgan*, also richtiger *schürgen*, wie denn auch in Niederhessen, wo stets ü in i fehlerhaft verwandelt wird, oft *schirgen* gesprochen wird. Am üblichsten ist schergen von der Arbeit der unter einem Joch gehenden Ochsenpaare, welche Anspannart im westlichen Hessen (im östlichen nur auf den Oekonomiehöfen) üblich ist. Im westlichen Hessen schergen die Stiere oder Kühe, während im östlichen die Ochsen rinsen, weil sie dort, unter einem Joch vereinigt, mit der Kraft der Halsmuskeln das Joch, mithin die Deichsel und den Wagen (Pflug) fortschieben, hier, jeder an einem besondern Joche, vermittelst des (dort fehlenden) Silscheites und der an demselben so wie an dem Joche befestigten Zugstricke mit der ganzen Kraft des Körpers die Wage und somit den Wagen fortziehen. Begreiflicher Weise ist deshalb auch im westlichen Hessen auch von „Zugvieh", von „Zugochsen" nicht die Rede — man würde diese Wörter gar nicht verstehen — sondern nur von Schergochsen (Schergstieren) und Schergkühen.

Reinwald 1, 148.

scherkeln, ein, wie mir mitgetheilt wird, denn ich habe bis jetzt den Ausdruck noch nicht selbst gehört, an der Schwalm üblicher Ausdruck, welcher dem *eppen* gleichgelten soll, also: sich verletzt fühlen oder des etwas bedeuten müßte.

Scheune (gespr. Schinn) im westlichen, *Scheuer* (gespr. Schier) im östlichen Hessen sind die einzigen in Althessen vorhandenen Bezeichnungen des Aufbewahrungsortes des eingefahrenen Getreides, des Strohes und Heues. Stadel u. dgl. sind unverständliche Worte.

Zehntscheuer, Scheuer in welche die Zehnten eingefahren und gedroschen wurden; jetzt theils abgebrochen, theils ihren Pachthöfen von den ehemals Zehntberechtigten zugewiesen.

Scheuernthor: „ein Maul wie ein Scheuernthor".

Schibbe (Schiwwe), *Schebbe* (Schewwe), *Schüwe*, fem., Flachsabschabsel, Splint des Flachses, welcher bei dem Schwingen und Hecheln abfällt, auch festuca überhaupt, z. B. die Hautabschabsel unter den Kopfhaaren u. dgl. *Schuwe*, unter Lehm und Kalk zu mengen, in einer Waldauer Rechnung von 1486. Estor deutsche Rechtsgelahrtheit 1, 643 (§. 1599) schreibt schäbe und bezeichnet das Wort richtig als Synonym von agen, ân (s. d.). „Zehen Moth Schieb Ahen jtes Wöth fur zwen Alb. habe ich vndenbenantin zu verbawung meines Gn. Fürsten vnd Herns Schornstein alhier vfm Schloß verkaufft". Quittung der Rentmeisters-Witwe Anna von Weitershausen zu Rauschenberg vom 30. December 1609.

schere, stuppa. Hoffmann horae belg. 7, 33. Schottel Haubtspr. S. 1395. Schmeller 3, 306.

Gewöhnlich wird das Wort pluralisch gebraucht: Schibben, Schebben.

Schibbel fem., Deminutiv von Scheibe: *Aepfelschibbel*, dünne Aepfelscheiben. Im Haungrund am üblichsten, aber auch anderwärts nicht ungebräuchlich.

Schibber fem., Splitter; „ich habe mir eine Schibber in den Finger gestoßen"; in diesem Sinne, einen kleinen Splitter, allgemein üblich. In Oberhessen aber heißen auch die zum Küchengebrauche angefertigten Holzsplitter *Schibbern*, während dieselben in Niederhessen, besonders im östlichen, *Klibbern* genannt werden. Estor 3, 1418.

schibbern v. reflex. u. neutr., sich schibbern, sich in kleine Splitter auflösen; ungleich gewachsenes Holz „schibbert" oder „schibbert sich" trotz dem daß es scheinbar glatt gehobelt ist; trocken werdender Hautausschlag „schibbert", „schibbert sich ab"; u. dgl.

Es sind die niederdeutschen Formen des hochdeutschen Schiefer, schiefern.

schich adj. u. adv., schielend; ein schiches Auge; er guckt schich. Oberhessen, besonders in dessen südlichen Theilen. Im übrigen Hessen wird schielend meist nur durch schél ausgedrückt, was in Oberhessen nur einäugig bedeutet. Vgl. Schmeller 3, 339, wo schieh, aber in ganz andern Bedeutungen, aufgeführt wird.

Schiemen nennt man im nördlichen Hessen die Iris (Iris pseudacorus) und den Kalmus (Acorus calamus); die Wurzeln des Kalmus heißen Schiementöpfe, die Irisblumen Schiemenblumen.

schicken, in älterer Zeit mit dem Genitiv in dem Sinne des heutigen beschicken mit dem Accusativ: eine Sache besorgen, verwalten. „Die heiligenmeister vnd vormunde adir wer *des zu schigken* hait" Ungedr. Urkunde des Gr. Johann von Ziegenhain v. Donnerstag vor Pfingsten 1443; und öfter.

Beschicksmänner. Wenn eine Person von einer andern etwas

Nachteiliges gesagt hatte oder gesagt haben sollte, so wurden von der letzteren zwei „gestandene" Männer an erstere abgeschickt, um dieselbe zu besprechen (s. d.). Diese Männer nannte man Beschicksmänner. Hiermit wurde, wie leicht einzusehen, nicht nur das widerwärtige Stadt- und Dorfgeklatsch abgeschnitten, sondern auch den im 17. Jahrhundert höchst gefährlichen Beschuldigungen der Hexerei der Boden entzogen. Konnte ein Beschuldigter nachweisen, daß er wegen einer Beschuldigung Beschicksmänner an den Beschuldiger abgesandt, und der letztere seine Beschuldigung vor diesen Männern nicht festgehalten hatte, so galt die Beschuldigung vor Gericht für völlig irrelevant. Es finden sich von dieser rühmlichen Sitte in den Acten der Injurien- und Hexenprocesse des 17. Jahrhunderts, besonders in Oberhessen, zahlreiche Zeugnisse.

schickern (sich) sich zurückhaltend benehmen, sich „menagieren". „Schicker dich!" sei anständig, halt an dich. Fritzlar und Umgegend.

schicks adv., schräg; eine Furche schicks durch den Acker ziehen. Oberhessen, besonders an der untern Lahn üblich. Vgl. schieh.

geschickt, artig, den Kindern gegenüber gebräuchlich, fast nur in den Hanauischen Gegenden und in dem südlichen Theil von Oberhessen in voller Uebung. Das Wort artig ist nirgends volksüblich, sondern wird durch concrete Bezeichnungen, in der Regel wenigstens, ersetzt: still, fromm, u. dgl.; der verhältnismäßig allgemeinste Ausdruck ist hübsch (d. i. höfisch).

schilchen, schielen. Diese ältere und richtigere Form des schriftdeutschen Wortes ist in ganz Hessen die fast ausschließlich übliche, wie in Baiern (Schmeller 3, 352) und anderwärts.

Schin fem. Schienbein. In älterer Zeit üblicher als jetzt, wo es mit Ausnahme der nördlichen Theile von Niederhessen nur noch selten gehört wird. „Er dürft dich tretten für die schin, Das dirs Maul kem ober die Kin". G. Nigrinus von Bruder Johan Nasen Esel (o. O. u. J. 4.) Bl. A2a. Brem. WB. 4, 684.

Schindaas, Schindleich, Schindluder. Diese Worte werden in Hessen als ganz gleichbedeutende Schimpfwörter gebraucht; *Schindleich* ist üblicher in Niederhessen als in Oberhessen.

„Du aas, du schindaas, du magst wol in der hell sitzen" Marburger Hexenprocessacten von 1658.

„an vnflätigen Orthen, als schindleichen" Des Füternden (Ldgr. Hermanns) Uebersetzung von Torquemada Hexaemereon 1632. 8. S. 449. Sicherlich ist unser Schindleich keine Verkehrung des alten *scin-leih*, portentum, monstrum (Grimm Gram. 2, 503).

Schindluder mit jemanden spielen, eine Person verächtlich behandeln, als caput vile; hudeln. Sehr übliche Redensart.

Ehedem war auch *Schindhund* ein übliches, jetzt nicht mehr im Gange befindliches Schimpfwort = Racker w. s. Es kommt dieß Wort in den Criminalacten des 17. Jahrhunderts nicht selten vor, auch bei Phil. v. Sittewald Schergenteufel (1650) S. 28.

schinden wird jetzt im eigentlichen und metaphorischer Bedeutung ganz wie gemeinhochdeutsch gebraucht. In hessischen Rechnungen des 15. Jahrhunderts aber kommt schinden auch synekdochisch für schlachten von dem Viehe vor, welchem die Haut abgezogen wird, also von Rindvieh, besonders Kälbern, und Schafen. 1436 Waldau: dem *schynder*, der dy schaffe *schinte* dy mertinsschaffe. 1486 ebendaſ.: von ſchlachten von vj ſwein; vor czuene kelber zu *scinden*. 1496 Borken: vor ij metzen ſailczes etzliche *schinde* schoeſſe laeſſen mit ſailczen. 1475 Marburg: Inname von luden: vſſ der burgk im *schindehuse* verkaufft bijweſen des *schindekoichs*.

Schingabel, ein Scheunengeräte: Zwieſel mit langem Stiele, um das halb ausgedroſchene Getreide Behufs völligen Austreſchens aufzuſchütteln und umzuwenden (zum Scheinen, zum Vorſchein zu bringen). Niederheſſen; im Ziegenhainiſchen und in Oberheſſen Schüttgabel.

Schippe fem., eiſerne Schaufel, im öſtlichen Heſſen auch für Grabſcheit, Spaten, gebräuchlich. Es iſt dieß die heſſiſche Ausſprache des niederdeutſchen Wortes Schuppe, Schüppe; „viij ſchuppen, vier hauwen, vj gabeln ꝛc." Rechnung des deutſchen Ordens zu Marburg von 1497. Schottel Haubtſpr. S. 1399. Brem. WB. 4, 715, wiewol in den eigens niederdeutſchen Gegenden Heſſens nicht Schüppe, Schuppe, ſondern *Schūte* der Name dieſes Inſtrumentes iſt. „Den nähme ich noch nicht auf die Schippe" Ausdruck der äußerſten Verachtung. *schippen* mit der Schaufel arbeiten: *Dreck schippen*, Kot wegſchaufeln, mit der Schippe bei Seite werfen.

Schippel fem., Scholle; *isschippel*, Eisſcholle. Im Fuldaiſchen, auch anderwärts; „Scholle" iſt durchaus unüblich im Volke.

schippeln, schibbeln, wie es ſcheint, Frequentativ von *schieben*, und ſchwerlich richtiger *schüppeln*, fortrollen laßen; allgemein üblich, in Nieder- und Oberheſſen mit der Tennis, in der Obergrafſchaft Hanau mit der Media geſprochen.

schir, eitel, bloß, lauter; *schires* Waszer, bloßes, lauteres (auch klares) Waßer. In Oberheſſen, wie auf dem Weſterwald. Schmidt weſterw. Id. S. 179, wo es jedoch, wie auch oft in Oberheſſen, hochdeutſch: ſcheier ausgeſprochen wird. In Baiern ausgeſtorben Schmeller 3, 390. Auch ſcheint das Wort nicht einmal in den niederdeutſchen Bezirken Heſſens mehr vorzukommen. Brem. WB. 4, 659—660.

Schirn fem., in Heſſen das, was in Niederdeutſchland Scharren (Brem. WB. 4, 691. Richey S. 241) in Oberdeutſchland Schranne heißt; öffentlicher Verkaufsplatz für Lebensmittel, Brod, Getreide, Fleiſch; in Heſſen jedoch nur für Fleiſch: *Fleischschirn, Wildpretschirn*. Die Form iſt ſchon aus älterer Zeit in Heſſen nachzuweiſen: „in Möllin, Backheuſſern, Fleiſchſchirn, Braw vnd Wirtzheuſſern". Joh. Ferrarius von dem gemeinen Nutze. 1533. 4. Bl. 44b. Eben ſo Alberus: Schirrn, lanium; und ſchon eben ſo in der Limburger Chronik: Fleiſchſchirne. Die heſſiſche Form Schirn entwickelt ſich aus der Nebenform von Scharren: Scherren, welche bei Luther öfter vorkommt. Friſch 2, 164.

Schirr. In einer Urkunde des Bürgers zu Marburg Konrad von Michilnbach und ſeiner ehelichen Wirtin Gerburg vom Jahr 1358 kommt folgende Traditionsformel vor: dis vorgenant gůt wir auch in han vfgebin vnd gebins auch vf mit dyesem briefe den obegenanten dem comthur vnd brüdern vnd irn nachkommelingen zů wittelsberge in dem gerichte da inne dy vorgenanten gut gelegen ſint, vor ſchultheizſin vnd vor ſcheffin in *den vier schirrin* an vſſener ſtraze ſemmenliche mit heuden vnd mit munde ledecliche vnd gencʒliche vʒ vnſern henden inhende der vorgenanten des comthurs vnd brudere nach des landes recht vnd gewonheit.

Geschirr, wie gemeinhochdeutsch, sowol für den Zugapparat des Zugviehes wie für das thönerne Hausgeräte (irden Geschirr, eulern Geschirr).

Schiff und Geschirr, alle zum Betreiben der Landwirtschaft gehörigen Utensilien: Wagen, Pflug, Egge, mit dem dazu gehörigen Anspanngeschirr.

Aus dem Geschirr schlagen, ausarten, wie in Baiern (Schmeller 3, 393) und anderwärts.

Ins Geschirr schlagen, metonymisch für zornig werden, auffahren, nachdrücklich und heftig zufahren.

Wunderliches Geschirr machen, seltsame, unverständliche Reden führen oder Handlungen vornehmen; eben so Bragur 3, 344.

schiwes gehn, verloren gehen, drauf gehen, untergehen. Übliche Formel, zumal in Niederhessen sehr gebräuchlich, wie auf dem Westerwald (Schmidt westerw. Jd. S. 184). Schwerlich von schief abzuleiten, welches in Niederhessen constant scheib, in Oberhessen schepp lautet.

schlabbern, 1) mit Geräusch auflecken; der Hund schlabbert indem er sauft. 2) eilig und undeutlich sprechen. Vgl. Brem. WB. 4, 794—795.

beschlabbern, 1) reflexiv: sich beschlabbern, sich beim Trinken oder Essen durch fallen gelaßene Tropfen u. dgl. besudeln; von kleinen Kindern gebraucht.

2) transitiv: „etwas beschlabbern", durch unvorsichtiges Sprechen eine gute Sache verderben, durch Rühmen eine im besten Zuge befindliche Angelegenheit ins Stocken bringen — bekannter Aberglaube. In diesem Sinne spricht man das Wort *beschlappern* aus.

Diese niederdeutschen Wörter sind im Ganzen mehr in den Mittelständen als im Volke, übrigens auch fast nur in Niederhessen, üblich.

Schláde fem., Name von Feld- und Waldplätzen, welcher mehrfach und mitunter mit adjectivischen Bestimmungen vorkommt, die ihn als Appellativum erscheinen laßen, z. B. „die grüne Schlade" zwischen Quentel und Lichtenau, indes doch nicht mehr verstanden, und folglich als Eigenname behandelt wird. Es findet sich diese Bezeichnung noch z. B. bei Geismar A. Fritzlar („die Schlade am Eckerich", „unter der Schlade") und bei Geismar Amt Frankenberg („in der Schlade"). Zur Erklärung dieses ohne Zweifel uralten Wortes bleibt nichts übrig, als die Beziehung auf das, nur einmal, in der aus dem 11.—12. Jarhundert stammenden Genesis (Diutiska 3, 46) vorkommende Wort slote (ob wirklich slôte? so Graff Sprachsch. 6, 792), auf welches sich für das baierische Schlott bereits Schmeller 3, 462 berufen hat. Dann würde Schlade Schlamm, Sumpf bedeuten; das Genus stimmt überein, der Vocal aber weicht in nicht unbedenklicher Weise ab. Dagegen erscheint der Vocal in dem angelsächsischen slád (slaed, slêd), welches Sumpf bedeutet, aber Neutrum ist. Die Ortsbeschaffenheit unserer Schladen will nicht überall zu dieser Bedeutung passen.

Schlafittich, *Schlaffittich* msc., anstatt Schlagfittich, ein durch ganz Deutschland verbreitetes altes Wort, welches in Hessen, wie in Nordfranken, im Hennebergischen und anderwärts fast nur in der Redensart noch üblich ist: „einen beim Schlafittich kriegen", ihn erwischen und festhalten. An sich bedeutet Schlagfittich die Schwungfedern des Flügels, mit denen der Vogel die Luft schlägt, indes ist der Ausdruck von den Vögeln nicht mehr in Uebung.

Richey Id. Hamb. S. 57, wo jedoch Schlafittje Femininum ist. Schmidt Westerw. Jd. S. 185. Reinwald Henneb. Jd. 1, 139. Schmeller 3, 444. Estor 3, 1420.

Schlage fem., Holzschlegel zum Holzspalten, zum Eintreiben des Keils, gebraucht. In ganz Hessen. Schlegel ist nicht gebräuchlich.

schlagen ist vom Ochsenschlachten als synekdochischer Ausdruck auch hier üblich, doch nicht in der Ausdehnung und Ausschließlichkeit wie anderwärts; mehr üblich war er vermutlich in älterer Zeit, besonders im 15. Jarhundert, wo er in Rechnungen öfter erscheint, z. B. in einer Homberger Rechnung von 1416: ryndnosser geslaen.

Schlagmann. Alte Bezeichnung des Schlagbaum-Wärters und Zollerhebers, wie ein solcher im 15. Jarhundert am Spieße in dem noch heute stehenden Thurme wohnte und des Schlages wartete. Zeitschrift für hess. Geschichte und Landeskunde 2, 161: „Item drye phand von dem *slagmane* uffe dem speze" 1413 u. 1416. Im Jahr 1451 heißt er „der tornhuder vff der Warthe uff dem spisse", und 1458 wird verzeichnet: „iiij phunt Ingenommen von deme slage an der Lanthwer zcu cappel". (Aus Homberger Rechnungen).

schlacken verb. impers., *es schlackt*, es fällt Regen und Schnee zu gleicher Zeit.

Schlackerwetter, schneeiges und doch nasses Wetter, wenn Schnee mit Regen vermischt fällt. Sehr üblich, zumal in Niederhessen.

schlackerig, vom Wetter, trübes, nasses, Wetter, besonders von der Zeit des Aufthauens des Winterfrostes üblich. Estor 3, 1419.

schläckern, in Niederhessen gewöhnlich *schlickern* gesprochen, Frequentativ von schlagen: mit Heftigkeit, rasch hinwerfen, hinschleudern. Unbefiederte Sperlinge werden geschläckert, hingeschlickert, um sie zu tödten. Wasser und sonstige Flüssigkeiten werden geschlickert, d. h. mit den Händen weggespritzt, weggeschleudert; „ich bin ganz voll Dreck geschlickert worden" u. dgl. m. „Hermann Wentzler und Andere hätten Sie mit den Haaren aus dem Haus vor die thür uf das Pflaster gezogen, elendiglich mit einem stock zerschlagen, vnd sie endlich mit den Haaren herumb geschläckert vnd uf das Pflaster vor der Kellerthür nieder geworffen". „H. M. hälte sie mit den HaarZepffen genommen, herumb geschläckert vnd uf das Pflaster niedergeworffen". Aussagen Frankenberger Bürger 8. Februar 1697.

Vgl. Schmidt Westerw. Jd. S. 190, wo schlickern wie in Niederhessen und genau in dem hiesigen Gebrauche angeführt wird.

Schlagsal neutr., Oelsamen, welcher zum Auspressen des Oels (Schlagen) verwendet wird, der Same von Rübsamen. In Oberhessen vorzugsweise gebräuchlich. „Item wan sie (die Opferleute in Frankenberg) die fasten uffhencken, *Slaszal* zu bidden, unde zur Oisterkertzin zu bidden, so pleget man en essen zu gebin". Emmerich Frankenberger Gewonheiten b. Schmincke Monim. hass. 2, 889. „Sundern was anders dar geoppert wirt, esz si flasz, weysze, wachs, unslet, *slaszal*, kleder, kleynod, golt, gelt". Ebds. S. 692. „sol vff Martini inn S. f. gn. Rentherey Franckenberg Ein Malter eine Mesten Korn — — guter reiner dürrer Marckschöner frucht, Eine halbe Mesten Schlagsal — lieffern vnd bezahlen". Leihebrief von Wohra 1606 bei Lennep Leihe zu LSR. C. pr. S. 222.

Schlamassel msc., 1) congeries, unordentliche Masse, zumal kleiner leicht untereinander zu mengender oder auch weicher, aneinanderklebender und ineinander fließender Dinge; dann auch Masse von Unrat, z. B. kommt aus einem Geschwür „ein gewaltiger Schlamassel". Warscheinlich nur eine unorganische Weiterbildung des Wortes Schlamm. Sehr üblich, wie auf dem Westerwald (Schmidt S. 185).

2) verdrießlicher, verwickelter Zustand, unangenehmer, weit aussehender Handel. Auch diese Bedeutung ist hin und wieder üblich: „da bin ich in einen rechten Schlamassel gekommen". Schmeller 3, 428.

Es läßt sich recht wol die erste Bedeutung, hier zu Lande die weit üblichere, als die ursprüngliche betrachten und die zweite aus derselben ableiten. Anders Schmeller 3, 448 und nach ihm Weigand im Oberhessischen Intelligenzblatt 1846. No. 26, welche das Wort bloß in der zweiten Bedeutung kennen, und es von dem italienischen Worte schiamazzo (exclamatio, Geschrei, Lärm) ableiten.

Wenn indes Schlamassen, Schlamassel wirklich vorzugsweise in der Judensprache bzw. Gaunersprache vorgekommen ist (was jetzt bei uns nicht mehr erkennbar ist, auch nicht mehr Statt findet), wie dieß in Frommann Mundarten 1, 296 aus Anton und Stern nachgewiesen und 6, 221 wiederholt wird, so muß doch das Wort eine vox hybrida sein, aus Schlamm oder schlimm und מזל entstanden, und die obige zweite Bedeutung wäre dann die erste, die erste die abgeleitete.

Schlampe fem., nachläßige, unordentliche Frauensperson. In Hessen überall, wie anderwärts, ziemlich üblich. Schmeller 3, 449 f.

Eine derbere Bezeichnung desselben Sinnes ist Schlumpe, fast noch üblicher als Schlampe. Vgl. Schlunze.

verschlampen, durch Nachläßigkeit zu Grunde gehen laßen; namentlich von Kleidungsstücken gebraucht. Auch verschlumpen.

Schlappe fem., Pantoffel; s. Toffel. Im Fuldaischen heißt der Pantoffel Schlepper msc.

Eben so wie in Hessen wird Schlappe auf dem Westerwald gebraucht Schmidt westerw. Id. S. 187. Vgl. Schluppe.

schlaudern, in den niederdeutschen Bezirken sluren, in tadelhafter Weise müßig gehen, besonders aber: mit seinem Vermögen nachläßig umgehen, dasselbe durch Trägheit und Unachtsamkeit zu Grunde gehen laßen.

schlauderig, slurig (üblicher als das Verbum), nachläßig, verschwenderisch aus Trägheit. Daher die Bezeichnung Sluraffe, Schlauderaffe, ein Mensch, der wie ein Affe nichts thut als hin und her springen, sich schlenkern, freßen und sich kratzen (und wiederum daher das Schlauraffenland, Schlaraffenland, Schlaraffenleben). Als Familienname existierte Schlauderaff lange Zeit in Marburg, und ist derselbe erst vor wenig Jahren ausgestorben.

Schlawitzer, Anname eines in Hanswurstmanier dreißig Jahre lang (von 1833 bis 1863) in dem Striche zwischen Darmstatt und Ziegenhain (Frankenberg) hausierenden Kurzwaarenkrämers (eines sehr wolhabenden Juden aus Rödelheim, Salomon Hirsch). Jetzt, nach seinem Tode, wird er, werden seine Späße, seine Waaren und wird die sprichwörtliche Bezeichnung unverhältnismäßig wolfeil losgeschlagener Waaren „Schlawitzerwaaren", bald vergeßen sein. Bemerkenswert aber bleibt der Anname (den er sich übrigens selbst gab) an sich: es bedeutet derselbe Zwetschenbrantewein (Sliwowitzer von dem slavischen sliwa, Schlehe, Zwetsche s. Schmeller 3, 433), und gibt aus der neuesten Zeit einen Beleg dafür, daß die Bezeichnung lächerlicher Persönlichkeiten durch die Namen von Speisen und Getränken dem Volke unmittelbar nahe liege, in Schlawitzer eben so wie in Hans Wurst, Pickelhering, Jean Potage.

schlecht, gesprochen schlécht, hat in der Volkssprache, zumal der oberhessischen und ziegenhainischen Bauernsprache noch mehr von seiner ursprünglichen Bedeutung (eben, gerade, schlicht ehrlich) eingebüßt, als in der Schriftsprache; *ein schlechter Kerl* ist eins der allerschlimmsten Schimpfwörter, wenigstens dem schriftdeutschen „niederträchtig" gleich, oder vielmehr dasselbe noch überbietend; meistens versteht man darunter einen Lügner, Betrüger und Dieb. Eben so wird, freilich seltsamer Weise *schlechter Dinge*, *schlechterdings* nur im übelsten Sinne gebraucht: „die Frau hat sich schlechterdings aufgeführt" ist gleichbedeutend mit: sie ist eine Ehebrecherin, Hure. Daneben aber bedeutet *schlecht* auch verrückt, unsinnig, wahnsinnig, blödsinnig; besonders wird von einem Blödsinnigen gesagt, er sei schlecht. Auch von Epileptischen wird es gebraucht.

unschlecht bedeutet an der Schwalm, im Amt Jesberg und weiterhin übel, vom körperlichen Befinden: „mir ist ganz unschlecht worden", ich habe mich krank gefühlt. Möglich, daß diese Composition noch die alte Bedeutung von schlecht voraussetzt, möglich aber auch, daß un (s. **un-**) eine verstärkende Partikel wäre.

Schleier msc., in Niederhessen die aus Kattun verfertigte und gefältelte Mütze der Bäuerinnen und bis gegen das Jahr 1840 auch der Bürgerinnen in den kleineren Städten. Von der Form des Schleiers, welche im Mittelalter üblich war, ist in diesen niedern Ständen nur die Kopfbedeckung übrig geblieben, während die herabhangenden Enden, wie sie uns aus den Holzschnitten des 15. Jahrhunderts entgegen treten (z. B. im Schatzbehalter 1491. fol. Fig. 65 u. a. O.), verloren gegangen sind; in den höheren Ständen sind die letztern allein noch vorhanden und tragen den Namen Schleier, dagegen ist die Kopfbedeckung verloren gegangen. Die herabhangenden Enden wurden jedoch ersetzt durch zalreiche Bandschleifen, welche hinten an die Kopfbedeckung angehängt werden, und sind, den alten Formen ziemlich ähnlich, noch jetzt in der eigentümlichen Kopfbedeckung der Bewohnerinnen des s. g. hessischen Hinterlandes (des westlichsten Theils von Oberhessen) vorhanden. Am treusten hatten die Formen des 15.—16. Jahrhunderts, wie sie in dem eben genannten Schatzbehalter (Fig. 13 u. a. O.), im Heldenbuch und sonst vorkommen, die Städte Hersfeld und Rotenburg bis in die dreißiger Jahre dieses Jahrhunderts bewahrt. Auf dem Lande sind die Schleier zum Theil (mit Ausnahme des Hersfeldischen) weit platter geworden, und weichen in untergeordneten Einzelheiten nach den einzelnen Gegenden — Aemtern, Thalgründen u. s. w. — ja nach den einzelnen Dörfern von einander ab.

In Oberhessen und an der Schwalm, wo die Mützen ganz platt und ohne alle herabhängende Bänder sind, mithin auch keine Schleierform vorhanden ist, ist das Wort Schleier unbekannt.

Vgl. Karnette, Ziehbetzel.

Schleif, *Schléf* msc., großer hölzerner Löffel; im sächsischen Hessen. Mitunter wird dieses Wort auch als Scheltwort für einen trägen, unbeholfenen, ungezogenen Menschen (= Schlingel, Flegel) gebraucht Brem. WB. 4, 819. Richey Hamb. Jd. 260.

schleif adj., langsam, träge. Schmalkalden.

Schleife fem. Gleitebahn; nur hin und wieder, außer der Niedergrafschaft Hanau, wo es die regelmäßige Bezeichnung ist, so wie *schleifen* für gleiten auf einer solchen Bahn. vgl. *Scharrweide*, *glanern*, *schuben* u. dgl.

Schleifenblauel s. Blauel.

Schleifkanne, große Kanne von Holz, aus Dauben und Reifen bestehend, mit einem Deckel versehen und mehrere Maß (zu vier Schoppen) fassend. Aus derselben wird in die Halben=Gläser oder auch in die Gilpen, Löppen (s. d.) eingeschenkt. Niederhessen und Schwalm. Indes in dem nordwestlichen Theile der Grafschaft Ziegenhain und in dem angrenzenden Oberhessen heißt dieß Gefäß nicht Schleifkanne, sondern Raezekanne (s. d.).

Das obige Schleif (Löffel) muß dasselbe Sprachelement sein, welches in Schleifkanne erscheint, und in irgend einer Weise hölzernes Geräte bezeichnen. Aber wie?

schleiszen lautet in Hessen, und schon seit alter Zeit schlieszen, ja es conjugiert sogar (wie auch Adelung 3, 1521 angibt) wie schlieszen: ich schlosz, geschloszen. „wer beyme slieszel" (wer Bäume schält, anhaut) Weistum der Elbermarck von 1440 Grimm Weist. 3, 321. Heutiges Tages ist es fast nur üblich von Federn: Federn schließen, d. h. die Fahne von der Rippe abstreifen; geschloßene Federn.

schlenkern, in schwingende und zwar unregelmäßig schwingende (zuckend schwingende) Bewegung setzen: „die Beine schlenkern" schlotterig gehen, aber auch mit den Füßen baumeln; „die Arme schlenkern" oder „mit den A. schlenkern" unstäte, schleudernde Bewegungen mit den Armen machen, die Arme beim Gehen gleich den Füßen, wie ein Thier die Vorderfüße, bewegen, gleich als ob man mit den Armen auch gienge. „Schlenkerbein" Spottwort für einen Menschen, welcher die Beine schleudernd bewegt.

Schmidt westerw. Id. S. 189. Schmeller 3, 453. Brem. WB. 4, 822.

schlenzen, *schlenzieren*, müßig herumgehen, meist noch dazu in vernachläßigter Kleidung. Schmeller 3, 454. Hin und wieder üblich. S. *schlunzen*.

Schlette, *Schlätte* fem., großer Mund, zumal mit vorstehenden, aufgeworfenen Lippen; Schimpfwort für Mund überhaupt. In ganz Hessen, jedoch vorzugsweise in Niederhessen üblich.

schlichten, nur als Kunstwort der Leinweber bekannt, welche mit der von ihnen zubereiteten *Schlichte* die Webfaden gefügig machen. In Beziehung auf Streitigkeiten, welche geschlichtet werden, ist das Wort gänzlich unüblich, in den meisten Gegenden sogar völlig unverständlich.

Schlier msc., aber auch *Schliere* fem., beide mit der Pluralform *Schlieren*, Stropfel, auch blindes Geschwür, Balggeschwulst und dergleichen. Nördliches Niederhessen; zumal in Kassel sehr üblich, anderwärts unbekannt. Vgl. Schmeller 3, 457.

In der Bedeutung Lehm, Schlamm, welche Schlier anderwärts hat (Schmeller a. a. O.), kommt das Wort in Hessen jetzt nicht mehr vor, muß aber ehedem hier auch vorhanden gewesen sein, da sich in den verschiedensten Gegenden Feldplätze (Gräben, kleine Rinnsale nebst Umgegend) finden, welche Schlierbach heißen, auch ein an der Schwalm liegendes Dorf diesen Namen führt — eine Bezeichnung, welche sich kaum auf etwas anderes, als auf Schlamm und Lehm zurückführen läßt.

schlipp werden, gerinnen, sauer werden, von der Milch.

Schlippmilch, saure Milch, dicke Milch.

In der Obergraffschaft Hanau üblich, im übrigen Hessen unbekannt.

Schlippe fem., *Schlippen* msc., letzteres üblicher, der Rockschoß, der untere Theil des Frackes oder Oberrockes (vgl. Adelung unter Schlipp, welches Zipfel am Kleide bedeuten soll). Allgemein üblich. Redensarten: „einem die (den) Schlippen abreißen", ihn mit Gewalt halten wollen, zum Bleiben nötigen; „ich hab ihm gerade keinen Schlippen abgerißen", ich habe ihn nicht besonders zum Dableiben genötigt, er war mir ziemlich lästig und ich war froh, daß er gieng.

Wann schon die Hasen mit dem hauffen
Wölln mir in meine schlippen laufen. Jf. Gilhausen Grammatica.

1597. S. 74. „Ein Prediger soll tragen vnd haben die Bibel in des Mantels Schlippen vnd in des Mundes Lippen, haben die Alten gesagt". M. H. Braun Labia sacerdotis. 1615. Bl. Ba.

Schlipper msc., Zulegemeßer ohne Feder, wie dieselben ehedem in Schmalkalden verfertigt wurden, und auf dem Lande in Hessen besonders in den ärmeren Klassen und für Kinder äußerst üblich waren; auch wol für ein federlahmes Mießer gebräuchlich. Im westlichen Hessen vorzüglich üblich; im östlichen Hessen sagt man lieber *Kniff* (s. d.).

Geschlitter, auch *Geschlutter*, neutr., weiche schleimige Masse. „Die materia welche er ieberzeit außgespigen, hett einem Froschgeschlitter vnd leimichten materien gleich außgesehen"; „Geschlitter wie froschlaich" Marburger Hexenprocessacten von 1657. „were etwas von ihr geschossen, das were gewesen ein geschlutter wie fleisch, dieses hette sie in den Kehrdreck gekehret" Aussage einer Kindsmörderin 1680. Allgemein üblich.

Schlitting, *Schlittinger, Schlutting*, kommt in den Rentereirechnungen, namentlich aber in den Bußregistern, von Wetter aus den Jahren 1570—1601 sehr häufig als Bezeichnung von Personen, und zwar von fremden, durchreisenden Personen vor. „Ein Schlittinger hat etzliche Pflanzen zu vnderst Asphe außgerauft" 1583; „N. N. (in Amenau) hat drey schlittingern etzliche frucht wider verpott verkaufst" 1591; hierzu gehört das 1576 registrirte Verbot, an kölnische Unterthanen Korn zu verkaufen, so wie die Notiz aus einem der nächstfolgenden Jahre, daß eine gewisse Quantität Frucht von einem Schlitting sei weggeführt worden; „ein colsch Schlutting" wurde 1600 auf freier Straße bei Niederasphe angegriffen und verwundet. Es scheinen diese „Schlittinger" kölnische Unterthanen gewesen zu sein, deren Wanderung sie regelmäßig durch den oberen Theil des Amtes Wetter führte; noch jetzt führt eine Flurstrecke oberhalb Niederasphe die Bezeichnung „die kölnischen Wege". Ob aber die Bezeichnung Schlittinger daher rührt, daß diese Leute etwa Waaren auf Schlitten geführt haben, oder von ihrer Kleidung (Schlutlin Frisch 2, 203), oder woher sonst, läßt sich zur Zeit nicht bestimmen.

schlorpfen, den Buchstab R schnarrend, als Guttural, anstatt als Liquida, aussprechen, wie das die Bewohner der Stadt Schmalkalden, des Fleckens Ruhla und des Meiningischen Dorfes Steinbach thun, weshalb auch das letztgedachte Dorf zum Unterschied von Steinbach-Hallenberg Schlorpf-Steinbach genannt wird. Im Schmalkaldischen. Derselbe Sprachfehler findet sich, wenn auch nicht mit dem Worte schlorpfen, sondern mit dem gemeinhochdeutschen Worte schnarchen bezeichnet, auch anderwärts in Hessen, namentlich in der Umgegend von Felsberg (Beuern u. a. O.) und Gudensberg (Werkel, Wehren u. a. O.). Hier spricht man diesen Schnarchern spottweise, weil sie des Schnarchens nie eingeständig sein wollen, nach: »min vater schnarcht, mine mutter schnarcht, mine brüder schnarchen, mine schwester schnarcht, nurst ich allene ich schnarche gar nit".

schloszen, mit Schlamm, Lehm, Mörtel, Kalk zu thun haben, Kalk anschmieren, tünchen. „Jost Steinbecker zu Wetter hat daß Dach vfm Herrn Hauß mit kalk geschlost". Wetterer Rentereirechn. v. 1583. Es ist dieß Wort eine zwischen schlötten (Schmeller 3, 461) und schlotzen (Ebds. S. 462), Wörtern welche gleiche Bedeutung mit schloszen haben, in der Mitte liegende Form; jetzt nicht mehr üblich.

schlôszweisz, ganz weiß, rein weiß. „Das Tuch (Leinwand) ist schlöszweiß gebleicht"; aber auch: „sie hat sich so erschrocken daß sie schlöszweisz im Gesicht geworden ist". Die Formen schlohweiß, schlotteweiß u. dgl., welche anderwärts vorkommen, sind hier gänzlich unbekannt, um so mehr, als man die Vergleichung mit Schloßen, welche das Wort enthält, durchgängig noch sehr wol versteht. Unser Wort kommt bei Geiler v. Keisersberg vor, und ist auf dem Westerwald wie in Hessen üblich; Schmidt Westerw. Id. S. 194.
Vgl. Schmeller 3, 461.

Schlotte f., auch wol Schlutte gesprochen, das Zwiebelkraut, Schalotte, aus ascalonica (Allium ascalonicum L.), da die Zwiebel aus Askalon stammt, verderbt. Allgemein üblich, wie auch sonst in Deutschland. Schmeller 3, 461.

Schlotterfasz, das aus Holz gedrehete spindelförmige mit Waßer oder feuchtem Grase gefüllte Gefäß, welches die Grasmäher an einem Gürtel auf dem Kreuze tragen, um den Wetzstein darin zu bewahren und feucht zu erhalten. Ob von *slote*, limus, Diut. 3, 46; Schmeller 3, 461? Oder von schlottern (weil der Wetzstein im Schlotterfaß klappert) wie es gemeinhin verstanden wird?

schlûhorken (schlauhorchen), die Heimlichkeiten Anderer auszuforschen suchen; eine treffende, übrigens nur im westfälischen Hessen übliche Bezeichnung.

Schlûkspeck msc., gewöhnlich *Schlükspecht* ausgesprochen und durch diese Aussprache unverständlich gemacht, bedeutet eigentlich einen Menschen, welcher Speck schluckt, große Brocken schlingen kann, wie dieß auch das Brem. WB. 4, 846 angibt. In Hessen aber, wo das Wort in den sächsischen und westfälischen Bezirken üblich ist, bedeutet es einen habsüchtigen Menschen, dessen Habsucht sich in auffallender, gemeiner Weise äußert.

Schlump msc., glücklicher, unerwarteter und unverdienter Zufall. Allgemein üblich, wie in ganz Niederdeutschland. Schottel Haubtspr. S. 1402. Brem. WB. 4, 847. Adelung 3, 1545.

schlumpsweise, durch einen glücklichen unerwarteten Zufall. Aeußerst üblich. Das Wort erscheint schon im 16. Jahrhundert nicht selten, z. B. Winnistede wider die Sacrilegos 1566. 4. Bl. 3a. Adelung a. a. O.

schlunzen, in tadelhafter Weise müßig gehen, nachläßig gekleidet gehen, besonders dem weiblichen Geschlecht gegenüber gebraucht.
verschlunzen, 1) die Zeit unnütz, mit Müßiggang, verbringen.
2) Kleidungsstücke nachläßig behandeln, verderben, verloren gehen laßen. Ueblicher und weit stärker tadelnd als das seltnere *schlenzen* (f. d.).

Schlunze fem., arbeitsscheue, träge, unordentliche und unsaubere Frauensperson, von ähnlichem Sinne wie *Schlampe* (f. d.), nur daß in Schlunze mehr der Müßiggang, in Schlampe mehr die Unordnung hervorgehoben erscheint.

Schlupfe fem., schmaler Weg zum Durchschlüpfen für das Wild. „Wie das gewilde in den wäldern seine schlupffen, das viehe auf den heyden seine gänge, vnd die ameissen auf den steinen ihre spuren haben". Ludwig Schröters Klag= und Trauerrede auf L. Moritz ł 1532. (Monum. sepulcr. 1638. S. 133).
Bei Oberaula lag vor Zeiten ein Dörfchen *Slufft* (1419), *Sliffe* (1462. 1467), welches von einer Wildschlupfe seinen Namen entlehnt haben mag; Grimm Weisth. 3, 333. 337. Obgleich dasselbe schon im Jahr 1419 eine Wüstung war, dauert doch der Name des Oertchens bis auf diesen Tag in dem Namen des

von Hausen und Wahlshausen ehedem dahin führenden Weges fort: Schluppchesweg, Schlippchesweg.

Adelung 3, 1544 hat in der Bedeutung unseres Wortes Schluff msc.; 3, 1536 Schlippe fem., und 3, 1544 das gemeinhochdeutsche Wort Schluft; sodann 3, 1546 Schlupf msc.

Schluppe fem., 1) Bandschleife; allgemein üblich, besonders in Niederhessen, wo an die Mützen der Bäuerinnen Bänder mit Schleifen (Schluppen) angeheftet zu werden pflegen. Das gemeinhochdeutsche Wort Schleife ist unbekannt, eben so das westfälisch-niederrheinische Strick u. dgl.

2) Pantoffel, zumal der zum Pantoffel durch Niedertretung oder Abschneidung der Kappe gemachte Schuh. Brem. WB. 4, 844, wo Sluffe steht.

schluppen, schluppchen, schlürfend, wie in Schluppen, einhergehen. Es gilt diese Form für eine derbere, niedrigere Form des in gleicher Bedeutung üblichen Wortes *Schlappe*. *Latsche* (s. d.) ist zwar verwandten, aber doch bestimt verschiedenen Sinnes.

Schlüppe fem., Riß in der Haut in Folge einer Verwundung: „ëne Slüppe fingers brët"; Breite der Wunde. Westfälisches Hessen.

Strodtmann Id. Osnabr. S. 214 hat Slop in derselben Bedeutung; daraus Brem. WB. 4, 840—841.

Schlüszel. Hessische Rechtsformel: „einem den Schlüßel aufs Grab legen", d. h. des Verstorbenen Schulden nicht bezalen wollen. Estor t. Rechtsgel. 1, §. 1566. Noch jetzt ist diese Formel bekannt und hin und wieder üblich.

Schlutte fem., in den sächsischen und westfälischen Distrikten *Slute*, Krug von cylindrischer Form wie derselbe z. B. für das Selterser Waßer gebraucht wird; Fettschlutte (Oelkrug; an der Diemel ist Slute schlechtweg nur der Oelkrug), Eßigschlutte (Eszig sluten 1430 in Grebenstein). Niederhessen, sonst unbekannt.

verschmähen war ehedem üblicher als heut zu Tage; z. B. sagt 1657 eine angebliche Zauberin in Eschwege: „wenn es euch nicht verschmähen wolte, so wolte ich Schwager Sixtuën etwaß zu trincken geben und ihn ein bißgen schmieren"; heutiges Tages ist es nur noch im Schmalkaldischen in entstelter Form gebräuchlich: „*es verschmäst mich*" (d. i. verschmäst, verschmähet), es verdrießt mich. Dagegen ist allgemein, vorab in Niederhessen und Ziegenhain, üblich das Wort

verschmöhsam in der Bedeutung empfindlich, durch Kränkung gereizt, so daß man nunmehr von dem zur Begütigung Dargebotenen nichts annehmen mag.

Auch schmähen, Schmach ist jetzt durchaus nicht mehr volksüblich, während diese Wörter in ältern hessischen Verhörprotokollen, besonders des 16. Jarhunderts, häufig erscheinen; seltsamer Weise conjugiert schmähen fast durchgängig stark: „das er den Landknecht — geschmehen und gescholten hat" Wetterer Bußregister von 1591 und öfter.

Vgl. Schmeller 3, 467—468.

Schmakucke fem., meist pluralisch: Schmakucken, leere Ausflucht, Intrigue. Allgemein gebräuchlich.

Schmalthier, Rind; eine noch hin und wieder vorkommende Bezeichnung. Ueblicher ist jetzt noch
Schmalleder, Rindsleder.

Schmand msc., das in Hessen (mit Ausschluß von Schmalkalden) ausschließlich gebrauchte Wort für das gemeinhochdeutsche Rahm. *smand, crema*, in einem Vocabularius rerum des 15. Jh. Hoffmann horae belg. 7, 34.

Metaphorisch: der Schmand von einer Sache = das Beste, der Hauptvorteil, der Löwenanteil; sehr üblicher Gebrauch. Schmandgesicht, Gesicht mit weichlichen Zügen, zarte und matte Physiognomie. Schmandmaul, Leckermaul. Schmandsauce. Schmandkuchen. Schmandenbrod (das -en wie in Musenbrod).

Es geht wie Schmand = es geht ganz leicht, geht vortrefflich von Statten; sehr gewöhnlicher Vergleich, sogar: „das Meßer schneidet wie Schmand".

Land (d. h. zubereiteter Erdboden) wie Schmand, übliche, besonders in Melsungen und Umgegend geläufige Vergleichung.

Schmatter, *Schmetter* msc. (*Schmadder*), weicher Kot, besonders Straßenkot. In Niederhessen sehr geläufige Bezeichnung.

schmattern, *schmettern*, das Auseinanderspritzen des weichen Kotes. In der gemeinhochdeutschen Bedeutung ist das Wort schmettern dem Volke gänzlich unbekannt.

Schmatz msc., Kuß; das neben Maul am meisten in Hessen für Kuß übliche Wort; weit seltner Munds (s. d.).

schmetzen, küssen. „D. Carlstadt hat sich mit Fraw Vernunfft geherbzt, vnd hat die auff der Canzel geschmetzt". M. Hermann Braun Labia sacerdotis. Gießen 1615. 4. Bl. Bb.

schmeiszen, üblichster Ausdruck in Hessen
1) für schlagen,
2) für werfen im Sinne des Hinwerfens, Niederwerfens: „schmeiß das Stroh herunter"; „schmetz den Schemel nicht so hin".

Schmetsche fem., die Grasmücke. Gudensberg, Felsberg, Fritzlar und Umgegend.

schmieren, in Hessen der ausschließliche Ausdruck für schmeicheln, welches Wort dem Volke gänzlich unbekannt ist. „Darnach habe Seibert Schnabels Tochter sich wieder eingeschmiert" Marb. Hexenprocessacten v. 1673. „Ich weiß wol, daß Sie auch alle Sonntage im schwarzen Frack zu N. N. gehen und bei ihm schmieren und lecken" zornige und für Hessen sehr verhängnisvoll gewordene Anrede an einen Stallmeister im Sommer des Jahrs 1837.

Schmicke fem., die Spitze der Peitschenschnur, was niederhessisch Schmitz, im sächsischen Hessen Schwacke heißt. Obergrafschaft Hanau.

Schmitz msc., im östlichen Hessen der von Zwirn geflochtene Ansatz an der ledernen Schnur der Peitsche (Fahrpeitsche, Fahrgischel, denn die Ackergischel hat in der Regel keinen Schmitz), welcher zum Klatschen dient. An der Waldeckischen Grenze wird statt Schmitz Schwacke fem. oder Schwack masc. gebraucht, im westlichen Hessen, Ziegenhain und Oberhessen, hört man nur Fahrschnur. Zwischen dem Schmitz und der Peitschenschnur wird die Verbindung durch ein stärkeres Zwirngeflecht vermittelt, welches Beschlag oder Schlag genannt wird. Vgl. Schmicke.

S. Zeitschrift f. hess. Gesch. u. LK. 4, 88—89.

schmitzlich, ehrenrührig; ehedem hier wie anderwärts im Gebrauche, jetzt ausgestorben, indes doch erst am Ende des vorigen Jarhunderts. In den ältern Gerichtsacten, Bußregistern u. dgl. kommt das Wort äußerst häufig vor, und zwar nicht bloß aus der Feder der Fiskale und Advocaten, sondern auch in den Aussagen der Zeugen, deren Protokolle oft mit besonderer Sorgfalt die Volksausdrücke wiedergeben. „an seinen ehren und gutem leumuth schmitzlich oder nachteilig", übliche Formel, von 1580—1700 in den Acten zu finden. „der Denunciator ist gerant vnd gelauffen, bey einem vnd anderm zuerfahren, ob er nicht ein vnd anders vf Beklagtin zu sagen gehabt, was schmitzliches er nur gehört, dem Herrn Richter referirt". Marburger Hexenprocessacten v. 1655.

schmorgen, darben. Im Fuldaischen und Schmalkaldischen. Vielleicht ein Deminutiv von *schmorren*.
Reinwald henneb. Jd. 1, 143.

schmorren, *verschmorren*, austrocknen, vertrocknen, verdorren. Hin und wieder üblich. „bey dem heßlichen, verschmorreten Dieb vnd Schelmen am Galgen" Kirchhof Wendunmut 1602. No. 300. S. 437.
Nicht unmöglich ist es, daß von diesem Worte das übliche Wort

schnurren, *zusammenschnurren*, *verschnurren* nur eine Deterioration ist. Es bedeutet dasselbe eintrocknen, und wird z. B. von einem halbverbrannten Braten, von getrocknetem Obste, von dem verwelkten menschlichen Körper ganz gewöhnlich gebraucht.

Schmuch msc., ein stiller Mensch, der jedoch mehr in sich trägt, als es den Anschein hat, zu dem man sich dieses und jenes zu versehen hat oder nicht versehen sollte. „Hintern Schmuchen soll mans suchen". Schwalm.

schmudelich, *schmuddelich*, unsauber, nicht gehörig reinlich, etwas schmutzig. Niederdeutscher, in Niederhessen sehr üblicher Ausdruck, von Kleidern, Hausgeräten, von verwaschener Farbe, auch vom regnigen, feuchten Wetter gebräuchlich. Brem. WB. 4, 871. Schmidt Westerw. Jd. S. 198.

Schmut msc., scherzhafte Erdichtung, Schwank. Im Haungrunde üblich, sonst nicht im Gebrauche.

Schnäde fem., Rispe der Grasarten, namentlich des Hafers; ein außerhalb Oberhessens, wo nur Schnäde gebräuchlich und Rispe weder gebräuchlich noch auch nur verständlich ist, unbekanntes Wort. Es ist dasselbe, welches in der Bedeutung von Reis, Zweig bei dem Dichter Günther, mithin als nordschlesischer Provincialismus vorkommt, und von Adelung 3, 1588—1589 verzeichnet ist.

Schnäke fem. 1) in Nieder- und Oberhessen mit Ausschluß der sächsischen und westfälischen Districte: wie gemeinhochdeutsch, die größeren Mückenarten.
2) im westfälischen und sächsischen Hessen: die Raupe.

Schnappe fem. 1) der äußerste Rand, die äußerste Ecke. „Setz doch die Teller nicht so auf die Schnappe d. h. so dicht an den Tischrand, daß sie leicht herabfallen (herunter schnappen) können. Allgemein üblich.
2) Verlust, Nachteil, Niederlage; im Haungrund eben so gebraucht wie gemeinhochdeutsch Schlappe.

schnappen. 1) unversehens von einem Rande herabfallen; „laß das Kind nicht schnappen" hat Estor 3, 1418 ganz richtig = laß das auf dem Arme getragene Kind nicht unvorsichtiger Weise rückwärts überschlagen und herabfallen.
2) hinken; der üblichste Ausdruck, während hinken wenig gebraucht wird.

Schnapperlied, das weltliche Lied im Gegensatz zu dem geistlichen Liede, zumal aber das leichtfertige oder obscöne Lied, der eigentliche Gassenhauer. Das Wort ist nur im Schmalkaldischen üblich. Schmeller 3, 492.

schnäppig, *schnäppet*, vorlaut, naseweis, vorwitzig. Im Fuldaischen. Sonst in Hessen auch *vorschnäppisch*.

Vgl. *gebschnäppisch*.

schnarbeln, *schnerbeln*, schnell und unverständlich sprechen, viel und unnötiger Weise reden, durch die Nase reden, mit dünner Stimme viel reden, wie die kleinen Kinder. Allgemein üblich.

Schnarrscheit neutr., in Schmalkalden üblicher Ausdruck für

1) das bekannte Spielzeug der kleinsten Kinder, in Gestalt einer Fahne, welche mittels des im Innern angebrachten Rades beim Umschwenken einen schnarrenden Ton gibt;

2) den Gryllus stridulus, Schnarrheuschrecke, welche beim Fliegen einen ähnlichen Laut hören läßt, wie jenes Spielzeug.

Schnåt fem., Grenze; soll auch gebraucht werden für Schnur (Meßschnur, womit die Grenze abgemessen wird). An der Weser und Diemel, wie weiterhin in Westfalen und Hannover. Brem. WB. 4, 883. Strodtmann Id. Osn. S. 218.

Vgl. *Schnede*.

schnatzen, das Haar der Frauenspersonen glatt kämmen, flechten und um die Haarnadel wickeln (binden und zum Kringel drehen). Oberhessen, Schwalm. In Oberhessen wird jedoch, wie auf dem Vogelsberge, auch das Durchflechten des Haares mit rotem Band, künstlichen Blumen u. dgl., was im Gebirgstheil der Grafschaft Ziegenhain scheppeln heißt, schnatzen genannt. in gar uppeclicher zir *gesnatzet* unde wol bereit. Elisabethleben Diutiška 1, 462.

Schnatz msc., das geflochtene und um die Haarnadel gewickelte Haar der Frauenspersonen; — in Oberhessen auch der Kopfputz der Bräute, Gevatterinnen und Züchtmägde. „Die braut (in Oberhessen) saße auf einem mit tannenzweigen ausgeschmückten wagen, sange und spanne; um sie saßen etwa 6 brautmätgens und sangen mit. Alle im schnatze, das ist, bloßköpfig mit band und roßmarien geziret, auch zween geflochtenen harzöpfen". Estor bürgerl. Rechtsgelehrsamkeit der Teutschen. 1757. 1, 293, §. 710.

Vgl. *scheppeln, aufsetzen, Bänderwerk*; desgl. *Schnitzhaupt*.

schnetzer, reinlich, ordentlich, von Mädchen gebräuchlich: „ein *schnetzeres* Mädchen", welches gleich beim Anblick durch die Sauberkeit seines Anzugs und die zierliche Haltung gefällt. Amt Schönstein, nordöstliches Oberhessen.

schnäubig, wählerisch im Essen. Oberhessen, Obergrafschaft Hanau. Estor 3, 1419.

Schnäuber msc., ein wählerischer, im Essen pretiös thuender Mensch. Obergrafschaft Hanau. Eben so wird in Niederhessen *schnuckig, Schnucker* gebraucht.

Schnede fem, die ältere niederdeutsche Form des jetzt in Hessen allein üblichen Wortes **Schneise** (Schneisze?) d. h. eines durch den dichten Mittel- und Niederwald gehauenen Durchganges, Weges, welcher in früheren Zeiten, als der Fang der Krammetsvögel auch bei uns betrieben wurde, zum Zweck des Aufhängens der Sprenkel (Dohnen) diente. Ohne Zweifel aber dienten diese Schneden ursprünglich zu Grenzwegen, und es ist Snede nur eine andere Form von Snât, Schnate (f. d.). „1 fl vnd iiij alb von den von Czyliaxwymar daz jr fehe in die *snede* gehit". Marburger Rechnung von 1487.

Frisch 2, 214. Richey Id. Hamb. S. 272. Brem. WB. 4, 891. Adelung 3, 1596. Schmeller 3, 497. Reinwald 1, 145—146, wo ganz richtig bemerkt wird, daß Schneise ein specifisch hessischer Ausdruck für einen durch den Wald gehauenen Durchgang ist. Erst neuerlichst ist aus einem Idiotikon der Eifel das Wort „Schnaise f., ein durch den Wald gehauener Gang", also ganz in unserer Sprachform und Bedeutung, zum Vorschein gekommen: Frommann Mundarten 6, 18.

Warscheinlich sind Schnäde, Schnät und Schnede ursprünglich identisch, und bedeuten wie läh den Einschnitt, welcher in die Grenzbäume gemacht wurde; dann Schnitt (einen in gerader Linie gemachten Schnitt) überhaupt, und endlich Geschnittenes (Schnäde), abgeschnittener Zweig, Geästel. — Rispe.

Schnegel msc., auch Schnaegel, Schnael, Schnêl, Schneil gesprochen, die hessische Form des hochdeutschen sneccho, Schnecke, limax. Mit diesem Worte weicht der hessische Dialect von der hochdeutschen nicht allein, sondern auch von der niederdeutschen Sprache, in welcher das hochd. sneccho *snigge* lautet, ab, und schließt sich gleich dem westfälischen Dialect (Frommann Mundarten 5, 64) und dem der Eifel (ebdf. 6, 18), wo *snägel* und *snaele* (letzteres Femininum) gilt, an das Angelsächsische und Nordische an: agf. snügel (snägl, snael, snegel), engl. snag, snail, dän. snegel. Die Reisebeschreibung des Hans Staden aus Homberg (1556. 1557. 4. Weltbuch, Franks. 1567. 2. Bibl. des lit. Vereins 57. Publ. 1859) hat auf den ersten Bogen die hessische Form, weiter hinaus ist dieselbe, entweder durch Prof. Eichmann oder warscheinlicher durch die Setzer, in Schnecke umgeändert. Bl. 31a [im Weltbuch]: „andere seltzame Gethier mehr so wir bekommen kundten, auch wasserschnellen so an den steinen hangen". Bl. 38a „So machten sie auch weisse Paternoster, von einer art Seeschneiln".

verschnecken, verschleudern, durchbringen, zumal mit dem Nebenbegriff des mutwilligen Verschleuderns. Im Hanngrund und Umgegend sehr üblich; sonst aber ist es mir nicht vorgekommen.

schnellen (auch: *schnallen*, doch seltner) vervorteilen, betrügen. Sehr üblich. „auch haid mich myn Vetter verkorczet vnd vorsnellet". „dy „vorsnellunge der fruchte med dem moße, das es cleyner ist dan in dem „gerichte zcu Berlaibschen" Acten von 1489, Familienstreitigkeiten der v. Berlepsch betr. Der Sinn des Ausdruckes kann ganz einfach der sein: schneller handeln, als der Andere, ihm zuvorkommen; indes verdient auch Beachtung, daß man das plötzliche Eintauchen in das Waßer und überhaupt das heftige Auf- und Abziehen, welches mit dem am Schnappgalgen, Schnellgalgen in einem Korbe hängenden Delinquenten vorgenommen wurde, schnellen nannte. Vgl. Alberus Dict. Bl. Aaija.

Vgl. Schmeller 3, 490.

Schnepper fem., der Schnappgalgen. Jetzt völlig untergegangene, mit der Sache bereits gänzlich unbekannt gewordene Bezeichnung.

Hurenschneppe, besonders so genannt, weil prostibula an den Schnappgalgen vorzugsweise zu kommen pflegten. Kopp Handbuch 5, 351.

Schnepper msc., auf der Westseite des Habichtswaldes, an der Baune, übliche Bezeichnung des Kartoffelpfannkuchens, auch in denjenigen Ortschaften dieser Gegend, wo das am heißen Ofen geröstete Kartoffelgebäck (f. Kauschel, Spanuckel, Schepperling) üblich ist, der Name desselben, von welchem Schepperling nur eine Varietät zu sein scheint.

schnetteln, die hessische Form für schneideln (f. Adelung s. v.), die Aeste der Waldbäume ausschneiten, die Waldbäume beschneiden. Es gehörte diese Arbeit zu den Frondiensten, und wurde die Tagarbeit gleichwol um 1600 mit zwei Albus, also für die damalige Zeit hoch genug, vergütet. In den Forst- und Rentereirechnungen von 1590 bis in die dreißiger Jahre des 17. Jahrhunderts kommt dieses Schnetteln fast regelmäßig vor, und muß mitunter große Ausdehnung gehabt haben; so wurde z. B. im Jahr 1600 von 59 Personen aus Treisbach an einem Tage, von 24 Personen aus Wargenbach, gleichfalls an einem Tage, im Wolberg (jetzt Wollenberg), von 13 Personen fünf Tage lang in der Eibenhart geschnettelt. Heut zu Tage findet diese Bewirtschaftung der Wälder bekanntlich nicht mehr statt.

schningern, bezeichnender Ausdruck im Schmalkaldischen für: durch die Nase reden.

schnippen (sich), hessische Aussprache statt *schnüppen* (schnüpfen, schnupfen), sich schneuzen, die Nase putzen. Fast ausschließlich gebrauchter Ausdruck, welcher nur hin und wieder eine Modification erleidet; so sagt man z. B. im Amt Schönstein: *sich schnissen*, was eine Nebenform von schneuzen ist. Vgl. *schnupfen*.

Schnippe fem. und masc., das Vorderteil des Kopfes, Oberteil der Nase, bei Thieren. Ein Pferd ist eine Schnippe, wenn es eine weiße Nasenspitze hat; eine weiße Taube, deren Vorderkopf rot oder schwarz ist, heißt Rotschnipp, Schwarzschnipp, und zwar sind diese Composita in der Regel masculinisch. „Ein Vogel, ist nahe so groß wie ein Hun, hat ein lange Schnippen, beine wie ein Reiger". Hans Staden Reisebeschreibung (Weltbuch. Frankf. 1567. 2, 58b).

Schnipp msc., *Schnipchen*, *Schnipsel* neutr., eine hauptsächlich nur im östlichen Hessen und im Fuldaischen übliche Speise, aus Käsematte, sauerm Rahm und Salz und Kümmel bestehend, welche vorzüglich zum Schmieren auf das Brod benutzt wird, und deshalb auch Schmierkäse genannt wird.

Im Anfange dieses Jahrhunderts war unter den Kindern ein Kartenspiel sehr üblich unter dem Namen *Schnipp Schnapp Schnurr Apostolorum*. Es bestand dasselbe in einem sehr einfachen Abstechen der niederen Karten durch die nächst höheren in zwei Reihen 7—10 und Bube — Aß. Der Reiz des Spieles bestand für die Kleinen größtenteils darin, daß bei jedem Ausspielen, welches möglichst rasch von Statten gehen mußte, das betreffende jener vier Wörter gerufen wurde: Wer die Sieben hatte, spielte aus und rief Schnipp, wer die Achte derselben Farbe hatte, folgte mit Schnapp, wer die Neune hatte, darauf mit Schnurr, und wer die Zehne hatte, rief Apostolorum (abgekürzt auch Bostelorum, Bastelorum) und zog den Stich an sich; eben so hatte der, welcher den Buben besaß, denselben mit Schnipp auszuspielen, die Dame derselben Farbe folgte mit Schnapp u. s. w. Es gehörten mithin wenigstens vier Spieler zu diesem Spiele; wer die meisten Zehn und Aß hatte, folglich die meisten Stiche machte, war Sieger. Zuweilen aber wurde auch die Sache umgekehrt: Sieger war der, welcher seine Karten zuerst los wurde, also die meisten Sieben oder Buben hatte, doch hatte diese Spielform für die Kinder weniger Reiz.

Neuerlichst hat auch Hoffmann in seinem Idiotikon von Fallersleben (Frommann Mundarten 5, 294) dieses Spiel erwähnt; nur hat er das unverständliche Wort Baselorum, und weiß bloß von der Spielform, vermöge deren der Sieg des Spielers in der möglichst baldigen Entledigung von seinen Karten besteht. (Durch das unverständliche Baselorum wurde indes dem Spiele das Anstößige benommen; die eigentliche Meinung war, die vier Apostel d. h. Evangelisten mit einander spielen zu lassen: es war das Schnipp Schnapp Schnurr der Apostel.)

Schnitzer msc., ein mit einem runden hölzernen Stiel versehenes Messer, welches eine kurze, dicke, einschneidige Klinge hat; das Hauptwerkzeug der Korbflechter (Föllwesmächer) im Schmalkaldischen (s. Füllfass), auch das bekannte Mordinstrument dieser Menschenklasse.

Schnitzhaupt (gesprochen schnitzheid) neutr., der im Schmalkaldischen sehr gebräuchliche Weiberkopfputz, bestehend aus einem in ein Dreieck zusammengelegten und um den bloßen Kopf in der Weise gebundenen Tuche („Lappen" genannt), daß der eine Zipfel auf den Scheitel zu liegen kommt, die beiden andern aber auf der Mitte der Stirn in einer Schlinge (büsch) sich vereinigen.

Es kann kaum ein Zweifel sein, daß dieses Wort von Schnatz (s. d.) durch Entstellung abgeleitet ist.

Schnuller (Schnüller, Schniller) msc., penis. Allgemein üblich. Vgl. jedoch *Bille, Hiller*.

schnupfen. 1) jetzt nur noch reflexiv gebraucht: sich schnuppen, schnippen (s. schnippen), sich schneuzen, die Nase durch Auswurf reinigen. Ehedem aber wurde es intransitiv gebraucht: „Hyena, welch thier wie ein mensch kotzen vnd schnupffen kan, vnd also die hunde zu sich locket, würget vnd frisset." Ludw. Schröters Diaconi zu Homberg Klag- und Trauerrede auf L. Moritz 3. Mai 1632 (Monum. sepulcr. 1638. S. 127).

2) riechen, vorzüglich in metaphorischer Bedeutung: von fern merken, ahnen; zumal wird es von der Ahnung einer drohenden Unannehmlichkeit gebraucht. In diesem Sinn wird es niemals schnippen, sondern nur schnupfen, schnuppen ausgesprochen: „er hats doch geschnuppt, daß wir ihn nicht haben wollen".

Hierzu gehört

Schnuppen msc., das Riechbare, in metaphorischer Bedeutung: „den Schnuppen riechen", merken, wo etwas, und zwar zum Uebeln, hinaus will. Sehr übliche Formel.

Schnur fem., fast *Schnurr*, oft auch *Schnor*, aber stets mit sehr bestimmt kurz ausgesprochenem Vocal, gesprochen, die alte und richtige Bezeichnung der Schwiegertochter, und noch immer üblich, ja üblicher als die schwerfällige und unzutreffende Composition „Schwiegertochter". Sehr oft wird, besonders im westlichen Hessen, schon in Hersfeld, das Wort deminuiert: Schnurchen, Schnorche, Schnörche, Schnerch. „die Cuntzersche Schnorche zu Bottendorf" Marb. Hexenprocessacten v. 1648.

Schnur f., der übliche Ausdruck für Band: seidene, baumwollene, leinene, wollene Schnur. Das Wort Band war bis in die zwanziger Jahre dieses Jarhunderts von Geweben gar nicht, nur von eisernen Bändern, üblich, ist jedoch seitdem auch im Volke nach und nach in Gebrauch gekommen, wird aber von Schnur noch immer weit überwogen. „Ueber die Schnur hauen" ist auch hier eine volksübliche Redensart, wie in dem übrigen, besonders südlichen, Deutschland: des Guten zu viel thun (zu viel essen und trinken), sich ein wenig vergehen, zumal seine Befugnis überschreiten. Vgl. Diut. 2, 107: het ich mit worten an keiner stat den schnurschlag uberhawen.

Geschnurr neutr. (Geschnörr, Geschnörch), geringe, unbedeutende Sachen, kleines Gerümpel, zumal unnützer, kleinlicher Putz. Sehr üblich.

Gänsegeschnörr, die geringen Theile der Gans: Kopf, Hals, Füße, Magen, Herz und Unterflügel, welche zum „Gänsepfeffer" verwendet werden.

Schnûte fem. Diese niederdeutsche Form von Schnauze ist nicht allein im sächsischen und westfälischen Hessen, sondern in ganz Niederhessen bekannt und gröstentheils sehr üblich, besonders um den menschlichen Mund verächtlich zu bezeichnen. Dagegen ist die hochdeutsche Form nirgends bekannt, noch weniger gebräuchlich. Vgl. Strolle, mit welchem Wort es eine ähnliche Bewandnis hat.

Schnutz msc., Nasenschleim; sonst auch, doch seltner, *Schnůder* (Schottel Hauptspr. S. 1406, bei Fischart und sonst), öfter *Schnůdel*, genannt. Die niederdeutsche Form, welche im sächsischen und westfälischen Hessen gebraucht wird, ist **Schnutt**, und hiervon ist die Bildung *Schnuttel*, Schnuddel, noch üblicher, auch im übrigen Hessen, als Schnůdel. In Oberhessen gilt *Schnutt* geradezu als Schimpfwort = Rotzjunge.

Es ist dieß die einzige Bildung von schneuzen, welche (außer Schnûte) in Hessen vorkommt.

Estor 3, 1418.

Schôde, Schaude msc., schlechter, geringer, niedrig denkender Mensch. Das Wort, eigentlich hebräisch (שׁוֹטֶה, Verachtung), gehört ursprünglich der Judensprache zu, hat sich aber in die Volkssprache sehr stark eingebürgert. Estor 3, 1418. (Für „Hündin" ist jedoch das Wort nicht, wie Estor angibt, gebräuchlich).

Vgl. Schmidt Westerw. Jd. S. 178.

schôfel adj. und adv., schlecht, gemein, niedrig, von Menschen und Sachen gebraucht.

Schofel neutr., schlechtes, gänzlich unbrauchbares Zeug; nichtswürtige Menschen. Das Wort ist hebräisch, שָׁפָל, und gehört ursprünglich auch der Judensprache an, ist aber sehr allgemein üblich, auch außerhalb des Verkehres mit Juden.

Schôken plur. tant. (selten Schôke im Sing., und dann doch lieber Schôken gesprochen, masculinisch), grober, plumper, unförmlicher Schuh; Schuh in verachtender Weise „er kommt mit Schoken voll Dreck ins Haus". Früherhin allgemein, und zwar bis in die höheren Stände hinein, in Niederhessen üblich; jetzt wird das Wort, wenn gleich immer noch bekannt, nur noch selten gebraucht.

Strodtmann Id. Osnabr. S. 203. Brem. WB. 4, 596—597, wo Strodtmann nicht hätte getadelt werden dürfen, da der von ihm angegebene Gebrauch des Wortes eben auch der hessische Gebrauch ist.

Schôlholz nennt man in Niederhessen die schmalen, platt gehauenen Holzstücke, welche in die Gefache des aufgezimmerten Hauses senkrecht (in die Vöden [Decken] horizontal) eingesteckt, nachher, was die in die Gefache eingesetzten Scholhölzer betrifft, mit Fitzgerten horizontal durchflochten, und dann mit Strohlehm geklebt (die in die Decken eingesetzten auch mit Strohlehm umwickelt) werden. In Oberhessen *Stickstecken*.

schôlen, Scholhölzer einstecken.

Es ist dieses schôlen, Schôlholz eine den Dialekt gemäße Bildung des lang gemachten a in dem Worte scala, Schale, zu ô. Dagegen spricht man z. B. die Verschalung der Brücken u. dgl. nicht mit ô, sondern mit â.

Vgl. *Weifstecken*, *Spilstecken*.

schoen. Zwei Ortsnamen oder drei in Hessen zeigen noch die ursprüngliche Bedeutung von schön: speciosus, spectabilis, was sichtbar ist, in das Auge fällt, weit in das Land hinein leuchtet.

Es sind das die beiden Schöneberg, der eine zwischen Hofgeismar und Hümme, der Sitz der uralten Dynasten vom *Sconinberge*, der hervorragendste Berg auf der Westseite des Reinhardswaldes und im hessischen Diemelthal; der andere, ein Berg mit uralter Kirche bei Röllshausen, die hervorragendste Höhe im obern Schwalmthal. Eben dahin gehört wol auch der Schönstein, eine Burg, welche zwar keinen großen Umkreiß beherschte, aber doch unter den übrigen Höhen sich bemerkbar machte (jetzt vom Wald verdeckt). Unter dem Schönstein liegt Schönau.

Wie es mit Schönbach und Schönborn sich verhält, wäre noch zu untersuchen; vielleicht liegt diesen Namen nicht *skûns, schöni*, sondern das noch nicht aufgeklärte *seam, sean* (Schansulda, Schemmern) zu Grunde.

Mit Schönstadt kann es sich verhalten wie mit Schöneberg; Schönfeld aber trägt seinen Namen von dem Erbauer, dem Generallieutenant von Schönfeld.

schoen Brod s. Brod.

Schöps, Hammel. Dieses slawische Wort (scopec) ist in Hessen durchaus nicht nur nicht üblich, sondern auch nicht gekannt und nicht verstanden. Auffallend ist es deshalb, daß es gleichwol bei Emmerich (Frankenberger Gewonheiten Schmincke Monim. hass. 2, 707), der doch sonst nichts weniger als eine von dem Volksgebrauche sich entfernende Sprache hat, vorkommt: tzeygeln vnde *schöffster* (Ziegen und Schöpse).

Schorling msc., auch *Schirling*, geschorenes Wollenvieh. „xxxv hamels *schorlynges* hüde, dy gefallen worn" Homberger Rechnung von 1416. „*schorlinges* felle" Kasseler Rechnung von 1453. „sechs Schirlings heude" Rauschenberger Rechnung von 1596 u. ö. Luther nannte bekantlich die Mönche Schürlinge Eisl. Suppl. 1, 443b u. a. St.

Schorn msc. 1) in Oberhessen: eine Erdscholle, ein Stück zusammenhängenden Erdbodens. Vgl. Frisch 2, 221a, wo aus dem Holländischen *Schorre*, cespes und *Schore*, alluvies angeführt wird, was sich hierher zu fügen scheint. So hat auch Herbort von Fritzlar liet von troye v. 1793: uf einen felsechten schorn.

2) in Niederhessen und Fulda: ein eigentümliches Weizengebäck: ein mitunter 2 Fuß langer, 8 Zoll breiter, platter, oblonger aber an den Seiten ausgebauchter, an den verschmälerten Enden mit je zwei umgebogenen Hörnern versehener, auf der Oberseite mit einem zopfartigen Teiggeflecht belegter lockerer Kuchen. Diese Art Kuchen, die in Oberhessen nicht Schorn, sondern Neujahrsweck heißt, wird zu Neujahr in ganz Althessen und in Fuldaischen von den städtischen Beckern hauptsächlich für das Landvolk gebacken, und von letzterem eifrig gekauft. Wie schon in ältester Zeit die Sitte, zu Neujahr ein weißes Brod, ein schönes Brod (s. Brod) zu schenken, üblich war, so ist in Althessen und Fulda es unverbrüchliche Sitte bei dem Landvolk, daß die Paten zu Neujahr den von ihnen aus der Taufe gehobenen Kindern einen Schorn, Neujahrsschorn (Neujahrsweck) schenken. In Frankfurt führt dieses Gebäck den Namen Bubenschenkel, erscheint aber unter diesem Namen nur in kleinster Form und als gewöhnliches Gebäck.

Ob die niederhessische und fuldaische Benennung *Schorn* aus der unter 1) aufgeführten Bedeutung, oder aus dem in Franken üblichen Worte *Schoren* msc., welches Spaten, Schaufel bedeutet (Reinwald Henneb. Id. 2, 160. Schmeller 2, 395) sich entwickelt hat, muß dahin gestellt bleiben.

schörnericht (gewöhnlich schirnericht gesprochen), in Oberhessen die Eigenschaft des Erdbodens, vermöge deren derselbe beim Umbrechen große Schollen bildet — strenger, schwerer Erdboden.

S. Zeitschr. f. hess. Gesch. u. Landeskunde 4, 88.

Vgl. *Schär.*

Schosz msc. Geschoß, Abgabe; — wurde im Anfange dieses Jarhunderts noch oft gehört, und soll hin und wieder, zumal in den niederdeutschen Gegenden Hessens, hier in der Form Schot, noch jetzt nicht ganz außer Gebrauch gekommen sein. In den älteren Schriften und Urkunden häufig.

Beckerschosz. Bierschosz. „ungellum de cerevisia, quod dicitur *bierschosz*; ungellum pistorium, quod dicitur *beckerschosz*; Abgaben in Fritzlar, welche zu den Gefällen der von (Löwenstein=) Schweinsberg gehörten. Urk. v. 18. Sept. 1362. Wenck 2, Urk. B. S. 273.

Eidgeschosz, Abgabe vom Vermögen, Gewerbe, welche auf den Eid hin bestimt wurde. „daß er nicht zu Hause sondern uff dem Rathaus bey Verfertigung des eydtgeschoß geweßen". Aussage des Braumeisters Andreas Neuschäfer zu Frankenberg 8. Febr. 1697.

Schössen msc. nennt man im Haungrunde die innere Rocktasche, besonders auch die unter dem Rocke der Weiber angebrachte, angenähete oder angebundene Tasche. Vgl. Garge, Diesack.

Schotenscheusel, auch *Schotenschausel* gesprochen (dieß meist im Fuldaischen) neutr., die Figur aus Lumpen, welche in die Erbsen und etwa auch sonst in das reifende Getreide gestellt wird, um die Vögel zu verscheuchen; sehr üblich ist außerdem der Gebrauch dieses Wortes zu Vergleichungen und im tropischen Sinne. Ziemlich überall gebräuchlich, am üblichsten im Fuldaischen und Hersfeldischen.

Schözwage (oder Schoezwage?) fem., Schnellwage. „Ouch ensal keyn bruder noch sin gesinde nicht koufen mit der *schözwagin* garn daz yme ezu notze kommen moge". Statuten der Michelsbrüder in Fritzlar von 1387 bei Falckenheiner Städte und Stifter 2, 209. Es soll dieses Wort auch später, ja noch am Ende des vorigen Jarhunderts in niederhessischen Städten in Uebung gewesen sein; mir ist es nirgends als in der angegebenen Stelle begegnet, und auch die Wörterbücher ermangeln desselben, mit Ausnahme von Scherz=Oberlin, welcher S. 1435 aus einem Vocabular von 1482 anführt: *schosswag*, librilla.

schrâgeln, unsicher gehen, wanken, namentlich aus Altersschwäche, Krankheitsschwäche, doch auch in Folge von Trunkenheit. Wol ohne Zweifel eine Verbalbildung von schräg = schrägeln, schräg gehen. Oberhessen, sonst nicht erhört. Estor 3, 1419.

Schragen msc., Bahre, besonders Sargbahre, Todtenbahre. Nur im Schmalkaldischen üblich. Schmeller 3, 509. Brem. WB. 4, 689.

Es muß dieses Wort aber ehedem auch Bezeichnung eines Flußfahrzeuges, irgend einer Art von Nachen, oder allenfalls eines Fischergerätes gewesen sein: „Ez sal ouch mit dem *schragen* nymant faren zuschen Ostern vnde sente Martins tagen, uss gescheiden ab eyn ufflois des wassirs wurde, so mag ein iglich daz thun; — — her mag ouch mit deme digken hamen vnde *schragen* in allen isferten faren vnd gebruchen". Ungedruckte Urkunde der Fischerzunft zu Witzenhausen vom Epiphaniastage 1445.

Schraine fem., Garnwinde, aus einem Gestell mit drehbaren Flügeln bestehend. Werragegend.

Gehört wol zu *Schragen*, welches im Allgemeinen ein Gestell mit Beinen bezeichnet.

schrammen, ein in der Schriftsprache, wo nur das Substantiv Schramme üblich ist, nicht sonderlich gebräuchliches Wort, ist in der hessischen Volkssprache ein sehr gewöhnlich gebrauchtes, meist reflexiv: sich schrammen d. h. sich durch Anstreifen an einen harten oder scharfen Gegenstand verwunden. Auch wird das Substantiv Schramme nur von derartigen Verwundungen gebraucht; einen Säbelhieb z. B., welchen die Schriftsprache unbedenklich eine Schramme nennt, würde die Volkssprache niemals so bezeichnen.

schrappen, kratzend schaben, scharren. „Gelbe Rüben (Schwarzwurzeln, frische Kartoffeln) schrappen"; „den Kalk (die Tünche) von der Wand schrappen"; einen Baum schrappen" die abgestorbene Rinde abkratzen; „sich die Füße abschrappen" den Schmutz von den Schuhen abkratzen u. dgl.; „den Keßel schrappen", auskratzen nach vollendetem Kochen (des Zwetschenmuses z. B.). Metaphorisch: Geld zusammen scharren, geizig sein. „geschynt unde geschrappin" W. Gerstenberger bei Schminke Mon. hass. 2, 429; wo die starke Conjugation des Wortes bemerkenswert ist.

Kesselschrappe fem., Instrument, um den Keßel auszukratzen, wozu da wo es Muscheln gibt, die Muschelschalen verwendet werden.

Schrapper msc., meist nur in figürlichem Sinn: ein Geiziger, Habsüchtiger.

Bartschrapper, verächtlich für Barbierer.

Richey Hamb. Jd. S. 241. Strodtmann Id. Osn. S. 205 (nur daß in diesem Dialect das Wort mit verdoppelter Media gesprochen wird.). Brem. WB. 4, 692 f. Schmidt Westerw. Jd. S. 209.

schruppchen, Frequentativ von schrappen, besonders im figürlichen Sinne üblich.

schrèbchen, rauh und hart werden: das Wort bezeichnet die Wirkung des mäßigen Frostes auf den weichen Erdboden: „es hat die Nacht ein wenig geschrebcht", „es hat geschrebcht, so daß es ganz schrapplicht war", d. h. auf dem leicht gefrornen Kot übel zu gehen war. Oberhessen, Hersfeld.

Vgl. *schrähen*, wovon dieses Wort, mit Beibehaltung des ursprünglichen w, jedoch unter Verhärtung desselben in b, ein Deminutivum und Frequentativum ist, unter schrö. *beschreben* findet sich in Rothes thüring. Chronik (Liliencron S. 83), worüber sich F. Bech äußert Pfeiffer Germania 5, 236; es bedeutet dort congelare: daz wazzer was beschrebit.

In Niederhessen ruspern, rusperig, w. s.

schreien, der in Niederhessen und in der Obergrafschaft Hanau nächst kreischen üblichste Ausdruck für weinen; indes conjugiert schreien in dieser Bedeutung nicht stark, sondern schwach: ich schreite, geschreit. Neben schreien ist hin und wieder in Althessen auch heulen (gespr. hüllen, hillen) üblich, und soll an der untern Werra überwiegend gebräuchlich sein. Vgl. *flennen, gerren, greinen*.

beschreien, behexen. Ueberall üblich.

Beschreikraut, im Schmalkaldischen der Name von zwei Pflanzen: Stachys recta und Erigeron acre, doch vorzugsweise der ersteren, welche zu gleichem Gebrauche verwendet werden: die beschrieenen Kinder werden gegen das Beschreien mit diesen Kräutern, am meisten mit Stachys, geräuchert.

Reinwald 1, 108, welcher jedoch Galeopsis Ladanum als Beschreikraut angibt; das Ursprünglichste wird die starkriechende Stachys sein.

schrecken und **schricken**, ursprünglich: springen. Daher noch jetzt

Schrick msc., Sprung; doch nur: „das Glas hat einen Schrick", hin und wieder üblich.

Schrecksteine, in Marburg große in der Lahn hinter dem deutschen Hause liegende Steine, auf denen man, von einem Stein auf den andern springend, die Lahn überschreitet. Die Stubenweisheit neuester Zeit nennt sie Schrittsteine. Ehe in den kleinen, zumal den niederdeutschen, Städten in Hessen und außerhalb Hessens ein Straßenpflaster gelegt war, lagen in den Gassen ähnliche große Steine, auf welchen man den unergründlichen Straßenkot überspringen mußte; auch sie hießen Schrecksteine. Am längsten hatten die Schrecksteine dieser Art sich in Volkmarsen erhalten. — Sonst nennt man jetzt Schrecksteine in der gewöhnlichen Bedeutung des Wortes schrecken diejenigen Steine, welche an Straßen- und Haus-Ecken, an Einfarten u. dgl. gesetzt werden, um die Ecksäulen der Häuser vor Beschädigungen durch Fuhrwerk zu schützen, das Fuhrwerk abzuschrecken.

Schreckenberger. Eine in Kursachsen besonders in den ersten Jahren des 16. Jarhunderts geprägte und nach dem Schreckenberg (nachher und noch jetzt, Annaberg) genannte Münze, deren Wert 3 oder 3½ guten Groschen betrug. Dieselbe ist in Hessen bis zum Jahre 1806, wenigstens dem Namen nach, im Gebrauche geblieben, indem bis dahin, seit dem Landtage zu Treysa 1576, die Exemtensteuer in Schreckenbergern ausgeschlagen wurde: 1 Schreckenberger = 4½ Kasselalbus auf 100 fl. Steuercapital.

Vgl. Estor d. Rechtsgel. 1, §. 2851. Dess. Elementa juris publ. hass. S. 379. Frisch 2, 224. Landesordnungen 1, 58 (wo der Schreckenberger zu 4 Albus angesetzt ist) u. a. O.

schremen, die Spitzen des zu geil wachsenden Wintergetreides, namentlich des Weizens, im Frühjahr abschneiden, um das Schießen ins Blatt zu verhindern und den Halm zur Blütenentwicklung zu stärken. Der Ausdruck ist fast nur im Fuldaischen üblich, im übrigen Hessen sagt man blatten (Oberhessen), dachen u. dgl.

schrò, *schrä* adject., im Plural *schrowe, schrowe*, rauh beim Anfühlen, dann rauh überhaupt, schlecht, dürftig, mangelhaft, armselig. „Sie wäre erschrocken, daß das Kind so schroe ausgesehen" (von einem Kinde, welches die Schwindsucht hat) Eschweger Hexenprocessacten von 1657. „In süßer Freud und Jo Nun singet und seid froh, Unsers Herzen Wonne Liegt in der Krippen schro" Hess. Gesangbuch des Landgr. Moritz von 1607, in der Uebersetzung von In dulci jubilo (in manchen Ausgaben z. B. 1634. 12 der Druckfehler schoh; richtig wieder in einer der letzten Ausgaben 1677: Geistl. Gesänge; Kassel, Schadewitz S. 21). „ein schroes Pferd" ein übel genährtes, armseliges Pferd; „ein schroes Eßen" d. h. eine grobe, ungeschmelzte Speise; „es geht mir gar schro". In ganz Hessen üblich, wie in Nordfranken (Schmeller 3, 509), am Rhein und anderwärts. Im sächsischen und westfälischen Hessen lautet das Wort *schreff*, plur. *schreue*, indes wird *schrewe* auch im Singular gebraucht, zumal wenn das folgende Wort mit einem Consonant anfängt; anderwärts in Niederdeutschland *schrage* (wie dort oft w in g verwandelt wird) und *schrade*; englisch schrewd, schrovelid.

Vgl. Haupt zu Neidhart 76, 24. F. Bech in Pfeiffers Germania 5, 236.

Es bedeutet *schrä* aber auch figürlich rauh, nicht leicht zu handhaben, derb: „der hat ein schrä Maul" er ist derb im Antworten, mundfertig, weiß sich wol zu helfen (Amt Schönstein); „der ist schrä genug" der ist pfiffig (Haungrund); *ein Schrower*, ein kluger, mund- und thatfertiger Mensch. (Oestl. Oberhessen).

schräen, schrahen, rauh werden, von der Erdoberfläche, welche durch den Frost rauh wird: es schräet, die Erde überzieht sich mit einer dünnen Frostrinde; Haungrund. Das Frequentativ von schräen ist *schräbchen* w. s.

Schräbigkeit fem., Rauhigkeit, Dürftigkeit. Im Fuldaischen und anderwärts. *Schrä* fem., die Baumrinde. Im sächsischen und westfälischen Hessen. S. Zeitschrift f. hess. Gesch. u. Landesk. 4, 89.

schröggen, *verschröggen*, verbrennen laßen, versengen. Westfälisches Hessen. Deminuiert: *schroegeln*, *verschroegeln*, sengen, versengen; in Wolfhagen üblich. Warscheinlich zu *schrö* gehörig. Strodtmann Id. Osn. S. 206: „schröggen, leicht brennen". Brem. WB. 4, 698.

schröten, einen größern, tiefer eingreifenden Einschnitt mit einem gröberen Instrument machen, im Gegensatz gegen „schneiden", welches einen mit einem feineren Instrument gemachten kleineren und schärferen Schnitt bezeichnet. Baumstämme werden nicht in Klötze geschnitten (man schneidet nur Dielen), sondern geschroten mit der Schrotsäge. „Brod schroten" (meist halb scherzhaft) große Stücke Brod abschneiden und in großen Bißen verzehren. „dadurch mir (d. h. wir) in Rath (d. i. räthlich) befunden, einen graben nach vnser geleigenheit ver den beichen herab zu schrotten; — — vnser furgenommenen graben durch den .... schrecker weg so auff Baurbach geet zu schroiten" Urk. des D.O.Commenturs Wolfgang Schutzbar gt. Milchling zu Marburg (des spätern Hoch- und Deutschmeisters) von 1533.

Schrumpel fem., Runzel; das in Hessen ausschließlich gebräuchliche Wort; Runzel ist gänzlich unbekannt. Synekdochisch wird wol auch ein altes Weib verächtlich „eine Schrumpel, alte Schrumpel" genannt.

schrumpelicht, runzlig; gleichfalls ausschließlich gebräuchlich.

Das gemeinhochteutsche Wort *schrumpfen* ist auch dem Volke geläufig, und muß ehedem stark conjugiert haben; Joh. Ferrarius von dem gemeinen Nutz 1533. 4. Bl. 55a hat „verschrumpen brot" (untüglich brot, das nit zum tauff dient). Sehr üblich ist *verschrumpeln*, corrugari.

Vgl. Schmeller 3, 510, wo Schrumpel jedoch in sehr enger und hier nicht üblicher Bedeutung verzeichnet ist.

Schrunde fem., Riß in der Haut, welcher entsteht, wenn die Hand erst der Näße und dann sofort der rauhen Luft oder der Kälte ausgesetzt wird. Nur in diesem Sinne in Hessen üblich, nicht, wie anderwärts, von jedem Riß; gesprochen wird *Schrunge*.

schrinden (schrand, geschrunden) findet sich meines Wißens nur im westfälischen Hessen, und wird von jeder Wunde gebraucht, welche zu heilen beginnt und dadurch ein leicht schmerzhaftes Gefühl erregt; vom Aufspringen der Haut an den Händen ist es weniger im Gebrauche.

Vgl. Schottel Haubtspr. S. 1409. Schmeller 3, 517. Brem. WB. 4, 697.

schruppen, auch wol, meist im nördlichen Hessen, *schrubben, schruwen*, gesprochen: das Zimmer mit einem kurz- und steifhaarigen Besen, welcher an einem schiefgesteckten Stiele angebracht ist, dem *Schrupper* (Schrubber), und heißem Waßer reinigen, scheuern. Allgemein üblich.
Richey Hamb. Id. S. 242. Strodtmann Id. Osnabr. S. 206. Brem. WB. 4, 699.

Schub msc., Aufschub. Wird einzeln noch vernommen. „Advocaten vnd vorsprechen sollen — keynerley falsch oder vnrecht geuerlich schub, oder verlengerung der sachen gebrauchen noch suchen". L. Philipps Reformation vom 18. Juli 1527.

schubbeln, auch *schuppeln, schüppeln (schippeln)*, wälzen, rollen; *fortschubbeln, wegschuppeln*, von sich abwälzen. Allgemein üblich.
schubbelrund, kugelrund.

schüben (schwaches V.), auf dem Eis gleiten. Im östlichen und mittlern Hessen; anderwärts schurren, schabeiten, reideln, glanern, glanzern u. dgl. (s. diese Wörter).
Schübe fem., die Gleitebahn.
schüben kommt schon bei Schottel Haubtspr. S. 1410, indes in allgemeinerer Bedeutung als hier, vor.
Vgl. *Schuffel*.

Schubstein, Wetzstein größerer Art, auf welchem schwerere Meßer, besonders aber Aerzte und ähnliche Instrumente gewetzt werden; der Ausdruck findet sich besonders in Oberhessen, doch wird er überall gebraucht, wo es darauf ankommt, den eigentlichen (kleineren) Wetzstein einerseits und den drehbaren Schleifstein andererseits von dieser Art Wetzstein zu unterscheiden. In älteren Zeiten thaten die Geländersteine der Brücken, die Einfaßung des Cavat in Marburg und ähnliche öffentlich aufgestellte Sandsteinquadern dem Handwerker und Tagelöhner ihre Dienste als Schubsteine. „Dan er aber den schubstein vffn banck gesetzt vnd das meßer darauf geschuben". Rosenthaler Hexenprocessacten v. 1688.

Die eben erwähnte sehr alterthümliche Conjugation des Wortes *schieben* (schieben, schob, *geschubben*) im Particip findet sich in Hessen sowol urkundlich als im Volksmunde öfter, im Gegensatz gegen die spätere Conjugationsweise geschoben, in der Schriftsprache sogar geschöben. „so das etzlich entzela knechte *angeschubben* worden". W. Gerstenberger bei Schmincke Monim. hass. 2, 491; eben daselbst findet sich auch das Substantiv *zuschubbunge*. Diese beiden Wörter bedeuten anreizen, Anstiftung.

Schuffel fem., Eisbahn zum Gleiten; hin und wieder im Fuldaischen, neben Schawei und Ritschocke.
schuffeln, gleiten (schaweien, glänern, schuben); ebendaselbst.

Schuh msc., gewöhnlich in alter Weise, mitunter sogar im Plural, *Schüch* gesprochen. Redensarten und Formeln:
Jemanden die Schuhe austreten, ihm auf Schritt und Tritt in lästiger Weise nachfolgen.
In Jemandes Schuhe treten, in üblem Sinne: es eben so schlimm machen, wie Jener.
Stroh in den Schuhen haben, s. Stroh.
Mit Schuh und Strümpfen in die Hölle faren, bekannte und übliche Redensart: mit Willen und Wißen sich in leibliches und geistiges Verderben stürzen.

24*

Fremde Schuhe im Hause haben, eine nur in Oberhessen übliche Redensart, mit welcher die jungen Bursche eines Dorfes die Anwesenheit des einem andern Dorfe angehörigen erklärten Liebhabers einer vielbegehrten Dorfschönen in dem Hause der Braut bezeichnen: „die N. N. hat heute fremde Schuh im Hause". Ihrem Unwillen über diese Entführung der Vielumfreiten suchen sie auf die Art Luft zu machen, daß sie in ziemlich großer Anzal sich Abends vor das Haus des Mädchens begeben und an das Fenster klopfen. Auf die Frage, wer da sei und was man wolle? erfolgt die Antwort: „ihr habt fremde Schuh im Hause, die wollen wir suchen". Der Einlaß wird verweigert, und nun von den Eifersüchtigen durch List und Gewalt zu erreichen gestrebt, meist auch wirklich erreicht. Sind sie eingedrungen, so werden die „fremden Schuhe", welche sich möglichst zu verbergen suchen, allenthalben aufgespürt. Ist der Gesuchte gefunden, so endigt sich der Act meistens damit, daß der begünstigte Fremdling die Einheimischen für die entzogene Braut gewissermaßen schadlos halten, d. h. sie in das Wirtshaus führen und für einige Gulden bewirten muß. Hin und wieder, doch selten, kommen bei diesem Schuhsuchen auch eigentlich gewaltthätige Scenen vor. Die Erklärung dieser Redensart liegt nahe, auch wurde dieselbe in älterer Zeit zur Bezeichnung gewisser Dinge häufig gebraucht, z. B. Fischart Gargantua 1582. Bl. G4a: „da man die schuh vnter das Bett stellt, da gibts dann vber ein Jar Mäl vnd Milchschreiling". Ebd. Bl. O5b: „ein Gauch ein guter Mann, der die fremde Schuh bei seiner Frauen Bett vor zorn zerschneidet".

S. Zeitschrift für hess. Gesch. u. LK. 4, 89—90.

Schuchworhte, Schuchworte, Schuworte, Schuhmacher (Schuhwürker vgl. Steinworhte), die in Hessen im 14.—15. Jarhundert allein vorkommende Bezeichnung dieses Handwerks; Schuchsuter (jetzt Schuster) ist mir niemals aufgestoßen. Die Bezeichnung Schuchworhte hat zwar im 16. Jarhundert der Bezeichnung Schuhmacher, später theilweise der oberdeutschen Bezeichnung Schuster weichen müßen; indes bedient sich auf der einen Seite das Volk der Bezeichnung Schuster nur selten und ausnahmsweise, hält vielmehr am Schuhmacher fest; auf der andern Seite ist aus der ehedem allein herrschenden Bezeichnung Schuchworhte erklärlich, daß, während der Familienname Schuster in Hessen so gut wie gar nicht vorkommt, die aus Schuchworhte entstandenen Familiennamen Schuchard und Schubert (Schubart, Schuppert) zu den sehr häufig erscheinenden gehören.

Schulblume fem., colchicum autumnale. Schmalkalden. Im übrigen Hessen Herbstblume. Der schmalkaldische Name rührt daher, daß um die Zeit, wenn diese Pflanze blüht, die Schule (Winterschule) anfängt, denn im Sommer wurde in ältern Zeiten auf dem Lande gar keine, später nur an zwei Wochentagen Schule gehalten. Vgl. *Zeitlose*.

Schulpe fem., Erdscholle; in Niederhessen eben so gebräuchlich, wie in Oberhessen Schorn (f. d.), im sächsischen und westfälischen Hessen *Klüte* (f. d.) üblich ist. „Dicke Schulpen an den Schuhen haben" sagt man, wenn sich thoniger und lehmiger Erdboden an den Schuhen dick angesetzt hat.

Das Wort findet sich zwar bei Strodtmann S. 207 in verbaler Form, Brem. NSWB. 4, 710 auch als Substantivum neben dem Verbum, aber in abweichender, in Hessen nicht vorkommender Bedeutung.

Schulze, *Schulz* msc., aus Schult=heiß zusammengezogen. Bis zum Erscheinen der Gemeindeordnung vom 23. October 1834 trug der Vorstand der

Dorfgemeinden in den Kreißen Rotenburg, Eschwege, Witzenhausen, Marburg, Frankenberg, im Fürstentum Hersfeld, in Schmalkalden, Fulda, Hanau (Ober- und Niedergraffschaft), so wie in einem Theile des Kreißes Melsungen (Gericht Schemmern, Alt- und Neumorschen, Mörshausen, Wichte, Connefeld, Hainebach) die Bezeichnung Schultheiß, Schulze, als Amtstitel. Vgl. Grèbe u. Zeitschr. f. heß. Gesch. u. LK. 4, 69. Manche derselben trugen die Bezeichnung Gerichtsschultheiß, ohne daß ihre Functionen in den letzten Decennien wesentlich andere gewesen wären, als die der übrigen Schulzen.

Der Oberschultheiß dagegen, dergleichen in Marburg, Hersfeld, Kassel waren, war eine landesherrlich bestellte Gerichtsperson, ursprünglich der Vorsitzende des Schöffengerichts, und nach der Beseitigung desselben als eines Gerichtshofes, der Justizbeamte für die betreffende Stadt und die zu derselben gehörigen Dorfschaften.

schünden, ein altes gutes, der Schriftsprache entgangenes Wort (ahd. scuntan), welches in Schwaben noch jetzt üblich ist (Schmeller 3, 372; Schmidt schwäb. WB. S. 461), und antreiben, veranlaßen, anstellen bedeutet, ist in Hessen nicht mehr vorhanden, wol aber findet sich im 16. Jarhundert, und hat sich, wie mir gesagt worden ist, einzeln noch in diesem Jarhundert in Gebrauch befunden die Ableitung

Anschündung, Antrieb, Veranlaßung, und zwar im üblen Sinne. „So ist doch woll zu bedencken, auff wes anschündung der verstorbene Philips die Beclagtin gemeldt habe, das es nichts anders, denn ein lauter feindschafft, vnd von den zeugen ein zugerichts werck ist". Marburger Hexenprocessacten von 1579. „der knecht hab sonder alle anschündung mit guten sinnen und vernunfft geredt". Ebd. J. Grimm bezog Zeitschr. f. heß. Gesch. u. LK. 2, 152 auf dieses Wort den Ursprung des Namens der Stadt Sontra.

schuppern (sich vor etwas), einen gelinden Schauder vor etwas haben, ungern an ein schwieriges Geschäft, oder auch an die Arbeit überhaupt gehen. Sehr üblich, wie auf dem Westerwald (Schmidt S. 177) und anderwärts (aus der Graffschaft Hohenstein z. B. verzeichnet Journal von und für Deutschland 1786, 2, 117).

Schur msc., Krankheitsanfall.

Schüereken neutr., Deminutiv von *Schúr*, Krämpfe der kleinen Kinder, besonders die bei dem Zahnen sich einstellenden gelinderen Krämpfe. Sächsisches und westfälisches Hessen. Brem. WB. 4, 719.

Schur fem., Schutz, Obdach: „der Baum gibt schon gute Schur gegen den Regen". Im Haungrund, Hersfeld, und auch wol sonst noch.

schuren, schauern, den Regen unter einem Obdach abwarten.

schuren und schirmen, sehr häufig in den Urkunden, zumal denen des 15. Jarhunderts, vorkommende alliterierende Rechtsformel. Falckenheiner Fritzlar S. 193. *beschuren und beschirmen* W. Gerstenberger b. Schmincke Monim. hass. 1, 156. *schuren, schirmen und schützen*, Lennep Leihe z. LSR. Cod. prob. S. 104. *schützen und schüren* Grimm Weist. 3, 381. *schuren* allein: Grimm Weist. 3, 329.

Beschurunge, Beschützung. W. Gerstenberger a. a. O. 2, 463.

Beschurer, Beschirmer. W. Gerstenberger a. a. O. 2, 530.

Vgl. Scherz-Oberlin S. 1454. Schmeller 3, 387. F. Bech in Pfeiffer Germania 5, 244. Haltaus s. v. u. v. Andere.

schürzen, wol richtiger, wie auch gesprochen wird: **scherzen**, der im östlichen und innern Hessen, im Fuldaischen, Hersfeldischen und in der Grafschaft Ziegenhain feststehende, indes auch in Oberhessen nicht ungebräuchliche Ausdruck: den Dienst verlaßen, von Knechten und Mägden. Das Wort wird jetzt nur intransitiv gebraucht „ich habe schon zu Christtag gescherzt"; ehedem aber wurde es nicht nur von den Dienstboten sondern auch von den Dienstherren, mithin activ (transitiv) und mit dem Adverbialsatz „aus dem Dienst" gebraucht. So sagt der Pfarrer Baß zu Udenhausen (im Niedeseltzischen), welcher nach Löhlbach versetzt war, in einer Bittschrift vom 9. November 1630: „ich hab meine Pferde, wagen, geschirr, Rindviehe rc. verkaufft, mein gesind aus dem dinst gescherzt".

Es muß sehr in Frage gestellt werden, ob das Wort in der That von Schurz abzuleiten und ursprünglich als schürzen (Schmeller 3, 406: von der Arbeit ablaßen) zu verstehen sei. Das Wort scherzen wird von Opitz u. A. (s. Adelung) gleichfalls transitiv gebraucht, in der Bedeutung verspotten. Höchstwarscheinlich ist unser „scherzen" jocari, und nicht schürzen; es bedeutet activ: „spielen, müßig gehen laßen", intransitiv „müßig gehen", ganz ähnlich wie das baierische „schlenkeln" (Schmeller 3, 405) erst bedeutet: „müßig herumschlendern", dann „den Dienst verlaßen".

Die Scherztage waren und sind zum Theil noch in Niederhessen „zwischen den Jahren" d. h. vom 27. December, dem dritten Christtag, bis zu Neujahr. An ersterem Tage wird der bisherige Dienst verlaßen, an letzterm der neue angetreten, in der Zwischenzeit gehen die Dienstboten „nach Heimen". Bleiben sie aber etwa aus Mangel einer andern Unterkunft während dieser Tage im Hause des Dienstherrn, so ist dieser Zeitraum (übrigens auch dann, wenn sie im Hause fortdienen) als Scherzzeit, Scherztage, für ihre Privatarbeiten, namentlich das Ausflicken der Kleidungsstücke bestimt — also ganz der baierischen Schlenkelweil (Schmeller 3, 405) gleich. In Oberhessen weiß man von dieser Art Scherztage nichts; der Dienst wird gewechselt, aufgegeben und sofort angetreten, am 27. December. Im Fuldaischen sind die Scherztage Lichtmeß (wie in Baiern) und Sommerfrauentag (Mariä Himmelfart, 15. August).

schurren, auf dem Eis gleiten. Niederdeutsches, im sächsischen Hessen übliches und in das Gemeinhochdeutsche übergegangenes Wort. Anderwärts heißt dieses Eisgleiten *schüben, glänern, glanzern, reideln, schabeiten* u. dgl. (s. diese Wörter).

Schusz haben; einen Schusz haben, auch wol *geschoszen sein*, mit der Pelzkappe geschoszen sein, albern, verkehrt, läppischpossenreißerisch sich benehmen. Hier wie anderwärts sehr üblich, mitunter auch in der Bedeutung, welche dem einen Schusz haben, verschoszen sein, in den halbgebildeten Ständen gegeben wird: verliebt sein. Diese Bedeutung der angegebenen Redensarten findet sich schon im 17. Jahrhundert, z. B. in Filidors Trauer-, Lust- und Mischspielen. 1r Thl. 1665: „ich halt du seist geschossene" (verrückt) [Wittekinden Blatt C4a]; „eben als wenn Ihr Gn. mirs sagen solte, wenn sie irgend einen Schoß wohin hette" [vermeinte Prinz S. 74]. Vgl. Schmidt Westerw. Jd. S. 208.

Schoszbartel, ein einfältiger, possenreißerischer Mensch. Das Wort ist durch ganz Deutschland verbreitet (vgl. Schmeller 3, 411), auch in Hessen, doch vorzugsweise in den östlichen Gegenden; in Oberhessen sagt man lieber Schasterbartel (s. schostern).

Schüszel muß einst ohne Weiteres eine Münze, warscheinlich die Holzpfennige, Bracteaten, deren Wert festgestanden haben muß, bezeichnet haben. Von einer Wiese in Eiterhagen versprechen die Beständer jährlich auf St. Jakobs Tag zu „geben und bezaln Dryhundert *schusseln*". Urk. v. Erasmustag 1418 bei Lennep Leihe zu L.M. C. prob. S. 614.

Goldene Schüsseln, s. g. Regenbogenpfennige, wurden bis auf die neuere Zeit (1830) in Hessen häufig am Goldberg bei Mardorf unweit Amöneburg gefunden. Unter einem andern Namen, als dem hier angegebenen, waren sie bei dem Volke nicht bekannt.

Schuster s. *Schuh*.

zuschustern, Zubuße thun.

zusammen schustern, aus einzelnen, an sich unbeträchtlichen Beiträgen irgend eine benötigte Summe zusammenbringen. Sehr üblich.

Vgl. Brem. WB. 4, 667, wo *inschostera* genau wie unser zuschustern verzeichnet wird.

Schüte fem., Spaten, im sächsischen und westfälischen Hessen, wie weiterhin in Niederdeutschland, z. B. im Schaumburgischen. Im übrigen Hessen gänzlich unbekannt.

schütten. In der Bedeutung: das ausgedroschene Getreide auf dem Fruchtboden verwahren, in welcher das einfache Wort ehedem üblich war: „Korn schütten" findet sich dasselbe nicht mehr, kaum noch die Composition: *aufschütten*. Der einzige Rest des Wortes schütten, in dieser Bedeutung gebraucht, sind die **Schüttekreppeln** in Niederhessen, welche den Dreschern an dem Tage des Ausdreschens gebacken zu werden pflegen.

verschütten, mit dem Dativ: *dem Hirten verschütten*, bedeutet an der Schwalm: dem Hirten seinen Lohn geben, welcher ehedem ganz und gar in Frucht bestand, jetzt wenigstens überwiegend in Naturalien verabreicht wird; zu diesem Lohn hat jeder Viehhalter des Ortes seinen bestimten Beitrag zu geben, und die Entrichtung dieses Beitrags wird „dem Hirten verschütten" genannt. Warscheinlich gehört dieses verschütten noch zu dem vorher bezeichneten schütten (Korn schütten); schwerlich wird es bedeuten „das Vieh auslösen", womit wir auf das aus dem Holländischen erborgte schütten (= schützen), das Vieh in eine Clausur bringen, d. h. pfänden, zurückgehen müßten.

schüttern, etwas Feststehendes in schwankende Bewegung setzen, meist in der Construction: „an etwas schüttern", z. B. „schütter doch nicht so am Tisch". Das Compositum erschüttern = in vollständig schwankende Bewegung setzen, ist durchaus nicht volksüblich.

Schüttling msc., Gebund Stroh. Niederhessen. In Oberhessen gilt dafür Pausch (Peusch), Blitter, ehedem auch (für Roggenstroh) Streckling. Vgl. Schmeller 3, 417.

Das Wort scheint vorzukommen in einer Spießkappeler Urkunde von 1334; decem cludera lane communis, cum omni lana que dicitur *schudelinge* cum omnibus pellibus. Jedenfalls wird Schüttling jetzt von der Wolle durchaus nicht gebraucht, meines Wißens auch nicht in dem Sinne, welchen Frisch 2, 237b verzeichnet.

schützen, das Waßer, Gerinne, aufstauen, dämmen;

zuschützen, dem Gerinne seinen Lauf nach der einen Seite (durch das Schützbret) benehmen, um denselben nach der andern Seite zu leiten; das Schützbret niederlaßen; auch mit *vorschützen* bezeichnet.

aufschützen, das Schützbret aufziehen.

Schützbret, Bret welches in zwei gefalzten, an den beiden Ufern des Gerinnes aufgerichteten, Balken auf und nieder gelaßen werden kann, um das Gerinne entweder in seinem Laufe zu laßen oder es aufzustauen.

Ausdrücke, welche überall schon in Mühlenordnungen und Verträgen über Mühlen im 15. Jarhundert vorkommen und jetzt für gemeinhochdeutsch gelten. Schmeller 3, 424. F. Bech in Pfeiffers Germania 5, 244 aus Rothes thüringischer Chronik.

schwabchen (schwappchen), auch durch die Ablaute hindurch in den Formen *schwibchen*, *schwubchen*, Frequentativ von *schwacken* u. f. Der Unterschied in den drei Ablauten ist der, daß u die stärkste, a die mittlere, i die geringste Intensität der Bewegung der Flüßigkeit bezeichnet.

Vgl. Schmidt Westerw. Idiotikon S. 215.

Schwächterei fem., starke Hauswirtschaft — großes Ackergut mit starkem Viehstand und zalreichem Gesinde. Oberheßen (Estor S. 1419), wo das Wort jedoch nicht zu den üblichsten gehört, Schwalm, Haungrund, in welchen Gegenden es sehr gebräuchlich ist.

Dieses seltsame Wort wird sich kaum anders erklären laßen als durch die Annahme, daß daßelbe eine Entstellung von *Schwaige*, also = *Schwaigerei*, Alpenwirtschaft, sei; vgl. Schmeller 3, 531 f.

schwacken bedeutet die Bewegung einer Flüßigkeit, welche in einem stark bewegten Gefäße befindlich ist. Die Suppe darf nicht schwacken, wenn die Suppenschüßel auf den Tisch gesetzt wird; „trag die Gelte (den Zuber) strack, und laß das Bier nicht schwacken, daß der Satz (die Hefe) nicht aufgerührt wird". „ein Glas im Kreiß herumzudrehen, ohne daß es schwackt" bekanntes Kinderkunststück.

überschwacken, überlaufen in Folge heftiger oder ungleichmäßiger Bewegungen welche mit dem Gefäße gemacht werden, in welchem die Flüßigkeit befindlich ist.

Vgl. *schwabchen*.

Schwade msc., 1) Schatten; der in Oberheßen ausschließlich gebräuchliche, auch in einigen Gegenden der Grafschaft Ziegenhain nicht unbekannte, anderwärts aber völlig unübliche Ausdruck. Warscheinlich eine Weiterbildung von ahd. scuwo, welches als Schauw, Schabel (s. d.) anderwärts üblich ist; möglicher Weise aber auch eine Versetzung des d (t) mit w aus mhd. schatewe. Estor d. Rechtsg. 3, 1419.

2) wie hochd. das durch das Mähen in Reihen aufgehäufte Gras; wenig üblich.

3) wie hochd. Dampf, zumal fettig riechender Dampf.

Schwaedel neutr., vielleicht zu 2) gehörig, nach Estor S. 1419 der Anteil Speise, den die Hochzeitgäste von der Hochzeit mit nach Hause nehmen. Jetzt nicht mehr üblich, wenn es ja im dießseitigen Heßen jemals üblich gewesen ist.

Schwager msc. In L. Philipps Reformation von 1527 kommt neben dem Schwager noch ein naher Schwager vor, deßen Bedeutung, da diese Bezeichnung mir sonst nicht vorgekommen ist, ich nicht kenne.

Geschwei neutr., Schwägerin. Schmalkalden. Schmeller 3, 523.

Schwalm fem., 1) Name des auf den Vorbergen des Vogelsberges, oberhalb des großherzogl. heßischen Dorfes Hopfgarten, entspringenden und nach einem Laufe von etwa 9 Meilen bei Altenburg mit der Eder sich vereinigenden hessischen Flußes; im 8. 9. Jarhundert suualmanaha, suualmaha. Es scheint (Grimm Gr. 2, 29) dieser Name das Nebelwasser, Dampfwasser zu bedeuten, wenn nicht etwa der Wortstamm älteren, keltischen Ursprungs ist.

2) msc. und zuweilen fem., die Schwalbe; die fast ausschließliche Form dieses Vogelnamens; im Gemeinhochdeutschen ist aus dem *w* des ursprünglichen Wortes sualawa *b*, in userm Dialect der verwandte liquide und dem *w* um etwas näher stehende Lippenlaut *m* geworden.

schwänen: es schwänt mir, es ahnet mir, es steht mir dunkel vor. In ganz Hessen volksüblich.

Schwarte fem., 1) wie gemeinhochdeutsch, von der Schweinshaut und der menschlichen Kopfhaut gebräuchlich. „einen reißen (jetzt auch: schlagen) daß ihm die Schwarte kracht", einen bei den Haaren reißen; auch vom Arbeiten mit dem Kopfe: „arbeiten (lernen) daß die Schwarte kracht".

2) das erste und letzte, mithin zur Hälfte convexe Bret eines zu Dielen geschnittenen Baumes; im Schmalkaldischen *Schwärtling*.

schwarz. Die hervorragendsten Fälle, in welchen schwarz als, oft zum Compositum gewordenes, Adjectivum in der Volkssprache erscheint, mögen (außer den bekannten Bezeichnungen der Pferde mit *Schwarzschimmel, Schwarzfuchs*, und der Ochsen und Kühe mit *Schwarzkopf, Schwarzmaul, Schwarzohr* u. dgl., so wie der Tauben mit *Schwarzschnipp, Schwarzbrüster* u. s. w.) folgende sein:

Schwarzamsel, regelmäßige Benennung der Amsel, im Gegensatz zwar gegen die verschiedenen Drosselarten, aber in Oberhessen zugleich gegen die dort vorkommende weiße Varietät der merula.

schwarze Beere, Schwarzbeere, im westlichen Hessen die Benennung der Heidelbeere.

schwarzbraun Mädchen; hin und wieder (im Fuldaischen) der Name für den dunkelfarbigen Adonis.

schwarzer Kohl, Trauermalzeit, Leitmahl, nach Begräbnissen. Nur im Amte Landeck.

Schwarzplättchen, Name der von Linné Motacilla atricapilla genannten Grasmückenart, sonst auch Mönch genannt; der Vogel ist bei dem Landvolk bei weitem beliebter als die ziemlich gleichgültig behandelte Nachtigall.

schwarzer Peter, s. Schafskopf.

Schwarzwurzel 1) die bekannte Heilpflanze Symphytum officinale.

2) im westlichen Hessen die Storzonere.

3) im östlichen Hessen hin und wieder die Pastinake.

Schweher msc., Schwiegervater, welche letztere überflüßige schriftdeutsch gewordene Composition bis etwa in die zwanziger Jahre dieses Jarhunderts bei dem Landvolke in ganz Hessen durchaus nicht im Gebrauche, ja hin und wieder demselben kaum verständlich war. Auch noch jetzt überwiegt der Gebrauch des alten und richtigen Schweher, Schwäher, bei weitem den Gebrauch von „Schwiegervater". In älterer Zeit war übrigens auch eine Composition, aber eine passendere, üblich: *Swegerherre* (vgl. Schwiegerfrau), z. B. bei W. Gerstenberger Schmicke monim. hass. 2, 488.

schweigen wie gemeinhochdeutsch.

Geschweig geben, schweigen. In den oberhessischen Bußregistern aus den beiden letzten Decennien des 16. Jarhunderts findet sich häufig verzeichnet: „10 alb. wird N. N. gestraft, hat am gericht kein geschweig geben wollen".

Schwein msc., der Schweinhirt (wol zu unterscheiden von *swin*, sus; swein ist der Treibende, swin das Getriebene, Grimm Gramm. 2, 13). Dieses Wort ist jetzt nur noch in dem sächsischen und westfälischen Hessen (Hofgeismar s. Falckenheiner Stifter u. St. 2, 454, und Wolshagen und deren Umgegend) volksüblich. In Kassel und Frankenberg ist es im Anfang dieses Jarhunderts ausgestorben; in Emmerichs Frankenberger Gewonheiten Schminke Mon. hass. 2, 702 kommt es vor, und in Kasseler Rechnungen und Acten findet es sich bis über die Mitte des vorigen Jarhunderts hinaus, früher (1486) auch in der Form swên. Weiter südlich als Kassel und Frankenberg habe ich das Wort nicht auffinden können. Das Brem. WB. notiert 4, 1123 Sween, Schweinhirt, als nur in Hannover gebräuchlich.

Schwellhaupt s. *Blasenkopf*.

Schwên neutr., kommt in einer hessischen Urkunde in der ganz zweifellosen Bedeutung des Körpers Christi am Kreuz vor: Item so hat mein her von Meintz zu setzen ein creutz, und ein *swen* daran, uff den hoib zu Obern Aula. Oberaulaer Weistum von 1462. Grimm Weisthümer 3, 336. Sonst ist mir das Wort nicht vorgekommen, ja es ist überhaupt unersindlich. Ob es zu swinan, swein, swinen gehört, in dem Sinne wie von Christus gesagt wird: „er verswaint (vergießt, läßt dahin gehen, sich verzehren, verschwinden) sein blut" und Er der „Blutverswainer" genannt wird, Schmeller 3, 537, ist nicht mit Bestimtheit zu sagen, wenn schon warscheinlich; schwerlich wird ahd. *suein*, taedium (gl. jun. 252. Grimm Gr. 2, 12) heranzuziehen sein.

Schwere Not, Epilepsie. Jetzt fast nur noch als Fluchwort üblich geblieben, während die Epilepsie am üblichsten als arme Krankheit, böse Krankheit, auch wol noch als Kränke, und schon in älterer Zeit als schwere Plage (Marb. Hexenpr.A. v. 1579), als böser Mangel (Marb. HPA. v. 1658) bezeichnet wurde. In früherer Zeit bedeutete *schwere Nöt* aber auch Krämpfe überhaupt, zumal die tödtlichen Kinderkrämpfe: „ob das kind (ein Täufling) nicht den Abend noch die schwere noth bekommen?" (Marb. Hexen-Pr.A. v. 1658 u. öfter).

Hypokoristische Entstellungen von *schwere Nöt* als Fluchwort sind Schwenzelenz, schwere Nixen (Fulda), schwere Nacke, schwere Hacke, Schwereback u. dgl. m. Am nächsten kommt dem ursprünglichen schwere Not der sehr übliche Fluchausruf *Schwere Angst* (schwerenangst).

Schwerenoeter msc., sehr übliche Bezeichnung eines bösen, widrigen, zugleich listigen Menschen, eines schwer zu lenkenden Thieres u. dgl.

Schwerttanz. Dieser eigens hessische Kriegstanz, welcher an die allerältesten Zeiten des deutschen Volkstums erinnert, und durch die in Grimms deutsche Sagen 1, 241 aufgenommene Sage vom Schloße Weißenstein bei Werta unweit Marburg auch in weiteren Kreißen bekannt geworden ist, hat bis in die Mitte des 17. Jarhunderts als ein volksmäßiger Tanz, zuletzt als ein volksmäßiges Schauspiel existiert. Im Jahr 1633 beschreibt ein Knabe aus Willersdorf den Hexentanz auf Walpurgis, dem er beigewohnt haben wollte: „die Tänzer hetten gleich wie die Schwerttänzer getanzet". Winkelmann hat den Schwerttanz zuletzt im Jahr 1651 gesehen, und beschreibt ihn in der Beschreibung von Hessen 1, 374 umständlich.

Schwicke fem., Steg, Brücke, aus Pfählen welche mit Hürden und diese wieder allenfalls mit Rasenstücken überdeckt werden, verfertigt, und zur, meist nur sommerlichen, Ueberbrückung eines kleinen Flußes oder eines Sumpfes dienend. In der neueren Zeit werden solche Schwicken nur selten noch errichtet. Niederhessen; in Oberhessen sagt man Specke (s. d.), an der Haune Schaube (s. d.).

schwieden. In einer Bittschrift des Pfarrers Johannes Daubner zu Speckswinkel vom December 1562 beklagt sich derselbe über das Kriegsvolk: „die dan zum offtermal meine behausung vffgeschlagen, die glasefenster ausgestochen, das hauff durchlauffen, vnd was Ihnen zu handen thommen mit sich getragen, bin meines Leibs vnd lebens in grosser shar vnd sorgen gestanden, vber das sie mein arm weib vnd kinder offte geschwieth vnd Erschreckt haben". Das Wort kann nur heißen sollen: „Gewalt, Ueberlast anthun, vergewaltigen"; kommt aber so viel ich weiß, nirgends sonst vor. Es bleibt nichts übrig, als dasselbe an das niederdeutsche *swiede* (= switho, swinde) anzulehnen, wozu die Brem. WB. 4, 1119—1121 aufgeführten Wörter mit ihren Bedeutungen ziemlich sichere Anhaltpuncte gewähren, also zuletzt auch auf das Angelsächsische (*sridjan, invalescere*) zurückzugehen. Hieraus würde denn auch der hessische Familienname Schwieder sich erklären: = Dränger, pressor. Dagegen wird *swien* (: krien) Willehalm 391b, wenn es auch nicht sedare (Ziemann) bedeutet, was wenig warscheinlich ist, für unser Wort nichts austragen.

Schwieger fem., noch jetzt in ganz Hessen die fast ausschließliche Bezeichnung der „Schwiegermutter", welches Wort eine spätere und an sich unnötige Composition ist. Vgl. Schweher. In älterer Zeit findet sich eine weit passendere Composition, dem „Schwegerherre" parallel: Schwiegerfrau. „Hans Dielmann zu Steinerzhausen wird um 1 fl. gestraft, das er sein schwigerfraw vor den hindern gewißen, vnd gesagt: hinden, hinden, hinden, da die hosen winden". Welterer Bußregister v. 1591. „ihre Schwiegerfraw Kreina". Marb. Hexenprocessacten v. 1655. Es ist dieß „Herr" und „Frau" ehrende Bezeichnung, ganz gleich dem heutigen „Herr (Schwieger-) Vater", „Frau (Schwieger-) Mutter.

Der Wortstamm dieser uralten Wörter ist *sua* (*suas*) = suus lat., und bezeichnet die leibliche Nähe (Verwandtschaft) mittels des weiblichen Geschlechts: suestar (= soror d. i. sosor), suehar, suigar.

Schwimel msc., Schwindel, Taumel. Im sächsischen und westfälischen Hessen.

schwimeln, auch *wimeln*, wanken, gehen wie ein Trunkener; gleichfalls an der Diemel und Weser.

Beide niederdeutsche Ausdrücke sind auch im übrigen Hessen in den Mittelständen sehr üblich, zumal wird das Substantivum sehr gern metaphorisch verwendet für Unbedachtsamkeit, Fahrigkeit, Leichtsinn, und das Verbum in der Formel *es schwimelt mir*, es wird mir schwindlig, ich habe meine volle Besinnung nicht — auch als Ausdruck des plötzlichen höchsten Erstaunens.

Schwippe fem. Dieß Wort ist an der Diemel, in der Umgegend von Kassel und an der Fulda aufwärts bis nach Spangenberg hin die Bezeichnung der Peitsche; an der Weser lautet das Wort *Swépe*, wie auch weiterhin in Niederdeutschland, namentlich auch im Schaumburgischen. In diesen Gegenden ist das Wort Geisel unbekannt; auch Peitsche wurde bis gegen 1830 fast gar nicht gehört.

Geschwisterde plur., selten neutr. sing., die gangbare Form für Geschwister. „Das könne er nicht sagen, ob sie so redlich sei, als ihre geschwisterde. Marburger Hexenprocessacten von 1596. „die anderen geschwisterde" ebds. 1601 und oft.

Schwulch msc., 1) von schwul (schwül): drückend heißer Dunst; in einer Stube, in welcher geheizt ist und dazu Waßer verdampft (aus der „Blase"), ist ein „Schwulch zum Ersticken". In Niederhessen sehr üblich, auch sonst nicht ungebräuchlich. (Das Wort gehört zu suëlən).

2) von schwellen: Doppelkinn, zumal ein stark hervortretendes. Nur im Schmalkaldischen üblich, hier auch zuweilen *Schwulcher* msc. Auch Geschwulst überhaupt (Hersfeld, Knüllgegend, Haunthal [hier meist Schmulch gesprochen] und auch wol sonst noch).

Sech neutr. (statt *Segg*), im Fuldaischen mit Berücksichtigung des richtigen Auslautes *Saeg* gesprochen, wie gemeinhochdeutsch: das Pflugmeßer.

Sechweck msc., in Oberhessen der Keil, vermittelst deßen Eintreibens das Sech gestellt wird; vielleicht der einzige Fall in Hessen, in welchem Weck noch in seiner eigentlichen Bedeutung: Keil, vorkommt.

Sechter msc., sextarius, mithin ursprünglich der sechste Theil eines größern Gemäßes. Das Wort ist als Getreidemaß in Oberhessen, als Getreide- und in Folge deßen als Ackermaß in der Obergrafschaft Hanau in allgemeinem Gebrauche, bedeutet aber nicht mehr den sechsten, sondern den vierten Theil; ein oberhessischer Sechter ist der vierte Theil einer Meste, ein Schwarzenfelsischer Sechter der vierte Theil eines Morgens. Schmeller 3, 194—195.

Sester, andere Aussprache von Sechter, wie sanft st. sacht, Klafter st. Lachter u. dgl., die sich mitunter, namentlich in Oberhessen, findet. „Oich ir mesten, *sester* vnde mollir masz besehin". Emmerich Frankenb. Gewonheiten b. Schmincke Monim. hass. 2, 703.

Seester (dreisilbig gesprochen: se-ester) msc., Sieb. Eine angeblich in Schmalkalden gebräuchliche Benennung.

Seffe fem. verzeichnet Estor t. Rechtsgel. 3, 1418 mit der Bedeutung Waßermehlsuppe, und setzt hinzu „*Melchseffe*, Milchmehlsuppe". Das Wort wird kein anderes sein, als Saulen, Süpen (s. d.), scheint aber seit Estors Zeit ausgestorben, wenigstens habe ich dasselbe im Volksgebrauche nicht auffinden können.

Segen ist in der Bedeutung einer theurgischen oder zauberischen Formel heut zu Tage zwar noch nicht ganz vergeßen, aber man hört doch durchgängig mehr das Wort Spruch, um jene Formeln zu bezeichnen; eben so ist besprechen, sogar beschreien, bei weitem häufiger als *segnen*. In älterer Zeit, bis in den Anfang des 18. Jarhunderts ist das Verhältniß umgekehrt: Spruch und besprechen finden sich zwar in den einschlagenden Actenstücken schon im 16. Jarhundert, aber nur vereinzelt, die regelmäßigen Ausdrücke sind Segen und segnen.

Segn Gott (gesprochen Sénggott, so daß gott tonlos wird, übliche Grußformel bei der Malzeit, gleichbedeutend mit „gesegnete Malzeit", welche dem Volke nicht sonderlich geläufig ist. Estor 3, 1318.

einsegnen, confirmieren.

sehr wird in der Obergrafschaft Hanau gewöhnlich für fast, beinahe, gebraucht, in ganz ähnlichem Sinne wie, richtig verstanden, auch fast (Adverb von fest) verwendet worden ist. „Das Waßer ist sehr all", ist fast völlig aus dem Faße ausgelaßen; „das Geld ist sehr all", ist fast gänzlich ausgegeben.

seibern, sebbern, den Speichel aus dem Munde fließen laßen; niederdeutsche Form des oberdeutschen saifern (Schmeller 3, 203). In Nieder- und Oberhessen allgemein üblich; eben so in der Grafschaft Hohenstein (Journal

v. u. j. Deutschl. 1786, 2, 117), auf dem Westerwald saeberu (Schmidt S. 170). Estor 3, 1418.

Seiber, *Sebber* msc., aus dem Munde herabfließender Speichel.

Seibertuch, *Seiberläppchen*, Tuch mit Bändern, welches den kleinen Kindern vorgebunden zu werden pflegt, um deren herabfließenden Speichel aufzufangen. Anderwärts Schlabber. seuerduc, emunctorium Diutiska 2, 224a. Vgl. *sabbern*.

seichen, das ausschließliche Wort für mingere; weit seltner hört man *brunzen*, welches ohnehin nur vom weiblichen Geschlecht, höchstens von kleinen Knaben, gebraucht wird. Das Volk ist stark in drastischen Verwendungen dieses Wortes; so lautet z. B. eine höhnische Abfertigung in Herßfeld: „gih, gih, sech de'r [deiner] Mutter uf de Kees, daß se schörf wern", an der Schwalm: „gih, sech de'r Mudder uf die Herdstatt, daß Röch git".

Hochseicher, Hochmutsnarr (metaphorische Verwendung einer sehr unfigürlichen, unter Knaben sehr gewöhnlichen Procedur); in Niederhessen sehr üblich.

Seichammel fem., gewöhnlich in neuester Zeit *Seickhammel* gesprochen und masculinisch verwendet, die fast ausschließliche Bezeichnung der Ameise im sächsischen und westfälischen Hessen, und in der Form *Séchummelsche* (s. Ummelsche) in Oberhessen. Der giftige Biß der Ameise gilt nämlich nicht als ein Beißen, sondern nach allgemeiner hessischer Annahme als ein Beseichen.

Seiche fem., Urin. „dünn wie Pferdeseiche", übliche Verurteilung schlechten Bieres.

Seife, *Seif*, masc., bedeutet der gewöhnlichen Annahme zufolge einen Ort, an welchem zu Tage liegendes Erz ausgewaschen wird, hier in Hessen aber bedeutete es geradezu Wiese. „N. N. suppliciren gegen vnd widder mich, eines Seyffen odder wiesenn halben — bitte aber, mir den Seyffen odder wiesenn zu lassen, — weilen der angezogene seyff odder wiesenn" u. s. w. Schreiben des Balthasar von Joß, Schultheißen zu Kreinfeld, an Burghard von Cramm zu Marburg v. 1. Juli 1567. Der appellativische Gebrauch des Wortes ist erloschen, aber als Eigenname von Wiesen kommt Seif noch hin und wieder vor. So findet sich ein einfaches Seif bei Treisbach A. Wetter, bei Allendorf am Bärenschuß ein Kirchenseif, welches Wort noch jetzt als Kirchenwiese verstanden wird; bei Schwarzenborn am Bärberg und ebendaselbst am Vilstein liegen Waldwiesen, welche die Seifen heißen; eine Seifenwiese ist bei Frankenau; ein Seifengrund und über demselben ein Seifentöpfchen bei Kaupen im Fuldaischen, ein Seift endlich zwischen Rauisch-Holzhausen und Mardorf vorhanden.

Seil neutr., wie gemeinhochdeutsch.

ein *Seil Korns*, eine Korn-(Roggen-)Garbe. So wird in vielen Rechnungen der Renterei Rauschenberg (1552—1623), doch nicht in allen, die Garbe Korns von den Weizengarben, Gerstengarben und Hafergarben unterschieden; letztere heißen Garben, nur die Korngarbe Seil; eben so unterscheiden dieselben Rechnungen auch *Streckling*, Bund Roggenstroh, von den Strohgebunden anderer Getreidearten. S. *Streckling*.

Heut zu Tage wenig mehr üblich, und, so viel ich weiß, am wenigsten im Sinne der angegebenen Unterscheidung.

Bindseil, übliche Bezeichnung des Bindfadens, welches Wort völlig ungebräuchlich ist. Vgl. Härfel.

Strohseil (vgl. *Lensel*).

Seilerhans, langweiliger Erzäler, Schwätzer.

Sëkel msc., Tasche. Nur im Schmalkaldischen gebräuchlich, anderwärts unverständlich. Auch *Sack* als Tasche kommt in Hessen sehr wenig vor.

Selbende neutr. oder *Silbende*, plur. Selb-enden, Silb-enden, ist die in dem größten Theile von Hessen (die Form Silbende in Oberhessen) herschende richtige Aussprache des ursprünglich holländischen Namens der ora panni, welcher zuerst in Salbende, dann gar in das monströse Sahlband, Sahlbänder ist entstellt worden. Das holländische Wort ist *selfende*, auch selfegge (niederdeutsch sulfegge) und sellkant, und bedeutet das dem Tuche selbst eigene (nicht geschnittene), natürliche Ende, das Ende mit welchem das Tuch von selbst ein Ende nimmt, und welches ihm nicht durch Abschneiden gemacht wird.

Schmeller 3, 233, welcher Selb-end als am untern Main herschend bezeichnet, wie denn auch im Hanauischen meines Wißens nur Selb-end gesprochen wird.

Vgl. *Leiste*.

seld, dort; ganz wie das baierische seld (Schmeller 3, 232), aus selbt entstellt. Schwalm, Fulda, Schmalkalden (wo man *sell* spricht), Obergrafschaft Hanau, anderwärts nicht bekannt und unverständlich.

seller, selle, selles, derselbe. Im Hanauischen.

Senf malen war in älterer Zeit eine nicht selten vorkommende Formel für: nichtige Reden vorbringen, wovon die Redensart „einen (langen) Senf machen" noch jetzt üblich ist. Eine eigentümliche Redensart aber findet sich in der von einem Ungenannten, höchst warscheinlich jedoch einem Hersfelder, verfaßten Chronik, welche bei Senkenberg Selecta juris et historiarum 3, 301—514 abgedruckt ist: eine Senfmühle heim bringen für: nichts ausrichten; „da wolte er sich auch versuchen, und sich reich rauben im Lande zu Hessen, aber er raubet ein *senffmüllen*, die führet er mit ihm heim", S. 399. 452.

Seng neutr., Bezeichnung einer Waldstrecke, welche einfach am Burgwald (schon 1550), sonst aber in mannigfachen Formen und Compositionen fast in allen hessischen Wäldern vorkommt, und, wenigstens in ihrer überwiegenden Mehrzal, auf das ehemalige Niederbrennen der Wälder hinweist, wovon die zalreichen Namen von Waldorten, Trieschern und Bergen Zeugniß geben, die bald als der gebrannte Berg, das Gebrannte, der Brand, bald als Aschenberg, Ascherberg, Aschergrund u. s. w. überall zu finden sind. Brannte man doch ganze weite Waldstrecken nieder, bloß um Asche zur Glasfabrication zu gewinnen. Zu den Zusammensetzungen mit Seng gehören z. B. die Sangelplatte (an der hohen Warte oberhalb Lischeid), die Sengelhart (zwischen Kammerbach und Oberrieden), die Sangenhecke (zwischen Königswald und Danterode), der Sangeberg (Obergrenzebach), der Sengelsberg (Niedenstein), das Sengisch (Frauenborn) u. a. Nur ein, und nicht ganz unerhebliches Bedenken tritt dieser Ableitung entgegen. Der so eben nach der jetzigen Forstbezeichnung Sangelplatte genannte Forstort wird von 1550—1600 in den Josbacher (Rauschenberger) Forstregistern, welche sich in der Namenbezeichnung durchweg sorgsam und zuverläßig zeigen, constant und zu unzäligen Malen am Sungelsch bezeichnet. Dieß ist aber genau dieselbe Form, in welcher das Volk schon im 16. Jarhundert den Namen des Dorfes Singlis aussprach, und im Ganzen noch heute ausspricht; Singlis aber hieß 1123 Sungeslon, und im Breviarium S. Lulli, wenn anders richtig gelesen worden, Sungsule. Dieß will sich zu einer Anlehnung an sengen doch durchaus nicht fügen.

sich. Dieser Accusativ des reflexiven Personalpronomens wird in Oberhessen nicht bloß für die dritte Person, sondern auch für die erste des Plurals als Reflexion gebraucht; z. B. lauten die Formeln: wir wollen uns setzen, wir müßen uns lieb haben, in oberhessischem Munde: „mer wolle sich setze", „mer müße sich lieb habe", und die Stellung dieses sich ist, vom Gemeinhochdeutschen abweichend, vor dem Personalpronomen der dritten Person:= „das könne sich se mit laße bringe".

Sichling msc., Getreidegarbe. Jetzt nur noch im Hanauischen, und, wie es scheint, beinahe im Absterben begriffen, im Amt Wetter in Oberhessen üblich, hier jedoch nur vom Korn (Roggen); von den übrigen Getreidearten wurde und wird noch Garbe gebraucht (Wetterer Rentereirechnung von 1550 – 1620). Vgl. *Seil* und *Streckling*, desgl. *Schaub* 2).

side, niedrig, tief gelegen; *sider* (Comparativ), niedriger, weiter unten. Dieses niederdeutsche (angelsächsische, dänische) Wort findet sich im sächsischen Hessen, aber auch an der Werra, aufwärts bis in die Gegend von Eschwege. Hier wird side, auch süde, deminutiv südchen, auch für platt, flach gebraucht: ein *sider* Teller. *süde* bedeutet indes daselbst auch langsam; südchen gehen, ganz langsam, gemächlich gehen; im Schmalkaldischen *sutjes*, gelind, allmälich. Anderwärts, selbst im westfälischen Hessen, nicht gebräuchlich und meist völlig unverständlich.
Richey Id. Hamb. S. 253. Brem. WB. 4, 782 f.

Sidel fem., langer schmaler und niedriger Kasten, welcher in den Bauernstuben an den Wänden her gestellt ist, und ursprünglich als Verwahrungsort für Flachs, Leinwand und Kleider diente, jetzt aber meist nur zur Aufbewahrung von Lumpen und unbrauchbarem Geräte (Gelürre) benutzt wird. Diese Sidel dient zugleich als Bank. Heut zu Tage ist die Sidel fast aus ganz Hessen verschwunden, und findet sich nur noch im Fuldaischen, zumal im Kreiße Hünfeld, so wie vereinzelt im Schmalkaldischen. In letzterer Gegend ist Sidel wol auch Bezeichnung eines Fruchtkastens. Im übrigen Hessen ist nebst der Sache auch der Name längst, schon im vorigen Jarhundert, abgängig und jetzt völlig unbekannt geworden. Schmeller 3, 200.

sider, *sider*, hessische und ausnahmslos in Oberhessen herschende Form für *seit*, analog dem mittelniederdeutschen seder, sedert, Grimm Gramm. 3, 258. „Und dieser geselle sey lange vor nechst verwichenem Michaelis weg gewesen, doch sey er sieder dem etwa vor acht wochen wieder hier gewesen". „als sieder Christag her das Geschwätz gangen". „sieder der zeit her hette sie keine gesunde stunde gehabt". Marburger Verhörprotokolle von 1680. Vgl. Richey S. 253. Brem. WB. 4, 731.

Siegen msc., Vertiefung auf dem Felde, wohin das Regenwaßer seinen allmälichen Ablauf nimmt, Vertiefung, tiefere Stelle der Flur überhaupt. Diese Bedeutung des von dem aus der Schriftsprache wie aus der Volkssprache verschwundenen *sigen*, cadere, defluere, abgeleiteten Wortes wird im nördlichen Niederhessen noch verstanden, indes appellativisch soll dasselbe gleichwol nicht mehr verwendet werden; man weiß nur noch, warum die äußerst zalreichen Siegen, Benennungen von Flurstrecken und Flurstücken, diesen Namen führen. Wo indes im südlichen Niederhessen diese Benennung — nur vereinzelt — noch vorkommt, wird sie lediglich als unverstandener Eigenname behandelt. Es ist dieselbe einfach wie zusammengesetzt äußerst häufig; einfach z. B. bei Wolfhagen, Zwesten, Fürstenwald, Oberrieden; Zusammensetzungen sind u. a. Auensiegen, Erzsiegen

(Niederthalhausen, bis jetzt der südlichste Punkt, wo mir diese Bezeichnung begegnet ist), Gemeindesiegen, Heckensiegen, Knotensiegen u. dgl. mehr.

Vgl. Schmeller 3, 213.

Siegwinden, Name eines Gehöftes im Gebiete der ehemaligen freien Reichsritterschaft, jetzt im Justizamt Eiterfeld, auf einer Waldblöße oberhalb des Dörfchens Hermannsspiegel gelegen. Es wird dieser Name hier um seiner — sehr wahrscheinlich — mythologischen Bedeutung willen verzeichnet. An sich ist es möglich, denselben auch an den Volksnamen der Wenden (s. d.) anzulehnen, vermutlich aber ist die älteste Form von Siegwinden nicht *Siegwinne*, wie er im 16. Jarhundert mir vorgekommen ist, sondern *Sieyminne*, und das Gehöfte trägt unter dieser Voraussetzung den aus dem Wolfdietrich bekannten Namen eines Wünschelweibes, einer Waldminni, welche an der Stätte des jetzigen Gehöftes in dem langgestreckten, ehemals sehr dichten und einsamen Walde ihren sagenhaften Wohnplatz gehabt haben muß. S. Grimm Mythol. (2) S. 404—405. Vgl. *Viermünden*.

Bis zum Jahr 1816 und wol noch etwas länger wurde Siegwinden in Hersfeld und dessen Umgebungen, im Amt Landeck u. s. w. gleichsam sprichwörtlich gebraucht. Der Hof liegt äußerst einsam und fast von allem Verkehr abgeschnitten, und gehörte zur „Ritterschaft", welche eben ein „fremdes Land" war. So sagte man denn, wenn man eine weite Entfernung, gleichsam eine Reise in die Wüste, bezeichnen wollte: „bis nach Siegwinden gehen", „bis nach Siegwinden gekommen sein" — wiewol Siegwinden so zu sagen vor den Thoren von Hersfeld (kaum zwei Wegstunden entfernt) liegt. Jüngeren Männern machte es noch in den Jahren 1820—1830 Vergnügen, Siegwinden aufzusuchen, und sie pflegten sich nicht wenig darüber zu freuen, „Siegwinden gefunden und mit Augen gesehen zu haben". Heut zu Tage findet jene Redensart, aber auch diese Freude nicht mehr Statt.

siecheln, Frequentativ von siechen, gleichbedeutend mit sochern und sückern. „Das Kind hette den ganzen Sommer gesiechelt". Eschweger Hexenprocessacten von 1657. Niederhessen, wo sochern nicht üblich ist.

Siesse fem., gewöhnlich *Sésse*, *Soesse* gesprochen, aber schon seit 150 Jahren fast ausnahmlos *Süsse*, *Süss* geschrieben, Eigenname einer großen Anzal von Flurstellen in den Feldmarken, besonders im östlichen Hessen zwischen Fulda und Werra, so wie dreier bewohnter Ortschaften. Frankenhain A. Abterode: in der (den) Süßen, in der Seeßen, Röhrda und Wipperode: auf der Süße (Süß); Breitau: an der Seeße; Erkshausen: auf der Süßen; Gilfershausen: auf (in) der Söß (Süß) u. v. a. Die Ortschaften sind: Süß, Rockensüß und die Hohesüß, letztere ein Hof. Es ist nicht zu bezweifeln, daß alle diese Namen identisch, und nichts anderes sind als das ahd. *siaza*, praedia (Dronke Programm des Gymnasiums zu Fulda 1842. 4. S. 17), welches Wort längst schon als Ortsbezeichnung aus Neugart bekannt war (Neugart Trad. No. 155 vom Jahr 805 und Nr. 226 v. J. 826: Wolfpoldes siaza [siuzza]}. Genauer ist unter *siaza*, praedia zu verstehen ein im Walde gelegener Weideplatz für Rinder; s. J. Grimm in Haupt Zeitschrift für deutsches Alterthum 2, S. 5 - 6.

Vgl. Zeitschrift f. hess. Gesch. u. LK. 1, 270. 4, 93.

sick oder **zick**, Lockruf des Schäfers für die Schafe in ganz Hessen, oft *sick dä!* Aehnlich in Baiern *fuck*, aber für die Schweine, Schmeller 3, 198.

Sickel neutr., soll „in einigen Dörfern um Grebenstein" das Saugschwein, Sogferkel bezeichnen. Ich habe das Wort nicht selbst vernommen; indes ist die, sonst nicht von der zuverläßigsten Seite mir zugekommenen Mitteilung aus dem Grunde nicht gerade unwarscheinlich, weil in einer Grebensteiner Rechnung von 1430 „junge *sickeln*" vorkommen, welche dem Zusammenhang nach kaum etwas anderes sein können, als Ferkel.

sickern, gesprochen *sekern*, Frequentativ von sigen, seigen, langsam durchtröpfeln, wird in Oberhessen nicht allein von dem langsamen Tröpfeln, z. B. von einer dürstig laufenden Brunnenröhre („das Rohr sekert nur noch"), sondern auch vom langsamen Trinken gebraucht: „was sekerst du so lang?"

Sil msc., Abzugskanal; im westfälischen Hessen gebräuchlich. Richey Id. Hamb. S. 254.

Silen msc., auch Sellen, Süllen, Sinn gesprochen, das Vordergeschirr der Pferde, der Riemen, welcher dem Pferde vor der Brust hergeht, Vordergeschirr, Zuggeschirr. „das der Beklagte Hans Wagenern dem hoffmann zu Frenhausen negst verschienen herbst einen zugk Siell vnd ein affter Siell gestolen hat". Fiscalische Anklage gegen Junghans von Ober Asphe v. 29. April 1601. Es ist das Wort ein gemeinhochdeutsches, in der Schriftsprache indes fast gar nicht vorkommendes, in den Dialecten aber durch ganz Deutschland übliches, in Hessen nur an der Werra etwas weniger als in den übrigen Gegenden gebräuchliches Wort.

Silscheit neutr., das Stück Holz, an welches die Zugriemen oder Zugstricke des Pferdegeschirres, auch wol des Ochsengeschirres, angeschirrt werden und welches das Vorderteil der Zugwage, Wage bildet. Allgemein üblich.

Das Wort ist uralt. Schmeller 3, 229.

Sime fem., Schnur, Strick, Bindfaden, besonders ein dünnerer und kürzerer. Niederhessen, aber auch in Oberhessen und sogar da, wo das fast synonyme Härsel (s. d.) gebräuchlich ist, wie in Hersfeld, keinesweges unbekannt. Das Wort ist niederdeutsch, fehlt aber in den älteren niederdeutschen Idiotiken (erst Schambach Gött. Jd. 1858 S. 192 hat es verzeichnet), und findet sich auch im Friesischen, Nordischen und Holländischen. Der Vocal des ursprünglichen Wortes *simo* msc. Hel. 157, 20 u. a. St. ist ohne Zweifel kurz (J. Grimm Andreas S. 101 zu v. 183, gegen Schmellers Annahme) wie dieß die hessische Aussprache beweist; daß einmal (1629, Landau Geschichte der Jagd S. 330) *seime* vorkommt, muß als eine Ausnahme gelten.

Vgl. Zeitschrift f. hess. Gesch. u. LK. 4, 90—91.

simulieren, wird auch in Hessen, wie anderwärts (Schmidt Westerw. Jd. S. 217) vom Volke für nachdenken, sinnen, sehr gewöhnlich gebraucht.

singeln, fehlerhafte, auch im südlichen Oberhessen wie auf dem Westerwalde übliche Aussprache von *zingern* (s. d.).

sinnig ist in den sächsischen und westfälischen Districten Hessens durchaus volksüblich: „ein sinniger Mann" bedeutet nicht bloß einen verständigen, überlegenden, sondern auch, und zwar vorzugsweise, einen sanften, gutmütigen Mann. Strodtmann Id. Osn. S. 211.

sippern, ein wenig Feuchtigkeit von sich geben, meist von Wunden: die Wunde sippert, d. h. sie fängt an zu eitern. Niederdeutsch, aber überall gebräuchlich, gewöhnlich im Sinne einer Deminution von suppen (s. d.). Schambach Gött. Id. S. 192.

sirbeln, schlecht auf der Geige spielen. Haungrund und Umgegend.

sisen, Deminution von sûsen; das im Sieben begriffene Waßer sist, zischt; nasses Holz sist, wenn es angebrannt wird. Ist das Waßer in der Blase in vollem Sieben, so sûst es. Niederdeutsch, aber allgemein gebräuchlich. Schambach Gött. Jd. S. 192.

Six, gesprochen Sëx; *meiner Sëx*, eine auch bei Bürger vorkommende, in Hessen jedoch nur im Fuldaischen, vorzugsweise im Bezirke der Haune übliche Beteuerung: bei meiner Treue!

smöken, auch *schmöken* gesprochen, hochdeutsch schmauchen, ist in den niederdeutschen Bezirken Hessens, vorab in den westfälischen, noch immer das bevorzugte Wort für das Rauchen des Tabaks. In niederhessischen, nicht diesen Bezirken angehörigen Acten des 17. Jarhunderts findet sich schmauchen vom Tabaksrauchen gleichfalls, aber doch nur einzeln; entweder wird auch hier trinken gesagt, wie in den oberhessischen Acten, oder es findet sich auch schon rauchen (wenigstens im Jahr 1698).

sochern, *söchern, suchern*, als Frequentativ von sören, süren, gebraucht, wenn gleich von siechen, Sucht, stammend: kränkeln, zumal zehrend kränkeln. „er sey, nachdem er lang zuvor gesochert, gestorben". Warburger Hexenproceßacten von 1658 (denselben Mann betreffend, von welchem sören gebraucht worden). Häufiger wird in M.H.Pr.M. v. 1657 suchern geschrieben. Oberhessen, Schwalm, Schmalkalden (hier *sachern* gesprochen).

Im sächsischen und westfälischen Hessen ist das Wort gleichfalls, in der Form *suckern* vorhanden, bedeutet dasselbe, was es in Oberhessen bedeutet: auszehren, schwinden, und wird besonders von Kindern gebraucht.

In Baiern sochen Schmeller 3, 191.

Söcherung fem., die Schwindsucht. Schwalm, Oberhessen.

Sögferkel neutr. nennt man in Hessen, besonders in Niederhessen, das noch an der Muttersau saugende Ferkel, so daß das Wort genau dem oberdeutschen Spanferkel (von *spanan, spuon, lactare*) entspricht. So hat auch Alberus Dict. Bl. Ooa: „Nefrendes porci, spenferckeln, sugferckeln".

Söhre fem., Wald- und Bergname in Hessen, einmal eines ausgedehnten Waldgebirges, welches sich von Kaufungen bis nach Melsungen hinzieht, sodann aber auch einzelner Berge und Wälder, z. B. im Bergbezirk des Knülls, dicht südlich über Schwarzenborn, ferner bei Treysa, dann an der Werra im Forste Roßbach (Kopp Handb. 5, 380), und anderwärts. Auch scheint hierher zu gehören der Name eines hohen Vorberges der Rhön, zwischen Schenklengsfeld und Rasdorf, welcher im Dialect *Sösberg, Soisberg* heißt, urkundlich aber *Soresberc* lautet, an dessen südlichen Abhängen die Ortschaften Soisdorf und Soislieden (s. Lite) liegen und ein Bächlein fließt, welches den Namen *Soraha* führte. Ein zweiter *Sösberg* findet sich am Thüringer Walde, und ein *Sösenberg* bei Rauschenberg. Wollte man mit *Sor, Söhre* auf eine deutsche Wurzel zurückkommen, so müßte dieselbe siura, saur, surum lauten, aber in dieser Conjugation (iu, áu, u) gibt es keine Wurzeln mit Liquiden im Auslaut. Es bleibt, wie es scheint, einstweilen nichts übrig, als das Wort für einen keltischen Namen zu halten, dergleichen Milseburg, Belchen und manche andere fast unzweifelhaft sind. Die von mir Zeitschr. f. hess. Gesch. u. LK. 1, 249 angedeutete Beziehung auf *soren, arsoren*, emarcescere (Diut. 1, 530a) kann daneben recht wol Bestand behalten, da das Wort soren vielleicht selbst keltischen Ursprungs ist, vgl. Stalder 2, 372. Schmeller 3, 280—281.

sohren, *süren*, austrocknen, siechen, hinsiechen. „Daß beede, der Becker vnd seine fraw gesohret, weren einen Tag nach einander gestorben". Marb. Hexenprocessacten v. 1658. „wahr, daß das mägblein Catharin daruf sohrend, vnd je langer je krancker worden" ebds. in der peinlichen Anklage des Fiskals. Oberhessen, Obergrafschaft Hanau, sonst nicht oder nicht mehr im Gebrauch; hin und wieder kommt in diesen Gegenden auch die auf dem Vogelsberg sehr übliche Redeweise *sich süren* vor, d. h. sich schwere Kümmernis machen, sich kränken. Dieses letztere Wort scheint auf *sür* (acidus) zurückzugehen, unser sohren auf *arsoret*, emarcescit Diut. 1, 530a. Schmeller 3, 280.

Sürkrankheit, Kränklichkeit, leises, allmäliches Hinsiechen, Zehrung. Obergrafschaft Hanau (Schlüchtern, Schwarzenfels).

Vgl. sockern.

sockern, sickern, hindurchtröpfeln, von Flüßigkeiten, welche durch feste Körper nach und nach hindurchdringen; das Waßer sockert durch unglasierte Töpfe hindurch. Von *suttern* mithin sehr bestimt verschieden. Mittelhessen. Anderwärts z. B. in Oberhessen, wird sockern gleichfalls, aber daneben auch sehr gewöhnlich das gemeinhochdeutsche sickern gebraucht.

Sol (auch *Söl*) neutr., im Plural *Söler* und *Soeler*. 1) jetzt nur noch als Eigenname bruchiger, sumpfiger Waldorte vorhanden, aber sehr häufig: das faule Sol, das alte Sol, die Steinbachssöler; das hohe Sohl (Flörsbach); am häufigsten in Oberhessen. Das Wort ist sehr alt; daz Grimensol erscheint schon in der Wirzburger Grenzurkunde von 772; *sol* bedeutet volutabrum. Schmeller 3, 231. Heut zu Tage wird appellativisch nicht mehr Sol, sondern Suhl gesagt, und zwar nur noch äußerst selten das Suhl, gewöhnlich die Suhle, in welcher sich die Sau, der Hirsch suhlt. Vgl. Zeitschrift f. hess. Gesch. u. LK. 1, 253.

2) der mit Salz vermischte Erdhausen, welcher dem Wildbret im Walde aufgeschüttet zu werden pflegte. „Sechs mesten an Saltz — so furthin dem wiltpret im burckwald zu saletzsohlen gebraucht". Wetterer Rentereirechnung von 1562. „1 Wagen hat Erden zu den Sollen vf dem Langendorffer walt gefürt"; „1 Wagen hat Holtz bei den Saltzhaussen am Langendorffer Walt gefürt". Rauschenberger Rentereirechnung von 1596. „1 Wagen hat Erden zu den Sollern vor Wiltprett vff der hohen wart gefürt". Ebds. 1597; und öfter.

Solder msc., Boden, Decke des unteren, Fußboden des oberen Stockwerkes. Das Wort ist mir nur in den Rechnungen der Universitäts-Vogtei Singlis aus dem 16. Jarhundert vorgekommen, wo es oft erscheint. „25 alb. Kleinhen geben, hat 2 tage vff dem langen baw Solder geschlagen, vnd sonsten 3 tage an der hern Scheuren getleibet" 1578. „10 alb. geben Clauß Scharpffen hat 2 tage vff dem langen baw Solder helfen schlagen" 1578. „20 alb. geben Kleinhen hatt 4 tage vff der kymnete einen Neuwen Solder geschlagen Auch in der hern kammern getleibet" 1580. „hat 3 tage Solder geschlagen" 1586. „2 fl 23 alb Cuntz dortten hatt 15 tage Spieln gehauwen Solder geschlagen vnd getleibet" 1587. Neben diesem Ausdrucke komt (doch nur einmal, 1592) vor: „das er den Boden geschlagen". Frisch 2, 285c und Brem. WB. 4, 915 verzeichnen aus Niederdeutschland nur die Form Soller; dagegen komt bei Schottel Haubtspr. S. 1417: „solder, büne", und in (Peter Laurenbergs) Acerra philologica (Ausg. v. 1667 S. 685) vor: „Aber der war vom Boden oder Solder herunter gestürzet"; und eben so hat das Holländische: *Zolder*, contignatio, tabulatu. Das Schlagen des Solders wird ohne Frage das Bewickeln der Speilstecken mit Strohlehm und das Festschlagen desselben gewesen sein.

Es gehört dieses Wort, wie amen, laupern, milgen u. A. zu den Elementen tief niederrheinischer und niederländischer Sprache, welche im 15. und 16. Jarhundert sich in Hessen finden, mit dem 17. Jahrhundert aber verschwinden.

Solper (Sulper) msc., auch wol neutr., die Einsalzung des Schweinefleisches. „Das Fleisch in den Solper legen"; „die Speckseiten müßen so und so lange, die Schinken aber so und so lange im Solper liegen, bis sie Solperbrühe ziehen".

Solperfleisch, eingesalzenes Schweinefleisch, z. B. Rippenbraten „aus dem Solper".

Solperknochen, Unterbeine und sonstige Knochentheile des Schweines, welche mit dem ihnen anhängenden Fleisch eingesalzen, dann gekocht werden und für besonders wolschmeckende Theile des Schweinefleisches gelten.

einsolpern, solpern, Schweinefleisch einsalzen.

In ganz Althessen die ausschließliche, außerhalb Hessens über Frankfurt hinaus, wo die aufgeführten Ausdrücke gleichfalls üblich sind, kaum oder gar nicht vorkommende Bezeichnung. Metaphorisch wird *Solper* gebraucht, um die Aufbewahrung der Rache für eine zugefügte Beleidigung zu bezeichnen: „er hat noch etwas bei mir im Solper"; auch wol ironisch vom Aufbewahren einer wertlosen Sache: „da, das leg dir in den Solper"; „das solper dir ein".

Das Wort ist sichtlich nichts anderes als Salpeter, welcher zum einsolpern ehedem fast ausschließlich, jetzt noch wenigstens theilweise, verwendet wird; indes wird dieß Wort wenn nicht der hier angegebene Gebrauch bezeichnet werden soll, niemals Solper, sondern in unentstellter Form gesprochen.

sömmerisch, sommerlich. „Ein sömmersch Feld", eine sonnig, warm gelegene Flur. „Sömmersch angethan sein", leichte Kleider tragend, wie man sie im Sommer zu tragen pflegt.

Sondersiechenhaus. Diese, eigens den Leprosenhäusern zugehörige Bezeichnung fand sich in Hessen nur einmal: für das zwischen Asbach und Hersfeld an der Landstraße unfern Asbach gelegene Siechenhaus, welches um das Jahr 1864 abgebrochen worden ist. Andere Krankenhäuser, welche sowol nach ihrer Lage, in Entfernung von den Städten, als ihrem Namen nach, Leprosenhäuser gewesen sein müßen, heißen die Sieche (zwei Häuser bei Marburg, die unterste und oberste S.), der Siechenhof (bei Kassel).

Vgl. Schmeller 3, 190 und 268.

Sonnabend ist in Althessen die ausschließliche Benennung des siebenten Wochentages; Samstag ist gänzlich unbekannt.

Sonnabendskopf, Name eines hervorragenden Berges bei Melnau.

Sonnenkrämer, die im 16. Jarhundert sehr häufig vorkommende Bezeichnung eines Hausierers, welcher seine Waare nicht im Hause, sondern im Freien, an der Sonne, feil bot; meistens hatten diese Sonnenkrämer geringfügige und schlechte Waaren, oft eigentlichen Trödel, die sie an die unkundigen Landleute um hohe Preise absetzten. Es wurde deshalb den Sonnenkrämern oder Knapsäcken das Hausieren in Hessen durch die Reformation des L. Philipp vom 18. Juli 1527 verboten.

Vgl. Frisch 2, 287.

Sonntag. Redensart: „er versteht so viel, wie die Kuh vom Sonntag", er ist ungewöhnlich beschränkt, dumm. *Sonntagsgesicht*, heiteres, freundliches Antlitz. *Sonntagsstaat*, übliche Bezeichnung der Sonntagskleidung, Festkleidung.

Güldener Sonntag, im Fuldaischen, der Sonntag nach dem Quatember;

gülden Sonntagskind (sonst gewöhnlich bloß: Sonntagskind) ein an einem dieser vier Sonntage Geborener, welchem damit die Fähigkeit verliehen ist, Geister zu sehen.

Hutzelsonntag, im Fuldaischen die Bezeichnung des Sonntags vor den Fasten, Quinquagesimä, an welchem die Hutzeln (s. Holzel) als Leckerbißen eine große Rolle spielten, und welcher durch die Feuerbelustigungen (s. Bläsen, Hagelrad) sich auszeichnete. Letztere sind, längere Zeit beschränkt, wieder in ziemlich allgemeine Uebung gekommen. Der Hutzelsonntag gilt im Fuldaischen als eins der bedeutendsten Volksfeste, und im vorigen Jarhundert wurde von Karl Benedict Welte (geb. 1723, einem fuldaischen Beamten, zuletzt Director der Obereinnahme) ein volksmäßiges Lied auf den Hutzelsonntag verfaßt, welches schnell allgemeine Verbreitung fand und sich noch jetzt, nach fast einem Jarhundert, im Munde des Volkes erhalten hat.

sösen (sich), sich beruhigen, nachlaßen, vom Schmerze, wenn derselbe allmälich verschwindet. Niederhessen, sehr üblich.

Sosse, *Söse* fem., soll die Latte (Diele) sein, welche über die Balkenköpfe am Hause genagelt wird, dieselben vor dem Wetter zu schützen. S. Landau in der „Dritten Ausführung über den nationalen Hausbau" in der Beilage zu No. 12 (Sept. 1860) des Allg. Corresp. Bl. der hist. Vereine. Sossenwein, worauf L. sich beruft, kommt allerdings 1622 in den Landesordnungen vor: 1, 653. Allgemein üblich ist Sosse jedoch nicht.

Sotte fem., auch *Sutte*, gewöhnlich in der Composition *Mistsotte*, *Mistsutte*, Jauche. Durch ganz Hessen wie in Thüringen und einem Theile von Franken gebräuchlich. Schmeller 3, 293. Nach dem ohne Zweifel nahe verwandten *suttern* (s. d.) zu urteilen, bedeutet Sotte, Sutte das Abgetröpfelte, den (unreinen) Niederschlag. Mit Sütte, Südde (s. d.) hat das Wort keinen Zusammenhang.

Soetek msc., ein süßer Apfel. Vgl. *Bitek*. Im westfälischen und sächsischen Hessen, wo der Bauer fast keinen Unterschied unter den Apfelsorten macht, als Soetek und Bitek.

spachern, zusammentrocknen und Riße bekommen in Folge von trockener Luft und Hitze. „Das Brod spachert" oder „ist gespachert", wenn dessen Krume bei angeschnittenem Laibe eine rauhe, geborstene Oberfläche bekommt; eben so spachert die Erde, oder ist gespachert, im Sommer bei großer Dürre und Hitze; auch wird das Wort wol vom starken Erliechen hölzerner Gefäße gebraucht.

spacherig; spacheriges Brod, spacheriger Erdboden.

Strodtmann Id. Osnabr. S. 222: *spaken* und Schmidt Westerw. Jb. S. 220 (unter 2,) = spachern, eben so.

Spällering msc., Holz, so viel auf einmal gespalten wird, Armvoll Holz. Wird jetzt nicht viel mehr gehört, muß aber in Oberhessen, namentlich in Marburg, sehr geläufig gewesen sein, da das Wort in Rechnungen, Registern u. s. w. des 17. Jarhunderts, besonders denen des deutschen Ordens, oft erscheint; z. B. hatte Benjamin Schedla dem Hospital des deutschen Ordens in Marburg im Herbst 1654 einen Spällering Holz entfremdet; es wurde darüber eine weitschichtige Untersuchung geführt, welche an Zeit und Papier wol mehr kostete, als der Spällering wert war, und schließlich mußte Schedla, nachdem er um 3 fl. gestraft worden war, unter dem 24. November 1654 einen umständlichst formulierten Revers ausstellen.

spannen. Das reduplicierende Verbum *spanan, spien, gespannen,* tendere, conjugiert im Volksmunde zwar das Präteritum nicht mehr vollkommen correct, aber, wenigstens in den meisten Gegenden, doch noch stark: spon (spun): „gerad wie ich aufspun (aufspon), ist sie zur Thür herausgekommen". Dagegen wird das Participium noch beinahe ausnahmslos stark gebildet: *gespannen,* nicht gespaunt. „Ich hab angespann(en)".

bespannt sein mit so und so viel Zugvieh ist eine übliche, auch im Schriftdeutschen gültige Bezeichnung der Anzal Zugviehes, welche ein Gutsbesitzer hält; „das die mergker, iglicher *also er gespannen ist*, den hrn. v. Elben eyn fuder hoilcz — furen sollen"; Weistum der Elbermark von 1440, Grimm Weisth. 3, 323.

ungespannen sein, kein Zugvieh besitzend; jetzt nicht mehr vorkommendes Wort; „und ob eynich mercker so swach und *vngespunnen* were, das er nicht gefaren kunde". Ebendaselbst.

Das Verbum *spanan, spuon, gespanen* ist gar nicht mehr vorhanden; das davon abgeleitete Wort Gespenst ist dem Volke fremd, statt Spanferkel sagt man hier Sogferkel (s. d.), widerspenstig ist wenig üblich, und nur *abspenstig, abspennig* (letztere Form die üblichere) ist in ziemlich allgemeinem Gebrauche.

Spannstengel heißt, besonders in der Obergrafschaft Hanau, das Eisen am Pfluge, welches senkrecht vom Grendel herab, parallel mit der Kritsche, aber mehr nach vorn, am vordern Ende des Risterbrets nach der Pflugschar hinunter geht.

Spanuckel fem., Name des unter Kauschel beschriebenen eigentümlichen Kartoffelgebäcks, welcher neben Kauschel in Uebung ist, doch weniger in der eigentlichen Heimat der Kauscheln, im Hochgebirge des Kellers und hohen Lohrs, als in der Umgegend.

S. Kauschel, Schepperling, Schnepper.

Spargemente, Umständlichkeiten, Weitläufigkeiten, Ausflüchte; „mach mir keine Spargemente". Sehr üblich. Schambach Gött. Jd. S. 203. Die Halbgebildeten gebrauchen auch neben Spargemente in demselben Sinne: Speranzien.

Spauzjes, *Spauzijes*, ein moderner Bauernausdruck an der Schwalm, mit welchem man einen stillen, trockenen, verschloßenen Menschen, welcher bedeutender ist, als er scheint, bezeichnen will; also ähnlich dem ältern Worte Schmuch (s. d.). Indes wird unser Wort auch da gebraucht, wo die moderne Mischsprache Intriguant brauchen würde.

speiisch, wählerisch, ekel im Eßen — von einer Person gebraucht, welche manche oder viele Speisen nicht eßen mag oder kann. Haungrund.

Speile fem. Dieses mitteldeutsche und niederdeutsche Wort ist in keiner von den Bedeutungen, welche Brem. WB. 4, 949—950 und Adelung 4, 179 aufgeführt werden, namentlich nicht in der Küchensprache, in Hessen üblich, auch wol niemals üblich gewesen. Wol aber findet es sich in der Bedeutung, welche dem Worte Schölholz und dem Worte Stickholz, Stickstecken zukommt, im 16. Jarhundert, nur, wie es scheint, mit dem Unterschiede, daß Speile und Speilstecken in die Böden (Decken), Stickstecken in die Gefache der Wände verwendet werden. „S ist geben dem Hecker zu Rodeman, hat 32 Tage Eine schwellen vnter den stall geleget, im Schibberboden gegrubelt, Speiln in gehauwen, die thüre vnd wende gemacht". Singlifer Vogteirechnung v. 1583.

„1 fl 10 alb Meinster Joachim von Hombergk geben das er den boden gespeilet vnd die Tache geflickt". Ebdf. 1594. 2 fl dem Oberfurster vor 2 Stemme Spielln darauß zu machen". Ebdf. 1587. „Cunz kortt hatt 15 tage Spielln gehauwen, Solder geschlagen vnd gekleibet". Ebdf. 1587. 2 f 3 alb vor 4 Eichen holczer Spieln darauß gemacht zum boden bei der pfarr". ebdf. 1588.

speilen, Speilen einziehen, oder wie es in den angezogenen Belegen heißt, einhauen; s. oben.

Spilstecken, Speilstecken, abundante Composition für *Speile*. „2 f. 20 alb. dem Vrffe menchen geben, hat 12 tage im schornstein gekleibet, die boden geflicket, auch Spiellstecken eingehauwen". Singlißer Vogteirechnung von 1583.

Mit dem Anfange des 17. Jarhunderts verlieren sich diese Ausdrücke aus den angegebenen Vogteirechnungen von Singlis, übrigens bis jetzt den einzigen hessischen Schriftstücken, in welchen mir diese Wörter begegnet sind. Vgl. *Stickstecken*, *Schölholz*, *Weifstecken*.

Specke fem., leichte Brücke, Steg, welcher aus Pfählen besteht, die mit Hürden und diese etwa wieder mit Rasenstücken überdeckt werden. Oberhessen. Estor S. 1419. „die Specke im deutschen Haus" (dieselbe existirt seit etwa 1820 nicht mehr). Marb. Hexenpr. A. v. 1658. Jetzt gibt es fast gar keine solche Specken mehr, deren es ehedem an jedem Fluß und Flüßchen in Oberhessen mehrere gab; bei Niederklein hat davon sogar ein Flurort seinen Namen „an der Specke". S. *Schwicke*, *Schaube*. Daß das Wort mit Speck, lardum, nicht zusammenhänge, begreift sich von selbst; es wird auf das angelsächsische *spaec*, sarmentum zurückgegangen werden müßen.

spellen in der Redensart: *spellen gehn*, bedeutet zu einem nachbarlichen Besuche, vertraulichem Geplauder gehen; mitunter wird jedoch auch ein Besuchsgang über Feld mit *spellen gehn* bezeichnet. In Mittelhessen, wie in Thüringen und Henneberg (Reinwald 1, 154), in der Grafschaft Hohnstein (Journal v. u. f. Deutschl. 1786, 2, 117) der ausschließlich für solche Besuche gebräuchliche Ausdruck. Es ist dieses Wort das alte spellen, loqui, conversari, und von spielen (*spilon*, ludere) welches im hessischen Dialect *spëlen* lautet, grundverschieden. Schmeller 3, 560.

Spelzen plur. nennt man hin und wieder in Hessen, besonders in Mittelhessen, die Zwiebelstengel (Schalotten, Schlutten).

spenge, *speng*, sparsam, selten, in geringer Menge vorhanden. „Das Geld ist speng", es herscht Geldmangel; „die Futterasche ist speng", es herscht Futtermangel; „eine spenge Zeit" Miswachs und Theurung; „ein spenges Maß" ein knappes Maß. Nieder- und Oberhessen. In Schmalkalden *spengel* (neben *spenge*) Reinwald 1, 153. Im sächsischen und westfälischen Hessen *sprenge*.

Spennel fem., auch *Spennadel*, Stecknadel; in ganz Hessen im ausschließlichen Gebrauch, wie auch sonst in Deutschland, als letzte Reminiscenz an das alte span, fürspan. Schmeller 3, 569.

Spes msc. erscheint in oberhessischen Forstregistern des 16. Jarhunderts zuweilen, 1580—1589 öfter, in dem Forstregister aber des Amts Rauschenberg von 1585 allein neunmal, und wird hier von einem Eichbaume ganz unter denselben Verhältnissen gebraucht, unter welchen vom Buchbaume das Wort Reidel (die Förster schreiben stets Rebbel) und Heister verwendet wird. „2½ alb. Hartman Debes in Josbach vor 1 geringen durren eichen Spes zu Brennholz"; 1 fl. v alb. Heintz Hecker zu Erksdorf vor 1 vnfruchtbaren eichen Spes vnd ij durre buchen zu brennholtz"; „j eichen Abstendigen spes"; „xiij alb. Hennchen von Goßfellen vor j Buch zue stickstecken vnd j geringen eichen Spes zue Jnngebew"; „v alb. Mertes Heintz von Langendorf vor j abstendigen eichen Spes zue schwellen"; „zij alb. Ditmar Flattich zu Halsdorf vor ij durre Eichen Spes zu brennholtz" u. s. w. Das Wort muß hiernach ein sehr übliches gewesen sein, kommt indes in keiner der in den Landesordnungen abgedruckten Forstordnungen vor, ist auch weder in irgend einem Idiotikon, noch, in der hier vorliegenden Form, bei Stieler, Frisch, Adelung zu entdecken. Warscheinlich ist Spes eine vergröberte Aussprache von *spiz*, Spiß, virga (bekantlich von *spioz*, Spieß, cuspis, wol zu unterscheiden, wiewol Adelung 4, 203—204 diese beiden Wörter höchst unkritisch untereinander wirft), von welchem Worte u. a. Spißrute abgeleitet ist. Sichtlich bezeichnet Spes einen schwachen Eichbaum (wiewol einmal freilich ein solcher auch zu einer Schwelle dienen soll), und berührt sich mithin nahe genug mit dem Begriffe virga. Auszumitteln wäre nur, warum Spes gerade vom Eichbaum so eigens gebraucht werde. Vgl. über spiz Schmeller 3, 579. Heut zu Tage scheint das Wort gänzlich außer Uebung gekommen zu sein.

Spiegel wird elliptisch gebraucht für Darstellung, Abbildung, Abbild in schlimmer Bedeutung, als Darstellung, Abbild alles Elends oder auch aller Schlechtigkeit. „und were sie vielen Weibern in Kindesnöthen beyhülfflich ge„wesen, und viele Kinder gebähren sehen, aber solchen elenden spiegell hette „sie nie gesehen, es hette gar zu jammericht gesehen wie das Kind zugericht „gewesen und ausgesehen". „In Summa es were ein solcher elender spiegell „gewesen, dergleichen sie nie mehr gesehen". Aussage zweier Weiber zu Frankenberg vom 29. Juni 1697, welche einer Frau in Kindsnöten beigestanden, die ein unvollständig ausgebildetes Kind geboren. „in welchem gewesser viele menschen vndt viehe auch sonst viele sachen jemmerlich verdorben vnd vmbkommen, deren traurigen spiegel ich viele zwischen Eschwei vnd Allendorff midt augen gesehen". Christophs Dietrichs in Schwebda Chronik 1641. „Zwischen eschwe vnd diesem dorffe (Schwebda) stunt die Schönste winter frucht, da nicht (durch schweren Hagelschlag) eine metzen zum brauch vbrigt bliebe, da wart ein traurigt spiegel, sonderlich vor die armen Leute, so ihre frucht alle verlohren". Ebds 1654. Auch noch jetzt in diesem Sinne nicht ungebräuchlich.

„Du Spiegel!" Schimpfwort, in manchen Gesellschaftsschichten, zumal den halbgebildeten (Kassel) sehr gewöhnlich, aber ein „ehrenhaftes" Scheltwort, d. h. auf welches man nicht klagbar werden kann. Reinwald Henneb. Id. 2, 119. Vgl. Muster.

Spiel neutr. (gesprochen Spēl), für Menge, Vielheit, Masse ist in Hessen allgemein üblich: „ein großes Menschenspiel", „ein Spiel Geld", „ein mördsches Geldspiel" u. dgl. Schmidt Westerw. Id. S. 225. Schmeller 3, 562.

Spielmann (Spēlmann), *Spielleute*, Musikanten; üblicher ist das Fremdwort. *verspielen* ist der übliche Ausdruck für: den Proceß vor Gericht verlieren. Das Volk sieht die Rechtsverhandlung constant als ein Glücksspiel an. „Sie sähe aber well, daß leben wäre verspielet", Aeußerung einer armen, nachher wirklich als Hexe verbrannten Frau aus Cappel. Marb. Hexenpr. A. von 1654.

Spik neutr., ein spitziges Stück Holz; niederdeutsches, nur im westfälischen und sächsischen Hessen gebräuchliches Wort; hochdeutsch Spieß und Spiß (s. Spes).

Spike fem., nur in der Redensart: „das Fleisch in die *Spike* legen",

d. h. das frisch ausgeschlachtete Fleisch in ein Gefäß mit Waßer legen, damit das Blut herausziehe. Die Formel findet sich nur im westfälischen Hessen. Bei Strodtmann fehlt das Wort.

Spiker msc., der kleine Nebenbau auf größeren Höfen (Bauernhöfen, Pfarrhöfen), welcher theils zur Aufbewahrung eines Theiles des Getreides (also so weit gleicher Bedeutung mit der hochdeutschen Form Speicher), theils aber auch zur Wohnung, z. B. der Witwen, der Auszöger, auch wol ständiger Tagelöhner dient. Die Sache wie das Wort findet sich nur im westfälischen Hessen. Strodtmann Id. Osn. S. 224.

Spir (Spir, Spier) fem., keimender Grashalm, dünner schwacher Halm, Faser; meist deminutiv gebraucht, und vorzüglich in uneigentlicher Bedeutung: „ein Grasspirchen" (so auch Aug. Lercheimer [d. i. Herman Wittekind] Bedenken von Zauberey (1597) S. 254: „noch einig graßspierlein da zertretten"), „Strohspirchen"; „es ist kein Spierchen mehr da" d. h. nicht das Geringste, gar nichts; „es war nur ein Spierchen" etwas höchst Geringfügiges, Unbedeutendes; „die Kuh gibt kein Spirchen Milch"; „ein Spir Suppe". Grimm Kinder- und Hausmärchen 2, 40. Klein Prov. Wörterb. 2, 162. Richey Hamb. Id. S. 282. Brem. WB. 4, 954. Strodtmann Id. Osn. S. 224. Schambach Gött. Grub. Id. S. 205. Frommann Mundarten 5, 295.

In ganz Hessen üblich, am meisten in Niederhessen; ohne Deminution jedoch fast nur an der Diemel. Von der halbgelehrten Welt misverstanden als Deminutiv von Spur (Spürchen).

Spitzhut, in uneigentlicher Bedeutung: Zuträger, Ohrenbläser. „Wann ein Herr also selbst seinem ampt gewartig ist, vnd nit auß zorn oder rachung seiner person, sondern von ampts wegen, vnd als von Gott darzu verordnet etwas thut, darf er keiner spitzhutt oder augendiener, die ein andern hinterruck dorffen zu hoff tragen, vnd das ansagen, des sie nit gern bekant wölten sein". Joh. Ferrarius von dem gemeinen Nutz. 1533. 4. Bl. 35 b. „ij gulten (Buße) Johann Gorius Pfarher zu Joßbach, so den Zehntober daselbst vnbilliger weise ein spitzhutt gescholden". Rauschenberger Bußregister von 1591.

bespitzhüten, durch Ohrenbläserei benachteiligen. „Das stehet aber einem man an, so er ein beuelch hat, vnd sich was im Regiment zutregt, nit zu erdulden, das er den Herrn des erinnere, anzeige wo es mangel, nit das er iemant wolt bespitzhütten, sondern dem Herrn vnd gemeynem Regiment zu gutem". J. Ferrarius ebsf. Bl. 36a.

Der erste Theil dieser Composition ist ohne allen Zweifel *spiz*, der zweite Theil aber ist, zumal in seiner Verbindung mit spitz, spitz, dunkel. Spitzel bedeutet noch heute einen Zuträger, Denunciant, und eben dahin gehört auch Spitzbube, aber wie spiß, spitz, zu dieser üblen Bedeutung komme, bleibt noch zu ermitteln. Vgl. Schmeller 3, 583.

sprachen, ansprechen, sich bereden, sich unterhalten. Oberhessen. „Als hat man vrsach genommen, jnen (eum) darauf zu sprachen". Wetterer Registratur von 1609. „Daßelb Ding hett lang vf der misten gestanden, vnd die Eyla mit jhm gespracht" Marburger Hexenproceßacten von 1634. Und so bis gegen 1680 hin sehr oft.

besprachen, zur Rede stellen. Oberhessen. „Donnerstags den 13. Aug. ao. 79 ist Margaretha Deißin in beisein des Schultheißen — — in der gute besprächt". Marburger Hexenproceßacten von 1579. „Es hetten zwar etliche aus der Gemeinde vast vor vor einem Jahr ihn eben dieser sachen halben bespracht" Treisbacher Protokoll von 1609. Aeußerst häufig bis zum Ende des 17. Jarhunderts in den Acten, einzeln auch noch bis gegen 1750; ein im Munde des Volkes noch jetzt geläufiger Ausdruck.

Sprenz msc., *Sprinze* fem., Bügel zum Vogelfangen, Sprenkel. Die erstere Form ist die in Oberhessen, die zweite die im Fuldaischen gebräuchliche.

Spriesz (Sprieszlein, Spreiszlein), Splitter (Schibber, Klibber). „Sie hawen einen dicken Palmenbaum vmb, vnd klibern den in kleine sprießlein — — legen die spreißlein darauff". Hans Staden Reisebeschreibung (Weltbuch 1567. fol. 2, 52b). Jetzt kaum noch üblich, doch kommt es einzeln noch vor.

sprickelicht, *spreckelicht*, gesprenkelt. Allgemein üblich. An dem landgräflichen Hofe zu Rotenburg befanden sich einst zu gleicher Zeit zwei Herren von Hahn, ein älterer Herr mit grau gemischten Haaren und ein jüngerer, hochblonder Herr; diese wurden innerhalb und außerhalb der Hofkreiße, ohne daß von fern an eine Verspottung gedacht worden wäre, als der sprickelichte Hahn und der rothe Hahn unterschieden. — Das Wort ist sehr alt, s. Schmeller 3, 589.

Sprin fem., auch *Sprên*, *Spré*, *Spréhe*, Staar, sturnus. Diese niederdeutsche Benennung des Vogels ist weitaus die üblichere; hier und da wird sogar die gemeinhochdeutsche Benennung, Staar, gar nicht verstanden. Estor 1420. Brem. WB. 4, 973.

Sprügel msc., Bügel, in Bügelsform aufgerichtetes Gerüst. Das mir im Leben kaum einmal vorgekommene Wort findet sich in des Fütternden (Landgraf Hermann) Uebersetzung von Torquemadas Hexaemeron 1652. S. 318: „an theils orten pflegt man uf die Gräber das Leichtuch über einem Sprügel über die Todtenbahr zu ziehen" (also = Trauergerüst, s. g. blinder Sarg).

spüetig, eifrig, eilig; von spuot; „Die Kinder so der Vorvätter namen hetten, gedeuchten wol, vnd weren spütig Schlauen [Sclaven] zu fangen". Hans Staden Reisebeschreibung (Weltbuch 1567. fol. 2, 54a). Jetzt kaum noch üblich; auch das Verbum sich sputen, sich eilen, hört man außerhalb der niederdeutschen Bezirke nicht eben häufig.

spützen, speien (meist spitzen gesprochen); die in Althessen fast ausschließlich herschende Form. „ich speiß, spei; speutzen, speichel". Alberus Dict. aoiijb.

Spütze fem., Speichel; üblichste, ja wol allein übliche niederhessische Form. Eben so in der Grafschaft Hohenstein: Journal von u. für Deutschland 1786, 2, 117.

Staches msc., Tölpel. Ziemlich überall üblich, am meisten in Oberhessen, wie weiter südlich nach Frankfurt hin und westlich nach dem Rhein hin. „Mach em uf, Staches" in Sauerweins Gräff. Schmidt westerwäld. Jb. S. 230.

Staden msc., Ufer des Flußes, Baches; flaches Ufergeländes. Als Appellativum jetzt schwerlich mehr üblich, wol aber als Eigenname, z. B. in Eschwege, wo der Stadttheil welcher das Ufergeländes der Werra bildet, der Staden heißt. „1 fl. wird gestraft Hans Schiffermann von Amenau, daß er denen von Rehen iren mulengraben vnd bachstaden gedempft". Wetterer Bußregister von 1591.

Stäke, *Stáken* msc., Knittel, Prügel, Pfahl, Stange. Im westfälischen und sächsischen Hessen. Auch werden wol die Hopfenstangen, Bohnenstangen Stäken genannt. Richey Id. Hamb. S. 285 f. Strodtmann Id. Osn. S. 227 (dessen Angaben mit dem hessisch-niederdeutschen Gebrauche übereinstimmen). Schambach Gött. Jd. S. 207. Brem. WB. 4, 985.

stallen, meist in der Verbindung: *mit einem stallen*, mit jemanden gut stehen, sich mit ihm vertragen. „Die stallen nicht miteinander", passen nicht zueinander, vertragen sich nicht.

Stampes msc., *Stampfes*, 1) dicker Brei, in welchem der Löffel stehen bleibt; weiche dicke Masse. Allgemein üblich. 2) kurzer, dicker, plumper Mensch. Schmidt Westerw. Jt. S. 232, eben so, wie bei uns.

Stande fem., Faß in Form eines abgekürzten Kegels, in den Küchen und in den Kellern gebräuchlich, um Waßer oder Bier darin aufzubewahren; meist *Stanne* gesprochen. *Bornstanne*, dergleichen Faß in der Küche, in welche das mit Eimern oder Butten geholte Brunnenwaßer, der Born, gegoßen wird. *Trinkenstanne*, dergleichen Faß im Keller, in welchem das ohnehin nicht haltbare Dünnbier, Covent, in Hessen Trinken, welches niemals in Fäßer gefüllt wird, sich befindet. In Nieder- und Oberhessen üblich, wie in Niederdeutschland überhaupt. Brem. WB. 4, 999.

Stange fem., wie gemeinhochdeutsch; in den niederdeutschen Bezirken, wo *Stäke* (s. d.) gilt, wenig oder gar nicht gebräuchlich. Redensart älterer Zeit: Stangen austheilen, d. h. grobe Worte, gleichsam Stangen und Spieße austheilen: „fängt er nun an und theilet stangen auf der Cantzel aus, wirfft vmb sich mit verrhätern", Beschwerde des Pfarrers Ludwig Steitzer in Frankenberg wider den Diakonus Hutten 1625. Einem die Stange halten, alte, äußerst üblich gebliebene Formel, für: Jemanden verteidigen, für ihn Partei nehmen, namentlich in bedenklicher oder widerrechtlicher Sache; hergenommen von dem Beistande, welchen einer dem andern im Kampfe, durch Halten der Stange, des Speeres, leistete. (große) Stangen im Kopf haben, hochmütig sein.

stengeln (sich), sich sträuben, sich ungeberdig anstellen; auch: hoffärtige Geberden und Minen machen. In ganz Hessen, wie weiterhin in Niederdeutschland.

Stüppchen neutr., halb scherzhafter Name des Teufels; zuweilen im Fuldaischen vorkommend, wie wetterum bis Frankfurt: „des klab des Stebge" Radlof Mustersaal 1, 339. Ein im übrigen Hessen völlig unbekannter Ausdruck, während derselbe doch in Niederdeutschland als *Stöpken* durchaus üblich ist, s. z. B. Die neue Deutschheit nuniger Zeitverstreichungen 1776. Zweites Pröbgen S. 11—12. Schambach Gött. Jd. S. 212.

Staer msc. (richtig: Stär oder Ster), Schafbock. War bis etwa 1840 nur im Fuldaischen und theilweise in Oberhessen volksüblich; seitdem ist das Wort bekannter geworden, ohne gleichwol zum geläufigen Gebrauche gelangt zu sein. Schmeller 3, 652.

staeren, von Schafen: sich begatten. Oberhessen und Fulda.

Stärke fem., das Mutterkalb, die junge Kuh unter einem Jahre. Westfälisches und sächsisches Hessen, sonst gänzlich unbekannt, wiewol in älterer Zeit das Wort auch über jene Grenzen hinaus in Hessen gebräuchlich gewesen sein muß: „Eyne hoibtkuhe vor er werth, wy man die setzt, eyne *stercken* vor 'irs, kelber vnde jerlinge die verstehet man uyt". Emmerich Frankenberger Gewonheiten b. Schmincke Mon. hass. 2, 698. „heurige kelber *Sterken*; — jebrige *Sterken*, Rechnung v. Ludwigstein v. 1576.

starzen, 1) gedrängt voll sein, strotzen. Schmalkalden.
2) fest und hart auftreten. Oberhessen; s. *statzen*.

bestatten (sich), sich verheiraten. Kommt jetzt nur noch selten vor, im Anfange dieses Jarhunderts aber gehörte es noch zu den geläufigen Ausdrücken. „Als er zeuge auch an itzige seine hausfraw sich bestattet". Marburger Hexenproceßacten von 1579. „Producentin habe erst zu Gemunden ein ehelichen man gehabt, darnach hab sie sich gen Anezensar bestadtet". Desgl. von 1596. In dem Sinne von „feierlich beerdigen" habe ich, so alt auch dieser Gebrauch von bestatten ist, das Wort nicht nur niemals aus dem Volksmunde vernommen, sondern es auch bis daher nicht in alten Protokollen, welche die Volksausdrücke wiedergeben, gefunden.

statzen, mit dem Fuße hart auftreten; Oberhessen, im südlichen Theile, während man im nördlichen *starzen* spricht. „Wenn man hier recht statzt (starzt), klingts unten wie hohl". Estor S. 1420.

stätzig, gesprochen *stätzk, stêtzk*, unpäßlich; im Fuldaischen. Es scheint das Wort eine Verkürzung von *aufstätzig* (s. d.) oder *anstößig* (s. d.) zu sein, mit welchen Wörtern es in der Bedeutung übereinkommt.

Stauche fem., 1) Flachsstauche, in Niederhessen die Riste eben aus der Roße genommenen Flachses, welche an der Spitze ein wenig zusammengedrehet, an der Basis auseinander gebreitet und so zum Trocknen auf der Wiese oder dem Acker, der Trift, aufgestellt wird. Nur in Niederhessen staucht man den gerößten Flachs, in Oberhessen und in der Graffschaft Ziegenhain breitet man ihn.

2) in Oberhessen (wo man Stäche spricht) eine Handvoll Getreidehalme, deren mehrere eine Garbe ausmachen; besonders vom Hafer gebräuchlich. Schmidt westerw. Jb. S. 233.

3) Unterärmel oder Armhandschuhe, d. h. Unterermel, welche Handgelenk, Unterhand und Daumen (diesen nicht immer) umfaßten, meist gestrickt, aber auch aus Tuch verfertigt und mit Pelz besetzt (Pelzstauchen), ein Kleidungsstück vorzüglich der Landbewohnerinnen, in neuerer Zeit aber auch in den höheren Ständen, und zwar bei dem männlichen wie bei dem weiblichen Geschlecht in Uebung gekommen. Schmidt Westerw. Jb. S. 232.

Stauf bedeutet nach den Pariser und St. Galler Glossen (8. Jarhundert): rupes, cautes, während saxa ebendaselbst durch Felsen erklärt werden. Graff Sprachsch. 6, 660. Schmeller 3, 617. Als Appellativum ist das Wort hier wie anderwärts längst ausgestorben, aber in den Namen felsiger Berge dauert dasselbe wie anderwärts (der hohe Staufen, Donaustauf u. a.) auch in Hessen fort. Ein Staufenberg findet sich, als eine der bedeutendsten Höhen des betreffenden Gebirgswaldes, am Reinhardswald, ein anderer bei Escheberg, ein dritter bei Heckershausen, ein vierter bei Wanfried, und wol anderwärts noch der eine und andere; ein Staufenküppel am Reinhardswald, ein Staufenbühl bei Langenhain; endlich liegt nahe der kurhessischen Grenze der zum Großherzogtum Hessen gehörige Staufenberg mit dem gleichnamigen Städtchen.

Warscheinlich gehören hierher auch die Bergnamen Stöpsling, Stoppelsberg u. a. (s. d.).

stehen, conjugiert noch in alter Weise: Präsens *ich stén*, Präteritum *ich stund*; verbindet sich übrigens nur mit haben. Der Gebrauch weicht von dem Schriftdeutschen nicht ab.

aufstehen, älterer Rechnungsausdruck bei der Subtraction für das heutige aufgehen, sich vergleichen. Wenn z. B. 107 Hanen in Einname gejetzt, dieselben aber auch wieder als Besoldungsstücke von dem Rechnungsführer an die Empfangberechtigten abgegeben worden sind, so wird bei der Ausgabe bemerkt: „Summa auszgiffft der haen thut 1cvij vnd *steet auff*". So in den Homberger, Singliser, Wetterer Rechnungen von 1544 bis zum Ende des 16. Jarhunderts; nur mitunter kommt vor: „vergleicht sich", wie jetzt üblich ist.

bestehen, stehen bleiben bei etwas; in älterer Zeit mit dem Genitiv der Sache, und, wenn eine Person als indirectes Object hinzukam, mit dem Dativ der Person. „do soln dy geczuge bysten und soln dy rede horen, ist ez daz, daz se eme der rede *besten* dy he geredet hat, so soln se met eyn ander uff lege, und soln swere, daz dy rede war sin". Statuta Eschwegensia v. Röstell 1854. 4. S. 11. In den Protokollen über Zehntvermaltertungen und Pachtungen aus dem 16. Jarhundert wird bei den Geboten, welche die höchsten waren, und bei welchen das Bieten und der Bieter stehen blieb, ausnahmslos gesagt: „den Zehnten, den Acker, das Gut hat N. N. bestanden". Wir haben hiervon die Bezeichnung Beständer, Pachtbeständer, noch übrig, das Verbum aber ist in dem hier angegebenen Gebrauch nicht mehr vorhanden; und wird es, wo es im schriftdeutschen Sinne gebraucht wird, nicht mit auf, sondern mit bei construiert: „dabei bestên ich", darauf bestehe, dabei bleibe ich.

verstehen, in der alten Sprache mit dem Accusativ: für etwas einstehen, namentlich für einen Grundbesitz und für die davon zu entrichtenden Abgaben, somit theilweise in dem Sinne des heutigen versteuern. „vnd ich sal vnd wil auch dasselbe gud mit allen synen zugehörungen *virsteen*, vnde des gantze uszrichtunge tan, mit allen stadrechten, vnd mit bede, diensten vnd mit allen andern sachen". Biedenkopfer Leihebrief von 1431 bei Lennep Leihe zu LSN. C. pr. S. 55. Und so sehr häufig in den Leihebriefen des 15., zum Theil auch noch des 16. Jarhunderts. „Wer sust da ynne (in städtischen und Herrenhäusern) sitzt, der ir (der Stadt und der Herren) sach nicht zu thunde hait, der gibt furschillinge vnd *verstehet* syn gut, als eyn ander na antzal". Emmerich Frankenberger Gewonheiten bei Schmincke Mon. hass. 2, 696, und oft daselbst. Der Ausdruck ist bis in die neueste Zeit gebräuchlich geblieben.

steif wird in der Obergrafschaft Hanau (Schwarzenfels) vorzüglich von Menschen, und zwar in der Bedeutung von körperlich stark, kräftig, gebraucht: „ein steifer Bursche". Reinwald Henneb. Id. 2, 121.

Steige fem. Dieses alte, meist niederdeutsche, und nur hin und wieder auch in Oberdeutschland (s. Adelung s. v.) gebräuchliche Zählmaß, die Zal 20 darstellend, gehört in Hessen zu den üblichsten. In Niederhessen zält man zwar fast nur Eier und Garnstränge nach Steigen (das Linnen mehr nach Schocken als nach Steigen), in Oberhessen aber, zumal dem nördlichen, und in einem Theil der Grafschaft Ziegenhain, wird nicht allein das Linnen (hier ist die Zälung nach Schocken ganz unbekannt), sondern es werden auch Garben, Stücke Vieh, Thaler und sogar Jahre nach Steigen berechnet, was, theilweise mit Ausnahme der Garben, in Niederhessen nicht geschieht. „vj *stige* garben". Niederhessisches Ernteregister von 1391. „Dan ihm seyen in eynem Jare — siben pferde, mehr dan siben steiche Taler werth, beschediget worden vnd abgangen". Marburger Hexenprocessacten von 1579. „Er sei wol drei steig jar alt". Desgl. v. 1590. „Er hab vber ein halb steig jar zu Willersdorf gewohnt". Desgl. von 1634. Eben so auch jetzt noch in den Aemtern Treysa, Rauschenberg, Rosenthal, Frankenberg: „drei Steig Jahr und zwei" = 62 Jahr; „zwei Steig Thaler und fünf" = 45 Thaler; „funfzehn Steig Schafe nicht voll" = beinahe

300 Schafe. Eben so auch in Niederdeutschland, Brem. WB. 4, 1033. Die Zälung nach Zwanzigen ist unverkennbar keltischen Ursprungs: die Bretonen zälen alle höheren Zalen durch Multiplication mit ugent (viginti): tri ugent 60; pevar ugent 80, bis zu naontec ugent (19 × 20 = 380), von welcher Zälungsweise im Französischen quatre vingt übrig geblieben ist. — Das Wort *steige* (*stiga*) bedeutete ursprünglich einen Stall für Kleinvieh, Schafe und Schweine, und mag demnach wol einen Stall voll dieses Viehes bezeichnet haben, wobei man erwägen muß, daß die älteren ökonomischen Einrichtungen gewisse Zalen sehr strenge zu beobachten und mehrere Jarhunderte hindurch festzuhalten pflegten: zwanzig Stück jenes Kleinviehes, nicht mehr und nicht weniger, kamen in einen Stall zusammen; ähnlich, wie „ein Wagen Stroh" und „sechzig Gebund Stroh" in Niederhessen, „ein Wagen Stroh" und „hundert Gebund Stroh" in Oberhessen noch vor wenig Decennien vollkommen identisch war.

S. Zeitschrift für hess. Gesch. u. LK. 4, 91—92.

Steigel msc., Einsteigungsort; bedeutet theils den einem Fußpfade, namentlich da, wo er zwischen Hecken zu laufen beginnt, vorgestreckten Quaderstein, welcher das Vieh vom Betreten dieses Pfades abhalten soll, und über welchen man hinwegsteigen muß; theils aber auch die widerrechtlich in einen Zaun gemachte Erniedrigung desselben, um bequem übersteigen zu können. Die Sache ist überall vorhanden, der Name besonders im Haungrund.

Vgl. Schmeller 3, 624.

Steinworhte msc., Steinarbeiter; Bezeichnung älterer Zeit, das Maurer- und Weißbinderhandwerk zugleich begreifend. „Den *steynworten* de mure an der burgk zu bewerffen 1 fl.". Grebensteiner Rechnung von 1459. Vgl. Schuchworhte unter *Schuh*.

Stecken msc., in Niederhessen lieber *Steckel* msc. gesprochen, Stock, Stab. In früherer Zeit spielte nicht bloß der Stecken des Richters, sondern auch der Stecken des Ortsvorstandes (Greben, Heimbürgers) eine wichtige Rolle. In der Treisbacher Sache von 1609 (s. Einwart, Briefe tragen, stummeln) verpflichtete sich die Gemeinde zu gemeinsamem Handeln dadurch, daß sie dem Heimbürger an den Stecken griff und ihm an den Stecken gelobte, was zu thun sei.

Emmerich Frankenb. Gewonheiten bei Schminke Monim. hass. 2, 271: an den stecken grifen. Grimm Rechtsalterthümer 135, 899, 902.

Stellberg, *Stallberg*, letzteres die ältere Form, ein in Hessen häufig vorkommender Name von Bergen, meist von spitzen Basalthöhen; Stallberg erscheint in der vorderen Rhön bei Leibolz und bei Rasdorf, Stellberg in der hohen Rhön oberhalb des Dorfes Wolferts, auf der Söhre zwischen Wattenbach und Wollrode, bei Homberg, bei Zwergen; auch den „Stahlberg" bei Heckershausen, „die Stellerskuppe" bei Reckrode werden wir hierher rechnen können. Die Bedeutung des Wortes *Stalberg* (ahd. *stal*, statio, status) ist ganz deutlich: mons stationis, Berg, an oder auf welchem man (zusammen) steht, Versamlungsort für Gerichtshandlungen, wie bei Homberg, wo am Stellberg der Königsstul steht, oder für Unternehmungen sonstiger Art, auch für Jagden (nach heutiger Ausdrucksweise: Berg, zu welchem man bestellt ist und an welchem man sich einstellt).

Stèlmännchen, ein gespenstiges Wesen, mit welchem im Geisgrunde und in der Grafschaft Ziegenhain die Kinder geschreckt werden. Der Ursprung des Wortes ist dunkel. Das è in demselben ist nämlich nicht etwa ë, so daß an eine Ableitung von stehlen gedacht, und das Gespenst als Kinderstehler aufgefaßt werden könnte, was sachlich allerdings möglich, indes nicht warscheinlich ist. Vielmehr ist dieses ē ein sehr klar und stark ausgesprochenes e aus a (so, wie wir jetzt „Seele" aussprechen). „Du, das Stēlmännchen triegt dich!" oft gebrauchte Drohung gegen kleine Kinder, welche bestimt etwas Anderes unter dieser Drohung verstehen, als das Mitgenommenwerden durch den schwarzen Mann (Schornsteinfeger), womit gleichfalls, und neben der Drohung mit dem Stēlmännchen, gedroht zu werden pflegt.

Stelz neutr., ein in Althessen schwerlich jemals allgemein üblich gewesenes Weinmaß. Es kommt dasselbe in dem Grimm Weist. 3, 377 abgedruckten Salzschlirfer Weistum vor: vnd soll ein yder wirt den kondern gebin ein stelzwins, einen weck und ein bratworst. Wenn Adelungs Angabe 4, 351 richtig ist, daß in der Schweiz Stelz einen Stengel bedeute (weder Stalder noch Tobler geben etwas der Art an), so ist das Weinmaß Stelz ein hohes und schmales Gefäß, eine „Stange", wie man die „Halben" bekanntlich auch zu nennen pflegt, vielleicht ein Schoppen.

Stenz msc., großer, unbehülflicher, plumper Mensch. Haungrund und Umgegend.

stenzen 1) forttreiben, fortjagen, vertreiben. Schmalkalden. Reinwald Henneb. Id. 1, 156.

2) Bezeichnung eines Kinderspiels, welches in Hessen allgemein üblich ist, aber nur im Fuldaischen diese Bezeichnung führt: es wird eine Anzal Schießer (Werbel, Thon- oder Marmorkugeln) in eine Vertiefung (Kaute, fuldaisch Kuit) geworfen, und nun kommt es darauf an, ob eine gerade oder ungerade Zal in derselben bleibt.

sterren, buchstäblich: starr machen, erstarren machen, bedeutet im Schmalkaldischen: durch Gift tödten.

Sterz msc., Schwanz der Thiere; in Oberhessen, etwa mit Ausnahme der nördlichsten Striche, gar nicht, in Niederhessen nur, wie gemeinhochdeutsch, vom Pflugsterz, der Pflughandhabe, gebräuchlich, dagegen in dem niederdeutschen Hessen in der Form Stert üblich. Hier kommt das Wort auch als Flurbezeichnung öfter einfach (Ersen, Niederlistingen) und zusammengesetzt, z. B. Hundesterz (Riōhda), Schwalmensterz (Zierenberg) vor; auch wird wol die im nördlichen Oberhessen (Rengershausen und sonst) vorkommende Flurbezeichnung auf dem Hinsturz nichts anderes sein als Hundesterz oder Hintersterz. Nur Sterzhausen gehört nicht hierher, denn dieses Dorf heißt Steinhartshausen, noch am Ende des 16. Jarhundert Steinertshausen.

sterzen, hervorragen laßen, hervorstrecken, gerade aus von sich strecken. „die Beine sterzen"; „die Kuh ist wild, sie sterzt den Schwanz". Oestliches Hessen, Schmalkalden. Reinwald 1, 156. „Ludwig Geylsheußer ist auch gelauffen komen zu Casparn mit gesterztem vnd halb außgereißtem messer". Zeugenverhör in Großseelheim 1533. In Oberhessen wird behauptet, komme dieß Wort jetzt nicht vor.

sterzvoll, gänzlich betrunken. Ziemlich allgemein üblich. Warscheinlich niederdeutsche Form von strotzen. Schottel Hauptspr. 1421: „starkend, vol, turgidus". Vgl. starzen.

steuern (sich auf etwas), in der Bedeutung: sich auf etwas steifen, verlaßen, pochen, sehr gewöhnlich, wie diese Formel im 16. Jarhundert eine schriftdeutsch übliche war, seitdem aber allgemach in Abgang gekommen ist. So

z. B. bei Seb. Frank Sprichwörter 1, 109: „der Fuchs steurt sich auf sein witz und list", und oft bei Luther.

Stichbraten heißt im Fuldaischen das Abendeßen, welches am Abend des Schlachttages gegeben wird, und in Nieder= und Oberheßen Schlachtekohl, im Hanauischen Metzelsuppe genannt wird. Der 31. Dec. 1839 verstorbene Graf von Schlitz, genannt Görtz, gab im Jahr 1832 auf dem Carolinenhof bei Fulda den umwohnenden Bauern einen Stichbraten von einer ganzen Heerde Schweine auf einmal, welche am Morgen geschlachtet und am Abend desselben Tages aufgegeßen wurden.

stiefeln (sich); „es stiefelt sich nicht"; „es will sich nicht stiefeln", es fügt sich nicht, es will nicht recht paßen. Sehr übliche Redensart. Dieselbe findet sich in keinem deutschen Wörterbuch und in keinem Idiotikon; gleichwol kommt dieselbe ganz in dem eben angegebenen Sinne bei Luther vor, allerdings, wie es scheint, nur einmal und nur in einem Originaldruck: Von Jhesu Christo eine Predigt ꝛc. Wittenberg 1533. 4. Hier findet sich nämlich Bl. Bb ein sinn= loser Druckfehler: „vnd reimet sich vbel das sie selt"; dieser Fehler wird aber am Schluße dahin corrigiert, daß man lesen solle: „das reimet vnd stifelt sich vbel". Dieses „stifelt" hat den Jenaer Herausgebern, falls sie überhaupt diese Correctur bemerkt haben, mißfallen, und sie laßen deshalb bloß drucken (Ausg. 1567, 6, 68b): „reimet sich vbel".

stickel, hessische Form der ursprünglichen Wortform stechal, aus welcher durch Syncope das gemeinhochdeutsche Wort steil entstanden ist. Allge= mein und ausschließlich im Gebrauche. „fuhren wir so hoy auff den Bulgen her, das wir so stickel hinab sahen gleich als von einer Mauer". Hans Staden Reisebeschreibung (Weltbuch, Frankf. 1567. fol. 2, 32). Von diesem Worte, und zwar von dessen älterer Form, stechal, führt einer der geschichtlich merk= würdigsten Berge in dem jetzigen Hessen den Namen: der Steckelberg bei Ramholz, Ulrichs von Hutten Geburts= und Heimatsort, jetzt die unscheinbare Ruine der Burg tragend, in welcher Ulrich einige seiner merkwürdigeren Schriften nicht allein schrieb, sondern auch drucken ließ.

Stickel msc., Pfahl. Im Schmalkaldischen.

sticken ist in Oberhessen dasselbe, was in Niederhessen *schölen* (s. Schölholz) ist: dünne und schmale Breter in die gezimmerten Gefache sowol der Wände als der Boden einsetzen, damit dieselben sodann mit Gerten durchflochten und hierauf mit Strohlehm geleibt werden. „4 menner haben die wandt vmb den hoff in ij tagen gekleybt vnd gestickt". Singliser Rechnung von 1560. „etliche gefache an der scheuren welche der sturmige windt außgeworffen hat, gestickt". ebds. 1562. „gesticket vnd gekleibt". ebds. 1578. „M. Simon der Weißbender hat die kymnode, der Herrn Stall vnd Scheuwr gestickket geweist gebunden vnd verbeßert". ebds. 1587. Warscheinlich ist nur eine andere Form von sticken:

stocken: „er hab vor 40 Jaren helffen an einem hause stockhenn". Aus= sage eines Ackermanns, Becker, aus Salzberg, 1528; Lennep Leihe zu LSM. C. pr. S. 340.

Stickstecken, so viel wie *Schölholz*. „1 fl. 5 alb. vor drey eychen beume, sollen aus ezweyen latten auff das haus geschnitten werden, der tritte ist gen Sungilsch gefürt worden, etliche stickstedken zu der wandt vmb den hoff darauß gemacht". Singliser Vogteirechnung v. J. 1560, u. öfter.

Stickholz, dasselbe; „das stickholz in die gefache der gebäude" Estor t. Rechtsgel. 1, 710 (§. 1761).

Stickgerten, in Oberhessen dasselbe was in Niederhessen *Fitzgerten*; die Buchen-, Hainbuchen- oder Eichen-Gerten, mit welchen die Stickstecken, Stickhölzer, Scholhölzer durchflochten werden. „15 alb. vor 5 gebundt stickgerten". Singlifer Rechnung von 1562. „10 alb. vor Stickgirten". ebdf. 1589. „24 alb. vor 6 gebund stiefgertten". ebdf. 1616; und so öfter. Vgl. *Weifstecken, Spilstecken*.

stippern (niederhessisch), **steipern** (oberhessisch), mit Stützen versehen, unterstützen; eine Wand, welche sich gesenkt hat, der überladene Ast eines Obstbaums wird *gestippert (gesteipert)*. „Meines Gn. Herrn Alte scheürn vnder dem Rhenthoiff, welche halt gar wollen vmbfallen, haib ich widderumb vnderschlaigen, gesteippert vnd gebessert, das sie noch ein zeit lang stehn kan". Quittung des Ott Zimmermann zu Rauschenberg von 1557.

Stipper msc., *Steiper*, Balken, Reidel, mit welchem etwas unterstützt wird. Estor t. Rechtsgel. 1, 712: „stüzen oder stäuper".
Der Teutonista (1475) hat *stipren* in derselben Bedeutung; Schottel Haubtspr. S. 1422 in wenigstens ähnlichem Sinne *stiffern*. Richey S. 291 und Brem. WB. 4, 1038 verzeichnen nur das Substantivum (Stiper, Stipel).
Bei den niederdeutschen Wörtern, deren dieses eins ist, kann man freilich nie sicher sein, ob nicht eine unmittelbare Entlehnung aus dem Lateinischen statt gefunden habe, und so ist die Möglichkeit nicht abzuleugnen, es könne dieses Wort von stipes geborgt sein, woran Weigand erinnert Friedberger Intelligenzblatt 1845. No. 81. S. 325; nur ist es nicht sonderlich warscheinlich, daß man zur Benennung so höchst einfacher Vorrichtungen, wie des Stipperns mit Stippern, sich zum Borgen aus einer fremden Sprache hätte wenden müßen.

Stitzel msc., kleine Stütze, z. B. unter obsttragende Bäume gestellt, Fuß an einer Bank geringer Art. Niederhessen.
Stitzelfuss, Stelzfuß, hölzernes Bein, aber auch zusammengezogener Fuß (Dollfuß).
Schmidt Westerwäld. Id. S. 239.

stocken und steinen, mit Grenzbezeichnungen, Grenzstöcken und Grenzsteinen versehen, und somit als sicheres Eigentum feststellen. Diese alliterierende Formel wird noch jetzt gehört: „eich hu [ich habe] mei gestockt un gesteint Land", um sich recht nachdrücklich als Eigentümer, einem etwaigen Eingriff gegenüber, aber auch im Bauernstolze im Gegensatze gegen die Nichtbesitzenden, die Armen, zu bezeichnen. „Gut das geerbteylt, *gestogkt* vnde *gesteynit* ist, wer das hait, der mag es verkoiffin". Emmerich Frankenberger Gewonheiten, Schmincke Monim. hass. 2, 745. Vgl. *reinen und steinen*.

stòkern, in allen Winkeln umher kriechen, im ganzen Haus umher steigen, alles durchsuchen, meist mit *herum* verbunden: *herum stòkern*. Niederhessen. Ganz ähnlich ist *stoekern* in Fallersleben: Hoffmann in Frommanns Mundarten 5, 297.

Stockèt neutr., Staket. Diese mehr hochdeutsche Form ist in Hessen üblicher, als die gemeinhochdeutsch gewordene niederdeutsche Form Staket. „Sie machen ein Stockèt vmb ihre Hütten her aus Palmenbäumen. — Das Stockèt ist wol anderthalb klaffter hoch —. — das sie die köpffe deren so sie geßen haben auff die **Stocketen** stecken". Hans Staden Reisebeschreibung (Weltbuch 1567. fol. 2, Bl. 51b).

stolz adj., allgemein üblicher Ausdruck für: schön gekleidet, geputzt.

Stöpfling, *Stöffling* msc., Name eines Basalthügels nahe bei Holzhausen A. Homberg; *Stöfflingskopf*, Name eines ähnlichen, nicht gar weit von ersterem entlegenen Basalthügels bei Ostheim A. Melsungen. Es kann kaum ein Zweifel darüber obwalten, daß beide Namen Bildungen von Stauf, *coules* (s. d.) sind, und zwar, wie es scheint, Deminutiva. Weniger sicher, wenn schon warscheinlich, ist es, daß hierher auch gehört

Stoppelsberg, auf dessen Gipfel die Ruinen der Burg Hauneck liegen, und welcher gleichen Namen mit den an seinem Fuße liegenden Dörfern Ober- und Unter-Stoppel führt. Mit Stoppel, *stipula*, hat dieser Berg- und Dorfname sicherlich nicht direct etwas zu thun; übrigens ist zweifelsohne der Name des Berges älter als der Name der Dörfer, denn es gibt noch einen zweiten Stoppelsberg, bei Weichersbach, in dessen Geklüft sich um 1720—1730 eine Boa constrictor aufhielt, welche, nachdem sie lange Zeit der Schrecken der dortigen Gegend gewesen war, von dem Förster Lins zu Weichersbach an der Sinn im Romertsbrunn erlegt wurde.

Stoppel fem., wie gemeinhochdeutsch. „Der Wind fährt durch die Stoppeln" höchst bezeichnende, hier durchaus volksübliche Bezeichnung der beginnenden Kühle und Oede des Herbstes.

Stoppelkalb, Schimpfwort für einen besonders dummen und ungeschickt sich anstellenden Menschen.

storbisch, eine seltsame Bildung von sterben, welche im 15. Jarhundert öfter erscheint. Sie soll den Sinn ausdrücken: was einem Gestorbenen angehört, und findet sich nur in Rechnungen, so wie in der Verbindung mit Häute: *storbische* hüte, d. h. Sterblingsfelle (wie auch in andern Rechnungen desselben Zeitraums sterbelingshude vorkommen), Felle, Häute von gefallenem Vieh. So in Borken 1489, in Rauschenberg 1501 u. öfter.

storgen, plaudern, schwatzen, austragen; unnütze Reden führen. Werragegend (Amt Altenstein). Schmeller 3, 657 verzeichnet aus Nürnberg: storgen, im Lande herumfahren, woher denn auch Storger den Landfarer, Marktschrier bis in die neueste Zeit bezeichnet hat und theilweise noch jetzt bezeichnet. Adelung 4, 408.

strack, gerade, gerade aus; von Reden wie von Richtungen, Wegen, sehr gewöhnlich, auch in die Schriftsprache übergegangen. In ältern Zeiten war es sehr gewöhnlich, einen Verkauf einen stracken Verkauf zu nennen, um denselben als einen definitiven, dem Widerkauf entgegengesetzten, zu bezeichnen. „mit eimo rechten *strackin* sirkousse". Marburger Urkunde von 1340. „Ich Albert Ringk burger zu Marpurg bekenne — das ich — han verkaufft eines *stracken* ewigen verkauffs Hermanne aus der Marpach — mein Haus". Marburger Urkunde von 1365. Und so oft.

Sträm msc. ist zwar dasselbe Wort, welches hochdeutsch Strom lautet, hat aber nicht dieselbe Bedeutung; es bezeichnet vielmehr die Richtung des fließenden Wassers, die Strömung. So kommt es in den Actenstücken des 16. Jarhunderts aus Niederhessen und Oberhessen sehr häufig vor, und so ist es noch jetzt, zumal in Oberhessen, gebräuchlich. In H. Engels grawsamlich geschicht einer Wasserflut in Marburg 1552. 4. Bl. A2b erscheint die Form Straum im Reime auf Baum.

Sträme msc., Längsstreif, Strich, Strieme; im Dialekt nicht bestimt geschieden von dem stark declinierenden *Stram*, und ohne Zweifel an sich dasselbe Wort. „Das stecklin lag auf einem stramen des Meers, welches sich 2 meil wegs landtwerts in strecket". Hans Staden Reisebeschreibung (Weltbuch 1567. fol. 2, 28a).

Stramel msc., Längsstreif, Strich; Stral. Gleichfalls gebräuchlich; besonders hört man oft *Sonnenstrameln*. „so das von er (der h. Elisabeth) *strameln* gingen klar als die sonne". W. Gerstenberger b. Schmincke Mon. hass. 2, 370. „Im selbin jare quam so eyn groisz wint, das er — in den welden grosse *stramelu* der boyme umbewarff, want wo die *strameln* hyn gingen, das muste all umbefallin". Ebds. S. 528.
Vgl. Strieme.

Strampel fem. u. masc., Bein, dickes Bein. In Hessen wird es fast nur scherzweise von den Beinen kleiner Kinder gebraucht; im Schwarzenfelsischen aber, wo es masculinisch gebraucht wird, ist es der feststehende Ausdruck für Dickbein, Schenkel.

straneln, zaudern, sich besinnen. Oberhessen.

streff, auch *striff* gesprochen, ein im sächsischen und westfälischen Hessen sehr übliches Wort, Nebenform von straff, und bezeichnet die Eigenschaft des Musculösen, Kräftigen, Starken am menschlichen Körper: „ein streffer (striffer) Bursch". Schottel Hauptspr. S. 1424: „stref, rigidus, robustior".

streichen v. neutr., anfangen zu sieden, vom Waßer im größeren (Siede-)Keßel, wenn es über die ganze Oberfläche hin als Anfang des Siedens strichförmige Wellen wirft; „das Waßer streicht, was in den Keßel soll, muß herbei". Allgemein üblich.
Nur Schottel Hauptspr. S. 1425 hat diese Bedeutung: „streichen, ebullire, anfangen zu sieden", und nach ihm Stieler S. 2197. In den übrigen niederdeutschen Wörterbüchern fehlt sie, auch bei Schmeller, und Adelung hat sie verschmäht.

Streckling msc., ein Gebund strackes Stroh, im Gegensatze gegen krummes Stroh, Blutterstroh; das im eigentlichen Sinne stracke Stroh ist nur das Roggenstroh. Ueblich im nördlichen Theil der Grafschaft Ziegenhain (Amt Schönstein) und im nordöstlichen Oberhessen. Die alten Rentereirechnungen von Rauschenberg (1552—1623) halten diese Bedeutung von Streckling, als Gebund Roggenstroh, auf das Entschiedenste fest, z. B.: „An streckling 2270, an Hafferstro 800, an Weitzenstro 52 ströer. An Gersten 106 ströer. An Erbeißen 19 ströer". 1585. Andere Rentereirechnungen aus derselben Zeit, z. B. Wetter, laßen diese Bedeutung von Streckling zwar auch erkennen, vermischen aber doch nicht selten Streckling mit Peusch, was für jede Art Strohgebund gilt.

streuen, *Wege streuen*, eine in ganz Althessen herschende Sitte: es werden von dem Hause eines Mädchens zu der Wohnung ihres geheimen, aber (vermeintlich oder wirklich) entdeckten Liebhabers Pfäde von Sägespänen, Spreu, Häcksel bei Nacht gestreut, um das Pärchen in das Gerede des Ortes zu bringen und jedenfalls dasselbe zu necken. Das Object „Wege" bleibt sehr oft weg; es heißt meistens „es ist ihm (ihr) gestreut worden". Aehnlich in Baiern, wo man anstatt streuen das Wort säen braucht. Schmeller 3, 177.

Strieme msc., Striemen, ähnlich in der Bedeutung mit *Strame*, und zumal in Niederhessen, üblicher als Strame, Streif, abgetheiltes Längsstück einer

Fläche: Striemen Land, Striemen Tuch, Striemen Leder. Die gemein=
hochdeutsche Bedeutung (Längsstreif auf der Haut, welcher von empfangenen
Schlägen herrührt) ist gleichfalls bekannt und geläufig.
 Striemel msc., Deminutiv von Strieme; sehr üblich. Richey S. 296.

 strippen (sich), uneinig werden, sich streiten, sich zanken.
 strippersch werden, uneinig werden, in Wortwechsel geraten. In Nieder=
hessen äußerst häufig. Seltsam ist es, daß im Fuldaischen *unstrippel* gleich=
bedeutend mit uneinig ist (s. d.).

 stritzen, Nebenform von spritzen, welche in Niederhessen in sehr
ausgedehntem Gebrauche war und zum Theil noch ist. So z. B. hieß die eigene
Art auszuspuken, welche der hessische Soldat vor 1806 (damals zum großen
Theil Tabakskauer) annehmen mußte, stritzen.

 Stroh neutr., wie hochdeutsch. Im 16. und in der ersten Hälfte des
17. Jahrhunderts bildete dieses Wort auch einen Plural: Stroeer, womit die
Gebunde Stroh bezeichnet wurden. So kommt es in den Rentereirechnungen von
1540—1630 unzälige Male vor: „400 ströer in den Renthoff geliffert".
 Stroh in den Schuhen haben. Es ist eine äußerst übliche Redensart:
„er hat Stroh in den Schuhen", um damit einen Muthwilligen, einen Spötter
zu bezeichnen. Ob dieß etwa den Sinn haben mag: „er läßt den Schalk her=
vorgucken"? In diesem Falle könnte herangezogen werden die bei Seb Frank
Sprichwörter 1541 Bl. Xb vorkommende Redensart: „Stro im schůch, spindel im
sack, vnd ein hůr in eim hauß, gucken altweg herauß".
 strohern in metaphorischem Sinne: „Dann ob wol etwan gute ordnung
troffen werden, vnd verkundigt, so sein etwan die Herrn vnd obern die ersten die
solliche brechen. Daher kompt das mans stroern ordnung vnd in ander wege
schimpflich nennt, als die ein tantz vnd ein vesper vberlangen". J. Ferrarius
von dem gemeinen Nutz. 1533. 4. Bl. 30a.

 Strohmeier, 1) ein ehemaliger Unterbedienter der Cameralverwaltung,
welchem die Aufsicht über die Erhebung der Zehnten hinsichtlich des Strohes,
d. h. der Garbenzälung, zugewiesen war. Landesordnungen 1, 429. Kommt
auch in den Kammer= und Rentereirechnungen bis gegen das Ende des 17. Jh.
(vielleicht noch länger) vor. 2) ein geringes, auf dem Heerde in der Pfanne
oder auf der Platte verfertigtes Gebäck (den westfälischen Buchweizenpfannkuchen
ähnlich).

 Strotte fem., die niederdeutsche, durch ganz Niederhessen übliche Form
des hochdeutschen Stroße, Stroße, Luftröhre. *Gänsestrotte*, Luftröhre der
Gans, welche von den Kindern als Blasinstrument gebraucht wird.

 Strotze fem., Mistjauche. Schmalkalden. Vgl. *Sotte* und *Trotze*.

 Strümpfer msc., Instrument zum Stoßen, Stößer; auch *Strempel*.
Oberhessen. *Butterstrempel*, Stößer im Butterfaß. Marb. Hexenpr. A. von
1658. *Kartoffelstrümper*, Stößer um die gekochten Kartoffeln zu Brei zu zer=
stampfen.
 strümpfen, strümpen, strempen, stoßen, zerstoßen, zerstampfen.

 Strunz msc., in der Obergrafschaft Hanau dasselbe, was in Nieder=
hessen Stunz, Stutz ist: Oelte, Zuber.

 Strunze fem., verächtliche Bezeichnung einer Frauensperson, besonders
einer müßig sich herumtreibenden; auch eines ältern, widerlichen Weibes. Sehr

gewöhnlich, besonders in Niederhessen. „Ambubaia, ein loß weib, daß vmbher streicht, ein strünzern" Alberus Dict. Bl. C4b.

strunzen, herum strunzen, müßig umherstreichen, besonders von Weibern gesagt. „strunzen, discurrere" Schottel Hauptspr. S. 1426.

Stubbe msc., niederdeutscher, im westfälischen Hessen gebräuchlicher Ausdruck, mit welchem die Baumstümpfe, Erbstöcke, bezeichnet werden. Richey S. 297 Brem. WB. 4, 1074.

Stubich, Stubick, Stübich msc., Buschwald, welcher abgetrieben wird, und dessen Wurzelstumpfe dann wieder ausschlagen. Vgl. Stübusk Brem. WB. 4, 1074. „Auch die Jacht des Holz oder Stupichs, gnent der Getzman" Vertrag zwischen L. Philipp und Abt Michael von Hersfeld vom 26. Juli 1557, bei Ledderhose Jurium sc. 1787. 4. S. 186. (Vgl. **Getzmann**). Dieser Wald ist noch vorhanden, heißt aber jetzt, da das niederdeutsche Wort unverständlich geworden ist, Stockicht (auch: Stockig). Ein Stubick, Stübich findet sich noch zwischen Oberlistingen und Grimmelsheim.

Stübchen neutr., das Deminutiv des hochdeutschen stouf (Stauf), niederdeutsch stöp, großer Becher, scheint nur in Niederdeutschland vorzukommen, erscheint jedoch in Hessen in älterer Zeit sehr häufig. Als Buttermaß (vgl. Brem. WB. 4, 1048) erscheint es in einer Immichenhainer Urkunde von 1446 bei Lennep Leihe zu LSN. Cod. prob. S. 192: tzwe *stibichen* bottern. Als Weinmaß war ein Stübchen dem jetzigen Maß ziemlich gleich; es faßte vier Quart (Brem. WB. a. a. O.), oder vier Schoppen (sechs Nösel?), Zeitschr. für hess. Gesch. u. LK. 3, 192.

bestudeln, einen Verbrecher festhalten und vor Gericht ziehen, wenigstens mit Angabe und Bestätigung der Thatsachen bei dem Gerichte anzeigen. „Wers oich, daz en dyp ader ein morder *bestudell* worde, da solde eyn zcintgrebe uud daz scrye folgen", Weistum von Großenburßla und Völkershausen aus dem 14. Jarhundert Zeitschr. f. hess. Gesch. u. LK. 2, 241, und daraus Grimm Weisthümer 3, 325. Ohne Zweifel ist dieses *bestudeln* einerlei mit dem dingstudeln im Kaiserrechte (König 2, 33. Fuldaer Handschrift Bl. 8b, bei Endemann S.), welches wieder einerlei ist mit *kümmern*, occupare. S. Zeitschrift f. hess. Gesch. u. LK. 4, 92—93.

Stucke fem., niederdeutscher Ausdruck für einen im Felde aufgestellten Haufen zum Einfaren bereiter Getreidegarben; in Oberhessen *Heuchel* s. d. „Am 15. September sind einem Bürger dahier von seinen am Kohlwege gelegenen, mit Waizen ausgestellt gewesenen Lande, welcher bereits in Stucken gestellt war, zwei Stucken entwendet worden". Wolfhagen 1839. Westfälisches Hessen. Anderwärts in Niederdeutschland, und in Westfalen selbst, sind Stucken das was wir hier Erbstöcke (Stubben) nennen. Strodtmann Id. Osn. S. 234.

stüelen, Schmalkaldisches Wort, nur in der Verbindung üblich: *den Arsch stüelen*, den Hintern ungebürlich, oder auch einem Andern zum Hohn, hervorstrecken.

Stülpe fem. ist die Bezeichnung mehrerer Arten von Mützen des weiblichen Geschlechts auf dem Lande; an der Schwalm insonderheit üblich, bezeichnet das Wort die bei kirchlichen Veranlaßungen, namentlich bei der Feier des h. Abendmals übergezogene weiße Mütze, anderwärts Ziehbetzel.

stummeln (stommeln, stümmeln), aufhalten, am Fortgehen, Weitergehen, an der Fortsetzung der Arbeit verhindern. Oberhessen, wenn gleich nicht allgemeinen Gebrauches. Die Einwohner von Treisbach weigerten sich im Jahr 1608, den „calvinistischen" Pfarrer Vitriarius aufzunehmen, und hatten u. a. die Wagen, welche das Hausgeräte dieses Pfarrers von Wetter nach Treisbach führen sollten, zurückgehalten. In dem Verhörprotokoll, welches 1609 über diese Sache mit der größten Weitläufigkeit aufgenommen wurde, wird nun dieses Aufhalten oder Zurückhalten zu ungezälten Malen von den vernommenen Gemeindegliedern als stummeln bezeichnet: „die Wagen seien gestumlet worden"; — „daß Mollerhanß auch die fuhr hab stumlen vnd auffhalten wollen, das wiße er nicht"; — „daß Mollerhanß am Einfart die fuhr gestomlet, das hab er nicht gehört" u. s. w.

Stummelung fem. „Von stummelung der wagen wiß er nichts"; „hab auch die hemmung vnd stimlung der wagen vnd fahrt von Mollerhanß nicht gehört"; u. s. w.

stumpieren, verschmähen, ausschlagen; ein im ökonomischen Handel in Oberhessen üblicher Ausdruck: zwischen zwei im Handel z. B. um ein Stück Vieh Begriffene, welche mit ihren Forderungen und Angebot weit auseinander gehen, tritt ein Mittelsmann, welcher einen Vorschlag zur Einigung der Parteien macht; der eine der Handelnden ist bereit, auf diesen Vorschlag einzugehen, und gibt dieß mit den Worten kund: „ich will dein Wort nicht stumpieren". Anders kommt dieser Ausdruck nicht leicht vor. Estor 1420. Eben so auf dem Westerwald Schmidt Westerw. Id. S. 240. Schmeller 3, 640.

stunkeln (sich), sich stellen, aufrecht stellen. Hin und wieder an der untern Schwalm, auch wol in Oberhessen, insbesondere kleinen Kindern gegenüber, gebraucht; „stunkel dich", stell dich doch auf die Füßchen!

Stunz msc., auch *Stutz*, und am liebsten deminutiv: *Stünzchen*, *Stützchen*, ein kleiner Zuber, zum Melken, zum Baden der kleinsten Kinder, zum Waschen der Füße, so wie zum Waschen des kleinsten Linnenzeugs gebraucht. Niederhessen; in Oberhessen ist das Wort unverständlich, da man hier nur Zuber, Zuberchen (Zöbberchen) braucht. „badestuncze, fussstuncze" in einer Waldauer Rechnung von 1486. Das Wort findet sich als niederdeutsch nur bei Schottel Haubtspr. S. 1426: „Stuntze, labrum, cups" und bei Strodtmann Id. Osn. S. 235: „Stünßken, ein klein Milchfaß, dahinein gemolken wird", so wie aus letzterem im Brem. WB. 4, 1079. Ueber *Stutz* vgl. jedoch Adelung 4, 489. Frommann 5, 297: *Stünsken*, aus Fallersleben.

Stuppe fem. (niederhessisch), *Staupe* (oberhessisch), Krankheitsanfall, Paroxysmus der Krankheit, und nicht bloß der leiblichen, auch der Narrheit, sogar des Zornes u. dgl.

stuppern, stolpern; der im Fuldaischen ausschließlich übliche Ausdruck.

Stürze fem. 1) gegitterter Behälter, oft ohne Boden, in welchem Hüner, Gänse, Enten eingesperrt, meist zum Mästen aufbewahrt, gehalten werden; Hünerstürze, Gänsestürze.

2) Deckel eines Kochgefäßes. Oestliches Hessen. „Ich habe weder tuppen, kriege, *storczen* noch panne; — Gutte hot mir gestoln eyn *storcz* vuerholn; — Zuge (d. i. ziehe) mich diner *storczen* nicht". Ungedrucktes Weihnachtsspiel aus dem Ende des 15. Jahrhunderts v. 574. 655. 659.

stussen so viel als stutzen (s. d.) ist wenig üblich (Schottel Haubtspr. S. 1427), desto üblicher ist das davon abgeleitete Wort

bestusst, dumm, vernagelt im Kopf; albern; bestürzt; — gleich einem, welcher vor den Kopf geschlagen ist.

Stuss msc., hauptsächlich in der Judensprache und im Verkehr mit Juden: Verkehrtheit (Abspringen von der Zusage), auch Albernheit, Unsinn „mach mir kein Stuß". Vgl. Schmidt Westerw. Id. S. 245.

Stutz msc. 1) plötzlicher, kurzer Stoß an den Kopf, oder vielmehr mit dem Kopf an einen harten Gegenstand, zumal an den Kopf eines Andern. „Es war ein harter Stutz" pflegte Joh. Rau bei der Erzäiung seines Abenteuers (s. Woppen) zu sagen.

Stutzkopf machen, *Stutzkopf* spielen, *Stutzebock* oder Hermen *Stutzebock* machen, spielen, die Köpfe an einander stoßen, wie die kleinen Kinder thun.

2) *auf den Stutz*, plötzlich, unvermutet, mit einem Male. „Wie kann ich das nun so auf den Stutz machen?" d. h. bei so plötzlicher Bestellung in so kurzer Zeit. „Er kam mir so auf den Stutz"; letzterer Redensart bediente sich schon Landgraf Moritz 1624, v. Rommel hess. Gesch. 7, 585 Anm. Sehr üblich. Vgl. Schmeller 3, 674.

3) s. *Stunz*.

stutzen, die Köpfe an einander stoßen. Die Ziegenböcke, Schafböcke stutzen sich; Kinder stutzen mit einander, und stutzen mit einander die Ostereier.

suckeln, das Frequentativ von saugen, zugleich auch als Deminutiv verwendet; übrigens im Volke weit üblicher, als saugen, sowohl von Kindern als von jungen Thieren. Auch nennt man das Auflösen von Süßigkeiten im Munde *suckeln*: „Zucker suckeln", und der Lakrizensaft führt bei den Kindern ganz regelmäßig den Namen Suckel msc.

suffig, zum Trunke (Suff, Soff) geneigt. „Die Ratspersonen sollen auch eines erbaren lebens sein, nit suffig, noch andisch". Ferrarius von dem gemeinen Nuß. 1533. 4. Bl. 40b. Noch jetzt sehr gebräuchlich.

söpperig, niederdeutsche Form, derselben Bedeutung. Im westfälischen Hessen.

Sûl fem., Säule; wird in ganz Althessen ausschließlich von der Holzsäule gesagt, welche die Ecken der Gebäude bildet; Steinsäulen (in Kirchen) nannte man mit diesem Namen bis um 1830 durchaus nicht, sondern Ständer.

Süll, *Süllen* msc. 1) Schwelle. Im sächsischen und westfälischen Hessen. Richey Id. Hamb. S. 300.

2) in manchen Gegenden heißt auch der Pflugteil Suln, welcher sonst Aftertrach, Boss, Pfälf, Schemel heißt.

süllig, gewöhnlich *sillig* (silch) oder *sellig*, und vielleicht richtiger (s. u.) gesprochen, ein Adjectivum, dessen Bedeutung ungefähr der von viel, groß, ansehnlich, bedeutend, entspricht. „selge orbel", viel Arbeit, schwere Arbeit. „ech bin selge möl dò gewest", ich bin oftmals, sehr oft, da gewesen; „ein sillig Glück" ein ungemein großes Glück; „ein sillig reicher Mann", „sillig viel Geld" oder auch nur „sillig Geld" u. dgl. m. Das Wort ist in ganz Althessen, am meisten in Niederhessen, und im Fuldaischen, wie auf dem Vogelsberge, in Schwaben, in der Schweiz u. a. O. gebräuchlich.

Man könnte zunächst wol, wie Schmeller 3, 229 an eine erweiterte Bedeutung von solch denken, doch will sich dieß nicht sonderlich zu dem angegebenen Gebrauche in allen Formen desselben fügen; weit mehr fügt sich zu denselben das freilich in der Schriftsprache längst untergegangene goth. *sildaleiks*, alts. *seldlic*, mirabilis.

Sulze, *Sülze* fem. bedeutet jetzt nur eine besondere Art von Wurst (die aus Schwarten bestehende), ehedem aber bedeutete das Wort hier wie anderwärt das Eingesalzene überhaupt, sogar das eingesalzene Kraut, das s. g. Sauerkraut. „Vᶜ [d. i. 500] krudes zu *soltzen*, 850 krutz gekauft zcu musen [Gemüse]"; Kasseler Rechnung von 1479.

suppen, triefen, von den Augen.
   Suppaugen, triefende Augen.
   Supp msc., der verhärtete Augenschleim. Niederhessen.

Suppelwetter, regnige, feuchte, neblige, aber nicht eben kalte Witterung. Im Fuldaischen.

suppelig, regnig, feucht; „es ist so suppelig draußen".

suppeln, ein wenig regnen.

Sûr neutr., der Eßig (das Saure an und für sich, das eigens Saure). Im westfälischen Hessen.

Süster fem., die niederdeutsche, im sächsischen, besonders aber im westfälischen Hessen (hier ausschließlich) übliche Form von Schwester. Das Wort weicht successiv zurück; in und um Kassel war es noch in der Mitte des vorigen Jarhunderts gebräuchlich, wenn auch nicht mehr in allgemeiner Uebung, jetzt ist es dort und schon einige Wegstunden weiter nördlich gänzlich ausgestorben; nur das in Kassel (jetzt auf der Oberneustadt) befindliche Hospital für Frauenspersonen heißt noch das Süsterhaus; eine den meisten Bewohnern der Stadt schon jetzt nicht mehr verständliche Benennung.

sude, *sudchen*, *sutjes* s. side.

Sütte, *Südde*, *Sutte* fem., meist *Sidde* gesprochen, der Aufguß von heißem Waßer auf Gras, Strohstümpfe (Gepeul) u. dgl., welcher mit dem Gras ꝛc. dem Milchvieh Abends gegeben wird; je nachdem die Vegetabilien beschaffen sind, werden dieselben auch in dem Siedekeßel eigens gekocht. In ganz Heßen üblich. „Sie weren außgegangen mit Körben vmb Disteln außzustechen zur sutten". Marburger Verhörprotokoll von 1596. „Palea, ein süd, sit e stramento secto, aus haxel" Alberus Dict. Bl. ttb. Ohne Zweifel ist dieses Wort das alte *suti*, wie auch Schmeller annimmt 3, 293.

suttern, sickern, besonders von unsauberer Flüßigkeit gebraucht: die Wunde suttert, der Waßersüchtige suttert, oder: die Lymphe, das Waßer suttert.

Sutter msc., die ablaufende, ab- oder durchtropfende unsaubere Flüßigkeit; insbesondere wird Sutter von dem Ablauf des gerauchten Tabaks gebraucht.
   Suttersack, Abguß an der Tabakspfeife, welche diesen Ablauf aufnimmt.
   Vgl. Sotte, Sulte, Mistsulte, welches Wort wol hierher gehören möchte.

sutzelich, auch *susselich*, unsauber gekleidet, unreinlich überhaupt, besonders von Frauenspersonen gebraucht. Niederhessen.
   Sutzel fem., *Sussel*, *Susel*, eine unsauber sich haltende Frauensperson. Die Formen mit ss, s, sind schmalkaldisch.

T.

Tabart (*Daphart*, *Tappart*) msc.; diese griechisch-lateinische, in allen Tochtersprachen des Lateinischen übliche Bezeichnung eines langen Gewands findet sich im 14. und 15. Jarh. in Hessen sehr häufig: Falckenheiner Fritzlar 4, 153 und sonst.

tägen (sich), s. **dachen**.

Tag. "Zu Tage läuten", auf den Dörfern das Läuten zum Frühgebet, um 5 oder 6 Uhr im Sommer, um 7 Uhr im Winter.

Héltag, Festtag; an der Schwalm, auch sonst noch nach Oberhessen und nach Hersfeld hin. *Jubelches Tag:* "auf Jubelches Tag", ad calendas graecas, nimmermehr. Fulda. *Nimmerstag:* "auf Nimmerstag, wenn die Böcke lammen", nun und nimmermehr. Nieder- und Oberhessen, sehr üblich.

Tag und Nacht, Name der schönen und in Hessen nicht häufigen Pflanze Melampyrum nemorosum in der vordern Rhön, sehr sprechend: aus dem Dunkelblau der Deckblätter bricht die goldgelbe Blütenkrone, der Sonne gleich, hervor. S. Zeitschrift f. hess. Gesch. u. Lit. 4, 94. An der Werra (Meisner, Altenstein), wo die Pflanze sich gleichfalls findet, will man einen Namen für dieselbe nicht kennen.

betagen c. Acc., alter, ehedem nicht allein üblicher, sondern regelmäßiger Ausdruck für: einem einen Tag, d. h. Gerichtstag, bestimmen, ihn zum Termin vorladen. "1 fl xiii alb wird gestraft Martin Bomm zu Rodenhausen, daß er — als er vor die Obrigkeit **betagt**, außgerißen". "Gedachte drei Hoffmenner sindt nach Rauschenberg **betagt**, aber vngehorsam außpliben". Rauschenberger Bußregister von 1606. Und so sehr oft.

Talpen plur. tant., das Maul. Dieses Wort kommt nur in der Diemelgegend, zumal von dem thierischen Maul, vor.

tappchen, häufig *dappchen* gesprochen, Frequentativ von tappen, fest und hart, plump auftreten; auch figürlich von plumpem Dreinfahren gebraucht. Schmidt Westerw. Id. S. 250.

Tapch msc., seltner *Dapch*, ein plumper Mensch. Sehr üblich.

Tappe fem., auch *Tappen* msc., Socke, aus Salbenden, Lumpen u. s. w. verfertigter weiter Schuh. Allgemein üblich, ausschließlich jedoch im Gebiet der Hauna, während in Niederhessen neben *Tappe* auch *Lätsche* und *Tatsche* (Datsche) gilt.

tasten (tasten auf einen), *antasten*, war die alte, bei Gerstenberger häufig vorkommende Bezeichnung von fehdemäßigem Ueberfall und von Verübung des Straßenraubes. "Knechte, die gnüpten vnde *tasten* uff die strasse vnde in dem lande" (Schminke M. hass. 2, 491. 499). "Sie *tasten* uff den Bischoff von Paderborne, da *tastin* die von Patberg widder uff die strasse in Westphalen" (ebendas. 507). "Etzliche reissener — die raudten vor Franckenberg vnde *tasten ane*. (ebendas. 319). Vgl. gneipen.

Tätel msc., auch wol *Dätel* gesprochen, ist in manchen Gegenden des östlichen Hessens (Waldkappel, Meisnergegend überhaupt) der Name des Zigeuners, neben dem allgemeinen Namen Heide. Es ist dieß der, im östlichen Deutschland gewöhnliche (z. B. im Froschmeuseler vorkommende) Name Tatar, Tatter, Datter, welcher den Zigeunern beigelegt wurde.

Taubhorn msc., gesprochen Dubhorn, Dübhorn, das Männchen der Taube, Tauber, Taubert. In ganz Niederhessen und Fulda die üblichste Bezeichnung, neben dem weniger gebräuchlichen Ruckert. Das Wort findet sich auch als *duishorn* im Teutonista (Grimm Gramm. 2, 499) und muß sich auch weiter verbreitet haben, da es eine abliche Familie Dubhorn, Dubehorn im 14. Jarh.

im Odenwald gab (Wagner im Archiv für heſſ. Geſchichte und Alterthums=
kunde 6, 54 f.).

Taufet fem., die Handlung und Feierlichkeit, einſchließlich der Gaſterei, der Kindtaufe. Schmalkalden. *Taufeteleute*, Kindtaufsgäſte.

terlaſſen, eine der ſeltſamen, ohne Zweifel durch arge Entſtellung ge=
bildeten Schmalkalder Ausdrücke, bei Reinwald 1, 161 talaaſtern, albernes Zeug reden.

Teufel, geſprochen Deiwel, auch Diwel. Das Ausſprechen dieſes Wortes wird, wenn der Teufel ernſtlich gemeint wird, vermieden, und dafür „derjenige" geſagt; wird das Wort zum Ausruf verwendet, ſo wird es in allerlei enſtellte Formen gekleidet: Deiker, Deitſcher, Deutſchel (wie in Filidors Erneſinde S. 42: „der Teutſchel hole Sich); auch wird misverſtändlich Deiphenker, abgekürzt Denker als Name des Teufels gebraucht, während daſſelbe Dieb=
henker (Schinder) bedeutet. Redensart: „er iſt der lebendige (leibhaftige) Teufel", ein arger, die Umgebungen quälender Menſch. „Ja, wie jung war, da war ich auch mal ſo ein klein Deiwelchen" ſagte eine ſehr lebhafte, unter=
nehmende Kaufmannsfrau. „O Luischen, du warſt auch ein Teufel" entgegnete trocken und gravitätiſch der Mann. „der Teufel ſelbſt ſein" ſehr mächtig ſein. „Iſt der Kerle ſo ſtolz, weil er nur Sättel kan machen, was wolte er wol thun, wenn er köndte Gäule machen, dann würde er der Teufel ſelbſt ſein". O. Melandi Jocoseria (Lich 1604. no. 609. S. 590. Schmalk. 1611. 2, no. 208 S. 264). Der Statthalter Burchard von Cramm wurde von einem Bauern „der Teufel gar auf der Kanzlei" angeredet. Ebdſ. (Lich 1604 No. 572. S. 532—533. Schmalk. 1611. 2, No. 172 S. 214—215).

Von Familiennamen, in denen das Wort Teufel vorkommt, ſind mir außer dem einfachen Teufel, wohin auch wol Deibel, Deubel u. dgl. zu rechnen ſein werden, in Heſſen nur begegnet: Teufelskind in Gershauſen be Kirchheim und Teufelshaupt in Kaſſel. Der erſtere Name iſt ſchon längſt ausgeſtorben (er bedeutet Zauberer); der andere iſt im Anfange dieſes Jahr=
derts erloſchen.

teufeln, zum Teufel machen. „Alſo gute luſt haben ſie (die Sekten) darzu, das ſie Chriſti geiſt in den Catholicis leſtern vnd Got Teufeln ſollen". Geo. Witzel Poſtill 1539. fol. Bl. 219a (zu Joh. 8. „nun haben wir erkannt, daß du den Teufel habeſt").

überteufeln, überwältigen, übertölpeln. Niederdeutſch (ſ. Richey S. 49), aber in ganz Heſſen üblich. „daß ich bey einem Stümmelchen Liechts eins Glücks long drey oder vier Maß Weins herauſſer ziehen vnd vberteuffeln kan" O. Melander Jocoseria. Lich 1604. S. 745 (no. 730). [Schmalkalden 1611, 12. 2, 428 (no. 331)].

Grasteufel, muß ehedem eine beſondere Art von Dämonen oder wenigſtens Beſeßenen geweſen ſein oder bedeutet haben. Im Sommer 1657 kamen „tolle, Paderborniſche vom Leidigen teuffel beſeſſene Leute" durch Marburg, welche vorgaben, jede Hexe „vnd vnreine Leut" zu riechen, worauf ſie dann als=
bald niedergefallen und „vnrichtig" worden; bei „frommen Leuten" waren ſie ruhig. Alles Volk ſtrömte um ſie zu ſehen, erſt vor dem Eliſabethenthor, dann auf der „Hausſtadt" zuſammen. Darauf bezieht ſich folgende Ausſage vom Jahr 1658: „Er hab auch vorm thor geſehen, daß die eine beſeſſene, welche den klopteuffel gehabt, angefangen zu lachen, vnd zu ihrer mittgefährden geſagt, du grasteuffel itzo iſt hexenfleiſch da, der teuffel ſitzt dir itzo in den füſſen".

Das Wort wird noch jetzt gebraucht, aber als Scherzwort, für ein kleines, unruhig hin und her kriechendes Kind. — Was der Klopteufel gewesen sein mag, kann ich gleichfalls nicht sagen.

Teufelsgraben, sehr häufig vorkommender Eigenname einer vom „wilden Waßer" gerißenen tiefen Schlucht, eines engen dunkeln Thales (zumal einer Waldschlucht) bei Solz, Werda [bei Marburg] u. v. a. O. Desselben Sinnes sind die gleichfalls oft vorkommenden Bezeichnungen *Teufelsloch, Teufelshohl, Teufelskaute, Teufelsgrund, Teufelsthal*.

Teufelskanzel, Eigenname eines hervorspringenden Felsen, welcher zweimal (vielleicht öfter) in Hessen vorkommt: auf der Höhe zwischen Friedigerode und Salzberg, am Bilstein, und bei Allendorf an der Werra. Die erstere Bezeichnung bezieht sich unzweifelhaft auf den alten Göttermythus und Göttercultus, welcher an diesem Orte eine seiner bevorzugten Stätten hatten; die Benennung des andern Felsvorsprunges datiert doch auch wenigstens aus dem 16. Jarhundert.

Ein starkes Verzeichnis von hessischen mit Teufel componierten Ortsnamen, welches gleichwol noch einiger Vermehrung fähig ist, findet sich bei Lynker Deutsche Sagen und Sitten in hessischen Gauen 1854. S. 21—22. Im Ganzen beläuft sich die Anzal von dergleichen Ortsnamen in Hessen auf mindestens achtzig.

Teufelskeller, Bezeichnung eines Feldplatzes bei Frankenberg (schon 1550), und anderwärts, wol von einer dort vorhanden gewesenen Höle.

Teufelsleiter, Asperugo procumbens, ein nicht sehr häufig, am meisten noch in Oberhessen vorkommendes Ackerunkraut, an dessen scharfen Blättern man sich blutig schneidet.

Teufelszwirn, Cuscuta epilinum, ein dem Flachse höchst gefärliches Unkraut, doch fast nur im östlichen Hessen, in der Werragegend vorkommend. Auf dem Westerwald heißt dieses Gewächs Rang, s. Schmidt Westerw. Jd. S. 158. Zeitschr. f. hess. Gesch. u. LK. 4, 94.

Theilwarter msc., die Benennung eines Unterbedienten der Cameralverwaltung, welcher die besondere Verpflichtung hatte, die richtige Verteilung der Teilzehnten, d. h. der mit andern Zehntberechtigten gemeinschaftlich bezogener Zehnten, zu überwachen. S. die Verordnung des L. Ludwig zu Marburg vom 20. April 1574, LO. 1, 439, wo die Theilwarter neben den Strohmeiern und Zehnterhebern vorkommen.

Theilknecht, wol fast dasselbe, was Theilwarter. Ebds.

Theis (*Theiss, Deis, Deist*), niederdeutsche Abkürzung des Namens Matthias, ehedem äußerst üblich, wie die aus dem 16. Jarhundert und aus dem Anfange des 17. herrührenden Kirchenbücher bezeugen, woher denn auch die häufige Verwendung dieser Abkürzung zu Familiennamen in Hessen ihren Ursprung genommen hat. Schon seit dem Anfange des gegenwärtigen Jarhunderts aber wendete sich sogar der niederhessische Dialekt von dieser niederdeutschen Verkürzungsweise merklich ab; schon damals gab es unter den (besonders im östlichen Hessen) zalreichen Matthias nur noch wenige Theis, dagegen zalreiche Mattheis, Mattes und Matz, in mehr oberdeutscher Weise. Jetzt soll Theis als Vorname in Hessen wol kaum noch vorkommen.

Thier, hier wie anderwärts ganz ohne schlimme Nebenbedeutung und keinesweges verachtend von den Weibern gebraucht; auch componiert: *Wibesthier, Wei'sthier*.

„Unſe Wiwes=Thire, die fillen er au
En hebſchen Regen taintzen".

(Aller Reddelichen Heſſen=Renger Herzeliche Freude. Eiſenach 1731. 4).
Uebrigens gehört dieſes Wort zu denen, welche im Plural mit -er declinieren:
die Thierer, und es iſt dieſe Declination in Heſſen ſchon alt, bei Hans
Staden, bei D. Melander öfter anzutreffen.

Gethierze neutr., animal brutum, die beinahe ausſchließlich herſchende Bezeichnung; faſt niemals heißt ein animal brutum Thier.

verthiggen, von Vögeln gebraucht: das Neſt mit Eiern verlaßen,
ohne letztere auszubrüten. Weſtfäliſches Heſſen. Strodtmann hat S. 261:
vertigen, verlaßen. Nach Brem. WB. 5, 64 kann dieſes Wort kein anderes
ſein, als vertihen, ſich einer Sache verzeihen, was allerdings auch hochdeutſch ſo
viel iſt, als ſich losſagen, verlaßen (Verzicht thun); demnach muß wol der weſt-
fäliſche Heſſe irrtümlich th (= dh, d) anſtatt t in dieſem Worte ſprechen, ein
Fehler, welcher allerdings möglich iſt, da zugleich das i Kürzung erlitten hat.

thun conjugiert die 1. Sing. Präſ. noch in alter Weiſe: ich thun,
beſonders in der Inverſion: das thun ich, das Präteritum aber noch hin und
wieder: ich thät.

„Es iſt ein Thun", „es iſt all ein Thun", es iſt einerlei; die gewöhn-
lichſte Formel. Richey Id. Hamb. S. 50. Das Wort thun, das Wort
führen; eine Predigt thun, eine Pr. halten, „für etwas thun", Heilmittel
anwenden.

anthun ſ. im A.

aufthun vom Hut, Schleier u. dgl. üblicher als *aufſetzen*, und für das
Aufſetzen der gewöhnlichen Kopfbedeckung (Hut, Betzel) ausſchließlich üblich da,
wo aufſetzen eine beſtimte Bedeutung hat; ſ. das Wort.

austhun, Gegenſatz von anthun, die Kleider ablegen; ſich *austhun*, ſich
ausziehen; ausziehen braucht man nur von den Strümpfen und Stiefeln,
etwa auch von den Schuhen.

verthuniſch, verſchwenderiſch.

thürängeln, gleichſam zwiſchen Thür und Angel bringen (wie das
Wort auch wirklich verſtanden wird, wiewol es dirängeln, direngeln geſprochen
wird), ängſtigen, plagen, quälen. Allgemein üblich. Reinwald Henneb. Id.
1, 164. Schmidt Weſterw. Id. S. 254. Ayrer in Kellers Ausgabe
S. 3090 hat *thierengeln*, übrigens in derſelben Bedeutung. Ganz anders, aber
ohne Zweifel irrig, faßt Grimm das Wort D. Wörterb. 2, 1567.

Töbs neutr., ſtatt Getöbs, Getobe; großes Geräuſch, großer Lärm.
Schmalkalden.

Tod. Redensart: „er ſieht aus wie der Tod von Ypern"; im
Anfange dieſes Jarhunderts in Niederheſſen äußerſt üblich, um das bleiche,
todtenähnliche Ausſehen eines Menſchen, z. B. derjenigen Kranken, welche in den
letzten Stadien der Lungenſucht ſtehen, zu bezeichnen; ſeit 1830 wol gänzlich erloſchen. Woher die Formel ſtammt, vermag ich nicht anzugeben; ſie galt, als
ich ſie in meiner Kindheit vernahm, für althertömmlich, indem man erwähnte,
daß die Gefangennehmung heſſiſcher Truppentheile in Ypern (1793) das alte
Sprichwort habe wahr machen müßen.

Todtenkopf. Redensart: „einem den Todtenkopf auf den Tiſch
ſetzen"; „immer den Todtenkopf auf dem Tiſch haben", ganz in der
ſchon von Ziegler im Ditmarſiſchen Idiotikon bei Richey Idiot. Hamb.

S. 408—409 angegebenen Bedeutung: dem zweiten Gatten stets die Vorzüge des ersten Gatten anrühmen. Die sehr bezeichnende Redensart ist ziemlich allgemein üblich; in Kassel hörte man sie sonst am allerhäufigsten.

todte Mann. Der „todte Mann" ist bei dem Bergbau technische Bezeichnung der Halden ausgebauter und verlaßener Schachte, außerdem aber auch Eigenname von Wald= und Feldplätzen, so wie einer Ortschaft im Schaumburgischen, welche zwar officiell Todemann geschrieben, im Leben aber eben so wie die Waldplätze und die Halden, der todte Mann, genannt wird. Die höchste Spitze des Kellerwaldes führt den Namen der todte Mann, als Mittelpunkt des wüsten Gartens, eines umfangreichen Steinwalles, in dessen Mitte sich eine Grube befindet. Möglich, daß dieß ein ehemaliges Grab — bei der Größe des Steinringes dann wol nur eines Königs — gewesen ist, und daß eben daher diese Bezeichnung, so wie von der Aehnlichkeit mit Gräbern die Benennung der Schachthalden stammt. Denselben Namen, der todte Mann, trägt auch der höchste Bergkopf des Süllingswaldes, unfern von Friedewald. Außerdem findet sich diese Bezeichnung am Veisenberg bei Grünais, am Schreckenberg bei Zierenberg und noch sonst hier und da.

Toffel, *Tuffel* msc., Pantoffel. In ganz Hessen. Ob durch diese Weglaßung von Pan die Ableitung des Wortes Panteffel von Pandtafel, die auch Schmeller 1, 430 annimmt, bestätigt werde, steht noch dahin. Uebrigens ist Toffel, Tuffel bei weitem nicht so üblich, wie *Schlappe* (s. d.), Pantoffel aber ganz ungebräuchlich.

tocken, eigentlich: Fäden auszichen, beim Spinnen; gewöhnlich aber gebraucht für: Fäden verwirren, z. B. Garn tecken, beim Abwickeln. Westfälisches Hessen. Strodtmann Id. Osn. S. 247.

Tölzel msc., Beule, Geschwulst. „Martha die Kinder Amme sagte, daß Joh. Henrich Mentzlers Frau — (welche schwere Mißhandlungen erlitten hatte) gantz schwartz vnd blau an ihrem leib seye — auch einen dicken töltzel in der seiten habe". Frankenberger Verhörprotokoll von 1697. Nur in Oberhessen gebräuchlich, anderwärts unbekannt. Estor t. Rechtsgl. 3, 1407 hat: „Dülzel, eine beule".

Töpfen neutr., die in Althessen ausschließlich gebräuchliche Form für Topf, gewöhnlich Tüpfen, Düpfen, oder noch gewöhnlicher *Düppen, Dippen* gesprochen. Bekantlich ist es dieselbe Form, deren sich Luther bediente. „ein alte Fraw, welche die Düppen zurüsten wolte, da man die getrencke inne machen wolt". Hans Staden Reisebeschreibung (Weltbuch 1567. fol. M. 40ᵃ); „sie nennen die wurtzel Mandioca vnd sieden gantze düppen voll" Ebds. Bl. 53. und öfter. „ein new dupffen" Marburger Hexenproceßacten von 1596, 1633, 1634, 1654 und öfter, sehr häufig.

Das Deminutiv lautet *Düppchen, Dippchen*, im Plural *Dipperchen*. Schmidt Westerw. Id. S. 257. Eben so aus der Graffschaft Hohnstein Journal v. u. f. Deutschl. 1786. 2, 117.

Düppenkratze ist ein in vielen Gegenden gewöhnlicher Name der Flußmuschel, vielmehr deren Schalen, da dieselben gewöhnlich zum Abkratzen und Auskratzen der Kochtöpfe verwendet werden. Vgl. jedoch *Icker, Krebsschachte*.

Dippendönjes s. Dönjes.

töpfern, ein nicht übel erfundener Schmalkalder Ausdruck für zerbrechen, von irdenem Geschirr, Gläsern und sonstiger „Brechwaare" gebraucht.

Törst msc., *Dörscht,* ein Mensch mit verworrenen Haaren, Struppkopf; auch: ein eigensinniger Mensch. Schmalkalden.

Reinwald 2, 36 (Dörschkopf).

Tötz msc., Dummkopf, Mensch mit dem nichts anzufangen ist, der nichts lernt. Schmalkalden.

träbisch, gesprochen *träwisch, draewisch,* träge, vielmehr unentschloßen, ungern an eine Arbeit gehend. Schmalkalden.

Reinwald 1, 21. 2, 128. In den niederdeutschen Bezirken kommt dieses Wort gleichfalls vor, in der Form *driwisch,* und man versteht dasselbe als eine Ableitung von treiben: wer sich zur Arbeit treiben läßt, nicht selbständig thätig ist, ist driwisch.

Trage fem., der breite lederne Riemen, welcher an die beiden Handhaben eines Schubkarrens, einer Bahre, mittels Oehren angeheftet wird und über die Schulter lauft: Tragband. Niederhessen. Sonst heißt auch die Bahre selbst Trage.

tramschen, impersonal gebraucht, „es tramscht ihm", es ist ihm bange, angst. Haungrund.

Trandel fem., der schmutzig gewordene Saum eines Kleides, besonders eines Weiberrockes. Im Fuldaischen; in Niederhessen *Klunder.*

sich trandeln, den Saum des Kleides beschmutzen.

Reinwald 2, 127.

Trant msc., ursprünglich Schritt, Gang — gemeßener, ruhiger, Schritt und Gang; daher Lebensgang, Gewohnheit; Brem. WB. 5, 98. 149—150 (der Unterschied zwischen zwei angeblich verschiedenen Wörtern, den das Brem. WB. macht, findet in Hessen nicht Statt und ist überhaupt nicht zuläßig). Das Wort ist in ganz Althessen, am meisten in Niederhessen, üblich, aber nur in gewissen Formeln:

1) bei seinem Trant bleiben, bei seiner Gewohnheit bleiben; es geht wieder auf den alten Trant, es geht wieder nach der alten (üblen) Sitte; die Zwei sind in einem Trant, halten im Alter, in der Größe u. dgl. gleichen Schritt. Vgl. Richey Id. Hamb. S. 311.

2) um den Trant oder um den Trant herum, ungefähr, beiläufig, wie diese Redensart in ganz Niederdeutschland, im Friesischen und Holländischen mit derselben Bedeutung vorhanden ist, nur daß in diesen Sprachen der adverbiale Satz in ein Adverbium (ommentrent Reineke Vos v. 1585. 1791; holländisch omtrent) zusammengezogen erscheint. Frisch 2, 385.

Vgl. Zeitschrift f. hess. Gesch. u. LK. 4, 94—95.

trändeln, im Haungrund *tränzeln,* langsam gehen, zögern. Möglich, daß dieß sehr übliche Wort zu trant gehört; doch vgl. Schmeller 1, 493. Estor S. 1406. 1421.

Geträndel neutr., *Trändelei* fem., tadelnde Bezeichnung des ohnehin nur in tadelndem Sinne verwendeten trändeln.

trappchen, Frequentativ von trappen, hart auftreten, mit Anstrengung gehen, wie tappchen Frequentativ von tappen ist. „Ich habe müßen durch den tiefen Schnee trappchen". In Oberhessen ist besonders die Imperativform gebräuchlich: *trappch dich,* mach daß du fort kommst, pack dich, scher dich fort. Estor t. Rechtsgel. 3, 1421: „trappen, sich wegmachen".

trassen, traben; hart und schwer auftreten. Haungrund.

traschâken, gewöhnlich draschâken gesprochen, durchprügeln. Dieses hier zu Lande wie anderwärts sehr übliche Wort bedeutet ursprünglich das Hazardspiel Tréjaques (richtiger tre sciacchi) spielen, und darnach: einem Dritten in diesem, im Anfange des vorigen Jahrhunderts sehr üblichen, Spiele sein Geld abnehmen, ihn „gehörig schneiden". Das Hazardspiel Tréjaques wurde in Hessen durch die Edicte vom 7. Januar 1733 (LD. 4, 192) und 28. April 1774 (LD. 6, 764) schärfstens verboten. Kopp Handb. 4, 485. Schmidt Westerw. Jb. S. 263. Reinwald 1, 169. Richey S. 313, zu dessen Zeit (1755) nur das Spiel, nicht das von demselben abgeleitete Verbum bekannt gewesen sein kann.

trätschen, 1) rauschend, platzend niederfallen, vom Regen; auch vom ausgeschütteten Waßer. „Es regnet, daß es trätscht". „Es trätscht draußen", es regnet sehr stark. „Trätsch doch nicht so", gieß nicht so viel Waßer aus. Estor t. Rechtsgl. 3, 1421.

trätschnass, triefend naß, durchnäßt; auch *tröppelnass* (trippelnasz). Estor S. 1421; *putschnass* (s. Pfütsche), *bätschnasz*. Ueberall gebräuchlich.

2) ausplaudern, das Anvertraute weiter sagen, austragen, unter die Leute bringen; ein nur als Tadel verwendetes Wort.

Geträtsch neutr., Plauderhaftigkeit. „gegen welche sie sich verleugnet, ihres getretsches halben". Marburger Criminalproceß 1680.

Trätsche fem., plauderhafte, ausplaudernde Frauensperson. Estor S. 1421.

Trätschloch, Ort, wo Plauderhaftigkeit, Klatscherei herscht. — Allgemein übliche Ausdrücke.

Anderwärts treischen (Gr. Hohenstein, Journ. v. u. f. Deutschl. 1786, 2, 117).

Schmidt Westerwäld. Jb. S. 264.

Trauhand fem., sonst Treuhänder. Als ein Beispiel unter vielen, welche angeführt werden könnten, daß wir ehedem deutsche Wörter hatten, welche den Gegenstand bei weitem treffender, als die eingedrungenen lateinischen Wörter bezeichnen, und zugleich die deutsche Gesinnung ausdrücken, was den Fremdwörtern unmöglich ist, möge auch dieses, allerdings, als technisch, keinesweges auf Hessen beschränkte Wort hier stehen. Es bedeutet Treuhänder oder Trauhand den Testamentsexecutor. „Wo aber die Eltern nit vorhanden, vnd die kinder vaterlos würden, gepürt einem Raeth vnd oberkeit, das sie mit trawhenden vnd furmondern stattlich versehen werden". Joh. Ferrarius von dem gemeinen nutz. Marburg 1533. 4. Bl. 58b.

trêde (adj. und) adv., dicht, häufig. „Das Korn steht trêde"; „der Lein wird trêde gesäet"; „die Stiche am Saum müßen trêde gemacht werden"; auch: „die Schläge fielen trêde". In Niederhessen sehr üblich. Warscheinlich ist dieses Wort das *dráti*, mhd. *druete* adj., *dräte* adj., velox, celer, wiewol der Anlaut, welcher in dem hessischen Wort entschieden die Tenuis ist, nicht ganz stimmt. S. *drâ*.

Vgl. Zeitschrift für hess. Gesch. u. Landesk. 4, 95.

Treiber msc. (wie das Wort gewöhnlich verstanden, und, bringt man das Genus in Anschlag, richtig verstanden wird: als Substantiv zu treiben), gesprochen Triber, ja sehr oft Tribĕr, im östlichen Hessen Benennung des mit einem Rade und Handhaben versehenen Kastens zum Fortschaffen von Erde, Schlamm, Mist u. dgl.; dasselbe Geräte, was im Fuldaischen und Schmalkaldischen **Radeber** (s. d.) heißt. Spräche das Genus nicht entscheidend dagegen, so sollte man bei der Aussprache Tribēr auf den Gedanken kommen, es sei auch dieses Wort eine Composition mit ber, gleich Radeber. Schubkarren wird im östlichen Hessen nur das fahrbare Transportmittel genannt, welches, zum Fortschaffen von Heu, Laub u. dgl. bestimt, aus Latten verfertigt ist und ein erhöhetes, über das Rad hinausreichendes Vordertheil hat. Im westlichen Hessen aber wird auch der Treiber Schubkarren genannt.

Treis neutr., *Treisch*, die ältere hessische Form des gemeinhochdeutschen Triesch. „Mit allen desselbigen (Erbgüter) Ackern, Wießen, Garten, Dreischern vnd andern in vnd zugehörungen". Klage der Brüder Philipp und Arnold von Viermin gegen den Pfarrer Sigfrid Wallmüller (Mylius) zu Viermin (Viermünden) 1583. Und so sehr oft im 16. Jarhundert. Vgl. Zeitschrift f. hess. Gesch. u. LK. 1, 250.

Tremel msc., Prügel.

tremeln, prügeln.

Geträm neutr. Das Balkengerüste im Keller.

Diese Ausdrücke sind nur im Fuldaischen, der letztere besonders im Haungrund, üblich, wie in Baiern, Schmeller 1, 489; im übrigen Hessen völlig unbekannt.

Treugekorb, Korb, in welchem das Hehld getragen wird, Spreukorb. Hin und wieder in Oberhessen (Reddehausen). Vgl. Moezkorb.

Trillerhäuschen, *Drillhäuschen*, drehbares Gitterbehältnis, in welches Frevler eingesperrt und mit welchem sie herumgedrehet (getrillert) wurden, sonst auch *Narrenhaus* genannt (s. b.). In Fulda, wo das Trillerhäuschen bis zum Jahr 1814 neben der Pfarrkirche stand, jedoch seit 1802 nicht mehr gebraucht worden war, kannte man nur diesen Namen, nicht Narrenhaus. Nach dem Reglement vom 27. September 1740. §. 6. (LO. 4, 715) war das Drillhaus die in Althessen für die Waldfrevler festgesetzte Strafe.

Trine fem., die in Niederhessen, und nur hier, gewöhnliche niederdeutsche Abkürzung des Frauennamens Katharina. Bis weit über die Hälfte des 17. Jarhunderts hinaus findet sich jedoch gerade in niederhessischen Acten nur die Form Cathar, Katter, wie in der Composition noch jetzt: Katharina Elisabeth niederhessisch Katterlies lautet. Die Abbreviatur Trine wird aber auch als Scheltwort gebraucht; eine langsame, träge Weibsperson heißt eine langsame Trine, eine faule Trine; eine ungeschickte, alberne Person: eine dumme Trine; eine albern, langsam und ziehend redende eine Maertrine. Dergleichen Frauennamen wurden schon im 15. Jarhundert zu schmähenden Bezeichnungen gebraucht; so erscheint in der alten Uebersetzung des Boccaz: Frau Gietel, Frau Nese als Scheltworte.

Weigand verzeichnet im Intell.Bl. für den Kreiß Friedberg (Oberhess. Prov. Bl.) 1846. No. 61. Trene in schmähender Beziehung als wetterauisch, denkt aber, da ihm der so eben aus des Boccaz Uebersetzung nachgewiesene Gebrauch unbekannt ist, irriger Weise an treno (Drohne), oder gar an trainer.

trinken wurde ehedem, und zwar bis ziemlich weit in das 18. Jarhundert hinein, auch in Hessen, wie noch jetzt in manchen Gegenden Oberdeutschlands, vom Tabakrauchen gebraucht, und zwar als regelmäßiger Austruck: Tabak rauchen habe ich in hessischen Papieren und gedruckten Schriften, welche den Sprachgebrauch des Volkes wiedergeben, im 17. Jarhundert nicht gefunden. „Hernach habe er zu Cölbe ein pfeiff tubac getruncken, in hoffnung es ihm besser hierauf werden solle". Marburger Hexenprocessacten von 1659. Vgl. *smöken*.

Trinken neutr., Dünnbier, Nachbier, Covent; die ausschließliche Bezeichnung dieses Getränkes durch ganz Hessen, auch, wie es scheint, älter als die, längst untergegangene und vielleicht nur wenige Jahrzehnte bestandene Benennung Langwel (s. d.). „sie hab auch Strohhenrichs fraw vmb einen trunck dünbier oder trincken gebeten". Marburger Hexenprocessacten von 1659.

Trip msc., schmaler Pfad, meist im Walde, wie solche Pfade vom Wild und vom zahmen Vieh getreten werden; so gibt es einen Viehtrip (Ockershausen), einen Ochsentrip (niederdeutsch Vorrentrap), Ziegentrip oder Geißentrip u. a. Benennungen von Pfaden jener Art, welche jetzt schon fast den Character von Eigennamen annehmen. „Vnmüglich aber ists, alle pfade vnd getrip dieses weges zu erzehlen". Ludwig Schröder, Diakonus zu Homberg, Klag- und Trauerpredigt auf L. Moritz 1632 (Monum. sepulcr. 1638. S. 133).

trocken. „Trockene Schläge" kommen auch in den hessischen Bußregistern und Criminalverhandlungen, wie anderwärts, und zwar häufig, vor, es gewähren aber die Rauschenberger Bußregister auch einige Male „trockene Fäuste". Z. B. „xx Alb. wird gestraft Junghen am Rein vnd Curt Breida zu Ergdorff, daß sie Ludwig Schmitten mit drockenen feusten geschlagen"; vom Jahr 1604. Sowel die „guten truckenen schlege" von 1560—1600, wie die „drockenen feuste" von 1604 mögen ursprünglich, und auch noch in unsern hessischen Acten, den Begriff der unblutigen Streiche, Schläge, Fäuste, gehabt haben; indes soll doch wol das „trocken" auch „derb, nachdrücklich" bedeuten, so daß für unser trocken die Bedeutung „ganz und gar, purus putus", Schmeller 1, 475, mit in Anschlag kommen muß.

trollen, Kinder auf dem Knie schaukeln. Haungrund und Umgegend, Hersfeld. Vgl. *trostern*.

Trombe fem., ein großes in den Stubenöfen befestigtes (eingemauertes) kupfernes Gefäß, in welchem Wasser, besonders für das Vieh, mit dem Feuer durch welches die Stube geheizt wird, gekocht wird und Kartoffeln gesotten werden. Nur im östlichsten Hessen vorkommend, sonst *Bläse* (s. d.).

Trosser msc., Beiläufer, zum Treß gehörige Person. Im 16. Jahrhundert kommt das Wort ungemein oft, beinahe so oft eine Hofhaltung erwähnt wird, auch in Hessen vor, z. B. kamen am 22. Februar 1562 von dem Jagdgefolge des Landgrafen Philipp in Rauschenberg an drei Jägermeister „mit sampt dreyen Jeger personen, als Jungen vnd Drosser". Und so sehr oft. Vgl. *trassen*.

trostericht, *trosterig*, trübe, von Flüßigkeiten, ganz besonders vom Oel gebraucht. Oberhessen. Das Wort ist eine Ableitung von druosa, welches sich gleichwol im Dialekt nicht findet.

trostern, rütteln, z. B. das Rütteln, welches man bei dem Fahren auf einem nicht in Federn hängenden Wagen empfindet; auch *trostert* (rüttelt, schaukelt, fährt) man die Kinder auf dem Schoße, mit Kinderreimen begleitet, welche in Oberhessen wie in Niederhessen beginnen: trosz trosz trüll. Das Verbum trostern ist aber nur in Oberhessen gebräuchlich. Vgl. *trollen*.

Troester. „Den Tröster trinken" heißt in der Obergrafschaft Hanau (Steinau und Umgegend) das Trauermal, Leidmal, nach dem Begräbnis; anderwärts auch „der schwarze Kohl".

Tröster ist übrigens auch eine sehr gewöhnliche Scherzbenennung eines dicken, schweren Handstockes, auf den man sich im Falle eines Angriffes verlaßen kann.

Vilmar, Idiotikon.

Trotze fem., *Misttrotze*, Mistbrühe, Jauche; das im Fuldaischen allgemein und ausschließlich geltende Wort. Im übrigen Hessen Adel und Sotte. Vgl. Tratsche, Misttratsche, Mistlache, Reinwald Henneb. Jd. 2, 127; desgl. *Strotze*.

trüge adj., trocken. Sächsisches, auch westfälisches Hessen. Ein bekanntes niederdeutsches Wort, sonst auch treuge; es wird im übrigen Niederhessen zur Not verstanden.

truhen, impersonal: es truhet an ihm, truhet nicht an ihm (z. B. Essen und Trinken), gedeihen. Schmalkalden.

Was Reinwald Henneb. Jd. 1, 172; 2, 129 zur Erklärung dieses dunkeln Wortes beibringt, trägt nichts aus.

Trumpel, *Trombel* msc., auch *Trumb*, Kleinigkeit; „die Sache ist um einen Trumpel verkauft worden". Die Formen -el sind nur im Fuldaischen üblich; *Trumb* kommt einzeln auch sonst in Hessen vor; man versteht darunter Trumpf im Kartenspiel, wol irrig: es wird Trum, Stück, abgebrochener Theil (wovon Trümmer) sein.

Trümper msc. wird in Oberhessen, am meisten südlich von Marburg, eben so von kleinen Kindern gebraucht, wie Strampel msc. in Niederhessen und anderwärts: „Du kleiner Trimper". Ein Zeitwort trümpen, parallel dem Verbum strampeln, ist mir jedoch nicht gelungen zu entdecken.

Tuck msc., die Tücke; im Schmalkaldischen üblich, und zwar namentlich von Bezauberungen; „einem einen Tuck thun" bedeutet geradezu: jemanden behexen.

tucken, auch wol *ducken*, **eintucken**, 1) die in ganz Althessen übliche niederdeutsche Form des hochdeutschen tunken, eintunken. Wo tucken nicht üblich ist, braucht man stippen (statt stüppen, stüpfen, stupfen), einstippen. 2) für tauchen, welche Form in Hessen so wenig wie tunken, volksüblich ist. „Etliche grobe fische, wenn sie den Pfeil in sich fühlen, begeben sie sich nach dem grundt, denselben ducken sie (die Wilten) nach, etwan die sechs klaffter tieff". Hans Staden Reisebeschr. (Weltbuch 1567. fol. Bl. 51b).

Tucks, gewöhnlich *Ducks* gesprochen, msc., Schlag, Stoß, Krankheitsanfall. „Er hat ihm einen Ducks gegeben, daß er lange dran zu thun hat, wenn er nicht gar stirbt". „Die Krankheit hat mir einen Ducks für mein Leben gegeben, ich werde mich nicht wieder ganz erholen". „er wehre über der malzeit kranck worden, vnd nach dem des lägers gestorben; es wehre aber sein alter taug gewesen, welches sie an ihm wehre gewohnt gewesen, daß er offt so kranck worden". Marburger Verhörprotokoll von 1658.

tucksen, *ducksen*, einen empfindlichen Schlag geben, niederschlagen, entscheidend demütigen. Sehr üblich.

Vermutlich Iterativform von Tuck, Tücke, tücken.

tüggend part. praes. von lügen, wird im westfälischen Hessen stets da angewendet, wo wir tüchtig, brauchbar, brav, von Menschen, oder gut gearbeitet, haltbar, von Sachen sagen.

tummeln (sich), gewöhnlich *dummeln* gesprochen, sich eilen; das in ganz Hessen ausschließlich für den Begriff sich eilen gebräuchliche Wort; eilen, Eile sind Ausdrücke, welche dem Sprachkreis des Volkes gänzlich fern liegen. Dagegen ist der hochdeutsche Sinn von sich tummeln, sich herumtummeln, dem Volke fremd. Schmidt Westerw. Jd. S. 257.

Tümpel msc., 1) wie hochdeutsch: Pfuhl, Lache.
2) Lichtschnupfen. Westfälisches Hessen.

Turnes msc., richtiger Turnos, eigentlich Tournoys, Münze, welche in Tours geprägt worden. Diese fremdländische Münze hat in Hessen ohne Zweifel die längste Dauer ihres Kurses gehabt. Nicht genug, daß der Turnes im 16. Jarhundert zu den landüblichsten Münzen gehörte (man sehe die Anekdote von dem bekannten Hessischen Obersten Friedrich von Rolshausen, welcher von seiner verarmten Mutter mit einem Turnos aus dem väterlichen Hause soll entlaßen worden sein, bei Schuppius Sämtl. Schr. [1719] 1, 57); der kupferne Turnes hat in Oberhessen sogar bis zum Jahr 1840 cursiert, zuletzt freilich auf den Wert eines leichten Hellers herunter gebracht (im 16. Jarhundert galt der silberne Turnes in Hessen 18 Frankfurter Heller). Indes theilte er dieses Schicksal oder diesen Vorzug mit noch weit ältern und vornehmeren Münzen, den Diocletianen, Gordianen u. s. w., welche sämtlich bis zu dem angegebenen Zeitpunkte im Werte eines oder höchstens zweier leichter Heller in Oberhessen Geltung hatten, und nur dadurch hatte der Turnes einen Vorsprung vor den römischen Münzen, daß sein Name noch ziemlich bekannt war, was bei den römischen Münzen begreiflicher Weise nicht Statt fand.

Tuttelkolbe fem., der Name für Typha, Kolbenschilf, Rohrkolbe. An der Hauna, im Schmalkaldischen, und wol noch anderwärts. Collectiv wird sie auch (meist in unterschiedloser Gemeinschaft mit den Species von Arundo) Ried neutr. genannt.

tüwen, bekanntes niederdeutsches Wort: warten, im sächsischen und westfälischen Hessen, wo das Wort „warten" gänzlich unbekannt ist, üblich, aber auch an der Werra bis nach Witzenhausen hinauf (Ellingerode) im Gebrauche, hier in der Form *däuwen*, in welcher Gestalt es auch im Schaumburgischen gesprochen wird (teuf man, wart nur). Reimsprüche: 'n Maeken dat nau tüwen kan, dat krigget ank nau sinen Man; — 'n Maeken dat ni mai tüwen kan, mot nommen wat 't kriggen kan.

Tweddeke fem., eine besonders in Grebenstein vorkommende Bildung von Twete; es bezeichnet das Wort eigens ein Gäßchen zwischen zwei Hecken, und wird auch so verstanden, als sei es aus twe oder gar Twete und Hecke zusammengesetzt; während es, wäre es nicht Femininum, als Deminutiv von Twete angesehen werden könnte.

Twête fem., eine enge Gaße, zumal zwischen Gartenhecken. Im sächsischen (auch wol im westfälischen) Hessen: Immenhausen, Grebenstein, Hofgeismar, Trendelburg, Helmarshausen, sehr häufig. Vgl. Tweddeke. Verhochdeutscht nennt man die Twête: Zweite.

U.

üeben (sich), sich hören laßen, laut werden, sich regen. „Ich hab mich einmal geübt, das ist mir schlecht bekommen". „Wir haben die ganze Nacht aufgepaßt, aber es hat sich nichts geübt, es ist ganz still geblieben". — „Der Soldat so auf Schildwacht gestanden, hab geruffen: Wer da? es hab sich aber niemand geübet". Marb. Hexenproceßacten v. 1659. „die katze übet sich, sie maut". Estor S. 1421. Im südlichen Oberhessen sehr gebräuchlich. Vgl. Zeitschrift f. hess. Gesch. u. Landeskunde 4, 95—96.

überälsch, fast nur mit der Negation gebräuchlich: *nicht überälsch, nicht weltklug, nicht politisch*. Haungrund. Dieses seltsame Wort ist ein aus überall gebildetes Adjectivum: überälsch ist einer, welcher überall zu Hause ist, überall sich zurecht zu finden weiß.

überenzig, übrig. „Ist nicht noch ein bißchen überenzige Suppe da?" „Der N. kann nicht viel beisteuern, denn er hats nicht gerade überenzig". „bitten vmb nachlaß der noch vberentzigen straff". Marburg 1578. Sehr üblich durch ganz Althessen.

übergeben bedeutet im 16. Jarhundert sehr gewöhnlich hingeben, ganz und gar hingeben, weggeben, so daß man das was man übergibt gar nicht mehr besitzt, und daraus entwickelt sich die Bedeutung: etwas von sich thun, weil man es eben nicht haben will, verachten, z. B. „die Warheit übergeben" (Aeg. Hunnius Postille 1588. fol. 1, 21), „die Absolution verachten und übergeben" (E. Sarcerius Pastorale 1566. fol. S. 205). In diesem letzterwähnten Sinne: verachten kommt das Wort übergeben in den hessischen Schriften, zumal in den Bußregistern, des 16. und der ersten Hälfte des 17. Jarhunderts mit dem Accusativ der Person äußerst häufig vor, meistens mit dem Zusatze „mit unnützen Worten übergeben". „Seip Groben fraw zu Ohmenaw hat Adam Leinwebers des hirten fraw in irem Kindbett in irem haus vbergeben vnd jhr die große kranckheyt geflucht". Wetterer Bußregister v. 1591. „Die Wechter sollen das Hoffgesindt, Edell oder Vnedell vnd sonst meniglich mit keinen vnnutzen worten vbergeben". Universitäts-Policei-Ordnung v. 26. Oct. 1556 (Hildebrand Urkundensamlung über Verfaßung und Verwaltung der Universität. 1848. S. 62). „Hans Windt hat Wilhelm Fittich mit vnnutzen worten, vor dem Rhathaus zum Rauschenberg, vbbergeben". Rauschenberger Bußregister von 1585. „Herman Hueter zu Wetter hat Hans Schuemachern sein Nachparn mit gotslesterlichen Worten vbergeben". Wetterer Bußregister 1591. „Jörg Steller in Rodenhausen hat Cloß Stein Burgern zue Rauschenberg mit vnnutzen worten vbergeben". Rauschenberger Bußregister v. 1606. Und so sehr oft.

übergehen wird nicht selten in dem Sinne: über jemand kommen, jemanden von Oben her zu Theil werden, im Bösen und Guten, gebraucht; z. B. „den soll doch das Wetter übergehen!" „mich hat noch nicht viel Glück übergangen". Letztere Redensart wurde ehedem, wenn sie gegen einen Andern gebraucht wurde, als eine Drohung angesehen — warum? ist kaum deutlich einzusehen — und bestraft: „Seip Groben fraw zu Ohmenaw wird um ½ fl. gestraft, daß sie dieselbige fraw beirawet hat, es solle sie nicht viel glücks vbergehen". Wetterer Bußregister 1591, und sonst noch einigemal.

überkäppisch, 1) schielend, und zwar mit der Richtung der Augensterne nach Oben, blicken; allgemein üblich;

2) verrückt, nicht recht bei Verstande, närrisch. Hin und wieder gebräuchlich.

überläng adj. u. adv., die durch ganz Hessen nicht allein vorherschende, sondern in den meisten Gegenden allein übliche Form für überflüßig (übrig, superfluus, abundans). Weder überflüßig noch übrig ist irgendwo im Gebrauche, ja nicht einmal übrig in der Bedeutung ceteri, reliqui. „Sela ist ein vberleng wort". Luther Eisl. Suppl. 1, 46a.

überschnappen, der üblichste Ausdruck für: den Verstand verlieren; „der N. wird vor lauter Hochmut noch überschnappen".

übergeschnappt, verrückt, närrisch; die üblichste Bezeichnung, vgl. uberküppisch, welches jedoch weniger gebräuchlich ist.

überweist (nach jetziger Conjugationsweise: überwiesen) d. h. eines Verbrechens überwiesen. Der Gebrauch dieses Wortes, auch wenn das Vergehen nicht genannt wurde, einem Andern gegenüber, galt ehedem für eine Schmähung: „2½ fl. wird gestraft Bastian Lindt zu Steinerzhausen, daß er Lutz Brueln jme im rucken einen vberweisten man gescholten hat" (Wetterer Bußregister von 1591), und so öfter in jener Zeit, jedesmal ohne daß ein Vergehen, dessen der Andere überwiesen gewesen wäre, genannt wird, und jedesmal mit derselben, sehr hohen, Strafe belegt.

Ulk msc., Unfug; Lärm; auch: Spott, Hohn: „mit jemanden seinen Ulk treiben". „Was machen die Jungen in der Stube denn für einen Ulk?" Wird überall, doch mehr in den Städten, als auf dem Lande gehört.

Ullermânes, *Üllermânes*, *Illermânes*, Spottbezeichnung der Einwohner der Stadt Frankenberg. Das Wort ist die nach Frankenbergischem Dialekt entstellte Aussprache der Vornamen Ulrich Hermann, welche ehedem in Frankenberg so allgemein üblich waren, oder gewesen sein sollen, daß fast der dritte Mann Ulrich Hermann hieß. Die Bürgerverzeichnisse aus dem 16. Jarhundert, welche mir zu Gesicht gekommen sind, und zahlreiche Zeugenverhöre aus dem 17. Jarhundert, die mir vorgelegen haben, liefern jedoch für diese Annahme durchaus keine Bestätigung.

Ulpeh msc., ein Scheltwort, ungefähr den Sinn von Dummkopf und Tölpel zugleich ausdrückend; am meisten in Oberhessen in Uebung.

Ulrich. Der heilige Ulrich, Bischof von Augsburg († 4. Juli 973) hat, wie Weigand im Oberhessischen Intelligenzblatt 1845. Nr. 83. S. 332—333 nachgewiesen hat, seinen Namen in einer etwas bedenklichen, wenigstens seltsamen Weise im Munde des Volkes neunhundert Jahre lang erhalten. Noch jetzt bedeutet im Gericht Katzenberg — und weiterhin auf dem Vogelsberg — und in einigen Orten des Amts Großenlüder „der Ulrich" die Uebligkeit, Sanct Ulrich anrufen, oder auch bloß Ulrich rufen, sich übergeben, erbrechen; — auch soll für „sich erbrechen" das Verbum ulrichen hin und wieder vorkommen. „Es sol sich auch kein Gildebroder vnzüchtig halten mit vbrigem fressen vnd sauffen. Da er solchs vbertrette, vnd sich vberwürff, vnd sanct vlrich anruffen würde, sal derselbige von der gilde gestrafft werden". Statuten der Schuhmacherzunft in Hofgeismar von etwa 1560 in Falckenheiner Städte und Stifter 2, 414. In der satirischen und komischen Literatur des 16. Jarhunderts kommt das „Sanct Ulrich anrufen", „den Utzen anrufen" sehr oft vor, z. B. bei Fischart in Gargantua 1582. Bl. Fiija, Mb, Mija.

Vgl. Zeitschrift f. hess. Gesch. u. LK. 4, 96, welcher Artikel hiernach zu berichtigen und zu vervollständigen ist.

um. 1) In älterer Zeit, und zwar von der Mitte des 14. bis gegen die Mitte des 17. Jarhunderts wurde *um* da gebraucht, wo wir jetzt *von* sagen: um jemanden etwas kaufen, empfangen. Es scheint dieses *um* an die Stelle des mit dem Ende des 14. Jarhunderts absterbenden *vider* (jemanden etwas empfangen, kaufen) getreten zu sein, vgl. wider. „vnd die wisen die vnser muder selege *vmme* Schuchman kouste" Urk. von 1369 Wenck 2, S. 439 (no. 414). „Ich Cuntz — ich Meckell — bekennen — das wir einträchtlichen entnommen vnd empfangen han *vmb* Bruder Henrichen vnd *vmb* bruder Guntern — ein gutgen gelegen vor Wetter" Ungedr. Urk. v. Caldern v. J. 1383.

„Auch so hat derselb Pontgrav Ludwig vmb vns empfangen dess Schloss Tannenbergk". Lehenbrief des Abts Albrecht von Hersfeld v. J. 1434 Wenck 2, S. 480 (no. 411). Haus Paul Kuchenbecker aus Treysa hatte in Hatzbach gekauft „ein wisse vmb Juncker Johan (v. Knoblauch) vor 20 taler, Item ein wisse vmb Juncker Churt vor 21 taler, Item ein acker vmb Juncker Johan vor 70 gulden, vnd zuletzt ein garten vmb Juncker Churt vor 20 taler". Rauschenberger Acten von 1578. „dan die Alten Brieff solten melden, wan ein Pfarherr nach Treyßbach kommen, hette derselbige die Pfarr vmb die Nachbuhrn empfangen mussen". Treisbacher Verhörprotokoll von 1609, wo noch weiter vorkommt: „vmb sie die Pfarr empfangen", „vmb die Gemeinde zu Treyßbach empfangen".

Dieser Gebrauch der Partikel *um* ist heut zu Tage selbst im Volke gänzlich erloschen, soll jedoch gegen das Ende des vorigen Jarhunderts noch einigermaßen in Uebung gewesen sein. Vgl. Schmeller 1, 55. Adelung 4, 794.

2) *um und um* kommen, sich vollständig, von allen Seiten offenbaren; „es ist ein großer Läm um die Sache, und wenn es um und um kommt, so ist es Nichts". Sehr üblich. Adelung 4, 797. Die Formel scheint kaum älter als aus der ersten Hälfte des 17. Jarhunderts zu sein; als volksmäßig wird sie jedoch schon in Filidors Wittekinden (1666) Bl. m3a behandelt:

„ich weiß gewiß, komts üm und ümme,
so hat es eine Magde geträumet und gesagte".

3) *um und an*, adverbiale Bezeichnung der Kleidung; „er hatte nichts um und nichts an", er war nackt; „nichts um und an (zu thun) haben", Kleidermangel haben, sich in äußerster Dürftigkeit befinden. „Wer hat dir leib vnd seele gegeben? Wer bescheret vmb vnd an? Wer bereitet dir den tisch?" G. Witzel Postill 1539 fol. Bl. 127a. Sehr üblich. Da nach Adelung 4, 797 diese Formel „in anständiger Sprache veraltet" war, so hat das Hessenkasselische Gesangbuch von 1770 die schönen Zeilen in dem Liede „Jesus meine Zuversicht": „Nur die Schwachheit um und an wird von mir sein abgethan" in die „anständigeren" Zeilen umschaffen zu müßen gemeint: „Dank ihm! Dank ihm! Preis und Ruhm! wunderbar schafft er mich um!"

Ummelsche, *Umelsche* fem. 1) Amsel; in Oberhessen die ausschließlich herschende Form, so auch schon von Estor t. R. 3, 1421 verzeichnet. „Gleich wie jener so durch einen strauch bei nacht mit fürchten ging, weil es der feind halber nit allzusicher, wolte doch gesehen sein, schlug mit geraufftem wehr in die streuch, sein manheit zu beweisen, inn des fuhr eyn amelsche herauß vnd schrey, dip, dip, dip, da ließ er sein plante fallen vnd sprach: Ich gib mich, ich gib mich, ick sy von Briln". Georg Nigrinus Fegfeuers vngrund. 1582. 8. Bl. E8a.

2) Ameise, dieß jedoch nur in der Composition *Séchummelsche*, wie in den niederdeutschen Gegenden Hessens (s. *seichen*), in Oberhessen. In Niederhessen heißt die Ameiße Omitze.

un- dient in der Composition mit manchen Adjectiven und in manchen Gegenden zur Verstärkung; so ist *unschlécht* an der Schwalm und sonst so viel wie sehr übel, vom körperlichen Befinden (s. schlecht), *unstrippet* (s. strippen) im Fuldaischen gleich uneinig; *unbarbarisch* im Hanauischen gleich ganz maßlos, ungeheuer; warscheinlich verhält es sich eben so mit dem der Schriftsprache wie dem Dialekt angehörigen *unwirsch*, falls dasselbe von wirs herkommt.

Unbaden msc. 1) Unglück; „es ist ihm ein Unbaden passiert"; vorzüglich im Fuldaischen in dieser ursprünglichen Bedeutung üblich (s. *Bade*).

2) Unfug; „was treibt ihr für Unbaten?" d. h. eigentlich: für unnütze Dinge.

3) ein gelindes Scheltwort für wilde Kinder: „du bist doch ein rechter Unbaten".

Sehr üblich in ganz Hessen, wie auf dem Westerwald (Schmidt S. 280). Das Wort findet sich bereits bei Herbort von Fritzlar v. 717: ir sit in grozzem unbaten. v. 2296: Daz troylus mit unbaten vf eleuo tribet sinen spot. Da Frommann zu Herbort S. 227 das Wort nur aus Schmidt kennt, so mag dasselbe nicht große Verbreitung in Deutschland haben.

Undern, gesprochen *Unnern*, neutr., Nachmittag. Oberhessen, nördlicher Theil der Grafschaft Ziegenhain, Gegend der untern Schwalm und Edder bis über Gudensberg hinaus (Metze, Ermetheis) an die Grenze der niederdeutschen Bezirke, im übrigen Hessen völlig unbekannt. Ditz Unnern, heute Nachmittag; im eigentlichen Oberhessen die ausschließlich herschende Formel. „Sagt Ja, solches sey gescheen, sey im unnern zwischen zwey vnd drey gescheen". Marburger Criminalacten von 1601 (Ober Asphe). „Es wehre aber nachmittag gewesen, als sie zu Unnern in die schule gangen". Marburger Hexenprocessacten von 1682 (Betziesdorf).

Undernbrod, Vieruhrbrod; „Morgenrot gibt ein nasses Undernbrod" ist die oberhessische Form dieser bekannten Wetterregel. „das Undernessen" Marburger Hexenprocessacten von 1658.

Underntrunk, Wein oder Bier, welcher besonders dem dienenden Personal, namentlich den Jägern und Jagdknechten Nachmittags gereicht zu werden pflegte. Dieser Underntrunk fehlt in keiner Schloßrechnung (z. B. von Rauschenberg) von 1554 bis 1603.

Undernstatt, *Undernplatz*, Ruhestatt für das Weidevieh; auf dem Kellerwalde findet sich z. B. eine Oberurfer Undernstatt, eine Densberger Undernstatt.

undern, vom Vieh, Mittagsruhe halten und wiederkäuen.

Das Wort ist sehr alt: goth. undaúrni Luc. 14, 12; ahd. untara, mhd. undern, altsächs. undorn Hél. 103, 3, scheint sich jedoch in Niederdeutschland nicht erhalten zu haben, während es in Baiern (Schmeller 1, 87), am Rhein, auf dem Westerwald (Schmidt S. 128), in Franken (Reinwald Henneb. Jd. 2, 131) sich noch jetzt vorfindet. Estor hat es t. Rechtsgel. 3, 1421 verzeichnet: „Untern, das 4 uhr brod nehmen".

undig adv., unterhalb; noch jetzt, indes nur vereinzelt, im Gebrauche. „vf der Nesselwiese vndig des stigels". Hainaer Crim. P. Acten v. 1582. „die Mühle vndig Hohensolms". Marb. Hexen Pr. A. v. 1682.

uneszig, unappetitlich, unreinlich, unflätig, ekelhaft. Nur im Schmalkaldischen gebräuchlich.

Unflåt msc. 1) wie gemeinhochdeutsch.

2) ein Scheltwort, zunächst ein ernsthaftes, um Jemanden als gemein unkeusch, als ungezogen, als widerwärtig zu bezeichnen; indes wird es, wie manche andere Scheltworte, auch halb scherzhaft gebraucht, wie das Wort schon von Fischart (im Flohatz), und sonst, verwendet worden ist.

Ungedanken, Ortsbezeichnung, die ich in Hessen zweimal finde: in dem Namen des bei Fritzlar an der Edder gelegenen Dorfes und in einer Flurgegend bei Beenhausen. Das Wort ist Plural und zwar warscheinlich pluralischer Dativ von dem alten ungedane, Geistesabwesenheit, Unsinn, Unbesonnenheit.

Die Ortsnamen müßen entstanden sein aus Vorgängen irgend bedenklicher Art; der Anbau des Dorfes in Folge etwa von Zerwürfnissen in Fritzlar, welche zur Auswanderung führten, der Flurname in Folge von irgend einem unsinnigen Vornehmen (Aufruhr oder dergleichen), welches eben an der Stätte auch bestraft wurde, denn neben den Ungedanken findet sich dort der lebendige Galgen, d. h. der als Galgen verwendete Baum, an welchen auf der That ergriffene Verbrecher in früherer Zeit ohne Umstände aufgeknüpft wurden.

ungeheuer ist jetzt meines Wißens nicht mehr volksüblich, muß es jedoch ehedem gewesen sein, wie dieß die Bezeichnungen von Oertlichkeiten beweisen; so gibt es an verschiedenen Orten, z. B. bei Josbach, einen „ungeheuren Graben", bei Hombressen stand im Reinhardswald eine „ungeheure Eiche" (16. Jarh.). Es versteht sich von selbst, daß mit diesem Prädicat nicht etwa die ungewöhnliche Größe des Grabens, der Eiche habe bezeichnet werden sollen, wie das Wort seit der Mitte des vorigen Jarhunderts gemeinhochdeutsch in tadelhafter Weise verwendet wird, sondern daß die betreffenden Gegenstände dieß Prädicat noch im Sinne des mhd. ungehiure, fremdartig, unheimlich, tragen.

Ungel fem., jetzt neutr., Talg; Niederhessen, hauptsächlich in der Umgegend von Kaßel gebräuchlich, besonders in der Composition *Ungellicht*, Talglicht. „würtz, was, *ungel*, oley, wyn, hering, bugkingk". Emmerich Frankenberger Gewonheiten bei Schminke Monim. hass. 2, 699. „allerley bottern, kesze, spegk, *finer ungel*, fygin, reszin". Ebdf. S. 705. Frisch 2, 404, welcher aus Apherdianus Tyrocinium Ungelkerz, candida candela sebacea citiert.

Ungeld wurde, so lange das Wort überhaupt in Uebung war, denn jetzt ist es im Absterben begriffen, nicht, wie in der Büchersprache von den öffentlichen Abgaben überhaupt, sondern eigens nur von den unständigen Abgaben, im Gegensatz von Erbgülten und Zinsen, gebraucht (Vgl. Häfner Geschichte von Schmalkalden 2, 156); zu den unständigen Abgaben gehörte in Hessen vor allem die Tranksteuer, und diese führt in Schmalkalden noch jetzt den specifischen Namen Ungeld. Sonst gehörten zu den Ungeldern auch die Landesschuldentilgungssteuer (das Kopfgeld), die Lösegelder für Gefangene u. dgl. (Vgl. Kopp Gerichtsverfaßung 1, Beil. 101 u. 114).
Vgl. Adelung 4, 857—858.

Unke fem., der uralte deutsche Name der Schlange (unc); er wird in Hessen ausschließlich von der Ringelnatter (coluber natrix), nicht von der Kröte (Feuerkröte, Bufo [Bombinator] igneus) gebraucht, und den „Unkenruf" schreibt man irrig eben der Ringelnatter, nicht der Kröte zu. Die mancherlei Märchen von der Unke (dem gekrönten Unkenkönig u. dgl.) haben ausnahmslos eine Schlange zur Voraussetzung. Die giftige Vipera berus, Kreuzotter, in Althessen sehr selten, nur im Schmalkaldischen häufig, heißt Otter.

unketunke, auf gerathewol. Oberhessischer, schon von Estor t. Rechtsgl. 3, 1421 (ungetunke) verzeichneter Ausdruck.

Unmusze fem., dringende, lästige Beschäftigung; Beschwerde, Beschwerlichkeit, Verdrießlichkeit. Ein in diesen Bedeutungen ganz allgemein gebräuchliches, äußerst übliches Wort, meist ummust ausgesprochen. Schmeller 2, 638. Schmidt Westerw. Jd. S. 284.

Unrät msc. wurde ehedem und wird zum Theil noch jetzt auch in dem Sinne von Unglück, Unfall gebraucht, zumal von schwerem Unfall: „der große Unrat, in den er gekommen ist", womit ein dem Betroffenen schwer verletzender

Fall von einem Gerüste gemeint war. „Wäre auch das mir unrad insille, da Gott vor si". Häfner Schmalkalden 2, 167. „Perditio, das verderben, vnrath" Alberus Dict. Bl. E4a.

unrät adj., in Oberhessen üblich für: unrätlich, nicht ratsam.

unspotsam, unglücklich; verstanden wird das Wort, wie es lautet: „nicht zu verspotten" d. h. wirklich (ernstlich) unglücklich. Fulda.

unstrippet, uneinig; „sie sind unstrippet mit einander". Im Fuldaischen Land. Vgl. *strippen* und *un-*, denn vermutlich dient hier *un* zur Verstärkung.

unterjährig, noch unter seinen Jahren, unerwachsen. Oberhessen. „ein vnderjärige tochter". Wetter 1595.

untern, ein nur im sächsischen Hessen gebräuchliches Wort: unterackern, nämlich den über das Land gestreuten Mist.

Unthätchen, sehr übliches Deminutiv von Unthat, welches Wort selbst gar nicht oder kaum im Gebrauch ist. Es erscheint besonders in der Redensart: „es ist auch kein Unthätchen daran", d. h. nicht der allergeringste Flecken oder Fehler. Schmeller 1, 461. Adelung 4, 936. Schmidt Westerw. Id. S. 285.

unverkören, kränkend, beleidigend; mitunter aber auch für: ohne Rückhalt, gerade heraus - derb, wodurch dann diese zweite Bedeutung sich mit der ersten berührt. In der ersteren Bedeutung wird es meist mit Wort verbunden: „sag ihm ja kein unverkoren Wort, du machsts damit nur ärger"; „er hat ihr mehr wie ein unverkoren Wort gesagt, und nun will sie nichts mehr von ihm hören". In der zweiten Bedeutung ist das Wort selbstverständlich Adverbium: „ich sag dirs unverkoren, darnach richt du dich"; „er hat gar unverkoren (geradezu, derb) mit ihm gesprochen". Sehr üblich, am meisten jedoch im westlichen Hessen, wie auf dem Westerwald (Schmidt Westerw. Id. S. 285).

Diese volksmäßige Verwendung des alten unverkorn (von verkiusen), wie dasselbe bei Wolfram Parciv. 609, 28. 750, 23, und sonst noch vorkommt, entwickelt sich aus der ursprünglichen Bedeutung von unverkorn ganz leicht: verkiusen bedeutet: sich nicht um etwas kümmern, für gering oder für nichts achten; unverkorn bedeutet folglich ursprünglich, wie auch in jenen Stellen zu Tage liegt: unvergeßen – der Haß ist noch lebendig, Parc. 609, 28. Ein „unverkoren Wort" ist mithin ein solches, dessen man nicht vergeßen kann, dessen man (im Uebeln) gedenken muß; „unverkoren zu jemanden sprechen" heißt so zu ihm reden, daß er es nicht vergeßen kann: deutlich, nachdrücklich sprechen.

unwirsch, ein der Volkssprache geläufiges, in neuerer Zeit auch in die Schriftsprache aufgenommenes Wort: unwillig auffassend; unwirsch werden, ärgerlich sich äußern, eine unwirsche Antwort geben, eine unwillige, dabei kurze, Antwort geben. Möglich wäre es immer, daß das Stammwort wirs (übel, verkehrt, schlimm, eigentlich ein Comparativ), und *un-* zur Verstärkung hinzugefügt wäre, wie in unschlecht, unstrippet, unbarbarisch, zumal da man hin und wieder, in früheren Zeiten oft, auch wirsch in ganz gleichem Sinne wie unwirsch gebrauchen hörte. Warscheinlicher ist es indes, daß es eine Zusammenziehung aus unwirdisch, unwerdisch (bei Closener unwürdesch) ist. Schmeller 4, 149.

ures, richtiger *urez* (uresz), die oberhessische Form eines in ganz Hessen verbreiteten Wortes, welches verschiedene Formen, je nach den Gegenden, annimmt, und eine ganze Wörterfamilie um sich hat. Es bedeutet *ures*: des Eßens überdrüßig, und dann überdrüßig überhaupt; in letzterer Bedeutung ist es in Oberhessen am üblichsten, und hat es Estor t. Rechtsgl. 3, 1422 verzeichnet: „ures, überdrüßig". Sehr häufig hört man in Oberhessen: „das sein ich aber ures", das bin ich endlich satt und müde.

uraes, die bis in die zwanziger Jahre in Kassel vorkommende Form, hauptsächlich von dem Ueberdruß an Speisen gebraucht; jetzt ausgestorben, nur das abgeleitete Verbum ist noch jetzt vorhanden, s. u.

uresk, ureszig, überesk, sind die im Fuldaischen herschenden Formen, vorzugsweise in dem Sinne: einer Speise, des Eßens, überdrüßig.

unresz, unresk, Formen im Haungrund bis nach Hersfeld hin, gleichfalls fast nur in Beziehung auf den Ueberdruß an Speisen gebraucht; „ich habe mich an dem Brei unreß gegessen".

oddereszig, statt ureszig, Form der Werragegend, meist in Beziehung auf Speisen, doch auch, dem oberhessischen ures ähnlich, allgemein für überdrüßig verwendet.

veruraessen, Speisen, die man nicht mag, verschleudern oder verderben; „die Kinder sind satt, sie veruräßen nur das Brod". Kassel und Umgegend.

orzen, Zusammenziehung von urässen, vom Vieh gebraucht: das Futter nicht mögen, nicht fressen wollen, verschleudern, unter die Füße treten. Oestliches Hessen (Sontra u. w.) und Schmalkalden. Dann aber bedeutet *orzen* eben daselbst (obere Werra) auch übrig lassen überhaupt.

Oerzchen neutr., kleiner Ueberbleibsel, Rest, zunächst von Speisen (Futter), dann aber auch von andern Dingen. Obere Werra, aber auch sonst vorkommend.

S. Schmeller 1, 100. Schmidt Westerw. Jd. S. 129 und 286. Reinwald Henneb. Jd. 1, 114—115. Brem. WB. 3, 272. Schmidt Schwäb. WB. 1844. S. 527. Stalder 2, 425. Schambach Gött. Jd. S. 148.

Vgl. Zeitschrift f. hess. Gesch. u. LK. 4, 98—99.

Urgicht fem., Aussage, Bekenntnis, von ur, jetzt er, und jëhan, gëhan, sagen. Bekanntlich wurde Urgicht eigens von dem durch die Tortur erpreßten Bekenntnis als feststehende juristische Bezeichnung gebraucht, und erscheint so in allen Criminalprocessacten des 16. und 17. Jarhunderts. Indes soll das Wort am Ende des vorigen und im Anfange des gegenwärtigen Jarhunderts auch im gemeinen Leben für Bekenntnis gebraucht, namentlich von einem mit Mühe erlangten Geständnis (also mit Reminiscenz an den eigentlichen Gebrauch) gesagt worden sein. Ich selbst habe es nicht mehr vernommen.

Urholz neutr., ein jetzt erloschener, zum Theil in Oberholz entstellter Ausdruck. Derselbe bezeichnet 1) das unfruchtbare Holz: Aspen, Birken und Hainbuchen, im Gegensatze gegen die fruchtbaren Bäume Buchen und Eichen; so in dem Regierungsabschied vom Jahr 1539 über Zwesten bei Lennep Leihe zu LsR. Cod. prob. S. 500. Diese unfruchtbaren Bäume scheinen auch da, wo keine Markgenoßenschaft bestand, den Einwohnern zu beliebigem Gebrauche, Behufs ihrer Feuerungsbeholzigung überlaßen gewesen zu sein; so scheint es noch in dem Friedewalder Weistum von 1436 (Grimm Weisth. 3, 331) ursprünglich verstanden worden zu sein; indes bedeutet es hier auch schon 2) Fallholz, Leseholz, wie es in andern Weistümern und mitunter in Forstregistern alter Zeit (15.—16. Jh.) ohne Frage verstanden werden muß. In diesem Sinne scheint das Urholz dem Weißholz entgegen zu stehen, z. B. Marburger Hofgerichts Urteil $\frac{2}{12}$. 1569.

Grimm Weisth. 3, 358. 3) Aeste des gefällten Baumes, Estor teutsche Rechtsgelahrtheit 1, 710 (§. 1761); dieß ist nun eben das, was jetzt Oberholz
heißt, aber hin und wieder von dem Volke richtig *Orholz* genannt wird (Rhön).
„Klafterholz und Ohrholz" werden in den alten Forstregistern einander regelmäßig entgegen gesetzt, „Ohrholz" aber wieder vom Reisig unterschieden.
Gewöhnlich aber werden die Aeste in den Forstregistern und Forstordnungen in
Nieder= und Oberhessen im 16. u. 17. Jarhundert Afterschläge genannt (s. d.);
doch sind diese von dem Urholz und dem Reisig zwar nicht in der Sache, wol
aber der Anwendung nach unterschieden: Afterschläge fallen vom Nutzholz ab,
nicht vom Brennholz.

Urle fem., Thürangel, das eiserne Band mit Oehr, welches an die Thür
angeschlagen wird, und in dessen Oehr der in den Thürpfosten eingeschlagene
Angelhaken, *Urlekrappe*, eingreift. Oberhessen, wo mehr als das einfache Wort
die Composition *Orlekrabbe*, Angelhaken, in Uebung ist. „xiiiij alb. vor zewo
hauwen, eyn karsten, eyn hepen, eyn par *finster erlen* (d. i. Fensterurlen) vnd
xix drappen nail gekaufft"; „viij schuppen, vier hauwen, vj gabeln, eyn bicker,
eyn kile, sesz par *erlen*, xx drappen neil". Rechnungen des D.O.Hauses zu
Marburg v. 1497. „Drey Orlenkrappen an einem thor gemacht". Quittung
des Thonges Schmidt in Rauschenberg v. Jacobitag 1563.

Dieses Wort scheint sonst nirgends vorzukommen; es fehlt in den Wörterbüchern nicht allein, sondern auch in den Idiotiken.

Urschlechte fem., Ausschlag, zu welchem Worte, gleiches Stammes
mit demselben, es sich wie das Femininum zum Masculinum verhält. Das
Wort ist nur im Schmalkaldischen, wo es ehedem nach Reinwalds Zeugniß
(1, 179; 2, 131) die Pocken, Kinderblattern bedeutete, und im Hanauischen
üblich; hier bedeutet es Ausschlag jeder Art, an Menschen, Vieh, Baumblättern
(z. B. die von Insektenstichen herrührenden Knoppern auf dem Buchenlaube u. dgl.).

Urtat fem., vollständige, vollzogene That, abschließende That, in dem
modernen Mischdeutsch: die Definitive. In hessischen Urkunden ist mir dieß,
anderwärts nicht seltene, Wort (vgl. Haltaus s. v., Scherz=Oberlin s. v.,
Schmeller 1, 461) nur in der Formel *zu urtete verkaufen* vorgekommen, und
doch nicht in niederhessischen, sondern zur Zeit nur in fuldaischen Urkunden. Die
Formel *zu urtete verkaufen* bedeutet definitiv verkaufen, im Gegensatz gegen den
Wiederkauf, weshalb die Formel auch meist von der Formel: „zu einem ewigen
Kaufe" begleitet wird.

Wir Heinrich, Ritter, Simon vnd Frische gebrüdere von Schletteszen —
bekennen dasz wir — verkaufft haben vnd verkauffen an diszem vssen brieffe
zů *erthede* vnd ewiglichen vnse theil die wir haben etc. Verkaufsurkunde der
v. Schlitz über Neuenhain, Grebenhain, Saßen u. Helnstein v. 30. November 1368
(Lennep Leibe zu LM. Cod. prob. S. 273). Ich Wilhelm von Rumerode Bekennen — daz ich recht vnn redelich vorkoufft han vnn vorkouffen in macht
diessis brieffis myn halb teil der wysen gelegen zů Nuwenkirchen — mit allem
irm nucze — — angenerde zu *ortete* vnd czu eyme ewigen koufte vnser lieben
ffrauwen eyme pferrer vnd eyme frümessir czu dem Cryspans. Ungedr. Urk. von
St. Veits Tag 1423. Ich Wilhelm, Rorich — — alle genant von Buchenawe
— — bekennen daz wir daz selbe megenant gute czu musebach gelegen — czu
orthede erplichen vnd ewiglichen verkoufft habin vnser lieben frauwen czum
Cryspans vnd eren formunden. Ungedr. Urk. v. St. Matthias u. Albans Tag 1441.
Wir Herman von gots gnaden Apte zu Fulda Bekennen — So als vorzyden der

gestrenge herre Eberhart von Buchenauw uff widerkauff vnd darnach Wilhelm Rorich vnd Walther von Buchenaw zu *ortel* vnd zu ewigen tzyten verkaufft haben den formunder des gotshuses zu Cruspans eyn gut zu Musebach gelegen etc. Ungedruckte Bestätigungsurkunde für die Urkunde von St. Matthias 1441, vom Allerheiligentag 1443.

uschern, eine zitternde, schauernde Bewegung machen, welche durch Schmerz verursacht wird. Das Thier (Pferd, Ochs) *uschert*, schüttelt sich, zittert, wenn es eine Wunde hat, und man dieselbe berührt; das Pferd *uschert*, wenn es schmerzhaft hinkt. Auch figürlich: vor etwas Abscheu, Widerwillen haben: „er ist von dem Pferdehandel weggegangen, denn er uschert den Fehler (vor dem Fehler) am Auge des Pferdes". Sehr üblich im südlichen Theile von Oberhessen.

Usseln, *Üsseln* (Isseln) fem., meist als plur. tant. behandelt, die glühende Asche, die Funken in der Asche. Dieses von Estor S. 1422 verzeichnete alte Wort („üsseln, was in der asche glimmet vom feuer") ist in Oberhessen, besonders in dessen südlichem Theile, noch allgemein üblich, muß jedoch im Anfange dieses Jarhunderts auch in Niederhessen, wo es sich jetzt nicht mehr will auffinden laßen, üblich gewesen sein, denn die Funken, welche in verbranntem Papier hin und herlaufen (an deren Laufen, als an „den Leuten die aus der Kirche gehen", sich die Kinder zu ergetzen pflegen), hießen damals im östlichen Hessen die Isseln. Hierher gehört der Name einer Quelle bei Römershausen: der Isselnborn. Frisch 2, 411. Schmeller 1, 122.

Uswick fem. (mit û); meist gesprochen *Uschwick*. So heißt in Oberhessen der beßere Theil der Flachsabfälle, welche sich bei dem Schwingen bilden, und welcher gesponnen werden kann, gegenüber dem schlechtern Theile, welcher Wödeh genannt wird. Es ist das alte Wort *âsuinga*, das Abgeschwungene. Fast ganz in der alten Form kommt es noch bei Alberus vor: „Stupa, das gröbst am flachs, ehschwingen, werck" (Dict. Bl. hhija). Estor deutsche Rechtsgel. 1, 644 (S. 1600) hat auch dieses Wort in der Form Oschwicke, und gibt richtig an, daß daraus das gröbeste Garn zu Sacktuch gesponnen werde, verhochdeutscht aber dasselbe zu „Aischwert". Mit Werg wird weder die âsuinge (ûswick) noch der wödeh verwechselt: Werg fällt nicht beim Schwingen sondern beim Hecheln ab. Die Aswinge und der Wodeh zusammen heißen in Niederhessen Hotten, Schwinghotten (s. d.).

Ütsche s. Itsche.

ûzen, spotten, verspotten, necken; in ganz Hessen üblich, wie in Oberdeutschland und der Schweiz. Selbst in den niederdeutschen Bezirken nicht unbekannt, wenn gleich ungebräuchlich.

ausûzen, verspotten.

verûzen, verhöhnen; wenig üblich.

Uz (ûz) msc., Spott, aber auch Schwank, und Komik überhaupt; sehr üblich, zumal in den oberdeutschen Gegenden.

V.

Valand msc., Name des Teufels seit dem 12.—13. Jarhundert. S. Grimm Mythol. 933—934. Heut zu Tage ist das Wort überhaupt nicht mehr üblich, mit Ausnahme der Herschaft Schmalkalden, wo es jedoch in seiner vollständigen Form nicht mehr Bezeichnung des Teufels, sondern eines unbändigen, unruhigen, mutwilligen Knaben ist: „du bist ein rechter Valand (Völand)". Soll der Teufel bezeichnet werden, so wird Fäl oder Fael gesagt, wie schon Reinwald 1, 30 angibt. In den Hexenproceßacten des 17. Jahrhunderts kommt dagegen Valand häufig vor. „der Wein, so der Volant mitbracht, sei off einem kleinen wagen, so vier schwarze katzen gezogen, ankommen". Marburger Hexenpr. Acten v. 1633. „sie hab gefragt, ob er dem bösen Foland dienen wolte, hab der Jung Ja gesagt, sei der Foland zu ihm kommen". Frankenberger Hexenproceßacten v. 1648. „Zur Hexerei sei sie durch den bösen voland gekommen". Eschweger Hexenproceßacten von 1657. Als Familienname kommt Valand, Voland in Hessen nicht ganz selten vor.

verbombeisen s. Bombai.
verbott s. putchen.
vereigen s. Eigen.
verfaert s. faeren.
verhansen s. hänseln.
verknulgen s. Knüll.
verknutschen s. knetschen.
verkruspeln s. Kruspel.
verkutzeln s. Kutz.
verlätschen s. Lütsche.

verleppern s. Lepper.
vermampeln s. mummeln.
vermümpeln s. mummeln.
vernäffen s. äbich.
verpackeln s. putscheln.
Verracter s. Rat.
verschmöhsam s. verschmähen.
verschrumpeln s. Schrumpel.
verurüszen s. ures.
verzippeln s. Zipfe.

vernaff, vorab, vorzüglich, zumal. Im sächsischen und westfälischen Hessen.

Vierdung msc., älterer Ausdruck für Vierteil, Viertel; wurde gewöhnlich, und in Hessen, wie es scheint, ausschließlich von dem vierten Theile der Mark gebraucht. Walther von Orsen verkaufte 1354 seine Güter zu Steinhartshausen (jetzt Sterzhausen) an das Haus des deutschen Ordens zu Marburg „umme sybin marg pennige vnd einen vierdunk" (Ungebr. Urk.). „Wan man nouwe phennige slaen wel, do sal me setzin ezu der mark dy rechte lodig ist, eynen halben vierdung kuppers". Statuta Eschenwegensia b. Röstell 1854. 4. S. 4. Ob Vierdung, wie anderwärts (Schmeller 1, 633), in Hessen die allgemeine Bezeichnung eines Theiles überhaupt gewesen ist, kann bezweifelt werden; eine Münze ist es gewiß nicht gewesen. Mittellat. ferto, franz. ferton, engl. farthing.

Viergebeinze neutr., oberhessisch *Veiergebeinz, Veiergebinz*, heißen bei dem Volke alle kleinen Vierfüßler, welche ihm nicht speciell bekannt sind, besonders die Reptilien, etwa nur mit Ausnahme des Frosches und allenfalls der gemeinen Kröte.

Viermann, Vierer. In Oberhessen bestand ehedem in den Dörfern ein aus vier Personen zusammengesetztes Vorsteheramt unter und neben dem Heimbürger oder Greben. Diese hießen die Vorsteher, Viermann, Viermänner, Vierer, auch bloß die Vier; der Einzelne ein Viermann. „Mit sampt Nachgemelten greben, heymburgern, vierern vnd vorstehern nachgemelter Doerffer". Rauschenberger Amtsregistratur von 1562. „2½ fl. werden gestraft der Heimberger vnd vier zu Sterzhausen, das sie nachts vber angelegt gebott ihre schlege nicht beschließen lassen". Wetterer Bußregister von 1591. „Hans Schibermann zu Ohmenau (wird um 2½ fl. gestraft) dz er den Heimberger vnd 4 man nachts vfgefordert ohn einige vrsache" Ebds. 1596. „1 fl. (wird geſtraft) Hans Bolch zu Ohmenaw, das er geſagt, die vorige vierman da haben falſche einſart gehalten". Ebdſ. 1591. „1½ fl. Hans Schiffermann das er ſeine Pferde des nachts im Roder Korn Zehenden zu ſchaden hat gehen laſſen, wie ſolches der Schutz vnd vierman befunden". Ebdſ. 1591. „Die Vorſteher vnd Vierer hetten die Gemein ans Einſahrt zuſammen leuthen laſſen". Treisbacher Verhörprotokoll von 1609. „Er Zeug ſein vor zweien Jahren ein Vierman, vnd Hans Oligſchnitt Heimburger geweſen". Ebdſ. Und ſo zu ungezälten Malen.

Auch in den oberheſſiſchen Städten, namentlich in Marburg, beſtanden bis zur Einführung der Gemeindeordnung, 1834, **Vierer, Ratsvierer,** welche die Controle des Stadtrats bildeten.

Viermünden, Dorf an der Eder in Oberheſſen, merkwürdig durch ſeinen mythologiſchen Namen. Derſelbe hat nämlich mit dem Begriffe ostium (wie Gemünden, Münden u. dgl.) nichts gemein, aber auch vielleicht nichts mit der Zal vier, ſondern lautet urſprünglich (im Jahr 1144, desgleichen 1215) *Virminni, Verminne,* und iſt bis weit in das 17. Jarhundert ſtets *Viermin* geſchrieben und geſprochen worden. Dieſelbe Schreibung fand auch ſtatt hinſichtlich des Namens des dort angeſeßenen und ſehr angeſehenen Adelsgeſchlechtes: es wurde, ſo lange es exiſtierte, geſchrieben und ſchrieb ſich ſelbſt *Viermin*. Der Name bedeutet, wenn die Schreibung Virminni, Verminne, als maßgebend betrachtet wird, Frau Minni, Schwanjungfrau, weiſſagendes Flußweib, wie dergleichen zwei (drei) im Nibelungenlied erſcheinen; wol ohne Zweifel hat man die Stätte dieſes Dorfes in der älteſten Zeit als die Wohnſtätte eines dieſer mythologiſchen Weſen angeſehen; warſcheinlich war es eine Merminni, Flußweib; doch iſt in jener dichtbewaldeten Gegend auch an eine Waltminni, einen weiblichen Waldgeiſt, zu denken ſehr wol möglich — ja die Schwanjungfrauen wohnten ganz eigens auf Seeen und Flüſſen, die im tiefſten Walde ſich befanden. S. Grimm d. Myth. S. 399. 401. 404—405. Wenn die Namensform, welche bei Schannat aus dem Jahr 850 vorkommt, echt iſt: *Fiermenni,* ſo wäre es freilich nicht der Aufenthaltsort einer Frau Menni, ſondern gleich ganzer viere, und in ſo weit würde die jetzige Schreibung dennoch berechtigt ſein. An ſich iſt dieß übrigens nichts Befremdendes: erſcheinen doch im Nibelungenliede auch drei ſolcher „Meerweiber" zugleich, welche an einer und derſelben Stätte im Strome hauſen. Vgl. *Siegwinden*.

Viertel neutr., ſehr übliche, den größten Theil von Niederheſſen beherſchende, nämlich überall wo nicht Malter (ſ. d.) üblich iſt, gebräuchliche Bezeichnung eines Getreidemaßes, im Weſentlichen dem Malter gleich. Die Bezeichnung war ſchon im 14. Jh. üblich (ſ. z. B. in einem niederheſſiſchen Ernteregiſter von 1391: „ſo virkouffte ich czwei *firtel* weiſſes vor xxviij ſol. den., wante her was weich daz her nicht malen wolde", aber dasjenige Getreidemaß, von welchem unſer Viertel der vierte Theil wirklich iſt, kommt in den heſſiſchen Fruchtrechnungen, ſelbſt in früher Zeit, niemals vor, ſo daß die Bezeichnung Viertel in Vergleichung mit der Bezeichnung Malter, ja mit Mött, als eine völlig unpaſſende Bezeichnung ſich darſtellt. — In Oberheſſen kennt man Viertel noch weit weniger als Malter.

virful, vollſtändig. Dieſes Adverbium, ſonſt unerhört, erſcheint in einer Urkunde des Kloſters Anenberg von Barbaratag 1479, abgedruckt bei Lennep Leihe zu LSR. Cod. prob. S. 738—739: „vnd wilches der czweyen Gerdrud vnd Elizabeth des andern toit erlebet, dem ſollen vnd wollen wir vnd vuſer nachkummen ſoliche ſechs malder vnd zcewelff probende brode alle vnd *tirful* sine lebetage geben"; — „bis so lange das sie solicher zinse wie vorgeschrieben *virful* virnugit vnd beczalt sint"; — „was auch sache, — daz dar were oder worde misse wasz, hagel, brant, krich — daz der koffern an solicher beczalunge der sechs malder gebroch oder sumenis worde — so sollen vnd wollen wir vnd vnser nachkummen yne die genanten sechs malder geliche woil *virful* geben vnd beczalen vsz andern vnszern gudern, Kornhusen vnd schuren". Es kann nichts anderes sein, als die schon mhd. vorkommende Formel rür vol, die noch jetzt, wie damals, mit nehmen construirt wurde, nur daß dieselbe in ein selbständiges Adverbium abgekürzt worden ist.

Vogel heißt in Hessen alles was fliegt, nicht nur die Vögel: Fledermäuse, Käfer, Schmetterlinge, Hymenopteren, ja sogar Fliegen, Mücken u. dgl. werden mit dem allgemeinen Namen Vogel, im Deminutiv Veulchen, Veilchen bezeichnet. „ist nicht ehr einem armen Mann ein Feulchen entflogen?" Melander Jocoseria (Lich 1604) No. 589. Sprichwort: „die Veielche die ze frih piffe, die steßt der Hopch" (die Vögelchen, die zu früh pfeifen, die stößt der Habicht), d. h. große Munterkeit der Kinder in früher Tageszeit pflegt sich in Traurigkeit aufzulösen. Eben so Brem. WB. 1, 332.

Vogelheu, Name eines Unkrautes, oder mehrerer, im Getreide. Genauere Bezeichnung war für mich nicht zu erlangen, indes scheint man vorzugsweise verschiedene Gräser, namentlich Schmielen (Schmilmen) unter diesem Namen zu bezeichnen, wenn gleich Andere das ihnen vorgezeigte Ervum parviflorum, sonst Windel genannt, gleichfalls, und zwar ganz eigens, als Vogelheu anerkennen wollten. Der Ausdruck ist alt; es erscheint derselbe schon in den, Zeitschrift f. hess. Gesch. u. Lit. 3, 202—203 abgedruckten, Pachtregistern des deutschen Ordens von 1470 und 1472.

Volbort fem., ein sehr übliches, mehr niederdeutsches als hochdeutsches, auch in hessischen Urkunden bis in die neuere Zeit erscheinendes Wort, dessen richtiges Verständnis nicht selten von sehr erheblicher rechtlicher Bedeutung, aber wegen der Entstellungen, welchen es unterlegen, nicht immer leicht gefallen ist. Der zweite Theil der Composition, bort (von ich bir, ich bringe zum Vorschein, zur Wirklichkeit) bedeutet Hervorbringung, das Bringen zur Erscheinung, zur Wirklichkeit, volbort also die vollständige Hervorbringung, das Bringen zur Ausführung. Es ist mithin nicht genügend, volbort einfach als consensus, Einstimmung, Einwilligung zu verstehen; es bedeutet vielmehr entscheidende, den Vollzug erst möglich machende Einwilligung, die Auctorität, durch welche eine beschloßene Sache erst ausführbar wird, etwa wie wir jetzt die Vollziehung einer Urkunde oder das Wort „Genehmigung" verstehen. Gänzlich falsch und das Verständnis des Wortes beeinträchtigend war es, daß schon im 15. Jarhundert das -bort als Entstellung von wort, verbum, angesehen und hiermit auch das Genus geändert wurde; diesem Misverständnis haben denn auch sämtliche ältere Lexicographen (Wachter, Frisch, das Brem. WB., Adelung, Scherz-Oberlin) theils geradezu gehuldigt, theils Vorschub geleistet. Doch war diese Entstellung noch nicht die ärgste: vol mußte sich in wol umkleiden laßen, so daß statt Volbort nun „Wohlwort" zu Tage kam, und der Sinn sich zu einer völlig nichtssagenden Beistimmung verflachte. Die älteren hessischen Urkunden haben in ihrer überwiegenden Zal die richtige Form Volbort; aber auch die letzterwähnte totale Corruption ist nicht ganz unvertreten: „mit völligem Coosens und Wolwordt hochlöblicher Universität und deren Vogt". (Verhandlung über Waldrecht mit Sibylla Stolzenbach in Homberg 1708). Die Formel, in welcher Volbort gewöhnlich erscheint, ist: mit wiszen und volbort, oder mit wiszen, willen und volbort.

volborten, die entscheidende Zustimmung, Genehmigung geben. W. Gerstenberger bei Schmincke Monim. hass. 2, 384.

Vgl. Müller mhd. WB. 3, 362.

Nachdem Volbort, volborten, außer Uebung zu kommen begann, wurde, und zwar schon zeitig im 17. Jarhundert, Belieben, belieben, an ihre Stelle gesetzt, welche Wörter genau nach Maßgabe des Sinnes von Volbort und volborten auszulegen sind: wer volbort zu geben hat, führt nicht bloß eine Stimme neben Andern und gleich diesen, sondern hat die entscheidende Stimme zu geben; „mit Rat und Belieben" bedeutet: mit Beteiligung bei der Beratung und mit Abgebung der entscheidenden Stimme.

Volle fem., das ganze Trinkmaß, der *Halben* (s. d.), dem halben Trinkmaß, entgegen gesetzt. „Zu Vollen und Halben zutrinken" war die Hauptbeschäftigung in den zügellosen Trinkgelagen des 15. und 16. Jarhunderts, und kommt bei allen Schriftstellern des 16.—16. Jarhunderts, welche der damaligen Trinkerei, vielmehr wüsten Sauferei und Trunksucht gedenken, vor. Die oberländischen und rheinischen Kurfürsten und Fürsten, unter ihnen Landgraf Philipp von Hessen, vereinigten sich im Jahr 1525: „Das ein yeder bey allen seinen Grauen, Herrn, Rittern, knechten, dienern vnd vnterthanen mit höchstem fleyß vnd ernst verfügen vnd verschaffen sol, das niemands den andern zu vollen oder halben oder zu gleicher maß zutrincken, auch nit deutten oder wincken soll". L. Philipps Reformation v. 18. Juli 1527. 4. Bl. Ciiijb. Aus hessischen Schriftstellern möge nur an die Stellen bei Burghard Waldis erinnert werden, z. B. Päpstisch Reich (1555. 4.) Bl. Ppb:

       Ir vil zum Wirtshauß witer lauffen
       Zu halben vnd zu vollen sauffen.
Qqiia: Schleichen hin zu dem külen wein
       Zu halben, vollen, on geferd
       Biß keiner heim zu gehn begert.

vorgängig. Dieses Wort ist im hessischen Kanzleistil ein volles Jarhundert lang zu einer gänzlich sinnlosen und abgeschmackten Satzfügung verwendet worden. Wenn nämlich nach einer Anführung von einzelnen Umständen, welche als Vorbereitung, Voraussetzung oder Bedingung des Folgenden dienen sollen, gesagt werden müßte: „dieses vorausgesetzt", „nachdem dieß vorausgegangen ist", „nachdem dieß geschehen sein wird", oder: „nachdem dieß zum Voraus hat bemerkt werden müßen", so schreibt der hessische Kanzleistil: „diesem vorgängig", also in unbegreiflicher Gedankenlosigkeit gerade das Gegenteil von dem, was er im Sinne hat und zu sagen beabsichtigt. In den Acten finden sich seit 1750 zallose Beispiele dieses Unsinnes; das älteste gedruckte Beispiel desselben, welches ich kenne, gewährt 1742 Kuchenbecker Analecta hassiaca 12, 411; es folgt dann Estor teutsche Rechtsgelehrsamkeit 1, 775 (§. 1906), welcher sich dieser Fügung öfter bedient hat. Zwischen 1830—1840 stand dieser Unsinn noch in höchster Blüte, kam auch 1840—50 nicht selten vor; seitdem scheint derselbe abzuwelten.

Vorred fem., gesprochen wie Vor-ed, ein Stück Landes, welches am Ende des in der Länge gepflügten Ackers in die Quere gepflügt wird, nachdem jenes Pflügen vollendet ist; während desselben liegt die Vorred einstweilen ungepflügt, um auf derselben den Pflug mit dem Zugvich wenden zu können. Der Ausdruck (von riden?) scheint nur im Amte Treysa und in dessen nächsten

Umgebungen vorzukommen; anderwärts wird ein solches Ackerstück Anwand, Vorwand genannt.

Vorreiber msc., Eisen am Fensterrahmen, welches sich drehen läßt, und dazu dient, die Fensterflügel zu verschließen. Schmeller 3, 7.

Vorreigen msc., 1) der Vortanz, der erste Tanz auf der Kirmes. Niederhessen, doch fast nur in den östlichsten Gegenden gebräuchlich.

2) der aus künstlichen Blumen verfertigte Strauß, welcher von den Kirmesburschen den ausgewählten Mädchen gegeben wird; durch diese Gabe wird der erste Tanz, Vorreigen, bedingt. An der Werra, Amt Netra. Vgl. *Luststiel, Zwick*.

vorsetzen, vorstrecken, vorschießen, darleihen. Ueberall üblich, jedoch nur von baarem Gelde gebräuchlich. „wie sie dan ihm vf sein nachsuchen je zu weilen auch vier vnd mehr Thaler wohl vorgesetzt gehabt". Marburger Hexenprocessacten von 1658.

W.

wäbern, sich schnell aber wankend hin und her bewegen. „Ich sah in der Dunkelheit so etwas wabern, aber ob es ein Mensch oder ein Thier war, konnte ich nicht erkennen". „Die süße gehen vnd wabern". J. Ferrarius von dem gemeinen nutze. 1533. 4. Bl. igb. „damit wir diß vnser leben also anstelten, vnd in der gemein wäbern, das es Gott zu gefallen sey". Ebdf. Bl. 47a. Es scheint das Wort ein Frequentativ von weben zu sein. Schmidt westerw. Id. S. 323 hat nun wieder ein Frequentativ von wabern: wawrichen. Allgemein üblich, außer theilweise im Fuldaischen; vgl. waibeln.

Schmeller 4, 7 hat webern in ganz gleicher Bedeutung.

waffeln, soll in der Bedeutung plaudern, besonders „laut schwatzen, haseliren" noch hier und da [wo?] üblich sein. „Aber so waffelt er herein, vnd rafft zusammen was er findt". G. Nigrinus Fegfeuers Vngrund 1582. 8. Bl. Dr8a. Auf dem Westerwalde war es allerdings nach Schmidt Westerw. Id. S. 318 üblich, oder ist es noch. Vgl. Stalder 2, 427. Schmeller 4, 34. In der Bedeutung schimpfen erscheint das Wort in einem Auszuge aus hessischen Bußregistern des 15. Jarhunderts (Zeitschr. f. hess. Gesch. ꝛc. 2, 377) im Jahr 1484 als in Eschwege gebräuchlich: „Hentrich Schemelpfennig ex parte uxor. hatte sich mit einer andern frauwen gewaffelt mit worten".

Möglicher Weise gehört hierher die Stelle aus dem Weistum von Wetter vom Jahr 1239 (Wenck hess. Landesgesch. 2, Urk. B. S. 168): „Item de *Wapele*. Item quicuaque impigerit convicem suum in *Wapele*, dabit indici xxx den."

Waffen neutr., 1) sowol Offensiv- als Defensivwaffe, und 2) Warzeichen. Die Unterscheidung des gemeinhochdeutschen Waffe und des niederdeutschen, gleichfalls gemeinhochdeutsch gewordenen Wappen existiert in der Volkssprache nicht.

In Oberhessen (Michelbach und Umgegend) wird die Axt und das Beil selten anders als das *wöpen* genannt; Axt und Beil zusammen aber heißen niemals anders als das *wöpen*; „wan me in den Wald well, muß me e got Wöpen han, dan kan me och got erbete". Die Axt (Barte, s. d.) war die regelmäßige Waffe der Bauern, jedenfalls ihre Hauptwaffe. In Niederhessen findet sich dieser Gebrauch von Waffen nur noch sehr selten.

Vilmar, Idiotikon. 28

In Urkunden aus Oberhessen erscheinen sehr oft knappen von den *wapen* = *wepener*, *wepeler*, armigeri, den Rittern gegenüber; z. B. Rudolfin schurnsloz knappin von den *wapenin* (1341); Volpracht vnd Eckart genant von Hohenfels knappen von den *wapen* (1354).

Für Panzer, Harnisch, wurde Waffen (Wäpen) vor etwa fünfzig Jahren noch häufig gebraucht: „das Nashorn hat eine dicke Haut wie ein starkes Waffen". Schulmeisterbelehrung von 1808. „Auch hat es eine Art Thierer, heißen Dattu ist gewapnet allenthalben vmb den leib her — das Wapen ist wie horn, schleußet auff einander mit gelencken wie Harnisch". Hans Staden Reisebeschreibung (Weltbuch, Frankfurt 1567. fol. 2, 57b).

Ein junger Bauer aus dem Dorfe Bortshausen bei Marburg, Johannes Rau, stieß im Jahr 1822 mit dem Kopfe auf den Kopf eines gegen ihn anrennenden Schmalthiers, daß Beide, der Mensch und die junge Hirschkuh, zu Boden fielen. Dem Thier war an dem eisenfesten Schädel des Menschen die Hirnschale zerschmettert; es blieb auf der Stelle tott. Der junge Mann trug zwar eine Verletzung des Schädels davon, doch wurde dieselbe ausgeheilt, blieb aber als starke Schläfennarbe sehr sichtbar. Wenn dieser Schädelheld später diese Begebenheit erzälte, was bis zu seinem Ende (er starb 1859) oft geschah, so zeigte er auf die Narbe mit den Worten: „das *wöpen* hon ich noch".

Wåg msc., Stromlauf, Flut, gestautes Waßer; mit verändertem Genus und verändertem Vocal gemeinhochteutsch zu Woge geworden; ahd. wâg, mhd. wâc. Das Wort ist im Absterben begriffen, indes, wenn auch nur selten gebraucht, noch überall verstanden. So heißt im Haunthal jedes gestaute Flußwaßer Wag (oft freilich schon entstellt: das Wäb). Aehnlich in Hersfeld, in Oberhessen und anderwärts. Bei Marburg heißt der Theil der Lahn, welcher oberhalb der Deutschhausmühle durch das Wehr derselben gestaut ist, *der Wôg*; ein anderer Theil dieses Flußes (zwischen der Elisabethbrücke und der Weidenhäuserbrücke) hieß 1284 der krumbe wåg (Entdeckter Ungrund der — Einwendungen gegen des T.RitterOrdens Balley Heßen Immedietät 1753. Beil. 58. Kopp Gerichtsverf. 1, 265), heißt aber jetzt mit starker Entstellung der Krummbogen. In Hersfeld hieß der zwischen der Fulda und Hanna unterhalb der beiden Flußbrücken befindliche fischreiche Tümpel der Wag (nicht „die Waake" wie Matth. Weete im heß. Kalender auf 1730. Bl. F3b sagt), und die Wiese, welche aus diesem Tümpel entstanden ist, heißt noch jetzt „im Wag", und zwar weiß man, es führe diese Wiese diesen Namen darum, weil dieselbe ehedem unter dem Stromlauf gelegen habe. Als Eigenname kommt Wåg noch öfter vor, z. B. der Wôgberg bei Frankenberg (Gerstenberger bei Ayrmann Sylloge S. 650).

Wahl. „Des (jetzt auch, mit aussterbendem Genitiv: das) will ich Wahl haben", das will ich unentschieden laßen, das eine kann so gut richtig sein, wie das andere. Sehr gewöhnliche Redeform. „Vnd daß sie ihr ein schwein oder kuh (welches er deponens wahl haben wolte) bezaubert hette". Marburger Hexenprocessacten von 1658.

waibeln, sich hin und her bewegen, namentlich sich schwankend, wie ein Betrunkener, hin und her bewegen, ganz ähnlich wie wåbern gebraucht. Im Fuldaischen, woher es auch Schmeller 4, 5 verzeichnet hat. Oft wird aber auch *waibeln* und *wabern* gesagt. *waibelig*, wankend, schwankend.

waigern, jetzt *wêgern* gesprochen, sich bewegen, wie es scheint, im beminutiven Sinn: sich ein wenig bewegen. Oberhessen. „Als er aber gesehen, daß er sich gegen den getroheten schoß nicht gewaigert oder geregt". Marburger Hexenprocessacten von 1659.

Wacke, 1) fem. in Hessen die einzige Bezeichnung des daselbst sehr häufigen Basaltes, welcher für blau angesehen und deswegen meistens gemeine blaue Wacke genannt wird; woher denn auch Namen rühren wie „die blaue Kuppe".

2) masc. im östlichen Hessen, meist *Wacken* gesprochen, die aus gebranntem Thon oder aus Marmor verfertigte Spielkugel der Kinder. S. Merbel, Heucher, Klicker, Üller.

wackeln, 1) wie gemeinhochdeutsch; doch spricht man, besonders in Niederhessen, weit lieber **wuckeln**, zumal wenn das Wort transitiv verwendet wird.

2) prügeln; *durchwackeln*, durchprügeln. Schmidt Westerw. Jb. S. 318.

walch, lau, hauptsächlich vom Wasser: *walches wasser*, laues Wasser; Nieder- und Oberhessen, wo lau wenig, in manchen Gegenden gar nicht gebräuchlich ist. Dieses Wort durchläuft die drei Vocalstufen in den verschiedenen Gegenden: im Fuldaischen lautet es *wilch*, im untern Haungrund und im Citragrund *wulch*. Mitunter wird walch, wilch, wulch auch von der lauen Luft gebraucht: *wulches* Wetter, d. h. laue Frühlingsluft; doch ist im Haungrund eine *wulche* Stube eine stark durchwärmte Stube.

Wald. Diejenigen langgestreckten Gebirgswaldungen, welche ohne hervorragende Höhen sind, und deshalb nicht Eigennamen führen (wie Rhön, Keller, hohes Lohr u. dgl.), sondern von Alters her als Wald bezeichnet worden sind, tragen folgende Namen:

Burgwald, südlich von dem Zusammenfluß der Lahn und Ohm, nördlich von der Eder, westlich von der Wetschaft, östlich von der Wohra begrenzt;

Habichtswald, die Quellen der kleineren Zuflüße der Fulda in ihrem untern Laufe, der Bauna und Ahna, die Quelle des Ederzuflußes, der Ems, und die Quellen des Diemelzuflußes, der Warme, enthaltend;

Hauserwald, auch Kirschenwald genannt, ein Bergrücken zwischen der Aula und Grenf, von dem Dorfe Hausen benannt, und mit seinem steil abfallenden nordwestlichen Vorsprung, der Hauserwaldskoppe, die ganze Grafschaft Ziegenhain beherrschend;

Reinhardswald (im 11. Jarhundert Reginhereswald) längs der Weser von der Hanoverischen Statt Münden bis zur Mündung der Diemel in die Weser sich erstreckend;

Süllingswald (Sulingeswald), auch, wenn schon irrig, Seilingswald, beßer Säulingswald genannt, hat seinen Namen von dem ehemals zwischen Obersuhl, Großensee und Kleinensee vorhandenen großen Landsee, Sulingessee, an welchem er liegt; er erstreckt sich von der Hersa zwischen der Werra und der Fulda her bis zur Mündung der Ulfa in die Fulda;

Trottenwald, von den ehemals alleinigen Eigentümern, den Trotten zu Solz, benannt, grenzt an den Süllingswald, und begreift einen großen Theil des Michelsdorfer Gebirges.

Hierzu kommt denn noch einer der „vier Wälde des deutschen Reiches", der Thüringer Wald, welcher freilich nur zu einem Theile Hessen angehört, und der Büdinger Wald, der alte Reichsforst, dessen Name indes im wirklichen Leben nur noch selten vorkommt.

Kleinere Waldstrecken, deren Namen mit -wald componiert sind, gibt es nicht allzu viele; Eichwald und Buchwald kommen öfter vor, sonst noch Hauwald, Abtswald und wenige andere.

Bewohnte Ortschaften, deren Namen eine Composition mit Wald darbieten, gibt es in Hessen nur folgende: Friedewald (s. d.), Fürstenwald, Königswald, Leisenwald (im Büdinger Walde), Niederwald und Westerwald; endlich das ganz moderne Friedrichswald.

Die Formel: der wilde Wald ist noch sehr üblich; eben so üblich eine andere, welcher ich außer in Hessen nicht begegnet bin: auf den Wald bekennen. Man sagt von einer geschwängerten Dirne, welche den Namen ihres Schwängerers nicht nennen will, sondern vorgibt, im Walde von einem Unbekannten angegriffen worden zu sein: sie hat auf den Wald bekannt. Es kommt dieser Ausdruck („auf den wilden Wald bekennen") schon in Acten von 1594 vor.

In einer speciellen Bedeutung wird im Haungrund Wald gebraucht: für die Krone, das Laubwerk, der Waldbäume.

Waldgeld, die ältere Bezeichnung des Rottzinses, welche hin und wieder noch gegen das Ende des vorigen Jarhunderts volksüblich gewesen sein soll. Norbacher Weistum aus dem 14. Jarhundert Grimm Weisthümer 3, 329. S. *Waldrecht*.

Waldis fem. ist die Benennung einer Flurstrecke bei Allendorf an der Werra, welche an dem Berge sich hinzieht, an dessen Fuße das bei Weidenbach entspringende und bei dem preußischen Dorfe Wahlhausen, kaum eine halbe Stunde unterhalb Allendorf, der Werra zugehende Flüßchen Walse herfließt. Von dieser Flurstrecke führte eine, ehedem zalreiche, jetzt ausgestorbene Bürgerfamilie in Allendorf den Namen; es gehörte ihr der bekannte Dichter, Burghard Waldis, Probst und Pfarrer zu Abterode, an. Das Wort Waldis selbst aber verdient Beachtung. Genitiv kann es nicht sein, wogegen schon das beharrliche Festhalten des i in der Endung, vollends das Femininum spricht; denn welche femininische Ellipse sollte, um „des Waldes" herauszubringen, gedacht werden können? Es wird vielmehr wegen des Namens Walse, welches nichts anderes ist, als *Wal-asa*, aqua stragis, und Walhausen, vicus stragis, für Waldis die Anlehnung an Wald aufzugeben und die Anlehnung au *wal* zu versuchen sein. Möglich wäre es nun, daß Waldis ursprünglich Wal-isa, gleicher Bedeutung mit Wal-asa, gelautet hätte und das d nur ein euphonisches Einschiebsel wäre; indes ist es kaum glaublich, daß das Flüßchen neben dem doch sehr alten Namen Walasa noch den Namen Walisa (Walissa) geführt haben sollte, und die Einschiebung des euphonischen d behält immer einiges Bedenken gegen sich; immer aber ist die constante Beibehaltung des i damit nicht erklärt, denn Suulmisa, Suulmusa lautet eben nicht Schwülmis, sondern längst schon Schwülmes, und jetzt sogar Schwülme. Kühn, aber keineswegs unwarscheinlich, ist folgende Hypothese, durch welche alle diese Schwierigkeiten beseitigt werden. Waldis hat ursprünglich gelautet *Wal-idis* (d. h. Walachuria, Walküre), Schlachtjungfrau Wuotans; „die Waldis" ist die Stätte, wo die Wal-idis die Schlacht überschaut (den Haft geheftet, das Heer aufgehalten) und das Wal für Wuotan gekürt, die Todten für den Schlachtgott in Empfang genommen hat. Vgl. Grimm d. Myth. (2) 372. 389. Daß aus Walidis in der einfachsten Weise sich Waldis bilden, Femininum bleiben und das i bewahren konnte, ja mußte, ist leicht einzusehen. Will man noch weiter gehen, so würde sogar gegen die nordische Form dis (statt itis, idis) nicht allzuviel einzuwenden sein; dann ist Waldis einfach *Wal-dis*.

Waldrecht. Ein, so viel man bis jetzt weiß, nur in Hessen vorkommendes Rechtsverhältnis des Landbauers zu dem Obereigentümer des Grundstückes wird durch Waldrecht bezeichnet. In lateinischen Urkunden des 13. Jarhunderts wird dasselbe jus sylvaticum (1233 Anal. hass. 3, 194), jus sylvestre (1258 Lennep Leihe zu LSR. Cod. prob. No. 413), in Urkunden des 14. Jarhunderts auch jus nemorale (1353 Anal. hass. 3, 191) genannt, wodurch die ohnehin sichere Ableitung von Wald, sylva, unzweifelhaft gemacht und Esters Ableitung von walten, dominari, administrare, zurückgewiesen wird. In der Mitte des 14. Jarhunderts kommt auch die römische Bezeichnung emphyteusis, jus emphyteuticum vor.

Der Strich in Hessen, in welchem das Waldrecht, so viel man bis jetzt weiß, vorkommt, begreift das nördliche Oberhessen (die im südlichen Oberhessen liegenden Klöster Caldern und Hachborn, so wie die geistlichen Stiftungen der Stadt Marburg haben keine Urkunden über Waldrecht), die Grafschaft Ziegenhain, den ganzen Lauf der Efze, Kassel mit Umgegend, Zierenberg und Wolfhagen. Die Klöster Haina, Cappel am Spieß, Hasungen, Anenberg, Nordshausen, Weißenstein und St. George, so wie die Pfarrei Homberg, die Stadt Wolfhagen und wenige adliche Familien (die von Twiste, die Krengel) sind diejenigen Grundbesitzer, von welchen Güter zu Waldrecht ausgethan worden sind. Doch mag das Waldrecht auch noch sonst vorgekommen sein, und es nur an Belegen dafür fehlen; eine Urkunde des Abts Giselher zu Blankenheim vom Jahr 1286 (Lennep Leihe zu LSR. Cod. prob. No. 147, von Lennep unrichtig erklärt), in welcher dem Eckehard von Benhausen Güter in Aue zu Waldrecht verliehen werden, kann leicht noch mehrere Verwandte aus dortiger Gegend haben.

Das Waldrecht, welches wenigstens hin und wieder, z. B. in Homberg, bis in die neueste Zeit, wenn auch zuletzt nur auf dem Papier der Leihebriefe, bestanden hat, bezog sich ursprünglich auf Rottländereien (Urkunde von Dudenhausen aus dem 13. Jarhundert Anal. hass. 3, 192—193), auf Mühlen (Hasunger Urk. v. 1258 über Langela Lennep a. a. O. No. 413; Hainaer Urk. über Röddenau von 1303 Anal. hass. 3, 194; über Münchhausen von 1340 ebdf. 188—190; Hasunger Urk. v. 1351 ebdf. 3, 192; Urkunde Widekinds von Twiste v. 1353 ebdf. 191; Cappeler ungedr. Urk. über Falkenhain v. 1431; desgl. über Frielendorf von 1432 und 1459), auf Gärten (Weißensteiner Urk. über Zierenberg v. 1321 Lennep No. 414; desgleichen von 1322 Lennep No. 415; ungedruckte Urkunde des Landgrafen Heinrich vom 22. Nov. 1346; Anenberger Urk. v. 1405 über Heiligenrode Lennep No. 277; Anenberger Urk. v. 1438 Lennep No. 247; Pfarrurkunde von Homberg v. 1460 Lennep No. 185; Anenberger Urkunde über Kassel von 1466 Lennep No. 255; Cappeler ungedr. Urk. über Homberg v. 1513; desgl. von 1534 und weiter bis in die neueste Zeit über dieselben Gärten; desgl. des Klosters St. Georg über Gärten, welche später landesherrlichen oder Universitäts-Eigentums waren, bis in die neueste Zeit); auf Waldschmieden (Anenberger Urk. über Weimar bei Kassel von 1390 Lennep No. 406), auf Teiche (Wolfhager Urk. v. 1477 Lennep No. 410), und auf Wiesen (Cappeler ungedr. Urk. über Unshausen v. 1449). Außerdem sind zalreiche Waldrechtsurkunden über bebauete Güter vorhanden, doch können letztere, da die betreffenden Urkunden erst mit dem Ausgange des 13. Jarhunderts erscheinen, recht wol ursprünglich Rottländereien gewesen sein.

Das Wesen des Waldrechts, wodurch sich dasselbe von jeder andern Location, namentlich auch von der Landsiedelleihe älterer Zeit auf das Bestimmteste unterschied, war die erbliche Verleihung des Grundstücks. So wird dasselbe in der ältesten bis jetzt bekannten Urkunde, welche des Waldrechts Erwähnung thut (Ziegenhainer Urkunde vom Jahr 1233 Anal. hass. 3, 194) bezeichnet: jus rusticorum silvaticum, quod ad ipsorum pertinet hereditatem, und mit der aus=

drücklichen Bezeichnung des Erbrechtes erscheint dasselbe in fast allen Urkunden, welche über das Waldrecht sprechen. Es ist mit Grund anzunehmen, nicht allein daß das Waldrecht das einzige Erbrecht war, welches in Hessen den Bauern an Grundstücken, die nicht ihr Eigentum waren, zustand, sondern auch, daß alle Erbleihen, welche in älterer Zeit vorkommen, nichts anderes waren, als Verleihungen zu Waldrecht, wenn gleich diese Bezeichnung nicht ausdrücklich in die Verleihungsurkunde aufgenommen wurde. So besaß das Kloster Cappel ein Gut zu Wasmutshausen, welches im Jahr 1372 erblich, ohne nähere Bezeichnung des Erbrechts, im Jahr 1492 aber zu Waldrecht erblich ausgethan wurde (die Urkunde von 1372 ist abgedruckt bei Lennep No. 199, die von 1492 noch ungedruckt). Mitunter finden sich auch Beispiele, daß ein Grundstück zu Waldrecht auf gewisse Bedingungen, und erst wenn diese erfüllt waren, erblich ausgethan wurde; vgl. die Anenberger Urkunden bei Lennep No. 222 und 223 von 1323 und 1328 über ein am Tottenhof zu Kassel liegendes Grundstück, welches unter der Bedingung, daß ein Gebäude auf demselben errichtet werden sollte, zu Waldrecht verliehen wurde, aber die Erblichkeit erst erhielt, nachdem das Gebäude bis zum Jahr 1328 errichtet war.

Dieser Erblichkeit entsprach die andere Eigentümlichkeit des Waldrechts, daß bei Einziehung des Gutes wegen nicht entrichteten Waldrechtzinses oder bei der Aufgebung des Gutes, der Verzichtleistung, keine Oberbeßerung vergütet wurde, wie dieß die meisten Urkunden in der bestimtesten Weise aussprechen.

Uebrigens war das Erbrecht nur für die Leibeserben zuläßig, wie dieß viele Urkunden bestimt angeben; dem gemäß sagt auch das Homberger Stadtbuch in der im Jahr 1567 aufgenommenen Beschreibung des Waldrechts, dasselbe erbe nicht zur Seite, sondern in der stracken Linie unter sich; sei diese nicht vorhanden, so falle das Gut heim. Dieses Stadtbuch enthält übrigens noch die aus den mir bekannt gewordenen Urkunden nicht nachzuweisende Bestimmung: nach des Waldrechtsmannes Tode müssen sich die Erben vereinigen und Einem unter ihnen das Gut überlaßen, doch muß auch dieser Eine mit des Waldrechtsherren Bewilligung erkoren werden.

Verzicht war, wie auch bei der Landsidelleihe, möglich, auch der Verkauf des Waldrechtsgutes unter Zustimmung des Waldrechtsherrn, doch war nach dem Homberger Stadtbuche der Verkauf beschränkt: Eheleute können dasselbe verkaufen, so lange beide noch am Leben sind, nicht, wenn ein Ehegatte gestorben ist; kauft ein Witwer oder eine Witfrau ein Waldrechtgut, so können diese es wieder verkaufen; auch ist nachgelaßenen Kindern des Waldrechtbeständers der Verkauf erlaubt. Die Urkunden geben über diese Bestimmungen nur einige Andeutungen.

Der Zinsrückstand wurde nach den Urkunden gar nicht, nach dem Stadtbuche von Homberg nur drei Jahre, geduldet; durch die Säumnis nach Ablauf des Jahres (Homberg: des dritten Jahres) hatte sich der Zinsmann selbst entsetzt. So sprechen die älteren Urkunden; spätere enthalten indes zuweilen nur das Bekentnis des dem Obereigentümer unbeschränkt zustehenden Pfändungsrechtes mit dem Verzicht des Beständers auf Gericht und Notrecht. Zuweilen, und am häufigsten bei Mühlen, wird die Erhaltung des Gutes in gutem Stand und Wesen zur Bedingung gemacht; würde dieselbe nicht erfüllt werden, so soll das Gut heimfallen. Theilung des Gutes zog den Verlust desselben nach sich, falls nicht der Waldrechtsherr in die Theilung ausdrücklich eingewilligt hatte. Auch war, nach dem Homberger Stadtbuch, zu einer Verreinung und Versteinung des Gutes die Bewilligung des Waldrechtsherrn erforderlich. Daß, so lange der Waldrechtszins entrichtet und das Gut nicht willkürlich vertheilt wurde, der Waldrechtsherr keine Befugnis hatte, dasselbe mit höherem Zins zu beschweren, oder gar den Zinsmann seines Gefallens zu entsetzen, sei es auch, daß er selbst des Gutes bedürftig wäre, versteht sich aus der Erblichkeit von selbst, und sollen durch die Clausel „obgleich er selbst des Gutes bedürftig wäre", wie sie das Homberger Stadtbuch hervorhebt, die Waldrechtsgüter von den Landsidelgütern offenbar augenfällig unterschieden werden.

Nicht selten wird bei der Verleihung zu Waldrecht die Abgabe des besten Hauptes für den Todesfall stipuliert; zumal enthalten die ältern Urkunden diese Bestimmung. Laudemien kommen häufig, doch nicht ausnahmslos vor.

Die Formeln, welche seit der Mitte des 14. Jahrhunderts bei Verleihungen zu Waldrecht, meist nur zur Verstärkung, und ohne eigentliche, rechtliche Bedeutung, vorkommen, sind: zu rechtem Waldrecht geben (1351); zu Waldrecht und nach Waldrechtsrecht geben (1431); zu waldrechtem Rechte geben (1460); nach Waldrechts Recht geben (1492 und nachher sehr oft). verwaltrechten und verwaltrechten und vererben erscheint in einem Schiedsspruche des Landvogts, Erbmarschalls Eckhart von Rörenfurt in einem Streite des Abts Johann Rotzmul zu Cappel mit den Männern des Birnegaus vom Jahr 1430. Der Waldrechtszins heißt in der ältern Zeit regelmäßig Waldrechtsgülde, der Beständer ausnahmslos Waldrechtsmann.

Daß übrigens das Waldrecht, wenigstens die Bezeichnung dieses Rechtes, einen größern Umfang gehabt haben müße, als die Grenzen, in welchen wir dasselbe kennen, ergeben die Aeußerungen Luthers, in denen er sich des Wortes Waldrechter („ich bin der grobe Waldrechter") und waldrechten für Ausroder, ausroden in figürlichem Sinne bedient (letzteres aus einem Manuscript Hieronymus Wellers bei Löscher hist. mot. 3, 137).

Vgl. Joh. Wilhelm Waldschmidt de bonis zu Waldrecht concessis. Marburg 1714. Estor harmonia juris civilis et hassiaci in emphyteusi Waldrecht dicta in Kuchenbecker Analecta hassiaca 3, 146 ff. und teutsche Rechtsgelahrtheit 1, §. 1971. Lünig Corpus juris feudalis 3, 715—719, wo eine Beschreibung des Waldrechts nach dem Homberger Stadtbuch sich findet. v. Buri Abhandlung von Bauerngütern S. 597. Lennep Von der Leihe zu Landsiedelrecht 1767. 4. Cod. prob. No. 187. Am bestimtesten hat Estor die Natur des Waldrechts erkannt; am vagsten äußert sich Lennep, welcher in der unklarsten Weise Landsidelleihe und Waldrecht mit einander vermengt.

Waldschmid. Eisenerzgräber, Bergmann, welcher zugleich das gewonnene Eisen schmelzte und hämmerte, in den ältesten Zeiten auch — worauf sich noch die Sagen von Wieland dem Schmid, von Sigfrid u. s. w. beziehen — in der Waldschmide zu Waffen verschmiedete. So hatte das Kloster Anenberg in Kassel eine Waldschmiede bei Weimar in der Nähe von Kassel, welche zu Waldrecht ausgethan war (Urk. v. 1390 bei Lennep Leihe zu Landsiedelrecht, Urk. No. 406), und der Abt von Hersfeld hatte Waldschmide am Eisenberg und Krebenberg (jetzt Krebekoppe) oberhalb Obergeis; es werden in der betreffenden Urkunde (v. 1467 Wenck 2, 486) Jacob Waltsmid und Hans Potze der Waltschmid genannt, mit welchen der Abt einen Vertrag über den Eisenbergbau abschloß. Außer dem Familiennamen Waldschmidt, welcher in Hessen nachweislich aus den Dörfern des Knüllgebirges (Raboldshausen, Rengshausen, Beisheim) stammt, gibt nur noch der Ortsname Neuenschmitten bei Wächtersbach (es befindet sich bei N. ein Eisenhammer) Kunde von diesen uralten Zuständen. Ein Nachbild dieser in den einsamen Gründen des tiefsten Walddickichts gelegenen Waldschmieden ist die bei Reutershausen gelegene Stollenschmiede.

walken. 1) besonders in der Composition *einwalken*, stark und gierig essen. Hin und wieder, am meisten in Oberhessen gebräuchlich, von wo es auch Estor S. 1422 verzeichnet; in Niederhessen dafür lieber *bressen* (s. d.).
2) durchprügeln; neben wackeln gebräuchlich; doch wol seltener.

Walpertsmännchen. So hieß in dem Dorfe Salzberg am Eisenberge derjenige Gemeindsmann, welcher den, sechs Gnaken (s. d.) betragenden Rutscherzins der Gemeinde jährlich am Walburgistage an die von Buchenau nach Buchenau zu liefern hatte. Derselbe mußte am 1. Mai frühmorgens um sechs Uhr sich in dem, etwa sieben Wegstunden von Salzberg entfernten Buchenau einfinden, und mit dem Schlage sechs bereits, es mochte Witterung sein, welche es wollte, auf einem bestimten Steine der Brücke vor dem Buchenauischen Schloße sitzen. Verspätete er sich, so wuchs der Zins in geometrischer Progression; „auf Walburgis Abend hätte die ganze Gemeinde den Zins nicht mehr bezalen können" (es würde derselbe, da der Gnake 6 Heller betrug, um sechs Uhr Abends auf 384 Thaler unseres jetzigen Geldes angewachsen gewesen sein). Deshalb verwarnte auch der Beamte auf dem Neuenstein jedesmal die Gemeinde, und diese gab dem Walpertsmännchen zwei Begleiter mit, auf den Fall, daß ihm ein Unglück begegnete. Saß aber das Walpertsmännchen zur rechten Zeit auf dem Steine, so mußten es die von Buchenau begrüßen laßen, worauf es die Gnaken zalte. Darauf wurde es mit vorgeschriebenen Speisen reichlich bewirtet, und wenn es hierbei in drei Tagen nicht einschlief, mußten es die Zinsherren lebenslang verpflegen. Schlief es aber ein, so wurde es ungesäumt aus der Burg weggeschafft. — Dieser Gebrauch, welcher sich bis in das 15. Jarhundert zurück verfolgen läßt, hat sich bis zum Jahr 1806 erhalten. Hersfelder Intelligenzblatt 1802, St. 9. Hieraus Grimm Rechtsalterthümer S. 388. Noch im Jahr 1836 war dieser Gebrauch in Salzberg in bestimtester Erinnerung, nur wollte der hauptsächlichste Referent, dessen Erzälung sonst genau mit vorstehender Darstellung übereinstimmte, und dessen Vater mehr als einmal Walpertsmännchen gewesen war, von den Folgen des Nichteinschlafens niemals etwas gehört haben.

Walstag, der Schmaustag der Zimmerleute beim Hausbau, nach Vollendung des Richtens, Hebens; die Hebekirmes. Estor t. Rechtsgl. 3, 1422. Es ist dieses Wort zwar noch jetzt in Oberhessen bekannt, aber wenig mehr gebräuchlich.

Wammes neutr. Dieses Wort ist zwar nirgends in Hessen unverständlich oder auch nur unbekannt, eigentlich volksüblich aber doch nur im sächsischen und vorab im westfälischen Hessen, wo es das Kamisol, die Jacke, der weiblichen Kleidung bedeutet, während das entsprechende männliche Kleidungsstück Rücheln (s. d.) heißt.

Wol ohne Zweifel eine Ableitung von *Wambe*, *Wampe*, s. d. Vgl. Schmeller 4, 77.

Wampe fem., selten *Wambe* gesprochen, Bauch, meist in verachtendem Sinne: „sich die Wampe (lieber pluralisch: Wampen) voll essen". Sehr gewöhnlich aber wird Wampe auch für Weiche gebraucht, und alsdann, dem alten wamba analog, ohne allen verachtenden Nebenbegriff, aber auch lieber pluralisch als singularisch; sehr gewöhnlich ist übrigens auch die Formel: „einem einen (Treff) in die Wampen geben".

In ganz Hessen, wie auch anderwärts, üblich. Schmidt Westerw. Jd. S. 320. Schmeller 4, 77.

Vgl. *Wammes* und *wamschen*.

wamschen. 1) Schläge geben; „einen durchwamschen". Sicherlich eine Ableitung von Wammes: einem das Wams ausklopfen.

2) viel und gierig essen: „in sich wamschen". Ohne Zweifel von Wampo abgeleitet, und an sich identisch mit „sich die Wampen voll essen". Schmidt Westerw. Jb. hat S. 13 bamschen.

wån, stets *wón* gesprochen, aus wan verlängert, findet sich noch jetzt in Oberhessen im — wenn gleich absterbenden — Gebrauche, und zwar in der Bedeutung, welche Estor S. 1423 verzeichnet hat: mangelhaft, fehlerhaft, unhaltbar, namentlich von fehlerhaft gearbeiteten Geräten, welche keine Dauer haben: „das Schloß ist aber auch ganz wohn gemacht, das konnte nicht halten". Vgl. Adelung 4, 1341.

Wand msc., Tuch, Kleiderstoff aus Wolle; nur zuweilen wird auch Leinwand mit diesem Worte bezeichnet. Nur im westfälischen und sächsischen Hessen üblich. Vgl. *Wöt* und *Beiderwand*.

wandern, im Volksmunde allenfalls nur vom Wandern der Handwerksbursche gebräuchlich, sonst nur in der Redensart: *es wandert* (wänert) d. h. es gehen Gespenster um.

Gewanerds neutr., Gespenst. Marburger Hexenproceßacten von 1673. *Gewaenerz*, Gespenst; Graffschaft Ziegenhain.

Wanderding neutr. (Wänerding), Gespenst; die üblichste Bezeichnung. Das Wort Gespenst ist dem Volke gänzlich fremd.

Wandlaus fem., Wanze. Das Wort war ehedem (bis in die zwanziger Jahre dieses Jahrhunderts) auf dem Lande durchgängig allein üblich, und ist neben dem aus „Wandlaus" gebildeten Worte „Wanze" daselbst noch immer, in theilweise bevorzugtem, Gebrauche. Das Wort „Wendel" für Wanze findet sich dagegen in Hessen nicht.

Wanne fem. 1) wie gemeinhochdeutsch: ein offenes, ziemlich flaches Faß (Badewanne u. dgl.).

2) ein kleiner flacher Korb; Nieder- und Oberhessen. Im Stift Hersfeld Kretz, in den niederdeutschen Bezirken Kispe genannt.

3) Grenze s. wenden.

wanne. Die sächsische halb scherzhafte Drohformel: „wanne!" meist doppelt: „wanne! wanne!" hört man in Hessen an der Weser noch häufig, außerdem ist sie völlig unbekannt. Ehedem aber muß sie ziemlich tief in Hessen üblich gewesen sein; der Pfarrer zu Grünberg, Hartmann Braun, welcher aus Melsungen gebürtig war, predigte in Grünberg im Jahr 1615: „Wanne, wanne, was mag Carlstadt gepredigt haben?" M. H. Braun Labia Sacerdotis 1615. 4. Bl. Bb.

wannehr, Frage-Correlativum, weit üblicher, als das einfache wann. Holländisch. Richey S. 334. Schmidt Westerw. Jd. S. 321.

Warf msc., der noch im vorigen Jahrhundert da und dort gebräuchliche jetzt aber völlig außer Uebung gekommene Ausdruck für denjenigen Theil des Gewebes, den wir jetzt Zettel nennen. „Wolnweber gewichte ist ein halp phunt *warffs*" Emmerich Frankenberger Gewonheiten bei Schmincke Monim. hass. 2, 705. Schmeller 4, 150. Vgl. *Webel*.

Warlosigkeit, Achtlosigkeit, Unachtsamkeit. In Eschweger Hexenproceßacten von 1657 findet sich registriert, daß der Stadtknecht, welcher die gefeßelte Mutter der eigentlich angeklagten Zauberin aus der Kette und dem Gefängnis hatte entwischen laßen, wegen seiner **Warlosigkeit** an Händen und Füßen geschloßen und in den Blobach geführt worden sei.

Wärsch, *Wärscht* (Wërsch, Waersch) fem., Quere; auch figürlich Verkehrtheit, Unordnung, Verwirrung. Schwalmgegend und Oberhessen. „Er macht alles die (der) Wärscht" d. h. verkehrt. „Der Heubaum lag die (der) Wärscht über den Weg". „i de Wärsch u i de Leng" kreuz und quer, Schwälmerlied. Estor S. 1406: „der werst, zwerch über".

Es scheint dieses Wort eins von den ziemlich zalreichen mit dem tiefniederrheinischen Dialect übereinstimmenden hessischen Wörtern zu sein, s. Frisch 1, 497a, wo aus der Jülichschen Policierordnung angeführt wird: „es sollen zu Wersch durch die Wege Buck oder Kallen gelegt werden".

würzig, *werzig* (im Haungrunde meist *wetzig* gesprochen), eine Bedeutungsformel: warlich! gewiß! Im Fuldaischen, Schmalkaldischen und Hanauischen äußerst üblich, im übrigen Hessen unbekannt.

Wasen msc., die in Mittelhessen und Oberhessen, so wie in Fulda und der Obergrafschaft Hanau herschende Form des gemeinhochdeutschen Wortes Rasen, cespes. Es beruht diese Form auf der Elision des diesem Worte (wraso) ursprünglichen R, während das Wort Rasen umgekehrt das W abgestoßen hat. Im nördlichen Hessen, schon von der untern Edder an, behält man beide Laute, w und r, vergröbert aber w in f und spricht Frasen (s. d.). „Im Felde am obern Hains Wasen" Kirchhain 1654. Wulwasen, Schindanger s. Wul. In älterer und neuerer Zeit stößt nicht selten die Schreibung *Wassum* auf.

Wasenmeister, die hiesigen Landes (außer Filler) regelmäßige und amtliche Bezeichnung des Abdeckers, Schinters. Es findet sich dieselbe bereits im Anfange des 16. Jarhunderts.

watchen, unsicher gehen, sich mit sichtlicher Anstrengung fortbewegen, auch wankeln, taumeln. Oberhessen. Estor S. 1422.

Watschar fem., kommt in Urkunden aus der Obergrafschaft Hanau, aus dem Isenburgischen und der Umgegend in dem Sinne eines Vergehens, und nur in diesem Sinne, vor; nicht in der sonst nicht ungewöhnlichen Bedeutung einer Parcelle von einem größern, nunmehr verteilten Grundstück, und des von diesen Parcellen zu entrichtenden Zinses, wie das Wort bei Haltaus Sp. 2044, Scherz-Oberlin Sp. 1953, Schmeller 4, 194 erscheint. Es alliteriert stets mit dem Worte Wunden, und kann, wie Oberlin Sp. 1953 auch richtig anmerkt, nichts anderes bedeuten als Kleiderzerreißung. „vnd soln rügen tzu den dryn gerichten drü stücke, wonden vnd *watschar*, heilallgeschrey vnd diepstall". Weisthum von Lichenrode v. J. 1388 Grimm Weisthümer 3, 401. „was busse gevallen sollen von wunden vnd *watscher*" Ulmbacher Weistum von 1415 Grimm Weisth. 3, 397. „verbüzen vmb wunden vnd *watschar*" Weistum von Schlüchtern aus der 2. Hälfte des 15. Jh. in der Zeitschrift f. hess. Gesch. u. LK. 4, 280. „so sich lute in eins wirtes hass zu Sluchtern rueßten oder slugen oder sich vbel handelten mit worten, an wunden vnd *watschar* vnd messer rueßen Ebdf. ebdf. S. 283. „vmb wonden ader vmb *watschar*" Gudenus Cod. dipl. 5, 1003. Letztern Beleg hat auch Scherz-Oberlin Sp. 1954.

Watsche fem., in den meisten Gegenden Hessens der gebräuchlichste, in mehreren die einzige Bezeichnung der Maulschelle, Ohrfeige. Vgl. Husche, *Flanz*, Ohrdachtel.

Watz msc., männliches zahmes Schwein, Eber. Das Wort herscht durch ganz Mittelhessen (Fulda, Werragegend, obere Fuldagegend, Ziegenhain, Oberhessen), sodann im ganzen Hanauischen, wogegen an der untern Schwalm und Eder so wie von da weiter nach der Diemel und überhaupt im westfälischen

Hessen der Eber Ver heißt (f. d.), an der Weser aber, im eigentlich sächsischen Hessen, Kämpe genannt wird (f. d.); Eber ist nirgends volksüblich. Estor S. 1422: Watz, der schweinenbesteiger. Schmidt Westerw. Jd. S. 323. Schmeller 4, 204, dessen Ableitung des Wortes ohne Zweifel die richtige ist.

Grimm bringt Gesch der d. Spr. 1, 36 dieses Wort in Zusammenhang mit dem nordischen Worte Vasse, welches den Wildeber bezeichnet, und sich allerdings nach Deutschland verpflanzt haben mag, da die v. Passewitz einen Eber im Wappen führen. Sonst aber klingt Watz weit eher slavisch; es ist jedoch sicherlich deutsch, von huaz, scharf, s. Schmeller. Vgl. Wûz.

Webel msc., die schwerlich noch jetzt volksübliche, weil schon im Anfange dieses Jarhunderts zwar noch bekannte aber für gänzlich veraltet geltende Benennung desjenigen Theiles des Gewebes, welchen wir jetzt Einschlag nennen. „Wolnweber gewichte ist ein halb phunt warffs, sal ein margkt punt wigen unde nit me, unde eyn phunt *webils* 2 margkt punt" Emmerich Frankenberger Gewohnheiten bei Schminke Monim. hass. 2, 705. Althochd. weval. Schmeller 4, 35. Vgl. *Warf*.

Wechsel msc., Tausch. In diesem Sinne kommt das Wort Wechsel in den hessischen Urkunden bis gegen das Ende des 14. Jarhunderts vor; von da an verschwindet es, und es tritt das niederdeutsche *butung* an seine Stelle (f. beuten). „Ich Arnold heseleyth vnd fye sin eliche husfroue bekennen an diseme keinwertigen brybe daz wir mit guden willin vnd mit samindin handin eynin rehtin *wessil* getan han". Ungedr. Urk. vom J. 1341 im Deutschordensarchiv zu Marburg; und so öfter.

Wede fem., *Waede*, *Wêt* (zuweilen auch, doch selten, weden msc.), Haufe, Menge. Im ganzen Fuldaischen Land, zumal im Kreise Hünfeld, bis nach Friedewald und Hersfeld, so wie an der obern Werra (Lacha, Heringen) äußerst üblich, im übrigen Hessen unbekannt. Heuwede, Schneewede, Heuhaufen, Schneehaufen. „eine Weet Leute"; auch metaphorisch: „eine Weet Geld", „eine Weet Schulden", doch ist die Metapher nicht allgemein im Gebrauche. Es ist nicht unmöglich, daß dieses wede ein von dem Verbum wehen (goth. váian, ahd. wâjan, wâhan, mhd. waejen) abgeleitetes Substantivum wäre.

Weg. Dieses sonst dem gemeinhochdeutschen Gebrauche sich in der hessischen Volkssprache völlig anschließende Wort hat in zwei einander parallelen Redensarten, welche in ganz Hessen üblich sind, femininisches Genus: auf der Wege sein, im eigentlichen und figürlichen Sinne, besonders im letztern, im Begriffe sein etwas zu thun; „auf der Wege", unterwegs; und: aus der Wege gehen, ausweichen. „Vff der wege hab sie mit ihm wegen Hensels Annen dochter geredt" Marburger Protokoll von 1596.

Wegetrebe fem., oberhessischer Name des Wegerichs, plantago.

Wegscheiszer msc., Geschwür am Rande des Augenlids, sonst auch Wern, Wer, Werner genannt. Dieses Geschwür gilt als Strafe dafür, daß man seine Notdurft am Wege verrichtet habe. Oestliches Hessen und Schmalkalden.

Wegsetzer msc., dasselbe, was sonst Steinsetzer ist: Pflasterer. Das Wort kommt in den niederhessischen wie oberhessischen Rechnungen um 16. und 17. Jarhundert, bis in den Anfang des 18., äußerst häufig vor, und wurde im gemeinen Leben noch in der neuesten Zeit gebraucht.

Weich msc., auch *Waich*, *Wäig*, die schmutzige, zum Reinigen bestimmte und in der Reinigung (Wäsche) befindliche Wäsche; das zu waschende Linnenzeug. Fulda und Schmalkalden; anderwärts unerhört.

weiden (meist *wéden*, zuweilen auch *widen* gesprochen), Unkraut ausjäten. Nur im westfälischen Hessen gebräuchlich. Altsächsisch *weodian* Hêl. 78, 13. Bei Schottel Haubtspr. S. 1441 und Brem. WB. 5, 216: *weden*, ausweden. Vgl. Widerich (Weiderich).

Weier msc., vivarium, Fischteich. Dieses Wort ist nur im Fuldaischen üblich, wo durch dasselbe das deutsche Wort Teich fast ganz verdrängt worden ist. Ehedem muß es auch im östlichen Hessen üblich gewesen sein, da sich an mehreren Orten (z. B. Solz) noch Feldplätze finden, welche im Weier, am W., genannt werden, und Wiesen, welche aus ausgetrockneten Teichen entstanden sind, und Weierwiesen heißen. Im übrigen Hessen scheint das Wort nicht im Gebrauche gewesen zu sein, und ist im westlichen Hessen unverständlich, wiewol es auch hier an künstlich angelegten Fischteichen nicht fehlte: bei Bessa, bei Michelsberg, bei Leimsfeld, bei Germershausen und anderwärts.

Weife fem., das im östlichen Hessen und im Schwarzenfelsischen ausschließlich gebrauchte Wort für Haspel, Garnhaspel; dieß letztere, in Oberhessen wie in der Schriftsprache übliche Wort ist im östlichen Hessen völlig unbekannt. Schottel Haubtspr. S. 1441.

weifen, haspeln.

Weifstecken msc. Das Wort ist mir bis dahin, gleich Speile und Speilstecken, nur in den Baurechnungen der Universitätsvogtei Singlis aus dem 16. Jarhundert begegnet, und zwar als eine Synonyme von Speilstecken, namentlich auch in der Beziehung, daß das Wort gleich Speile, Speilstecken diejenigen Stecken (Breter) bezeichnet, welche in die Böden (Decken) eingelaßen werden. 1 fl 14 alb vor 2 eichen beume geben, sollen weiffstecken zu zweyen bodden darauß gemacht werden". Singl. B. R. 1570. „12 alb kleinthen vnd Lentze braun geben haben ein ieder drei tage weiffstecken gehawen vnd ein newen boden vber den stall geschlagen". Ebds. ebds. „Jacob kreintz hat 3 tage vff dem langen bauwe Weiff stecken eingehawen". Ebds. 1577. „4 fl 22 alb Curtt harsten geben zue Verne hat 18 tage am boden gegrubelt, wieff Stecken ingehawen". Ebds. 1588. Und so öfter. Daß Weiffstecken den Speilstecken synonym seien, geht besonders daraus hervor, daß unmittelbar auf die so eben aus der Rechnung von 1588 ausgehobene Stelle diejenige folgt, welche zu Speile ausgehoben worden und worin Speilstecken als eingehauen vorkommen. Aus dieser Stelle geht aber auch hervor, daß, da wieffstecken geschrieben ist, Wifstecken und nicht etwa Waifstecken zu verstehen sind; also wol Stecken, um welche der Strohlehm gewickelt (gewift) wird. Vgl. Schmeller 4, 35 f. Brem. WB. 5, 269.

Weimbrô fem., statt Wintprä, jetzt Wimper. „Vnd schorn mit demselbigen Chrystallen die Weimbron an den augen ab". Hans Staden Reisebeschreibung (Weltbuch 1567 fol. 2, 36a). Noch jetzt ist diese Form, namentlich in den niederdeutschen Bezirken, üblich, aber auch sonst in Niederhessen gebräuchlich: Wembrô, Wembaer; auch meine ich, im Anfange des Jarhunderts Wendbaer gehört zu haben. Brem. WB. 5, 261: Wienbraan, Wiembraan. Es werden übrigens mit diesem Worte nicht nur die Wimpern, sondern auch die Augenbrauen gemeint. (Das Wort brawa, brä, welches in unserm Worte sich noch so bestimt hörbar macht, bedeutet Hervorragung, Erhöhung).

weisen, das in ganz Hessen ausschließlich übliche Wort für das gemeinhochdeutsche zeigen, welches Wort nirgends volksüblich ist, wenn es gleich aus dem Munde der „Gebildeten" vom Volke verstanden wird; „weiß, was hast du vor Strümpff an?" Eschweger Hexenprocessacten von 1657.

beweisen wird in mehreren Theilen Hessens (in der Knüllgegend, im Schwarzenfelsischen und sonst) in einem eigentümlichen Sinne gebraucht: „ich wills mit ihm selbst beweisen" = ich will ihn schwören laßen, ihm den Eid zuschieben; „ich wills mit mir selbst beweisen" = ich will schwören, den deferierten Eid annehmen; ich erbiete mich zum Eidschwur.

Weiszpfennig, die mehrere Jarhunderte lang ausschließlich gebräuchliche, mit dem 1. April 1835 gänzlich verschwundene kleine Baar- und Rechenmünze Hessens. Der niederhessische Weißpfennig, in großer Menge in Silber zuletzt unter Landgraf Friedrich II. geschlagen, betrug 12 Heller oder vier Dreier, drei Kreuzer, zwei Sechser schwer Geld und 32 Weißpfennige (Albus) gehörten zu einem Thaler (von 24 guten Groschen), 26 zu einem Kammergulden. Der oberhessische Weißpfennig, (Albus), welcher jedoch schon im Anfange dieses Jarhunderts nur noch eine Rechenmünze war, und zuletzt, um 1820, bloß noch als Bieteform, unter welche nicht herabgegangen werden durfte, auf den Auctionen vorkam, hatte nur den Wert von zwei Kreuzern leichten Geldes. Der niederhessische Bürger und Bauer rechnete im Kleinverkehr nur nach Weißpfennigen, und reducierte alle Groschenrechnungen auf Weißpfennige, bestimte auch Einkommen und Reichtum nach Weißpfennigen. Sehr üblich war es, zu sagen: „der N. N. kriegt ganze Metzer voll Weißpfennige auf einmal", wenn ein reichliches Einkommen beschrieben werden sollte. In einem Marburger Hexenproceß von 1658 kommt ein im Keller stehendes Bäumchen vor, welches die angebliche Hexe, so oft sie gewollt, geschüttelt, worauf dann Weißpfennige herab gefallen seien. Ein andermal (1655) ist der einzige teuflische Lohn, zu welchem sich eine Hexe bekennt, ein Weißpfennig. „Den Thaler auf dreizehn Weißpfennige bringen" (d. h. auf einen halben Kammergulden) war eine äußerst geläufige Redensart, um auszudrücken: sich in nachteilige Unternehmungen einlaßen, sich selbst den äußersten Schaden thun.

In Oberhessen hieß der unter Landgraf Friedrich II. geprägte doppelte Weißpfennig (das Zweialbusstück), Mise fem., weil so viel der einfache Einsatz (französ. mise) in das unter der Regierung des gedachten Fürsten bestehende Lotto betrug. Diese Benennung erhielt sich, trotz dem daß das Lotto bereits 1786 aufgehoben worden war, bis zum Untergange der Weißpfennige, wird aber jetzt, mehr als dreißig Jahre nach der, übrigens keineswegs vorteilhaften, Wegschaffung dieser Münze fast von niemanden mehr gekant.

Vgl. Zeitschrift f. hess. Gesch. u. LK. 4, 100—101.

weiteln, sich hin und her bewegen; sich weiteln, sich schaukeln. Im Haungrund üblich, anderwärts unbekannt.

Weck msc., bedeutet nirgends in Hessen den eigentlichen Keil, sondern nur das ehedem (doppelt) keilförmige Gebäck; Striezel und Semmel sind hier zu Lande gänzlich unbekannt, so daß die Dienstboten solcher Herschaften, welche aus Gegenden wo Semmel herscht, hierher kommen, wenn sie ausgeschickt werden „Semmeln" zu holen, in der Regel Zimmet mitbringen.

In Oberhessen heißt auch die keilförmig geformte Masse Butter, wie sie zum Verkauf gebildet wird, Weck, Butterweck, während dieses letztere Wort in Niederhessen nur ein, jetzt selten gewordenes Gebäck (Weckteig mit Butter bestrichen und gebacken) bezeichnet; übrigens auch gewöhnlichen Weck mit Butter geschmiert (wie Butterbrod). In letzterm Sinne scheint Butterweck auch von dem Oberhessen Etsermann (Ferrarius) gebraucht zu sein: „bittet den armen man vmb ein dienst, vmb ein keiße, botterweck, hüner, genße, vnd dero gleichen". Von dem gemeinen nutz 1533. 4. Bl. 38a.

Welf neutr., junger, namentlich neugeborener Hund, ahd. huelf. Das Wort war in den ersten 20 Jahren dieses Jarhunderts im Kreiße der Forstleute und Jäger noch in voller Uebung, wurde jedoch nicht mehr verstanden, indem man sich sogar in eben diesen Kreißen wunderte, wie es doch kommen möge, daß man die jungen Hunde Wölfe nenne; und in der That habe ich für meine Person den richtigen Plural Welfer meines Erinnerns niemals gehört, obgleich derselbe doch nicht ganz außer Gebrauch gekommen sein soll, wenigstens nicht in Oberhessen, wo man noch jetzt die jungen Hunde häufig *Welfercher* nennen hört. Wißbegierige Knaben, welche nach der Bedeutung dieser Bezeichnung der jungen Hunde fragten, pflegten auch wol damit abgefertigt zu werden, die Hunde kämen als Wölfe zur Welt und würden erst mit dem Oeffnen der Augen zu Hunden.

„zu wißen, das wir gegenwertigen vnsern Jegerknecht abgefertigt vnd jme beuolen haben das er hin vnd wider vnsern wasenmeistern Etzliche junge welfer lifern vnd zustellen soll. Ist derhalben an Euch vnsere Amptknechte — vnser beuelch, das Ir — auch Ime so vil vnserer vnderthanen zuordnet, als er deren bedarff, die jme solche junge Welfer von Ampten zu Ampten tragen. Ir sollet auch die wasenmeister für Euch befordern vnd jnen von vnsert wegen Ernstlich vferlegen, das sie solche Junge Welfer von vnserm Jegerknecht annehmen vnd wol vferziehen — — vnsern Vnderthanen eines jeden Orts — Ernstlich beuelhen das sie solche vnsere hunde vf der gaßen nicht schlagen". Befehl L. Philipps, Marburg 18. Merz 1566.

Welfin fem., junge Hündin.

welfen, von der Hündin: Junge werfen.

Im Jahr 1578 zeigt Landgraf Georg von Darmstadt seinem Bruder Wilhelm den Empfang der überschickten „dreyen Jagthunde vnd zweyer jungen Welffen" an, und verspricht, „wan die kleine Welffin welffen wird, alsdan der Hundlin eins" abzulaßen. (Vom Original).

welgern, 1) wälzen. „Der Stein war so schwer, daß ihn kaum zwei Mann welgern konnten"; die Knaben „welgern den Schnee"; „sich im Gras herum welgern"; besonders heißt das Kindervergnügen, sich cylindermäßig einen steilen Abhang herunter zu wälzen, sich welgern; den leichten Boden welgert man nach der Einsaat mittels der Ackerwelger (Bodenwelger, Landwelger), um ihm die Festigkeit zu gewähren, welche zum Keimen der Fruchtkörner erforderlich ist.

2) Wäsche mangen; der in Niederhessen und Schmalkalden allein übliche Ausdruck ist welgern; mangen ist dort unbekannt, wie umgekehrt welgern in diesem Sinne in Oberhessen unbekannt ist.

Welger, 1) fem. eine zusammengewälzte, zusammen gewickelte Menge Heu, Grummet, Werg. Wenn das Heu (Grummet) aufgeladen werden soll, wird es von der Breite nicht erst wieder in Haufen gesetzt, sondern in Welgern zusammengerecht. Das Werg, wie es zusammengewickelt zum Abspinnen zugerichtet ist, wird gleichfalls Welger (im Fuldaischen Wäller msc.) oder lieber Wickel genannt.

Ackerwelger, der schwere Cylinder, mit welchem der leichte Saatboden überfahren wird.

2) msc. a) was Welger fem., ist **Wälker** msc. im Fuldaischen vom Werg; s. vorher.

b) der Cylinder nebst Schlagbret, welcher zum Mangen der Wäsche dient; im Schmalkaldischen. Im übrigen Hessen, wo welgern gebräuchlich ist, sagt sagt man lieber das Welgerholz.

Schottel Hauptsprache S. 1442: „welgen, den Boden überwelgen. Welgerholz, cylindrus". Adelung hat das Wort unter „walgen".

gewèlig, heiter, munter, umgänglich. Dieses niederdeutsche Wort (welig, üppig, wollüstig, mutwillig, ausgelassen, Richey S. 236, Brem. WB. 5, 223), welches durch Voß in der fehlerhaften Form wählig auch in die Schriftsprache übergegangen ist, findet sich in Althessen nicht, und soll selbst in den niederdeutschen Bezirken nicht vorkommen. Um so auffallender ist es, daß dasselbe im Kreiße Hünfeld wieder erscheint, wo es in der angegebenen Bedeutung, welche gegen die ursprüngliche nur um etwas geschwächt worden, ganz üblich ist.
S. Zeitschrift für hess. Gesch. u. LK. 4, 101.

wellen wird in Hessen mitunter in dem Sinne verwendet, in welchem bei Adelung 4, 1478 wellern verzeichnet ist: die Schalthölzer, Stickstecken, mit Strohlehm umwickeln; gewöhnlich aber bedeutet *wellen* den Kuchenteig mittels eines Cylinders, welcher sich um sich selbst drehet, des Wellholzes, platt walzen: *Kuchen wellen*. „Haben sie ihn nackend ausgezogen, uber eine banck geleget, und mit einem wellholz so armßlick gewesen ganz lam geschlagen". Bittschrift der Gemeinden Kirchbracht und Mauswinkel von 1626.

In älterer Zeit kommt wellen auch für wallen, im Zustande der Flüßigkeit, des Siedens, des Geschmolzenseins sich befinden, vor. So z. B. in den Statuta Eschenwegensia S. 5: denjenigen, welche auf das Schreien einer genothzüchtigten Frauensperson nicht gehört hatten, und des überwiesen wurden, sollte man wellende bly (geschmolzenes Blei) in die Ohren gießen.

welschen, in unverständlicher Sprache (eigentlich: in welscher, französischer, italienischer, keltischer) reden, undeutlich und unverständlich sprechen. Ueberall gebräuchlich.

Gewelsche neutr., unverständliches Schwatzen. Allgemein üblich, wenn gleich nicht in häufigem Gebrauch.
Vgl. Schmeller 4, 70.

Wember fem., ein nur in Niederhessen, jetzt jedoch nur noch äußerst selten vorkommende Bezeichnung einer gleichfalls äußerst selten noch vorkommenden baulichen Einrichtung; richtiger (wie auch mitunter gesprochen wird) *Wimber*, und dieß aus *wintwer* Schmeller 4, 110, wie diese Vorrichtung in Süddeutschland heißt, oder, weniger warscheinlich, aus dem alten *wintberga* (pinna) entstanden. An die Giebelseite der Häuser, meist nur an der Wetterseite (Westseite) werden längs des Randes des Dachgibels schmale Dielen, Breter, oder Stangen befestigt, welche über die Gibelspitze hinausragen, sich dort kreuzen und in ihren Enden Pferdeköpfe darstellen. Diese Vorrichtung dient dazu, die Windstöße von dem Dache, namentlich dem Strohdache, für welches dieselbe fast unentbehrlich ist, abzuhalten, woher denn auch die Namen Windwehr und Windberge entstanden sind. „Vor 2 Reidel zu wembern geschnieden Jter 8 alb. dem furster zu Almßhaußen geben". „Dem Dihln Schneider zu Naßenerfurt von den 2 wembern zu schneiden geben 10 alb." „Hauß Löffekam von Dilche geben von den wembern zu richten vnd vf zu hencken 8 alb." Singlifer Vogteirechnung von

1599. Die vorhin erwähnten Pferdeköpfe haben mythologische Bedeutung Grimm Myth. (2) 626. 600.

In Oberhessen, wo diese Vorrichtung, gleich den Strohdächern, noch ziemlich häufig vorkommt, führt sie den Namen Windscheide, w. s.

wemerichen, Frequentativ von wimmern. „Denn sie hab gesehen, daß er die hende gefalten vnd elendiglich gewemericht". Marburger Hexenprocessacten von 1579.

Wenden. Daß Wenden in Hessen seßhaft gewesen sind, läßt sich nach den urkundlich vorhandenen Bezeichnungen von Gegenden und Orten kaum in Abrede stellen. Die von Holzheim wurden noch im Jahr 1496 mit dem ehedem von Schlutwinsdorfischen Gute zu Bergkerssen (Bergkirsa, zwischen Meckelsdorf und Hetzerode, jetzt Bergsode genannt) „in der wyndischen Margt" belehnt. Bei Melsungen findet sich, nach Rotenfurt hin, der Wendsberg, auf welchem bis zum Ende des 14. Jarhunderts das Dorf Wendinsdorf lag; unterhalb des Wendsbergs befand sich die *Wendisowe*. Bei Pfiefe liegt die Wüstung *Gozenwinden* (Kuchenbecker Analecta hass. 9, 150), und es ist sehr möglich, daß dieser Name, so wie die ähnlichen Namen *Eizicheswinden* (Kuchenbecker Anal. hass. 9, 153), Hauptschwende, welcher vielleicht identisch mit Eizicheswinden ist, und *Windiberc* (1182, bei Hersfeld, jetzt Wehneberg) auf wendischen Ursprung hinweisen. Vgl. Landau Wüstungen S. 74. 77. 87. Schmeller 4, 111—112.

Möglich, daß hierher auch der Name Siegwinden gehört (Hof auf der Höhe über Hermannsspiegel an der Hauna); doch ist es warscheinlicher, daß derselbe eigentlich *Sigiminne* (wie Viermünden Vierminni) gelautet hätte, und auf die älteste heidnische Mythologie zurück wiese.

wenden, grenzen. Jenes Wort ist im westlichen Hessen allgemein üblich, in Oberhessen ausschließlich; das slavische Wort grenzen ist in ganz Hessen theils unüblich, theils sogar völlig unverständlich, aber im östlichen Hessen ist wenden zwar noch nicht, wie in der Schriftsprache, völlig ausgestorben, doch dem Aussterben nahe; man braucht dort mehr stoßen (anstoßen) als wenden. „Der Acker wendet mit der Spitze auf Johannes Feusner". Amtl. Bekanntmachung von Stausebach 1834, und so unzälige Male in den amtlichen Subhastationsanzeigen. „Dort, wo das Korn wendet", d. h. ein Ende nimmt, wo die Grenze des Kornstückes ist. „Seys acker landes an eyme stücke gelegen vor dem Bunsberge *stossen vnd wenden* vff ackern Hansen Lormanns". Altenbaunaer Neversbrief von 1518 bei Lennep Leihe zu LSR. C. prob. S. 649.

Vgl. Zeitschrift f. hess. Gesch. u. Lsk. 4, 101—102. Pfeiffer Germania 5, 208 f. 247 f.

Wanne fem., im sächsischen und westfälischen Hessen die Grenze zwischen zwei Grundstücken.

Gewann fem., selten neutr., eigentlich: die Grenze der Gemarkung, dann: die Gemarkung selbst. Das Wort dient jetzt als Eigenname zu einer äußerst häufig vorkommenden Flurbezeichnung, wenn sich gleich sehr oft nicht nachweisen läßt, ja es unbegreiflich erscheint, wie die jetzt mit diesem Namen bezeichnete Flurgegend in irgend einer Weise habe die Grenze abgeben oder die ganze Gemarkung ausmachen können. S. das Wort im Elisabethleben Graff Diutiska 1, 401. 404. 428. 457. Schmeller 4, 102 f. Vgl. Grimm WB. 1, 514.

Wandstein msc., ehedem neben Lochstein (s. d.) die Bezeichnung des Grenzsteins. Kommt z. B. in den Sportelordnungen vom 20. Juli 1655

(PO. 2, 238) und 16. Mai 1656 (PO. 2, 314. 317) vor: „von Wandstein zu setzen 2 alb." Jetzt fast nur noch als Nom. propr. übrig. „am hohen Wandstein." (Burguffeln).

Anwand, Anwender s. im A.

Thorgewende, *Thürgewende*, Thorflügel, Thürflügel. Das Wort kommt in den Rechnungen des 16. Jarhunderts häufig vor, z. B. „22½ alb. von dreyen thorgewenden zu machen, in kost vnd lohn verdingt. Ein thorgewende vor die scheuer, das andere vor den kuestall, vnd das dritte vor den selberstall". Rauschenberger Schloßrechnung von 1562. „1 fl. 1 alb. 6 hlr. hans hecken dem Zimmerman mit seinem knecht, haben in 5 tagen eine neue trapse vnd 2 newe turgewende gemacht. Singliser Vogteirechnung von 1578.

wenderlich, unruhig, sich oft umwendend. Ein bezeichnendes Wort für das Verhalten kranker Personen, von welchen es im Schmalkaldischen gesagt wird.

wendig, andern Sinnes; sehr üblich, am meisten in Oberhessen. „Es were denn, das der cleger oder appellant alsdann wendig würde, vnd ein andere clag thun wölt". Landg. Philipps Reformation, gesetze vnd ordnung v. 18. Juli 1527. Marburg 1528. 4. Bl. Ba. Bauernreim im Amt Fronhausen:

  Mei schatz der is mer wennig worn
  im Argensteiner feld;
  eich wolt dasz ihn der Schinger hett
  un ich ein Beu'l voll geld.

Die Schriftsprache (die nur noch „abwendig" gebraucht) hat sich dieses Wort sehr zu ihrem Nachteil entgehen lassen.

Wenzel msc., im Kartenspiel, Solospiel, der sogenannte „beste Mann". Uebliche Bezeichnung in der Rhön, wie auch weiterhin an der obern Werra, in Henneberg und Thüringen.

Gewêpel neutr., ein in Oberhessen sehr geläufiger Ausdruck, mit welchem man eine ungewöhnliche Menge Kleidungsstücke bezeichnet, die Jemand auf dem Leibe trägt, entweder aus Pralerei, oder um sich gegen nachteilige Einflüße der Witterung (Näße, Frost) zu schützen: „der hat ein Gewêpel um sich herum". Möglich, daß es von Wäpen abgeleitet ist (s. d.), welches noch immer da und dort die Schutzbekleidung bedeutet. Estor t. Rechtsgl. 3, 1409: „Gewäpel, allerhand kleitung tragen derselben auf einmal viele".

Werbe fem., Umdrehung. Es wurde dieses Wort in älteren Zeiten in Hessen wie anderwärts in dem Sinne gebraucht, wie das gemeinhochdeutsche Mal, und in Hessen das Wort Ritt (s. d.) noch jetzt verwendet wird. Oefter erscheint es in Wigand Gerstenbergers Chronik, z. B. Schminke Monim. 2, 497: zweyhundert *werbe* zwey hundert tusent gulden (= 40 Millionen); 2, 505: anderwerbe zum zweitenmal. Diese letztere Formel scheint sich am längsten, jedenfalls bis in die Mitte des vorigen Jarhunderts, erhalten zu haben und ist vielleicht noch jetzt hier und da im Gebrauche.

werben *an jemanden*, an jemanden etwas bestellen; ehedem hier wie anderwärts üblich, und erst im vorigen Jarhundert außer Gebrauch gekommen. „sie hetten ihren Abgesandten drei Menner nachgeschickt, vnd ihnen sagen lassen, sie solten die Gemeine nicht in schaden führen; die Menner sagten, sie hettens an sie geworben". Treisbacher Verhörprotokoll von 1609, und sonst öfter.

Vilmar, Idiotikon.

Werd neutr. (ursprünglich *wert*, Masculinum), meist *Werr* und noch öfter *Wehr* gesprochen, grün bewachsener Flußrand, Rasenstrecke am Flusse (ursprünglich Flußinsel). Die niederdeutsche Form *Werder* ist selbst im sächsischen Hessen, wo das Dorf Gieselwerder darnach genannt ist, nicht üblich. Dagegen findet sich bei vielen, wol bei den meisten an Flüßen gelegenen Städten in Hessen ein Werd (Werr, Wehr), welches als Bleichplatz dient; so bei Kassel, bei Hersfeld, bei Eschwege, bei Frankenberg. „das *werr* uff dem weydloude". Emmerich Frankenberger Gewonheiten bei Schmincke Monim. hass. 2, 693. „Tatter thöle wehre heut vff dem *wertgen* (bei der Auflegung des Bleichtuches) aller dattelecht gangen". Eschweger Hexenprocessacten von 1657. Ortsnamen, welche mit werd (wert) zusammengesetzt sind, finden sich in Hessen außer Gieselwerder, welcher Name sich jedoch früher Gysilwert geschrieben findet, *Ermeswert*, jetzt Ermschwerd an der Werra, und *Buochenenwert*, jetzt Büchenwerra, an der Fulda. Hierher gehört auch das *Esselswerd* an der Lahn bei Werda, Grimm Myth. (2) 1218, dessen Aussprache im Volksmunde: Ilschwerd übrigens noch eine andere Deutung zuläßt, als auf den Riesen Essel.

Werk neutr., 1) wird sehr gewöhnlich gebraucht für Grundbesitz, bäuerliches Besitztum, Haus und Hof, Aecker und Wiesen nebst dem Viehstand „Er hat ein großes Werk". Bei projectierten Verheiratungen pflegt sich die Umworbene, oder auch die bereits Verlobte, mit ihren Eltern und allenfalls auch sonstigen Verwandten an den Wohnort des Heiratslustigen zu begeben, „um sich das Werk anzusehen". „Sust ander vroevil ob ymants in sinen vier weuden, ader uff dem synen worth ader *wergke* geschen sunder toidslag". Emmerich Frankenberger Gewonheiten bei Schminke Monim. hass. 2, 722.

2) plur., Ungelegenheit, Weitläufigkeit, Ausflüchte: „mach mir keine Werke". Sehr üblich.

3) plur., Menstruation; „sie hat ihre Werke". Im östlichen Hessen, wie weiter im Hennebergischen und in Thüringen, doch ist diese Bezeichnung nicht allzu häufig.

Wërk (d. h. Wörk, oft aber Waerk gesprochen) neutr., stupa, der gröbere, bei dem Hecheln ausgeschiedene Theil des Flachses, wie auch sonst in Deutschland: das Werg. In Hessen herscht übrigens Wëre nur in den südlichen Theilen von Niederhessen, in Ziegenhain, Hersfeld und Fulda; schon an der untern Edder herscht *Héde* (s. d.) und Werg ist kaum verständlich; in Oberhessen auch *Uschwick*.

wirken adj., aus Werg verfertigt; „wirken Garn", „wirken Tuch", d. h. grobe Leinwand, „Sacktuch".

Wern msc., auch *Werner* und *Wér* genannt, bei Alberus Würn, Blutgeschwür am Augenlid, sogenanntes Gerstenkorn. Hier wie anderwärts üblich: Schmidt westerw. Jd. S. 319. Schmeller 4, 156.

Vgl. *Wegscheiszer*.

weslich, munter, aufgeweckt, körperlich und geistig lebhaft. Schwalmgegend. Schmidt Westerw. Jd. S. 322: wäslich (weslich), freundlich, zuvorkommend höflich, gesprächig.

Westerhaube, Westerhemd. Diese alten Bezeichnungen des dem Täufling alsbald nach vollzogenem Taufact von dem taufenden Pfarrer aufgesetzten Mützchens oder übergebreiteten Hemdes (Tuches) sind zwar auch in Hessen wie anderwärts in Deutschland ohne Zweifel üblich gewesen, aber, da sich dieselben nicht einmal in den Taufritualen der hessischen Kirchenordnungen finden, frühzeitig untergegangen, während sie, in andere Kirchenordnungen aufgenommen, sich da, wo dieselben gelten, im allgemeinen Gebrauche sehr lange, und zum Theil bis auf den heutigen Tag, erhalten haben. Ueblicher mag die Westerhaube gewesen sein, da die alte Mainzer Agende nur von einer solchen (cappa) weiß; indes waren in Hessen und sind noch die weißen, im vorigen Jarhundert äußerst kostbar gestickten „Tauftücher", mit welchen die Kinder nach der Taufe bedeckt zu werden pflegen, und die eben nichts anderes sind, als Westerhemden, allgemein üblich.

Außerdem muß jedoch Westerhaube in abergläubischem Sprachgebrauch als identisch mit Glückshaube gegolten haben. Als Beleg für die Ferocität des 16. Jarhunderts möge die hierher gehörige Stelle hier verzeichnet werden. Im Jahr 1579 saß in Munden ein Raubmörder im Gefängnis, Ambrosius Füller, ein Schmiedgeselle, welcher mit seinem Meister, den er Kunz nannte, in Hessen eine Reihe gräulicher Thaten verübt hatte. Unter anderm bekannte er: dieser sein Meister Kunz habe bei Neukirchen in Hessen einer Frau „das Herz abgestochen", darauf „die frauwen vffgeschnitten, vnd eyne westerhauben von jr genommen", hierbei auch zu seinem Gesellen Ambrosius gesagt, „das er darüber drei Messen wolte halten lassen, alsdann wolte er sie zum spielen gebrauchen".

wett, in der Redensart *wett machen*, ausgleichen, vergelten, sehr üblich. Im Fuldaischen spricht man *wetch machen*, welche Form richtiger ist (mhd. wettec) als wett, eine unorganische Adjectivbildung aus dem Substantivum Wette.

Wette fem., bedeutet eigentlich Pfand, Unterpfand (goth. vadi), und in diesem Sinne wird es in einer Redensart verwendet, welche wol noch jetzt volksüblich ist, wenigstens im Anfange dieses Jarhunderts sehr häufig gehört wurde: „ich will es zur Wette setzen", für: ich will darauf wetten.

wetterlüenisch, launig, mißmutig; „er guckt, wie eine wetterlüensche Katz". Allgemein üblich.

Wewe fem., am öftersten in der Composition *Schneewewe*, *Windwewe*, zusammengeweheter Haufe Schnee. Niederhessen, Ziegenhain, auch in Oberhessen nicht ungebräuchlich.

Das Wort ist ein Beispiel für den Wechsel der Spiranten unter sich; das goth. váian zeigt sich schon ahd. neben wâjan auch als wahan, und hier tritt nun auch w neben j und h auf. Außerdem kann man etwa mit in Anschlag bringen, daß váian der Reduplication zugehörte: váian, vaívô.

wibbeln, *wiwweln*, wie das gemeinhochdeutsche wimmeln, von der Bewegung zalreicher kleiner Thiere, namentlich der Käfer und sonstiger Insekten, und der Würmer gebraucht. Am üblichsten ist es in Verbindung mit *kribbeln*: es kriwwelt und wiwwelt von Würmern (Maden). S. kribbeln und krimmeln. Vgl. Schmidt Westerw. Id. S. 331.

Wibel msc., Käfer. Das Wort ist jetzt außer den Compositionen *Pferdswibel* (gewöhnlich entstellt in Pferdszwibel), Mistkäfer, und *Kornwibel*, schwarzer Kornwurm, welche jedoch meines Wißens nur in Oberhessen vorkommen (Estor t. Rechtsgel. 1,576 [§. 1407]), nicht mehr üblich. Ehedem scheint Wibel jedoch auch hier, wie anderwärts, gebräuchlich gewesen zu sein; G. Nigrinus braucht das Wort oft, sehr häufig z. B. in seinem Vexamen 1582, und zwar stets für Mistkäfer.

wichsen, gespr. *wicksen*, Schläge geben, besonders Kindern gegenüber gebräuchlich. Wickse, Schläge.

aufrichsen, aufwicksen, 1) putzen, schmücken, besonders reflexiv gebräuchlich: *sich aufwichsen.*
2) auftischen.
Schmidt Westerw. Jd. S. 328.

Gewicht neutr., die ältere, auch in Hessen üblich gewesene, theilweise (am Knüll) noch immer übliche Form des neueren Wortes Geweih, Hirschgeweih. So kommt es z. B. vor bei Isaak Gilhausen Grammatica. Frankfurt 1597. 8.
S. 64: Ach hett ich jetzt in meiner gicht
Gleich einem Hirsch ein starck gewicht,
Mit macht wolt ichs in dein Hertz stoffn.
S. 83: (zu Actaeon) Du hast ein Hirschkopff vnd Gewicht,
Und gantz nicht ein Menschlich gesicht.
Der um dieselbe Zeit lebende Pfarrer Hitzwig in Michelbach bei Marburg latinisierte seinen Namen in Cervicornus.
Schmeller 4, 19, welcher mit Recht die Wörter Geweih und Gewicht auf veihan, wigan, kämpfen, zurückführt.

Wichtel msc. und neutr., gewöhnlich *Wichtelmännchen,* auch verderbt *Wispelmännchen* genannt *(Wichtelfrau, Wichtelleute),* Elben, Berg- und Hauskobolde. Vgl. Grimm deutsche Mythologie (2) S. 409. 428, und über die durch ganz Hessen verbreiteten Sagen von den Wichtelmännchen: Lynker Deutsche Sagen und Sitten in hessischen Gauen 1854. S. 42—56. Eine andere Benennung dieser mythischen Wesen ist in Hessen nicht üblich, vgl. jedoch *Elbe* und *Heinzelmännchen;* nach Grimm Myth. S. 409 an der Diemel: gute Holden.
Im übertragenen Sinne nennt man auch ein kleines, unruhig umherlaufendes Kind Wichtelmännchen, Wispelmännchen, Wispelfrauchen; desgleichen ist Wichtelmännchen oder lieber *Wispelmännchen* (auch Heinzelmännchen, wo diese Bezeichnung überhaupt üblich ist) die Benennung des Kinderspielzeugs, welches aus einem Stück Hollundermark mit eingesetztem breitköpfigem Nagel besteht.
Ortsnamen, welche mit Wichtel zusammengesetzt sind, gibt es in Hessen viele; so gibt es mehrere Wichtelsteine (bei Rosbach A. Witzenhausen, bei Süß und sonst), Wichtelhäuser (z. B. zwei Klippen am Wollenberg, zwischen Warzenbach und Kernbach, am Christenberg bei Ernsthausen), Wichtellöcher, Wichtelkammern, sogar eine Wichtelkirche.

Wide, *Widde* fem., zu einem Strang gedrehete Gerte (Wurzelschoß, nicht leicht Baumzweig) von Buchen, Hainbuchen, Haseln, Weiden, mit welcher Reisigwellen, Getreidegarben u. dgl. zusammengebunden werden. Auch nennt man wol die zum Garbenbinden gebrauchten Strohseile Widden, doch sagt man dann meist Strohwidden; dieser Gebrauch findet sich jedoch nur in Niederhessen, da in Oberhessen das Strohseil Lensel heißt.
Altes und überall gebräuchliches Wort, auch in hessischen Dialect genau von wita (Witt und Wēd gesprochen) und wide (oberheff. weide) salix, unterschieden. Wie man gemeinhochdeutsch das Wort schreibt und spricht: Wiede, wide, wird es bei uns nirgends und niemals gesprochen.

Wide fem., auch wid, und in Niederhessen wēd gesprochen, ist das alte witu, Holz, jetzt nur noch in einigen Compositionen übrig:
Lancwit, die Hinterdeichsel; in ganz Hessen so genannt.
Pflugwit, der Pflugbaum, sonst Grendel genannt, in den südlichsten Dörfern von Oberhessen.

Weder das eine noch das andere dieser Wörter darf, trotz dem daß beide zu Femininen geworden sind, mit ahd. wid, mhd. wide, fascia, zusammengestellt oder sogar darauf zurückgeführt werden; ohnehin kommt einmal in Grimms Weistümern 3, 667 (aus Trostberg in Oberbaiern) *das* langwitt vor. Wenn Schmeller 4. 32 geltend macht, gegen witu Holz spreche das Genus und die ältere Schreibung mit d, so ist dagegen der Umstand entscheidend, daß weder lanewit noch pflugwit Bänder, Stränge, vincula, sondern eben Bäume sind. Der Dialect in Hessen scheidet auch wid, wëd sehr bestimt von widde, vinculum, fascia.

Wittag (Wid-tag), Holztag, d. h. Wochentag, an welchem aus dem Walde (der gemeinen Mark) Holz zu holen erlaubt war. Im Hanauischen. Kopp Handb. 2, 230. Warscheinlich gehört hierher auch die anscheinende Tautologie:

Wiedholz (? Witholz?) „ein kurhube sal geben des jares IX fuder wietholzes" Schlüchterner Weistum aus der 2. Hälfte des 15. Jarh. in der Zeitschrift f. hess. Gesch. u. Landeskunde 4, 285.

Widemarke, Holzmark; Recht, die Holzmark zu benutzen. Gottfried Graf von Ziegenhain und seine Gemalin Mathilte versprechen 1300 am Sennabend vor Quasimodogeniti, daß den an das Kloster Haina abgetretenen Colonen Sibodo und Heinrich Wetter zu Wambach in den Wäldern Langendorf und Werherberg quoddam jus quod *Widemarke* vulgariter nuncupatur, juxta consuetudinem debitam et consuetam für alle Zeiten bleiben solle. Es kann dies nichts anderes, als Beholzigungsgerechtigkeit, Holzrecht, in der Mark bedeuten, an sich aber muß der Ausdruck die Mark selbst bezeichnet haben. — Eben dahin gehört auch der Familienname Widemarker (Widemarkter), welcher den Theilnehmer an der Widemark, den Holzmärker, oder auch den Aufseher über die Holzmark, den Holzförster bezeichnet.

wider, Präpos. mit Accusativ und Dativ, in den meisten Fällen gebräuchlich, wo man in Gemeinhochdeutschen an, zu, sagt.

1) sich wider einen Gegenstand stoßen, wider einen Gegenstand stoßen; „stoß nicht wider den Tisch"; „stoß dich nicht wider die Ecke".

2) etwas wider die Wand, Mauer u. dgl. stellen; hierher gehört der Schwarzenbörner Schwank: es soll derjenige Bürger Burgemeister in Schwarzenborn werden, welcher bei dem Eintritt in das Ratszimmer den besten Reim macht; einem derselben wird von dem Stadtpoeten der geistreiche Reim eingeprägt: „ich heiße Hans Hilbebrand und stell den Steckel (Stock) wider die Wand", aber auch diesen Reim zu behalten, ist er unvermögend; er tritt ein und sagt: „Ich heiße Hans Hilbebrand, und stell den Steckel wider die Mur".

Mit dem Dativ wird wider in demselben Sinne construiert, wenn es in Verbindung mit stehen gesetzt wird: „der Rechen steht wider der Hecke"; „ich stund hart wider der Wand".

3) etwas wider jemanden sagen, eben so üblich wie „vor jemanden etwas sagen", während die Verwendung des zu in der Verbindung mit „sagen" gänzlich unüblich ist. Schmeller 4, 33 verzeichnet diesen, in älterer Zeit allgemein üblichen Sprachgebrauch als in Franken (nicht in dem übrigen Baiern) vorhanden. Schmidt Westerw. Jb. S. 328.

4) etwas wider jemanden kaufen (jetzt: von jemanden kaufen) findet sich in den ältesten hessischen Urkunden, bis zur Mitte des 14. Jarhunderts, äußerst häufig: mit der zweiten Hälfte des 14. Jarhunderts tritt um an die Stelle des „wider". „einn acker den wir *wider* die swiher kaufften vnd daz land daz wir *widder* Johannen wypaden kunsten"; „ein land vff dem Stedeberge,

das wir *widder* Flecken kauften", Urkunde des Andreas Wetzel zu Wetter vom Jahr 1350 (Copialbuch des Klosters Caldern).

verwidern, älterer, in den Criminalacten des 16. und des angehenden 17. Jarhunderts öfter aus dem Munde des Volkes vorkommender Ausdruck: durch Vergehungen Strafe verschulden: „was sie (er) verwibbert, das gonne er ihr (ihm), vnd ferner nicht" 1596.

Widerich msc., auch wol Weiderich gesprochen, ein in den Gärten und hin und wieder auf den Aeckern gemeines und lästiges Unkraut: polygonum persicaria. Altsächsisch uueod (Hêl. 77, 24), Unkraut. Vgl. *weiden*; doch wird der Name der Pflanze als von der Aehnlichkeit ihrer Blätter mit denen der Weide hergenommen verstanden.

Widerscheit neutr., in der Obergrafschaft Hanau die Bezeichnung des Vorderbalkens am Pfluge, des Gegenstückes des **Reischeits** (Reibscheits) s. d. In dem Widerscheit befindet sich ein Loch, in welches ein Riegel (**Schöller** s. d.) passt, und vermittels dieses Schöllers wird die Vorrichtung zur Anbringung der Pflugdeichsel (**Zetter** s. d.), das Gezög, an das Widerscheit befestigt.

Wiesenkrätzer msc., im Fuldaischen der Name des Wachtelkönigs; sonst auch bei uns Wiesenschnarcher, Wiesenschnarre genannt.

Wike, *Wicke* msc. und fem. 1) zusammengelegte leinene Faden, Charpiebüschel, die man in Wunden legt. Allgemein üblich.

2) Docht (ahd. wicco, cicindela); dieß nur im westlichen Hessen, während im östlichen Hessen nur Dâcht gebräuchlich ist.

Schottel Haubtspr. S. 1443 hat „**Wiek** f. so man in die wunden stekket, terunda" und „**Wikt** m. floccus". Schmidt Westerw. Jr. S. 325 hat beide Bedeutungen unter einer Form, wie auch bei uns üblich, und als Femininum, welches wol auch in Hessen überwiegen soll, namentlich in dem Sinne von Docht. Schmeller 4, 21.

wicken. 1) einen Gegenstand rasch und kräftig hin und herziehen; z. B. einen Pfahl wicken, um ihn los zu machen und aus dem Boden zu ziehen; — auf der vorderen Rhön, im Haungrund.

2) zaubern — eine Bedeutung, welche möglicher Weise aus der eben angegebenen Bedeutung entwickelt worden ist; — nur in den niederdeutschen Bezirken vorkommend, und zwar im Absterben begriffen, aber noch immer gebräuchlich, indes pflegt dieses Wort vor den „Gebildeten", den „Großen" (dem Pfarrer) auf das Sorgfältigste vermieden, ja eigens verhehlt zu werden. Daß es ehedem in weitem Umfange in Hessen gebräuchlich gewesen sein muß, beweist das hier folgende Wort.

Wickeler msc., Zauberer, Warsager. „Wilcher Balaam dan was eyn Ariolus, dat dudet, eyn *wickeler*". Wig. Gerstenberger bei Schmincke Monim. hass. 1, 282. Auch dieses Wort vegetiert in den niederdeutschen (zumal den westfälischen) Bezirken noch im Geheimen.

verwimbeln, vereitelt werden, sich zerschlagen. Haungrund.

Das Wort kommt in der Hauptsache mit dem Jägerausdruck *wimbeln* (womit das Aus-inanderschlagen der Ameisenhaufen, welches der Hirsch zu thun pflegt, bezeichnet wird), welches Adelung 4, 1551 hat, überein.

Wimen msc. wird in den niederdeutschen Bezirken Hessens (Weser und Diemelbezirk) nur für Hühnerhaus, Hühnerstiege, gebraucht, hat auch nicht die Br. WB. 5, 259 verzeichnete, wol richtigere, Form Wim, sondern nur Wimen, wie dieselbe auch bei Voß erscheint. Die „Gebildeten" jener Bezirke machen nicht selten aus Hünerwimen: Hühnerbäumen. Südlich von Kassel ist das Wort gänzlich unverständlich, in Kassel aber soll es im vorigen Jarhundert noch im Gebrauche gewesen sein.

Windel msc., ervum parviflorum, ein lästiges Unkraut im Getreide, so genannt, weil es sich an den Stengeln emporwindet und die Halme unauflöslich zusammen zu wickeln pflegt. Indes wird nicht selten auch die Ackerwinde (convolvulus arvensis) Windel genannt und sogar mit jener Pflanze verwechselt, was namentlich in Oberhessen der Fall ist.

Windscheide fem., meist im Plural gebraucht, *Windscheiden*, schmale Breter, welche an der Giebelspitze der Strohdächer der Bauernhäuser angebracht werden, über der Giebelspitze, die sie um 1—2 Fuß überragen, sich kreuzen, und in diesen ihren hervorragenden Enden die Gestalt von Pferdeköpfen tragen. In Niederhessen findet sich diese Verzierung — denn dafür gilt diese Einrichtung nunmehr ziemlich allgemein — nur noch sehr einzeln, jetzt fast nur noch an ältern Häusern, und wird Wember, Wimber genannt; in Oberhessen wo der Name Windscheide eigens zu Hause ist, ist sie noch ziemlich häufig. „j eichenstangen zu windtscheiden" Wetterer Forstregister von 1560. „v geringe eichenstangen zu winttscheiden" Ebds. 1560. 1569. „ein eichen heistern zur windscheb" Ebds. 1572. „j eichen reidel zue winkttscheiden" Ebds. 1574. Es reicht diese Sitte noch in das Heidentum zurück, und ist in ganz Niederdeutschland noch jetzt verbreitet, findet sich aber auch in Süddeutschland: Schmeller 4, 110, hier unter dem Namen Windwer. auch sind daselbst die Pferdeköpfe zu Schlangenköpfen geworden, wie man bei uns jetzt hin und wieder die Pferdeköpfe bei Neubauten in Sterne u. dgl. umgewandelt sieht. Der hessische Name Windscheibe wie der baierische Name Windwer bezeichnet deutlich den Ursprung dieser Sitte: die Köpfe der geopferten heiligen Thiere, der Pferde, sollten Wind und Wetter von dem Hause scheiden, abwehren. S. Grimm d. Mythol. (2) S. 626. 600. — Oft hört man das Wort *Windscheue* aussprechen, so daß man versucht wird, an Windscheue, — scheuche zu denken. Die mythologische Bedeutung der Windscheiden wird nicht mehr verstanden; es soll diese Vorrichtung vielmehr dazu dienen, den Sturm zu verhindern, unter den Giebel des Strohdachs zu faßen, und die Schaube auseinander zu werfen, was sich auch recht gut hören läßt.

Vgl. *Wember*.

gewinnen, auf Taglohn nehmen, als Taglöhner mieten; „ich habe mir einen Holzhauer gewonnen", „ich dachte den N. zum Mäder (Heumäher) zu gewinnen". Nur in der Obergrafschaft Hanau gebräuchlich.

Winze, Winze fem. (auch Winz, Winz), Katze, als Lockruf und Schmeichelwort in ganz Althessen gebräuchlich; zuweilen, namentlich an der Diemel, wo auch Pusse vorkommt, in *Minz*, Minz verändert. Sehr oft deminutiv: Winzchen, und in abundanter Composition Winzekatze, gleich dem niederdeutschen Pusekatze.

Wipstert msc., Bachstelze. In den niederdeutschen Bezirken Hessens der ausschließliche gebräuchliche Name dieses Vogels (im übrigen Niederhessen Ackermännchen f. d.); in uneigentlicher Beziehung pflegt das Wort nicht verwendet zu werden. Brem. WB. 5, 269—270.

wisellôs, gewöhnlich *wiselos* gesprochen, vaterlos, vater= und mutterlos; *wisellose kinder*, Waisen. Dieser alte, ehedem sehr gebräuchliche, in der Schrift=

sprache aber längst beseitigte, wiewol richtiger Ausdruck, aus welchem das Wort Waise erst durch Abkürzung und Verderbnis entstanden ist, findet sich im innern Hessen, namentlich aber in der Grasschaft Ziegenhain, und vor allem im Gebirgstheil derselben (Knüll) in vollester Uebung. Frisch 2, 417—418. Schmeller 4, 178. Vgl. Zeitschrift f. hess. Gesch. u. Lit. 4, 102.

wispeln, sich eilig hin und her bewegen, wie kleine Kinder thun. Schmidt westerw. Jd. S. 330. Vgl. wuspeln.

Wispelmännchen s. Wichtel.

Wiss msc., in Oberhessen auch *Wisch* gesprochen, urina. Vorzugsweise in Beziehung auf Kinder gebräuchlich; auch verdoppelt: *Wiss Wiss*. *Wiss machen*, urinare. Mitunter auch *Wis* gesprochen.

wissen, wisen, urinare. Estor S. 1422. Schmeller 4, 188.

wisse adv. Dieses gemeinniederdeutsche Wort, kein anderes als das hochdeutsche gewiß, welches nicht von „wißen" abzuleiten ist, ja mit demselben nicht die mindeste Gemeinschaft hat, findet sich in den niederdeutschen Bezirken Hessens in der Bedeutung fest, besonders wenn von dem Festhalten einer Sache, in körperlicher wie in geistiger Beziehung die Rede ist: „halt wisse!" Weniger gebräuchlich ist wisse für certe, indem man dafür auch in jenen Gegenden oft gewiß hört, sowol für certe im eigentlichen Sinne, als für quod pro certo habeo: „er soll gewiß unklug geworden sein". Mit jener Bedeutung: fest, welche dem Etymon (von einem Verbum *rithan*, binden, wie uns die gothischen Derivata belehren) ohnehin am nächsten liegt, ist dann nahe verbunden die Bedeutung strenue: „wisse arbeiten" anhaltend arbeiten, welche ziemlich überall im sächsischen und westfälischen Hessen gehört wird.

Im übrigen Hessen unbekannt, wo nur gewiß für certe und quod pro certo habeo gilt.

Brem. WB. 5, 274—275.

Wissenschaft fem. ist in ganz Hessen noch in der ursprünglichen Bedeutung des Wortes: Kenntnis, und zwar vorzugsweise Kenntnis aus eigener Erfahrung, im vollesten Gebrauche. „Ich hab davon keine Wißenschaft"; „wer Wißenschaft davon (einem vermuteten Verbrechen u. dgl.) hat, soll Anzeige machen" oft gehörte Bekantmachung der Greben, Schulzen (jetzt: Bürgermeister) unter der Linde. „Er hab seine Wißenschaft gesagt", in den ältern Protokollen des 16. 17. 18. Jarhunderts oft vorkommende Formel der Zeugen bei dem Abschluße des Verhörs.

Welche Kluft trennt den modernen, abstracten Gebrauch dieses Wortes, durch welchen dasselbe zu einem Fluchworte für alles warhafte Leben geworden ist, von diesem ursprünglichen, einfachen, concreten Gebrauche desselben!

witscheln, sich, zumal beim Sitzen und Stehen, unruhig hin und her bewegen, wie besonders Kinder thun.

witschelig, unruhig. Oberhessen und weiter südlich; aber auch sonst in Hessen nicht unbekannt; oft *wutscheln* gesprochen.

Wittfôt msc., Weißfuß, heißt im westfälischen Hessen derjenige, welcher bei Festen — Hochzeiten, Kindtaufen — das Geschäft hat, die Gläser zu füllen.

wiwwelblau (wiwwelblô), ganz blau, vorzüglich vom livor gebräuchlich: „einen wiwwelblô schlagen". In ganz Hessen üblich. Neben wiwwelblô kommt auch wimmelblô vor.

Wôdch msc., in Oberhessen der gröbste Theil des Flachses, welcher, zum Spinnen untauglich, beim Schwingen abfällt. Der etwas feinere Theil des

Flachses, welcher beim Schwingen abfällt, heißt âsuinga (gesprochen ōswick), der bei dem Hecheln sich bildende Abfall des Flachses ist Werg. In Niederhessen ist wōdch sowol wie âsuinga unbekannt, und man bezeichnet wōdch und âsuinga zusammen durch Hotten, Schwinghotten (s. d.). Unser Wort schließt sich dagegen ziemlich nahe an das Nassauische Hōdch an, Schmidt westerw. Idiot. S. 73, nur daß der nassauische Hōdch doch gesponnen und zu Hotch=Tuch verwebt werden kann. (Irrig hat Kehrein Volkspr. in Nassau S. 19 den Hōtch als beim Hecheln abfallend bezeichnet).

Wocke msc., *Wocken*, Spinnrocken, die fast ausschließlich geltende Bezeichnung, so daß Rocken kaum vorkommt. *wocke*, colus Mone Quellen und Forschungen 1, 209. Schottel Hauptspr. S. 1445.

Wockenband, breites, meist sehr buntes Band aus Wolle oder Seide, mit welchem der Flachs am Wocken, zumal im östlichen Hessen, umwunden zu werden pflegt. Mit diesem Wockenband machen die Spinnerinnen großen „Staat" und suchen sich durch glänzende Wockenbänder gegenseitig zu überbieten. Mitunter werden denselben noch besondere Zierraten z. B. Figuren aus Messing, an welchen Glasperlen, Schellchen u. dgl. herabhängen, beigegeben.

den Wocken stehlen, Scherz der jungen Mannspersonen gegen die Spinnerinnen; reißt denselben der Faden, so gilt es, augenblicklich und ehe der Faden wieder angesponnen wird, den Wocken aus dem Galgen herauszunehmen. Ist dieß gelungen, so muß derselbe von der Spinnerin ausgelöst werden.

wol und wehe, alte Alliteration, zwar noch jetzt ziemlich allgemein üblich, doch nicht ganz mehr in dem ehemaligen Umfange, in der Redensart: „es soll mir das wol und wehe thun", d. h. es soll mir gleichviel sein, wie es ausfällt, gut oder schlimm; ich will mir den Vorteil wie den Nachteil gefallen lassen. In einem Treisbacher Untersuchungsprotokoll von 1609 kommt diese Formel wiederholt vor: „sie wolten den Brieff v. gn. F. vnd Hrn vortragen lassen, waß dann J. F. Gn. daruber wurden erkennen, dasselb solt ihnen woll vnd wehe thun"; daneben steht die Aussage eines Vierten, Fünften: „wären sie zu etwas berechtigt, so wäre es gut, wo nicht, so müssten sie auch pleiben lassen".

Woelbrâke msc., ein wüster, unordentlicher Mensch. Im westfälischen Hessen eine übliche tadelnde Bezeichnung; anderwärts gänzlich unbekannt (angeblich selbst an der Weser nicht bekannt). Das Brem. WB. hat 5, 284 das Verbum *woolbraken*, saure Handarbeit thun, sich mit stätiger Arbeit abquälen.

Wolf. Eigentümliche, auf den Wolf bezügliche Redeweisen, welche anderwärts nicht gleichfalls vorkämen, finden sich zur Zeit in Hessen nicht mehr, wiewol der Wolf ehedem in Hessen nicht minder häufig war, als in andern Gegenden. Nur das verdient angemerkt zu werden, daß die Schäfer, welche den Wolf hier so wenig wie anderwärts mit seinem eigentlichen Namen zu nennen pflegten, ihn im innern Hessen *Wûl* (s. d., Aas), im westfälischen Hessen Hennike nannten s. Kirchhof Wendunmut 1602 S. 375. Der letzte Wolf in Althessen ist im Jahr 1805 in der Nähe von Wolfershausen von einem Wolf (v. Gudenberg), der letzte im jetzigen Kurhessen am Stallberge bei Leibolz von dem Förster Lamm im Jahr 1812 erlegt worden. Ortsbezeichnungen, welche von dem Wolfe entlehnt sind, gibt es dagegen in Hessen in großer Anzal, unter ihnen sogar mehrere, welche einfach der Wolf oder die Wölfe heißen. Bemerkenswert in sprachlicher Hinsicht ist die eigentliche Composition Wolfhagen (der Name dieser Stadt erscheint schon im 13. Jarhundert in dieser Form), Wolfhain und Wolfthal;

Wolfgang wird kaum in Anschlag kommen können, da dieser Ortsname recht wol der bekannte Mannsname („Held, dem der Wolf des Sieges vorangeht" Grimm d. Myth. (2) S. 1093) sein kann, indes, da der Ort mitten im Bulauwalde liegt, immerhin auch den Gang nach dem Wolfe bezeichnen könnte. Taneken aber erscheint auch Wolfsgang, und mehrere Male Wolfshain. Die uneigentlichen Compositionen sind sehr zalreich; theils von dem Aufenthalt, theils von dem Fange des Wolfes hergenommen. So gibt es eine ganze Anzal von Wolfsbergen, und einige Wolfsburgen, Wolfsanger (einer der ältesten Namen von Ortschaften, die uns aus Hessen überliefert sind), Wolfsgraben, Wolfshaus, Wolfshausen (Dorf), Wolfshart (das Dorf Wolferts am Stellberge in der hohen Rhön hieß 814 Wolfeshart), Wolfshede, Wolfsholz, Wolfskaute (öfter), Wolfskopf, Wolfskammer, Wolfstannen u. dgl. mehr; auch ein Wolfskehl und ein Wolfsschlich (Wolfsschleich) findet sich. Den Fang des Wolfes bezeichnen: Wolfsangel, Wolfsgarten und Wolfsstall, Wolfsgrube, Wolfsbaum und Wolfsgalgen (lebendig gefangene Wölfe pflegte man bekanntlich gleich Dieben aufzuknüpfen). Dagegen gibt es mehrere Namen von Dörfern, welche den Namen vom Wolfe zu tragen scheinen, aber nicht wirklich direct vom Wolfe, vielmehr nur von Menschennamen, die vom Wolfe entlehnt sind, erhalten haben. Dahin gehören die vier einander sehr ähnlichen Dorfnamen Wölsterode (A. Sontra, im 13. Jarhundert Waldolverode), Wolserode (A. Rauschenberg, gleichfalls Waldolverode), Wolsterode (A. Abterode, Wolfhartrode 1114) und Welserode (A. Homberg), welcher Name warscheinlich überhaupt nicht hierher, sondern zu Welf (huell) gehört. Eben so wenig, wie Wölsterode, Wolserode, Welserode gehört hierher endlich Wolfershausen, welches eigentlich (1123) Warolfeshusen heißt, und der Fuldaische Ort Wölf.

Werwolf, d. i. Mannwolf, eine noch immer, in manchen Gegenden mit großer Beharrlichkeit festgehaltene altheidnische Vorstellung. Im Schaumburgischen heißt übrigens dieses mythische Wesen *Böxenwulw* (Wolf, welcher Buxen, Hosen trägt).

Wöllebât msc., Schmalkaldische Bezeichnung des „Herscheklas" (s. d.), das heißt, des am Nikolausabend herumgehenden Nikolaus (Klas), welcher die Kinder unter gelinden Rutenhieben anruft: „willst du beten", d. h. den Katechismus aufsagen. Aus diesem Satze ist ein persönliches Substantivum gebildet worden, Wöllebât, welches übrigens nachgerade auch die allgemeinere Bedeutung Gespenst erhalten hat.

Wollenberg, ansehnlicher Bergwald zwischen Wetter und Warzbach, nach jetziger Aussprache. In der ältern Zeit, wie namentlich in den Rentereirechnungen und Forstregistern von Wetter aus den Jahren 1560—1610 aber heißt derselbe regelmäßig *Walberg* oder *Wolberg*: „Ich bernhart Henckel zu Wartzbach furster des Walbergs vnd Hawwaldes" 18. November 1566. Gegen Ende des 16. Jarhunderts findet sich allmälich die Form *Wolnberg*, und um 1620 ist dieselbe die allein herschende. So viel ist gewiß, daß Wolle (lana) das Compositionswort nicht ist; vermutlich ist auf *wal*, strages, zurückzugehen, und wird der *Walberg* bei Walburg, welcher seinen alten Namen bewahrt hat, die Norm für den Namen des Bergwaldes bei Wetter abzugeben haben.

Wölpe fem., meist aber pluralisch: die *Wölpen*, die Miene, welche durch Herunterziehen der Stirnhaut und der Augenbrauen hervorgebracht wird,

finsterer drohender Gesichtsausdruck; am gewöhnlichsten in der Formel: *ein paar Wölpe (Wölpen) machen*, finster, sauer sehen. Schmalkalden.
Vgl. *Nückel*.

worre, eine in der Grafschaft Ziegenhain und in Oberhessen übliche Fragpartikel, für: ist es nicht wahr? Im Ziegenhainischen besteht nur der Unterschied, daß man mit *worre* Leute fragt, die man mit Du, mit *wort* aber, welche man mit *dë* (s. d. = Ihr) anredet; in Oberhessen, wo *dë* unbekannt ist, findet diese Unterscheidung nicht Statt.

Weigand (Großh. hess. Prov. Bl. 1845. No. 52 S. 209) erklärt dieses worre für einen niederländischen Eindringling.

Estor d. Rechtsg. 3, 1422—1423. Schmidt Westerw. Jd. S. 321, wo warre und wurre aufgeführt sind.

Schöne oberhessische Liebesformel, deren erste Hälfte schon von Estor a. a. O. S. 1423 verzeichnet ist:

    eich hû dich herze gille leib,
    ei *worre* du meich äch?
    wann eich deich sehn, dö lächerts meich,
    ei *worre* dich doch äch?

Noch heute ist diese Formel allgemein bekannt, vorzugsweise deren erste Hälfte, welche sich auch außer bei Estor noch mehrfach abgedruckt findet z. B. im Fleischträger Römer.

Eine beachtenswerte Variante der letzten Zeilen ist folgende: — dö lächerst meich (d. h. da bringst du mich zum Lachen), jö worre, eich deich äch? (d. h. ich bringe dich doch auch zum Lachen).

Wort. In Fritzlar, übrigens auch in andern Städten des nördlichen Hessenlandes, wurden die Worthalter (prolocutores, anderwärts Rats-Vierer u. dgl., jetzt Ausschuß, außerhalb Hessens „Stadtverordnete", die Vertreter der Stadt dem Stadtrat gegenüber) abgekürzt die Worte, die gemeinen Worte genannt. Sie wurden „zum Wort verordnet" (Haltaus Sp. 2130), von der Gemeinde „an ihr Wort gewählt", woraus sich die abkürzende Bezeichnung hinreichend erklärt. Falkenheiner Geschichte hessischer Städte und Stifter 2, 96—97. 1, 279.

verworten (sich an jemanden), sich mit Jemanden in Unterhandlung einlassen. Öfter in Fuldaischen Urkunden; z. B. verspricht Friedrich von Liesberg am Himmelfahrtstage 1365 dem Dechant und Capitel zu Fulda „und ensal mich an sie (die Gegner des Capitels, den Abt und die Seinigen) nicht *forworten*, friden oder sunen". Schannat Hist. Fuld. Cod. prob. S. 273.

Wöt neutr., Kleidungsstücke, ein in Oberhessen, sonst nirgends, vorkommender Ausdruck, das alte wat, so jedoch, daß das kurze a in ö verwandelt ist. Schon Estor d. Rechtsg. 3, 1423 hat dieses Wort nebst dem noch üblichen

Reime: mer (nicht: iner) hält sich ën göder wöt,
        so wëss niemes wos mer höt.   (ou fast wie au gesprochen,
verzeichnet. Vgl. Wand.   ë fast wie ae).

Wodsack, statt Wadsack, Sack zum Transportieren der Kleidungsstücke, später Felleisen, dann Reisetasche genannt; jetzt auch bei dem Volke ausgestorben, bis etwa 1820 noch gebräuchlich. „15 fl Clos wampach, Hans Wagener, vndt Clos wampachs knecht von Halßdorff, von des wegen, daß sie einen wothsack, so ihnen vertrawet gewesen, nicht widder gelieffert, wie sie denselbigen empfangen haben". Rauschenberger Bußregister von 1585.

wotern, *wötern*, oberhessischer Ausdruck für eine heftige, ungestüme Bewegung, in welcher alles durcheinander geht. Estor hat S. 1423 das Wort in den zwei Beziehungen verzeichnet, in welchen es vorzugsweise vorkommt: „wotern, wenn das schneegestöber wütet. Wenn alle leute im hauß arbeiten". Wol nichts anderes, als eine Frequentativform von wüten.

wrangeln, gewöntlich jetzt schon *brangeln* gesprochen, mit Jemanden ringen, auch bloß sich balgen. An der Diemel üblich; Frequentativ von ringen (richtig: wringen). Der Anlaut w in der Consonantenverbindung wr ist fast nur noch in diesen beiden Wörtern wringen und wrangeln im westfälischen Hessen vorhanden, und vergröbert sich in wrangeln, wie eben gesagt, gegenwärtig schon in sehr merklicher Weise; wraso aber ist zu Frasen, wrist zu Frist (s. diese Wörter) geworden.

Vgl. Brem. WB. 5, 296 wrangen.

Wûl msc. ist jetzt nur noch in Oberhessen, und zwar wiederum nur in der Composition *Wulwasen*, Schindrasen, Schindanger, üblich, welches Wort bereits Estor verzeichnet hat: T. Rechtsgel. 1, §. 1013: „der schindanger oder wulwasen"; 3, S. 1423: „Wouhlwase, schindrasen". Ein alter Wiedertäufer in Gemünden an der Wohra wies 1626, als ihm zugeredet wurde, er möge sich mit der Kirche versöhnen, damit er ein ehrliches Begräbnis erhalte, diese Zumutung mit den Worten zurück: „er seye wol zufrieden, daß er uff die salva reverentia Wuhlskante begraben werde". Im 16. Jarhundert aber war das Wort in der Bedeutung pestis, pernicies, Aas, in Hessen, namentlich in Oberhessen, sehr üblich, und findet sich häufig bei George Nigrinus: Von Bruder Johan Nasen Esel (v. O. u. J. 4. [1570]):

    Ob man ja schon fürt in die Schul,
    So lernt doch nichts der faule wulh.

Ebdf. B4a: Ist Rom der Apostolisch Stul?
    Darauff gesessen so manch Wul,
    Der nicht wehrt das er Mensch genant.

Ebdf. Jb: Man solt billich den groben wulh
    Wider fürn in die Schützen Schul.

Vexamen 1582. 4. B2b. — — Papstes Stul,
    Welcher der Antichristisch Wuhl.

Ebdf. Cb.   — — Bepstliches Stuls,
    Ein grosser Wuhl des grösten Wuhls.

Auch wurde Wul als eine Art von Euphemismus für Wolf in Hessen und zwar in Niederhessen gebraucht: Kirchhof Wendunmut 1602. S. 375. Alle diese Stellen und Ausdrücke zeigen indes, daß man unter Wûl nicht einen Zustand, nicht etwas Abstractes, sondern etwas sehr Concretes, Persönliches, nicht ein Verderben, sondern einen Verderber, verstanden habe.

Es ist kein Zweifel, daß dieses Wort ein anderes nicht sein könne, als das ahd. *wuol*, strages (Graff Sprachsch. 1, 801), altf. *wôl* Hêl. 132, 4, agf. *vôl*, mhd. *wuol*. So kommt das Wort gerade bei einem hessischen Dichter Herbort von Fritzlar, vor: v. 6466—6467:

    man saget uns von *wule* (: phule)
    wie mochte grozzer *wul* wesen?
    da enkonde nieman genesen.

In demselben Sinne, strages, erscheint wuol auch in einem Gedichte des 11. Jarhunderts, welches Schmeller unter dem Titel: Das himelriche in Haupt Zeitschr. 8, 145 f. hat abdrucken laßen, S. 148 v. 109—110:

in dere wilen umheverten des hohstuoles
ee sicherheite hinnen mere des viantlichen wuoles
den der tiuvel unter den engilen wilen Legie.

Nicht ohne Warscheinlichkeit hat auch Haupt im Servatius (Zeitschr. 5, 96 v. 612), anstatt des unverständlichen dol, wuol (wiederum im Reim auf stuol) gesetzt. Schottel Haubtspr. S. 1445: wul, cadaver.

Vgl. Müller Mhd. Wörterbuch 3, 467. Zeitschr. f. hess. Gesch. u. LK. 4, 102.

S. auch *Wulch.*

Wulch msc., dicker, unbehülflicher Mensch; Scherzwort; „dicker Wulch", „fauler Wulch". Ob dasselbe, was ehedem *Wül* war? Vgl. Wül.
Zeitschr. f. hess. Gesch. ꝛc. 4, 102.

Wulle fem., in Hessen das üblichste Lockwort für die Gans, zumal in Oberhessen für die junge Gans (Estor S. 1423), während die alten Gänse hier mit *Wusse* gelockt werden (Estor ebds.). Auch werden die Gänse geradezu, wenn gleich scherzweise und Kindern gegenüber, als *Wulle, Wusse, Wullegans* und *Wussegans* bezeichnet.

wulle machen, urinare, von Kindern. Oberhessen. Estor S. 1423. Vgl. *bullern.*

Wunder msc., in einer Redensart, in welcher das Wort irgend ein Ungetüm, in alter Weise, zu bezeichnen scheint: „mich frißt der Wunder", d. h. ich bin vor Verwunderung außer mir. Es ist dieselbe ziemlich überall in Hessen im Gebrauche, am üblichsten im inneren Hessen.

Wird Wunder neutral gebraucht, so tritt das Wort völlig in die gemeinhochdeutsche Bedeutung ein.

Wurd neutr., **Word** fem., Eigentum an Grundbesitz, area. Vgl. *Achtword.* Dieses im Altsächsischen und Angelsächsischen, nicht im Hochdeutschen vorkommende Wort ist seit dem 16.—17. Jarhundert auch in den niederdeutschen Gegenden, und nicht bloß in den hessischen, als Appellativum ausgestorben, und findet sich nur noch in Eigennamen der Flur= und Waldstücke. Ehedem, und noch am Ende des 15. Jarhunderts aber war dasselbe in Hessen noch in appellativischer Uebung. „Sust ander vroevil ob ymants in sinen vir wenden, oder uff dem synen *worth* ader wergke geschen sunder toidslag". Emmerich Frankenberger Gewonheiten bei Schminke Monim. hass. 2, 722. Die Verwendung von Wurd zu Eigennamen hat gegenwärtig den Gebrauch des Femininums überwiegend begünstigt: „auf der Worth", so bei Wolfhagen, Zierenberg, Hofgeismar, Ernschwerd. Hin und wieder leuchtet die appellativische Bedeutung noch durch; so werden z. B. in Zierenberg die uneingefriedigten Grabländereien, welche zwischen den Gärten und dem Ackerfelde liegen, mit diesem Worte bezeichnet, so daß hier die Wörd sich mit der hochdeutschen Biunde (Binde, Beune, s. d.) berührt.

würken ist, mit einziger Ausnahme der Composition *auswürken*, nirgends in Hessen volksüblich (kein würken, kein einwirken, erwirken, bewirken, mitwirken, nachwirken, verwirken; zerwirken ist technisch).

auswürken, gespr. auswirken, bedeutet Laibe aus dem Teig bilden: das Brod auswürken. Eben so Schmidt Westerw. Jd. S. 329.

Wurm msc., 1) wie gemeinhochdeutsch. *Gewürmze* neutr., das Gewürm.
2) Bezeichnung von Krankheiten. Am meisten ist jetzt noch üblich, krebsartige Krankheiten der Thiere, z. B. der Kühe am Schweif, der langohrigen

Hunderacen an den Ohrrändern u. dgl. den Wurm zu nennen, dieselben auch wol noch immer einem wirklichen, wenn schon unersindlichen Wurme zuzuschreiben. Vor nicht gar langer Zeit, und hin und wieder vielleicht noch jetzt, nannte man aber auch Krankheiten der Menschen, zumal Erweiterungen und Verknorpelungen des Herzens, mitunter auch Zehrkrankheiten, den Wurm, und schrieb dieselben ganz ernstlich einem Wurme zu. Daher rührte der, in älterer Zeit ungemein häufig vorkommende Fluch: „daß dich der Wurm besteh", „daß dir der Wurm drein fahr", welche Formeln jetzt nicht mehr gehört werden.

Wurschel fem., unordentliche, in Kleidern sich übel haltende und einen wüsten Haushalt führende Frauensperson.

wurschelig, unordentlich, alles durcheinander werfend.
Sehr übliche Ausdrücke in der Obergrafschaft Hanau; in Althessen unbekannt.

Wurstwackel msc., Spitzname für den Bewohner der Stadt Schmalkalden, welcher von seiner Lieblingsspeise, der Blutwurst, hergenommen ist. Daher denn auch der, den Spitznamen begleitende Schwank: Ein Fremder fragt nach dem Wege nach Schmalkalden, und der Gefragte antwortet ihm: er solle nur den Wurstschalen nachgehen.

wuseln, *wusseln*, sich eilig, aber halb kriechend, unsicher bewegen; am meisten von kleinen Kindern gebraucht, um deren Anfänge im Laufen zu bezeichnen. Allgemein üblich, wie auch anderwärts, Schmidt Westerw. Id. S. 334. Schmeller 4, 188.

wusselich, lebhaft beweglich, besonders von kleinen Kindern gebräuchlich.

wuspeln (wuschpeln), durch Herumgehen in der Nacht Geräusch erregen. „Der Kranke stund auf und wuschpelt die ganze Nacht in der Stube herum". Hersfeld, Haungrund, auch wol sonst. Die Bedeutung ist etwas verschieden von wispeln; s. d.

Wûz, *Wutz* fem., das Schwein, in schmeichelnder, lockender Beziehung; sehr gewöhnlich ist in Ziegenhain, Oberhessen und Fulda (nicht nördlich von der Eder, s. Kimmchen, und auch weniger gebräuchlich im südlichen und östlichen Niederhessen, s. Ritz) der Lockruf an die Schweine: Wûz komm, Wûzchen, Wutzchen. Im Plural die *Wûzerchen*, *Wutzerchen*, womit man am regelmäßigsten die Ferkel bezeichnet. Schmeller 4, 208.

3.

Zahl fem. Bei den Spinnern wird eine Anzal (zehn oder zwanzig) von Gebinden eine Zahl genannt, so daß dann wieder eine Anzal (zehn oder zwanzig) von Zalen einen Strang (eine Zaspel) ausmacht. In manchen Gegenden findet sich aber auch weder Strang noch Zaspel (s. d.) im Gebrauch, und es wird Zahl für dieselbe Anzal Faden gebraucht, welche sonst Strang oder Zaspel heißt. Aber eine Anzal von zwanzig Strängen heißt dann wieder eine Zahl. Es liegt nahe, hierin den Gebrauch von Zahl als numerus $\varkappa\alpha\tau'$ $\dot{\varepsilon}\xi o\chi\eta\nu$ zu suchen, und auf die alte, ursprünglich keltische, Gruntzal von zwanzig (s. Steige) zurückzugehen. Seltsamer Weise aber findet sich in einer Waldauer Rechnung von 1488: XVI *czabeln garnsz* zu spinde. Ist diese Aufzeichnung richtig, woran ein Zweifel nicht wol aufkommen kann, so ist an zäla, numerus, bei unserm Spinnerworte Zahl nicht zu denken, und es muß dieses Wort der Spinner, zäl, aus zabel zusammen gezogen sein. Aber was bedeutet zabel? An tabula, wie in Schachzabel, ist kein Gedanke. Sollte etwa zabel = Zopf sein? Schmeller hat 4, 217 zobeln in der Bedeutung: bei den Haaren ziehen, was der Sache nach von Zopf und der Form nach von zabel nicht allzu weit abläge.

Sonst wird Zahl auch von jeder bestimmten Anzal gebraucht: das kleine Mädchen muß seine Zahl (an Stöcken, Mal herum, Rätchen) stricken; eine Zahl (11, 25, 50) Schafe (s. Zahlschaf) u. dgl.

Zahlschaf ist in den älteren Renterei=, Vogtei= u. dgl. Rechnungen das, was heut zu Tage Schnitthammel genannt wird: die Abgabe des elften, meist jedoch nur des fünfuntzwanzigsten, ja des funfzigsten Schafes Seitens der zum Schafhalten berechtigten Schafhalter unter den Untersaßen, welche für die Benutzung der herrschaftlichen Weiden geleistet werden muß. In jenen Rechnungen erscheint regelmäßig die Rubrik: „Inname Zalschafe" (wol zu unterscheiden von dem Blutzehnden, den Zehntlämmern). Der Landknecht zu Rauschenberg, Kurt Fettmilch, sagt in seinem der Rentereirechnung von 1578 beigegebenen „Registerlin" über diese auszuzälenden Schafe Folgendes: „wenne der Rentmeister die schaeffe zehelet, vnd die weydehemell hebett, gibt man in der staitt Rauschenbergk von Einem halben Hundert schaeffe Einen ziemlichen hamell, nit den besten auch nit den bosesten mit dere wullen; wanne dan etliche schaeff ein man hait vber das halbe Hundert, das das halb Hundert nicht erlanget, da gibt man von ye do einem schaeffe ij Junge [scil. Heller]. Item die ampts vntersaessen in denen dorffern vff dem lande geben von Einem vierteil schaeffen, das seint zwanzigst vnd fünff schaeffe Einen zimlichen weydehamell, nit den besten auch nit den besten, vnd wanne vber oder vnter zalige schaeffe oder Roesser seint oder oder vber die vierteil das das vierteil nicht erreichet, dieselbigen schaeffe nennet man Einezelle schaeffe, da giebt man von ye do einem schaeffe vier junge heller". Auf den Universitätsgütern (Singlis) wurde zwar das elfte Schaf genommen, dagegen gewöhnlich für dasselbe Zalung geleistet, und zwar mit sechs Albus; freilich kostete dann auch das „einzelne Schaf" einen halben Albus. Vgl. *Hammelschnitt.*

Zahnbrecher. „Er ruft (schreit) wie ein Zahnbrecher" war noch bis in die zwanziger Jahre dieses Jarhunderts eine der üblichsten Vergleichungen für ein ungefüges lautes Rufen, wie sie es seit dem Ende des 17. Jarhunderts durch ganz Deutschland, doch vorzugsweise das nördliche, gewesen war. „He röpt assen Teinnebrecker". Strodtmann Idiot. Osnabr. 1755. S. 241. Jetzt sind die ehemaligen Zahnbrecher völlig vergeßen und die auf sie sich beziehenden Redensarten fast gänzlich erloschen, auch die hier aufgeführte; nur das Adjectivum „marktschreierisch" dauert in der Schriftsprache bis jetzt noch fort.

Zahnraffel fem., Schimpfwort für alte Weiber, deren Zähne wackeln. Schmidt westerw. Jd. S. 157. Reinwald hat 2, 146 das Wort nach Schmalkalder Aussprache als „Zehraffel", ohne es zu verstehen.

zacken (sich), sich necken. Im Fuldaischen. Es ist dieß Wort ohne Zweifel dasselbe, welches Reinwald 1, 198 als zäcken (sich mit einem z.), mit ihm im Scherze zanken, und Schmeller 4, 222 als „zecken, tretzen, raitzen, lacesso" aus Aventin und aus Reimen von 1545, wo zecken auf necken reimt, anführt, und gehört zu dem Kinderspiel Zeck bei Frisch 2, 467, dem Ziggi bei Stalder 2, 471, dem Zeckel bei Schmeller a. a. O. und zu zicken ebds. S. 223.

zackern bedeutet in Hessen, jedoch mit Ausnahme der südlichen oberhessischen und fuldaischen sowie der hanauischen Bezirke, nicht „zu Acker fahren", wie am Main und Rhein (Schmeller 1, 28. 4, 222), sondern das Laufen eines schlechten Pferdes im kurzen Trabe, woher solche Pferde spottweise „Zackergäulchen" genannt werden, sodann aber auch das wadelnde, schlechte Reiten, bei welchem der Schluß fehlt. Jenes „zackern" in der Bedeutung von ackern wird jetzt im kasselischen Oberhessen nur in den Grenzdörfern nach Süden und Westen, und auch hier nur vereinzelt gehört, und ist auch wol in früherer Zeit nicht häufig gewesen; in Urkunden ist es mir nur einmal begegnet, in einem Rügegerichtsprotokoll von 1741 aus Hadamshausen: „Hans Henrich Rau von Hadamshausen rügte Konrad Gieß weil er ihm im weydenbach 3 forchen abgezackert". Gleich darauf aber folgt von derselben Handlung die Bezeichnung abgeackert.

Zäl, *Zael* msc., das zusammengezogene zagel, ahd. zakal, goth. tagls, vom Thierschwanze, doch hauptsächlich nur der wilden Thiere (Eichhörnchen, Fuchs, Vögel), und vom penis (O. Melander Jocoseria [Lich 1604] S. 603) gebräuchlich; hin und wieder wird es auch von der Spitze des gefällten Baums gebraucht. „Henchen Drescher sampt seinen Consorten vor Zähle vnd Afterschlege von dem brennholtz so vffs Haus Marpurg ist gemacht worden". Rauschenberger Forstregister von 1585. „eichen zogel", „latten zogel", „4 latten zel", „3 latten zehl", „ezliche stumpff vnd Zehel zu den Weinpelen". Weiterer Forstregister von 1569—1602; oft. *Ochsenzael*, Farrenschwanz, Ochsenziemer. *Sauzael*, Sauschwanz, Name des Wirbelwindes, oder eigentlich des Teufels, indem der Wirbelwind als eine dämonische Wirkung, als eine That des persönlich gegenwärtigen Teufels angesehen wird; in ganz Hessen in diesem Sinne üblich. *Vosszael*, Familienname in Hessen aus dem 13. und 14. Jarhundert; *Husenzäl*, noch jetzt vorhandener Familienname. *Rotzaelchen*, der gewöhnliche Name des Gartenröttlings. *Zaelmeise*, Schwanzmeise, meist nur im Schmalkaldischen vorkommend. „Du Jung, du wilt doch? Du salt der Katz am Zael roch"! Hersfelder Scheltrede gegen einen Knaben, welcher Tabak raucht. Vgl. Zeitschr. f. hess. Gesch. u. Lit. 4, 102. Adelung 4, 1644. Schmeller 4, 229. Reinwald Henneb. Jd. 1, 198. 2, 144.

Zalg msc., **Zalgen** msc., auch Zelg, Zelgen, niederdeutsch *Telgen*, ramus, Zweig, auch wol Ast. In ganz Hessen, die niederdeutsche Form im sächsischen und westfälischen Hessen, theils ausschließlich gebräuchlich, theils üblich, theils wenigstens bekannt. Mhd. zelch und zelge, niederdeutsch (angels. telga) nur schwach declinierend; in letzterer Form ist es in Hessen üblich; die Form mit a, wenn gleich im größeren Theile von Hessen die gebräuchlichere, scheint nur eine Vergröberung des Dialects zu sein.

Vgl. Brem. WB. 5, 51. Frisch 2, 471. Schmeller 4, 255. Richey S. 306: nach Strodtmann Idiot. Osnabr. S. 244 bedeutet im Osnabrückischen Telge nicht einen Zweig, sondern einen jungen Eichbaum, und in diesem Sinn, von einem s. g. Einschößling, wird Zalg, Zelg auch in Hessen mitunter gebraucht.

Zalke msc., ein Büschel ineinander gewirrter, besonders auch zusammenklebender Haare. Im Fuldaischen; im Haungrund in der Form *Zölke*.

Vgl. das baierische Zolch und Zolt, welches ziemlich ähnliche Bedeutung hat. Schmeller 4, 255. Auch Reinwald 2, 148 hat Zolk, Zolken in ganz gleicher Bedeutung wie unser Zalke, Zölke.

zallern, säumen, säumig sein, zaudern, zögern. *Zallerer*, Zauderer. Nur im Fuldaischen Land, hier aber durchgängig üblich.

zammen, zucken, zumal schmerzlich zucken, im Schmerz zusammenzucken, wie z. B. bei chirurgischen Operationen.

Zamm msc., das Zucken, der Zuck. Im Haungrund sehr üblich.

Zammete fem., doch meist nur pluralisch gebraucht, der vorzüglich im Fuldaischen und Schmalkaldischen, aber auch in der Werragegend und sonst noch hier und da übliche Name einer dort heimischen Speise: Kartoffelschnitte in Oel oder Speck im Tiegel gebraten. Im Fuldaischen spricht man jedoch *Semmete* und behandelt das Wort nur als plurale tantum. Sehr gebräuchlich ist auch die Composition: Kartoffelzammete, Kartoffelsemmete, um hierdurch (wenigstens in Schmalkalden) jene Schnitte von den eigentlichen Kartoffelklößen zu unterscheiden, welchen Mehl beigemischt ist und die deshalb Mehlzammete heißen.

Schmeller hat 3, 248 Semete in gleicher Bedeutung aus Aschaffenburg.

zampen, mit einzelnen Schlägen läuten, mit der Glocke die Sturmzeichen geben, stürmen. Fulda.

Zankel s. *Zinkel*.

Zarge fem., üblicher *Zargen* msc., Rand des Siebes, des Radkastens, des Mühlgerinnes u. dgl. Die Siebdreher des 16. u. 17. Jahrhunderts steckten eine Schafscheere in die Zargen des Siebes und hängten die Scheere an einen Finger. Dieses uralte Wort ist wol durch ganz Deutschland verbreitet.

Zaspel fem., im östlichen Hessen und in Schmalkalden der Name für einen Strang, eine Zahl (s. d.) Linnengarn. Vgl. Adelung 4, 1657 (wo jedoch das irrig ist, daß Zaspel auch Haspel [hessisch Weise] bedeute). Die Zaspel hält zwanzig Gebinde, das Gebinde aber wieder zwanzig Faden von je vier Ellen. An sich scheint die Ableitung dieses Wortes leicht zu sein, und sich dieselbe sehr einfach aus dem mhd. zaspen, auseinanderziehen, zerstreuen u. s. w. (Haupt Zeitschr. f. d. A. 7, 337) zu ergeben. Höchst auffallend aber ist es, daß diese Stränge in ältern hessischen Linnenordnungen, vom 24. Nov. 1681 (LO. 3, 151—153) und vom 27. October 1683 (LO. 3, 249—251) Zahlspielen und Zalspeln genannt werden. Vgl. Kopp Handb. 4, 258. Möglich bliebe freilich immer noch, daß diese Formen der Verordnungen nur Entstellungen superkluger Halbweisheit wären; indes wie sollte wol auch der verkehrteste Halbwitzer gerade auf jene Formen verfallen sein? Wären sie richtig, so müßte Zalspiel eine Menge von Zahlen bedeuten, Zahl aber dann freilich auch so viel bedeuten wie Gebinde.

zauen (sich), sich eilen. Dieses alte Wort war ehedem in ganz Hessen volksüblich, jetzt ist es, wenige Reste, besonders in Oberhessen, wo der Imperativ *zau dich!* noch einzeln gehört wird, ausgenommen, überall bis auf die Herrschaft Schmalkalden ausgestorben; im Schmalkaldischen ist es noch in voller Uebung, wie auch anderwärts im westlichen Oberdeutschland. Schmeller 4, 209 f. (wornach übrigens das Wort selbst in Baiern nicht mehr volksüblich zu sein scheint). Schmidt westerw. Jd. S. 337. Reinwald 2, 145. Klein Prov. WB. 2, 242 (aus Coblenz).

Vgl. W. Müller mittelhochd. WB. 3, 941—943.

zaulich, eilig; du tzog er gewaldiclichen unde *tzauelichin* zu siner swester. W. Gerstenberger b. Schminke Monim. hass. 2, 308.

Gezau neutr., Geräte. *Gezauwagen* unde karne. Gerstenberger bei Schminke Monim. hass. 2, 507.

Zehr msc., die hochdeutsche Form des in der niederdeutschen Form schriftdeutsch gewordenen Wortes Teer (wie noch Frisch schreibt), Theer. Bis vor Kurzem war diese hochdeutsche Form die in Hessen ganz allgemein übliche (Hans von Buchenau, Bürger zu Wetter, liefert 19. Juli 1566 „vier seßgen schwartz Wagen Zehr ides vor sieben alb."), wie denn die hessischen Postordnungen regelmäßig Wagenzehr (Wagenschmiere) schreiben, und herscht noch ausschließlich in den Gegenden an der untern Schwalm (Wabern u. Umgegend). Angelsächs. *teru*, pix fluida, engl. *tar*. Hochdeutsch *zär*, Harz. Vgl. Schmeller 4, 239. 280.

Zehrbaum, Fichte; jetzt nicht mehr üblich. „bei dem Zherbaum", Bezeichnung eines Feldplatzes bei Amenau 1550.

Zeichenheber, ältere Bezeichnung der Function, welche wir jetzt mit dem lästigen Fremdworte Controleur, Zollcontroleur benennen. Es hatte der Zeichenheber die Zollzeichen zu erheben, was freilich jetzt nicht mehr Statt findet. „Ein halb malter korn Zeichenheber belohnunge hat — — der Rentmeister zum Ranschenbergk mir Curt Strosack zu Sperwinckell gütlich entricht vnd bezalt, deswegen das die Zeichen genantes orts bis Jahr 603 von mir erhaben".

zeihen, 1) objectiv mit Acc. der Person und Genitiv der Sache, wie gemeinhochdeutsch.

2) reflexiv, gleichfalls mit Acc. des Subjects und ursprünglich gleichfalls mit Genitiv der Sache, wofür später gleicher Weise der Accusativ eintrat: ich zeihe mich des (das), sich etwas einbilden; gewöhnlich in einer unwilligen Frage: wes (was) zeihet ihr euch? wes (was) zeihet sich der? was bildet ihr euch ein? was für ungereimte Gedanken hat der?

Diese Construction, ehedem sehr üblich (Reinh. Fuchs S. 331, v. 1096, Müller mittelhochd. WB. 3, 878) ist jetzt gänzlich untergegangen, muß aber hier wegen einer höchst bezeichnenden Aeußerung des Landgrafen Philipp während des Religionsgespräches zu Marburg 1529 verzeichnet werden. Mathesius in den Historien von Luthers Anfang, Lehr rc. (1568. 4. Bl. 73ᵃ) erzält nämlich Folgendes: „Ich hab von Petro Plateano, ewrem alten Schulmeister (f. Strieder 11, 97) gehört, der es am Hessischen Hoff erfahren, Landgraff sol sich fast bemühet, vnd etliche sondere gespräch mit Ecolampadio von diesen Sachen gehalten, vnd vnter andern gesagt haben: Mein Er Doctor, die von Wittenberg stehen dennoch auff gewissem Text, jhr aber habt nur Glosen vnd deutungen. Nun hat eines warlich mehr grunds, denn das ander, was zeicht jhr euch? Darauff soll D. Ecolampadius mit einem seufftzer geantwort haben: Gnediger Fürst vnd Herr, Ich wolte das mir dise Faust abe wer gewesen, ehe ich hievon ein Buchstaben geschrieben".

Vgl. Gründliche Außführung ff. Marburg 1636. fol. S. 701. (In einigen Ausgaben von des Mathesius Historien Luthers steht zeucht st. zeicht, was auf einer Verwechselung des zeihen mit ziehen beruhet, die schon früh hin und wieder, z. B. in Carlstadts Schriften, vorkommt. Im 16. Jarhundert erscheint diese Formel noch öfter, namentlich bei Mathesius; im 17. Jarhundert ist sie mir nicht mehr begegnet.

zeinen ist in Schmalkalden der terminus technicus für das Korbflechten, außerdem bedeutet es auf den dortigen Eisenwerken wie sonst überall: das Eisen zu Stäben schmieden. Das Wort ist von Zein (Zain), dünner Stab, abgeleitet.

zeisen (eigentlich zaisen), zupfen, auseinander zupfen, z. B. Wolle oder Haare. In Niederhessen unbekannt, in Oberhessen (wo zäsen gesprochen wird), Fulda und Schmalkalden allgemein üblich. Es ist ein altes, ursprünglich reduplicierendes Verbum, und hin und wieder lautet auch noch jetzt das Participium nicht gezeist, sondern gezeisen (die Wolle ist fertig gezeisen"). *zucken und zeisen* kommt auch bei W. Gerstenberger vor: Schminke Monim. hass. 2, 363. Schmeller 4, 287.

Zeite fem. (wol eher Zeute, f. u.), die hervorragende Mündung der Brunnenröhre, die ausgebogene Mündung (Schnauze) eines Gefäßes; in den

Stätten wird der Röhrbrunnen geradezu (synekdochisch) die Zeite genannt. „Die Mägde stehen an der Zeite"; „Zeitengeschwätz". In ganz Hessen üblich; nur wird im Fuldaischen und Schmalkaldischen Zott gesprochen; diese Form hat auch E. Alberus: „ein Zott, fistula", Frisch 2, 481 „Zote, vulgo die Röhre an einer Kanne, tubus", und Schmeller 4, 296 als „Zutte" aus Aschaffenburg und eben als „Zott" von der Rhön. Klein Prov. Wb. 2, 250 hat als Hennebergisch Züttich, die Mündung des Halses an einem Krug oder Flasche; bei Reinwald fehlt das Wort.

Zeitenwasser wird sehr gewöhnlich dem Brunnenwasser (Quellwasser) als das schlechtere, weil durch lange Leitungsröhren gelaufene und halb abgestandene, entgegengesetzt.

Das Wort, welches auf einen nicht allzu großen Umkreiß beschränkt zu sein scheint, ist offenbar dasselbe, was Strodtmann Id. Osnabr. S. 249 als Töte, Richey Id. Hamb. als Teute in der Bedeutung Bierkanne aufführen, vgl. Brem. WB. 5, 56—57, und es ist dieses *Töte, Teute*, holl. *Tuyt*, ein niederdeutsches Sprachelement, bei uns nur mit hochdeutschem Anlaut versehen worden.

Zeitlose fem. ist in dem gemeinhochdeutschen Sinn, als Name der Pflanze colchicum autumnale, nicht volksüblich; die Pflanze heißt gewöhnlich „nackte Jungfer", im Schmalkaldischen „Schulblume", oder auch bloß „Herbstblume", welche letztere Benennung schon Alberus hat. In der ältern Zeit muß jedoch dieser Name üblich gewesen, und die Blume ganz allgemein für eine vorzüglich schöne gehalten worden sein, denn sie erscheint in einem Gedichte, dessen Ursprung auf Hessen hinweist („Die Erlösung", 1858 von Bartsch herausgegeben), in Verbindung mit Lilien, Violen und Rosen (v. 2529. 5709); in ersterer Stelle wird die Jungfrau Maria „du zarte zitlosa" genannt, in der andern blühen die genannten Blumen der Maria zu Ehren. Vgl. W. Grimm Goldene Schmiede S. XLIII. Daher kam es, daß im 15. 16. und noch im 17. Jahrhundert Zeitlose ein in Hessen ziemlich üblicher Frauenname war; so hieß die Letzte des Stammes der Riedesel (Riesel) zu Jesbach, verheiratet an Reinhard Schenk zu Schweinsberg, Zeitlose († nach 1610). Der Name muß die außer der Zeit blühende Blume bedeuten; man scheint jedoch unter diesem Namen auch noch andere Blumen, z. B. bellis perennis, den Crocus, sogar die Narcissen u. dgl. verstanden zu haben (Schmeller 4, 293; Alberus Dict. Bl. EE4a), wenn auch der älteste Gebrauch des Wortes bestimmt auf den Hermodactylus, eine Art Colchicum, hinweist. Auffallend ist es, daß die Blume, früher in Ehren stehend, jetzt mit dem, doch wol als Schmachwort zu verstehenden, Namen „nackte Jungfer", auch: „nackte Hure" belegt wird.

bezemen, meist nur in der Form *bezemen lassen* (einen), ist noch jetzt in den sächsischen und westfälischen Gegenden Hessens, so wie in deren Grenzbezirken theils üblich theils wenigstens verständlich. „Nach 5 tagen sei sie einmal mit ihrer lehrmeisterin in den Wald gegangen, sei ein Ding wie ein schwarz Pferd zu ihnen kommen, hab die Fraw gesagt, schweige du still vnd laß mich mit ihm bezehmen, vnd sie allein gelassen". Frankenberger Hexenproceßacten v. 1648 (wider die Dietzen Else aus Bottendorf, Aussage derselben). Auch bei B. Waldis erscheint „einen bezemen laßen" öfter, z. B.

„er sprach, laß mich ein weil bezemen (: nemen)
das ich mein testament mög machen" 3, 25;

einmal jedoch auch auffallender Weise mit dem Dativ: „bei mir lassend dir wol bezemen" 2, 26; indes hat den Dativ auch Richey S. 306 (late dem bekämen).

Es ist dieß aus Luthers Bibelübersetzung (2. Sam. 16, 11, vgl. D. v. Stade Erläuterung ꝛc. S. 130 f.) bekannte Wort ein dem Worte ziemen, geziemen (w. s.) paralleles intransitives (nicht transitives, und mit bezähmen, domare, nicht zu verwechselndes) Verbum, in der Bedeutung: sich in dem Zustande, welcher uns ansteht (ziemt) befinden; sich eines Dinges ziemen bedeutet: die Sache für sich passend, angemessen halten, wie mir die Formel „der arme Mann zemt sich keines Bratens" aus dem Volksmunde (doch freilich nicht in Hessen) begegnet ist, ganz eben so wie Richey S. 305. „Einen mit einem andern bezemen laßen" bedeutet mithin: einen mit dem andern fertig werden laßen, wie es ihm gut dünkt, ihn mit dem andern sich verständigen, zurecht kommen laßen, wie auch Luthers Formel den Sinn hat: laß ihn seiner Lust zu fluchen, die er nun einmal hat, folgen.

Vgl. Schmeller 4, 259. Strodtmann Id. Osnabr. S. 383. Brem. WB. 5, 17. Schütze Holst. Id. 1, 96. Stieler S. 2594.

Sicherlich ist bezemen kein anderes Wort als zimen, gezimen, sondern nur die niederdeutsche Form desselben. Jedenfalls hat es Grimm WB. 1, 1794 irrig unter „bezähmen, domare", wenn er auch die Bedeutung und den Gebrauch von bezemen vollkommen richtig angibt. Vgl. Müller mhd. WB. 3, 889. Vgl. *geziemen*.

zergen, in bösartiger Weise necken, zum Zorn reizen durch wiederholte aufregende Neckerei. „den Hund (oder an dem Hund) zergen"; „zerg nicht an dem Kind"; „der böse Junge kann das zergen nicht laßen". Das Wort ist allgemein, in der Form *terjen* auch in den niederdeutschen Bezirken üblich. Reinwald Henneb. Id. 1, 199. 2, 145. Auch in Nassau (Schmidt westerw. Id. S. 336) und am Rhein ist es üblich (Klein Prov. WB.), in der Grafschaft Hohenstein (Journ. v. u. f. D. 1786, 2, 118), kommt in der holländischen Sprache vor, und ist ein altes Wort: *tergen*, irritare, Hoffmann horae belg. 7, 35.

zetten, streuen, zerstreuen; meist von dem Auseinanderwerfen der Grasschwaden (wofür auch zisseln gebraucht wird) und der Düngerhaufen auf dem Acker (Mist zetten, aber auch Mist breiten) gebräuchlich. Schmidt westerw. Id. S. 338. Stalder schw. Id. 2, 469.

Zetter fem., Deichsel, zumal die Vordeichsel, an welche das vordere unter einem Joch gehende Ochsenpaar angespannt wird. Im Fuldaischen, um Schlüchtern, Steinau, Schwarzenfels üblich, wie in Baiern, wo zieter gesprochen wird. Das Wort ist aus ziuh-triu, Ziehholz, Ziehbaum, entstanden, und demnach, gleich dem identischen niederdeutschen *tüder*, sicher uralt. Schmeller 4, 295. Zeitschr. für hess. Gesch. u. Landesk. 4, 103.

Zeuna, ein Frauenname, welcher sich in älterer Zeit hin und wieder in Hessen, zumal im Baunagrunde, fand, und hier (in Altenbauna) noch im Jahr 1720 vorkam. Es ist derselbe sonst unerhört, auch vielleicht entstellt, aber auf keinen Fall ein latinisierter, sondern ein deutscher Name.

Ziege fem., gesprochen *Zége*, ist in Niederhessen üblicher, als Geiß. Emmerich in seinen Frankenberger Gewonheiten, Schmincke Monim. hass. 2, 698 schreibt *tzigeln*, S. 707 sogar *tzeygeln*. 1550 führte ein Einwohner in Frankenberg den Namen Zacharias Zigelnheupt.

Eine auffallend magere Person, namentlich eine Frauensperson, wird scherzend, aber auch schimpfend eine Ziege, eine dürre Ziege genannt, das Schimpfwort für die Schneider ist Ziegenbock (Geißbock gilt für etwas derber schimpfend); eine auffallend dürftige Wohnung wird mit Ziegenstall bezeichnet, und eine dunkle und enge Straße in der Unterneustadt in Kassel führt den Namen „im Ziegenstall", nach der Veränderung der Straßennamen durch L. Friedrich II. zwar officiell den Namen „St. Christophs Straße", welchen indes im gemeinen Leben niemand kennt, geschweige denn gebraucht. Daß das Wort in Hessen von ältester Zeit her das herschende, Geiß nicht oder doch wenig üblich gewesen sei, beweisen die uralten Namen Ziegenhain, Ziegenberg und Ziegenhagen, während kein einziger hessischer Ortsname mit Geiß componiert ist (Obergeis und Geismar sind ganz andern Stammes, f. d.). Nur hin und wieder finden sich Berge, welche Geißkopf heißen. Im Fuldaischen bis nach Hersfeld und in Oberhessen ist dagegen Geiß üblicher als Ziege, und nur die jungen Geißen heißen Zickel, Zecke; in Niederhessen heißen sie Zickelämmchen.

Redensart: „er hats innerlich, wie die Ziegen" von einer Person, welche unbedeutend ist, durchaus kein Aeußeres besitzt, dennoch aber für klug, einsichtig, geistig bedeutend gelten will, ohne diese angebliche Klugheit an den Tag geben zu können. „Das ist so fest wie Ziegenhain", Redensart, um die Unabänderlichkeit eines Beschlußes, in mehr eigentlicher Bedeutung auch die Festigkeit, Dauerhaftigkeit eines Productes, einer Arbeit, z. B. eines Baues u. dgl. zu bezeichnen. Hergenommen von der ehemaligen Festungsbeschaffenheit des Städtchens Ziegenhain, welches, weil leicht unter Wasser zu setzen, für uneinnehmbar galt, ist diese Redensart, ehedem ungemein üblich, jetzt schon im Erlöschen und wird nach Ablauf eines Decenniums wol gänzlich vergessen sein.

Ziegenschinder heißt in Schmalkalden der Nordostwind, weil er den Ziegen im hohen Grade empfindlich ist.

Ziegling. „Ihr Mann hatte die Staudingersche gefragt, ob Sie dem Mägdgen welches sie lahm beheyt, wieder helffen könne, darauff sie ihm geantwortet, er solte Reichardt von Schrick vnd die dicke Schmiddin am Steinweg brauchen, die möchten ihm vielleicht helffen können, die Schmittin wehre ein Ziegling, weil er nuhn die Hexe befragt, hab ihn der Oberschultheis ins gefangnüs gesetzt". Marb. Hexenprocessacten von 1655. Dieses sonst nicht erfindliche Wort muß die eigentümliche Bezeichnung einer Person gewesen sein, welcher die Kraft zu heilen, namentlich Schadenzauber zu heilen, eigen gewesen ist; die Hexen versicherten völlig einstimmig, sie könnten den Schaden den sie angerichtet, nicht selbst wieder heilen. Das Wort muß von zeugen abgeleitet sein, und dieses Wort wol „etwas ausrichten, zu Stande bringen" im Gegensatz gegen die zerstörende Wirksamkeit des Zaubers, bedeutet haben.

Ziehbetzel fem., die weiße (an der Schwalm: blaue) Obermütze, welche die Frauen auf den Dörfern in Hessen über die eigentliche Mütze ziehen (hin und wieder so, daß dann noch ein schwarzsamtnes Mützchen auf die Ziehbetzel gesetzt wird), wenn sie zum h. Abendmal gehen oder einen Leichenzug begleiten. Der Ausdruck ist nur in Mittelhessen üblich, anderwärts heißt die Ziehbetzel entweder nach ihrem Ursprung Schleier, oder auch Stülpe; letztere Benennung kommt, wo jene schwarzen Mützen üblich sind, diesen zu.

geziemen, sich in Ruhe, in seinem angemessenen Zustande befinden, ungehindert sein. „Er, sin Erben noch Niemandt von sinent wegen sollen auch fürter mehr keinerley Gerechtigkeit, forderunge noch ansprache daran haben noch behalten in keiner wise, sündern die Herren damite gäntzlichen geziemen vnd vngehindert gewerden lassen". Schiedspruch von 1467 bei Lennep Leihe zu Landsiedelrecht Cod. prob. S. 243. S. bezemen, desselben Sinnes.

zijône f. **Jàne.**

zimber, Adjectivum und Adverbium, in Oberhessen gewöhnlich anstatt des gemeinhochdeutschen zimperlich: „das Kind ist gar ein zimber Dingelchen" ist gar ein zartes, zärtliches Wesen; „du mußt den Käs zimber eßen", d. h. in kleinen Stückchen, nicht dem Brode gleich in Brocken.

Zime fem., Katze, in der Diemelgegend neben Minze gebräuchlich.

Zimmermann ist in manchen Gegenden, z. B. von Oberhessen, einer von den Namen, mit welchen das Phalangium opilio (*Müllermaler* f. d.) bezeichnet wird; hier und da kommen nämlich noch andere, wie es scheint, ziemlich willkürlich gewählte Namen für dieses Thier vor, z. B. Ackermann, Backermann, Zappelmann u. dgl.

zingern, auch mitunter *zingeln*, bezeichnet das schmerzhafte Gefühl, welches die in der Kälte erstarrten Hände durchzieht, sobald sie plötzlich in eine warme Temperatur kommen, oder wenn die Glieder „eingeschlafen" sind: „die Hände zingern mir", oder: „es zingert mich mein Fuß", „die Hände zingern mich". Außerdem wird es auch zuweilen von dem Brennen auf der Zunge, welches von scharfen Speisen, vom Pfeffer u. dgl. bewirkt wird, gebraucht. „Sie hat sie (die Fische) gar wol gepfiffert, sie zingern rechtschaffen". O. Melandri Jocoseria. Lich 1604. 8. no. 533. S. 488 (Schmall. 1611. 12. 2, 133. S. 169). Eben so auch in Baiern. Schmeller 4, 270. Das Wort hat mit Zange eine Wurzel (zinge, zang, zungen), und es ist deshalb fehlerhaft, es sengeln (Schmidt Westerw. Jd. S. 218, Klein Prov. WB. 2, 155) oder gar sonkeln (Reinwald henneb. Jd. 1, 155) zu sprechen.

Zinkel msc., ein einzelnes Reis, kleiner Zweig. Fulda.
Gezinkel neutr., Reisig. Marburg. Vgl. Schottel S. 1448.
Zankel msc., langer dünner, hervorstehender oder herabhängender Zweig. Haungrund.
Zinkel ist das Deminutiv von goth. táins, ahd. zein, Zweig, Rute. Vgl. *zeinen* und *zinn*. Zeitschr. f. hess. Gesch. u. Landesk. 4, 103.

Zinn fem., gewöhnlich im Deminutiv *Zinnchen*, Handkorb mit Henkel und Deckel; marburgische Aussprache des goth. tainjô, ahd. zeinna, oberdeutsch Zaine. Dieß in Oberdeutschland sehr gewöhnliche Wort (Klein Prov. WB. 2, 241; Schmeller 4, 265; Stalder schweiz. Jd. 2, 468) ist in Hessen nur in Marburg (wenn nicht etwa in Schmalkalden, da Reinwald 2, 147 das Wort hat; im Leben ist es mir dort nicht vorgekommen) und in dessen nächster Umgebung üblich, und zwar für die so eben bezeichneten Körbe ausschließlich, so daß das Fremdwort Korb nur für unbedeckte Körbe mit Griffen, z. B. die zur Wäsche, zur Aufsamlung des Kehrichts bestimten, gebraucht wird. S. Zeitschr. f. hess. Gesch. u. LK. 4, 103.
Vgl. *zeinen*, *Zinkel*.

Zins msc. und *Zinse* fem., ersteres in Oberhessen und Fulda, letzteres in Niederhessen üblicher; in älterer Zeit hatte nur das Masculinum Geltung, wie auch im Munde des Volkes in den überwiegend meisten Gegenden Deutschlands noch jetzt. Das Wort ist schon in sehr alter Zeit aus dem lat. census in die deutsche Sprache herüber genommen worden.

Hauzins, Abgabe von Häusern. „Ich Volpracht von Kerenbach — bekennen — das wir und unser Erben geben sollen den erbaren geistlichen Jungfrewen der Aptischen — von Caldern zu rechtem huwen zinß zwelff schilling pfennig geldes — von der hobestadt zu Marburg in der Werdergassen gelegen". Urk. v. 1379.

Bodenzins, Grundzins. „Sechs pfennige geldes erpliches vnd ewiges bodenzinses vß den drei schilling pfennig geldes, die wir han vff dem hauß, Keller vnd Hofestadt zu Marburg. Urk. v. 1388. „von altem erstem erplichen Bodenzins. Urk. v. 1401. „zwei Pfund Heller zu rechtem altem erstem Bodenzins. Urk. v. 1404.

widerkäufliche Zinsen, Capitalzinsen, den erblichen Zinsen (Bauzins, Bodenzins) gegenüber.

zinserlich wird hin und wieder so gebraucht wie das gemeinhochdeutsche zimperlich, zärtlich, schwächlich, arbeitsscheu. Reinwald 1, 201. 2, 147. Ein altes Wort: zinzerlich. Schmeller 4, 276. W. Müller mittelh. WB. 3, 901.

Zipfe msc., gewöhnlich Zippe und Zippen gesprochen, wie gemeinhochdeutsch. Redensart älterer Zeit: „dem Schalk die Zippen abschneiden", dem Narren seine Narrenkleidung zerstören, d. h. der Büberei durch eine ernstliche Handlung ein Ende machen. „wo sich ein beuelhaber nit allenthalben wol vorsihet, vnd dem schalck den zyppen abschneit, mag er sich leichtlich verlauffen". J. Ferrarius von dem gemeinen nutz. 1533. 4. Bl. 23b.

verzippeln, einzeln verstreuen; „ich habe mein Geld so verzippelt ausgegeben"; „er hat sein Gut verzippelt" vereinzelt; „wir wollen uns doch nicht verzippeln" vereinzeln, so daß wir uns verlieren, einander nicht wieder finden. Die Theilnehmer an einer Versamlung, die Schulkinder kommen „verzippelt". Hier steht der Zippel dem Ganzen erkennbar gegenüber. Schmidt Westerw. Jd. S. 314.

Zipolle fem., Zwiebel, meist im sächsischen Hessen, doch auch anderwärts üblich. Sehr selten wird Zwiebel, meistens Zippel, Zibbel gesprochen.

Zisz (oder wol eher Ziss?) fem. heißt im Fuldaischen, im Haungrund, bis nach Hersfeld hin und darüber hinaus, das Weibchen der Katzen, Kaninchen, Hasen, Eichhörnchen. Schmeller 4, 289 hat das Wort von der Röhn, aber als bloßes Rufwort.

zisseln, aus einander streuen, ausschütteln. Das in Schwaden liegende Gras wird, damit es dürr (zu Heu, Grummet) werden könne, gezisselt, welches sowol mit der Hand wie mit dem Rechen geschieht. „Den Rock zisseln", significante Bewegung der Weiber niedrigsten Standes, um eine gewisse Einladung zu bezeichnen. Marb. Hexenpr.A. v. 1655.

verzisseln, verstreuen, verlieren. Vgl. Schmidt Westerw. Jd. S. 338—339.

auszisseln, z. B. das Tischtuch, um die Krumen abzustreuen, schütteln. Alle diese Ausdrücke sind allgemein üblich. *zisseln* scheint übrigens ein Frequentativum von zeisen (s. d.) zu sein.

ziwes, zumal, besonders. „Es ist nicht gut, viel Leut am Tisch haben, ziwes bei der theuren Zeit". Oberhessischer, besonders südlich von Marburg einheimischer Ausdruck.

Ziwwe fem., Hündin. In ganz Nieder- und Oberhessen die gebräuchliche Bezeichnung, während Hündin niemals gebraucht wird. Es ist die halb niederdeutsche Form des hochdeutschen *zoha*, niederdeutsch *tewe*, canicula (Diutiska 2, 204a). Im Fuldaer Land heißt die Hündin **Zopp**. Schmeller 4, 277, welches gleichfalls ein altes Wort ist, indes doch wol zu demselben Stamm gehört, welchem Zoha und Tewe angehören.

In den niederdeutschen Bezirken Hessens hört man auch *téwe* fem., es wird aber dieß Wort dann auch als epicoenum, für Hund überhaupt, gebraucht (nicht vorzüglich für den männlichen Hund, wie nach Schambach S. 229 in Göttingen ꝛc.).

In allen diesen Formen ist das Wort eine schimpfende Bezeichnung für eine lüderliche Weibsperson; stärker: läufische Ziwwe.

Vgl. Zeitschrift für hess. Gesch. u. Landeskunde 4, 103.

zogen, übel behandeln, eigentlich: hin und her ziehen, zerren, wie Nibel. 466, 2 u. a. St. Ein altes, ehedem hier wie überall übliches Wort, jetzt selbst im Volksmunde ausgestorben. Schmeller 4, 235.

Gezog msc. Hader mit Thätlichkeiten, Schlägerei; „daß her eynen gezog erhabin hatte". Bußregister des 15. Jh. in der Zeitschr. f. hess. Gesch. u. Landeskunde 2, 373 u. a. St.

zoglich, sich zoglich gegen jemanden stellen, Thätlichkeiten gegen jemanden verüben oder wenigstens zu verüben im Begriff sein. Ebds.

zöpeln (zoepeln), empfindlich züchtigen. Nur im Schmalkaldischen üblich. Reinwald Henneb. Id. 1, 201.

Zopf msc., 1) wie gemeinhochdeutsch. 2) das Geäste des Baumes, im Gegensatz gegen den Baumstamm. Zopfreisig, im Gegensatz von Stammreisig, hier wie fast überall in Deutschland. In den niederdeutschen Bezirken wird top eben so gebraucht, es bezeichnet aber vorzugsweise nur die Spitze, den äußersten Gipfel des Baumes, und sodann auch die Spitze eines einzelnen Baumastes.

zöschen, auch wol zotschen gesprochen, mit nicht genug gehobenen Füßen auf dem Boden hin rutschen, schlurfen, die Füße schleifen; nachzöschen, nachgezotscht kommen, langsam und zu spät hinterdrein kommen. Reinwald 1, 202. 2, 143. Nur im Schmalkaldischen üblich.

zubringen, verderben, vernichten; „bring das liebe Brod nicht so zu" wird zu dem Kinde gesagt, wenn es das Brod verkrümelt, anstatt es zu eßen. In Marburger Criminalproceß-Acten von 1680 rät ein Schwängerer dem von ihm geschwängerten Mädchen, „es solle das Kind zubringen", ein Rat, welcher von der Unglücklichen nur zu buchstäblich befolgt wurde, so daß sie (freilich als die Letzte in Hessen) mit der Todesstrafe des Säckens belegt wurde.

züchten, in ganz Hessen wie in dem größten Theil des übrigen Deutschlands: der Braut am Hochzeittag, der jungfräulichen Gevatterin bei der Taufe als Gesellschafterin unter dem Kranze, dem Aufsatz, Schapel (als Züchtmägde, Scheppelmägde, Schnatzmägde, d. i. Kranzjungfrauen) zur Seite stehen. Die Sitte, durch welche dieses Wort entstanden ist, ist jedoch schon am Ende des vorigen Jarhunderts fast, in dem gegenwärtigen Jarhundert gänzlich erloschen. Diese Mädchen mußten nämlich in bescheidener, durch Zucht und Sitte gebotener Ferne und Enthaltsamkeit von dem Gastmahl stehen, und durften mit der Gesamtheit der Gäste zugleich weder eßen noch trinken; vgl. Frisch 2, 483: „züchten, abstinere pudoris causa, als einige bei den Hochzeiten unter den Jungfern und Frauen prangen, modestum se praebere, os egregie ducere"; und Estor b. Rechtsgel. 3, 1423: „züchten, nicht essen, nicht trinken auf hochzeiten". Besen braucht in der Assenat (1672) S. 191 züchten synonym mit prunken und ernsten; Fischart aber überhaupt nicht züchten, sondern schmollen, welches gleiche Bedeutung hat (Schottel Haubtspr. S. 1404: schmollen, zucht halten, abstinere a risu). Vgl. zumpen.

In uneigentlichem Sinne wird das Wort für warten, harren, zumal wenn damit ein unnützes und langweiliges Harren bezeichnet werden soll, sehr häufig gebraucht. So schon bei Luther: „mußten alle Juden sich zichten, bis daß er (Christus) kam". Ausl. des 7. Cap. des 1. Br. an die Korinther. 1523. (Jen. Ausg. 1555 2, 293b).

Zuge fem. Das Eisenwerk an der Zetter. Fulda. Aehnlich ist *Gezoeg* neutr., im Schwarzenfelsischen die Kette, welche den Pfluggrendel (Pflugrähr) an den Pflugkarren, und zwar an den Pfälz (Schemel, Astertrach) befestigt; übrigens auch, ähnlich wie im Fuldaischen, das Kettenglied, durch welches die Zetter mit dem Widerscheit verbunden wird.

zugehen, der elliptische, ausschließlich gebräuchliche Ausdruck für: zum h. Abendmal gehen, namentlich auch für: zum ersten Mal zum Abendmal gehen; „ich bin vor zwei Jahren zugegangen", statt in der Kirchensprache: „ich bin vor zwei Jahren confirmiert worden". Letzteres Fremdwort ist durchaus nicht volksüblich.

zuckeln, säumig, zögernd, langsam gehen. *nachzuckeln*, aus Nachlässigkeit, Trägheit, hintennach kommen, zu spät kommen. Schottel Hauptspr. S. 1449. In Niederhessen am üblichsten; im Schmalkaldischen und Fuldaischen lieber zotten, nachzotten, zotteln.

zulchen, müßig herumstreichen; „mit einer Gesellschaft angezulcht kommen; auch in dem Sinne, in welchem sonst dinsen gebraucht wird: „sich mit einer (unehrbaren) Person *zulchen*", „ein *Gezulch* mit ihr haben". Daher denn

Zulch fem., ein lüderliches Weibsbild. Fulda. In Oberhessen ist das Verbum zwar nicht üblich, wol aber ein aus dem Participium gebildetes Adjectivum *cerzolcht*, welches bedeutet: verschleudert, verloren, verschuldet, dem Untergang anheimgefallen.

zumpen soll „in einigen Ortschaften an der Grenze des Darmstädtischen" in dem Sinne von *züchten* (s. d.) üblich sein. Ich zweifle kaum an der Richtigkeit dieser mir vor langen Jahren gemachten unbestimmten Mitteilung, da das Wort in dem angegebenen Sinne in der That auf dem Vogelsberge vorkommt.

zupfen, 1) *zupfen gehen*, schmarotzen, und zwar so, daß man unter irgend einem Vorwand einen Gast bei einem Gelag aufsucht, um bei dieser Gelegenheit einen guten Bißen zu erschnappen. Sache und Bezeichnung findet sich nur im Schmalkaldischen. Reinwald 1, 202 u. 58.

2) *zoppen*, abzoppen, ufzoppen, abzucken, eine Pause machen, zumal im Trinken: „er trinkt einen Schoppen Bier, ohne uff zu zoppen". Hünfeld, Haungrund, Hersfeld.

Zuschlag msc., Kundschaft eines Wirtes, eines Handwerkers, Kaufmanns. „das Wirtshaus hat guten Zuschlag", d. h. wird stark besucht. Ueberall üblich.

zusetzen, der Zusage entsprechen, das Versprechen halten. „1 fl. wird Friedrich Ausrißer zu Steinerzhausen gestraft, das er dem Wirt zu Caltern etzliches geltz zu bezahlen bei benampter bueß mit Handtgelobnuß zugesagt vnd demselben nicht zugesetzt hat". Wetterer Bußregister 1591. Das Wort wird noch jetzt zuweilen in dieser Bedeutung gebraucht; sonst aber wie gemeinhochdeutsch.

zustellen. Sehr üblich in der Redensart: „einer ein Kind zustellen", sie schwängern. Schmidt westerw. Id. S. 7 hat in diesem Sinne „anstellen", hier nicht üblich.

zützen, saugen an der Mutterbrust, von Kindern und jungen Thieren. Im Schmalkaldischen gebräuchlich, wo auch das sonst dem Volke nicht geläufige

Wort Zitze, Warze der Mutterbrust, gehört wird. Reinwald hat zwar zützen nicht, wol aber 2, 150 Zutzglas und Zutzlappe, welche Wörter das Verbum zützen voraussetzen.

Zwackel fem., gabelförmiger Ast, zweispitziger Berg, und überhaupt Gabel; sehr üblich im Fuldaer Land, wie schon Schmeller 4, 300 angemerkt hat. *die Eberszwackel*, bekannte Ruine der Burg Ebersberg in der hohen Rhön, durch ihre zwei hohen Thürme weithin ausgezeichnet.

Zwalger fem., Gabel an Gewächsen, gabelförmige Aeste. Haungrund. Vgl. *Zwackel*.

Zwehle fem., niederdeutsch, in den sächsischen und westfälischen Bezirken *Tweile*, Tischtuch, Tuch aus linnenem Bildzeug, welches die Frauenspersonen auf den Dörfern beim Gehen über Feld, zumal bei dem Gehen zu Markte, über Kopf und Köze hängen. Ist außer der Diemelgegend nur noch in der Gegend von Kassel bis an die untere Schwalm (Wabern) üblich. „Von den Zweln zu waschen". Wolfhager Rechnung von 1563.

Handzwehle, Handtuch, in Oberhessen, Schmalkalden, Fulda, Schwarzenfels; doch wird in Oberhessen und im Fuldaischen das Wort schon so corrumpiert gesprochen, daß man das Stammwort, den zweiten Theil der Composition, kaum noch hört, nämlich Hanswl, Hanspel.

An sich bedeutet ahd. dualıila, alts. thualıila ein Tuch um den Körper zu duahan (thuahan, zwagen), d. h. waschen; das Wort waschen wurde niemals vom menschlichen Körper, sondern nur von Sachen (Kleidern, Linnen) gebraucht; also ein Tuch, um den Körper nach dem Bade, die Hände nach dem zur Malzeit unerlaßlichen Zwagen (Waschen) abzutrocknen.

zweideln (sich), sich in zwei Theile theilen. „und wo ein bus gewist wird, das acht tornus sind, die *zweidelt* sich, unsern hern im stifft wird die helffte, und unsern junckern die helffte". Salzschlirfer Weistum von 1506 bei Grimm Weistümer 3, 376. Das Wort soll in dieser Gegend noch jetzt zuweilen vorkommen.

zweien, *zweigen* (sich), einander und miteinander, ältere einfache Form statt des jetzigen Compositi entzweien. „Wibel theis zu vnderst Simbtzhansen vnd Wibel Herman zu Ohmenaw haben sich in theilung eines Ackers einander gezweigt". „Matern Darmstatt, das er sich mit Johannes Henckeln zweigt mit wortten". Wetterer Bußregister von 1583 und öfter. Das Wort wird noch jetzt so gebraucht, wiewol nicht sehr häufig.

Zu zweien, zweideln, Zweig, Zwiesel, Zwackel u. s. w, welche gleich dem Worte Zweifel das Zalwort zwei in sich enthalten, gehört auch der Name eines Baches bei Hofgeismar, *de Twiwele*, der zweigeteilte Bach. Falkenheiner Stätte und Stifter 2, 448.

zwibbeln (zwiebeln), plagen, und zwar in der lästigsten und empfindlichsten Art; prügeln, besonders in so fern die Schläge eine Züchtigung sein sollen. Schmidt westerw. Jo. S. 343. Reinwald 2, 151.

zwiden, *zwigen*, concedere, dare, mit dem Accusativ der Person und dem Genitiv der Sache. Dieses niederdeutsche, jetzt ausgestorbene, und mir auch in den sächsischen und westfälischen Gegenden Hessens bis dahin nicht vorgekommene Wort muß ehedem auch in den niederdeutschen Grenzbezirken von Hessen vorgekommen sein. Wenigstens erscheint es öfter in Wigand Gersterbergers Frankenbergischer Chronik: „Beles soen genannt Loas — bath den vater, das er en wulde loiß geben. Beles getzwigete sinen son, unde gab en ledig unde loiß". Schminke Monim. hass. 1, 112. „das er sie wulde erer rechten bete getzwigen ebdf. S. 143. 2, 385 u. a. St.

zwedig machen (tzwingen und tzwedig machen) geneigt machen. Ebdf. 1, 241. Vgl. Brem. WB. 5, 143. Müller mhd. WB. 3, 958.

zwieren mit Werbeln (Uellern, Backen, Schoßern) spielen. Ein nur im Schmalkaldischen gebräuchlicher Ausdruck. Reinwald Henneb. Jd. 1, 205. Vgl. Schmeller 4, 308.

Zwiesel fem., gabelförmig gewachsener Ast, wie man dergleichen zu Rechenstielen, Sätteln u. dgl. gebraucht. Allgemein üblich, auch in der Schriftsprache nicht ungebräuchlich. Schmeller 4, 309. Von der Gabelform, welche die Beine am menschlichen Rumpfe bilden, und die anderwärts auch mit Zwiesel bezeichnet wird, scheint Zwiesel in Hessen nicht gebraucht zu werden. Dagegen erscheint das Wort gar nicht selten als geographische Bezeichnung: die Zwissel (Zwessel), Name eines Baches in der breiten Strut, und eines Flurstückes bei Friedrichshausen, der Zwisselacker (öfter, z. B. bei Niederwald).

zwieselicht, zweiteilig, gabelförmig; „das zwieselichte Thal" am Burgwald 1560.

Hierher gehören auch, wenn gleich nicht unmittelbar, indes eben so den Begriff der Zweiheit ausdrückend, noch manche andern Namen, wie *Zwesten* (noch im 16. Jahrhundert oft Twesten geschrieben), *Zwest, Zwist, Zwistchen* (Flurbezeichnungen), und die Namen der beiden Flüßchen *Zwesterahn* und *Twiste*. Vgl. *Twiwele* unter *zweien*.

Zwick msc. (im Haungrunde *Zwiek*), der Strauß aus Rosmarin, künstlichen („gebackenen") Blumen und Bändern, welchen die Kirmesbursche und die Bräutigame, in neuerer Zeit auch die zu dem Militär gezogenen Bursche am Ausnahmetag tragen. In Althessen (doch mehr im Nieder- als im Oberfürstentum) und im Fuldaischen. Vgl. Luststiel, Lust.

Möglich daß dieses Wort nichts anderes ist, als das gemeinhochdeutsche Zweig, welches sonst dem Munde des Volkes fremd, wenigstens durchaus nicht geläufig ist.

verzwickt, verzwickst, 1) im hohen Grade verdrießlich, fatal; von Sachen gebraucht. 2) schlau, verschlagen, von Personen gebraucht. Eben so auf dem Westerwald Schmidt S. 315.

zwilgen, zirpen, zwitschern, zumal vom Laute des Sperlings gebraucht. Haungrund.

zwinzen (gesprochen zweinzen), blinzen, mit den Augen zwicken. der *Augenzweinz*, das Augenzucken. Im Schmalkaldischen, aber auch im östlichen Hessen hin und wieder.

zwirbeln, sich im Kreiße herumdrehen; so am üblichsten an der untern Rhön (Kreiß Hünfeld). Schmeller 4, 308. Reinwald 1, 206.

verzwirbeln, vor Ungeduld außer sich kommen, (scherzhafter Weise) in Verzweiflung geraten wollen. Allgemein üblich. Schmidt westerw. Jd. S. 344.

zwitzern, micare, palpitare, mit den Augen blinzeln, oder sonst zuckende Bewegungen machen: der Stern zwitzert, der Schmetterling zwitzert mit den Flügeln. Sehr allgemein. Vgl. Schottel Haubtspr. S. 1450. Frisch 2, 489. Als ein Ausdruck für das Gehör (eine Lautbezeichnung), in welchem Sinne das Wort in der Form zwitschern gemeinhochdeutsch geworden ist, ist es nicht volksüblich, wiewol dem Volke bekannt.

Zwitzvogel, Schmetterling, von dem flatternden Flug desselben, s. *zwitzern*. In einigen Gegenden üblich: Rotenburg, Grandenborn, Grebendorf u. a.; gewöhnlich Buttervogel. Zuweilen wird auch Zwicksvogel gesprochen.

verzwunzeln, *verzwinseln*, wird in ähnlichem, nur noch mehr scherzhaften Sinne gebraucht, wie *verzwibbeln* (s. zwibbeln). In gleichem Sinne sagt man im Fuldaischen (Hünfeld) *verzwatzeln*; diese Form hat auch Schmidt Westerw. Jd. S. 315.

Zylunder msc., der im Schmalkaldischen übliche Name von Daphne mezereum, sonst in Hessen gewöhnlich Kellerhals, auch Seidelbast genannt, während dieser Strauch in Süddeutschland ähnlich wie im Schmalkaldischen, Zillind, Zwillind, Zeiland genannt wird. Der Name Zilunder ist mythologisch und trägt den Namen des Gottes der deutschen Heidenzeit, Ziu, des Kriegsgottes, in sich; er lautet eigentlich *Ziolinta*, d. i. Linde oder Bast des Ziu, und aus diesem Ziolinta ist auch das Wort Seidelbast entsprungen. S. Grimm deutsche Mythologie 2. Ausg. S. 1144—1145. Als ein Curiosum muß erwähnt werden, daß Reinwald Henneb. Jd. 1, 108 dieses Wort allerdings aufführt, aber in der Form Cylinder, mit der Bemerkung „vermuthlich verfälscht von Xylander", und dieß meint er darum, weil der Strauch auch den Namen „Holzmännchen" führe, während dieser Name erst aus dem, in Xylander von der Halbgelehrsamkeit verunstalteten Zylunder entsprungen sein kann.

Nachträge und Berichtigungen.

S. 7. *Ackermännchen* heißen in Oberhessen auch die kleinen Quarzconglomerate von oft auffallend menschenähnlicher Form und ungemeiner Härte, welche zuweilen, namentlich in der Dammerde des Uebergangsgebirges, beim Pflügen gefunden werden. Außerdem ist *Ackermann* eine neben Müllermaler da und dort gebräuchliche Benennung des *Phalangium opilio*.

S. 13. *anschneiden* ist in einigen Ortschaften der untern Werra (Ziegenhagen) noch jetzt gebräuchlich, um die Stückzahl des Weideviehes zu bezeichnen, nach welcher („nach dem Anschneiden") dem Hirten der Lohn bestimt wird; die Formel ist: „dem Schwein wird angeschnitten", d. h. dem Schweinhirt wird der Lohn nach seinem Anschnitt, einem noch in vollem Gebrauche befindlichen Kerbholz, gegeben.

S. 22. 29. *baehen* findet sich im Fuldaischen, wie im Schmalkaldischen in der Bedeutung: am heißen Ofen wärmen, besonders vom Brode gebräuchlich; der Schmalkaldische *Baewes* heißt jedoch im Fuldaischen nur *Baehbrod*.

S. 23. **baekern**, fuldaischer Ausdruck für sterben, meist scherzhaft und verächtlich. Es wird zwar dieses Wort nicht als aus der Judensprache entlehnt überall empfunden, stammt aber doch wol aus dem hebräischen *pigger*, matt, hinfällig sein, wovon *peger* der Leichnam. Es gewinnt durch dieses fuldaische *baekern* die von mir S. 30 abgelehnte Ansicht, auf die Herr Professor Weigand mich aufmerksam gemacht hat, große Warscheinlichkeit, daß das Wort *beiern* (S. 30 unter 1) nur eine Verschleifung von *békern* sein möge.

S. 26. **Barn** msc. ist im Fuldaischen noch in einer warscheinlich sehr alten Bedeutung üblich, aus welcher sich die Bedeutung von Krippe, Raufe, Trog erst entwickelt haben mag. Es bedeutet dort *Barn* der Theil der Scheuer, in welcher das Heu aufbewahrt wird, den Raum neben dem Tenn, wo diese Aufbewahrung Statt findet.

Zu S. 40. **Blatze** fem., die Mohnblüte. Im Fuldaischen.

Zu S. 55. **brinen**, von der Sau, hitzig sein, nach dem Eber verlangen; *hauen* (S. 154) bedeutet im Fuldaischen die Begattung der Schweine.

Zu S. 58. **Büchel** fem., im Fuldaischen die Bezeichnung der Frucht des Buchbaums, der Eder. Letztere Bezeichnung ist zwar im Fuldaischen auch bekannt, aber nicht geläufig.

Zu S. 66. **därchen**, umherschlendern, sich müßig herumtreiben. *Gedärch* neutr., das müßige Umherschlendern, Flanieren. Im Fuldaischen sehr übliche Ausdrücke.

Zu S. 68. **Deichen** (fast wie Därchen, doch zweisilbig gesprochen) neutr., geweihete Medaille; Abkürzung und Deminution von Agnus Dei. Fulda.

S. 80. *Dung* ist ein in Oberhessen noch jetzt sehr übliches Kinderwort, welches ein mit Butter oder Honig (Mus) bestrichenes Stück Brod bedeutet: Butterdung, Honigdung. Die beliebtesten Dunge der Kinderwelt sind die *Reiterdunge*, d. h. die mit doppelter Zuthat belegten Brode, namentlich die Honigdunge, auf welche Klümpchen Butter aufgelegt werden.

S. 90. *Eller*, Hebamme; es ist vergessen worden, zu bemerken, daß in und um Hünfeld, im Haungrund, hier und da im Gebirgsteil der Grafschaft Ziegenhain, wie auf dem Vogelsberg, die Hebamme den Kindern gegenüber gewöhnlich *Borneller* genannt wird, weil sie die Kinder aus dem Kinderbrunnen schöpft.

Zu S. 102. **Finkeljochen** msc., Glas oder Schluck Brantewein. Die Bezeichnung ist zwar im Absterben begriffen, aber in vielen Gegenden noch verständlich. Sehr üblich war sie im vorigen Jarhundert, namentlich zur Zeit des siebenjährigen Krieges, wie denn auch eine der komischen, freilich meist nur komisch sein wollenden, im Stile des alten Testamentes abgefaßten Beschreibungen dieses Krieges, übrigens unter ihnen die verhältnismäßig beste: „Das Buch Fischer" (z. B. S. 151), sich dieses Ausdrucks öfter bedient.

Zu S. 103. **fitzen**, mausen, stibitzen. Fulda.

S. 107. *flittern* ist auch anderwärts, z. B. in Kassel gebräuchlich, wo den zum Lachen geneigten Kindern und jungen Mädchen die Warnung erteilt zu werden pflegt: „auf ein Flitterchen gibts ein Gewitterchen", d. h. auf gedankenloses unaufhörliches Kichern folgt Betrübnis.

Zu S. 107. **Flurtag**, im Fuldaischen die Bezeichnung des Tages, an welchem um die Flur gewallfartet wird (meist Christi Himmelfart, oder am Bittsonntag), und an welchem denn auch die Flurwurst, der Flurgünter, auf diesen Tag aufgespart, verzehrt wird.

S. 128. *Glecke*, in der nächsten Nähe des kasselischen Oberhessen, in der Rabenau, wie auf dem Vogelsberg üblich, will sich auch auf die allerneuesten Nachfragen in Oberhessen bis jetzt nicht finden. Dagegen soll das Wort im Anfange dieses Jarhunderts in der Nähe von Kassel (Frommershausen, Niedervelmar), und zwar besonders vom Wintergetreide, gebraucht worden sein.

Zu S. 158. 185. **Heilerjô**, offenbar eine Zusammenfügung von heilal und jô, wird noch jetzt im Fuldaischen als lustiger Ausruf in Wirtshäusern gehört. Ehedem soll dieses Wort bei den Wallfarten am Charfreitag von der zu diesen Wallfarten gehörigen vermummten Person fortwährend ausgerufen worden sein.

S. 177. *huidern, hodern* wird auch von dem hörbaren Lodern der Flamme gebraucht.

S. 181. *Jäne* ist in Oberhessen oft noch Masculinum, und wird auch hier meist *Jün* gesprochen.

S. 188. *Kabe* wird in einzelnen oberhessischen und ziegenhainischen Ortschaften, wo daneben auch Held vorkommt, vorzugsweise von der Haferspreu verstanden.

S. 244. Das Wort *leiern* 2) ist in der Form *lieren, auslieren* (d. h. liuren, lüren) auch im Fuldaischen üblich: den Weich *lieren, auslieren* bedeutet: die schwarze Wäsche im Waßer ausspülen, reinigen.

S. 250. Das Wort *Lisse* ist in der Form *Lössen* plur. tant. auch im Fuldaischen, und in derselben Bedeutung, wie das niederhessische Lieser üblich.

Zu S. 262. **Markolwes** ist, wie ich jetzt nicht mehr zweifeln kann, in einigen oberhessischen Dörfern der Name des Hehers. Die lateinische Endung (Marcollus) beweist jedoch, daß der Name nicht ursprünglich volksmäßig, sondern ein fremder Eindringling aus der Gelehrtenwelt sein mag.

Zu S. 269. **Mider** neutr., das Weibchen des Kaninchens. Oberhessen.

S. 274. *Müllermaler* ist im Fuldaischen, wie in Baiern, Bezeichnung des Schmetterlings.

S. 275. Durch ein Versehen im Manuscript ist in dem Artikel *Münster* nach dem Worte „gebräuchlich" folgende Stelle im Drucke ausgefallen: Dagegen ist es merkwürdig genug, daß gerade einer verhältnismäßig unbedeutenden Kirche der Name Münster bis auf diesen Tag geblieben ist, der zwischen Obermöllrich und Fritzlar liegenden Kirche, welche den Namen Frauen=Münster (entstellt gewöhnlich: „Frau Münsterkirche") führt.

S. 300. Einen erheblichen Beleg zu dem Artikel *Pfui* theilt mir Herr Dr. Crecelius zu Elberfeld aus Isenburg=Büdingischen Bußregistern von 1475—1482 freundlichst mit: „Keysers Gobel hat die burgermeistern *verphyet* vnder ire augen". Es scheint mit diesem verphyen noch geradezu das Speien ins Angesicht bezeichnet zu sein; jedenfalls enthält verphyen (verpfien), wenn es auch nur „Pfui sagen" bedeuten sollte, eine schwere Injurie.

Zu S. 336. **Samen** msc., im Fuldaischen als Deminutiv: *Saemchen*, specieller: Wintersamen, Sommersamen, ist die in Althessen und Fulda ausschließlich geltende Bezeichnung von Brassica napus, Oelsamen, Oelsaat, Rübsamen; die Contraction aus Rübsamen: Raps, Reps, welche übrigens Adelung noch nicht kennt, ist in Hessen völlig unverständlich.

Zu S. 342. **schatimbern**, ein fuldaischer Ausdruck: *es schatimbert*, die Sonne geht unter. Etwa aus *schate*, umbra, und *dimber*, obscurus, gebildet?

S. 378. *Schwein*, Schweinhirte, auch wol Kuhhirte (Hirte überhaupt) findet sich noch in mehreren dem sächsischen Hessen angrenzenden Dörfern um Kassel und Witzenhausen.

Druckfehler.

S. 29 Z. 1 sind die Worte: den Namen zu streichen.
S. 31 Z. 9 v. u. lies Böddiger st. Böddingen.
S. 32 Z. 23 fehlt zwischen richtiger und Birkicht das Wort als.
S. 33 Z. 2 v. u. muß der letzte hebräische Consonant ה, nicht ח, sein.
S. 36 Z. 10 v. u. lies den statt der.
S. 38 Z. 8 v. u. lies Seckbach st. Steckbach.
S. 42 Z. 28 schleiffenplawel st. schleiffenplawel.
S. 44 Z. 8 lies **Blobach** st. Blobah.
S. 55 Z. 7 lies 1582 st. 1852.
S. 59 Z. 25 v. u. lies Höfe st. Höhe.
S. 85 Z. 15 lies Einfart st. Einfort.
S. 86 Z. 2 lies Hueten st. Hunten.
S. 135 Z. 21 lies graetschelt st. geraetschelt.
S. 138 Z. 11. v. u. fehlt hinter WB. die Ziffer 2.
S. 154 Z. 19 lies Olberode st. Alberode.
S. 160 Z. 15 lies wie st. nie.
S. 188 Z. 3 v. u. lies den st. der.
S. 197 Z. 5 lies 1521 st. 1821.
S. 207 Z. 21 lies Fels st. Feld.
S. 208 Z. 1 v. u. lies Kluter st. Klute.
S. 209 Z. 35 lies אב st. אב.
S. 215 Z. 3 setze hinter Erbkoben ein) statt des Kommas.
S. 241 Z. 24 lies dem st. den.
S. 266 Z. 10 lies mich st. mich.
S. 284 Z. 9 v. u. lies b3ª st. 63ª.
S. 298 Z. 8 lies denrée st. denré.
S. 310 Z. 6 v. u. lies Niedermeisser st. Niedermeissen.
S. 332 Z. 13 v. u. lies ziemlich st. heimlich.
S. 341 Z. 18 v. u. lies Form st. Formel.
S. 345 Z. 7 v. u. lies Str. st. Nr.
S. 405 Z. 18 fehlt nach S. die Ziffer 33.